"十四五"国家重点出版物出版规划项目

作者三十多年中外文化交流史研究代表作

武斌 著

The History of the Silk Road's Civilization

丝绸之路
文明史

第一卷

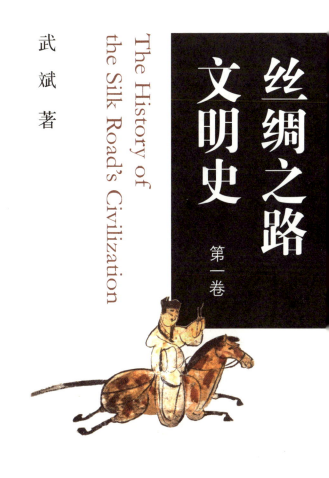

山东人民出版社·济南

图书在版编目（CIP）数据

丝绸之路文明史.全三卷/武斌著.--济南：山东人民出版社，2023.5（重印2024.3）

ISBN 978-7-209-13684-6

Ⅰ.①丝… Ⅱ.①武… Ⅲ.①丝绸之路—文化史 Ⅳ.①K203

中国国家版本馆CIP数据核字（2023）第019481号

出版统筹：胡长青
出版策划：袁丽娟　马　洁
责任编辑：马　洁　胡桂生　吕卫卫　张卫玲
　　　　　李　楠　李宝元
装帧设计：蔡立国

丝绸之路文明史　（全三卷）
SICHOU ZHI LU WENMINGSHI（QUAN SAN JUAN）

武　斌　著

主管单位　山东出版传媒股份有限公司
出版发行　山东人民出版社
出 版 人　胡长青
社　　址　济南市市中区舜耕路517号
邮　　编　250003
电　　话　总编室（0531）82098914
　　　　　市场部（0531）82098027
网　　址　http://www.sd-book.com.cn
印　　装　山东临沂新华印刷物流集团有限责任公司
经　　销　新华书店

规　　格　16开（169mm×239mm）
印　　张　91.25
字　　数　1350千字
版　　次　2023年5月第1版
印　　次　2024年3月第2次
ISBN 978-7-209-13684-6
定　　价　598.00元（全三卷）

　　　　　如有印装质量问题，请与出版社总编室联系调换。

内容简介

本书是一部全面描述丝绸之路的通史类著作,以大历史观和全球史观的视野,突破了分述陆上和海上、草原与西南各条丝绸之路的传统框架,全景式展现了丝绸之路形成、发展、繁荣的历史,着重论述了各个朝代对丝绸之路的经略和管理,以及不同时期丝绸之路对中外经济文化交流所发挥的作用,彰显了丝绸之路对中外文化交流的重要意义以及对世界文明发展的重要价值。

全书分为3卷,包括9编55章,共135万字,配有500多幅历史图片,精选了与丝绸之路有关的中华文明与域外文明交流的丰富资料,按历史发展顺序进行编排,生动、翔实地反映了丝绸之路历史上的重大事件、重要人物以及文化交流的突出成就,内容涵盖政治、经济、军事、文化、外交、科技、宗教、艺术等各个领域,为读者呈现了以丝绸之路为载体的中外文明交流史,展现了开放包容、互学互鉴的丝路精神。

本书具有以下几个特点:

第一,突出"文明"的主题,强调丝绸之路的文明价值。"丝绸之路"不仅仅是一个交通概念,更是一个文明概念。丝绸之路是文明交流之路,是文明对话之路,它本身就是世界文明史发展的一项重要成果,是世界文明史上的一个重要文化现象。本书对丝绸之路的历史考察,有利于加深人们对世界文明发展规律的认识和理解。

第二,突出"交流"的作用,强调文明的交流互鉴对世界文明发展的重要性。文明因交流而多彩,文明因互鉴而丰富。历史上,丝绸之路是其沿线各民族交流的主要载体。本书梳理了发生在丝绸之路上的中外文化交流重大事件，描绘了丝绸之路上各民族文明相遇、交流和互鉴的精彩历史画卷。

第三，突出"人"的概念，彰显人的作用，强调以人为核心的学术立场。本书阐明了丝绸之路是由人开辟的，历史是由人书写的，重点讲述了那些为丝绸之路的繁荣发展作出贡献的人物故事。

第四，突出"路"的功能，强调中华文明的世界价值。丝绸之路把中国与世界连成一体，把欧亚大陆上的各民族文化连成一体。它是中华文明走向世界的探索之路，也是世界各民族融汇发展的和平之路。通过丝绸之路，中华文明获得了其世界性的文化价值和意义。

作者简介

武斌，历史文化学者，研究员。现为北京外国语大学长青学者、北京外国语大学中华文化国际传播研究院特聘教授。曾任辽宁社会科学院副院长、沈阳故宫博物院院长，曾兼任中国中外关系史学会副会长、辽宁省文联副主席等。

主要从事中国文化史和中外文化交流史研究，已出版著作数十种，近年来出版的主要有：《中华文化海外传播简史》、《沈阳故宫四百年：一部叙事体的文化史记》、《孔子的世界：儒家文化的世界影响力》、《中华传统文化传承史纲》（2卷）、《丝绸之路全史》（2卷）、《文明的力量：中华文明的世界影响力》、《新编中华文化海外传播史》（6卷）、《中国接受海外文化史》、《中华文明养成记》等。其中，《丝绸之路全史》入选中国出版协会"2018年度中国30本好书"，《文明的力量：中华文明的世界影响力》入选中国好书2019年9月月榜图书、《中国新闻出版广电报》2019年度好书，《中华文化海外传播简史》入选中国好书2022年4月月榜图书，《沈阳故宫四百年：一部叙事体的文化史记》（韩文）入选2022年丝路书香工程。

前　言

　　近些年来，"丝绸之路"这个概念越来越引起人们的关注，它从单纯的学术领域进入公共生活领域。"丝绸之路"形成的历史及其对于现代经济社会文化发展的重要意义，成为人们热烈讨论的话题。

　　那么，我们讨论的"丝绸之路"的具体所指是什么呢？丝绸之路对于人类文明的发展具有什么意义呢？

　　简单地说，丝绸之路是在历史上形成的从东到西贯通欧亚大陆的交通大通道。通常，丝绸之路的主要干线分为绿洲丝绸之路、草原丝绸之路和海上丝绸之路三大干线，还有从四川通往印度的西南或南方丝绸之路，以及通往东边的东北亚丝绸之路。这样，丝绸之路就不是单一的自东徂西的路线，而是遍布欧亚大陆的、纵横交错的交通网络。这个交通网络既有从东到西的几条干线，也有围绕这些干线形成的许多支线，还有从北到南的若干线路；既有踏过流沙、翻越雪山的陆路，也有航行万顷波涛的海路，还有纵横万里的草原之路。

　　这样的交通网络把整个欧亚大陆连接起来了。有了这样的交通网络，就实现了沿途各民族最早的联系和交流，实现了各文化间最早的互联互通和文明共享。

　　我们现在一般把汉代张骞通西域作为丝绸之路的开端，实际上，丝绸之路并不是从张骞之后才有的，它的历史可以追溯到新石器时代。路是人走出来的，有了人，就有了路。有了人类的活动，就有了走向远方的梦想，就有了探索交通道路的努力，因此就有了"彩陶之路""玉石之路""草原之路"，以及后来的"青铜之路"等。汉代丝绸之路的大畅通正是在此前数千年人类活动的基础上实现的。我们的前辈对于开辟交通线路的重要性是有充分认识的。有许多中外文献的作者，在不同的历史时期，或是亲身经历，或是得自传闻，或是研究文献，不厌其烦地一再描述各种交通路线。这些关于中外交通史的重要文献，不仅为我们今天了解和研究丝绸之路提供了直接的基础性材料和依据，更让我们体会到前辈们对于丝绸之路的文化情怀。

也正是因为如此，丝绸之路是不断发展的，这种发展既有纵向和横向的延伸，也有交流内容的丰富与扩展，而丝绸之路发展的根本原因在于科学技术水平，特别是交通技术的革新与提高。交通技术的革新是人类最伟大的技术革新之一。从最初的步行到马和骆驼的驯化使用，再到双轮马车的创制，从独木舟到单桅船，再到多桅大帆船，每一种技术的进步都加快了人类前进的脚步，都延伸着通向远方的路。工业革命中动力系统的革新，使交通技术发生了革命性的变革，由此产生的新的交通工具真正把整个世界联系在一起了。这是我们今天仍然能够感受到的。而随着丝绸之路的延伸，人们对于外部世界的认知逐渐拓展，也就有了进一步走向更遥远世界的愿望和动力。因此，可以说，丝绸之路是人类文明的一种伟大创造，丝绸之路发展繁荣的历史也就是人类文明发展的历史。丝绸之路的历史是与文明的历史共生的、同行的。

丝绸之路最初是因为商贸活动而开辟的，商贸活动以及追求商业利润的努力是人类开辟道路交通最初的和最持久的动力。各国各民族的商旅是丝绸之路上人数最多、延续时间最长，也是贡献最大的一个群体，丝绸之路沿线的许多城镇因他们的活动而繁荣，甚至就是这些商人建立起来的。也正是因为商人们千百年行走在丝绸之路上，才实现了物种的大交换、产品的大交换，各民族得以便捷分享一切文明的先进成果。中国的丝绸、茶叶、瓷器以及丰富精美的物产源源不断地被传播到世界各地，西方的香料、玻璃和奇珍异宝也源源不断地被输入中国。

商人们在丝绸之路上往来，不仅传播着物质文化的成果，还在各民族之间沟通文化信息，成为各民族相互认识和了解的最初渠道。因此，丝绸之路不仅仅是商贸之路、物质交流之路，更是各民族、各文化相遇、接触、交流与融合之路。在丝绸之路上，除了物产和物种的大流动，还有技术的转移，艺术的交流，宗教和思想文化的传播。丝绸之路就是人类文明交流与互鉴的产物，是世界各民族文明对话之路。在绵延数千年的岁月里，世界上各民族、各文化通过丝绸之路展开了大交流、大汇通、大融合。有了这样的大交流、大汇通、大融合，也就有了东西方文明的大发展，从而有了世界文明的融合和共同的繁荣。丝绸之路的本质是文明的对话，是各民族文化的互联互通，是人类文明的共享。

丝绸之路是欧亚大陆各民族在不同时代共同努力、共同开发的结果。在历史上，既有中国人积极地向外探索和开拓，也有西方人自西徂东的冒险与开发，更有草原民族为开辟和发展草原之路所做的贡献。世世代代的人们，从陆地到海洋，穿过大漠荒原，跨越大江大河，走出了一条一条的路，形成了遍布各地的交通网络，形成了纵横大陆的大通道。丝绸之路本身就是全人类文明共同发展的重要成就。

但是，这并不是否认中国在丝绸之路文明史上的独特作用。丝绸之路以"丝绸"这种中国最古老、最有代表性的商品来命名，就是为了强调中华文化在丝绸之路上的特殊意义。跨文化贸易的发展，商品的流动，是丝绸之路最原初的动力，也是丝绸之路上最活跃的内容。在工业革命以前，在欧亚大陆上，世界的贸易体系，世界性的跨文化贸易和商品流动，实际上在很长时间里是以中国商品为主导的。中国社会强大的生产能力，为丝绸之路贸易提供了源源不断的财富。因此，从一定意义上说，丝绸之路首先是中国的物产、中国的物质文化走向世界的道路。我们之所以把大航海时代新航路的开辟、把跨太平洋的马尼拉大帆船航线也纳入丝绸之路的范围，并且认为它们是古老的海上丝绸之路在新时代的延伸和发展，就是因为欧洲人发现新航路，包括哥伦布发现新大陆的最初动机，都是要寻找从欧洲通往中国的新航线，直接到中国来进行贸易。大航海活动是古代人们对世界交通探索的继续，而大航海时代最大的成就之一，是欧洲与中国建立了直接的航线，各国的商船直接开到了中国的港口，把丰富和精美的中国商品源源不断地运往欧洲，在欧洲大地上引起一阵阵文化冲击，掀起了持续一两百年的"中国风"，这对于近代欧洲文化的发展起到了直接或间接的激发作用。

所以，我们论述的丝绸之路文明史，从大的时段上来说，是从丝绸之路的开端，即新石器时期开始的，因为在那个遥远的时代，欧亚大陆上已经有了最初的交通，有了沿途各民族的交往和文化交流。但那个时代的交通、交往和交流毕竟是有限的，直到西汉时期张骞通西域，通往西方的交通路线才进入官方的视野，经略丝绸之路才成为以后历代政府对西方的战略重点，而丝绸之路在中西方交流中也发挥着越来越重要的作用。所以，我们论述的丝绸之路文明史也是把西汉之后作为讨论的重点，其中包括汉代、唐代、宋元时代等几次大的发展高潮。到了16—18世纪，也就是中国的晚明到清前期，欧洲人发动的大航海运动，建立起欧洲与中国的直接海上路线，形成了近三个世纪欧洲与中国交往、交流的高潮，也把丝绸之路文明的历史发展推向了一个新的高度。本书论述的丝绸之路文明史大体上是以这样的时段来叙述的。

所以，丝绸之路是中华文化走向世界的道路，是中华文化与西方文化相遇、交流、对话、融合的道路。丝绸之路是古代中华文化与外来文化相互交流、激荡和影响的主要源泉之一。通过丝绸之路，世界上其他民族的文化在中国得以传播，中华文化接受、吸收和融合了各种外来文化，不断繁荣发展。与此同时，中华文化在不同时期、在海外不同地域所产生的影响和作用，也对世界文化的发展做出了宝贵的贡献。

丝绸之路的历史，就是人类文明的成长史。文明是一个绵延的生命体。那大大小小、难以胜数的线路，构成丝绸之路的血脉和经络；行走在丝绸之路上的人们，发生在丝绸之路上的事件，无一不体现着生命的躁动，显现出生命的光辉。所以，我们追寻丝绸之路的历史，就是寻找人类文明的生命之源，也就是追寻人类文明成长的足迹。

"丝绸之路"是一个包罗万象的、诗一般的名谓，具有浪漫色彩。丝绸之路的历史就是通过欧亚大陆的大交通、文化大交流讲述的世界文明史。历史漫长而内容丰富的丝绸之路发展史，是世界文化发展历史上一个奇伟壮丽的文化景观，是人类文明共生与交融的伟大经验。展示与解读这一巨幅历史画卷，总结中华文化与其他民族文化相遇、对话、交流与互动的历史经验，对于认识中华文化的本质与特征，对于理解中华文化的民族性和世界性内涵，对于面向全球化时代展望中华文化和世界文化的发展前景，都有着有益的启发和思考。

以丝绸之路为重要载体的人类文明史，是辉煌壮丽、丰富多彩、博大厚重并且具有永恒魅力的历史，是艰苦卓绝而又风光无限、源远流长而又高潮迭起、深邃凝重而又光彩照人的历史。我们回溯这段历史，心中时时涌起激动、感慨和景仰之情。我们回顾历史，不仅是要重绘那幅历史画卷，更是要在这种重绘、叙述和解读中，总结历史上丝绸之路的文明成就，获得对于历史的新认知，寻求历史的智慧。我们要以历史赋予的知识、智慧和营养来面对今天的文化和时代，为中华文化的繁荣发展，为世界文化的繁荣发展，贡献新的智慧和力量。

目　录

第一编　发现西域

第二编　一路向西

第四编 丝绸之路的黄金时代

第五编　东方丝绸之路

第六编 丝绸之路大交通

第八编 相遇与相识

第九编　丝绸之路再发现

绪　论

一、什么是丝绸之路

在中西文化交流史上，"丝绸之路"是一个使用频繁、影响广泛的概念，在中国文化史和世界文化史上，也是一个经常被提及的概念。近年来，"丝绸之路"从学术领域进入公共生活领域，成为人们广泛关注和讨论的话题。

"丝绸之路"这个名称最早是德国地理学家、地质学家李希霍芬（Ferdinand von Richthofen，1833—1905）提出来的。李希霍芬继承了17、18世纪欧洲大探险时代的传统，从1868年到1872年，先后对中国进行了7次考察，走遍了大半个中国。回国之后，他出版了5卷并带有附图的《中国——亲身旅行的成果和以之为根据的研究》。这部巨著是李希霍芬多年在中国考察研究成果的结晶，是德国地理学界对东亚地理学的新贡献，对当时及以后的国际地理学界都有很重要的影响。李希霍芬被称为"最先明了中国地文之伟大科学家"，对近代中国地质学、地理学的产生和发展也具有重大影响。

就是在这部著作中，李希霍芬把中亚[①]地理与东西文明交流联系起来，

---

① 中亚，指亚洲中部地区，包括土库曼斯坦、乌兹别克斯坦、塔吉克斯坦、吉尔吉斯斯坦和哈萨克斯坦五国。据《辞海》（第七版），广义的中亚还包括蒙古国、中国新疆和内蒙古西部等地。除特别说明外，本书中的中亚是指广义的中亚。

把公元前114年到公元127年，中国与河中地区^①以及中国与印度之间，以丝绸贸易为媒介的这条西域交通路线称为"Seidenstrasse"，即英文的"Silk Road"，汉文译名就是"丝绸之路"。

在考察途中，李希霍芬将所见所闻以信件形式记录下来，寄给上海欧美商会，后来汇集成册，名为《李希霍芬男爵书信集》。该书1903年在上海出版，记录了他在1870年至1872年的考察成果。他在其中对在西安交汇的贸易道路进行了考察，指出：

> 自远古无可考查的年代起，就开辟了从兰州府到肃州的自然商路，并继而向前延伸，分叉成更多的商路。沿着商路，秦朝的声望远播波斯和罗马。14个世纪之后，马可·波罗（Marco Polo）沿这条路线游至兰州府，然后通过宁海府、归仕城，一直来到忽必烈汗的宫殿。中国皇帝在很早的时候就知道掌握这些国际交通道路的重要性，因为这使得他们能够控制中亚。^②

李希霍芬的学生，著名探险家斯文·赫定（Sven Anders Hedin，1865—1952）在20世纪30年代出版的《丝绸之路》一书中写道："'丝绸之路'这一名称不是在中国文献中首先使用的。这个很能说明问题的名称，最早可能是由男爵李希霍芬教授提出的。他在一部关于中国的名著中使用了'丝绸之路'——SILK ROAD——这个名词，并进行了论证；在一张地图上还提到了'海上丝绸之路'。"^③

后来，德国东方学家阿尔巴特·赫尔曼（Albert Hermann）在《中国与叙利亚之间的古代丝绸之路》一文中进一步扩大了"丝绸之路"的含义，

---

① 河中地区指中亚的阿姆河与锡尔河之间的地带。

② ［英］S. A. M.艾兹赫德著：《世界历史中的中国》，姜智芹译，上海人民出版社2009年版，第23页。

③ ［瑞典］斯文·赫定著：《丝绸之路》，江红、李佩娟译，新疆人民出版社1996年版，第212页。

把丝绸之路的终点之一由河中地区向西延长到遥远西方的叙利亚。他说：

> 我们应把该名称（丝绸之路）的涵义进而一直延长到通向遥远西方的叙利亚。总之，在与东方的大帝国进行贸易期间，叙利亚始终未与它发生过什么直接关系。但是……尽管叙利亚不是中国生丝的最大市场，但也是较大的市场之一。而叙利亚主要就是依靠通过内陆亚洲及伊朗的这条道路获得生丝的。①

叙利亚位于地中海东岸，在古代是罗马帝国的一部分。在罗马统治时期，叙利亚曾出现由帕尔米拉人建立的阿拉伯国家。公元2世纪至3世纪，帕尔米拉人在东西方贸易中起到了活跃的中介作用。赫尔曼的这个主张就把丝绸之路与地中海文明进而与欧洲联系了起来。赫尔曼的主张得到欧洲一些汉学家的支持和阐述。

李希霍芬提出的"丝绸之路"是一个具有深远学术影响的概念，从此开启了一扇了解世界与中国关系史、了解中外文化交流史的大门。斯文·赫定说"丝绸之路"是个"很能说明问题的名称"，充分肯定了这个概念重要的学术意义和文化价值。这一概念的重大意义，在于廓清了中西交通的大干道，为研究中西文化交流史提供了一个空间的和地理的线索。通过这个概念，笼罩在迷雾中的数千年纷繁复杂的中外文化交往和交流关系，就有了一条清晰的线索。同时，以"丝绸"来命名中西交通的主要路线，更强调了中国的商品长期在国际贸易中的主导地位，这也反映了几千年来中西交通和文化交流的基本事实。不仅如此，几千年的中国文化史和世界文化史，也有了一条贯穿始终的主线。因此，有的西方学者说，丝绸之路的历史就是"半部世界史"，就是通过欧亚大陆的大交通、文化大交流讲述的世界文化史。法国汉学家布尔努瓦（Lucette Boulnois）说："'丝绸之路'是一种形象-口号，

---

① ［日］长泽和俊著：《丝绸之路史研究》，钟美珠译，天津古籍出版社1990年版，第2页。

一种包罗万象的诗一般的名称，具有浪漫色彩，它成了一个若明若暗的词。正如人们对我们的古典绘画所说的那样：一束光芒照亮了绘画本想突出的意义……从而在明暗交界处暴露出了画面的其他因素。""'丝绸之路'是半个世界。"[1]因此，"丝绸之路"的概念一经提出，立即受到国际学术界的广泛响应，成为描述中西之间历史关系普遍使用的概念。

不过，英国考古学家斯坦因（Mark Aurel Stein，1862—1943）认为，"丝绸之路"这个名称早已有之，李希霍芬和赫尔曼不是这一名称的首倡者，而只是普及者。斯坦因认为，在希腊地理学家托勒密（Claudius Ptolemaeus，约90—168）之前，居住在地中海东岸港口城市提尔的地理学家马利努斯（Marinos）曾写过一部在公元1世纪前"通往丝国之路"的书。所以，"丝绸之路"这个名称应该是马利努斯首先提出来的。托勒密在《地理志》中关于这条古代交通路线的记载，就是依据马利努斯的著作写成的。据托勒密说，马利努斯的情报又是从马其顿商人马埃斯·提蒂亚努斯那里获得的。马埃斯是公元1世纪左右与遥远东方的中国从事丝绸贸易的希腊人之一。

这样看来，早在两千多年前，人们就开始用"丝绸"来命名东西交通的大路了。

19世纪末20世纪初，俄国、英国等国的探险家开始深入亚洲腹地，在中亚特别是中国西北地区进行探险活动，出现了中亚地区探险考察的高潮。一些西方探险家在这里发现和找到了古代中国与西方交往的许多遗址和遗物，用实物证实和说明了丝绸之路的存在和发展，引起了世界学术界的极大兴趣和关注。这些探险家在自己的著作中介绍这些情况时，广泛使用了"丝绸之路"这个名称，把古代丝绸贸易所达到的地区都包括在丝绸之路的范围之内。于是，"丝绸之路"就成为从中国出发，横贯亚洲，进而连接非洲、欧洲的陆路通道的总称。

丝绸之路原初的意义，指的是从中国西安或洛阳出发经过河西走廊，

---

[1] ［法］布尔努瓦著：《法国对丝绸之路的研究》，载［法］戴仁编《法国中国学的历史与现状》，耿昇译，上海辞书出版社2010年版，第375、376页。

穿过天山脚下进入中亚、西亚，然后再通向地中海地区的交通道路。这条道路是古代人很早就开辟出来的，是一条贯穿欧亚大陆的大通道。正是通过这条大道，自东徂西，大陆两端的居民开始有了接触和往来，开始有了物质和文化的交流，因而也就有了东西方文明的发展。斯文·赫定指出："丝绸之路全程，从西安经安西、喀什噶尔、撒马尔罕和塞流西亚，直至推罗，直线距离是4200英里，如果加上沿途绕弯的地方，总共约有6000英里，相当于赤道的四分之一。""可以毫不夸张地说，这条交通干线是穿越整个旧世界的最长的路。从文化-历史的观点看，这是连结地球上存在过的各民族和各大陆的最重要的纽带。"①

后来，人们把联系欧亚大陆北边的草原之路、南边的海上交通，也都称为"草原"的或"海上"的"丝绸之路"。日本学者长泽和俊指出："丝绸之路的古代史是以草原路为中心，自古代后期至中世纪是以绿洲路为中心，而近代以后则是以南海路为中心了。"②

又有学者把古代从四川、云南出发经过缅甸通往印度的道路称为"西南丝绸之路"，这条道路也很重要，因为到达印度，就可以走到印度洋的岸边，这里的港口很早就与地中海和波斯湾通航。还有的学者把东南沿海地区包括山东半岛的港口通往朝鲜半岛和日本的航道称为"东方海上丝绸之路"，把通过陆路前往朝鲜半岛的交通称为"东北亚丝绸之路"，这样就把与朝鲜半岛、日本的交通纳入了"丝绸之路"的广义概念之内。

这样，丝绸之路的概念就延伸到一切与中西交通联系的通道。贯穿欧亚大陆、绵延数千千米的古代丝绸之路，就不仅是一条商贸道路，而且是一张连接欧亚大陆政治、经济、文化的交流"网络"。我国历史学家耿昪明确指出：

① ［瑞典］斯文·赫定著：《丝绸之路》，江红、李佩娟译，新疆人民出版社1996年版，第214、215页。

② ［日］长泽和俊著：《丝绸之路史研究》，钟美珠译，天津古籍出版社1990年版，第9页。

丝绸之路实际上是一片交通路线网，从陆路到海洋、从戈壁瀚海到绿洲，途经无数城邦、商品集散地、古代社会的大帝国，来往于这条道路的有士兵与海员、商队与僧侣、朝圣者与游客、学者与技艺家、奴婢和使节、得胜之师和败军之将。这一幅幅历史画卷便形成了意义模糊的"丝绸之路"。①

正是通过各条丝绸之路，通过这个以各条路线编织的交通网络，在绵延数千年的岁月里，欧亚大陆上的各民族、各文化展开了大交流、大汇通、大融合。中华文化沿着丝绸之路持续地走向世界，向海外广泛地传播并产生影响，西方各民族文化也沿着丝绸之路传播到中国，对中华文化的发展起到了推动作用。

二、丝绸之路与丝绸

那么，为什么要用"丝绸"来命名贯穿欧亚大陆的大通道和交通网络呢？这当然与中国的丝绸有着十分密切的关系。

桑蚕丝绸是中华文化一项伟大的发明，是中华文明的特征之一。中国是世界上最早饲养家蚕和缫丝制绢的国家，曾经长期是世界上从事这种手工业的唯一国家。或许可以认为，丝绸是中国对于世界物质文化最大的贡献。

中国人养蚕、缫丝和织绸，可能在几千年前的新石器时代就已经开始了。传说，黄帝的正妃嫘祖发现桑树上蚕吐的丝柔软细长，可以用来编成织物遮体御寒。于是，她教导人民把蚕养起来，缫丝织绸，以制衣裳。这是中国远古时期的一个美丽传说。这位教人蚕桑织丝的嫘祖是中国女性劳动和智慧的化身，是丝绸的人格化形象。这个传说的本质意义在于把丝绸

---

① 耿昇：《丝绸之路与法国学者的研究》，载［法］布尔努瓦著《丝绸之路》，耿昇译，山东画报出版社2001年版，《序言》第3页。

的起源追溯到和中华文明起源的诸要素一样遥远而古老的时代，认为它是中华文化发生期所创造的文化成果之一。或者说，丝绸的起源实际上是与中华文明的起源同步的，丝绸的发明是中华文化形成期的一项重要内容，具有与青铜器、玉器同等重要的意义。

人们据现代考古发掘的结果，一般认为中国丝织物开始出现于中国东南地区的良渚文化（前3300—前2400）时期，这时中国先民已经成功地驯化了野生桑蚕，使其成为可以饲养的家蚕，并以蚕所吐的丝作为原料，织造丝绸之物。浙江余姚河姆渡新石器遗址的考古发掘证明，约7000年前，河姆渡先民对生产蚕丝已有认识。4700年前，浙江吴兴钱山漾一带，已能生产丝绢。

到了商代，中国的丝织物已经达到很高的水平。当时除了平织的绢，已经有了经线显花的单色绮和多彩的刺绣。至迟在殷商时代，我国人民已充分利用蚕丝的优点，并且改进了织机，发明了提花装置，能够用蚕丝织成精美的丝绸。《吕氏春秋·上农》中记载，"后妃率九嫔蚕于郊，桑于公田，是以春秋冬夏皆有麻枲丝茧之功"。《诗经》中有不少桑事织衣的诗篇，这是我国中原地区丝织发达、分布之广的一个记录，如《诗经》中描写蚕桑丝绸生产：

> 七月流火，八月萑苇。
> 蚕月条桑，取彼斧斨。
> 以伐远扬，猗彼女桑。
> 七月鸣鵙，八月载绩。
> 载玄载黄，我朱孔阳，为公子裳。

生产机具的改进和生产技术的提高，大大提高了生产效率。汉代丝织业有了相当大的发展，生产规模大，花色品种繁多，产品数量也很大，出产了丰富多彩的丝织品，如锦、纱、罗、绫、缎、绸、绒、缂丝等。汉朝在长安设少府，其下有东西织室，设织室令，管理丝织生产。汉朝在地方也设有专门管理织造的机构，《汉书·贡禹传》说仅齐地三服官就有"作工各数千人，一岁费数巨万"。民间从事丝织生产的人也相当多。据记载，汉武帝元封元年（前110），汉朝自民间征集的绸帛达500万匹，可见当时纺织业的兴盛状况。丝绸生产是人民生活的重要组成部分，凡宜蚕之地，每家每户均树桑养蚕，并以绢作为赋税。大批量生产的各色丝绸，不仅满足了王朝贵族们的需求，而且成为社会各阶层都能消费的衣料。长沙马王堆西汉古墓出土的素纱禅衣，重量不到1两，其工艺之精巧轰动世界。到了唐代，丝织业有了更大规模的发展。无论官营的还是私营的丝织业，都很发达，产品种类也非常多，质地优良，产地遍布全国，尤以关东、巴蜀及吴越地区为盛。

丝绸是一种物质产品，也是一种文化成果。丝绸还与其他中华文化要素有着密切的联系，比如与中国的礼仪制度、文化艺术、风土民俗、科学技术等都有许多联系。它精湛的技艺和富有想象力的艺术图案，一直被作为中国美术的一个重要门类。丝绸作为古代中国最重要的发明之一，它的出现对以后中国经济、文化和科技的发展都产生了巨大的影响。举例来说，中国古代的"四大发明"，有两项发明与丝绸有密切的关系：纸的发明直接受到丝绸生产技术尤其是"漂絮"制丝过程中产生的丝绒沉淀物的启发，印刷术的发明与秦汉以来丝绸印染技术中的凸版印花有着直接的联系。可以说，丝织技术的发明实际上是纸和印刷术两大发明的先导，或者说孕育了纸和印刷术的发明。

丝绸是中国人对于世界物质文化的一项伟大贡献。精美绝伦的各色丝绸，为人们提供了舒适的衣料和优美的装饰物，丰富了人们的日常生活。所以，中国丝绸传播到任何地方，都受到热烈的欢迎。丝绸是中国最早的、持续时间最长的、分布地区最广的大宗出口货物，而且直到明清时代，一直是向海外输出量最大的并且是最受欢迎的中华物产之一。经丝绸之路运往中亚和西亚乃至欧洲的中华物产，在很长一段时间里以丝绸为主。在漫长的历史时期内，在经销的数量之大、范围之广、持续时间之长久和影响之深远方面，世界上任何一种产品都不能与中国的丝绸相比。正如斯文·赫定所说：

> 中国内地沿这条皇家驿道出口的商品中，无论在数量或地位上，都没有哪一样能与华美的丝绸相媲美。两千年前，中国丝绸是世界贸易中最受崇尚、最受欢迎的商品。①

西方世界最初也是通过传到那里的丝绸而知道中国、认识中国的。丝绸持续不断地传播到世界各地，被人们称为"东方绚丽的朝霞"。它以美轮美奂的色彩和风情万种的姿韵征服了全世界各个民族，成为备受欢迎的织物和艺术佳品。在世界各国人民的心目中，"丝绸"是最有代表性的中国文化符号。

丝绸的大量外销，不仅具有经济贸易交流的意义，而且具有很重要的文化意义。"丝绸之路"概念抓住了"丝绸"这个古代东西贸易的核心，丝绸之路首先指的就是东西贸易之路。在许多情况下，正是丝绸贸易促进了中外交通的开辟，促进了中华文化向海外的传播。如果没有丝绸和丝绸贸易，就很难说有那条横贯欧亚大陆的丝绸之路，中西文化交流可能要向后推迟许多世纪。

所以，正是绚丽多彩的中国丝绸把整个欧亚大陆连接了起来，也正是因为丝绸才有了东西交通的大通道，有了"丝绸之路"这个美丽浪漫并令人产生无限遐想的名称。

三、丝绸之路与文明交流互鉴

在现代学术语境下，"丝绸之路"已经成为一个国际通用的学术名词，远远超越了"路"的地理学范畴，正如联合国教科文组织下的定义那样：

---

① ［瑞典］斯文·赫定著：《丝绸之路》，江红、李佩娟译，新疆人民出版社1996年版，第210页。

"丝绸之路是对话之路。"这是东西方文明的对话，是欧亚大陆各个民族文化的对话，是人类的对话。

丝绸之路作为东西方文化相遇、交流和对话之路，在世界文明史上具有特别重要的地位和意义。丝绸之路所经过的、所沟通的、所连接的欧亚大陆，正是世界古典时代文明的先进地带。从地中海岸到中国海岸这一古典地带，有许多古代民族、无数古代邦国集结为几个古代大帝国。丝绸之路像一条金色的丝带，横亘在古老的欧亚大陆上，把这几大文明古国连接起来，把东方与西方连接起来。在这条漫漫长路上，在几千年的悠久岁月中，民间商旅、官方使臣、虔诚的僧侣、勇敢的探险家和旅行家，以及征战的军队和迁徙的移民，相望于道，不绝于途。丝绸之路文化意义的基本点就是中华文明与地中海文明之间各种文化的大交汇与大交流。丝绸之路是整个欧亚大陆上的文化交流之路，是东方与西方各民族相遇、相识、沟通与交流之路。经过丝绸之路，各民族之间从物质的生产生活到精神的礼俗习尚，不断相互交流、相互补充，共同进步发展，历千百年之盛衰兴替，蔚成古典世界文化历史之灿烂辉煌。

交流是文明发展的动力。对于任何一个民族的文化来说，要持续地发展，持续地保持生机勃勃的活力，必须拥有健全开放的机制，通过与其他文化的交流，吸收一切先进的文明成果，来补充、丰富和发展自己。一种民族的文化，无论曾经多么先进、多么伟大、多么辉煌，如果把自己封闭起来，完全与外部世界隔绝，完全不与其他民族的文化沟通、交流，不仅会使自己的发展失去源头活水和刺激动力，因而很难保持自我更新、自我发展的生命力，而且不可能获得世界性的文化价值和文化意义。

文化交流首先是不同文化的相遇和接触，这种相遇和接触对于双方都会产生一定的影响。所有伟大文明的发生都是文化接触的结果。文化是民族的，也是世界的。这不仅是指各民族文化都是世界文化的组成部分，都参与了世界文化的创造和发展，也不仅是指各民族文化包含着世界文化的普遍性内容和共同价值，还有另外的意思，就是各民族文化都吸收了其他民族文化积极的、先进的成果，并且将其纳入自己的文化体系之中，将外来文化融进自己的文化，使之成为自己的文化。这一过程也就使得民族文化获得了世界文化、全球文化的意义。

不同民族、不同社会之间进行文化交流，首要的前提是交通畅通。交通是人类生活的基本前提之一，也是文化交流得以实现的最根本条件。交通状况决定和制约了文化交流的规模和程度；反过来，文化交流繁荣与否，也对交通状况起着促进或阻碍的作用。有了交通，就有了物质和文化方面的交流，就有了你来我往、相互的认识和了解，就有了文化上的传播和接受，就形成了世界文化交流的大图景。自古以来，生活在欧亚大陆上的各民族，都在不断地突破各种技术障碍，为开拓大陆的交通做出不懈的努力。为此，人们不断地发明和改进交通工具，探索交通路线，甚至可以说，交通工具的发明和改进是人类主要的技术创新之一。因此，人们从东往西，自西徂东，从陆地到海洋，翻山越岭，踏浪逐波，努力开辟大交通的通道。因此，就有了草原丝绸之路、绿洲丝绸之路、海上丝绸之路和西南丝绸之路。正是有了这样的交通网络，才使得古代各民族、各地区联系起来，互通信息，实现了民族和地区间日益增长的文化交流。交通在不同民族、不同文明之间的交流中发挥着重要作用，是一切物质文化、科学艺术、精神文明交流的客观物质基础。随着技术的不断进步，交通工具的不断改进，交通道路更加畅通，各民族和各地区之间的交流呈现出日益增长的态势，交流更频繁了，来往更密切了，相互的了解和认识也就更多了。

丝绸之路是中华文化走向世界的道路，是中华文化与西方文化相遇、交流、对话、融合的道路。丝绸、瓷器等丰饶的中华物产经由这条国际贸易的大通道输往沿途各国，中国的生产技术、科学知识也陆续传往西方世界，而关于中国的种种游记、见闻乃至传闻，不时向西方传达着遥远东方国家的文化信息。西方的物产和技术，科学知识和发明创造，以及关于西方文化的传闻信息，也沿着这条大道源源不断地传播到中国，给中华文化的发展不断地补充新鲜的刺激。可以说，丝绸之路是古代中华文化与外来文化相互交流、激荡和影响的主要源泉之一，对于中华文化的丰富和发展具有十分重大的意义。

通过丝绸之路，中华文化努力向海外开拓，积极与世界其他民族的文化交流与对话。在这个过程中，中华文化不断地走向世界，获得自己的普遍性和世界性。因此，从历史上看，中华文化是世界文化格局中很重要的一部分，是世界文化总体对话中很重要的一极。正是由于中华文化的参与，世界文化格局才显得如此丰富多彩、辉煌壮观、气象万千，世界文化的总体对话才显得如此活跃、生机盎然、妙趣横生。另外，中华文化在走向世界、参与世界文化总体对话的过程中，也使自己获得了世界性的文化价值和文化意义。

中华文化不是在自我封闭中，而是在与世界各民族文化的广泛交流中成长的。中外文化交流的历史不仅极为悠久，而且源远流长，如滔滔江河奔腾不息，数千年没有中断，并且交流的范围日益广泛，内容日益丰富，影响日益扩大。中外文化交流的历史是与中华文化发展史同步的，是中华文化贡献于人类文明也发展着自己的历史。虽然中国历史上也有过海禁、闭关、锁国的时期，但毕竟是短暂的和暂时的。从整个中国历史来考察，开放的时代远远超过封闭的时代。即使在封闭的时代里，也不是完全中断了与外部世界的联系，完全中断了与域外文化的接触和交流。一方面，大规模地输入、接受和融合世界各民族文化，使中华文化系统处于一种"坐集千古之智""人耕我获"的佳境，使整个机体保持旺盛的生命力；另一方面，中华文化具有积极、主动地向海外开拓的内在动力，播辉煌于四海，大规模地输出、传播和影响于世界各民族文化，使中华文化的优秀成果被吸收和融合于其他民族的文化体系中，为其他民族的文化发展提供源头活水和刺激动力。

不断地吸收世界上其他民族先进的文化成果，不断地扩大自己的世界视野，就使得中华文化具有与时俱进的能力，始终与时代同行，保持自身文化的时代性与先进性。从全球史的视野中来比较，中华文化在很长时期内处于领先地位，甚至一度成为世界文化的高峰。保持其领先性或先进性，有两个基本条件：一个是积极地吸收世界文化最先进的、最新的成果；另一个是开阔的世界眼光和世界意识，了解世界文化发展的大趋势。

坦诚而主动地进行文化交流，广泛地吸收外来文化，大规模地进行文化输出，都是对自己民族和文化有着强烈自信心的表现。正如鲁迅先生所说的那样，汉唐时代，"我们的祖先们，对于自己的文化抱有极坚强的把握，决不轻易动摇他们的自信力；同时对于别系的文化抱有极恢廓的胸襟与极精严的抉择，决不轻易地崇拜或轻易地唾弃"①。

四、行走在丝绸之路上的人们

不同民族之间的文化交流与传播，是通过多种途径进行的。文化交流的前提条件是交通，而道路是人开辟的，是要有人来走的。文化交流最主要的形式是人员的往来，文化传播都是通过人员的接触和交流进行的。历朝历代行走在丝绸之路上的各国各民族的行人，是文化交流的主要贡献者，是传播各民族文化的主要载体。

行走在丝绸之路上的人，都是为开辟、发展和繁荣丝绸之路做出贡献的人。几千年中，漫漫长路上，行走的人何止成千上万，其中又有多少人埋骨黄沙、葬身海底，在历史上留下名字的只是极少数。而正是在这些极少数人的故事中，我们看到，有络绎不绝的商队，肩负国家使命的使臣，怀揣信仰的宗教人士，负笈远行的学子，远征戍边的武士，以及旅行家、航海家、艺术家，他们或经过大漠流沙，或翻越崇山峻岭，或踏破惊涛骇浪，不畏牺牲，历经艰辛，以自己的热血和忠诚，以自己的梦想和情怀，走出了奔向远方的路，开辟了各民族文化交流的路。

丝绸之路的历史首先是这些人的历史，是这些人的故事，这些开辟着丝绸之路和行走在丝绸之路上的人，都是全人类的文化英雄。

历史上行走在丝绸之路上、为文化交流做出贡献的人员主要有这样几种：

（1）官方的使节。与域外国家或政权建立外交关系，互派使节往来，是文化交流的一条重要渠道。官方使节的往来，除解决国家之间的争端、密切

---

① 孙伏园著：《鲁迅先生二三事》，湖南人民出版社1980年版，第23页。

双边关系外，还增进了彼此的了解和认识。从西汉张骞出使西域开始，中国历代王朝逐步与许多国家建立起官方的正式联系，互通使节。人们对张骞的贡献给予了相当高的评价，因为他不仅打通了与西域地区的正式交通路线，还通过实地考察，对西域的政事人情、风俗文化有了直观的、详细的了解，并给汉武帝提供了一份内容翔实的出使报告。这是中国人第一次对西域有了比较准确的认识。此后，不断有出使外国的官方使节回国后提供出使报告或撰写游记等。历史上最大的官方使团出访是"郑和下西洋"，他们不顾路途遥远，沿途到了许多国家，带回丰硕的"西洋"方物和关于当地风土人情的知识，还有马欢等撰写的"郑和三书"流传于世。明清两朝多次向琉球派遣册封使，他们回国后也都撰写了相应的出使报告，详细记载了出使经过和琉球的风土人情、历史文化。到了近代，清政府开始向欧美国家派出正式使团，甚至有专门以考察为目的的游历使，他们回国后都撰写了内容丰富的出使或考察报告，成为晚清时期人们认识世界的一条重要渠道。

另外，也有大批的外国使节来到中国。如在唐代，日本派出遣唐使十多次，其他国家，如新罗、大食等，也向唐朝遣使十多次，甚至几十次。有的使团规模十分庞大，明初甚至还有几个国家的国王亲率使团入华。李氏朝鲜时期向明清两朝派遣的"燕行使"，每年数次，每次都有几百人，其中包括一些著名的学者。持续数百年的"燕行录"完整地记录了他们的出使过程，以及与中国官方、民间和文人学士之间的友好交往交流。各国使节入华，亲沐华风，领略中华文化的辉煌和风采。中国朝廷还通过这些使节向外国赠送丝绸、瓷器以及其他中国物品，有时还赠送图书、历书等。中国使节出使各国时也都携带大批礼品。中国与各国频繁的使节往来是中外文化交流的重要途径。

（2）留学生。梁启超曾把汉唐时代中国僧人赴印度取经求法说成是中国历史上第一次留学运动。那个时代的佛教僧人们，不辞劳苦，跋山涉水，前赴后继，怀着对宗教信仰的赤诚和求知的渴望，一代又一代地通过西域或者南洋海路奔赴印度。正是他们的努力，将印度几乎全部的佛经带回中国，使中国成为典藏佛教经典的巨大宝库。

与此同时，也有大批外国留学生来中国学习。唐代长安的国子监曾接纳大批各国留学生，包括来自新罗、日本、西域各国的留学生，他们学习中国的文化典籍，接受正规的中国教育，成为学习和移植中华文化的骨干力量。其中还有人参加中国的科举考试，例如新罗在华及第的留学生就有90多人。日本留学生阿倍仲麻吕中进士第，入朝为官，与王维、储光羲、李白等大诗人交谊深厚。唐玄宗爱其才华，不许其归国，最后阿倍仲麻吕终老长安。现在的西安兴庆公园内，有一座阿倍仲麻吕纪念碑。2004年，西安发现唐代日本留学生的墓志，引起中日两国史学界的轰动。这位留学生名叫井真成，墓志说，"（他）才称天纵，故能（衔）命远邦，驰骋上国，蹈礼乐，袭衣冠，束带（立）朝"。这位井真成也和阿倍仲麻吕一样，在唐朝入仕不归，"形既埋于异土，魂庶归于故乡"。据推算，他大概是和阿倍仲麻吕同期入唐的同学。与阿倍仲麻吕同期入唐的另一位著名的日本留学生是吉备真备，他在结束国子监的学业后，继续在长安学习五经三史之外的各种技艺，包括法律、算术、音韵、天文、历法和兵法等，涉及的范围极为广泛。吉备真备在唐留学18年，回国后参与朝政，在删定律令、整顿释尊仪式、实行新历等许多方面起到很大作用，对于移植唐文化、推动日本奈良时代文化的发展做出了很大贡献。唐以后，仍有一些国家派遣留学生来中国学习。如在明清时期，琉球向中国持续派出官费留学生和自费的"勤学生"，他们回国后为琉球的建设和发展发挥了重要作用。

（3）各国的旅行家。马可·波罗、伊本·拔图塔、鄂多立克等，他们回国后把在中国的见闻笔录成书，这些书成为外国人了解中国、了解中华文化的重要资料。在这些旅行家中，威尼斯人马可·波罗是最著名并且影响最大的一位。马可·波罗在中国生活了17年，游历了中国从南到北的大部分地方。他回国后，在一位作家的帮助下，将在中国的见闻著成《马可·波罗游记》。在书中，他系统地介绍了中国的辉煌文化，赞颂中国地大物博，文教昌盛，向西方世界展现了迷人的中国文明。《马可·波罗游记》是欧洲人撰写的第一部详尽描绘中国历史、文化和艺术的游记，被称为"世界第一奇书"，极大地丰富了欧洲人对中国和东方的认识，也大大开阔了欧洲人的地理视野，引起了他们对于东方的浓厚兴趣。有人说，寻找东方是欧洲大航海事业的"意志灵魂"，而这种"意志灵魂"正是在《马可·波罗游记》中培育和锻造的。

中国古代，除官方使节和商人外，以旅行家身份游历海外的人不多，只有杜环、周达观、汪大渊等数人。他们的足迹远达西亚和非洲，他们在国外游历、与各国人民接触的过程中，获得了许多外国文化的信息。他们回国后撰著的游记等资料，是中国人了解外部世界的重要文献。

（4）移民。移民是文化传播的主要途径之一。人类的迁徙是文化交流的主要形式之一。特别是在古代，人类各种形式的迁徙活动是传播文化信息、共享文化成果的主要渠道。中国自古就不断有外国人迁入，甚至定居。从汉代到南北朝时期，就不断有关于"胡人"的记载。数个北方游牧民族整族群向南迁徙到黄河流域，进入了中华文化的核心区域。到了唐代，更是全面对外开放，大批外国人到中国来传教、经商和从事各种文化活动。唐代的外国移民数量是很大的，当时除日本人和朝鲜人外，文献上都称之为"胡人"，有"胡姬""酒家胡""胡医""胡商"等，主要是粟特人、波斯人、阿拉伯人等。波斯萨珊王朝灭亡后，整个王室逃亡到中国，在长安定居，成为一个很大的移民集团。西亚移民在广州等地建立"番坊"，形成相对封闭的居住区，成为中国最早的外国人居住区。但他们大部分与当地居民杂居相处，把他们民族先进的生产技术、生活方式、宗教信仰乃至民族文化精神带到中国，为海外文化在中国的传播做出了重大贡献。元代是另一个全面对外开放的时代，大批外国人来到中国，有西域人、波斯人、阿拉伯人，甚至欧洲人，形成了"色目人"阶层。他们分散在政治、经济、文化各个领域，发挥了很大的作用。宋代就有犹太人到开封定居，20世纪上半期又有大批犹太人逃亡到中国，形成了新的犹太移民群体。20世纪前期还有数量很大的俄国移民群体、日本移民群体。

自古以来也不断有中国人移居海外，早的如箕子"走之朝鲜"、蜀王子南下越南、徐福东渡日本，都是有组织的大规模移民集团。秦汉时代，又有大批"秦人""汉人"移居日本。特别是在宋元之际和明末清初，为躲避战乱，出现了两次向海外移民的高潮。历代移居海外的中国人与当地居民杂居相处，把中国的先进生产技术、生活方式、宗教信仰乃至吃苦耐劳、艰苦奋斗的民族精神带到那里，把中华文化播撒到世界各地，为中华文化在海外的广泛传播做出了重大贡献。

（5）商人。物质文化交流是一切文化交流最重要、最基本、最常态的方面，经济活动一向是交往的最主要动力和方式，贸易历来是文化交流最重要并且是最早的途径。物产的交流、商品的交流，一直在中外交流中占有重要的地位。丝绸之路之所以以"丝绸"命名，就是因为在早期的中西关系中，丝绸贸易占有很大的份额。另外，商业的沟通从来就是文化的交流。商品的形式，无论是以自然形态出现的物产、原料，还是被赋予了劳动价值和文化要素的人工产品，都会对交易双方产生文化方面的影响。

中国自古以来就与许多国家有着频繁而发达的贸易关系。丝绸之路最初就是为了国际性的丝绸贸易而由商人们开辟的。中国古代的对外贸易主要有官方贸易和民间贸易两种形式。官方贸易即所谓"朝贡贸易"，中国古代朝廷以对各国使节的"贡品"进行"回赐"的形式开展贸易，有的外国使节的主要使命就是来进行贸易；另外，外国使节还携带一些本国物产进行私人交易。除官方贸易外，民间贸易也十分活跃。在西北陆路，各国商队往来络绎不绝、相望于道，甚至有粟特人等专事对华贸易的商业民族；在南洋海路，宋代时中国商船就已驶抵印度洋，阿拉伯商船更是十分活跃。朝鲜、日本等东亚国家与中国的传统贸易关系更是持续不断。大航海时代以后，西欧各国建立东印度公司，展开了大规模的对华贸易，又经菲律宾开辟了通往美洲的航线。通过这些直接的或间接的贸易，丰盈的中华物产，如丝绸、瓷器、漆器、铁器、茶叶、中药材、工艺美术品等大批地、源源不断地输往国外。而来自其他民族的大量物产也通过这些渠道输入中国，丰富了中国人的日常生活。这些从事国际贸易的中外商人，除进行商业贸易活动外，有的时候还承担着一些外交使命和文化使命。

（6）宗教人士。宗教热忱是人类历史上促进各大文明交往的主要动力和方式之一。汉唐时期，中国僧人负笈西行，取经求法，成为中外文化交流史上极为壮丽的景观。与此同时，也有许多印度和西域的僧人来到东方，传播佛教，翻译佛经，为佛教东传做出了很大贡献。佛教传入中国后，经过中华文化的改造、剪裁和本土化，变成中国化佛教，成为中华文化的一个组成部分。继而，中国化佛教又传至朝鲜、日本等国，并得到广泛流传和发展。鉴真和尚率弟子东渡日本，他本人被誉为"日本文化的恩人"。朝鲜、日本历代都有许许多多的佛教僧侣来中国巡礼、请益。回国时，他们携带大批汉文佛典。回国后，他们模仿中国佛教建制，传播中国佛教宗派，还翻译出版大量中国典籍等，成为传播中华文化的一座桥梁。

明清之际，西欧基督教会派遣大批传教士来华。他们前赴后继，不绝于途，同时采取"学术传教"的策略，也带来了西方的文化、艺术与科学，成为这一时期中西文化交流的主要渠道。他们通过书写信件、翻译中国典籍和撰写有关中国的著作，向欧洲广泛介绍中国的儒家学说、政治制度、生活礼俗，为中华文化在欧洲的传播起到了重大作用，对启蒙运动产生了很大影响。

（7）军事人员。古代中国与其他国家之间既有友好交往，也时有战事争端。从文化交流的角度看，战争以及随之而来的俘虏和战利品，也是文化传播的途径之一。发生在中亚的怛罗斯战役中，唐军大败，大批唐军士兵被阿拉伯军队掳往中亚和西亚地区，客观上为中国技术向阿拉伯的转移起到了重要作用。中国的造纸技术就是在这时由被俘唐军中的工匠传至中亚和阿拉伯地区，而后又逐渐传到欧洲的。13世纪时，蒙古军队横扫欧亚大陆，建立起庞大的蒙古帝国，同时为中国与西方的文化交流开辟了广泛的途径。正是在这个时代，中国发明的火器及制造技术传播到了阿拉伯和欧洲各国。这一时期也是阿拉伯文化在中国传播范围最广、影响最大的时期。阿拉伯的火炮和火炮部队被蒙古军队应用到战争中。

在漫长的历史上，有许许多多知名的人和更多不知名的人，行走在丝绸之路上。他们不仅是文化交流的使者，更是文化的创造者和启发者。

第一编

发现西域

第一章　想象的异邦

一、中国之"西方"

在古代世界，欧亚大陆是人类文明的主要活动舞台。欧亚大陆的大江大河、平原高山，孕育了伟大的文明。中国文明、印度文明、西亚文明和欧洲文明等诸文明之间自古就具有一种互动关系，而这种互动的中心，一直在欧亚大陆。中国地处欧亚大陆的东端，由于特殊的地理位置，主要的交通通道是自东往西。历史上中华民族与其他民族的交流与交往，主要是面向西方，主要是与西面地方的国家和民族的交往和交流。丝绸之路就是东西方的交通、交流之路。

当然，中外的交流不仅仅如此，如在我国的东边是朝鲜半岛和日本，南边有越南等东南亚地区，中国与这些地区的文化交流也比较频繁。但从文化交流的基本态势来看，在东亚，中华文化是一种高势能文化，这些地区的文化属于广义的中华文化圈范围。对中华文化来说，与外来文化的交流主要还是来自"西方"。

所以，自古以来，中国人就对"西方"给予了高度重视。中国对西方的寻求，经历了几千年不曾改变。中外交往史上以"西域"的陆路交通居主导地位，即以丝绸之路为主导地位，也经历了上千年，不曾改变。

但是，对中国来说，"西方"是一个历史概念。随着交通的逐渐发达，随着人们对世界认知的不断拓展，中国人所说的"西方"是不断延伸的、不断变化的。中国人对西方的认识是一个不断发现的过程，是不断地对

"西方的发现"。

秦汉及以前的"西方"，主要指西域即中亚一带。那时候的中外文化交流，与西域的交流占了很大的比重。在当时的中国人眼中，西域是一个范围很大的外部世界，张骞通西域被认为是一个了不起的文化创举。唐朝时，虽然与波斯、阿拉伯也有很多交通往来，但中国人所说的"西方"，主要指印度，"西学"指来自印度的佛学。人们把印度看作文化的圣地，一代又一代僧人到"西天取经"，形成了如梁启超所说的第一批海外"留学运动"。他们取回的不仅有佛教经典，还有印度医学、天文学等科学文化知识。宋元时代，中国已经和欧洲有所交流，但此时的"西方"主要是指阿拉伯和波斯，对中国文化影响最大的是阿拉伯文化。元代时，在中国社会文化舞台上，活跃着很多"色目人"，其中大部分是波斯人和阿拉伯人，他们充当了那个时代中西文化交流的主角。明初时，郑和所"下"的"西洋"，指的是印度洋至波斯湾、北非红海一带的海域和国家。这是中国人在大航海时代以前去过的最远的"西方"了。

晚明欧洲传教士来华后，为了与中国人心目中指称印度、阿拉伯等国的传统意义相区别，他们总是自称来自"泰西"（太西）、"大西"、"远西"和"极西"，以示其所在的国度和地区才是真正的"西方"。起初，为了"照顾"中国人原有的"西方"观念，他们还特意将印度洋地区称为"小西洋"或"小西"，相对于他们自己所在的"大西洋"或"大西"而言。但到了后来，中国人世界观念里的"西洋"和"西方"指的就是欧洲，直到19世纪又加上了美洲，这就是我们今天通用的"西方"概念了。此后称"西学""西教""西士""西书""西画""西乐"，乃至"西医""西药"等，都是如此。

不过，晚明时人们对于"欧洲"还没有比较明确的地理概念。由于利玛窦和艾儒略的地理著作，以及其他传教士的介绍，中国人开始逐步形成对欧洲的一些认识，当时的文献将其称为"欧逻巴"。《西方要纪》说："西洋总名为欧逻巴，在中国最西，故谓之大西。以海而名，则又谓之大西洋。"明末部分中国人虽以"欧逻巴"称呼欧洲，但对于这个极西地区到底位于什么地方，只有极少数士人能给予明确的说明。而绝大多数人没有建构起确切的欧洲方位概念，只是相对地认识到了欧洲的空间位置。至于欧洲的国家数目，更是不甚清楚了。有人一时还弄不清欧逻巴与西洋、欧逻巴与佛郎机（即葡萄牙）之间的大小包含关系。如吴中明在《坤舆万国全图》的跋中说："利山人（利玛窦——引者注）自欧逻巴入中国，著《山海舆地全图》，荐绅多传之。"其后又说："盖其国人及拂郎机国人皆好远游。"如此把"拂（佛）郎机"与"欧逻巴"并列起来，表明吴中明还不知道欧洲与葡萄牙之间的大小包含关系。顾起元说："利玛窦，西洋欧逻巴国人也。"《万历野获编》中也说："玛窦自云：其国名欧逻巴，去中国不知几千万里，今琐里诸国亦称西洋，与中国附近，列于职贡，而实非也。"

19世纪中期以后的中外文化交流主要是指中国与欧美各国，包括俄罗斯等的交流，"西学"主要指工业革命以后在欧美发展起来的近代文化、科学、宗教、艺术等。清末张之洞等人提倡"中学为体，西学为用"之说，于是"中西"二字之连用，尤为普遍。"西学东渐"成为这个时代中外文化交流的主要景观。

这样，面对广阔的欧亚大陆，中外文化交流的范围就极为广泛了。自东徂西，中国人对外交往的范围不断扩大，中西交通的道路，即丝绸之路不断延伸，中国人的世界视野不断开阔。中华文化与其他民族文化交流的历史，就是中国人不断向外开拓的历史，就是中国人不断走向世界的历史，就是中国人的世界视野不断开阔的历史。

丝绸之路的开拓与延伸，与中国人不断扩大着的世界视野是同步的，与中国人走向世界的步伐是一致的。

二、作为文化地理概念的"西域"

在中国的历史文献中，有一个与丝绸之路、与中西文化交流关系非常密切的地理概念，即"西域"。丝绸之路首先就是通往西域之路。所谓西域，是相对于中国而言的，指在中国的西方。不过，"西域"是一个同历史有密切联系的概念。因为说"在中国的西方"，首先与历史上中国人关于"西方"的知识有关，是中国人所知道的"西方"，是与中国打交道的"西方"。而人们的地理视野、打交道的范围是不断扩大的。其次，历史上各国的版图和疆界是不断变化的。因而，"西域"概念的含义也是不断变化的。

"西域"一词，最早见于《汉书·西域传》。匈奴早期在对西域地方的控制中具有优势地位，于是，有"匈奴西域"的方位代号，史称"皆在匈奴之西"。汉武帝时代与匈奴的实力对比扭转以后，汉帝国的"西域""陷以玉门、阳关"。英文中的"西域"，是斯坦因首先使用的。

一般说来，"西域"的所指有广狭二义。历史学家吕思勉指出："汉时所谓'西域'，其意义有广狭两种。初时所谓'西域'，是专指如今的天山南路，所谓'南北有大山，中央有河'。南山，是如今新疆和青海、西藏的界山；北山，是如今的天山山脉；河，就是塔里木河。这是狭义。但是后来交通的范围广了，也没有更加分别，把从此以西北的地方，也一概

⊙ 南宋《汉西域诸国图》，首都图书馆藏

称为'西域'。这'西域'二字，便成为广义了。"①

　　广义的西域，包括葱岭以西的中亚等地，如阿富汗、中亚地区、伊朗、阿拉伯国家以及更远的地方，至地中海沿岸一带，有时连印度、巴基斯坦、尼泊尔等国以及非洲东北部的一些国家和地区也包括在内。唐代高僧玄奘的《大唐西域记》，记录的地方就很广泛了。

　　西汉时，狭义的"西域"是指今甘肃敦煌西玉门关、阳关以西，葱岭以东，昆仑山以北，巴尔喀什湖以南，即汉代西域都护府的辖地。所以狭义的"西域"是指中国境内的西部疆土，主要指新疆一带。不过，在汉唐时代，中国的西部疆土要比现在的版图更为广阔。与汉代比，唐代的西疆更远，直到咸海岸边，设有北庭都护府，管理军事行政，建立屯田制度。西域包括昭武九姓的领地，在唐代都属中国，设有羁縻州。因此，历史学家向达指出："就狭义说来，中国史上的西域可说是相当于今日的中亚地方。"②

　　从狭义的西域来看，在可考历史中这一带于公元前5世纪前后形成国家，并开始独立发展。据《汉书·西域传》记载，当时已有30余国分布在西域地区，故有"西域三十六国"之说。在张骞打通西域之前，匈奴一直是支配西域各国的势力。到汉代，"西域三十六国"为"西域都护"管辖的地区，最早为"五十国"，后各国之间吞并为"三十六国"。历史上的西域诸国，按《汉书·西域传》所说，"在匈奴之西，乌孙之南。南北有大山，中央有河……东则接汉，陜以玉门、阳关，西则限以葱岭"，即现在的新疆南疆地区。关于三十六国的具体情况，各书记载不一。所谓三十六国只是一个大概的说法，并且常有变动，名称也时有变化。

　　东汉末年，西域各国相互之间不断兼并，至晋朝初年形成了鄯善、车师等几个大国并起的局面。南北朝时期，西域局势再度变化，新兴的高昌国相继击败多个国家，建立了一个地跨新疆大部的强国，除少数国家外，西域诸国西迁，为中亚地区带来了繁荣的文化。

---

　　①　吕思勉著：《中国史》，云南人民出版社2019年版，第181页。
　　②　向达著：《中外交通小史》，商务印书馆1930年版，第15页。

从现代地理学的观念来看，中亚地区是古代中外文化交流最重要的区域。古史上的"西域"概念，主要是指这一地区。1829年，德国自然科学家亚历山大·冯·洪堡（Alexander von Humboldt，1769—1859）提出"中央亚细亚"的概念，用以指称"中亚"。"中亚介于四大文明区域之间的独特地理位置使其成为早期人类文明沟通和交往不可或缺的中间环节和媒介。以中亚为基点，往东靠近构成东方文明核心的中国中原文化密集区，往南毗邻印度河流域的古印度文明区域，往西南则通往两河流域和古埃及文明区域。"①

在历史上，中亚地区是世界上几大文化圈都曾波及的地方，是希腊、波斯、阿拉伯、印度和中国古文化的交汇地。各种文化传统在这里进行大规模、广泛的接触、碰撞、吸收和融合，形成人类文化交流和传播史上的一大奇观。历史上，无论是草原丝绸之路还是绿洲丝绸之路，各主要干线无不以中亚地区的草原、绿洲和山口为必经之路。在东西方之间，民族的迁徙、商贸物质的运输以及使者和僧侣的旅行，也必须在中亚地区的草原或沙漠中穿行。

季羡林先生在论及"西域"在东西文化交流史上的重要地位时指出：

> 文化交流或文化传播，总要通过一定的道路。西域地处东西两大文化体系群的中间，是东西文化交流的必由之路。在东方文化体系群的内部，各民族之间的文化交流，有时候也要通过西域。世界历史上有名的丝绸之路，就是横亘西域的东西文化交流的大动脉。②

古代的西域地方具有悠久而丰富的文化，对东方和西方都有一定的影响。西域地方多元文化交汇的历史特点，形成了西域文化特殊的形态。我国学者仲高在《丝绸之路艺术研究》中将其称为"复调文化"或"复调艺术"。他引

---

① 纪宗安著：《9世纪前的中亚北部与中西交通》，中华书局2008年版，第7页。
② 季羡林著：《佛教与中印文化交流》，江西人民出版社1990年版，第206页。

证苏联文学理论家巴赫金（1895—1975）的话来说明复调艺术，即"众多的各自独立而不相融合的声音和意识，由具有充分价值的不同声音组成真正的复调……"① 仲高指出，西域的"绿洲艺术正是由许多各有充分价值的声音（声部）组成的复调。它不是一个声部，而是多声部，等于是多声部的混声合唱。……绿洲艺术不是一元的，而是多元的；不是单一的，而是复合型的；不是单一民族的，

⊙ 新疆米兰佛寺遗址壁画《王者像》

而是多民族的；不是某一方地域的，而是多地域性的。绿洲艺术的这种'复调'格局正是它勃勃生机的缘由"②。

与此同时，也是更重要的，西域是历史上与文化上中西交通的走廊。自古以来，西域就是各种文化的交汇地，也是东西方文化交流的中心与枢纽。中亚是东方和西方的中介。这种地位对全人类的文化发展有着重大影响。

---

① 转引自钱中文主编：《巴赫金全集》（第5卷），白春仁、顾亚铃译，河北教育出版社1998年版，第4页。

② 仲高著：《丝绸之路艺术研究》，新疆人民出版社2010年版，第105页。

三、对西域的奇异想象

汉代以前，对中原地区的人们来说，西域是一个相当遥远和神秘的地方，人们对西域的认识多基于神话传说和奇异的想象。

人的思维的特点之一是好奇心，这种好奇心在人的童年时就有了。人们不满足对于自己生活的周围环境的了解和认知，还特别想知道自己周围以外的世界是什么样的，想知道在自己之外还有什么样的人在生活，以及他们是怎样生活的。但是，在古代交通和交往很受限制的条件下，尤其是在文明发生的初期，人们不可能走得太远，不可能知道遥远地方的人们的故事，所以当时的人们对外部世界的认知中夹杂了许多想象和传闻，这些想象和传闻有许多是奇异的、古怪的和荒诞不经的。

在汉代以前，人们认为西域是一片现实与神话合一的神奇地方，那里充满着宝物、奇物，居住着异民与神仙。《尚书·禹贡》提及西域的黄河、弱水、积石山、鸟鼠山等山川，此地出产球、琳、琅玕等玉石，居住着昆仑、析支、渠搜等百姓。《尚书·旅獒》记载西方远国贡献高四尺的大犬。《逸周书·王会解》描写西方献的奇兽——兹白牛，牛形而象齿。

在中国古代的神话中，有一个轩辕国，轩辕国北部有一座轩辕丘，这座轩辕丘呈方形，被四条大蛇相互围绕着。在四条蛇的北面，有个叫作沃野的地方，鸾鸟自由自在地歌唱，凤鸟自由自在地舞蹈，各种野兽与人一起居住。凤凰产下的卵，那里的居民食用它。苍天降下的甘露，那里的居民饮用它。凡是他们想要的都能遂心如意。在沃野的北面，有既可在水中居住又可在山陵居住的龙鱼，龙鱼的形状像一般的鲤鱼，有神人骑着它遨游在广大的原野上。

这个神话记载在《山海经》中。《山海经》是中国古代的一部奇书，记载了方国、山川、人物、神仙和神怪异兽等。这些记载反映了上古时代人们对地理空间的想象和认知。

《山海经》记载了西域神奇的国度、山川、居民、草木、矿产、禽兽、鱼虫、神仙。这些记载或者想象都是很奇异的。那里的居民形貌多与常人有别，其肢体器官，或残缺不全，或多于正常之数，一些人寿命可达千百岁。比如，三身国的人都长着一个脑袋、三个身子。一臂国的人都是一条胳膊、一只眼睛、一个鼻孔。奇肱国的人都是一条胳膊和三只眼睛，眼睛分为阴阳，且阴在上阳在下，骑着名叫吉良的马。骑上吉良马的人能长寿千岁。那里还有一种鸟，长着两个脑袋，红黄色的身子。枭阳国人的皮肤都是黑色的，身上长着长毛，脚趾朝后生长，走起路来健步如飞。

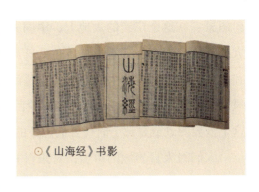
⊙《山海经》书影

《山海经》记载的禽兽多为人兽或兽兽复合体，生性怪异，或食人，或控制天气，或能预见治乱，或可抵御凶险不测。草木果实，食之或可致疾，或可治病，或可去烦恼。西域昆仑山是天帝的下都，聚集了众神仙，有各种玉石、神兽、神树、不死药，还有通天柱与通天梯。钟山的山神名叫烛阴，他睁开眼睛便是白昼，闭上眼睛便是黑夜，一吹气便是寒冬，一呼气便是炎夏，不喝水，不吃食物，不呼吸，一呼吸就生成风，身子有一千里长。这位烛阴神在无启国的东面。他的形貌是人一样的面孔，蛇一样的身子，全身赤红色，住在钟山脚下。

⊙《山海经》描绘的国界那边神秘的世界

《山海经》描绘了这样一个世

界图景：在这个广袤的大地上，中国九州位于世界的中央，大地的四方为大海环绕，四海之外是形形色色的殊族异类、奇鸟怪兽、神灵物怪所居住和栖息的荒蛮地带；大荒之外，则是渺茫不可知的天地之际，四时变换的风就从那里吹来，日夜流转、四时轮回的日月星辰也是在那里升起和降落。这个世界图景就是那个时代人们想象的世界的样子。

人们对来自异域的事物，对来自其他民族和国家的贡品，也赋予了许多奇异的故事。每个时代都有种种来自外国的关于神奇贡礼的传说。早期所谓的地理博物小说中，大致上包含了三大内容：一是殊方，即辽远的空间距离；二是异民，即表现其形体、特性和习俗的怪异；三是奇物，即出于真实或想象的各地奇异物产。至《山海经》时，中国人对异域遐方的幻想达到了一个空前的高度。

四、西王母：丝绸之路的女神

早期人们对西域的奇异想象，最突出的是关于西王母的神话。西王母就是丝绸之路上的女神。周穆王西行，最后就是要去见西王母。

中国古史中早有关于"西王母"的传说。西王母是中国古代神话中的一个母题。"西王母"又称"金母""金母元君""万灵主母"，俗称"王母娘娘"。在中国古代神话中，西王母的圣地为中国西方的昆仑山脉，她居住于崇山峻岭之中。在中国古典神话中，昆仑神话是保存最完整、结构最宏伟的一个体系。西王母神话及信仰是昆仑神话的重要内容，有学者认为，"西王母与昆仑山原有不可拆分之关系，言西王母即言昆仑也"。

古代史料中有许多关于西王母的记载，如《尔雅》中说，"觚竹、北户、西王母、日下，谓之四荒"，"西荒有西王母国"。《山海经》中说："西王母其状如人，豹尾虎齿而善啸，蓬发戴胜，是司天之厉及五残。"

古代文献在谈到上古这一段历史时，多有西王母献玉的记载。《尚书大传》说："舜以天德祠尧，西王母来献白玉琯。"《尔雅》记述，黄帝在位时，西王母曾命使者助帝克蚩尤之暴；舜帝在位时，命使者献白玉环；

夏献白玉玦，授地图明疆分野相和处，后帝德薄，渐不交往，断和平，以武力胁之。

《山海经》把西王母描绘成一个半人半兽式的女性神。这类半人半兽式的神正是较原始的神形象，是古代先民在口头流传中将本部族图腾与本部族著名首领复合叠印的产物。近年来也有研究认为，"西王母"可能是中国古代西北某部落的名称，只因该部落剽悍凶恶，而被中原的华夏族讹传为刑杀之神。而在《穆天子传》中，西王母被描绘成半神半人的多情女子，是雍容平和、能歌善舞的女王。西王母与周穆王诗文唱和，情意绵绵，二人在昆仑山瑶池共饮"琼浆玉液"，使穆王"乐之忘归"。

那么，"西王母之邦"在什么地方呢？在古史传说中，西王母生活于西域，各书记载不同。《史记·大宛传》说："安息长老传闻条枝有弱水、西王母，而未尝见。"《汉书·地理志》中的"临羌"注说："西北至塞外，有西王母石室、仙海、盐池。"随着人们对西域的探索，传说中西王母生活的

⊙ 新疆天山天池，古称"瑶池"，传说是西王母沐浴的神池

地方越来越西移。到汉代，随着西域道路的开辟，人们已接近或到达传说中西王母生活的区域，自然可将有关这一区域的地理、物产、传说等糅合起来，大大丰富了西王母的故事。

《穆天子传》说从群玉之山到西王母之邦，相距3000里。群玉之山，似指昆仑山北麓，这里从东而西都是产玉之地，有于阗、墨玉、皮山、叶城、莎车等。翦伯赞则认为，西王母国在今新疆和田以东或塔里木盆地，是春秋时期的西王母方国部落居地。沈福伟认为，西王母之邦和《山海经》中的渠搜似是同一地方的不同称谓，《史记·五帝本纪》写作"渠廋"，周初已经和黄河流域有了交往，渠廋在葱岭西500里，北临锡尔河。[1]西王母之邦是生活在中亚锡尔河上游地区的一个塞人部族，当时还处在母系氏族社会，西王母应是该部族首领。周穆王西巡狩，得见西王母，说明公元前10世纪以后黄河流域和中亚锡尔河上游地区已有比较牢固的联系。

历史上关于西王母的传说流传不断，并不断变化。在西汉文人的笔下，西王母是一位白发老妪，栖居在山上洞穴中修炼。汉哀帝建平四年（前3）春，关中一带盛传西王母传书："母告百姓，佩此书者不死。不信我言，视门枢下，当有白发。"在汉代，由于人们普遍有求长生的愿望，西王母的形象深入人心。西王母除能长生不老外，还是赐给人们长寿、福祉、嘉子、使人免于灾难，保人出入平安的神仙。在今山东、河南、四川、江苏、陕西等地出土的大量画像石上亦出现了西王母的形象。一些画像石上还把西王母所处的仙境与人间的生活场景组合到一起，西王母变成人们心目中的福寿之神，形象亦变得端庄大方。

司马相如在《大人赋》中说："吾乃今目睹西王母。暠然白首，戴胜而穴处兮，亦幸有三足乌为之使。必长生若此而不死兮，虽济万世不足以喜。"她住在洞穴里，满头白发，只有一只三足乌供其驱使，相当孤独。伴随着人们对西王母的敬拜，西王母的形象变得越来越美。汉人还为独居的西王母设想了一个配偶东王公，演绎出了二人不远万里来相会的爱情故事。

---

① 沈福伟著：《中西文化交流史》，上海人民出版社2017年版，第13页。

传说西王母还有一个儿子，开始是"金甲铁齿"，后来则变成了贬谪到人间的东方朔。

魏晋南北朝时期，人们把西王母神话传说和周穆王西征、汉武帝西巡的历史事实联系起来，使西王母形象人格化、神话传说故事化，源自神话传说的西王母形象逐渐完善而丰满起来。六朝文人写的《汉武内传》中，西王母听说汉武帝渴望长生不老，四处求医，于是带了7枚寿桃，乘五彩祥云降于汉武帝宫中。只见她"黄金褡襦，文采鲜明，光仪淑穆，带灵飞大绶，腰佩分景之剑，头上太华髻，戴太真晨婴之冠，

⊙ 南宋刘松年《瑶池献寿图》

履玄璚凤文之舄，视之可年三十许，修短得中，天姿掩蔼，容颜绝世，真灵人也"[1]。她乘坐的三青鸟，则变为一群侍女，"年可十六七"。随着西王母的形象由老变少、由野变文，其信仰也被道教吸收。西王母成为道教中的"女仙之首"，成为最受尊奉的女神仙，在天上掌宴请各路神仙之职，在人间管婚姻和生儿育女之事。

唐宋之后，小说、戏曲中的西王母形象，延续人形化吉神的形象，成为母仪天下的天界女神。

---

① 〔明〕冯梦龙评纂，孙大鹏点校：《太平广记钞》，崇文书局2019年版，第13页。

第二章　史前可能的西域之路

一、走向远方的最初梦想

在旧石器时代，世界上许多地方已经有了人类的活动，并且创造出了既有共同点又有各自特色的文化形式。当中国人的先祖开始在东亚大陆活动的时候，他们并不孤单，无论是西边的西亚和欧洲，还是遥远的非洲，都已经有了最初的从猿到人的行走足迹，有了最初的文明星火。

原始初民繁衍生息于东亚大陆，有着极为悠久的历史。他们经过蛮荒的漫漫长夜，筚路蓝缕，创榛辟莽，进行着极为艰难又极为雄壮的文化创造。他们以石器的研磨敲打，演绎出中华文化史诗的前奏，迎来初升的中华文化曙光，开辟了中华文化的历史源头。

中国的旧石器文化是在各地独立发展起来的，但在各地的旧石器文化之间有一定的交流，同时也可能与西亚和欧洲的旧石器文化存在一定的联系。考古学的发现告诉我们，中华文化与欧亚大陆其他文化的联系，可以追溯到旧石器时代。这种联系表明当时已经有了交往和交流。有了人类，就有了走出去的"路"，就有了与其他族群的交往与交流。

但这种联系只能通过考古发现中的某些相似性来推测。如有学者认为：俄罗斯平原上的遗址，表现出明显类似于欧洲旧石器晚期文化的特点；高加索及中亚的材料显示了与中东的联系；西伯利亚及东亚、东南亚地区的材料则使人们得以追溯与日本、中国及新大陆文化序列之间的密切关系。^①苏联考古学家认为，早在旧石器时代，蒙古便是各民族间通行道路和文化接触的一个远古交汇点，使中亚、西伯利亚、中国和印度互相联系。在阿尔泰地区的旧石器文化中，勒瓦娄哇技术同样十分明显。^②阿尔泰地区的这种技术可能是从西方经草原通道传来的。这里说的"勒瓦娄哇技术"，是大约15万年前欧洲出现的一种石器技术模式，被称作"莫斯特工业"，其特征是拥有比较先进的石核修整技术，特别是一种被称作"勒瓦娄哇方法"的石核预制技术。勒瓦娄哇石器技术是欧亚旧石器工业技术史上的一次重要革命，在人类演化史上具有里程碑意义。

　　1923年，法国古生物学家夏尔丹（Pierre Teilhard de Chardin，1881—1955）和桑志华（Emile Licent，1876—1952）在宁夏水洞沟旧石器时代晚期遗址的发掘中，发现其中有属于西方莫斯特文化的勒瓦娄哇石器。其后在中国北方地区的黑龙江、山西、内蒙古和新疆等地，先后发现了勒瓦娄哇

⊙ 宁夏水洞沟遗址

① 龚缨晏：《远古时代的"草原通道"》，《浙江社会科学》1999年第5期。

② ［日］关矢晃：《近年俄罗斯阿尔泰地区的考古学状况——1992～1994年旧石器时代、新石器时代的发掘收获》，朱延平译，《华夏考古》1997年第4期。

石器遗址。中国北方，特别是近年来新疆地区发现了勒瓦娄哇石器，表明早在距今10万年前后的旧石器时代晚期，可能就有一支来自西方的人群通过中亚草原来到新疆，进而到达宁夏水洞沟。中国北方其他地区零星发现的勒瓦娄哇石器，则有可能是通过北方草原通道传入的。

一些学者将西方石器技术向东传播的路径称为"史前石器之路"。虽然这条"史前石器之路"若隐若现、似有似无，但它大概是命名最早的东西交通的路线了。

与旧石器时代相比，在新石器时代，人类的迁徙和交流有所扩大，因而各地的新石器文化也有着互通信息的可能性，有着相互的了解、交流和影响。日本学者石田幹之助在《中西文化之交流》中提出，新石器时代，欧亚大陆之间即有交通，他推测其路线为：（1）沿帕米尔南边东行入新疆，再由南路或北路而至甘肃西端，以达黄河流域；（2）由帕米尔西部高原，溯阿姆河上游，出其东北隅而入新疆；（3）经帕米尔之北，由拔加那（Bergana）盆地，而出阿赖（Alai）谷地。[1]

我们的先民可能很早就通过这些交通路线与北部和西部的其他民族交流往来，互相交换物质文明的成果和文化信息。所以，在中国的新石器时代文化中，不仅有南北不同地区文化的相互交流和影响，也有与欧亚大陆上其他新石器文化交流和影响的痕迹。

例如，在中亚和西亚都发现过一种类似于黄河流域常见的三足陶鬲。经过调查得知，这种陶器于公元前2千纪末期突然出现在东迄巴基斯坦北部、西经伊朗北部的里海南岸、迄伊拉克北部的广大的游牧地带。在伊朗北部，它大约一直存在到公元前1千纪的晚期。这里的陶鬲和黄河流域的并不完全相同，但它们有一个共同点，都是尖裆。尖裆鬲在公元前2千纪末公元前1千纪初，还存在于今甘肃到内蒙古一带。这个地带正是中原和伊兰语族的游牧民族，以及畜牧民族的羌人等生活的草原区域相接触的地方。考古学家宿白认为："作为黄河流域文化特征的陶鬲，如这种触火面积

---

① 方豪著：《中西交通史》（上卷），上海人民出版社2008年版，第24页。

⊙ 红山文化女神像

大、有迅速煮沸而又易于制造等优点的陶鬲，是有可能经畜牧、游牧民族的介绍，经过间接的传播而影响到中亚乃至西亚的。"[1]

再如在广大欧亚地区的新石器文化中，都有陶塑的裸体女像。在辽宁喀左的红山文化遗址中，出土了大量泥塑人像残块，有头、肩、手以及乳房等部位的残块，可辨别出至少分属6个人像个体，均属女性。女像五官清晰，面目肃穆，双手曲抚于腹部，肥大的躯干、硕大的乳房以及宽臀大腹等特征醒目。考古学界认为，这是中国最早的女神像。这种史前裸体女像，在西到比利牛斯山、东到贝加尔湖的广大欧亚地区有不少发现，人们通常称之为"早期维纳斯像"。由此可以认为，女性裸体陶塑造型艺术和表现出来的生殖崇拜文化观念在广大欧亚地区互相传播和交流。

其他的例子还有许多。因此我们大致可以得知，在新石器时代，在广袤的欧亚大陆上，就有了某种程度的人员以及物质和文化的流动、迁徙、交换和交流。在这样的流动和交流中，中国大地的远古文化已经和欧亚大陆另一端的文化有了对话与互动，并且引进了

⊙ 古印度女性陶俑，公元前26世纪，印度国家博物馆藏

---

[1]　宿白著：《考古发现与中西文化交流》，文物出版社2012年版，第8页。

许多其他民族的文化因素。正是这样的迁徙和交流，奠定了欧亚各民族文明时代的生活基础。

二、彩陶之路

在世界各地的新石器遗址中，普遍发现了大量的陶器。陶器的发明和使用，是人类自掌握取火技术、饲养家畜和栽培植物之后取得的又一划时代的进步。陶器是人类定居生活稳定性的一种反映，在人类智力发展和文化进步的过程中具有重要的意义，一直被作为新石器时代的主要标志。

彩陶是中国先民在新石器时期创造的闪烁着人类智慧的重要器物，它大量出现在黄河流域，最著名的是距今7000—6000年的河南省渑池县仰韶遗址出土的彩陶，它们线条流畅，图案色彩绚丽。彩陶是仰韶文化的主要特征，故仰韶文化又享有"彩陶文化"之盛誉。

仰韶文化以西安的半坡遗址为代表。仰韶文化是黄河流域新石器文化的主流，分布广袤，遍及山西、陕西、河北、甘肃东部、宁夏、内蒙古南部、河南及湖北的西北部，包括整个中原地区及关陕一带。迄今为止，已经发现的仰韶文化遗址有1000多处，年代为距今7000—5000年，延续2000多年。

仰韶文化的制陶工艺相当成熟，器物规整精美，多为细泥红陶和夹砂红陶，灰陶与黑陶较为少见。其装饰以彩绘为主，于器物上绘精美彩色花纹，一般多装饰在器物的口沿和上腹部，下腹部和底部多不施彩，但也有全身布满花纹的器物，还有用人面纹做装饰的。半坡类型的彩陶纹饰以各式各样的鱼纹最富特征。庙底沟类型的彩陶纹饰主要是由圆点、勾叶、弧线三角和曲线等组成的连续带状花纹，另外还有磨光、拍印等装饰手法。仰韶文化的陶器种类较多，有杯、钵、碗、盆、罐、瓮、盂、瓶、甑、釜、灶、鼎、器盖和器座等，最为突出的是双耳尖底瓶，线条流畅、匀称，极具艺术美感。这个时期的陶器，尤其是其中的彩陶，是中国史前文化成就的标志，也是世界历史文化的珍品。

研究者发现，仰韶文化的彩陶和西方各地的彩陶文化十分相似，说明这些新石器时代居民是相互往来、有一定联系的。1921年，瑞典学者安特生（Johan Gunnar Andersson，1874—1960）在河南渑池的仰韶村发现大量彩陶，他将其与东南欧特里波里、中亚安诺等遗址出土的彩陶相比，发现有许多相同的地方。

⊙ 半坡遗址出土的人面鱼纹彩陶盆，半坡遗址博物馆藏

在当时的学术思潮中，"传播论"十分盛行。传播论认为，文化的发明和创造是很困难的，人群集团之间的文化学习和借鉴则是十分自然的事情，所以世界上许多文化都是由一地发明后相互传播的结果。在此背景下，安特生从仰韶文化彩陶图案同西亚各地彩陶图案的相似性出发，提出中国文化"西来说"。①

为了探寻彩陶的传播路线，安特生寻踪西进，由西安到兰州，再到西宁。经调查，他认为甘青地区发现的大量陶器都属于新石器时代，可归入仰韶文化，同时认为它们都是由西方传入的，完善了他的中国文化"西来说"体系。

安特生的"西来说"得到许多人的响应。而中国考古学家认为，仰韶新石器文化是中国土生土长的，根本不可能是"西来"的。考古学家李济指出："有的人认为，历史上的丝绸之路形成之前，先有一条彩陶之路。有些人花费许多力量把中国所发现的彩陶文化拿来与欧洲东部的类似发现相比较。应当承认，这二者之间是有一些令人惊异的相似之处，不过这些相似点在多数例子上只局限于文饰图案。至于说到这类手工制品的形态和其他技术性的方面，比较所得的结果好像并未显示有任何特殊的关系。"②

但由于安特生的中国文化"西来说"是建立在考古学基础上的，不少

① ［瑞典］安特生著：《中华远古之文化》，转引自龚书铎总主编、廖名春主编《中国文化发展史》（先秦卷），山东教育出版社2013年版，第8—9页。
② 李济著：《中国早期文明》，上海人民出版社2017年版，第57页。

学者意识到，在欧洲、近东和中国黄河流域之间，横隔着疆域辽阔的新疆，要解决仰韶文化彩陶"西来说"的问题，须对新疆地区的彩陶进行系统研究。安特生对此也有同感，认为："由地理环境上分析，确实新疆为我们最后解决仰韶问题之地。"1931年，梁启超的次子梁思永留学归国，发掘了安阳高楼庄的后岗遗址，他在这里发现了中国考古学史上著名的"后岗三叠层"，即仰韶文化层、龙山文化层、商文化层由下而上的三层堆积，从地层上证明了中国的历史由史前到历史时期是一脉相承的。梁思永的这一发现，对"西来说"是一个很大的冲击。历史学家沈福伟指出："彩陶文化西来说在西方考古学界迄今仍是喋喋不休的议题，是因为彩陶文化普遍存在于中亚、西亚和欧洲，而中国的彩陶文化和旧石器时代之间恰恰出现了一块尚待填补的空白，使新石器时代晚期文化突然降临在黄河中下游，于是彩陶文化西来便成了一种巧说。"但是，现代考古已经证明，"仰韶文化是在中原地区土生土长的统系分明的彩陶文化"。[①]

中国学者认为，仰韶文化的彩陶不可能是西来的，但至于某些形制和图案，同外地彩陶有相互交流、相互影响，那都是可能的。20世纪二三十年代，我国考古工作者黄文弼等人在新疆发现零星的彩陶遗存。考古学家裴文中据此断言："新疆之彩陶文化，实较黄河流域为晚，故由中央亚细亚传布而来之说，似有修止之必要。"[②]1942年，裴文中以新疆彩陶晚于黄河流域彩陶的论点质疑彩陶文化"西来说"，提出了存在"史前丝绸之路"的观点。此后，甘青地区大量史前遗址和墓葬的发掘，吸引了众多学者对这一区域史前文化的关注，史前时期黄河流域彩陶文化西渐的路线逐渐清晰。1960年，李济提出"彩陶之路"的概念，并用此来概括、质疑安特生的仰韶文化"西来说"或彩陶文化"西来说"。

中国学者的研究认为，仰韶彩陶不仅不是从西方传来的，而且是自东向西传播的。1965年，苏秉琦明确指出仰韶文化、马家窑文化等包含彩陶

---

① 沈福伟著：《中西文化交流史》，上海人民出版社2017年版，第4页。

② 裴文中著：《中国史前时期之研究》，商务印书馆1948年版，第166页。

的文化在甘肃境内的移动方向是自东向西，而非相反。1978年，考古学家严文明发表《甘肃彩陶的源流》一文，理清了甘肃彩陶文化的起源、发展和流变，清楚地展现了彩陶文化自东向西渐次拓展的生动图景，澄清了"仰韶文化西来说"的谬误。1983年，我国学者陈戈提出新疆彩陶出现年代的上限在距今3400年，下限在公元前后；早者属于青铜时代，晚者属于早期铁器时代，最晚可能至汉代，而且存在东早西晚的事实。他据此做出了彩陶流播主导方向是"西去"而非"西来"的明确判定，并结合甘青地区彩陶文化的发现与研究，勾勒出史前彩陶之路的雏形。[①]

中国学者研究认为，从仰韶文化开始的中原彩陶文化，在中国境内曾广泛扩散，其西支由甘肃、宁夏西入新疆，上起公元前5000年，下迄公元前1000年，新疆西部的和田、皮山、沙雅、伊犁河流域是现在所知道的中原彩陶文化西传的终端。黄河中下游的中原地区是中国古代文化的发源地，中原文化在诞生以后，呈现出向周围扩散的趋势，在西部地区，表现出由东而西的传播方向。[②]

20世纪末21世纪初，随着新疆地区史前考古材料的积累和研究的深入，新疆地区史前彩陶的区域特征、源流等日益明晰，学术界对史前"彩

⊙ 青海同德宗日遗址出土的舞蹈纹彩陶盆，青海省博物馆藏

⊙ 半坡遗址出土的单体鱼纹彩陶盆，半坡遗址博物馆藏

---

① 刘学堂：《史前彩陶之路终结"中国文化西来说"》，《中国社会科学报》2012年11月21日。

② 沈福伟著：《中西文化交流史》，上海人民出版社2017年版，第5页。

陶之路"的起点与终点、起始与兴衰以及史前彩陶之路的丰富内涵等，有了更完整和科学的理解。

据我国学者刘学堂《史前彩陶之路终结"中国文化西来说"》一文概述，史前"彩陶之路"最早可以上溯至黄河流域新石器时代初期，至少距今8000年，黄河流域彩陶文化开始向四周扩张；距今7000年以降，进入六盘山东西两侧；距今5500—5000年，扩展到青海东部，西进至祁连山北麓的酒泉地区。彩陶文化传入甘青地区后，再度复兴，创造了西北甘青史前彩陶新的辉煌，并积蓄了继续西进的力量。距今4000年前后，彩陶现身于新疆哈密地区。哈密盆地是甘青史前彩陶西进的第一站。这支东来的彩陶文化沿着天山山脉西进，终点到达巴尔喀什湖东岸一线，持续的时间长达5000年。在西渐的过程中，彩陶文化沿途不断与当地文化交流、融合，逐渐形成新的地方性考古文化。沿着史前彩陶之路，黄河流域的居民携带着独特的彩陶艺术和其他农业文化要素，艰难跋涉，最终将中原远古文化与古老的西域文化融汇为一体，展示出深邃和波澜壮阔的历史画卷。[1]

我国学者韩建业将"彩陶之路"总结为以彩陶为代表的早期中国文化以陕甘地区为根基自东向西拓展传播之路，也包括顺此通道西方文化的反向渗透，通过这些路线，源自中国腹地的彩陶等旱作农业文化因素渐次西播，西方的麦、羊、马、车以及青铜器和铁器冶炼技术等逐渐渗入中国广大地区。韩建业强调，"彩陶之路"是早期中西文化交流的首要通道，是"丝绸之路"的前身，对中西方文明的形成和发展都产生过重要影响。[2]

三、玉石之路

玉器是中国独特的艺术品，是中华传统文化的一个重要组成部分，是中华文化的代表或象征之一。汉字"玉"指"美石"。"玉"字最早的文字

① 刘学堂：《史前彩陶之路终结"中国文化西来说"》，《中国社会科学报》2012年11月21日。

② 韩建业：《"彩陶之路"与早期中西文化交流》，《考古与文物》2013年第1期。

记载见于河南安阳殷墟的甲骨文，此后亦见于西周晚期及战国时期的青铜器铭文。"玉，石之美"是人类从旧石器时代进入新石器时代时，在选制细腻坚硬、色彩美丽的石器的劳动过程中所得出的有关玉的广义观念，体现了中国传统赏玉超越自然属性、包蕴精神品格的价值取向。

中国玉石开采历史悠久，分布地域极广，蕴藏丰富多样，为玉雕艺术发展奠定了雄厚的基础。中国人青睐玉石，其时间之长、分布之广、器形之多、做工之精、影响之深，为其他任何民族所不能及，由此形成了源远流长的玉文化。

距今8000—4000年，玉文化传播的主要方向性运动可以简单归纳为"北玉南传"。起源于北方西辽河流域的玉器生产以兴隆洼文化为开端，以玉玦为最初的主导性玉器形式，8000年前出现在内蒙古东部地区。兴隆洼也被确定为中国早期玉器的发源地。

兴隆洼文化玉器可以分为两大类：工具类和装饰类。前者如斧、锛，往往比传统的实用器形体要小，说明它们已不是原来意义上的实用器，而是已经孕育和分化出后世玉器的两大用途，即中原地区的斧钺工具兵器系统（后来向圭等尖状礼器集中）和东方的祭祀礼玉系统（后来向以琮、璧等为代表的环状礼器集中）。

以兴隆洼文化为代表的世界最早的玉器组合与工艺技术逐渐向东和向南传播扩散，不仅覆盖整个沿海地区，而且在日本及海外的某些地点都可以看到这轮扩散的影响。玉玦是分布最广的玉器，向南扩散到越南，向东流传到日本，向东南到菲律宾，北纬60°至南纬10°、东经80°至150°的范围内均有玉玦分布。

约7000年前，玉文化到达浙江沿海一带，代表性器物是余姚河姆渡文化出土的玉玦。后又经过2000多年的缓慢传播，玉器种类逐渐增多，

⊙ 兴隆洼文化玉玦

在约5000年前的凌家滩文化和良渚文化达到史前玉文化生产的巅峰期。良渚玉器和玉文化向其他地区广为渗透和扩散，受其影响，史前玉文化的分布几乎到达中国东部大部分地区。

大约从距今6000年开始，在东部沿海地区较流行的玉石神话信仰及玉器生产逐步进入中原地区，形成龙山文化时期的玉礼器组合的体系性制度，并从中部地区进一步传到西部和西北地区，抵达河西走廊一带，以距今4000年的齐家文化玉礼器体系为辉煌期。

从4000年前开始，出产于新疆昆仑山一带的优质和田玉，向中原进行了大规模的输送。我国玉材的选用，以新疆和田玉大规模进入中原为标志，划分为两个阶段，前为"非真玉时代"，后为以和田玉为主体，兼有岫岩玉、南阳玉的"真玉时代"。和田玉进入中原，始于仰韶文化时期，殷商时出现高潮。

和田玉古称"昆山之玉""塞山之玉""钟山之玉"，分布于今新疆莎车—塔什库尔干、和田—于田、且末绵延1500千米的昆仑山脉北坡海拔3500米至5000米高的山岩中。《山海经·西山经》记述，"南望昆仑，其光熊熊，其气魂魂。西望大泽，后稷所潜也。其中多玉"。《穆天子传》记载，周穆王与西王母在昆仑之巅的瑶池把酒临风，接受西域诸国的朝拜，并说"昆仑之上，群玉之山，取玉三乘，载玉万只"。

《管子·揆度》记"禺氏边山之玉"。《管子·国蓄》说："玉起于禺氏。"禺氏是当时生活在西部地区的一个半游牧民族。可见，早期和田玉之东来，也是要经过这个游牧民族转手的，所以叫它"禺氏之玉"。这条向东的输送玉石之路是十分遥远且艰险的。战国时代文献《尸子》说："取玉甚难，越三江五湖，至昆仑之山。千人往，百人反，百人往，十人至。"

西北地区玉器始见于甘肃秦安大地湾，以齐家文化玉文化为其盛期，以璧、琮为代表，另有玉围圈及多璜联璧等具有特色的玉器，其玉石主要产地为昆仑山、金山、格尔木、祁连山、玉石山以及四川汉川龙溪等地。齐家文化因占据河西走廊的特殊地理位置，成为新疆和田玉输往中原地区的中间环节。自齐家文化后，遥远的新疆就成为中原王朝不可或缺的战略资源供应地。史前地方玉的地位相形见绌，经过儒家君子观"温润如玉"理念的熏陶，出现了和田玉独尊的现象。

从商代出土玉器中，我们看到和田玉已经开发、生产并应用于商代玉文化各个领域。这说明至少在公元前13世纪，中国内地就已经开始和西域乃至更远的地区有商贸往来。河南偃师二里头文化遗址出土的白玉柄形器，就是用和田白玉制成的，属于早商时代的遗物。河南安阳妇好墓、湖北随州曾侯乙墓、江苏徐州狮子山楚王墓等，都出土过大批和田玉器珍品。殷墟妇好墓出土玉器755件，玉器的选料有绿色、褐色、灰色、白色、黄色、黑色等。专家鉴别认为，除新疆和田玉外，还有辽宁的岫岩玉、南阳的独山玉等。玉器中有造型厚重的礼器，有实用工具，也有形象生动活泼可爱的鸟兽。妇好墓中出土了较多用和田玉琢成的玉器，这证实，和田玉输入商朝最迟在武丁时代。武丁在位时间为公元前1250—公元前1192年。公元前11世纪末，周武王攻入商都朝歌，共缴获商朝的旧宝玉1.4万枚、佩玉18万枚，其数量之巨可见一斑。

夏商周时代的圭璧系统合一，周代玉器使用中有上圭下璧的文献记载和案例，这表明此时玉文化完成了整个中国体系内的集大成，最终确立了玉器与玉文化在中国早期文明中的地位。同时，周代开始"德玉"，是玉器文化发展过程中的一座里程碑。

玉石是中原文明最渴望得到的战略物资，对于建构中原王权意识形态起着重要的作用。甲骨卜辞记载，武丁时曾四处"征玉"和"取玉"，即以军事抢掠玉材。周穆王西去昆仑山之前，要先循着黄河流向去探索古老的玉石之路，所以他从中原出发的第一站不是向西进入甘肃，而是向北去往河套地区。有学者认为，周穆王沿着黄河前往西域的支配性要素，就是

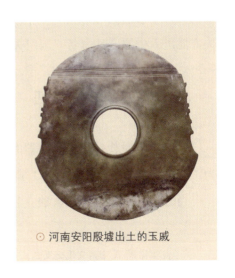

⊙ 河南安阳殷墟出土的玉戚

华夏先民关于"河出昆仑"和"玉出昆岗"的神话地理想象。西周时期的高等级墓葬，如河南三门峡虢国墓和山西曲沃晋侯墓，出土的玉器数量庞大且制作精致，几乎清一色用的和田玉。沈福伟说："从周王朝开始，昆山之玉就是王室竭力追求的西方宝货了。"[①]到了战国、秦、汉时期，新疆和田玉应用普遍，证明新疆和田玉已经取代了较次的玉品种。《史记·大宛列传》记载，"汉使穷河源，河源出于阗，其山多玉石"。自张骞出使西域以后，新疆和田玉更是源源不断地流入中原，和阗成为中国玉料的主要产地。

有学者认为，由于和田玉的输出，早在6000多年前便形成了一条从西域到中原的"玉石之路"。这种观点认为，从全球范围看，比丝绸要早得多的跨地区贸易对象是玉石，以及由玉石资源开发所派生的金属矿石。在中国的北方与欧洲之间，始终存在一条经济大动脉：从东向西，携带和贩售的商品是丝绢等纺织品；从西向东，携带和贩售的商品是和田玉。西方人自古就艳羡来自中国的丝绸，而中原人自古就喜欢产自西域的和田美玉。通过活跃于西域和中原间的商旅与部族频繁交换，三四千年前，从昆仑山到中原的玉石之路开通，大致由于阗起，向东一支经且末、罗布淖尔（罗布泊），沿阿尔金山蜿蜒前行，另一支经昆岗、龟兹、高昌、伊吾，横越星星峡。它们在玉门关会合，冉继续向东延伸，穿雁门关到长安、洛阳。玉门关位于敦煌西北90千米，相传两汉时西域和田等地所产的玉石必经此关方能进入中原，其命名"玉门关"应是因和田玉的缘故。

四、小麦的旅行

从旧石器时代过渡到新石器时代的标志性实践，就是由采集食物转变为"生产"食物，亦即开始人工驯化培育作物和动物，亦是农业的产生。

当时世界上出现了三大独立起源的农业文明中心区：两河流域西亚农

---

① 沈福伟著：《中西文化交流史》，上海人民出版社2017年版，第26页。

业起源中心区、中国农业起源中心区和中南美洲农业起源中心区。西亚独立起源的农作物代表主要是小麦、大麦和豆类，驯化出的动物有山羊、绵羊和牛。中南美洲是玉米和南瓜等首先被栽培的地方。在中国起源的农作物包括水稻、小米、大豆、荞麦等，驯化出的动物则有狗、猪、鸡等。距今9000－7000年，是我国原始农业文化发展的重要时期。

在早期人类的交往和交流中，物种的交流、动植物的交流是相当重要的组成部分。作为农作物的植物和作为家畜的动物，是早期人类在生活生产的长期实践中逐渐对野生物种进行驯化的结果。不同民族面对不同的自然条件，所接触和驯化的动植物也不相同，但通过早期的交流，这些动植物逐渐成为各民族的共同财富，满足和丰富了不同民族的生活和生产需求。物种传播和交流一直在突破民族、政治、地域和文化等界限，从而成为跨文化互动进程中最生动的内容，具有极其深刻的影响。到近代以前，世界性的物种交流一直在继续。

在新石器时代，世界首先发生了一次食物的全球交流。在这次大交流中，中国起源并独立培育的粟到达欧洲，中国起源的水稻传播到日本、朝鲜半岛和东南亚，西亚起源的小麦到了中国。

小麦是重要粮食作物之一，被认为是"人类最古的粮食""神下凡的时候留给人间的粮食"。考古学研究表明，小麦是新石器时代人类对植物进行驯化的产物，栽培历史已有万年以上。小麦起源于亚洲西部，西亚的广大地区曾在史前居民点遗址上发掘出许多残留的实物，其中包括野生和栽培的小麦干小穗、干籽粒、炭化麦粒以及麦穗、麦粒在硬泥上的印痕。小麦从西亚、中东一带西向传入欧洲和非洲，东向传入印度、阿富汗、中国。6000多年前小麦出现于欧洲，4000多年前到达东亚地区。

学者们认为，小麦从西亚向东方的传播至少包括三条路线：主体为北线的欧亚草原大通道，中线为河西走廊绿洲通道，南线是沿着南亚和东南亚海岸线的古代海路。这和后来人们概括的丝绸之路三条主干道大体一致。

1987年，在甘肃民乐东灰山遗址中发现的农作物炭化籽粒的年代早到

⊙ 清代袁江《春畴麦浪》

距今约5000年，遗址中出土的小麦是中国发现的时代最早的遗存。中国发现较早的小麦遗址还有新疆的孔雀河流域，在楼兰的小河墓地发现了4000年前的炭化小麦。约4000年前的甘肃西山坪遗址发现的农业遗存显示，当时人们种植粟、黍、水稻、小麦、燕麦、青稞、大豆和荞麦等8种粮食作物，囊括了东亚和西亚两个农业起源中心的主要作物类型。在属于新石器时代晚期、年代为公元前2000—公元前1900年的齐家文化甘肃临潭磨沟遗址墓葬群，研究者对墓葬中成人牙齿牙结石淀粉粒的检测结果表明，当时人类的植物性食物具有多样化的特征，有小麦、大麦或青稞、粟、荞麦、豆类及坚果类等，其中麦类植物、荞麦和粟占淀粉粒总量的70%。

古文献《夏小正》中已有"祈麦实""树麦"等记载。大概在殷商时期，华北地区的居民已经逐渐将麦子作为食物。殷墟出土的甲骨有"告麦"的文字记载，说明小麦很早就已经是河南北部的主要栽培作物之一。《诗经·周颂》中已有关于小麦、大麦的记载，说明西周时黄河中下游已栽种小麦。有人统计，在《诗经》中，有9次提到麦。

大麦栽培也有很悠久的历史，中东、埃及一带发现了新石器时代早期的大麦遗物。通常认为，大麦原产于西亚美索不达米亚一带，后传至东亚、北非和欧洲。公元前3000年，美索不达米亚和古埃及都有关于大麦的文字记载，中国商代甲骨文中也有记载，说明大麦在这些地区已有栽培。

关于小麦种植在黄河流域的流传，我国学者注意到古代文字和习俗中一个有趣的现象：虽然早在周代小麦就被列入"五谷"之中，成为我国北方栽培的粮食作物之一，但先民们并不以麦为贵，宗庙祭祀必称"黍稷"，富国安民则言"贵粟"。我国古文献中的这一语言文化现象，反映了原产于中国的粟在古人生活中的地位是至高无上的。重粟不重麦这一古俗表明，小麦似乎不是华夏先祖自古耕食之谷，而更可能是后来从域外传入的作物。《山海经》中提及粮食作物时有黍稻而不见有麦，并说炎帝和黄帝的后裔皆"食黍"或"食谷"，这也说明早期的华夏先祖不知有麦，或还未引种小麦。

甲骨文中已有表示"麦"的字，即"来"，"麦"字则是后起的。"麦"字从止，"止"是足趾之"止"朝下的象形会意，表示降落，即罗振玉所说的"古降字"。"来""麦"二字，音近义同，相互借用，但在甲骨文中就已有各自所侧重的意思，"来"指"来去"之义，"麦"专指"小麦"之"麦"。《诗经》中提到栽培麦时亦用"麦"而不用"来"，只有在纪念祖先引种麦类的《周颂》中，仍采用"来"这一名称。如《周颂·思文》中有"贻我来牟，帝命率育"的诗句，故《说文》释"来"为"周所受瑞麦来麰……天所来也"。因此，"来""麦"从词源上证明使华夏族颇感神秘的小麦是外来的、引进的。大概从殷周以降，人们对于小麦由来的具体情况已一无所知，以至于本来真实的故事演变成了模糊的神话传说。于是，小麦"始从天降"之类的说法也就成了人们历代相传的知识。这也从反面说明，古人虽然不清楚小麦是何时、何地、如何传入中国的，但很早就知道小麦并不是华夏故土原来就有的。

虽然小麦传入中国很早，但推广并不普遍。据《诗经》描述，麦类作物在今山东、河南、山西和陕西等地都有种植，不过在作物中的比重并不大。根据对安阳殷墟遗址、偃师商城遗址、北京琉璃河西周遗址古人骨骼的碳–14测定，粟仍是当时黄河流域居民最重要的食物。甲骨卜辞中有关作物出现次数有两种统计：一种是黍106次，稷36次，而麦只有10余次[①]；一种是粟（稷）黍类的卜辞近200见，麦的卜辞20余见[②]。统计结果虽有所不同，但都说明麦的重要性有限。以《诗经》本身而言，谷物品种出现次数也以黍、稷为最多。直到战国时期，小麦的产量还十分有限，只是北方贵族的精美食粮。

直到西汉中期，董仲舒鉴于"关中俗不好种麦""而损生民之具"，建议皇帝令大司农"使关中益种宿麦，令毋后时"。其后，汉成帝时的黄门侍郎氾胜之"督三辅种麦，而关中遂穰"，小麦，尤其是冬小麦（宿麦）的种植在关中地区已逐渐普及。西汉末期和东汉前期，冬小麦在关中地区的作物中已有相当重要的地位，小麦产量在整个农作物产量中的比重增加，小麦的地位与先秦时期黄河流域最重要的食物粟日渐并驾齐驱，并呈后来居上之势。相应地，人们的食物结构也发生了变化，出现了"相谒而食麦"的风俗。

小麦传入中国，但没有传入相应的食用方法，经历了粒食到粉食的本土化过程。早期食麦的基本方式是粒食或半粒食，即所谓"麦饭"。东汉时期，转磨的逐渐普及扩大了小麦作为食物的摄取多样性，形成了不同于西亚啤酒面包传统的面条馒头传统。西亚或西方的饮食特点是研磨面粉加以烘烤，东亚或东方则主要是煮和蒸。

这种现象可以说明，物种的传播也是文化传播，是一种文化现象。法国历史学家布罗代尔（Fernand Braudel，1902—1985）指出："我们所说的植物的机遇，在很大程度上也是一种文化的机遇。每当一种植物因这类机遇在社会上取得成功时，该社会的'骨干技术'必定曾参与其事。"[③]小麦在中国的传播成功，大概也是这样一个文化过程。从没有进入祭祀的祭品，到进入中国的"五谷"，反映了小麦在中国经历了一个逐渐被认知、被接受到被重视

---

① 于省吾：《商代的谷类作物》，《东北人民大学人文科学学报》1957年第1期。

② 郭宝钧著：《中国青铜器时代》，生活·读书·新知三联书店1963年版，第110页。

③ ［法］费尔南·布罗代尔著：《十五至十八世纪的物质文明、经济和资本主义》（第1卷），顾良、施康强译，生活·读书·新知三联书店1992年版，第200页。

的过程。这个过程必定有中国"骨干技术"的参与,进而成为改变中国人饮食结构(生活方式)的一个十分重要的因素。

我们常用"五谷丰登"来形容农业的兴旺。在商周的文献中,粮食作物往往以"谷"泛称,先有"百谷"之称,后来才有"九谷""八谷""六谷"之称,最后概括为"五谷",指稻、黍、稷、麦、菽五种粮食作物。这既包括中国自己起源的稻子、小米、大豆,也包括从外部输入的小麦。"五谷丰登"是史前世界种植物交流的结果。

五、羊和牛也"来了"

与农业同时发展起来的是畜牧业。畜牧业的起源是人类历史上可以称之为革命的一件大事,它不是一个简单的事件,也不是一项偶然的发明,而是人类社会发展到一定阶段的必然产物。

"六畜"概念始见于春秋战国时代的文献。《周礼·地官·牧人》说:"牧人掌牧六牲,而阜蕃其物,以共祭祀之牲牷。"此处"牧六牲"包含牛、马、羊、猪、犬、鸡,牧人是选定祭牲的礼官。后来牲畜或畜牲联用,泛指家畜。宋代王应麟的《三字经》把中国的六畜分为两组:"马牛羊,鸡犬豕。此六畜,人所饲。"猪、狗、鸡是东亚本土起源,常见于新石器时代文化遗址,与定居农业生产方式相关。猪、狗、鸡和人一样是杂食动物,特别容易和人类建立亲密关系。有了这些畜禽,人类才逐渐放弃狩猎采集,进入生产经济时代。

驯养的牛和羊的出现与游牧生活方式有关。牛、羊是流动的财富,是游牧民族的衣食之源,是草原游牧业的基础,这些动物与猪、狗、鸡不同,均可产奶,而奶和奶制品为游牧生活提供了更加稳定的饮食保障。

羊包括多个不同的种类,如山羊和绵羊等。驯化地理学研究表明,绵羊和山羊不仅是最早的驯化动物,而且是分布最广的动物。羊适应能力强,能提供肉、皮、奶、毛,在人类迁徙、商业活动中起了重要作用。

西亚地区是最早驯化羊的地区。绵羊可能由盘羊驯化而成,其雄羊以角大而呈螺旋形为特征；山羊则由野山羊驯化而成，角为细长的三棱柱状，呈镰刀状弯曲。山羊和绵羊的骨骼经常同时出现在西亚新石器时代遗址中。国际学术界普遍认为，最早被驯化的绵羊和山羊在伊朗，时间为1万年前。位于伊拉克和伊朗之间的扎格罗斯山脉及其附近地区可能是山羊和绵羊的最早驯化地。

与西亚相比，东亚养羊大约晚了5000年。在我国数百处发掘的新石器时代遗址中，大约有40处出土过羊骨或陶羊头。羊之成为家畜，大致在仰韶文化和龙山文化时期。在仰韶文化早期的一些遗址中，零星地发现了羊骨或陶塑羊，但古生物学者认为还不能断定羊是否为家畜。根据动物考古学家的研究，距今约5600—5000年，中国最早的家养绵羊出现在甘肃和青海一带，然后逐步由黄河上游地区向东传播。20世纪70年代，考古研究人员在甘肃天水师赵村遗址的5号墓（距今约5600—5300年）中发现随葬羊的下颌骨，在青海民和马家窑文化墓葬（约前3000—前2000年）里发现随葬完整的羊骨架。

在北方黄河流域，家羊骨骼发现于三门峡庙底沟二期文化中，碳－14测定为距今约4800年。目前中国最早的较完整的羊骨架出现于甘肃永靖大何庄齐家文化遗址。人们在距今约4500—4000年的山西襄汾陶寺、河南登封王城岗和河南禹州瓦店等多个遗址的龙山文化层里，发现了豫西晋南地区最早的绵羊骨骼。再往后，人们在距今4000多年的山东地区龙山文化的遗址里，也发现了当地最早的绵羊骨骼。目前所知最早的山羊发现于距今约3700年的河南偃师二里头遗址。到商代以后，在各个历史时期的遗址里则普遍出土羊骨。从历时性

◎ 魏晋墓壁画《牧羊图》

的角度观察，绵羊在甘青地区的出现、发展及沿着黄河流域向东扩散的过程是十分清晰的。依据中国绵羊的突然出现及由西向东的传播过程、体型上的大致相同、基因特征的证据、成熟的饲养方式等，动物考古学认为这类动物很可能是古人通过文化交流，将最早在西亚地区被驯化的绵羊传入中国的。

羊不仅能为人类提供多种畜产品，还是草食性动物，不会与猪、狗等传统家畜争夺食物。因此，家羊的出现，代表人类开始以草食性动物来开发新的生计资源，表明畜牧业发展到一个新阶段。在齐家文化及以后，羊在人们经济生活和精神生活中的地位明显提高。到商代，在西北的羌人已以养羊为业，并以此著称。"羌"的称谓直接与牧羊有关，羌人最早载于甲骨文卜辞，甲骨文中其为上羊下人，意指西方牧羊人。羌人以牧羊为主要生活来源，也以羊为图腾。羌人在冠礼和送葬仪式中，脖子上要系羊毛绳，以表示与羊同体；在丧礼中，要宰羊一只为死者引路，称为引路羊。

牧羊业在中原的推广可能正来自进入中原构成原始汉族的羌人部落。到了周代，中原养羊已蔚然成风。《诗经·小雅·无羊》写道：

> 谁谓尔无羊？三百维群。
> 谁谓尔无牛？九十其犉。
> 尔羊来思，其角濈濈。
> 尔牛来思，其耳湿湿。

新石器时代羊主要供人食用，目前尚未发现新石器时代的毛织品。进入青铜时代后，西亚一些遗址中的毛纺轮逐渐增多，剥皮工具却有所减少，山羊和绵羊的比例也发生了相应的变化。这意味着羊毛逐渐成了重要的纺织或编织原料。大约公元前1000年，西亚发明了铁制羊毛剪，这加速了对羊毛的开发利用。在古巴比伦帝国，羊毛、谷物、油并立为三大物产；古希腊亦以绵羊、油橄榄、小麦为主要产品。羊是财富的象征，羊毛被称为软黄金，金羊毛的故事广为流传。

东亚较早利用羊毛制品的是北方或西北的游牧民。新疆出土的一批青铜时代的毛制品，从纺织技术史的角度看，与西亚毛纺织传统一脉相承，特别是其中的斜纹织物（Twill），至今在欧洲流行。这表明3000多年前羊毛、羊毛纺织技术与羊一起传播到了东亚的边缘。考古学家在整理山西襄汾陶寺遗址出土的动物遗存时，发现其中羊骨的数量较多，而且老羊的羊骨居多，而喂养老羊显然不是为了吃肉和喝奶。这种现象在3900年前的河南郑州新砦遗址以及3700年前的河南偃师二里头遗址也有发现。而在2400年前新疆八里坤石人子沟遗址还发现了一端有锯齿、一面磨光的可能与加工羊毛有关的骨器。所以有人推测，至少4000年前，陶寺遗址的先民就掌握了剪羊毛的技术。

家养的牛有水牛和黄牛两种。从河姆渡到兴隆沟的新石器时代遗址中出土的牛骨多为水牛骨骼。河姆渡遗址出土了16件水牛头骨，另有破碎的颌骨和牙齿数十件，掌骨10件，经鉴定是已经驯化的水牛。浙江桐乡罗家角遗址出土了至少代表37个个体的水牛标本，其中小牛和壮牛个体之和占总数的64%，这一年龄结构的组合形式，说明这些水牛不可能是通过狩猎而被杀的。可以认为，至迟在罗家角遗址的时代，水牛已经成为人们的家养动物了。畜牧学界倾向于认为家养水牛起源于印度和东南亚地区，因为印度和东南亚地区的气候环境更适合水牛的生存，现今的水牛种群也比较丰富。从种质起源的角度来看，最早的水牛可能发源于此地。我国的家养水牛很可能是公元前1千纪从南亚引进的。但是，我国考古学界也有人认为中国的驯化水牛可能是在中国本土产生的。中国和印度、东南亚都是驯化水牛的起源地。

黄牛被认为是在11000年前在西亚被驯化的。黄牛与绵羊、山羊生态习性相近，是西亚新石器时代的主要家畜。黄牛与山羊一样经历了大致相同的驯化和传播过程。古代黄牛具有丰富的遗传多样性，具有欧洲和西亚谱系特征。西亚起源的黄牛应最早到达中国西北地区，然后向东扩散。有确信证据证明出土家养黄牛的遗址，均属于新石器时代末期晚段（约前2500—前2000）。在齐家文化和河南龙山文化分布范围内的某些遗址已经驯化了黄牛，其分布范围为黄河流域上、中和下游地区。饲养家畜在新石器时代晚期和末期已逐步成为获取肉食资源的主要方式。各个遗址中，家猪在全部哺乳动物中是数量最多的，家养黄牛成为新增加的品种之一。家养黄牛的出现标志着当时家畜饲养业的进步。

到了商代，家养的动物是一个非常重要的物资来源。用于祭祀的牛的数量非常大。早期养牛，或作牺牲、肉食之用。祭祀与战争在古代社会中占有重要地位，而黄牛正是王一级的祭祀形式"太牢"中所使用的最为主要的祭牲。

1981年，英国考古学家谢拉特（Andrew Sherratt，1946—2006）提出了"次级产品革命"（Secondary Products Revolution）的概念。他认为，新石器革命中的植物和动物分别被驯化，相应地产生了种植业和畜牧业。犁耕或牛耕是种植业与畜牧业互动与结合的关键。犁可能是最早的畜力机械，首先出现在西亚，不久就传播到了欧洲。5000年前，西亚就普遍实行两牛抬杠式的牛耕了，北欧，如丹麦也发现了近5000年前的犁耕痕迹。与犁耕密切相关的是动物牵引的车辆或轮式运输。在5000年前，用牛或驴牵引的四轮车就出现在西亚，大约4000年前，中亚出现了马拉的有辐双轮车和骑马术，这提高了大宗物品远距离运输的能力。挤奶风俗和毛制技术的逐渐普及，改善了衣食和居住条件。不同于吃肉寝皮、敲骨吸髓的初级利用，牵犁、拉车、挤奶、剪毛、骑乘等都是对家养动物的次级开发，

⊙ 南宋李迪《风雨归牧图》

谢拉特称之为"次级产品革命"。次级产品革命极大地提高了农业生产力和交通运输能力，形成了以犁耕农业为核心的定居生活方式和以奶为食、以毛为衣的畜牧生活方式，推动了城市的兴起和游牧民族的诞生。犁耕取代锄耕，游牧代替畜牧，男人的经济和社会地位相对提高，逐渐形成了男权社会。新石器时代驯化了动物和植物，只是对动物进行了初级开发利用，又称"食物生产革命"；次级开发利用动物大大提高了劳动生产力和交通运输能力，而剩余产品和远距离贸易与互动是城市产生的条件。

中国的"次级产品革命"发生得比较晚，但用牛来耕作，不会晚于春秋时期。孔子有一个学生叫冉耕，字伯牛。"耕"和"牛"分别用作名和字，反映了春秋时已有人用牛来耕作。南方的水牛犁耕技术则可能是在北方黄牛耕作技术的影响下出现的。战国时期，开始使用铁犁等铁制农具，耕地效率明显提高，而拖犁的耕畜就是牛，"犁"字也以"牛"为表意义的形旁。牛耕的发展，突出了牛的农耕动力特点，耕牛成为重要的农业生产资料。牛耕的发明，使得黄牛成为传统农耕经济中役用的主要畜力，终使人力从繁重体力劳作中解脱出来，这无论是对生产力的发展还是对生产关系的变革，都具有极为重要的意义。

六、黄帝西巡的传说

黄帝虽是传说中的人物，但是关于黄帝的传说内容很丰富、很具体，并且都与中华文明的起源有关，认为他是早期文明中很多发明的创制者。因此，笔者还是倾向于把黄帝看作一位真实存在过的人物，只不过在传说里有些夸张、荒诞。

在关于黄帝的传说中，有一些关于黄帝西巡的记载，也就是黄帝向西行进、开发，走通向西的路。

许多史籍中提到黄帝西巡的事迹。黄帝听说有个叫广成子的仙人住在崆峒山（又称空桐山、空同山），就前去向仙人请教。《史记·五帝本纪》说黄帝"西至于空桐，登鸡头"。传说广成子曾经在此修道，黄帝几次上山问道。《庄子》亦称黄帝十九年，往见广成子于空桐。据称，空桐在今甘肃平凉，鸡头山即空桐山的别名，或大陇山的异名。广成子见黄帝说："自你治理天下后，云气不聚而雨，草木不枯则凋。日月光辉，越发缺荒了。而佞人之心得以成道，你哪里值得我和你谈论至道呢？"黄帝回来后，就不再理问政事，而是建了一座小屋，在里边置上一张席子，闲居了3个月。之后，又到广成子那里去问道。当时广成子头朝南躺着，黄帝跪行到他跟前，问他如何才得长生。广成子蹶然而起说："此问甚好！"接着就告诉他至道之精要："至道之精，窈窈冥冥；至道之极，昏昏默默。无视无听，抱神以静，形将自正。必静必清，无劳女形，无摇女精，乃可以长生。目无所见，耳无所闻，心无所知，女神将守形，形乃长生。"

中国古籍记载的黄帝西巡的地方，还有昆仑。《山海经·海内西经》中说："海内昆仑之虚，在西北，帝之下都。"《山海经·西山经》中说"昆仑之丘，实惟帝之下都"。周穆王西巡时，曾登上昆仑之丘，瞻仰黄帝行宫

⊙ 黄帝陵里的柏树

的遗迹。

此外，还有黄帝使伶伦西之昆仑的传说。相传，伶伦是黄帝时代的乐官，是发明律吕据以制乐的始祖。黄帝派伶伦去找竹子制作笛子。《吕氏春秋·古乐》有"昔黄帝令伶伦作为律"的记载，说伶伦模拟自然界的凤鸟鸣声，选择内腔和腔壁生长匀称的竹管，制作了十二律，暗示着"雄鸣为六"是6个阳律，"雌鸣亦六"是6个阴律。《吕氏春秋》记载伶伦"自大夏之西"，《汉书》说"大夏之西，昆仑之阴"，都是说伶伦到了西方的昆仑地方。他在那里取竹制笛，听凤鸣制十二律。

西部地区与黄帝有关的，还有"扶伏"一名，见《太平御览》卷七九七所引《玄中记》的记载，说黄帝之臣茄丰犯了罪，被流放到玉门关外二万五千里。因为他爬着去了流放地，所以他的后代就被称为"扶伏民"。

古代传说中还有西域人来华的记载。《拾遗记》记载，颛顼时，有"勃鞮之国""献黑玉之环""贡玄驹千匹"。帝喾时，有"丹丘之国，献玛瑙瓮，以盛甘露"。这些说的是有域外国家前来通使入贡，建立了直接的联系。

《竹书纪年》记载，帝尧"十六年，渠搜氏来宾"。在周代的传说或记载中，这个渠搜比位于中原之西，《禹贡》将渠搜称为"西戎"。《隋书·西域传》说渠搜在中亚，"钹汗国，都葱岭之西五百余里。古渠搜国也"。《太平御览》卷一六五引《异物志》说："古渠搜国，当大宛北界。"在尧的时候，远在中亚的渠搜人就前来通使了。

舜时对外交往更多。刘向《新序》说，舜"立为天子，天下化之，蛮夷率服。北发渠搜，南抚交趾，莫不慕义，麟凤在郊"。《大戴礼记·少闲》说到大禹时代："舜有禹代兴，禹卒受命……民明教，通于四海，海之外肃慎、北发、渠搜、氐、羌来服。"四海与荒服，似皆以大概言之。在这个时候，东北的肃慎、北发，西北的渠搜、氐、羌等氏族，都与中原建立了直接的联系。

关于黄帝西至昆仑和崆峒，以及尧、舜等与西域的关系，大概是关于中国先民最早与西域有所联系的传说。历史学家张星烺指出："黄帝开国，四征不庭，西登昆仑之邱。此强盛时代也。后经少昊、颛顼、高辛三世之守成，而至尧、舜、禹三君，皆英主也。国势复振，疆土远拓。尧禹皆尝西游，见西王母。舜时，则西王母亲宾于天子。"①

---

① 张星烺编注：《中西交通史料汇编》（第一册），华文出版社2018年版，第3—4页。

第三章　青铜、马车与周穆王

一、商代的西向交通与文化联系

在中华文化最早发生的那个时代，中华文化已经与外部世界和其他原始民族文化有了交通和联系，有了走向外世界的"路"，有了"玉石之路""彩陶之路"，有了小麦和牛羊从西而来的路。今天我们可以把这些"路"看作丝绸之路早期在欧亚大陆上存在的形态，它们为后来丝绸之路的开辟奠定了基础。

到了商周时代，对外文化交流的途径和规模又有所扩大。这时，中国进入了"原生文明"时代。中国、古埃及、美索不达米亚、古印度这四种原生型文明，在从东到西广阔的欧亚大陆上并行发展，相映生辉。中国的原生文明是在史前文化的基础上自发地成长起来的。但是，即使是"原生文明"，也仍然受到了外来文化或强或弱、或远或近的影响和刺激，这些影响和刺激成为中国原生文明发生和发展的一个外界激励因素。另外，这一时期中国产生的多种文化形式也传播到域外，对其他民族文化的形成和发展产生了一定的影响。更主要的是，这个时期的人们已经有了向外走出去的自觉意识和有关海外交通的记载。如西狩的周穆王，就是最早走通去西域的路，开始向域外开展文化交流和文化传播的先驱者。周穆王是丝绸之路上留下姓名的第一位重要人物，而且作为一位帝王，他代表着一个王朝对外开放的自觉意识和国家意志。

商代通过丝绸之路与西方世界的联系已经初见端倪了。

商朝统治的范围有王畿和王畿外的诸侯国。商王畿比夏王畿的范围要大得多,受商王统治和与商拥有同样文化的诸侯国也向四方发展。商代方国众多,传说商汤时有三千。商汤曾令伊尹作《四方献令》,规定前来朝贡诸国要进贡方物。其中,西方有昆仑、狗国、鬼亲、贯胸、雕题、离卿、漆齿,北方有空同、大夏、莎车、姑他、旦略、豹胡、代翟、匈奴、楼烦、月氏、其龙、东胡等。这些都是与商有来往的方国。商代中后期,在商朝王畿之地西北和西方,即今山西、陕西北部,宁夏六盘山及内蒙古河套地区,有鬼方、揸方、系方等方国。它们大都是一些游牧民族的氏族和部落共同体。

这些方国向商朝贡献方物,实际上就是这些边远民族与中原的物质文化交流。通过这样的交流,各地的物产被输送到中原,也有许多中原物产以及其他文化被传播到这些方国,即中原商王朝的周边地区。

商代还有了从事长途贩运的"旅人",他们推动了对外的商贸关系。这时黄河中下游的华夏民族与边地各民族之间都有"百物"的交换,不仅包括动物、植物和矿物,还有更重要的人工制品。上一章提到玉石,应该是商代与西北部族贸易的大宗商货之一。

正是在商代,作为中国文化符号的丝绸已经开始成批量地外销。葱岭以西,最早发现丝织品的地方是位于乌兹别克斯坦南部阿姆河流域的沙巴里达坂(Sapalli Tepe)。在沙巴里达坂的138座墓葬中,有25座属于公元前1700—公元前1500年的古墓,这些古墓出土了丝织品的残件。这一发现为确定商代丝绸外销的地域范围提供了十分具有说服力的佐证。

在方国与商王朝的关系上,一方面,各方国承认商王的"共主"地位,并通过纳贡等形式表示对商王的臣服;另一方面,一些方国的贵族统治者又企图对商族进行掠夺。因此,商朝和方国之间在保持政治、经济、文化联系的同时,经常发生战争。

与商王朝经常发生战争的,在商的西北方有土方、工方和鬼方。土方、工方与殷人所发生的关系最多,战争也最频繁、最剧烈,工方也曾与土方联合进攻商朝的属国。鬼方是距离商王畿更远的部落。武丁伐鬼方,用了3年时间才取得胜利。鬼方被打败后，一部分人逃往他方，一部分人迁入中原内地。

戎曾是我国西北方一支强大的族群，"西戎"是西方民族的总称，商周时有鬼戎、西戎等。戎族的众多部落似乎并不统一，其生活方式也与中原人迥异。《左传·襄公十四年》中记载，"诸戎饮食衣服，不与华同，贽币不通，言语不达"。

商代的羌族主要分布在甘肃、青海地区，即岐周之西。殷墟出土的甲骨卜辞，有关羌的卜辞很多。由于他们随畜迁徙，也可能有一部分向东移动，与华夏族交错居住。商朝和羌人的关系是很密切的。西北甘青地区分布着殷商时代的辛店文化、卡约文化、寺洼文化，这些地区是羌族的主要活动地区。

商朝与羌族也经常发生战争。商人对羌人用兵多于其他民族，征伐羌人的战争规模是很大的。武丁时，伐羌用兵最多的一次达13000人，而征土方、工方一次用兵最多时才5000人。每次战争商朝都大量俘获羌人。有的羌人在商王朝中供职。商人和羌人有在婚姻方面的结合，有殷王娶女羌为妇。这种殷人与羌人的血缘结合关系，虽在当时不算普遍，但说明羌殷在民族融合的道路上已经向前迈进了。

通过与这些北方游牧民族的交涉，商代文明与域外文化的接触和联系可能有所扩大。通过北方草原，中国长城地带的北方民族在向北迁徙时，将商文化中的刀、戈和短剑以及青铜装饰品一直扩散到外贝加尔湖、阿尔泰地区和叶尼塞河上游。商文化更是通过鄂尔多斯草原和居延海进入天山北麓，直至伊犁河流域。这些交通线以及后来联系天山南麓和河西走廊的道路，组成了中国与其以西广袤的世界最早的联系通道。

另外，商代文明在某些方面也接受了外来文化的影响。作为早期殷商文化发现的主持者，考古学家李济认为，所有伟大文明都是文化接触的结果，"商的文化是一个多方面的综合体，融汇了很多不同文化源流"[1]。从商代，乃至更早一些的时候起，中国就已经跟外部世界有多方面的接触了。

---

[1] 李济著：《中国早期文明》，上海人民出版社2017年版，第30页。

商人的祖先在早年从事狩猎的时候，"范围颇广，包括蒙古东部、满洲南部的密林地区。从这些地区和东部沿海一带，商人的祖先得到了一些模糊的国外的知识"①。

李济通过对殷墟文化的研究和分析，列举了殷商文化中的外来文化因素。他指出，殷墟矢镞、戈、矛、刀削、斧斤5种兵器中仅戈为中国本土之物。殷墟铜器仿自殷墟陶器，殷墟以前中国没有单独发展的青铜器。中国古代的两轮大车与巴比伦遗物上的图画并无差别，可认定冶铜技术和两轮大车都是外来的。李济还发现殷墟侯家庄M1001大墓椁顶"肥遗"图案和木雕残片中的双虎母题图形起源于美索不达米亚。肥遗二身交结，非常可能和古埃及那种包金手把上交缠的蛇形有关。另一种双虎图形也起源于美索不达米亚，后来又流传到古埃及，成为著名的"英雄与野兽"母题的一种变形。

李济强调商代的文化是一个非常复杂的现象，认为它代表着许多文化源流的融合。他强调，在承认中华民族与文化本土起源的同时，不要忽视外来民族与文化的作用。

二、青铜文化与青铜之路

在考古学上，继新石器时代之后的是青铜时代。大约5000年前，西亚和中亚部分地区进入青铜时代，大约4000年前东亚开始进入青铜时代世界体系。夏、商、周三代大体上属于青铜时代，是中华文化传统形成的关键时期。

青铜文化是世界范围的一个普遍文化现象。中国的青铜文化起源于黄河流域，始于公元前21世纪，止于公元前5世纪，大体相当于文献记载的夏、商、西周至春秋时期，约经历了1500年的历史。《史记·封禅书》中有"黄帝采首山铜，铸鼎于荆山下"的记载。其他文献中还有"蚩尤作冶"

---

① 李济著：《中国早期文明》，上海人民出版社2017年版，第30页。

⊙ 河南安阳殷墟出土的后母戊鼎

（《尸子》）、"蚩尤以金作兵器"（《世本》）等记载。这些记载并不能作为中国青铜产生的确切依据，但可以说明古人认为铜器的发明是很早的。

中国步入青铜时代，经历了几个不同的发展阶段。早期以河南偃师二里头文化为代表，年代大约在公元前2080—公元前1580年，加上山西夏县东下冯、山东岳石文化、辽宁长城东边的夏家店下层文化、黄河上游的四坝文化等，都相继出现了品类繁杂的青铜制品。上述遗址的考古年代正好在历史记载的夏王朝纪年范围内，说明夏代的制铜业已经有了一定的发展。商代早期大约是公元前16世纪—公元前13世纪，以河南郑州二里岗文化为代表，青铜器数量大增，品种也有新的增加。商代早期青铜器在郑州出土很多，重要的有二里岗、白家庄、张寨南街、杨庄以及南关外、铭功路、二七路等地的墓葬或窖藏。河南北部发现了多件商代早期青铜器。湖北黄陂盘龙城、安徽嘉山泊岗、江西清江吴城等地也有重要发现。较早的器类比较简单，但是爵、斝、觚组合的一套酒器已普遍出现，青铜礼器的体制业已形成。到商代晚期至西周前期，约公元前13世纪—公元前10世纪，中国青铜时代达到鼎盛，青铜铸造工艺相当成熟，出土了大量的精美青铜礼器、武器与工具。这时的青铜文化以安阳殷墟为代表，这里是商王朝的政治统治中心，也是青铜铸造业的中心。

中国古代青铜器的生产代表了当时社会生产力的最高水平，其器物的组合、造型、装饰与生活习俗、社会风尚、文化特质、民族审美心理等密切相关，种类繁多、形制瑰丽、花纹繁缛、制作精湛，充分体现了中国青铜器特有的艺术魅力和鲜明的民族风格，构成了中国无与伦比的青铜文化。

中国商周时代所创造的灿烂的青铜文化，在世界文化遗产中占有独特的地位。李约瑟曾说：没有任何的西方人能够超过商、周两代的青铜器铸造。

商周青铜器是早期中国人智慧的突出成果，也是丝绸之路上技术交流的重要结晶。关于欧亚大陆上青铜文化的传播与交流，有学者提出了一个中西交通的概

⊙ 商朝晚期青铜礼器四羊方尊

念——"青铜之路"，认为在公元前2000年前后，西亚、中亚、东亚之间存在着一条东西文化交流的青铜之路。

世界不同地区进入青铜时代的时间并不相同。从全球范围看，安纳托利亚半岛是最早冶铸青铜器的地区，目前发现有公元前6000年的青铜器。两河流域的美索不达米亚地区在公元前3000年进入青铜时代，已发明范铸法和失蜡法，不同比例的砷青铜、锡青铜、铅青铜或铅锡青铜也相继发明。在此之前，还有一个上千年的铜石并用时代或红铜时代。公元前2000多年前，西亚已进入青铜时代的鼎盛时期，主要的青铜冶铸技术均已发明，并对周边地区产生了重大影响。在此后的数千年间，随着西亚文化的扩散，冶金术外传，进入东南欧的多瑙河中游、高加索和中亚的广大地区，乃至欧亚交界的乌拉尔一带，并继续东渐，进入新疆和河西走廊一带。古代中国使用铜、青铜以及进入青铜时代的时间稍晚于其他古典文明。但我国很快就发明了铜锡二元合金和铜锡铅三元合金，形成了一整套从冶炼、熔炼到铸造的独特技术路线，后来就走在了世界各国的前列。

国内外都有一些学者主张青铜冶炼铸造技术是由西向东传播的，认为金属冶炼技术在公元前2000年前后经高加索或伊朗传入中国。他们认为冶金术这样重大而复杂的发明在人类发展史上不可能是多元起源，而是就像水稻起源于中国一样。他们认为，就目前的考古材料而言，中国早期铜器

很可能是通过草原通道进来的。他们的理由是，在仰韶文化和龙山文化时代，虽然西北地区的文化大大落后于中原，但其冶金术的发展超乎寻常。西北地区特别是新疆地区青铜时代遗址的发掘和研究填补了青铜冶铸技术由西向东传播的空白。古墓沟文化遗址的发掘和研究表明，大约公元前2000年前新疆部分地区已进入青铜时代，且与中亚、西亚、中原均有联系。2013年中国考古重大发现中，有距今四五千年的甘肃张掖西城驿遗址，该遗址出土了冶铸青铜的炼渣、尚待加工的玉材和不少小麦遗存。考古学家认为，那时的河西走廊已经是东西贸易和文化交流的通道。这一发现表明，二里头文化已经吸收了中亚、西亚的文化成分，引进了两河古代文化培植的麦类，增加了粮食供应的多样性。尤为重要的是，二里头文化还掌握了青铜的冶铸技术，这必定有效提升这一文化的经济和军事实力。

这就是说，来自西方的青铜技术是通过草原民族的中介传播到中原的。

和夏商青铜文化同时，在欧亚大陆上还有两个青铜文化中心：一个是在西伯利亚南部叶尼塞河上游的米努辛斯克盆地发展起来的阿凡纳西沃文化（Afanasievo Culture，约前2000—前1500）和继起的安德罗诺沃文化（Andronovo Culture，前1500—前1200）、卡拉苏克文化（Karasuk Culture，前1200—前700），另一个是有着悠久历史的以南土尔克曼为中心的纳马兹加V期和VI期文化（Namazga Culture，前2000—前1000）。南土尔克曼以红铜文化著称，它与已经发现红铜文化的河北唐山、内蒙古西部的伊金霍洛旗以及河西走廊之间，有可能在公元前2000年以后已经有了某种接触。公元前2000年末到公元前1000年初，在费尔干纳正在形成楚斯特文化。纳伦山口的遗物表明，这一文化和中华文化有着某种程度的联系。

安德罗诺沃文化在欧亚大陆青铜文化的传播过程中起了关键作用，对新疆青铜文化的影响是明显的，欧亚大草原的牧羊人创造和传播了安德罗诺沃文化和塔里木盆地的青铜文化。新疆地区与甘肃地区青铜文化的联系也异常密切，四坝文化、齐家文化、朱开沟文化是青铜文化由西北向西南、东北、中原传播的中继站。这就是说，从乌拉尔到黄河流域，在考古冶金学上已没有明显的缺环。

商文化与南西伯利亚叶尼塞河流域卡拉苏克文化的联系就比较明显了。在外贝加尔湖地区发现的卡拉苏克文化遗物中有陶鼎和陶鬲，还有青铜弯刀和半圆形装饰品。这种半圆形装饰品在鄂尔多斯发现过，在蒙古出现过它的过渡形态，是由河套地区向北传播的。卡拉苏克文化遗存受到商文化同型器物的直接影响。

中国北方青铜器与卡拉苏克文化有许多相似之处，主要器物有：青铜短剑，以铜柄与护手（格）铸为一体为特征，剑身与柄之间有凸齿；管銎战斧，此种战斧除了有较长的管銎，还有刃狭身厚的特点；青铜小刀，刀身与刀柄连铸，刀身与刀柄之间有舌状突，刀背呈弧形；铜锛，锛的后部有銎；弓形器，此种器物用途不明，有人认为它是系在腰上用来系挂马缰的，有人认为它是弓的辅助工具，也有人认为它是用在旗帜上的；此外，还有带耳铜斧以及一些青铜饰物等。从艺术上看，这些青铜器的纹饰也非常相似，例如青铜短剑及刀柄上往往饰有各种动物，这些动物一般双眼突出，两耳竖起，动感很强。在国外，欧亚草原上的这种动物纹饰被称作"野兽纹"，我国学者则称之为"动物纹"。上述这些具有共同特征的青铜器在草原通道上分布很广，从中国北方到黑海沿岸都有。特别是乌拉尔南部地区图尔宾诺文化中的塞伊马（Seijma）类型青铜器，与卡拉苏克文化青铜器及中国北方青铜器有不少相似之处。有些类似的青铜器还出现在中国中原地区的殷墟文化中。

李济的《殷墟铜器五种及其相关之问题》一文从殷墟出土的矢镞、戈、矛、刀削和斧斤等5种铜器的形制探求其演进程序，其中仅戈是中国本土发生成长之物，其他4种在欧洲皆有独立成长的历史，而在殷墟则为较成熟的形制，或与其晚期成品相当。如殷墟带刺有脊的矢镞，其脊、刺、茎三者在欧洲各有其独立的演进程序，而殷墟则为此三式的复合型。又如殷墟的矛有筒，筒旁有两环，与不列颠型式同，是欧洲最普通的兵器，且为其最晚期之物。殷墟的空头斤与不对称之刃，亦为欧洲青铜器晚期的型式。欧洲及小亚细亚的青铜器约在公元前3000年之前，远较殷墟时代为早。李济认为，殷墟铜器必非自中国本土孕育而成，其冶铜技术可能由外而来。

但李济还说:"青铜业在两河流域及小亚细亚一带,开始于公元前三千年前后;殷商的青铜业比两河流域至少要晚一千五百年;但殷商的青铜器之形制与作法,大半是中国的创造。"①

青铜镜也广泛分布于欧亚大陆,中原较早的铜镜见于殷墟妇好墓,可能源于齐家文化,而正如后面还要说到的,齐家文化正是那个时代中西接触和交流的一个代表。

国内外也有一些学者坚持认为,中原是青铜文化的起源地之一。但中国的青铜器确实要比西亚晚1000年左右。中国在大约公元前2000年才进入青铜时代,商周之际中国青铜文化达到鼎盛时期,在青铜铸造方面取得了辉煌的成就,在工艺美术方面有独到之处。青铜鼎、鬲、爵、戈等是中国人偏爱的器物,很可能是中国的创造。商代后期的青铜器,其技术水平超过了在它以前进入青铜时代的古埃及和古巴比伦,并以中原地区为中心,向四邻地区扩散。广泛分布于欧亚大草原的青铜鍑亦可能源于中原,被认为是马具、野兽纹、兵器三大特征之外的第四个反映游牧文化显著特征的器物。在这一过程中,游牧民族起到了桥梁作用,并且从中充实和改进了自己的技术装备。

有的学者提出了一种折中的观点,认为在中国北方地区,草原游牧文化与中原农业文化直接接触融合。中原殷商文化通过北方青铜器而影响草原通道上的青铜器,草原通道上的青铜器也通过北方青铜器而影响殷商文化。草原游牧文化中的许多青铜器最先出现在中国北方地区,然后分别传播到草原通道上的其他地方以及中原地区。例如,殷墟出土的青铜短剑、小刀、管銎战斧、弓形器以及一些饰物等显然来自北方青铜器。同样,北方青铜器也受到殷商青铜文化的影响,例如北方青铜器中铜斗的产生、啄戈结合体的出现。草原通道上广为流传的青铜器实际上有着不同的起源地,有的产生于中国中原或北方地区,有的源自米努辛斯克盆地或黑海北岸,还有的可能源于中亚甚至西亚。

---

① 李济著,张光直主编:《李济文集》(卷五),上海人民出版社2006年版,第38页。

笔者认为，实际的情况可能是，通过青铜之路，北方草原文化带来西亚起源的青铜文化后，在中国与本土文化相结合，进一步得到改进和发展，形成具有中国特色的青铜文化。在这个过程中，很可能有布罗代尔说的物种交流的情况，有本地文化"技术骨干"的参与。我们在许多地方都看到过相似的情况，一种新文化进入中华文化系统之后，往往有一个继续的改进、再创造和再发明的过程。

无论如何，在青铜时代，中国与西方之间已经有了一定的联系。

三、齐家文化：青铜之路的中转站

齐家文化是兴起于甘青地区的一支青铜文化，因1924年发现于甘肃广河齐家坪而得名。其碳-14年代测定距今约4000年，晚期与中原地区的夏商时代相当。齐家文化主要分布于甘肃、青海、宁夏，另涉及新疆、内蒙古和陕西的部分地区，该区域恰好是青藏高原、蒙古高原和黄土高原的中间地带，兼具三大高原的特征，并且有山、有水、有草地，宜农宜牧。青海乐都柳湾、民和喇家，甘肃永靖大何庄、秦魏家以及临潭磨沟遗址，均位于黄河及其支流两岸；沿黄河到宁夏、陕北，由青藏高原向黄土高原的过渡地带，也均有齐家文化遗址分布。

同时，齐家文化分布区也恰是中国地理的中心区，生态多样性为孕育和接受文化多样性提供了有利条件，使这一地区成为上古时期东西文化交流和人类迁徙的要冲。齐家文化分布区率先接受青铜文化、游牧文化的洗礼，逐渐成为中国上古时期的文化中心。

本书前文多次提到齐家文化及其出土的文化成果。通过对300多处遗址和墓葬的考察，可以知道齐家文化的居民过着以农业为主要经济形态的定居生活，畜牧业和手工业都已达到一定水平，其社会发展阶

⊙ 齐家文化的青铜短剑

段明显高于马家窑文化。甘肃临潭磨沟遗址发现了齐家文化墓葬群，研究者对墓葬中成人牙齿牙结石淀粉粒的检测结果表明，当时人类的植物性食物具有多样化的特征，有小麦、大麦（或青稞）、粟、荞麦、豆类及坚果类等，其中麦类植物、荞麦和粟占淀粉粒总量的70%。考古发现，比磨沟遗址更早的甘肃西山坪遗址出现了中国西北地区最古老的稻作农业遗存，当时人们种植粟、黍、水稻、小麦、燕麦、青稞、大豆和荞麦等8种粮食作物，囊括了东亚、西亚两个农业起源中心的主要作物类型。这不仅证实了小麦和燕麦早在4000年前已传播到中国西北地区，也揭示了中国最早的农业多样化出现在甘青地区。或者说，小麦向东传播，粟向西传播，以及稻作文化由南向北传播，都在齐家文化中找到了线索。

许多齐家文化遗址中发现了驯养过的猪、羊、狗、牛、马、驴等家畜的骨骼。齐家文化遗址不仅出土了大量猪骨，还出土了不少完整的羊骨、牛骨和部分马骨，在考古图谱中使东亚大地首次出现了"六畜"齐全的局面。马、牛、羊的引进与驯养，都与中西之间的早期交流有直接关系。

齐家文化遗存中还发现布纹痕迹，其细密者甚至可与现代的细麻布相媲美，显示出纺织手工业的发达。从制陶业方面来说，齐家文化彩陶已衰落，有逊于马家窑文化的表现。但齐家文化陶器从泥质到器类均呈多样化，泥质红陶、夹砂红陶、褐陶和灰陶均有。器型以平底器为主，也有圈足器和三足器，形成了一些独具特色的器型。各类陶器功能明确，随葬陶器注意大小和器类的配置，制作工艺已广泛采用轮制技术。经快轮修整后的胎壁薄而均匀，器形规整，烧制火候也较高，成品轻便结实，不透水性能良好。由于制陶技艺的进步和成熟，各地出土的齐家文化陶器往往具有较强的

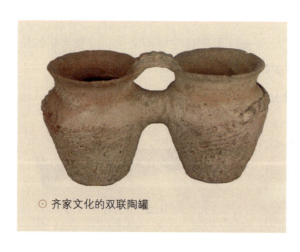

⊙ 齐家文化的双联陶罐

共性，很易识别。某些陶器明显受龙山文化的影响，引人瞩目的红陶鸟形器与同时期的西亚古文化同类器十分相似。双大耳罐是中亚和西亚共有的陶器。齐家文化陶鬲在马厂类型陶鬲的基础上进一步发展，并显示出三袋足。使用皮囊是北方游猎民族的习俗。陶鬲的发明，实为草原文化与农业文化相融合的产物。

齐家文化玉器有30多种。武威皇娘娘台、广河齐家坪遗址出土的琮与良渚文化的琮相似；皇娘娘台墓地48号墓随葬璧多达83件；2002年喇家遗址出土的一件三孔大玉刀，复原后长66厘米，是目前已知最大的玉刀，与二里头玉刀类似，可能是礼器中的"王者之器"；另外，还出土有三联玉璜、玉铲、玉斧等。和田玉向东传播，齐家文化正是和田玉进入中原的第一站。

齐家文化是新石器时代到青铜时代的过渡文化，数以百计的青铜器的发现表明齐家文化已进入青铜时代，是东亚已知最早的青铜文化。如果我们接受青铜文化从西向东传播的看法，就可以理解为什么齐家文化是中国"最早的"青铜文化了。齐家文化的冶铜业最受世人关注。在武威皇娘娘台，永靖大何庄、秦魏家，广河齐家坪、岷县杏林等齐家文化遗址中，都普遍发现了铜制品。铜制武器、工具的种类已有刀、锥、空首斧、矛、匕、凿、钻等，用具和装饰品有镜、镯、臂筒、指环、耳环、钗等。红铜和青铜并存，其红铜冶炼和制作技术已渐趋成熟。青铜多为砷青铜和铅青铜，虽仍处于青铜冶铸的早期阶段，但

⊙ 苏美尔乌尔第三王朝时期的青铜雕塑，法国巴黎卢浮宫藏

对合金已有初步认识，不再单纯依赖铜的氧化共生矿的还原来取得青铜。

宗日遗址出土了齐家文化早期铜器10余件，材质为砷青铜，是中国西北地区迄今所知年代最早的砷青铜。学术界普遍认为，西方早期青铜都是砷青铜，然后才有锡青铜。我国从一开始就是锡青铜，而齐家文化青铜中的砷青铜占了相当大的比例，和世界其他地区是一致的。从制造方式上说，齐家文化青铜器已使用锻制与铸制法，不仅使用单范，也已学会使用合范，工艺已摆脱原始状态。齐家文化青铜器与中亚、南西伯利亚铜器的样式基本相同。

自然环境的多样性和文化资源的丰富性使齐家文化成了中国生态文化的早期代表。齐家文化是东亚文化传统与中亚文化新风尚相结合的产物，是一种混合文化，展示了文化的多样性。西北是上古中国与西方进行文化交流的前沿阵地。齐家文化汇聚了多种文化因素，是东方文明与西方文明最早接触的中介，在历史上发挥了关键性作用。因此也可以认为，齐家文化是早期中西交通的一个中转站，是青铜之路的中转站。

四、奔驰在丝绸之路上的马和马车

作为六畜之一的马，也和牛、羊一样，是通过丝绸之路传到中国的。但是马的引进要比牛、羊晚许多。

家马的野生祖先主要分布于欧亚草原的西端。现代学者研究认为，马的驯化大约在5000年前。驯化马匹的历史源远流长，滥觞于自然野马的活动范围，如在北哈萨克草原及丘陵发现早期驯马文化的痕迹。位于哈萨克草原北部的波台（Botai）文化遗址是一处特殊的铜石并用时代遗址，出土动物骨骼30余万块，其中99.9%是马骨。这些马骨显示了马从野生到家养的驯化过程。马的驯养是由公元前2千纪前期青铜器时代的中亚游牧民族完成的。

我国西北地区的齐家文化和四坝文化可能最早拥有了驯化的马，其来源可能与欧亚草原西部文化交流有关。齐家文化遗址中发现有作为家畜的马骨，但其数量不像家猪那样多。后来，二里头文化遗址中也出土有马骨，如河南偃师二里头遗址曾发现马骨，此外在辽宁建平水泉夏家店下层文化遗址中也发现一些马骨，说明马在青铜时代的早期已成了家畜，而饲养的时间为新石器时代晚期至青铜时代早期。

确凿无疑的家马和马车见于商代。从目前的材料看，家马和马车在商代晚期遗址中突然大量出现，在河南安阳殷墟、陕西西安老牛坡、山东滕州前掌大等商代晚期的遗址中，发现了许多用于殉葬和祭祀的马坑和车马坑，在墓室中也出现

⊙ 元代赵雍《骏马图》

了马骨。殷墟车马坑和人马合葬墓的发现，表明马在商代已经非常重要了。

良马来自西方，是商、周时公认的珍宝。到周代，养马盛况空前，西周已有管理养马、用马的专门机构。

青铜时代最重要的发明之一是双轮马车。造车技术集中体现了各种古代制作，特别是机械制造的工艺水平。

关于车子在我国的发明与使用，古代文献多有记载，有黄帝、夏禹等造车的说法。刘熙《释名》说："黄帝造车，故号轩辕氏。"关于造车的人物，人们说得最多的是夏禹时的奚仲。奚仲发明和改造的车结构合理，各个部件的制作均有一定的标准，因而坚固耐用，驾驶起来十分灵便。奚仲是夏代掌管车服的大夫，他和父亲番禺、儿子吉光都是发明家。奚仲家族的功绩在于发明和改造了交通工具车、舟。

还有的文献记述，夏启曾动用战车征伐有扈氏，商汤伐夏桀时也动用了不少战车，甚至夏代已有了管理车政的官吏车正等。《左传·定公元年》称，"薛之皇祖奚仲，居薛，以为夏车正"。这里的薛就是今天的下邳，其地邻近黄河下游的丘陵地带，夏代时有车，或属可能。河南新郑望京楼夏商城址发现多条大路，其中一条属二里头文化时期，其上发现有同时期双轮车车辙，为探索中国早期的车提供了重要线索，证明中国在夏代确实有了双轮车。

但是，有的学者指出，目前所有考古成果一致表明，大约是在商代晚期中原才开始引进家马，商代早、中期的中原人并不认识马匹。由此可见，倘若二里头已有双轮车，就不可能是马车。中原人在用马之前，究竟用何种动物驾车？文献中有"仆牛"或"服牛"等词汇，而商代早、中期考古遗址中亦普遍出现牛骨和羊骨。学界据此多认为二里头和商城的车是牛车。

我国古代马之用于挽车，据所见考古资料，时代较早的实物遗存，是公元前13世纪商代的车马坑和一些地区出土的商代车马器。20世纪50年代初，安阳殷墟大司空村发掘一座车马坑，坑为正方形，其中埋车一辆，马两匹，驭夫一人。随车马的饰品有青铜车軎、轭、马镳、当卢等车马器。在北方系青铜器文化区域内的山西保德林遮峪出土了一些青铜车马器。据甲骨文字及殷墟发掘所得，殷墟时代已普遍使用两轮车，独辕，驾两马或四马；为加固车体，车的关键部位还采用了青铜构件。商代早期都城遗址郑州商城曾发现铸造车用青铜配件的陶范，在与其同期的偃师商城遗址也曾发掘出车用青铜配件。这些都说明我国在商代晚期之前，不仅有车，而且车

⊙ 河南安阳殷墟车马坑

上已使用了青铜配件。山东滕州商代薛国贵族的墓穴中，也发现了随葬的车马。出土的马车，除主体结构是木制外，其他许多配件采用青铜铸造。

1990年，山东临淄发现了一个春秋时代中期的大型车马坑，长30米，宽5米。殉葬的马共32匹，战车10辆，普通乘坐车6辆。马与车自东向西整齐排列，威武壮观，每辆车由4匹马架挽（其中4辆车由2匹马架挽）。马所架挽的车都是以木结构为主的马车。春秋战国时期，造车技术有了很大提高。《考工记》列述百工技艺，首先说到制作车轮、车舆、车辕的轮人、舆人、辀人。所谓"周人上舆，故一器而工聚焉者，车为多"，说明了车辆制造技术与其他手工工艺的关系。据《墨子·鲁问》，当时的工匠已经能够制作"任五十石之重"的运输车辆。这时马车已经用得比较普遍了，如《史记·张仪列传》中说战国时期多有"带甲百余万，车千乘，骑万匹"的军事强国。

我国学者通过对中国及西亚、埃及、希腊的车型结构进行比较，认为中国的马车在车舆、车辀乃至系驾法上都与域外有很大区别，所以应该是在本土独立发展起来的。在偃师商城车辙被发现之后，更有学者进一步指出，中国双轮马车的出现远在商代晚期以前，车在中国早已被广泛运用，并有其相对独立发明和发展演变的轨迹。但是，从20世纪90年代开始，随着对中亚、俄罗斯、高加索地区考古材料的认识，许多学者重新将中亚马车及中国马车进行结构上的比对，并将视角扩大至整个欧亚大陆，对目前发现的马车实体材料、岩画材料进行分

⊙ 汉画像砖车马图

析，从而认为中国马车应是来源于西方。

国际学术界普遍认为，车子起源于美索不达米亚。人们在伊拉克乌鲁克遗址发现了公元前3500年前后车子的象形文字。也有人认为，车子起源于高加索地区，根据是该地区出土了年代为公元前5000年的牛车模型。两个地区在地理位置上比邻，从大的地理范围来说，车子的起源不出两河流域至高加索一带，不晚于公元前3500年。中亚、西亚地区车子的发展经过了一段由笨重到轻巧的过程。到公元前15世纪前后，轻、快的带辐车成为车子形态的主流。国外学者研究认为，双轮带辐马车能够流行的原因是这种马车在某一社会结构中扮演着一种独特的角色（财富、地位的象征），当时被驯化的动物以及这种以弯曲木头建构、以双马曳引的双轮带辐马车，成为战争中最有力的工具。而西亚于公元前2千纪开始逐渐具备这些条件，最后被周边其他文化所接受。

两河地区以其军事力量将战车向东、向西传入周边地区，埃及的战车就是在两河地区文化扩张的影响下产生的，俄罗斯、蒙古、中国新疆发现的车子形象也应该是其向东辐射影响的结果。

有学者对中国马车及中亚、西亚马车进行形制上的比对，发现它们属于同一系统，有共同的源头。商代马车的形制与公元前3500年美索不达米亚文书卣图所绘4马或2马之车无不相同。所以，殷商之有双轮大车，很可能是自西方传入的。

⊙ 亚述帝国时代浮雕双马双轮战车，法国巴黎卢浮宫藏

也有国外学者认为，由于中国与中亚、西亚的距离比较远，车子的形态又经过多种文化传递、改变，因此接受中亚、西亚间接影响的时间较晚，所制造的车子也与中亚、西亚相去较远。不过中国的马车在形态上仍与中亚、西亚的马车基本一致，所以也应属于中亚、

⊙ 河南洛阳西汉古墓壁画《车马出行图》

西亚马车辐射影响下派生出来的一种亚型。

　　除文化变异的因素外，马车这种运输工具的制造技术传到中国以后，又有中国人在其基础上进行再创造、再发展。实际上，这也是文化传播和接受的一个规律，在历史上曾多次出现这样的情况。一种文化因素传播到另一文化中以后，接受方往往根据自己的理解和需要对其进行加工、改造和发展。所以，发展有时候比发明更重要。马车传到中国的情况就是这样。中国为马车增添了许多自己的文化因素和新的发明。古代中国人并不是简单地引进马车，而是对它进行了不断的加工改造，还有许多技术上的创新与发明，例如中凹形车轮制造、龙舟形车舆四轮马车的出现、系驾法的演进等，逐渐形成了中国自身的马车特色与传统。

　　如果马车是从域外传播过来的，那么，是什么人充当了传播的媒介？许多学者倾向于认为是北方草原的游牧民族把马车及其制造技术带到了中原地区。

五、周代的西向交通与文化联系

　　周人在先周的阶段，就可能接受了一些草原文化的影响。公刘的儿子庆节迁至陕北泾水流域，周太王避戎狄的压力，又迁移到渭水流域的岐下，在这一阶段，先周文化又与陇右的羌人文化融合。商代羌人与居住在陇东和北方的狄族后裔獯鬻相互为邻又相互攻击，后来又同居住在豳地的商属先周部落经常发生冲突，不断蚕食其领地。那时，义渠由于接受中原文化较早、较多，已是一个有君主的部落方国，趁先周部落力弱，逐渐将部族从西北边远地区向陇东迁移。他们在陇东地区同狄族和先周姬氏部落杂居，并各自建有方国，互相摩擦、争斗和交流。

周朝建立以后，其对外关系要比商朝有所扩大。《吕氏春秋·观世》中记载，"周之所封四百余，服国八百余"。古代传说中有不少关于周初周边国家进献方物的记载。"贡物"关系实际上是一种官方的贸易关系，是一种物质文化交流方式。周边国家向周朝进贡方物，中原的物产也会输入这些周边国家。《拾遗记》说，周成王"播声教于八荒之外，流仁惠于九围之表。神智之所绥化，遐迩之所来服，靡不越岳航海，交贽于辽险之路。瑰宝殊怪之物，充于王庭；灵禽神兽之类，游集林薮。诡丽殊用之物，镌斫异于人功"。从这些记载来看，周初与域外的交往还是比较多的，传入周朝的，有"瑰宝殊怪之物""灵禽神兽之类""诡丽殊用之物"，这在当时已经是十分丰富了。

西周在西北的对外交往主要是与西戎的交涉。文王末年，姜太公曾派使昆南昌遒出使义渠，义渠国王送骇（难驯的马）、鸡和犀，文王又将这些东西献给纣王。由于义渠同周族的关系较为和谐亲密，而猃狁同商周对立，因此每次战争后，猃狁失败逃走，而义渠趁机内迁。这样，义渠部落就逐渐占据了陇东大原地区（今镇原、庆阳、宁县等地）。这里土地肥沃，水草丰富，畜牧业得到空前发展，义渠人口也大量增加，由游牧开始定居。同时，他们在同周族的杂居中，不断学习周人的农业生产技术，学习周族文化，并效仿周人建立城堡和村落，从而发展成为区别于其他戎的义渠族。

周朝建立后，武王命西戎驻泾、洛二河北。"穆王时，戎狄不贡"，穆王便率兵讨伐。懿王时，猃狁趁王室衰败，南下侵扰。此后，戎、狄两族在庆阳交错居住，同周王朝时战时和。宣王五年（前823），尹吉甫伐猃狁，猃狁大败北逃朔方。宣王采取安抚的政策，将五戎安置于大原地。五戎之中唯义渠居今董志原中心及东南部泾水之北。戎族各部落的鼎盛时期约在西周至春秋早期。西周多次对戎作战，最有名的一场战争也是导致西周终结的一场战争，就发生在周和戎之间。

与西域的交通，周时可能已经比较多了。当时周朝国力强大，声名远扬，中土与四方交往有所增加，联系也更趋频繁。周朝的势力向西北地区伸展，与天山南北保持一定的联系，汉族的移民也到达葱岭以东的地方。传说太王亶父派季绰到葱岭以东的地方，"以为周室主"，建立了赤乌国。《山海经·大荒西经》把这个地方叫作"西周之国"，说这里有发达的农耕，居民也和周宗室一样姓姬。据波斯古代传说，苏哈克（Zohak）曾派人追踪季夏（Jamshid）至印度、中国边境，季夏曾娶马秦（Machin）国王马王（Mahang）的女儿为妻。马王的意思是"大王"，指亶父。这则传说可能就是指季绰的后代在葱岭附近繁衍、壮大。周成王（？—前1021）时平定殷人叛乱，四邻民族都来朝贺，其中有中亚的渠搜国送鼩犬，康民赠桴苡，还有祁连山以北的禺氏（月氏）献騊。《列子》记载："周穆王时，西极之国，有化人来。"历史学家张星烺认为列子说的"化人"可能是今天所说的催眠术家。

另外，这一时期河西走廊和湟水流域出土的陶鬲、青铜戈等都和西周时中原的同类器物相似。丝绸外销，随着骑马民族的迁徙走遍欧亚草原，这是西周时代以来十分明确的史实。新疆东部的月氏，葱岭以西的斯基泰，都是活跃在草原、河谷间的骑马民族，他们是丝绸西运的重要中介商。穆王西征时，带有精美的丝织物作为礼品送与西王母，这是中国丝绸西传最早的文字记载。

六、周穆王在丝绸之路上的大巡行

周穆王"西狩"是早期丝绸之路上的重大事件。

周穆王（？—前922）以喜欢出游著名。周穆王"西狩"，是一个我国古代著作多有提及、流传甚广的上古遗说。如《竹书纪年》周穆王条："十七年，西征昆仑丘，见西王母。"《史记》卷五《秦本纪》、卷四三《赵世家》记造父以骏马骅骝骐骥献于穆王，而穆王命造父驾车，西巡狩，得见西王母。

记穆王西巡狩事最详的是《穆天子传》一书。书中记周穆王绝流沙、征昆仑"周游四荒"的历程，凡殊方异域之山川地理、风习物产、人物传说，多有涉及；所记月日、里程、部落，往往具体翔实，班班可考。同时，书中又夹杂不少奇闻异事、神话传说，富于文学色彩。此书于西晋武帝太康二年（281）在河南汲县战国魏襄王墓中被发现，有人疑其为晋人伪作，或谓西周史官所记，还有成书于春秋战国时代一说，近人论证此书成书当在战国前期，为赵国人所作，似更可信。《穆天子传》虽是小说家言，不是信史，但对于了解西周与西域的交通往来和穆王西狩传说仍具有珍贵的历史价值。

当年，穆天子以擅长制造的造父为车夫，向西行进。造父是中国历史上著名的善御者，因有祖父孟增的功德，成为周穆王的亲信随臣，获封为御马官，专管天子车舆。造父游潼关得骏马6匹，并知潼关东南山中的桃林产天下名马。当时，周天子车乘的8匹骏马，需品种统一，毛色无杂。造父得6匹名马，若献给周穆王，还少2匹；若留为己用，其品种又都优于穆王车乘之马，自感不安。于是，造父向穆王奏明原委，决定亲自入桃林寻良马，补足8匹，送给穆王。周穆王看见已得的6匹良马，确实是天下之冠，便催促造父尽快寻良马，以换新乘。据《史记·赵世家》记载，桃林之地，"广阔三百里"，树木参天，遮天蔽日，捕获千里良驹，实为困难。造父风餐露宿，入蛇蟠之川，闯虎穴之沟，终于获良马2匹。周穆王万分喜悦，立即换新舆。

穆王便以这八骏为御驾，由造夫驾车，率领大队人马，浩浩荡荡，向西方进发。

穆王西征前后有两次。当时，位于西域地方的犬戎部族势力扩张，不肯臣服，阻碍了周朝和西北方国部落的来往。穆王十二年（前965），周穆王率六师之众，西征犬戎。不过，这场战争好像打得不厉害，也没有什么战利品，《国语·周语》记载，此次西征仅"得四白狼，四白鹿以归"，却造成"自是荒服者不至"的后果，就是反而使得边远地区的部

⊙《帝鉴图说》周穆王乘八骏巡游天下事

族断绝了往来。郭沫若主编的《中国史稿》中说："到周穆王时候，犬戎势力强大，阻碍了周朝和西北许多方国部落的来往。周穆王西征犬戎，'获其五王'，并把一批犬戎部落迁到太原。这就打开了通向大西北的道路，开辟了周人和西北地区友好联系的新篇章。"[1]

第二次是穆王十七年（前960），穆王向西巡游，经河宗氏、赤乌氏、容成氏、鄋韩氏等20余个域外邦国部落，最后抵西王母之邦，受到西王母隆重的接待。周穆王西征万里，历尽艰辛，开辟了中原与西域的交通道路，发展了与西域部族的友好关系和贸易往来，仅从这一点来看，就是十分令人感佩的。

关于周穆王西行的路线，第一段路线大体是：自长安出发，过秦、汉之长水（漳水），历华亭西北（钘山）、泾水正流（虖沱）、固原南部（隃）、武威以东地区（焉居）、武威、张掖地区（禺知），而至于张掖河流域（阳纡）、居延附近（积石）。周穆王到达居延一带后，稍事休憩，即折向西行，入新疆境，至塔里木河流域。然后，周穆王绕塔克拉玛干沙漠南缘，过葱岭，经塔什干，进入中亚西王母之邦。周穆王抵西王母之邦后，再北行有"大旷原"，即吉尔吉斯旷野，那是周穆王西巡的终点。

---

① 郭沫若主编：《中国史稿》（第一册），人民出版社1976年版，第233页。

周穆王西巡，为何要先往北走呢？在汉武帝开河西走廊，建武威、张掖、酒泉、敦煌四郡之前，商旅难以直西而去，当抵至武威、张掖地区后，须先北上至居延，再折西而行。这条道路从鄯善南下，绕塔克拉玛干沙漠，经于阗、叶尔羌，越葱岭进入中亚，这一段路线是后世"丝绸之路"南道。周穆王去时走天山南路，归时走天山北路，和后来通西域的路线大体上是一致的。

由于年代久远，关于周穆王西狩的事迹已不甚清晰。所谓"西狩"，其实穆王一路上并无战事，率六师之众，只是作为一种仪仗。但由此可以想见这支队伍是十分庞大的。《穆天子传》记穆天子西征，历域外部族20余个，所到之所，各部族都友好接待，无不贡献方物特产，穆王也莫不一一赏赐中原物品，进行了大规模的物质文化交流活动。这种献赐活动反映了一种以物易物的交换贸易关系。所以，穆王西狩还具有与西域各地进行贸易活动的意义。在穆王西狩这一传奇的旅行过程中，穆王和他所遇到的外族首领互相交换礼物，这可能是当时中国和北方畜牧者通常交往关系的一种情形。

据统计，域外部族共向穆王贡献牲畜367420头、玉器万余件、酒1210斛、粮食2530车，还有禽兽乳、血等。如河宗之子孙柏絮迎天子，"先豹皮十，良马二六"。又如郭韩氏"献良马百匹、用牛三百、良犬七千、牦牛二百、野马三百，牛羊二千，穄麦三百车"。牦牛即骆驼。穆王赐予域外部族丝帛400余纯、贝带330余具、金银婴环230余件、朱丹3040裹等，还有服用器物、金银玉器、兵器等。如周穆王来到赤乌氏，曾赐"墨乘四，黄金四十镒，贝带五十，朱三百裹"。"墨乘"指黑色的车子，"朱"为缠帛布，即绛色丝绸布。又如周穆王来到智氏之处，"赐之狗采，黄金之婴二九，贝带四十，朱丹三百裹，桂姜百"。"采"是缤绶佩带，"婴"即盂，"桂"即肉桂。肉桂、生姜均系药材，也是调味品，是地处寒冷地带食牛羊肉的游牧民族所喜爱的商品。

周穆王每到一处就以丝绸、铜器、贝币馈赠各部落酋长，各地酋长也向他赠送大量马、牛、羊和穄酒。新疆玉石的成批东运和中原地区丝绸、铜器的西传，成了这一时期中西交通的重要内容。

中原同西域各地的贸易，不仅品种多，数量也很巨大。自西域输入的牛羊的数量动辄就是"三千""五千""七千"，玉石动辄为"万只"。自中原西运的丝绢，一交换就是"百纯""三百纯"，黄金也是一次交换就是"四十镒"或"黄金之婴三六"，连肉桂、生姜也达"百"。《穆天子传》所记中原与西域交换的产品，与后世两汉同西域的商品交换品种基本相同，数量也约略相当。史称汉使者西去，常"赍黄金杂缯而往"。张骞第二次出使，就曾"赍金币帛直数千巨万"。

周穆王西巡归途中，得到西域"献工人"偃师进献的类似木偶戏表演的"能倡者"，即人造的能歌舞的"机器人"。偃师是古代传奇中最神奇的机械工程师，他献给周穆王一个偶人。这个偶人和常人的外貌酷肖，动作和真人无一不像，掰动下巴则能曼声而歌，调动手臂便会摇摆起舞，让旁观者惊奇万分。《列子·汤问》记载："巧夫颔其颐，则歌合律；捧其手，则舞应节。千变万化，惟意所适。"

周穆王让宠姬一起出来观看。表演将毕，那偶人却向穆王的宠姬抛了抛媚眼。《列子·汤问》描绘说："技将终，倡者瞬其目而招王之左右侍妾。"所谓"瞬其目"，就是用眼色勾引人。周穆王勃然大怒，认定这个灵活宛似活人的家伙本就是个不折不扣的真人，便要当场处决偃师。偃师将偶人拆开，只见它是由皮革、木头、胶漆、黑白红蓝颜料组成的死物。周穆王仔细检看这个"机器人"，肝胆、心肺、脾脏、肠胃等五脏俱全，而筋骨、皮毛、齿发等全是假的，但是一样不少。周穆王让偃师把这些东西重新组装起来，又像当初看到的一样。周穆王还不敢完全相信偶人刚才的表演，于是去掉偶人的心，则"口不能言"；去掉偶人的肝，则"目不能视"；去掉偶人的肾，则"足不能步"。周穆王感慨道："人之巧乃可与造化者同功乎！"

这个有关"机器人"的故事，只是穆王西行中的一个插曲，而且很可能只是一个传说，但是一个相当有趣的传说。

七、春秋战国时期的中西交通

周穆王西巡狩经万余里，与西域诸部族广结友好，开辟了中西交通的大道，他确实是一位伟大的探索者与开拓者。可惜穆王的事业后继无人。周懿王以后，周室衰微，戎、狄分别从西方和北方入侵，隔阻了中原与西域的交通。

然而，这种隔阻也只是暂时的。中原与西域之间早已存在的文化交流和贸易往来，已成为一种相互的需要。因此，至春秋战国时代，人们仍为重开中西交通而进行着不懈的努力。

西周时，西北地区的西戎义渠建国不久，出兵吞并了周围的彭卢、郁郅等其他西戎部落，扩大了疆域，并先后修建城池25座，派兵驻守。他们还参照周王朝建立宫室，设置官吏，提倡发展农牧业生产，蓄精养锐，壮大国力，在很短的时间内使义渠成为兵强马壮、国力雄厚的西戎强国。义渠的国界西达西海固草原，东抵桥山，北控宁夏河套，南达泾水，面积约10万平方千米。在春秋战国时代，它直接参与了中原合纵与连横的政治、军事角逐，特别是先后同强秦经历了400余年的反复军事较量，成为当时秦国称霸西戎的主要对手。

⊙ 汉纺织图画像石

秦人原为黄河下游的一个古老民族，移居西陲后仍然固守以农为业的传统，并积极吸取诸戎先进的游牧科技文化，逐渐形成了以农业为主、兼营畜牧业的独特西陲经济与文化模式，奠定了秦以后西向称霸于诸戎、东向横扫六国的基础。

公元前651年（周襄王元年），义渠国以晋国人由余为使臣，派其出使秦国，以缓和两国紧张的关系。由余到秦国后，秦穆公（？—前621）以上卿款待，并向他请教治国之道。

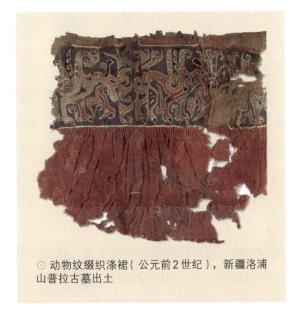

⊙ 动物纹缀织涤裙（公元前2世纪），新疆洛浦山普拉古墓出土

由余说："上含淳德以遇其下，下怀忠信以事其上，一国之政犹一身之治，不知所以治，此真圣人之治也。"穆公听了大为赞赏，便用离间计招降了由余。公元前623年，秦用由余计，攻北地义渠，征服了西戎八国，向西开疆拓土，"遂霸西戎，开地千里"。

公元前444年（周贞定王二十五年），"秦伐义渠，虏其王"。公元前430年（周考王十一年），义渠发大兵攻秦，从泾北直攻到渭南，秦国战败退出渭河下游。此后30年，是义渠国最强大的时期。它的地域东达陕北，北到河套，西至陇西，南达渭水，面积约20万平方千米。

公元前331年（周显王三十八年），秦趁义渠国内乱，秦惠文王遣庶长操兵平定。此后，义渠臣服于秦。但双方时战时和，秦对义渠地稍有蚕食。公元前327年（周显王四十二年），义渠以国为秦县，以君为秦臣，正式成为秦国的属地。公元前318年（周慎靓王三年），义渠趁中原诸国混战，脱离秦国统治，朝贡于魏，同时，联合东方五国伐秦。公元前314年（周赧王元年），秦在中原战场取得胜利后，调集重兵从东、西、南三面入侵义渠，先后夺得25座城池，使义渠国土大大缩小。公元前306年（周赧王九年），秦昭襄王立为国君，其母宣太后摄政。宣太后对义渠国改变正面征讨的策略，采用怀柔、拉拢的政策。公元前272年（周赧王四十三年），宣太后诱杀义渠王，接着发兵伐残义渠，义渠国亡，领土成为秦国的一部分，义渠戎也融入汉族，逐渐汉化。

西戎各部都在中西交通大道的东端，陇以西有绵诸（天水）、畎戎（渭水流域）、狄（临洮）、獂（陇西），岐、梁、泾、漆之北有义渠（庆阳）、大荔、乌氏（平凉）、朐衍（灵武）。秦国与西戎八国发展贸易关系，以缯帛、金属器具换取游牧部落的牲畜、皮毛和玉石。秦与西戎的交涉往来，也使这些草原民族受到中原文化的影响。秦厉公时，西戎一族的爰剑被俘为奴隶，在秦学得农业知识，后又逃回羌地，教人耕种、牧畜，诸羌敬服，推为大酋。原来以射猎为生的羌族，从此逐渐发展为西方强族。

到战国时期，西戎八国先后被秦吞并，秦与河西走廊的交通得以畅通。迁居到中原的戎族各部，渐渐融入华夏民族。"戎"这个称谓不复见于史籍。

秦国处于当时与西域包括草原游牧民族文化交流的前哨。由于与西域的交往，秦国比中原其他国家更多地接受了草原游牧民族文化的影响。这对于秦国国力和军事实力的增强有着重要的意义。

秦国雄踞西北，向东扩张，与三晋、楚等国连年大战，为中原人通西域贸易增加了困难。由于秦国占据通往西域的要道，而造成"代马胡犬不东下，昆山之玉不出"，于是往来商旅绕河套而行，开辟了一条新的商路。上文提到《穆天子传》为战国时赵人所撰，可能是依据西域商贾们的所见所闻来写周穆王对西域部族的巡行的，《穆天子传》中周穆王的往返路线便是战国时期西域商贾们的通商路线。历史学家顾颉刚认为，《穆天子传》的北行即赵武灵王的西北略地，而穆天子西行路线中的河套以东，正是赵武灵王西北拓地所走过的路线，有其实际性，而自此以西，再采《山海经》名词并加以作者的想象和商旅往来，也可获知一些真实的消息。[①]

《穆天子传》写穆王出"宗周"先向北绕行而又折向西至西王母之邦

---

① 钱小柏编：《顾颉刚民俗学论集》，上海文艺出版社1998年版，第16—21页。

的路线。这里说的穆王西去之路和东返之路的西段，正是实际存在的丝绸之路。而其东返之路东段，也经考证得以证实。据内蒙古考古研究所考证，战国时期在内蒙古草原上存在过两条丝绸之路，其所考证出的南路与穆王东返之路东段基本相合。因此，可以推测，《穆天子传》所写穆王西征、东返之路，山川方向，道里远近，叙述明了，实际上就是战国时期中原与西域各部族进行物资、文化交流的商贾之路，是那一特殊历史时期的丝绸之路。

春秋战国时期中原与西域的通商情况还可以从考古发现中得到证实。在春秋战国的中西交流中，东西方的器物有许多相互的交流。在那个时代，各民族发明的物质文化产品是文化交流的主要内容。在西域的广大区域内，包括现在中国新疆和帕米尔以西的区域，陆续出土了大量从春秋战国一直到汉晋时代的丝绸制品。1936年，考古学家在阿富汗喀布尔以北约60千米的地方，挖掘建于公元前4世纪后半叶的亚历山大城遗址，曾在一处城堡中发现了许多中国丝绸残片。

1977年，在新疆吐鲁番盆地西缘的阿拉沟（托克逊西）东口发现了一批墓葬，时间跨度为春秋战国时期到汉代。其中出土的菱纹链式罗是战国时内地刚刚才有的丝织珍品，由于外销，已经沿着丝绸之路运到了天山南麓。在第28号春秋墓（距今2620±165年）中，出土了一件凤鸟纹刺绣。这个刺绣品在长宽均为20多厘米的绢地上，用绿色丝线绣出各种凤鸟图案。原件虽已残破，但仍可见到凤鸟的躯体，还有微曲的腿、爪。从刺绣的丝绢与凤鸟图案分析，它无疑是中原地区的产品。在阿拉沟古墓中，还出土过数量众多的虎纹圆金牌、虎纹金箔带、虎纹银牌及熊头图案金牌等，仅第30号战国古墓中就出土圆金牌8块。在汉代张骞通西域前，这些制作金银器具饰物的原料都是由商贾们带到西域以用来交换西域土特产的。

阿尔泰山脉地处欧亚草原的东端，从商周时代开始，这里就成为中原文明与西方文明及南西伯利亚古代文明相互沟通的中介地带。在阿尔泰最具代表性的巴泽雷克文化，分布于哈萨克斯坦丘雷什曼河及其支流巴什考斯河之间的巴泽雷克谷地（俄罗斯戈尔诺阿尔泰省的巴泽雷克盆地）。著名的巴泽雷克大型贵族墓，属于南西伯利亚早期的铁器时代文化。公元前

5世纪至公元前3世纪是该文化最繁荣的时期。巴泽雷克是古代丝绸之路上的一个驿站。西亚的毛织品可通过中亚大草原运抵这里，而中国的丝绸也可由斯基泰商人转运到西亚。

巴泽雷克古墓的发现，是20世纪前半叶苏联考古学上的一个重大收获。由于年平均气温很低，冬季漫长而寒冷，在这种气候条件下，再加上石堆墓本身的构造，古墓建成后，墓室便呈永久性的冻结状态。一般条件下难以保存的木器、丝毛织品、皮革制品，甚至人和动物的体肤，大都完好无损地被保存下来。墓中出土有各种金属器、角器、木器、皮革、毛织品、丝织品、4具木乃伊、3具人骨、20匹马（有血肉）和34具马骨骼，其中尤以各种毛织品、丝织品、毛皮和皮革制品为大宗。毛织毡毯多挂于椁壁，而以一幅约30平方米的毡帐和迄今所知世界上最早的拉绒多彩毛毯最为珍贵。以丝、毛、皮革制作的衣物，有头帽、风帽、衬衫、短袄、皮带、靴袜等。

巴泽雷克出土的遗物反映出当地人同其他民族的广泛联系，如良马、拉绒毛毯等来自中亚，器物上的某些纹饰母题和神话形象应系传自波斯。

⊙ 俄罗斯巴泽雷克古墓出土的蔓草鸟纹刺绣

在第6号墓中出土了半面战国时期的山字纹镜，在阿尔泰山西麓的一座墓葬里也发现了一面与之完全相同的镜子。山字纹是战国铜镜的特色纹饰，有三山、四山、五山、六山字纹等纹饰，以湖南出土为多。

墓中还很好地保存了中国的丝织品和其他物品。巴泽雷克第5号墓出土的茧绸特别精致。有一块鞍褥面，上面的刺绣是用彩色丝线以链环状的线脚绣成的。刺绣的主题是，凤栖息于树上，凰飞翔于树间的素底间。某些巨墓中出土的中国织物，有用大量的捻股细丝线（每平方厘米为34×50根）织成的普通平纹织物。这类织物既有小块的，也有整幅的（铺盖在皮衣服的上面）。其

⊙ 俄罗斯巴泽雷克古墓出土的几何纹织锦

中，图案和制作技术最为突出的是巴泽雷克第3号墓出土的一块有花纹的丝织物。

八、冶铁技术及铁器的传播与交流

世界上最早制造铁器的，是小亚细亚的赫梯人，时间在公元前1400年左右。铁器发明后，因赫梯国王严禁冶铁术外传，在一段时间里，铁的产量极少，价格昂贵，铁器只被当作珍贵礼品在一些国家的宫廷里传送。直到公元前13世纪赫梯王国分裂转衰，铁的垄断被打破，人类历史上的铁器时代才真正来临。公元前1300—前1100年，冶铁术传入两河流域和古埃及；约在公元前1千纪，古希腊和古罗马开始普遍使用铁制的工具和兵器；在公元前500年前后，欧洲大陆普遍使用铁器。欧洲的部分地区于公元前1000年前后也进入铁器时代。

随着游牧民族频繁活动，最早出现在西方的制铁技术，沿着中亚北方草原丝绸之路和南方绿洲丝绸之路向东传播，约在公元前7世纪前后进入中国北方，并很快普及。

铁器在新疆出现的时间在公元前1000年前，最初由希腊人、阿拉伯人、雅利安人、粟特人、高加索人等经西亚、中亚带入新疆。伊犁、喀什

等地区很可能比较早地接触到冶铁术。从哈布其罕墓地发现的装饰品铁器、群巴克墓地发现的大量铁器看，伊犁、喀什等地区有可能也是冶铁术传入新疆的早期通道之一。这和青铜时代域外文化在新疆的传播过程也大致相似。战国时期，塞人已经用铁，尤其是使用了消耗量很大的铁镞。铁被用于制造工具、兵器，使社会生产力得到极大提高，使不少新的生产领域得到开发。

中国北方早期铁器时代文化以毛庆沟文化、桃红巴拉文化、杨郎文化为代表。毛庆沟文化主要分布于内蒙古西部阴山一带，即黄河以北、蛮汉山麓的丘陵地带。该文化的年代相当于东周中晚期，其早期（前7世纪—前5世纪）已出现铁器，但仍以青铜器为主，包括短剑、鹤嘴斧、刀、兽头形饰、鸟形饰、管状形饰、联珠形饰及蹲踞或伫立状虎、虎食羊等透雕动物纹牌饰。到晚期（前4世纪—前3世纪），铁器明显增多，短剑、鹤嘴斧、刀、双鸟纹牌饰、虎纹牌饰等已多有铁制者。桃红巴拉文化以鄂尔多斯市杭锦旗桃红巴拉墓地的发掘而得名，主要分布于长城以北、阴山以南的鄂尔多斯高原。该文化的年代相当于春秋中晚期至战国晚期，该文化墓葬出土的金属器包括青铜器、金银器和铁器，出现了铁短剑、衔、镳等。杨郎文化以宁夏固原杨郎乡马庄墓地的发掘而得名，主要分布于宁夏中南部及相邻的甘肃部分地区。该文化的年代相当于春秋中期至战国晚期。在年代相当于战国中晚期的墓葬中，出土了很多用铁制作的器物，包括短剑、刀、锥、衔、镳、带饰等。有关研究者认为，这些北方的铁器可能与当时草原民族的铁器文化有比较密切的关系。

⊙ 新疆鄯善洋海墓地出土的铁刀（公元前500年）

在商代，铁刃铜钺已有发现，表明金属铁早在3000余年前即已被人们认识和利用。但中国开始冶铁和使用铁器的确切时间是在春秋时期。春秋战国时期是中国的早期铁器时代。中国最早关于使用铁制工具的文字记载是《左传》中的晋国铸铁鼎。铁器坚硬、锋利，且韧性高，胜过石器和青铜器。当人们能广泛用这种铁制造工具时，青铜工具就逐渐被取代了，冶铁业成为当时工业的重要门类。进入战国时期，冶铁业得到了迅速发展。所以，在考古学上，相对于石器时代和青铜器时代，战国至汉代前这一阶段被称为"铁器时代"。

中国最早的人工冶炼的铁器——铜柄铁剑出土于甘肃灵台的一座春秋早期虢国墓中。初期制作的铁器多是削、凹口锄（耒）、刀等小工具，但已有锻制的中碳钢剑、白口生铁铸的鼎等制品。1976年，湖南长沙杨家山的一座春秋晚期墓（第65号墓）中发现钢剑、铁鼎形器各1件，剑长38.4厘米。随后在长沙另一座春秋战国之际的墓（第15号墓）中发现铁鼎1件，重3250克。1978年，在河南淅川下寺的一座春秋晚期墓中，发现玉柄铁剑1件。

齐国是最早发明冶铁术的地区。《国语·齐语》说："美金以铸剑戟，试诸狗马；恶金以铸锄夷、斤、劚，试诸壤土。"此处

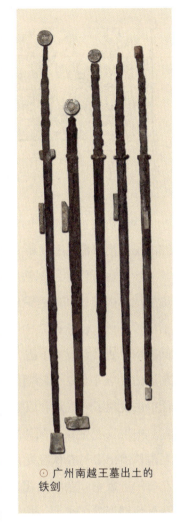

⊙ 广州南越王墓出土的铁剑

"美金"指青铜，"恶金"指铁。齐地铁矿资源丰富，《管子·地数》说齐地"出铁之山三千六百九山"。据《管子·轻重乙》记载，在春秋桓管时期，齐国"断山木，鼓山铁"，故而齐国发明冶铁术当在春秋中叶。齐故城勘探发现6处冶铁遗址，其中两处面积达40万平方米。汉代全国设铁官49处，仅山东就设12处，多在齐地。正因齐国较早地发明了冶铁术，铁工具广泛用于农作，才有可能使齐地多潟卤荒芜之地变成膏腴之田。战国中期以后，炼铁技术进一步提高，铁器的出土已遍及七国地区，并见于北方的东胡、匈奴和南方的百越。

⊙ 东汉冶铁画像石，山东滕州出土

　　冶铁业在中国出现的时间虽然比西亚和欧洲要晚，但中国的冶铁业一经出现，便取得飞速发展，并在以后的很长时期一直居世界前列。

　　炒铁是古代中国钢铁冶炼的重大发明，是一种简便有效的炼铁术。方法是把含碳量过高的可锻铸铁加热到半流体状态，再和铁矿石粉混合起来不断"翻炒"，让铸铁中所含碳元素不断渗出、氧化，从而得到中碳钢或低碳钢。如果继续炒下去，就得到含碳量更低的熟铁。这种方法始于西汉，东汉的《太平经》中就明确记载了炒铁技术，在河南巩义的铁生沟冶铁遗址中也发现了炒铁炉和以炒铁制作的铁币。

　　中国发明生铁比国外要早1800多年，这是中国冶金史上的一大成就。湖南长沙出土的春秋晚期铁器，经检验确定，钢剑的材料是含碳量为0.5%左右的中碳钢，金相组织比较均匀，可能是经过高温退火处理的，这表明春秋晚期到战国早期，块炼铁已发展为块炼渗碳钢。另外，当时的白口铁也已发展为韧性铸铁。战国中期以后，工艺技术获得明显发展，进一步提高了金属铁的性能。燕下都（今河北易县县城东南）44号墓出土铁器的金相考察说明，战国后期的燕国，不仅在块炼铁中增碳制造高碳钢，而且已经掌握了淬火技术。

　　根据出土铁器及东周时代的冶铜技术推测，春秋晚期冶铁应已使用鼓风竖炉。高炉的鼓风设备叫"橐"，是皮制的鼓风机。这种橐，在汉代得到了进一步的改进，由皮革制作的风囊和木架组成，有入风口和排风口，把几个橐连在一起称为排橐或排，可以增大进风量，增强燃烧的火力，把炉温迅速提高到炼铁所需要的1200多摄氏度。战国时期的冶铁遗址已发现多处，出土有熔铁炉、鼓风管、炼渣及各种铁器的陶范，在河北兴隆还发现一批铁制铸范。兴隆铁范计有42副87件，包括农具、工具和车具的铸范。有些铸范设有防止变形的加强结构和金属芯，其设计和铸造工艺都达到了相当高的水平。这批铸范的出现表明社会向冶铁业和铁工具的生产提出了进一步的要求，也是当时广泛使用铁器的又一个例证。

块炼渗碳钢及其淬火工艺，直接应用于制造武器和防护装备的生产。楚、燕走在其他各国的前列，主要的武器已基本使用铁制品。根据《战国策》和《韩非子》等文献记载，当时三晋和齐国的铁制武器已相当可观。至于生产水平比较落后的秦国，从秦兵马俑坑的发掘资料看，主要武器仍旧是青铜制品。但不论是秦还是楚、燕，当时的钢铁武器都不足以装备所有的军队，钢铁武器最终取代青铜武器，到东汉时才实现。

春秋战国时期铁器的器类有农具、手工具、兵器和杂用器，而以农业、手工业工具为大宗。农具有镢、锄、耒、铲等多种。同一类型的农具又有不同形式，如镢有长方板楔形镢和长条椭圆孔形镢，锄有六角形锄、梯形锄、凹形铁口锄和五齿锄，镰有矩镰、爪镰等。手工业工具有斧、锛、凿、锥、锤，兵器有剑、戟、矛、匕首、胄，杂用器有削、刮刀、环、钩、带钩以及作为青铜器的附属部件的鼎脚和镟铤。

由青铜时代发展到铁器时代，是人类文明史上一个大的飞跃。冶炼技术和铁器的制造本身就意味着社会生产力的极大提高，意味着手工业生产的巨大进步。春秋晚期到战国早期，铁器已形成一种新的生产力，登上了历史舞台，部分农业和手工业开始使用铁器。战国中期以后，铁器已推广到社会生产和生活的各个方面，在农业、手工业部门中基本上代替了木器、石器、骨器、蚌器和青铜器，初步取得支配地位。《管子·海王》记载，耕者必有耒、耜、铫等农具，车上必有凿、锯、锥等工具，女子必有针、刀。铁器成为社会生产各部门的必需品，应是战国晚期社会的真实情况。

中国的铁器和铁器制造技术很早就传播到朝鲜、日本。在公元前3世纪前后，匈奴人已经开始使用铁器。匈奴人的铁器文化不仅受到汉族文化的很大影响，而且可以推测当时的铁匠大多是来自中原的汉族匠人。匈奴人学会了如何制造优质的钢铁和武器，他们还将自己制造的武器出售给草原上的其他部落。

中国冶铁和制作铁兵器的技术在汉代传入西域，主要是由于战争传入西域的兵器。铸铁技术应用之早是中国冶铁技术上突出的长处。西汉时铁剑长度在80厘米到118厘米之间，钢剑的刃部经过淬火，坚实锋利。当时西域各国铸造铁器的技术不精，这些锋利有力的武器正是西域各国所缺少的。公元前36年，陈汤到西域时见到"胡兵"的武器不如汉朝的军队，"矢刃朴钝，弓弩不利，今闻颇得汉巧"。这些"胡兵"的弓矢和铁兵器与汉朝军队所配备的长柄的矛、戟、弓弩和剑相比，要落后得多。《史记》说"汉使亡卒"将铸铁技术教给大宛的铁工，大宛人从汉朝人那里学会了铸铁技术。

安息也从中国输入许多铸铁产品，包括长把平底铁锅、一般锅，以及各种钢铁兵器。中亚古城木鹿（今土库曼斯坦巴伊拉姆阿里城附近）是中国钢铁的集散地，安息骑兵所用武器由这里入境，所以古罗马史学家普鲁塔克（Plutarchus，约46—120）称安息骑兵武器为"木鹿武器"，所用刀剑用中国钢铁锻铸，以犀利著称。后面我们将谈到安息与罗马之间的卡莱尔战役，五彩缤纷的中国丝绸令罗马士兵眼花缭乱。不仅如此，在这场战役中，安息士兵还装备着用钢铁制造的先进武器。他们使用的弓箭配有钢制箭镞，能够轻易射穿罗马人的盾牌和盔甲，他们使用的钢矛也能穿透罗马士兵的整个身体。安息铁甲奇兵身穿层层钢铁护甲，无论罗马士兵怎么刺和砍劈，都无法伤到安息人。

阿拉伯人所称的"哈尔·锡尼"（al-khārsīnī，"中国铁""中国箭镞金"）是一种产生于中国的罕见金属。他们极为重视这种金属，据称用这种金属做成的箭镞具有毒性，可致人死亡，制成的鱼钩不会使任何海中动物挣脱，做成的大小钟铃则发音铿锵，回音激荡久久不绝。阿拉伯炼丹术士哈伊延·本·扎比尔（Hayyān b. Jabir）曾为论述这种金属而写作了《中国铁之书》。有些现代学者认为，这种金属是一种铜镍合金或是锌。另外，据法国学者阿里·玛扎海里（Aly Mazahéri）记载："商旅们最早似乎也从中国向波斯出口非常豪华的铸铁器。如用作镜子的铸铁圆盘（中国的镜子），必须不断地擦亮。拥有这样的一面铸铁镜子的人会被认为是一名熟练的理发师。他拥有一把中国剃刀以为顾客剃发，同时还拥有一把中国剪刀为顾客剪胡须，他自信这样就算武装齐备了，但最大的豪华物还是他的中国镜子。因此，中国镜子早于铁锅而传入波斯，早在萨珊王朝时代就已传来；在萨曼王朝时代，又传来了马镫，被波斯人先称为'中国鞋'，然后又称为'脚套'。"①

中国铁器还通过安息传入罗马。除丝绸外，中国产的钢铁也是向罗马出口的大宗商品。中国的丝绸和钢铁是通过丝绸之路的安息商队，横跨整个安息帝国，进入罗马叙利亚地区的。商人们横渡波斯湾，将东方的货物从印度运到巴比伦尼亚的安息市场。用中国钢铁制造出来的光亮的刀具在当时被视为珍贵物品。古罗马作家普林尼（Gaius Plinius Secundus，23—79）曾称赞中国钢铁是优良卓越的产品，说："在各种铁中，赛里斯铁名列前茅。"不论他是亲见还是得自传闻，中国铁器在当时世界上质量最好，当是事实。普林尼说的这种铁可能是铸铁。

---

① ［法］阿里·玛扎海里著：《丝绸之路——中国—波斯文化交流史》，耿昇译，中国藏学出版社2014年版，第301页。

第四章　游牧民族与草原之路

一、游牧民族的大扩散

在古代欧亚大陆辽阔的大旷原上，生活着许多游牧部族。这些游牧部族"无城郭常处耕田之业"，经常迁徙，在中国古典史学上叫"行国"[①]。

新石器时代欧亚大陆各地的农牧业出现后，逐渐向其他地区扩散，最后传播到草原地带，形成了一种混合经济。例如，在欧亚大陆草原西端的南俄草原，新石器时代早期虽然出现了农牧业，但主要以采集与狩猎为主。新石器时代中期则是农业、牧业、渔猎和采集相结合的混合经济。后来，不断干燥的气候难以适合农业经济，导致农业村落数量减少，规模缩小，游牧经济却日益重要起来。到了距今4500年至4000年前后，游牧经济在草原地带获得了主导地位。在蒙古，游牧文化形成于公元前3千纪后半期至公元前2千纪前半期。近来有学者在探索我国北方游牧经济的起源问题时，也认为北方游牧业是从中原的家畜饲养发展而来的，至青铜时代才形成完整、独立的游牧经济形态。

这样，从公元前3千纪后半期开始，游牧经济就逐渐成为草原通道所特有的一种经济形态。这条游牧经济带的北面是狩猎经济，南面则是农业经济。众多的游牧民族在草原通道上纵横驰骋，由于它们的流动性很大，

---

① "行国"是司马迁在《史记·大宛列传》中提出的概念，以与城郭之国即邦或城邦相对。城郭之国，田畜土著；行国则随畜逐水草。

⊙ 内蒙古阴山岩画围猎图

自然而然地接触到各地的不同文化，并将这些文化传播开来。于是，东西方文化就在草原通道上汇聚。

欧亚草原地带是非定居（游牧或半游牧）的畜牧文化的领域。欧亚草原是一个独特的生态系统，从多瑙河到中国长城东西绵延，长约8500千米，南北宽400—600千米，从北部的森林和森林草原带到南部的丘陵、半沙漠和沙漠带，地理跨度为北纬47°—58°。

据草原文化考古学研究，欧亚大陆间游牧的草原文化，在公元前2000年开始有扩散的现象。其原因：一是以畜牧为生的牧群人口增加；二是牧人们知道了骑马；三是草原上气候干燥，生活环境恶劣。同时，牧人们知道了饮乳和制作乳制品，比单纯食肉增加了新的生存条件。骑马的最早证据可以早到公元前5000年，那时黑海以北的库尔甘畜牧文化迁移到了西伯利亚。在公元前3千纪和公元前2千纪之交，畜牧和骑马文化遍及欧亚草原地带，古代民族之间发生了一系列的碰撞和迁徙，游牧民族开始扮演东西方世界之间的"桥梁"角色，从此东西方世界文化的互动和渗透就以波浪和潮汐式进行。游牧民族是欧亚草原之路的开拓者和先行者。

大致说来，中亚牧人扩散的第一个阶段始于公元前2000年。第二个阶段在公元前1000多年，游牧人群扩散及于天山、阿尔泰山及萨彦岭一带，甚至到了外贝加尔地区。第三个阶段于公元前700年前后开始，匈奴及其族类在草原上大扩散。

商周时期正处于草原文化的第二次大扩散阶段。商周所处的年代，也正是欧亚大陆有不少民族大移动的时期。公元前17世纪，喀西特人（Kassites）侵入两河流域建立王朝，喜克索人（Hyksos）侵入埃及；公元前14世纪到公元前12世纪，埃及古代记载了不少"海上民族"的活动，也正是高加索人南下地中海的一些事迹，例如詹森寻找金羊毛事，以及古希腊的英雄史诗。雅利安人进入印度河域改变了北印度的古代文明，也是公元前15、公元前14世纪到公元前9世纪的事。这期间，欧亚古代民族之间发生了一系列的碰撞和迁徙。大规模的碰撞、交融，大范围的冲突、迁徙，构成了一幅上古时代令人目眩神晕的历史场景。

这一历史过程首先是从欧亚草原地带的东端开始的。

据竺可桢的研究，公元前1500年时，草原与森林的接界在北纬56°左右；公元前1250年时，接界北移了约320千米。这是草原温暖、人口增殖的时期。气候的改变，显示在公元前1000年前后，中国地区曾有一段寒冷时期，延长到春秋时期才渐变暖。寒冷的移动由太平洋沿岸开始，向西渐进经欧亚大陆到达大西洋沿岸，同时有由北而南的趋势。由竺氏的曲线，当可猜度漠北与西北的游牧民族为严寒驱迫，有南下的可能。温暖的气候适宜草原民族生存和繁衍，草原人口和畜群的增加必然造成对水草的争夺，同时也不可避免地发生向商周领地的侵扰。邻近中国内地陕晋两省北面的戎狄，在商末周初大为活跃，以致有商人与鬼方诸部的争战及周人为戎狄压迫而迁徙。

商周时代，与北方草原民族的交涉往来是对外交往的重点。这期间有贸易往来、朝贡交聘，也有不断的战争和掠夺。在这些不同形式的交涉中，中原文化与草原文化实

⊙ 甘肃嘉峪关三国时代古墓畜牧壁画砖

现了大交流，并通过草原通道建立起间接的文化联系。

此时生活在欧亚草原最东端的古代民族有荤粥人、鬼方人、狁人等，他们的分布范围大致在贝加尔湖及其以南的蒙古高原一带。这一时期的草原民族大迁徙就是从他们开始的。黄帝曾"北逐荤粥，合符釜山"，说明中原民族已与荤粥人有过战争交往。殷商时"高宗伐鬼方，三年克之"。有学者认为商族与鬼方族之间的冲突碰撞自契至汤时断时续，商朝8次迁都均与鬼方族的逼迫有关。

到周代，北方的狁人取代荤粥、鬼方等族群，成为边境大患，经常入侵中原。与欧亚草原上的其他古代民族相比，狁人在人种上属于黄色蒙古人种，而前者属于白色欧罗巴人种。猃狁、獯鬻即匈奴的前身，他们从蒙古高原南下游牧，公元前1千纪中期到达河套地区，给中原造成很大的困扰。周人哀叹："靡室靡家，猃狁之故。不遑启居，猃狁之故。"据《诗经》和金文材料记载，周宣王在位时致力于消除来自北方的威胁，与狁人发生过两次较大规模的战争。第一次战争发生在周宣王五年（前823）的四五月至冬季。当时狁人大举南侵，兵锋直抵周人统治中心附近的泾阳，周宣王被迫倾全国之力拼死抵抗。周人以尹吉甫（兮甲）统率的军队为主力，与狁人在朔方、焦获、泾阳等地作战，击退了敌人的进攻，并乘胜追击至大原附近。另以南仲统率的一支军队为偏师，也向北作战，前出至朔方附近。然后这两支军队分别在大原和朔方修筑城堡，转入防御。第二次战争发生在周宣王十一年（前817），狁人又南犯，周以方叔、虢季子白为将，展开反击。方叔统率的军队是周人的主力，拥有兵车三千乘，其部将虢季子白杀敌五百，俘敌五十，受到周宣王赏赐。因周宣王致力于消除来自北方的威胁，抵御狁人的进攻，遂有"中兴"之美名。

以上两次战争虽然都挫败了狁人的南侵意图，但远不能说取得了决定性胜利，只是防御中的反击和反击后的防御而已。《诗经》中记载的"城彼朔方"，正是周人对狁人处于战略防御态势的证明。

根据周代史料记载，狁人在公元前823年和公元前817年的两次南侵活动，均发生在四五月间。这个季节的塞外草原本应开始复苏，牧草正在生长，而犹人选择这样的时候大规模南下，很可能与当时的异常天象有关。异常寒冷的春季影响了牧草的生长，迫使犹人向水草比较丰富的南方迁徙。而当这一迁徙过程遭到南方周民族有效的阻遏后，犹人又将其迁徙的路线转向西方，并由此引发自东而西的民族迁徙浪潮。

二、草原之路

由于游牧社会"逐水草而居"的习性以及其他自然灾害等方面的原因，一批又一批游牧民族和部落在草原上迁徙，不断接触并沟通了其他地区的民族乃至农业社会。这些游牧部族居中西两大古典文明中间，在古代中西文化交流中起到了中介作用。正是在这些游牧民族的努力下，草原丝绸之路最早出现在欧亚大陆上，成为促进人类文明聚合和发展的大通道。

英国地理学家哈·麦金德（Halford John Mackinder，1861—1947）在《历史的地理枢纽》中评介了欧亚大陆地形的特点与游牧民族迁徙的关系。他指出：

> 应当注意到，从森林带流入黑海和里海的河流穿过游牧民族的整个草原上的道路，而且不时地有着与骑马人的运动成直角的、沿着河流的暂时性迁移。……在一千年内，一系列从亚洲兴起的骑马民族，穿过乌拉尔山和里海之间的宽广空隙，踏过俄罗斯南部开阔的原野，取得了欧洲半岛的中心匈牙利；由于反对他们这一需要，于是形成了周围的每一个伟大民族——俄罗斯人、日耳曼人、法兰西人、意大利人和拜占庭希腊人的历史。[①]

中国在历史上一直与北方草原民族保持着频繁的接触。在很长的历史

---

① ［英］哈·麦金德著：《历史的地理枢纽》，林尔蔚、陈江译，商务印书馆2017年版，第57页。

⊙ 北京昌平居庸关，是中原通往北方草原的重要通道

时期内，与北方草原民族的往来交涉一直是中原王朝对外关系的重点。这种接触对于中国文化的发展有着重要影响。从远古时代开始，在草原上活跃的不同游牧民族都充当了东西方文化交流的重要媒介。

据以上所说，早在远古时期，虽然人类面对着难以想象的天然艰险的挑战，但是欧亚大陆东西之间并非完全隔绝。活跃在北方的草原民族，从东到西，经过数次大迁徙，数千年间不同部族间的交往和贸易，在广袤的大草原上开辟出联通大陆东西的大通道。

这条草原之路是在尼罗河流域、两河流域、印度河流域和黄河流域之北的草原上由许多不连贯的小规模贸易路线大体衔接而成的。而这条大通道的开辟，又为后续的民族迁徙和文化交流创造了条件。现在的学者们将这条草原大通道称为"草原丝绸之路"。1983年，日本学者前岛信次和加藤九祚在合编的《丝绸之路辞典》中首次正式提出了丝绸之路包括"草原之路"的概念。他们认为，在欧亚大陆的东西交通中，中国的丝绸不仅通过横贯东西的"绿洲之路"，即通常所说的丝绸之路运往西方，而且通过北面的"草原之路"和南面的"海上之路"运到西方。

草原之路的存在已经被沿路诸多的考古发现所证实。这条路就是最早的丝绸之路的雏形。环境考古学资料表明，欧亚大陆只有在北纬40°—50°的中纬度地区，才有利于人类的东西向交通。这一地带恰好是草原地带。在北纬40°—50°，除天山和阿尔泰山的弧形山区外，几乎整个亚洲大陆都被一片纵向的草原覆盖着。这片大草原从中国东北部一直延伸到克里米亚，从蒙古的库伦一直延伸到马里和巴尔赫地区。

这条狭长的草原地带，东起蒙古高原，向西经过南西伯利亚和中亚北部，进入黑海北岸的南俄草原，直达喀尔巴阡山脉。除局部有丘陵外，该地带地势比较平坦，生态环境也比较一致。这条天然的草原通道，向西可以连接中亚和东欧，向东南可以通往中国的中原地区。草原丝绸之路指的就是以欧亚大陆草原为主线的一条东西向的古代通道。

这条草原通道的东段经过蒙古高原，向南沿着河谷地带，如黄河、桑干河、永定河等，可以直接通达中国古代文化的核心地带——黄河中下游地区。这条通道被认为是绿洲丝绸之路出现之前连接东西方文化的主要干线。东西方人类的最初交往，主要就是通过这个通道实现的。

有的学者认为，草原之路有两条路线：一条是从内蒙古过阴山，经宁夏到巴里坤，再经吉木萨尔、伊犁到达碎叶；另一条是从蒙古过杭爱山，经科布多越阿尔泰山向西到巴尔喀什湖，然后向西与一条森林道相接。还有学者具体指出，草原丝绸之路的主体线路是由中原地区向北越过古阴山（今大青山）、燕山一带的长城沿线，向西北穿越蒙古高原、南俄草原、中西亚北部，直达地中海北岸的欧洲地区。草原丝绸之路东段最为重要的起点是内蒙古长城

⊙ 中国北部贺兰山 "面具" 岩画

沿线，也就是现今的内蒙古自治区所在地。这里是游牧文化与农耕文化交汇的核心地区，是草原丝绸之路的重要连接点。

早在旧石器时代，人类就已经在草原通道上往来迁徙。但那时东西方之间的文化交流是极其微弱的。从新石器时代开始，草原通道逐渐成为一条独特的游牧经济带，东西方文化通过草原通道进行比较频繁的交流。至迟在公元前2000年前后，中国北方游牧地区与黑海沿岸之间已经存在着一定的文化交往，中国中原地区已经通过草原通道与欧洲的最东部发生了某种文化联系。

早期的丝绸之路并不是以丝绸为主要交易物资的。在公元前15世纪前后，中国商人就已经出入塔克拉玛干沙漠边缘，购买产自现新疆地区的和田玉石，同时出售海贝等沿海特产，与中亚地区进行小规模贸易往来。而良种马及其他适合长距离运输的动物也开始被人们所使用，使大规模的贸易文化交流成为可能。阿拉伯半岛经常使用的耐渴、耐旱、耐饿的单峰骆驼，在公元前11世纪便用于商旅运输，不久后双峰骆驼也被运用在商贸旅行中。另外，欧亚大陆腹地是广阔的草原和肥沃的土地，对游牧民族和商队运输的牲畜而言，这里可以随时随地安定下来，就近补给水、食物和燃料。这样一来，商队、旅行队或军队就可以进行长期、持久的远行。

三、"尊王攘夷"与草原民族迁徙

草原之路的形成，草原民族持续的大迁徙，对于欧亚大陆的历史变迁有重要影响。法国历史学家格鲁塞（René Grousset，1885—1952）认为，繁衍生息在欧亚大草原上的游牧民族，在历史上是一股巨大的力量。它们的历史重要性在于，它们向东、向西运动时，对中国、波斯、印度和欧洲产生压力，这种压力不断影响着这些地区的发展。

中国在历史上一直与北方草原民族保持着频繁的接触。数千年中国社会、中国文化的历史，反复出现的一个情况是，与北方草原民族的接触，对于中国社会的变迁、中国文化的发展有着极为深刻的影响。反过来，中原民族与草原民族的贸易、交涉、战争，也对草原民族的文化发展和迁徙流动有着直接的影响，并且间接地引发草原上的民族流动。

中原商周文化是已经发展成熟的文明。中原和北方草原文化占有的地域面积大致相当，战略纵深非常大。二者控制的边缘地区所形成的中间地带面积广大，自然条件恶劣，多为戈壁荒漠。在当时，穿越这类地区进行大规模的军事行动几乎不可能，这导致双方都不能彻底摧毁和占领对方。草原社会的军队冲击力和突击力大，机动性很强，但物资较为单一和匮乏。中原军队和机动作战的草原人群直接较量时不占上风，但其优势在于组织性强，物资较为充足，后勤保障好。不过，在进入广袤的草原后，笨重的辎重粮草又成为劣势。这种形势导致双方形成互为压力、互为伙伴的战略平衡关系。

北方长城地带（或称农牧交错地带）的人群似乎并不完全隶属于更北方的草原社会或南边的商周王朝，而是两者的缓冲带和文化传播中介。这里的社会形态更接近北方的草原社会，北面的戈壁、荒漠在一定程度上隔绝了他们和更北的草原社会之间的相互攻击，因此，北方长城地带的人群更容易侵犯南边的农耕文明区。这构成中国农耕区和北方农牧交错地带最初的农牧关系。这个地带从商代晚期到春秋早期可以分为两个阶段、两个中心。第一阶段是商代晚期至西周早中期，文化重心是陕西、山西北部的诸方文化。第二阶段是西周中晚期至春秋早期，重心东移至内蒙古东南部。文化的互动使农牧交错地带的文化从各方面获得很多资源，从而迅速发展起来，并且辐射到更北的草原地区。同时，中原发生的若干大事件间接导致了草原人群多米诺骨牌式的民族西迁运动。

公元前9世纪时，欧亚草原最西端的黑海北岸地区是古代民族辛梅里安人（Cimmerians）的活动范围。"辛梅里安人"是希腊人给起的名字，指的是生活在欧亚草原操伊朗语的游牧民族，意为"流动的马队"。公元前5世纪中叶，希罗多德（Herodotos，约前484—约前425）到过黑海北岸的希腊殖民者的居留地，他根据在那里的见闻，了解并记述了当时业已消亡的辛梅里安人的若干情况。比希罗多德时代更早的荷马史诗《奥德赛》中已提到过辛梅里安人，说他们生活在大洋（指黑海）那边的一条河边，那里雾气弥漫，不见阳光。

在辛梅里安人的东北面，生活着另一个古代民族——斯基泰人。关于斯基泰人生活的地区，希罗多德记述了他们的一个传说。斯基泰人说在他们的北边，由于有羽毛自天降下的缘故，没有人能进入那里。希罗多德解释说，斯基泰人在谈到羽毛时，不过是用来比喻雪而已。[①] 由此推测，他们的活动范围大致在黑海北岸以东、伏尔加河上游以南的温带草原区域。由此再往北，则是冰雪交加的寒带区域了。

从斯基泰人的活动范围再往东，在黑海东岸至巴尔喀什湖之间的广阔草原地区，居住着萨尔马特人、马萨格泰人和塞种人等古代民族。萨尔马特人的分布范围，大致在中亚的西北部地区。他们的生活方式与游牧的斯基泰人十分接近，但在社会发展水平上要落后一些。马萨格泰人的活动范围大致在黑海以东至锡尔河下游之间，其社会发展水平与萨尔马特人相仿。作为游牧民族的马萨格泰人勇武善战，希罗多德曾记载说他们已拥有独立的骑兵和步兵，此外还有弓兵和枪兵。所有战士的枪头和箭头都是用青铜制造的，因为那里有大量的黄金和青铜。

塞人的分布地区在更东面，包括塔拉斯河、楚河、伊犁河流域的河谷地带，以及阿莱帕米尔、费尔干、天山的高原地带。这样的地理环境在一定程度上决定了塞人的生活方式：在炎热的夏季，他们通常把放牧的畜群驱赶到高原牧场；在寒冷的冬天，则把畜群转移到海拔较低的河谷牧场。西周时有塞人居住在敦煌一带。春秋时月氏民族开始强大起来，向西驱迫塞人。这时塞人沿天山西迁，散居在天山以北，包括阿尔泰山到巴尔喀什湖以东以南的广大草原。公元前8世纪，一部分世居中亚北部的塞人，在萨尔马特人的压迫下，从中亚西北部迁到黑海西北，他们在公元前6世纪

---

① ［古希腊］希罗多德著：《历史》（上册），王以铸译，商务印书馆1959年版，第277页。

时与希腊人在黑海的殖民城邦建立了频繁的贸易往来。天山北麓通向中亚细亚和南俄罗斯的道路，由于这些草原牧民的媒介而通畅。在古代，这里是极其辽阔且并无国界的草原谷地。塞人部落通过他们的游牧方式，在中国和遥远的希腊城邦之间充当了最古老的丝绸贸易商，他们驰骋的吉尔吉斯草原和罗斯草原成了草原丝绸之路最早通过的地方。

当时欧亚大陆的民族迁徙与中国国内的社会生活变动也有一定关系。公元前7世纪，中原地区的齐桓公、晋文公、秦穆公在中原称霸，发动了强大的"尊王攘夷"运动。

"尊王攘夷"一词最早见于《春秋公羊传》，该书是解释儒家经典《春秋》的三部典籍之一。"尊王攘夷"的本意为"尊勤君王，攘斥外夷"。平王东迁以后，周天子权威大大减弱，诸侯国内的篡权政变和各国之间的兼并战争不断发生，边境族群趁机入侵，华夏文明面临空前的危机。公元前655年，周惠王有另立太子的意向。齐桓公会集诸侯国君于首止，与周天子盟，以确定太子的正统地位。数年后，齐桓公率多国国君与周襄王派来的大夫会盟，并确立了周襄王的王位。公元前651年，齐桓公召集鲁、宋、曹等国国君会盟，周公宰代表周王正式封齐桓公为诸侯长，齐桓公成为春秋时期第一个霸主。同年秋，齐桓公以霸主身份主持了葵丘之盟，提出"尊周室，攘夷狄，禁篡弑，抑兼并"。此后，遇到侵犯周王室权威的事，齐桓公都会过问和制止，其事迹被后世称为"尊王攘夷"。

"尊王"即尊崇周王的权力，维护周王朝的宗法制度；"攘夷"即对游牧于长城外的戎、狄以及南方楚国对中原诸侯的侵扰进行抵御。公元前664年，山戎伐燕，燕向齐求救，齐军救燕。山戎即北戎，从西东迁，其势力范围一直延伸到燕山南麓。山戎部族在春秋时期非常强大，经常入侵燕国，成为当时"病燕"的一大边患。山戎鼎盛时期还曾经"越燕而伐齐"。这一次，齐国不仅消灭了山戎，还为燕国向北拓展了土地，燕国一下变成一个大国，成为齐国的北方屏障。公元前661年，狄人攻邢国，齐桓公采纳管仲"请救邢"的建议，发兵攻打山戎以救邢，打退了毁邢都城的狄兵，并在夷仪为邢国建立了新都。次年，狄人大举攻卫，卫懿公被杀。齐桓公率诸侯国替卫国在楚丘另建新都。另一方面，经过多年努力，齐桓公对楚国一再北侵进行了有力的回击。到公元前656年，齐桓公联军伐楚，迫使楚国同意进贡周王室，楚国也表示愿意加入以齐桓公为首的联盟，听从齐国指挥，这就是"召陵之盟"。伐楚之役，抑制了楚国北侵，保护了中原诸国。

"尊王攘夷"是春秋时期的重大事件。在"尊王攘夷"运动中，齐、晋、秦等国向北和西北方面的进攻，阻止了北方游牧民族的南下，驱赶原先分布在中国北方和渭水以西的草原民族戎人和部分大夏人向西迁徙，使他们迁居到伊犁河流域与楚河流域。他们的西迁，造成欧亚草原民族迁徙的连锁反应，引起中亚各草原民族波浪式的向西迁移。其中塞种人在这样的压力下被迫离开原来生活的地区，向西迁徙，与分布在黑海以东、阿姆河和锡尔河流域的马萨格泰人发生了新一轮的碰撞。而马萨格泰人同样无法抵御自东而西蜂拥而来的塞种部落的强大压力，又向更西面迁徙，并把斯基泰人赶往黑海北岸原来属于辛梅里安人的土地。希罗多德说，当辛梅里安人看到从人数和力量上占绝对优势的斯基泰人以排山倒海之势前来进攻时，曾集会商议对策。他们中的统治阶层王族认为，应该坚决抵抗向西迁徙的斯基泰人以保卫他们的土地，而大多数民众认为没有必要冒着生命危险与这样一个强大的对手作战。两种意见互不相让，最后民众便杀死了王族，把他们埋葬在杜拉斯河畔，然后集体离开了故乡。当斯基泰人到达时，国内已空无一人。[①]

关于辛梅里安人的迁徙路线，可能有两个方向，他们中的一部分沿着黑海海岸向东南方向迁徙，斯基泰人则跟踪、驱逐辛梅里安人直到高加索以南的乌尔米亚湖一带。在这里，斯基泰人的追击方向发生偏差，他们以为辛梅里安人继续向东南面转移，于是仍按原方向进军，并与那里的美地亚人发生冲突。斯基泰人打败了美地亚人，他们得以在这一地区站住脚，

---

① ［古希腊］希罗多德著：《历史》（上册），王以铸译，商务印书馆1959年版，第269—270页。

但最终这些斯基泰人仍被逐回黑海北岸。逃亡的这部分辛梅里安人，在到达乌尔米亚湖附近后，并未向东南方向迁徙，而是折向西面，进入黑海南岸的安纳托利亚一带。在那里，他们与亚述人在陶鲁斯山脉发生冲突，但并未占上风，于是转向安纳托利亚西部，进入古弗里吉亚王国统治区域。公元前7世纪初，辛梅里安人攻占了古弗里吉亚王国的首都戈尔迪乌姆，迫使国王米达斯自杀身亡，作为政治实体的古弗里吉亚王国从此不复存在。但是，这部分辛梅里安人在稍后与吕底亚人的战争中，终于失去势头，而被最终击溃。辛梅里安人的另一部分则选择了向西方的迁徙路线，他们在公元前700年至公元前650年前后进入巴尔干半岛的马其顿和埃皮鲁斯地区。但此后，这部分辛梅里安人也逐渐与当地的民族融合而湮没无闻了。

在经历了这场民族间的大规模碰撞和迁徙浪潮之后，有的古代民族完全被其他民族融合了，那些仍然保持着原有稳定结构的民族之间也开始了融合的趋势。东方和西方的文明在这个过程中彼此借鉴，互为影响。中国国内的政治斗争竟促成欧亚大陆游牧民族的大迁徙，并间接影响了欧洲的历史进程。这说明当时欧亚大陆两端的文明已经具有一定的联系了。

四、月氏人的西迁

前文已经提到，在文明早期，就曾出现过几次大的草原民族向西迁徙的运动。这里有气候的原因，也有与中原政权对抗、冲突的原因。如春秋时期的"尊王攘夷"，就迫使一部分游牧民族向西迁徙。而这些游牧民族的迁徙，又会在欧亚大陆引起连锁反应，形成一波又一波的民族冲突、战争和迁徙的浪潮。

这就是说，东亚地区发生的农耕文化与游牧文化的冲突，中原政治的变动和对草原民族斗争策略的变化，在很大程度上是草原上大迁徙、大动荡的原因，而这种动荡一直延伸到欧洲地区，成为那里社会经济大变动的一个原因。这种情况不仅仅出现在先秦时期，实际上，这是在很长时期内经常出现的现象。这就是说，中原社会文化的变动，中国的农耕文化与游牧文化的冲突与对抗，间接地参与了欧洲的社会历史进程。

公元前3世纪末至公元3世纪初，亚洲东部大部分地区都属中国秦汉王朝的版图。秦汉的中、南部为汉族和其他农业民族所聚居，北部草原、沙漠地带则是各游牧民族生息活动之地。这是匈奴（又称"胡"）称雄北方游牧世界的时期，大漠南北蒙古草原都受其控制。匈奴是古代著名的游牧民族，长期活动在我国北方草原上。匈奴是一个大族，根据一些文献资料推算，汉初匈奴盛时人口约有200万，以后由于内争和分裂而有所减少，但也不少于150万。匈奴各王驻牧地，东起大兴安岭的乌桓、鲜卑西部边界，西至阿尔泰山脉，绵亘数千千米，遍布大漠南北。到战国末年，各分散的匈奴部落联合起来，形成统一的部落联盟，下属二十四"国"即部落，其首领称"王"，部落联盟的首领是头曼（？—前209），号称"单于"，意即大王或皇帝。头曼约与秦始皇在位时间差不多。公元前209年，头曼单于的儿子冒顿刺杀头曼，夺取单于位，进行了一系列政治改革，并凭借强大的军事力量积极扩张，建立起庞大的部落国家。

公元前2世纪，匈奴人驱赶月氏人，造成了一次草原上的大迁徙。

自战国时代至汉初，月氏人一直居住在河西走廊这一带。公元前3世纪，月氏是游牧民族中比较强大的一支，有控弦之士一二十万。当时匈奴势弱，依附于月氏，头曼单于将其长子冒顿送到月氏做人质。汉初匈奴强盛起来，冒顿在匈奴进攻月氏时盗得骏马逃回，即位后不断进攻月氏。公元前177—公元前176年，匈奴终于战败月氏，迫使月氏西迁，月氏大部分被迫西迁到天山以北地区。此前不久，月氏战败其西邻乌孙。乌孙首领难兜靡被杀，牧地被占，部民四散，多避居匈奴。月氏西迁的道路既开，被匈奴战败后，遂率部移徙，到达天山北伊犁河上游地区驻牧。其地塞种居民大部被迫南徙，移向兴都库什山以南地区。

乌孙王难兜靡之子猎骄靡，在匈奴成长，收罗乌孙部将和散民，伺机报复月氏。公元前139—公元前129年，猎骄靡在匈奴的支援下西击月氏，杀月氏王，以其头骨为饮器，并夺占伊犁河流域。月氏被迫再次向西迁徙

⊙ 大月氏人西迁

了数千里，过大宛，据阿姆河北岸之地。少数月氏人未曾西迁，留在河西走廊，与祁连山地区的羌族融合。西迁的月氏习称"大月氏"，小部分未能西迁的留在昆仑山北，保南山羌，号称"小月氏"。

大月氏西迁后，在阿姆河北建立王庭，并于公元前126年吞并大夏，大夏故地也就成了大月氏的国土，随后又把都城南迁到阿姆河南的监氏城（又作蓝氏城，即巴尔克）。

月氏是第一个见诸我国古代史乘，由我国向西迁出，建国于遥远的西方的民族。大月氏西迁至大夏后，把中国的先进农耕生产技术带到那里，对于促进当地的经济社会发展起到了一定的作用。

公元前2世纪大月氏这个游牧民族的西迁，震撼了整个中亚细亚、中东与南亚次大陆，对这些地区以后数百年的历史产生了深远的影响。

在大月氏西迁之初，这"有控弦之士一二十万"的大部落联盟，一步步紧追着塞人往西迁徙，给了中亚的塞人以很大的压力。这使得中亚的塞人不得不纷纷南下，闯入了安息北边边疆，酿成安息历史上"塞人入侵"的严重事件。

而至公元1—2世纪，大月氏人更加兴盛，在阿姆河流域和印度河流域之间建立起强大的贵霜帝国。

五、匈奴人的西迁

匈奴人长期是中原王朝的主要边患。《史记·太史公自序》中说:"自三代以来,匈奴常为中国患害。"战国时期,匈奴屡为北方边患,燕、赵、秦三国不得不在北方分别修筑长城,以御匈奴骑兵。秦始皇统一六国后,把三国长城连接起来,重新修缮,并向东西扩展,筑成"万里长城"。这条西起临洮(今甘肃岷县),沿黄河北走至河套,傍阴山东去,直至辽东的防御体系,是抵挡游牧世界骑兵的重要屏障。

秦末陈胜、吴广起义,摧毁了秦王朝,戍卒逃散,边防空虚。于是匈奴乘机渡过黄河,进入河套以南地区。匈奴冒顿单于利用楚汉相争之机,竭力向外扩张,成为亚欧大陆游牧世界东部的强大政治势力,并不断侵扰中原王朝边境,对新建的西汉政权构成重大威胁。汉初与匈奴交兵,屡战失利。公元前200年,汉高祖亲自将兵抵御匈奴,被冒顿40万精兵围困于平城白登山(位于今山西大同),历7日,后用重贿单于后宫之计,方得解围。此后六七十年间,汉对匈奴一直执行和亲政策,但匈奴并未因此而停止对中原北部地区的骚扰。

直到汉武帝时,西汉才改变了对匈奴的忍让政策,实行抵抗反击。公元前133—前119年,汉将卫青、霍去病屡败匈奴,深入匈奴境2000余里,收复被占领土,巩固了北部边防。同时,汉武帝派张骞出使西域,联络大月氏、大宛、乌孙等,夹击匈奴,以断其右臂。匈奴在强大汉军的打击下屡屡败

⊙ 西汉的匈奴牧羊图

北，受其奴役的其他民族遂乘机摆脱其控制。至公元前51年，匈奴分裂为南北两部，南匈奴呼韩邪单于降汉，迁居塞内，分布于晋陕北部和内蒙古西部地区，与汉人杂处，转向农耕定居，并逐渐与汉族和其他民族融合。北匈奴留居漠北，其势大为削弱。北匈奴郅支单于不敢南下侵略，遂改向北边、西边进攻，北并丁零（贝加尔湖一带）、西破坚昆（今叶尼塞河上游流域）、乌揭（坚昆东边的游牧部落），称霸于中亚，建都赖水（怛罗斯水）。这是匈奴的第一次西迁。公元前36年，汉西域副校尉陈汤擒杀郅支单于，臣服于汉的呼韩邪单于统一匈奴。

东汉初年，匈奴再次分裂，南匈奴降附汉朝，北匈奴则不断侵扰东汉边塞。公元73年，东汉遣窦固等分四路反击北匈奴，深入其腹地，斩获甚众。公元87年，鲜卑进击匈奴，斩北单于，大掠而返。此时北匈奴四面受敌，《后汉书》说其"南部攻其前，丁零寇其后，鲜卑击其左，西域侵其右。不复自立，乃远引而去"。这是匈奴的第二次西迁。

《后汉书》上只说北匈奴在公元91年"远引而去"，但究竟"远引"何处、到了什么地方、产生了什么历史影响，这是后世学术界反复研究讨论的一大问题。据历史学家齐思和考证，北匈奴西迁的历程，大体是从公元91年离开漠北单于庭，到4世纪70年代出现于东欧，其间经历了280多年的漫长时间。

西迁的北匈奴，有20余万人，其余的60余万人仍留居漠北。西迁的北匈奴人首先奔向西北，占领了乌孙西北的悦般。公元105年和106年，即东汉和帝元兴元年和殇帝延平元年，北单于曾遣使汉朝，请求和亲。汉帝未答复，从此北匈奴便不与汉交通。

北匈奴西迁之后，鲜卑乘虚崛起，据有匈奴故地，并其余众，势力渐盛。公元2世纪前半期，鲜卑对汉时降时叛，屡攻匈奴和乌桓，成为漠北新兴的强大势力。北匈奴受鲜卑的威胁，不得不于2世纪中叶放弃驻牧约70年的悦般地区，西走康居。这次迁徙因征途险阻，只选精壮善战者驰突前进，老弱仍留悦般旧地，其后残留部分为柔然所并，渐与融合。迁往康居的北匈奴驻牧其地1个世纪左右，至3世纪中叶，可能因受贵霜和康居的联合攻击，又被迫离开康居，再度西迁至粟特。粟特在康居西北，咸海附近。北匈奴人杀粟特王而夺取政权，占据粟特的时期估计在公元260年至350年间。北匈奴在粟特停留也将近1个世纪，约于4世纪中叶西迁至东欧顿河流域。

⊙ 匈奴的金冠

北匈奴人离开粟特，可能与柔然人的兴起有关。4世纪时，柔然人兴盛起来，侵入中亚，先攻占北边的锡尔河流域，以后又南下侵略大月氏。很可能是在柔然西侵的压迫下，北匈奴人被迫离开粟特，于4世纪中期攻占了欧洲东境的阿兰国。阿兰人分布在西亚和东南欧黑海北岸顿河流域的草原上，这是欧亚大草原的西端。阿兰人是斯基泰人的一支，因境内有阿兰山而得名。中国史书上将斯基泰人、阿兰人均称为"奄蔡"。

从中国北部西迁的北匈奴人经过了12000里的长途跋涉，历时200多年，终于在374年到达欧洲。继而，北匈奴人征服东哥特人，侵占西哥特人故地，逼走西哥特人，建立起强大的匈奴帝国。匈奴的西迁不仅席卷中亚细亚，而且深入欧洲腹地。受到匈奴西迁压力的其他游牧、半游牧部族，波涛相逐，先后涌入亚欧大陆农耕世界，而欧洲历史也因之进入一个新的时期。

当时欧洲正处在历史大变革的时期，罗马帝国分裂为东西两个帝国，处于衰微败落时期。匈奴人在欧洲东征西战，给已经面临崩溃的罗马帝国以沉重打击，加速了西罗马帝国的灭亡，对促进欧洲历史的大变革起了重大作用。西罗马帝国的灭亡，在西方历史，乃至整个世界历史进程中，都是一个极为重大的、具有划时代意义的事件。

由此我们看到，中国汉朝对匈奴的抵抗，有效阻止了匈奴南下侵扰，迫使他们掉头西向，经历漫长的西迁过程，竟对欧洲的历史进程发生了影响。一位美国历史学家说，中国皇帝的决策，在一个闻所未闻的异域国家引起

"战火纷飞"。[①]历史学家翦伯赞也指出："北匈奴是中国历史运动压抑中第二次抛掷出去的一块历史碎片，也就是中国这个太阳系统中第二颗流星。这颗流星后来降落在欧罗巴的原野，成为四世纪西欧历史的动力。"[②]

这个事例也说明，在古代世界的政治和文化格局中，虽然中国地处东方，自成体系，独自发展，但已经与西方建立起很重要的虽然主要还是间接的联系，中国的发展以及内外政策，往往通过某种渠道和形式对大陆另一端的政治、经济和文化产生或多或少、程度不同的影响。

美国历史学家弗雷德里克·J. 梯加特（Frederick J. Teggart）在《罗马与中国——历史事件的关系研究》中对罗马时代东西方事件的关联性进行了深入研究。他通过对大量中外历史文献资料的比较分析与研究，说明了古代罗马帝国与中国之间时隐时现的、不可分割的联系，将东西方的历史作了有机的对比联系，从而找出它们的相互关系，特别是汉代西域和丝绸之路经营对罗马帝国的影响。梯加特列举大量史实表明，在罗马帝国的盛衰期，其本土及北境、东境经常遭受蛮族的进攻、骚扰，而这类"侵扰"，以及罗马帝国主动发起和被动接受的诸多战争，往往直接或者间接地受到中国对西域地方的经营及政局变化的影响。梯加特指出，前一个地区（天山或罗马东部）发生战争，后一个地区（潘诺尼亚境内的多瑙河或多瑙河下游及莱茵河）也发生战争；前一个地区没有战事，后一个地区也平静安宁。这足以说明亚洲战争与欧洲局势是密切相关的。他进一步指出："欧洲的战争大多数（40次中的27次）与发生在中国西部的辽阔省区新疆的战乱有关。""它表明中国这个极重要的国家对于遥远的西方所起的独特作用。""要了解总的欧亚大陆的历史，或者单纯地了解欧洲历史，就必须将中国历史推到幕前。"[③]梯加特说："从公元前60年到公元33年间

---

① ［美］弗雷德里克·J. 梯加特著：《罗马与中国——历史事件的关系研究》，丘进译，人民交通出版社1994年版，第245页。

② 翦伯赞著：《秦汉史》，北京大学出版社1999年版，第176页。

③ ［美］弗雷德里克·J. 梯加特著：《罗马与中国——历史事件的关系研究》，丘进译，人民交通出版社1994年版，《前言》第6页。

的事态来看，由公元前58—（公元前）54年和公元前3—公元11年（在亚美尼亚则为公元18年）期间，帕西亚的主要动乱是继喀什地区的重大变化之后发生的。首先，中国从匈奴手中夺取了对塔里木北道的控制权。然后，西域诸国为了争取回到被匈奴占领的故土而爆发了战争。塔里木战争之后，帕西亚和亚美尼亚便发生了骚乱，而且很显然，随后在欧洲也引起了蛮族暴动。"①

梯加特特别强调，应和这种环境和条件的人类活动和交往关系正是通商贸易。东西方的贸易与双方都有重大的关系。商路的通断兴衰是了解世界各民族间关系的重要因素。另外，商路的变迁和贸易的中断不但影响到蛮夷部落的安定，也对更大的政体组织造成震动。中国人与塔里木地区诸国，以及通过它们及其他中介国家，与叙利亚形成的贸易关系是举世瞩目的。同样，当塔里木的商路发生战争时，在帕西亚、亚美尼亚或叙利亚边境地区也发生了动乱。显然，塔里木地区的战争阻断了丝路的交通，进而引起丝路沿线直至幼发拉底河流域各地的敌对行动。

梯加特的研究揭示了这样一种历史现象，即亚洲战争和欧洲蛮族入侵是一系列互相关联的事件。欧洲蛮族暴乱与幼发拉底河前线的动荡政局不无相关。而亚美尼亚和帕西亚的战事和动乱，并非受制于罗马，而是取决于汉朝的政局、匈奴的活动或者莎车王贤对塔里木沿线丝路的争夺和控制。

梯加特还讲到汉朝对匈奴的战争。他说："由蒙古和欧洲事态之间存在着共同特性这个角度来看，当汉朝决定向匈奴开战时，中国边境贸易的大门就自动关闭了。而且每出现这样一次战事，就使商业往来陷于中断，而贸易瘫痪的消息势必影响到远至乌拉尔山一线上各部落的生计。因为他们的产品全靠中国收购。因此在生存的要求之下，贸易遮断便引起了广大范围的骚乱和侵袭；而相反，同样由于这种自发的调节，传统贸易关系一旦

---

① ［美］弗雷德里克·J. 梯加特著：《罗马与中国——历史事件的关系研究》，丘进译，人民交通出版社1994年版，第119页。

恢复，也必带来了和平与安定。"①

梯加特的研究揭示了古代欧亚大陆两端事件的关联性。在欧洲史和中国史的分别叙述中，他所说的这些事件，如汉朝对西域的经营，汉朝对匈奴的战争，丝绸之路贸易的通畅与否，欧洲大陆的蛮族入侵，罗马帝国的各次战争等，都是单独的、孤立的事件，彼此之间并没有相互照应的叙述。但是，从全球史的观点来看，梯加特的分析就有很大的启发性了。虽然在那个时代，相距遥远，关山阻隔，彼此信息不通，但所发生的事件并不是没有关联的。实际上，中国对丝绸之路的经营和与匈奴的战争，间接地影响了欧洲的历史进程。

六、草原文化的南下

由于中原与北方游牧民族长期的接触和交涉，游牧民族的草原文化也顺势南下，对中原文化产生了一定的影响。

活跃在北方草原的游牧部族，以骑马为主要活动方式，形成了他们特有的马文化传统。欧亚草原的骑马文化在公元前3000年以后向东传播。当马作为一个新物种被引进中原后，游牧部族的马文化也随之传播到中原，对中原人的生产生活和文化产生了很大的影响。商周时代，人们已经对马给予了高度的重视。《竹书纪年》说："商侯相土作乘马，遂迁于商邱。"《六韬》亦说："商王拘周伯昌于羑里，太公与散宜生以金千镒，求天下珍物，以免君之罪；于是得犬戎氏文马，毫毛朱鬣，目如黄金，名鸡斯之乘，以献商王。"

据甲骨卜辞，商代有以马作为方国名的。陈梦家在《殷虚卜辞综述》一书中引："告曰马方……河东"，"余受马方又"，"贞令多马方射于北"。此处的"马方"显然是因其族人善养马而得名，而"马方射"似乎是指马

---

① ［美］弗雷德里克·J. 梯加特著：《罗马与中国——历史事件的关系研究》，丘进译，人民交通出版社1994年版，第212页。

方部族有着骑射习俗的可能。

　　在安阳小屯殷墟遗址中，曾发现一座人马同埋的墓葬，葬着一名武士和一匹马。关于这一人马同埋的现象，我国学者石璋如据此认为，马"似乎是供骑射的成分多"[①]。换句话说，这是中国古代马之为骑的一个现象或证据。为此，我国古文字学家于省吾根据甲骨卜辞中的有关记载，将其释为"唯命骑射，可以擒获"，认为骑或单骑在商代"业已盛行"。[②]但有的学者认为，说骑在商代"已盛行"还缺乏更多的证据，"骑马之渐"似为合适。《诗经·大雅》中说周先人"古公亶父，来朝走马"，顾炎武注解为"骑马之渐"。这说明周先公先王在商代末年已经以马为骑作为交通工具了。春秋时，晋大夫子游曾以两匹良马供他的叔父与兄弟做单骑，救了他俩。郑大夫子产听说诸大夫想杀公孙黑，忙从外地乘单骑而归，鲁大夫左师展也想乘单骑从齐回国。可见，春秋时期已有单骑的习惯。但此"单骑"还不能看作骑兵。

　　20世纪70年代，内蒙古昭乌达盟宁城县南山根夏家店上层文化第3号石椁墓中出土了一件"骑马猎兔铜扣环"。铜环三边呈弧形，一边平直，"环外侧铸有两个骑马人像，其一马前铸一奔兔像"[③]，造像生动，是一幅猎人骑马狩猎逐兔的场面。考古学界一般认为，夏家店上层文化的年代属于西周时期，上限可早到西周初期或商末，所以这一骑马猎兔造像的时代不会晚于西周晚期。而该文化的性质和族属，根据同出的铜刀、双尾铜饰、铃形铜饰、螺形环以及同墓地的奔马线刻牌、曲刃短剑和管銎戈等铜器的风格，显然具有浓厚的东部北方系青铜器文化的特征，其性质也可能属欧亚大陆东端草原骑马民族文化的一部分，而族属在中国则为商周时期的肃慎或山戎。由此可见，古代骑马民族文化中的骑乘，在中国首先出现在北

---

　　① 石璋如：《殷墟最近之重要发现附论小屯地层》，《田野考古报告》1947年第2册。

　　② 于省吾：《殷代的交通工具和驲传制度》，《东北人民大学人文科学学报》1955年第2期。

　　③ 中国科学院考古研究所内蒙古工作队：《宁城南山根遗址发掘报告》，《考古学报》1975年第1期。

部草原地带，为当地戎狄族作为狩猎、畜牧、"逐水草而居"、生产和迁徙的交通工具。这件"骑马猎兔"造像的出土就是明显的例证。[①]

在长期的历史发展中，草原游牧民族发明和改良了有关制作马饰、挽具、马鞍和武器的技艺，特别是弓箭以及人和乘骑用的铠甲。马具是中国从中亚草原民族引进和加以借鉴的。这一时期草原民族的骑马装备在出土文物中也有所体现。鄂尔多斯发现的骑马民族文化遗存，主要有两件铜马饰。[②]一件为伫立式的铜马，昂首翘尾，肩背处铸一穿孔的环钮，说明该器当是一件佩饰。而值得注意的是，其腹部有两条平行的铸线，此位置则指示那是马鞍的象征。另一件骑马武士铜饰，也作伫立式，马背上有一头戴胄、雄赳赳的战士，武士身上穿孔，表示其用途也为佩饰。这两件骑马铜饰，按其特点和风格，其年代可能为西周或春秋时期的遗存，其性质和族属，由于是在北方青铜器文化的西群发现，故而它当是北方戎狄骑马民族的文化。

在宁夏回族自治区西吉县玉桥乡玉桥村和固原市郭庄村墓葬中发现了一批"铜人骑马饰""鞍马铜饰"[③]。前者"铜人骑马饰"共2件，形制为一伫立状小马，上骑一人。马嘴略开，鬃毛可辨，人双手合于前，形象逼真生动，长4厘米，高5厘米。后者"鞍马铜饰"共8件，形制也作伫立状，马的嘴、眼、鬃毛清晰。在马背部的中脊处各铸一条对称的斜线，由部位看很明显，这是鞍具的线刻。固原出土的这批"铜人骑马饰"和"鞍马铜饰"的年代，上限不会超过西周，下限当在春秋末。根据随葬物的特征和墓葬所处的地域，它们正与史籍所载为戎狄民族活动的区域吻合，所以族属当为戎狄。

骑乘文化从北方草原民族传入中原，战国时期的"胡服骑射"就是其中的突出事件。游牧民族的畜牧技术也传到中原地区，这些技术往往是通

---

① 王克林：《骑马民族文化渊源初探——兼论与日本古坟时代文化的关系》，《文物世界》2001年第3期。

② 田广金：《鄂尔多斯青铜器拾零》，载《鄂尔多斯文物考古文集》，伊克昭盟文物工作站，1981年，第112—113页。

③ 罗丰、韩孔乐：《宁夏固原近年发现北方系青铜器》，《考古》1990年第5期。

过内迁、被俘、被掠为奴等途径进入中原地区的牧区传播的。曾做过汉武帝马监的金日磾就是被俘的匈奴人。我国古代华北地区农业科技的经典《齐民要术》记述马、牛、羊等牲畜牧养、保健以及畜产品加工技术颇详，这是与当时大量游牧民进入中原相关的，这些记载中包含了牧区人民的珍贵经验。中原从游牧民地区引进的作物也为数不少，除人们所熟知的张骞时代引进的葡萄、苜蓿等外，仅就《齐民要术》看，就有不少来自胡地、冠以"胡"名的作物和品种，如胡谷、胡秫、胡豆、胡麻、胡桃、胡瓜、胡葵、胡葱、胡蒜、胡荽、胡栗、胡椒等。

黄金是金属文化的象征。欧亚大陆的各民族都有黄金崇拜的现象。黄金虽然在自然界可以单质形态存在而被人类直接采集获得，但数量极少。金矿常与铜、铁等矿藏共生，因此人类对黄金的开采和利用主要始于青铜时代，是与铜等其他金属冶炼技术的发展分不开的。欧亚草原古部族有意识开采金矿、制作黄金制品，约始于公元前3000年。进入早期铁器时代，随着矿藏开采、金属冶炼和加工技术的长足发展，中亚草原民族使用的金制品数量大大增加，造型、题材也更加丰富。除了金制首饰，还发展出大量动物纹黄金饰牌，并用黄金装饰马具、武器。

黄金宝石是最豪华的装饰品，深得草原游牧民族的喜爱。游牧民族骑马，可以利用更广大的草场放牧，但生产出的大量马匹或者皮毛会超出有限人群的消费能力。而极端天气或者瘟疫等会导致这些财产大幅缩减。因此，草原民族需要寻找一种安全、便携的等价物，黄金无疑是最优的选择。

草原游牧民族对黄金的重视，促进了草原地带贵金属冶炼技术的发展，在亚欧草原的中部相继形成了早期的游牧文化，其最大的特点就是"野兽纹"艺术装饰风格盛行，而野兽纹装饰品大多以黄金与青铜为主要材质。贵重金属装饰品的交换与流通，既促进了各地区游牧文化的发展，也开辟了不同地区的商贸通道。在整个亚欧草原地带，相继发现装饰风格与造型相类的黄金饰品与青铜器，就是不同地带文化交流与商贸通道畅通的体现。

东亚地区的黄金制品不早于青铜器。中国早期金器见于齐家文化、夏家店下层文化和三星堆等商、周时代文化遗址，大体而言与青铜相伴而来。

中国的传统是重视玉文化，对玉与黄金不同程度的重视与推崇是中西文化相区别的一个特点。中国的玉石崇拜要远远早于对黄金的重视。

从安德罗诺沃文化或可能自阿凡纳沃文化开始的中亚草原古部族，很早就开始打制并使用金器，流行耳环、手镯等贵族日常使用的人身装饰品。在其影响下，中国北方地区在夏商之际也开始模仿制作同类物品并创造出一些新的样式。我国境内发现的早期金器，主要集中在甘青地区的四坝文化、内蒙古鄂尔多斯地区的朱开沟文化、西辽河流域的夏家店下层文化、燕山以南的大坨头文化等北方系青铜文化，主要为鼻环、耳环、手镯等人身装饰。有不少学者注意到其中的喇叭形插孔式耳环可能受到安德罗诺沃文化的影响。另有学者从铜斧、铜锛、铜矛等青铜器形制以及冶金术等角度出发，讨论了安德罗诺沃文化向东、向南，从新疆西北部经天山北麓向甘青地区传播的可能性。齐家文化的贵南尕马台遗址、四坝文化的酒泉干骨崖遗址、大坨头文化的房山琉璃河遗址都出土过一种螺旋形铜"指环"。有学者认为，受中亚草原古部族的影响，早期金属时代的中国北方地区就开始流行铜、金制喇叭口插孔式耳环、螺旋形耳环来装饰人身。

商代金器集中出土于3个区域：（1）河南安阳晚商殷都大型墓葬出土的金箔片，用作铜、木、漆、玉石等器物的装饰。（2）四川广汉三星堆遗址出土的青铜人像金面具。（3）中国北方系青铜文化出土的耳环、手镯、发簪等人身饰件。金器在各个区域中的功用显然不同，安阳金箔片只作为其他器物的辅助装饰，三星堆金器则多用于祭祀。北方地区出土的金器仍以人身装饰品为主，数量较多，范围也较广，喇叭口插孔式耳环仍在沿用。同时，北方地区也开始自行设计、打造出一些新式样的饰物，如两头扁的手镯、"L"形镶嵌绿松石的金耳环，以及金丝、弓形饰等可能用于装饰衣、帽的饰物。其中"L"形耳环、金丝、金或铜制弓形饰等主要见于山西北部和陕西东北部。两头扁的手镯在蒙古-外贝加尔地区的格拉兹克沃文化中也曾发现过，这或许暗示了中国北方系青铜文化与北部草原地区的联系。

西周时期，金器仍旧集中在北方地区，种类、形制与商代大略相同。周王畿附近的渭河流域出土金器极少，表明周人不喜用金，这可能与当时青铜器、玉器占据贵族用器大宗的状况有关。但一些贵族也开始用黄金装饰人身，他们虽然不佩戴黄金耳环、手镯，却发展出黄金带饰。如河南三门峡虢国墓地出土了一套12件金带饰，山西曲沃晋侯墓地出土了一套15件和一套6件金带饰。陕西韩城梁带村两周墓地墓主人胸部、腰部也发现了一套30件金器，包括剑鞘、三角龙形带饰、兽首形带扣、环、泡等。此外，周统治下的部分地区仍沿袭并发展了早期贴金、镶嵌技术。

萨彦-阿尔泰等地贵族除了人身装饰品，还使用黄金装饰的武器、马具，这些习俗在春秋时期也影响到了中国西北地区诸部族以及靠近北方的汉地贵族。中国境内许多地区出土了春秋时期的金器。周封国出土的金器仍以金箔饰片为多，用于人身装饰的金带钩也开始流行。这一时期随着萨彦-阿尔泰地区游牧部落的兴起，向南、东与中国新疆、甘肃、宁夏等地的古部族发生了联系。新疆新源出土的金卧虎和乌鲁木齐乌拉泊古墓葬出土的圆锥形金耳环，甘肃清水刘坪墓群出土的虎噬羊纹金饰片等，均可在图瓦阿尔赞2号坟冢中找到与它们的纹饰、形制相近的器物。

除人身饰件外，萨彦地区部落贵族流行使用金柄铁剑、铁刀、黄金马具的习俗也可能影响到了西北地区的戎人。如陕西宝鸡益门村2号墓出土的104件金器中，墓主人身上装饰有金串珠项链、金带钩3件，带扣7件，佩带金柄铁剑3件，金首铁刀15件，金首铜刀4件，头箱内还放置着多件金环、金圆泡、金络饰等金制马具。陕西凤翔马家庄秦宗庙遗址发掘的两个祭祀车坑内，出土了29件金器，总重量达302.6克。这些金器均为马具或马具饰件，而且均采用铸造技术。其中两件金饰为"虎头、双卷角、偶蹄、有翼、卷尾、卧姿"，其造型与阿尔泰中晚期墓葬出现的波斯式长有山羊犄角、带翼的格里芬形象十分接近。

战国时期，汉地制作金器的技术已相当成熟，鎏金银、错金银技术开始流行。中国北方的许多地区都流行萨彦-阿尔泰艺术造型的黄金、银或青铜打制的人身饰品、武器、马具。与之邻近的中山、赵、燕等诸侯贵族开始模仿并将草原艺术风格的题材融入汉地造型艺术之中。除了用于人身装饰的带钩，人们还能制造金币和体量较大的容器。新疆、甘肃、宁夏、陕西、内蒙古、河北等地都发现过大量南西伯利亚动物纹造型的金、铜打制的饰牌、带扣、冠饰或项圈。新疆吐鲁番阿拉沟墓葬出土的虎纹金饰牌、饰扣,虎身后肢翻转180°,肩部鬃毛上卷,这些特征与伊塞克"金人墓"虎纹金饰牌十分接近。有学者研究,在造型和纹饰上,这些金器与中亚和北部草原民族的金器有许多相似的地方。

当时内蒙古鄂尔多斯等地的古部族可能还与汉地诸侯国进行黄金贸易,定做草原风格的金制品。秦、赵诸侯国开始制作装饰动物纹的人身饰品,向鄂尔多斯等农牧交错地带的古部族输出。1999年,陕西西安北郊发现战国晚期墓葬,出土一批铸造动物纹牌饰的模具,发掘者推测该墓为铸铜工匠之墓。模具上长有枝蔓状鸟头鹿角、后肢翻转180°的马身神兽造型应是根据阿尔泰鹿形格里芬改造而来的。这种题材的牌饰在当地并不流行,而在甘肃庆阳、宁夏固原以及内蒙古鄂尔多斯等地的戎、狄部族中流行。据推测,这个工匠生前铸造的青铜或金饰牌可能是向北方草原民族输出的。

原始社会漫长的狩猎与对动物的驯养过程,成为古代欧亚草原部落民族生活的全部,他们神化了的动物精神,大大增强了部落民族在与自然的搏斗中生存的信心。因此,民族的起源与氏族的生存与某一动物相联系,强调动物图腾的保护神作用成为其精神世界的全部。大量的动物岩画也证实了这一漫长的历史。因此,猎牧文明是这一自然区域猎牧人适应和改变自然的文化必然,是其族群历史积淀和文化凝聚的智慧结晶。由此产生的动物风格纹样、野兽造型,与早期猎牧文化直接相联系而生成发展,反映了这一时期的文化特征。

动物纹样艺术是指远古先民以动物形象为题材,装饰器皿、马具、服饰、带扣、牌饰、织物、兵器等日常生活用品的造型艺术及图案艺术。动物风格的造型今天多以金属饰牌留存为多,骨雕、木雕及皮毛等猎牧民所常用的生活用品,也都用动物的纹样去装饰与表达。欧亚草原上青铜器的纹饰也非常相似,例如青铜短剑及刀柄上往往饰有各种动物,这些动物一般双眼突出,两耳竖起,动感极强。这些具有共同特征的青铜器在草原通道上分布很广,从中国北方到黑海沿岸都有。特别是乌拉尔南部地区图尔宾诺文化中的塞伊马类型青铜器，与克拉苏文化青铜器及中国北方青铜器有不少相似之处。有些类似的青铜器还出现在中国中原地区的殷墟文化中。

动物纹样艺术产生的时限在公元前10世纪至公元1世纪之间。在公元前7至公元1世纪全部欧亚草原的森林、沙漠与戈壁地区，古代游牧部族的动物纹饰造型艺术得到了广泛的传播与交流。西方学者称为"斯基泰－西伯利亚野兽风格"，俄罗斯学者称为"阿尔泰－米努辛斯克、克拉苏克青铜文化"，东方学者称为"蒙古－鄂尔多斯青铜文化"。在其发展的后期，由于受到来自不同地区定居民族文明影响而产生不同的变异，其中，埃及、亚述－巴比伦风格动物文饰的影响尤为突出。

草原民族的动物纹饰为中国造型艺术所吸收。新疆古代的动物纹样艺术品，就分布区域而言，东起哈密西到伊犁，南起昆仑山麓北到阿勒泰地区，都有出土。就新疆古代动物纹样艺术的题材、风格，艺术品形制及材料质地来说，都可寻到东西文化交汇、融合的印记。如在焉耆出土的两汉时的龙纹金带具，显然是中原文化影响所致，而以狮子、虎、鹿、鸟等飞禽走兽为题材的动物纹样则明显和斯基泰式、鄂尔多斯式动物纹样有共同之处。当然，新疆古代的动物纹样还多以家畜，如牛、马、羊、骆驼、狗为题材，这点有别于早期斯基泰式的动物纹样。

在中国的青铜器中，有许多动物纹饰的图案。其中的怪兽纹，是一类变形奇特而在现实世界根本找不到的动物纹样，例如饕餮纹、龙纹、凤纹等。这类纹饰在青铜器的装饰上占据着主要的地位。饕餮纹又称兽面纹，是商代青铜器的重要纹样，其主要特征是兽面、大眼、有

⊙ 内蒙古鄂尔多斯青铜器圆雕动物形青铜杖首

⊙ 内蒙古鄂尔多斯青铜器饰牌

鼻、双角。它们大多以鼻梁为中线，两侧作对称排列，最上面是角，角下是眉，眉下是目，两侧为耳，另外还有锋利的爪子。根据角形的不一，还可以有牛角形兽面纹、羊角形兽面纹、龙角形兽面纹等。《左传·文公十八年》中说饕餮"贪于饮食""不知纪极""不分孤寡""不恤穷匮"。由此可见，饕餮是一种凶悍的动物，但在自然界中是不存在的。

战国、秦汉时代装饰图案的题材更为广泛，较之以前有巨大突破。主要装饰纹样有怪兽纹、蟠螭纹、虺纹、龙凤纹，各种动物鹿、马、牛、羊、虎、雁、鱼纹以及四神纹等。

第五章　汉朝对丝绸之路的经略

一、张骞承担了历史的使命

汉建元二年（前139），张骞（？—前114）带领由向导、随员等100多人组成的马队，从长安城西城的雍门走了出来，一路向西，向着一个未知之地出发。

此时的张骞，在朝廷里担任"郎"这个职务。其实，郎并不是一个实际的职务，而是特定队伍成员的通称。汉代的"郎"官都是在贵族子弟中选拔的优秀人才，在皇帝身边做侍卫，轮流当值，执戟宿卫殿门，同时在皇帝身边学习政务，增加阅历，也需要完成皇帝临时交办的一些任务。所以，"郎"也可以看作那个时代的后备干部队伍。一般经过一段时间的历练，都会被任命正式的行政职位。曹操、袁绍都是做郎官出身。汉代郎官的队伍很大，最多时达5000多人。

这次张骞西行，就是汉武帝临时安排的一项任务。这项任务十分重大，关乎汉朝的国运，关乎国家的未来。汉武帝能把这样重大的任务交给张骞，可见张骞在郎官的队伍里历练已久，是其中的出类拔萃之辈。

汉武帝派张骞去西域寻找一个叫大月氏的国家，联合他们一起抗击匈奴。

匈奴长期以来是中原王朝的主要边患。汉初时，汉朝一直对匈奴采取忍让妥协的政策，与匈奴和亲并赠送大批缯絮米蘖。但匈奴仍自恃强大，经常策骑南侵，掳掠汉边民和财富，给汉朝的安定造成很大威胁，同时压迫西域各国，阻遏汉与西域各国的商业往来。汉武帝继位时，汉朝正处在蒸蒸日上的时期，经济繁荣，国力强大，所以，武帝决定改变对匈奴的政策，积极抗击匈奴的侵扰。

武帝听说，几十年前，原居住在河西走廊一带的大月氏人被匈奴驱赶出故地，被迫西迁。匈奴单于还杀了大月氏王，大月氏人常思报仇。于是，武帝决定派遣张骞作为国家的使臣出使大月氏，劝说大月氏人和汉朝联合起来共同击败匈奴。

这是一个重大的战略决策。做出这个重大决策时，汉武帝继位才两年，还不到20岁。

张骞一行带着这样重大的使命出发了。但他们只知道大月氏去了西域，并不清楚他们究竟迁到什么地方，他们完全是向着一个未知的地方行进。他们坚信，只要一路向西，就能找到大月氏人。他们坚定的信念是，他们肩负的是朝廷的使命、国家的使命，这是一个必须不遗余力为之奋斗的伟大使命。

这是一项极为艰巨的任务。他们从长安出发，一路向西，风餐露宿，备尝艰辛，途中充满了危险。他们来到了号称"四塞之国"的陇西地区，也就是现在的甘肃省东部地区，这里是去西域的必经之路，在当时是匈奴人控制的地区。张骞一行被匈奴军队抓获，被押送到位于今内蒙古呼和浩特附近的匈奴王庭。

匈奴单于听说他们要去西域，便对张骞说：你们想联络的大月氏在我们的北边，汉人凭什么随意越过这里去出使呢？假如我要向南越派遣

⊙ 敦煌壁画《张骞通西域图》

使臣，汉朝能听任我们前往吗？"南越"是南方闹独立的一个小王国，在今广东、广西一带。单于的这些话似乎也有些道理：我怎么能让你们从我这里经过，去联络我的敌人呢？于是，匈奴人将张骞一行扣留下来。

匈奴人并没有虐待张骞他们，而是让他们安顿下来。生活被照顾得不错，但看管一点也没有放松，他们一步也离不开匈奴人的视野。为笼络张骞，匈奴人还为他娶了一位匈奴女子为妻。这位匈奴女子在历史上没有留下姓名，但她也是一位很了不起的人物。她不仅悉心照料张骞的生活，为他生子，后来又跟随张骞逃出匈奴的领地，一直跟着他回到长安。

舒适的生活，温馨的家庭，这些并没有动摇张骞完成通西域使命的决心，史书说他"不辱君命""持汉节不失"。这和广为人知的"苏武牧羊"的故事十分相似。苏武也是汉武帝时代的汉朝使臣，出使匈奴时被扣押，在北海（今贝加尔湖）边牧羊19年，不改其志，直到汉昭帝始元六年（前81）才回到汉地，归汉时"须发尽白"。

张骞在匈奴那里一住就是11年。在这些年里，他们对匈奴的情势有了充分的了解，学会了匈奴人的语言，也一直谋划出逃的机会。后来，匈奴人的监视渐渐有所松弛。至元光六年（前129），张骞和随从人员找准机会，终于逃了出来。

张骞一行从匈奴人那里逃出来后，并没有返回长安，而是牢记着汉武帝的嘱托，牢记着自己的使命，继续向西而行，去完成自己的外交任务。这种逃亡是十分危险和艰难的。幸运的是，在匈奴的10余年留居，使张骞等人详细了解了通往西域的道路。他们穿着胡服，会说匈奴话，因而顺利穿过了匈奴人的控制区。他们取道车师国，进入焉耆，又从焉耆溯塔里木河西行，经过龟兹、疏勒等地，翻过葱岭，兼程西行。

这一路极为艰苦。大戈壁滩上飞沙走石，热浪滚滚；葱岭高如屋脊，冰雪皑皑，寒风刺骨。沿途人烟稀少，水源奇缺。加之匆匆出逃，物资准备又不足。干粮吃尽了，就靠随从射杀禽兽以充饥。不少随从或因饥渴倒毙途中，或葬身黄沙、冰窟。

经过几十天的长途跋涉，他们最后到了中亚大国大宛。大宛位于帕米尔西麓，也就是今乌兹别克斯坦费尔干纳盆地。据张骞归国后说，当时大宛大小属邑有70多个，人口有几十万，农业和畜牧业兴盛，产稻、麦、苜蓿、葡萄等，葡萄多用于酿酒，富人藏酒至万石，且以出汗血马著称。大宛国王久闻汉朝十分富庶，很想与汉朝通使交好，但苦于匈奴的中梗阻碍，未能实现。汉使的意外到来，令国王非常高兴。张骞一行受到了热情款待。张骞对大宛国王说明了此行的目的和沿途的种种遭遇，希望大宛能派人相送，并表示今后如能返回汉朝，一定奏明汉朝皇帝，送来很多财物，重重酬谢。大宛国王表示乐于相助，不仅给他们配备了马匹和必备的生活用品，还派了向导和译员，陪同张骞等人经康居赴大月氏。

张骞一行在大宛稍事休息之后，便在向导的陪同下，来到了康居。康居位于锡尔河流域，是当时西域北部的大国，拥有现在中国新疆北境以及中亚部分地区。据《后汉书》记载，康居国西南都城与安息国相邻，东南与贵霜王朝的大月氏国相邻，北部奄蔡国、严国均已臣属康居。康居一直和中原保持友好往来和经济文化交流，直到唐玄宗时，还有来自康居的乐师和胡旋女在长安活动，轰动一时。

张骞到康居后，康居国王十分友好，热情款待，并派人送他们到大月氏。

公元前129年，也就是汉元光六年，张骞一行抵达大月氏。这时距他们从长安出发，已经过去9年了。

此时大月氏已立新王，并征服了西域国家大夏。大夏在今天的阿富汗一带。

这里土地肥沃、生活安定，大月氏人已经在此安居乐业。大月氏王热情地接待了张骞一行，张骞转达了汉武帝的建议，希望他们与汉联盟共破匈奴。但大月氏王对张骞提出的建议并无多大兴趣。加之，他们认为汉朝离大月氏太远，如果联合攻击匈奴，遇到危险恐难以相助。张骞在大月氏的都城监氏城逗留一年多，虽然受到很好的款待，但终没有说服大月氏王，不得不空手而返。

汉武帝元朔元年（前128），张骞为了避开匈奴人，改从南道东归。他们翻过葱岭，沿昆仑山北麓而行，经莎车、于阗、鄯善等地，进入羌人居住地区，不料为匈奴骑兵所获。一年后，适逢匈奴内乱，张骞乘机逃出，于元朔三年（前126）回到长安。

张骞西使，前后共历时13年，回来时仅他与随从堂邑父，还有他的匈奴妻子和儿子。

二、张骞对西域的发现

张骞此行并未达到合联大月氏以抗匈奴的目的。但他之西使，经历了中原使者前所未有的途程，其意义远远超出他的直接使命。作为汉朝的官方使节，张骞实地考察了东西交通要道，是中国官方开拓通往西域道路的第一人。

张骞从西域归国后，带回了有关西域诸国的许多见闻，使中国人第一次系统地了解了西域诸国。他向汉武帝详细报告了在西域的亲身经历和所见所闻。《史记·大宛列传》记载了张骞的报告。这是中国史籍对西域各国首次详细的、较全面的、真实的记录。

在《史记·大宛列传》之前，先秦典籍中已有一些关于西域的记载，如《山海经》中提到了昆仑山和西王母以及一些域外的国家或地区，《竹书纪年》和《世本》中也记载了西王母的事迹，特别是《穆天子传》的6卷中共有5卷内容记载了周穆王西巡之事。但上述材料所记载的有关西域的内容都不系统，多有想象和神话的色彩。实际上，在张骞出使之前，中国人对于西域各国的情况，或了解得很模糊，或完全不了解。《史记·大宛列传》是中国人对西域第一次完整的记述，大大开拓了中国的地理概念，使中国人较清楚地知道了中亚的草原和沙漠，中亚庞大的山系——天山和帕米尔高原，发源于这些山脉的中亚巨大河流即注入西海（咸海或里海）的锡尔河和阿姆河，以及流入罗布泊的塔里木河。

张骞向汉武帝作的报告，大体上分为三个部分：一是见闻，二是传闻，三是评估。见闻部分是他到达的地方，即大宛、大月氏、康居等，还包括

⊙ 荒凉的罗布泊

他所经行的今南疆绿洲小国。传闻部分，大国五六，如奄蔡、安息、条支（又作条枝）、乌孙、黎轩（又作犁轩、犁鞬、大秦等）和身毒等，还包括今印度河流域而下的中国境内西南夷各部。张骞的报告介绍了西域诸国的地理位置，以大宛为中心，描述了一幅非常直观的西域地理方位图，使人们得以掌握汉代时西域各国的大体分布情况。

据此，西域地志在这个时候已经是非常完整和清晰的了。张骞还记载了西域诸国区别于汉朝的一些特有物产和习俗。如物产方面，大宛有"葡萄酒""马汗血"，安息有"葡萄酒"，条支有"大鸟"，即鸵鸟，身毒有"象"。司马迁除了对西域诸国的习俗进行了总体概括，还对一些特殊的习俗进行了记载，"故时强，轻匈奴，及冒顿立，攻破月氏，至匈奴老上单于，杀月氏王，以其头为饮器"。此记载与希罗多德的《历史》中所载的斯基泰人的习俗相类似。另外，《史记·大宛列传》还提到了条支"国善眩"（即魔术），身毒"乘象"，大夏"善贾市"，等等。

张骞在考察报告中介绍了西域各国的地理环境以及物产、人口、风俗和军事等方面的情况，介绍了当时的国际关系，特别是诸国与汉朝的关系，向汉武帝提出了经营西域的策略。张骞还了解到西域诸国发展与汉朝贸易关系的愿望和对汉朝物产的喜爱，使汉朝知道与中亚、西亚各国交通往来，不仅在军事上极有意义，而且对汉朝经济的发展有很大的促进作用。

张骞的报告受到汉武帝的高度重视，大大增强了汉武帝向西域开拓的决心。

张骞出使西域带回来的有关西域的文化信息，大大开阔了中国人的眼界，给当时的中国人以很大的刺激，如同后来哥伦布发现新大陆吸引了无数欧洲人前往一样，西域对中国人产生了极大的吸引力，使汉代的中国人也开始注视西方，知道西域天地广阔，国家众多，物产新奇，民情殊异。西域奇特的风俗人情、丰富的物产，对汉人也是极大的诱惑。

此后几年，汉武帝多次向张骞询问大夏等地的情况，张骞着重介绍了乌孙到伊犁河畔后已经与匈奴发生矛盾的具体情况，建议招乌孙东返敦煌一带，跟汉共同抵抗匈奴。这就是"断匈奴右臂"的著名战略。同时，张骞也着重提出应该与西域各族加强友好往来。这些意见被汉武帝采纳。

汉元狩四年（前119），即距张骞第一次出使归国7年后，武帝再派张骞出使西域。

张骞第二次赴西域的直接目的是联络乌孙以共抗匈奴。乌孙是原住在甘肃河西一带的游牧民族，曾服属匈奴，后向西迁移至天山以北，摆脱了匈奴的控制，为此匈奴曾发兵讨伐乌孙。

此次张骞出使，情况与第一次迥异，一路通行无阻。他率300多人的庞大使团，带牛羊数万，金币帛值数千万之多，经数十天行程，很顺利地经敦煌到楼兰，再经塔里木河西行至龟兹，一路北上到达位于伊犁河谷的乌孙王都赤谷城（今吉尔吉斯斯坦伊塞克湖东南）。乌孙王猎骄靡派人远远地出城迎接张骞率领的使团。猎骄靡在王宫接见张骞一行，对汉人衣冠十分好奇，对张骞带来的金银和锦缎布匹也很喜欢。

张骞很直率地提出联合乌孙打击匈奴的建议。乌孙当时是西域大国，兵力达19万之众，若能联盟，将是汉朝最有力的盟友。但猎骄靡认为，因汉朝相距遥远，不敢断然与匈奴为敌，且当时乌孙国内政治冲突尖锐，所以没有接受张骞结盟的建议。

猎骄靡热情留下汉使，每天酒肉款待，闲时领着张骞游览草原和伊犁河谷。在张骞回国时，猎骄靡派遣数十名使臣随行赴长安。猎骄靡听说汉武帝喜爱天马，为表示友好和诚意，他亲自挑选了数十匹塞外良马请张骞敬献给汉武帝。跟随张骞出使汉朝的乌孙使臣，见汉领土广大，景物繁华，回国后向国王报告，于是乌孙便有意与汉朝交好。数年后，猎骄靡终于主动提出归心汉朝，与汉和亲。

张骞在乌孙时，还分别派遣副使到大宛、康居、大月氏、大夏、安息、身毒、于阗、扜弥及其邻近国家，带去丝绸等贵重物品。他们回国时也带回了许多所到国家的使者。"于是西北国始通于汉矣"，西域许多国家和汉朝有了正式外交往来。

三、丝绸之路之"凿空"

张骞的功绩，司马迁称为"凿空"。他"凿空"了通往西域的大道，意味着东西交通大干线的正式开辟。

现在，人们把这条交通大干线称为"丝绸之路"。"凿空"就是丝绸之路的正式开通。

我们已经知道，丝绸之路在历史上很早就存在了，在人类文明的早期就有"彩陶之路""玉石之路""青铜之路""草原之路"等。早期人类的物质文化活动，各民族致力于与其他民族交流交往的努力，都为丝绸之路的开辟和形成做出了贡献。与此同时，还有周穆王西狩、波斯的"王家大道"和亚历山大东征等这样规模宏大的事业。因此，在秦汉以前很久，丝绸之路就已经存在了，并且在东西方的交往中、在世界文化史上发挥了重要作用。

汉朝早期与西域可能已有一些往来。有据可稽者，如《汉书·董仲舒传》载董仲舒对策之言说："夜郎、康居，殊方万里，说德归谊，此太平之致也。"《史记·司马相如传》载司马相如《谕巴蜀檄》说："康居西域，重译纳贡，稽首来享。"董仲舒对策在元光元年（前134），司马相如作檄在元光五年（前130），可知两人所指为同一事件，而康居"纳贡"至迟也在张骞首次西使归国之前。

那么，我们为什么还要说是张骞的"凿空"使丝绸之路的"正式开通"呢？

张骞之前的民间交往，不过是一出历史正剧的序幕，一场文化传递的美妙交响乐的前奏，真正的开始还在后面。因为，中国在汉以前，边患频仍、战事不断，自身经济、军事、文化力量尚未充足到能够更自觉、更有计划和更有目的地向西拓展；而同时，西亚，尤其是西欧向东发展、接触、推进的势头也不够强劲，就是说"传播"和"引导"两方面的力量都有待加强。从人类发展史的总体状况看，还有待进一步的发展，需要等待物质方面和精神方面更为成熟的条件。

所以，说丝绸之路的正式开通，并不是否认之前丝绸之路的存在，也不是说此前的丝绸之路不重要。正式开通的意思是，正是从汉代开始，从汉武帝派遣张骞出使西域开始，中国的王朝通过丝绸之路的交通，与西域国家建立了官方的往来关系，把西域纳入王朝的管辖疆域或势力范围。从这个时代开始，这条交通大道才正式进入中国官方的视野。此后的历代王朝都认识到丝绸之路对于经济贸易、国家安全和国际地位的重要性，把经营丝绸之路作为一项重要的国家战略，派出管理机构、官员，如汉建立西域都护府，唐建立北庭都护府，派遣驻军，建立驿站，甚至不惜发动战争，来保障丝绸之路的畅通。也正是从这个时代开始，丝绸之路确实比以前更繁荣、更发达、更通畅了，国家之间的往来更频繁了，商贸的交流更加丰富，文化交流也更加深入。用《史记》中的话说，"汉率一岁中使多者十余，少者五六辈，远者八九岁，近者数岁而反"，"西北外国使，更来更去"。从此，人们对于丝绸之路的关注，对于丝绸之路的记载，都进入官方和私家的史籍中，并且史不绝书，因而也就是进入了"历史"。

所以，历史学界都把汉武帝派遣张骞的西域之行作为丝绸之路正式开辟的历史起点。

汉王朝是当时东方世界最强盛的大帝国。早在春秋战国时期，各诸侯国就努力开疆拓土，不断扩大中华民族的活动区域。秦始皇统一中国后，其帝国版图包括今陕西、甘肃、四川、云南、广西、广东、福建、浙江、江苏、山东、辽宁、内蒙古、宁夏等20多个省、区、市的范围。汉帝国的疆域在秦王朝领土的基础上继续向外拓展。汉武帝时，由于国力强盛，积极开疆拓土，广开三边，巩固和发展了庞大的帝国，使中国的版图初具规模。到西汉末年，汉帝国拥有人口5959万，领土东西9302里，南北13368里。在那个时期的东方国家中，拥有这样庞大人口和广大疆域的国家是独一无二的。

在西北，汉朝采取积极抗击匈奴的战略，控制了天山南北，移民屯田，而后设西域都护府，巩固和拓展西北边地，开辟了通往西域的交通线，为正式开通著名的丝绸之路准备了条件。汉朝在西南区也大力开辟，设置都护，而在越南北部和朝鲜北部则直接设置郡县，将其纳于汉王朝的直接统治之下。汉王朝通过对周边地区的积极经略，使其处于中华文化的广泛影响之下，为在东亚地区形成"东亚文化圈"奠定了基础。

对外的积极拓展，是与"大一统"的文化扩散密切联系的。司马迁在《史记·太史公自序》中说，汉兴以来，"海外殊俗，重译款塞，请来献者，不可胜道"，讲的就是汉代在文化大一统局面下的对外交往和文化交流。汉王朝不仅积极经略周边地区，而且大力发展对外关系和经济文化交流。汉代是中国文化史上第一个全面实行文化开放的时代，而文化开放正是对自己民族充满文化自信的表现。在此之前，中外文化已有交流的踪迹，也早有持续不断的涓涓细流。至汉代，则是自觉地开辟对外交通，发展对外交往，与远近许多国家和地区建立广泛联系，成为真正具有世界性影响的东方帝国。在陆路，由张骞通使西域而正式开辟了丝绸之路，打通了中西方的交通，密切了西域，乃至更远地区与中国内地的政治经济文化联系；在海路，中国人开始在大海上扬帆远航，开辟了中印海上航道，把航线延伸到印度洋，与海上通道沿途国家建立起了联系。中国商人不仅与印度、锡兰，而且与日本、波斯以及叙利亚等国家进行贸易，甚至间接地与罗马帝国开展贸易。汉王朝在积极向国外派遣使节的同时，还接待来自许多国家的使节，不仅建立起互通友好的政治关系，还大力加强人员往来，发展经济关系，促进物质和精神文化交流。当时中外交通四通八达，人员往来相望于道，出现了前所未有的中外文化交流的盛世。

这种大交流的局面，也和当时的世界大趋势密切相关。在中国人积极向外探索的同时，欧亚大陆上的各文明中心普遍开始出现一种对外开拓和探索的冲动，西方的其他文明国家，如波斯、罗马等，也在积极地寻求与东方的联系。交往、交流，需要双方的积极性，而在秦汉时代，正是欧亚大陆各个文明国家都在积极发展对外贸易和文化交流的普遍开放的时代。

在汉代，中华文化与世界文化开始了具有实质意义的对话。在这个文明的上升期，人们有无穷的好奇心和宏阔的胸襟。丝绸之路真正的开端还是因为中国对外面的世界感到好奇。所以，汉武帝决定派遣张骞出使西域，除寻找大月氏联合抗击匈奴外，可能还有更深层的原因，可能有文化上的考虑。汉朝需要一个向西方开放的窗口，以制衡不断威胁中国的、因隔绝而出现的闭塞。那时候的人们对于与其他民族的文化交流抱着积极开放的态度，对外来的文化表示热烈的欢迎。在《看镜有感》一文中，鲁迅说自己有一次看到几面汉代古镜，满刻着西域的葡萄花纹，不禁感叹："遥想汉人多少闳放，新来的动植物，即毫不拘忌，来充装饰的花纹"，不像后世的中国人，怀着"各种顾忌，各种小心，各种唠叨，这么做即违了祖宗，那么做又像了夷狄，终生惴惴如在薄冰上"。

秦汉时代对外交流的大发展，首先得益于交通的开辟和发展。丝绸之路，首先强调的是"路"，有路才有交通往来，才有物质的和文化的交流。与前代相比，秦汉时期对外的交通道路是大大地发展了。有学者概括了汉朝5条主要的对外交通路线：

（1）东方：朝鲜半岛到日本列岛的"北海道中"航线的存在。

（2）北方：由匈奴人所控制的草原丝绸之路。

（3）西域：南、北沙漠丝绸之路的"凿空"。

（4）西南：四川与滇—缅—印古道的连接。

（5）南海：由合浦至黄支国海上航线的开辟。[1]

通过这些线路，汉朝与朝鲜半岛南部、日本北九州岛地区、中南半岛、马来半岛、南亚地区、中亚以及西亚地区，有了经常性的直接往来。上述5条交通路线，现在学术界都分别冠以"丝绸之路"的称呼，如"东方海上丝绸之路""草原丝绸之路""绿洲丝绸之路""南方（或西南）丝绸之路""海上丝绸之路"。"丝绸之路"成了汉朝开辟或发展的对外交通路线的总概括。

但是，学术界通常所说的"丝绸之路"，从严格的学术意义上讲，或者说从狭义上讲，是指从西安或洛阳出发，经过河西走廊，出阳关或玉门关，通往西域的一条交通大道。在学术意义上，其他如"草原丝绸之路""海上

⊙ 阳关故址

① 李喜所主编，陈尚胜著：《五千年中外文化交流史》（第一卷），世界知识出版社2002年版，第3页。

丝绸之路""西南丝绸之路"，都是这个"丝绸之路"概念在文化意义上的延伸。所以，我们现在所说的张骞"凿空"了丝绸之路，丝绸之路正式开通，就是指这条通往西域的大路的开通。为了区别后来比较泛用的"丝绸之路"概念，学术界又把从中原通往西域的大道称为"绿洲丝绸之路"。

丝绸之路的开辟，是古代早期中西文化交流的结果。这条横贯东西方的国际通道，可以根据地理上和政治上的状况，从东向西划分为东段、中段和西段。西段从欧洲往东，到中亚地区，在亚历山大东征的时候已经走通。东段从长安出发，经河西走廊的武威、张掖、酒泉、安西到敦煌，敦煌郡龙勒县有玉门关和阳关，这一地区一直是中国中原王朝传统的控制地区，交通道路一直通畅。所谓张骞的"凿空"，实际上是走通了"中段"这一部分，即出玉门关和阳关往西，到帕米尔和巴尔喀什湖以东以南地区。《汉书·西域传》记载：

> 自玉门、阳关出西域有两道。从鄯善傍南山北，波河西行至莎车，为南道，南道西逾葱岭则出大月氏、安息。自车师前王庭随北山，波河西行至疏勒，为北道，北道西逾葱岭则出大宛、康居、奄蔡焉。

⊙ 玉门关遗址

⊙ 丝绸之路上的战略要道姑师（车师）古城遗址

这里说的就是"丝绸之路"的中段。

中国与西域的交通路线，据诸史所记，代有不同。综合古代文献的记载，郭沫若主编的《中国史稿》对丝绸之路作了如下界定：

> 出玉门关往西的商路有两条：一条是从鄯善旁南山（昆仑山）北麓至沙（莎）车，西逾葱岭到大月氏、安息诸国，称为南道，再往西行可以到大秦。汉的大批货物主要就是由这条道路运往西方的。另一条是沿北山（天山）南麓西行，越葱岭的北部西向，可以到达大宛、康居、奄蔡诸国，称为北道，再往西也可以到大秦。……这南北两条商路，是当时中国和中亚、西亚经济交流的大动脉。因为运往西方的货物主要是丝和丝织品，所以后来把这条路称之为"丝绸之路"。①

白寿彝总主编的《中国通史》在"丝绸之路的开辟"一目中，界定大

---

① 郭沫若主编：《中国史稿》（第二册），人民出版社1979年版，第390页。

意也是如此，说：

汉为了发展同中亚、西亚、南亚各国的交往，修筑了令居（今甘肃永登）以西的道路，设置亭驿，便利商旅。根据文献记载，当时通西域的道路大致为通过河西四郡，出玉门关或阳关，穿过白龙堆，到楼兰（即鄯善），自此分南、北两道。北道自此向西，沿孔雀河至渠犁（今新疆库尔勒）、乌垒、轮台，再经龟兹（今新疆库车）、姑墨（今新疆阿克苏）至疏勒（今新疆喀什）。南道自鄯善的扞泥城，西南沿今车尔臣河，经且末、扜弥、于阗（今新疆和田）、皮山、莎车至疏勒。自疏勒往西，越葱岭，向西南，到大月氏（主要地区在今阿富汗境），再往西到达安息（即今伊朗），更西到达条支（今伊拉克一带），最后可直达大秦（罗马帝国东部）。自疏勒越葱岭往北，可到大宛、康居。东汉时，与北匈奴多次交战，迫使北匈奴西迁，汉遂开辟了新北道。这条新道的路线是：由敦煌向北到伊吾，然后西经柳中、高昌壁、车师前部交河城（今新疆吐鲁番），经焉耆，越天山至龟兹。再

⊙ 石门水，古丝绸之路的必经之地

循原北道西行抵疏勒。这些沟通中西交通的要道就是著称于后世的"丝绸之路"。①

《中国通史》中概括了出敦煌之后向西的三条路线：

北道，自楼兰向西，沿孔雀河至渠犁（今新疆库尔勒）、乌垒、轮台、再经龟兹（今新疆库车）、姑墨（今新疆阿克苏）至疏勒（今新疆喀什）。

南道，自鄯善的扜泥城，西南沿今车尔臣河，经且末、扜弥（即扜弥）、于阗（今新疆和田）、皮山、莎车至疏勒。

新北道，由敦煌向北到伊吾，然后西经柳中、高昌壁、车师前部交河城（今新疆吐鲁番），经焉耆，越天山至龟兹。再循原北道西行抵疏勒。三条路最后都在疏勒即喀什汇合。

丝绸之路的中段这一部分，即通常所说的"西域"地方，茫茫戈壁之

⊙ 陕西西安丝绸之路纪念群雕

---

① 白寿彝总主编，白寿彝、高敏、安作璋主编：《中国通史》（第四卷上册），上海人民出版社1995年版，第403页。

间，分散着许多绿洲国家，是丝绸贸易带动了这些绿洲国家的繁荣和发展。按照古希腊历史学家希罗多德的说法，丝绸之路归根到底是"绿洲的恩赐"。丝绸之路上的远程贸易原本是一站转一站接力式进行的，首先是在邻接地区之间，相互地、由甲地到乙地，逐步到达远隔地区的间接交通。也就是说，通过中亚的丝绸之路实际上就是一个个"绿洲桥"，是由此绿洲到彼绿洲逐一连接起来的交通线。所以，这条横贯欧亚大陆的交通路线并非由一个商队从中国长途跋涉到罗马所走通的。通过这些链条式排列的绿洲，这一地区形成了西方与中国文明之间的交通线。古商道上的这些绿洲城市，作为沟通中国、伊朗和罗马之间丝绸之路上的中转站，起到了十分重要的作用。

丝绸之路的开通，不仅极大地促进了中西文化交流，也代表着一个文化大交流时代的到来。正是在秦汉大统一的基础上，中华文化的对外交流，无论是对于外来文化的接受、学习和吸收，还是中华文化在世界上的传播与推广，都出现了前所未有的高潮。这是一个气象广阔的时代，是一个文化大交流、大碰撞、大对话的时代。正是这样广阔的文化交流与互动，刺

⊙ 甘肃敦煌阳关的"丝绸之路遗址"碑

激、促进了汉唐文化的大发展、大繁荣。

　　丝绸之路自西汉正式开通以后，历1500余年，直到明代，一直承担着内地与西域，中国与亚洲、欧洲一些国家之间政治、经济、文化联系的重要任务。其间，虽因政治上的原因出现过时通时绝的情况，但总的来说，丝绸之路是持续着、发展着、完善着的，直到后来海道代替它以及因其他原因使它中断为止。

四、西汉对西域的经略

　　张骞"凿空"之后，通往西域的丝绸之路大开，汉朝与西域各国使节往来不断，民间商旅更是相望于道，贸易十分频繁活跃，中西文化交流进入了第一个高潮时期。

　　武帝时，汉朝向西域遣使十分频繁，每年都要派遣五六批，乃至十余批，每批都是由数百人至百余人组成的使团。这些使节往返一次常常要八九年，近的也要几年。汉朝使者不仅到乌孙、大宛、大月氏等，更远者到达安息、奄蔡、犁轩、条枝、身毒。汉与西域的交流，经贸往来是其中的主要内容。这些使节都有贸易的目的，汉的缯帛、漆器、黄金、铁器是各国非常欢迎的物品。

　　与此同时，西域诸国也频繁向中国派遣使节。西域各国的使节，怀着对汉文明的向往，骑着骆驼，经过长长的丝绸之路，来到汉帝国。伴随着他们的足迹，西域文化也传播到汉帝国。据史书记载，西汉京师长安，西域货物云集，异国客人熙熙攘攘。大宛的葡萄、石榴、胡麻，乌孙的黄瓜，奄蔡的貂皮，大月氏的毛织品，异域的杂技、音乐、绘画艺术以及风土人情，注入中土。西域的使节在中国受到相当的礼遇。如武帝巡狩时常带上外国客人，并给予很多赏赐，设酒池肉林宴，并向外国客人开示府库，让他们看很多的贮藏品，以示汉朝之广饶。

　　往来的官方使节除担负政治、经济和军事使命外，还负有文化交流的使命，至少会向中原介绍西域各地的文化信息。而那些往来的民间人士，包括商人、艺术家，乃至旅行家，也带来许多关于西域的见闻，向人们讲述西域的奇闻逸事、奇珍异物。这些都引起人们极大的兴趣，中原人对于西域的了解大大增加了。

当时西域各国的疆域很不固定，各族人民杂居共处或移民迁徙是经常的情况。特别是汉朝设置河西四郡和西域都护府后，有计划地向西北边疆移民屯田，使西域各族有机会与汉民族开展更广泛的交往。随着丝绸之路的畅通，也有一些中原人士移居西域，把中原的生产技术、科学知识和思想文化传播过去。这些移民中也包括在历次战争中流寓于西域的中国士兵。几百年间，西域地区一直是中原王朝与匈奴的主要争夺地区，是双方战争的主要战场。在几百年间的无数次大小战争中，有许多（可能数量很大）中原王朝军队的士兵或被俘，或离散而流落西域各国。他们在传播中华文化方面也起到了很大作用。如《史记》讲到大宛以西直到安息地域时说："其地皆无丝漆，不知铸钱器。及汉使亡卒降，教铸作他兵器。"这里说的"汉使亡卒"大概是从汉朝使节的随从人员中擅自逃脱的人，而军队的"亡卒"可能就更多了。

在张骞两次出使西域期间，汉武帝先后派卫青、霍去病等率大军数次西进，打击匈奴的势力。张骞出使西域，一去十几年，他们一行被困在匈奴，汉武帝没有他们的一点消息。但是，这期间，匈奴并没有停止对中原的骚扰，汉武帝也没有放弃抵抗匈奴。元光六年（前129），也就是张骞离开长安的第九年，匈奴兴兵南下，直指上谷（今河北怀来）。汉武帝分派四路出击。其中两路失败，一路无功而还，只有车骑将军卫青所率的一路果敢冷静，深入险境，直捣匈奴祭天圣地龙城，首虏700人，取得胜利。龙城之战是自汉初以来对战匈奴的首次胜利，揭开汉匈战争反败为胜的序幕，为以后汉朝的进一步反击打下了良好的基础。

第二年，元朔元年（前128）秋，卫青为车骑将军出雁门，领3万骑兵，长驱而进。

元朔二年（前127），匈奴又大举入侵上谷、渔阳。卫青率大军进攻匈奴盘踞的河南地（今黄河河套地区），采用"迂回侧击"的战术，西绕到匈奴军的后方，迅速攻占高阙（今内蒙古杭锦后旗），切断了驻守河南地的匈奴白羊王、楼烦王同单于王庭的联系。而后，卫青又率精骑飞兵南下，进到陇县西，形成了对白羊王、楼烦王的包围。汉军活捉敌兵数千人，夺取牲畜数百万，控制了河套地区，汉军全甲兵而还。

元朔三年（前126）夏，匈奴数万骑兵攻代郡，同年秋季入雁门，杀掠千余人。这一年，张骞终于从西域回来了。他带回了关于匈奴和西域的重要情报，更加增强了汉武帝与匈奴决战的信心。

元朔四年（前125），匈奴又使各3万骑攻入代郡、定襄、上郡。

元朔五年（前124）春，武帝命令卫青率领3万骑兵，攻打匈奴。汉军俘虏右贤王的小王10余人，男女1.5万余人，牲畜达千百万头。

元朔六年（前123）春夏，卫青为大将军，两次领10万骑兵出击匈奴，歼灭匈奴军过万。张骞随从大将军出征，被封为博望侯。卫青的外甥霍去病此战独自领八百骑出击，俘虏匈奴单于的叔父和国相。

元狩二年（前121）春，霍去病被任命为骠骑将军，率骑兵1万出陇西，进击匈奴右贤王部。他6天连破匈奴5个王国。接着越过焉支山1000多里，与匈奴鏖战于皋兰山下，歼敌近9000人，杀匈奴卢侯王和折兰王，俘虏浑邪王子及相国、都尉多人。同年夏，霍去病再率精骑数万出北地郡，越过居延海，在祁连山麓与匈奴激战，歼敌3万余人，俘虏匈奴王5人及王母、单于阏氏（王后）、王子、相国、将军等120多人，降服匈奴浑邪王及部众4万人。此次战役给匈奴以沉重打击，打通了河西走廊。汉以其地为武威郡、酒泉郡。

元狩四年（前119）春，汉武帝以14万匹战马及50万步卒作为后勤补给兵团，授予卫青与霍去病，命他们各率领5万骑兵，步兵和运输物资的军队10万余人，兵分两路，跨漠长征出击匈奴。霍去病率军北进2000多里，越过离侯山，渡过弓闾河，与匈奴左贤王部接战，歼敌70400人，俘虏匈奴屯头王、韩王等3人及将军、相国、当户、都尉等83人，乘胜追杀至狼居胥山（今蒙古国境内肯特山），在狼居胥山举行了祭天封礼，在姑衍山举行了祭地禅礼，兵锋一直逼至瀚海（疑即今贝加尔湖），威震漠北。漠

⊙ 霍去病凯旋图

北之战击溃了匈奴在漠南的主力，"匈奴远遁，而幕南无王庭"，十几年内匈奴再无南下之力。

卫青和霍去病经过连年征战，收复河朔、河套地区，击破单于，汉朝业已控制了河西走廊，"自盐泽以东，空无匈奴，道可通"。卫青和霍去病为北部疆域的开拓和丝绸之路的畅通做出了重大贡献。

为了加强与西域诸国的交通往来，汉朝还在西北边境地带设置地方行政机构。在汉代，大抵一征服边境地区，中央即决定置郡，以加强在那里的统治和管理，并作为发展对外关系的前哨，如汉置日南九郡、朝鲜四郡等。元鼎六年（前111），汉朝设置武威、酒泉、张掖、敦煌四郡，这是汉朝直接统治河西地方的开始。河西四郡和其他边郡建置一样，都是汉朝经略边地的重要措施。河西四郡设立之后，西汉将长城西延到玉门，李广利伐大宛后，又进一步延伸到盐泽（今罗布泊），建立起一条数千里的防御线。同时，为保障丝绸之路的安全，汉朝还在一些重要路口建置了驿道以

⊙ 甘肃敦煌的汉长城遗址

及烽燧亭障等一系列军事设施。

　　1990年至1992年，甘肃省文物考古研究所对敦煌汉代"悬泉置"遗址进行了全面清理和发掘，获得大量简牍和文物。所谓"置"乃为邮驿之所。据说简牍多达23000余枚，其中有明确纪年的就有1900枚，最早为西汉武帝元鼎六年（前111），最晚的为东汉安帝永初元年（107）。简文中有不少有关中西交通的史料。在全部悬泉汉简中检索出有关西域方面的资料360多条，皆为邮驿文书。当时汉与西域诸国使节往还，皆有遣使送客的通例。这些邮驿文书记述了主客方使团行经沿途诸处食宿供应各方面的情况。这些简文涉及的西域国家有楼兰（鄯善）、且末、小宛、精绝、扜弥、渠勒、于阗、蒲犁、皮山、大宛、莎车、疏勒、乌孙、姑墨、温宿、龟兹、仑头、乌垒、渠犁、危须、焉耆、狐胡、山国、车师24国，还有乌弋山离、罽宾等，重要国家与汉朝彼此送往迎来，交往频繁，在一定程度上反映了张骞通西域后汉与西域间外交往来的盛况。

　　后来，汉朝进一步设西域都护。西域都护始设于神爵二年（前60），这年匈奴日逐王降汉，郑吉发兵迎之，"北道"亦通，遂以郑吉为骑都尉，兼护车师以西"北道"诸国。西域都护是由汉朝中央政府派遣管理西域的

⊙ 甘肃敦煌汉代"悬泉置遗址"碑

最高官吏，相当于中原地区最高一级的地方官太守。西域都护的治所，叫作西域都护府。西汉时，西域都护府设在乌垒城（前名轮台国，故址在今新疆轮台），与渠犁田官相近，屯田都尉属都护，辖西域36国（后增至50国）。从此，西域这块地方，包括北疆和巴尔喀什湖以东以南的广大地区，都正式列入汉代的版图，帕米尔以西以北的大宛、乌孙也在都护的统辖之下。

"都护"这一名称，原意就是总领丝绸之路南北两道安全的意思。西域都护的主要任务，是在他所管辖的西域地区内，推行汉朝中央朝廷的各项政令，保证天山南北两道交通的安全、通畅，组织和管理西域地区的屯田。当

⊙ 邮递图，甘肃嘉峪关市魏晋5号墓彩绘砖画

时西域都护由皇帝亲自任命，三年一替（也有延长和缩短的），从未间断。当时轮台国是个城郭之国，都护府直接对其进行统辖，相当于现在的首府，似乎比其他绿洲城国和游牧行国的权力稍大。汉朝另设置戊己校尉、戊部候等行政、军事机构，对当地民族上层人物封以王、侯、将、相、大夫、都尉等官职，使他们均受西域都护府的管辖。

西域都护的设置，使汉朝对西域的经略进一步发展，与西域各国的交流往来得以巩固和扩大。可以说，设置西域都护的半个世纪，是丝绸之路非常活跃的时代之一。

五、"天马"之战

马匹是通过丝绸之路从西域传入中国的一种重要动物。家马这个物种大约在商代晚期传入中国，但中原的气候和地理条件可能不太适合马的驯养，所以一直没能培育出本地的优良品种。长期以来，从西域或北方进口马匹一直是历代中原王朝进口贸易的重点之一。最初乌孙马被称为"天马"，张骞第二次出使回国时，乌孙派使者随带良马数十匹答谢。元封六年（前105），乌孙向汉朝求娶公主，以乌孙马1000匹作为聘礼。后来汉武帝得到大宛的汗血马，就把汗血马称为"天马"，乌孙马改称为"西极马"。

⊙ 甘肃武威雷台东汉墓出土的铜奔马

据说，当时武帝特别希望获得西域的名马，"大宛马"成为官方贸易的特定目标。当然，武帝的这个希望不应仅仅被看作他个人的爱好。在那个时代，马匹在战争和经济中都占有特别重要的地位。因为骑兵在军事上是很重要的，骑兵的质量、马的好坏是很关键的。汉朝强盛之后，为彻底解除北方游牧民族的侵扰，西汉王朝决定向强大的匈奴主动出击，汉武帝对剿灭匈奴也做了充分准备，但战争初期两方互有胜负。尤其引人瞩目的是，当时中原大军马匹的质量远远无法与匈奴相比。因此，"匈奴虽病，远去，而汉亦马少，无以复往"。大宛马之所以能强烈地吸引张骞的注意，博得武帝的偏爱，是因为这是一种优良的大品种战马，用处特别大，尤其是当匈奴人从月氏人那里导入"铁骑"技术之后更为如此。匈奴人用这种挂甲的战马来补充他们善于奔驰的轻骑马，大宛的这种汗血马比汉族或蒙古族地区的那种小马更善于运载全副披挂的重骑兵。

"汗血马"又叫阿哈尔捷金马，在我国又称天马、大宛良马，产于土库曼斯坦科佩特山脉和卡拉库姆沙漠间的阿哈尔绿洲，是经过3000多年培育而成的世界上最古老的马种之一。汗血马通常体高1.5米左右，头细颈高，四肢修长，皮薄毛细，步伐轻灵优雅，体形纤细优美，再衬以弯曲高昂的颈部，勾画出它完美的身形曲线。汗血马具有无穷的持久力和耐力，即使在50℃的高温下，一天也只需饮一次水，因此特别适合长途跋涉，是长距离的骑乘马。《史记》记载，张骞出使西域归来后，说大宛"多善马，马汗血"。故在中国这种马一直被神秘地称为"汗血宝马"。

汉武帝元鼎四年（前113）秋，有一个敦煌囚徒在当地捕得一匹汗血宝马，献给了汉武帝。汉武帝得到此马后，欣喜若狂，称其为"天马"，并作歌称赞：

太一贡兮天马下，沾赤汗兮沫流赭。
骋容与兮跇万里，今安匹兮龙为友。

为获得大量汗血马以改良汉朝马的品质，汉武帝派出百余人的使团，带上一具以纯金制作的马前往大宛国，希望以千金易"天马"。使团来到大宛的贰师城后，大宛不仅不同意交换"天马"，还因汉使臣言语张狂而干脆派人杀了使臣，将金马和其他钱物抢劫去了。太初元年（前104），汉武帝封李广利为"贰师将军",领6000骑兵攻贰师城取汗血马。但路途遥远,又多高山大漠,李广利铩羽而归,被迫撤兵。太初三年(前102),武帝命李广利再率精兵6万攻大宛,还带了两名相马专家同行。李广利大军围攻大宛城40余日,最后大宛贵族们献出3000余匹宝马,并约定以后大宛每年向汉朝选送两匹良马。李广利凯旋归国。这次战争之后,"匈奴失魄,奔走遁逃"。

李广利之大宛远征,是汉代丝绸之路史上非常重要的事件。远征大宛的成功,大大提高了汉朝的声誉。西域各国"多遣使来献",汉朝的使节相继到达大宛以西诸国,带回奇珍异物。由于此次远征,汉朝的西域经营有了进一步的发展。实际上,正是由于李广利远征大宛的成功,丝绸之路才得以正式地顺利开通。在张骞"凿空"西域之路的28年内,汉朝军队胜利地深入帕米尔分水岭以西,与西亚的正常交往已经建立起来。

李广利在归国途中,获得的3000余匹汗血马死亡2/3,只有近1000匹过了玉门关,回到汉朝都城。但因为得到了真正的"天马",汉武帝十分高兴,作歌:

> 天马来兮从西极,经万里兮归有德。
> 承灵威兮降外国,涉流沙兮四夷服。

由于汉武帝的珍爱,因此在汉代"汗血宝马"倍受追捧,在当时创作的壁画、雕塑和器皿上常常可以发现它优美的身影。在都城长安未央宫宦者署的鲁班门前,矗立着一匹相马名家东门京主持铸造的青铜骏马,它是按照最佳良马尺度制作的"马式",被当作选择良马的标准,鲁班门也随之改称"金马门"。1981年,在陕西兴平汉武帝茂陵附近一号陪葬冢出土了一件遍体鎏金的青铜马,体长75厘米,高62厘米,立姿,头小颈细,双耳如批竹,胸肌劲健,四肢修长,据此可以想见"马式"的形貌。据考证,出土于我国甘肃武威雷台的威武、剽悍的铜奔马,就是根据西域汗血马的形象创作的。在《史记·大宛列传》和《淮南子》中都有关于"汗血马"

的记载。我国民间对"汗血宝马"有着更为丰富和神奇的传说，甚至产生了"马生两翼""天马行空""飞黄腾达"等神话传说，流传广泛。

从汉武帝时代开始，大宛汗血马成为西域国家向汉朝入贡的特产。大宛良马终两汉之世，一直源源不断地输入。汉武帝为了得到大宛马，频频遣使去往西域。

⊙ 陕西兴平西汉墓出土的鎏金铜马，被认为是"天马"造型

"天子好宛马，使者相望于道"，东汉时大宛马继续大量输入中原地区。

马匹的输入，对汉代社会经济的发展以及军事力量的壮大都起了很大的作用。成批将西极马和汗血马引进中原，促进了汉代养马业的发展。"汗血马"和其他西域马匹的引进，使汉朝骑兵的战斗力大增，甚至发生了这样的故事：汉军与外军作战中，一支部队全部由汗血马上阵。久经驯养的汗血马以为这是表演的舞台，作起舞步表演。对方用的是矮小的蒙古马，见汗血马高大、纤细、勃发，以为是一种奇特的动物，不战自退。

这个时代一个重要的成就是官马制度的确立。武帝时，仅朝廷直接掌管的军马就有40万匹。城市街巷、乡村田间到处都有马匹，或耕或乘。"农夫以耕载，而民莫不乘骑。"同时，西域良马的输入，促进了汉地马种的改良，大量胡人进入中原，也带来了草原民族的养马技术。

从这时开始，从西域引进马匹，成为中国历史上对西域贸易的一个重要组成部分。

六、东汉丝绸之路的"三绝三通"

西汉末东汉初，王朝忙于国内战事，无暇顾及西域。匈奴乘汉王朝内部混乱之机，征服了西域北道诸国和南道大国于阗，不断袭扰汉朝边境，丝绸之路又被隔断。

东汉明帝时，南匈奴早已经归降于汉，北匈奴则乘机在西域扩张势力，与东汉抗衡并袭扰汉边。但此时中原地区日渐安定，东汉政权已经完全巩固，实力增强。在这种情况下，汉明帝改变东汉初期对西域和北匈奴采取的消极政策，开始积极经营西域，打击北匈奴的势力。

为击退北匈奴的进攻，外通商道，内安边境，汉明帝决心"遵武帝故事，击匈奴，通西域"。永平十五年（72）冬，明帝以窦固为奉车都尉，以骑都尉耿忠为副，出屯凉州（武威），做出兵西域的军事准备。永平十六年（73），汉兵分四路出塞，在蒲类海（今新疆巴里坤湖）击败北匈奴，攻占战略要地伊吾卢。

为孤立北匈奴，窦固派班超（32—102）及从事郭恂率吏士36人出使西域。班超出身名门，他的父亲是著名史学家班彪，其长兄班固也是著名史学家。班固继承父志，撰写《汉书》，开创了"包举一代"的断代史体例，为后世"正史"之楷模。班彪、班固和班超三人合称"三班"。班超年轻时担任校书郎，为官府抄写书籍。有一天，他对这碌碌无为的文案工作感到厌烦了，便停止抄写，把笔扔到一边，感叹道："大丈夫无它志略，犹当效傅介子、张骞立功异域，以取封侯，安能久事笔砚间乎！"这就是成语"投笔从戎"的来历。

在东汉经营西域、维护丝绸之路畅通方面，班超发挥了重要作用，建立了卓越的历史功绩。

永平十六年（73），班超投笔从戎，随军奉车都尉窦固出征匈奴，任假司马。

到了西域后，班超首先致力于打通匈奴控制薄弱的南道各国，驱除了西域南道的匈奴势力。班超等人到鄯善国时，国王接待他们的礼节非常恭敬周到，但不久突然变得疏忽怠慢起来。班超觉得一定是匈奴有使者来到这里，使国王犹豫不决，不知道该服从谁好。当天夜晚，班超带领兵士奔袭北匈奴使者的住地，杀死匈奴百余人，鄯善举国震恐。班超趁势对鄯善王晓之以理，又安抚宽慰了他一番，接受鄯善王的儿子作为人质。班超回去向窦固汇报后，窦固十分高兴，上书朝廷详细报告班超的功劳，并请求另行选派使者出使西域。汉明帝很赞赏班超的胆识，就给窦固下达指令："班超这样得力的使臣，为什么不派遣他，而要另选别人呢？可以提拔班超做军司马，让他继续完成出使的任务。"

⊙ 新疆喀什班超塑像

班超从鄯善前往于阗。于阗是当时的西域强国，班超到来时，国王广德对其不甚礼遇。该国巫师对广德说："神怒何故欲向汉？汉使有騊马，急求取以祠我。"于是广德派人向班超索马，班超让巫师自己来取，然后怒斩该巫师，将首级送与广德。广德早耳闻班超在鄯善击杀匈奴使者之事，感到十分惶恐，于是杀了匈奴使者而降汉。班超还带领自己为数不多的手下，推翻龟兹国在疏勒国所立的傀儡政权，重立疏勒故王兄长之子为王，建立新的亲汉政权。在班超的努力下，南道诸国先后归附。

为防止北匈奴卷土重来，永平十七年（74）十一月，汉朝派奉车都尉窦固、驸马都尉耿秉等再度举兵西征，在蒲类海击破北匈奴白山部，并击降役属北匈奴的车师前、后部，南道基本打通，北道东西两站也为汉朝控制。西域与中原的联系得以恢复。同年，在西域设立都护、戊己校尉等官。东汉第一任西域都护为陈睦，都护府设于龟兹；耿恭为戊校尉，屯车师后五部金蒲城；关宠为己校尉，屯车师前五部柳中城。

永平十八年（75）三月，北匈奴出动2万余骑兵，重返西域，反攻车师，包围金满城（今新疆奇台西北）、柳中（今新疆鄯善西南鲁克沁）。十一月，北道焉耆、龟兹乘机联兵攻杀西域都护陈睦、副校尉郭恂。车师后王也在此时叛汉，与北匈奴合击汉军。汉章帝建初元年（76）正月，命酒泉太守段彭等出军与鄯善会师柳中，破交河城，北匈奴兵惊走，车师前国再次降汉。后因国内局势动荡，章帝放弃争夺西域，下诏撤师回京。次年又撤退伊吾卢屯田驻军，西域又落入北匈奴之手，丝路亦不复通。

当时汉朝留在西域的势力主要是班超所率36名壮士。匈奴人进攻西域时，班超正在疏勒。汉章帝下诏，召班超回朝。当班超准备回洛阳时，沿途各地都要求东汉政府收回成命，极力挽留班超。疏勒都尉黎弇见劝阻无效，竟以死劝留，自刎于班超面前。班超行至于阗时，于阗王侯以下都啼泣号哭，挡住班超坐骑，要求他留下。班超见此情景，决计不听朝廷命令，返回疏勒，坚守于阗、疏勒地区。章帝建初五年（80），班超上书朝廷说，西域各地"复愿归附，欲共并力破灭龟兹，平通汉道"，请求派兵支持他平定西域，并陈述自己"愿从谷吉效命绝域，庶几张骞弃身旷野"的不可动摇之志。朝廷答应他的要求，派徐干等人率兵支援。

和帝永元三年（91），东汉再次正式恢复西域都护、戊己校尉等官职，任命班超为西域都护，驻龟兹它干城，徐干为长史，屯驻于疏勒。永元六年（94）秋，班超又征调龟兹、鄯善等八国士兵7万余人征讨焉耆、尉犁、危须三国，采取军事、政治并用的方略，诱杀焉耆王广、尉犁王泛，另立三国国王。至此，西域大小五十余国均归附东汉。经过班超等人近10年的努力，匈奴的势力再次被赶出西域。

班超41岁出使西域，在西域近30年，为开辟和巩固丝绸之路，为加强中原与西域的联系做出了重大贡献。汉和帝下诏书表彰他说："逾葱岭，迄县度，出入二十二年，莫不宾从。改立其王，而绥其人……"封他为定远侯。

班超久居偏远的异地，年迈病重，思念故土，上书朝廷请求回到洛阳，说："臣不敢望到酒泉郡，但愿生入玉门关。"但是，也许是朝廷找不出合适的人选接替班超，也许是觉得班超在西域朝廷才放心，结果班超的请调信函上了3年，也没得到批准。汉永元十四年（102），其妹班昭亲自上书和帝，要求调回哥哥班超。她在信中写道："班超刚出塞时，就立志捐躯为国，时逢陈睦被害，班超以一己之力，辗转异域，幸亏有陛下的福德庇佑，得以全活，至今已有30年了。当初跟随他一起出塞的人，都已作古。班超年满70，衰弱多病，即使想竭尽报国，也已力不从心。如有突发事件，势必损害国家累世的功业。……我听说古人15岁从军，60岁还乡，中间还有休息、不服役的时候。因此我冒死请求陛下让班超归乡。班超在壮年时竭尽忠孝于沙漠之中，衰老的时候则被遗弃而死于荒凉空旷的原野，这真够悲伤可怜啊！如果班超逝命丧异域，边境有变，希望班超一家能免于牵连之罪。"

班昭代兄上书，说得合情合理，丝丝入扣，汉和帝览奏，为之戚然动容，于是派遣戊己校尉任尚出任西域都护，接替班超。永元十四年（102）八月，班超70岁时，从西域返回洛阳，被拜为射声校尉。班超回到洛阳后一个月就去世了，死后葬于洛阳邙山之上。

在西域期间，班超巩固了东汉在西域的统治，维护了西域安定，加强了中国同中亚各地的联系。班超平定天山南北以后，汉的政治势力继续向西扩展，远达帕米尔高原以西的中亚。班超一生的事业，主要是在西域开创的。他平定西域城郭诸国内乱，抵御了强敌，恢复了祖国的统一，开辟了中西交通，使汉和西域在经济文化上的交流得以继续发展。班超以微小的代价取得了巨大的成就，这一时期是东汉西域经营最多彩的一幕，也是东汉西域经营的高峰。

班超回朝后，西域诸国又纷纷叛汉。延平元年（106）九月，西域各国起兵攻任尚于疏勒。东汉派兵驰援，改派段禧为都护，于是平息叛乱。汉安帝永初元年（107），即班超自西域返回洛阳后的第六年，段禧任西域都护时，安帝以为西域险远、耗资过巨，下令撤西域都护，匈奴乘机南下，再度占据西域。

东汉元初七年（120）三月，北匈奴率车师后王军就杀汉车师后部司马及敦煌长史索班等，并驱逐车师前王，控制北道，进逼鄯善。鄯善向敦煌太守曹宗求救。曹宗向朝廷请兵五千进击北匈奴，复取西域。班超之子、军司马班勇上《西域策》，向邓太后进谏说，汉明帝时期西域内附后，"匈奴远遁，边境得安"，而西域绝后"北虏遂遣责诸国，备其逋租，高其价

⊙ 新疆喀什附近的塔什库尔干石头城

值，严以期会"。西域各地"皆怀愤怨，思乐事汉"。班勇还指出，西域与河西唇齿相依，控制西域，才能有河西的安全。班勇建议朝廷应以敦煌为基地，设置护西域副校尉，负责与西域各地恢复联系。这样，西能控制焉耆、龟兹径路，南可抚慰鄯善、于阗，北可抵御匈奴，东近敦煌。

班勇为汉王朝对西域的经略做出了贡献。班勇出生于西域，母亲是疏勒公主。永元十三年（101），班超派遣班勇随安息使者入洛阳觐见。班超回国病逝后，班勇遂留朝为官。

安帝延光二年（123），敦煌太守张珰又上书朝廷，备陈利害，请求朝廷通西域，开丝路。安帝遂决定在敦煌置西域校府，任命班勇为西域长史，率兵500人屯驻于柳中，具体经营通西域、开丝路的事业。

延光三年（124）正月，班勇收服鄯善。龟兹、姑墨、温宿等相继来归。同时，班勇率各国兵进击车师前部。延光四年（125），班勇率敦煌、张掖、酒泉三郡兵及鄯善等西域兵平定车师后部王军就。永建元年（126）冬，班勇率西域诸国兵击败北匈奴呼衍王。永建二年（127），班勇又联合西域兵会同敦煌太守张朗两路进攻，击降焉耆，西域诸国，包括早就心向汉室的南道各地在内，复归于东汉朝廷统辖之下，再次打通西域。

班勇在西域活动的时间不长，因为各城国的有力支持，取得了巨大的成功，为东汉后期丝路的长期开通奠定了基础。

为了开通西域，汉朝对匈奴几经征战，消耗了大量的武力和财富，付出了重大代价。从张骞"凿空"到东汉时的"三绝三通"，经过几代人的努力，开辟和巩固了丝绸之路，汉朝与西域各国，乃至更远的西方建立起持续的联系和贸易关系。正因为如此，才有了中西交通和文化交流大发展的盛况。

《后汉书·西域传》概括自西汉迄后汉400年间的中西交通大势说："汉世张骞怀致远之略，班超奋封侯之志，终能立功西遐，羁服外域。"自此以后，"立屯田于膏腴之野，列邮置于要害之路。驰命走驿，不绝于时月；商胡贩客，日款于塞下"。

七、和亲公主：丝绸之路上的文化使者

和亲是自西汉直至清代中原王朝发展与周边少数民族关系的一种手段，其中以汉唐两朝和亲最有特色。中国历史上的和亲始于西汉初年。当时匈奴势力强大，汉朝初建，"疲于兵革"，遂将汉公主嫁与匈奴单于，以安边患。

第一次和亲是在汉高祖时期。汉高祖七年（前200），刘邦亲率33万大军北击匈奴，结果反被围困在平城白登山（今山西大同东北）达7日之久。刘邦和将士们无计可施，最后陈平施美人计，欲献美人给匈奴单于，匈奴阏氏怕汉美女与之争宠，遂劝冒顿单于撤兵，"白登之围"由是得以解脱。但是，强大的匈奴与虚弱的西汉力量鲜明的对比，使汉朝的被威胁感并未减轻多少。于是刘敬向汉高祖献"和亲"之策。高祖派刘敬到匈奴结和亲之约。这份"和亲协定"大体上包括5项条款：（1）将汉朝公主嫁给匈奴单于；（2）汉与匈奴划疆立界；（3）"汉与匈奴约为兄弟"；（4）汉朝"岁奉匈奴絮缯米酒食物各有数"，匈奴不再侵扰汉朝；（5）通关市，即从事

⊙ 明代仇英《昭君出塞图》

贸易活动。从协定内容来看，和亲的主要目的是避免战争，发展经济贸易关系。

所谓和亲政策，实际上还包含一种文化策略，就是在"和亲"的形式下，通过"和亲"的渠道，向匈奴以及其他游牧民族输送中原的文化，包括物质的文化和精神的文化，使他们接受中原文化的教化和影响，以避免西汉边患。我们看到，这个政策在很大程度上带有一厢情愿的性质，一时的"和亲"可能获得暂时的和平，实际上是时和时战。但"和亲"在传播中原汉文化方面起到了一定的作用。

西汉时与匈奴和亲，以及与其他民族和亲，都是出于这种考虑。西汉与匈奴共和亲13次。张骞第一次出使西域归来时，曾向汉武帝建议与乌孙和亲，通过和亲与乌孙联盟，共破匈奴。于是武帝将细君公主嫁给乌孙王，令她"从其国俗，欲与乌孙共灭胡"。西汉曾与乌孙3次和亲，从而造成汉与匈奴的力量均衡，对匈奴南下侵扰起到牵制作用。

自汉以后，和亲成为历代王朝经常采用的联络周边民族、稳定边疆的一项策略，一直到清朝，中国古代历史上共有360次和亲活动。

和亲政策具有明显的政治和军事目的，但和亲活动也对发展贸易关系、传播中原文化、促进西域文明的发展起到了积极作用。

双方都对和亲十分重视。每次和亲，从提出和亲到公主出嫁，都要经过求婚、报聘、交纳聘礼、回报、约定婚期、出嫁等若干程序，有的甚至要反复多次，持续几年。几乎每位和亲公主出嫁后都要经过派使臣答谢、报告公主情况、看望慰问公主等反复往来，有时和亲公主也派人向"父母之国"报告情况，或带人回国省亲。这样一来，因和亲而使双边的人员往来大大增加，有时一次和亲往来的人员竟达数万人次。在这些往来的人员中，既有达官贵人，也有对方首领的妻子儿女或其他贵妇，还有商人和教徒，有些往来已经超出了求婚、缴纳聘礼、迎亲等的范围，具有明显的商业目的，而且这些人员停留的时间一般比较长。这样大规模的人员往来，进一步加强了相互的接触和了解，促进了文化上的交流。

和亲公主和她们的随行人员是一支庞大的队伍。据记载，到匈奴、乌孙、于阗等地的和亲公主的随从者，既有服务性的侍者、宦者、属官、媵，也有类似医生、手工业者、设计师、建筑工人、乐师、厨师、文化教员等各种各样的专门人才。他们进入西域后，积极向西域人传播中原的文化礼俗和先进技术，对西域的农业和畜牧业生产、礼仪、服饰和风俗习惯以及文化艺术等都有一定的影响。如汉文帝六年（前174），宦官中行说随同和亲公主到匈奴，传入汉地簿记方法与书牍形式。大约在十六国至北朝时期，通过和亲，中国的养蚕缫丝业传入了于阗，进而又通过西域传播到西方。

中原王朝对和亲公主及其达官贵人赐予金银绢缯，不仅数量巨大，所赐物品的种类也很多，既有日常生活用品，也有一般装饰品，还有许多高级观赏品。这样，大量的中原物产流入西域或其他民族地区。西汉能够说通乌孙答应和亲的前提条件是"厚币赂"。细君公主出嫁时，汉"赐乘舆服御物，为备官属宦官侍御数百人，赠送甚盛"，公主则"以币帛赐王左右贵人"。解忧公主的女儿出嫁龟兹王绛宾后，

⊙ 金代张瑀《文姬归汉图》

汉对其"赐以车骑旗鼓，歌吹数十人，绮绣杂缯琦珍凡数千万"，他们每次到长安朝贺时，汉都"厚赠送之"。

和亲也大大促进了双方的贸易发展。"通关市"是和亲的主要目的之一。汉文帝时，"与通关市，妻以汉女，增厚其赂，岁以千金"；汉景帝时，"复与匈奴和亲，通关市，给遗单于，遣翁主如故约"；汉武帝即位后，仍与匈奴"明和亲约束，厚遇关市，饶给之"。随着和亲活动往返的双方人员，都有从事贸易活动的目的，他们打着和亲或与和亲有关的旗号，与当地进行商品贸易。有的和亲公主也从事商业活动。

和亲活动还有利于保障丝绸之路的畅通。自从张骞通西域、开通丝绸之路后，维护丝绸之路的安全与通畅，对历代中原王朝来说，都是一项十分重要的战略。汉王朝对于西域的经略，班超的"三绝三通"，都是为了保障丝路的通畅。和亲是保障丝路的一项重要措施。有的和亲公主亲自担负起监督丝路通畅的责任，和亲的西域国家也自觉来保护丝绸之路。如与汉和亲的鄯善国为汉廷与西域诸国的联系及开展贸易提供了许多便利条件。汉宣帝时，乌孙昆莫鉴于匈奴"欲隔绝汉"，主动要求出动"国半精兵人马五万匹，尽力击匈奴"，助汉夺回丝绸之路的控制权。

八、汉代人对西域的认知与想象

张骞从西域回国后，给人们提供了关于西域的比较直接和具体的知识。在司马迁的《史记》之后，中国史籍上不乏关于西域的记载，体现了这个时代人们对于西域的认知和阐述。《史记·大宛列传》《汉书·西域传》《后汉书·西域传》等，都是有关西域的传记。此外，各正史中还有其他有关的记述，如《汉书》中就有《武帝纪》《李广苏建传》《卫青霍去病传》《张骞李广利传》《赵充国辛庆忌传》《匈奴传》《地理志》等，对西域地方的经济、文化等各方面情况都有所记载。

这些正史"西域传"记述的出发点，不是西域或西域诸国本身，而是中原王朝经营西域的角度，是以中国人的眼光所看到的"西域"。《史记·大宛列传》所载西域诸国多在葱岭以西。这是因为张骞西使,"身所至者大宛、大月氏、大夏、康居",以及"传闻其旁大国五六",大多位于葱岭以西。

在司马迁之后,班固撰《汉书·西域传》转述了《史记·大宛列传》的大部分内容,并用很大篇幅描述葱岭以西诸国。该传比较详细地记述了西汉时期天山以北的乌孙、车师,天山以南的鄯善、于阗、莎车、疏勒、龟兹、焉耆,帕米尔以西的大宛、康居、大月氏、安息、罽宾、乌弋山离等50余国的地理、历史、政治、经济、文化、军事、交通以及风俗民情。但介绍最多的是葱岭以东的诸国。《汉书》记匈奴与西域事和《史记》有很大不同,叙述得系统清楚,地理概念明确,出现了不少较深入的、概括性的言论。可以推知,班固对匈奴的历史和地理知识比张骞丰富。《汉书》作者班固是班超的哥哥,班超在西域驻节期间,他们常有家信往还。班超在西域和西汉时张骞"凿空"不同,他既长期驻扎在都护驻所,又时而领兵在塔里木盆地南北征讨,因此,了解西域诸地情况并进行各方面的军事、政治上的联系,是他经常性的工作,所以班超对西域的了解比张骞深入、广泛得多。《汉书》中有关匈奴、西域的资料,虽然写的时间晚些,但远比《史记》更有用。

《汉书》中记载西域诸国,重点在葱岭以东,考这些国家的地理位置,大部分在今我国新疆境内。此外,还有大宛、安息、大月氏、康居、浩罕、坎巨提、罽宾、乌弋山离等十几个西域小国,现在中亚及阿富汗、印度等国境内。葱岭以西诸国中,尤以安息和大秦最受重视。

《后汉书·西域传》所载"西域"的范围还超过了《汉书·西域传》所载,将意大利半岛和地中海东岸、北岸和南岸也包括在内了。这是两汉正史"西域传"所描述的"西域"中涉及范围最大的,以后各史"西域传"再也没有越出这一范围。《后汉书》的一部分资料来自班勇的记述。班勇在西域活动回到内地后,整理了他在西域的见闻,写出了文字材料。以班勇的出身、经历,他的记录是非常重要的。因此,《后汉书》的这一部分是值得珍视的。

中原与西域丝绸之路交通的兴盛，使人们对西域地理分区的熟悉程度进一步加深。《汉书·西域传》以通西域的南、北两道记叙其沿线各国情况。这种分道叙述交通沿线各地地理情况的方法，已具有一定的地域观念。

汉代通西域，大量传入西域文化，不仅极大地开阔了人们的视野，也激起了人们对西域的奇异想象。全新的西域意象及神奇的西域艺术成为文人表现的热门题材。汉代人在现实的基础之上，融合大量传说、神话，加以夸饰、想象，描绘出一个奇异的西域世界，成为中原人士对异域想象的一个乌托邦。

汉代以前，人们对于西域的认识多基于神话传说和奇异的想象。汉代开通西域，开启了人们重新认识西域的新纪元。正史中关于西域的记载、张骞的西域出使报告，体现了这一时期人们对于西域的比较客观的认知。人们通过这些同时代人的文献，知道了陆上最远处距汉有4万余里之遥的西域国家充满珍宝与奇异物产，并有让人匪夷所思的风俗，这极大改变了人们的世界观念。

然而，这时的人们对西域的了解还是相当有限的。但另一方面，开通丝绸之路后，人们对远国异民给予了高度关注，对西域这片土地更是充满了好奇和幻想。这片土地更能给他们提供想象的空间，将过去与现在、神话与现实贯通起来。

人们对于西域的奇风异俗、奇珍异宝和奇兽珍禽充满了好奇。张骞等使者所关注的对象，不是与汉朝相同的那些草木、畜产、五谷、果菜、食饮、宫室、市列、兵器、金珠，而是"有异乃记"。汉代上层人物对奇异之物更是表现出异乎寻常的兴趣。例如，汉武帝对西域诸国所献的大鸟（鸵鸟）卵及黎轩眩人（魔术师）兴奋不已。传为东方朔所著的《海内十洲记》①，记载汉武帝听西王母说大海中有祖洲、瀛洲、玄洲、炎洲、长洲、元洲、流洲、生洲、凤麟洲、聚窟洲等十洲，便召见东方朔问十洲所有的异物，后附沧海岛、方丈洲、扶桑、蓬丘、昆仑5条。占有稀奇宝物是推动

---

① 学者们对该书的成书时间意见不一，《四库全书总目》认为其"盖六朝词人所依托"。

武帝开疆拓土的一个重要原因。东汉帝王们也对西域充满了好奇心。《后汉书·列女传》记载："每有贡献异物，（和帝）特诏大家（班昭）作赋颂。"

中外使者带到汉朝的以及所记述的新奇人物、艺术、宗教、传说等，都会成为人们关注与表现的对象。这些关注和好奇也体现在当时的文学作品中，成为文学创作的一个想象源泉。如汉代诗赋中出现大量的西域物象，西域物产往往又是富丽豪奢的象征。它们的名称常常成为以藻饰见长的辞赋、诗歌作者乐于称引的对象，通过对这些名物的铺陈与描绘，展示熠耀焜煌、光彩炜炜的繁艳风貌。乐府杂曲歌辞《蝶蝶行》中提到苜蓿，《陇西行》中出现西域的坐具氍毹。《乐府》里有"氍毹㲪毯五木香，迷迭艾蒳及都梁"，皆为来自西域的毛皮制品、奇花异草与香料。《羽林郎》叙述胡女独立经营酒店，其穿戴有鲜明的西域特色，浑身珠光宝气。朱穆《郁金赋》写郁金"遌其无双"的娇艳与"独弥日而久停"的芳香。祢衡在《鹦鹉赋》中以鸟自比，说鹦鹉自西域而至，"性慧辩而能言兮，才聪明以识机"，迥出众鸟之上。蔡邕《伤胡栗赋》言胡栗"弥霜雪之不凋兮，当春夏而滋荣"，赞叹其傲霜斗雪的高洁品格。武帝宫中充斥着来自西域的奇宝异物。

汉代文学对西域的描写，除了对引进西域物产和奇珍异兽的近乎夸张的描写，还充满了想象、夸饰和虚构。那些从未到过西域的人，在别人记述与传闻的基础之上，与《山海经》等神话结合起来，进行更为大胆、虚幻的想象。如传为后汉郭宪所作《汉武帝别国洞冥记》，共4卷60则故事，所叙"别国"，主要叙述西域及今中亚一带国家有关的神仙妖怪、奇闻逸事、神山仙境、丹方灵药以及异方风土物产等，珍稀奇异，功效神奇，极富想象力。通过这些奇闻，可了解这些地区和国家的民俗与传说。这些奇物有西王母乘坐的神马，有大秦国献的善走的花蹄牛，有能让人白发变黑的马肝石，以及其他听起来匪夷所思的事物。

汉代文学有关西域世界的建构，是汉代人描绘其他奇异国度及仙境的基础。西域的开通激起人们对远方异域的关注与热情，为地理博物小说的兴起提供了一个很好的契机。在汉魏六朝小说中，根据实有之物，夸大其功能，并与仙境、理想国的幻想结合起来，使这些物产具有神话色彩。作者通过独特的视角，把自己的情感、愿望投射于西域的商品与商人，各种传闻与想象源源不断地进入历史，从而重新建构了一个西域世界。

汉人在陆路上的交通主要是西域方向，在海上主要是东方与南方。汉人对西域世界的建构，也推动了人们对远国夷民奇物的想象。他们把对西域的想象技巧，用于对各个方位神奇国度与异物的描绘上。如《海内十洲记》描写了四海中的十洲，虽仅有凤麟洲、聚窟洲在西海，然而对其他八洲的描写很明显受到了西域传说的影响，如炎洲中的火浣布，又如流洲中的割玉刀，皆本为西域特产，却被移到了其他地方。其他故事中也有类似情况。

第六章　魏晋北朝与丝绸之路

一、魏晋对丝绸之路的经略

魏晋时期，中原王朝继续保持了汉代以来对西域的高度重视。十六国和北朝历代都积极经营西域，加强了与西域的联系，保证了丝绸之路的畅通。南朝虽然面对北朝的阻隔，但仍然设法与西域建立联系。所以，在这一时期，中原与西域的联系和人员往来继续扩大，商贸也得到了发展，特别是有许多"胡商"进入中原，成为担当中原与西域物质文化交流的骨干力量。在这一时期，西域是佛教向中国传播的中转站，许多印度僧侣和西域高僧来到中原，为佛教文化的传播做出了重要贡献。与此同时，丝绸之路上的技术文化交流也比较突出，尤其是中国养蚕制丝技术的向西转移，西方玻璃制造技术向中国的转移，是这一时期中西文化交流的重要事件。

东汉末年，西域诸国更相攻灭，不断兼并，出现了几大地方政权并立的局面。大体情况是：若羌、且末、小宛、精绝等地并属于鄯善，戎卢、风弥、渠勒、皮山等地并属于于阗，尉犁、危须、山国并属于焉耆，姑墨、温宿、尉头、乌垒并属于龟兹，桢中、莎车、竭石、渠沙、西夜、依耐、蒲犁、亿若、榆令、捐毒、琴、休循并属于疏勒。吐鲁番为车师前部，东部天山以北的东且弥、西且弥、卑陆、蒲类、乌贪等地并属于车师后部。焉耆以西至伊犁河源为悦般。伊犁河流域及准噶尔盆地西部为乌孙，阿尔泰山西南部及蒲类海周围为鲜卑右部。

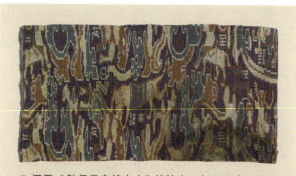

⊙ 汉晋"韩侃吴牢锦友士"锦枕套，新疆民丰尼雅遗址1号墓地1号墓出土，新疆文物考古研究所藏

东汉末年，中原内乱，无暇顾及西域，通往西域的丝绸之路交通又有滞碍，直到三国时期，曹魏与西域的交通才得以恢复。《三国志·魏书》记载："魏兴，西域虽不能尽至，其大国龟兹、于阗、康居、乌孙、疏勒、月氏、鄯善、车师之属，无岁不奉朝贡，略如汉氏故事。"西域诸国与魏朝的交往，见诸记载的有：

[黄初三年（222）]二月，鄯善、龟兹、于阗王各遣使奉献，诏曰："……顷者西域外夷并款塞内附，其遣使者抚劳之。"（《三国志·魏书·文帝纪》）

[太和元年（227）]冬十月丙寅……焉耆王遣子入侍。（《三国志·魏书·明帝纪》）

[太和三年（229）十二月]大月氏王波调遣使奉献，（明帝）以调为亲魏大月氏王。（《三国志·魏书·明帝纪》）

[景初三年（239）]二月，西域重译献火浣布。（《三国志·魏书·三少帝纪》）

正始元年（240）春正月……焉耆、危须诸国……皆遣使来献。（《晋书·宣帝纪》）

[咸熙二年（265）]闰月庚辰，康居、大宛献名马，归于相国府，以显怀万国致远之勋。（《三国志·魏书·三少帝纪》）

由这些记载可以得知，西域各国与魏朝的来往还是比较频繁的。西域各地每年都要向曹魏政权遣使进贡，西域各地的大批商人到中原从事贸易，许多粟特商人在塔里木盆地和河西走廊建立了类似村落的据点。魏朝也加强了对西域的经略与管理。黄初三年（222），魏在西域高昌壁重新设置戊己校尉。太和元年（227）以后，在鄯善海头设立"西域长史"，以对西域各地进行管理，开展屯田，使丝绸之路畅通。

⊙ 汉晋"长寿明光"锦，楼兰孤台墓地出土，新疆文物考古研究所藏

当时任敦煌太守的仓慈为丝绸之路的再次开通做出了很大贡献。仓慈抑制土豪，发展农业生产，保护来往的西域使者和商旅。《三国志·魏书》卷一六《仓慈传》记载，仓慈为胡商从敦煌去洛阳经商颁发"过所"，说胡商"欲诣洛者，为封过所，欲从郡还者，官为平取，辄以府见物与共交市，使吏民护送道路"。文中的"过所"，即指当时的护照。仓慈不仅吸引胡商来敦煌，还为胡商去内地经商提供方便，结果是"西域人入贡，财货流动"（《晋书》卷二六《食货志》）。仓慈任敦煌太守十余年，劳抚西域各族，深受西域各国商人爱戴和尊敬。仓慈去世时，西域各国纷纷哀悼，"又为立祠，遥共祠之"（《三国志》卷一六《仓慈传》）。此后几任太守，也基本沿用仓慈的做法。

西晋时，晋与西域各国保持着密切关系。晋武帝举行登基大典时，有许多外国的代表参加，"四夷会者数万人"。晋武帝泰始（265—274）及太康（280—289）年间，康居、焉耆、龟兹、大宛、大秦皆有来华朝贡的活动。《晋书·四夷传》"康居"条记载，晋武帝泰始年间，康居国王那鼻遣使上封事，并献善马。太康六年（285），武帝曾遣杨颢出使大宛，诏封蓝庾为大宛王。蓝庾死后，其子摩之即位，遣使贡汗血马。太康年间，焉耆及龟兹国王均遣子前来洛阳"入侍"。

西晋戊己校尉由凉州刺史兼任，管辖西域事务。晋朝在西域还设立"校尉""都尉"等官职，并给当地的部落首领册以爵位和封号，经常向鄯善等地赏赐耕牛，帮助当地农民发展农业生产，维护晋朝对天山南北各地的统治。文物工作者曾在楼兰、海头等地发现了许多写有汉字的木牍、木简和纸文书，其中有一些明确标有晋朝皇帝的年号。

西晋前后，大量中原地区的汉人为躲避战乱，纷纷经河西走廊迁居到高昌（今新疆吐鲁番），该地及周边地区的人口增多，经济逐步繁荣起来。327年，河西地区前凉政权的建立者张骏进驻高昌，仿中原例，置设"高昌郡"，郡下设县，县下设乡、里，郡置郡守，县设县令，乡有啬夫，里有里正。这是西域地区推行中原地区"郡县制"的开端，表明西域的政治管理体制与中原地区开始趋于一致。

二、北朝对丝绸之路的经略

西晋之后，北方虽然政权多有更迭，战乱频仍，但始终保持了西域贸易道路通畅，中西经济文化交流仍然十分活跃。《魏略·西戎传》说："从敦煌玉门关入西域，前有二道，今有三道。"大宛、大月氏、粟特国、康居、天竺、波斯等国都自丝绸之路与当时中国的北方政权有贸易往来。

前凉与西域诸国保持着比较多的交往，特别是在张重华在位时（346—353），前凉臻于极盛，与西域诸国的关系也最为密切。即使在西凉末期的动乱年代，龟兹仍遣使贡方物。

前秦建立后，更是致力于与西域发展关系。苻坚遣使西域，以彩缯赐诸王，有十余国前来朝贡。其中，大宛献天马千里驹以及诸珍异物五百余种。苻坚仰慕汉文帝返千里马之事，将大宛所献良马悉数返还。太元六年（381），鄯善、车师前部、康居、于阗及海东诸国等六十余国来朝，皆遣使贡其方物，其中有大宛献汗血马、肃慎贡楛矢、天竺献火浣布等。

太元八年（383），前秦王苻坚派遣骁骑将军吕光带兵远征西域，这次出征的目的是迎高僧鸠摩罗什入中原。这是中国佛教史上的重要事件，本书第十九章还要详细讲述这件事。当时鄯善王和车师前部王充当向导并率部参战，焉耆不战而降，龟兹国都被攻陷后，原属小国及远方诸国纷纷表示臣服。这是自汉之后的魏晋等朝以来中原在西域最大的一次军事行动，中原政权再次在西域发挥重大影响。

十六国时期（4—5世纪），黄河流域及其以北的广大地区，北方、西方的少数民族入住了100多年。北方的鲜卑，西方的羯、氐、羌，以及分散在西北的匈奴、小月氏诸民族，大都和中亚一带雅利安系统的民族有往还。在这100多年里，许多在今甘肃、宁夏一带建立的地方政权，由于政治、经济等原因，更是有意识地保持着向西方的通道。文献记载，在4—5世纪时，凉州（武威）敦煌一带集中了不少中亚的商人。佛教通过丝绸之路从西域大规模传入内地。随着佛教的东传，一些西方艺术也愈来愈给东方以更大的影响。

北魏建立政权、统一北方后，因为其统治集团中的主要部分是拓跋鲜卑，和中亚游牧民族同属游牧经济，生活习俗有着较多的相近之处，所以他们在中西文化交流上不仅没有阻力，还起到了促进和推动作用。这种情况不仅贯穿整个北魏，并且贯穿整个北朝。这也为以后隋唐时期中西文化交流出现新的高潮奠定了基础。

在北魏（386—534）统一北方的过程中，西域的车师前部王、焉耆王和鄯善王等都曾遣使到北魏朝贡，表达臣服之意。北魏声威远达西域，西域各国首先有通好的表现，中西间交通开始出现新的局面。延和三年（434），太武帝亲幸河西，显示中西间丝路东端的通畅。这一年，柔然王派出数百人的庞大使团前来朝贡，献马两千匹。太延元年（435）二月，柔然、焉耆、车师诸国各遣使朝献。

这年五月，北魏首次派遣使节联络西域各国，遣王恩生、许纲等出使西域。这个使团途经敦煌时被柔然劫获，后来柔然人放还了王恩生等人，但不允许他们继续西行，他们不得不返回。此行虽未果，但成为北魏中西间交通的先声。次年八月，北魏又遣使西域。

太延三年（437）三月，西域的龟兹、悦般、焉耆、车师、粟特、疏勒、乌孙、鄯善等国联合组团遣使到北魏。九国同时来献，这是北魏外交史上的空前盛况。有的大臣建议北魏遣使回访，可是太武帝仍对交通西域感到犹豫，于是在朝堂上展开了一场是否派遣使臣去西域的争论。最后交通西域的主张占了上风，太武帝决心继续遣使。为了避开柔然的阻拦，遣散骑侍郎董琬、高明等带着锦帛等礼物，"招抚九国"。

据《魏书·西域传》记载，董琬、高明等"北行至乌孙国"，受到热情款待。乌孙王对董琬说，听说破洛那（在今中亚费尔干纳盆地）、者舌（又称遮逸、州逸，在今乌兹别克斯坦塔什干）都仰慕魏国，欲称臣致贡，但苦于其路途不通。你们既到了我国，可往二国。于是，乌孙王派向导、译员送董琬等到达破洛那国，送高明等到者舌国。董琬和高明沿途所经各国纷纷表示归附。董琬一行回到平城时，随同而来的有乌孙、破洛那、者舌等西域十六国的使节，他们朝见北魏皇帝，进贡方物。

董琬等出使西域是中西交通史上的重要事件，这次外交活动在加强中原与西域各国的关系方面起到了沟通和促进作用，使一度沉寂的中西之间的官方来往又频繁起来，使中西文化交流形成了一个新的高潮。有学者认为，董琬、高明西使是两汉魏晋南北朝时期最重要的西使之一，堪与张骞出使西域相媲美。董琬等出使西域后，西域诸国"相继而来，不间于岁，国使亦数十辈矣"。

这一时期，西域各种势力急剧变化，高车、悦般、吐谷浑、柔然和嚈哒等民族相互角逐。太平真君六年（445），太武帝亲率大军，平定了得到柔然支持的北凉政权，打通了前往西域的河西走廊。北魏兵马继续前进，先后征服了此时已叛离的焉耆和鄯善，设立焉耆和鄯善两个军镇，驻兵守卫，北魏还在这两个地方任命行政官员，实行与内地一样的郡县制。随后，北魏军队又向西攻下了龟兹，游牧在龟兹以北的悦般主动要求与北魏结盟，共同抗击北方的柔然。柔然闻讯后，自知难以同北魏匹敌，便从西域地区撤离。北魏顺利统一了西域，由此保证了西域丝绸之路的畅通，形成了东西交通的盛大局面。《洛阳伽蓝记》记载："自葱岭以西，至于大秦，百国千城，莫不款附。商胡贩客，日奔塞下。"

在此期间，北魏使者韩羊皮远抵波斯。波斯之名，始见于《魏书》，是北魏西使最远的国家。

北魏孝文帝于太和十八年（494）迁都洛阳后，与西域的交通不断。据统计，仅从景明元年（500）至神龟元年（518）的19年间，诸国遣使朝贡至洛阳者就达61次之多。当时北魏交通的地方有西域、中亚、南亚和拜占庭等。

北魏之后，西魏、北周、东魏、北齐等，皆有与西域的使节往还和商贸往来，只是这些政权短暂，对外交通远不如北魏时期。西魏时，西域诸国与内地的贸易仍然持续。北周很重视与西域的往来。高昌、粟特、波斯等国都遣使"献方物"，百济、安息也曾遣使向北周朝廷"献方物"。

三、董琬出使西域报告

董琬出使西域回国后，对当时西域地理和交通等方面的情况提出了详细的出使考察报告。这份报告被收录在《北史·西域列传》中。

董琬在报告中详细记述了出使西域的经过，以及出使期间的见闻，并首次明确地提出西域的地理分区。报告分其地为四域：葱岭以东，流沙以西为一域；葱岭以西，海曲以东为一域；者舌以南，月氏以北为一域；两海之间，水泽以南为一域。

董琬以简略的文字记述了西域4个地理区域的范围。对于他所说的4个区域的具体地理范围，现代学者有不同的看法。第一区域相当于今新疆天山山脉以南

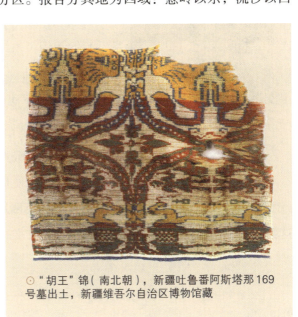

⊙ "胡王"锦（南北朝），新疆吐鲁番阿斯塔那169号墓出土，新疆维吾尔自治区博物馆藏

⊙ 北魏漆屏风画，山西大同市博物馆藏

的地区，当时主要是许多土著的城郭之国。对于第二区域，有人认为指今帕米尔以西至波斯湾一带，也有人认为以董琬等人的行踪看，海曲不应指波斯湾，而是指今里海南端，这里是当时嚈哒所直接占领的地区。第三区域为阿姆河中、上游南、北岸一带，当时为贵霜王朝的主要根据地。第四区域的两海，有人以为即今里海及地中海，水泽即今黑海，则此区域指今小亚细亚；也有人认为两海仅指今巴尔喀什湖和咸海，而水则为大泽之误，它可能指今里海的北部。

我国学者余太山认为，所谓"四域"，第一域指帕米尔以东、塔里木盆地和天山以北地区；第二域指兴都库什山以西、地中海以东地区；第三域指索格底亚那、吐火罗斯坦和西北次大陆的部分地区；第四域指黑海以南、以意大利半岛为中心的地中海周围地区。在董琬、高明描述的时代，第一域是北方游牧部族的势力范围；第二域是波斯及其势力范围；第三域是介乎以上两大势力之间的缓冲地区，因而不是被波斯人便是被自塞北南下的游牧部族所控制；第四域则是罗马及其势力范围。这就是说，董、高二人给我们勾画了一幅十分准确的西域政治地图。①

---

① 余太山著：《两汉魏晋南北朝与西域关系史研究》，中国社会科学出版社1995年版，第154页。

不论有多少不同看法，人们都认为董琬的报告已经包含了很远的地区。4个区域的划分反映了当时中国人对西部世界的认知状况。

董琬还报告说，西域自汉武帝时为50国，后稍合并，到北魏太延时，为16国。他没有具

⊙ 北魏彩绘侍俑，山西大同市博物馆藏

体说有哪16国，但可以肯定的是有鄯善、且末、于阗、疏勒、龟兹、焉耆、车师等国，天山以北有乌孙、悦般等国。

董琬还带回了对西域交通道路变化的新认识。据董琬的报告，通往西域的道路有4条：

（1）出玉门，渡流沙，西行2000里至鄯善。
（2）自玉门渡流沙，北行2200里至车师。
（3）从莎车西行100里至葱岭，葱岭西1300里至伽倍。
（4）自莎车西南500里，葱岭西南1300里至波路。

董琬的报告是北朝时中国人关于西域情况的一份重要的认知材料，增进了人们对西域形势和地理知识以及丝绸之路的了解。

《北史》关于董琬报告的记载抄自《魏书·西域传》。《魏书》是以北魏当时所修的各种国史为根据并参考官府的档案而编写的。其史料来源有三个方面：（1）董琬的报告。（2）5世纪中叶，北魏曾向萨珊波斯派遣使臣韩羊皮，北魏和波斯之间开始了直接交往，因此，《魏书》中出现了关于波斯的较详细的记录。（3）北魏迁都洛阳后，曾于516—518年派宋云、惠生出使西域，二人归来都有行记。《魏书》也参考了他们的文献。因此，《魏书·西域传》的资料大都是根据当时的见闻而编写的，比较可靠，是这一时期最重要的文献记录。

四、草原丝绸之路上的柔然人

北朝时期，塞外鲜卑部落纷纷内迁，鲜卑人大举进入中原，从而造成了草原地区的真空状态，蒙古高原与欧亚草原的形势发生了很大变化。

4世纪末5世纪初，在蒙古草原兴起了一个自称"柔然"的民族，这个民族建立了一个像以前匈奴那样强大的政权。范文澜在《中国通史简编》中称柔然汗国是"北朝北境外的强国"。它的西面，即天山南北地区，就是高车国。高车国之西则是嚈哒。这三个国家组成了这一时期草原商路的链环，东连控制中原的拓跋魏，西接波斯，南通印度。

柔然是以鲜卑逃奴为核心形成的部落集团。柔然一个归附北魏的首领阿那瓌曾对北魏孝明帝说："臣先世源由，出于大魏。"孝明帝回答："朕已具知。"故有的史书直称柔然可汗社为鲜卑社或河西鲜卑社。这说明柔然、拓跋、秃发均有一个共同祖源，皆由鲜卑与匈奴融合而成。

3世纪中叶，被拓跋鲜卑掠获的奴隶木骨闾逃亡到大漠，并集合逃亡者

⊙ 北魏时期敦煌壁画《狩猎图》

百余人，依附游牧于阴山北意辛山一带的纥突邻部。木骨闾之子车鹿会不断兼并其他部落，拥有不少部众和财富，成为世袭贵族，4世纪中叶起，以柔然自称。其族称，北魏太武帝改用音近而有贬义的"蠕蠕"；唐修《晋书·载记》称为"汗蠕"；南朝称为"芮芮"；齐、周、隋史书中称"茹茹"，可能是后来柔然族自己采用的汉字名称。

北魏天兴五年（402），车鹿会的后裔社仑自称丘豆伐可汗，为了适应军事征伐的需要，仿效北魏，立军法，置战阵，整顿军队，建立可汗王庭，使柔然迅速由部落联盟进入早期奴隶制阶段，后人亦称之为柔然汗国。它的骑兵似"风驰鸟赴，倏来忽往"，形成一支威震漠北的强大力量。社仑攻破敕勒诸部落，尽据鄂尔浑河、土拉河一带水草丰茂的地区，势力益振。接着又袭破蒙古高原西北的匈奴余部拔也稽，尽并其众。整个蒙古高原和周围诸民族纷纷降附。

柔然统一漠北后势力所及，"西则焉耆之地，东则朝鲜之地，北则渡沙漠，穷瀚海，南则临大碛"，亦即东起大兴安岭，南临大漠，与北魏相峙，西逾阿尔泰山，占有准噶尔盆地，与天山以南的焉耆接界，北至今贝加尔湖，"尽有匈奴故庭，威服西域"。柔然"常所会庭则敦煌、张掖之北"，即在今鄂尔浑河东侧和硕柴达木湖附近，达到柔然汗国最盛之时。北魏和平五年（464），可汗予成开始用汉字建年号。6世纪20年代，可汗阿那瑰又仿北魏制度，建立一些官号。

此时，正值北魏建国初期，拓跋氏锐意进取中原，与后秦、后燕、西秦以及南燕、南凉等政权互争雄长，无暇北顾，因而给了柔然发展之机。柔然成为北魏北面的严重威胁。柔然继续采取近攻远交，联合后秦、

⊙ 陶骆驼（北朝时期）

北燕、北凉共同对付北魏。柔然与东方的北燕和西方的后秦和亲，向它们赠送马匹。例如407年（北魏天赐四年），社仑弟斛律献马3000匹于北燕冯跋，聘冯女乐浪公主为妻。大檀为可汗期间（414—429），曾遣使北燕，献马3000匹、羊万只。还经过吐谷浑和益州，与南朝的宋、齐、梁通好。其目的都是牵制北魏，以便向南进攻。

柔然不断对北魏北境进行骚扰和掠夺。北魏则对柔然采取讨伐方针，以解除北边的威胁，统一大漠南北及掠夺财富。因此，在80年中，柔然南扰和北魏北袭均达20余次。柔然夏季分散部众畜牧，秋季马畜肥壮，就背寒向暖，进入北魏境内，夺取所需粮食和物资。北魏始光元年（424），大檀率6万骑深入云中，攻陷盛乐宫（今内蒙古和林格尔）。魏太武帝率军2万亲自抵御，而柔然率军6万有余，柔然仗着兵力优势把魏武帝包围了50多重。

从始光元年至太平真君十年（424—449），太武帝在灭赫连夏、北燕、北凉的过程中，同时与柔然斗争，7次率军分道进攻柔然。神廳二年（429）五月，太武帝主动出击柔然，取得重大胜利。魏军舍弃辎重，轻骑前进，到达栗水（今克鲁伦河）。大檀大败西走，部落四散。太武帝沿栗水西进，过汉将窦宪故垒，驻军菟园水（今土拉河），分兵追击，北过燕然山（今杭爱山）。原服属柔然的高车诸部也背叛柔然，柔然30余万人投降，被俘获戎马百余万匹。

从此，柔然大伤元气，大檀愤悒发疾死，子吴提继立，号敕连可汗。北魏神廳四年（431），吴提遣使贡马通好。在此期间，北魏南御宋兵，东灭北燕，西灭夏国和北凉，于太延五年（439）统一了北方。为取得北边安宁，北魏也采取和亲政策。北魏延和三年（434），吴提娶西海公主为妻，而太武帝亦立吴提妹为夫人。吴提命兄秃鹿傀等数百人送其妹至北魏，献马2000匹。但和亲并未能维持多久，双方围绕争夺西域的问题，又发生武装冲突。

太武帝以后，文成帝和献文帝也都曾亲自统兵出征柔然，双方互有胜负。献文帝皇兴四年（470），北魏又一次大败柔然汗国。

北魏在出击之外，还致力于防御。自北魏明元帝泰常八年（423）修筑长城，东起赤城（今河北赤城），西至五原（今内蒙古包头西北），到5世纪30年代初，已先后在河套以北自西而东设置了沃野、怀朔、武川、抚冥、柔玄、怀荒六镇，派兵戍守，以拱卫京都平城（位于今山西大同）。孝文帝即位后，冯太后执政，对待柔然汗国改变了太武帝以来以武力进攻为主的政策。孝文帝本人也曾表示"兵者凶器，圣王不得已而用之"，主张停止对柔然用兵。柔然也改变方针，对北魏以媾和为主，互遣使者，"岁贡不绝"。如北魏承明元年（476）二、五、八、十一月先后4次遣使，太和元年（477）4次遣使。

另一方面，柔然势力开始向西扩张，北魏和平元年（460）吞灭高昌，皇兴四年（470）进攻于阗。于阗向北魏求救，说西方诸国都已服属于柔然汗国。北魏以路途遥远为由，没有派兵。延兴二年至三年（472—473），柔然又连连进攻敦煌，谋求割断北魏通向西域的商路。太和十一年（487），原属柔然的敕勒副伏罗部阿伏至罗率十余万人西迁，脱离柔然的统治，至车师前部西北，建立高车国，自立为王。

北魏分裂为东魏和西魏后，双方都争取与柔然结成联盟，以打击对方，因此柔然与东魏、西魏的政治、经济、文化联系都得到进一步加强。柔然也利用东魏、西魏的分裂不断扩大势力范围，东边深入至易水（今大清河上源支流，在河北西部），西边到达原州（今宁夏固原）。

柔然不仅在政治上与北魏等有广泛联系，而且中原的经济、文化对柔然产生了广泛的影响。柔然中后期受到中原文化的影响，尤其是北魏的典章制度对其影响颇深。464年（北魏和平五年），予成即可汗位后，仿中原王朝之制，建立年号"永康"，后其他可汗分别用过"太平""太安""始平""建昌"等年号。官号除国相等外，还仿中原官制，设侍中、黄门等。阿那瑰汗时，重用汉人淳于覃，"以覃为秘书监、黄门郎，掌其文墨"。柔然还注意吸收中原地区的生产技术。其逐水草而居，原无城郭，南朝梁天监中（510年前后），建木末城，作为冬季或夏季居住的聚集点，以防御高车。木末城大概在张掖、敦煌之北汗庭的西南面。柔然受汉族影响，在其后期逐渐有了农业，利用掳掠来的汉人进行耕作，主要作物是粟。如北魏正光三年（522），阿那瓌被安置在怀朔镇北后，曾"上表乞粟以为田种，诏给万石"。北魏多次赠给阿那瓌等"新干饭""麻子干饭""麦面""粟"，特别是柔然上层已渐知"粒食"。柔然的手工业主要有冶铁、造车、制铠甲、搭穹庐、制毡及毛皮加工等。据《周书·突厥传》载，阿那瓌曾蔑称突厥首领阿史那土门为"锻奴"，由此可知突厥曾是柔然奴役下的铁工。阿尔泰山之北成为柔然的重要冶铁手工业基地，生产铁工具、武器、铠甲等供应柔然王庭。柔然通过朝贡、互市等途径，用牲畜和畜产品与中原换取粮食、丝绸、铁器和其他日用品。

另一方面，柔然的草原文化也对中原有一定的影响。因多年征战，主动归附及和亲陪嫁户等散居中原的柔然人有数十万。北魏为了充实北方边防，先后将内附和俘获的柔然人、敕勒人以及内地汉人迁于六镇及平城等地，与拓跋鲜卑军民杂居共处，并使之充为隶户和营户，以供驱役。北魏对柔然上层贵族封官晋爵，男婚女嫁，和亲不绝，使之成为统治阶层的一部分。迁居内地的柔然人，通过杂居共处、互相通婚等各种途径，大多先融合于鲜卑，最终被同化于中原汉族之中。河南洛阳、山西雁门等地的闾氏、郁久闾氏、茹茹氏、茹氏等，其先祖系柔然人。

柔然除了与北朝有交往，还屡次遣使南朝。早在5世纪30年代，柔然即不断与刘宋联络，以建立针对北魏的联盟。当时刘宋虽扬言"北伐"，但实无力攻北魏，因而对柔然所遣使臣并不热情。直至刘宋昇明二年（478），刘宋为了借助外力摆脱内外困境，派骁骑将军王洪范出使柔然，次年到达漠北，"克期共伐魏虏"。柔然可汗即在479年率30万骑进攻北魏至塞上。南齐政权建立后，柔然又接连遣使贡献貂皮、狮子皮裤褶及马、金等物，企图联齐伐魏，并请派医师、工匠。萧道成初即位，不敢贸然出师。

南齐永明三年（485），南齐使者至柔然，因不拜可汗而被杀，致使双方交恶。南梁天监十四年（515），柔然又遣使向南梁献马、貂裘等物。柔然使者往返江南与漠北的路线，由于北魏的阻挡，只能经西域、吐谷浑而抵益州，从益州迂回至建康。此外，柔然与西域的嚈哒、乌孙、悦般以及东北的乌洛侯、地豆于、库莫奚、契丹等均有一定联系。

至6世纪中叶，突厥日益强大。552年，突厥酋长土门（伊利可汗）发兵击柔然，阿那瑰大败自杀。柔然王室庵罗辰等逃至北齐，而留在漠北的亦分成东西两部分：东部余众立铁伐为主，西部余众则拥立邓叔子为主。东部柔然复为突厥击败投奔北齐，被安置于马邑川（今山西朔州）一带。次年，庵罗辰等叛北齐返回漠北。经北齐追击，东部柔然基本上随之瓦解。北齐天保六年（555），突厥木杆可汗俟斤率军击溃西部柔然，邓叔子领余众数千投奔西魏。但在突厥使者的一再威逼下，邓叔子将西魏3000余人交与突厥使者。这3000余人后被惨杀于长安青门外。

五、高车人在西域的活动

高车，是北朝人对漠北一部分游牧部落的泛称。南朝人称其为"丁零"，漠北人称其为"敕勒"。

敕勒在先秦时代是北方一个强大的民族，史籍称之为"丁零""丁灵"等，当时居住在北海（今贝加尔湖）一带。两汉时期，趁匈奴、鲜卑的迁移或势弱而逐渐南下至燕然山和颓根河一带（今蒙古色楞格河流域）。西晋以后改称"敕勒"或"铁勒"，因他们造的车"车轮高大，辐数至多"，所以又叫"高车人"。

在三国西晋时期，许多敕勒部纷纷南迁，一部分加入了鲜卑部落联盟，还有一部分更向南迁，进入河西走廊和中原。内迁的敕勒人在史籍上被称为"丁零"。丁零对漠北匈奴国家的兴亡和中原十六国时期的历史进程起了重要作用。

南北朝时期，中原战乱，已强大起来的敕勒族乘机南侵，首先是攻击介于它和中原政权之间的柔然，然后越过柔然直接与中原政权对抗。前燕光寿元年（357），慕容儁派大军步骑8万讨敕勒于塞北，俘斩10万余级，获马13万匹。其子慕容暐继位后，亦北袭敕勒，大获而还。

公元4世纪末5世纪初，北魏从道武帝拓跋珪天兴二年（399）到太武帝拓跋焘神䴥二年（429），对敕勒人前后发动了4次较大的战役。天兴二年

（399），道武帝亲率大军西出洛水，直捣敕勒族的生息地鹿浑海，获"马牛羊二十余万"，然后分兵三路追击其残部，道武帝亲率中路，合"破高车杂种三十余部，获七万余口，马三十余万匹，牛羊百四十余万。骠骑大将军、卫王仪督三万骑别从西北绝漠千余里，破其遗进七部"。高车之族有十二姓，称为十二部，今主力和七部并破，"于是高车大惧，诸部震骇"。道武帝在高车周围"大校猎……周七百余里"。

在这种强大的军事攻势下，战败的敕勒开始分裂：其中一部分向中原政权臣服，如"高车俟利曷莫弗敕力犍率其九百余落内附"，"解批莫弗幡豆建复率其部三十余落内附"，北魏则加以封赏。但以其单于为首的主体部分则收拾残部，退回原来的生息地已尼陂一带，继续与中原政权抗衡。对北魏政权来说，敕勒族南侵的威胁并未从根本上解除。所以神䴥二年（429），太武帝拒绝司徒长孙翰和尚书令刘洁的谏阻而听从汉人崔浩的建议，派出大军至已尼陂。高车诸部望军而降者数十万，获马牛羊亦有百万余。

太武帝将归降的敕勒部落迁徙安置在从陇西秦凉诸州到阴山代郡沿边一带，并"赐谷""赐衣服""岁给廪食"，使之成为北魏北部边塞的屏障，甚至把少量的敕勒人迁徙到河北、河南商洛一带，促成敕勒的"汉化"和民族间的融合。当时太武帝将归降的敕勒人分置于漠南三处：一是陇西的秦川、凉州一带；二是河套地区，经阴山直到代郡；三是河北、山西及河南商洛地区。被安置于迁徙地的敕勒人渐渐宾服，由于他们的辛勤开发，阴山脚下变成水肥草美的好牧场。到了孝文帝、宣武帝时代，居住在阴山脚下的敕勒人不但不再需要"赐谷""赐衣服""岁给廪食"，而且每年向朝廷大量"献贡"，到处"毡皮委积"，以致北魏民间"马及牛羊遂至于贱"。

另有一部分没有内附的敕勒部落，成为柔然属部，向柔然缴纳贡赋，还要参与柔然发动的战争。478年，柔然可汗豆仑征高车兵进攻北魏，敕勒部首领阿伏至罗劝阻，豆仑不听，阿伏至罗遂率10万户西迁，至吐鲁番地区，建立了高车国。阿伏至罗称"侯罗匐勒"，意为大王。后南征焉耆、鄯善、龟兹、于阗，与嚈哒发生激烈冲突。后双方以龟兹为界，龟兹东北归高车，西南依附嚈哒。高车国控制了通往西域的门户高昌以及焉耆、鄯善，势力范围东北至色楞格河、鄂尔浑河、土拉河一带，北达阿尔泰山，西接乌孙西北的悦般，东与北魏相邻。

490年，阿伏至罗遣使北魏，向北魏陈述了西迁并建立高车国的原因，表示愿意与北魏联合，共同抗击柔然。520年，柔然被打败，被迫南迁。

高车国在西域存在了50余年，于541年为柔然所灭。

六、"吐谷浑道"

吐谷浑是西晋至唐时期建立在祁连山脉和黄河上游谷地的一个国家。原为鲜卑慕容部的一支，先祖游牧于徒河青山（今辽宁义县东北）。3世纪末至4世纪初，鲜卑单于涉归庶长子吐谷浑，因与以母贵继单于位的嫡弟慕容廆不和以及开拓新牧场的需要，率700户从辽东慕容鲜卑中分离出来，西迁到今内蒙古阴山。

西晋永嘉末年（313）前后，他们又从阴山南下，经河套南，度陇山，至陇西之地枹罕（今甘肃临夏）西北的罕原。以此为据点，子孙相承，向南、北、西三面拓展，据今甘肃南部、四川西北和青海等地的氐、羌等族区域。东晋建武元年（317），吐谷浑卒，长子吐延嗣位。咸和四年（329），吐延为昂城（今四川阿坝）羌酋姜聪所刺，临终时嘱长子叶延速保白兰（今青海巴隆河流域布兰山，即柴达木盆地都兰县一带），以巩固其统治。叶延在沙州立总部，仿汉族帝王传统，以其祖吐谷浑之名为氏，亦为国号，初步形成了一套简单的管理国家的政治机构。从此，"吐谷浑"由人名转为姓氏、族名，乃至国名。由于地处黄河之南，其首领受大夏、刘宋等封为河南王，故又被称为河南国。在正史及其他各种文献中，"河南国"基本上是指吐谷浑。《梁书·诸夷·河南传》记载："其界东至叠川，西邻于阗，北接高昌。"此外，西北诸民族又以"阿柴虏""阿赀虏""赀虏"等作为对吐谷浑部众的贱称。

从吐延建立政权六传全阿豺，为吐谷浑逐渐发展阶段。其时，北部先后建有前凉、前秦、后凉、西秦、南凉、北凉、夏等政权，虽比吐谷浑要强大，但由于彼此之间争战不休，既无力吞并吐谷浑，又不甘于坐视吐谷浑壮大。西秦、后凉与吐谷浑邻近，曾向南扩张，占据了一些原属吐谷浑控制的浇西、涨川、甘松等郡。而吐谷浑根据自身的情况，除对西秦来攻做必要的回击外，采取了周旋于各对立政权之间，与各方都保持政治、经济交往的策略，以求自己的生存与发展。

371年（东晋咸安元年，前秦建元七年），由于前秦势力向西发展，前燕灭亡，吐谷浑碎奚恐殃及己身，因而遣使献马5000匹、金银500斤于苻坚，苻坚封之为安远将军、川侯。当时对吐谷浑威胁最大的是西秦，为了确保北境的安宁，碎奚子视连在位时（376—390），被迫向西秦称臣纳贡。西秦一方面多次遣兵击败吐谷浑，限制其向北发展；另一方面又对吐谷浑统治者封王赐爵，以示笼络。吐谷浑对西秦时而称臣纳贡，时而兵戎相见。

通过一系列争战，吐谷浑占有西秦大部分故地，大大扩展了统治范围，东北达陇西一带，拥有沙州全部，河州、秦州大部分及凉州的一小部分，还获得了西秦、夏两国的大量人口和财物，从而进入强盛时期，并与南北朝建立了密切联系，遣使往来，接受封爵，进行经济文化交流。

吐谷浑因地处中西陆路交通要道，北与蒙古高原，西与中亚，南同青藏高原，东同黄河、长江流域均有贸易往来。丝绸之路中的"青海道"又称"吐谷浑道"，或称"河南道""古羌中道"，南北朝时期成为丝绸之路的主干路段之一。这条路线从吐谷浑的辖区经过，因而吐谷浑一度在丝绸之路史上占有重要位置。

吐谷浑道在南北朝时发挥了政治、外交、经济贸易，乃至文化交流方面的重要作用。吐谷浑与南朝密切的通使关系，以及经由吐谷浑之地而沟通的西域各国与南朝间的通使关系，频繁地见载于南朝史书。吐谷浑并不产玉，但于阗的玉只有经过吐谷浑才能运达南朝。吐谷浑与南朝的交通，经过益州、荆州，沿长江抵达建康（今江苏南京）。吐谷浑与益州的关系，据《梁书》记载，"其地与益州邻，常通商贾，民慕其利，多往从之"。天监十三年（514），伏连筹遣使献"金装马脑钟二口"，又表请于益州立九层佛寺，获得梁武帝允可。

益州是吐谷浑贸易之路的重要一站，所以有大量胡商居住或活动在益州。《隋书·何妥传》说："父细胡，通商入蜀……因致巨富，号为西州大贾。"何妥一家可能是粟特商胡。同样可能是粟特商胡而活动于益州的人还有很多。

吐谷浑除与南北朝遣使往还外，由于地处中西交通要道，与柔然及西域诸民族也有密切联系。在南北对峙的情况下，柔然与西域诸民族正是经青海路、河南道与南朝交往的。吐谷浑充当了中亚陆路交通的中介人、向导和翻译，为丝绸之路的畅通和东西经济文化交流做出了贡献。

第七章　丝绸之路上的驼铃声

一、丝绸之路与跨文化贸易

　　丝绸之路的开辟与畅通，促进了对外贸易的发展。丝绸之路原本是贸易之路，是在久远的历史时期各国、各民族的一代又一代商旅克服关山阻隔，长途跋涉，开辟了这条路，走通了这条路。于是，随着商旅们的驼队，中国以丝绸为代表的丰饶物产被输出到欧亚大陆的其他国家和民族，丰富了他们的物质文化生活；与此同时，后者的物产也沿着丝绸之路传播到中国内地，被称为来自远方的"殊方异物""奇珍异宝"。商人们带来的，不仅仅是这些物质产品，还带来了技术、知识、艺术等，在漫漫的丝绸之路上出现了各民族文化大交流的壮观景象。

　　物质文化的交流是整个文化交流最初的方面，也是最基本的方面。首先是有对彼此物产的需求，进而产生了贸易活动，并且有了交通、人员的接触和往来，有了相互的认识和了解，才有了进一步的深层的文化接触与碰撞、传播与交流。所以，物质文化的交流是人类文化交流的基础部分。

　　物质产品的交换，是丝绸之路上最初的和最基础的活动；而商业利润的追求，是开辟丝绸之路最原初的动力。

　　中原地区的汉族国家，与四周各边地民族、部落、氏族的交换，在商周时代就已发生。到了两汉，具备了对外贸易产生和发展的各种条件：全国的统一，社会的长期安定，生产与商业的发展，商品的增多和商人力量的壮大，上层社会对国外物品的追求，军事威力的增长，交通技术的发达以及与国外交通道路的开辟。而丝绸之路所达的国家，如身毒（印度）、安息以及罗马帝国，经济昌盛，有了经常性的繁荣的商业活动。西汉是中国对外贸易的发轫时期，对外贸易一开始规模就很大。东方隔海与日本，西方远与罗马，南到东南亚各地，交易日益频繁。西汉开辟出交通路线后，东汉的对外贸易比西汉时期更为发达。

汉文帝时，北方就有与匈奴的通关市贸易，但规模尚小。武帝经营四方，征服四邻的一些部落、氏族、国家，并大力开辟交通，派张骞两次出使西域，开辟了通西域的道路以后，境外贸易进入繁荣发展的时期。汉帝国始终以通关市来缓和匈奴的威胁，但严禁输出铁及铁器，担心匈奴军事力量的增强。后因战争的关系，商品交换或停或复。及至东汉，匈奴分为南北，仍是和战无常，交易亦或停或复。交换的主要商品，汉输出的是缯絮、食物、盐等，匈奴输出的则为牛马等牲畜。

南方的南越，在归属于汉帝国之前，与汉有过密切的贸易关系。南越向汉购买金、铁器以及马、牛、羊等。南越归属汉以后，其地便成为中国从海上与东南亚各国及印度、罗马通商的要道。中国的丝织品和铁器等物品运到印度以后，又由印度或罗马商人转运至罗马各地。罗马的琉璃等商品，通过同样的道路，运到中国沿海的日南和番禺，再经过桂阳、长沙运到洛阳或长安。中国出土的汉代玻璃制品，当时只有罗马才能生产，但具有中国独特的风格。换句话说，这些玻璃制品是罗马人专为在中国市场销售而生产的。

两汉的跨文化贸易首先是与西域各国的交易。这些国家"皆无丝漆，不知铸铁器"，而多产玉石与牲畜。他们以牲畜、玉石交换中国的铁器及丝织品，并往往以使团的名义来中国开展贸易。所谓使者，实即商人。各国来中国开展贸易的人很多。班超通西域后，"商胡贩客，日款于塞下"，许多西域商人甚至到长安进行贩卖活动。

两汉的商人还通过西域的丝绸之路与印度进行贸易。在玉门关，出土过用汉文和早期贵霜王朝的婆罗谜字体写的句子，其内容是印度俗语。这证明，在公元前后，有印度商人到过此地贩丝，印度俗语已经成为这一带的商业通用语言。中国丝织品经丝绸之路贩运到印度后，有一部分转运至罗马。

汉代输出的商品最主要有两种：一种是体轻价贵的丝织品，属于奢侈品；另一种是体价皆重，不便携带，然而是周边各国、各族人民所必需的铁与铁器，因为他们尚多不产铁或不知如何铸铁。

在汉代的对外贸易中，输入的商品大致有三大类：第一类是奢侈品，如乌丸、鲜卑的虎豹貂皮，西域的玉石，印度的宝石，罗马的玻璃等；第二类是马、牛、橐驼等牲畜；第三类是奴隶。

二、多民族参与的国际丝绸贸易

丝绸之路之所以被命名为"丝绸之路"，是因为很久以前，中国的丝绸就主要通过商贸的渠道传播到域外，甚至远达罗马帝国和埃及。丝绸在很长的历史时期里是中国的主要出口商品，丝绸之路上的贸易，在更多的情况下是以中国的丝绸为主的。

但就大多数情况而言，中国丝绸的西传是分段进行的，当时的丝绸贸易实际上是一种由多国、多民族共同参与的国际性贸易。而这种跨文化的国际贸易形成了一个巨大的贸易网络，把整个欧亚大陆连接了起来。

古罗马老普林尼说，丝绸"由地球东端运至西端"。但是，从事这种运输的并不是中国人，而是大夏、波斯、阿拉伯和希腊等国的行商。这些行商像接力一样，从一个国家到另一个国家转输交易。在这种分段进行的国际性丝绸贸易中，西域各国位于丝绸之路要冲，在东西交通中居于重要地位，中国丝绸多经过西域各国的行商转运。中国商人最远只把丝绸运到新疆，脱手后由一长串中亚商人转运数千千米至地中海之滨，然后再由那里的叙利亚、希腊和罗马商人运往更远的西方。斯坦因在楼兰故城遗址点发掘的一枚简牍的简文称："入三百一十九匹，今为住人买彩四千三百廿六匹。"吐鲁番的唐代文书中，也提到长安汉商在弓月城胡商处一次就调剂到绢257匹。可见，通过西域民族进行的丝绸贸易数量是相当大的。

波斯在经营丝绸贸易方面占有重要地位。当时波斯是这一交通网络的中心，同时它既是中国生丝的最大储存库，也是这一贸易的垄断中心。统治波斯的安息（帕提亚）王朝的国王和贵族，都穿着用中国丝绸制作的衣物。波斯商人不但将中国的丝织品运往本国，还将其转运至西方，并且长期垄断中西之间的丝绸贸易。中国与欧洲的丝绸贸易长期控制在安息人手中，安息人是国际贸易中的天然中介人。由于丝绸之路的繁荣，安息境内也兴起了不少城市，处于丝路上的规模较大而重要的城市有番兜（今伊朗达姆甘）、拉盖（今伊朗德黑兰西部）、泰西丰（今伊拉克巴格达西北）等。这些城市也成为丝绸交易的中心。除了陆上的丝绸之路，安息商人还以波斯湾为中心，通过海路与东方的印度和西方的罗马商人开展贸易。中国丝绸无论是经过陆路还是通过海路，都需要经过安息商人之手才能运抵地中海。

由于波斯垄断了丝绸贸易，攫取了丝绸贸易的高额利润，罗马人多次企图打通与中国的直接通道，摆脱波斯人的盘剥，或设法取道海上，从海上取得中国的丝货。安息人则千方百计阻挠罗马人东进的努力。罗马人与安息人的战争，有很大的因素是对丝绸之路和丝绸贸易控制权的争夺。

为了从波斯得到中国丝绸，罗马帝国于298年与波斯达成协议，将尼

⊙ 甘肃敦煌莫高窟第296窟壁画《丝绸之路商旅图》

西比（Nisibis）开辟为两国的丝绸贸易口岸。拜占庭帝国的东方贸易，尤其是丝绸贸易，也像罗马帝国一样受制于波斯。408—409年，为扩大贸易规模，拜占庭帝国又与波斯商定，增加幼发拉底河左岸的拜占庭城市卡里尼库姆（Kallinicum）和波斯-亚美尼亚地区的波斯城市阿尔达沙特（Artashat）为通商口岸。此后，两大帝国在这三个通商口岸的丝绸贸易进行了大约两个世纪。到562年，拜占庭已经有了自己的养蚕制丝业，但毕竟是刚刚起步，无法打破波斯人在丝绸贸易上的垄断，所以，拜占庭与波斯又达成了50年和平协议，协议的内容之一就是双方在既定的通商地点进行包括丝绸在内的商品贸易。

丝绸贸易在经过波斯之后，继续沿着丝绸之路的西段运往欧洲。在欧洲，各地的商人们纷纷从事这一有巨大利润的贸易，争先恐后地赶到商船停靠的港口城市，而罗马、安都、拜占庭等则成了地中海社会内部巨大的丝绸仓库。越接近地中海国家，货物的价值越高。较大的商业城市的贸易机构建立了办事处和仓库。他们从驼队那里购买货物，并用自己的或租来的船只把货物运送过海。

长途贩运的国际丝绸贸易是一项获利巨大的事业，所以才会有多民族参与其中，上千年间不绝于途，形成了古代世界一个庞大的国际贸易体系。法国汉学家布尔努瓦曾描述了在丝绸长途贩运的沿途遭受种种盘剥的情景。他指出，一般来说，丝绸交易业务始终都是这样进行的：纺好的生丝或没有捻好的丝等原料，是由叙利亚商人在关税城内向波斯人购买而来的。叙利亚人先纳关税，约为物价的12.5%，然后装船运到拜占庭、亚历山大城或安都。在卸船时也要付关税。商品在帝国内部各处流通的时候，又要被征收多如牛毛的各种税，如道路桥梁过境税、市场销售税等。从一个海关转到另一个海关，丝绸的价格就如同滚雪球般陆续攀升，通过各地的关税监督官，如著名的"慷慨的伯爵"、"贸易伯爵"、商业事务大臣、各种货物的关税税监，国库就逐渐地富裕起来了。[1]

---

① ［法］布尔努瓦著：《丝绸之路》，耿昇译，山东画报出版社2001年版，第127页。

⊙ 丝绸之路上的商队

　　布尔努瓦这里讲的只是丝绸贸易从波斯到罗马这一段的情况，如果加上从中国内地到波斯的路途，又有多少费用要支付呢？所以，从中国的产地出发，最后到达欧洲的消费者手中，丝绸的价格已远远超出了可以想象的程度。如果将东西方丝绸价格进行比较的话，唐代从长安至西州（高昌）价格上涨数倍，而从西州经波斯到东拜占庭帝国的君士坦丁堡，价格要上涨10余倍，有时甚至数十倍。罗马丝绸起码与黄金同价，而高昌每斤生丝只相当于4钱黄金。6世纪末的东罗马，官方规定的丝绸价格高达每盎司6—24个金宝石，即每匹丝绸达1—4千克黄金。黄金在唐朝值10两银，1两银与1匹绢的价值大体相当，则丝绸从唐朝运抵东罗马后的价格已是原来的200—800倍。

　　经过长途贩运和数次转手，中国丝绸在交换中的价格已远远超过了它的价值。所以，在古代丝绸贸易中，丝绸不仅是一种货币的等价物，也是一种价值尺度，而它本身也一度是一种货币，被赋予世界货币的特殊功能。帛绸往往在当时的国际贸易中作为流通手段和支付手段。如果说丝绸是一种财富的外表象征，那么它也是一种卓越的交换标志，它本身就变成了一种货币。丝绸作为积累和交换的有价证券，扮演了一种要远远高于其常用价值的角色。

三、"商胡贩客，日款于塞下"

很早以前，就有许多西域的商人沿着丝绸之路进入中原开展经营活动，他们被称作"商胡"。这里所说的"胡人"，主要是指西域诸民族，他们来自塔里木河流域的于阗、龟兹、疏勒、鄯善等国，也包括中亚昭武九姓粟特人以及来自西亚的波斯人等。自汉开始，历经魏晋南北朝隋唐，"商胡"在中国的踪迹屡见于史籍。汉代有"商胡贩客"活跃于边境地方，内地亦"商贾胡貊，天下四会"，其中明确有"西域贾胡"。外国使团中也有被称作"行贾贱人"的商业经营者。《后汉书·西域传》说："驰命走驿，不绝于时月；商胡贩客，日款于塞下。"

丝绸之路上的商队是一种民族成分多元化的混合型商队，有时商队的规模相当大。553年，凉州刺史史宁曾俘获一支由240人的胡商组成的非法商队，这支商队有骆驼600头及数以万计的杂彩丝绢。敦煌、龟兹等地的一些石窟中，常绘有与中亚、西亚商队有关的壁画。魏晋南北朝隋唐时期的北方墓葬中，常出土有骑驼、牵驼或牵马胡俑，还有载货驼俑、马俑、驴俑等一系列陶俑的组合。这些胡人俑的出土，为我们展现了丝绸之路上商业活动的繁荣景象，表现了墓主人对他们曾经经商的场面多么难以忘怀。

胡人居住的区域，由于人数比较多，逐渐形成了一些胡人聚居群落。如西汉时曾在甘肃设骊轩县。关于这个骊轩县，国内外学者有过很多讨论。有些外国学者认为，这是一支罗马军团最后落脚的地方，这个观点并没有为学术界所普遍接受。但是，无论如何，这个县的设置肯定和安置外国人

⊙ 数千年来，从东方获得的财富由骆驼和骡子沿丝绸之路送到等待在地中海东部的船只上

有关，是一个外国人的聚居区域。长安自西汉以来就是西域胡人的重要聚居区，长安城内还设有专门接待海外来宾的馆舍，称"蛮夷邸"。汉代的长安城内，有东市和西市两个综合市场，有专门的酒市、牛市等，合称"长安九市"，数以万计的中外商人充斥其间，其规模之大、货物之殷繁，为举世之罕见。班固《西都赋》说："九市开场，货别隧分，人不得顾，车不得旋。"《东观汉记》称，光武帝逝世，长安"西域贾胡共起帷帐设祭"。

北朝是胡人入华规模比较大的时代，根据历史文献与石刻史料的记载，这一时期西域胡人大量进入，并分布在黄河流域诸多地区，一些地区甚至形成了区域文化聚落。朝廷还专门设置"萨宝"这一官职，对胡人聚落进行管理。"萨宝"又称"萨甫""萨保"等，原意为"队商首领"，是管理西域蕃胡聚居点的一种"政教兼理的蕃客大首领"。"萨宝"一职的出现，可以上溯至北魏，到北齐时，朝廷在鸿胪寺的典客署下设置了"京邑萨甫二人，诸州萨甫一人"，是管理粟特商人的官职。最晚在北周时，已在萨宝之下配置了僚属。隋代也设有雍州萨保（视从七品），并明确规定，地方诸州有胡人200户以上者，也设有萨保（视正九品）。唐代萨宝开府，设置有相应的办公机构与僚佐系统。唐代萨宝为视正五品。

北朝自北魏孝文帝迁都洛阳之后，侨居这里的胡人日众。《洛阳伽蓝记》记载西域人到达洛阳经商的情况，说当时西域来华者人数甚多。据称，当时居于洛阳的各国沙门，多至3000余人；专门接纳外国僧人的寺院，有千余间；有远自大秦国而来的，则可能不是佛教僧侣了。

当时洛阳特设异国馆，接待外国来中国的暂时居住者。长期居住的，国家赐给住宅，也有自己筑室而居者。北魏在洛阳宣阳门外4里永桥以南专门开辟一区，以安置来此定居的外国人。

据《洛阳伽蓝记》记载，当时洛阳的外侨住宅区多至万余户。若以每户5人计，则当时的外国人总计有5万余人。当时洛阳的人口估计有100多万，而外国人就占了约1/20。就是以现在的眼光来看，这也是一个很大的数目。这些外国人来自"葱岭已西，至于大秦，百国千城"，主要是中亚和西亚一带，其中也包括不少波斯人和阿拉伯人。

洛阳出土的正始二年（505）《鄯月光墓志》，记载了北魏后期鄯善人鄯月光与其夫车师王子居住并葬于洛阳的史实，碑题为"前部王车伯生息妻鄯月光墓志"。鄯月光为鄯善王之女，嫁于车师前部王车伯之子。鄯月光既然葬于洛阳，车师王子想必亦寄居洛阳，说明北魏时车师前部王之子或留学，或作为质子流寓于洛阳。1931年洛阳东北后沟出土的鄯干墓志，是北魏延昌元年（512）八月二十六日所立，志文说鄯干乃魏之侍镇西将军鄯善王宠之孙，平西将军青、平、凉三州刺史鄯善王临泽侯视之长子，即鄯善国贵族寄居于洛阳者。洛阳北魏常山王元邵墓中出土有粉绘骆驼，背驮巨大的行囊，其内所装应是丝绸，正是丝路上沙漠之舟的形象。此墓中还出土两个陶俑，头发卷曲，身体彪壮，像是非洲黑人，故有人称之为"昆仑奴"。另有一件绿釉扁壶，上饰乐舞图案，从人物形象和服饰看，像是阿拉伯人。这说明当时有大批西域商人前往洛阳进行贸易，并在此侨居。

由于进入中国内地的胡商很多，并且已经深入中国人的社会生活中，因此在当时的文学作品中有许多关于胡人、胡商的描写。蔡邕《短人赋》所写即域外人之后裔，其序说："侏儒短人，僬侥之后，出自外域，戎狄别种。去俗归义，慕化企踵，遂在中国，形貌有部。名之侏儒，生则象父。"
东汉时期辛延年在《羽林郎》中描写酒家胡女：

昔有霍家奴，姓冯名子都。
依倚将军势，调笑酒家胡。
胡姬年十五，春日独当垆。
长裙连理带，广袖合欢襦。
头上蓝田玉，耳后大秦珠。
两鬟何窈窕，一世良所无。
一鬟五百万，两鬟千万余。
不意金吾子，娉婷过我庐。
银鞍何煜爚，翠盖空踟蹰。
就我求清酒，丝绳提玉壶。
就我求珍肴，金盘脍鲤鱼。
贻我青铜镜，结我红罗裾。
不惜红罗裂，何论轻贱躯！
男儿爱后妇，女子重前夫。
人生有新故，贵贱不相逾。
多谢金吾子，私爱徒区区。

在汉代的各类艺术品中，也可见到一些外国人的形象。例如在广州汉墓中，有一些随葬的陶俑灯座。陶俑的特征为深目高鼻，体毛发达，同西亚和南洋群岛的人相似。1975年，贵州兴义、兴仁发现了一批东汉时期的墓葬，其中的一个墓中出土了一件铜制的跪人灯，残高26厘米，跪在地上的人上半身袒露，手持灯插，头发卷曲，高鼻大眼，显然不是蒙古利亚人种。云南晋宁石寨山的西汉中期13号墓出土了一件非常著名的"双人舞盘铜饰物"，上面两个跳舞的男子深目高鼻，有研究者认为其"疑来源于西方"。高鼻深目的人物，也可见于汉代的壁画中。1971年，河北安平清理了一座东

⊙ 广东广州汉墓出土的托灯胡人俑

汉末年的大型多室砖室墓，墓室右侧室西壁的壁画上，"有一人深目高鼻，赤膊赤足，穿着黄色三角形短裤，举着双手，又开两腿在表演"。

洛阳的北朝墓葬中，也发现不少胡人俑。如北魏元邵墓出土的扶盾武士俑、扶剑武士俑、长衣俑与童俑，都是西域胡人形象：深目高鼻，卷发虬须，穿窄袖胡服，脚蹬胡靴，造型栩栩如生。该墓出土的两件"昆仑俑"，头发卷曲，身体彪壮，似非洲人形象。又如洛阳邙山出土的北魏侯掌墓，有4件胡俑，都高鼻深目，双目凝视，络腮胡，身着圆领窄袖长袍，束腰带，鞋尖微露，属典型的阿拉伯人形象。

西域商人在中国经商的过程，实际上是充满艰辛的。除了自然环境险恶，沿途还时常有盗匪出没，以及匈奴的劫掠，商旅、贩客常常有被劫杀的危险。

西域胡人进入中原以后，有一部分在各政权中仕宦为官。这一时期，不少西域胡人由于出使、朝贡、归附、入质等原因而进入中原朝廷。如北魏时，归附的鄯善王鄯宠担任魏镇西将军，其子鄯视为平西将军，青、平、凉三州刺史。康婆的先祖也在孝文帝时归附，其祖、父先后担任齐相府常侍、隋定州萨宝。也有些胡商和他

⊙ 绿釉饮酒胡人俑（北朝时期），陕西西安南郊草场坡出土，西安博物院藏

⊙ 甘肃敦煌莫高窟第45窟壁画《胡商遇盗图》

们的后代受到政府的重用，入朝为官。如北齐长广王和士开，"其先西域商胡，本姓素和氏"。他父亲就在北朝做官，一度当过仪州刺史。和士开得到南朝齐世祖的宠幸，主持朝政，"赠司空、尚书左仆射，谥文贞"。北齐的另一位大臣安吐根也是胡人，他不满和士开的恶行，力劝皇上把他驱逐出朝廷。

还有一些西域胡人，抱定自己的宗教信仰，到中原传教。最初来中国传播佛教的外国僧人都是来自西域的月氏、罽宾、龟兹等国的。他们"不吝乡邦，杖锡孤征，来臻诸夏"。还有的胡人从事专门的文化艺术工作，如传播工艺、歌舞、乐器、绘画、雕刻等。

四、粟特人：丝绸之路上的"搬运夫"

汉代以后来中原的西域"商胡"中，以被称为"商业民族"的粟特人最为突出。粟特人是属于伊朗人种的中亚古族，在中国史籍中被称为"昭武九姓""九姓胡""粟特胡"等。他们原来生活在中亚阿姆河和锡尔河之间

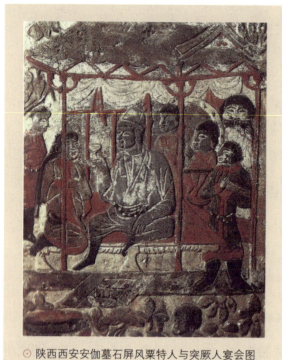

⊙ 陕西西安安伽墓石屏风粟特人与突厥人宴会图

的泽拉夫珊河流域，即古典文献所说的粟特地区（Sogdiana，索格狄亚那），其主要范围在今乌兹别克斯坦。在粟特地区大大小小的绿洲上，渐渐聚集成一个个大小不同的城邦国家，其中康国最大，还有安国、东曹国、曹国、西曹国、米国、何国、史国、石国等，不同时期或有分合，史称"昭武九姓"。

粟特人是一个几百年间活跃在丝绸之路上的独具特色的商业民族，被诸多中外学者认为是古代中亚地区最活跃、最神秘的民族之一。正如腓尼基人、犹太人在地中海沿岸和北海远程贸易中所扮演的角色，粟特人在中原通往地中海的漫长商路上，也扮演了同样的角色。马克思在论述中世纪欧洲的商业民族犹太人时曾指出其"商业民族"的特点，说"这些商业民族生活在古代世界的缝隙中"[①]。粟特人就是"生活在古代世界的缝隙中"的商业民族。粟特商人大约从东汉后期开始往来于中西之间，从事商业活动，到5世纪的北魏时期，他们在东方的商业活动达到高潮，活动范围已扩展到长江流域。

粟特人沿着丝绸之路，由西向东进入塔里木盆地、河西走廊、中原北方、蒙古高原等地区。粟特人所走出的丝绸之路，从西域北道的据史德、龟兹、焉耆、高昌、伊州，或从南道的于阗、且末、石城镇，进入河西走

---

① 《马克思恩格斯选集》（第2卷），人民出版社2012年版，第739页。

廊，经敦煌、酒泉、张掖、武威，再东南经原州，入长安、洛阳，或东北向灵州、并州、云州，乃至幽州、营州。他们以沿途的一个个绿洲城镇为转运点。这条道路上的各个主要城镇几乎都有粟特人的身影，这些城镇成为粟特人的商贸据点，甚至成为他们货物的集散地。

⊙ 撒马尔罕古城阿夫拉西牙卜遗址出土的7世纪粟特人壁画

有的人在一些居民点留居下来形成自己的聚落，有的继续东行寻找新的立脚点。这些聚落的主要功能，就是为过往的粟特商人提供必要的服务。比如疏勒，作为丝绸之路南北两线的通道，《汉书·西域传》称其地"有市列"。所谓市列，就是市镇上的店铺，按商品种类陈列进行营销。新疆各地发掘的资料表明，七八世纪时，在塔里木盆地周围的于阗、且末、若羌、据史德、拨换、龟兹、焉耆等地，都普遍有粟特人存在。六七世纪时，高昌已经有了著籍的粟特人。

粟特商人并不总是由西向东，兴贩宝石香料，他们也以长安、武威等中原城市为基地，由东向西转运金银丝绢。不论向东还是向西，于阗、楼兰、龟兹、焉耆、高昌等西域王国的都市，必然成为粟特人的驻足之地，这些西域王国也从粟特人操纵的丝路贸易中获得丰厚的收益。可以说，粟特人几乎控制了东西贸易的命脉。

粟特人的主要商业活动是从中原购买丝绸，而从西域运进体积小、价值高的珍宝，如美玉、玛瑙、珍珠等。因此，粟特商人以善于鉴别宝物而著称。牲畜也是粟特商人出售的主要商品，突厥汗国境内的粟特人主要承担着以畜易绢的互市活动。粟特商人还有高利贷者，除贷钱外，还贷放绢帛。《册府元龟》卷九九九记，长庆二年（822）"京城内衣冠子弟"多"举诸蕃客本钱"，也就是借了粟特人的钱，偿还不起。粟特人的商业活动涉及丝绸、珠宝、珍玩、牲畜、举息等，几乎覆盖了全部市场领域，乃至"京城内衣冠子弟"也不得不拜在他们脚下。

粟特人的这些聚落点，不仅分布在西域各处，而且在从中亚通往中国的沿途中，长安、洛阳和通往东北方向的河北道、河东道的驿道沿线的主要州属都市，都有他们的聚居点。敦煌所出天宝十载（751）敦煌县从化乡科差簿残卷，登记了从化乡居民236人，其中康、安、石、曹、罗、何、米、贺、史等粟特姓氏占总人数的九成以上，而在他们中有四成以上仍然以粟特语起名。唐代籍账中所见粟特人很多，他们同汉族居民一样成为编户百姓，得到口分田，承担交租税、服徭役的义务，有的被编入军府，充当卫士，参加战斗，并立功受勋。而且这些粟特人多半通晓汉语，有一定的汉文化修养。六胡州粟特首领安菩的妻子何氏与儿子安金藏在武后时期居住在洛阳惠和坊。

据陈寅恪研究，元稹《莺莺传》中的主角崔莺莺，其原型很可能是与酒家胡有关的粟特女子。他认为崔莺莺原名谐音为曹九九，出身于中亚"昭武九姓"粟特种族。莺莺所居蒲州，出产名酒"河东之乾和葡萄"，证明中原当时的名酒产地多是中亚胡族聚落区域。蒲州是唐河中府所在地，位于唐代长安、洛阳两京之间，唐朝皇帝、官吏、文人、商贾均常往返其间或驻留于此，也是粟特移民的居住区。莺莺能奏乐，善操琴，"鼓霓裳羽衣序"而哀音怨乱，也隐约可见胡姬的艺术特色。

粟特人以自己建立的聚落为据点组成贸易网络。聚落除了作为商人们的家园，还帮助来往于贸易网络中城镇的商人们进行买卖活动。粟特人经过长时间的经营，在撒马尔罕和长安之间，甚至远到中国东北边境地带，逐渐形成了自己的贸易网络，在这个贸易网络的交汇点上建立起殖民聚落。入华粟特商人进行贸易活动，必须持有官府所发的"过所"才能顺利进行。

茫茫沙海，漫漫丝路，这些背井离乡的粟特人以及其他民族的商旅自东而西，或自西而东，络绎不绝，相望于道。但粟特人的商旅经历并不是浪漫无忧的，而是极为艰辛和充满风险的。为此，粟特人的贸易活动都是以商队为单位，结伙而行，往往是数十人，甚至数百人一道行动，并且拥有武装以自保。

在东汉到唐末的数百年间，粟特商队是中国和中亚、中国和印度、中国和北方草原民族间贸易的主要承担者。从遥远的粟特故乡到中国中原腹地，由于精心的准备和严密组织，粟特商人得以在丝绸之路上维持了数百年的贸易往来。作为丝绸之路上的商业民族，粟特人把东西方物质文化中的精粹转运到相互需要的一方，他们背负着中国人所创造的丝绸以及其他精美的物产，或者西域盛产的羊毛织品以及其他器皿，为东西各民族互通着各自的物质文明成果，也带给人们异域的文化信息，通过商业活动这一纽带，为中西之间的文化交流与对话做出了不可替代的贡献。粟特人的语言也成为丝绸之路贸易中的通用语言。

有学者非常形象地描绘了粟特人对东西方文化交流的作用：通过丝绸之路，古代世界得以沟通和交流，而中亚粟特人是东西文明的主要"搬运夫"。

9世纪以后，粟特商人所承担的丝绸之路贸易的职能为回纥商人所取代，回纥商人继续从事着长途贩运的国际贸易。不过，"回纥商人"指的是回纥国的商人，其中也包含许多粟特人和汉人。在历史上的丝绸贸易中做出巨大贡献的"粟特商人"，稍稍改变了身份，仍然活跃在丝绸之路这条中西交流的大道上。

五、贩运到西域的丝绸

由于丝绸之路的畅通，商旅往来频繁，中国的物产持续传播于西域各国。中国输入西域的货物以丝绸为大宗，此外还有漆器、铁器、软玉、麻织品、釉陶和各种装饰品。中亚、西亚及欧洲东南部地区的多处遗址和墓地发现了汉代文物，主要有铜镜、钱币、漆器和丝绸等，并且尤以铜镜最为常见。铜镜主要有连弧纹铭带镜、四乳四虺纹镜、方格博

⊙ 绿地对鸟对羊灯树纹锦（北朝时期），新疆吐鲁番阿斯塔那186号墓出土

局纹镜、云雷连弧纹镜和直行铭文夔凤镜等。另外，还有当地制作的仿汉镜，其年代自公元前2世纪末的西汉中期至公元3世纪初的东汉末年。在阿富汗北部希比尔甘东北的蒂利亚山发掘的6座大月氏或贵霜时期的贵族墓葬中，有3座各出土西汉铜镜1件，并且墓主人身穿丝绸服装，其年代为公元前1世纪至公元1世纪。哈萨克斯坦西北部的西哈萨克斯坦州列别杰夫卡村发现的萨尔马泰族后期文化墓地中，有2座墓各出土汉朝铜镜1件，墓葬的年代在公元2世纪至3世纪。

早在商代，就有丝织物成批地外销。到周代，穆王西狩时，带有精美的丝织物作为礼品送与西王母。西域的广大区域，包括现在新疆地区和帕米尔以西的区域，陆续出土了大量从春秋战国一直到汉晋时代的丝绸制品。在汉代，中国丝绸的西传主要通过三种渠道，即汉朝将其作为礼品向西域各民族的赠赐，汉朝与西域各民族以物易物的贸易，以及奔走在丝绸之路上的商人的活动。

中原王朝以丝绸作为一种国际礼品赠赐给西域民族，是一种很常见的做法。特别是汉朝，向西域各民族赠赐的丝绸往往数量很大。如汉宣帝甘露三年（前51），匈奴单于呼韩邪来朝，汉朝宠以殊礼，赠给大批礼品，其中包括锦绣绮縠杂帛8000匹、絮6000斤。第二年，呼韩邪又入朝，礼赐如初，加衣110袭、锦帛9000匹、絮8000斤。汉成帝时，匈奴单于遣伊邪莫演入朝，汉朝赐给锦绣缯帛2万匹、絮2万斤。如此等等。张骞及其他汉使节出使西域时，也曾携带大批丝织品作为礼物赠予所到国家。中国的丝织品有相当一部分是通过对西域民族的赠送而流入西方的。

不仅如此，中原王朝还用丝绸与西域民族进行易物贸易。汉代运丝的商队通常为官办，称为"使节"。汉朝每年都派出成批使团随带大量缯帛前去贸易。波斯和叙利亚的商队也由此东行，进入葱岭，至新疆境内交换货物，尤其是成批转运从内地西运的丝绸。因而，中国丝绸的大量外销、西传，在很大程度上得力于往来于丝绸之路上的各国商队。

汉代西域通道大开，出现了中国丝绸大量输入西域的盛况。从考古发现来看，汉代丝织物在中国甘肃武威、敦煌和新疆楼兰、民丰，以及中亚地区的刻赤、奥格拉赫提，叙利亚的帕尔米拉、杜拉欧罗波等地均有发现，种类包括锦、绮、罗、绢、纱等。斯文·赫定于1900年在楼兰发现丝的残片。1906年和1914年，斯坦因在楼兰遗址附近的汉墓里发现了通过丝绸贸易在此出现的丝织品和东传的毛织品。

位于楼兰以西约200千米、地处交通要冲的营盘遗址，20世纪末经发掘清理发现的丝织物，几乎包括了我国汉晋时期丝织品的所有品种，有绢、纱、绮、绫、锦等印花织物，其中绢的数量最多，有百件以上，衣袍、覆面等服饰大都以绢制成。同时出土的贴金印花织物、从内地输入的漆料制作的木胎漆器，都反映了中原文化对西域的广泛影响。这里还发现了当地出产的大量丝绸产品，这些产品都带有明显的西域文化特征。

新疆民丰西北的古精绝国尼雅遗址，在1959年出土了东汉时期的"延年益寿大宜子孙"锦，其图案由云纹、茱萸纹、禽兽纹组成，上有"延年益寿大宜子孙"8个字。类似纹样的织锦在罗布泊也有发现。叶尼塞河畔奥格拉赫提公元2世纪的古墓中，也发现了这种纹样的汉锦，还残留着"益""寿""大"3个字。尼雅遗址还出土了"万世如意"锦，图案由"Z"字形云

⊙ 新疆民丰尼雅遗址出土的"延年益寿大宜子孙"锦鸡鸣枕（东汉时期）

纹、茱萸纹组成，上有"万世如意"4个字。内蒙古扎赉诺尔的东汉墓葬群中也出土了类似纹样的汉锦。1995年，又在尼雅遗址的古墓中出土了大量色泽鲜艳、种类繁多的丝织物，其中"五星出东方利中国"锦护膊，图案题材新颖，色彩艳丽如新，引起国内外广泛关注。同类的织锦在楼兰东部汉墓中也多有发现。

20世纪初，俄罗斯探险家在今蒙古乌兰巴托北面的匈奴古墓群中发现了漆器、玉器、铜镜、丝织品等大量文物，出土的漆器上有汉"建平"年间的铭文，可以断定该墓葬的年代为西汉末年。墓中出土的汉代织锦中有"新神灵广成寿万年"锦、"群鹄颂昌万岁宜子孙"锦、"游成君时于意"锦、山石鸟树纹锦等。其中的山石鸟树纹锦尤为引人注目，它是一块帷帘状的挂锦，长186厘米，残存最大宽度为39厘米，挂锦的一边尚存有一条宽1厘米的连续织边。墓中还出

⊙ 新疆民丰尼雅遗址出土的"五星出东方利中国"锦护膊（汉晋时期）

土了汉绮。罗布泊、克里米亚半岛上的1世纪的刻赤遗址、叙利亚的帕尔米拉等地，都发现有汉代的绮。

六、养蚕制丝技术传到西域

关于养蚕缫丝技术的西传，有一则关于蚕种传于阗的故事。西域的于阗国王瞿萨旦那欲至东方访求桑蚕种，东国国王不许。瞿萨旦那王于是向

东国公主求婚，并遣使告公主，说于阗"素无丝锦桑蚕之种"，不能以衣服馈送。公主知国法禁携桑蚕出境，便私藏桑蚕种于帽中，带至于阗，于阗始有蚕丝。唐玄奘的《大唐西域记》卷一二《瞿萨旦那国》记载了这个故事。

敦煌莫高窟藏经洞出土的吐蕃文《于阗国授记》中也记载了与其类似的传说，主要情节差不多，只是多了一段波折：当东国公主把蚕种带到于阗，并在当地培育了一些蚕之后，中国大臣想从中破坏，告诉于阗国王，说蚕会变成毒蛇。国王居然听信了这一谬说，把蚕室放火烧了，幸亏公主抢救出一些蚕。后来公主用蚕吐的丝制成衣服，穿在身上，把详情告诉国王，国王方大悔。

这个故事还可以通过考古资料得到印证。斯坦因曾在新疆和田丹丹乌里克古城遗址剥下并带走了几幅壁画，其中有一幅就是《东国公主传入蚕种》。这幅壁画是约8世纪的作品，上面描绘着一个公主戴着一顶大帽子，一个侍女正用手指着它。研究者认为，这幅画所画的就是那位传播养蚕制丝方法的"丝绸女神"。

"东国公主传入蚕种"的故事，为探究中原的养蚕制丝技术传入西域提供了一条线索。现在许多学者认为，养蚕制丝技术应是在公元四五世纪时从中原传入西域的。另外，我国有的学者认为，蚕种传到于阗可能是1世纪初的事。上文说的于阗之"东国"，据研究者认为可能是鄯善国。鄯善国在汉代时已有桑的栽培，鄯善王尤还是"汉人外孙"，极有可能先有蚕桑。东汉明帝时，匈奴大军兵临于阗，迫使于阗每年缴纳罽絮。絮即敝绵，这说明1世纪初于阗已经知道栽桑养蚕。于阗初传桑蚕，只能漂渍绵纩，后来才能缫丝织帛。

比较谨慎的看法认为，至迟在3世纪的汉晋时期，于阗出现蚕桑是有可能的。育蚕技术的传播，主要是公元前1世纪丝绸之路畅通后，中西经济文化交流的结果。有学者估计，这个"丝绸公主"的故事应该发生在公元220年前后，由此扩及西域其他国家，再向西方扩展。斯坦因指出，当时于阗是蚕桑业中心，也是来自世界两端的商人们的聚散地，于阗的手工

⊙ 和田丹丹乌里克古城遗址中关于蚕种西传传说的壁画

业者发明了一种混合性的艺术风格，它不但到处都行得通，还能使人们都心满意足。

另外，考古发现也说明至迟在公元3世纪时西域已经有了蚕桑。尼雅遗址多处发现枯干的桑树，还发现了一枚蚕茧，一端有一蛾子咬破的小孔，经专家鉴定是家蚕。尼雅遗址中发现的木简，年代最晚的一枚是晋武帝泰始五年，即公元269年，因此可以断定这个遗址废弃的年代在269年之后。这说明在269年之前，此地已植桑育蚕。

5世纪时，天山以南的高昌、龟兹、疏勒都能纺织丝锦了。中国史籍中有高昌"宜蚕"的明确记载。出土的吐鲁番文书也显示高昌有丝绸制造业。有一份吐鲁番文书说："建初十四年二月二十八日，严福愿从阚金得赁叁薄蚕桑，贾交与毯。"这份文书显示，西凉建初十四年（418）二月二十八日，严福愿以毯若干张租赁（订购）相当于三薄蚕的桑叶。"薄"是中原养蚕的器具，南方为竹筛或竹席，北方则多用苇子或秫秸编成。严福愿所购相当于一亩地的桑叶，数量相当可观。另有几件文书记载为官茧缲丝、领取官粮以为工价的史实。吐鲁番文书中，还有一件《高昌某家失火烧损财物账》，内有烧损"蚕种十薄"的内容，时间相当于北凉玄始十二年（423），失火人家有"蚕种十薄"，可见其育蚕规模之大。

当时高昌的寺院中也有不少人养蚕缲丝。有一份文书显示："天地僧绵九十六斤四两，绵一斤，十月十六日，宣恭师入绵卅九斤半。十一月三日，宣恭师入次绵一斤。十一月廿二日，尼法华入次绵五十二斤半。次绵一斤半，次绵十二两，十二月五日，宣恭师入。"这些僧尼不断交入的丝绵有多有少，差别很大，肯定不是从市场上买进的，很有可能是寺院僧尼向政府缴纳的。

在吐鲁番文书中，还出现了"丘兹锦""高昌所作丘兹锦""疏勒锦"等专名。根据这些文书可以判断，高昌的蚕桑业和缫丝织造业已有相当规模的发展，并达到一定的水平。还有的文书中有在茧丝交易中收取"秤钱"的记录，而在高昌地区购买茧丝者多为胡人，所以有专家推断当时销往中亚、西亚的中国茧丝，其中相当大的一部分产自高昌。考古学家还在新疆洛浦阿克斯皮力古城遗址发现了一枚红色陶蚕，同时发现的有汉至宋代的铜钱和文物。这枚陶蚕长5.2厘米，头部较大，身上有轮节，作平卧状，与现在所见的蚕的形象类似。可见蚕桑养殖业在当时是十分受重视的。

在高昌的考古发掘中，出土了大量精美的丝织物，花色品种多样，有精美绝伦的织锦，有红地团花纹、彩条纹、龟背"王"字纹、对鸡对兽"同"字纹、棋纹，也有联珠天马骑士纹、鹿纹、双人、猪头、小联珠对鸭纹等图案。在织造技术上，不仅有经线显花，也有纬线显花。华丽的织锦，除了大量来自中原，也有不少系本地产品或西方的产品。前面提到，营盘遗址中也发现有当地产的丝绸制品。

在中亚粟特人生活的地区，也有丝绸的生产。丝织业是粟特地区的重要手工业，"昭武九姓"之安国是丝绸的重要产区，撒马尔罕发展成为世界丝织品生产中心之一，也是重要的丝绸集散地，粟特织锦十分有名。粟特人的康国所产的赞丹尼奇锦，运销范围北达挪威，南至拜占庭，西达波斯。

养蚕制丝技术传到西域后，丝绸织造业在各地都发展起来。西域国家的纺织业是在其毛纺织基础上发展起来的，所出丝织品以锦类为主，染色、提花、刺绣等一如毛纺。这些织锦传入中国后，被人们泛称为"胡锦""西锦"等。这些"胡锦"在织造技术上保持了毛纺的特点，采取斜纹组织和纬线起花等手段，原料上以混纺为特色，多加以金、银丝线和毛、麻等，花纹图案则基本上是属于西域传统文化的内容，结构形式多为联珠团窠或几何图形内添加动植物纹。波斯的"冰蚕锦"、女蛮国的"明霞锦"、龟兹和高昌的"龟兹锦"、疏勒的"疏勒锦"等，都是西域著名的丝织品。

到宋元时期，中亚地区的盖布、马被、丝绸、褥垫、镶金织锦、绸缎、塔夫绸、撒马尔罕的薄绒，驰名世界。

西域各地的丝绸产品也流入中国，受到中原人士的欢迎和喜爱。唐宣宗宫中有女蛮国所贡"明霞锦"，《杜阳杂编》说其"云练水香麻以为之也，光耀芬馥着人，五色相间，而美丽于中国之锦"。同昌公主有"澄水帛"，纳凉消暑功效奇特。"一日大会韦氏之族于广化里，玉馔具列，暑气将甚，公主命取澄水帛，以水蘸之，挂于南轩，良久，满座皆思挟纩。澄水帛长八九尺，似布而细，明薄可鉴，云其中有龙涎，故能消暑毒也。"康国贡献给唐朝的丝绸中有一种"毛锦"，据美国学者薛爱华（Edward Hetzel Schafer，1913—1991）研究，毛锦可能是一种毛织品，即丝毛的混合织物。《杜阳杂编》还记载了碧玉蚕丝、紫绡帐、金丝帐、却尘褥、龙绡衣、神锦衾、浮光裘、明霞锦、联珠帐、瑟瑟幕、纹布巾、火蚕锦、澄水帛等种种外国传来的、具有神奇性能的纺织品和织物。

西域的丝绸织物流传到中原后，很受人们喜爱，中原文人也多有以外国贡献纺织品为题作赋的，如独孤授《西域献吉光裘赋》、李君房《海人献文锦赋》、张良器《海人献冰蚕赋》、韦执中《海人献冰纨赋》等，称赞所献文锦的图案"舞凤翔鸾，乍徘徊而抚翼；重葩叠叶，纷宛转以成文"；描述冰纨"不灼不濡，将火鼠以比义；或朱或绿，岂橦花之足方。既同练云，缭绕而交映；又似仙花，晔煜而含芳"。杜甫曾接受西北客人赠送的一件"织成褥段"，他在一首题为《太子张舍人遗织成褥段》诗中写道：

> 客从西北来，遗我翠织成。
>
> 开缄风涛涌，中有掉尾鲸。
>
> 逶迤罗水族，琐细不足名。
>
> 客云充君褥，承君终宴荣。
>
> 空堂魑魅走，高枕形神清。
>
> 领客珍重意，顾我非公卿。
>
> ……　……

奈何田舍翁，受此厚贶情。

锦鲸卷还客，始觉心和平。

振我粗席尘，愧客茹藜羹。

　　清代仇兆鳌在《杜诗详注》中认为，这种翠织成来自大秦国，并引《北堂书钞·异物志》："大秦国以野蚕丝织成氍毹，以群兽五色毛杂之，为鸟兽、人物、草木、云气，千奇万变，唯意所作。……织成褥段，殆此类。"

　　丝绸之路所经之地，不仅成为丝绸国际贸易的中转站和集散市场，而且成为丝织品的重要产地。西域人谙熟毛纺织的技艺，掌握中原传来的育蚕、缫丝、织造等一系列细致复杂的技艺，也需要一定的时间。但养蚕和制丝技术的西传，更与中原生产技术的西进，特别是与大量移民有关。而高昌实际上是一个主要由中原汉族移民所组成的社会，来自中原的汉族构成了高昌社会和统治阶层的主体。他们在移民高昌一带的时候，必然把中原的生活方式和生产技术，包括养蚕制丝和丝绸织造技术带过去，并在当地发展起养蚕制丝和丝绸织造业，满足日常生活所需，并进行丝绸贸易。

第八章　殊方异物，四面而至

一、"环货方至，鸟集鳞萃"

　　丝绸之路首先是商贸之路。数千年来，各国商旅奔走在丝绸之路上，把中国丰饶的物产源源不断地输往世界各地，丰富了各国人民的生活；同时，也将其他各国的物产，特别是香料和珠宝等奇珍异物输入中国，丰富了中国人的物质生活。体现各国人民智慧的物产交流，是丝绸之路上物质文化交流的重要组成部分。

　　汉代对外交流的重点在西域，汉地对西域的出口商品以丝绸、铁器为大宗。通过丝绸之路传入中国的货物有琉璃、毛织物、宝石、象牙、金银器、玛瑙、琥珀、沉香，以及毛皮、良马、骆驼、狮子、鸵鸟等。随着丝绸之路的开通，中西贸易进一步扩大，往来十分频繁。历史学家范文澜说汉代的对外贸易，"用黄金及丝织品与匈奴交换马、骡、驴、骆驼、兽皮、毛织物，与西羌交换璧玉、珊瑚、琉璃，与南蛮交换珠玑、犀象、翡翠。《盐铁论》说，中国出一端（二丈）素帛，得匈奴值几万钱的货物，外国物产内流，中国利不外溢，是富国的良策"[①]。

　　在《史记·大宛列传》以及以后的中国史籍中，有不少关于西域诸国物产的记载。这些物产，有些是得自传闻，但大多数是已经传入中国的。所以，许多研究者很注意这些中国史籍中关于国外物产的记载，甚至把它

[①]　范文澜著：《中国通史简编》（修订本）第二编，人民出版社1964年版，第69页。

们看作国外输入中国物产的货物清单。物产往往是了解和想象异域绝国的第一媒介。这些绝域殊物的输入，不断丰富着人们对远方异国的想象。在早期中国的史书中，在提到与外族的交往和对外族的征服时，往往会首先提到所取得的物质成果。随着版图的扩大，不同民族交往的增加，人们对外族生活方式、不同物产的了解越来越多。汉乐府诗中说：

> 行胡从何方？
> 列国持何来？
> 氍毹毾㲪五木香，
> 迷迭艾蒳及都梁。

唐代诗人鲍防在《杂感》中这样描述汉代以来西域的各种物产进入中原的景象：

> 汉家海内承平久，万国戎王皆稽首。
> 天马常衔苜蓿花，胡人岁献葡萄酒。
> 五月荔枝初破颜，朝离象郡夕函关。
> 雁飞不到桂阳岭，马走先过林邑山。
> 甘泉御果垂仙阁，日暮无人香自落。
> 远物皆重近皆轻，鸡虽有德不如鹤。

由于和西域的交通畅达，往来人员频繁，各种西域物产和珍禽异兽传入中国，长安开始流行珍视外国式样商品的异国趣味。在长安九市中，有专门经营西域商品的肆市店铺，和田美玉，埃及十色琉璃，罗马火浣布，印度琉璃马鞍，千涂的火齐屏风、琥珀、夜光璧、明月珠、珊瑚、琅玕、朱丹、青碧等都有在九市交易，"环货方至，鸟集鳞萃"。

《西都赋》说，汉武帝时，长安集中了四方奇物，"其中乃有九真之麟，大宛之马，黄支之犀，条支之鸟。逾昆仑，越巨海，殊方异类，至于三万里"。汉武帝的上林苑更是聚集了天下的奇珍异宝。《汉书·西域传》中写道，汉武帝时，"能睹犀布、玳瑁则建珠崖七郡，感枸酱、竹杖则开牂柯、越巂，闻天马、蒲陶则通大宛、安息"，"明珠、文甲、通犀、翠羽之珍盈于后宫，薄梢、龙文、鱼目、汗血之马充于黄门，巨象、师子、猛犬、大雀之群食于外囿。殊方异物，四面而至"。《三辅黄图》中说，汉武帝把搜集来的西域珍货用于装饰。其卷二记载："武帝为七宝床，杂宝案、侧宝屏风，列宝帐，设于桂宫，时人谓之四宝宫。"不仅宫廷盛行异国趣味，贵族宅邸也是如此。

二、西域植物引进的高潮

汉代出现了中国农业发展史上一次引种的高潮。从西域移植来的植物有安石榴、苜蓿、葡萄、玉门枣、胡桃、胡麻、胡豆、胡荽、胡蒜等，还有出自瀚海北的能耐严寒的瀚海梨、"霜下可食"的霜桃等。汉武帝元鼎六年（前111）平定南越后，又从南方引进了许多亚热带植物，种植于上林苑中。

到魏晋南北朝时，对于引进西域植物仍然很积极。十六国时，后赵的皇帝石虎为了引种这些中原本无的植物，围起苑囿，运来土壤，并引水浇灌，以创造适宜珍贵果种的生长条件。他甚至做了一辆大车，作为培植这些作物的试验田。

综合各种史籍文献的记载可知，汉代经丝绸之路传入中国的西域植物主要有以下诸种：

（1）苜蓿。苜蓿是一种多年生开花植物，其中最著名的是作为牧草的紫花苜蓿。苜蓿以"牧草之王"著称，耐旱、耐盐碱，产量高，草质优良，各种畜禽均喜食。汉将军李广利从大宛带回苜蓿后，在长安宫殿旁栽培，以后在中原推广，成为我国的主要牧草。据说"金菜花"（南苜蓿，即黄花苜蓿）还有药用价值，《名医别录》就有收录。苜蓿的嫩芽或幼苗可以佐餐，常作为菜蔬不足时的应急食物，诗文中多用来表示粗茶淡饭。

（2）胡麻。胡麻俗称芝麻、油麻，又称"巨胜"，原产非洲西部、北

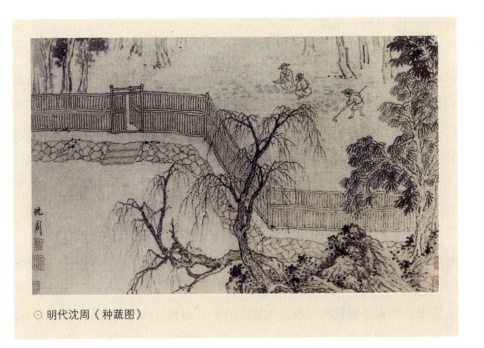

⊙ 明代沈周《种蔬图》

部及东南亚爪哇岛一带。实际上，胡麻传入中国的时间可能比张骞出使西域要早。《神农本草经》就有记载。中国人很早就掌握了胡麻的种植时令和收藏方法。据后魏时的《齐民要术》记载，芝麻已有大田栽培。胡麻还被方士们视为长生食物，中医也多以胡麻入药。

（3）胡桃，即核桃，原产于波斯北部和俾路支，因为此果外有青皮肉包裹，其形如桃，故称"胡桃"。此果果肉油润香美，十分珍稀名贵，仅做贡品供皇上食用，故古时称其为"万岁子"。

（4）胡豆，包括蚕豆、豌豆、野豌豆，都是从波斯和中亚传入的。

（5）胡瓜，即黄瓜。十六国时后赵皇帝石勒忌讳"胡"字，汉臣襄国郡守樊坦将其改为"黄瓜"。樊坦说："紫案佳肴，银杯绿茶，金樽甘露，玉盘黄瓜。"唐代时，黄瓜已经成为南北常见的蔬菜。

（6）胡荽，即香菜，为伞形科芫荽属一年生草本植物，原产地为地中海沿岸及中亚地区。

（7）胡蒜，即大蒜，一名葫，又名荤菜。大蒜原产于西亚，长期以来一直是地中海地区的主要调味品。贾思勰《齐民要术》称其为张骞出使西域时所得，又称"胡蒜"。

（8）石榴，又名"安石榴""丹若""若榴""阿那尔"，原产于伊朗、阿富汗、印度北部及俄罗斯南部，已有5000年的栽培历史。其果实为鲜食佳品，石榴皮、石榴花、石榴根均可入药。中国最早记载石榴的是东汉中叶李尤的《德阳殿赋》，赋中说德阳殿的庭院中"葡桃安若，曼延蒙笼"。曹植《弃妇诗》中也说："石榴植前庭，绿叶摇缥青。"

（9）红兰花，是原产于埃塞俄比亚的菊科一年生草本植物，具有特异香气，味微苦，以花片长、色鲜红、质柔软者为佳。红兰花是绘画颜料和染料，也是妇女的化妆品色料。红兰花最初盛行于匈奴人中，他们认为妻妾如红花般可爱，因此称之为"阏氏"。古时甘肃河西和宁夏一带多产红兰花，而以焉支山所产最为驰名，"焉支"就是"胭脂"的谐音。汉武帝时大将霍去病驱逐匈奴出河西，匈奴人因失此山而以歌当哭："失我焉支山，令我妇女无颜色。"至2世纪时，红兰花已经被引入黄河流域。南北朝时，红兰花在黄河中下游地区的栽培已经很广泛。红兰花被引进后不久，就被作为上等药物，用于治疗活血、通经、产后瘀滞、跌打损伤、症瘕积聚及斑疹。

以上这些植物被引入中国，都应归到张骞的名下。实际上，可能是在那个时代或更早的时候这些植物就已经传入中国。但这也说明，自张骞通西域，丝绸之路畅通，确实为西域的物产包括动植物源源不断地传入中原创造了条件。历史上常常有这种情况，如果某一位人物的名声特别大，或者成为那个时代的一个象征性符号，那么，在同时期发生的许多事情就都归到他的名下。在汉代，张骞就是通西域的一个代表性符号，所以与西域有联系的什么事物，似乎都与张骞有关。

除上述这些归在张骞名下的引进植物外，同时期传入中国的还有其他一些西域植物，如无花果、番红花（又称藏红花、西红花）、西王母枣、柰（俗称沙果、红果）、荞麦、茄子等。

这里说到的茄子原产于印度，在4—5世纪传入中国。南北朝栽培的茄子为圆形，与野生形状相似。茄子在浙江被称为六蔬，广东人称为矮瓜，

晋代嵇含的《南方草木状》
最早记载了茄子。元代则培
养出长形茄子。

　　以上这些植物传入中国
后，丰富了当时的作物品种，
它们经过中国人民千百年来的
种植、选育，成为中国蔬菜、
水果、油料等农业作物的重要
组成部分，对中国农业、畜牧
业等产生了深远影响，也改变
了中国人的饮食结构，极大
地丰富了饮食文化。

　　中原地区固有的果蔬品

⊙ 清代沈振麟《绘十二月花神蜀葵石榴》

种大致有梨、枣、栗、桃、李、杏、梅、柑、橙、柿、葵、韭、姜、瓠等。
据有关统计，在周代，见于文献记载的人工栽培蔬菜大致只有韭、芸、瓜、
瓠、葑等有限的几种。据西汉末刘向记载，西汉初年的农书《尹都尉》中
有种瓜、芥、葵、蓼、薤、葱等6种蔬菜。《氾胜之书》的残存材料里，记
有芋、瓜、瓠和薤，还有在瓜地里套种小豆、将小豆叶摘下当蔬菜卖的记
载。东汉崔寔的《四民月令》中，记有播种、分栽、收藏、加工各个月令
的蔬菜，共计14种，其中葱、蒜各有两种类型。6世纪时，《齐民要术》
中的蔬菜已经发展到31种，其中冬瓜、越瓜、胡瓜、茄子、瓠、芋、葵、
芜菁、菘（即白菜）、芦菔（即萝卜）、蒜、胡荽、薤、葱、韭、蜀芥、
芸薹、芥子、芹等19种，至今还在栽培。胡瓜、大蒜、胡荽、芸薹都是西
汉以后引入的。成书于唐末的《四时纂要》按月讨论了瓜、茄、葵、蔓菁、
萝卜等35种蔬菜的栽培方法，其中1/4的种类是隋以前所没有的。有现代
学者统计，今天我们日常吃的蔬菜有160多种。在比较常见的百余种蔬菜
中，汉地原产和从域外引入的大约各占一半。

　　这些引入的植物在名称上也有一些反映。如两汉到两晋时期，从陆

路丝绸之路引入的植物多数用"胡"字标明，如胡瓜、胡葱、胡荽、胡麻、胡桃、胡椒、胡豆等。南北朝以后，从海上丝绸之路引入的植物，多半用"海"字标明，如海棠、海枣、海芋、海桐花、海松、海红豆等。南宋、元、明时期，用"番"字表示从"番舶"带来的植物，如番荔枝、番石榴、番木鳖、番椒（辣椒）、番茄（西红柿）、番薯（红薯）。到了清代，就用"洋"字标明，如洋葱、洋芋（马铃薯）、洋白菜、洋槐、洋姜（菊芋）等。

三、"空见蒲桃入汉家"

在从西域引进的植物中，最引人瞩目的是葡萄。唐代诗人李颀有一首《古从军行》，其中写道："年年战骨埋荒处，空见蒲桃入汉家。"

李颀这首诗表达的意思是不赞成汉武帝驱逐匈奴的功勋，只道年年西征，为的是有异域奇珍供帝王享用。在他所说的汉武帝战果之中，就只列出"蒲桃"（即葡萄）一项，可见在当时人们心目中，引入的西域物产中葡萄具有极高的地位，或者葡萄成为汉唐时代引进的西域植物的代表符号。

世界上最早栽培葡萄的地区是小亚细亚的里海和黑海之间及其南岸地区，大约在7000年以前，南高加索、中亚、西亚等地区已开始了葡萄的栽培。波斯是最早用葡萄酿酒的国家。20世纪90年代中期，考古学家在伊朗北部扎格罗斯山脉的一个新石器时代晚期的聚落遗址里发掘出一个罐子，时间为公元前5415年，其中有残余的葡萄酒和防止葡萄酒变质的树脂。古埃及也是较早栽培葡萄和用葡萄酿酒的古国之一，埃及的一座古墓中发现了一幅距今6000年的壁画，上面清楚地描绘了当时古埃及人栽培、采收葡萄和酿造葡萄酒的情形。在古埃及第一、第二王朝的陵墓中，也发现有"王家葡萄园印章"和许多完整或破碎的酒具，有些酒具的黏土塞上的印记还提到王家葡萄园的名称和管理它们的官员的称号，说明在公元前3000年至公元前2700年这一时期，古埃及已经种植葡萄和用葡萄酿酒了。

欧洲最早种植葡萄并进行葡萄酒酿造的国家是希腊，公元前1000年，希腊的葡萄种植已极为兴盛。古希腊著名诗人荷马所写的史诗巨著《伊利亚特》和《奥德赛》中，有许多章节讲到葡萄园和葡萄酒。公元前6世纪，希腊人把小亚细亚原产的葡萄通过马赛港传入高卢，并将葡萄栽培和葡萄酒酿造技术传给了高卢人。罗马人从希腊人那里学会葡萄栽培和葡萄酒酿造技术以后，很快在意大利半岛全面推广。公元1—2世纪，随着罗马帝国的扩张，葡萄栽培和酿酒技术迅速传遍法国、西班牙、北非以及德国莱茵河流域。

有学者认为，亚历山大东征把希腊文化带入中亚，从此粟特人开始种植葡萄，酿造葡萄酒，并且有了酒神崇拜。

西域栽培葡萄的历史可能很早。新疆民丰尼雅古城（公元前1—3世纪）遗址发现民居院落外有整齐成片的葡萄园遗址。另外，1959年新疆博物馆南疆考察队在新疆的考察，以及1988—1996年中日合作的尼雅遗址考察，在古墓出土的文物中都发现了成串带葡萄花纹的饰物，以及容器内干缩了的葡萄。根据碳-14技术测定，此墓地距今2295±75年。可以推断，该地在公元前1世纪至公元3世纪，已经有相当大规模的葡萄栽培。在2003年进行的新疆吐鲁番鄯善县洋海墓地的考古发掘中，考古人员从约2500年前的一座墓穴中发掘出一株葡萄标本。专家认定它属于圆果紫葡萄的植株，其实物为葡萄藤。这是新疆考古中发现最早的有关葡萄种植的实物标本。《汉书·西域传》《魏书·西域》《隋书·西域》等文献都有西域国家种植葡萄和用葡萄酿酒的记载。

在汉代已经有关于"葡萄"的记载。约成书于汉末的《名医别录》记载，葡萄"逐水，利小便"。《神农本草经》记载葡萄"益气倍力强志，令人肥健，耐饥忍风寒，久食轻身不老延年"。成于汉代的医书中记载了葡萄的性能和药效，说明中国早就开始种植葡萄了。

中国葡萄种植业的正式开始，通常认为是在汉武帝时期。《太平御览》据《汉书·西域传》记载，汉武帝时期，"贰师将军"李广利征服大宛，携葡萄种归汉。"离宫别观傍尽种蒲萄"，可见汉武帝对此事的重视，并且葡萄的种植已达到一定的规模。因此，我们可以把《汉书·西域传》中的记述看作关于葡萄正式传入汉土并被种植于朝廷所有土地上的最早记录。

葡萄被引进以后，受到人们的喜爱。三国魏锺会《蒲萄赋》写道："总众和之淑美，体至气于自然。"西晋诗人傅玄有《蒲萄赋》写道："逾龙堆之险，越悬度之阻，涉乎三光之阪，历乎身热之野。"

北朝时，葡萄在长安、洛阳和邺城这三个政治中心种植得比较多。《西阳杂俎》记载了北朝时邺城和长安的葡萄种植情况。南朝梁庾信（513—581）留居北朝为官，与魏之来使尉瑾有这样一段对话：

> 信曰：我在邺，遂得大葡萄，奇有滋味。
> 瑾曰：在汉西京（长安），似亦不少，杜陵田五十亩，中有葡萄百树。今在京兆（洛阳），非直此禁林也。
> 信曰：乃园种户植，接荫连架。

可见北魏后期葡萄种植已经有了一定的规模。到唐朝时，葡萄在内地开始得到广泛种植。唐太宗在长安百亩禁苑中辟有两个葡萄园。著名园丁郭橐驼为种植葡萄发明了"稻米液溉其根法"，并记载在他的《种树书》

⊙ 唐代海兽葡萄纹铜镜

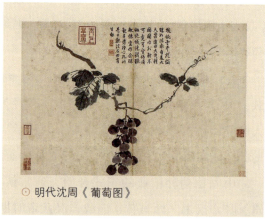
⊙ 明代沈周《葡萄图》

里，一时风行。长安原来有个皇家葡萄园，后来改作光宅寺，寺中有普贤堂，因尉迟乙僧所绘的于阗风格壁画而闻名。段成式在《寺塔记·光宅坊光宅寺》里记载："本天后梳洗堂，葡萄垂实，则幸此堂。"关于葡萄的品种，《广志》只从颜色上将其分为黄、白、黑3种，到唐代，马乳葡萄频繁见于记载。另外还有被称为"龙珠"的圆葡萄。刘禹锡在《和令狐相公谢太原李侍中寄蒲桃》的诗中写道：

> 珍果出西域，移根到北方。
> 昔年随汉使，今日寄梁王。
> 上相芳缄至，行台绮席张。
> 鱼鳞含宿润，马乳带残霜。
> 染指铅粉腻，满喉甘露香。
> 酝成十日酒，味敌五云浆。
> 咀嚼停金盏，称嗟响画堂。
> 惭非末至客，不得一枝尝。

这首诗说，太原的李侍中遣人送来马乳葡萄，朋友们聚在一起分享品尝。这葡萄又香又甜，大家不住地停杯称赞：要是拿这葡萄酿成美酒，一定会比名酒五云浆更好喝。待到赴宴的最后一位客人到来时，葡萄已经一串也不剩了，以至于早到的客人都觉得难为情。

杜甫的一句诗"一县蒲萄熟"反映了葡萄在唐代种植已经十分普遍。刘禹锡、韩愈对葡萄的栽种、管理、收获、加工都有细致的描写。如刘禹锡写道：

> 野田生葡萄，缠绕一枝高。
> 移来碧墀下，张王日日高。
> 分岐浩繁缛，修蔓蟠诘曲。
> 扬翘向庭柯，意思如有属。

为之立长檠，布濩当轩绿。

米液溉其根，理疏看渗漉。

繁葩组绶结，悬实珠玑礧。

马乳带轻霜，龙鳞曜初旭。

有客汾阴至，临堂瞪双目。

自言我晋人，种此如种玉。

酿之成美酒，令人饮不足。

为君持一斗，往取凉州牧。

　　刘禹锡在这首诗中写了他从种植葡萄到收获葡萄的全过程，包括修剪、搭葡萄架、施肥、灌溉等栽培管理，并且获得丰收。刘禹锡作为一名高官，能准确地掌握葡萄栽培技术，可见盛唐时期葡萄种植业的发达程度。此外，这首诗还告诉我们，刘禹锡种下这棵葡萄，是要拿收获的葡萄酿葡萄酒的。他不仅能自己动手酿酒，还对自酿的葡萄酒极为自信，告诉汾阴来的朋友：我酿的葡萄酒质量极好，"令人饮不足"。

　　韩愈的《蒲萄》诗，艺术地概括了葡萄的棚架与葡萄产量的关系：

新茎未遍半犹枯，高架支离倒复扶。

若欲满盘堆马乳，莫辞添竹引龙须。

　　这首诗是诗人于元和元年（806）五月在江陵写给他的好朋友张署的，原诗题为《题张十一旅舍三咏》，此诗为其中之一。诗人于贞元十九年（803）十二月被贬至阳山，当时张署亦被贬至临武。元和元年，二人遇赦同赴江陵待命。诗人在旅舍中写下此诗，与张署共勉。这首诗通过描绘葡萄生长之态，表达自己仕途困顿、渴望有人援引的心情。此诗托物言志，表面写葡萄，实际是表达自己遇赦后的期待。

四、葡萄酒的传入

与葡萄同时传入的，还有葡萄酒。葡萄酒的酿造，由波斯、埃及经中亚传入中国，不会迟于西汉。张骞通西域，带回了西域酿造葡萄酒的信息。《史记》和《汉书》里都有关于大宛国出产葡萄酒的记载。南北朝时，葱岭迤东已成为葡萄酒产区，龟兹、高昌、焉耆、车师等都有葡萄酒出产。

葡萄酒在汉代就已传入内地。《三国志·魏书·明帝纪》中，裴松之注引汉赵岐《三辅决录》，东汉时，孟佗"又以蒲桃酒一斛遗让，即拜凉州刺史"。孟佗是三国时期新城太守孟达的父亲，张让（？—189）是汉灵帝时权重一时的大宦官。孟佗仕途不通，就倾其家财结交张让的家奴和他身边的人，并直接送给张让一斛葡萄酒。以酒贿官，得凉州刺史之职，可见当时葡萄酒价格之高。

对这件事，苏轼感慨地写道："将军百战竟不侯，伯良一斛得凉州。"诗中的"伯良"是孟佗的字。苏轼感慨的不是葡萄酒价格高，而是用一斛葡萄酒就能换取凉州刺史的高官职位，出生入死、身经百战的将军们也不如他。刘禹锡说"为君持一斗，往取凉州牧"，也是讽刺此事。苏轼还有一首诗说："自言酒中趣，一斗胜凉州。"宋范成大诗说："一语为君评石室，三杯便可

⊙ 明代陈洪绶《蕉林酌酒图》

⊙ 清代《升仙传喝酒图》

博凉州。"陆游《凌云醉归作》也说："君不见葡萄一斗换得西凉州，不如将军告身供一醉。"辛弃疾词："笑千篇索价，未抵蒲桃，五斗凉州。"由此可见，孟佗用葡萄酒换了一个凉州刺史的官，始终令古往今来的文人们愤愤不平。

到了魏晋及稍后的南北朝时期，葡萄酒的消费有了一定的发展。朝廷还用以"赐馈"。魏文帝曹丕喜欢喝酒，尤其喜欢喝葡萄酒。他不仅自己喜欢葡萄酒，还把自己对葡萄和葡萄酒的喜爱写进诏书，告之于群臣。魏文帝在《诏群医》中写葡萄："酿以为酒，甘于曲蘖，善醉而易醒。道之固以流羡咽唾，况亲食之耶？"魏文帝的这段话常常被人引证，作为葡萄和葡萄酒在中国流传的一个旁证。

有了魏文帝的大力提倡和身体力行，魏时以及后来的晋朝及南北朝时期，葡萄酒成为王公大臣、社会名流筵席上常饮的美酒，葡萄酒文化开始兴起。在南北朝时期，文人名士常有歌咏葡萄酒的诗作。崔鸿在《十六国春秋》中说："张斌字洪茂，敦煌人也。作《蒲萄酒赋》，文致甚美。"陆机在《饮酒乐》中写道：

蒲萄四时劳醇，琉璃千钟旧宾。
夜饮舞迟销烛，朝醒弦促催人。
春风秋月恒好，欢醉日月言新。

庾信在《燕歌行》中则写道：

> 蒲桃一杯千日醉，无事九转学神仙。
> 定取金丹作几服，能令华表得千年。

但是，这时人们品尝的葡萄酒主要是从西域进口的。中国国内葡萄酒制作技术的获得和普及，还是在唐朝时的事情。

五、来自西域的珍禽异兽

在汉代乃至魏晋南北朝时期，许多珍禽异兽从西域传到中国，如封牛、象、大狗、沐猴、狮子、犀牛、安息雀等。《汉书·西域传》说："巨象、师（狮）子、猛犬、大雀之群食于外囿。殊方异物，四面而至。"《太平广记》中记载了月氏使者向汉武帝献怪兽的事情，说月氏国献"猛兽"一头，"形如五六十日犬子"，汉武帝命人送到上林苑，令虎食之，而虎见此兽，"皆相聚屈迹"。《博物志》卷三也记载说，汉武帝时，大宛之北胡人献一物，大如狗，名曰"猛兽"，帝怪其细小，欲使虎狼食之，虎见此兽辄胆怯地低头。

汉武帝建的上林苑里有许多从各地搜集来的珍禽异兽。上林苑是中国秦汉时期的皇家园林，秦朝始建。汉武帝建元三年（前138）对上林苑加以扩建。据《汉书·东方朔传》记载：汉武帝建元三年（前138），武帝命太中大夫吾丘寿王在今陕西西安三桥镇以南、终南山以北、周至以东、曲江池以西的范围内，扩建上林苑，并有偿征收这个范围内民间的全部耕地和草地，用以修建苑内的各种景观。后来，上林苑进一步向东部和北部扩展，北部扩至渭河北，东部扩至浐、灞以东，形成了前所未有的规模，进入了它的鼎盛时期。

上林苑规模广大，地跨长安、咸阳、周至、户县、蓝田五县境，纵横三百里，南部是从今陕西蓝田的焦岱镇（鼎湖宫）开始，向西经长安的曲江池（宜春宫）、樊川（御宿宫），沿终南山北麓西至周至（五柞宫），北部是兴平的渭河北岸（黄山宫），沿渭河之滨向东，有八水出入其中。

据《关中记》载，上林苑中有三十六苑、十二宫、三十五观。上林苑中有大型宫城建章宫，还有一些各有用途的宫、观建筑，如演奏音乐和唱曲的宣曲宫，观看赛狗、赛马和观赏鱼鸟的犬台宫、走狗观、走马观、鱼鸟观，饲养和观赏大象、白鹿的观象观、白鹿观，长杨宫中还有射熊馆，长安城东的灞、浐交汇处有虎圈（即秦虎园），建章宫西南有狮子圈，等等。上林苑中有熊罴、豪猪、虎豹、狐兔、麋鹿（四不像）、牦牛、青兕、白鹦鹉、紫鸳鸯等，珍禽异兽，到处皆是。此外，还有引种西域葡萄的葡萄宫和养南方奇花异木，如菖蒲、山姜、桂、龙眼、荔枝、槟榔、橄榄、柑橘之类的扶荔宫等。

汉武帝的上林苑是当时全国最大的皇家动物园和植物园。《三辅黄图》记载，汉武帝修上林苑，"群臣远方，各献名果异卉三千余种植其中，亦有制为美名，以标奇异"，上林苑"名果异卉""数不胜数"。《西京杂记》载，上林苑栽植奇花异木2000余种，《三辅黄图》则说有3000余种。司马相如在《上林赋》中提到大型动物40种。东汉张衡的《西京赋》也描写上林苑，说："其中则有鼋鼍巨鳖，鳣鲤鲂鲖。鲔鲵鳠鲨，修额短项。大口折鼻，诡类殊种。鸟则鹔鹴鸧鸹，鴐鹅鸿鹍。"

⊙ 东汉青铜一角兽，甘肃武威雷台汉墓出土

在引进的珍稀动物中，比较突出的是犀牛。犀牛是哺乳类犀科的总称，主要分布于非洲和东南亚，是最大的奇蹄目动物，也是仅次于大象体型的陆地动物。中国古代有犀牛，新石器时代遗址中已多次发现犀牛骨，殷商甲骨文中也有焚林猎犀的记载，春秋战

国时期用犀牛皮做成的犀甲是当时各国武士所艳羡的装备。有学者统计，《山海经》中多处提到"犀"，并说其"状如牛而黑"。但到汉代，犀牛已经属于珍稀动物，最迟到西汉晚期已经绝迹。汉代有外国献犀牛的记载，新莽时也曾有黄支国献犀牛的记载。黄支国献的犀牛，在当时被看作祥瑞。1975年，陕西西安东郊白鹿原

⊙ 广彩瑞兽图碟

发现20座帝陵从葬坑，其中发掘出马、牛、羊等三牲以及犀牛和大熊猫等珍稀动物的骸骨。据有关专家研究，这个从葬坑的犀牛是东南亚爪哇岛的独角犀。

古代文献中还载有符拔。符拔又称桃拔、扶拔，一般认为是与"天禄""辟邪"有关的一种外来动物的名称。它的出名比麒麟晚，主要是汉通西域以后，并且明显与西域有关。据研究，"符拔"一词来自希腊文"boubalis"，可能是指羚羊之类的动物，来自中亚希腊化国家。

⊙ 汉代错金铜犀尊

两汉时期，中国人已知鸵鸟，称其为"大鸟""大爵""大雀""大马雀"，产地见在"条支国"和"安息国"的大型走禽。汉以后，从北魏至唐、元，载籍中不断出现这种又被称作"驼鸟""骆驼鹤"的走禽的记录，只不过其

⊙ 清代胡湄《鹦鹉戏蝶图》

所栖息的地方与前不同，分别作"波斯国""大食国""吐火罗国""富浪国""弼琶罗国"等。1995年，尼雅遗址中发现的"五星出东方利中国"锦护膊上出现了鸵鸟的图案，这表明当时中国纺织工匠对鸵鸟这种西方动物已经比较熟悉。

西域传入的珍禽异兽还有许多种。如封牛是产于缅甸、印度的一种高背野牛，还有大象、孔雀、翡翠、鸂鹉、猩猩、文豹、沐猴、大狗、长颈鹿、白雉、黑鹰、独峰驼、长鸣鸡、角端牛、野马、原羊、貂、白鹇、黑鹇等。《汉书·武帝纪》记载，元狩二年（前121），"南越献驯象、能言鸟"，说的是大象和鹦鹉。这些珍禽异兽传入中国以后，对文化艺术和宗教生活产生了很大的影响。由于它们外形新奇而怪异，人们常常将它们与神话传说中的某些灵怪联系起来，认为它们是一种吉祥或者凶险的象征，而且常常用它们作为种种装饰题材。

六、骆驼、驴和骡

骆驼是骆驼科骆驼属的动物，只有两种，即单峰骆驼和双峰骆驼。单峰骆驼主要生活在北非、西亚以及印度等热带地域，早在公元前4000年已开始在阿拉伯中部或南部被驯养。被驯养的单峰骆驼在北非被广泛使用，而直到后来，罗马帝国仍然使用骆驼队带着战士到沙漠边缘巡逻。在4世纪，更强壮和耐久力更强的双峰骆驼首度传入非洲。骆驼虽不善于奔跑，但其腿长，步幅大而轻快，持久力强，其蹄部有特殊结构，这使得它们适合作为沙漠中重要的交通工具。它们传入非洲后，愈来愈多的人开始使用它们，因为这种骆驼较适合作穿越大沙漠的长途旅行之用，且可以装运更多更重的货物，跨撒哈拉贸易得以进行。

至少在公元前4000年，我国北方游牧民族就已经把骆驼驯化。在远古岩画中，有许多双峰驼、单峰驼的形象。如在阴山山脉西段，尤其是内蒙古阿拉善左旗和磴口县群峦深涧中的石壁上，凿刻着许多骆驼岩画。

在商代之前，北方游牧民族就将骆驼视为珍稀动物向中原进献。商周时期，橐驼已经成为西北周边民族同中原人交换的主要牲畜之一。战国时代，骆驼已经在中原与北方草原交界的燕代之地养殖。汉代，随着与匈奴、西域的交往日盛，骆驼成为汉军队、官府的中原驮畜。汉朝设立"太仆"，其职责之一是饲养骆驼。景帝时在西北地区建立了36处牧场，饲养马驼。这时内地人也越来越熟悉骆驼。2001年，陕西咸阳汉昭帝平陵2号从葬坑出土了骆驼、牛和驴的骨骼，其中骆驼33具，牛11具，驴10具。在这里发现的大量骆驼骨架是陕西，乃至中原地区发现的最早的骆驼。到了北魏时代，养驼业得到空前发展，官府在河西地区养殖的骆驼为数达到近百万峰。

关于骆驼的产地，古代文献说法多有不同，更多的资料记载骆驼的产地是在西

⊙ 彩绘载物跪起骆驼（北朝时期）

⊙ 唐三彩骆驼

域诸国。在很古老的时候，这里已经把骆驼作为家畜，使用于农业生产了。正是由于西域是骆驼的主要产地，关于骆驼的一些神奇传说就紧密地和这些地方联系了起来。

西汉昭君出塞时，匈奴首领和亲的队伍中，就有珍贵的白驼。到唐代，仍然有大批骆驼被引进。外来的骆驼大大丰富了唐朝巨大的驼群。唐朝政府对骆驼有大量的需求，和对待马匹一样，骆驼成为丝绸之路最常见的交通工具。骆驼的引进和驯养对于发展远程交通和贸易发挥了重要作用。张籍《凉州词》中说"无数铃声遥过碛，应驮白练到安西"，形象地反映了驼队的壮观和繁忙。

在汉代还出现了骆驼的艺术形象。《洛阳伽蓝记》记载，当时洛阳城内有三个长、高各一丈的铜骆驼。河南睢阳古城北五六里处的汉太尉桥玄墓前有两峰石驼。汉代浮雕石驼也多有发现。河南新密发现的汉代画像砖上可以看到骆驼系驾车的画面，这幅图案是两只骆驼拉一辆车子，车上面张着伞盖，后有乘者一人，似为胡人，前有御者一人，手中拉着四条缰绳。从这个图案上看，在汉代人的日常生活中，骆驼的使用已相当广泛。山东微山画像石负重骆驼图，体现了骆驼用于运输的传统形式的简单继承。

骆驼的引进和驯养对于发展远程交通和贸易发挥了重要作用。这在全世界许多地方是一样的。

有些家驴来自中亚或西亚，其源头在非洲。驯养驴的主要品种是努比亚驴，它是一种来自埃及的石板色、长耳、有特殊肩纹和无条纹腿的驴。另外一种来源是索马里驴，也就是条纹野驴。

但是，中国的家驴是数千年以前由亚洲野驴驯化而来的。亚洲野驴存在几种类型，迄今仍有少量野驴繁衍生息在亚洲内陆，如阿拉伯、叙利亚、印度、中亚以及中国新疆、西藏、青海、内蒙古的偏僻沙漠和干旱草原。中国家驴中现有部分仍保留着野生驴的某些毛色、外形特征和特性。公元前4000年前后，新疆莎车一带已开始驯养驴，并繁殖其杂种。新疆的产驴区与亚洲的野驴驯化中心伊朗、阿富汗等地接近，又与亚洲野驴产区青海、西藏和内蒙古相连，故当地所养的驴可能起源于骞驴（即野驴）。驴体小而长，头短而宽，耳较小，耳缘呈黑色，耳内有白色长毛，鬃毛短而直立，尾粗毛长，尾基部无长毛，四肢粗短，嘴端被毛呈乳白色，毛色多为草黄色或淡褐色，四肢内侧及腹下呈乳白色，有褐色背线和肩纹。

在距今4000年齐家文化时期的甘肃永靖秦魏家遗址，出土的驴骨骼已经被鉴定为家养动物。至春秋末期，有少量的驴被引进中原，成为上层社会饲养的珍禽异兽。自秦代开始，驴逐渐由中国西北及印度进入中原，被当作稀贵家畜。到汉初，陆贾在《新语》中还将驴与"琥珀、珊瑚、翠玉、珠玉"并列为宝，可见其身价不凡。

汉代开始有大量的驴被引进中原，之后成为我国的主要家畜之一。东汉时有的士大夫家人"喜驴鸣，常学之以娱乐"。汉灵帝在宫中"驾四白驴，躬身操辔，驱驰周旋，以为大乐"。到隋唐时，驴已经成为主要的驮运工具之一，用驴运输更加普遍。隋大业九年（613），炀帝下诏，命关中富人按家产的多寡出资买驴，到伊尹、河源等地运粮。最多的人家出资万钱，购驴数百头。

家畜的远缘杂交是战国秦汉时畜牧科技的突出成就之一。战国文献中，已有駃騠和骡的记载。駃騠为公马与母驴交配而生；骡，俗称"马骡"，是公驴与母马交配而生。战国时北方游牧民族已经注意到这种远缘杂交的优越性，有意识地加以繁育和利用。当时，这样的駃騠和骡引入中原，被视为珍贵动物，只供王公贵戚玩赏用。

駃騠和骡作为役畜的出现，远晚于马和驴。甚至到汉代时，骡子在某种程度上还是一种罕见之物，只供王公贵戚玩赏用。《吕氏春秋》说，赵简子有白骡，非常喜爱它。司马相如的《上林赋》说到奇兽，有"麒麟角端，骒骡橐驼，蚤蛩骡骏，駃骡驴骡"。但是在唐代时，骡子已经是一种很常见的家畜了。在缺少马匹的河南南部地区，甚至有骑着骡子作战的"骡子军"。《资治通鉴》记载，广明元年（880），黄巢起义军攻入长安，僖宗逃往成都。路上没有粮食，"汉阴令李康以骡负糗粮数百驮献之"。

七、狮子及其艺术意象的传播

狮子主要生活在非洲，在亚洲则主要分布在印度、伊朗等地。在古代，非洲要进入中国必须经过西亚，且海上交通又较晚，故狮子传入中国的最早通道是西域。

有中外学者认为，先秦时期，斯基泰人曾入居我国新疆地区，他们使用的是印欧语系中的一种古老方言，把狮子称为"sarvanai"（形容词）、"sarauna"（抽象名词），这些词汇译成中文后就成了"狻猊"，所以先秦文献中的"狻猊"指狮子。至于中文里的"狮子"或"师子"一词，最早出现于汉代，它是吐火罗方言中表示狮子词汇的音译。西汉时，"狻麑"一词也指狮子。

中国不产狮子，中国人看到的狮子都是从国外引进的。《穆天子传》记载周穆王驾八骏西游的故事，其中有"狻猊野马，走五百里"的记述。

⊙ 四川雅安东汉末高颐墓石狮

穆王西行翻越帕米尔，抵达今之吉尔吉斯大草原等地，西行甚远，很可能真的见过狻猊。据此，有学者认为，有记载的第一位见到狮子者应为周穆王。

中国人真正得知狮子，始于汉通西域。西域狮子进入中原地区的途径是外国的朝贡，史书对此有多次记载。这是现在所知的有关狮子传入中国的最早记载。《海内十洲记》记载，征和三年（前90），武帝幸安定，西胡月氏国献猛兽一头，"形如五六十日犬子，大如狸，其毛黄色"，应该是狮子。《三辅黄图》卷三记载，奇华殿在建章宫旁，"四海夷狄器服珍宝、火浣布、切玉刀、巨象、大雀、师子、宫马，充塞其中"。这说明汉武帝的建章宫旁，当时就陈列了狮子。

到东汉时期，仍有进贡狮子的记载。《后汉书》说，章和元年（87），"月氏国遣使献扶拔、师子"，第二年又有安息国"遣使献师子、扶拔"。《后汉书·顺帝纪》说，阳嘉二年（133）六月，"疏勒国献师子、封牛"。魏晋南北朝时，仍时有狮子输入中国的记载。《北史》记载：太平真君十一年（450）十一月，"颇盾国献师子一"；孝庄永安元年（528）六月，"嚈哒国献师子一"。

北魏时还发生了献狮子的波斯人因嫌狮子拖累自己而将狮子杀死的事情。《洛阳伽蓝记》记载，北魏孝明帝正光末年（525），"波斯国胡王所献"的一头狮子在中国境内滞留6年，到普泰元年（531），广陵王即位，诏曰："禽兽囚之，则违其性，宜放还山林。"狮子亦被令送还本国。送狮者以波斯道远、不可送达为由，遂在路上杀了狮子。

到了唐代，还有西域国家进献狮子。据记载，唐太宗贞观九年（635），康居国进贡狮子。唐高宗显庆二年（657），吐火罗国送狮子。唐玄宗开元七年（719）、十年（722）、十五年（727）、十七年（729），康居国、波斯国、米国等献送狮子。皇家禁苑中也豢养过狮子。武后万岁通天元年（696）三月，姚涛在《请却大石国献狮子疏》中提出不应接受贡狮子："狮子猛兽，唯止食肉，远从碎叶，以至神都，肉既难得，极为劳费。"这说明当时仍然有外国进献狮子。

到明代时，仍不断有国家进献狮子。据有学者统计，从《汉书》到《明史》，历代正史本纪记载的外国贡狮就有21次，其中东汉4次，北魏2次，唐2次，宋2次，元5次，明6次。最后一次贡狮是清康熙十七年（1678），葡萄牙使臣本笃携带非洲狮子朝觐。

⊙ 山东嘉祥东汉武氏墓石狮

随着狮子的传入，它逐渐成为中原地区的一个艺术题材。20世纪中期，人们在汉元帝渭陵遗址中发现了一批西汉玉雕，其中就有玉狮。汉代画像石中也可见到狮子，例如河南南阳画像石中的狮子鬃毛竖立，雄健有力。山东嘉祥武氏墓群石刻中，有一对石狮，东西相对。这两头石狮子都昂首张目，粗壮威武。从武氏石阙铭中可知，这两头石狮是在东汉桓帝建和元年（147）建造的。

在广州的汉墓中，也多次出土有关狮子的造型艺术形象。南越王墓东侧室出土的铜瑟枘上有狮形走兽，瑟枘完全是汉式的博山状。广州的西汉后期墓出土了一件双狮形座，陶质松软，由两狮合成，连尾背向，狮的头部及四肢清晰，俯首，张口露齿，俯伏于地。背上各有一长方形凹穴，当是插物的器座。东汉前期墓出土一铜温酒樽器，盖顶刻四叶纹，四叶之间布以青龙、白虎、朱雀、玄武，器下三足作狮形，体形雄健，鬃毛和尾巴均镂刻出；铜熏炉炉体的座足上面浮雕三兽，状若狮形，一人跪坐其上，双手叉腰，以头托炉身，炉腹上镂刻飞翔的翼兽。

有翼兽的雕刻起源于古代西亚的亚述帝国。亚述有翼兽的原型就是狮子。这种有翼兽后来传入波斯和印度，再

⊙ 唐乾陵狮子

经犍陀罗地区传入中国，东汉时期在陕西、河南、山东、江苏、四川等地流行，广泛应用于各种雕塑题材。四川雅安的高颐墓，建造于公元209年，墓前的石狮胸旁有一对肥短的二叠飞翼。

这种有翼狮子的形象后来在中国又有变化，头上增加了独角或双角，称呼不一，比较通行的说法是：独角的称为麒麟，双角的称为天禄，无角的称为辟邪。江苏南京东郊和丹阳的六朝陵墓前有不少这样的有翼兽，张口吐舌，造型十分古朴雄伟，其中最大的高、长达3米多，重达3万多斤，是六朝石刻的典型作品。此外，汉朝的铜镜也常用波斯的飞马和狮子图案作为装饰。

到了唐代武德、天宝年间，随着狮子或狮子皮的来献，人们获得了更多关于狮子形貌、习性的信息，狮子成为人们歌咏描述的对象。唐太宗见到康国所献的狮子很兴奋，命虞世南作《狮子赋》，还命阎立本为狮子作画。又据称，玄宗朝以画兽类著称的韦无忝画过一幅外国献狮子的画像，展开他画的狮子图，"百兽见之皆惧"。不仅如此，在唐人看来，一切与狮子有关的事物都具有神秘的力量，甚至狮子的粪便可以杀百虫，点燃之后可以"去鬼气"。

狮子进入中国后，逐渐成为中国艺术想象的一个原型，并不断地被加工改造，成为中国传统文化的象征之一。

佛教以狮子为灵兽，狮子为佛座，又传文殊菩萨的坐骑就是狮子。同时，佛教讲究"以像设教"，所以佛教石窟大多刻有金刚、力士与狮子护法。随着佛教的盛行，被佛教推崇的狮子在人们心目中成了高贵尊严的灵

⊙《菩萨狮子图》

⊙《皇都积胜图》之贡狮图

兽，与之相关的狮子信仰及狮子形象也进入人们的日常生活之中。

　　狮子的形象进入中国后，经历了以中国文化为背景的持续不断的文化改造。汉朝时的雕狮身上多生有双翼，古拙神奇。其后，狮子的形象则多呈昂扬威猛形态，如南京"六朝石刻"的石狮，线条简洁，高大威武，强劲有力。隋唐时期，雕狮渐趋写实，体魄雄伟，工艺精巧，狮子造型艺术出神入化。宋代以后，狮子造型渐趋秀丽、雅致。

　　在狮子形象发生变异的同时，狮子也被赋予了更多的文化意味。早期狮子是以镇物面目出现的，人们希望以狮子"百兽之王"的威猛吓阻四面八方的邪魔妖怪。此时的狮子多出现在陵墓、庙宇之前，以发挥其所谓"驱祟避邪"的作用。明代后，石狮子雕刻艺术使用的范围更加广泛：宫殿、府第、陵寝，甚至一般市民住宅，都用石狮子守门；在门楣檐角、石栏杆等建筑上，也雕上石狮作为装饰；狮子还被附着了诸如官阶、权力、等级等的文化象征意义。

八、西域的毛皮与毛制品

在当时输入中国的西域物产中，以毛皮和毛织品为大宗。横贯中亚北部和伏尔加河流域的北道，沿途出产兽皮兽毛，因此有学者称之为"毛皮之路"。西伯利亚和乌拉尔地区的貂皮都集中在西域的严国，那里成了毛皮的集散地。除了貂皮，里海附近的白狐青翰也大量输入中国。汉代通邑大都所设商店中就出售"狐貂裘千皮"，商人因此致富，比于"千乘之家"。

还有大批产于西域的毛织品运到中国。最早培育驯化羊的草原民族还发展起来对羊毛制品的开发和利用，羊毛是其重要的纺织或编织原料。大约公元前1000年，西亚发明了铁制羊毛剪，从而加速了对羊毛的开发利用。如古巴比伦王国就把羊毛与谷物、油并列为"三大物产"。毛织品是游牧民族的特产，西域各国都出产各种毛织物。从汉代开始，大月氏、安息和大秦的毛织物源源不断地输入中国，极受珍重。汉初未央宫"温室以椒涂壁，被之文绣，香桂为柱，设火齐屏风，鸿羽帐，规地以罽宾氍毹"。

在新疆的考古中，陆续发现了许多毛织品。有学者在对这些毛织品进行研究后认为，其中的普通毛织品是当地土产的，而高档毛织品则来自葱岭以西地区。这些外来的高档毛织品都是在丝绸之路沿途的遗址中发现的，主要有两大类：第一类是栽绒织物，其组织结构如地毯；第二类是氍织物，其织造工艺为局部挖织花纹。这种氍织工艺的发祥地是小亚细亚，波斯语称其为"gilim"，汉代中文文献所说的毛织物"罽"很可能与此波斯语有关。新疆出土的外来毛织品并非来自一个产地，而是产自中亚、西亚以及地中海周围的不同地区。从这些毛织品的题材及风格来看，有的是两河流域风格的狮形图案，有的则是希腊风格的马人图案。

沿着丝绸之路输入中国的，还有来自罗马的毛织品和麻织品。中国古籍上称毛织品为"氍毹""毾㲪"。《魏略》上记载，大秦有"黄、白、黑、绿、紫、红绛、绀、金黄、缥、留黄十种氍毹，五色毾㲪，五色九色首下氍毹"。另一部中国古籍中这样介绍埃及毛毯：上面织着鸟兽人物草木云气，十分生动，那织成的鹦鹉竟"远望轩轩若飞"。中国的文献还提到贵重的织物，如"金色布"是"水羊毛"织成的细布，或是掺和着金屑与各色绫的亚麻毛。亚历山大等地的织工，善于用金线织绣毛织品、丝织品，它们在中国被称为金缕氍、金缕绣，华美瑰丽，被列为上品。

1995年，考古工作者在新疆尉犁营盘遗址清理发掘了一座汉晋时代的大型墓地，获得文物约400件，其中既有来自中原的丝织品，也有产于中亚、西亚的饰品，还有来自地中海地区的毛织品。属于东汉中晚期的15号墓的木棺外盖着一条长方形彩色狮纹栽绒毛毯，残长312厘米，宽178厘米。毛毯的主体是一头伏卧的雄狮，狮头侧视，神态和善，富于动感。整个毛毯充满西方艺术风味。棺内是一个身材高大的男性，身上穿着一件红地对人兽树纹氍袍。氍面上的每一区都由6组图案构成，每组图案之间则是长满果实的石榴树。第一、第二、第四、第五组为人物，都是裸体的男子，高鼻大眼，头发卷曲，是典型的欧罗巴人。他们两人一对，或持盾挥矛（剑），或单手刺击，栩栩如生。特别是他们的肌肉夸张地隆起，更使画面充满力量与生气。第三组是牛，第六组为羊，这两组动物造型生动，姿态活泼。整个图案把希腊艺术与中亚、西亚艺术有机地融合在一起。墓地的发掘者结合营盘在丝绸之路上的位置以及汉晋时期丝路沿线文化交流、贸易往来的历史背景推测，身穿此袍的墓主人可能是一位来自西方从事贸易的富商。

在新疆还发现了一些外来的棉织品。1959年，在新疆民丰尼雅遗址中发现的一座东汉晚期（2世纪）的墓葬中，出土了两块蓝白印花棉布的残片，这是我国目前所知的最早的棉布。其中一块棉布的中心部分已经缺失，只能见到半只赤裸的脚，一段狮尾。在它的左下角有一个大约32厘米见方的方框，框内画有一个半身女神像。女神胸怀袒露，侧身斜视，神情安详恬静，身后有圆形光环。她的颈上及臂上都有装饰品，手中持有一个角状长筒容器，容器内盛满了果实。有学者认为，这幅图案的主题本应是中亚与西亚风格的狮子，只是已经残缺了，图中的女神应是波斯女神。

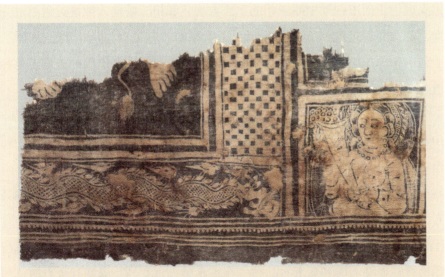

⊙ 新疆民丰尼雅遗址出土的印花棉布，新疆维吾尔自治区博物馆藏

也有学者通过与贵霜王朝金币上的图案进行对比，认为棉布上的女神应是中亚的丰收女神阿尔多克洒。这样说来，我国的棉织品最早应是东汉时从贵霜传入的。

火浣布是丝绸之路上进行交流的物产之一。火浣布即用石棉纺织的布。早在西周时，可能就有火浣布输入。到汉代中西交通开辟，多有西域进献火浣布的记载。

九、来自西域的珍玉奇石

在汉代及以后传入中国的西域物产中，还有许多玉石珠宝以及矿物等，或如时人所说的"珍玉奇石"，这样的奢侈品成为上层社会达官显贵们追捧的对象。

当时西域的玉石及玉器制作享有极高的声誉。中国文化中一直有以玉为贵的传统，早在新石器时代就出现了中国特有的玉石文化。商周之际，和田玉开始从西域输入，成为最受欢迎的玉石种类。张骞通西域之后，和田玉成为于阗王觐献中原王朝的重要方物，和田玉的输入数量远远超过先秦。起先于阗等地一直向中原出口玉石原料，有记载说从6世纪中开始，于阗向中原王朝觐献用于阗玉雕琢的工艺品，实际上，于阗的玉雕工艺品进入中原的时间可能更早。

琅玕在先秦古籍中一直被当作出产于西域的美玉。张衡在《四愁诗》中写道："美人赠我琴琅玕，何以报之双玉盘？"曹植的《美女篇》中写道："头上金爵钗，腰佩翠琅玕。"

"璆琳"是青金石的波斯语音译。青金石是我国传统的玉石之一，因具有深艳的天蓝色，上面又点缀着黄铁矿的星点，故称青金石。在公元前数千年的古埃及，青金石与黄金价值相当。在古印度、伊朗等国，青金石与绿松石、珊瑚均属名贵玉石品种。在古希腊、古罗马，佩戴青金石被认为是富有的象征，在诗歌中多有表现。比如，人们以这样一首神歌来描述月神之魔："公牛般的强壮，大大的头角，完美的形状，舒长的额毛，像青金石一样显赫。"那时人们相信青金石是治疗忧郁症和"间三日疟"的良药，"间三日疟"是一种每隔三日就复发一次的间歇性发烧症。世界上著名的青金石产地有阿富汗、智利和加拿大等地。阿富汗所产青金石有着均匀的深蓝至天蓝色，极细粒的隐晶结构中夹杂着微量的黄铁矿，使其在阳光照射下熠熠生辉。我国自古以来进口的青金石多数来源于阿富汗。产自今阿富汗巴达克山的青金石，早在公元前13世纪就开始出现在中国、古印度和古埃及。之后不久，青金石的贸易开始进入印度河流域文明的哈拉帕，后来成为佛教七宝之一。《尚书·禹贡》记载，夏代时位于西方的雍州曾向夏王朝进贡璆琳，说明青金石在我国夏代就已经得到了开发利用，并成为王朝礼法规定的神圣贡物。古代中国人把青金石称作"暗蓝星彩石"。他们把它研制成化妆品来描眉，把它的片制成镶有珍珠的屏风。

目前，中国考古发掘的最古老的青金石制品是春秋时期曾侯乙墓出土的玉石。墓中的玉石制品大都为佩饰物或葬玉，其质地除了青金石，还有玉、水晶、紫晶、琉璃等，其中不少为稀世精品。此外，我国还出土过春秋时期的一把越王剑，其剑格镶嵌了蓝绿色宝石。宝石学家鉴定发现，这把越王剑的剑格所镶玉石一边为青金石，另一边为绿松石。

汉代青金石的雕刻工艺已经达到了相当高的水平。1969年，考古工作者在江苏徐州东汉彭城靖王刘恭墓中发现了一件鎏金嵌宝兽形砚盒，砚盒高10厘米、长25厘米，重3.85千克。砚盒作怪兽伏地状，通体鎏金，盒身镶嵌有红珊瑚、绿松石和青金石。到南北朝时期，阿富汗的青金石不断传入中土。1975年，河北赞皇东魏李希宗墓出土了一枚镶青金石的金戒指。该戒指重11.75克，所镶的青金石呈蓝灰色，上刻一鹿，周边有联珠纹。同墓中还出土了3枚东罗马金币，说明这枚镶青金石的金戒指极有可能来自中亚地区。1957年，陕西西安郊区的隋朝李静训墓中出土了一件颇具波斯风格的金项链，金项链上镶嵌有青金石。

西域出产的玛瑙工艺品是中原最受欢迎的贡物之一，一向被视为珍品。据《西京杂记》卷二载："武帝时，身毒国献连环羁，皆以白玉作之，马瑙石为勒，白光琉璃为鞍。鞍在暗室中常照十余丈，如昼日。自是长安始盛饰鞍马，竞加雕镂。"

鍮石是中国古代对黄铜的称谓。古代波斯盛产鍮石。鍮石输入中国后，其工艺品很快成为贵族社会追求的时髦装饰。唐元稹《估客乐》诗说："鍮石打臂钏，糯米吹项璎。"在很长时间里，鍮石都是波斯输往中国的主要物产之一，一再出现在中国的历史典籍中。

我国文献中，"珊瑚"一词最早出现在先秦时代。多数学者考证认为"珊瑚"二字并非汉语，而是外来词汇。一说出自古波斯文"sanga"，意为"石头"。一般认为，珊瑚是由罗马帝国兴盛时期的意大利人最先发现的，地中海地区是珊瑚的主要产地。《太平御览》等书中也有"大秦珊瑚""珊瑚出大秦西海中""珊瑚出大秦国，有洲在涨海中"等记载。运抵中国的珊瑚多数并非直接取自大秦，而是通过海路沿线的西亚、中亚、南亚、东南亚诸国的转口贸易获得。在中国史书中，还记录了印度、波斯和阿拉伯等国出产珊瑚。这是由于它们与中国商人间广泛的珊瑚转口贸易以及其贡使来朝时所献珊瑚方物，被史籍误载为珊瑚出产国。中国的史书上记录最多最早的珊瑚产地是印度。印度在东西方间的珊瑚贸易中扮演了重要的转口地的角色。许多史籍均记载波斯"出产"珊瑚。明代的《西洋朝贡典录》记录了地处霍尔木兹海峡地带的忽鲁谟斯国是珊瑚的输出地，说明波斯湾地区在漫长的古代始终是珊瑚贸易的一个重要转口地。中国唐代以后的汉籍史料有大量关于大食国出产珊瑚的记载。东南亚诸国也被认为是重要的珊瑚"产地"。

珍玉奇石在当时皇室贵族的生活中备受珍视。它们被装饰在宫殿园囿，或者作为妇女身上的华丽装饰，总之是贵族豪奢生活的象征，在汉赋和诗歌中一再成为歌咏的对象。如司马相如《上林赋》铺陈上林苑之富丽时提及："玫瑰碧琳，珊瑚丛生，珉玉旁唐，玢豳文磷。"班固《两都赋》夸饰汉长安宫之华丽时说："硱磭采致，琳珉青荧。珊瑚碧树，周阿而生。"

第二编

一路向西

第九章　海上丝绸之路的开辟

一、史前大陆族群向东南亚移民

中国有着漫长的海岸线，蔚蓝的大海引发人们无限的遐想，也激起人们征服大海、由大海走向世界的愿望。大概在很久以前，我们的古代哲人就有"乘桴浮于海"的幻想。与此同时，人们逐渐在海上开辟出一条下南海、入印度洋而又通往西方的海上商路。

史前的"彩陶之路""玉石之路"是从中原向西走通的路，这条路线就是后来丝绸之路的方向。与此同时，还应该有从中原向南走的路，最远渡海到达东南亚地区。这是最早的大陆与东南亚地区的海上交通之路。

从民族起源上来说，东南亚各民族的先民与大陆有着一定的联系。经过民族学家、人类学家和历史学家的研究，东南亚原始文化的创造者，可能既有爪哇猿人的后裔，也有从中国南方迁徙来的居民和族群。他们共同创造了东南亚的史前文化。而其中，从中国南方迁徙到东南亚的族群起到了更大的作用。

大约在距今5000年前，东亚大陆地区的一些原始族群开始向东南亚地区迁徙。而流经中国西南和中南半岛的伊洛瓦底江、怒江（萨尔温江）、澜沧江（湄公河）、元江（红河）等长江大河的河谷地带，成为原始族群沿江而下迁徙的自然走廊。从中国广西、广东、福建出发，有陆路和海路，可以进入中南半岛的越南和东南亚海岛地区。在一次又一次的移民浪潮中，正是通过这些陆海线路，大批原始族群的移民迁移到了东南亚。这些新的移民带着原居住地的文化，适应东南亚地区的环境，逐渐成为东南亚新石器时代文化的主角。其中一些移民与当地的原始居民结合，形成了新的族群，共同创造了当地的文化。

这股移民浪潮持续了数千年之久。最初到达的，一般称为"原始马来人"，后来到达的称为"继至马来人""新马来人""混血马来人"。原始马来人及混血马来人又合称"南岛人"。南岛人其实是最后移入马来群岛的人群，之前迁入的有澳洲种人、尼利多人和美拉尼西亚人。南岛人的祖先带着更为先进的新石器文化而来，在发展程度上要高于原始马来人。他们与当地人经过长期的融合，在公元前1000年前后逐步演变为马来人的共同体，分布在印度尼西亚、菲律宾和马来半岛各地，主要居住在沿海地区，是东南亚海岛地区新石器时代文化的主要创造者。

在公元前1000年前后，孟族和高棉族居民进入东南亚的半岛。许多学者认为孟-高棉族来自中国的南方，比如云南一带。孟-高棉族移民进入东南亚后，也成为东南亚原始文化的创造者，他们在东南亚文化的发展中起到了更大的作用。与此同时，在邻近中国云南、广西的中南半岛中北部地区，出现了越族群体的居民，他们后来演化为越南、老挝、泰国、缅甸等的民族。这些民族都是从最初生活在中国南方的越族群体演化而来的。

东南亚地区考古发现的丰富资料中，有许多文化特质与中国古文化有着明显的关系。

从考古发现来看，中国华南地区和菲律宾发现的新石器，在形制上几乎相同。大量考古材料证明，有段石锛是百越民族创造的，具有中国南方新石器时代文化的重要特征。从各地出土的新石器时代的有段石锛看，浙、赣、粤、闽等地目前发现年代最早的距今约5000年，而双肩石器系统最晚也在新石器时期中期，其绝对年代至迟在距今6000年。有段石锛和双肩石斧在年代上要早于在东南亚发现的这两类石器。菲律宾的许多历史学家认为，菲律宾人的祖先所使用的有段石锛起源于华南。在赣、粤、闽发现的有段石锛多属原始型和成熟型，江浙有高级型的，台湾多属成熟型和高级型，菲律宾则多属高级型。

有段石锛的传播路线，正是古代中国人经由台湾岛迁徙至菲律宾群岛的路线。

东南亚地区新石器时代的陶器，大量的和主要的是印纹陶，出土的主要地区是越南、泰国和马来西亚。新石器晚期，越南北部和泰国也出现了彩陶。据考古学家的研究，东南亚的印纹陶来自中国南方的印纹陶。中国南方的印纹陶，分布在长江以南的广大地区，大约兴盛于距今3500年到2500年间，比东南亚印纹陶文化早500—1000年。从两者的胎质、造型和纹饰等方面的特点可以明显看出，它们之间存在递承变化关系。在制作上，东南亚印纹陶大体上采用了拍印、梳制、刻画等方法，与中国南方的印纹陶大体一致。这些情况说明，在3000多年前，中国南方的印纹陶已经传到了东南亚，给当地的制陶业以很大的影响。

东南亚地区的青铜文化受到中国南方青铜文化的深刻影响。云南是世界铜鼓的起源地。铜鼓于公元前7世纪开始出现，流行于广西、广东、云南、贵州、四川、湖南等地的少数民族地区。铜鼓全部铜铸，一般的铜鼓鼓面直径约50厘米、高约30厘米（个别的较大），鼓腔中空，无底，两侧有铜环耳，鼓面和鼓身都刻有精致的花纹。铜鼓的功能是多方面的，诸如祭祀、贮贝、庆典、集会、战阵、赏赐、上贡等，还有炫耀财富、显示身份的作用。东南亚青铜器中最典型的器物铜鼓，与中国南方的铜鼓文化有着密切的关系。它在传入东南亚之后，很快被当地的居民接受和喜爱，并迅速得到传播。在东南亚一些地区，如红河下游地区，一开始就有一个较高的起点，在公元前几个世纪中兴盛一时，产生了许多闻名于世的精美铜鼓，后来又传遍整个中南半岛，并越过海洋，进入印度尼西亚群岛。

⊙ 印度尼西亚铜鼓

在葬俗方面，岩葬是东南亚古文化的特质之一。所谓"岩葬"，指将死者的骨骸安放在高峻的悬岩之上。其方式，或将棺木置于天然岩石隙缝里，或在岩石上凿孔打桩而将棺木置于桩上，或将棺木、其他葬具置于天然的或者人工开凿的洞穴之中。岩葬在中国有着悠久的历史，遍及湖南、福建、广西、四川等地，为古代广大的濮、越系统的民族所采用。有确切放射性碳素断代材料的岩葬，如福建武夷山观音岩船棺距今3840±90年或3370±80年，江西贵溪岩葬距今2595±75年。在所有时代较明确的东南亚岩葬中，还没有发现比武夷山岩葬更早的。因此，有的学者推测东南亚的岩葬是从中国传去的，而且很有可能与四川古代巴文化的因素有关。

中国发源的粟作农业从我国北方向南方传播，最迟在距今4000年时便到了南亚和东南亚地区。粟在中国华南地区及东南亚的传播主要分为两条路线：一条是从中国西北到西南进而延伸至东南亚地区的西线，另一条是从中国东南沿海到台湾进而延伸至东南亚地区的东线。粟作农业的传播被认为是族群不断迁徙的结果。

早期粟作在向华南、西南及东南亚传播的过程中，对于当地生产方式的变化发挥了重要作用。伴随着这一时期农业科技文化交流的进一步密切和深入，粟类作物在东南亚的种植，无论在技术环节还是在使用农具上，都有了质的发展。这一历史时期东南亚粟等干旱作物的种植，也在某种程度上是中国传统农业思想观念的反映。

东南亚水系纵横的地理环境以及暖热多湿的气候特征，决定了中国古代农作物文化体系中对东南亚农业发展影响最大，也最为深远的是稻作文化。

以前由于学术界在亚洲栽培稻起源问题上多持印度说，在探讨东南亚稻作农业源起时，也往往把目光更多地投注在探寻其与印度文化之间的联系交流上。近几十年来的研究，已经确认了中国尤其是长江中下游流域的稻作起源中心这一地位。新石器时代晚期，以植稻为中心并具有相同特征的文化，不仅已较普遍地分布于我国南方各处，而且以这一历史时期族群迁徙和民族文化交流为背景，稻作文化也渐次传播到东南亚地区，甚至南洋各岛屿也开始种植水稻。如越南红河三角洲及老挝、缅甸等几处较早的稻作农业遗址，其时段即在新石器时代晚期，距今约5000年。

秦汉时期，伴随着南方农业技术的突破性发展，以及种谷与东南亚交通往来的进一步密切，种谷这种较为先进的稻作农业技术源源不断地传入东南亚地区，深刻影响了东南亚农业发展的历史进程，不仅使得水稻逐渐发展成为最主要的粮食作物，农业也开始在一些地区成为主导性产业。

稻作的传播是一种文化现象，东南亚稻作与中国百越稻作之间的渊源，是相当深远的。迄今为止，在东南亚诸多民族的农业礼仪文化中仍不乏中国古稻作文化的因素。与稻作农业文化相伴生的器物文化、饮食习俗等，可以从不同角度佐证这一点。

秦汉农业技术体系中对东南亚稻作农业发展影响最为深远的是金属农具和牛耕的普及推广。随着战国秦汉时期金属农具及牛耕在全国范围内的推广，铁器牛耕也逐渐进入南方稻作农业技术体系。此后，金属农具和牛耕的使用逐渐深入东南亚地区。这一技术体系首先在中南半岛北端生根发芽，尤其是越南中北部地区，成为向周边地区逐渐辐射渗透的又一中心。铁器牛耕在东南亚的推广，提高了当地人民利用和改造自然的能力，对稻作农业区域性的拓展和农业技术的提高起了重大的促进作用。另外，在东南亚各地农业遗址中，除金属农具外，还出土了大量竹木农具，其器形与金属农具颇为相似，可视为当地人民在汲取中国农具制作技术的基础上，根据本地资源进行的一种创造。

中国传统稻作技术体系中的农田水利技术、施肥改壤及稻作栽培技术，以及耕作制度等，也在不同程度上促进了东南亚地区稻作农业的发展。由于稻作对水热的依赖，我国南方各民族在长期劳作的过程中，逐渐累积和总结出了较为先进的灌溉技术，早在春秋战国时代，就形成了相当完善的稻田灌溉系统。这类灌溉系统往往与人工陂塘工程相联系。秦汉时期，随着人们对农田水利重要性认识的不断深化，基于国家统一后所提供的人力、物力，南方的农田水利技术又有了新的突破，出现了一大批水利工程。东南亚地区河流密布，水域面积广阔，农田水利的滞后往往是制约稻作农业发展的一个重要因素。因此，学习和引进较为先进的农田灌溉技术显得尤为重要。中南半岛北部的农田遗址，即有类似陂塘的水利工程出现。

　　秦汉时期的火耕水耨是南方稻作最常见的耕作方式，这虽然还属一种较为粗放的经营方式，但相较于原始的水田耕作方式，则已经带有若干进步的因素：将草莱的灰烬作为天然肥料，进行中耕除草，以原始的农田排灌设施为前提，等等。除此以外，它更是适应了南方地广人稀、气候暖温、水源丰富的自然条件与社会经济特征，即"往者东南草创人稀，故得火田之利"。因此，火耕水耨具有较为顽强的生命力，不仅时代久远，而且影响范围很广泛。从考古学和民族学材料两个方面来分析，火耕水耨在东南亚也是相当盛行的。

　　中国的梯田文化也传到了东南亚地区。在古代菲律宾，梯田文化有了高度的发展。在吕宋高山省的山区，居住着10多个民族，他们在山峦中开出层层梯田。每层梯田之间以石垒砌，高者达15米。梯田引山水灌溉，种植水稻，耕作方式与中国无异。在这些梯田中，以伊夫高族在巴纳韦地区所开辟的梯田规模为最大，面积近400平方千米，被称为世界最大工程之

⊙ 菲律宾巴纳韦梯田

一。中国的梯田文化或是沿东线经由赣、浙、闽、台而随华南人传至菲律宾，或是沿西线经由中南半岛传至包括菲津宾在内的东南亚各岛屿。

二、海上丝绸之路的开通

至迟在公元前2世纪，我国便已从海路向外传播丝绸等物产，并从海陆引进国外丰富的物产。这条途经南海传播丝绸的海路，被称为"海上丝绸之路"。从罗马帝国到丝绸之都的陆上旅行是一次伟大的历史创举，而海上航线的发现和利用完全可以与之媲美。

自古以来，在这条海上丝绸之路上，商旅往来贸易，僧侣传教求法，使臣渡海扬波，留下了许多可歌可泣的故事。与陆上丝绸之路相比，海路开辟的时间晚些，持续的时间却长得多；当陆路到唐朝中期已经失去其重要性时，海路却蒸蒸日上，方兴未艾。它在促进我国和各国的海上交通、经济文化交流、友好往来，乃至对各有关国家的历史发展方面都起过重要的作用。

国内外学术界很早就注意到海上丝绸之路的存在。法国汉学家沙畹（Édouard Chavannes，1865—1918）在其所著《西突厥史料》中提出"丝路有海、陆两道"。1933年，斯文·赫定在对丝绸之路进行考察后提出，"在楼兰被废弃之前，大部分丝绸贸易已开始从海路运往印度、阿拉伯、埃及和地中海沿岸城镇"[①]。他还说，李希霍芬已经提到了海上丝绸之路的概念。

20世纪60年代，日本学者三上次男专门研究中国瓷器在海外传播的情况，他在对菲律宾、斯里兰卡、印度、阿富汗、伊朗、两河流域、土耳其、埃及等地的考察中，发现了大量中国古瓷器碎片。他著文《陶瓷之路与东西方文化交流》，首次将这条沟通东西交流的海上通道命名为"陶瓷之路"。他指出，从很早的时候起，海路就与陆上丝绸之路具有同等重要

---

① ［瑞典］斯文·赫定著：《丝绸之路》，江红、李佩娟译，新疆人民出版社1996年版，第212页。

的作用，并且随着汉与西域诸国关系的复杂化，海上通道的重要性日益凸显，海路贸易在9—10世纪更是得到了爆发性发展。三上次男的学生三杉隆敏所写的具有海外游记风格的著作《探寻海上丝绸之路——东西陶瓷交流史》中，第一次明确地提出了"海上丝绸之路"这个概念。他还根据历史文献记载，大致复原了当时的远航帆船以及航行路线。三上次男在为该书所写的序言中，对三杉隆敏的这一想法予以肯定，并在三杉隆敏第二部著作的序言中指出，随着时代的变化，大约从10世纪开始，海上丝绸之路即成为东西方主要的贸易通道。后来，日本放送协会（NHK）制作了《海上丝绸之路》系列节目，使这一名称更为广泛地为人们所熟知。

史前大陆族群向东南亚的移民浪潮，说明先民们已经有了最初的航海能力。考古资料显示，在距今8000—7500年前的新石器时代早期，我国先民已经拥有了相当高水平的独木舟。六七千年前，辽东半岛黄海沿岸与其附近岛屿之间的短距离海上捕捞和迁徙航运活动就已经开始了。

但是，海上丝绸之路作为古代中国与外国交通贸易和文化交往的海上

⊙ 跨湖桥独木舟，浙江杭州萧山跨湖桥遗址出土，距今8000—7000年，是迄今世界上发现最早的独木舟之一

通道，则形成于秦汉时期，发展于三国至隋朝时期，是已知的最为古老的海上航线。

在春秋战国时期，我国已经有了海上交通。春秋末期，齐国已经拥有一支强大的海军，有"海王之国"之称。到秦代，我国已经具备了远程航海能力，徐福东渡的故事说明，那时候已经有了大规模的远洋船队。秦末汉初，南方的南越政权积极发展海上交通。考古发现的资料证明，汉代南越人精于造船，擅长航海。南海是目前所知的世界上最早使用船舵、船锚的海区之一。汉代番禺（位于今广东广州）是南海的造船中心，所建造和使用的木板船能在海上进行远航和作战活动，在我国造船和航海史上达到了第一个高峰。在航海技术方面，指南针虽未被实际用于海上航行，但舟师用"观星定向"方法指导航行，出现了不少总结航海经验的著作，如《海中日月彗虹杂占》《海中五星顺递》等。因此，秦汉之际已有可能与东南亚，甚至南亚地区建立了航海贸易关系。

南越王赵佗为寻找重要的军需物资资源，开始谋求海上路线。广州南越王墓中出土的希腊、波斯风格的银器皿以及南越国宫殿遗迹发掘出来的石制希腊式梁柱，证实了秦末汉初中国与印度半岛之间的海路已经开通，以南亚为中转站，岭南地区向西方输出丝绸以换取各种物资，并且可能有

⊙ 春秋时期吴国大翼战船模型

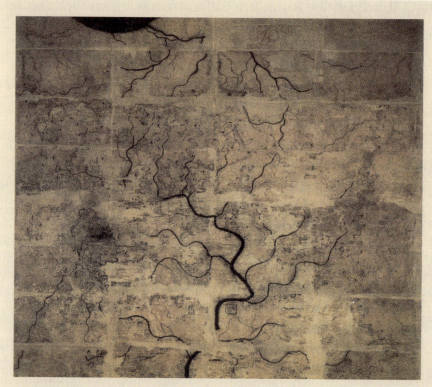

⊙ 湖南长沙马王堆汉墓出土的帛画《西汉初期长沙国南部地形图》，湖南省博物馆藏，成图时间在公元前168年以前。图的方位为上南下北，左东右西。在图的上部绘出了珠江入海口附近海域，这是中国现存最早的绘有海岸线的地图

希腊工匠来到中国参与了南越国宫殿的建造。海上丝绸之路的兴旺与发展，促进了番禺市场的繁荣。罗马的玻璃器具，非洲的象牙、犀角，波斯的银器，南亚和东南亚的琥珀、玛瑙、珠玑、果品等异域珍品，通过海上丝绸之路运到了番禺，再经陆路转运到汉朝的都城长安。

到汉武帝时代，国力雄厚，武帝亲自七次巡海，鼓励海洋探险与交通活动。他在统一东南沿海、扫清沿海航路后，即利用雄厚的航海实力，大力开拓南海对外的交通与贸易活动，从日南、徐闻、合浦通往都元国、夫甘都卢国、黄支国、皮宗国、已程不国等地，扩大汉王朝与海外各国的政治、经济与文化联系。

班固所撰《汉书·地理志》记载了一条通往印度洋的远洋航路，这是

中国历史上记载的第一条印度洋远洋航路。《汉书·地理志》的记载，是我国航海船舶经南海、穿越马六甲海峡在印度洋上航行的真实记录。其记载的一些古代地名，据现代学者考证，日南即今越南广治省，徐闻为今广东徐闻，合浦为今广西合浦。都元国约在马来半岛东南部近新加坡海峡之处，汉船从南海启航，乘东北季风沿岸南航，在风向转换之时，再由此处穿马六甲海峡，顺西南季风北上。邑卢没国，约在今缅甸南部锡唐河入海口附近的勃固，汉船从新加坡海峡西北行4个月，一路基本上顺风或侧顺风。谌离国，约在今伊洛瓦底江中游沿岸，缅甸蒲甘城附近的悉利，为古代东西方交通要冲，汉船溯流顺风北上20余日可至该城。夫甘都卢国，约在今缅甸太公城，即旧蒲甘城。黄支国，约为今印度半岛东岸马德拉斯附近的康契普腊姆，汉船从谌离国续航，稍北行即达孟加拉国湾北端，然后再乘换向而来的东北季风，顺印度半岛东岸南下，航行两个多月即可达。已程不国，约为今斯里兰卡，即古代所谓"师子国"，是南亚、西亚海上贸易的中心地区。皮宗国约在今马六甲海峡东头水域中的香蕉岛（Pisang），为扼海峡口的要冲地区，汉船从已程不返航，先沿印度半岛东岸乘西南季风北上，然后乘东北季风沿孟加拉国湾东岸南下，而至马六甲海峡的皮宗岛，最后由此北上航行回国。

这条往返南亚地区的汉使航程，是一条沿岸渐进的印度洋远洋航路。

⊙ 东汉陶船，广州博物馆藏

当时中国的南洋航海由朝廷遣黄门（即皇帝的近侍内臣太监）执掌，并招募富有远洋航行经验的民间海员一起出航，这说明民间的远洋航海活动必早于汉武帝时期。中国商人运送丝绸、瓷器经海路由马六甲经苏门答腊来到印度，并且采购香料、染料运回中国；印度商人再把丝绸、瓷器经过红海运往埃及的开罗港或经波斯湾进入两河流域到达安条克，再由希腊、罗马商人从埃及的亚历山大、加沙等港口经地中海运往罗马帝国的大小城邦。汉船在异域航行途中，"所至国皆禀食为耦"，受到热情接待，还时有外国航海者或使节参加进来，结伴同行，还可能有外国海船沿途护送，"蛮夷贾船，转送致之"。

三、孙吴对海上丝绸之路的经略

汉代海上丝绸之路已经很畅通发达，海外贸易繁荣。在三国至南北朝时期，相对北方混乱的地方割据与军事纷争而言，南方的局势比较稳定。南方各政权，即吴、东晋、宋、齐、梁、陈"六朝"，积极发展航海事业，扩大与南洋诸国的海上联系。

三国时期，吴国的疆域主要在长江中下游南岸及东南沿海。吴主孙权利用通达外海的地理条件，开创造船业，训练水师，以水军立国，并派遣航海使者开发疆土，发展海外贸易，与外通好，做出了重大贡献。范文澜说孙权是"大规模航海的倡导者"，"吴以水军立国，有船五千余艘，水军主力在长江，但航海规模也很大"。"当时已有如此宏大的舰队，也足以令人气壮"①。所以东吴时期，不但沿海航行活动频繁，而且与海外的交往相当密切。

孙吴政权的造船业有很大发展，船舰的设计与制造有了很大的进步，技术先进，规模也很大。汉代主要造船地区在长江下游的苏州、无锡、安庆等地，所造多是平底内河船。孙吴的造船中心移往建安郡侯官、临海郡

---

① 范文澜著：《中国通史简编》（修订本）第二编，人民出版社1964年版，第214页。

永宁县、南海郡番禺县等港口。同时设置典船都尉，专门管理造船工场。孙吴所造的船，主要为军舰，其次为商船，数量多、船体大、龙骨结构质量高，最大战舰可载3000名士兵，有上下5层，雕镂彩画，非常壮丽，续航能力强。孙权乘坐的"飞云""盖海"等大船，更是雄伟壮观。航行在南海上的商船，"大者长二十余丈，高去水三二丈，望之如阁道，载六七百人，物出万斛"。东吴的海船，使用了前所未有的多帆技术，在多帆桅船上，斜移的帆面各自迎风，后帆不会挡住前帆的受风，大大加快了船速。康泰《吴时外国传》称，这种船自南海乘风航行至大秦只需一月。万震《南州异物志》说，多帆海船上通过斜移帆面到合适角度，充分地利用风力，"斜张相取风气，而无高危之虑，故行不避风激波，所以能疾"。

1955年，广州出土了东吴陶制船模，船模从船首到船尾有8根横梁，8根横梁说明有8副隔舱板，它们把船体分成9个严密的分舱（船舱）。这是用了横梁和隔舱板形成的分隔舱结构造船技术。船在航行时，即使有一两个船舱受到破坏进了水，水也不会流入其他船舱中，船不会马上沉没。进水的船舱可以抓紧时间抽水、堵塞漏洞和进行其他修理，并不影响船继续航行。在当时，这种造船技术是很先进的。

孙吴武装船队出海百余艘，随行将士万余人，北上辽东、高句丽，南下夷州和东南亚今越南、柬埔寨等国。吴国灭亡时，尚有战船、商船等5000多艘。孙吴发达的造船业对后世出海远航提供了更为便捷有利的条件，对于贸易与交通的发展、海上丝绸之路的进一步形成起了积极的推动作用。

孙权曾派朱应、康泰出使东南亚诸国，泛舟南洋，历时一二十年，航迹相当广泛，对当时的东西方航路已经有所了解。在南海海上丝绸之路形成的过程中，人们也逐步增强了对海上航行及其航路的认识，形成了南海海上航行交通路线图。古代渔民在南海诸岛从事渔业生产的过程中，对那里的自然情况、岛礁位置、航行路线、渔场分布以及岛礁名称等方面进行了持续的记录。这些航海记录和航海图为远洋航行提供了极大的方便。

四、扶南：海上丝绸之路的中转站

东南亚地区是中国的近邻，很早就与中国有比较密切的往来。中国与东南亚的海上交通，是中国最早发展起来的海上航线之一。不仅如此，东南亚地区在中外文化交流史上的重要意义还在于，这一地区处于中西海上交通的要冲，是海上丝绸之路的中转站。

公元前2—公元1世纪，中国与东南亚、南亚之间已经有海上贸易，其航线是从中国广州，经越南中部、南部沿海而下，经过马来半岛，到达缅甸南部沿海，最后到达印度南部沿海港口。东南亚的这些沿海地区，是中国与印度海上航线的必经之地，也是与中国和印度都有贸易关系的港口。中国与东南亚、南亚之间贸易的开展，对于当地经济发展和财富增长，以及文化发展和文明开发，都具有重要的意义。

进入1世纪以后，海上丝绸之路从中国—东南亚—南亚向西延伸到地中海地区，使整个海上丝绸之路全线贯通。东南亚沿海港口成为中西交通的中转站，在中西文化交流中发挥了重要作用。3世纪以后，东南亚的一些地区，当时属于扶南的一些沿海地区的航海和海上贸易已经比较发达。

中国古代文献记载的与中国有交往的东南亚国家，首先是扶南国。"扶南"（Funam）一度被读作"B'in-nam"，是古代中国人对位于今柬埔寨境内、朱笃和金边之间的湄公河沿岸的一个王国的称呼。"扶南"不是它的真名（人们并不知道它的真名是什么），只不过是对它的统治者的称呼。

扶南是东南亚历史上第一个大国。扶南雄峙半岛，威镇海疆，从2世纪到6世纪的400年中，始终是东南亚势力强大、物产富饶的国家，是称雄东南亚的海上强国。它不但在政治上、军事上、经济上执东南亚牛耳，而且在交通上处于中国与印度、东方与西方的海上交通要冲。扶南的港口是位于暹罗湾畔湄公河三角洲沿海边缘地区、今越南南部西海岸迪石以北的奥克·艾奥。罗马的商船以日南、交趾和此地为主要停泊地、通商地。锡兰与印度的商船亦来航，而马来半岛、苏门答腊、爪哇之物产，集辏于此。它正位于当时中国与西方之间的航海大道上。1944年，法国学者刘易斯·马勒莱（Louis Malleret）在古海港奥克·艾奥遗址进行发掘，证明此地为东西海上交通的中继站。在这个海港遗址发掘出的物件中，有中国和罗马的许多产品，中国物产中包括西汉的规矩镜、东汉三国时期的八凤镜等。罗马遗物包括152年和161—180年发行的罗马金币，这些金币以及罗马或仿罗马式金银装饰品，还有雕像中体现的安敦时代的风格，表明2世纪中后期是罗马帝国与东方交往的高潮时期。有研究者认为，公元二、三世纪，奥克·艾奥地区的工匠按纯罗马风格制造凹型雕刻，并能够重现先进的罗马工艺。另外，遗址中还出土了罗马玻璃器残片，类似的玻璃器皿在中国境内的汉晋遗址中均有发现。考古学上的这些发现证实了文献记载的关于罗马与东方密切联系的可靠性和真实性。

中国与这一地区的最初交往，可考者的时间为东汉章帝元和元年（84）。有学者指出，《后汉书》记载这一年"日南献生犀、白雉"。中国史籍中最先提到扶南的是康泰的著作。吴赤乌六年（243），日南王范旃派遣使团带着他们国家的乐师和产品来到中国。东吴黄武五年（226），宣化从事朱应、中郎将康泰出使扶南，受到扶南王范寻的热情接待，他们还在扶南王宫廷里遇到了印度穆伦达王朝所派的使臣。朱应和康泰在扶南留居数年，探询通往大秦的海路。

在范寻统治的整个时期，扶南与中国的使节往来一直很频繁，两国关系也比较密切。据《晋书》记载，268—287年，范寻多次派遣使节到中国。如西晋武帝泰始四年（268）十二月，扶南等国遣使来献；太康六年（285）、太康七年（286）、太康八年（287），扶南国遣使来献。

扶南位于中国和印度之间，深受两国文化的影响。特别是佛教在印度兴起以后，扶南"为佛教东被之一大站"，成为中印两国文化交流的一座桥梁。东晋穆帝升平元年（357），扶南遣使献驯象等方物。其时，扶南王名竺旃檀，或是天竺人，其后王名陈如，本是天竺婆罗门，由是改行天竺法。此时佛教和婆罗门教在扶南可能并行。

至5世纪时，扶南与中国的交往更为密切。扶南王恃梨陀跋摩曾遣使朝见南朝宋文帝（424—453年在位）。《宋书》记载，南朝宋文帝元嘉十一年（434）、十二年（435）、十五年（438）都曾遣使入贡，并拒绝帮助林邑攻打交州。

扶南晚期历史上最伟大的国王阇耶跋摩曾遣使用海舶载货来广州贸易。那时广州有一位印度出家人那伽仙附乘他的海舶去扶南，具述中国佛法兴盛的情况。扶南王因遣那伽仙携带国书并赍金缕龙王坐像、白檀像、牙塔等，于永明二年（484）重来中国送给南齐武帝。其来书中叙述他们国内信奉佛教，并以大自在天为守护神的情形。由于这时佛教在中国颇为昌盛，扶南的硕学沙门僧伽婆罗也附随商舶来到南齐都城，中国的王朝招待他住于正观寺内。婆罗博学多识，通数国语言，又从当时在中国的天竺沙门求那跋陀精研《方等》，后来成为南朝梁有名的译经大师。

梁天监二年（503），扶南王阇耶跋摩又遣沙门曼陀罗仙入华，向南朝梁送珊瑚佛像、天竺旃檀瑞像及婆罗树叶，并献方物。梁武帝接受礼品后，认为礼品珍贵，应厚礼酬答。

⊙ 柬埔寨吴哥通王城巴戎寺浮雕中刻画的东南亚浆船

阇耶跋摩的后继者律陀罗跋摩（514—539年在位）也多次遣使到中国。陈永定三年（559）、太建四年（572）、祯明二年（588），扶南国又数次遣使贡献方物。

扶南与中国之间的民间贸易也较为兴盛。史载，扶南出沉木香、象牙、苏枋木、紫枬木、槟榔、紫俳等特产，在中国市场很畅销，故南朝宋末，有扶南王阇耶跋摩"遣商货至广州"，以货易中国物品。梁时，双方的交流仍很兴盛，扶南的大船可以直接从西天竺开到建康城下停泊，把货物搬运入宫，让梁武帝亲自过目。

扶南南界3000余里的属国顿逊（东南亚古国）是一个海外贸易中心，"东界通交州，其西界接天竺、安息徼外诸国，往还交市"，"其市东西交会，日有万余人，珍物宝货，无所不有"，来自印度、安息以及中国的商人在这里交换奇香异宝。

五、朱应、康泰报告的南海事情

东吴黄武五年（226），中郎将康泰和宣化从事朱应出使南海诸国，进行外交活动。朱应、康泰等远至林邑、扶南诸国，是中国古代有历史记载的、最早航海到东南亚、南亚的旅行家。回国后，朱应写下了《扶南异物志》，康泰著《吴时外国传》（一作《吴时外国志》或《扶南记》《扶南传》），记述了他们出使扶南等国的见闻。这两部著作的成书时间，可能在3世纪60年代末或70年代初。这两部著作都已失传，但《隋书·经籍志》和新旧《唐书》之艺文、经籍志均载有"朱应《扶南异物志》一卷"。康泰的著作未见隋唐经籍志、艺文志著录，但《水经注》及唐、宋诸大类书广征博引，有《扶南传》《扶南记》《外国传》《吴时外国传》《扶南土俗传》等名目。也有的学者认为，所传康泰的各种不同名称的著作可能是同一部书，朱应、康泰二人之作也可能是同一种。有可能，朱应、康泰的"记传"乃一人之作而冠以二人之名，一人为实际作者，而另一人因是主使官也名列其前。

朱应、康泰为交通海南诸国最早的专使，他们所撰的见闻录自然也成了我国记载古代南海交通的重要专著，为后人留下了关于南海诸国的宝贵资料。这些佚文记载了30余个国家和地区的方位、里程、物产、人口、风俗、气候、贸易、宗教和工艺等情况。

据《太平御览》等记载，康泰始在《扶南传》中记述了南海的地理情况。如海中珊瑚洲地形的概貌："涨海中，到珊瑚洲，洲底有盘石，珊瑚生其上也。"文中的"珊瑚洲"即珊瑚岛与沙洲，珊瑚岛与沙洲露出水面，虽高潮亦不能淹没。它们是以珊瑚虫等为主的生物作用而造成的礁块。"洲底"的"盘石"，即火山锥或海中岩石。康泰在书中还记述了南海中某些岛屿的动物和植物。

康泰、朱应在出使时，详细了解了扶南及南海诸国的风土人情，如扶南曾遣使至天竺，往返达六七年，康泰即向使者"具问天竺土俗"。《梁书》说朱应、康泰经历和传闻的有百数十国，这个数字当然有些夸大，因为古时往往把现今同一国家的不同地方均冠以"国"字。但从康泰《吴时外国传》的残文来看，其记述确实不限于扶南一地，而是包括东南亚、南亚，乃至西亚各国数十个地方。光扶南一地就有十来条，专记扶南古代诸王（如混填、混盘况、范旃、范寻等）执政时的法律、征战、物产、造船、风习和对外交通等情况。

康泰的《吴时外国传》是研究我国古代南海交通和海上丝绸之路，以及东南亚各国特别是柬埔寨古代史的不可多得的第一手文献。康泰、朱应的记叙不仅为同时代万震的《南州异物志》和稍后的郭义恭《广志》所袭用，而且《南齐书》《梁书》《南史》等也都据以编辑南海诸国传。

六、葛洪的扶南之行及其记述

东晋时，著名医学家和道教学者葛洪（约281—341）曾经到扶南游历。葛洪往扶南并非出自其本意，而是因为一个偶然的机会。葛洪有一友人嵇含，任广州刺史。他请葛洪为参军，并担任先遣。葛洪以为可借此躲避战乱，遂欣然前往。不料嵇含在赴任途中为人所害，葛洪又回乡不成，无奈滞留广州多年。正是在此期间，葛洪因“有缘之便”而到了扶南。此行的时间应在光熙元年（306）至永嘉四年（310）之间。

《太清金液神丹经》中记载了葛洪在扶南游历的经历，还记述了南海航行的历程，记载了扶南、西图、典逊、杜薄、大秦、月支、安息等20余国的方位及物产等。

葛洪往扶南的航线是从日南寿灵浦出发，向南行昼夜十余日即到。这次航程与《洛阳伽蓝记》所记之扶南到中国的航线——"从扶南国北行一月，至林邑国。出林邑，入萧衍国"——恰好吻合，只不过方向相反。

葛洪在扶南做了多方面的考察，主要考察了那里的地方物产，包括自然物产和人工制品，为他后来的著述准备了很重要的材料。葛洪是道学家，热衷于炼丹，所以对扶南以及所经过的其他东南亚国家所产药物尤其关注，像朱砂、硫黄、曾青和石精等都被他看作能够使人长生，甚至成仙的良药，而且对这些地区的很多类似的药物，他"无求不有"。葛洪还在扶南遇到了其他国家的一些人士，"问其地土，考其国俗"，了解了那些国家的一些民俗风情和道里行程。

葛洪通过在扶南的考察和与当地人的交流，记载各国的情况。葛洪对于西域各国的记述，最远达到罗马，虽然多是得自传闻，但已经比较具体和详细。他记述其地理、物产，尤其是药物，以及国俗、对外贸易等，加深了当时中国对扶南

⊙ 清代张若澄《葛洪山居图》

以及其邻国的了解。

葛洪通过扶南之行、对沿途各国的考察以及探寻远西各国的传闻，大大开阔了眼界，增加了对域外知识的了解，也对中国传统的世界观念提出了质疑。他说，战国时邹衍提出的"大九州"说，现在看来有些狭隘。他指出："古圣人以中国神州，以九州配八卦。上当辰极，下正地心，故九州在此耳。其余虽广，非此列云。及其山奇海异，怪类殊种，珍宝丽物，卓谲瑰璋，盈耳溢目，惊心愕意，既见而未闻者，诡哉不常，难可详而载也。"

中国人对外部世界的了解和知识，是形成中国人"世界观"的基本条件。随着对外交往的扩大，中国人的足迹向更远的地方延伸，中国人的视野也不断扩大。朱应、康泰和葛洪泛海南下，亲历数国，不仅增加了对东南亚风土人情的了解，也对海上丝绸之路的航路有了进一步直观的了解。这样，中国人对外部世界的认识，就不仅仅局限在通过陆上丝绸之路对西域的认识，还有通过海上丝绸之路对东南亚、南亚以及更远地方的了解。不过，在这个时期，中国人对海上丝绸之路和海洋交通的认识还不及对陆上交通的认识和了解。

七、南朝对海上丝绸之路的经略

在孙吴之后，西晋初时与南海诸国也有频繁交往。由于洛阳与江淮之间的运河已经畅通，各国使节由水道频至洛阳。据史书记载，徼外诸国多"赍宝物自海路来贸货"。西晋王朝初年与林邑、扶南等国皆有官方交往，甚至大秦国人亦通过海路入贡，经广州至洛阳。除官方交往外，海上贸易也有所发展。《晋书·南蛮传》"林邑"条记载，林邑王范文"随商贾往来，见上国制度，至林邑，遂教（范）逸作宫室、城邑及器械"，反映了在林邑与中国之间商贾的活动，他们有的还深入内地至洛阳。

东晋僧人法显赴印度求法，回国时取海路，从古印度东北部多摩梨国出海，经师子国，横渡孟加拉湾，航达苏门答腊东部的耶婆提国，再北上归国。从法显的记述中可以得知，当时南亚与东南亚和东亚之间的航海交往已相当频繁，200人以上的商船往返于西太平洋与北印度洋已是很普通之事。这时的商人已经熟知"常行时正可五十日便到广州"。从孟加拉湾至斯里兰卡，从斯里兰卡至苏门答腊，从苏门答腊至广州，已有相对稳定的航路与航期；多摩梨国、师子国、耶婆提和广州，都已成为主要的海上通航与通商口岸；已有横渡孟加拉湾、暹罗湾的较为远程的航路，这些都反映出航海技术有了进一步的提高。

南朝宋、齐、梁、陈各代政权都对发展海外交通采取积极的态度，与许多国家有交通往来，海外交通相当发达。由于北方有北朝阻隔，因此宋、齐、梁、陈诸朝的对外交往主要还是面向南海的、从海上可以联络的国家。

南朝梁元帝萧绎是很有造诣的画家，曾作《职贡图》。该图表现了当时外国来使的情况，展现出南北朝时期国家间友好往来的繁盛场面。原画所绘有25国使臣，现存此图为残卷，描绘12位使者朝贡时的形象，依次为滑国、波斯、百济、龟兹、倭国、狼牙修、邓至、周古柯、呵跋檀、胡密丹、白题、末国的使者。图中绘列国使者立像12人，皆左向侧身，身后楷书榜题，疏注国名及山川道路、风土人情、与梁朝的关系、纳贡物品等。使臣着各式民族服装，拱手而立。他们的脸上流露出到南朝朝贡时既严肃又欣喜的表情，也展现出不同地域和民族使者的不同面貌和气质，脸型肤色各具特点。这卷《职贡图》以及元帝所撰的"序"和"赞"，都表

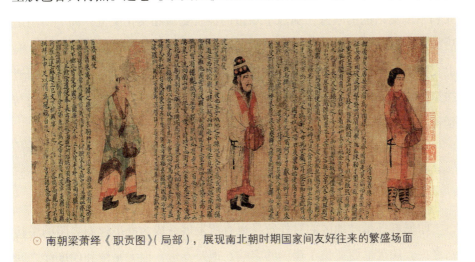

⊙ 南朝梁萧绎《职贡图》(局部)，展现南北朝时期国家间友好往来的繁盛场面

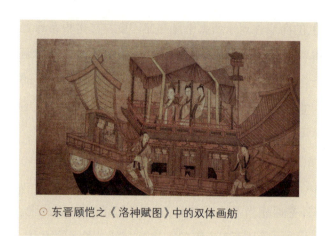

⊙ 东晋顾恺之《洛神赋图》中的双体画舫

现了当时海外交通的盛况。

南朝时，中国航海者不仅与亚洲众多的沿海国家和地区有着广泛的航海贸易，而且越过南亚印度半岛，将海上丝绸之路延伸到了阿拉伯海与波斯湾头，直接沟通了东西亚之间的海上联系，如《宋书》所说："舟舶继路，南使交属。"5世纪中叶以后，中国南部已与印度、锡兰，乃至更远的波斯建立起固定的商贸联系。中国船舶自南海、印度洋西航，印度洋沿岸及东南亚国家船只东来。通过贸易输入的物品，除传统的象牙、犀角、玳瑁、琉璃器外，吉贝（棉花）和香料也日渐增加。出口物品仍以丝绸为主，陶瓷器、铜铁器、漆器显著增加。

总之，从汉朝到南北朝时期，中国在南洋的海上交通已经十分发达。勇敢的航海者们乘风破浪，前赴后继，一代又一代地致力于海上丝路的开拓，把航线延伸到遥远的西方。海上交通的开辟和发展，沟通了中国与南亚和东南亚诸国的联系，加强了双边的经贸交流和文化交流。而到中唐之后，西北丝绸之路阻塞，华北地区经济衰落，华南地区经济日益发展，海上交通开始兴盛。随着唐宋两代中国造船、航海技术的长足发展，中国通往东南亚、马六甲海峡、印度洋、红海，及至非洲大陆航路的纷纷开通与延伸，海上丝绸之路成为中国对外交往的主要通道。

八、南朝与印尼群岛的海上交通

印尼群岛爪哇地区的对外贸易也有所发展，成为海上丝绸之路的中转站之一。印度尼西亚位于亚洲的南端，地跨赤道，由太平洋和印度洋之间的群岛组成，号称"千岛之国"。中国与印度尼西亚之间的文化联系有着悠久的历史。考古学家在印度尼西亚的一些地方发现了中国汉朝的文化遗迹。根据这些考古发现，有的考古学家认为，在公元前后印度尼西亚已经有中国人活动了。

中国史籍关于中国与印度尼西亚交往的记载，最初见于《后汉书》，永建六年（131）"十二月，日南徼外叶调国、掸国遣使贡献"。在这条记载的注文中，还引《东观记》做了进一步的说明："叶调国王遣使师会诣阙贡献，以师会为汉归义叶调邑君，赐其君紫绶，及掸国王雍由亦赐金印紫绶。"由于爪哇和苏门答腊两岛仅一水相隔，古代常混称此二岛为"耶婆提"（Yavadvipa）。由于上引这段史料文字过于简单，无从知道叶调国派遣使臣来中国搭乘的是哪一国的海船，走的是哪一条航线。有的印尼学者认为，在公元2世纪时，印尼人已经有了航海技术以及天文学和气象学知识，叶调国使臣来中国所乘乃是自己建造的船舶。至于所行航线，法国人费朗（G. Ferrand）在《昆仑及南海古代航行考》一书中认为，是沿着邦加、苏门答腊、马来半岛和印度支那海岸航行，抵止于交广，并认为这也是马来群岛的远祖所走的古航道，仅其方向相反而已。[1]不过，这种说法尚无旁证，仅是聊备一说。然而，不论如何，汉代时中国确已与印度尼西亚有了官方的往来。

到3世纪上半叶的时候，中国可能与印尼有了贸易关系。当时中国人间接得知在苏门答腊的东南部沿岸某处有一个重要的商业中心，把它叫作"歌营"。它的重要性在于，它与印度发生了贸易关系。在那个时代，通过东南亚的主要国际贸易路线是经过缅甸的顿逊，横跨马来半岛的北端。因此，中国和歌营的贸易联系可能是通过顿逊或马来半岛的其他一些国家。

东晋僧人法显赴印求法，自印返回时走海道，途经耶婆提国。他曾提到非佛教徒和佛教异端在耶婆提国占了优势。多数研究者认为，此耶婆提国位于爪哇或苏门答腊。那么，法显的记载表明，此时在印度尼西亚与

---

① 温广益等编著：《印度尼西亚华侨史》，海洋出版社1985年版，第4页。

中国之间已有横渡南海的直接交通，而且在正常情况下，50天左右即可抵达。

南朝时，中国和印尼之间的交往有了较大的发展，印尼群岛上的一些王国陆续遣使入华，与中国发展贸易关系。据《宋书·夷蛮列传》记载，南朝宋元嘉七年（430），呵罗单国"遣使献金刚指环、赤鹦鹉鸟、天竺国白叠古贝、叶波国古贝等物"。该国使臣上表说："臣国先时人众殷盛，不为诸国所见陵迫，今转衰弱，邻国竟侵。伏愿圣王，远垂覆护，并市易往反，不为禁闭。"该国意在前来寻求保护，并请求解除对该国商人的贸易限制。又据记载，元嘉十年（433），呵罗单国国王毗沙跋摩致国书于刘宋文帝问讯。此后又于元嘉十三年（436）和元嘉二十九年（452）分别遣使入华。此呵罗单国，中国史籍又作诃罗施、诃罗单或诃罗旦，一般认为其故地在苏门答腊。从上述记载可知，该国在二十几年内便四五次遣使来中国，在当时海上交通仍很不方便的情况下，不能不说是相当频繁的了。

《宋书》还记载，元嘉十二年（435），阇婆婆达国国王师黎婆达陁阿罗跋摩遣使主佛大陁婆和副使葛抵携国书向宋文帝问讯。此阇婆婆达国，一般认为是5世纪前后在爪哇西部建立的多罗磨王国，亦即法显提到的耶婆提国。

《梁书·诸夷列传》记载，干陁利国国王释婆罗那邻陁，在宋孝武帝时（454—456）遣长史竺留陆来中国"献金银宝器"；南朝梁天监十七年（518），该国国王邪跋摩又遣长史毗员跋摩携带国书向梁武帝问讯；普通元年（520），再"遣使献方物"。此干陁利国故地在苏门答腊，是后来兴起的室利佛逝国的前称。

《梁书》还记载，天监十六年（517），有婆利国遣使入梁。另据记载，丹丹国也在这一时期向中国遣使入贡。婆利国和丹丹国都在爪哇。

第十章　西方对海上丝绸之路的探索

一、早期西方人的海上探索

西方人很早就开辟了一条从埃及红海沿岸起航，出曼德海峡，横越阿拉伯海，到达印度西海岸的航线。而与此同时，中国的海上航线已经延伸到南亚地区。这样一来，东西方之间就建立起一条以南亚为中介的世界性海上大动脉。

欧洲人很早就发展起航海技术。公元前3000年前后，善于航海和经商的希腊人从伯罗奔尼撒半岛驾船出发，频繁往来于地中海各处海岸，在克里特、塞浦路斯、埃及等地做生意，同时也和多瑙河、奥奥德河、易北河沿岸以及斯堪的纳维亚半岛广大区域的居民接触。

公元前2500年，腓尼基人靠太阳和北极星来辨认航向，驾驶海船往来于东地中海和爱琴海上，发展海上贸易，进行海外扩张活动。考古发现证实，埃及通过红海与印度的交往也可以追溯到这个时期，波斯湾地区与印度的交往可追溯到公元前2000多年以前。公元前10世纪，

⊙ 古埃及彩色木制船模型

埃及法老希兰（Hiram）派自己的熟练水手同以色列-犹太王国国王所罗门（Shělōmōh，约前960—约前930年在位）的水手前往印度，从那里带回金、银、珠宝、象牙、猿猴和孔雀等。波斯阿契美尼德帝国时期，大流士于公元前509年派遣一个舰队从印度河口出发，绕过阿拉伯半岛到达埃及。

印度有两条通向外部世界的国际通道。一条是陆路，以印度河流域为中心，向北偏西，经过伊朗、伊拉克来到底格里斯河流域和幼发拉底河流域，并向西到达叙利亚、地中海、南欧、北非。这条道路向北偏东也有出口。它通过兴都库什山，向北经过中亚两河流域，可以和七河流域、西域联系。从公元前5世纪至公元前3世纪前后阿尔泰山巴泽雷克古墓中出土的印度洋和波斯湾沿海的产品，应该是通过这条通道运输的。另一条是海路，它有两个出口：一个出口在恒河流域下游，也即现今孟加拉国一带，这条海上通道可以通往马六甲、菲律宾、中国南海；另一个出口在印度河的入海口处，由这个入海口向南偏西，经过印度洋、波斯湾、红海，可抵达阿拉伯、埃及和地中海。

公元前4世纪末，亚历山大东征建立的埃及亚历山大城及其对红海两岸的控制，为希腊人在红海的航行及其与印度的交往创造了有利的条件。亚历山大东征到达了印度河。他在那里建立了一支舰队，运输军队到印度洋。他自印度西返时，派部将尼亚库斯（Nearchus）考察了印度到波斯湾的海岸线，并组成包括800艘战船和商船、运输船的舰队，率部分军队经海路返回波斯湾。亚历山大则亲自率领一小部分军队经陆路到达美索不达米亚。后来，亚历山大又雇佣腓尼基人在波斯湾进行航海活动，目的在于打通波斯湾和红海。他们在岸边建立殖民地，以图向东发展。

二、季风的发现与罗马人的航海事业

公元前4世纪时，地中海商人直接航行到红海和印度洋。在随后的300年中，其间的联系随着罗马对埃及的吞并而进一步加强。

至少在公元前1世纪中叶，罗马人便已掌握了季风航行技术。公元前

118年，一艘印度船只绕过阿拉伯半岛进入红海。航行途中，船只失事沉没。其中一位船员被埃及托勒密王国的一艘巡逻船救起。这位印度水手透露了利用季风航行到印度北部的秘密。"季风"产生自亚洲大陆和印度洋之间的温差。在夏季，陆地上的暖空气上升，形成一个高压带，常常从西南方带来暴风雨。高压带季风猛烈地袭击印度次大陆的沿海地区，使船只无法航行。在冬季，陆地温度比海水低，印度洋上空的低压带从南亚向非洲移动，形成东北季风。季风的风向及其强度变化对航海的影响十分巨大。只有季风有利于航行时，水手们才能轻松穿过亚丁湾与印度南部沿海地区（或斯里兰卡）之间长达3000多千米的海域。

公元74年，一位叫希帕罗斯（Hippalus）的希腊海员，凭借季风，驾驶坚固的大帆船，横越阿拉伯海直航印度，突破了以往只能驾驶一些小船沿着阿拉伯半岛和阿曼湾在近海做多次连续航行的局限。

公元1世纪，罗马人的季风航海贸易已经相当繁盛。据古罗马历史学家斯特拉波（Strabo，前64或前63—约23）记载，在托勒密王国末期，每年仅有不到20艘船只敢于穿越阿拉伯海（红海）到（曼德）海峡以远海域，但在罗马帝国奥古斯都时代（前27—14），每年至少有120艘船从米乌斯·赫尔穆斯（Myus Hormus）出曼德海峡到达印度。公元1世纪中叶，罗马帝国保护下的希腊船只可以在40天内从红海口岸径直穿越印度洋到达印度西海岸。罗马人直接控制了从红海进入印度洋的航道，而地中海市场充满了东方的商品。罗马帝国财政收入的1/3来自通过印度洋和波斯进行东方贸易活动所获得的税收。

希腊、罗马的航海家

⊙ 约公元前700年的腓尼基船雕塑

们利用季风知识，发展与印度的贸易，形成了埃及与印度之间的定期航线，进而通过印度把贸易延伸到印度洋、东南亚和中国。泰米尔文学记述了人们高兴地欢迎罗马商人到来的情景。一首诗中提到罗马人乘着"漂亮的大船"，带来了"凉爽香甜的葡萄酒"。另一首诗写道："美丽的巨轮……来了，带着黄金，劈开帕利亚河（Periyar）上的白色泡沫，然后又满载着胡椒返航。在这里，海浪奏响的音乐永无休止，国王为客人准备了罕见的山货和海鲜。"还有一首抒情诗描述欧洲商人在印度定居的情景："阳光照耀着大面积的梯田，照耀着港湾附近的货仓，照耀着窗口如鹿眼一般的塔楼。在不同的地方……路人的目光都被西方人的住宅所吸引。西方的繁荣永远不会消逝。"[①]

罗马商船停靠的港口，在西印度港口有布罗奇，还有在孟买以北的苏尔帕拉卡、穆济里斯、内尔辛达等，东印度沿海则有耽摩栗底（西孟加拉的塔姆卢克）与卡维里帕迪南等。港口有码头、灯塔、海关等设施。印度南部的海滨地区通常是海上贸易最重要的活动范围，把红海、波斯湾与孟加拉湾和东南亚连接在一起，与南亚次大陆的海上和陆上交通线相交织，这些贸易网络变成了一条条水道。由海路往西运到红海沿岸的货物，到亚历山大里亚转运罗马帝国各地，往东则通往东南亚国家的岛屿。据古罗马作家普林尼记载，印度最大的船只有75吨，船只所载人数有300人、500人，甚至700人。最初商船是沿海岸航行，阿拉伯人首先利用夏季的东北风漂洋过海，此后，航运更为发展。

两河流域与印度的交通航线早已开辟。从幼发拉底河和底格里斯河的河口向东航行，可到印度南部的得坎高原；向西航行可通阿拉伯，并从阿拉伯运来香料、食物，又沿两河北上可达巴比伦和塞琉细亚。上述交通要道所连接的城市中，以弗所和塞琉细亚最为重要。以弗所是大夏、印度、伊朗经过西亚的大路的终点，又是希腊、意大利货物的集散地。塞琉细亚

[①] ［英］彼得·弗兰科潘著：《丝绸之路：一部全新的世界史》，邵旭东、孙芳译，浙江大学出版社2016年版，第14页。

⊙ 古罗马壁画中的港口景色

则堪称西亚地区的"商业首府",是从印度、伊朗、阿拉伯运来的货物的集散地。塞琉古的都城安条克也是驰名的商业中心。

罗马商船从埃及的红海港口缪斯、荷尔穆斯以及贝列尼斯远航到曼德海峡之外各地,有的甚至远达恒河。自公元74年希帕罗斯发现利用季风航行以后,罗马商船就有可能从大海上直航印度西海岸三个重要商业中心的任何一个。在公元1世纪末,罗马商人走得更远了。西海岸各港口仍旧是绝大部分罗马船舶航行的终点,但少数船只绕过科摩林角,从科罗曼德尔海岸再次利用季风横跨孟加拉湾,在大海上航行,首先抵达伊洛瓦底江和萨尔温江入海口的各港,然后到达苏门答腊和马六甲海峡,最后绕过马来半岛,古罗马商人就发现了一条直抵中国的全海运的路线。

在罗马帝国时期,两河流域和波斯湾在大部分时间里都被控制在波斯和中间城市手中。波斯湾诸港口，如哈拉克斯（Charax）和阿坡洛古斯（Apologus），都与印度保持着固定联系，这里的产品一方面向也门输出，另一方面向印度的婆卢羯车港输出，同时从印度带回铜、黑檀木和造船用的木材。罗马帝国不得不在波斯湾地区从波斯人和印度人手中间接购得来自东方，特别是中国的丝绸等各种商品。所以，罗马与中国之间的贸易往来大都是经过印度和波斯间接进行的。直到马可·奥勒留（Marcus Aurelius Antoninus，121—180）在位期间（161—180），才有罗马人的"安敦使团"经海路辗转到达中国。

考古发现也提供了不少罗马与东亚海上交通和贸易的佐证。1945年以来，在南印度东海岸康契普腊姆（Conjevaram）附近的本地治里城以南3千米的阿里卡梅杜（AriKamedu），也就是《爱脱利亚海周航记》提到的波杜克（Pôdoukê），中国文献记载的黄支国、建支、建支补罗，考古学家发现了古罗马时代一个进行国际贸易的商埠遗址，其中有许多可能是直接由罗马商人以及罗马统治下的叙利亚、埃及等地商人经营的货栈商行和染制木棉的染坑，出土了希腊的安佛拉（Amphorae）式罐，罗马的阿雷蒂内（Arrentine）式陶器、玻璃器、绿釉陶片、钱币，印度的香料、宝石、珍珠、薄棉轻纱，公元前2世纪至1世纪有古泰米尔语铭文的陶器等遗物。其地在印度的东海岸，更便于经孟加拉湾而至东南亚和中国。据考，阿里卡梅杜罗马商埠的繁荣期是公元1—2世纪。阿里卡梅杜遗址的发现，以大量的罗马陶器和其他遗物表明了东西方航运的巨大规模。它作为当时勃兴的罗马—印度海运商站之一，为海上丝绸之路的繁荣做出了贡献。

欧洲人乘船从海上西来，中国积极开拓海域，双方开辟的航线在南亚一带交汇，便成了东西海上交通的大通道，成为古代中西物质文化交流的大动脉。在它的西端，以地中海为中心，其触角延伸到西非、西欧和北欧各地；在东端，从中国的广州等东南沿海各城市，向东亚、东南亚各国延伸。这样，这条海上丝绸之路以及中国至地中海东岸的陆上丝绸之路，就形成了早期世界的国际贸易网络，共同担负起世界经济文化交流的任务。

⊙ 古罗马时代一幅马赛克镶嵌画的局部，描绘了一艘双排桨海船正在驶离港口

三、《爱脱利亚海周航记》记载的东方航线

　　《爱脱利亚海周航记》提供了研究罗马帝国与印度及更远地区交往的重要资料，表明罗马帝国的商人十分重视印度半岛东岸及更远地区。

　　《爱脱利亚海周航记》是公元 1 世纪中叶一位住在埃及的希腊水手写的，有的说他是亚历山大时期常年在印度洋上航行的一名希腊-埃及商人。英国地理学家本布里爵士说："这是一部商人著述的专为商人们所用的著作。"书中划分了 5 个主要的贸易区：红海西部、东非、阿拉伯半岛南部、波斯湾东部和印度。货物被划分为 9 大类：饮食、纺织品和服装、日常用品、原材料、宝石、香料和芳香剂、药物和染料、牲畜、奴隶。

《爱脱利亚海周航记》中记述了西方商船往来于红海、波斯湾和印度东西沿岸的航线。"爱脱利亚海"意为"东方的大海",指今天的红海、阿曼海,乃至印度洋部分海域。书中写道,在那些利穆利(Limurice)或北方人登陆的当地市场和港口中,最重要的是吉蔑(Kamara)、波杜克(Pôdoukê)、索巴特马(Sôpatma)等著名市场。

公元1世纪,罗马人已经注意到了印度与中国的贸易交往;公元2世纪,罗马人的活动范围扩展到孟加拉湾东海岸地区和整个中南半岛,并从海陆两路到达中国,同中国建立起了直接的贸易关系。因而,这以后的罗马文献中对中国的记述就逐渐清晰和明朗了,并且包括了通往中国的交通路线。《爱脱利亚海周航记》写道:"经过印度东海岸之后,如果直向东驶,那末右边就是大洋。若再沿着以下地区前进,并让这些地区始终在自己左方,那就可以到达恒河及位于其附近的一片地区——金洲,这是沿途所经各地中最东部的地方。……恒河之滨也有一个同样称为'恒伽'的市场。香叶、恒河甘松茅、固着丝以及号称为恒河麻布的优良麻织品,都在那里转口。""经过这一地区之后,就已经到达了最北部地区,大海流到一个可能属于赛里斯国的地区,这一地区有一座很大的内陆城市叫作秦尼(Thinai)。那里的棉花、丝线和被称为Sêrikon(意为丝国的)的纺织品被商队陆行经大夏运至婆卢羯车(Barygaza),或通过恒河而运至穆利。要进入该国(赛里斯国)并非易事,从那里来的人也极为稀少罕见。赛里斯地区恰好位于小熊星座下面,而且据说它是蓬特(Pont)和里海对岸的毗邻地区(即东方)……"[①]

《爱脱利亚海周航记》着重介绍了当时的4条重要海上航线:

(1)顺着红海的非洲海岸航行到卡尔达富角的南端;

[①] [法]戈岱司编:《希腊拉丁作家远东古文献辑录》,耿昇译,中华书局1987年版,第17、18页。

（2）从红海海岸出发，绕阿拉伯半岛直至波斯湾深处；

（3）沿印度海岸航行；

（4）通向中国的航路，但这条航线不是很明确。

研究者认为，《爱脱利亚海周航记》是欧洲文字中最早记中国为"Thinai"以及古代人第一次谈到从陆海两路接近中国的著作。作者把所记各港口、城市都放在世界范围的商业贸易网中，也就是在经济贸易的意义上把中国纳入了世界体系。据《爱脱利亚海周航记》记载，印度向罗马出口的主要商品有香料、珍珠、象牙、丝绸、平纹细布等奢侈品，还有玩赏动物，如猴、孔雀、鹦鹉等。罗马统治者奥古斯都占领埃及的亚历山大里亚以后，罗马妇女穿的衣料多为印度细布，手指和耳朵上佩戴珍珠饰物，连鞋上也缀有珠宝，由印度贩来的中国丝绸贵同黄金。罗马也向印度输出亚麻布、酒、红珊瑚、铜、锡、铅、琥珀等。《爱脱利亚海周航记》还说，大量丝绸从中国运到巴克特里亚，一些大捆的丝绸顺着印度河和恒河而下，被运到印度的各个港口，然后被装上罗马帝国来印度的船舶。帕提亚商队会收购运抵巴克特里亚的其他丝绸，然后他们携带商品从陆路横越波斯，前往泰西封与古代巴比伦尼亚各大主要商业城市。最后，叙利亚商队将这些丝绸和其他东方商品从巴比伦尼亚运到地中海东部海岸。

四、托勒密记载的东方航线

公元2世纪最著名的地理学家托勒密在其《地理志》中，对赛里斯国有着比较细致的描述。"赛里斯"是希腊罗马人对产丝之国，即中国的称谓。他写道："赛里斯国的四至如下：西部是伊麻奥斯山外侧的斯基泰，沿上文所指出的路线延伸；北部是一片未知之地，与图勒（Thoulê）位于同一条纬度线上；东部也是一片未知之地，沿一条子午线的方向延伸，该子午线两端的方位是：180°和63°，180°和35°。其余是外恒河以南的印度的另一部分。""赛里斯国四周环绕着一座叫作阿尼巴（Anniba）的山脉"，"赛里斯国的绝大部分地区由两条河流所流经"，"赛里斯国的首都赛拉城，每天白昼最长为十四小时四十五分，东距亚历山大城的时差为七小时五十分钟或整八小时"。①

托勒密认为，在印度和赛里斯国之外，在赛里斯国首都的东部，还存在一块不大为人所知的土地，可能是一个覆盖着淤泥的湖沼，它滋润着亚洲大陆直到东海岸。那里芦苇丛生，芦苇长得坚挺粗壮，人们甚至能从其上部攀缘而越过沼泽面。这种假设的结果是，赛里斯国处于内陆。他列举了许多山脉，这些高山几乎包围了整个国家。他还命名了两条长河：瓦尔卡德河和包蒂索斯河。他说"赛里斯国的绝大部分地区由两条河流所流经"，这应该是指黄河和长江。他列举了10多个民族和大量的城市。总之，他是第一个把赛里斯人的国家称为赛里斯国、把他们的首都称为赛拉的地理学家。

托勒密记载说："马利努斯没有报道过从金洲到卡蒂加拉之间的节数，但他说亚历山大曾经记载，从金洲国开始，整个陆地都面向南方；沿着此地航行，在二十天内即到达扎拜城（Zabai）；然后再从扎拜城向南稍偏左航行'若干天'，即可到达卡蒂加拉。"②又说："我们从航海家们那里也搜集到了关于印度及其所属各省以及该地内部直至金洲，再由金洲直至卡蒂加拉的其它详细情况。据他们介绍说，为了前往该处，必须向东航行；从该处返航，须向西驶。另外，人们还认识到全航程的时间是经常变化的，无规律的。"③

托勒密详述了自幼发拉底河口，经美索不达米亚、安息、木鹿、大夏等地进入中国的路线和方位。这是西方古典作家第一次对丝绸之路的记载。

---

① ［法］戈岱司编：《希腊拉丁作家远东古文献辑录》，耿昇译，中华书局1987年版，第31—32、49页。

② ［法］戈岱司编：《希腊拉丁作家远东古文献辑录》，耿昇译，中华书局1987年版，第27页。

③ ［法］戈岱司编：《希腊拉丁作家远东古文献辑录》，耿昇译，中华书局1987年版，第29页。

托勒密说，赛里斯国紧靠粟特国的东部，从石城到赛里斯国首都"丝城"需要 7 个月的行程。外国商人们一拥入"丝城"，便抢购丝绸。从首都出发，又有两条交通要道：一条经石城通向大夏，另一条通向印度。托勒密的这些记载，要比前人有关的描述具体得多了。

第十一章　丝绸之路与印度

一、"乌秏罽宾道"与"中印雪山道"

中国和印度都有着悠久的历史传统，创造了各自丰富多彩的民族文化。同时，它们也都以自己的本土为中心，把自己的文化向周边国家辐射和传播，泽被四邻，形成了各自的文化圈，"中华文化圈"和"印度文化圈"是世界上四大文化圈中的两个。由于地理环境的关系，两大文化圈在边缘地带多有交叉，时有碰撞、交流和融合。

不仅如此，中国和印度还是近邻，在文化上有着漫长的、直接互相交流的历史。在古代，中印两国通过相互之间的人员往来、官方交聘、商业贸易、僧侣弘法，使印度文化持续在中国传播，特别是佛教在中国得以传播和发展，成为人类文化交流史上的一个奇观。佛教在中国的传播以及其他印度文化的传播，给古代中国文化以广泛的影响，在宗教、哲学、文学、科学知识、医药学以及日常生活等许多方面留下了深刻的印记。

中国和印度的交通很早就已开辟。公元前5世纪，波斯阿契美尼德王朝占领粟特、巴克特里亚和旁遮普，多次向葱岭以东地区派出商队，其中就有印度商人。到公元前3世纪，阿育王（Aśoka）统治下的孔雀王朝，已经确立与中国的往来。《佛祖统记》卷三五记述迦叶摩腾（Kāsyapa-mātanga）对汉明帝追溯历史，说道："昔阿育王藏佛舍利八万四千塔，震旦之境，有十九处。"关于于阗的建国传说中也提到，于阗在公元前3世纪中叶尚空旷无人，中国移民1万人在王子瞿萨旦那的率领下到达于阗河下游。不久后，阿育王宰相耶舍也率7000人翻越大雪山来到于阗。双方经过争执，最后协商联合建国。瞿萨旦那成为于阗国王，耶舍得居相位，两部移民起初划地而居，以后逐渐融合，兴建城市，世代相传。

先秦时期，经过塔什库尔干的克什米尔—于阗一道已经成为中印交通的一条重要通道，到西汉时发展成为"乌秅罽宾道"。

乌秅罽宾道是中印交通的捷径，但行程艰难，不利于商旅通行，所以中印贸易往来大都经过塔什库尔干，出明铁盖山山口，沿喷赤河上游西行，再由昆都士或巴尔克南转旁遮普，这条路可以称为"中印雪山道"。《爱脱利亚海周航记》中说，来自中国的"生丝、丝线和丝织品由巴克特里亚经陆路运到巴里格柴（今巴罗哈港），或由恒河经水路运到泰米尔邦（Damirike）"。地理学家托勒密根据马利努斯的材料，在《地理志》中指出，从那些由西方到过赛里斯国的人那里知道，"从中国不仅有一条路通过石塔（帕米尔瓦罕谷）到巴克特里亚，而且还有一条路可通印度华氏城（梵语Pātaliputra，今巴特那）"。华氏城的希腊名称叫巴林波特拉（Palimbothra）。这条不经过巴克特里亚的路，一定是取道昆都士经过迦毕试（遗址在喀布尔北的帕格曼），由塔克西拉南下的大路。巴克特里亚不但是印度和两河流域、阿姆河流域交往的主要干道必经之地，也是汉代中印贸易的重要中转枢纽。

⊙ 印度商队通过陆路前往中国

月氏、贵霜王朝兴起后，此路对于中印交通日益重要。《后汉书·西域传》指出："从月氏、高附国以西，南至西海，东至磐起国，皆身毒之地。"

乌秅罽宾道和中印雪山道，从中原内地出发，都是先经过丝绸之路，再在西域转向，进入印度。在中印交通史上，在汉魏南北朝期间，中国与印度之间的陆路通道主要是经由丝绸之路绕道西域。来华传道的印度僧人、西天取经的中国僧侣、往来的商旅，大都是这样走的，即先到河西走廊，再往西直达西域，然后转向南边抵达印度。所以，西域就成了中原通往印度的通道，成为中国和印度之间的中转站。这条路线不仅路途遥远，而且非常危险。较著名者，如法显，在后秦姚兴弘始元年（399）从长安逾陇山西出，经河西走廊达敦煌，度流沙，穿越塔克拉玛干沙漠，西跨葱岭，入北天竺，游历天竺诸国后，由海路返回。贞观初年，唐玄奘西行取经，也由河西达玉门关，北跨天山，经热海（即大清池，今吉尔吉斯斯坦伊塞克湖）至素叶水城（即碎叶，位于今吉尔吉斯斯坦北部），向南经中亚诸国，跨越大雪山（兴都库什山），入天竺。玄奘归途则是由南道，越葱岭，经于阗返回。

二、"中印缅道"或西南丝绸之路

中印交通除雪山道外，还有"中印缅道"，由四川、云南经伊洛瓦底江流域通达印度。商人很早就通过这条古道，把中国四川的货物运到印度。这条古道，现在人们称之为"西南丝绸之路"或"南方丝绸之路"。

公元前138年，张骞出使西域时，在大夏看到中国邛山（位于今四川荥经西）的竹杖和蜀地的细布在市场上出售，很觉奇怪。一问商人，得知是从身毒买来的。身毒在大夏东南数千里，临近大海，那里的百姓骑象打仗。大夏国远离汉朝一万余里，位于中国的西北方，而身毒国又位于大夏国东南几千里，竟有蜀地产物，可见离蜀地不远。由此可以得知，至迟在公元前2世纪，中国四川的物产已经输入印度，并且从印度运到大夏。可见中国和印度的交通当时已经有了一定程度的发展，蜀商到滇越、夜郎，北至长安，其足迹已经很远了。张骞事实上已经清楚地知道，在四川和印度之间，通过云南和缅甸或阿萨密有一条商路。张骞估计从蜀走身毒到大夏，必是快捷方式，又可免匈奴的阻击。据此，张骞向汉武帝建议，遣使南下，从蜀往西南行，另辟一条直通身毒和中亚诸国的路线，以避开通过羌人和匈奴地区的危险。

汉武帝从张骞的报告中得知四川和印度之间的这条"宜径"。但这条古道的具体路线，汉朝官方并不很清楚。因此，武帝令张骞去犍为郡（今四川宜宾）探索往印度的通道。自远古以来，中国西南部为众多的少数民族所聚居，同中原王朝基本上处于隔绝状态。取道西南在当时是十分艰难的。元狩元年（前122），张骞派出4支探索队伍，分别从蜀郡、犍为郡出发，试图打开西南通道。但各路使者因各种原因被阻，未能如愿。而经滇国、夜郎等地的使者在滇一带的活动，取得一定的成效，为武帝经略西南夷奠定了基础。

张骞所领导的由西南探辟新路线的活动，没有取得预期的结果。不过，这并未挫败汉武帝"指求身毒国"的决心，反而由此开始了长期经营西南的活动。汉元鼎六年（前111），汉发兵西南，夜郎、滇等国及许多部落次第归附。汉朝先后设置牂柯、越巂、益州、沈黎等郡，同时每年派出十多批使者，分别由这几郡出发探寻通往印度、大夏的道路，然而"皆复闭昆明，为所杀，夺币物"。元封元年（前110），司马迁"奉使西征巴蜀以南，南略邛、筰、昆明"，使命之一是查办历次使节被阻于昆明的案件，同时调查通往印度的通道。从元狩至元封年间（前122—前105），西汉王朝历时十余年，苦心经营西南，寻求"通蜀、身毒国道"，结果只打通了成都地区至洱海地区的川滇道路，官方使者未能至保山一带，西汉王朝西南方面的国际商路始终没有打通，只能通过西南各部族的中介与印度进行间接贸易。

直到东汉明帝永平十二年（69），占据云南靠近缅甸边境的哀牢人归附，东汉王朝"始通博南山（金浪巅山，在今云南永平县西南），度兰仓水（澜沧江）"，建置永昌郡（治所在今云南保山），楚雄以西直至伊洛瓦底江上游的广大地区全属汉朝。汉族移民越过了澜沧江，进入高黎贡山以西缅甸北部。自此中国人和缅甸人、印度人的接触就比较频繁了。中印缅道由此打通，汉武帝孜孜以求的"通蜀、身毒国道"全线畅通。

中印缅道的开通和发展，是中印两大文明接触、交往的结果和见证。这条"通蜀、身毒国道"，即古代西南丝绸之路，在中国境内由三大干线组成，分别为灵关道、五尺道和永昌道，全长2000多千米。灵关道，从成都南出发，经邛崃、雅安、灵关、西昌、姚安至大理；五尺道，以四川成都为起点，经宜宾、昭通、曲靖、昆明、楚雄、南华、云南驿至大理；上述两条汇合后西行，经漾濞、永平、保山、腾冲出缅甸，到达缅甸境内的八莫，从保山至缅甸段被称为永昌道。

成都是西南丝绸之路的起点，邛崃是南方丝绸之路西出成都第一站，腾冲是西南丝绸之路的最后驿站。从八莫出发有水陆两途到印度：陆路经密支那，越过亲敦江和那加山脉，沿布拉马普特拉河谷到印度平原；水路顺伊洛瓦底江航行出海，经海路到印度。

古代西南丝绸之路的开辟可能很早，至迟在公元前4世纪的印度文献

⊙ 西南丝绸之路上宝瓶口下的南桥

中已有关于中国和丝的记载。另外，公元前4世纪成书的梵文经典《摩诃婆罗多》和公元前2世纪成书的《摩奴法典》等书中也有关于"丝"的记载和"支那"名称。有学者考证，梵文典籍中的"支那"（Cina）一名，是"秦"的对音。古代中国取道西域及南海至印度，为汉武帝以后之事。而公元前4世纪至公元前2世纪，正是秦国占据四川和秦朝派常颏凿"五尺道"通云南的时期，"秦"的名称很可能是随着贩丝的商人沿西南古道传入印度，并记入典籍的。所以，西南丝绸之路的历史至少可以追溯到公元前4世纪。1936年，考古学家在阿富汗喀布尔以北约60千米处发掘亚历山大城时，在一处城堡中发现许多中国的丝绸。其年代，正当中国战国时期，北方丝路未开，因此有的研究者认为，这些丝绸，至少其中的一部分，有可能是从成都经西南丝绸之路运到印巴次大陆，然后转运到中亚的。西南丝路是中国和印度两大文明古国最早的联系纽带。

这条古道本质上是一条民间商道。开辟古道的是经商的人和马帮，古道上流通的是各地的商品。蜀地商队驱赶着驮运丝绸的马队，走出川西平原，踏上了崎岖的山间小道，翻山越岭，跨河过江，进行着最古老的中印商业贸易业务，从而开辟了这条我国通往南亚、西亚，以至欧洲的最古老的商道。虽然汉武帝时几次都未打通西南国际商路，但官方使者不能通过并不意味着商人不能通行。各部族阻挡汉

⊙ 西南丝绸之路上的古道

朝使者通印度，主要原因可能是为了垄断贸易。汉朝使者虽中途受阻，却带回一个情报："其西可千余里有乘象国，名曰滇越，而蜀贾奸出物者或至焉。"此处言"奸出物者"，是因为这些商人违背了朝廷"关蜀故徼"的禁令，继续"窃出商贾"，所以从朝廷的角度看，此种贸易带有走私的性质。据有的学者研究，从方位、里程、乘象习俗和"滇越"音读来看，蜀商抵达的滇越国应为东印度阿萨姆地区的迦摩缕波国。

2世纪初，罗马人由海上进一步向东扩展，到达孟加拉湾东岸，由缅甸经永昌郡进入中国境内。永宁元年（120），掸国国王雍由调向汉廷遣使贡献乐器和幻人。这些幻人自言是海西人，而海西即大秦。汉廷由此知道"掸国西南通大秦"。这条消息至少说明两点：一是汉时从掸国（缅甸）可以直达内地，有便利的交通道路；二是大秦（罗马）已经通过海路到达印度，然后再经缅甸从陆路进入中国内地。

东汉魏晋时，这条西南通道见于僧传者渐多，一些印度高僧来中国弘法。赴印度求法的中国僧人，也通过这条道路往返。约在4世纪后半叶，冀州僧人慧睿游学四方，行至蜀西界，被人掠为牧羊奴，有商客见他精通经义，以金赎身，再着缁衣，遂"游历诸国，乃至南天竺"。慧睿自蜀地向西进入印度的道路，就是汉武帝搜寻多年未果的西南通道。又据义净记载，唐初东印度有支那寺遗址，这些僧人进入东印度的年代当在3世纪后半叶，就是在慧睿之前，已有大批僧人沿此道前往印度。

入唐以后，随着与古代印度交通的发展，西南丝绸之路更加繁荣，记载也明显增多。不仅一些著名的僧传作品，如《大唐西域记》《南海寄归内法传》等记载了这条道路，官方地理书中也正式记载了这条道路的情况，如慧琳《一切经音义》在注释"牂牁"时，引"《括地志》及诸地理书、《南方记》等"书的记载，详细记载了西南丝绸之路的状况。《括地志》是唐朝初年由唐太宗第四子魏王泰主持修撰的大型地理书。据称，咸通年间（860—874），有天竺三藏僧经过成都，通五天竺胡语，通大小乘经律论，曾在唐朝宫廷供职，"以北天竺与云南接境，欲假途而还"。贾耽在《古今郡国县道四夷述》之"安南通天竺道"中，也详细记录了这条道路的情况。

⊙ 西南丝绸之路上的飞仙关要隘

贾耽记载说：

> 自羊苴咩城西至永昌故郡三百里。又西渡怒江，至诸葛亮城二百里。又南至乐城二百里。又入骠国境，经万公等八部落，至悉利城七百里。又经突旻城至骠国（指都城）千里。又至骠国西度黑山，至东天竺迦摩波国千六百里。又西北度迦罗都河至奔那伐檀那国六百里。又西南至中天竺国东境恒河南岸羯朱温罗国四百里。又西至摩羯陀国六百里。

西南丝绸之路或"中印缅道"在古代中国和印度的交通以及文化物质交流中起到了重要作用。西南丝绸之路是一条文化传播的纽带，它联结中原，沟通中印，为中原、西南、印缅文化互相交流、互相融合创造了条件。在古代，中印之间通过这条通道，在稻作文化、建筑技术、冶炼技术、茶叶栽培、桑植养蚕、天文历法、计量方法等方面实现了交流。

这条通道要经过缅甸抵达印度，因此缅甸成了中印交通的一个中转站。

三、永昌：西南丝绸之路上的枢纽

东汉明帝永平十二年（69），地处云南边地的哀牢国内附东汉王朝。哀牢国即傣族史籍中记载的"达光王国"，是傣族先民在怒江和澜沧江流域建立的部落联盟国家。达光王国中最早与汉朝有接触的国王叫"哀牢（艾隆）"，因此，汉史把达光王国称作"哀牢国"。又因达光地区的百姓善骑大象，生活环境与汉朝南方的越人相似，被汉朝误以为是越人的一支，于是汉朝把达光百姓称作"滇越人"，称其国为"乘象国"。哀牢国归附东汉后，东汉王朝将其地划为哀牢县、博南县，并且将原益州郡西部的8个县分离出来，合并成立永昌郡，辖8县，"始通博南山，度兰仓水"。

永昌郡坐落在西南丝绸之路的要道上，是与印度、缅甸连接的一个重要通商站点。永昌郡处于交通网络的连接点上，它东接大理、益州（治所在今云南昆明晋宁），东南贯通进桑麊泠红河水道，西通腾越缅甸直至印度，南下缅甸抵达海边，北连澜沧江、怒江上游，直到青藏高原。各种各样的海内外商品，通过南来北往的海陆通道相互转接进入永昌。当时益州只是红河水道的枢纽，永昌却可以同时连接云南的两条对外通道，成为它们的汇合点，作为太平洋经济与印度洋经济在云南的纽结。永昌郡的设立，是西南丝绸之路上的重大事件，也是中国与印度、缅甸交通交流的重大事件。

汉晋时，永昌云集了来自国内外的商贾，不少身毒商贾和蜀地工匠侨居于此，一些中原派来这里做官的人，也可以在此谋得富及十世的财富。史载，当时永昌郡境内的居民成分相当复杂，有穿胸、儋耳（今缅甸得楞族）、越濮（缅族）、鸠獠（高棉族）、僄越（骠族）、裸濮（卡钦族）、身毒之民，阿萨密的印度人也有的居住在永昌郡内。

在永昌交易的商品，并非都是永昌郡当地所产，多数是由来自印度等地的商人带来的。如罽氍帛叠，主要产地在永昌以西的缅甸北部；光珠、琥珀等，主要来自滇越及缅甸北部；水精（水晶）、琉璃、轲虫（海贝）、

⊙ 蜀身毒道一段古道上的双虹桥（在今云南西部保山境内）

蚌珠都是外来商品，特别是轲虫、琉璃，自古都是从印度及其沿海经缅印道流入永昌的。这些海外商品也可能有来自交州沿海的，三国时曾任交州太守的士燮就常常将交州的明珠、大贝、琉璃、玳瑁、犀、象等珍物贡献给孙权。而金银、黄金文绣等类，除当地自产外，主要来自中国内地。自战国永昌与蜀地有了密切交往后，蚕桑、锦绢、彩帛、文绣等陆续引入永昌地区，并发展为当地的重要手工业。所以，这里汇聚了来自各地的货物，成为汉晋时期珍奇荟萃的"多异物"之地。

到8世纪时，南诏建立，古道上进行的贸易频繁活跃，大理不仅成为云南的政治、经济、文化中心，而且是中原王朝从南方通往中印半岛直至欧洲诸国的最大口岸，成为中国内地与印缅诸国物资交流的最大集散地。南诏的河赕（今云南大理附近）是重要的交易市场之一，当时印缅输入中国的商品主要有毡、缯布、珍珠、海贝、琥珀等，而从中国输出的有丝绸、缎匹、金银等。腾越则被称为"西南极边第一城"，由中国内地通往印缅的商旅马帮经过这里，每年总在万数以上。

四、中国人早期所知的印度

公元前4世纪，印度人已经知道了中国，并且双方人员有所接触。但是，中国人是什么时候开始知道印度的呢？除佛教文献中的夸大讹传之词外，真正有根据的记载实际上始于汉代张骞通西域之时。《史记·大宛列传》中有关"身毒"的传闻应是中国史书中对印度的最早记载。张骞向汉武帝汇报他耳闻目睹的诸国时，没有单独介绍身毒，但提到他在大夏惊讶地发现了来自中国蜀地的"邛竹杖"和"蜀布"。他问当地人它们从何而来，答曰"身毒"。他借大夏人之口，对身毒做了简单描述。他这里的介绍与前面对大宛、大月氏、安息、条枝、大夏的记载不大相同，这只是偶尔从传闻所知，内容也很简单，只提到其大致方位、民俗，但其他的内容真实地反映了印度的特征，即气候湿热，产大象，有大河为界，其中的大河当指印度河。既然蜀物是经身毒而来，那就意味着身毒与蜀地之间可能有交通通道。根据张骞的建议，汉武帝令他在蜀地犍为郡发四道使者，欲通西南夷，由此进入身毒，但均无果而还。这在前文中已经提到过了。

张骞在第二次西域之行时，坐镇乌孙，派遣副使到包括身毒在内的西域诸国。《史记》说："其后岁余，骞所遣使通大夏之属者皆颇与其人俱来，于是西北国始通于汉矣。"据此可以认为，身毒国派使臣随张骞副使返回汉朝报聘。这件事发生在公元前117年（元狩六年）至前116年（元鼎元年）之间，应认为是中印之间发生了正式的外交关系。但也有人认为，不能肯定这些"大夏之属者"中有身毒，来人中有身毒人。但在张骞之后，汉武帝为了扩大在西域的影响，多次派遣汉使到身毒。所以，可以认为，汉代时，中国和印度有了直接的官方往来。

在班固的《汉书·西域传》中，"身毒"消失了，葱岭之外的印度出现了一个新的国家——罽宾。该传对罽宾的记载极为详细，其中包含对其国都、方位、人种、地理、气候、物产、建筑、织造、饮食、市场、钱币、家畜、奇物等方面的介绍。此外，还特别对罽宾与汉廷的政治外交关系做了重点梳理。司马迁对罽宾没有记载，说明至少在《史记》完成时，中国方面对它还知之甚少，甚至无所知晓。但此后不久，汉朝就与罽宾有了往来。罽宾人通汉的根本目的是获得赏赐和与中国从事商贸的机会，即"实利赏赐贾市"。因此，后来虽无政治从属关系，但其使仍数年一至。

《汉书·西域传》还记载了罽宾的一个属国，即难兜国。此国在罽宾东北方向330里（约合今130千米），不算遥远。位置大致在罽宾与大月氏接壤之地，可能是一葱岭绿洲国家。其出产与罽宾相似，可种五谷，可产葡萄瓜果，也有金银铜铁，可以铸造兵器，无疑也可铸造钱币。既然归属罽宾，大概也用罽宾钱币。此处虽然没有提到难兜的东邻，但在对乌秅国的介绍中说它西邻难兜。

难兜之东即乌秅。这个乌秅是个山区之国，很可能位于现在中巴边境巴基斯坦一侧的罕萨（Hunza）地区。"Hunza"或与"乌秅"的古代读音相近。乌秅之西数百里，就是县度。这个"县"就是古代的"悬"，"县度"是"悬绳而度"的意思。而县度是丝路南道通往罽宾的必经之地。正是由于县度路程艰险，难以通行，汉廷往往送其使者至县度而还。罽宾也借此天险之利，多次杀辱汉使。"自知绝远，兵不至也。"汉成帝时，大臣杜钦力劝与罽宾断绝关系，即以此为理由。县度应是丝路南道最艰难的一段，大概即今中巴公路从红其拉甫山口经罕萨到吉尔吉特（Gilgit）这一段。

《汉书·西域传》在紧接罽宾之后，提到了另外一个与其西邻的国家——乌弋山离。该国的气候比罽宾可能更热一些，"地暑热莽平"，有桃拔、狮子、犀牛等特产。钱币亦不同，"其钱独文为人头，幕为骑马"。此地是丝路南道的终点。据其四至，一般认为是今日阿富汗喀布尔以南和伊朗西南部以塞斯坦（Seistan）、坎大哈为中心的地区，即古代的阿拉科西亚（Arachocia）和塞斯坦。在古代史上，此地也可归入一般意义上的印度西北部。

从罽宾及其属国难兜以及东西相邻地区乌秅、县度和乌弋山离的大致方位来看，它们皆可归为古代印度或身毒的一部分。《汉书·西域传》不提身毒，大概是把罽宾属国视为它的替代。乌秅、县度都在葱岭之中，是从塔里木盆地抵达罽宾的必经之地。

《汉书·西域传》对罽宾、乌弋山离、乌秅、县度的记载之所以如此详细，应归因于它们与汉廷的直接关系。罽宾虽然时绝时通，但它一度接受汉廷的印绶，应该说也是汉帝国的属国之一。正是由于汉廷与这些沿路国家和地区建立了不同程度的外交关系，丝路南道才得以开通，从而大大加强了古代印度与中国的联系。

五、汉朝与印度的官方交往

关于西汉时中印的官方交往，史籍还有多处记载。到东汉时，这种交往就更多了。东汉时期，由于贵霜帝国的建立和海上丝路（中印之间海路）的开通，中国与印度交往的范围扩大了，交往的途径也由陆路变为海陆并行。

贵霜王朝是由中国西迁的大月氏人建立的。当初西迁的大月氏部族一分为五，设五部翕侯（首领）统治，贵霜是其中一部。公元1世纪中叶，贵霜部翕侯丘就却（Kujula Kadphises Ⅰ，？—约75）统一五部，建立贵霜帝国。丘就却又南下攻击喀布尔河流域和今克什米尔地区，后定都高附（今阿富汗喀布

⊙ 戴珠帽的贵霜王头像，乌兹别克斯坦铁尔梅兹出土

尔），初步奠定了帝国的基础。1世纪60年代，贵霜已统治索格狄亚那、巴克特里亚、喀布尔、坦叉始罗、犍陀罗、罽宾，可能还有西旁遮普。其后，贵霜向西扩展至赫拉特，控制了整个河间地区，并羁縻了康居和大宛。

迦腻色迦（Kanishka，约1世纪末—2世纪上半期在位）时期，贵霜进一步向印度扩张，其势力已达到恒河的中游地区。通过迦腻色迦多年的对外扩张，贵霜建立起一个纵贯中亚和南亚的庞大帝国。其领土的范围包括中亚的锡尔河与阿姆河直到波罗奈以西的

北印度大半部地区，成为与罗马、安息、东汉并列的四大帝国之一。帝国的首都由中亚迁至富楼沙（今巴基斯坦白沙瓦）。

在贵霜帝国时期，印度文化与西方文化发生了密切的接触和相互影响。贵霜常派使者前往罗马。印度是东西海上贸易的交汇处。贵霜将北起锡尔河、阿姆河，南至五河流域的东西交通线，控制在自己的手中，配合罗马谋求东方贸易的不断增长，促使通往波斯湾、印度河口和坎贝湾的海港城市的货运有了大幅度的上升。通过这三处的海上航线，贵霜和红海的贸易在直到4世纪为止的长时期中，保持着兴旺和繁荣的势头。恒河河口、印度西海岸、索格狄亚那、巴克特里亚、喀布尔等地的贸易市场十分繁荣。贵霜成为中国丝绸、漆器，东南亚香料，罗马玻璃制品、麻织品等贸易物资的中转站；贵霜则输出胡椒、棉织品和宝石等。控制商路所获的厚利为贵霜的迅速勃兴提供了经济保障。

汉代与印度的交通，在北方的丝绸之路已经畅通，南方的海上交通也很通达。《汉书·地理志》记载通往印度的海路，这条航线大致为：从雷州半岛乘船出发，船驶入南海，沿海岸线行，经过越南、柬埔寨、泰国，入暹罗湾，到谌离靠岸登陆，步行到夫甘都卢，又坐船沿伊洛瓦底江而下，入于孟加拉湾，西行至印度南端的黄支，最后转到锡兰，从此回航。

贵霜王朝与汉朝一直保持着联系。《后汉书·班超传》中详细记述了班超与贵霜的交往与抗衡。班超在西域期间，除了设法控制、羁縻葱岭以东的西域诸国，遏制匈奴势力的渗入，就是应对贵霜的介入。贵霜建国之初，愿意和汉朝建立友好关系。文献记载，班超曾西运大量丝织品去贵霜，也从贵霜换回马匹和毛织品。汉章帝建初三年（78），班超上疏说"拘弥、莎车、疏勒、月氏、乌孙、康居复愿归附"。汉章帝元和元年（84），班超攻打疏勒，康居派兵救援。由于月氏刚与康居联姻，班超就派使者带着大批丝绸给月氏王，求其转告康居王勿进兵。月氏果然出手帮忙，劝退康居兵。班超遂攻克疏勒王固守的乌即城。此为汉廷与月氏的合作。此前，月氏还帮助汉军攻打过车师，但具体时间不详。

章帝章和二年（88），月氏遣使贡奉珍宝、符拔、狮子，向汉公主求

⊙ 孔雀王朝时期的华氏城遗址

婚。班超谢绝，并拒还其使，由此引起月氏怨恨。和帝永元二年（90），月氏派遣一位名为"谢"的副王率兵7万攻打班超。班超知其越葱岭千里而来，难以持久，故据城坚守，以逸待劳，并在中途截杀了向龟兹求援的月氏使者。谢王大惊，遣使请罪，愿得生归。班超允准，月氏大兵退回。从此，月氏慑于大汉雄威，岁奉贡献。班超一直不知贵霜王名，仅以"月氏王"呼之。

贵霜王朝时期是中国与印度政治、经济、文化关系最为紧密的时期，不论是海上还是陆地的丝绸之路，贵霜王朝都发挥了关键的枢纽作用。印度的佛教在贵霜王朝时期开始传入中国，以贵霜文化为代表的印度本土和希腊文化也是在这一时期开始进入塔里木盆地。

自19世纪末，中国新疆西南部不断发现贵霜铜钱，和田、巴楚一带出土有1世纪丘就却时代的和1世纪末阎膏珍时代的，2世纪中期迦腻色迦时代的最多。和田、库车还发现了一种圆形的汉、佉卢文合璧铜钱。这种铜钱一面铸有汉文，中间铸个"贝"字，外绕"重廿四铢"4字，另一面铸出一马形，外绕一匝佉卢文字母写出的印欧语系的一种方言——犍陀罗语。

《后汉书·西域传》记载了一个叫高附的新出现的国家。高附位于天竺、罽宾、安息之间，大月氏西南，与《史记》中的"身毒"处于同一方位，应在兴都库什山以南，与原来的罽宾相邻。安息盛时，曾扩张至兴都库什山以南至阿拉科西亚一带。高附与喀布尔（Kābul）发音相近，似乎应是以今喀布尔为中心的地区。

《后汉书》说到的天竺，方位与司马迁笔下的身毒相似。它位于月氏

东南数千里，"俗与
月氏同，而卑湿暑热。
其国临大水。乘象而
战"，应在古代印度
境内。天竺是一大国，
西邻月氏、高附，南
至海，东至盘起国。

⊙ 印度3世纪的镶板，表现商人运送货物的场景

未提到北邻，但显然是指帕米尔以东的汉朝西域都护辖地，因非外国，不
必提及。天竺"有别城数百，城置长。别国数十，国置王。虽各小异，而
俱以身毒为名，其时皆属月氏。月氏杀其王而置将，令统其人"。天竺、
罽宾、高附最终皆归于贵霜。对东汉时期中国西域的官员而言，贵霜（大
月氏）就是原来的身毒、罽宾之地新的统治者。

文献记载，汉和帝时（89—105），天竺数遣使贡献，后因西域反叛而
绝。桓帝时（147—167），多次通过海路从日南"徼外来献"。此时的天竺
商人或从印度的恒河口、印度河口或南部港口起航。

在两晋南北朝时期，中国与印度的往来更加频繁。北天竺、中天竺、
南天竺都有使臣来华，有的印度国家，一年之内竟然有多次遣使，可见交
往之密切。与此同时，佛教传入中国，成为中印文化交流史上的盛事。

六、棉花与海贝

在长期的中印交往中，商业贸易一直承担着主要的角色。中印之间的
海上和陆上丝绸之路，主要是商人们开辟的，并且承担着商贸运输线路的
功能。在双方的物质文化交流中，中国的丝绸等物产输入印度，也有许多
印度物产输入中国。

印度物产在汉代以前就已经传入中国了。进入汉代以后，这种物质交
流就更多了。《后汉书·西域传》介绍了天竺的出产与对外贸易："土出象、
犀、玳瑁、金、银、铜、铁、铅、锡，西与大秦通，有大秦珍物。又有细

布、好毹毲、诸香、石蜜、胡椒、姜、黑盐。"《汉书·西域传》还说，罽宾"有金银铜锡，以为器。市列。以金银为钱，文为骑马，幕为人面。出封牛、水牛、象、大狗、沐猴、孔爵、珠玑、珊瑚、虎魄（琥珀）、璧流离"。

这些物产可能有许多是传入中国的。《汉书·地理志》还记载：黄支国"户口多，多异物，自武帝以来皆献见。有译长，属黄门，与应募者俱入海市明珠、璧流离、奇石异物，赍黄金杂缯而往"。从这些记载来看，印度在汉代传入中国的物品种类繁多，数量可观。

古代印度对中西方的贸易都很发达。在这个过程中，不仅有印度的物产输入中国，印度还充当了西方物产输入中国的媒介。所以，上述货物清单中所列物产，有印度本地出产的，也有外来"珍物"。

《爱脱利亚海周航记》对于这一时期的印度进出口物品有详细的记载，提到从印度出口的棉布、象牙、玛瑙等宝石、珍珠、甘松油、没药树脂、枸杞、玳瑁、胡椒、香草（姜）等出自印度本土，但像丝线、丝绸织品、皮革、玛瑙、水晶石、绿松石、天青石的原产地显然不是印度，而是中国和中亚地区。进口的商品主要来自西方和海上，如苏合香、乳香等应该来自阿拉伯半岛，葡萄酒来自意大利半岛和叙利亚地区的劳狄凯亚（Laodiceia，今贝鲁特），钱币、粗玻璃、珊瑚、亚麻布等是从地中海地区等地运来的。《爱脱利亚海周航记》记述的是印度输往西方的商品。但是，上举东方运往西方的物品中，也多有输入中国的。在印度与中国的贸易中，输入中国的产品不仅有印度本地的，还有从西方进口然后转运到中国的。在中国汉代及以后，许多波斯、阿拉伯以及地中海地区的奇珍异物（如钱币、玻璃器和其他艺术品等）被发现，大概很多与印度的转口贸易有关。

在印度输入中国的物产中，还有一些可以作为蔬菜、粮食的植物，其中有一些是原产于非洲、先传入印度而后再传入中国的。原产于印度的茄子在4—5世纪传入中国，南北朝时期栽培的茄子为圆形，与野生形状相似。晋代嵇含的《南方草木状》最早记载了茄子。

由印度传入中国的物产中，比较重要的首先是棉花。印度的阿萨姆邦一带是木本亚洲棉的发源地。棉花在印度半岛的栽培历史相当悠久，早在公元前1500年的《吠陀经典圣诗》中就有"织布机上的线"的诗句，可见这一时期棉花已经进入大规模生产，乃至可以用来织布。

亚洲棉从印度传入中国，有两条路线：

第一条路线是经由东南亚传入我国的海南岛及两广地区。战国时成书的《尚书·禹贡》中有"岛夷卉服，厥篚织贝"之载，古今不少学者认为"卉服"就是棉布所制之衣，故作为沿海地区向不出产棉花的中原的贡品。1978年福建崇安船棺中发现的棉布残片，据考证大约有3000年的历史。《后汉书·南蛮传》载："武帝末，珠崖太守会稽孙幸调广幅布献之。"珠崖为今海南岛东北部，广幅布可能就是棉布。由此可知，秦汉时海南岛已经植棉生产棉布了。

第二条路线是由印度经缅甸传入我国云南地区。《后汉书·西南夷传》记哀牢夷"有梧桐木华，绩以为布，幅广五尺"，左思《蜀都赋》说"布有橦华"，这里的"梧桐木华""橦华"就是棉花。亚洲棉经南方丝绸之路从印度传入哀牢，再传到西蜀地区，经过蜀人运用中国的纺织技术，织成很高级的棉布，其质量远胜过原产地的印度布，于是棉布又由四川倒流至印度，并远达于大夏国。

从南方传入的印度棉原是多年生木本，最初是落叶乔木。传入我国之后，随着向北的迁徙与不断的选育，最后变为不高而一年生的"中棉"。因为棉花是由印度辗转传入，故而长期以梵文的称呼转译，故称为"吉贝""白叠""桐""橦"（至今云南佤族仍称棉花为"戴"，称白棉布为"白戴"），佛经中又称为"劫波罗"。由于其初是乔木，故又称为"木绵"（古代的绵只指丝绵），以后才称为"棉"或"木棉"，宋代以后才称"棉花"，这与我国南方的"木棉树"并非一事。

在人工合成纤维出现之前，棉花是世界纺织品的首选原料。棉花走出印度的前几步是非常关键的。棉花引进中国，可以看作一种具有长远意义的缓慢发展，它在全世界的扩展成为纺织工业的主要组成部分。

棉花传入我国之后，长期停留在边疆地区，未能广泛传入中原。851年，阿拉伯旅行家苏莱曼记述在今天北京地区所见到的棉花还是在花园中

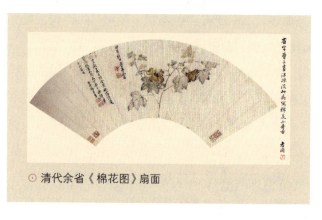

⊙ 清代余省《棉花图》扇面

作为"花"来观赏的。唐宋的文学作品中，"白叠布""木棉裘"都还是珍贵之物。宋代之后，"关、陕、闽、广首得其利"，之后逐渐传入江南。北宋末年的《北征纪实》中还称棉布为"南货"，可见当时棉布主要是在岭南地区生产的。宋代福建沿海已种植棉花，谢枋得《叠山集》卷三记："嘉树种木绵，天何厚八闽"，"木绵收千株，八口不忧贫"。周去非的《岭外代答》、赵汝适的《诸蕃志》、方勺的《泊宅编》等书，都有关于"南人""闽广之人"如何纺绩棉花的记载，证明中土之人对棉花已有相当清楚的认识。到元代，棉花种植在中原得到迅速推广，棉花迅速发展并超过桑麻而成为我国纺织工业的主要原料。

海贝是缅甸、印度经由西南陆上丝绸之路传入中国的另一重要物品，并长期被作为货币使用。

中国很早就使用了贝币。东汉许慎《说文解字》说："贝，海介虫也。……古者货贝而宝龟，周而有泉，至秦废贝行钱。"汉字中与钱财有关的文字，大多带有"贝"字，如贾、贩、贷、购、财及贿赂等。"贝"字与钱财关联，说明贝币的出现与文字的产生在同一时代，或者更早。实际上中国最早的货币就是一种由天然海贝加工而成的贝类货币。

考古发掘所见的贝币，出土于河南殷墟妇好墓等地，其中妇好墓的棺内就有6800余枚贝。这种经过加工的天然贝币形体一面有槽齿，贝币光洁美观，小巧玲珑，坚固耐磨，便于携带。在河南郑州洼刘遗址的商代、西周古墓内出土了11枚距今3000多年的贝币，其中8枚贝币较大，如成年人的大拇指；另外3枚贝币偏小，如成年人的小拇指。贝币背部均有人工钻磨的圆孔。

在商代中期以前，贝币价值很高，臣下若能获得商王赏赐的贝币，是极大的荣耀。随着当时商品经济的发展，天然贝币渐渐出现了供不应求的局面，故又出现了许多仿制贝币，有石贝、骨贝、蚌贝、绿松贝等。这类贝币形体较小，其长度为1.2厘米至2.4厘米。在商代晚期出现了铜质货币，形制也仿海贝形式。铜贝出土于河南安阳和山西保德等地的商代晚期墓葬中，年代为公元前14世纪至公元前11世纪。铜贝是我国最早的金属货币，其中有一种表面包金的铜币是作为大额货币使用的。

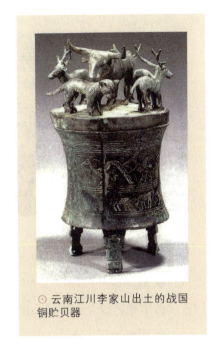
⊙ 云南江川李家山出土的战国铜贮贝器

贝币在货币史上起着承前启后的作用。在贝币以前，没有通用的货币，人们进行以物易物的交换。采用贝币以后，不同的物品都可以用贝作为交换计算单位，贝才是货币的开始。公元前21世纪至公元前2世纪，贝币流通于中原地区，到周时出现了青铜货币，贝币才逐步退出流通领域。秦统一中国后推行"半两"，废止贝币流通。而云南长期使用贝币，止于清初，流通时间达2000多年。

以海贝为货币，不是中国所独有，而是一种世界性的现象。海贝的原产地在南洋、印度洋一带。货币史研究者认为，这几种海贝只产于印度洋至西太平洋的狭小区域，而据生物学家研究，齿贝仅产于印、缅海域。那么，中原出土的海贝必然是循着最近的半岛和最近的陆地传入的，学者们大都认为西南丝绸之路是主要的传播路线。

1986年，考古学家在四川广汉三星堆遗址发掘了距今约3200年的一、二号祭祀坑，坑内出土了4000余枚海贝，有虎斑纹贝、货贝等。其中数量最多的是一种齿贝，大小约为虎斑贝的三分之一，中间有齿形沟槽，环纹内部分淡褐色、浅灰色，环纹外部分呈灰褐色或者灰红色。这种海贝产于印度洋深海水域，显然是从印度洋北部地区引入的。史载，印度地区自古富产齿

⊙ 陕西宝鸡茹家庄出土的贝币(西周中期)

贝，当地居民交易常用齿贝为货币。《旧唐书·天竺传》记载"以齿贝为货"，《新唐书·南诏传》说"以缯帛及贝市易。贝者大若指"。三星堆出土的这些齿贝，大多数背部磨平，形成穿孔，以便于串系，用作货币进行交易。这种用贝币作为商品交换等价物的情形，同南亚次大陆和中国古代西南地区以及商周贝币的功能是相同的。

中国西南地区出土来自印度洋的海贝之地，并不只有四川广汉三星堆一处，在云南大理、禄丰、晋宁、楚雄、昆明、曲靖，以及四川凉山、茂县等地，多有发现。在晋宁石寨山及江川李家山古墓群中出土的贝，达1230多斤，计247000多枚。1979年，呈贡天子庙战国中期墓葬中，出土海贝1500多枚。1980年，剑川鳌凤山古墓中出土了海贝，其年代在春秋中期至战国初期。

如果把这些出土海贝的地点连接起来，恰是中国西南与古印度地区的陆上交通线——蜀—身毒道即西南丝绸之路。云南、四川等西南地区很早就与中原地区有交通往来。所以，这些从印度经西南丝绸之路传入云南再传入四川的海贝，也很早就传入中原了。这大概就是商周时期所见海贝的传来路线。

七、蜀布、邛杖与二十八宿

张骞出使西域时，在大夏见到四川的特产蜀布和邛竹杖，由此猜测在西南有一条通往印度的交通线。

蜀布、邛竹杖等，都是经商人传播到印度的中国物产。四川蚕丝生产由来已久，丝织业十分发达，至汉代，蜀锦生产盛况空前，名闻天下。从战国至两汉，四川丝绸行销全国，同时通过西南丝路贩到印度。古印度文献关于"丝"的记载可以为证。

西汉时蜀中纺织品最著名的是蜀布。蜀布又叫"黄润细布"，是一种精致的麻布，轻细柔软，是贡品，价格昂贵。蜀布不但行销中原，而且远销印度和中亚等地。张骞在大夏所见身毒商人贩去的"蜀布"就是此物。张骞见到的"邛竹杖"也是蜀中物产。邛竹是临邛至邛都沿古施牛道一线山上生长的"节高实中"的竹。用邛竹为杖，叫"邛竹杖"，是一种名贵的手工艺品，每见历代诗人吟咏，很有名气。

另外，中国的钢在汉代也传到印度。中国在战国时期炼钢的技术已经有了相当大的发展，到了西汉，冶铁技术愈来愈精，冶铁业也成为当时的三大工业之一。梵文中有许多字表示"钢"，其中之一是Cīnaja，这个字的意思是出产在中国。既然如此，中国的钢至少在某一时代、从某一地区传到了印度。9世纪的阿拉伯旅行家伊本·胡尔达兹比赫在游记中记载，在克什米尔有一座用中国铁建成的观象台，坚不可摧。

传入印度的还有中国的一些物种。如桃约在2世纪传入印度。桃从印度又传到波斯，再传到欧洲大陆，15世纪时传入英国。我国的梨也是在2世纪时传入印度的。

在中国和印度都有二十八宿，它是两国文化早有联系的一个例证。但是，这种文化联系是什么性质的呢？是中国影响了印度，还是印度影响了中国？有些学者认为是印度影响了中国，但也有人认为二十八宿起源于中国，然后传入印度，时代大概是在周初。日本学者新城新藏，中国学者竺可桢、季羡林，都持后一种观点。

二十八宿是中国传统天文学的重要组成部分。我国古代将天球赤道附近的天空划分为二十八个不等的部分，每一部分作为一宿，以一个创立二十八宿时赤道附近的星座为标志，并用这些星座中的一个星为距星，以便度量距离。"宿"为"过宿"的意思，最初二十八宿是用以标志月亮在一个恒星月中的运动位置的，一个月共换二十七个或二十八个地方，故称"二十八宿"。

二十八宿名称完整地出现于先秦文献《吕氏春秋》《逸周书》《礼记》《淮南子》和汉代文献《史记》中，《周礼》也提到了"二十八星"。文献学考证，二十八宿的形成年代是在战国中期（前4世纪）。在考古发现中，湖南长沙马王堆帛书《五星占》（前168）、湖北睡虎地秦墓竹简《日书》（前2世纪中叶）、安徽双古堆圆盘漆器（前165）和湖北曾侯乙漆箱盖（前433）均出现了完整的二十八宿名。陈邦怀、饶宗颐和沈健华在商代金文和甲骨文中考释出12—18个属于二十八宿体系的星宿名。

中国、巴比伦、印度和阿拉伯都有二十八宿，它们虽然略有不同，但同出一源。竺可桢在1944年发表了《二十八宿起源的时间和地点》一文，研究考察了中印两国古代二十八宿的异同，认为两者是同源的，并指出，中国是二十八宿的起源地，因为二十八宿在中国有历史渊源和发展过程，符合中国古代天文学传统，而印度的二十八宿是从中国传去的。还有的学者研究认为，二十八宿是在春秋中叶后从中国经中亚细亚而传入印度、伊朗和阿拉伯的。1997年，中国天文学史整理研究小组和原西南民族学院的专家在凉山彝族自治州调查，发现彝族文化中也有二十八宿，他们初步认定，二十八宿是经由西南边陲传入印度的。

第十二章　丝绸之路与波斯

一、大流士的"王家大道"

伊朗古时候叫波斯，和中国一样，是亚洲大陆上的一个文明古国。在欧洲和中国之间，波斯居于重要位置，是丝绸之路的必经之地和重要地段。

公元前553年，波斯人居鲁士（Kurush或Cyrus，约前600—前529）乘当时的统治者米底人内乱，起兵反抗，于公元前550年消灭米底，建立起阿契美尼德王朝。以后几经外征内战，直至大流士时代，波斯成为横亘欧亚大陆，东至印度河、西至地中海的强大国家。

大流士一世（Darius I，前522—前486年在位）进行了一系列重要改革，对东西方交通做出重要贡献，为促进东西文化交流创造了有利条件。他重新打通了东起西亚、印度河，西到波斯湾、红海、里海、爱琴海、东地中海，乃至非洲的通道，而且将亚洲的道路，跨越博斯普鲁斯海峡，向西延伸到了欧洲。为便于军队的调遣和政令的传达，大流士一世以帝国的4个都城（波斯波利斯、苏撒、埃克巴坦

⊙ 大流士一世

那和巴比伦）为中心，在原来道路的基础上，修筑了覆盖全帝国的驿道网。其中，最大、最著名的干线是帝国西部的"王家大道"。这条大道从小亚细亚沿岸的以弗所经撒尔迪斯，通过美索不达米亚的中心地区，到达波斯帝国首都苏撒城，全长2400多千米。沿线还有通往各行省的支道。这条"王家大道"就是那个时代的"高速公路"，其沿线各段设立了驿站，现在已经有22个驿站被考古所确认。"王家大道"仅供波斯王室使用，借助每个驿站的好马和驭手，波斯王室所需要的一切物资通过这条大道第一时间送至首都，再将帝王的指令传播到波斯全国。借助"王家大道"快捷的交通，一位向大流士一世进献快信的人只需9天即可到达首都，而同样的距离对于普通人而言需要3个月。希罗多德说，波斯道路完备，驿递组织严密，驿道被分成多个"帕拉栅格"（约5千米），每20千米设置一个驿站并有旅馆，每站都有备用的马匹和信差，可将国王的诏书一站接一站地急速传递下去，甚至夜间也传递不止，"信差在路上便跑得比仙鹤还要快"[①]。

在波斯帝国的东部，也修筑了一条大道作为帝国的主要交通干线。这条大道是沿着古老的美索不达米亚—米底之路修建的。这条大道从巴比伦起，经贝希斯敦悬崖旁，穿越扎格罗斯山，到另一都城埃克巴坦那，然后穿越伊朗高原北缘到巴克特里亚和印度的边境，最终到达帝国的东部边陲。这条驿道沿途设有驿站商馆，并有旅舍供过往客商留宿，驿站专备快马，信差传送急件逢站换骑，日夜兼程，可达古代最

⊙ 古代波斯黄金制装载士兵的马拉车模型

---

① ［俄］阿甫基耶夫著：《古代东方史》（下卷），王以铸译，上海书店出版社2011年版，第149页。

快的送信速度。从苏撒至以弗所城有2400千米，每20千米设一驿站，公文日夜相传7日就可到达。为了保证驿道的畅通和安全，沿途各地险关要隘、大河流口与沙漠边缘皆修筑防御工事，并派兵驻守。

此外，还有一条道路从伊苏湾到里海南岸的希诺普城，横切小亚半岛，把爱琴海地区同南高加索、西亚北部连接起来。大流士一世还开通了埃及二十六王朝法老尼科未完成的连接尼罗河与红海的运河。

大流士一世修驿道主要是为军政需要服务，使帝国境内各个重要的经济、政治和文化中心紧密连接，有利于中央集权的加强和经济文化的发展，直接带动了各地的商贸活动。这些驿道四通八达，信使日夜飞奔，商旅络绎不绝。这样，在大流士一世统治时期，东至印度河、巴克特里亚，西至爱琴海岸、埃及，广泛的文化交流获得了前所未有的便利条件。如果从中国出西域，至中亚地区和印度北部，便会与波斯开辟的通往西方的大道接上头。而实际上，大流士一世开辟的这些驿道成为丝绸之路的西段。

二、安息与汉朝的交通往来

亚历山大东征时，波斯被希腊人征服，成为塞琉古王国的一部分。公元前249—公元前247年，里海东南的帕提亚人推翻了塞琉古王国的统治，建立了阿萨息斯（Arsaces）王朝。罗马人称其为帕提亚，中国人称其为安息。阿萨息斯建国后约百年，公元前155年，米特拉达悌一世（Mithradates Ⅰ，前171—前138年在位）向西占领了米底，打开了通往两河流域的道路。底格里斯河上的塞琉西亚也于公元前141年被米特拉达悌一世攻占，接着巴比伦尼亚归入安息版图。米特拉达悌一世还向东夺取了大夏木鹿等重要城市。公元前123年，米特拉达悌二世（Mithradates Ⅱ，前123—前88年在位）即位。他在统治初期，阻挡了东方塞种人的西进。据说他使安息帝国东界达到阿姆河一线。米特拉达悌二世又于公元前1世纪初向西北方面扩展至亚美尼亚。

公元前2—公元前1世纪是安息帝国的全盛时期，其疆域西至幼发拉底河，北自里海，南至波斯湾，东自大夏、身毒，抵阿姆河，成为当时西亚一带最大的国家。在这几百年的世界历史舞台上，安息帝国与中国汉王朝、印度贵霜王朝、罗马帝国同为影响最大的四大帝国。安息地处欧亚大陆中部，位于四大国之间的中心位置，扼丝绸之路要道，更突出了其在东西方文化交流中的桥梁作用。

安息在古波斯交通的基础上也建立了自己的交通网络，希腊人将该网络称为"驿站网络"。安息人允许罗马商人进入巴比伦尼亚地区，但禁止他们加入那些打算横穿波斯、直达河中地区和经由丝绸之路通往中国的商队。罗马皇帝奥古斯都曾派出探险队到阿拉伯地区考察。公元1年，奥古斯都下令对波斯湾两岸进行详细考察，就该地区的贸易活动写出考察报告，并记录海上航线是如何与红海相通的。他还密切关注着经波斯深入中亚内陆通道的实地考察。一位叫伊西多尔的希腊人曾为罗马人收集关于帕提亚的情报，他提供了一份被称作《帕提亚驿程志》的文献。他绘制了

⊙ 波斯古城伊斯法罕，繁荣的东西方贸易造就了这座城市的辉煌

◎ 波斯波利斯宫廷遗址

一条入侵帕提亚的路线。如果奥古斯都下令征服帕提亚帝国，那么这条路线可以使罗马军队发动战争时有通道可行。这份古文献提供了一条从古罗马—叙利亚边界穿过古波斯到伊朗东部边界的古代行驶路线。这条路线是：沿着幼发拉底河进入巴比伦，然后穿过伊朗高原，到达阿拉霍西亚（今阿富汗南部）的帕提亚管辖区的东部边界。它记载了东方重要城镇之间的距离，并仔细标注了从幼发拉底河到亚历山大德鲁波利斯（今阿富汗坎大哈）之间所有的重要据点。伊西多尔提出，在沿途有一些"皇家驿站"，这些驿站就是公元前5世纪大流士一世建立的古代道路的一部分。这就是丝绸之路经过伊朗地区的一大段路线。

　　安息地处欧亚大陆中部，位于罗马帝国与汉朝之间，扼丝绸之路要道，与中国有着比较密切的往来。中国史籍对安息多有记载，说明当时的中国对安息的地理位置、民俗、物产以及交通、经济发展都已经有所了解。

⊙ 帕提亚骑士造像

中国与安息的早期文化接触主要依赖丝绸之路。丝绸之路有一大块地段要通过安息。安息人在很长的时间里垄断了丝绸之路上的国际丝绸贸易，将从中国运来的丝绸转手贩卖给欧洲，从中大获其利。也正是通过丝绸之路，安息人接触到了中国文明。法国学者玛扎海里指出："丝绸之路的凿通使伊朗社会的重心转移了，从底格里斯河沿岸转移到了阿姆河畔。伊朗将其视野从幼发拉底河两岸转移开了，从此之后便注视着锡尔河以远地区。在伊朗的眼中看来，中国占有希腊从未有过的重要地位，当然罗马就更不及了，他们从此就尊重中国。……阿萨息斯人在'亲希腊'的外装下实际上成了汉朝文明向幼发拉底河流域发展的延续。"[1]

另一方面，丝绸之路对当时安息的国际关系和国内社会生活也产生了不可低估的重要影响。过境贸易对安息的经济具有重大意义。联系西方希腊、罗马同东方中国、印度的主要商道经过安息。为了控制各国之间的商道，阿萨息斯王朝同希腊-巴克特里亚王国，同衰落的塞琉古王国，同罗马都进行过战争。

丝绸之路开辟之后，中国和安息之间可能就有了民间交往，有明确记载的两国之间的正式官方往来则始于张骞出使西域之时。张骞第一次出使西域时就已听说了大月氏以西的安息国。张骞再次出使西域时，曾遣副使到达安息国都番兜城［赫康托姆菲勒斯（Hekatompylos）］。当时的安息国王是米特拉达悌二世，安息正是国威兵盛之时。汉使到安息时，米特拉达悌二世正

---

① ［法］阿里·玛扎海里著：《丝绸之路——中国－波斯文化交流史》，耿昇译，中国藏学出版社2014年版，第136页。

派大军东讨塞人，安息大军云集于东部边境。米特拉达悌二世令2万骑兵在边境迎接汉使，并护送其至安息国都。汉使返国时，安息也派使者随之来华，"观汉广大"，他们于西汉元鼎五年（前112）到达长安，向汉朝献大鸟（鸵鸟）卵和黎轩的眩人（魔术师）。

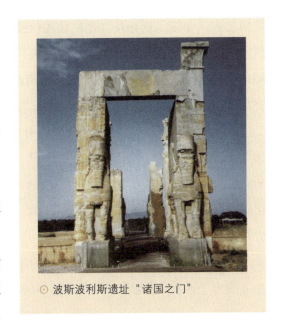

⊙ 波斯波利斯遗址"诸国之门"

汉与安息首次通使成功后，两国便展开了比较广泛的贸易与文化交流。嗣后，在公元前1世纪，双方使臣、商贾不断往来。从汉代遗留的有关西域各方面的其他记录和遗存看来，汉与安息的通商关系相当密切。中国的锦绣、丝绸等特产日益增多，并运送到西方，通过安息商人之手而远达罗马。同时，西方的产品如珠玑、琉璃、象牙、犀角等珍奇异物，以及红兰、葡萄、苜蓿种子等，源源不断地输入中国。《后汉书·西域传》记载，东汉章和元年（87），安息遣使入汉"献师子、符拔"；永元十三年（101），安息王"复献师子及条支大鸟，时谓之安息雀"。狮子、符拔、安息雀等，都是早期进入中国的奇兽珍禽。

自张骞之后，终汉一代，汉朝与安息的官方往来和民间贸易经丝绸之路的联系而频繁兴盛。

三、萨珊波斯与南北朝的交通往来

公元226年，安息帝国被萨珊波斯帝国取代。萨珊时代的波斯人已经比较熟悉中国，对中国文化和中国人都很钦慕。萨珊时代的波斯人中流传这样一种说法：希腊人除了理论之外从未创造过任何东西。他们未传授过任何艺术。中国人则相反，他们确实传授了所有的工艺，但他们确实没有任何科学理论。当时还有另外一种说法，说除了以他们的两只眼睛观察一切的中国人和仅以一只眼睛观察的希腊人外，其他的所有民族都是盲人。在那时的波斯人看来，中国人较希腊人、波斯人和突厥等民族更优越。

萨珊王朝和中国北朝几代政权都有通使关系。《魏书·西域传》"于阗"条记载，太平真君年间（440—450），北魏派遣使者韩羊皮到达萨珊波斯。这是史籍中北魏政权派遣使者首次到达萨珊的记录。《魏书·高宗纪》记载，太安元年（455），"冬十月，波斯、疏勒国并遣使朝贡"。这一次是史料记载中波斯萨珊王朝遣使首次到达北魏。

从这时开始，直到522年，《魏书》本纪记载了10个来华的波斯使团。如《魏书·西域传》记载，北魏神龟年间（518—520），波斯王遣使上书贡物。据考，此波斯王为当时萨珊王朝的喀瓦特（Kavadh）国王。这10次使团来访的前5次应当是到了北魏都城平城，后5次到达的则是493年迁都后的洛阳。这些使节是否都为萨珊王朝所派遣，或有商人所冒充，现则无考。但无论如何，从中可知当时中国与波斯交通的繁盛。1981年山西大同西郊北魏正始元年（504）封和突墓出土的波斯银盘，1970年大同北魏城遗址出土的银多曲长杯、银碗，1988年大同北魏墓葬出土的银碗，都是典型的萨珊式波斯银器，其中应当有波斯使者带来的波斯礼品。

534年北魏分裂为东、西魏后，西域形势也不安宁，柔然控制着西域往来的道路，波斯与西魏、东魏的往来一度中断。西魏废帝元年（552），突厥大破柔然，柔然衰亡。西魏废帝二年（553），波斯使者之所以能到访西魏都城长安，大概是柔然败亡的结果。

《周书·异域传》记载，北周武帝天和二年（567），波斯王"遣使来献"。此时的波斯王当为库思老一世。波斯在库思

⊙ 新疆巴楚托库孜萨来遗址出土的萨珊波斯玛瑙印

老一世（Khosrow Ⅰ，531—579年在位）统治时期达到极盛。在《旧唐书》中，库思老一世的名字被翻译成"库萨和"。古代阿拉伯史学家马苏第（al-Masūdī，？—约957）在《黄金牧地》中记载，库思老一世在首都泰西丰接见了中国皇帝派来的使者，并接受了进献的礼物：一匹完全用一块块排起来的宝石制作的马。马上有一位骑士，骑士的刀柄是由一块加镶宝石的翡翠加工而成的。还有一块用金线织在天青石色蓝底上的丝绸工艺品，上面有头戴王冠的国王坐在宫殿中的图像，旁边还站着一位手执拂尘的侍女。这块丝绸放在由一名妙龄女郎手捧的金匣中，少女的面部漂亮得鲜艳夺目，长长的青丝遮住了面庞。此外，还有其他各种各样的奇珍异宝。

又有马尔柯姆（Malcolm）的《波斯史》记库思老一世时，中国皇帝遣使献假豹一只，全以珍珠络成，两眼以宝石嵌之，天青色绣锦袍一件，光彩华丽夺目，上有金丝绣群臣朝见波斯王图，袍以金箱盛之。又美人图一幅，面貌非常之美，惜为长发披下所掩，然自暗中视之，其光四射，美不可言。这项记载与《黄金牧地》的故事十分相似，很可能指的是同一件事。

波斯的使者也到过南朝。史籍中记载的有：南朝梁中大通二年（530），波斯国遣使献佛牙；五年（533）八月，遣使献方物；大同元年（535）四月又献方物。现存南京博物院的题为梁元帝萧绎的《职贡图》残卷，波斯国条题记引释道安《西域诸国志》残文，有"中大通二年遣中（使）经犍陀越奉表献佛牙"，可知波斯之通使南朝，走的是西域经吐谷浑境而南下益州，再顺长江而下到建康的道路。

萨珊王朝时，中国与波斯的交通主要还是依靠陆路的丝绸之路，但两国之间的海上交通也已开辟。海上丝绸之路，在汉代时已达印度洋，形成东西海上交通大动脉，南北朝时开辟了由广州直达阿拉伯海与波斯湾的远洋航路，中国帆船越过印度半岛，直接沟通了东西亚之间的海上联系。马苏第《黄金牧地》说："中国和印度船只溯流而上去见希拉王。"希拉国是3世纪至7世纪初的阿拉伯古国，其盛世在5—6世纪。幼发拉底河的支流阿蒂河流经希拉城，中国帆船航达波斯湾头后，再溯流而上至希拉城，与当地居民进行交易。那么，由此可间接得知，中国的帆船一定也到过波斯。

另一方面，波斯的航海事业可能也比较发达，或许有波斯船只驶往东方。从4世纪到7世纪初，中国历代王朝的史料把交趾半岛、锡兰、印度、大食以及非洲东海岸等地的产品统统称为"波斯货"，说明这些物品是从波斯运到中国的。在公元9世纪以前，海上航行首先是由波斯海员完成的。他们是阿拉伯人向东航行的开创者。广州出土的萨珊王朝的银币，或许可以被看作当时中国和波斯海上交通的物证。

通过陆上的丝绸之路和海上的丝绸之路，许许多多的波斯商人将他们丰富的物产输送到中国。前文提到从西域传播到中国的植物、动物和其他物产，有许多就来自波斯。

四、波斯阿拉伯丝织业的形成与发展

中国文化对萨珊波斯的影响是多方面的，中国的丝绸以及养蚕制丝技术的传播是这一时期中国与波斯文化交流的重要事项。

前文已有所述，5世纪时西域塔里木盆地已普遍有蚕桑的生产和发达的丝织业。养蚕制丝技术很可能由此继续西传，直接传入中亚的费尔干纳和波斯。波斯以墨桑养蚕，取得成功后又纺织锦绮。《魏书·西域传》载，康国产锦，丈夫多衣锦袍。波斯出产锦绫，王公贵族亦多衣锦袍。

至迟5世纪时，中国的养蚕缫丝技术就已经传入波斯，此时波斯已拥有了自己的丝织业。波斯语中的vāla是一种丝织品，这个字出于汉语的"幡"，指精细的罗纱。波斯语中的nax是一种双面绒，也指锦缎，当是汉语中的"缎"。还有研究古于阗文的学者介绍，波斯语中蚕茧的"茧"字，很可能源于于阗文。波斯文里有pile一词，意作"茧"，维吾尔语中有pile或pille，意作"茧"，这些作"茧"字解的词，都可能和于阗语的birā有关，可能源于于阗语。[1]这说明波斯开始有家蚕饲养，很可能是通过于阗传播的。

---

① 殷晴著：《丝绸之路与西域经济——十二世纪前新疆开发史稿》，中华书局2007年版，第174页。

中国的丝绸织造技术还传到了阿拉伯地区。唐代怛罗斯战役后，有一些中国织匠、络匠被俘往阿拉伯地区，他们把中国的丝织技术带到西亚，使当地的织造锦缎等高级丝织品的手工业迅速发展起来。叙利亚等地的穆斯林很快取代拜占庭而执掌丝织业的牛耳，并操纵了对欧洲的丝绸贸易。西亚的报达、谷尔只、毛夕里、忽鲁谟斯等，也都发展成为重要的丝绸产区或集散地。自哈里发以下，阿拉伯的各级统治者都办起了宫廷作坊和官府作坊，生产"兑拉兹"等供王室和上层人物专用的丝织物。

　　"兑拉兹"原意为刺绣，这里指上面以古体文字［库非克（Kufic）体］绣出或织出哈里发名字或苏丹名字，供缝制统治者御用袍服或赏赐有功大臣的荣誉袍服的织物。今波斯湾东岸的许多城市都有这样工艺高超的作坊，织造花团锦簇、色泽鲜丽的锦缎、壁毯等。这些作坊的产品大量输往欧洲。实际上，穆斯林的丝织作坊控制了9—14世纪欧洲的丝绸市场。在欧洲，有名的丝绸品种大多来自阿拉伯。例如"大马士克"（金线刺绣的绸缎）来自大马士革；"阿塔比"（条纹绢）因巴格达城的阿塔卜区而得名，后来西班牙的阿拉伯人仿制这种丝织品，畅销于法国、意大利和欧洲其他国家，也叫"塔比"；库法制造金丝或半金丝的头巾，名叫"库菲叶"，今天的阿拉伯人仍然喜欢戴这种头巾。后来，丝织技术经阿拉伯人的中介传入西班牙，并在那里的丝织业中得到快速发展。1147年，丝织技术传入西西里。12世纪下半期，西西里成为丝织业向欧洲各地传播的基地。

　　《马可·波罗游记》中记载西亚地区的丝织业发展情况，说"报达城纺织丝绸金锦，种类甚多"，谷尔只"其地多城堡，产丝甚富。制种种金锦丝绸，极丽"，突厥蛮州（在小亚细亚）"制造世界极美极富之各色丝绸，所制甚多"，毛夕里国之"一切金锦同丝绸名曰毛夕里纱，有许多名曰毛夕里商之商人，从此国输出香料、布匹、金锦丝绸无算"，贴必力思城"制作种种金丝织物，方法个别，价高而奇丽也"，耶恩德大城"居民制作丝物，名曰耶思的（yazdi），由商人运赴各地，贩卖牟利"。明代的《诸蕃志》还记载芦眉国"有四万户织锦为业。地产绞绡、金字越诺布、间金间丝织锦绮"，说明当地丝织业的繁荣景象。

大食"蕃锦"包括重锦、百花锦、碧黄锦、兜罗锦等，在唐代中期以后，颇为中原所瞩目，唐宋时期的文献中多有大食人将其进献中原的记载。《新唐书》卷二一七《黠戛斯传》记载，一件重锦有20橐驼之载重，必须分裁成20块进行运输。大食产的百花锦多做帷幕，"其锦以真金线夹五色丝织成"。

五、波斯锦及其织造技术在中国的传播

织造锦缎与地毯是伊朗的一项传统工艺，很早就有。波斯的织锦一开始是用金银线，波斯古经里就提到金地毯。随从亚力山大的历史学家们常提到波斯的这种锦缎。波斯锦起初使用的原料是亚麻与羊毛，后来中国的丝绸传入西方，他们用中国丝并利用自己独特的工艺，就能织出五彩缤纷的波斯锦缎。波斯是继中国之后的世界第二大丝绸工业国。在南北朝时期的史书中，波斯就以其锦缎而闻名。《魏书·西域传》在谈到波斯国王的穿着时说，"其王……衣锦袍、织成帔"。玄奘《大唐西域记》中也说波斯"工织大锦"。《大唐西域记》在提到"波剌斯国"的时候，说其人民"其形伟大……衣皮褐，服锦氎"。这种织造工艺应该很早为西域地区的伊朗语系民族所掌握。"波斯锦"是一种织金丝绸。从出土实物看，还有纯丝或毛、麻混纺等，以织造精美、色彩绚丽而著称。萨珊王朝的艺术发展最精彩的就是丝织品，色彩和图样十分丰富。

波斯锦主要有两个特点：一是织造技术上采用斜纹组织和纬线起花，这与中国主要以平纹组织和经线起花的织造法不同；二是其花纹图案独具风格，以联珠动物纹最为典型，在图案花纹上用联珠圆圈分隔成不同花纹单元，其形式是联珠对兽对鸟纹，常见的有对鸭、对狮、对羊、对雁等图案。波斯联珠纹图案艺术也成了自北魏到唐代中国中原地区和西域地区的主流图案艺术。这种图案除见于织锦外，还出现在佛教壁画、雕塑、陶瓷工艺中。

6世纪末至7世纪中叶，波斯锦风行中亚。斯坦因在阿斯塔那6—8世

纪的古墓中发现的许多波斯式织锦，都是以纬线起花的斜纹"重组织"的织锦。在阿斯塔那170号墓出土的高昌章和十三年（543）的"随葬衣物疏"中，有"波斯锦十张"的记载，表明当时波斯锦在西域高昌等地已经很流行了。特别有意思的是，

⊙ 波斯风格对格利芬纹织锦，西安大唐西市博物馆藏

在这件衣物疏中，还具列了"魏锦十匹"。"魏锦"是指内地制作的锦。吐鲁番哈拉和卓第90号墓出土文书中，也提到了"钵斯锦"。在阿斯塔那173号墓出土的相当于唐代初年的衣物疏中，有"波斯锦面依（衣）一具"和"波斯锦被辱（褥）一具"的记载，可知这时波斯锦仍然在高昌地区流行。

　　在吐鲁番等地，陆续出土了大量联珠纹织锦，其时代被断定在6世纪中叶至8世纪中叶。联珠纹中的动物主体有狮、象、鸭、鹰、天马、羚羊、骆驼和野猪等。据研究，有一件"中窠联珠鸾鸟含绶带纹锦"非常精美，真实体现了波斯锦的富丽堂皇。这件织锦的联珠中窠有成对的水禽，身饰几何状花纹，脚踩翻卷的花枝，两窠间饰菱形四出忍冬花纹，整体设计奇巧，禽鸟形态夸张，颇具异域风情。另一件织锦"中窠对马纹锦"，团窠内为背向的两匹写意午马，马腹圆圈纹中织"午"字，前后腿部亦饰以圆圈纹，凸显肌肉。团窠间饰古波斯文字和花朵，团窠内外填以卷绕的花枝装饰。马奔腾跳跃，形态夸张，充满生机。

　　波斯锦大致在6世纪进入中国内地。《梁书·诸夷列传》载："普通元年（520），又遣使献黄师子、白貂裘、波斯锦等物。"这是有关来自波斯的这一织品输入中国的最早记载。

　　波斯锦的织造技术也传到中国。十六国时期，后赵石虎设织锦署，"中

尚方、御府中巧工作锦",可以织出各种品种的锦缎。除了各种锦,还善织毛织品"罽"。石虎如此重视锦与罽的织造,应该与这是一种波斯传统工艺有关,另外也表明当时宫廷中对锦、罽的需求量很大。尤其是对罽的需求与重视,更能显示出西域文化的特色。

到唐代,仍有波斯锦传入中国。波斯锦的输入一直持续到了8世纪中叶,突厥首领骨吐禄和罽宾国使者分别在开元十五年(727)和天宝四载(745)向唐朝廷进献波斯锦。在隋唐时期,中国的许多纺织品都受到波斯锦风格的影响。中国还有仿制波斯锦的故事。《隋书·何稠传》记载,何稠制作纬锦的技艺已超越了波斯锦。在阿斯塔那6世纪末至7世纪初年的墓葬中,还发现了不少中国仿制的具有中亚、西亚织锦特征的实物,有以中国织法而用萨珊式花纹的产品,后来也有采用萨珊织法和萨珊式花纹的中国织锦产品。中国仿制的波斯锦甚至可以达到以假乱真的程度。

不仅如此,波斯锦还通过中国传到了日本,京都法隆寺里收藏有7世纪的萨珊图式织锦。

六、波斯甲骑具装的东传

甲骑具装是将人马防护能力发挥到最高水平的兵种。波斯是很早使用铠甲的国家。公元前480年,波斯国王薛西斯的军队已装备了铁甲片编造的鱼鳞甲,战马也披有鳞形马铠。波斯人不仅有刀轮战车,还有精锐的波斯重骑兵,他们装备了原始的骑兵马甲。马甲的主体是胸甲(当胸),也包括保护骑士双腿的像翅膀一样的装置。

西汉时期,中国只有轻骑兵,所有的战马都是"赤膊上阵"。东汉时期,开始在战马的胸部装上用皮革制成的"当胸"。波斯马具装和波斯的锁子甲、萨珊式开胸铁甲,经过中亚地区传入内地。大概是在三国时期,袁绍的军队就曾使用过马铠。但是当时这种装备非常珍贵,在官渡之战时期,袁绍上万骑兵部队加在一起只有几百具马铠,重骑兵的比例只占全部骑兵的百分之三。

曹植在《上先帝赐铠表》中也提到波斯名贵的环锁甲，说："先帝赐臣铠，黑光、明光各一具，两当铠一领，环锁铠一领，马铠一领，今世以升平，兵革无事，乞悉以付铠曹。"文中所列的黑光铠、两当铠、明光铠、环锁铠和马铠，都是当时比较稀有和珍贵的铠甲，也是那时新兴的一些类型，所以曹操才特意赐予曹植。曹植提到的"环锁铠"俗称"锁子甲"，它应是沿着丝绸之路由西亚输入的铠甲类型。

　　从西域大量输入这种铠甲已是十六国时期。前秦苻坚派吕光为都督西域征讨诸军事，进攻龟兹城时，就遭遇到西域诸军装备一种他所不熟悉的铠甲，见到"胡便弓马，善矛矟，铠如连锁，射不可入"。吕光带回的大量战利品之中也包括这种特殊的铠甲。直到唐代，虽然锁子甲已被列入《大唐六典》甲制之中，但它依然属西域地区的特产。《旧唐书·西域传》所记康国给唐廷的贡品中，就有锁子甲。这种铠甲是由钢铁环连环相套制成的，比由甲片编缀的传统铠甲轻便。

　　十六国至隋代，我国工匠已经掌握了波斯铠甲的制造技术，中国军队的主力开始装备"甲骑具装"，即人与马都披铠甲的重骑兵。后赵石勒灭段末邳一役，缴获披着马铠的战马5000匹；在对姬澹的战役中，石勒又缴获了上万具马铠。后赵的3000黑矟龙骧军，是后赵的镇国之宝。因甲骑具装威力无穷，甚至在不适合骑兵作战的中国南方也出现了这一特殊兵种。

　　甲骑具装被引进中国后，根据中国的情况做了一些改造，如环臂铠演变成东方惯用的披膊或筒袖，下身保护多用甲裙，武士铠甲由两面铠改为明

⊙ 骑马武士陶俑及甲骑具装（北魏）

光铠。弓箭作为重要兵器被引入甲骑具装系统，使甲骑具装具备了对抗轻骑兵的实力。单手长刀也是在这时取代剑，被首次引入甲骑具装的武器系统的。

1988年，在辽宁朝阳十二台乡砖厂出土的甲骑具装是国内第一例也是目前所见年代最早的甲骑具装实物，为前燕时代遗存，其马胄由面罩、护颊板、护唇片三部分组成，两侧的护颊板与面罩前端的护唇片均用铁销连接，不用时可以折叠，并有用于扎结的带扣，而且采用了更为先进的铆接技术。

前燕时代的甲骑具装造型，最早是在属辽西三燕墓系统的冬寿墓壁画中发现的。冬寿曾是燕王慕容皝的旧臣。冬寿墓是一座大型石室墓，墓中有一幅壁画，画的是一个头戴兜鍪、身披铠甲、手执长矛的骑士骑着亦着铠甲的战马的出行图。冬寿葬于东晋升平元年（357）。壁画中所反映的甲骑具装应是前燕建立前后的骑兵装备。

在这一时期的墓葬中，多有甲骑具装的壁画或实物。在山西大同出土的北魏太和八年（484）司马金龙墓中，就有甲骑具装俑。在甘肃麦积山石窟127窟的北魏壁画和莫高窟西魏285窟与北周296窟的壁画中，也有马具装铠。吉林集安三室墓和麻线沟一号壁画墓的壁画上，都有头戴马胄的铠马形象；河南邓州的彩色画像砖墓中，出现了甲骑具装的形象资料；江苏丹阳胡桥南朝大墓、云南昭通后海子东晋太元十一年至十九年（386—394）间的霍承嗣墓壁画中，也有骑着铠马、头戴兜鍪、身披铠甲的骑兵形象。

隋唐时期，甲骑具装达到其最辉煌的时代。隋将罗艺指挥的5000具装甲骑，人马皆披重甲，辅以轻骑兵，锐不可当。这5000具装甲骑是倾隋朝之力打造的。到了唐代，具装甲骑有一个闻名遐迩的称谓——玄甲军。李世民亲自指挥这支玄甲精兵，以1000之众大破王世充，斩俘6000人；虎牢之战中，李世民以500甲骑精锐居然击溃窦建德的10万大军。玄甲军在后来唐对西突厥的灭国之战中起到了决定性作用。

七、中国出土的波斯银器与银币

1978年至1980年，山东的考古工作者对位于淄博市郊的西汉齐王墓进行了发掘，在一号随葬坑中出土了一个保存较好的列瓣纹银盒。此盒高11厘米，口径11.4厘米。1983年，广州象岗山发现的南越王墓中也出土了一只列瓣纹银盒，高10.3厘米，口径13厘米。这个银盒的形状与山东齐王墓出土的银盒极其相似，与伊朗苏撒城出土的公元前5世纪刻有古代波斯国王薛西斯一世（Xeres Ⅰ，约前519—前465）名字的银器完全雷同。

齐王墓与越王墓中出土的两件银器，都是用捶揲法在表面打压出相互交错的列瓣纹，这与中国当时用陶范或蜡模铸造纹饰的工艺传统完全不同，显然是外来器皿。但对于这种器皿的原产地，学术界有不同的看法。其捶揲法的技术源流可以上溯到两河流域的古亚述，盛行于古波斯的阿契美尼德王朝时期（前6世纪—前4世纪）。安息人的金银细工，继承和发扬了阿契美尼德时代以凸瓣纹为纹饰的风格。这种容器，西方人称之为"phialae"，或译作"筐罍"。这种器物有美国纽约大都会艺术博物馆所藏的大流士金筐罍、华盛顿弗里尔美术馆所藏阿塔薛西斯一世（Artaxerxes Ⅰ，前465—前424）的银筐罍、华盛顿赛克勒美术馆收藏的安息银筐罍以及伊朗哈马丹出土的薛西斯银筐罍。由于我国出土的两件汉代银盒与安息的同

⊙ 山东齐王墓出土的埃兰列瓣纹银盒

⊙ 广州南越王墓出土的波斯银盒

类银器几乎完全相同，因此它们应当是通过海路从安息输入的。

但也有学者认为，这种银盒应是罗马人的器物，山东齐王墓和广州越王墓中的这两个银盒可能来自罗马，经海路传入。据研究，山东齐王墓的下葬时间约为公元前179年，广州越王墓的下葬时间约为公元前122年。不管这两座墓中发现的银盒的原产地是西亚的安息还是地中海地区的罗马，它们都有力地证明，早在公元前2世纪，中国与印度洋地区之间的海上交通线就已经存在了。

银盘是萨珊波斯银器中最有代表性的作品，在中国也有发现。1981年，山西大同西郊小站村花圪塔台北魏封和突墓出土的萨珊银盘，就是波斯萨珊王朝时期的鎏金银盘。这件银盘高4.1厘米，口径18厘米，圈足直径4.5厘米，高1.4厘米，盘内沿有旋纹三道，中刻狩猎图，图中人像深目高鼻，连腮长髯，面颊清瘦，目光宁谧，有人推测为萨珊王朝第四代国王巴赫拉姆一世（Bahram Ⅰ，273—276年在位）。人像头戴半弧形冠，边缘缀以联珠，顶端有一突起的角状饰，脑后有飘带两道，耳饰水滴形垂珠，颈饰圆珠项链，腕上戴由圆珠组缀的手镯，革带上缀两颗圆珠，身着紧身便服，腰右侧佩箭筒，足穿半长筒靴，人像正徒步行猎，两手执矛，刺入野猪头部，身旁又有两头野猪从芦苇中蹿出，其构图具有典型的萨珊王朝艺术风格。

中国还发现过几件具有浓厚萨珊波斯风格的银器，这些器物很可能也是萨珊波斯的输入品。河北赞皇东魏李希宗墓出土的驯鹿纹样的青金石雕指环，宁夏固原北周李贤夫妇墓出土的铸有胡人头像的鎏金银壶等，都是萨珊波斯出产的银器。此外还有山西大同北魏墓出土银碗1件，大同北魏城址出土银洗、银碗各1件，广东遂溪出土南朝窖藏银碗1件。

中国虽在先秦时已用黄金制器，但为数极少。汉代的贵重容器仍多以青铜铸造，少数加错金银纹饰或鎏以金

⊙ 萨珊波斯银碗

面。南北朝时期，萨珊波斯新颖豪华的金银器传入中国，大大开阔了人们的眼界，成为一些达官贵人追求的珍品。史载，北魏秦州刺史元琛举行宴会时就陈有"从西域而来"的"金瓶银瓮百余口"。

许多波斯商人来中国，贩中国丝绸于西亚，乃至欧洲。有研究者认为，当时波斯人主要是用银币来支付中国丝绢的进口。萨珊王朝时期，波斯的银币是西亚和中国西域一带进行贸易时通用的货币，大量波斯银币随着波斯与中国之间的贸易流入中国。当时的中国人对这种货币就有所了解。如《史记·大宛列传》说安息国"以银为钱，钱如其王面。王死辄更钱，效王面焉"。西安、洛阳以及沿丝绸之路的一些地点，都出土过许多萨珊朝银币。

到了唐代，仍有萨珊波斯的银币流入中国。中国境内唐代遗存中出土萨珊波斯银币最集中的是今新疆地区。在7世纪高昌国末年至唐代西州时期，新疆吐鲁番地区的墓葬流行以萨珊王朝银币或东罗马金币殓葬的习俗，多数含殓于死者口中，或覆盖于两眼之上。殓葬银币多是卑路斯以后至库思老二世式样，尤以库思老二世式样为多。有的银币的铸造年代与殓葬入墓年代相距很近，说明萨珊银币的流通是很迅速的。20世纪50至70年代，在新疆吐鲁番地区多次发现了大量萨珊朝银币，其中相当多的部分是在唐代遗址中出土的。1978年，新疆焉耆博格达沁古城也出土了库思老二世银币1枚，埋藏年代约为公元7世纪。

新疆之外，唐代遗址中发现萨珊波斯银币的地点还有陕西、甘肃、河南、山西等地。陕西西安一处唐墓出土2枚波斯王库思老二世和1枚约为7世纪前半期的仿库思老二世银币。在西安至相寺（又名国清寺）舍利塔中，发现了7枚波斯银币，其中6枚属于库思老二世，1枚属于布伦女王（Buran，630—631年在位），这些银币是在天宝年间（742—756）瘗

⊙ 波斯萨珊王朝银币，西安大唐西市博物馆藏

入塔内的。1988年，考古工作者在清理甘肃敦煌莫高窟北区第222号瘗窟时，在棺床草席下发现1枚卑路斯银币，可能是在隋末唐初作为随葬品瘗入的。1955年，在河南洛阳北邙山30号唐墓出土萨珊银币16枚。山西太原金胜村5号唐墓出土库思老二世银币1枚，正面圆框外右角有鸟形戳记，是大食初期东部各省加盖的戳记，这枚银币应该是在6世纪末年瘗入墓中的。

第十三章　丝绸之路与希腊

一、古希腊艺术所见中国丝绸的影子

在古希腊时代，地中海边上的希腊城邦与东方的中国，由于相距十分遥远，很难通达信息。所以，在那个时代，希腊人很难获知远方中国的情况。但很可能经过斯基泰人，中国的丝绸已经运抵希腊城邦。在雅典西北陶工区的墓葬中，有一座雅典富豪阿尔希比亚斯家族的墓葬，在发掘中找到了6件丝织物和一束可以分成三股的丝线。经鉴定，这些丝织品是由中国的家蚕丝所织，时间在公元前430—公元前400年，相当于中国战国的初期，也就是古希腊伯罗奔尼撒战争前后。

我们在古希腊女神的雕像中，在绘画和其他雕塑艺术作品中，也仿佛看到了中国丝绸若隐若现的影子。许多考古资料已经证明，早在公元前5世纪，经过后来被称为丝绸之路的通道，中国的丝绸已经越过阿尔泰山来到了中亚地区。那么，中国的丝绸也有可能沿着那时已经开辟的草原丝路，由希腊人称之为斯基泰人的商队运抵希腊，成为素以爱美著称的希腊人所喜爱的一种珍贵的衣料。

古希腊雕刻和陶器彩绘人像，有的所穿衣服细薄透明，因而有人推测在公元前5世纪中国丝

⊙ 古希腊雅典陶壶表面穿着丝服的人物

绸已经成为希腊上层人物喜爱的服装。古希腊的服饰不经剪裁缝制，直接披挂包裹在身体上，简洁、清纯，以衣褶来表现飘逸的动感美。雅可波利斯的科莱女神大理石像，胸部披有薄绢，是公元前530—公元前510年的作品。雅典卫城帕提侬神庙的命运女神浮雕是公元前438—公元前431年的作品，埃里契西翁的加里亚狄雕像是公元前5世纪的雕刻杰作，这些雕像人物都身穿透明的长袍，衣褶雅丽，质料柔软，体现了丝织衣料的特点，希腊人常用的亚麻织物很难有这种感觉。

希腊绘画中也有类似的丝质衣料。公元前5世纪雅典成批生产的红花陶壶上已绘有非常细薄的衣料，公元前4世纪中叶的陶壶狄奥希索斯和彭贝更是表现得比较明显。特别是克里米亚半岛库尔·奥巴出土的公元前3世纪的绘画《波利斯的裁判》，将希腊女神身上穿着的纤细衣料表现得十分完美，透明的丝质罗纱将女神的乳房、脐眼显露出来。这种衣料在当时只有中国才能制造，绝非野蚕丝织成。[①]

据考，在西方人的著作中，最早有关丝绸的记载，是古希腊喜剧作家阿里斯托芬（Aristophanēs，约前448—前380）的《吕西斯特剌忒》（前411），其中提到一种用"Amorgis"的绢做成的长上衣，叫"Amorgiam"。此为古希腊著作中最早提到的有关丝的记述。哲学家亚里士多德（Aristotle，前384—前322）在《历史》的《论动物》一节中提到过丝绸，不过他所指的丝绸究竟是来自中国的蚕丝，还是希腊本土生产的一种轻薄织物，学术界有不同的看法。

二、希罗多德记载的草原之路

古希腊人一直关注着东方，把东方作为他们一个想象的异邦。

据沈福伟先生研究，历史上有两次希腊人到中国来的事件。第一次是在春秋时期。据王嘉《拾遗记》说，周灵王（前571—前545年在位）时，

---

① 沈福伟著：《中西文化交流史》，上海人民出版社2017年版，第20页。

有渠胥国人韩房到中国献琥珀凤凰。这件工艺品高6尺，是用中国内地未曾见过的巨型琥珀制作的。沈福伟先生认为，这位渠胥国人韩房，"是迄今为止我们所可以知道的，最早的一次到达中国内地的希腊使节。他的名字韩房，或许译自海尔莫士（Hermeus）。渠胥是希腊（Greece）最早的汉译名字"。"从希腊出发的韩房，极有可能是经过黑海东边的草原路抵达中国的新疆，然后再进入中国内地最大的商业都会，作为丝绸贸易中心的洛阳城"①。

王嘉《拾遗记》记载希腊人第二次来华，距前次有300年，是在秦始皇帝元年（前246），西域骞霄国贡一有才华的画家烈裔，在咸阳献艺。沈福伟认为这个"骞霄"是"渠胥"的另一种音译，"这至少已是我们迄今为止所知道的，第二次造访中国的希腊使节"。这位烈裔"能口含丹青，漱地成画，绘出魑魅、鬼怪等各种物像，这些图像大致就是欧洲和西亚的人物和神灵。此人的一大特技是善于指画，画地长百丈，可以笔直如绳墨。这位画家还擅描地图，在方寸之内，可以画出四渎、五岳、列国。这是最早传入中国的欧洲地图了。烈裔在绘画之外，又是刻玉能手，能治印章、雕刻。这些工艺专长，全是地中海世界古代文化中最基本的门类"。②

此外，有一些间接的渠道，将希腊文化的一些信息传播到中国，使中国在很早时就感受到、了解到希腊文化的某些风采。中国文化与希腊文化可能的接触，中国所获得有关希腊文化的信息，主要是从西域和印度两个方向传来的。

公元前5世纪的学者希罗多德在《历史》第四卷中论述过草原之路。希罗多德根据公元前7世纪一位旅行家所写的题为《阿里玛斯波伊人》的诗，记载了10种独立的民族或部落，并叙述了他们的习俗。

阿里斯泰是西方传说中的古希腊著名旅行家和诗人。他曾经跟随庞大

---

① 沈福伟著：《中国与欧洲文明》，山西教育出版社2018年版，第49页。
② 沈福伟著：《中国与欧洲文明》，山西教育出版社2018年版，第49页。

的斯基泰商队，从希腊出发，穿越了7个民族和地区，到达阿尔泰山脚下"阿尔及巴埃人"的市场。在那里，他见到了伊塞顿商人（大约是居住在伊犁河流域的塞人），然后跟着返回的伊塞顿商人沿着阿尔泰山南麓继续东游。在天山山口和阿尔泰山山口，北风怒吼，飞雪漫舞，山后面是难以逾越的崇山峻岭和沙漠戈壁。他听当地人说，在崇山峻岭的那边，北风之外，是一个温暖的天地，居住着一个幸福宁静的民族，他们就是希佩博雷安人（Hyperboreans）。他们的家乡一直到大海之滨，那里土地富饶，人民定居务农，海水永不结冰。"希佩博雷安人"的本意是"居住在比北风地更遥远地区的人"。

与希罗多德同时代的一些地理学家，也可能读过阿里斯泰的诗篇，所以他们在书中也对希佩博雷安人的情况进行了描述。他们说，希佩博雷安人位于"丽白安"山脉之外的北方海洋之滨，那里土地肥沃，还说希佩博雷安人是素食者。这个材料适合于将希佩博雷安人说成中国人的假说。作为农业国，中国人相对于中亚那些完全是游牧与狩猎的部落而言，当然是素食者。至于丽白安山脉，则应指一条或几条中亚的大山脉，如阿尔泰山、塔尔巴哈台山或者天山等。

希罗多德提到了住在海边的"北风之外的人"。有的研究者认为，汉族人确是居住在"北风之外"，意思是说他们居住在中亚严冬达不到的地方，那里有比较温暖的气候。西方人关于中国的最初知识都与丝绸有关，西方人首先是通过丝绸知道中国的。在希罗多德同时代或之前，西方人对于中国丝绸，乃至中国已略有所知。所以希罗多德对东方的论述或许已暗指中国。不过，他所知道的也不会太多。

根据希罗多德的记载，公元前7世纪时，自今黑海东北隅顿河河口附近，经伏尔加河流域，北越乌拉尔山，自伊尔的什（Irtish）而入阿尔泰山、天山两山之间的商路，已为希腊人所探索。就希罗多德提到的几段行程推断，总路程可能要走四五个月。

希罗多德深信这条商路的存在，他指出："直到这些秃头者所居住的地方，这一带土地以及居住在他们这边的民族，我们是知道得很清楚的。

因为在斯奇提亚人当中，有一些人曾到他们那里去过。"[①]希罗多德还提到"秃头"民族，很可能指的是东方的蒙古人种。现代学者根据希罗多德对草原居民驻地的分析，作出如下大致的推测：西从多瑙河，东到巴尔喀什湖，是宽广的草原之路，中间需要越过第聂伯河、顿河、伏尔加河、乌拉尔河或乌拉尔山。再往东，与蒙古高原相通的大道有3条：

（1）在东及巴尔喀什湖西缘时，从东南折向楚河谷地，而后进入伊犁河流域。从这里沿着天山北麓一直向东，直到东端的博格达山以北。从博格达山北麓向北，还可以走向蒙古高原的西部。

（2）从伊犁河流域偏向东北，进到准噶尔盆地，直抵阿尔泰山西南山麓；或者从东钦察草原东进至额尔济斯河中游，沿着其支流的河谷和宰桑湖南缘进至阿尔泰山。在绵亘的阿尔泰山脉上，有不止一处可以越过的通道。著名的达坂（山口）有3个，即乌尔莫盖提、乌兰和达比斯。

（3）从东钦察草原东缘向东，渡过额尔济斯河抵鄂毕河，然后沿着鄂毕河上游卡通河谷地进至蒙古高原。这条路上有阿尔泰山和唐努乌梁山之间的崎岖山地，相当艰险。[②]

希罗多德描述的这条草原之路又被学术界称为"斯基泰贸易之路"。广义的斯基泰人活跃在公元前7世纪至公元前3世纪，这相当于中国的春秋战国时期。"斯基泰人"是希腊人对这个古代民族的一种他称，源自希腊语"Skythaio"。在关于斯基泰人史诗般传奇的事迹的记载中，他们被描摹为北方的彪悍民族，因为旺盛的战斗力、特殊的战术，以及拥有灵活而机敏的马匹，他们很快在近东地区的军事与政治上取得了领导地位。斯基泰人在顿河与多瑙河之间，黑海以北，到西伯利亚一带，不断地迁徙。他们与

---

① ［古希腊］希罗多德著：《历史》（上册），王以铸译，商务印书馆1959年版，第275页。
② 石云涛著：《早期中西交通与交流史稿》，学苑出版社2003年版，第104—105页。

萨拉逊人、凯尔特人接触，吸取了多种文化包括希腊文化的特点，在征服的土地上建立了自己的国家，在公元前5世纪至公元前4世纪形成了斯基泰王国。在欧亚草原民族迁徙的大背景下，因为斯基泰人的迁徙，形成了一条沟通欧亚大陆间的草原之路。斯基泰人充当了中西方之间交通和交流的媒介，充当了中国丝绸最大的中介商和贩运者。最早的丝绸贸易就是从草原之路开始的。

希罗多德在《历史》中所说的这条东西交通道路，是从西往东，绕里海、咸海之北，横穿中亚，到达阿尔泰山地区。

斯基泰人东来，主要是为了寻找黄金。由于可以骑马，人们可以利用更广大的草场放牧，但生产出的大量马匹或者皮毛会超出有限人群的消费能力，而极端天气或者瘟疫等会导致这些财产大幅缩减。因此，草原社会需要寻找一种安全、便携的等价物，黄金无疑是最优的选择。希罗多德说，欧洲北部有很多黄金。黄金可能来自阿尔泰山、准噶尔一带。阿尔泰山就是"金山"的意思，据说那里盛产黄金。希罗多德说黄金是被叫作"阿里玛斯披（Arimaspi）的独眼族从格律芬斯（Griffins，半鹰半狮的怪物）那里偷来的"。这个神话中可能包含一个事实，即黄金为阿里玛斯披人所有。它通过伊赛多涅斯人之手卖给"秃头者"，斯基泰人再从"秃头者"手里买回去。

斯基泰人用何种物品来交换"秃头者"手中的黄金，史书没有明确记载。有研究者认为，斯基泰人向东输出的商品有马饰、地毡和金属制品等。草原生产的马匹、皮革等可作为商品与农耕民族交换，获得的粮食、奢侈品等，又使首领有能力寻找、生产和保护黄金，并同缺少黄金的其他草原地区的人交换。

在长时期的远程贸易中，斯基泰人与东方文化有所接触并受其影响。从考古材料看，斯基泰人早期的马具来源于亚洲。动物风格艺术在欧亚草原西部青铜时代的人群中并不流行，而东部非常流行的鹿石艺术则可能是斯基泰艺术类似形象的源头。斯基泰文化公元前7世纪的器物中，有很多和东方的器物相似。

希罗多德的《历史》中关于斯基泰族的记载，代表了当时的希腊人关于东方的认知。

三、亚历山大的东征之路

希腊人早就有向东方发展的想法。一位希腊雄辩家曾说："让我们把战争带给亚洲，把财富带回希腊。"

早在亚历山大大帝（Alexander the Great，前356—前323）东征以前，中亚这个地方就有希腊人来过。据希罗多德记载，大流士一世的时候，波斯人就威胁要将叛乱的爱奥尼亚人的女儿们流放至大夏。大流士一世还将希腊城市昔兰尼和狄迪姆城的居民贬为俘虏后流放到大夏。据古罗马历史学家鲁夫斯（Quintus Curtius Rufus）的记载，亚历山大大帝在渡过阿姆河之后到达了昔兰尼人居住的一座城市。尽管在中亚居住多年，这里的居民仍然保留着希腊的风俗。这就是说，早在马其顿军队抵达大夏和粟特之前，即公元前5世纪—公元前4世纪，这里就已经生活着希腊人了。在这些地区之间，有着固定的商贸和文化往来，它们是通过经伊朗的丝绸之路进行的。位于阿富汗和巴基斯坦的阿拉霍希亚、大夏和犍陀罗地区，发现了不少公元前5世纪的希腊钱币。

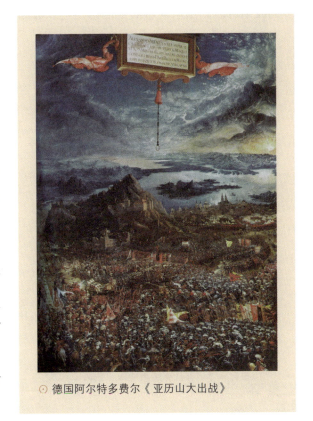

⊙ 德国阿尔特多费尔《亚历山大出战》

公元前334年，中国处于战国时期，古代马其顿王国国王亚历山大大帝开始了远征东方的行动，并最终建立了一个地跨欧、亚、非三洲的帝国，其疆域东自费尔干纳盆地及印度河平原，西抵巴尔干半岛，北从中亚细亚、里海和黑海起，南达印度洋和非洲北部。亚历山大东征及其帝国的建立，在古代东西方文明交流史上具有划时代的意义。希腊文明首次以前所未有的广度和深度与远到中亚、印度的其他东方文明发生了直接的接触和交融，以希腊文化为主，同时含有其他东方文化因素的希腊化文明得以产生。亚历山大的东征，还开辟了东西方贸易的通道。他在东方建立的几十座城市，都逐渐发展成为商业中心。

公元前334年，亚历山大率步兵3万，骑兵5000，战舰160艘，渡过赫勒斯滂海峡（今达达尼尔海峡）进入亚洲，开始了声势浩大的远征。

亚历山大首先率领部队攻克了小亚细亚，消灭了驻守在那里的为数不多的波斯部队，随后向叙利亚北部挺进。波斯皇帝大流士三世（Darius Ⅲ Codomannus，？—前330）御驾亲征，从亚洲腹地征调几十万大军出现在亚历山大的背后，切断了马其顿军的供应线。亚历山大与其进行了著名的伊苏斯战役。此战几乎全歼波斯军，大流士三世落荒而逃。亚历山大继续向南征服地中海沿岸港口，攻克了腓尼基的岛屿城邦推罗城（在今黎巴嫩）。之后，亚历山大继续南进，占领埃及。

经过在埃及的短暂休整，亚历山大率军返回亚

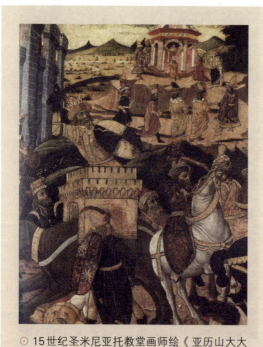

⊙ 15世纪圣米尼亚托教堂画师绘《亚历山大大帝和亚历山大城的建立》

洲，北上向波斯腹地进发。在阿贝拉会战中，亚历山大的4万步兵和7000骑兵，与大流士三世御驾亲征召集的波斯帝国各部族的倾国之兵对战，古老而庞大的波斯帝国一战崩溃。亚历山大率军进入巴比伦和波斯的两座都城苏萨和波斯波利斯。亚历山大随后长途奔袭，从波斯波利斯到埃克巴达那，然后再到拉伽，穿过里海门，经过长时间的急行军，终于追上了敌人。亚历山大经过3年奋战，攻克了整个伊朗东部地区，继而进入波斯帝国的东部行省。

公元前330年冬，亚历山大大帝开始向中亚地区进军。公元前329年夏，亚历山大攻陷索格狄亚那首府马拉坎达（今乌兹别克斯坦撒马尔罕）。亚历山大的前锋直抵锡尔河，连克7城，并在锡尔河南建埃斯哈塔亚历山大里亚，驻军设防。公元前328年春，亚历山大下令在索格狄亚那各地筑城，迁移希腊人、马其顿人充实其中。同时，任命当地上层贵族为郡守，表示尊重当地的制度和习俗。公元前327年，亚历山大娶巴克特里亚贵族的女儿为妻，并鼓励马其顿人和东方女子结婚。据学者研究，亚历山大在巴克特里亚留下了13500名士兵，以巩固后方。在亚历山大的军队中，有大批希腊学者、诗人、艺术家、工匠和各色人等，得以在印度河上游一带繁衍子孙。亚历山大的主要影响是使中亚南部希腊化，向中亚输入了新的行政结构，引进了希腊的农奴制，并在中亚发展了货币制度。另外，其在文化和艺术上的影响也非常重要。

公元4世纪时，西方流行着关于亚历山大曾经到过中国的传说。但后来发现，"亚历山大中国之行"一说亦属无稽之谈，就像人们也曾传说亚历山大之前的希腊哲学家毕达哥拉斯（Pythagoras）和之后的圣托马斯（ST. Thomas Aquinas）的中国之行一样，至少没有充分的证据。不过，亚历山大的东征确实几乎叩到了中国的大门。作为他东征的主要成就之一，庞大的亚历山大帝国的东部疆界已经延伸到中亚地区，与中国咫尺相邻了。亚历山大帝国成为当时东西方贸易和文化交流的交会路口。

那么，当亚历山大东征大军抵达中亚地区（我们已经知道，中国在此前很久已经与这里建立了交通联系）的时候，当成千上万的希腊人定居在

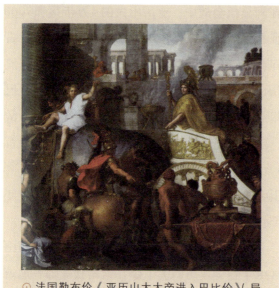

⊙ 法国勒布伦《亚历山大大帝进入巴比伦》(局部), 法国巴黎卢浮宫藏

巴克特里亚(大夏)诸王国的时候, 一定听说过有关东方中国的某些消息, 一定见到过运抵这里的中国的优美的丝绸和其他物品。比如在亚历山大所征服的居鲁士宫廷的宝物中, 完全有可能有巨量的丝绸衣料收藏和用于宫中的豪华装饰。阿里安(Arrian)在《亚历山大东征记》中记载, 亚历山大在苏萨和波斯波利斯的皇宫里, 见到了华丽异常的、由绫锦制作的挂幡, 这些丝织品无疑是从中国运去的。在马其顿佩拉(Pela)附近的埃杰(Aigeai), 亚历山大为其父王修建了一座陵墓。人们发现, 老国王的遗骸被包裹在一种绣金的丝绸中。这是在希腊发现的使用这种原料的最古的织物。人们倾向于认为, 这很可能是一种中国丝绸。这些丝织品很可能是亚历山大令人从东方送回国内, 然后又放在老国王的墓葬中的。

亚历山大大帝远征到大夏和粟特地区, 并在药杀水建立了殖民地 "极远的亚历山大城"。粟特人是长期活跃在丝绸之路上的从事丝绸贸易的民族, 那么, 亚历山大及其远征军是不是也可以从粟特人那里得知有关丝绸的信息呢? 他们应该从那里最早打听到, 大山的那边就是出产丝锦的赛里斯国。

亚历山大的东征在客观上是东西交往历史上一件开天辟地的大事, 在古代东西方文明交流史上具有划时代的影响。它第一次使欧洲人与内陆的亚洲人发生了密切的关系。中亚的希腊征服者和他们的后裔比他们的前辈更多地了解了东方。他们把东方的消息传回欧洲, 使留在欧洲的同胞对东方的兴趣大增。虽然，随着罗马的东进和各希腊化王国的衰落，希腊化世界到公元前后已不复存在，但希腊化文明的遗产仍在各地潜移默化地发挥着作用，与此有关的信息也通过丝绸之路在地中海地区与中国之间流动，这就为希中两大文明的接触和沟通提供了便利和可能。

亚历山大的东征，向西方人打开了亚洲的大门，开辟了进行贸易交流的新道路。位于亚欧大陆两端的欧洲人和中国人，几乎可以面对面地进行对话和交流了。亚历山大东征所建立的希腊化世界，实际上形成了以西亚为中心、以地中海和中亚印度为两端的交通体系。当时的东西方商路主要有3条：

（1）北路连接印度、巴克特里亚与里海，从中亚的巴克特里亚沿阿姆河而下，跨里海，抵黑海。

（2）中路连接印度与小亚，有两条支路：一条是先走水路，从印度由海上到波斯湾，溯底格里斯河而上，抵塞琉西亚；一条是全走陆路，从印度经兴都库什山、伊朗高原到塞琉西亚。至此，水陆两路汇合由此向西再到塞琉古国的首都安条克、小亚的以弗所。

（3）南路主要通过海路连接印度与埃及，从印度沿海到南阿拉伯，经陆路到佩特拉，再向北转到大马士革、安条克，或向西到埃及的亚历山大里亚等地。[①]

这些商路实际上与后来丝绸之路西段的走向大体吻合。这也说明，亚历山大东征开创的希腊化世界，为后来丝绸之路的开通做了前期性的准备工作。亚历山大东征及其遗产希腊化世界的建立，实际上已经开通了后来被称为丝绸之路西段（帕米尔以西）的道路。有的学者说，亚历山大的远征，是丝绸之路开通的序曲。若没有亚历山大，欧亚大陆之间的道路就不可能被打通。亚历山大的业绩是一场政治、军事和文化交流的序

---

① 杨巨平：《亚历山大东征与丝绸之路开通》，《历史研究》2007年第4期。

曲，而这一切又是一个横跨欧亚大陆的人员与物资的交流大网络所不可或缺的。

丝绸之路的西段所经的西亚地区，依次为伊朗高原、两河流域、地中海东岸各地。自美索不达米亚地区迄于地中海东岸，可以称作一个"交通网络"。因为丝绸之路西段到了这里，四通八达，畅通无阻，可以通向东西南北任何一个方向。这个地区位于地中海、红海、黑海、里海与波斯湾之间，被称为"五海之地"，处于世界商业最大的动脉网中。

公元前327年，亚历山大率领军队离开中亚，南下侵入印度，在印度河谷建立了两座亚历山大城，迅速占领了西北印度的广大地区。从这时开始，希腊人对印度部分地区（主要是西北部）进行了断断续续长达约300年的统治或控制。在大夏国王欧西德莫斯及其儿子德米特里（Demetrius）统治之时（约前2世纪初），巴克特里亚的希腊人侵入印度，不仅攻占了原来亚历山大征服过的印度河流域，甚至有可能向恒河流域进发。之后，巴克特里亚王国的印度部分与王国主体分裂，在古印度西北部和北部建立了许多松散的小国，统称"印度-希腊王国"（Indo-Greek Kingdom）。其疆域横跨今日的阿富汗、巴基斯坦和印度各一部分。根据法国钱币学家波比拉赫奇（Osmund Bopearachchi）的研究，在从今日阿富汗南部到印度的旁遮普地区，都有印度-希腊国王在统治。其中最有名的是米南德（Menander），他在势力全盛时几乎占领了整个印度西北部。他的大本营应该是在犍陀罗地区。张骞大约在公元前128年抵达大夏，他所耳闻的"临大水"之国"身毒"应该就是米南德王国全盛时期的印度西北部地区。

经历两个世纪的统治，印度-希腊王国在语言、符号、宗教、艺术和建筑上把古印度、古希腊两种文化融合在一起，从而产生了许多具有希印文化特征的文明成果。其中最著名的是以弥兰陀王（Milinda，约前180—前130）为代表的印度-希腊人开始诚心接受印度的佛教，从而最终促使以希腊造型艺术形式来表现印度佛教内容和精神的犍陀罗艺术的诞生。佛教经典《弥兰陀王问经》（《那先比丘经》）就是他向一位僧侣那先比丘（Nagasena）问道的集子。这部经文记载了他皈依佛教的过程，富于诡辩色

彩且充满了譬喻，是典型的苏格拉底式对话，但讨论的内容是轮回业报、
涅槃解脱等佛教理论。

四、巴克特里亚：丝绸之路上的希腊遗珠

公元前323年，亚历山大遽然死去，匆匆建立起来的帝国迅即崩溃。
塞琉古王国几乎继承了亚历山大在亚洲的全部遗产，统治区域从地中海东
岸直到中亚的兴都库什山。塞琉古王国曾经是一个幅员辽阔、经济繁荣的
大国，城镇林立，商业发达。塞琉古王国修筑和发展了波斯原有的驿道系
统，使之成为重要的国际商道。其中最重要的交通路线有两条：一条是从
地中海岸边的海港经首都安条克而达巴比伦附近的塞琉西亚，以此为商货
的最大集散地而北通里海和高加索，南连波斯湾、阿拉伯，西则经巴勒斯
坦而入埃及；另一条则是向东经伊朗、安息、大夏而达东亚、东南亚的商
道，从大夏向南可折向印度，往北可越过帕米尔而到达中国。关于后一条
商道，法国学者莫尼克·玛雅尔（Monique Maillard）说：

> 在西方一侧，我们发现了奥古斯都（Auguste）时代的舆地学家斯
> 特拉波（Strabon）的描述，或者是生活在公元2世纪时的一位亚历山
> 大城的学者托勒密（Ptolémée）在其《舆地书》中的论述。从西方延伸
> 来的道路经过伊朗之后，又要经过木鹿城（Merv）和大夏都巴克特拉
> （Bactre），通过经由犍陀罗（Gan dhāra）那自印度出发的道路而汇合在
> 一起。接着便是颇难翻越的帕米尔高原，越过此高原之后便是当地的
> 重要喀什噶尔（疏勒）站，来自古康居（索格狄亚那，Sogdiane）和古大
> 宛（费尔干纳，Ferghāna）的道路都要通达此城，也就是说位于萨马尔罕
> （Samarkand）和拓枝城（塔什干，Tachkent）等城市周围的富庶地区。[①]

---

① ［法］莫尼克·玛雅尔著：《古代高昌王国物质文明史》，耿昇译，中华书局1995
年版，第23—24页。

巴克特里亚是塞琉古王国最东部的一个重要省份。塞琉古王朝以亚历山大的建城战略为指导，在军事、政治、经济地位重要的地区建立了希腊式城市或希腊人殖民地。据统计，亚历山大及其后继者在东方建城（包括殖民地）300个以上，保留下名称者有275个。在巴克特里亚及其相邻地区有名可稽者就有19个。其中，有8个是亚历山大建立并以他的名字命名的同名城市"亚历山大里亚"。这8个城市中有一个名为Alexandria on the Oxus，即"阿姆河上的亚历山大里亚"。其余的11个应为塞琉古王国所建。希腊移民带来了他们的语言、宗教、制度、戏剧和艺术。这样的每一个都市，皆为向四方放射希腊文明的中心。这些都市，无疑使得整个巴克特里亚带有了希腊精神。

公元前255年，坐落在塞琉古王国东北边陲的巴克特里亚（Bactria）的郡守希腊人狄奥多德（Diodotos）宣告独立，而中国人把这个地方叫作大夏。在大夏国王欧西德莫斯时，大夏控制的最东部国界线不仅得以推进，而且超过了苦盏，有证据显示他们的侦察队在公元前200年前后已经到达过疏勒，这是有史以来最早的有据可考的一次连接中国与西方的活动。据此说，他们很可能进入了塔里木盆地。

⊙ 雅典娜印章，1985年大夏黄金之丘出土

阿伊·哈努姆城址（City Site at Ai-Khanum）是迄今为止在中亚地区原巴克特里亚希腊人王国统治区域发现的唯一完整的希腊式城市。阿伊·哈努姆城址位于阿富汗东北部昆都士城东北，是一座城墙环绕的希腊化古城，离今塔吉克斯坦边境较近，位于乌浒河和科克恰河的交会处。城区分东、西两部分，东部为高约60米、具有防御功能的天然卫城，西部为总面积约270万平方米（1800米×1500米）、作为居民区的下城。现已发掘暴露地表的建筑物主要有似为行政管理总署的巨大宫殿区，位于下城

西南部，面积约9万平方米，包括广场、官署、宅邸和珍宝库。宫殿的东、南、北三面分别建有神庙、体育馆和贵族住宅区。贵族住宅区为带庭院或花园的大房子。剧场和兵器库分布在卫城区。下城为城墙环绕，内有很多空地。该城的建造时间约在公元前329或公元前305年，是希腊化时期巴克特里亚繁荣发达的中心城市。阿伊·哈努姆城的建筑风格是古希腊式建筑和东方式建筑的结合，而以前者为主，如垒砌石块用金属锔钉联结并灌以熔铅加固，建筑的布局往往以一连串房间或柱廊环绕一个中央庭院，饰以古典式三种柱头的大量圆柱，寓所的浴室中用卵石铺成拼花地板等。东方风格主要如常用土坯垒墙，剧场的席位之中建三座阔气的凉廊，神庙为三梯级高台建筑，前设门廊，后设正殿及两侧配殿。城内发现有希腊文铭刻和手稿残迹，以及阿拉米字母的铭文。艺术品有石、陶、象牙和金属的圆雕或浮雕，表现人物和希腊及本地的神像。其风格，一部分采用古希腊传统手法；一部分则是东方风格，构图平板，不注重透视。有的大型作品在铅条或木头的基架上堆塑而成，是一项创新。在宫殿区的珍宝库中，发现有古印度和古希腊的珍宝和钱币，出土有钱币的铜坯。

由于巴克特里亚希腊人王国的存在，不少希腊人定居印度，以至于阿育王在刻石勒铭弘扬佛法时，也没有忘记用希腊语向这批希腊人传教。考古学家们研究，这个古城遗址的考古发现表明，此地的希腊人仍然生活在他们所熟悉的文化氛围之中，并试图将这一文化生态尽可能地保持下去，同时受到东方文化传统的影响。但无论如何，阿伊·哈努姆城址自始至终都保持了希腊式城市的基本特征。它的居民肯定是以希腊人为主，它的上层统治者也一定是清一色的希腊人。古希腊传记作家普鲁塔克记载："亚历山大对亚洲的远征后，东部地区的人民，至少是统治

⊙ 金币上的巴克特里亚国王欧克拉提德一世（约前170—前145年在位）头像

阶级，阅读荷马的诗篇，他们的孩子读唱沙孚克理斯（即古希腊悲剧作家索福克勒斯）和尤里披蒂（即欧里庇得斯）的作品。一个石雕的喷泉口是仿造希腊喜剧中的角色奴隶厨师所戴面具制作的，这起码说明在阿依罕努姆剧院演出的戏剧是属于希腊文库的作品。"[1]

事实上，巴克特里亚扮演了一个交会点和过道的角色，同时，它还在中亚的心脏地带建立了一个古希腊文明的"绿洲"。

巴克特里亚成为古希腊艺术、思想进入印度的中转站和推动者，对印度文化产生了极大的影响。印度人从希腊人那里学会了精巧的铸币技术，并像希腊人那样在钱币的正反面都压制图案。古希腊风格深深影响了印度的雕塑、绘画和建筑。哲学上，印度正理派（逻辑学）的"五支论法"与亚里士多德的三段论之间存在着密切的联系，印度耆那教原子论与古希腊德谟克利特（Democritos，约前460—前370）以及古罗马卢克莱修（Titus Lucretius Carus，约前99—约前55）的原子学说相类似。

由于希腊人的东进，古希腊文化被带到了中国的西部边缘。西方文献中的巴克特里亚就是中国史籍中所说的"大夏"。大夏和印度，在这个时候都活跃着希腊人的身影，受到古希腊文化的深刻影响。

五、张骞带回的希腊文化信息

由于亚历山大东征，亚历山大里亚城建立，中国人可能也已经获得了某些希腊的信息。有研究者指出，公元前1世纪的中国西汉王朝与印度西北部的印度-希腊人肯定有过接触，此地的希腊化信息较为清晰地传入中国。《汉书·西域传》说，罽宾"民巧，雕文刻镂，治宫室，织罽，刺文绣"，似乎反映了希腊人的雕塑造型艺术和中国的织造技术在该地的流行。

本书前面多次提到张骞出使西域对于开通丝绸之路以及中西交流的重要意义。在此，我们还应该注意的一个时间点是，张骞通使西域时，第一

---

[1] 李强著：《中西戏剧文化交流史》，人民音乐出版社2002年版，第162—163页。

次是公元前128年。此时距亚历山大东征到中亚的公元前330年，仅有200多年的时间，而在张骞的时代希腊人的城邦依然存在，那些印度-希腊国家依然存在。虽然这些国家已经在不久前被大月氏人所征服，但大月氏人来到大夏后，是作为统治阶层而定居下来的，在文化上他们继承了希腊大夏王国的遗产，在书写中采用了希腊文字。古希腊文化仍然在大月氏人国家的物质、艺术和精神文化中扮演着重要的角色。

那么，张骞到大夏，也就是已经臣服于大月氏的巴克特里亚这个希腊化的王国时，就很有可能接触的是这里的希腊人。至少，也一定听说过有关亚历山大大帝以及古希腊文化的某些消息，见到过希腊文化的遗存。

在呈给汉武帝的出使报告中，张骞对亲临的国家大宛、大月氏、大夏和康居，传闻的国家乌孙、奄蔡、安息、条支、黎轩和身毒等作了或详或略的介绍。而在这些国家中，大宛就在当年巴克特里亚的势力范围之内，大夏、条支和身毒的一部分是亚历山大帝国的故地。张骞抵达时，条支（即塞琉古王国）依然残存。安息（即帕提亚）则长久受到古希腊文化的深刻影响。所以，张骞在这些地方的所见所闻，完全有可能包含着古希腊文化的信息。这种文化信息在张骞的报告中也有所反映。另外，张骞归汉时也可能随身带回了粟特往日的古希腊文化遗物。

张骞的报告曾提到安息盛产"蒲陶酒"，大宛及其周围地区也以"蒲桃"为酒。学术界普遍认为，葡萄的引进应在张骞那个时代。早在克里特文明时期，希腊人就已经知道种植葡萄，酿造葡萄酒。到了荷马时代，葡萄和葡萄酒已在希腊人生活中占有重要地位，是须臾不可离开的重要组成部分。希腊人对葡萄、葡萄酒有着久远的、深厚的文化情结。据斯特拉波的记载，希腊人把先进的葡萄栽培法和葡萄酒酿造法带入西亚和中亚。张骞带回的"蒲陶"一词，有学者认为来自希腊语表示"一串蒲陶"的"βοτρυς"（botrus）。所以，很有可能，西域的葡萄种植和葡萄酒酿造技术是随参加亚历山大东征的希腊人传播过来的。此后，葡萄和葡萄酒，以及葡萄栽培技术和葡萄酒酿造技术，再从西域传到了中国内地。这样，中国文化就和遥远的古希腊文化连接上了。

张骞介绍西域地方城郭林立，居民务农经商。这些信息显然与希腊化文明的遗产有关。希腊人每到一地，都要建立自己的城市。亚历山大和塞琉古王国都曾在此地建城。这些中亚城郭中至少有一部分应是希腊人的遗存。张骞看到的城郭应该包括希腊人曾经建立或仍在居住的城市。

张骞在报告中还提到当地流行的货币，"以银为钱，钱如其王面，王死辄更钱，效王面焉"。这种货币与张骞所知的中原的钱币大不相同，而将国王头像置于钱币的正面，纯粹是亚历山大及其后继者的遗产。实际上，希腊式钱币的影响也波及中国的塔里木盆地，如在和田地区就发现过贵霜帝国"汉佉二体钱"（"和阗马钱"）。此类钱币影响的产物，是希印双语币与中原钱币的混合。

张骞还提到"画革旁行以为书记"，即以皮革作为书写材料，在羊皮纸上横着书写文字。当时中国使用的书写材料是竹简，而且是从上往下书写。这种羊皮纸上的文字应该属于通行于希腊化世界的通用希腊语。考古学者已经在阿伊·哈努姆遗址发现了这样的希腊语文献，说明希腊语在巴克特里亚地区的流行。

总之，张骞的出使报告已经提供了一些有关希腊文化的信息，虽然这些信息是片段的、零碎的，但毕竟是中国人第一次在希腊化国家的故地耳闻目睹得到的信息。

六、犍陀罗艺术的传播与影响

在中国艺术史上，"犍陀罗艺术"是一个经常被提起的概念。犍陀罗是一个地名，位于巴基斯坦的白沙瓦。在印度史上，犍陀罗是吠陀时代十六大国之一。印度孔雀王朝时期，阿育王曾派僧人来这里传布佛教。公元前4世纪，犍陀罗成为亚历山大帝国的一部分。公元前190年，它又归属于希腊人建立的巴克特里亚王国。巴克特里亚诸王全面推行希腊化政策，影响了这一地区文化艺术的面貌。大夏诸王之一的弥兰陀王和佛教高僧那先比丘的谈话，记录在《那先比丘经》中。其中记载：皈依佛门的希腊人，从公元前1世纪中叶起，开始在犍陀罗雕刻佛像、修建寺院。大概从这时候起，与德干高原石窟艺术风格不同的犍陀罗石窟艺术开始形成。

公元60年，贵霜王占领了犍陀罗，犍陀罗艺术进入繁荣时期。贵霜王朝最著名的迦腻色迦王大兴佛教，并迁都富楼沙，犍陀罗地区成为西北印度的佛教中心。大约从1世纪开始，犍陀罗的艺术家们模仿古希腊神像，创作大量具有古希腊、古罗马艺术特色的佛像作品，后世的考古学家即以它的出土地点将其命名为"犍陀罗艺术"，也有人把它称为"希腊式佛教艺术"。很明显，希腊雕刻家和来自地中海的罗马工匠直接推动了这项伟大的艺术工程，使之迅速成长，形成千姿百态的东方佛教图像。

犍陀罗艺术是一种在当地民族艺术传统的基础上，汲取古希腊、古罗马以及波斯的营养，以古典手法表现佛教内容的新的艺术形式。如果用一个简单的公式来概括，可以说犍陀罗佛像等于希腊化的写实人体加印度的象征标志。犍陀罗艺术的主要特点是：身着希腊式披袍，衣褶厚重，富于毛料质感；人物表情沉静；面部结构带有明显的西方特征，鼻直而高，薄唇，额部丰满，头发自然波卷；装饰朴素，庄严稳健。雕刻材料采用当地出产的青灰色云母片岩，间有泥塑。以佛塔为主的建筑，基座多方形，列柱常采用希腊柱式，座侧浮雕佛传故事。绘画遗品很少，有的学者把阿富汗巴米扬石窟内的壁画作为它的代表。

⊙ 犍陀罗式佛立像

犍陀罗艺术的主要特征是佛教石窟、雕刻中的佛陀造型。这一时期的佛像由于和古希腊阿波罗神相仿而被称作"阿波罗式的佛像"。佛像高挺笔直的鼻梁、卷曲的头发以及长袍式的衣着都是典型的古希腊特征，但其俯视的目光和神情又充分体现了佛教精神。

中国与犍陀罗两地的交往由来已久，实际上，在张骞通西域之前，中国四川的商品已经到过犍

⊙ 犍陀罗式佛陀头像

陀罗一带。张骞之后，两地的交往从民间发展到官方。汉晋时期来华的西域佛教僧人，大多来自犍陀罗。与此同时，犍陀罗也成了中国僧人西行求法的圣地，最早游历犍陀罗的是东晋法显。后来到中国的鸠摩罗什在9岁时曾随母亲到犍陀罗学习佛法。唐代玄奘西行曾途经犍陀罗，凭吊了荒芜多年的佛教圣迹，并在《大唐西域记》中记载了他亲眼所见的犍陀罗。

随着佛教的广泛东传，佛教艺术也陆续传到中国，并对中国的雕塑等造像艺术和绘画艺术产生了重大影响，其中包括犍陀罗艺术风格的广泛东传。

犍陀罗艺术风格从两个方向传入中国：一个是通过西域直接传入；一个是先传到印度，与印度艺术相融合后，再回传到西域，进而将新的艺术形式传入中国。所以，犍陀罗艺术在中国的传播力度是很强的、有很大影响的。

丝绸之路上的遗址里陆续发现了数量不少的、具有古希腊文化色彩的文物。20世纪初，斯坦因在于阗附近的约特干、拉瓦克与尼雅等遗址发现过古罗马式凹刻印章，其中刻绘有艺术女神雅典娜、大神宙斯、爱神厄洛斯与大力神海克利士等形象，另外在若羌境内的米兰古城还发现了希腊式的有翼天使。此外，米兰佛寺壁画和克孜尔石窟壁画、楼兰遗址的葡萄纹佛门以及于阗、喀什流行的许多艺术品，都是按照犍陀罗的艺术原则创作的。1977年，喀什地区出土了一个犍陀罗石浮雕，两边图案为葡萄藤蔓，中心则是希腊人饮酒的场面。在新疆博物馆所藏的营盘遗址出土的1800年前的男尸身上覆盖的纺织品上，印织的是两个全裸的希腊武士纹样。

在从汉朝到唐朝的陵墓建筑前的石兽造型艺术中，也可以看到希腊文化的影响。还有学者认为，日本京都与奈良的佛像也都不同程度受到过犍陀罗艺术的影响。

实际上，在中国的佛教艺术，乃至整个东方的造型艺术中，犍陀罗的影响是极其深远的。中国正是通过佛教，不但接受了印度和中亚文化，更间接地接受了远至希腊的西亚、欧洲文化。佛教的传播带动起来的输入外来文化的强大潮流，成为古代中国广泛汲取广阔的西方文化的媒介。这对于中国

⊙ 新疆若羌米兰佛寺遗址壁画《带翼天使像》

文化发展所起的作用、造成的影响是难以估量的。不仅如此，汉代画像石中的神仙羽人和裸体人像，受到波斯天神长翼的影响，也和古希腊罗马雕刻中的表现手法在艺术构思上存在着一致的地方。古希腊罗马雕刻盛行裸体神像和人物像，常见有翼的裸体天使和爱神厄洛斯，这种艺术风格和犍陀罗艺术的传入同时在中国的土地上经过发展变化并得到了再现。

第十四章　丝绸之路与罗马

一、丝绸风靡罗马

汉帝国蓬勃发展的时候，在欧亚大陆的另一端，则是同样辉煌的罗马帝国。公元前2世纪中叶以后，罗马人迅速崛起，征服了希腊本土，成为地中海周围的鼎盛霸国。公元1世纪时，罗马帝国的疆域扩大到最大版图，其领土横跨三大洲，东起美索不达米亚，西至西班牙、不列颠，南达非洲，北迄莱茵河、多瑙河一线。它在将近200年中保持了帝国的霸权，形成"罗马和平"（Pax Romana）时期。罗马时代创造的灿烂古典文化对欧洲，乃至整个人类文明都产生了很大影响。

大陆两端，汉和罗马交相辉映，分别代表着当时古代世界文明的最高辉煌成就。英国著名历史学家汤因比在其《历史研究》一书中进行文明比较研究时，提出世界文明发展的两种主要模式，即古希腊模式与中国模式。在他看来，古罗马文明是希腊模式高度发展的必然结果，所谓古希腊文明亦可称为希腊-罗马文明，而中国的秦汉王朝则是中国模式的开始。

汉和罗马两大文明由于间隔的距离遥远，还难以进行直接的交流。但商贸的往来，已经通过间接的渠道在两大帝国之间建立联系。罗马帝国在很长时期内是丝绸之路的西端终点，是西运的中国丝绸的主要消费国。通过大量精美的中国丝绸和贩运丝绸的商旅，罗马人逐渐得知东方的产丝国家，中国人也间接地知道在遥远的西方有一个可与我华夏神州相比的大帝国。汉代中国人把罗马当作泰西之国，公元初的罗马作家也把那个"丝国"赛里斯当作亚细亚极东的国家。东方与西方，中国与罗马，在欧亚大陆两端遥遥相望，并且通过丝绸之路和西运的丝绸，建立起早期的贸易关系和文化联系。

公元前53年，也就是中国的汉宣帝甘露元年，遥远的罗马与安息帝国在卡莱尔这个地方发生了一场大战。当时，罗马"三头政治"之一的执政官克拉苏（Marcus Licinius Crassus，约前115—前53）就任叙利亚行省总督不久，就匆忙率军远征安息。在卡莱尔，罗马军团与波斯人发生大战。天当正午，交战正酣，波斯人突然展开鲜艳夺目、令人眼花缭乱的军旗。由于这些军旗耀眼刺目，再加上罗马人本就疲惫不堪，因此他们很快就全线崩溃。这就是历史上

⊙ 公元1世纪初堪培尼亚壁画上穿着丝绸服装的罗马妇女

有名的卡莱尔战役。在这场战役中，克拉苏阵亡，他的儿子也在战场上捐躯，2万多名罗马士兵血染沙场，另有1万名士兵被俘。罗马历史学家弗罗鲁斯（Lucius Anllaeus Florus，约74—约150）这样写道："扛着金线刺绣绸军旗的帕提亚军队突然出现，他们一瞬间从四面八方包抄过来，武器像狂风暴雨一样落到罗马士兵身上；于是，这支罗马军队就在这场可怕的屠杀中被屠戮殆尽。"

波斯人就这样大获全胜。这是罗马人发动的失败得最惨的一次战役。

那些在关键时刻扰乱罗马军心的、颜色斑斓的军旗，就是用中国丝绸制作的。这是有记载的罗马人第一次见到中国的丝绸。

在很长时间内，波斯人垄断了丝绸之路上的贸易，所以，在罗马人对丝绸还一无所知的时候，波斯人已经将丝绸广泛用于他们的生活中，其中

就包括在卡莱尔战役中大显神威的丝绸军旗。

在卡莱尔战役之后不久，通过波斯人，罗马人也熟悉了这种风情万种的织物。经过波斯人，通过丝绸之路西运的丝绸远达罗马。德国人李希霍芬创造"丝绸之路"这个名词，就是为了强调这条路的开辟主要是为了将中国丝绸运输到罗马帝国去。

据说，著名的罗马统治者、与克拉苏同为"三头政治"之一的恺撒（Gaius Julius Caesar，前100—前44）曾穿着绸袍出现在剧场，引起轰动，甚至被认为奢侈至极。据说，恺撒还用过丝质的遮阳伞。恺撒在罗马举行一场盛大的凯旋仪式时，将罗马广场的亚麻遮阳篷全部换成了精美的丝绸遮阳篷。据普林尼记载："丝绸遮阳篷遮蔽了整个罗马广场，还延伸至神圣之道（起点为恺撒官邸）、市政大厦，以及大部分的游行路段。"罗马的普通百姓从未在公共场合看到过如此昂贵的丝绸布料，他们对这种布料的奇特颜色和晶莹光泽惊叹不已。恺撒此举大获成功。相比凯旋游行和压轴上场的大型角斗比赛，人们更津津乐道的是此次凯旋仪式上所展示的丝绸。普林尼说："在人们看来，此次的丝绸展览甚至比恺撒举办的角斗比赛还要精彩。"

埃及女王克娄巴特拉七世（Cleopatra Ⅶ，前69—前30），就是那位著名的"埃及艳后"，曾身穿华丽的绸衣出席宴会。1世纪中叶，罗马诗人卢卡努斯（Marcus Annaeus Lucanus，39—65）记述这位绝代女王："她白皙的胸部透过西顿衣料显得光耀夺目，这种衣料本由细丝精心织成，经罗马工匠用针拆开，重加编织而成。"

丝绸最初输入罗马时，几乎是一种无价之宝，还只是少数贵族享用的奢侈品，但过了不久，就在全帝国风行开了。罗马皇帝提庇留（Tiberius Claudius Nero，前42—37）曾试图禁止男人穿丝绸，以遏奢靡之风，但没有成功。他的继任者卡利古拉（Gaius Julius Caesar Augustus Germanicus，12—41）第一个穿上了丝绸裙子。顿时，中国丝绸风行于罗马宫廷和上层社会，元老院的议员以能穿着中国的丝袍为荣。锦衣绣服既成富室风尚，绸幕丝帘也被教堂袭用。一些家庭使用丝绸制作衬垫或窗帘。普林尼说，当时流行在私人住宅的庭院里设置一顶红色的丝绸遮阳篷，并且只有顶级富豪才有可能有这样的时尚丝绸遮阳篷。罗马各大剧场也开始在戏剧中使用丝绸面料。古罗马诗人卢克莱修这样描述当时的场景："宽敞的剧院里，柱子和房梁上飘扬着黄色、红色或栗色的帷幕"，"在丝绸帷幕绚丽色彩的映照下"，无论是台下的观众还是台上的布景，"都光彩熠熠、飘飘欲仙"。卢克莱修还写道，在晴朗的日子里，"越是围院重重的剧院，在层层的彩色丝绸的装点之下，越是变得美轮美奂"。

罗马城中的多斯克斯区有专售中国丝绸的市场，罗马贵族不惜重金高价竞买中国丝绸。在2世纪时，在罗马帝国极西的伦敦，丝绸的风行程度甚至"不下于中国的洛阳"。在罗马帝国境内的多个遗址中，都有当年的丝织品遗物出土。

5世纪各外族涌入罗马帝国以后，为罗马贵族的豪奢之风所熏染，也

⊙ 法国洛兰《克娄巴特拉在塔尔索登岸》

开始追求东方奢侈品。408年，西哥特国王阿拉里克（Alaricus，约370—410）率军围攻罗马，向帝国政府勒索大量财物，除金银财宝外，还有丝绸外衣4000件、皮革3000皮和胡椒3000磅。对这些外族人来说，中国丝绸也是挡不住的诱惑。

在罗马，纯丝绸制品已经成为追赶时髦的必备之物，但它价格昂贵，并非人人穿得起。罗马人一般不直接消费中国高档的提花丝织品，而是将成本较低的素织物拆开，取其丝线，再分成经线和纬线，在其中加入亚麻或羊毛，以使纤维更多一些，再重新纺织，织成适合当地的轻薄半透明的织物。古罗马博物学家普林尼在他著名的《博物志》中说，进口的丝织物被拆解成丝线，重新纺纱、织造、染色，制成轻薄半透明的织物，再染色、绣花、缕金，以适应罗马市场的需要。

当时的中国人好像也了解这个情况。《三国志·乌丸鲜卑东夷传》记载，大秦"又常利得中国丝，解以为胡绫"。

罗马的丝织业在地中海沿岸繁荣起来。沿海城市提尔、贝里图斯（今黎巴嫩贝鲁特）、西顿（今黎巴嫩赛达港）都出现了以加工中国丝绸为主要业务的丝织工坊。在今叙利亚境内的丝绸之路要道上的帕尔米拉，更是地中海地区的古代纺织中心。罗马人正是依靠来自中国的丝织品和生丝，借鉴高度完美的中国丝织技术，才纺织出他们的刺金缕绣，织成金缕罽、杂色绫等。

所以，罗马人争相追捧的丝绸，其实主要是这种"半丝绸"。直到3世纪，罗马人才流行穿纯丝制成的衣服。古人把这种丝织物称为"serica"，以区别于其他丝绸。

此外，人们更多的是用丝绸来做一些小装饰品，将其染成紫红色或者做成刺绣，然后嵌饰在内长衣上，或绣在白毛线边上，有时缀在从埃及进口的柔软的棉织品衣衫或来自巴勒斯坦的亚麻布衣服上。这些装饰品都是平行罗带，垂直缝绣在长衣的前襟；有时还作为边饰，被制成方形或圆形的装饰品。这些刺绣品上有各式各样的几何图案，如圆形、条纹状、正方形，也有花朵、怪诞的动物、肖像、风景、神话情景等。各种颜色的丝线使这些生动的图案跃然布上。人们也顺便把所有的零碎丝绸小片拆开，以便把丝线从中抽出来，然后再织成更薄的绸布。

中国的丝绸在罗马赢得了广泛的赞誉。"其洁白光泽和独一无二的品质可以绣上各种色彩的图案，从最生动的到最温馨的，从橘黄色、紫晶色、色雷斯鹤的色彩、海水的颜色抑或是奇幻的色彩：'万里无云，温和的西风带着潮湿的气息徐徐吹来。'"①

二、丝绸引领了罗马的时尚风潮

中国丝绸的大量输入，给罗马世界带来了不可估量的影响。丝绸在罗马的风行，正好适应了当时席卷罗马帝国全社会的奢靡之风。2世纪中叶的鼎盛时期，大约有7500万人生活在罗马的统治下，占全球人口的1/4。庞大的帝国，富庶的经济，使罗马社会生活充满了繁荣、浮华和奢靡的气氛。如今到罗马城，去看一看已经成为废墟的罗马广场、巍峨的斗兽场以及庞大的洗浴场，仍然能感受到当年的辉煌和浮华。正是在这个时候，来自遥远中国的丝绸进入罗马社会，进入罗马人的日常生活中。可以说，来自远方的中国丝绸，参与营造了罗马的浮华、奢侈、追求时髦的社

⊙ 古罗马壁画中身着丝绸服装的女神梅娜德

----

① ［法］让-诺埃尔·罗伯特著：《从罗马到中国——恺撒大帝时代的丝绸之路》，马军、宋敏生译，广西师范大学出版社2005年版，第198页。

⊙ 1世纪古罗马壁画《爱与美之女神维纳斯》，画中人物的右手拈着透明的薄纱

会风尚，丝绸就以风驰电掣般的速度席卷古罗马。

丝绸本身就有豪华的特征，但更具有吸引力的是它遥远而又神秘的起源。当时罗马人只知道丝绸来自遥远的"赛里斯"，但是，对于"赛里斯"的位置以及那里人们的样貌就只有一些荒诞不经或道听途说的想象和传闻了。这就更增强了丝绸的神秘性。丝绸被赋予了一个神奇东方的所有内涵。在所有的文化中，都有对于异国情调的想象与向往，如果这种想象被负载在一个具体的事物当中，那么，这个事物就被赋予了特殊的、超出它本身的文化价值。

丝绸在罗马就是这样。丝绸成了罗马人对于异邦想象的文化载体。没有任何商品会具有如此梦幻般的意义。

丝绸创造了一种新的时尚，一种新的审美理想。时髦、豪华和享乐是密切联系在一起的。中国的丝绸薄如蝉翼，风情万种，非常性感，具有浓烈的女性化气息。罗马的美女们使用来自东方的粉脂和香水，喜欢衣物的轻盈和透明，满足于这种新鲜而又丝滑的手感。丝绸及其织品创造了一种时髦的服装。这种时髦，使丝绸服装变成令人向往的对象，它因相当稀少而被人们当作名誉、地位的标志，接触到它就可以变成生活的典范。丝绸潜移默化地改变着罗马妇女、男人的着装习惯，掀起了一场时尚的狂澜，使整个社会竞相追逐。

中国丝绸在罗马的社会生活中引起了巨大的波澜，造成了一种社会风尚，这种追求异域风情和奢侈浮华的风气弥漫于整个社会。也可以说，这是中国文化在欧洲刮起的第一股"中国风"。这股"中国风"以丝绸为主要载体，虽然当时的人们还不知道"中国"。有法国学者说："自从罗马的贵族夫人们身穿透明罗纱以来，欧洲就已经非常向往中国了。"①

在世界文明史上，曾有过几次大的"中国风"流行，比如在奈良时代的日本出现的"全面唐化"风潮，在幕府时代的日本出现的"唐物趣味"，在伊儿汗王国时代出现的"中国风情"，在17—18世纪欧洲出现的"中国风"，等等。这几次"中国风"的共同特征是，中国文化的传播和影响，是通过进入消费领域的具体的物质载体实现的。因而，它具有这样几个特征：一是深入公众的日常生活层面，部分地成为当地人们日常生活的组成部分，甚至改变了人们的生活方式；二是以贸易的形式，使大宗中国物品进入消费领域，并且成为人人喜爱的物品；三是带有明显的美学性质，部分地改变了人们的审美情趣；四是带有大众文化的特征，成为一个时期内人们争先恐后谈论、模仿、追逐的社会流行时尚。而所有这些，都是源于对"中国"的想象，对来自遥远中国的"异国情调"的向往。中国也适时地提供了看得到、摸得着的带着鲜明中国文化色彩的创造物，起先是丝绸，而后是瓷器、茶叶以及其他许多美好的东西。

这就是说，当丝绸在罗马帝国的大地上风行的时候，有关中国文化的某些信息也随之传了过去。思想负载在物质上，使物质成为两种文化间接接触的一个渠道。

丝绸在罗马的风行，也造成了严重的社会后果。一些罗马人为透明的丝袍可能会引起道德败坏而焦虑不安，而另外一些人则担心购买奢侈品的巨大花费会损害帝国的经济。

实际上，这两种担心都说明了进口的丝绸对罗马消费者的巨大的吸引力。

罗马的风纪检察官们就曾批评这种服装过于性感、暴露。哲学家塞涅

---

① ［法］F. -B.于格、E.于格著：《海市蜃楼中的帝国——丝绸之路上的人、神与神话》，耿昇译，喀什维吾尔文出版社2004年版，第5页。

卡（Lucius Annaeus Seneca，约前4—65）一方面肯定了丝绸对罗马人生活的影响，说"没有丝国的贸易，我们何能蔽体"；另一方面，他又这样认为，"我看到了丝绸衣服，如果您称它们为衣服的话，那些衣服一点都不能为着装人提供身体的保护，也不能保持着装人的端庄，虽然穿着衣服，但没有一个女人敢诚实地发誓说她不是裸体的。这些衣服高价从那些甚至不懂商业的国家进口过来，目的是使我们的已婚妇女除了在大街上展示的，再没有什么身体部位可以在卧室里向她们的丈夫展示"[①]。还有一位作者不详的书《希腊拉丁作家的远东记述》中写道："丝国衣不能蔽体，不能遮蔽私处；穿上丝国衣，妇女们可以称自己尚未裸体，只是稍微明亮。""我们的妇女已受到警告，除了在闺房，不许在公共场所显露丝衣，以免有诲淫之嫌。"[②]

普林尼充分论述了中国丝绸对于罗马经济和社会的重要影响。他不仅盛赞中国丝绸之美，还特别强调丝绸作为最高级的奢侈品使罗马金银大量外流、造成外货入超的严重影响。

当时罗马的丝绸价格相当昂贵。作为中国丝绸的交换物，罗马帝国将宝石、毛纺织品、石棉和玻璃运往中国。然而所有这些物品当中，没有任何一种物品的价值可以和丝绸相匹敌。历史上有若干时期，当丝绸抵达目的地时，其价值要用等量的黄金来衡量。由于丝绸价格昂贵且大量进口，因此当时的丝绸贸易已达到极大的金额，以致罗马黄金大量外流。近代历史学家中有人认为，罗马帝国的灭亡实则是贪购中国丝绸以致金银大量外流所致。

如果将罗马帝国的灭亡归结于丝绸和其他奢侈品的流行，似乎有些简单。庞大的罗马帝国大厦轰然坍塌，有着相当复杂的历史原因，是许多因素合力造成的结果。英国历史学家吉本（Edward Gibbon，1737—1794）写了几大卷著作来探讨这个历史之谜。但是，以丝绸的流行为代表的整个罗马社会的腐化、奢靡之风，从内部腐蚀着社会的肌体，不能说不是导致罗马文明覆灭的原因之一。

三、罗马人对蚕丝与中国的猜想

输入罗马的丝绸风情万种，生丝雪白纤细，受到罗马人的普遍欢迎，作为高档奢侈的象征，也引发了人们对于这种精致的纺织品来源的种种猜想。人们已经知道它是从遥远的"丝国"贩运而来的，但是它是用什么材料制成的呢？当时的罗马人并不知道养蚕缫丝的秘密，而是普遍认为中国出产的丝绸是用一种树上长出的羊毛织成的。在那个时候遗留下来的文献中，有不少对丝和丝绸的赞誉之词，如罗马诗人维吉尔（Vigile，前70—前19）说："赛里斯人从他们那里的树叶上采集下了非常纤细的羊毛。"[1]

他们把中国称为"赛里斯"，即"丝国"。地理学家斯特拉波在自己的书中多处提到赛里斯人。他说："大夏国王们始终不断地把自己的领地向赛里斯和富伊人（Phrynoi）地区扩张。"[2]"是出于同一原因（气候的酷热），在某些树枝上生长出了羊毛。尼亚格（Néarque）说，人们可以利用这种羊毛纺成漂亮而纤细的织物，马其顿人用来制造坐垫和马鞍。这种织物很像是足丝脱掉的皮织成的赛里斯布一样。"[3]他又说："有人声称赛里斯人比能活一百三十岁的穆西加尼人（Musicaniens）还要长寿。……人称赛里斯人可长寿，甚至超过二百岁。"[4]他还记载了关于巴克特里亚的一些事情，说

---

[1] ［法］戈岱司编：《希腊拉丁作家远东古文献辑录》，耿昇译，中华书局1987年版，第2页。

[2] ［法］戈岱司编：《希腊拉丁作家远东古文献辑录》，耿昇译，中华书局1987年版，第4页。

[3] ［法］戈岱司编：《希腊拉丁作家远东古文献辑录》，耿昇译，中华书局1987年版，第5—6页。

[4] ［法］戈岱司编：《希腊拉丁作家远东古文献辑录》，耿昇译，中华书局1987年版，第6页。

⊙ 穿着薄纱的罗马少女在乐师面前跳舞，选自2世纪或3世纪的镶嵌画《马戏表演》

巴克特里亚诸王拓其疆域至赛里斯及佛利尼国（Phryni）。

哲学家塞涅卡的悲剧《费得拉》中有这样一句台词："女子们，请为我脱掉这些缀金和紫红的服装！我不要推罗人的紫红染料，也不要遥远的赛里斯人采摘自他们树丛中的丝线。"①

诗人贺拉斯（Quintus Horatius Flaccus，前65—前8）也颂扬这种珍贵的织物，歌颂它的柔软和精细。但他对出产国的情况并不清楚，只是说赛里斯人居住在"东方的边缘"。

普林尼说："赛里斯人，这一民族以他们森林里所产的羊毛而闻名遐迩。他们向树木喷水而冲刷下树叶上的白色绒毛，然后再由他们的妻室来完成纺线和织布这两道工序。由于在遥远的地区有人完成了如此复杂的劳动，罗马贵妇人们才能够穿上透明的衣衫而出现于大庭广众之中。"②普林尼说得比前几位作家更细致一些，不仅说到丝是长在树上，还说到纺线和织布的两道工序，以及从东方的贩运过程。

普林尼在其著名的《自然史》中还写道："在喀劳狄执政年间，由锡兰前往罗马的使节们介绍说，锡兰岛的一侧朝东南方向沿着印度延伸，有一万节之遥；这些使节们曾在赫摩迪山（Hemodi）以外地区见过赛里斯人，

①［法］戈岱司编：《希腊拉丁作家远东古文献辑录》，耿昇译，中华书局1987年版，第7页。

②［法］戈岱司编：《希腊拉丁作家远东古文献辑录》，耿昇译，中华书局1987年版，第10页。

并与他们保持着贸易关系；使团长拉西亚斯（Rachias）的父亲曾到赛里斯国；赛里斯人欢迎旅客们，他们的身材超过了一般常人，长着红头发，蓝眼睛，声音粗犷，不轻易与外来人交谈。另外，由他们所提供的资料与我们西方商人的所说也相差无几……"[1]

普林尼记述的红头发、蓝眼睛的人显然不是中国人。但他的这段记载，常被认为是罗马帝国在喀劳狄执政期间所获得的关于赛里斯人的首批资料。所以有人说，普林尼是第一个提供较准确的资料并有惊人发现的拉丁作家。但是，虽然普林尼是古罗马时代最伟大的博物学家，他对中国的描述比前代人要具体一些，但这些描述仍有含糊和不确切之处。这也反映了当时西方人对中国的认识水平。因为当时丝绸是几经转手而传入罗马的，罗马人所知道的那个产丝之国也是几经转述的传闻，这里面不可避免地包含着许多想象和误传。

1世纪的西流士·伊塔利库斯（Silius Italicus）在《惩罚战争》中说："晨曦照耀中的赛里斯人前往小树林中采集枝上的绒毛。""赛里斯人居住在东方，眼看着意大利（火山）的灰烬漂白了他们长满羊毛的树林。天哪！这真是蔚为奇观！"[2]

到2世纪中叶，古希腊地理学家包撒尼雅斯（Pausanias）在《希腊志》中指出，赛里斯人之丝并非取自植物，而是被称为"塞儿"的昆虫所产。他说："至于赛里斯人用作制作衣装的那些丝线，它并不是从树皮中提取的，而是另有其它来源。在他们国内生存有一种小动物，希腊人称之为'赛儿'（Sêr），而赛里斯人则以另外的名字相称。这种微小的动物比最大的金甲虫还要大两倍。在其它特点方面，则与树上织网的蜘蛛相似，完全如同蜘蛛一样也有八只足。赛里斯人制造了于冬夏咸宜的小笼来饲养这些

---

① ［法］戈岱司编：《希腊拉丁作家远东古文献辑录》，耿昇译，中华书局1987年版，第11—12页。

② ［法］戈岱司编：《希腊拉丁作家远东古文献辑录》，耿昇译，中华书局1987年版，第14、15页。

动物。这些动物作出一种缠绕在它们的足上的细丝。"[1]包撒尼雅斯之说也有不少得自误传，如说"赛儿"可以生长5年，头四年喂黍，第五年喂芦苇。但是，这个看法已经有了很大的进步，不再把丝看作"树上的羊毛"，而是得自"小动物"。包撒尼雅斯对于丝的看法已经比较正确了。至少他提供了一个重要信息，即制作丝绸的丝在欧洲第一次不再是来自"树皮"，而是来自"一种小动物"。

4世纪初叶的普里西安（Priscien）却有另外一种说法，他说，赛里斯人"从来不关心放牧自己的牛羊，而是从他们国土的荒凉地区中所采来的花朵纺织出衣装并精心缝制"[2]。

与斯特拉波几乎同时代的古罗马地理学家梅拉（Pomponins Mela）则较为确切地指明了中国人所居住的地点。他在《地方志》中这样写道："从东方出发，人们在亚洲所遇到的第一批人就是印度民族、赛里斯人和斯基泰人。赛里斯人住在临近东海岸的中心，而印度人和斯基泰人却栖身于边缘地带。""然后又是一片猛兽出没的空旷地带，一直到达俯瞰大海的塔比斯山（Tabis）；在辽远处便是高耸入云的陶鲁斯山脉。两山之间的空隙地带居住有赛里斯人。赛里斯人是一个充满正义的民族，由于其贸易方式奇特而十分出名，这种方式就是将商品放在一个偏僻的地方，买客于他们不在场时才来取货。"[3]梅拉所说的"赛里斯人住在临近东海岸的中心"这句话，说明古代罗马人对中国的地理位置已经有了比较正确的知识。梅拉不仅记述了中国的地理位置，还讲到中国人的民族特性，特别是他提到的对中国人奇特贸易方式的描写，使西方人感到了中国人的淳朴与大度。据研究者认为，关于这种奇怪贸易方式的描写是可信的，因为直到

---

① ［法］戈岱司编：《希腊拉丁作家远东古文献辑录》，耿昇译，中华书局1987年版，第54页。

② ［法］戈岱司编：《希腊拉丁作家远东古文献辑录》，耿昇译，中华书局1987年版，第53页。

③ ［法］戈岱司编：《希腊拉丁作家远东古文献辑录》，耿昇译，中华书局1987年版，第8—9页。

20世纪上半期，我国一些边远少数民族地区仍保留着这种贸易方式。这种贸易方式的传说在罗马流传很广，有许多人，如著名博物学家普林尼等，都曾提到过。

罗马人对中国地理位置及其人民等的认识，只是有一些模糊不清的印象。尽管当时的罗马人对中国的知识是模糊不清的、雾里看花似的，但其意义在于，在大陆的另一端，已经有了一个遥远的"他者"，有了一个可以想象的异域，有了一个可以与西方对话的"东方"。

四、通往中国的罗马大道

风情万种的中国丝绸令罗马人产生无限的遐想，使他们对遥远的东方产生无尽的向往。但是，安息垄断了丝绸之路贸易，给罗马人走向东方造成了巨大的障碍。

但是，罗马人一直努力冲破安息的阻碍，直接与中国交通。为此，罗马人从海陆两道探索绕开安息而到达中国的道路。《魏略·西戎传》说："大秦道既从海北陆通，又循海而南，与交趾七郡外夷比，又有水道通益州、永昌。"这里涉及我们现在所说的丝绸之路的三条主干线，即陆上丝绸之路、海上丝绸之路和西南丝绸之路。第三条是经过海路抵达印度，然后"通益州、永昌"。

在陆路，罗马人从里海直至西伯利亚南部而达天山北路，从那里的游牧部落手中取得中国丝货。有的人还进入中国内地。《后汉书·西域传》记载，永元年间（89—105），"远国蒙奇、兜勒皆来归服，遣使贡献"。同书《孝和孝殇帝纪》也记载了这件事：永元十年（98）"冬十一月，西域蒙奇、兜勒二国遣使内附，赐其王金印紫绶"。有人认为，蒙奇即Macedonia，是"马其顿"的音译，是当时罗马帝国的一个行省；兜勒为地中海东岸城市Tyle（推罗）的音译，为罗马帝国东方行省的重要港口城市，位于今黎巴嫩提尔城。

与《后汉书》的这则记载相呼应，罗马地理学家马利努斯（Marinus of

Tyre）在《地理学导论》一书中记载了罗马商人到洛阳进行丝绸贸易的经过。有一位名叫马埃斯·蒂蒂安努斯（Maês Titianos）的古希腊商人，世代经营赛里斯贸易，他的父亲和他都经常派遣商队前往赛里斯。虽然他本人未到过东方，他的商行却掌握了有关贸易路线的详细资料。按照马利努斯的记载，东汉和帝永元十一年（99），马埃斯委托代理人组成商队，从马其顿出发，经过达达尼尔海峡、幼发拉底河上游氾复城（今叙利亚北部门比季），进入安息西境的阿蛮城（今伊朗西部哈马丹）。沿里海南岸行至安息国都和椟城（今伊朗达姆甘）、安息东境亚里（今阿富汗西境赫拉特）、木鹿城（今土库曼斯坦南境马里），其后进入贵霜境内，到大夏国都监氏城（今阿富汗瓦其拉巴德），再沿喷赤河东行至葱岭最高点休密人居地，然后下山，经瓦罕走廊，进入中国境内。当时正值班超驻守西域，商队被带到班超的营地，当地官员允许他们前往洛阳。此后，他们沿塔什库尔干河北行至无雷（在今帕米尔高原），在此顺塔什库尔干河转向东行，经德

⊙ 叙利亚古罗马帕尔米拉古城遗址

若、西夜至莎车，其后东行至于阗、精绝（在今新疆民丰），穿大漠直抵罗布泊西岸的楼兰，再经山国、敦煌，最后在永元十二年（100）十一月到达洛阳。在洛阳，这支罗马商队受到了汉和帝的接见，并获赐"金印紫绶"。这支商队在返回罗马时贩运了大批中国丝绸和其他手工业品。他们回到罗马后，给马埃斯提供了一份报告书，汇报了他们的冒险经历，而马埃斯就此写了一份报告给他的商务伙伴。一些罗马学者读过这份报告书，其中就包括马利努斯。托勒密曾援引过马利努斯的这段记载，并复原了商队的行走路线。

罗马人东来更多的是走海路。东汉安帝永宁元年（120），大秦国幻人随掸国国王雍由调的使者来到中国。幻人，即从事杂技艺术的表演者。秦汉时多有外国幻人来中国进行表演活动的记载。《后汉书·南蛮西南夷列传》记载："能变化吐火，自支解，易牛马头。又善跳丸，数乃至千。自言我海西人。海西即大秦也，掸国西南通大秦。"这条记载明确说明来的幻人是罗马人，他们从海路到达缅甸，然后随缅甸使团而来。

东汉桓帝延熹九年（166），有罗马遣使入华一事。这是中西文化交流史上的一个重大事件。《后汉书·西域传》记载："至恒帝延熹九年，大秦王安敦遣使自日南徼外献象牙、犀角、玳瑁，始乃一通焉。"

大秦使者自日南入华，说明他们是由海道经印度、越南而来中国的。日南的卢容浦口，即现在顺化附近的大长沙海口，是当时中国南方的第一大港。大秦使在卢容浦口登岸走陆路而至洛阳，所以引起中国朝廷的重视。其中提到的大秦王安敦，与当时在位的罗马皇帝马可·奥勒留·安东尼（Marcus Aurelius Antoninus，121—180）之名相符。他于161年继位，并在165年派罗马大将加西乌斯（Cassius）远征安息，一度攻占两河流域的塞琉西城。这种情况说明罗马当时与亚洲关系密切，《后汉书》所记确有其历史背景。

但是，马可·奥勒留·安东尼遣使赴汉一事不见于罗马记载，如果考虑到加西乌斯出征安息恰在头一年，遣使赴汉这类具有重大战略决策的事，罗马方面不会只字不提。另一方面，大秦使节所献象牙、犀角等物，都是传统的南亚土产，并无大秦特色，所以《后汉书·西域传》说"其所表贡，并无珍异，疑传者过焉"。有研究者认为这次大秦使节并非国家正式派遣，而是大秦商人假托政府名义进行的私人探访。当时古罗马皇帝正在幼发拉底河两岸发动对安息的战争，通往波斯的商路被阻碍，给从事东方贸易的叙利亚商人造成很大的损害。他们期待的大宗丝货久久不来，而本地织染的布匹、玻璃饰品、人造宝石亦不能到达位于中国的目的地。在这种情形之下，派遣一个商务使团，经由印度洋及中国海，直接与中国人建立联系，也是可能的。他们也许就是在到了安南之后，才决定冒称皇家使者，以图获得贸易的特权。还有人认为，情况很可能是，这些使者由于船只失事或遭抢劫而丢失了原来的礼品，他们听说中国人喜欢这些物品，于是在东方购买了这些不为人看重的货物以充替原来的贡品。大秦使者可能是罗马统治下的埃及亚历山大总督所派，到中国进行商业活动、开辟新航路，并正式向中国皇帝表达这种愿望。这样说来，也就难以否认他们是正式使节。

无论如何，这些使节或商人是有记载的进入中国的第一批西方"使臣"。这则关于大秦使节入华的记录，标志着中国和罗马两个大国的交往，在当时已有可能达到建立正式官方往来的水平，也标志着横贯东西的海上丝绸之路的最终形成。他们所做的贡献是很重要的。

与此相映成趣的是，罗马的历史文献中有中国使节到罗马的记载，中国典籍中却不见有关遣使大秦的文字。罗马史家福罗鲁斯（Florus）在《罗马史要》一书中记载，在公元前27年和公元前14年，有中国及印度使节不远万里来觐见帝国第一位皇帝奥古斯都。此书的《帕提亚人的和平与奥古斯都的加冕礼》一章中记载：

> 所以，我们见到了斯基泰人和萨尔马特人都派遣使者前来与我们媾和。也见到有住在同一天下的赛里斯人和印度人，他们带来的礼物中有宝石、珍珠和训练过的大象。他们特别吹嘘旅途的漫长，历时四年才走到。仅仅从这些人的肤色就可以看出他们来自另一个

天地。[1]

　　斯基泰和印度都是与罗马有较多接触的远方民族，福罗鲁斯把中国（赛里斯）人和他们对等看待，也说明了中国在罗马"国际事务"中的地位。中国的文献中却没有遣使大秦的相应记载。而奥古斯都在位的年代，正值西汉末年衰乱之际，很难有遣使之举。福罗鲁斯所说的"赛里斯使节"，如确有其人，或应类似"安敦使团"那样的中国商人或旅行家。当时两地丝绸贸易十分兴盛，有一些中国人来到罗马是很有可能的。

　　葛洪也记载了一段中国人前往大秦的经历。他说在扶南听说有中国商人想去古奴国，但乘风之便，经60日到了大秦国。这个商人冒称是扶南王的使臣拜见大秦王。葛洪所记中国人前往大秦，没有其他文献佐证，也不知是何年何月、行者何人，但他明确说是中国的商人。据前文所述，当时中国与罗马的交往，有中国商人来到罗马，实际上是完全可能的。

　　那么，或许可以说，当时在中国汉朝和罗马帝国之间担当直接沟通和文化交流角色的，主要是两国的商人。随着陆海两途的畅通，两国之间已有直接的通商关系。罗马（包括其属国）的商人经陆路过天山，或经海路至日南，直接与中国商人交易，而中国商人也远足至西方，把中国丝绸贩运至罗马。正是这些商人为中国与罗马的直接交通开辟了道路。

　　以"安敦使团"入华为标志，2世纪以后，中国与罗马的直接交往日渐扩大，海上交通贸易更加繁盛。就在"安敦使团"入华60年之后，又有大秦商人来中国而见诸记载。《梁书·诸夷传》记载了此事。这回来的大秦人公开了商人（贾人）的身份，得到了吴主孙权的接见。孙权还派刘咸送其回国，可见当时中国方面对于与罗马通交的热情。可惜刘咸在旅途中病故，如同甘英出使大秦中途而返一样，又一次失去了中国与罗马建立正式官方往来的机会。不过，同年吴国派康泰和朱应出使扶南时，他们的副使到过

---

　　① ［法］戈岱司编：《希腊拉丁作家远东古文献辑录》，耿昇译，中华书局1987年版，第16页。

南印度迦那调州的黄支和歌营，得知乘中国"大舶"船张七帆，"时风一月余日，乃入大秦国"。可见当时已有中国商船直航罗马。亦可见中国与罗马的民间商业往来是颇为兴盛的。

281年，罗马派使臣出使西晋王朝，经海路来到广州，并至洛阳。据晋殷巨奇《奇布赋》，西晋太康二年（281），"大秦国奉献琛，来经于（广）州，众宝既丽，火布尤奇"。故其赋说：

> 伊荒服之外国，逮大秦以为名。
> 仰皇风而悦化，超重译而来庭。
> 贡方物之绮丽，亦受气于妙灵。

这次到达中国的使团可能是卡鲁斯皇帝（Carus，282—283年在位）派遣的。不过也有人倾向于认定这个罗马使团是"非官方"的。因为在这段时间里，罗马相继当皇帝的有好几位：普罗布斯（Probus）、卡鲁斯、卡利奴斯（Carinus）和努美利阿努斯（Numerianus）。他们都忙于保住皇位，在位时间不长，不太可能派出使节远渡重洋前往中国。284年，另一个有记载的罗马使节带着礼物来到中国。他可能是由皇帝卡鲁斯派出的。

正是在罗马时代，中国和欧洲直接交往的商路开通了。通过这些商路，中国和西方之间进行物品和思想的交流。在大量丝绸等中国物产流入罗马的同时，使节、商人也将关于遥远东方帝国的文化信息传播于罗马社会，使罗马人获得了关于中国及中国文化的初步知识。

五、甘英"穷临西海"的旅程

在罗马人积极探寻通往东方道路的同时，中国人可能早就听说了罗马。中国历史文献中对罗马有不同的称谓，有"黎轩""犁靬""犁鞬""大秦"等。张骞出使西域时，已知在安息以西有条枝和黎轩。《史记·大宛列传》说，张骞"凿空"之后，汉朝"因益发使抵安息、奄蔡、黎轩、条枝、身毒国"。若黎轩指罗马，那么当时汉使的足迹已至罗马帝国，可惜史籍的记载过于简略，不知其详。中国与罗马之间的丝绸贸易，主要是通过处于两国中间地带的大月氏、安息等国和游牧部落的中介进行的。安息为当时的西亚强国，从这种中介贸易中获利，往往对中国与罗马的直接交通从中作梗，"故遮阂不得自达"。所以，在西汉时代，虽然中国与罗马已互通文化信息，间或可能有人员往来，但就两国关系的实质而言，也仅仅是在大陆两端遥相呼应而已。不过，虽然罗马同中国汉朝并没有建立正式的外交关系，但是各自都清楚地知道对方的存在。

两国都有冲破这种"遮阂"而直接交往的愿望，并为之做出了许多努力。东汉和帝永元九年（97），班超任西域都护、经略西域之时，派其属下甘英出使大秦。这一年正是前文提到的史载"西域蒙奇、兜勒二国遣使"入华之前的两年。《后汉书·西域传》记载了甘英的这次出使经过：

> （永元）九年，班超遣掾甘英穷临西海而还。皆前世所不至，山经所未详，莫不备其风土，传其珍怪焉。
>
> 和帝永元九年，都护班超遣甘英使大秦，抵条支。临大海欲渡，而安息西界船人谓英曰："海水广大，往来者逢善风三月乃得渡，若遇迟风，亦有二岁者，故入海人皆赍三岁粮。海中善使人思土恋慕，数有死亡者。"英闻之乃止。

甘英的生平史载不详，但说是班超的属下，又被委以如此重任，很可能是跟随班超经营西域的一员干将。从上述记载可知，当时甘英已经通过安息到达波斯湾头的条支。安息人没有向甘英提供更直接的经叙利亚的陆路信息，而是备陈渡海的艰难，婉阻甘英渡海，说："海水广大，往来者逢善风三月乃得渡，若遇迟风，亦有二岁者，故入海人皆赍三岁粮。"又以传说渲染海上航行的恐怖："海中善使人思土恋慕，数有死亡者。"于是甘英乃止步而还。这件本应在中西交流史上留下巨大影响的行动，竟以"望洋兴叹"而告夭折。

有研究者认为，安息人所说的话的含义应该是，海中有某种东西使人受到诱惑，思慕着迷，以至死在那里。这个传说很可能就是人们十分熟悉的希腊神话中海上女妖的传说。希腊神话中的海上女妖是半人半鸟形的怪物，她们善于唱歌，以娇媚动听的歌声迷惑航海者，使他们如痴如醉，停舟不前，待在那里听下去，一直到死亡为止。据荷马史诗《奥德赛》中的叙述，海上女妖居住在位于喀耳刻海岛和斯库拉住地之间的海岛上，特洛伊战争的希腊英雄之一奥德修斯在战争结束后与同伴回国途中经过海妖居住的岛屿。奥德修斯听从喀耳刻巫师的建议，用蜡封住同伴们的耳朵，让同伴们将自己绑在桅杆上，抵御住了海妖们歌声的诱惑，将船驶过海妖岛而活了下来。另一希腊神话把海妖与俄耳甫斯和阿耳戈斯的英雄们联系起来。阿耳戈斯的英雄们在得到金羊毛返回途中路过海妖岛，俄耳甫斯用自己的歌声吸引住同伴们，躲过了海妖们歌声的诱惑。希腊神话中有关海妖的传说，总是以海妖的优美歌声诱惑航海者导致海员死亡为主要内容。这与甘英从安息西部边界的人那里听到的传说，故事框架完全相合。希腊神话中的这段故事，经安息人加以渲染后，阻挡了这位来自远方的缺乏海上经验的中国使者。甘英并不是怯懦之士，他能够追随班超在西域出生入死，又独自担当出使大秦的使命，不畏旅途艰难，可见其是非常勇敢的。但甘英来自内陆，缺乏对于大海和海上生活的了解，据说他回来后还曾把"海水不能饮用"作为重要发现予以报告。所以，安息人的诡异故事就将甘英吓住了。

不过，甘英此次出使也并非全无结果。实际上，甘英的西行，在丝绸之路的历史上，是中国人的又一壮举。甘英虽然没有到达原定的目的地，但他确实是中国第一位走得更远的使臣，也是最有成效的丝路使者。他亲自走过了丝绸之路的大半段路程，到达与大秦国隔海相望的条支国。逗留期间，他调查了大秦国的种种情况，也了解了自安息从陆路去大秦国的路线，还了解了从条支南出波斯湾，绕阿拉伯半岛到罗马的航线。甘英西使的主要成果是丰富了汉人关于西方世界的见闻。正是根据甘英的记述，中国人才得以充分了解到过去一直不清楚的极西地方的情况。因此，《后汉书》中对大秦国的记载比《史记》《汉书》中的记载充分、具体多了。后人多有对甘英的赞誉之词。晚唐诗人杜牧在其《郡斋独酌》一诗中咏叹："甘英穷西海，四万到洛阳。"王国维曾写诗称赞甘英：

> 西域纵横尽万城，张陈远略逊甘英。
> 千秋壮观君知否，黑海东头望大秦。

六、汉代人所知的罗马

通过丝绸之路传来的信息，以及不多但很重要的人员往来，中国人对罗马帝国也有所知。《后汉书》以及魏晋南北朝诸史西域传中多包括大秦传，这些记载反映了公元1—5世纪中国社会对罗马帝国的了解和想象。

《后汉书·西域传》说到罗马欲与中国交通，但受到安息的阻隔，还说

⊙ 古罗马城市鸟瞰图

到前面提到的安敦使团来华的事情。更重要的是，它记载了罗马的地理位置、道里行程、风土民俗、物产等方面的情况。以当时的历史知识来看，《后汉书》中关于罗马，即大秦的记载已经很详细了，尽管这种了解是间接的。在这段记载中，已经知道从安息往西到海边，再渡海就能够到达罗马。这里所说的海，应该是指地中海。罗马以石头建筑城墙。罗马国王不固定是哪一个人，而是推举有能力的人担任。这可能是指罗马共和国时期的执政官制度。罗马有一种野蚕茧丝织的布。罗马使用金币和银币。罗马与安西、天竺在海上进行贸易。罗马的国王想与中国交往，但安息人为了垄断与中国的丝绸贸易，从中加以阻挠。

从《后汉书》等文献的记载来看，当时中国人已对罗马帝国的地理、政治、民俗等略有所知，并认为"其人民皆长大平正，有类中国，故谓之大秦"。就当时的情况而言，这已经很不容易了，就如同当时罗马人对中国的初步知识多得自传闻，似雾里看花一般。

范晔在记述大秦这个神奇的国度时似乎多有疑虑，他觉得"所生奇异玉石诸物，谲怪多不经，故不记云"。他在介绍了大秦的富饶之后，也说明了这些记载的来源："其所表贡，并无珍异，疑传者过焉。"显然，关于大秦的种种知识并非中国人亲眼所见，而是传闻，这是《后汉书·大秦传》信息的基本特征，也可以说是1—5世纪中国史料关于大秦记载的基本特征。

班固的《汉书·西域传》中，所记西域最远的国家是安息。在《后汉书》中，大秦成为东汉时人们所了解的最西方的国家。对当时的人来说，这意味着西方世界的拓展。《后汉书·西域传》在篇首和结尾部分都着重指出了这一点，正是由于甘英等人向西走得更远，这时获得的关于罗马的知识要比之前更详细一些。

汉代人还通过输入中国的罗马物产来了解罗马。当时有许多罗马物产输入中国，成为中国人所称的"奇珍异物"。《后汉书·西域传》记载，大秦"其土多海西珍奇异物焉"，又"土多金银奇宝，有夜光璧、明月珠、骇鸡犀、珊瑚、虎魄、琉璃、琅玕、朱丹、青碧。刺金缕绣，织成金缕罽、杂色绫。作黄金涂、火浣布。又有细布，或言水羊毳，野蚕茧所作也。合会诸香，煎其汁以为苏合。凡外国诸珍异皆出焉"。这些珍贵的货物都是当时中

⊙ 罗马金币（南北朝时期），青海海西州大南湾出土

国人所知，甚至熟悉的。《三国志》引《魏略》，对大秦物产记载得更为详细，可谓琳琅满目。《后汉书》和《三国志》的记载，实际上也可以看作罗马帝国向中国出口的货单，充分反映了两国商业往来的频繁和经济交流的活跃。

罗马时代，埃及玻璃制品享誉四方，特别是玻璃珠，由于色彩缤纷、晶莹剔透，加之大批量生产，在罗马输往东方的船货中占据突出地位。汉代以来，中国人将玻璃称为琉璃。埃及的十色琉璃，无论是器皿还是珠饰，在中国都大受欢迎。罗马的琉璃制造业集中在亚历山大港、推罗和西顿，技术上都达到了很高的程度，市场遍及非罗马的亚洲地区。粗制的琉璃出口，琉璃杯和镜子也出口，最多的是仿造的珠宝和彩色的琉璃装饰品。汉代时，人们将琉璃与宝石、水晶同列为宝物。广州横枝岗西汉中期墓出土了3件玻璃碗，据分析均为钠钙玻璃，估计是地中海南岸的罗马玻璃中心公元前1世纪的产品。横枝岗汉墓的时代约在西汉中期，相当于公元前1世纪，这批玻璃是目前我国境内发现的年代最早的罗马玻璃器。

毛织品和麻织品也是罗马向中国出口的大宗货物。亚历山大等地的织工，善于用金线织绣毛织品、丝织品，它们被运到中国后，被称为金缕罽、金缕绣，华美瑰丽，谓为上品。中国人长于丝织，罗马人则长于棉、麻、毛织。《魏略》中就列举了8种棉麻织品。如发陆布，就是一种优质棉布，得名于著名的亚历山大港灯塔所坐落的法鲁斯岛。古代埃及的上好棉布，以其洁细得以畅销中国。毛纺业更是罗马帝国最为发达的手工业，其工艺

⊙ 宁夏固原出土的鎏金胡瓶（北周时期）

之先进，足以傲视世界。毛织品，中国古籍上称为"氍毹""毾㲪"。《魏略》记载，大秦有"黄、白、黑、绿、紫、红绛、绀、金黄、缥、留黄十种氍毹、五色毾㲪、五色九色首下毾㲪"。

南越王墓西耳室发现疑是乳香的物质，重21.22克，经测定为树脂类，成分已有分解。象牙经鉴定是非洲象象牙。罗马称霸西部地中海，罗马商人又频繁活动于红海海域，他们可以轻易地得到主要产于红海沿岸的乳香和非洲象象牙，并用这些物品与汉人互易。所以这些乳香和象牙完全可能是经罗马商人之手传入广州的。

归入杂货一类出口的包括红海的珊瑚和珍珠，波罗的海的琥珀，某几种精制或未加工的宝石，火浣布（石棉布）、苏合香以及另一些药物和香料。这些商品中有一些根本不是罗马所产，而是转口输出的。古代西方文献记载，早在公元初年，珊瑚就成为罗马帝国运往印度的重要输出物。中国史籍中，这种记载也较多。

第三编

大佛东行

第十五章　佛教之路

一、白马驮经的故事

东汉永平七年，也就是公元64年，一天夜里，东汉的第二位皇帝汉明帝刘庄做了一个奇怪的梦，梦见一位身材高大的神人，全身金色，头顶上放射白光，在殿前飞绕而行。明帝正要开口问话，那人腾起凌空，向西方飞去。

明帝梦醒后，百思不得其解。第二天朝会时，他向群臣详述梦中所见，大多数人不知其由。学识渊博的大臣傅毅回答道："听说西方有神号称'佛'，身高六尺，通体金黄色，能飞行于虚空，神通广大，陛下所梦见的想必就是这位神佛。"

于是，第二年，明帝遣郎中蔡愔、中郎将秦景、博士王遵等18人，前往西域去寻找神佛。蔡愔一行经过通往西域的丝绸之路，来到大月氏国，遇见了两位来自天竺（古印度）的僧人，一位叫迦叶摩腾，另一位叫竺法兰。蔡愔邀请两位僧人到中原传授佛教。二师接受邀请，用白马驮着佛像和经卷，随蔡愔一行来到洛阳。二人初到洛阳时，被招待在鸿胪寺。鸿胪寺是朝廷专门接待外国人的机构。永平十一年（68），明帝特为他们建立了专用的住所——白马寺。白马寺是我国汉地最早的佛寺，取回的佛经则收藏于皇室图书档案馆"兰台石室"中。白马寺一直被佛门弟子同尊为"释源"，即中国佛教的发源地。

这就是历史上有名的"白马驮经"的故事。唐代诗人沈佺期在一首诗中写道：

> 肃肃莲花界，荧荧贝叶宫。
>
> 金人来梦里，白马出城中。
>
> 涌塔初从地，焚香欲遍空。
>
> 天歌应春籥，非是为春风。

这个故事讲述的是佛教传入中国的开始，也是佛经被翻译成汉文、能够被中国人诵读的开始。佛教在中国的传播和广泛流传，就从这里开始了漫长的千年画卷。

"白马驮经"故事的主角是古印度僧人迦叶摩腾和竺法兰。他们是史载最早来华的外国僧人。相传，他们带来的佛像是佛陀释迦牟尼在世时最初创雕佛像的拘睒弥国优填王旃檀师的作品。明帝当时在白马寺壁上，

⊙ 明代丁云鹏《白马驮经图》（局部）

⊙ 河南洛阳白马寺

宫内清凉台上，洛阳的开阳门上，以及为自己预建的寿陵上，画了许多佛像。

最早的汉译佛经是从迦叶摩腾开始的。迦叶摩腾是中印度人，据传他幼年聪敏、博学多才，曾经在古印度一个小邦国讲《金光明经》。当时正值邻国兴兵攻伐、将要攻入国境之时，邻国士兵忽然遇到障碍，不能前进。迦叶摩腾说："经中说，能说此经法（指《金光明经》)，为地神所护卫，使所居地安居乐业。"其邻国士兵怀疑军队无法前进，是有异术作法所致，私下派遣使者探察，只见大臣们安然共集，正听迦叶摩腾讲大乘经。后来，他亲往邻国军营劝和，邻国退兵讲和并向他求法，迦叶摩腾由此声名显誉。

迦叶摩腾认为，佛法初传于中土，一般人未能深信，所以他不多做其他经典的宣讲传述，仅撮取诸经要点而编译成《四十二章经》，用以传播佛教教理。

《四十二章经》与其说是一部翻译作品，不如说是一部介绍佛教教义要旨的入门书籍。它仿照了中国《孝经》之类的经书或老子《道德经》的形式。

但是，无论如何，《四十二章经》是佛教在中国初传时期社会上比较流行的一部佛经，对当时佛教的传播和发展起了相当重要的作用。

竺法兰也是中印度人，能背诵经论数万章，为古印度诸佛学者的老师，到达洛阳不久，便通达汉语。迦叶摩腾圆寂后，竺法兰又翻译出多部佛教经典。

迦叶摩腾和竺法兰都是在中国去世的。他们的墓地就在洛阳白马寺院内。

二、从西域出发的佛教之路

汉明帝的使者经过丝绸之路，在西域遇见了天竺的僧人迦叶摩腾和竺法兰，才有了"白马驮经"的故事。佛教在中国的传播是从西域开始的，是从丝绸之路开始的。在古代的中外文化交流中，佛教的东传是最重要的事项，是丝绸之路上最为壮观、最为激动人心的文化景观。

佛教是在印度产生和发展起来的。佛教最初仅在古印度国内传播。到公元前3世纪以后，就是阿育王那个时代，由于阿育王的支持和帮助，佛教开始在古印度以外的一些国家和地区，分别向南和向北，如缅甸、

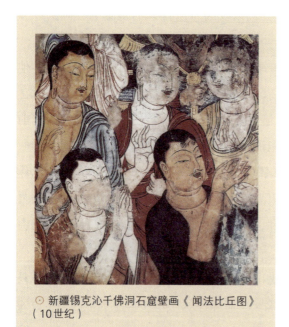

⊙ 新疆锡克沁千佛洞石窟壁画《闻法比丘图》（10世纪）

斯里兰卡以及中亚、西域一带传播。

北传佛教首先传入犍陀罗和迦湿弥罗（罽宾国）。公元前2世纪，大夏入侵古印度西北后所建立的舍竭国已流行佛教，约在公元前2世纪上半叶，佛教传进希腊人统治的大夏。这时的大夏，即巴克特里亚，领地北起阿姆河上游，南抵印度河流域，处于势力最强盛的时期。

佛教传进大夏后继续向西北流动，至迟在公元前后交替之际，安息已有佛教传播。此时的安息，是中亚的一个大国，公元前2世纪已吞并大夏和古印度西北的一部分，到公元前1世纪已领有西到小亚细亚、叙利亚和巴勒斯坦的广大土地，这些地方都有接触佛教的条件。在今阿富汗西部迦尔拉巴特盆地的安息旧址，已发现一些1—2世纪的佛塔遗址。早期来华传教的就有安息的僧侣。

公元前130年前后，大月氏人迁入大夏地区。至迟在公元前1世纪时，大月氏由于受大夏佛教文化的影响，已开始信仰佛教。之后，大月氏人建立贵霜王国，更是大力倡导佛教，使佛教获得很大发展。梁启超认为，在

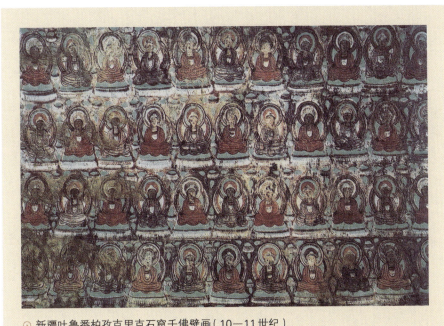

⊙ 新疆吐鲁番柏孜克里克石窟千佛壁画（10—11世纪）

佛教东传的过程中，大月氏人起了重要作用。

大约公元前1世纪后半叶，佛教传入西域的于阗、龟兹、疏勒、若羌、高昌等地。西域是中国与古印度和西方的交通要道。在佛教东传的过程中，西域更是发挥了极为重要的作用，是大佛东行的主要通道。西域曾被佛教僧侣视为"小西天"，或誉为佛教的第二故乡。

首先把佛教传入西域于阗的是来自迦湿弥罗（即克什米尔）的高僧毗卢遮那。玄奘的《大唐西域记》称他是来自迦湿弥罗的阿罗汉，毗卢遮那劝说于阗王建造覆盆浮屠，归信佛教，以护佑王朝。于是于阗王建造赞摩大寺。自佛教传入后，于阗逐渐成为大乘佛教的中心，魏晋至隋唐，于阗一直是汉地佛教的源泉之一。

龟兹是丝绸之路北道的交通要塞，也是佛教东进的必经之路，因同罽宾、于阗、疏勒以及天竺交往颇频繁，龟兹王室也崇信佛教。由葱岭通向龟兹的第一大城市是疏勒。疏勒传进佛教应早于龟兹。在大月氏北部的康居，佛教也颇流行。到3世纪时，康居的译经者来汉地已有不少，所译经

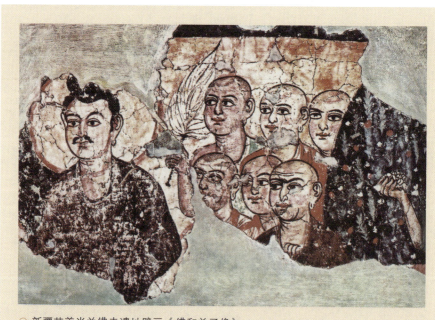

⊙ 新疆若羌米兰佛寺遗址壁画《佛和弟子像》

典大小乘都有。

从佛教流传的初期起，各种佛典就不断地被译为各种中亚语言，如粟特语、吐火罗语、龟兹语、于阗语，之后又译为突厥语。

印度佛教传入西域后的几百年间，西域佛教有了长足的发展，佛教图像、寺庙和石窟等佛教建筑开始在西域大地出现，佛窟成群，塔寺林立，浮雕、立雕的大小佛像琳琅满目，雕塑艺术达到了很高的程度，佛教的绘画、音乐、舞蹈、文学等艺术和演讲辩论都达到了很高的水平。魏晋南北朝时，佛教在西域进入了鼎盛发展时期，各国佛事频繁，高僧辈出，年年举行盛大的佛会。同时，西域佛教也在不断演变发展，产生了不同的佛教宗派。

张骞通西域后，西域各国与汉内地的政治往来和经济、文化交流一直十分频繁。正是在这种交流过程中，佛教通过西域传到了中国。

西域佛教兴起以后，就开始向内地传播。西域各国派往中原王朝的外交使节、侍子以及商人中可能有一些佛教信徒。此后，常有内地僧人到西域讲经求法，赴内地的西域高僧也将自己的思想带到了中原，与中原地区的高僧相处，探讨佛学真谛，为中国的佛教传播和发展做出了贡献。

这样，从古印度到西域再到中国的西部，从敦煌到中国内地，就形成了一条"佛教之路"，一条佛教从古印度经西域向中国传播的路。在这条既充满艰险又充满信仰与激情的大路上，西去求法的中国僧侣，东来传教的西域教徒，来来往往，相望于道，不绝于途。而同样是在这条大路上，遗存着无数的佛教东传的历史遗迹，有寺庙的遗址、精美的壁画、荒芜的塔冢，以及遍布沿途的壮观无比的佛教石窟。通过这条大路，佛教，佛经，佛教的绘画、建筑、音乐艺术，以及佛教所携带的、所裹挟的印度和沿途民族的艺术、医学、天文学、哲学和逻辑学等，源源不断地传播到中国，给中国文化以深刻的影响，给中国文化的发展以巨大的刺激，给中国人以丰富的精神滋养。

所以，这又是一条文化之路，一条文化传播之路。

⊙ 新疆拜城克孜尔石窟

三、汉译佛经的文化事业

在世界三大宗教中，佛教是最早传入我国的。在近2000年的历程中，佛教文化源源不断地向中国传播，并且广泛渗入社会生活的各个方面，对中国的哲学、文学、艺术、民间风俗以及政治、经济发展等都有着深刻的影响。

"白马驮经"的故事发生在东汉初期，而佛教真正开始大规模传播，则是在两晋南北朝时期。在这个时期，中华文化经历了秦汉时代的辉煌时期，进入成熟之境，同时面临着寻求新的发展的变革局面。在这样的情况下，佛教裹挟着巨大的文化群浩浩荡荡地从西方传来，带给中国人一种全新的文化信息。所以，佛教在进入之初，就造成了可能引起巨大反响和影响的态势。

佛教所传来的，不仅仅是宗教的僧团和仪轨、仪式，更是一套缜密的思维系统，是一套完备的理论体系。

佛教在中国的传播，不仅给中国人带来一种新的宗教和宗教思想，而且它作为一个巨大的文化丛，将印度的医学、天文学、逻辑学等一起传过来，还将佛教的文学、美术、造像、音乐等艺术形式传播到中国，给中国的艺术发展提供了新的样式，给中国艺术发展以新的刺激。这些佛教艺术传播到中国后，经过中国艺术家的吸收、借鉴和改造，形成了中国的佛教艺术形式，成为中国艺术发展史上的一个重要组成部分。不仅如此，佛教还对中国人的日常生活产生了很大影响。在中国人的生活观念中，佛教部分地影响，甚至改变了中国人在日常生活中的态度。佛教在中国的传播以及它自身的中国化，可以说是最广泛、最深入、与本土文化融合最成功的，是世界文化交流史上最具有典型意义的范例。

佛教经典是和佛教一起传入中国的。东汉至三国的佛教初传时期，汉译佛经是其主要活动形式之一。在以后的两晋南北朝，乃至隋唐时期，汉译佛经在佛教东传的过程中是一项极其重要的事业。佛教典籍的翻译成为佛教在中国传播的首要任务。在佛教文化从古印度向中国传播的过程中，佛经的翻译是最具根本性的文化工程，中印文化的交流始终以佛经的翻译为基础。

从最初来华传教开始，西域高僧就把翻译佛经作为传播佛教最为重要的事业之一。他们不辞艰劳，穿越流沙峻岭，开创传法、译经先河，参与了汉译佛经的事业，对佛教在中国的传播功不可没。据现存文献记载，佛典汉译从东汉后期开始，到北宋中期废止译经院，大规模的汉译佛典翻译工作

⊙《文殊般若经碑》（北齐时期），山东济宁市博物馆藏

持续了900余年，有姓名记载的佛教翻译家有200余名，共译佛教典籍2100余种、6000余卷，还不包括没有收录的所谓"藏外"典籍。这样庞大的数字表明，这是一项多么宏大的事业。这些汉译佛教经典成为世界上所存最完备的佛教理论典藏。而且，在中国的历史典籍中，佛典也是举足轻重的一大部分。可以说，这么大数量的佛经，极大地丰富了中国古代的文献典籍，是一份宝贵的文化遗产。

从开始翻译佛教典籍开始，中国佛教界就把佛教文献"sutra"（修多罗）称为"经"。在汉语的语境中，"经"的寓意为圣人之教、不变的道理。只要是翻译佛教经典，其内容不管是经、律，抑或是论，通常均以"经"称呼。"经"就是记载圣人尊贵教法的书籍——经书，这一观念通行于佛教传入中国初期的佛教界。

佛经汉译，是指将梵本或其他西域语言版本的佛典翻译为汉文。从事译经的僧侣为"译经僧"，翻译经典的场所叫"译场"。中国佛教史上的"四大翻译家"是鸠摩罗什、真谛、玄奘和不空（说法不一），他们是历代从事佛经汉译工作的中外僧人的杰出代表。这四大翻译家中，鸠摩罗什、真谛、不空是东来弘传佛法的外国佛学大师，玄奘则是西行求法的中国高僧。另外，像竺法护、菩提流支、善无畏、义净、金刚智、实叉难陀、菩提流志等人，也都是名重一时的佛典翻译家。他们虽然所处的时代不同、经历不同，但他们都以毕生的精力从事译经事业，在他们各自的时代取得了非凡的成就，并在中国佛教史和翻译史上留下了光辉的篇章。

持续近千年、多达几千卷的佛经汉译，是一项极为庞大的文化工程，是一项极其壮丽辉煌的文化事业。如钱穆先生所说："这实在是中国文化史上一绝大事业。"[①]从最早来华的西域胡僧，到前赴后继的中国佛教学者，都为这项伟大的事业付出了很大的心血，倾注了全部的热情。这种热情，源自他们高尚的宗教热忱，更来自他们崇高的文化责任感和使命感。而至后秦之后，从鸠摩罗什开始，译经活动就被纳入国家的社会发展规划，成

---

① 钱穆著：《中国文化史导论》（修订本），商务印书馆1994年版，第148页。

为国家组织并提供财政支持和人力支持的文化事业。从后秦一直到唐宋，译经活动都是在政府的直接支持下进行的。这样，既有僧人们高度的热情，又有上层社会的全力支持和鼓励，佛经汉译成为一项极其伟大的、前所未有的文化壮举。

四、丝路传来的佛教造像艺术

佛教在中国广泛而持续的传播，对中国的造型艺术，包括造像、绘画、石窟和建筑艺术，都产生了巨大的影响，深刻地塑造着中国人的审美情趣和美学风格，引导着中国艺术发展的趋势和走向。

佛教在造型艺术方面的影响首先是在造像方面。佛教造像艺术的最初兴起是在古印度阿育王时代，但此时的造像回避了佛陀释迦牟尼的具体形象。如在印度保留至今的阿育王时代的桑奇大塔上有丰富的佛陀本生故事浮雕，其中东面浮雕是象、牛、蛇、金翅鸟等各种动物在膜拜一棵菩提树，西面浮雕是一群野象在向一棵菩提树致敬。在这些画面中，佛陀的形象是被菩提树取代的。到了迦腻色迦王时期，他崇尚和提倡佛教，继续阐释经义，大造寺塔，还邀请古希腊手工艺师雕刻佛像，开始了具体的佛教造像的活动，后来形成希腊-印度的犍陀罗艺术。

当时中国的佛教雕塑艺术，主要是受到古印度"犍陀罗式"和"喀坡旦式"两种艺术风格的影响。犍陀罗式的佛、菩萨像的体格雄伟健全，近似欧洲人，面貌也像希腊人，当然还多少带有古印度的地方色彩。它们的特征是：（1）面相，额部广阔，鼻梁隆起通入额部，眼大，唇薄，下颚宽大突出，头发作发结、波状或螺状，眉间有白毫。（2）手掌足底，刻有轮相。（3）衣服，有轻飘之感，能表现热带地方衣料的特质，线条极为强健。（4）背光，都作圆盘形，一般不加装饰，但也有在圆盘的周围刻有小圆形或锯齿形的连续模样，或在圆盘中间雕成莲花纹样的。（5）全体形象，有立像、坐像、倚像、卧像。本尊像大抵取坐势，菩萨、加持及护世天诸像取立势。坐相又分全跏和半跏，此外还有蹲踞、胡跪、长跪等变化。

（6）佛座，多作方座，不用莲座，侧壁通常刻有狮子或供养者礼拜莲花的模样。

喀坡旦式艺术也是古印度艺术中的一种主要形式。喀坡旦是中印度的一个强国，它的第四代撒母达义普他王和第五代超日王都关注印度文艺的复兴，奖励一切艺术，于是美术界顿呈前所未有的盛况。喀坡旦式采用古印度固有的做法，与犍陀罗的作风相融合，参以大乘佛教的理想，可以说是集合了古印度艺术的大成，达到了佛教艺术的最高峰。喀坡旦式的雕像，大致有以下特征：（1）手足，手指纤细圆长，手指之间张有缦网，两腕的左右附有垂下的衣片，菩萨相的手足附有手钏、足钏；（2）衣服，全身都缠有薄质的衣服，而且密着在躯体上，几乎没有衣褶，只在颈边和衣服的下端稍有突起，线条是柔和而流畅的褶纹；（3）背光，雕有极其精巧纤细的莲花、唐草等图案；（4）佛座，初期是方座，后来变为莲花座。

这两种艺术形式对中国佛教艺术风格都有深刻的影响。两晋及以后，西域传来的各种佛像，汉地都有仿造。佛教雕塑开发了中国传统雕塑的新

⊙ 山西大同云冈石窟第20窟释迦牟尼坐像

品种，开拓了中国传统雕塑的艺术手法，激发了中国传统雕塑的创造力，极大地丰富了中国传统雕塑的内容和范畴。

一代代东来西往的中外僧俗不断携来佛像实物和图绘的"粉本"，中国还翻译了一些指导造像规范的经典，如《出三藏记集》著录的失译《坐佛形象经》1卷、唐提云般诺译《大乘造像功德经》2卷等，使这些造像艺术风格得以在中国传播。这些轨范传入中国，其基本原则被中国艺术家接纳和遵循。从早期输入佛像伊始，

⊙ 北周释迦牟尼石立像

外来的模式和表现手法已被介绍进来，并被中国艺术家所遵循。已经形成的轨范本来会对艺术创作造成限制，但在轨范限制之内发挥创造力，则如戴着锁链跳舞，往往更能显示超强的技艺。而随着佛教在中国的发展，造像越发兴盛，外来的艺术方法和模式与本土风格、手法相结合，创造出了独具特色的中国佛教造像艺术模式。

在关于佛教最早传入中国的明帝感梦的传说中，蔡愔等人从西域归国曾经带回佛像画本，汉明帝即曾令画工于白马寺壁"画千乘万骑绕塔三匝"之像。这大概是最早带到中国的佛像造型艺术形象。《魏书·释老志》记载了北魏兴光元年（454）及太安（455—459）初年，罽宾国僧人师贤和师子国僧人邪奢遗多、浮陀难提等人在北魏京师平城造像的事迹。这些来自西域的僧人艺术家在北魏京城造像，一定是带来了西域的造像艺术形式和技术。

⊙ 北周观音菩萨头像

另外还有，胡太后派遣惠生和宋云出使西域。"宋云以奴婢二人奉雀离浮图，永充洒扫。惠生遂减割行资，妙简良匠，以铜摹写雀离浮图仪一躯及释迦四塔变"。惠生和宋云回国时，带回了这些犍陀罗艺术的摹本。

到了唐代，仍有从印度直接传入佛教造型艺术作品的情况，如东都洛阳敬爱寺有唐代王玄策携归的菩提树下弥勒菩萨塑像。《历代名画记》记载，"王玄策取到西域所图菩萨像为样"，由"巧儿、张寿、宋朝塑，王玄策指挥，李安贴金"。洛阳佛授记寺有金刚真容像一尊，是义净在证圣元年（695）从天竺带回洛阳的。

来自古印度的佛教造型艺术，主要是通过西域沿着丝绸之路传入中国的。所以，在丝绸之路沿线，包括南道的楼兰、于阗等地，北道的疏勒、龟兹、高昌等地，都有深受犍陀罗艺术影响的佛教造像艺术的遗存。佛教造像艺术对中国内地佛教艺术的影响，主要是经由西域于阗、龟兹地区，通过河西走廊辗转传入的。

在佛教造型艺术东传的过程中，地处河西地区的凉州发挥了重要的中转站的作用。北凉国王沮渠蒙逊（368—433）时开凿的天梯山石窟，规模宏大，建筑雄伟，是我国早期的石窟之一。窟内保存壁画数百万平方米，佛像100多尊。其中主体建筑大佛窟如来坐像高达30多米。大佛左右两边站立迦叶、阿难、普贤、文殊、广目、天王六尊造像，神态逼真，形象各异，塑造精致。这种"凉州模式"与西域佛教造型艺术有密切的渊源关系，并对此后大同石窟的造像艺术有直接的影响。

中国的佛教造像，到东晋十六国时，随着佛教的流行，渐次兴盛。塑造教像在当时被人们认为是功德无量的事情。此外，人们还认为雕塑佛像还有"恒生大富家，尊贵无极珍""作大名闻王"等种种福德利益。于是，竟相造像求功德蔚然成风。佛教寺院铸塑造像御风而起，先有荀勖造佛菩萨金像12躯于洛阳，继有道安铸襄阳檀溪寺丈六释迦金像、竺道邻铸山阴昌原寺无量寿像、竺道壹铸山阴嘉祥寺金漆千像、支慧护铸吴郡绍灵寺丈六释迦金像，均为一时名塑。

此时的佛像，已不再是对印度佛像的单纯模仿，而是具有了中国样式的风格。晋孝武帝时，会稽山阴灵宝寺请艺术家戴逵（？—396）制一尊1丈6尺高的无量寿佛木雕像。戴逵积思3年，刻制成一尊完美的佛像——宽额、浓眉、长眼、垂耳、笑脸、大肚，既符合佛经教义，又体现了中华民族的审美习惯，观者无不称妙，匠人也争相仿效，从而成为佛像形体的公认定格。唐代张彦远《历代名画记》认为，汉魏以来的佛像，皆"形制古朴，未足瞻敬"，直到戴逵出现后才有进一步的发展。

晋安帝义熙元年（405），师子国国王派使臣进贡玉佛像1尊，安帝命戴逵造佛像5尊，一同供奉于南京瓦棺寺。后来这5尊佛像和顾恺之的《维摩诘像》及师子国进贡的玉佛，共称"瓦棺寺三绝"。

戴逵在佛像雕塑上的另一大贡献是，他首创了夹纻漆像作法，把漆工艺技术运用到雕塑方面。戴逵之前，佛像用铜、铁铸造或用石头雕刻而成。戴逵受砖瓦工用木模造瓦的启发，先用木胎泥模造出底胎，再在泥胎外面粘上数层麻布，然后再在麻布胎上漆彩绘，干后撤去木模，这样就形成了外实里空的漆彩雕像，史称"脱胎"或"脱空造型"。这种佛像轻便，

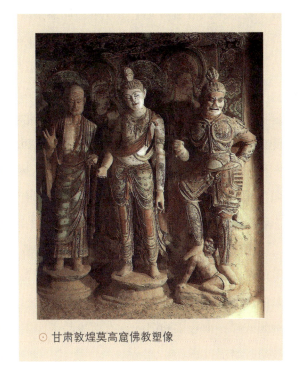

⊙ 甘肃敦煌莫高窟佛教塑像

⊙ 河南洛阳龙门石窟卢舍那佛

不裂缝，宜于携带转运，所以又称"行像"。夹纻漆像作法很快在全国传开，迅速成为一种时髦和风气。唐时这一技术还随鉴真东渡传到日本。

南北朝时期，随着佛教的日益发展，佛像的制造也极隆盛，"庄严佛事，悉用金玉"。宋武帝时，铸有无量寿金像。明帝即位，铸造丈四金像及行象八部鬼神。此外，丈六、丈八铜像制造甚多，小金像也多有铸造。至齐，萧巑、萧子良造像甚多，明帝亦铸金像千躯。梁武帝造有光宅、爱敬、同泰诸寺的丈六弥陀铜像，简文帝造有高一二寸的千佛金铜铸像。陈文帝时造金铜像百万躯，宣帝更有金铜铸像2万余躯。此外还有名僧德众的数量众多的造作。

除了兴建佛寺、铸造佛像，当时还开凿了大量的石窟。石窟中的早期造像，面相丰圆，肢体肥壮，神态温静。北魏迁都洛阳后的龙门石窟造像，受到以戴逵为代表的"秀骨清像"本土化风格的影响，融合南北，出现了一种"面容清癯，褒衣博带，性格爽朗，风神飘逸"的新形象。以龙门石窟为代表的中国佛教造像艺术，虽然还带有浓重的印度艺术色彩，但已标志着具有本民族特点的中国佛教造像艺术的出现。

隋朝时，佛像的兴造复盛。隋文帝首敕造金、银、檀香、夹纻、牙石等佛像。《续高僧传》卷十七记载，高僧智者一生造金、铜、檀等佛像10万余躯。由此可以想象当时造像的盛况。此时期佛像的雕塑风格已渐变为纯中国式样，面貌柔和圆满，衣褶也趋于写实，流丽而妥帖，菩萨像则天衣璎珞，裙褶流畅。

唐代的雕塑艺术反映了当时的真实生活及现实人间的美好形象。佛教造像走向民族化、世俗化和人性化的艺术形式，展现光华、绚丽的健美风姿，突显典型性及主题性。在形象的表现上，为面容温静，唇润颐丰，身躯健美，肌体丰腴，弯长的眉、明澈的眼，姿态妥帖，衣褶流丽，其风格更近于写实。唐代佛教雕塑在武则天时期达到了高潮。这一时期的洛阳龙门奉先寺，有卢舍那佛及弟子、罗汉菩萨、天王、大力等11尊巨像。"卢舍那"名称的由来是依据东晋译本《华严经》，这尊雕像告成24年后，新译《华严经》完成，译为"毗卢遮那"。这尊卢舍那佛像高17.14米，头部4米，耳朵长1.9米。他的造型已经摆脱了印度佛教艺术的犍陀罗风格和秣菟罗风格，俨然一个汉地男子的形象。他双耳垂肩，鼻梁高隆，慈眉善目，宽唇微翘，既显得庄严肃穆、凝重恬静，又不乏温柔敦厚、和蔼慈祥，在宗教的意蕴中隐隐流露出世俗化的倾向。菩萨雍容华丽，细腰斜欹，楚楚动人。天王、力士肌肉怒凸，体现了男子的健美，让人感到威严、正直、勇猛、坚毅，完全是隋唐时期现实生活中的人物写照。

唐代的菩萨造像，显示出健康有力、成熟自信的艺术风格，走向世俗化与女性化，透露出所谓的"菩萨如宫娃"的审美时尚。"宫娃"就是宫女的意思。

佛教造像艺术最重要和最终的目的是弘扬佛教教义，担负着形象宣传和教化功能。

造像艺术随着佛教传入中国，成为人类艺术宝库中的精品，也为佛教的传播做出了不可估量的贡献。造像艺术极大地推动了传统造像技巧和风格的发展，对于中国传统艺术有很大影响。我们所能获得的、具有高度代表性的艺术作品，不论是雕刻或是绘画，几乎都与佛教有一定的渊源。

五、丝路沿线的佛教石窟

古代印度佛教艺术的另一特色是石窟艺术。石窟是由僧伽蓝摩发展而来的集建筑、雕塑、壁画于一体的佛教石窟文化综合体。印度的石窟分两种。举行宗教仪式的石窟叫"支提窟"，平面长方形，纵端为半圆形，半圆形的中间有一窣堵波。除入口处外，沿内墙面有一排柱子。另一种石窟称为"精舍"，以一个方厅为柱心，三面凿出几间方形小室，供僧侣静修之用，第四面为入口，没有门廊。精舍和支提窟常相邻并存，如阿旃陀的石窟群。

阿旃陀石窟是印度最著名的石窟，它位于温德亚山脉的深山中，大约公元前2世纪开始修建，至公元7世纪方告完成。因处于深山之中，建成后约有1000年人迹罕至，直到近代才被重新发现。石窟开凿在河流旁半圆形的悬崖上，是一个有29窟的寺院。第一窟建于公元7世纪，是大乘佛教的光辉典范。窟内正前方有释迦牟尼雕像，高约3米，从左、中、右三个方向可以看出佛祖快乐、痛苦和冥想三种不同的神态。中间有一大窟，四周壁画为五百罗汉像，面貌姿态各不相同，喜怒哀乐尽显其中。阿旃陀石窟的佛殿、僧房建筑都有大量精美的绘画和雕刻，集中体现了古代印度艺术的独特风格和高超技巧。

两晋之时，内地佛教艺术的发展多在寺内，而甘凉一带地多山岭，接近西域，吸收了西域的文化，因而开始有因山修龛造窟的。石窟是展示佛教艺术的一种非常重要的表现形式。佛教艺术往往通过石窟的雕刻、寺庙的塑像、壁画的彩绘，将佛教人物的各种形象以及故事内容生动有趣地表现出来，并在展示过程中，承前启后，逐步形成完美的艺术造像群体。

北朝时期，随着佛教的勃兴，顺着丝绸之路，各佛教传入地大规模造窟，出现了星罗棋布的石窟群。随之产生了龟兹石窟模式（克孜尔石窟、库木吐拉石窟、森木塞姆石窟）、高昌石窟模式（伯孜克里克石窟、吐峪沟石窟、胜金口石窟）、凉州石窟模式（敦煌石窟、河西河东石窟）、中原石窟模式（云冈石窟、麦积山石窟、龙门石窟）。这些石窟从西向东，遍布丝绸之路沿线，到达丝绸之路的东部端点洛阳。其中，甘肃敦煌莫高窟历史长，历经朝代多，以雕刻、壁画闻名于世，可称为中国石窟的历史长卷；山西大同云冈石窟是一朝之精华，以完美的石雕艺术闻名于世，可称为中国石窟的佳篇；河南洛阳龙门石窟是继云冈石窟之后开凿的，和云冈石窟是姊妹窟，可称为中国石窟的继篇。这三大石窟艺术宝库反映了佛教在中国传播和发展的历史过程，也反映了石窟艺术从西域传来而逐渐民族化、中国化的过程。

敦煌莫高窟是世界现存佛教艺术最伟大的宝库。它始建于前秦建元二年（366），据武周圣历元年（698）《重修莫高窟佛龛碑》记载，僧人乐僔云游至敦煌城东南的三危山下，薄暮时分，无处栖身，惶惶不安。突然，三危山发出耀眼金光，似有千万个佛在金光中显现。他

⊙ 甘肃天水麦积山石窟

连忙顶礼膜拜，后来募集资金，在这里开凿了第一个石窟。后来，僧人法良又开凿了第二窟。经过历代开凿，莫高窟南北全长1618米，现存石窟492洞，其中魏窟32洞、隋窟110洞、唐窟247洞、五代窟36洞、宋窟45洞、元窟8洞。塑像2415躯，并绘有大量壁画，连接起来有五六十里长。北朝时期洞窟中的主像一般是释迦牟尼或弥勒，主像两侧多为二胁侍菩萨或一佛、二弟子、二菩萨。塑像背部多与壁画相连。窟内顶部和四壁满绘壁画。顶及上部多为天宫伎乐，下部为夜叉或装饰花纹。壁画的内容主要有：经变，即佛经故事，如西方净土变；本生故事，即释迦牟尼前世经历；尊像图，即佛、菩萨、罗汉、小千佛、飞天等；供养人像，即出资修窟人的像。敦煌莫高窟的第120洞，洞窟北壁的大型坐佛台下，有西魏大统四年（538）建造的铭记；洞内壁画纯为中国式，佛塔则属犍陀罗式系统。北壁佛龛的左右，绘有象头昆那夜迦，或三面六臂乘牛坐像，或一头四臂乘鸟像，似

⊙ 甘肃敦煌莫高窟

为密教题材。西壁虽有中印手法的佛像，一面绘有印度式壁画，但这种中印度式的佛教美术逐渐中国化，例如佛像的衣端部分，西方美术多用浓厚阴影描写，此处则为线画式；天井中央，绘天盖形，虽然样式传自西方，但已有中国化风格。

云冈石窟在今山西大同西武州（周）山南麓，始凿于北魏和平元年（460），约终止于正光五年（524）。传说北魏文成帝在太武帝灭佛之后决定恢复佛教，僧人昙曜来到平城，路遇文成帝车队，袈裟被御马咬住不放。文成帝认为马识善人，是天赐高僧，便对昙曜以师礼相待。昙曜建议在武州（周）山开窟5所，获得批准，并主持其事。整个石窟依山开凿，东西绵延1千米，现存主要洞窟45个、大小造像59000多尊、佛龛1100多个。

云冈石窟是石窟艺术"中国化"的开始，是在我国传统雕刻艺术的基础上吸取和融合印度犍陀罗艺术及波斯艺术的精华所进行的创造性劳动的结晶。石窟雕刻的题材内容，基本上是佛像和佛教故事。云冈石窟雕刻在我国三大石窟中以造像气魄雄伟、内容丰富多彩见称，多为神态各异的宗教人物形象，石雕满目，蔚为大观。这些佛像与乐伎刻像，还明显地流露着波斯色彩。佛像中最大的是第5窟的释迦牟尼坐像，高17米，宽15.8米，脚长4.6米，手中指长2.3米。第20窟的本尊大佛像制作雄伟，神态庄严，全高14米。这种摩崖大佛的观念极可能是受了中亚梵衍那巨佛的启发，其

⊙ 山西大同云冈石窟

面容眉毛修长，鼻梁高挺，深目大眼，颇具西洋人面貌的特质。佛像的衣纹写实而自然，多以阳刻的凸线表示，这些都显示出云冈艺术因袭了贵霜王朝犍陀罗造像的式样，但雕法朴拙，肩膀宽阔，头顶剃发肉髻，身穿右袒僧袍，却又继承贵霜王朝秣菟罗佛雕的风格。云冈中期石窟出现的中国宫殿建筑式样雕刻，以及在此基础上发展出的中国式佛像龛，在后世的石窟寺建造中得到广泛应用。云冈晚期石窟的窟室布局和装饰，更加突出地展现了浓郁的中国式建筑、装饰风格，反映出佛教艺术中国化的不断深入。

龙门石窟在今河南洛阳市南，伊河自南向北流去，中分二山，东是香山，西是龙门山，望之若阙，故又称"伊阙石窟"。龙门石窟开凿于北魏孝文帝由平城迁都洛阳前后（493），历经东魏、西魏、北齐、隋、唐、五代诸朝，雕凿不断。从孝文帝迁都洛阳到孝明帝时期的30多年，是龙门开窟雕造佛像的第一个兴盛时期。这一时期的佛像大都集中在龙门西山之上，约占龙门石窟造像的1/3。其中最著名的有古阳洞、宾阳三洞、药方洞等十几个大中型洞窟。在唐代从开国到盛唐的100年间，龙门石窟迎来了历史上开窟造

⊙ 河南洛阳龙门石窟

像的第二个兴盛时期，这一时期开凿的石窟也多集中在龙门西山，约占龙门石窟造像的 2/3，但到了武则天时期，又在东山开凿了部分石窟。龙门唐代石窟最有代表性的洞窟有潜溪寺、万佛洞、奉先寺大像龛等。据龙门石窟研究所统计，东西两山现存窟龛 2300 余个，碑刻题记 2800 余块，佛塔 40 余座，造像 10 万余尊。其中北魏石窟占 30%，唐代约占 60%，其他时代窟龛约占 10%。龙门石窟形制比较简单，题材趋向简明集中，没有敦煌、云冈那种复杂的窟内构造，以一种雍容大度、华贵堂皇的皇家风范出现在世人面前，与早期佛教艺术的神秘色彩不同，龙门石窟越来越呈现出世俗化倾向。

除著名的三大石窟外，北魏所造的石窟，还有甘肃瓜州的榆林窟、敦煌城西的千佛洞、天水的麦积山石窟、临夏的炳灵寺石窟。北魏所创的石窟中，保有着精美的雕塑。此外，如甘肃张掖的文殊山石窟和马蹄寺石窟、武威的天梯山石窟、泾川的南石窟寺，陕西彬州的大佛寺，山西太原的天龙山石窟，河南郑州的巩义石窟，河南安阳的宝山石窟，山东济南的龙洞石窟，辽宁锦州的万佛堂石窟，都是北魏时代开凿的。

第十六章　佛的使者

一、络绎来华的西域高僧

佛教在中国的初传时期，一个重要特点是陆续有一些西域或印度等地的僧人来到中国。他们最早向中国人介绍了印度佛教的文化信息，携带一批佛教经典并且将之汉译，使中国人有了对佛教初步接触的文本，他们还把佛教僧团和寺院的仪轨介绍过来，使中国有了最早的出家僧侣和最早的佛事活动。这些来华的西域高僧，为了把他们理解的生活真理和信仰传播给远方的广大民众，历尽艰险，负笈万里，来到中国，为佛教东传做出了贡献。到了两晋南北朝时期，佛教在中国的传播形成了高潮，更吸引了大批西域和印度的高僧挟道东来，他们为佛教典籍的汉译、佛教思想的传播，以及佛教艺术文化在中国的推广，做出了重大贡献。

这些高僧是一批自觉的文化传播使者。他们没有国家的委托，没有商业利益的追求，完全是出于文化责任和使命。他们远道而来，就是为了弘化讲学，传播佛教。他们具有"使大化流传"、弘扬传播佛法的使命感和责任感。这些外来僧侣进入中国，以其细密的哲思和渊博的学识，博得中土文士的赞赏。

这些西方高僧，不辞数万里旅途的艰辛，克服生活、语言上的困难，前后相继络绎来华，除了身为佛教学人胸怀"弘化利济"的宗教和文化理想，还因为我国古代文明富饶，尊贤好学，在国际上颇有声誉，许多国外贤哲钦慕而来。

　　这些高僧，分别来自西域的大月氏国、安息国、康居国、于阗国、龟兹国、罽宾国、印度、师子国、扶南国等。他们大部分是通过丝绸之路经西域进入中国内地的，也有少数人如师子国人、扶南国人和部分印度人是通过海上丝绸之路在交趾、广东沿海登陆再进入内地的。

　　中国内地佛教以其昌盛繁荣和独有的风貌以及所涌现的名僧大德，不断向西方早期的佛教流行地区反馈，在东晋时期已经相当明显。《华严经》称清凉山是东方菩萨的聚居地，佛徒普遍认为此山就是山西的五台山。道安名播西域，号称"东方菩萨"，受到鸠摩罗什的敬仰。外国僧人烧香礼拜慧远，誉他为"大乘道士""护法菩萨"。来自天竺的著名译家菩提流支，尊称北魏昙谟最为"东方菩萨"，并将他著的《大乘义章》译为梵文，传回大夏。北齐刘世清译汉文《涅槃经》为突厥语，以赠突厥可汗。

　　晋宋以后，西来的僧侣越来越勤、越来越密。北魏洛阳永明寺，接纳"百国沙门三千余人"，远者来自大秦（罗马）和南印度。洛阳成为当时世界佛教最盛的圣地。南朝的建康是江南外籍僧侣的活动中心，也是出译籍、义理的主要基地。梁代时，优禅尼国月婆首那被任命为京都"总知外国使命"，江南佛教同域外佛教的联系也得以加强，建康与中、南天竺及斯里兰卡、扶南等国的佛教联系尤为密切。

　　在北方，前秦建元年间（365—385），苻坚崇信佛法，大力推动译经事业。这

⊙ 唐代《行脚僧图》

一时期的佛经翻译，已不像东汉、三国时期那样是私人行为，政府已经介入，苻坚开始有组织地进行佛经翻译，并派秘书郎赵政来主持这项工作。

这一时期陆续有一些西域或印度僧人来到长安参加传译佛经，为佛经的汉译做出了贡献。但是，这些高僧都不通汉语，译经时，必须有人传译。当时竺佛念正在长安，被公推为传译人。竺佛念其家世居凉州，20岁左右出家为僧。《高僧传》卷

⊙ 唐代尉迟乙僧《胡僧图》

一称赞他"外和内朗，有通敏之鉴"，学识渊博，道德高尚。他不但研习佛典，而且对世俗书籍无不博览，训诂之学尤为他的特长。因为居家之地接近西域诸国，所以他通晓多种语言，是有名的语言学家。前秦建元年间，西域僧人僧伽跋澄和昙摩难提等人陆续来到长安。他们带来的经典，因当时没有通梵语者，西域僧人又不通汉语，故不能译出。于是，竺佛念开始与这些西域高僧合作译经，由他译梵为汉。这些译事，都是在道安的主持下进行的，竺佛念在道安的译场中是一个十分活跃的人物。

二、安世高与支娄迦谶

第一批来中国内地译经者是安息人安世高和月氏人支娄迦谶等，他们是东汉时期重要的译经家。

据说安世高是安息国的王子，父王死后，他把王位让给了叔父，自己

出家修道，"博综经藏""略尽其妙"。他曾游历西域各国，通晓各国语言，是一位通晓天文、风水、医学的博学的佛教学者，在西域各国远近闻名。东汉桓帝建和二年（148），安世高到了洛阳，不久即通达汉语，开始翻译禅经及阿含部类经典，到汉灵帝建宁年间（168—172）止，翻译工作长达20余年。

安世高在中国时，正赶上黄巾起义爆发，整个黄河流域处在动乱之中。安世高不得不从洛阳转到江南一带活动。他南行先经庐山、南昌等地，后到广州，最后到了浙江，在会稽圆寂。

安世高所译的佛经给当时初学佛教的人带来了极大的方便，佛教徒可以通过这些译典加深对佛教的理解。所以，安世高的翻译，在佛教史上产生了重大的影响。

月氏人支娄迦谶于东汉桓帝永康元年（167）至洛阳。汉灵帝光和至中平年间（178—189），他在洛阳翻译了大量佛教经典。支娄迦谶在洛阳从事10余年的佛经翻译工作之后却不知去向了。

支娄迦谶除了独自翻译佛经，有时还和早来的天竺人竺佛朔合作翻译。支娄迦谶翻译的佛经，由于有安世高的译作可资观摩取法，在遣词造句方面已积累一定的经验，因此支娄迦谶的译文比较流畅，能尽量保全原意，故多用音译。后人说他译文的特点是"辞质多胡音"。

东汉时期，自古印度和西域来到汉地的佛经翻译家中，安世高和支娄迦谶是最有影响的两个。在桓帝、灵帝、献帝时代，除安世高、支娄迦谶外，还有安玄、竺佛朔、支曜、康巨、康孟详等人，他们的翻译活动也很活跃。

汉灵帝末年，安息商人安玄来洛阳经商，渐谙汉语，常与沙门讲论佛教，因为有功而被封为"骑都尉"，世称"都尉玄"，是一位博学多识人士。严佛调是最早见于记载的出家僧人，是一位兼通梵、汉文的汉僧学者。安玄与严佛调是好朋友，他俩共同翻译佛经，安玄口译梵文，严佛调笔受。

西域人支曜于汉灵帝时抵达洛阳，先后译出大小乘经10部11卷。从姓氏判断，他可能是月氏人。汉灵帝时来到洛阳的还有康巨。

康居国人康孟详是在东汉末年来到洛阳的。他所译的佛经，文辞雅驯，

⊙ 元代赵孟頫《红衣西域僧图卷》

译笔流利，在当时也很有影响。

　　昙柯迦罗是中天竺人，是一位很有修养的佛教学者。曹魏嘉平年间（249—254），昙柯迦罗来到洛阳。佛教传入中原虽已有一段时间，但此前译出的都属于经部和论部，律部还未有人翻译。因此，中国僧人不知有戒法，也都未受戒。为了矫正弊俗，昙柯迦罗邀集了一批梵僧和胡僧，严格按照佛律，在所住寺院"大行佛法"。他们正规的佛门行仪很快引起了众僧的注意和钦羡，于是共请昙柯迦罗译出戒律。昙柯迦罗感到律部的各种规制复杂，文字也很烦琐，中国僧众不易一下子掌握，于是选择了比较实用的大众部律典，节译出《僧祇戒心》一书，供僧徒们早晚行事应用。印度僧和西域僧人担任戒师，为中国僧徒受戒。中国的佛教戒律正是从此时开始的。

三、蹈海而来的康僧会

　　海上丝绸之路的畅通，方便了沿途各国人员的往来，印度的一些高僧也乘船从海路来到中国。前述南朝时，这些僧侣还充当了国家间的使者。他们不仅为传播佛教做出了贡献，还为海上丝绸之路的畅达交流做出了贡献。

孙吴时期，康僧会从海路来到中国。康僧会先祖为康居国人，其父原居印度，因经商而移居交趾。吴赤乌十年（247），康僧会由海路抵达建业，是有史记载的第一个自南而北传播佛教的僧侣。吴主孙权第一次见到佛教僧人，有些疑惑，问其有什么灵验。康僧会回答说，如来已经离世逾千年了，他的遗骨舍利仍然神曜发光。当年阿育王建塔八万四千座，塔寺的兴旺就是证明。孙权以为夸诞，对他说："若能得舍利，当为造塔；如其虚妄，国有常刑。"三个"七日"后，果然得到舍利，五色光焰照耀瓶上，举朝集观。孙权令人将舍利放在铁砧上，让力士用铁锤猛击，结果砧、锤俱碎，而舍利完好无损。孙权叹为神异，为之建寺，号"建初寺"。其地名为"佛陀里"，于是佛法在东吴开始兴起。佛教史籍将康僧会的传教活动

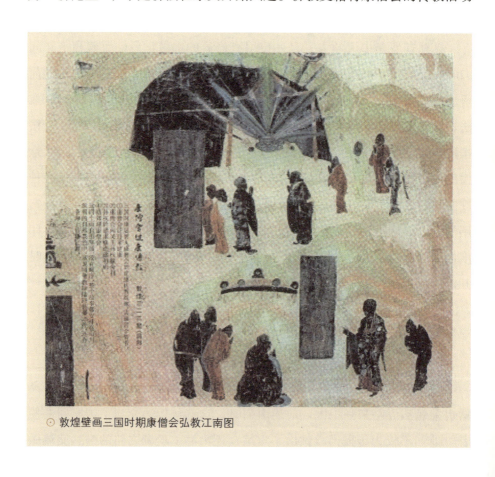

⊙ 敦煌壁画三国时期康僧会弘教江南图

作为江南佛教的开端。

　　康僧会很敬仰安世高，曾跟随安世高弟子南阳韩林、颍川皮业、会稽陈慧学佛。康僧会译出了许多佛教经典，佛教史中评价他的经注和经序"辞趣雅便，义旨微密，并见于世"。

　　康僧会把佛教思想和儒家思想调和起来，尤其是把佛教中出世的思想改造成儒家所崇尚的治世安民精神，说明佛教在初传时期就已经注意到与中国本土传统文化相适应的问题。康僧会对佛教经典和儒家经典都十分精通，公开提倡"儒典之格言，即佛教之明训"。他的思想同孟子的思想尤为接近，他提出"正心"说，并把小乘佛教的"正心"糅合进大乘佛教的"救世"之中，主张"则天行仁，无残民命，无苟贪困黎庶，尊老若亲，爱民若子。慎修佛戒，守道以死"。康僧会所要追求的是"君仁臣忠，父义子孝，夫信妻贞"的伦理关系，而这也正是儒家所要实现的伦理理想。

四、禅宗祖师菩提达摩

　　南朝宋时从海上丝绸之路来华的最有影响的高僧是菩提达摩。菩提达摩（？—536），生于南天竺，婆罗门族，传说他是南天竺国香至王的第三子，本名菩提多罗。菩提达摩自小就聪明过人，因为香至王对佛法十分虔诚，所以菩提达摩从小就能够遍览佛经，而且在交谈中会有精辟的见解。据史料记载，后来被尊为西天（印度）二十七祖的般若多罗到此国来，受到国王供养。般若多罗知道菩提多罗的前世因缘，便叫他同两个哥哥辨析其父亲施舍的宝珠，以试探他，让他阐发心性的精髓。然后对他说："你对于各种法道，已经博通。达摩就是博通的意思，你应该叫达摩。"于是他改号叫"菩提达摩"。

　　达摩问师父："我得了佛法以后，该往哪一国去做佛事呢？听您的指示。"师父说："你虽然得了佛法，但是不可以远游，暂时住在印度。等我寂灭六十七年以后，你就到震旦（即中国）去。广传佛教妙法，接上这里的根。切莫急着去，那会让教派在震旦衰微的。"达摩又问："东方有能够承接佛法的大器吗？千年以后，教派会有什么灾难吗？"师父说："你所要推行教化的地方，获得佛法智慧的人不计其数。我寂灭六十多年以后，那个国家会发生一场灾难。水中的花布，自己好好铺降。你去了那里，不要在南方居住。那里只崇尚功业作为，看不见佛家道理。你就是到了南方，也不要久留。听我的偈语：'路行跨水复逢羊，独自栖栖暗渡江。日下可怜双象马，二株嫩桂久昌昌。'"达摩又问："这以后，又有什么事？"师父说："此后一百五十年，会发生一场小灾难。听我的谶语：'心中虽吉外头凶，川下僧房名不中。为遇毒龙生武子，忽逢小鼠寂无穷。'"达摩又问："这以后又怎么样？"师父说："二百二十年以后，会见到林子里有一个人证得

⊙ 清代吴彬《达摩图》

了道果。听我的谶语：'震旦虽阔无别路，要假儿孙脚下行。金鸡解衔一粒粟，供养十方罗汉僧。'"般若多罗又把各段偈颂演说了一遍，内容都是预言佛教的发展、教派的兴衰。达摩恭承教义，在师父身边服侍将近40年，从来没有懈怠。

后来菩提达摩继承了师父的衣钵，被尊为西天（印度）禅宗二十八祖，在天竺国内弘扬佛法。有一天，他听到自己的侄子、继承南天竺王位的异见王，为了自己的国家不受外邦的欺凌，要实施禁止信仰的法令。于是，菩提达摩便派弟子婆罗提前往劝谏。婆罗提不辱师命，

成功扭转了异见王的禁教政策，并且使异见王成为虔诚的佛教徒。

菩提达摩在南朝宋末年（约470—475）从南天竺泛海，远涉重洋，在海上颠簸了3年后到达广州。广州刺史萧昂备设东道主的礼仪，欢迎他们，并且上表奏禀梁武帝。武帝看了奏章，派遣使臣奉诏到广州迎请。达摩到达金陵后，武帝接见了达摩，问他："朕即位以来，营造佛寺，译写经书，度人出家不知多少，有什么功德？"达摩说："并没有功德。"武帝问："为什么没有功德？"达摩说："这些只是人天小果，有漏之因，如影随形，虽然有，却不是实有。"武帝说："怎样才是真功德呢？"达摩说："清净、睿智、圆妙，体自空寂。这样的功德，不是在尘世上追求的。"武帝又问："什么是圣谛第一义？"达摩说："空寂无圣。"武帝又问："回答朕的问话的人是谁？"达摩说："不知道。"武帝没有领悟。

达摩知道二人的心思没有契合，于是悄悄离开。传说达摩和梁武帝对话后，梁武帝深感懊悔，得知达摩离去的消息后，马上派人骑骡追赶。追到幕府山中段时，两边山峰突然闭合，一行人被夹在两峰之间。达摩正走到江边，看见有人赶来，就在江边折了一根芦苇投入江中，化作一叶扁舟，飘然过江，抵达北魏。《洛阳伽蓝记》中说，他在洛阳看见永宁寺宝塔建筑的精美，自言年已一百五十岁，历游各国都不曾见过，于是"口唱南无，合掌连日"。

达摩过江以后，手持禅杖，信步而行，见山朝

⊙ 明代宋旭《达摩面壁图》

拜，遇寺坐禅，北魏孝昌三年（527）到达了嵩山少林寺。达摩看到这里群山环抱，森林茂密，山色秀丽，环境清幽，佛业兴旺，于是，他就把少林寺作为自己落迹传教的道场，在那里面壁而坐，独自修习禅定，时人称他为"壁观婆罗门"。魏孝明帝钦服达摩非同寻常的事迹，三次下诏书请他下山，可是达摩始终没离开少林寺。

当时有个叫神光的僧人，是个旷达之士。他来到少林寺，早晚参见大士，恭候在旁。达摩却每每对着墙壁端坐，神光听不到他的教诲和鼓励。一个冬天的晚上，漫天大雪，神光站在殿外，一动不动。到天亮时，积雪都没过他的膝盖了。达摩问道："你久久地站在雪地里，要求什么事？"神光悲苦地流下泪来说："只希望和尚慈悲为怀，打开甘露门，普度众生。"达摩说："诸佛有无上妙道，是天长地久勤奋精进，行难行之事，忍难忍之情而修得的。哪能凭小德小智、轻慢之心，就想得到真乘，白费辛苦。"神光听了达摩祖师的教诲激励，用快刀砍断了自己的左臂，将残臂放在达摩面前。达摩知道他是堪承大业的法器，就说："诸佛最初求道的时候，为了证法而忘掉了形骸。你今天在我面前砍断手臂，你所追求的也可以得到。"达摩于是给他改名叫慧可。

达摩感觉到了慧可的真诚，传授以衣法。他告诉慧可："过去如来把他的清净法眼传给迦叶大士，然后又辗转嘱托，传到我手里。你要护持。我把袈裟也传给你，作为传法的信物。它们各有自己的含义，你应该知道。"慧可说："请大师指示。"达摩说："内传法印，以便正智与真理相契合。外传袈裟，以便教派承传旨意明确。若是后代轻薄，群起怀疑，说我是西天人氏，你是东方学子，凭什么得真法，你拿什么证明？你如今接受这袈裟和佛法，以后遇上灾难，只消拿出这衣裳和我的法偈，就可以表明化导无碍。我寂灭两百年后，衣裳就不再往下传了，佛法已经遍布天下。但那时候，懂佛道的人多，行佛道的人少；说佛理的人多，通佛理的人少。私下的文字，秘密的证说成千上万。你应当宣传阐发正道，不要轻视没有真悟佛理的人。他们一旦回复正道，就跟没走弯路的人一样了。听我的偈言：'我本来兹土，传法救迷情。一花开五叶，结果自然成。'"达摩又把4卷

《楞伽经》授予慧可，说："我看中国人的根器于此经最为相宜，你能依此而行，即能出离世间。"

达摩在少林寺传法慧可之后，到熊耳山下的定林寺传法5年，于梁武帝大同二年（536）十二月圆寂。众僧徒悲痛至极，依佛礼将初祖大师葬于定林寺内，并修建了达摩灵塔和达摩殿。梁武帝亲自撰写了《南朝菩提达摩大师颂并序》的碑文，以示对达摩大师创立禅宗的纪念。

三年后，魏臣宋云奉命出使西域，回来经过葱岭时，同达摩祖师相遇。宋云看见他手里提着一只鞋子，翩翩远去。宋云问："大师往哪儿去？"达摩说："西天去！"宋云回国后立即报于皇帝。皇帝闻之，命人挖开达摩墓葬，只见空棺里只有一只鞋，方知大师已脱化成佛。

达摩在中国住了将近50年，在北方的时间最久，被尊称为"东土第一代祖师""达摩祖师"，与宝志禅师、傅大士合称"梁代三大士"。他的禅教"不立文字，直指人心，见性成佛"。佛陀拈花微笑，迦叶会意，被认为是禅宗的开始。

菩提达摩在世时，他的教化并未得到发展，后来禅宗昌盛以后，对于达摩又多附会之说，达摩逐渐成为传说式的人物。

五、"随方翻译"的真谛

在南北朝时期的佛教汉译中，真谛（499—569）是一位比较重要的人物，他被称为中国佛教翻译史上的"四大翻译家"之一。如果说北朝的译经事业是以鸠摩罗什为核心，那么在南朝，真谛则是首屈一指的人物。

但是，与鸠摩罗什比较起来，真谛在中国的译经活动命运多舛，十分艰难。鸠摩罗什一到长安，就受到朝廷上下的礼遇。朝廷为他建立了庞大的译场，配备众多的学僧和助手，提供十分优越的生活和工作条件。真谛虽然也是应南朝皇帝之邀而来，但时运不济，他所经历的是颠沛流离、历尽坎坷的生活。而他所翻译出来的为数众多的佛经，就是在这长达十数年的漂泊流亡之中"随方翻译"而得的。考虑到真谛这些年里的生活境况，再看他翻译出来的佛经的数量和规模，就更令人感叹了。

真谛为古印度西部优禅尼国人，是印度大乘唯识学创始人无著、世亲的嫡传，是弘扬印度瑜伽行派的著名学僧，后游学扶南。南明梁大同年间（535—546），梁武帝派官员张汜送扶南朝献使返国，顺便求请名僧和各种大乘经、论。扶南国便与真谛商量，请他应命携带经、论入梁。真谛素闻梁武帝崇奉佛教，欣然答应了扶南国的要求，随张汜扬帆渡海，带了梵本经、论240捆，于中大同元年（546）抵达南海，太清二年（548）来到建康。此时，真谛虚龄已经50岁。

真谛始达建康，受到朝廷的热情欢迎，梁武帝亲加顶礼，并把他安置在华林园宝云殿供养，准备译经。梁朝还特设名为"扶南馆"的译经道场，以接待扶南来华的翻经沙门，可见当时的扶南佛教文化受到中国朝廷的尊重。

真谛是从印度来华的翻译家中遭遇最为不幸的一位。真谛到建康的第二年，即太清三年（549），就爆发了"梁季混淆""侯景之乱"。叛将侯景攻破建康，梁武帝被困而死。侯景进入建康后，悉驱城市文武，真谛不得不辗转流亡。他先至福建，得到富春县令陆元哲的接纳，并招沙门20余人助其译经，协助他在自己家中翻译《十七地论》。由于战乱扩大，只译出5卷就被迫中止。承圣元年（552），侯景兵败，真谛回到建康，住在正观寺。此寺原为梁武帝天监年间的译经场所，真谛利用旧有译经条件，抓紧时机，与原禅师等20余人翻译《金光明经》；次年转至建康县长凡里一位施主家中，继续译《金光明经》，共得7卷。

其时侯景之乱虽已平息，梁朝皇室的内争却方兴未艾，战火仍在蔓延，江淮一带兵荒马乱。真谛在京畿待不下去，只得于承圣三年（554）南下，二月抵达豫章，住宝田寺，译《弥勒下生经》等。此后，陆续在今江西、福建一带漂泊，无有定所，"随方翻译"。在这段流徙岁月中，他先后译出《大空论》3卷，《中边分别论》3卷并《疏》3卷，《正论释义》5卷。

后来，真谛前往荒陬海隅的晋安郡（位于今福建），寄寓于佛力寺。当时的晋安郡，还是一个经济落后、文化荒凉的地区。但因为真谛的到来，一些义学僧，如智文、僧宗、法准、僧忍等陆续来到晋安，追随真谛受业。真谛在这些僧人的帮助下，一边译经，一边讲解，使得晋安郡一度出现"讲译都会，交映法门"的兴旺景象。南朝陈永定三年（559），真谛已是60岁的老人，僻处在寂寞萧条的晋安，虽然并未终止传译经论的事业，总感到周围的环境与自己原先设想的相差太远，自己弘扬大乘经论的壮志难酬，遂萌发了离开中国、另求理想弘化之地的念头。只是因为道俗的苦苦挽留，他才在晋安又待了一段时间，并与僧宗、法准、僧忍等一批知名于梁代的僧人重新审订旧译的经典。

南朝宋元嘉二年（561），真谛离开晋安，乘船至梁安郡。三年（562），登舟西行，欲还天竺，因大风漂抵广州，得到广州刺史欧阳颀父的挽留和优礼，迎住制旨寺。真谛自来中国，漂泊了16年，至此才有了一个比较安定的环境，开始了一段比较专心的译经生涯。

在广州跟从真谛受业并助译经的僧人，有的是从晋安追随真谛来到广州的，有的是特地从都城渡岭前来广州相从的，还有一些是从广州附近州县就近前来问学的。他们中的不少人已经是很有成就、享有盛誉的义学宗匠，慕真谛的道德学问，不惮艰辛，远来相寻。他们的到来，对真谛的译经事业有很大的帮助。他们有的担当真谛译经的笔受职责，有的记录真谛的讲义，整理成义疏、注记、本记、文义等行世。

真谛在广州的7年时间，译出的经论及义疏等，数量和质量都大大超过了前16年。参加真谛译场的人，最初有沙门宝琼、愿禅师等，继有沙门慧宝担任传语，居士萧桀担任笔受。60岁以后，真谛已经熟悉汉语，无须传译，当时担任笔受的有僧宗、法虔、慧恺和法泰。他晚年的译事则和慧恺合作最为密切。慧恺助师译《摄大乘》《俱舍》二论，建议重治《俱舍》译文，并记录口义，最著功绩。

真谛随翻随作义疏，并讲解弘敷，同时领众修行，从不废止，这是他译经活动的一大特色。译经的助手也是他的学生，这些学生在他的培养下都成了《摄大乘论》名家。

真谛从大同元年（546）来华，到大建元年（569）圆寂，共计在华23

年，纵跨南朝梁、陈两代。据《续高僧传》卷一记载，真谛共出经论记传64部、278卷，《历代三宝记》记载为48部、232卷。

真谛带来的经书共有240捆。其中被翻译出来的经书仅有几捆，占他所带来经书的很小一部分。不过，真谛所译出的这一部分，涉及的范围已相当广泛，经、律、论三藏皆有，超过了历史上任何一位译家。

真谛译介和注疏的中心，是瑜伽行派无著、世亲、陈那等人的论著，属佛教大乘有宗体系，与陈代推崇"三论"和《成实论》的空宗学说抵触很大，因而受到建康官方僧侣的激烈排斥。但在译介瑜伽行体系中，真谛的思想同菩提流支等的译籍接近，同玄奘所传则有较大差别，由此在中国形成了"相宗"的新旧两译。

真谛所传之学，在南朝梁、陈二代并不显著。真谛去世后，他的弟子们散布于岭南、九江、湘郢、建康、江都、彭城、长安，不屈不挠地弘阐《摄大乘论》，学者渐众，宗奉者渐多。后来北方著名僧人昙迁南下，获读新译《摄大乘论》，接受了《摄大乘论》学说，认为可以补北方《地论》学说之不足，因而备极推崇，及应召入长安，宣讲《摄大乘论》，请从受业者竟达千数。昙迁先后在彭城、江都、长安大加弘阐，奠定了《摄大乘论》在北方传播的基础。名僧慧休以及北地《摄大乘论》学者道英、道哲、静琳、玄琬等，都出自其门下。当时长安名僧慧远，亦敬礼听受，其弟子净辩、净业、辨相等都相从研习《摄大乘论》。后来唐玄奘服膺《摄大乘论》，西游取经，回国后开创了法相宗，终使瑜伽师的唯识学说遍于中国。

六、"开元三大士"

隋唐以后，仍然陆续有许多印度僧人来到中国传教，翻译佛经，为在中国境内流行已久的佛教不断输入新鲜血液。随着中印交往的加强，来华印僧在社会中更为活跃，唐朝廷亦将入唐印僧视同为异国番使而授予官职。

天竺僧人在唐朝的生活以传译佛经为主，许多僧人是携经而来，他们或介绍、传译中国未流行的佛经，或重新根据梵本翻译旧有的经典，为唐代佛教文化增添新的内容。

为了前往汉地传经，天竺僧人在碛天荒漠中孑然独行，往返一次，几乎就耗尽了一生的年华。唐代刘言史《病僧二首》称：

竺国乡程算不回，病中衣锡遍浮埃。
如今汉地诸经本，自过流沙远背来。

空林衰病卧多时，白发从成数寸丝。
西行却过流沙日，枕上寥寥心独知。

两首诗反映了传经僧人在异乡染疾的幽苦情状和思念乡土的孤寂心怀。

唐代来华的印度僧人中，"开元三大士"最为著名。这"开元三大士"是善无畏、金刚智和不空。

善无畏（673—735），又称无畏三藏，是中印摩揭陀国人。他的先代出身刹帝利，因国难出奔乌荼，做了国王，传承到他，13岁就依父亲佛手王的遗命即位。兄弟们不服，起兵相争，他于平乱之后让位于兄，决意出家。先至南印海滨觅得殊胜招提，修习法华三昧。又由水路搭乘商船，游历中印诸国，密修禅观。后到摩揭陀拜访国王。摩揭陀国王的王妃是他的姐姐，摩揭陀国王了解到善无畏舍位出家的经过，大加敬重，由是善无畏名声远播。他曾把自己所携传国宝珠施给那烂陀寺，装饰在大佛像的额端上。后归依寺内以禅、密著名的长老达摩芨多，他专心研习密教，受到达摩芨多的赏识，达摩芨多将总持瑜伽三密及诸印契完全传授给他，他得了灌顶，号为"三藏"。他又周行各地，遍礼圣迹。

后来，善无畏依着师教东行弘法，携带梵本，经过北印迦湿弥罗、乌苌等国，到了素叶城，应突厥可汗之请，讲《毗卢遮那经》，然后再前进，通过天山北路，达于西州。因为他的声誉早已传至汉地，唐睿宗特派西僧若那和将军史宪，远出玉门关迎接。他于开元四年（716）到达长安，被礼为国师，先住兴福寺南塔院，后迁西明寺；玄宗并敕内廷道场，尊为教主。

开元五年（717），善无畏开始在西明寺菩提院译出《虚空藏菩萨求闻持法》1卷。玄宗敕令将他带来的梵本全部送藏内廷。从此他注意另访未译的密典梵本。先有江陵无行求法，游历南海、东印、中印各地，曾住大觉、那烂陀等寺闻法，并访求梵本。无行学毕回国，途经北印病卒，所得梵本由同行者带回中土，存于长安华严寺。善无畏和一行同往选取此前未译过的重要密典数种。开元十二年（724），他随玄宗到洛阳，译出《大毗卢遮那神变加持经》等3种。开元二十三年（735），善无畏卒于洛阳大圣善寺。

金刚智（669—741），是南天竺人。据说他原本是中天竺国王的三儿子，因为受南天竺国王派遣入唐传法，一般就称他为南天竺人。金刚智10岁出家，在那烂陀寺向寂静历智学习"声明"，15岁又到西印度学习法称的"因明"，历4年，回到那烂陀寺，20岁受具足戒，接下来遍学大小乘律，习《般若灯论》《百论》《十二门论》。28岁时到著名的迦毗罗卫城向胜贤论师学瑜伽行派一系的理论。3年后，金刚智又到南天竺，向龙智学习《金刚顶瑜伽经》等密法，并受五部灌顶。自此以后，金刚智在遍习大小乘佛法的基础上，专心于密法。离开龙智后，金刚智返回中天竺，不久后游师子国，遍访圣迹，一年后回南天竺。

在南天竺王宫中住了一月余，金刚智决定到中国去。他乘船出海，经师子国、佛室利逝国，前后经过3年的航行，经历了无数险风恶浪，在开元七年（719）到达今广东南部海域。节度使派3000人分乘数百只小船出海远迎。金刚智在广州建立曼荼罗灌顶道场，化度四众。次年初，金刚智到洛阳，又到长安，居慈恩寺，后移至大荐福寺，"所住之刹，必建大曼荼罗灌顶道场"。金刚智来华后，得知善无畏也在这里传授大毗卢遮那教法，感叹说："此法甚深，难逢难遇。昔于南天竺国，闻有大毗卢遮那教名，遂游五天访求，都无解者，今至大唐，喜遇此教。"于是请善无畏向他传此法。

唐僧人一行得知金刚智弘传密法，就来请教，金刚智一一为他解答，并为一行灌顶。一行请金刚智把关于这部分密法的经典译出来流通于世，于是，金刚智在资圣寺组织翻译了《瑜伽念诵法》4卷。后来在大荐福寺译出《金刚顶经曼殊师利菩萨五字心陀罗尼品》和《观自在如意轮菩萨瑜伽法要》各1卷，《金刚顶经瑜伽修学毗卢遮那三摩地法》1卷和《千手千眼观世音菩萨大身咒本》1卷等经。

不空（705—774），北天竺人，自幼父母双亡，由舅舅抚养，10岁外出游历，来到中土的武威、太原等地，13岁遇金刚智，15岁出家，师事金刚智，20岁时受具足戒。不空因聪悟颖慧，甚受金刚智器重，被寄予厚望。他广学梵汉经论和密传，深得密教奥旨。又因

⊙ 不空像

其通晓梵汉，故常遵师命共同传译佛典。开元二十九年（741），玄宗皇帝诏许其师徒回天竺和师子国寻访密教经典。但金刚智从长安到洛阳时就患病不起，不久圆寂。不空遵师遗命，仍欲前往天竺。于是，他取道广州法性寺（今光孝寺），与弟子含光等泛海经爪哇、锡兰，到达五天竺，遍寻密藏。天宝五载（746），他携带500多部密藏经典回到长安，先后住在鸿卢、净影、兴善诸寺，从事翻译和灌顶。他也时常被请到宫中内道场作法，受到玄宗、肃宗、代宗三朝帝王的崇敬。尤其是代宗在位期间，对不空"制授特进试鸿胪卿，加号大广智三藏"。

第十七章　西行求法团

一、朱士行：西行求法第一人

在西域和印度的高僧纷纷来华的同时，也有中原人士开始西行求法，成为后来法显、玄奘、义净等西行求法高僧的先驱。

第一位西行求法的中原僧人是三国时期的朱士行（203—282）。朱士行法号八戒，是颍川（治今河南禹州）人。朱士行少年即怀远志，摆脱俗尘，出家为僧。魏齐王嘉平二年（250），印度律学沙门昙柯迦罗到洛阳译经，在白马寺建立戒坛，首创戒度僧制度。当时，朱士行正在洛阳，立志学佛，首先登坛受戒，成为中土第一位出家沙门。因此，他被认为是中国佛教史上第一个依律受戒成为比丘的汉人，被誉为"中国第一僧"。

朱士行在白马寺钻研《小品般若经》，并且开讲，成为最早讲经的中国僧人。但他在研读中感到，当初翻译的人把领会不透的内容删减了很多，导致讲解起来词义不明，也不连贯。他听说西域有完备的《大品般若经》，就决心远行去寻找原本。

朱士行西域求法早于法显约140年。甘露五年（260），朱士行带领一众弟子从雍州（治长安，即今西安西北）出发，通过河西走廊到敦煌，经西域南道，越过流沙到于阗国，看到了《大品般若经》梵本。他在那里抄写此经，共抄写90章，60多万字。他想派遣弟子弗如檀等人将抄写的此经送回洛阳。于阗是天山南路的东西交通要道，虽然此地大乘已广为流行，但居正统的仍是小乘。于阗的小乘信徒对朱士行横加阻挠，将《大品般若经》诬蔑为外道经典，向国王禀告说："汉地沙门将以婆罗门书惑乱正典，大王如果准许他们出国，大法势必断灭，这将是大王的罪过。"因此国王不许弗如檀等人出国。

这件事令朱士行愤慨不已，他要求以烧经为证，誓言道："若火不焚经，则请国王允许送经赴汉土。"他说完就将《大品般若经》投入火中，火焰即刻熄灭，整部经典丝毫未损。这样，弗如檀等人终于在晋太康三年（282）将该经送回洛阳，此时离他们到于阗已有20余年。

弗如檀等人回国后，朱士行仍留在于阗，后来在那里去世。

元康元年（291），陈留仓垣水南寺天竺僧人竺叔兰等开始翻译、校订朱士行抄写的《大品般若经》，历时12年，译成汉文《放光般若经》，共20卷。

朱士行求法的经典虽然只限于《大品般若经》一种，译出的也不够完整，但对于当时的义学影响很大。义学高僧，如帛法祚、支孝龙、竺法汰、竺法蕴、康僧渊、于法开等人，都为之作注或讲解，形成两晋时代研究般若学的高潮。中山的支和上（名字不详）派人到仓垣断绢誊写，回到中山时，中山王和僧众具备幢幡，出城40里迎接，可谓盛况空前。

二、波澜壮阔的西行求法运动

从朱士行开始，历代西行求法的中国僧侣前赴后继，不绝于途。据梁启超统计，有名可查的赴印高僧有105人，实际则有数百人。据历史学家方豪统计，西晋至南北朝时期西行求法可考者有近150人。在当时交通条件极其艰苦的情况下，有这么多人不畏艰辛，从事佛教传播事业，实在是世界文化交流史上了不起的大事。他们绝大多数没有政府的背景或资助，也没有受到佛教僧团的指派，而是自行前往的，是自己发自内心的决定，有的还受到阻挠，不得不采取偷渡的形式，如玄奘就是这样走出国门的。求法僧侣们所表现的勇气、胆识、意志和决心，他们那种舍生忘死、不怕牺牲、百折不回的精神，辉耀千古，成为中华民族的骄傲、传之永久的精神财富。

　　那么，是什么原因促使他们甘冒风险而坚持前往西域呢？这主要是信仰的力量。这些僧侣都是信仰坚定的佛教徒，在古印度有他们心目中的圣地，那是他们心灵的归宿、精神的故乡。当然，更主要的，还是求知的欲望。我国历代西行的僧侣，绝大多数人不是为了到圣地巡礼，而是"取经"。如朱士行、法显、玄奘、义净等人，都是在国内研究佛经遇到了困惑，不满足于已经翻译过来的佛经，所以要到佛教的发源地寻找"真经"。中国僧人西行求法活动的显著特点之一，就是具有十分明确的求知目的。也就是说，中国僧人不畏艰险，历尽险阻，西行到佛教的发祥地，不同于一般宗教信徒的"朝圣"或巡礼胜迹，也不是单纯自我修行、锻炼身心的个人行为，而是普遍地带着寻访真经、了解佛法真谛的明确的理性目的。所以，梁启超说，当时的西行求法，其动机是出于学问，"盖不满于西域间接的佛学，不满于一家口说的佛学。譬犹导河必于昆仑，观水必穷溟澥，非自进以探索兹学之发源地而不止也"。"自余西游大德前后百数十辈，其目的大抵同一。质言之，则对于教理之渴慕追求——对于经典求完求真之念，热烈腾涌，故虽以当时极艰窘之西域交通，而数百年中，前仆后继，游学接踵，此实经过初期译业后当然之要求。"①

　　所以，中国佛教徒的西行求法，更多的是去寻求知识、寻求真理、寻求信仰。当时传播到中国的佛教，不仅仅是一种宗教信仰，不仅仅是一种教团的活动形式和组织形式，更重要的是一个庞大的文化群、知识群。佛学本身就是一个庞大的思想体系和知识系统，与佛教和佛经一起传过来的，还有印度的医学、天文学、哲学和逻辑学等方面的文化知识。这些文化知识随着佛教一起传播进来，中国的知识分子学习到很多文化知识，他们感到兴奋、新奇，因为这些文化知识是他们视野之外的、以前从未知道的知识。这些知识和学问是丰富的、先进的、新奇的，它们极大地刺激了中国

---

① 梁启超撰，陈士强导读：《佛学研究十八篇》，上海古籍出版社2019年版，第188、189—190页。

知识分子的好奇心和求知欲。他们不满足，他们还要到这些文化知识的源头去获取更多的文化知识。这种对知识和智慧的渴望，是持续千百年的西行求法运动最根本的心理动力。所以，梁启超将他们称为"千五百年前之中国留学生"①。

西行求法者们不畏艰难、一批又一批地前往五天竺礼拜圣迹，足迹遍于西域诸国、印度、尼泊尔、斯里兰卡、马来西亚等。在漫长的求法途中，求法僧们除了学习佛法、求得经籍等，还深入细致地学习了各国的文化，广泛地考察了各地的历史地理和风土人情。如梁启超所说，"西方之绘画、雕塑、建筑、音乐，经此辈留学生之手输入中国者，尚不知凡几，皆教宗之副产物也"②。所以，中国僧人西行取经的意义不仅仅是宗教性的，在学术发展史上也具有极为重要的意义。

许多西行的求法者还记录了他们求法活动中的经历和见闻，形成"求法行记"一类的极有价值的著作，如法显的《佛国记》，玄奘的《大唐西域记》，义净的《大唐西域求法高僧传》《南海寄归内法传》，新罗僧慧超的《往五天竺国传》等。这类著作作为求法僧人个人经行的记录，遵循中华文化传统的"知行"和"实录"精神，忠实于见闻，举凡著者经行之地的地理形势、道里山川、物产交通以及社会状况、风土人情等，都翔实地加以记述；而著者们又是虔诚的信徒，对于宗教信仰、佛教胜迹以及相关神话传说等的记载也尤为详细。这样，这类著作中就包含有关各国、各民族历史、地理、宗教、民俗、艺术、文化等多方面的、极其丰富的内容。这些著作，比起正史或笔记一类的著作，叙述得往往更加详细，材料一般也更为可靠。因为正史是史官或文人学士所作，或录自官方档案，或综括所见各书，或得于他人传闻，精粗杂糅，常有想象之词，而僧侣们的"求法行记"则是求法僧们根据亲身经历所写成的。

所以，这些著作不仅向中国介绍了著者们所到国家和地区各方面的知

---

① 梁启超撰，陈士强导读：《佛学研究十八篇》，上海古籍出版社2019年版，第125页。

② 梁启超撰，陈士强导读：《佛学研究十八篇》，上海古籍出版社2019年版，第153页。

识，大大开阔了中国人的视野，对于中国人了解西域文明和印度文化有巨大的帮助，更保存了古代中外史地、中外文化交流的重要资料，成为相关领域研究的主要典籍。

三、智猛的求法团

在早期赴西域求法的中国僧人中，最著名的是法显。法显从长安出发之后5年，即后秦姚兴弘始六年（404），又有京兆新丰（今陕西临潼）沙门释智猛（？—453）从长安出发，踏上了奔赴西域求法的旅途。与智猛同行的有15人。在当时的西行诸贤中，智猛在天竺停留时间最久，加上往返时间长达20多年。

智猛，京兆新丰人，少年出家，专修心业。据说他每闻外国沙门说天竺佛迹及方等众经，慨然而有求法远游之志。

智猛一行的旅途路线，大概是采取了和法显大致相同的路线西行，即从长安出发，出阳关，西入流沙，"地无水草，路绝行人，冬则严厉，夏则瘴热，人死聚骨以标行路，骆驼负粮，理极辛阻"，十分艰险。他们继续前行，历鄯善、龟兹、于阗诸国，一路备观各国风土民俗。然后，"从于阗西南行二千里，始登葱岭，而九人退还。猛与余伴进行千七百里，至波伦国"，又一人止步。所余智猛等5人三越雪山，路极险峻，"冰崖皓然，百千余仞，飞絙为桥，乘虚而过，窥不见底，仰不见天，寒气惨酷，影战魂栗，汉之张骞、甘英所不至也"。再南行千里，至罽宾国渡印度河，云山险阻，更甚于前。经千辛万苦，始达罽宾城。

罽宾国的高僧见到智猛等人远道而来，十分高兴，并大为赞叹。他们从罽宾出发，"复西南行千三百里，至迦维罗卫国"。他们在这里礼佛发、佛齿等舍利，并朝菩提圣树及佛涅槃处。

最后，智猛一行到达古印度华氏城。城中有一位婆罗门，名叫罗阅，举家奉佛，造高3丈的白银塔。法显旅印时，曾从其家得6卷《大般泥洹经》梵本带回中国。智猛亦从罗阅家中获得《大般泥洹经》1部，后来又得到《摩诃僧祇律》及诸经梵本。他们在天竺各地访问了很多佛迹。

424年，智猛一行循旧道返回，途中又有3位旅伴去世，唯与昙纂二人回到国内。426年，他们到达凉州。在凉州期间，智猛翻译了《二十卷泥洹记》。僧祐的《出三藏记集》中说智猛从印度回来时，还获得众经梵本。

据说，智猛于元嘉十四年（437）到达蜀地，于元嘉十六年（439）由长江而下，在湖北咸宁钟山定林寺撰述了他的游记《游行外国传》1卷。后来他返回蜀地，于元嘉三十年（453）在成都去世。《游行外国传》在隋唐时代似仍在流传，被人们广为阅读。

南朝宋永初元年（420），即法显返回建康7年后，黄龙沙门释法勇（昙无竭法师），受法显事迹鼓舞，"发迹北土，远适西方"，招集僧猛、昙朗等25人，从陆路至中天竺，由南天竺搭乘商船返回广州，选择的道路与法显大致相同。他们一行旅途十分艰险，同行25人，回国时仅剩5人。

四、宋云和惠生：西域取经的国家使者

朱士行、法显和智猛等人的西行求法，是一种个人的事业，是他们自己出于对信仰和知识的渴求而走上西行求法之路的。而在此时，随着佛教在中国的广泛传播，译经和取经已经成为国家的一项重大文化事业。前面要提到的鸠摩罗什在长安的译经活动，就是朝廷出面组织的。到北魏时，佛教的传播得到朝廷的大力支持，比如著名的大同云冈石窟和洛阳龙门石窟，都是在北魏时开始建造的。北魏初，虽有魏太武帝毁佛事件，但以后北魏历代皇帝都虔信佛教，并大力支持佛教的发展。曾一度垂帘听政的胡太后对佛教更是推崇，史载："太后性聪悟，多才艺。姑既为尼，幼相依托，略得佛经大义。"北魏神龟元年（518）冬，胡太后派遣洛阳崇立（灵）寺比丘惠生与使者宋云等向西域求经。宋云是敦煌人，当时为侍太后的主衣子统，是太后身边的近臣。

惠生和宋云从洛阳出发，出赤岭（今青海西宁日月山），穿流沙，进入吐谷浑界，受其庇护取道今青海入西域，"路中甚寒，多饶风雪，飞沙

走砾，举目皆满"。他们经鄯善行至左末城时，见到"城中居民可有百家，土地无雨，决水种麦，不知用牛，末耜而田。城中图佛与菩萨，乃无胡貌，访古老，云是吕光伐胡所作"。再向西，宋云一行到末城，"城傍花果似洛阳，唯土屋平头为异也"。以西20里捍摩城，即汉代扜弥，城南"有一大寺，三百余众僧。有金像一躯，举高丈六，仪容超绝，相好炳然，面恒东立，不肯西顾。……及诸像塔，乃至数千，悬彩幡盖，亦有万计。魏国之幡过半矣。幡上隶书，多云太和十九年（495）、景明二年（501）、延昌二年（513）。唯有一幡，观其年号是姚兴时幡"。这位姚兴是后秦三主，于394年至415年在位，法显西行正是在这一时期。宋云所见姚兴时幡，很可能就是法显所赠。再西行至于阗国，"王头着金冠，似鸡帻，头后垂二尺生绢，广五寸，以为饰。威仪有鼓角金钲，弓箭一具，戟二枚，矟五张。左右带刀，不过百人。其俗妇人裤衫束带，乘马驰走，与丈夫无异。死者以火焚烧，收骨葬之，上起浮图。居丧者，剪发劈面，以为哀戚。发长五寸，即就平常，唯王死不烧，置之棺中，远葬于野，立庙祭祀，以时思之"。

此后，他们又经过朱驹波国、汉盘陀国，进入葱岭之钵盂城，不可依山，至钵和国，抵达嚈哒统治境，途中历尽艰辛。

宋云一行谒见嚈哒王，"王张大毡帐，方四十步。周回以氍毹为壁。王着锦衣，坐金床，以四金凤凰为床脚。见大魏使人，再拜跪受诏书"。

宋云等谒见嚈哒王之后，经波斯国、弥国、钵卢勒国，进入乌苌国和干陀罗国。当他们游历到印度河上游河谷的古国乌苌时，谒见乌苌国国王。

此后，宋云、惠生游历了这些地区的诸多佛迹，最西到达那迦罗诃国那竭城（今阿富汗贾拉勒阿巴德）。他们的西行共历时4年，于正光三年（522）回国，取回大乘佛经170部，摹写了犍陀罗佛图之仪状大小，详记了天竺佛迹佛塔之方位所在，对于当时佛教在内地的发展、佛典翻译以及犍陀罗佛教造像、雕刻、绘画艺术的传播起到了十分重要的作用。

宋云等人由于肩负着佛教的使命，因此他们在旅途中特别注意"寻如来教迹"。"如来教迹"不同于一般的古迹，而是代表佛陀的人格奇迹与教化的神力，因而"教迹"本身就是神异的。前文提到，传说在葱岭遇见达摩的魏使宋云，就是这个宋云。

宋云和惠生的西行，是北魏派出的国家代表，同时负有宣扬国威和华夏文化的使命。这与法显、智猛等出自个人信仰、属个人行动者有所不同。他们出发时，胡太后敕付五色百尺幡千口，锦香袋500枚，王公卿士幡2000口。从于阗始，至干陀罗，分别供养于路上所有的佛迹处，前后还为浮屠施舍奴婢4人，可见此行规模之宏大。

宋云、惠生还各自撰写一本记载西行见闻的书。宋云写《魏国以西十一国事》1卷，惠生写《惠生行传》1卷。这两部行记记述了当时从中原前往印度的交通路线，对沿途国家、地区的物产、政治、风俗、信仰等进行了具体的记述，尤其是对于阗、嚈哒和葱岭的记述，具有珍贵的史料价值，是6世纪初期中西关系最详细的记录。

宋云和惠生的这两部行记在唐宋时期还流传于世，迄后皆失散不见。所幸这两本书的内容均被杨衒之进行综合记录和整理，以题为《宋云惠生使西域》编入《洛阳伽蓝记》中，成为后世研究中西交通史、佛教史的极其宝贵的参考史料。

五、唐代西行求法高潮

在唐代，西行求法运动更蓬勃地发展起来，形成一个大的高潮。

义净在《大唐西域求法高僧传》一书中记载了几乎同一时代57位僧人在印度和南海求法取经的事迹。大部分是每人一传，也有几篇是两人或三人的合传，记述各人的籍贯乡里、西行所经的路线和在各国学习佛法的情况，有些传后还附有四言、五言或七言的感叹或赞颂的诗偈。书中所记的这50多人中，年长者近70岁，年幼者仅17岁，他们同是出于对佛教的虔诚信仰，在印度各地努力求学，备受磨炼，始终不悔，其中竟有27位病亡于印度或回国的海上而未能成就凤愿。从义净的书中还可以看出，当时佛教东传的浪潮蓬勃发展，不仅中国僧人，而且一些外国僧人相继加入去印度求法的行列，书中所提到的57位僧人中，包括新罗僧侣7人，交州、爱州僧侣6人，康国僧侣1人，睹货罗僧侣1人，国籍不明的僧侣2人。

义净的著作，用较多的篇幅向人们描述了唐代中印交往的海陆两条交通线，即自西域或吐蕃到印度的陆路和自南洋到印度的海路。

唐前期是中国僧人"留学印度"最活跃的时期。当时诸僧出国西行的路线，有水、陆两条不同的路线。由长安西行，经甘肃、新疆、中亚进入北印的路线是汉代以来最主要的交通路线。这是一条漫长、艰苦、充满危险的旅程。海路是由广州、交趾等地经由南海前往印度。他们有的半路停留在印度尼西亚境内印度人聚居之地达数月之久，先学梵文，然后再去印度。

从西域到印度的陆路也就是举世闻名的丝绸之路。自汉代至唐初，到中亚各国及印度的商人和僧侣多走这一条路线。但唐代去印度的陆路已不止这一条路线，义净提到了一条新的路线，即从印度经尼泊尔、吐蕃（今西藏）到长安的路线，这条路线在当时被称为"吐蕃-尼波罗道"。在《大唐西域求法高僧传》中，义净说中国僧人玄照自印度回国，路经尼波罗国，蒙国王发遣，遂至吐蕃，重见文成公主，深致礼遇，资给归唐。从西藏到印度的路线前代均无记载，最早的记载见于唐贞观十七年（643）唐朝出使摩揭陀国的李义表和王玄策。唐代这条路线的开辟，无疑缩短了中国与南亚地区陆上交通的路线，有着重要意义。

随着唐代南方经济的发展，尤其是海上贸易的兴盛，从唐高宗时起，前往印度求学的高僧多由海路乘船而行。据《大唐西域求法高僧传》记载，同时期去印度取经的僧侣和商人，大多走海上路线，当时由海路前往印度的高僧有几十人之多。这条路线汉代也已经开辟，即我们今天所说的海上丝绸之路。走海路的求法僧人，一般在从内地来到濒临南海的港口广州、交州或爱州，在那里等候秋冬季风，搭乘商舶出海。海上航行千难万险，不亚于西域陆路。

另外还有如义净所说，3世纪间，中国的20多名僧人从蜀川牂牁道出至中印度的路线，即经今滇、川边境及缅甸北部往阿萨姆的道路。后来慧琳（737—820）在《一切经音义》中对这条路的途经、沿革、道里、风俗、地理、气候等做了较详细的说明："西越数重高山峻岭，涉历川谷，凡经三数千里，过土蕃界，更度雪山……入东天竺东南界……盛夏热瘴毒虫，不可行履，遇者难以全生。秋多风雨，水泛又不可行。冬虽无毒，积雪冱寒，又难登陟。唯有正二三月乃是过时，仍须译解数种蛮夷语言，兼赍买道之货，仗土人引道，展转问津，即必得达也。"

在当时的交通条件下，无论是走海路还是走陆路，都十分艰险，困难重重。如从西域经丝绸之路，许多高僧记下了他们的艰难跋涉。"流沙"和"雪岭"，是这条路上必然要经过的阻碍。"流沙"就是塔克拉玛干沙漠。南朝梁时僧人慧皎的《高僧传》，记载法显与同伴跋涉流沙的情景："上无飞鸟，下无走兽，四顾茫茫，莫测所之。唯视日以准东西，望人骨以标行路耳。"玄奘在《大唐西域记》里这样记述："沙则流漫，聚散随风，人行无迹，遂多迷路。四远茫茫，莫知所指，是以往来者聚遗骸以记之。"帕米尔高原古称葱岭，从新疆到中亚必然要经过这里。《高僧传》写道："（葱）岭冬夏积雪，有恶龙吐毒，风雨沙砾，山路艰危，壁立千仞。"求法者艰苦备至，饱尝九死一生之苦，有些人劳顿积苦，客死荒途；有些人中途折返；有些人只到了于阗、高昌诸国；有些人久居他乡而归不得。见于记载的，只是极少数人，更多的人是赍志以殁或永远被淹没在了历史长河中。

求法僧在我国佛教和文化史上写下了光辉的一页。求法僧也是古代历史上伟大的探险家。

义净记载了并州僧常愍及弟子"冀得远诣西方，礼如来所行圣迹"的事迹。他们坐商船从广东出发，走海路辗转去往印度，中途遇到风暴，商船破损漏水，人们都纷纷逃逸。常愍看到大家急于逃生，就把机会让给了身边的人。船舱里没有醒的和遇到困难爬不动的人，在他的帮助下，都安全离开了大船，而他自己已是精疲力竭。眼看海水逐渐没过腰身，常愍欣慰地看着已经安全的众人，开始合掌念佛。逃了命的人也跟着念起了佛号，也有很多人让常愍跳到小船上，但他只是坚持念佛，直至沉到水底。

另外，唐僧智岸、窥冲、木叉提婆、智行、大乘灯、彼岸、昙闰、义辉、无行、法振、乘悟皆于求法途中染病，异乡而亡。

唐初的玄照法师求学印度，在那烂陀寺求学3年，跟随胜光法师学写了《中论》《百论》等论，又随宝狮子大德学习《瑜伽师地论》。他途经吐蕃道回国，曾受到文成公主的协助。回国后，又受唐高宗指派，再赴印度，迎取"长年婆罗门僧"卢伽溢多。义净于咸亨五年（674）在那烂陀寺见到了玄照法师。因路途阻塞，玄照无法归国传法，"每有传灯之望，而未谐落叶之心"，后在天竺去世。

道希法师曾在那烂陀寺学习大乘佛法，并把大唐所有新译、旧译的经论400多卷带到了那烂陀寺。大乘灯禅师路过已经圆寂的道希法师在那烂陀的卧室时，不禁感叹："昔在长安同游法席，今于他国但遇空筵。"

唐睿宗景云二年（711），义净的弟子慧日泛舟西行，经南海佛逝、师子等国，至古印度各地瞻礼佛教圣迹，寻访名师，搜求梵本，接受净土法门。慧日历时8年，经70余国，并于唐玄宗开元七年（719）经西域各地，从陆路返回长安。慧日从古印度带回的经像颇多，赐号为"慈愍三藏"。此外，还有京兆沙门末底僧诃、长安沙门玄会、益州沙门明远等，他们都于唐时带着弘法圣愿，或由西路陆行，或经南海泛舟，分别抵达古印度各地，巡礼佛教圣迹，学习印度佛法，为中印佛教文化交流做出了贡献。

唐代最后一位有影响的西域求法高僧是沙门悟空。沙门悟空是京兆云阳人，俗名车奉朝，是后魏拓跋的远裔。罽宾国于天宝九载（750）由大首领萨波达干与本国三藏舍利越摩，赴唐朝献款内附，请求唐朝派遣使臣按巡其地。次年，即天宝十载（751），唐玄宗派出以中使内侍省内寺伯赐绯鱼袋张韬光为首的40多人，携带唐朝印信出使罽宾。车奉朝也被朝廷授以左卫泾州四门府别将员外置同正员的职位，随同张韬光出使西域，时年21岁。张韬光一行取道安西，经过近两年的艰难跋涉，于天宝十二载（753）癸巳二月十一日，到达了出使目的地罽宾国的东都城。正当使团完成使命、将要旋归大唐之际，随行官员车奉朝却身染重病，缠绵卧榻。张韬光等急于回朝复命，无奈之下，就将车奉朝寄留在犍陀罗。大使团队走后，车奉朝的病情渐渐痊愈。也许从崇佛成风的关中地区历经艰难来到西天佛国的车奉朝，对人生苦谛有了切身的感受，遂萌生了出家为僧的想法，于是投在三藏舍利越摩门下，落发披缁。但其志仍在"愿早还乡，对见明主，侍觐父母，忠孝两全"。三藏舍利越摩，即前面谈到访问过中国的罽宾国使，赐予车奉朝法号达摩驮都，汉语意为"法界"。

两年后，法界礼请文殊矢涅地（正智）为亲教师、邬不羼提为轨范师、驮里魏地为教授师，于迦湿弥罗国，三师七证，受具足戒，正式成为僧人。法界出家受戒之后，先是在罽宾著名的大寺院蒙鞮寺里学习小乘戒律。唐代宗广德二年（764）甲辰，法界从犍陀罗出发，南游中印度境，谨礼佛塔，在那烂陀寺住了3年，然后又巡礼了印度其他一些著名的佛寺和圣迹。

法界久游异域，随着游历的增加，他对佛教的信仰日益坚定，但他常常怀恋故国，思念父母，因此就向他的剃度本师三藏舍利越摩表白心迹，希望能够回归东土。三藏为他的诚恳所感动，亲手授予他梵本《十地经》《回向轮经》《十力经》及释迦牟尼佛牙舍利，以此作为献给唐朝皇帝的信物。法界孤身一人踏上回归故国之途，时为建中元年（780）间。法界共住北天竺28年。

贞元六年（790），法界以60岁老年高僧身份回归故都，将从西域带回的佛牙舍利与汉文译经呈献给朝廷，"所进牙经，愿资圣寿"。同年一月，唐德宗刚刚迎奉了法门寺佛指骨，又见佛牙舍利，为此专门修建"释迦牟尼佛牙宝塔"，隆重供养佛牙。唐德宗还赐法界法号"悟空"。所译佛经由皇帝下诏交付左神策军，令抄写经文，这意味着法界带回的佛经译文本获得了朝廷的认可，可以入藏流通，为普天下的佛门释子传诵修习。

六、慧超《往五天竺国传》

在唐朝西行求法运动中，还有一些到中国来求学，然后从中国赴印度的新罗僧人。在中国佛教传播到新罗以后，朝鲜半岛的佛教信徒纷纷西来中土修行学习，形成了一个入唐求法的高潮。唐朝流行的法相宗、天台宗、华严宗、禅宗、密宗、律宗、净土宗等主要佛教派别，都有新罗僧人专门来唐修习。与此同时，新罗僧人中有一些人在唐朝留学之后，跟随大唐西行求法的浪潮，又经由中土前往佛教的起源地天竺求法取经。《大唐西域求法高僧传》记载的7世纪后半叶经由海、陆两道前往天竺求法的56名僧人中，新罗僧人占了7位。这些西行求法的新罗诸僧，都是先在唐朝境内游学，而后由唐朝启程前往天竺。

8世纪以后，仍然有新罗僧人由唐朝前往天竺求法取经。如释无漏，俗姓金氏，是新罗国王第三子，他为了修习佛教，搭乘海舰来到唐朝，后来经陆路前往天竺，度沙漠，过于阗，到达葱岭之后，屡经磨难，后来得到启示，知"化缘合在唐土"，于是毅然东返，隐栖于贺兰山下。

慧超是留唐新罗僧人西行求法的突出代表。开元七年（719），慧超大约16岁时，从朝鲜半岛的西海岸华城唐恩浦登船赴大唐学佛。同年，密宗高僧金刚智抵广州，慧超与之相会，受为弟子。开元十一年（723），慧超由中国从海路进入印度，曾经历拘尸那国、彼罗痆斯国等，进入中天竺，再经舍卫国给孤独园、毗耶离城庵罗园、迦毗耶罗城等；然后经南天竺、西天竺，进入北天竺诸国；最后历罽宾、波斯、葱岭、疏勒、龟兹等地。开元十五年（727）冬回到中国。

回长安后，慧超在长安大荐福寺师从金刚智，协助其翻译《大乘瑜伽金刚性海曼殊室利千臂千钵大教王经》。金刚智去世后，慧超从不空学习。建中元年（780），慧超来到五台山，同年在这里的乾元菩提寺圆寂。

慧超著《往五天竺国传》3卷，记录8世纪上半叶古印度及南海诸国的社会历史情况，此书后来散佚。与慧超同在不空门下的慧琳著《一切经音义》，其中有《往五天竺国传》的摘录。在伯希和运往法国的敦煌残卷中，有一件首尾残缺的抄本与慧琳所介绍的《往五天竺国传》吻合，经伯希和与罗振玉研究，确定为慧超著作的残卷。

在《往五天竺国传》中，慧超记载了吠舍厘、拘尸那、摩揭陀、伽毗罗、吐蕃、犍陀罗、犯引、吐火罗、波斯、大食、大拂临、骨咄、突厥、胡密、疏勒、龟兹、焉耆等40余国的里程、语言、风俗、宗教、物产与国情。传中谈到"毗耶离城庵罗园中，有塔见在，其寺荒废无僧"，"迦毗耶罗国，即佛本生城。无忧树见在，彼城已废。有塔无僧，亦无百姓"，说明当时印度佛教已趋衰落。

慧超描述了唐朝与吐蕃两大势力在西域对峙的情况，迦叶弥罗国东北有大勃律、杨同等三国，属于吐蕃，而与大勃律相邻的小勃律，虽然"衣着、人风、饮食和语音"均与大勃律相同，但归唐朝管辖。大勃律原先是小勃律的一部分，是小勃律王的驻地，后来在吐蕃的压力之下，小勃律王不得已放弃大勃律，逃入小勃律，其在大勃律的属民归入吐蕃管辖。从迦叶弥罗西北

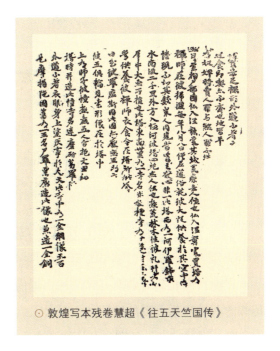

⊙ 敦煌写本残卷慧超《往五天竺国传》

行1月程为犍陀罗，慧超记载了西突厥征服此国的过程，说这里"兵马总是突厥，土人是胡"。突厥贵族在此称王后，受当地文化影响，皈依了佛教。阿姆河上游喷赤河以北的骨咄（今塔吉克斯坦南部的库里亚布），国王是突厥人，"当土百姓半胡半突厥"，而其语言"半吐火罗，半突厥，半当土"。这里虽然已经为大食所征服，但国王"及首领、百姓"均"敬信三宝，有寺有僧"，流行小乘教法。

慧超还追述了波斯被大食灭亡的大致过程，说大食原来为波斯的"牧驼户"，后来背叛波斯，杀波斯王，吞并其国。慧超注意到波斯人擅长经商，有许多波斯胡商从西海泛舟至南海，向师子国"取诸宝物"，亦向昆仑国"取金"，还航至"汉地"，即中国开展贸易。

葱岭以西的绿洲农耕区，即所谓昭武九姓，已经成为大食的属地，当时这里虽然各有王，但"并属大食所管"。康国以东的跋贺那国是西突厥与大食势力交错的地区。胡国，位于粟特之北，"北至北海，西至西海"，东至汉国，均为突厥疆土。

第十八章　往天竺者，首自法显

一、踏上丝绸之路的花甲老人

在魏晋南北朝时期西行求法的中国僧侣中，以法显最为著名。在来华传教的西域高僧，以鸠摩罗什贡献最大。他们是同时代人，一个向西，一个向东，沿着古老的丝绸之路，为佛法的东传做出了巨大贡献。

中国历史上的佛教求法僧，最杰出、最有成就的，主要是法显、玄奘和义净三人，其中法显的年代最早，比玄奘到西天取经早200多年。法显是第一位沿着陆路西行而乘着海船从南洋回到汉地的取经高僧，而且他是我国僧人到西天（印度）研究佛学的第一人。《续高僧传·玄奘传》亦说"前后僧传往天竺者，首自法显、法勇"。

在丝绸之路的历史上，像法显这样海陆两道丝绸之路都走过的，还有元代来华的旅行家马可·波罗和鄂多立克，他们的往返行程也分别经过了陆路丝绸之路和海上丝绸之路。

法显（约337—约422），山西平阳（今山西临汾西南）人，俗姓龚。他的3个哥哥都在童年夭亡，他的父母担心他也夭折，在他才3岁的时候就送他当了小沙弥。20岁时，法显受具足戒。这是僧人成年后为防止身心过失而履行的一种仪式。从此，他对佛教的信仰之心更加坚贞，行为更加严谨，时有"志行明敏，仪轨整肃"之称誉，逐渐成为有名的僧人。

在长期的诵经讲经活动中，他发现几经转译的佛经多有缺失，且谬误甚多，不知所云。他不顾雪眉霜鬓，毅然告别僧友，从仙堂寺辗转至长

安。这时的长安，是后秦的都
城，也是北方的佛教中心，鼎
盛时，长安僧尼数以万计，僧
寺林立。法显在长安居住了数
年，遍访各大寺院，但仍没有
感到满足。

　　佛教的文献总称"三藏"，
律是其中之一。佛教僧人依律
而住，律是佛教宗教生活最基
本的原则。律对于中国佛教和
印度佛教，都具有关键性的意
义。在这时，虽然已经有一些
佛教的戒律陆续传到了汉地，
但可以说没有一部是完整的。
戒律经典缺乏，使广大佛教徒
无法可循，这已经影响到中国
佛教的正常发展。在这一时
期，感受到这种紧迫形势的，

⊙ 法显像

有许多僧人。所以法显《佛国记》的第一句话就说自己"昔在长安，慨
律藏残缺"。法显深切地感到，佛经的翻译赶不上佛教大发展的需要。
为了维护佛教"真理"，矫正时弊，他决心到佛教的诞生地天竺寻求戒
律，求取真经。

　　法显的西行，是有明确目的的，就是"慨律藏残缺"，因而他要去佛
教的发祥地获取完整的律藏，使之流传中国。这种寻求真理和知识的渴望，
是法显能够克服艰难险阻而奋力前行的强大动力。作为最早西行的中国僧
侣，法显为整个西行求法运动确立了寻求知识、寻求真理这一宏伟目标。
正是这一目标，鼓舞了前赴后继西行求法的僧人们。而经过他们引进的印
度佛教文化，成为刺激中华文化发展的一个重要文化资源。

后秦弘始元年（399）春，法显同慧景、道整、慧应、慧嵬一起，从长安起身，向西进发，开始了漫长而艰苦卓绝的旅行。两年后，鸠摩罗什经过在凉州多年的困顿，终于到了长安。这两位在中国佛教史，乃至中国文化史上产生巨大影响的高僧，一个向西，一个向东，都是为了实现把佛教文化传播到中国大地这一宏伟的目标。

法显出行时，已是60多岁的老人，比28岁时西行取经的玄奘大了30多岁。

丝绸之路是一个充满艰辛的路程。西天佛国印度在中国的西南方向，中途要经涉几十个国家，还要穿越戈壁沙漠，忍受常人难以忍受的苦难。

法显一行从长安出发，沿着当时已经畅通的丝绸之路，一路向西。第二年，穿过河西鲜卑人建立的西秦与南凉，法显到了北凉的张掖，也就是今天的甘肃省张掖市，遇到了同样去西域求法的智严、慧简、僧绍、宝云、僧景5人，与之会合，组成了10个人的"巡礼团"。智严、宝云等人是从凉州出发的，他们可能是凉州一带的人，因此对西域的情况了解更多，求法的热情也很高。宝云和智严后来都成为中国佛教史上有影响的人物。两拨求法人不约而同在张掖相会，也是一时奇遇。后来又增加了一个人——慧达，总共11人。

这个"巡礼团"从张掖继续西行，到敦煌时，得到敦煌太守李浩的资助，西出阳关渡"沙河"（即白龙堆沙漠）。法显等5人随使者先行，智严、宝云等人在后。白龙堆沙漠气候非常干燥，时有热风流沙，旅行者到此，往往被流沙埋没而丧命。他们冒着生命危险勇往直前，走了17个昼夜，1500里路程，终于渡过了"沙河"。

他们来到了白龙堆以西的第一个绿洲城市鄯善。这里就是汉朝时的楼兰故土。但此时罗布大泽附近的土地盐碱化严重，已经没有了当年楼兰的繁荣景象。法显一行没有在鄯善多作停留，而是继续前行，到了焉夷国。他们在焉夷国住了两个多月，宝云等人也赶到了。当时，由于焉夷国信奉的是小乘教，法显一行属于大乘教，因此他们在焉夷国受到了冷遇，食宿都无着落。不得已，智严、慧简、慧嵬3人返回高昌筹措行资，僧绍随着西域僧人去了罽宾。法显等7人得到了前秦皇族苻公孙的资助，又开始向西南进发，穿越塔克拉玛干沙漠。塔克拉玛干沙漠地处塔里木盆地中心，这里异常干旱，昼夜温差极大，天气变化无常。行人至此，艰辛无比。他们走了1个月零5天，总算平安地走出了这个"进得去出不来"的大沙漠，到达于阗。

于阗是当时西域的一个大国，位于丝绸之路要冲，往来商旅众多，经济富庶，国泰民安。于阗也是西域佛教的一大中心，奉养了数万僧人。当地人对大乘和小乘佛法一视同仁，所以法显一行在这里受到了不错的待遇。他们在这里住了3个月。当时正值佛诞节，他们有机会观看了佛教"行像"仪式：一尊可以移动的圣象车，上面的佛像披挂丝绸帷幔，并用佛教七宝装饰，还有两个金银铸造的菩萨像陪护在左右。在佛像即将进城时，宫女们从城门上撒下花瓣。王族大臣也换上新衣，赤脚持花朝拜大佛。这种极具特色的崇拜仪式给法显留下深刻印象。他们还在于阗见到众多闻所未闻的经书抄本，大开眼界。

他们继续前进，经过子合国，翻过葱岭，渡过新头河到了那竭国。慧景到那竭国后就病了，道整陪他暂住。法显和慧应、宝云、僧景等人经宿呵多国、犍陀卫国到了弗楼沙国（今巴基斯坦白沙瓦）。慧达一个人去了弗楼沙国，与法显他们会面。弗楼沙国是北天竺的佛教中心，仍然留存着当年帝国修建的宏伟寺院和庄严佛

⊙ 山西襄垣法显纪念馆法显像

塔。这些佛寺里依旧有当年的佛钵，来客会用谷物或者鲜花将它填满。慧达、宝云和僧景在这里了参访了佛迹便返回中国，慧应在这里的佛钵寺病逝。

法显独自去了那竭国，与慧景、道整会合，3人一起南度小雪山（今阿富汗苏纳曼山）。此山冬夏积雪，3人爬到山的北阴，突遇寒风骤起，慧景受不住寒流的袭击被冻死。法显抚摸着慧景的尸体，无限感慨地哭着说："取经的愿望未实现，你却早逝了，命也奈何！"

然后，法显与道整奋然前行，翻过小雪山，到达罗夷国。罗夷国也盛行佛教，有3000多名僧人，大小乘都有。法显在这里夏坐，这是他西行后第五年，即公元403年。夏坐是佛教的一种仪礼，也称为"夏安居"，指的是印度佛教僧人每年雨季在寺庙里安居三个月的行为。法显记述了夏坐最后一个月的仪式：一是希求福报之家可为众僧奉献"非时浆"；二是解夏前最后一日的夜晚举行"大会说法"，说法完毕，比丘供养舍利佛塔，比丘尼供养阿难塔，沙弥供养罗云；三是解夏之日，信众即俗弟子可向僧尼布施物品。

夏坐之后，法显他们又经跋那国（今巴基斯坦北部之邦努），从此东行3日，再渡新头河，到达毗荼国（今旁遮普）。当地土邦王侯在得知他们来自遥远的秦地后，十分赞扬他们的求法精神，于是对僧团慷慨解囊，支持他们继续求学。

接着，他们经过摩头罗国，渡过蒲那河，进入中天竺境。这时，距他们离开长安已经有5年了。

二、法显在印度的游历

法显在印度各地活动8年，访求佛经，学习梵文和进行考察。

法显和道整用了4年多时间周游中天竺，巡礼佛教故迹。他们先到摩头罗国，即今印度北方邦之马土腊。遥捕那河（即今亚穆纳河）流经此处。河两边有20座僧伽蓝，有3000多名僧人。他们从此向东南行，到了今印度北方邦西部的僧伽拖国。此地佛教遗迹颇多，有僧尼千人，杂大小乘学。法显住龙精舍夏坐，这是他西行第六年的夏坐，时为404年。

夏坐完毕，他们向东南行，先后经过厨饶夷城和沙祇大国，来到了佛教的发祥地拘萨罗国舍卫城，即今印度北方邦北部腊普提河南岸的沙海脱－马海脱。这里佛的遗迹很多，如大爱道故精舍、须达长者井壁、鸯掘魔得道、般泥洹、烧身处。出城南门1200步，有须达精舍，即祇洹精舍。传说释迦牟尼生前长期在这里居住和说法。祇洹精舍大院落有两扇门，一东向，一北向，这里就是须达长者布金满园买地之处。法显受到僧人的热情接待，他们非常钦佩法显不远万里来此求法的精神。法显还参访了释迦牟尼的诞生地迦毗罗卫。佛传中所发生的许多事情在这里留有痕迹。

405年，法显来到了佛教极其兴盛的摩揭陀国巴连弗邑（华氏城，在今印度比哈尔邦之巴特那附近）。巴连弗邑原是古印度孔雀王朝阿育王都城，公元前2世纪，阿育王统一了除半岛南端以外的印度全境。他大兴佛教，于国内广建寺塔，留下大量的佛教文化遗址。城南有耆阇崛山，就是有名的灵鹫峰。法显瞻仰了王宫，深为王宫的豪华壮美所折服。法显对有关佛教的民俗活动特别感兴趣，挤在观众中参加了城内居民迎佛像进城供奉的"行像"活动。佛像被供奉在四轮车上，车上用竹篾扎制成五塔楼，上铺白毡，用彩画出飞天形象，佛龛缀饰着金银琉璃，四角缯幡高悬。"行像"一次，通常有20辆这样的车，每辆车各不相同。人们不分僧俗，集合于路旁狂欢通宵。

法显在这里住了3年（405—407），应该是他西行后的第7年到第9年。他学习梵书梵语，抄写经律，收集了《摩诃僧祇律》《萨婆多部钞律》《杂阿毗昙心》《方等般泥洹经》《綖经》《摩诃僧祇阿毗昙》等6部佛教经典。因为北天竺诸国皆师师口传，无本可写，他不得不躬自抄写。法显特别注意采撷各地的民俗和宗教传说，为复原中古时代的印度文化传统提供了重要材料。

与法显同行的道整在巴连弗邑时十分仰慕当地有沙门法则和众僧威仪，追叹故乡僧律残缺，发誓留住这里不回国了。

法显一心想着将戒律传回祖国，便一个人继续旅行。他周游了南天竺和东天竺，又到了恒河三角洲的多摩梨帝国（在今印度西孟加拉邦的塔姆卢克附近）。法显在这里住了两年，写经画（佛）像。

409年底，法显离开多摩梨，搭乘商舶渡孟加拉湾，到达师子国。

师子国即现今南亚的斯里兰卡。中国史籍对师子国早有记载，说它是一个特别多"奇瑰异宝"的"大洲"，有珍珠、琉璃、火浣布等。玄奘《大唐西域记》称之为"僧迦罗国"，说它"土地沃壤，气序温暑，稼穑时播，花果具繁。人户殷盛，家产富饶。其形卑黑，其性犷烈。好学尚德，崇善勤福"。师子国一直是中国通往印度的海上丝绸之路的中转站。汉唐以后，海上交通繁盛，它的地位更为重要。

师子国在历史上与印度关系密切，印度文化对其有着广泛而深刻的影响。史书记载，阿育王曾经组织许多传教士到印度国内外各地弘传佛教。他指派他的儿子（亦说是兄弟）摩哂陀长老于公元前247年渡海来到师子国传教。师子国是印度以外第一个接触佛教的地区。国王提婆南毗耶·帝须和一批大臣首先皈依了佛教，接着又剃度了国王的侄子阿利咤等50多名青年，弘法工作进行得非常顺利。国王把御花园"大云林园"布施给长老，修筑起"大寺"（摩诃毗诃罗）供养僧团。这座大寺日后成为整个南传上座部佛教的发祥地和弘法中心。佛教迅速普及全岛各地，几乎成为全民信仰的国教。阿育王还将释迦牟尼成道处的一株菩提树幼苗移植到师子国，这株菩提树幼苗就成了师子国新近皈依佛教者的信仰标志。500多年后，佛牙也从印度被迎到师子国。摩哂陀长老所传来的佛教经典，一直是师徒间口口相授，没有用文字记录下来。后来，有500位能背诵佛经的长老聚会一处，将全部经典记录成书，形成了《巴利文三藏经》。

法显在师子国旅居两年，住在王城的无畏山精舍。精舍里供奉着佛牙，当年的菩提树幼苗也已经长成参天大树。他曾去岛上有名的无畏山寺、佛牙寺、支提（山），观看摩诃毗诃罗一位阿罗汉入灭火化的情形。他还求得《弥沙塞律》《长阿含》《杂阿含经》和《杂藏》等诸梵本。法显在他所著的《佛国记》中记录了师子国佛教的许多重要情况。

三、历尽艰险，回到故土

此时，法显已经离开祖国10多年，是70多岁的老人了。他经常思念遥远的祖国，又想着一开始的"巡礼团"10多人，或留或亡，自己孤身一人，形影相吊，心里无限悲伤。一天，他在无畏山精舍看到商人以一把中国的白绢团扇供佛，触物伤情，不觉潸然泪下。

411年八月，法显坐上印度商人的大船，循海路回国。船行不久，即遇暴风，船破漏水。商人为减轻船只载重，险些要丢掉法显的佛像和佛经。幸好遇到一座小岛，商船得以补好漏处继续前行。就这样，在危难中漂泊了100多天，他们到达一个叫耶婆提国的地方。这个"耶婆提国"在哪里，历来有不同的说法，有人说是在苏门答腊岛或爪哇岛，还有人认为是在美洲。不过关于美洲一说并没有确实的根据。

法显在这里住了5个月，又转乘另一条商船向广州进发。不料途中又遇大风，船失方向，随风漂流。在粮水将尽之时，船忽然到了岸边。船上各人虽知已到汉地，但不知道到了汉地的哪一处，有人认为已过广州，也有人认为尚未过广州。法显上岸询问猎人，方知这里是青州长广郡牢山（今山东青岛崂山）。

乘风踏浪，历尽艰险，法显终于回到了祖国的土地。

这一天是东晋义熙八年（412）七月十四日。法显60多岁出游，前后共走了30余国，历经14年，回国时已经76岁了。

在这十几年中，法显跋山涉水，经历了常人难以想象的艰辛。归国后，他自己回忆说："顾寻所经，不觉心动汗流。"

法显以年过花甲的高龄，完成了穿行亚洲大陆又经南洋海路归国的远途陆海旅行的惊人壮举。与他同时代的人感叹说他实为"古今罕有"，"自大教东流，未有忘身求法如显之比"。

法显西行以及所撰写的西行游记，大大拓展了中土僧人的眼界，在当时就产生了巨大的反响，为中国僧人树立了一个西行求法的榜样，激励了

⊙ 山东青岛崂山法显登陆纪念碑

后人去学习效法。

此后，中国僧侣西行求法者越来越多，至隋唐时期达到了高潮。他们中的不少人是受到了法显西行事迹的鼓舞。

法显在青州上岸后，长广郡太守李嶷听到法显从海外取经归来的消息，立即赶到海边迎接。之后，应兖州、青州刺史刘道怜的邀请，法显到彭城（今江苏徐州）居住，并且在彭城度过了义熙九年（413）的夏坐。

而此年春天，天竺僧人佛陀跋陀罗与宝云一起，随刘裕从江陵到达建康，住于道场寺。七月底或八月初，法显南下至建康，和佛陀跋陀罗共同译经。

法显西行对中国佛教文化产生了深远影响。在法显之前，虽然已有朱士行往西域求法，但他未到天竺的印度，并且未返汉地。汉人西行求法，有去有回，并带回大量梵本文献的第一位汉僧，是法显。法显带回大量佛经，并亲自参与翻译工作，为中国戒律学、佛性论思想和毗昙学的发展做出了杰出贡献。

法显去印度求法，主要目的就是求取戒律。从法显携归的经律种类及卷数来看，偏重于律部梵本的求取，除四分律及新的有部律外，现存于汉文中的诸部广律，几乎都是法显带回来的。法显携归的11部佛经中，有4种是律，分属3个部派，即大众部的《摩诃僧祇律》及《僧祇比丘戒本》，化地部的《弥沙塞律》，说一切有部的《萨婆多律抄》。这3种律，加上

《四分律》，代表了汉地最早传承的佛教的四个部派律系统。正因为此，法显对于戒律在中国的弘传而言是非常关键的一位大师。

法显带回并且亲自参与译出的《大般泥洹经》，是大乘《涅槃经》的最初译本。《大般泥洹经》是我国佛教史上最著名的一部大乘佛教巨著，对南朝流行的佛性说的建立产生了至关重要的影响。《大般泥洹经》的译出，扭转了当时的佛学思潮，奠定了中国大乘佛教是以"一切众生皆有佛性"为主流的大势。此经佛学思想的思想史意义在于，如来藏思想由此代替了大乘般若学而成为中国佛学的主流。

四、千古名篇《佛国记》

法显在建康居住期间，将自己西行取经的见闻写成了一部不朽的世界名著——《佛国记》。《佛国记》中记载了西行途中的大量见闻，给中国带回有关印度佛教的信息，具有丰富的学术价值。法显介绍了西域和印度大小乘佛教流行的情况。在西域方面，首先说到诸国原来语言虽不尽同，而僧人一致学习印度语文，鄯善国、焉夷国各有僧四千余，竭叉国有僧千余，都奉小乘教，于阗国和子合国都盛行大乘佛教。在印度方面，陀历、乌苌、罽饶夷、跋那等国奉行小乘教，罗夷、毗荼、摩竭提等国大小兼学，毗荼国僧众多至万数，摩竭提国为印度佛教的中心，佛法大为普及。东印度多摩梨帝国有二十四伽蓝，佛教也很兴盛。

《佛国记》介绍了印度佛教的供养制度。印度佛教创始就以供养为主要信仰方式，但在法显所记之时，印度僧团受王室及贵族之供奉，财富积聚，已非昔日可比。所以寺院经济的发达并非只在中国才有，在印度本土，僧团已是极度富有。僧团在享用这些生活资料时，依然是按照僧腊的惯例。

佛灭度后，佛之崇拜以舍利信仰最为盛行。关于佛教史迹，法显详细记载了佛陀降生、成道、初转轮、论议降伏外道、为母说法、为弟子说法、预告涅槃、入灭等八大名迹之盛况；记载了佛石室留影、最初的佛旃檀像、佛发爪塔以及佛顶骨、佛齿和佛钵、佛锡杖、佛僧伽梨等的保存处所和守

⊙《佛国记》

护供养的仪式；记载了佛陀的大弟子阿难分身塔、舍利佛本生村以及阿阇世王、阿育王、迦腻色迦王所造之佛塔；过去三佛遗迹诸塔以及菩萨割肉、施眼、截头、饲虎等四大塔，祇洹、竹林、鹿野苑、瞿尸罗诸精舍遗址，五百结集石室，七百僧检校律藏纪念塔以及各地的著名伽蓝、胜迹。书中记载，不论是大乘还是小乘各派，都把佛的遗骨、遗物、遗迹视作信奉的中心。这些信息告诉人们，不但佛圆寂后受到供养，连其遗物、弟子以及阿罗汉等也受到供养。

在《佛国记》中，法显对于西域、印度诸国规模较大的法会叙述得尤其详细，如于阗国、摩竭提国的"行像"仪式，竭叉国的五年大会（般遮越师），弗楼沙国的佛钵崇拜仪式，那竭国的佛顶骨崇拜仪式，师子国佛齿供养法会，以及师子国国王为入灭罗汉举行的阇维葬仪，等等。

《佛国记》是中国人最早以实地的经历，根据个人的所见所闻，记载一千五六百年以前中亚、南亚，部分包括东南亚的历史、地理、宗教的一部杰作，是中国和印度间陆、海交通的最早记述，是中国古代关于中亚、印度、南洋的第一部完整的旅行记，在中国和南亚地理学史与航海史上具有重要地位，在世界学术史上也具有重要地位。法显对于5世纪之前的西域、中亚以及印度的政治、经济、民族、文化、风俗习惯等方面的真实叙述，是研究这一地区古代历史最宝贵的历史文献。

在法显的《佛国记》之后，有玄奘的《大唐西域记》、义净的《南海寄归内法传》及《大唐西域求法高僧传》与之遥相辉映。这4部著作所涉及的时代相互衔接，内容相互补充印证，共同构成了建构7世纪之前印度历史状况的可信坐标和基本材料。现今凡是涉及这段时期西域、印度历史的著作和相关研究，欲越过或忽略中国僧人的这些著述，几乎是难于进行的。

　　法显此次西行，是从长安出发，经过张掖、敦煌到鄯善，然后从鄯善北上至焉耆，再经过龟兹至于阗。法显走的是丝绸之路的"北道"。至焉耆后，法显一行又转向西南，取道塔克拉干沙漠，直达"南道"重镇于阗。法显等人从于阗前行，经过子合国，进入葱岭山中的于麾国、竭叉国，最后到达北天竺境内。法显回国取的是海道，即从巴连弗邑沿恒河东下，到达多摩梨帝国海口，然后从此乘船向西南航行，到达师子国。在师子国乘船东下，后经马六甲海峡到达加里曼丹岛，又乘船沿着东北方向直奔广州。在西沙群岛附近遭遇风暴，在海上漂流70余日，最后到达山东青岛崂山。法显《佛国记》对其亲身经历的往程与归程的基本情况作了较为详细的介绍，成为人们研究中国古代陆上丝绸之路和海上丝绸之路最为可信的资料。其涉及的地域范围甚为广泛，包括北起我国新疆境内，南及印度河、恒河流域。后来我国正史的"地理志"都程度不同地吸收了法显的材料。

　　在建康居住期间，法显于东晋义熙十二年（416）应庐山高僧慧远的邀请，到庐山讲经。他在建康道场寺住了5年后，又来到荆州（今湖北江陵）辛寺。后来，法显在荆州圆寂。

第十九章　鸠摩罗什东来

一、名震西域的高僧

鸠摩罗什（344—413），中文名童寿，生于西域龟兹。当时的龟兹不仅是西域佛教的中心之一，而且是佛教文化从印度传入我国内地的必经之路。那时，龟兹有大小佛寺千余座，僧尼一万多人，克孜尔千佛洞和库木吐拉千佛洞盛极一时。鸠摩罗什的祖籍是天竺国，家世显赫，鸠摩罗什的祖父达多在国内很有名气，曾担任丞相。鸠摩罗什的父亲鸠摩炎，聪明而有美德，本应嗣继相位，然而他推辞不就，离家出走，越过葱岭到龟兹国。龟兹国王非常敬慕他的高德，亲自到郊外迎接，聘请他为国师。

龟兹国国王有个妹妹，时年20岁，聪敏、有识见、有悟性，能过目不忘且解悟其中妙义。她身上长有一块红痣，依命相之法来说，正是必生贵子的特征。这位王妹嫁给了鸠摩炎，不久就怀上了鸠摩罗什。此时他的母亲自我感觉具有超人的神悟，有倍于往常。她听闻雀梨大寺有很多有名望、有德行的高僧，还有得道成佛的神僧。她就与王族贵女及一些有德行的尼姑整日设供，请斋听法。她还对天竺国语言无师自通，甚至对于佛学中的驳难之辞都非常精通，对此众人都感叹万分。一位叫达摩翟沙的罗汉说："你所怀的必是个有智慧的儿子，这是舍利佛已经证明了的。"

鸠摩罗什出生后不久，他的母亲就要求出家，但鸠摩炎不同意，后来她又生了一个男孩，取名弗沙提婆。一次，她出城郊游，看见坟地里枯骨纵横，深感人世苦海无边，发誓一定要出家，若不剃去头发，就不吃不喝。

⊙ 鸠摩罗什在库车的塑像

她绝食到了第6天夜里时，已经没有一点力气了，鸠摩炎怕她挨不到天明，只好答应她出家。第二天早上，她去寺院里受戒，此后专精禅法。

当时，鸠摩罗什年方7岁，也跟随母亲一同出家。鸠摩罗什跟从师父学习佛经，每天诵佛经颂词千偈，每偈32字，共计32000字。鸠摩罗什在诵《毗昙》后，师父给他讲授经义，他当天就通达《毗昙》的全部内容。当时，龟兹国的人因为鸠摩罗什的母亲是国王的妹妹，就供养很多。她生怕丰厚的供养影响修行的道业，就带着儿子走避他国。此时，鸠摩罗什才9岁。

鸠摩罗什随着母亲渡过辛头河到达罽宾国，遇见了罽宾王的堂弟、名德法师盘头达多。盘头达多博学多才，识见精深，是当时最有学识的高僧，精通经、律、论三藏及九部经。从早上到中午，能手写佛经颂词千偈，从中午到傍晚，又能口诵千偈。盘头达多声名传播各国，四方远近的学道者都拜他为师。鸠摩罗什来后，即拜盘头达多为师，跟着他学习《杂藏》及《阿含经》，经文共有400万字。盘头达多每每称赞鸠摩罗什的神慧俊才。罽宾国王听到了赞誉，即延请鸠摩罗什进宫，同时召集许多外道论师一同问难鸠摩罗什，让他们相互攻难、辩论。刚开始时，那些论辩师见鸠摩罗什年幼，很轻视他，颇有不逊之词。鸠摩罗什沉着应对，以机敏和才学挫败了论辩师，令他们大为叹服。因此，罽宾国王更加敬重鸠摩罗什，并以上宾之礼供养他。

鸠摩罗什12岁时，他的母亲带他回到龟兹。很多国家都来聘请鸠摩罗什，给以很高的爵位，但他都没有答应。鸠摩罗什的母亲又带着他到月氏北山，遇到一个罗汉。罗汉对鸠摩罗什的母亲说："你要好好守护这个小沙弥，若是他能在35岁时不破戒，他一定能大兴佛法，度无数人，将与阿育王门师优波掘多无异。若是戒律不全，就不会有太大的作为，也就是做个才明俊义的法师而已。"

不久，鸠摩罗什又来到沙勒国，待了一年。这年冬天诵《阿毗昙》《修智》《六足》等，无师自通，能没有任何障碍地正确理解经文的内容。沙勒国有个精通经、律、论三藏的僧人名叫喜见。喜见对国王说："对沙弥鸠摩罗什决不可轻视，大王宜请令开法门，这样有两个好处：第一，国内的僧人们耻于不如鸠摩罗什，必定会努力学道修行；第二，鸠摩罗什出自龟兹国，他们会认为我国尊崇鸠摩罗什也就是尊崇龟兹国，这样龟兹国就会与我国友好。"国王同意喜见的看法，立即设斋会，请鸠摩罗什升座，讲说佛法。龟兹国果然派来重要使臣，酬谢沙勒国的友好。

鸠摩罗什还利用讲经说法的空余时间，收集了其他宗教的大量经书，如《围陀含多论》《四围陀》等，以及五明诸论，另外也大量阅读与阴阳星算相关的图书，能占卜吉凶，言必验证。

鸠摩罗什跟随高僧须利耶苏摩学习佛法。须利耶苏摩"才伎绝伦"，专修大乘佛经，许多学者跟从他学习。须利耶苏摩为鸠摩罗什讲《阿耨达经》，鸠摩罗什在听到"阴界诸入皆空无相"时感到很奇怪，问："此经还有何义，皆破坏诸法。"须利耶苏摩回答说："眼睛看到的诸法并不是真实的。"鸠摩罗什于是开始进行深入研究，往复多时，方知理有所归，从此专修大乘佛经。他感叹道："我过去只学小乘经，就像世人不识真金，把黄铜当作真金。"从此鸠摩罗什开始广泛地学习各种大乘佛经。

不久，鸠摩罗什又随母亲来到温宿国。当时温宿国有一个僧人，具有非凡的论辩能力，非常有名，他手击王鼓发出誓言："谁能在论辩中胜我，我当斩首来谢他。"鸠摩罗什来到温宿国后，提出两个问题进行问难，温宿国僧人即迷闷自失，无法回答，皈依了鸠摩罗什。于是鸠摩罗什声誉大起，闻名四方。龟兹国王亲自来到温宿国，迎请鸠摩罗什母子回国教化。龟兹国原属小乘的教法，鸠摩罗什广开大乘法筵，听闻者莫不欢喜赞叹，大感相见恨晚。

鸠摩罗什的整个求学过程都在他母亲的伴随之下进行。母亲是鸠摩罗什的保护者，也是他的激励者。后来母亲辞别龟兹国前往天竺国，她对龟兹国王白纯说："龟兹国将要衰落，我要走了。"临行前，她对鸠摩罗什说："大乘佛教博大精深，应该大力阐发，传布到东土，只有依靠你的力量了。但这一切都对自身没有什么利益，你将如何？"鸠摩罗什说："菩萨之道，在于忘我利人。若是能使大乘佛法流传各地，能洗去我的蒙昧和世俗，即使让我吃尽人间之苦也绝无遗憾。"他表明了不顾个人名利和艰险，立志到东方传法弘教的决心。

鸠摩罗什留在龟兹国，住在新寺，得到一部《放光经》。传说他开始阅读的时候，扰乱、破坏修行的魔罗遮蔽了经书上的文字，只能看见空白的书页。鸠摩罗什知道是魔罗干的坏事，决心更加坚定。魔罗离去后，文字又显出来了，鸠摩罗什继续诵读。他又听到空中有一个声音说："你是大智之人，还读此书干什么？"鸠摩罗什说："你这个小魔罗，还是赶快离开为好，我心志已坚，不可回转。"鸠摩罗什在新寺住了两年，诵读了很多大乘佛教的经、论，洞察其中的奥秘。

鸠摩罗什留住龟兹前后计26年，他广研大乘经论，声名日隆，所谓"道流西域，名被东川"。每年举行讲经说法，西域诸王都云集闻法。在历代佛教史家的描写下，鸠摩罗什是一个天才，是一个神童，他所具有的不可企及的天才使他成为一位伟大的佛教思想传播者。

二、羁留在凉州

鸠摩罗什的名声不仅远播西域，也东传至中国。前秦苻坚建元十三年（377）正月，太史上奏说："有星见于外国上空，当有大德大智的人来辅助中国。"苻坚说："我听说西域有高僧鸠摩罗什，襄阳有高僧道安，可能是指他们吧。"建元十五年（379），有沙门僧纯、昙充等来自龟兹，盛称鸠摩罗什"才大高，明大乘学"。这时道安已到长安，主持译经事业，他得知鸠摩罗什在西域有很高的声誉，一再劝苻坚迎鸠摩罗什来华。

次年九月，苻坚派遣骁骑将军吕光、陵江将军姜飞，率领7万大军讨伐龟兹及乌耆诸国。临行前，苻坚在建章宫为吕光等人饯行，对吕光说，鸠摩罗什法师精通大法，是佛教后学之宗，是一位贤哲。贤哲才是国家真正的宝贝。如果攻克龟兹国，要快马加鞭把鸠摩罗什法师送到长安来。

吕光这次统兵西行，是自汉武帝时张骞通西域以来中原地区对西域最大的一次政治和军事行动。吕光率军未到龟兹国时，鸠摩罗什知道龟兹国发兵抗拒无异于以卵击石，就对龟兹国王白纯进言说，国运已衰，当有劲敌。对于从东方来的军队，不要与其对抗。白纯听不进罗什的话，执意倾尽国内全部军事力量予以抗击。吕光打败了龟兹国，杀了白纯，立白纯的弟弟为国王，同时抓获鸠摩罗什。

吕光并不知道鸠摩罗什有多大的智慧和能量，又看他年轻，就像对待一般人那样戏弄他，强迫鸠摩罗什娶龟兹王的女儿为妻，鸠摩罗什拒而不受，苦苦推辞。吕光说："僧人的操行，也超不过你的父亲，为什么要坚决推辞呢？"又强迫鸠摩罗什喝酒，还把他和女子同关在一间密室里。

吕光西征历时两年零3个月，行程万里，降服西域三十六国，戮掠奇异珍宝无数，于是动了在西域称王的念头。鸠摩罗什洞察到吕光的想法，就劝告他说；此处是凶亡之地，不可久留，并预言吕光在回国途中必有称帝的那一天。吕光念及苻坚的托付，也考虑到众将士背井离乡思乡心切，于是采纳了鸠摩罗什的建议，率军返回中原。

在此之前，中原发生了历史上有名的淝水之战，苻坚为东晋所败，前秦国内大乱。吕光在归军途中，听到了苻坚被姚苌杀害的消息。于是，吕光占据凉州，自立为帝，国号"凉"，建都姑臧（今甘肃武威），建元太安，史称"后凉"。

后凉在姑臧大兴土木，修建罗什寺，让鸠摩罗什和自西域追随而来的僧人们在这里住锡译经，开坛说法。一时间，河西各地的僧人慕鸠摩罗什之名前来拜访和求教者络绎不绝，西域和中原高僧也常来交流研习佛学。佛教在凉州犹如旭日迸发，蔚然成风，鸠摩罗什寺成为这一时期丝绸之路上重要的思想传播和文化交流的场所。实际上，在两晋时期，凉州已经成为佛教传播的一个中心。凉州是佛教沿丝绸之路进入中国的中转站，有许多重要佛经的翻译出自凉州。西方僧人到中国内地，往往先到凉州学习汉语。

⊙ 鸠摩罗什寺山门

鸠摩罗什在凉州羁留16年，以说阴阳灾异等为吕氏充当军政咨询。吕光父子对鸠摩罗什很是敬重，常就一些军政大事向法师求教。但对于佛教，"吕氏父子既不弘道"，鸠摩罗什也只能"蕴其深解，无所宣化"。不过，在此期间，他向当地居民学习汉语，为今后着手翻译经卷做准备。长安僧人僧肇听闻鸠摩罗什在姑臧应化佛法，从长安来到姑臧，向鸠摩罗什求教，两人互学互补，鸠摩罗什的汉语水平有了长足的进步。鸠摩罗什在凉州期间，在弘法方面虽然没有大的作为，却有条件熟悉汉地文化，学习汉语。这使得他后来从事译经有了其他外来译师鲜有可比的优势。当他走上东去长安的征途时，无论是内外学修养，还是中外语水平，也无论是对中土风俗习惯的了解还是人情世故的练达，都为规模宏大、成就辉煌的弘法事业准备了充足的条件。

后秦姚苌也仰慕鸠摩罗什的大名，邀请他前去长安，但后凉吕氏一直不允许鸠摩罗什走。姚苌死后，姚兴继承王位，又遣使敦请鸠摩罗什。后秦弘始三年（401）五月，姚兴派陇西公硕德讨伐后凉吕隆。到九月，吕隆被打败，上表归降后秦。鸠摩罗什于十二月二十日被迎请到长安。此时，他已近60岁了。

三、长安传道，"四海标领"

鸠摩罗什来到长安，为中国佛教带来的刺激和振奋，是前所未有的。他的到来也为中国佛学研究带来新的高潮，他不但翻译了大量的经典，且影响了许多杰出的弟子。吕思勉先生说，鸠摩罗什到长安后，"佛教在中国（宗教界和学术界），就放出万丈的光焰"[1]。蒋维乔先生也说："罗什学识，诚足冠绝当代。""罗什在长安之势，如旭日方升，其声名遂洋溢乎域外。"[2]

---

① 吕思勉著：《中国史》，云南人民出版社2019年版，第177页。

② 蒋维乔撰，邓子美导读：《中国佛教史》，上海古籍出版社2019年版，第37页。

鸠摩罗什来到长安后，受到僧俗大众、朝廷上下的热烈欢迎。王公以下各官，都钦佩、赞叹他的风范。大将军常山公显、左军将军安城侯嵩都笃信佛法，多次请鸠摩罗什在长安大寺宣讲新译出的经书。后秦国主姚兴待之以国师之礼，非常优待、宠爱，他们二人常常整日交谈，研讨佛理，乐而忘倦。姚兴是十六国时期最有作为的帝王之一。他注意招徕人才，提倡儒学和佛学，一时长安集中了许多学者，成为文化重镇，影响及于江南和西域、天竺。

姚兴请鸠摩罗什入住逍遥园西明阁，组织了庞大的译经集团和讲经活动。逍遥园成为佛教传入东土之后第一所大型国立译场。正是从鸠摩罗什开始，翻译佛经正式成为国家的一项宗教文化事业，由国家提供资金、组织人力，并提供一切所需要的支持。

姚兴为鸠摩罗什所建的逍遥园在长安城北，渭水之滨，殿庭规模很大。逍遥园内有西明阁，是鸠摩罗什译经场所之一，还有澄玄堂，是鸠摩罗什讲经说法的地方。姚兴敕令800多名僧人追随鸠摩罗什，参与译经事业。对于这些僧人，文献中不可能有详尽的记载，但是，《大唐西域求法高僧传》中记载了曾受学于鸠摩罗什的27位僧人，可以看出这800名学僧当时在佛学界的巨大影响力。这27位僧人中，有13位在鸠摩罗什抵达长安前就已经是学有所长、声名赫赫的成名高僧，其中有的是长安僧团的名僧，有的来自周边寺庙。如僧契，是长安大寺著名"法匠"弘觉的弟子。僧睿是关中名僧僧贤的弟子，他在长安讲经传道，被姚兴赞为"四海标领"；道生受业于名僧竺法汰，慧观、道温年轻时受业于庐山慧远，昙鉴受业于竺道祖，慧睿曾游历西域诸国求法学习。其他人也都是一时才俊。僧肇早在西上凉州之前，就已经是"学善方等，兼通三藏"的名僧，又在凉州姑臧追随鸠摩罗什多年，在僧界威望很高。他们把全国的风气带到了长安鸠摩罗什的译场，又把鸠摩罗什介绍的思想传播到全国，通过与玄学的糅合，在形成中国佛教的思想体系方面起了重大作用。

周边及全国各地的僧人闻讯纷纷负笈前往长安受学，当时来到长安向鸠摩罗什求学的僧人达到5000多人，一时佛化大行。

鸠摩罗什门下集当时全国僧侣精英，人才辈出。他们大都"学该内外"，既善佛典，又通《老子》《庄子》《周易》《论语》等文化典籍。在跟随鸠摩罗什的3000名弟子中，经过长时间的经义探讨和学习，涌现出了许多杰出人物，其中以僧睿、道融、道生、僧肇这4位最为出色，被称为"关中四子"。他们都是当时以学问、禅修著称的杰出佛学知识分子，皆是"精奥真乘，英声震古"之辈。他们发展中国化的佛学理论，扩大佛教义学的传播范围，对中国佛教的发展很有影响。他们的学问和风度，影响南北朝学术界至深。当时，这么多的高僧云集长安，共宣佛法，号称"八百狮子吼秦川"。

受学于鸠摩罗什的各位高僧，在鸠摩罗什去世前后散布各地，成为当地的佛学名僧。除了在长安留下来的僧契、僧肇、僧睿等人及隐居山林的几位，有14位南下传道，信徒盈门。

四、鸠摩罗什的译经事业

鸠摩罗什来到长安时，一代高僧道安已经去世16年。实际上，当初苻坚起意迎请鸠摩罗什，就是道安推荐的。虽然道安与鸠摩罗什未曾谋面，但他们之间是互相了解的、互相欣赏的，并且都给对方以很高的赞誉。鸠摩罗什来到长安后，继承了道安的事业，创造了中国译经史上一个规模宏大的译经高潮。

鸠摩罗什在长安时期最大的贡献是进行了大规模的佛教汉译工作，他的翻译事业不但在当时是空前的，而且在整个佛经汉译的历史上都是非常辉煌的。他被称为中国佛教史上"四大翻译家"之一。历史学家方豪说："东晋时，东来高僧应以鸠摩罗什（Kumarajiva）为第一，而中国佛教译经巨子，前有罗什，后有玄奘，固先后辉映，昭耀中国佛教史乘者。"[1]汤用

---

① 方豪著：《中西交通史》（上），上海人民出版社2008年版，第145页。

彤也说，由于鸠摩罗什，"长安译事，于十数年间称为极盛"①。

鸠摩罗什从弘始三年（401）到长安，到弘始十五年（413）去世，前后10余年间，译有《中论》《百论》《十二门论》《般若经》《法华经》《大智度论》《维摩经》《华手经》《成实论》《阿弥陀经》《无量寿经》《首楞严三昧经》《十住经》《坐禅三昧经》《弥勒成佛经》《弥勒下生经》《十诵律》《十诵戒本》《菩萨戒本》，以及佛藏、菩萨藏等。有关鸠摩罗什翻译佛经的总

⊙ 鸠摩罗什塔

数，依《出三藏记集》卷二载，共有35部、297卷；费长房《历代三宝记》卷八说是"九十八部，四百二十五卷"，除去鸠摩罗什自撰的《实相论》，应为97部、424卷。

鸠摩罗什所译佛经，大致可分两类。一类是应长安僧俗要求，新译或重译的佛典，如《坐禅三昧经》，是适应中土对禅法的需要而自行编译的，既非原本，亦非鸠摩罗什本人的主张。重译的《妙法莲华经》《小品般若经》等，既为中土人士所需，又与鸠摩罗什的思想倾向一致。另一类是鸠摩罗什侧重弘扬的龙树、提婆的中观学派的代表论著，如《中论》《百论》《十二门论》《大智度论》。他所译的经典中，大多数是大乘经论，其

① 汤用彤著：《汉魏两晋南北朝佛教史》，商务印书馆2017年版，第239页。

中重要的有《摩诃般若波罗蜜经》《金刚经》《妙法莲华经》《中论》《百论》《十二门论》等。这些经论，对大乘佛教在中国的传播，对中国佛教宗派理论的形成有着划时代的影响。他所译介的"三论"（《中论》《百论》《二十门论》）是中国三论宗所依据的基本经典，他本人亦被佛教史家奉为三论宗的鼻祖之一。《妙法莲华经》等则是中国天台宗赖以创宗立派的主要经典。其他如《金刚经》等，则更是家喻户晓，对我国禅宗的形成起到了直接的影响。

鸠摩罗什因在凉州居留多年，对于中土民情非常熟悉，谙熟汉语，在语言文字上能运用自如，他原本又博学多闻，兼具文学素养，因此，在翻译经典上，他重视文质结合，自然生动而契合妙义，文妙义精，流畅易读。他的译文在忠于原文和文字的表达上都达到了前所未有的水平，在传译的历史上，鸠摩罗什缔造了空前的盛况。《大唐西域求法高僧传》说他所翻译的典籍300余卷，皆"畅显神源，发挥幽致"。

鸠摩罗什以外国人学通汉文来做主笔，由中国名士才子相助，从事佛经的翻译，不但为佛教传播做出了贡献，也为中国文学的体裁开创了佛经文学的另一面目。这些经文，便是当时创作的语体文学。

在我国的译经史上，鸠摩罗什首开集体译经的先例。季羡林先生说："在翻译组织方面，鸠摩罗什开辟了一个新的时代。"[1]早先翻译的佛经就是中外人士合作的结果，但那时的合作还是少数人的、属于私人性质的，所需经费也是由私人赞助的。到了鸠摩罗什这个时候，译经成为一项重要的国家文化事业，由国家提供巨大的译场，组织一批学有所长的庞大队伍。鸠摩罗什在圭峰山下逍遥园中的千亩竹林之心"茅茨筑屋，草苫屋顶"，起名草堂寺，后经扩建，殿宇巍峨，他率众僧住此译经。在鸠摩罗什主持之下，译经场中有译主、笔受、度语、证梵、润文、证义、校勘等传译程序，分工精细，制度健全，这种译风被后世继承并形成了一整套译场制度。

---

[1] 季羡林著，李南编：《佛教》，新世界出版社2017年版，第17页。

佛教史上把鸠摩罗什以前称为佛经的"古译时期"，把从鸠摩罗什开始到唐贞观初时为止称为"旧译时期"。在这个时期，由于鸠摩罗什等杰出翻译家们的努力，译典质量大大高于前一时期。"旧译时期"的特点在于以下四个方面。一是这个时期的译典原本，多数已不再是西域转译并夹杂当地土音的胡本，而是以直接从佛教发祥地印度输入的梵本为主，这为译本的准确性提供了有利条件。二是与前期相比，"论"的翻译逐渐增多，但因不同传承的异本和各家释论的见异，不可避免地影响到翻译传习，以至产生学派论争。这种论争，大大地加深了人们对佛学的认识和理解，从而推动了佛教在中国的发展。因为对"经藏"解释和"论藏"翻译的增多，所以逐渐形成了学派竞立的局面。这说明中国佛教已由早期的传译为主，向研究、消化和立说方面过渡。三是这个时期的译主，多数虽然仍为外国人，但他们汉语娴熟，文学造诣甚高，这在相当大的程度上杜绝了早期因语言隔阂而不能使译文畅达原意的弊病。经本内容日益丰富，质量也得到了很大的提高。四是在翻译方法上，意译是这个时期的主流，而且已趋成熟。鸠摩罗什对译法所持的见解，与最早探讨翻译文体的道安不同。道安极力推崇直译，如赞扬支谶的译本是"弃文存质，深得经意"。鸠摩罗什则认为印度国俗"甚重文藻"，翻梵为汉，实在无法兼顾到原文的辞藻，即使能得大意，文体也完全变了样。他形象地将朴拙的直译喻为"嚼饭与人，非徒失味，乃令呕哕"。因此，他力主在不失原意的基础上，尽可能地顺从译文的文法习惯，并保存原来语趣，即所谓"曲从方言，趣不乖本"。这种翻译方法，事实上非常适合中国的文风。总之，"旧译"过程中，众多代表人物的译籍也就创造出翻译艺术的新高峰。"旧译时期"作为译经史上的辉煌时代，不仅创造了翻译经典的伟大业绩，有力地推动了中国佛教的发展，而且对于佛教文化建设及其长远发展产生了极其巨大、深远的影响。

　　鸠摩罗什在长安的译经活动还有一些天竺或西域来的僧人参与。他们和鸠摩罗什及其弟子们一起，共图汉译佛经大业，"使长安译业一时呈彬彬之盛"①。

鸠摩罗什的译经事业对中国佛教的理论发展及后世中国佛教教派的创立都产生了深远的影响。鸠摩罗什既是一位著名的佛经翻译家，又是一位宣传、阐扬佛学的佛教哲学家。

---

① 孙昌武著：《中国佛教文化史》（第二册），中华书局2010年版，第467页。

武斌 著

丝绸之路
文明史

The History of
the Silk Road's Civilization

第二卷

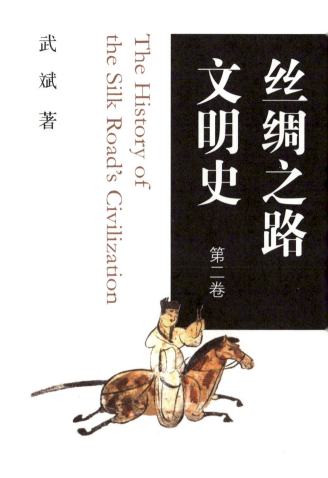

山东人民出版社·济南

目 录

第四编 丝绸之路的黄金时代

第六编　丝绸之路大交通

第四编

丝绸之路的黄金时代

第二十章　隋唐对丝绸之路的经略

一、盛唐气象与丝绸之路

唐代是中国古代文化发展的一个高峰。盛唐文化的阳光照耀在丝绸之路上，丝绸之路迎来了历史上最辉煌、最灿烂、最精彩的时代。

公元581年，杨坚推翻北周王朝，建立隋朝。隋朝在继承北周统一中国北方的基础上，统一了全国，结束了之前数百年的分裂割据状况，开创了全国再统一的新局面。隋朝建立后，施行一系列重要的政治改革，巩固在全国的统治，也采取了许多促进国家统一和文化发展的重要措施，推动了社会文化的初步繁荣。但是，隋朝和历史上的秦朝一样，虽然完成了全国统一大业，但它本身是一个短命的王朝。不过，隋朝之于唐朝，也与秦朝之于汉朝的作用相似。正是隋朝的统一，以及隋代经济社会的初步发展和文化的初步繁荣，为唐代的盛世辉煌奠定了基础。

公元618年，唐继隋兴，从此开始了将近300年的唐朝统治时期。唐朝建立之后，延续了全国统一的局面，并进一步开疆拓土，扩大帝国的势力范围，加强行政机构建设，完备法律和典章制度，巩固封建中央集权统治，同时采取一系列措施，鼓励和促进农业和手工业生产，推动了社会经济繁荣。有唐一代，虽中经天宝安史之乱，但总体来说是中国古代社会最繁荣发达的时期，特别是在唐前期，社会稳定，经济富庶，国力强盛，文化繁荣，呈现出前所未有的盛世景象。

唐代的文化繁荣是一次普遍的、全面的文化繁荣。这是一个在各个领

⊙ 唐代李贤墓壁画《宾客图》

域都显示出蓬勃生机、蒸蒸日上的时代，是一个在各个方面都充满创造活力的时代，是一个超越前朝历代并在发展的总体水平上领先于世界的时代。

在当时的欧亚大陆上，中国处于大陆的东端，而在唐朝以西的各国，多有世界性的强国。比如，横跨欧亚北部的东罗马，也就是拜占庭帝国；占有整个西亚的波斯，尤其是后来兴起的大食倭马亚王朝，更是横跨亚、非、欧的庞大帝国，注重对外陆路交通的开拓，极力加强和中国的政治、经济联系；印度处于南端，具有古老的文化传统，一直以其丰富的文化传播到各地。这几大帝国，经济发达，军事强大，文化繁盛，相互交流频繁，互相激荡又互相促进，共同绘制了那个时代色彩斑斓的世界文化图景。

在这样的世界文化总体格局中，整个欧亚大陆的各民族文化都处在变动和发展之中，其中盛唐文化处于遥遥领先的地位，是一座令人心向往之、难以望其项背的文化高峰。在整个欧亚大陆上，唐朝是国力最强盛、文化最发达的大帝国，是当时世界的文化重心所在。

唐朝在统一中原的同时，积极向周边地区开疆扩土，加强对边疆地区的经略与控制，扩大帝国版图。唐朝的疆域辽阔广大，《新唐书·地理志》说："然举唐之盛时，开元、天宝之际，东至安东，西至安西，南至日南，北至单于府，盖南北如汉之盛，东不及而西过之。"《唐大诏令集》卷一一《太宗遗诏》说："前王不辟之土，悉请衣冠；前史不载之乡，并为州县。"

　　然而，处于世界文化发展前列和高峰的唐朝并没有故步自封、孤芳自赏，也没有把自己看得比其他文化高大优越，而是以虚怀若谷、海纳百川的态度，积极地实行对外开放，自觉地向其他民族的先进文化学习，自觉地融入世界潮流中，在广泛的对外文化交流中丰富自己、充实自己、发展自己。当时的世界文化形势已超出了在文化发生期各个文化独立发展的格局，而形成了比较广泛的文化交流和文化融合局面。由于社会生产力发展水平的提高，交通工具的改进，各地区各民族之间交往的不断扩大，文化之间的传播和相互影响也远远超过前代。当时世界上的各种文化，虽不及近代以来联成一体、成为一种"世界文化"，但各文化区域之间是息息相通、彼此相关的。而在这种具有世界性内容的文化之中，在这种以世界规模进行的文化交流之中，盛唐文化灿烂辉煌、异彩焕发，不但对后世的中国文化产生极大影响，也广被欧亚大陆许多地方，产生了不同程度的影响，发挥了引导世界文化发展潮流大势的作用。唐朝是中华文化向海外广泛传播的重要时期之一，是中华文化在世界舞台上威望最高、最令各国倾慕景仰的时期之一。同时，这一时期也是中国主动走向世界、向外部世界寻求知识和精神营养，学习、接受和融合海外文化最广泛、最丰富的时期。

　　唐朝是中国古代史上发展对外关系最积极、最活跃并且是对外交往最广泛的时期。唐朝始终保持对外开放，积极推动中外交往和对外贸易。唐前期历代基本上遵循"中国既安，四夷自服"这一方针。贞观初年，唐朝与近20个国家有外交往来。唐太宗《正日临朝》诗说"百蛮奉遐赆，万国朝未央"，可见当时中外邦交之盛。到盛唐时，唐玄宗对外交往的基本态度是"开怀纳戎，张袖延狄"，对周边邻国主张"润之以时雨，煦之以春阳，淳德以柔之，中孚以信之"，继续奉行积极对外开放的方针，真诚相待各国使者，确保睦邻友好政策的落实。

开元初，大食帝国遣使来朝，进献马及宝带等方物。在朝见玄宗时，发生了一场值得关注的"礼仪之争"。这个故事讲的是大食使臣来到唐朝，没有跪拜皇帝。这个"跪"与"不跪"的问题就是"礼仪问题"，到了清朝还出现过。英国使臣马戛尔尼就是因为不肯跪拜乾隆皇帝而引发争执，引起清朝皇帝及官员的不满，结果没能完成外交使命。但是在大唐时代，唐玄宗的态度就不那么固执，他认为"大食殊俗，慕义远来，不可置罪"。由此可见，唐朝统治集团保持着比较宽容与友好的心态，尊重海外殊俗，对各国"朝贡"不遵礼仪似乎也不太在乎，不太为难"不懂礼仪"的"贡使"，亦显唐朝开放兼容的大国气派。从这一点上来说，玄宗比之乾隆，也就是唐朝比之清朝，其胸怀、其气度、其风范都要宽广得多。

由于唐朝的声威远播和积极的对外开放政策，与唐朝保持政治、经济和文化联系的国家众多，来唐朝贺、奏事、进贡的使节往来非常频繁。朝鲜、日本以及东南亚，乃至西亚、欧洲、非洲诸国，都频频遣使入唐，以通友好。有些国家遣使十分频繁，唐朝也向各国派遣使节。开元、天宝年间，与唐朝有官方往来的国家和地区有70余个，"各有土境，分为四蕃焉"。《新唐书》卷二二一下《西域传》说："唐兴，以次修贡，盖百余，皆冒万里而至，亦已勤矣！"《通典·边防典》中列举了与中国发生联系的189个国家、政权和部族，其中，东夷19个，南蛮55个，西戎75个，北狄40个。据今人统计，与唐发生联系的国家和地区有300多个，包括周边少数民族政权，周边内附少数民族部众、与唐有藩属关系的国家和独立政权，甚至远在"绝域"的国家。

很多内附民族和羁縻地区，和中央的关系是以朝贡的方式体现的。不在唐有效管辖区的国家和政权，它们所派出的数量不等的使团，除日本、新罗有"遣唐使"的称呼外，一般称作"朝贡使"。据统计，南亚、中亚与西亚来唐使团共343次，每团少则数人，多者达数百人。另据统计，新

⊙ 陕西乾陵六十一蕃臣石像

罗使节到唐长安89次，大食使节进入长安有39次，拂菻使节有7次，师子国有3次，日本遣唐使有14次，临邑（又称林邑，即占婆国）有24次，真腊有11次。

唐朝还对管理外蕃事务的机构进行严格规定，做到分工明确且职责清晰，如设鸿胪寺作为全面负责管理对外事务的国家最高机构。此外，还有一些具体专项事务，由六部等相关部门负责。例如，由户部中的金部郎中、员外郎负责"蕃客之赐"；由礼部主客郎中、员外郎掌握"诸蕃朝聘之事"；由兵部的职方郎中、员外郎分掌天下地图，负责了解异域他国的地理气候、风土人情。为了方便接待外国人，鸿胪寺还设有专职翻译人员。中书省因为有大量的文书及语译，则设"翻书译语"。

唐朝把朝贡与礼仪相结合，构建以自身为中心的国际关系，作为国家礼制的一部分。唐朝为显示富强，远播声威，怀柔远人，对前来"朝贡"的外国贡使一般给予丰厚的"赏赐"，从而形成一种隐藏着政治外交内涵、以物易物、不等价的朝贡贸易关系。有唐一代，不仅礼遇来使，允许外国商

⊙ 唐代懿德太子墓壁画《城阙图》(局部)

民在华贸易定居，资助外国留学生学习中华文化，准许外国宗教人士来华求法宣教，而且容纳外国才智之士参加科举，在朝为官。

正是在盛唐文化的宏阔气象中，正是在各民族文化的大交流、大融合、大发展的时代，通往西方的丝绸之路，承载着中西交流使命的丝绸之路，包括陆上丝绸之路、草原丝绸之路和海上丝绸之路，也包括通往印度的西南丝绸之路和通往朝鲜半岛、日本的东方海上丝绸之路，都实现了空前的畅通、空前的辉煌，显现出灿烂多姿的风采。

二、隋朝对丝绸之路的经略

自从汉武帝时张骞通西域后，西汉设西域都护府，东汉继设都护和校尉，对西域加强了管理和控制，也促进了丝绸之路的畅通。魏晋南北朝时，中原纷争战乱，内地与西域的联系受到一定影响。北朝时也尽力加强对西域的经营，但有的时候力不从心，到这一阶段的后期，西域诸国逐渐脱离中原政权的控制，先后陷于铁勒、柔然、突厥等草原民族的统治之下。以至唐人李延寿说，齐、周二代"不闻有事西域"。当然，当时的民间交通还是存在的，文化和经贸的交流也没有中断，但大不如从前了。

由于长期隔绝，隋初对西域的情况不甚明了，《隋书·西域传》说："暨魏、晋之后，互相吞灭，不可详焉。"所以，隋朝建立后，致力于丝绸之路的开发，加强了对西域的经略。

隋朝建立的时候，西有吐谷浑、党项羌，西北有突厥，皆与隋朝对抗。河西走廊以北的沙碛和草原地区由突厥直接控制，以西的高昌、焉耆诸国依附突厥，以南则归吐谷浑。吐谷浑的势力西达鄯善、且末，控制着南北朝时期经过赤岭、伏俟城、鄯善、且末的东西交通线，即所谓"河南道"。吐谷浑、突厥都地遏丝绸之路要冲，对隋西北边境屡有侵扰。因此，隋初与西域虽有交通，但规模不大。南方因有陈朝的存在，更无可能利用海上交通发展与海南以西各国的关系。

至开皇四年（584），突厥由于内讧，加上隋朝的军事打击而势衰，隋与突厥的力量对比发生了变化。东突厥臣服于隋，隋朝与西域诸国的交通始有开展。开皇九年（589），隋灭陈，中原统一，国势渐盛，隋之声威亦及于四邻。这对丝绸之路的畅通起到了重要的推动作用。

吐谷浑与突厥是隋朝与西域交通的两大障碍，所谓"为其拥遏，故朝贡不通"。大业四年（608），隋炀帝先遣右翊卫大将军宇文述进攻吐谷浑，继又派右翊卫将军薛世雄出兵伊吾。五年（609），隋炀帝亲征吐谷浑，可汗慕容伏允逃遁。于是"自西平临羌城以西，且末以东，祁连以南，雪山以北，东西四千里，南北二千里，皆为隋有"。六月，隋炀帝到达甘州，同月于其地设立西海、河源、鄯善、且末四郡，后又立伊吾郡。隋在西域的版图以隋炀帝设立以上五郡时为最大。从河源到且末，隋朝设有屯田戍卒。不久，隋炀帝又命薛世雄筑伊吾城，捍卫交通。对西突厥，裴矩建议隋炀帝实施分化离间，以减轻西突厥对隋西部疆域的威胁。

随着一度威慑西域的突厥和吐谷浑势力渐衰，西域人"引领翘首"，迫切要求加强和内地的联系。因为当时的西域诸国，如高昌、焉耆、龟兹、疏勒、于阗、康国、安国、石国、米国、史国、曹国、何国、钹汗、挹怛等，或者深受汉文化的影响，或者是汉人建立的政权。如高昌就是敦煌汉族人张孟明所建，以后统治高昌的鞠氏也是汉族人，所以这里的"风俗政令与华夏略同"。西域各国的经济发展也与内地有着很密切的联系，它们都迫切希望加强与隋朝、与内地的联系。隋炀帝也有意向西发展，一方面开拓疆域，一方面遣使与海、陆两道丝绸之路沿途国家开展交通。《隋书·地理志》说："东南皆至于海，西至且末，北至五原，隋氏之盛，极于此也。"

大业初年，隋炀帝派遣韦节、杜行满一行出使西域，展开了与西域的联系和交往，最远至印度王舍城（Rājagriha）。王舍城即罗阅，是古印度摩揭陀国初期的都城，城西南的佛陀迦雅为释迦牟尼成道之地。有学者研究认为，韦、杜西使一行很可能抵达康国后分道，韦节经史国、挹怛，抵达罽宾和王舍城。杜行满则前往安国，并偕安国使者于大业五年（609）归朝。与韦、杜一起出发的李昱则先随杜行满抵达安国，复自安国前往波斯。韦节回国后撰有《西蕃记》一书。韦节等人的出使，扩大了隋对西域的了解，促进了丝绸之路的通畅。

在韦节等出使西域不久，隋炀帝又派裴矩驻于张掖，并往来于武威、张掖间，以主持和西域的联系及商业交通事宜。张掖成为当时中西贸易中心，"西域诸蕃，多至张掖，与中国交市"，兴盛时，有40多个西域国家的商人集中在这里经商。自此，丝绸之路畅通无阻，中原与西域的交往得以恢复和发展。

裴矩是隋炀帝时对西域政策的制定者和执行者。在隋炀帝经营丝绸之路、开拓西域的过程中，裴矩做出了杰出贡献。裴矩是河东闻喜（今山西闻喜东北）人，裴矩及其父、祖都在北齐为官，齐亡入周，后渐受杨坚重用。裴矩是两朝重臣，隋炀帝继位之后，担任过民部侍郎、黄门侍郎等要职。隋炀帝派这样一位重要人物去张掖，其经营丝绸之路的目的是很明显的。

由于隋朝积极的外交活动，中原地区与西域各国重新加强了经济贸易方面的往来，西域与内地的联系和经济文化交流日趋频繁，"西域诸蕃，往来相继"。大业四年（608），隋炀帝祠祭恒岳，西域十余国皆来助祭。炀帝这次西巡取得了很大的成功。他至张掖附近的燕支山，"高昌王、伊吾设等，及西蕃胡二十七国，谒于道左。皆令佩金玉，被锦罽，焚香奏乐，歌舞喧噪。复令武威、张掖士女盛饰纵观，骑乘填咽，周亘数十里，以示中国之盛。帝见而大悦"。"（大业）十一年（615）春正月甲午朔，（炀帝）大宴百僚。突厥、新罗、靺鞨、毕大辞、讷咄、传越、乌那曷、波腊、吐火罗、俱虑建、忽论、讷多、沛汗、龟兹、疏勒、于阗、安国、曹国、何国、穆

⊙ 唐代瓜州城遗址（位于今甘肃酒泉）

国、毕、衣密、失范延、伽折、契丹等国并遣使朝贡。"

在积极经营丝绸之路的同时，隋朝积极发展对外交往，与朝鲜三国、日本、东南亚和西方一些国家都有通使往来，贸易关系也很密切。隋炀帝在京城长安设立四方馆，以待四方使客，各掌其方国及互市事。隋朝还派了许多使臣，四处访求异俗。仅见于记载，在大业初年派出的使臣就有：羽骑尉朱宽在大业三年（607）出使琉球；同年，文林郎裴清出使倭国；大约同时或稍后，屯田主事常骏、虞部主事王君政出使赤土国；大业初年，侍御史韦节、司隶从事杜行满出使西域各国；大约同时，云骑尉李昱通使波斯。在同一时期派遣如此多的使臣，出使这么多的地区或国家，这在汉唐时期对外交往的历史上是绝无仅有的。使臣间的交往，不仅增进了隋朝与外界的相互了解，开阔了眼界，而且大大加强了隋朝与周边各国之间的政治、经济、文化方面的联系。

隋朝把对外贸易作为重要国策，驻使西域，遣使南洋，招徕互市，在海外贸易方面有一些新举措，积极发展与海外诸国的贸易往来，在对外贸易上有了进一步的发展。为了更多地吸引外商，促进国际贸易，加强与周边各国的友好关系，大业六年（610），隋朝在洛阳东市举行集娱乐、贸易于一体的盛会，邀请诸蕃酋长、各国使者和胡商参加。隋炀帝因为各蕃国首领都聚集在洛阳，便于正月十五在端门街举办各种戏曲演出。戏场四周长5000步，场内手执各种乐器的有18000人，乐曲声传到数十里之外。这里的活动通宵达旦，灯火辉煌，照耀天地，整整一个月才结束。从此以后，年年如此。隋炀帝批准各蕃国首领到丰都市场做买卖，事先下令整修装饰店铺，屋檐造型一致，店内挂满帷帐，堆积各种珍贵货物，来往的人必须穿上华丽的服装，就连卖菜的也要用龙须席铺地。只要有外族的客人路过酒店饭馆，便令店主把他们请入店内就座，让他们吃个酒足饭饱再走，不收钱，还哄骗他们，说"中国富饶，酒饭历来不收钱"。此举令外族客人惊叹不已。

这场长达一个月的贸易盛会具有国际性质，显示了隋时中外经贸交流的盛况。

三、《西域图记》与隋朝丝绸之路

韦节的出使和裴矩的经营，使隋朝扩大了对西域的认识，增加了对西域地理交通以及文化等方面的了解，扩大了中西交通的规模，发展了中西之间的经济贸易和文化交流。

裴矩在张掖期间，在与西域商贾的交往过程中，请他们讲述其国的风俗与山川险易，了解各国的地理形势、气候物产和风俗习惯，并把这些材料积累起来，于大业四年（608）撰成《西域图记》一书。裴矩将此书献给隋炀帝，受到隋炀帝的赞赏。

《西域图记》共3卷，记44国事，且附地图画像。这本书已佚，其序保存在《隋书·裴矩传》中，是中西交通史上的宝贵资料。序文叙述了西域各国的变迁，记载了从敦煌出发西行至西海（地中海）的三条路线，分析了击灭吐谷浑、突厥，浑一华夏的可能性和必要性，并提出了对西域采取征抚并用的战略方针。

《西域图记》介绍了当时中西交通的三条最主要的道路，将它们称作北道、中道和南道。裴矩所记的这三条大道，以敦煌为总出发点，伊吾、高昌、鄯善则分别为三条大道的起点。《西域图记》明确记录了从中原通向西海（地中海到波斯湾）的路程，其北、南两道和《汉书》《魏略》的记录相比都有了延伸和变化。这个延伸和变化，反映了在南北朝时期中西交通的发展情况。

隋炀帝积极发展对西域的关系，获取西域"宝物"，即发展通商关系是其主要目的之一。所以裴矩所称三道之中的"南道"和"中道"可以说起自"西域人企求华丝，华人欲得印度、波斯、罗马等地的物产的欲望"，至于北道，则实起于"企图获得北道中部乌拉尔及西伯利亚地方毛皮"，可称之为"毛皮路"。《西域图记》反映了当时中国人对丝绸之路的认识，也说明了当时丝绸之路的畅通情况。至唐代，丝绸之路更加通达繁荣，往来的使节、商旅、僧侣和旅行家络绎不绝，相望于途，成为唐朝经略西域，发展与西亚、欧洲经济文化交流的交通干道。

《西域图记》不只是一部西域地理著作，还是隋唐两朝开发丝绸之路的指导性纲领。在《西域图记》中，裴矩指出了突厥、吐谷浑阻遏西域诸国贸易交通、导致丝路不畅的状况，提出击败吐谷浑、分化突厥、开发西域的构想。隋炀帝将"四夷经略"委任裴矩，部分实现了他的这一战略构想。

四、唐朝对丝绸之路的经略

隋朝在炀帝时虽然大力开展了对西域的交通，但是由于国祚短促，交通的深度和广度都有较大局限。在隋朝发展与西域联系的基础上，唐朝进一步加强了与西域的政治、经济和文化联系，加强了对西域的经略与控制。

无论是政治上，还是军事上，唐朝都在西域取得了比前代更大的成就，从而为丝绸之路的空前繁荣奠定了坚实的基础。

隋末唐初，突厥势力又有了很大发展，西突厥汗国统治着阿尔泰山以西、波斯以东、兴都库什山以北的广大西域地区。当时的西域，在青海和新疆南部有吐谷浑人占据；在巴尔喀什湖以东、以南的今新疆境内，有高昌、焉耆、龟兹、疏勒、于阗等国，在伊犁河下游、楚河、锡尔河和阿姆河流域一带，有昭武九姓，即康国、安国、曹国、石国、米国、何国、火寻国、戊地国和史国，这两地在隋末唐初都受西突厥的控制。东突厥汗国占据了阿尔泰山以东、东海以西、大漠以北广大草原地区。唐人杜佑称此时突厥势力空前强大，"戎狄之盛，近代未之有也"。

突厥汗国的威胁，是唐朝初年面临的最重大问题。经过唐高祖与唐太宗两代的努力，唐朝终于在贞观四年（630）利用突厥汗国内部分裂的有利转机，消灭了东突厥汗国，解除了来自北方草原的威胁。此后，唐太宗沿袭隋朝的政策，转而向西方发展。

唐向西域的发展是从反击吐谷浑开始的。贞观八年（634），吐谷浑攻凉州，唐大举反击。吐谷浑可汗伏允逃图伦碛。唐朝的胜利不仅解除了吐谷浑对河西的长期威胁，而且导致罗布泊西南瓦石峡一带的昭武九姓康国大首领康艳典率所属一系列城镇（石城镇、屯城、弩支城、蒲桃城、萨毗城等）归附唐朝，由此打开了通往西域的道路。

贞观八年（634），西突厥沙钵罗咥利失可汗立，领有天山南北广大西域地区。贞观十二年（638），西突厥酋长欲谷设自立为乙毗咄陆可汗，与沙钵罗咥利失可汗争权相攻。西突厥从此又有南北庭对立，沙钵罗咥利失领有龟兹、焉耆、吐火罗及康、安、史、何、穆、石等昭武九姓国，号"南庭"；乙毗咄陆领有北方驳马、结骨等族，号"北庭"。唐与西域诸国的往来受到北庭乙毗咄陆可汗的西突厥势力的阻挠。

贞观十三年（639）到龙朔二年（662），是唐经营西域全面铺开的时期。贞观十二年（638）之后，乙毗咄陆可汗迅速向东方推进，引起了西域东部地区局势的大变动，原来与唐朝保持友好关系的高昌国倒向了乙毗咄陆可汗，转而与唐朝为敌，图谋联手攻击伊州。为了扭转不利局面，唐太宗于贞观十四年（640）毅然发动了对西域的战争，驱逐了乙毗咄陆系西突厥在西域东部的势力，消灭高昌国，立为西州，并分兵攻取西突厥叶护直接屯兵的可汗浮图城，立为庭州。唐朝在伊吾设的伊州与西州、庭州，实行与中原相同的州县制，编入陇右道和后来分置的河西道。贞观十八年（644），唐太宗因焉耆王龙突骑支与西突厥屈利啜勾结反唐，命安西都护郭孝恪攻取焉耆。贞观二十二年（648），攻取龟兹。破龟兹后，西域大震，当地各族首领都摆脱了西突厥的统治，结好于唐朝，服属于唐朝，贡使通商，往来不绝。

　　唐于贞观十四年（640）灭高昌时，即置安西都护府于交河城，管理西域军政事务。贞观二十二年（648）破龟兹后，唐朝随即将安西都护府自高昌移至龟兹，下统龟兹、于阗、碎叶、疏勒四镇，以控扼西境，保护丝绸之路。

⊙ 交河故城遗址

唐高宗继位后，改变了唐太宗的西域政策，将被唐太宗俘虏至长安的焉耆、龟兹、于阗等国国王都送回西域，并任命滞留长安的高昌王的弟弟曲智湛为安西都护兼西州刺史，担任西域最高军事、行政首脑。但是由于唐朝在西域的行政设施有欠完备，军事力量也非常薄弱，已经担任了唐朝瀚海都督的西突厥首领阿史那贺鲁很快就发动了叛乱，使唐朝在西域的势力受到了极大的打击，甚至面临着完全退出西域的危险。经过7年的战争（651—658），唐高宗最终平定了西突厥，在西突厥故地天山北路一带置北庭都护府，天山南北两麓遂为安西、北庭二都护府所分管，初步完善了唐朝在西域的政治统治格局，形成了以伊、西、庭三州为核心，以安西都护府为保障，以羁縻府州为依托的多层次统治结构。自此，唐朝恢复了在西域的统治，其疆域直抵里海东岸，包括中亚广大地区。此后，虽然由于吐蕃和大食的介入，西域局势屡经变动，唐朝在西域的军事、行政组织设施以及羁縻府州的具体设置都发生了较大的变动，但直到8世纪末年唐朝退出西域为止，在将近一个半世纪的历史进程中，这种统治结构一直是维持西域社会秩序的一个最重要因素。

唐朝在西域的直接统治，使中西交通的干道丝绸之路比以往任何时候都更加通畅繁荣，中西贸易大为发展，人员往来也更为频繁。除了唐朝派往西域行使行政权的官吏、戍边的军队，还有不少中原汉人移居西域。西域诸国也有大批移民侨居内地，他们在带来中亚文化的同时，也深受中国文物、典章制度的熏染，因而多数成了华化"蕃胡"的一部分。这些人员的往来杂居，促进了各族人民的融合，也促进了经济文化的交流。

丝绸之路的通畅，带动了沿途经济的发达。在唐代，丝绸之路沿线包括西域之地，是全国著名的繁华和富庶的区域。《资治通鉴》记载："是时中国盛强，自安远门西尽唐境万二千里，闾阎相望，桑麻翳野，天下称富庶者无如陇右。"在丝路沿线，随着经济的繁荣，出现了一些较大的城市，如岑参诗句说"凉州七里十万家"。北庭都护府治所庭州，安西都护府治所高昌或龟兹，也都是人口众多、经济文化比较发达的大城市。

⊙ 高昌故城遗址

　　上面提到的裴矩撰《西域图记》3卷，介绍了隋代西域交通，即丝绸之路的三条通道。在前代的基础上，随着东西交往的发展和人们地理知识的丰富，唐代对陆路丝绸之路西段的了解和记载远远超过了隋代。如唐初玄奘的《大唐西域记》，详细记录了波斯以东的西域各国及天竺各国的地理情况；德宗朝宰相贾耽撰写的《皇华四达记》和出土的吐鲁番文书中，都详细记载了葱岭东西，尤其是葱岭以东塔里木盆地的道路状况和由唐朝设置的烽燧馆驿。9世纪阿拉伯旅行家伊本·胡尔达兹比赫的《道里邦国志》也记叙了巴格达北通中亚、南达印度的道路状况，其中从怛逻斯到热海南岸拔塞干城的道里和沿线诸城绝大部分与贾耽记载的路程相符合。此外，如义净所撰《大唐西域求法高僧传》、开元十五年（727）新罗僧人慧超的《往五天竺国传》、8世纪中叶杜环的《经行记》等有名的地理著作，也大大丰富了人们对陆上丝绸之路西段的知识。

在唐代，丝绸之路东段是指由长安连接敦煌的道路。从长安西通敦煌的路线分为南、北路和青海道等3条通道：

（1）南路的大体走向是长安→咸阳→扶风府→陇州汧源县→陇山，转而沿陇山西南行，经清水至秦州西行，经伏羌县→渭州襄武县→渭源县→临州，转而北上至兰州，由庄浪河北上，经广武县→凉州昌松县，至姑臧县与北道合，西行经删丹→甘州→肃州→瓜州等地至敦煌。

（2）北路从长安出发，经奉天→邠州→泾州→平凉弹筝峡，转而向北，经原州至石门关，由此向西，经会州，自乌兰关渡黄河，西北行至凉州姑臧，与南道合，至甘州→肃州→瓜州→敦煌。

（3）青海道从兰州或临州西行，经河州→鄯州→鄯城，转而西北行，渡大通河，越大雪山，经大斗拔谷至删丹县，与北道合，至甘州→肃州→瓜州→敦煌。

青海道还有两条支线：或自鄯城经青海湖北岸，沿柴达木盆地北缘至大柴旦，北上经当金口至敦煌；或自鄯城过赤岭，沿青海湖南岸至吐谷浑国故都伏俟城，沿柴达木盆地南缘，经都兰、格尔木，西出阿尔金山至新疆若羌，与裴矩所载南道合。上述南北两道和青海道，是从内地到敦煌的交通，即丝绸之路的东段。在敦煌汇合后，自玉门关、阳关出西域有两道：

从鄯善，傍南山北、波河西行，至莎车为南道，南道西逾葱岭则出大月氏、安息。

自车师前王庭（今吐鲁番），随北山、波河西行至疏勒（今喀什）为北道。北道西逾葱岭则出大宛、康居、奄蔡（黑海、咸海间）。北道上有两条重要岔道：一是由焉耆西南行，穿塔克拉玛干沙漠至南道的于阗；一是从龟兹（今库车）西行过姑墨（阿克苏）、温宿（乌什），翻拔达岭（别垒里山口），经赤谷城（乌孙首府），西行至怛罗斯。

东汉时在北道之北另开一道，隋唐时成为一条重要通道，称"新北道"。原来的汉北道改称中道。新北道由敦煌西北行，经伊吾（哈密）、蒲类海（今巴里坤湖）、北庭（吉木萨尔）、轮台（半泉）、弓月城（霍城）、碎叶（托克玛克）至恒罗斯。

自汉以后，由于绿洲地区的继续繁荣，丝绸之路的东西往来仍然侧重在天山以南地区。只有到了后来突厥族兴起，丝路北道才越来越显示其重要性。

总之，随着唐代全国的统一，丝绸之路向南北方向大大扩展。其时丝绸之路北面已远越天山直抵漠北，南面已超过了昆仑和喀喇昆仑直接与青藏高原联结在一起。在丝绸之路向南北扩展的同时，其北面出现了经由阿尔泰山与漠北相通的道路，南面也现了由阿尔金山翻越喀喇昆仑和青藏高原联系的路线。与此同时，在西域地区也出现了更多的横向路线，从而把整个丝路联结成一个整体的交通网络。这些横向线路虽然早已存在，但到唐代时，由于扫除了广大西域地区之间的分裂割据，加强了相互间的联系，因而各道之间的横行线路大大增加。

唐代前期，除了在西域地区建立安西、北庭两大都护府，下辖各个都督府、州外，还在各地设置"军""城""镇""守捉"等军事据点。这些府、州所在地和各种军事据点，既是行政和军事要地，也是一些交通中心，它们各自有路、彼此相通，从而形成了一条条纵横交错的路线。尤其是著名的唐代安西四镇安西、疏勒、于阗、碎叶（后为焉耆），更是四通八达、往来无阻的一个个交通中心。此外，北庭大都护府的所在地庭州和安西大都护府的所在地安西，更是天山南北的交通枢纽。安西曾和弓月城相通，而且这条"弓月道"还是当时丝绸之路上一条相当繁荣的横行道。

总之，在唐代前期，无数南北相通的横行线路，不仅把东西走向的各条基本干线联结起来，而且组成了东西南北、纵横交错、十分复杂的交通网。

丝绸之路的开通和繁荣，对于唐朝的发展以及这一时代的中西文化交流意义十分重大。随着唐朝与西域交通的便利，唐朝在西域经略和势力的增强，唐朝与西域诸国的交往日益频繁，各国纷纷遣使来朝，与唐朝关系相当密切。

在唐代前期，时至安史之乱以前，由于唐朝在西域的经略，通往西域的交通大开，形成了自汉以来东西陆路交通的极盛高潮。其时，中西交往空前繁荣，亦如史籍所载"伊吾之右，波斯以东，职贡不绝，商旅相继"，被称为"丝路的黄金时代"。此外，经由漠北的"参天可汗道"和现在称为"南方丝绸之路"的"中印缅道"，以及经过吐蕃、尼泊尔通往印度的道路，即"吐蕃泥婆罗道"，也都全面畅通。

唐代前期通往西域的丝绸之路在中西交通中占据主导地位。但到了唐代中期，随着安史之乱的爆发，吐蕃乘机北上占据河陇，回鹘南下控制了阿尔泰山一带，西边的大食亦加强了中亚河中地区的攻势，随之出现了这三种力量之间的争夺与混战。从此，唐朝失去了对西域的控制，一时丝路上"道路梗绝，往来不通"。杜甫在诗中说，"乘槎断消息，何处觅张骞"，"崆峒西极过昆仑，驼马由来拥国门，逆气数年吹路断，蕃人闻道渐星奔"。此后，唐朝与西方的交通，除了走草原之路，主要是依靠海上丝绸之路了，海上丝绸之路更为繁盛起来。

由于丝绸之路的畅通，唐代的海外贸易发展到前所未有的新高度。当时以长安为中心设置驿路，贯通于全国各地，进一步刺激了对外贸易的发展。唐朝通往西域的陆路交通畅达，每年有大批波斯、阿拉伯等国商人、使节沿着丝路来中国进行贸易。各国商人带着从西方贩运来的香料、药材、珠宝等，以换回中国的丝织品和瓷器。安史之乱后，陆上丝绸之路交通受阻，海上交通与贸易的发展显得更为重要。沿着海上航线，中国和亚非各国的商船往返不绝。在阿拉伯著名文学作品《天方夜谭》中，航海经商是重要题材之一，其中有不少故事讲到与中国的贸易。

五、《皇华四达记》记载的丝绸之路

唐代是积极发展对外关系、加强与世界各国交流往来的时代。唐代的对外交通十分发达，陆路和海路并举，东、西、南三个方向都十分畅通。

贾耽（730—805）在《皇华四达记》中详细记载了唐代的海外交通，代表了当时人们对海外地理知识和交通情况的认识。

贾耽是唐朝著名政治家和地理学家。他一生为官47年，其中居相位13年，事务繁忙，政绩茂异。贾耽很关注当时的边疆地理和交通，"筮仕之辰，注意地理，究观研考，垂三十年"。他充分利用各种机会，结合政治、军事研究地理，考察地理。他一方面采掇舆议，进行广泛的调查采访，凡外国使者和从外国出使归来的官员，以及往来的商旅，他都亲自与之交谈，"讯其山川土地之终始"，了解收集资料，"绝域之比邻，异蕃之习俗，梯山献琛之路，乘舶来朝之人，咸究竟其源流，访求其居处。阛阓之行贾，戎貊之遗老，莫不听其言而掇其要；闾阎之琐语，风谣之小说，亦收其是而芟其伪"。另一方面，"研寻史牒"，查阅中央和地方保存的旧有图籍，对"九州之夷险，百蛮之土俗，区分指画，备究源流"。在深入调查研究的基础上，他掌握了许多第一手资料，积累了丰富的地理知识，为撰写内容丰富的地理著作奠定了基础。

从兴元元年（784）至贞元十七年（801），经过17年的充分准备，贾耽绘成《海内华夷图》，献给朝廷。《海内华夷图》是我国历史上第一幅大型地图，除绘有国内及毗邻边疆地区的山川、政区形势外，对域外许多国家和地区的名称、方位、山川等，亦有适量的记载，可以说是一幅小范围的亚洲地图。图的内容包括唐朝疆域沿革、行政区划、古今郡县、山川名称、方位、交通道路等。它既是一幅历史地图，又是当时的形势图，体例、内容都较古图充实，反映了贾耽丰富的知识和高超的制图水平。贾耽还撰写了《古今郡国县道四夷述》40卷，是《海内华夷图》的文字说明，但其图、说各自独立成篇，可以视作总地志性质的地理著述，对历代地理沿革、边防及城镇都会的变迁、各地人口增减的考订大大超过前人，对当时政治地理、物产、经济状况的叙述也比较完备。·

贾耽最重要的著作是《皇华四达记》10卷。按照贾耽的记述，唐"入四夷之路与关戍走集最要者"，有通道7条：第一条道路称"营州入安东道"，从今辽宁朝阳直接通往朝鲜半岛；第二条道路称"登州海行入高丽渤海道"，从山东登州（今山东蓬莱）出发，经渤海湾由海上通往朝鲜半岛并至日本；第三条道路称"夏州塞外通大同云中道"，第四条道路称"中受降城入回鹘道"，都是从西北地区通往漠西回鹘等处；第五条道路称"安西入西域道"，从今甘肃安西出发，通往西域，再向外通至西亚，乃至欧洲；第六条道路称"安南通天竺道"，第七条道路称"广州通海夷道"，二者皆为海路，分别从安南（今越南）和广州出发，下南海而至印度洋并通往西方。

贾耽在谈交通路线时，也谈到边疆和域外若干城镇的地理位置、自然风貌等地理内容。如"广州通海夷道"，不仅记载了这条交通路线上的航程和航行日数，也记载了这条交通线上30多个国家或地区的名称、方位、山川、民情风俗等。

六、突厥与草原丝绸之路

匈奴人西迁后，在中国北方继匈奴而起的游牧民族有鲜卑人和柔然人、嚈哒人等。他们都曾在广阔的北亚草原地区活跃一时，并染指西域，参与到对西域地区的争夺中。到6世纪50年代，突厥人迅速崛起，取得了漠北霸主的地位，建立起一个称雄300年的强大汗国，创造了辉煌的草原文化。木杆可汗（553—572年在位）将突厥汗国全面推向盛世，实现了漠北、西域的政治统一。其疆域东尽大漠，西至里海，南抵波斯、印度，许多草原和森林部落处于它的控制范围之内。6世纪末，突厥分裂为东、西两部分。东突厥汗国受隋朝册封，成为隋朝治下的边疆民族政权。西突厥汗国则西据中亚，统治西域达半个世纪之久，在中亚历史上产生重大的影响。西突厥汗国的领土范围包括北至阿尔泰山南北，东起巴里坤、伊吾，西达咸海、里海，南至天山南北的辽阔区域。强大的突厥草原帝国迅速向西扩张，而沿黑海、里海和咸海北岸到达东方的欧亚草原之路也重新活跃起来。

突厥与隋唐两朝有战有和。隋唐时，突厥人南侵是中原王朝的主要边患和威胁。隋朝和唐朝一方面依靠军事力量抗击突厥，另一方面采取一系列安抚的措施，争取和维持边地的和平。所以，隋唐两朝和突厥虽然发生不少战事，但官方之间的往来也很频繁。特别是隋唐对突厥实行和亲政策，更加强了双边的往来。

突厥人与隋、唐的贸易发达，以马易帛，除自己使用一些丝绸外，还大量转销至西亚地区和拜占庭帝国。西突厥汗国时期，中亚草原丝绸贸易最为繁盛。在当时的欧亚大陆上，突厥人扮演了东西方贸易担当者的角色。在突厥的统治下，粟特这个古老的商业民族长期形成的经商传统得以大力发扬。粟

⊙ 突厥石人，名为"小洪纳海石人"（6—7世纪），立于新疆伊犁昭苏县城东南5千米的草原上

特人的活动范围西抵黑海沿岸，东达内蒙古草原，乃至长江流域。他们依靠西突厥提供的政治后盾，通过与中原地区的商贸活动，积聚了大量丝绢。粟特人想通过突厥可汗的威望打开波斯市场。突厥可汗应粟特人的请求，两次派遣突厥-粟特使团前往波斯，但遭到波斯人的拒绝。粟特人建议突厥可汗直接与拜占庭帝国进行交易。

突厥的崛起及其与周边地区活跃的交往，使中亚成为中国、印度、波斯和拜占庭几大文明的交汇中心，而撒马尔罕地区已成为周边国家信息的集散地，周边国家可以借助与突厥-粟特人广泛的联系获得远方国家的消息。

唐朝平定西突厥、统一西域后，在西突厥游牧之地设立昆陵都护府和蒙池都护府，辖境相当于今中亚楚河以西至咸海一带，隶属于安西都护府。8世纪末西突厥汗国灭亡后，西突厥的突骑施部接替其领地，建立了突骑施汗国。突骑施汗国首领乌质勒遣使唐朝，唐中宗封他为"怀德郡

王"，令其与安西大都护共守西方边境。突骑施汗国时期草原之路的贸易更加活跃。

七、参天可汗道与回纥道

随着唐朝对漠北草原的统一，草原丝绸之路得到进一步发展。唐太宗被草原各部尊为"天可汗"，各部君长来长安朝拜，多走阴山河套一线的参天可汗道，中原与草原丝路的联系畅通无阻。

贞观年间（627—649），唐朝军队连破突厥、铁勒汗国，漠北草原的游牧部落在回纥的率领下归附唐朝。唐朝以铁勒、回纥诸部设置六个都督府七州，并给诸部首领玄金鱼符为符信。646年，唐朝特从回纥可汗牙帐开始，置邮驿66所，以便双方使节通往，并称此漫长驿道为回纥道。回纥汗国的牙帐位于鄂尔浑河上游（今蒙古国哈拉和林西北）。"参天可汗道"就是由唐朝关内道北部军事重镇丰州（治所在今内蒙古五原南）向北通往回纥牙帐的交通要道。

参天可汗道的大体走向是：由长安北上至丰州，西北行经鹈鹕泉入碛，经麚鹿山、鹿耳山、错甲山、密粟山、达旦泊、野马泊、可汗泉、横岭、绵泉、镜泊至回纥牙帐。这条道路是经乌兰泊，循翁金河北上至鄂尔浑河流域的道路。此参天可汗道，不仅加强了漠北与中原之间的联系，而且开辟了西部与北部边疆往来的通道。从此以后，西部地区已和广大漠北连成一片，因而丝绸之路向北面获得了显著扩展。

此外，经由居延海和唐朝北庭，也有通往漠北草原的道路。居延海道从汉代以来就是重要的南北通衢。其具体路线是：由甘州北出合黎山口，循张掖河（额济纳河）北上，至居延泽，复北行抵花门山堡，东北行与参天可汗道合，至回纥牙帐。

早在北朝，北庭通回纥汗庭道就是由漠北突厥汗国通往西域及天竺的重要通道，唐朝统一西域地区之后，这条通路的战略意义更显重要。开元八年（720），唐军击东突厥，以朔方总管王晙自南徂北，奚、契丹各部由东而西，另由拔悉密部从北庭东入，合击漠北突厥牙帐，所行即北庭通回纥汗庭道。

回纥也称回鹘，是我国北方"逐水草转徙"的游牧民族。汉文史籍中的回鹘族先民可追溯至公元前3世纪北方游牧民族丁零，以及后来的高车、狄历、敕勒，甚至远古塔里木盆地的原始土著居民。后来由于各种原因，先民的名称表述在每一个历史阶段多次易变，如北魏时的袁纥、乌护，隋时的韦纥，唐时的回纥、回鹘，元明时的畏兀儿，明朝后期的维吾尔等。唐太宗贞观初年，东突厥颉利可汗败亡之后，以薛延陀、回纥为当时草原上最强大的部落。贞观二十年（646），回纥部落酋长击败了薛延陀的可汗，兼并其土地，领土扩展到了贺兰山阙，回纥由此渐盛。回纥汗国与唐朝在经济、政治、文化上互有往来，丝绸之路贸易是回纥汗国经济的一项重要内容。回纥人将北方草原出产的马匹以及西方出产的物品，如珊瑚、翡翠、琥珀、琉璃器、象牙、香药等带到唐朝，同时将以纺织品为主的唐朝特产转贩往西方，由唐朝输入回纥的绢帛有时一年竟达上百万匹之多。回纥进行的东西方贸易，主要掌握在粟特胡商手中，"始回纥至中国，常参以九姓胡，往往留京师，至千人，居资殖产甚厚"。这反映了当时粟特商人在回纥汗国内兴贩贸易的状况。

回纥在协助唐朝平定安史之乱上做出重要贡献，唐肃宗为了酬谢回纥，每岁赠绢7万匹，还约定绢马互市，即从乾元时起，双方开始了大量的绢马贸易。由于当时贩运到拜占庭的丝绸价格比中国高出上百倍，回纥贵族和商人为了将丝绸转销西亚和欧洲，以牟取暴利，便利用贸易约定，大量向唐朝出口马匹以换取绢帛，赚取丰厚利润。高额的利润促使绢马私人贸易也盛行起来，回纥汗国的贵族、商人利用官方交易的机会，以私人身份和中原地区的商人进行贸易。因为看到参加出使的人可以获得丰厚利润，所以回纥出使人数、次数都相当多，有些情况下私人贸易量不亚于官方贸易量。

在自唐肃宗乾元以后的贸易中，回纥恃功，屡次遣使以马换绢帛，每岁来市，动辄至数万匹马求售。唐朝廷看在当年平乱之功的份上，对回纥采取了相当优惠的政策。一匹马换取40匹绢，就是当时回纥与唐朝绢马贸易中的标准价。这种绢马贸易是不公平的，马价过高，对财政收入拮据的唐朝来讲，成了沉重的负担。元稹《阴山道》诗中说道："年年买马阴山道，马死阴山帛空耗。"白居易的同题诗中也说："五十匹缣易一匹，缣去马来无了日。养无所用去非宜，每岁死伤十六七。"这些讲的都是唐朝与回纥的绢马贸易所受损失的情况。

安史之乱以后，河陇被吐蕃攻占，河西走廊及青海道都被阻塞，官方使臣、僧侣、商贾往来西域，不得不选择草原之路与西域各国进行经贸和文化交流，即取道回纥，回纥道更成了由陆路通西域的唯一通道。其大致走向为自北庭西出，经蒲类县北行抵北塔山，转而沿山东行，越阿尔泰山，东北行至回纥牙帐，整个行程约3000里。

八、唐诗中的丝绸之路风情

唐代是一个国力腾达、文化远被的大开放的时代，与国外的经济文化交流达到了空前的高潮，丝绸之路畅通无阻，中西商路盛极一时，杜甫诗说"驼马由来拥国门"，《唐大诏令集》说"伊吾之右，波斯以东，职贡不绝，商旅相继"。这些都是描绘唐朝丝绸之路黄金时代中外贸易繁荣的记载。唐朝也是一个诗情勃发的时代，唐诗中处处显露出大唐盛世的青春气息和英雄气概。诗人们的目光远达域外，把丝绸之路作为他们诗歌创作的一个重要精神意象，留下了数不胜数的壮丽诗篇。据有关学者统计，唐诗中涉及西域、塞外、楼兰的诗篇占到了1/3。最具奇异光彩的是边塞诗，雄浑磅礴，酣畅淋漓，大气包举，代表着一种边远、征战、瀚海大漠的悲凉和长河落日的壮丽。

在唐诗中，有许多关于丝绸之路、西域风光和风情的诗篇，同时，西域地名往往成为唐诗中的意象。李贺是一位想象力丰富的诗人，他的诗歌中自然而然地流露出了奇妙的异域风情。他在《昆仑使者》一诗中写道：

昆仑使者无消息，茂陵烟树生愁色。

金盘玉露自淋漓，元气茫茫收不得。

麒麟背上石文裂，虬龙鳞下红枝折。

何处偏伤万国心，中天夜久高明月。

对远方的奇异想象回荡在诗人的心中和诗作里。西域就是唐代诗人的"远方"，一个托寄情怀、放飞理想的远方。而踏上丝绸之路，走过漫漫荒原，渡过大河冰川，走向那遥远的异域，一路上，边城、大雁、飞雪、黄沙、碛口，奇异景象，艰险惊绝，都唤起了诗人的激烈壮怀。背驮白练的驼队，英武强悍的甲兵，往来东西的使臣，走过大碛，踏出满地苍茫，留下一片遐想。"黄河远上白云间，一片孤城万仞山""劝君更尽一杯酒，西出阳关无故人"……在那无垠的沙漠，浩瀚的戈壁，险阻的山脉，雄奇的边关，阵阵驼铃，悠悠羌笛，激发了人们的无尽想象，更激励着雄浑激昂的英雄气概。

漫漫丝路，万里边关，寄予了诗人们的无尽想象，也在他们的笔下描绘出大漠、丝路、边关的万种风情。而关于丝绸之路的诗意描写，首先进入诗人们笔下的，是远方西域那些雄奇壮丽、奇险诡异的独特风光。如王维的"大漠孤烟直，长河落日圆"，李贺的"大漠沙如雪，燕山月似钩"，寥寥几笔，勾画出丝绸之路上的万千风韵。

长安是丝绸之路的起点。长安作为煌煌都城，许多商队从这里出发，走向遥远的西域。而来自西域的外交使臣、商旅和其他旅行者，也把长安作为他们的目的地，作为他们旅途的终点。但是，进入长安，他们已经在汉唐的疆域内行走了很久，真正的边关界限远在甘肃敦煌附近的阳关和玉门关。敦煌是汉唐面向西域的前哨。

所以，在诗人的作品中，有许多提到阳关和玉门关。特别是阳关，提到的最多。唐诗中的阳关有的是实写，更多的是边塞意象。在诗人笔下，"阳关"作为一个意象，它既是进入"绝域"的门户，又是内地与西域连接的枢纽。王维的《送刘司直赴安西》说："绝域阳关道，胡沙与塞尘。"走出阳关和玉门关，才算是真正进入"绝域"，进入属于"胡沙与塞尘"的陌生的地方。关于阳关的描写，最著名的诗句就是王维《送元二使安西》中说的："西出阳关无故人。"诗中提到阳关的，还有岑参《寄宇文判官》："二年领公事，两度过阳关。"再如，李商隐《饮席戏赠同舍》："唱尽阳关无限叠，半杯松叶冻颇黎。"白居易《答苏六》："更无别计相宽慰，故遣阳关劝一杯。"骆宾王《畴昔篇》："阳关积雾万里昏，剑阁连山千种色。"李昂《从军行》："春云不变阳关雪，桑叶先知胡地秋。"

写玉门关的诗，最著名的是王之涣的那句"春风不度玉门关"。这一句和前引那句"西出阳关无故人"的意思是一样的，都是把"阳关"或"玉门关"作为一个明显的边界：一个是自然的边界，那一边天寒地冻，绝域遥远，"春风不度"；另一个是文化上的边界，关外是一片陌生的地方，"无故人"。"无故人"不仅是"无故人"，文化上也是陌生的、异域的，是置身于另一种文化环境之中。

写玉门关的诗句，著名的还有王昌龄《从军行》中的"青海长云暗雪山，孤城遥望玉门关"，戴叔伦《塞上曲》中的"愿得此身长报国，何须生入玉门关"，李白《关山月》中的"长风几万里，吹度玉门关"，岑参《玉门关盖将军歌》中的"玉门关城迥且孤，黄沙万里白草枯"。

出了阳关或玉门关，就进入了西域的广大地域，进入了漫漫长路。在丝绸之路沿线，分布着许多古国和城镇，居住着不同民族的人们。所谓"通西域"，就是与这些古国和民族建立外交、通商往来。此外，这些国家还时常受到强大的草原民族匈奴和突厥的侵扰或控制，因此也成为汉唐王朝抵御匈奴和突厥的前哨站。汉的主要防御对象是匈奴，唐的主要对手是突厥。无论是突厥还是匈奴，西域都是他们进攻中原王朝、侵扰内地的跳板。汉唐诗词中的征战，主要是指西域边关与匈奴、突厥的战争。

许多诗词中有对西域各个古国、各个重要城镇的描写，其中写得最多的是"楼兰"。"楼兰"名称最早见于《史记》，是西域的一个小国。公元前77年，楼兰国更名为鄯善国，并迁都扜泥城，向汉朝称臣，原都城楼兰城则由汉朝派兵屯田。楼兰地处若羌县北境，罗布泊的西北角、孔雀河南岸，西南通且末、精绝、于阗，北通车师，西北通焉耆，东当白龙堆，通敦煌，扼丝绸之路的要冲。由于孔雀河的改道，罗布泊水萎缩，生存环境日益恶劣，约422年以后，楼兰城民众迫于严重干旱，遗弃楼兰城，逐渐南移。448年，北魏灭鄯善国。在唐代时，楼兰国已不复存在。

在唐诗中，"楼兰"常常是一个意象，如王昌龄的诗句"不破楼兰终不还"，不是确指。虽然只是一种意向，但"楼兰"神奇地活在唐诗中。唐诗中有多处提到楼兰。如岑参在西域从军多年，对于西域多有了解，而且直接参与了很多重大的军事活动，他的诗中写楼兰最多，比如《乐府杂曲·鼓吹曲辞·凯歌六首》：

汉将承恩西破戎，捷书先奏未央宫。
天子预开麟阁待，只今谁数贰师功。

官军西出过楼兰，营幕傍临月窟寒。
蒲海晓霜凝马尾，葱山夜雪扑旌竿。

鸣笳叠鼓拥回军，破国平蕃昔未闻。
丈夫鹊印摇边月，大将龙旗掣海云。

日落辕门鼓角鸣，千群面缚出蕃城。
洗兵鱼海云迎阵，秣马龙堆月照营。

蕃军遥见汉家营，满谷连山遍哭声。
万箭千刀一夜杀，平明流血浸空城。

暮雨旌旗湿未干，胡烟白草日光寒。
昨夜将军连晓战，蕃军只见马空鞍。

唐诗中经常提到的西域国家还有高昌。高昌是古时西域交通枢纽，地处天山南路的北道沿线，为东西交通往来的要冲，亦为西域政治、经济、文化的中心地之一。唐太宗贞观年间（627—649），唐军先征服了占领大漠南北的东突厥，接着消灭了依附西突厥的西域高昌国，设置了西州，后又攻灭了焉耆和龟兹，疏勒和于阗则臣服于唐。这样，天山南路全部进入唐之版图。640年，唐朝廷在西州境内的交河设置了安西都护府，统辖焉耆（后为碎叶）、龟兹、疏勒和于阗（"安西四镇"）四都督府。安西都护府管辖天山以南直至葱岭以西、阿姆河流域的辽阔地区。由于西州在政治、军事上的地位非常重要，唐诗中实写西州的诗比较多。岑参《初过陇山途中呈宇文判官》提到西州：

前月发安西，路上无停留。

都护犹未到，来时在西州。

西州境内的交河城地势险要，安西大都护府最初就设在这里。交河城建筑在一个高达30余米的土台上，台两侧各有一条小河，它们在土台首尾两端交会，使土台成为一个柳叶状的小岛，并得名交河。因河水的冲刷，土台边缘成为陡峭的悬崖，使交河地势险要而易于守卫。在不少诗人笔下，"交河"成为西域的代名词。如骆宾王在《从军中行路难二首》中说：

阴山苦雾埋高垒，交河孤月照连营。

连营去去无穷极，拥旆遥遥过绝国。

阵云朝结晦天山，寒沙夕涨迷疏勒。

岑参《火山云歌送别》提到交河：

火山突兀赤亭口，火山五月火云厚。

火云满山凝未开，飞鸟千里不敢来。

平明乍逐胡风断，薄暮浑随塞雨回。

缭绕斜吞铁关树，氛氲半掩交河戍。

迢迢征路火山东，山上孤云随马去。

焉耆西北有大名鼎鼎的铁门关，《新唐书》中记载，"自焉耆西五十里过铁门关"。铁门关是西去或东来的必经之地，东晋法显和唐初玄奘西行时都经过此关，当时他们都写到了铁门关两崖壁立、只露一线的险峻。它的独特地理位置和军事上的险要吸引了过往此地人们的注意，因此"铁门关"常常出现在诗人们的笔下。岑参路过此地时，由于安西四镇的设立，铁门关上已经有唐朝官吏的驻守管理了，其《题铁门关楼》诗写道：

铁关天西涯，极目少行客。

关门一小吏，终日对石壁。

桥跨千仞危，路盘两崖窄。

试登西楼望，一望头欲白。

从诗中也可见这里在军事上已经失去了战略意义，只是相当于一个驿站，是过往行人歇脚之处。"铁关"作为意象，在唐诗中代表着中外交往的要道。贯休《遇五天僧入五台五首》之一中写道：

一月行沙碛，三更到铁门。

白头乡思在，回首一销魂。

疏勒位于今新疆喀什地区西北部，地处塔里木盆地西缘喀什噶尔绿洲中部，西面是帕米尔高原。"疏勒，在安西府西二千余里"，是西域南道和中道相会之地，从此地西行越葱岭可去往波斯、大食等国家。疏勒是安西四镇之一，唐诗中很多以此作为绝域之地的象征。如王维《老将行》："誓令疏勒出飞泉，不似颍川空使酒。"皇甫冉《和袁郎中破贼后经剡中山水》："节比全疏勒，功当雪会稽。"

贞观二十年（646），唐朝军队消灭了西突厥，置庭州。庭州地处天山北麓，东连伊州、沙州，南接西州，西通弓月城、碎叶镇，是唐在天山以北的政治、军事重镇。长安二年（702），武则天为了进一步巩固西北边疆，在庭州设立北庭都护府，管辖天山以北，包括阿尔泰山和巴尔喀什湖以西的广大地区。北庭都护府设立后，提携万里，社会安定，农业、牧业、商业、手工业都得到空前发展，成为西北地区中心。唐玄宗时，又在北庭设立节度使，统领瀚海、天山、伊吾三军，有镇兵万余人，其中瀚海军一万二千人就驻扎在北庭。安西和北庭两个都护府作为唐朝设在西域的最高行政和军事机构，使唐朝在西域有效地行使着政治、军事权力。

因为设立了都护府，经常会有使节来往，杜甫《近闻》一诗说："崆峒五原亦无事，北庭数有关中使。"辖天山北路的北庭都护府在唐人心目中是遥远寒苦之地。杜甫《秦州杂诗二十首》之十九："风连西极动，月过北庭寒。"高适《东平留赠狄司马》：

> 马蹄经月窟，剑术指楼兰。
> 地出北庭尽，城临西海寒。

岑参第二次出塞是天宝十三载（754）夏秋间至至德二载（757）春，在北庭任安西、北庭节度使封常清幕僚。也正是因为这里的边远寒苦和独特的景致，他写下了大量关于北庭都护府的诗，如《寄韩樽》：

> 夫子素多疾，别来未得书。
> 北庭苦寒地，体内今何如。

《北庭作》：

> 雁塞通盐泽，龙堆接醋沟。
> 孤城天北畔，绝域海西头。

秋雪春仍下，朝风夜不休。

可知年四十，犹自未封侯。

岑参的诗作有不少篇幅反映北庭的风貌。他根据自己的经历与见闻，真实地描绘了北庭风物及军旅生活，从多方面展现了这个军事重镇的自然与人文环境特色，使后世读者由此获得对北庭真切的感性认识。

岑参的诗作还反映了当时从北庭入长安所取的道路。《天山雪歌送萧治归京》写道：

天山有雪常不开，千峰万岭雪崔嵬。

北风夜卷赤亭口，一夜天山雪更厚。

能兼汉月照银山，复逐胡风过铁关。

交河城边飞鸟绝，轮台路上马蹄滑。

晻霭寒氛万里凝，阑干阴崖千丈冰。

将军狐裘卧不暖，都护宝刀冻欲断。

正是天山雪下时，送君走马归京师。

雪中何以赠君别，惟有青青松树枝。

诗中"交河""轮台"二句，说明了萧治归京所取的路线，即由北庭至交河，进入丝绸之路的中道，而后东行。"轮台路"即他地道，"晻霭寒氛万里凝，阑干阴崖千丈冰"二句写的正是经他地道翻越天山的情景。结尾四句写赠别，亦切天山风物。

唐诗中多次提到"轮台"。历史上有两个轮台：一为汉轮台，一为唐轮台。汉轮台在天山之南，唐轮台在天山之北。但出现在唐人诗文中的轮台，在许多情况下，并不指轮台县，而是沿用汉轮台的历史典故，以"轮台"代称西北或西部边地。骆宾王于咸亨元年（670）从军西域，临行作《西行别东台详正学士》诗，写道：

塞荒行辨玉，台远尚名轮。

泄井怀边将，寻源重汉臣。

沈佺期有乐府诗《梅花落》：

铁骑几时回，金闺怨早梅。

雪中花已落，风暖叶应开。

夕逐新春管，香迎小岁杯。

感时何足贵，书里报轮台。

这首闺怨诗中，"轮台"作为历史典故，意义更为泛化，成了边地的一般代称。直至中晚唐，诗人仍从用典的角度，将轮台作为西北边地的代称。

第二十一章　吐蕃泥婆罗道与印度

一、吐蕃泥婆罗道

唐朝时，中印经济文化交流全面展开，规模较从前更大。两国使者往来频繁，五天竺国曾27次遣使来中国，唐太宗、唐高宗、武则天等也数次派使者去印度。

唐代中印交通有海路和陆路几条主要干线。在魏晋南北朝时期，中国与印度之间的陆路通道主要是经由丝绸之路绕道西域，不仅路途迂远，而且非常危险。较著名者如法显，在后秦姚兴弘始元年（399）从长安逾陇山西出，经河西走廊达敦煌，渡流沙，穿越塔克拉玛干大沙漠，西跨葱岭，入北天竺，游历天竺诸国后，由海路返回。贞观初年玄奘西行取经，也由河西达玉门关，北跨天山，经热海（今吉尔吉斯斯坦伊塞克湖）至素叶水城（即碎叶城），向南经中亚诸国，跨越大雪山（今兴都库什山），入天竺。玄奘归途则是由所谓南道，越葱岭，经于阗返回。

传统道路自然环境恶劣，须"践流沙之浩浩，陟雪岭之巍巍"，有"铁门巉崄之途，热海波涛之路"，被行人视为畏途。在唐代，随着吐蕃的兴起和对外交往的发展，新开辟了一条由西藏经尼泊尔（泥婆罗）至印度的通道，称"吐蕃泥婆罗道"，即"中印藏道"，由长安经青海入吐蕃、尼泊尔到中印度。

唐代称尼泊尔为"泥婆罗"或"尼波罗"。尼泊尔和中国西藏之间有许多可作为通道的山口，通过这些山口，两国边民早有来往。据尼泊尔

《斯瓦扬布往世书》记载，加德满都一带原本是一个巨大的湖泊，后来文殊师利由中国来到这里，辟开了南方的山岭，将湖水洩涸，并在此地建立了斯瓦扬布寺，才称此地为尼泊尔。这个传说在尼泊尔民间流传了千百年，显示出中尼两国的传统文化联系。

639年，尼泊尔国王鸯输伐摩（Amushu Varma，630—640年在位）将女儿赤贞公主（布丽库蒂，Bhrihuti）嫁给吐蕃松赞干布。大规模的送往迎来，不仅为西藏地方与尼泊尔之间开辟了一条正式通路，而且为中印交通打开了一条新的国际通道——"吐蕃泥婆罗道"，奠定了南段交通的基础。646年，随着尼泊尔派出王子率领的使团前往唐朝，中尼开始首次官方接触。而在此之前，法显、玄奘等就曾到过位于尼泊尔南部的佛祖释迦牟尼诞生地兰毗尼。

641年，唐朝与吐蕃和亲，文成公主入藏，使得从甘肃经青海到西藏的道路（即吐蕃泥婆罗道北段）畅通。这样，从长安到拉萨再到加德满都以及中印度的"中印藏道"全线成为通道。此后的30年间，中印藏道成为中印双方使节往还的主要途径。7世纪后期到8世纪初期，唐与吐蕃交恶，中印藏道一度关闭。730年，唐与吐蕃和好，中印藏道重新活跃起来，直到9世纪中期。

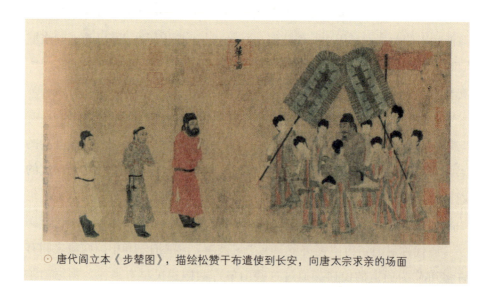

⊙ 唐代阎立本《步辇图》，描绘松赞干布遣使到长安，向唐太宗求亲的场面

⊙ 唐蕃古道

　　据记载，这条道路的大体走向是由河州北渡黄河，经鄯州、鄯城、青海湖，转而西南行，大致经都兰、格尔木、越昆仑山口、唐古拉山口，进入西藏，进而经安多、那曲，进抵拉萨，再由拉萨西南行，经日喀则进入尼泊尔，并进而抵达中天竺。在西藏日喀则市吉隆县县城以北约4.5千米处阿瓦呷英山嘴发现的摩崖石刻《大唐天竺使出铭》，明确记载"显庆三年六月"左骁卫长史王玄策经"小杨童之西"出使天竺的经历。这是王玄策第三次出使印度。《大唐天竺使出铭》以可靠的实物证据证实了吐蕃泥婆罗道的出山口位置。

　　道宣在《释迦方志》中对此道有较详细的记述，称其为当时中国僧侣游历印度的东道，并详细记载了从河西经青海，由西藏进入尼泊尔的具体路线，且置于唐朝由陆路通印度的3条通道之首，并在"泥婆罗国"下称"比者国命并从此国而往还矣"。《佛祖统记》也胪列了由唐朝通往印度的各条道路，并在"尼（泥）婆罗"下注称："其国北境即东女国，与吐蕃接。人来国命往还，率由此地。唐梵相去万里，自古取道迂回，致成远阻。"值得注意的是，两处都特别声明，唐朝官方使臣往来天竺是经由吐蕃泥婆罗道。

这条道路在贞观年间成了唐朝与天竺交往最重要的一条通道。"近而少险阻",是唐朝初年官方使臣选择这条道路的最主要原因。唐使王玄策前后4次出使天竺,大部分是取吐蕃泥婆罗道。贞观十七年(643)三月,唐使李义表和王玄策由长安出发,送天竺使返国,同年十二月抵达摩伽陀国,用了不足10个月的时间。而同一时期僧人玄照自中天竺归国,"以九月而辞苦部(中印度奄摩罗跋国国王),正月便到洛阳,五月之间,途经万里"。较之跋涉沙碛、翻越天山的传统沙漠道,新开辟的吐蕃泥婆罗道确实是一条便捷、安全的通道。

除了官方使臣,唐朝初年前往印度求取经像的唐朝僧人也大多选择这条道路。义净的《大唐西域求法高僧传》记载了贞观十五年(641)至武后天授二年(691)间57位僧人赴印度求法的经历,其中确知经由陆路者21人,3人所经具体路线不详,8人取传统道路经新疆、中亚至印度,10人取吐蕃泥婆罗道(其中3人经传统沙漠道去,归途取吐蕃泥婆罗道)。

二、唐朝与印度的交往

在汉代即已开通的南方丝绸之路,即中印缅道,入唐以后,随着与古代印度交通的发展而更加繁荣,记载也明显增多。不仅一些著名的僧传作品,如《大唐西域记》《南海寄归内法传》等记载了这条道路,官方地理书中也正式记载了这条道路的情况,如慧琳《一切经音义》在注释"牂牁"时,就曾"检《括地志》及诸地理书、《南方记》等"书的记载,详细讲述了西南丝绸之路的状况。慧琳称"诸地理书",说明当时记载这条道路的地理书当不在少数。此外,贾耽在《古今郡国县道四夷述》之"安南通天竺道"中,也详细记录了这条道路的情况。据称,咸通年间(860—874)有天竺三藏僧经过成都,通五天竺胡语,通大小乘经律论,曾在唐朝宫廷供职,"以北天竺与云南接境,欲假途而还",此僧被怀疑为奸细,被抓到成都之后,"具得所记朝廷次第文字"。在沙漠道、吐蕃泥婆罗道、草原道等陆路交通线衰落之后,西南丝绸之路仍然是联系中国西南地区与印度的重要通道。

隋唐时期，中国与印度的海路交通也很发达。印度人拥有悠久的航海通商传统。公元1世纪初，对罗马的各种奢侈品贸易经常使罗马黄金流入印度和东方。2世纪和3世纪时，印度南部的安度罗货币，上面印有双桅船的纹样。阿旃陀壁画绘有战胜锡兰的情形，还可以看到战船上装有大象。

在笈多时期（4—6世纪），印度和马来半岛以及毗邻各岛都有了密切的接触。印度的商业和殖民把印度的宗教和文化带到了爪哇、苏门答腊、高棉和那个地区的其他岛屿。那些原来是印度居留地而后来发展壮大的土邦和帝国重视贸易，控制海上航线，互相争雄。直到9—11世纪，南部的注辇王朝一直是一个强大的海权国，他们派遣一支海军远征队，把塞林德罗帝国（即室利佛逝）征服了一个时期。有学者指出，在公元前和公元后的最初几个世纪中，印度人最热衷的就是贸易和经商。印度经济在扩展，印度人时常在追求远方的市场，并控制了很多国外市场，从东方岛屿取得物资，也从商业运输中博得利润。印度人的移殖与文化传播，使得东南亚各国进入了一个影响深远的"印度化时代"。唐朝与南海诸国交往密切，这些国家之所以在中西交流中很重要，在很大程度上是因为它们成了中国与印度交通和文化交流的中转站。更进一步说，它们是中国与西方交通的海上丝绸之路的中转站。这些国家和地区文明的兴起和发展，在很大程度上也得益于海上丝绸之路的繁荣。

唐代中印关系密切，官方使节常有往来，五天竺（中天竺、东天竺、南天竺、西天竺、北天竺）与唐朝的政治关系和贸易往来都很频繁。641年，曷利沙帝国国王尸罗逸多（戒日王）派使者到长安，此后两国便有了外交关系。668年，五天竺国都遣使者与唐通好。691年，五天竺国再次同时遣使者入唐。此外，乌场和箇失密等也和唐朝保持长期的友好关系。季羡林曾统计唐初80多年间中印交通情况，五天竺诸国都曾数次遣使入唐。在唐初，中国与印度交往频繁的程度是颇为惊人的，有的时候年年都有往来，甚至一年数次。有的时候有点间隔，也不过几年的时间。这在中印文化交流史上是空前绝后的。这样频繁的使节往来，不仅密切了双方的政治关系，而且扩大和发展了经济贸易活动，使双方的文化交流达到了高潮。

中印经济文化方面的交流尤以民间的经济贸易为主要内容，且持久不衰，并未因王朝的兴衰而废止，特别以东南沿海地区的交流最为频繁。唐朝时，海船在广州和天竺国之间定期往返。《新唐书》记载了广州通南天竺、西天竺的航程、日期。一些印度商人来唐经商做生意，带来了印度的香料、毛织品、宝石、药材、服饰等，丰富了唐朝人民的物质生活。他们也把中国的丝绸、纸张、瓷器、竹器、漆器、金银器、茶叶、桃、梨、樟脑等物品销往印度，其中许多物品深受印度人的喜爱。

三、王玄策的使印传奇

在唐代中印两国的交往中，王玄策四次出使中印度，意义重大。中国古代从事对外交通活动的人主要有三种，即僧侣、使节和商人。如果说玄奘是唐代僧侣舍身西行求法的典型的话，王玄策则是官方使节的突出代表，他在唐朝与天竺诸国交往的历史上占有重要的地位。

玄奘在印度的时候，曾经向曷利沙帝国国王介绍唐朝的盛况。国王尸罗逸多，也就是戒日王，闻言极为振奋，表达与唐朝往来交流的热烈愿望。他在贞观十五年（641）遣使入唐，受到唐太宗的接见和款待，由此开始了唐朝与印度的官方来往。

唐贞观十七年（643），唐太宗以朝散大夫、卫尉寺丞、上护军李仪表为正使，融州黄水县令王玄策为副使，组成22人的使团出使印度，送天竺使节返国。他们一行沿"中印藏道"，经吐蕃、泥婆罗，于同年十二月到达王舍城，受到国王的隆重接待。李仪表、王玄策等游历天竺各地，并于翌年正月二十七日在王舍城东北耆阇崛山，即著名的灵鹫山凿石为铭以为纪念。二月十一日又"奉敕"在摩诃菩提寺立碑记事，二篇铭文现存于《法苑珠林》。

使印期间，李仪表曾到东天竺迦摩缕波国。童子王因该国佛教未兴，外道宗盛，打听到中国在佛教传入以前也有道教经典流传，就要求将道教经籍译成梵文。

王玄策第一次出使，前后历时4年左右，往返都经过泥婆罗国，受到其国王那陵提婆的热情接待。泥婆罗国与唐朝通使，与王玄策的外交活动有密切关系。647年，泥婆罗国"遣使入献波棱、酢菜、浑提葱"等物，"波棱"就是今天的菠菜。菠菜在印度斯坦语中的名称为"palak"，汉语"波棱"应该是来源于与这个字类似的某种印度方言的译音。菠菜最初可能起源于波斯，所以又称为"波斯草"。这种蔬菜色味俱佳，而且耐寒，从早春一直供应到夏秋。苏轼的诗句"雪底波棱如铁甲""霜叶露芽寒更茁"，赞扬了菠菜的耐寒特性。菠菜直到现在仍是最常食用的蔬菜之一。

贞观二十一年（647），王玄策为正使、蒋师仁为副使，再次出使印度。这次去程路线很难确定，王玄策此行很可能是随大夏使臣绕道中亚，经西域古丝绸之路出去的。

这时，戒日王刚刚去世，国内大乱，王位被一名叫阿罗那顺的大臣篡夺。阿罗那顺拒绝王玄策入境，将使团的礼物抢劫一空，并逮捕了使团的全体人员。王玄策与副使蒋师仁冒险越狱，并在戒日王之妹拉迦室利公主的帮助下，逃出天竺北上至尼泊尔，借得尼泊尔骑兵7000人及吐蕃骑兵1200名，再入天竺，与阿罗那顺的数万大军展开激战，杀死敌军数千，溺毙万余，俘虏10000多人，又巧布"火牛阵"，一举摧毁阿罗那顺亲自统率的70000战象部队，重回曲女城，打败并生俘阿罗那顺，斩首3000余级，俘虏12000人，获牛马30000头，使中天竺继续与唐朝保持友好关系。

王玄策取道吐蕃泥婆罗道归来，于贞观二十二年（648）五月回到长安。王玄策遇乱不惊、迅速果敢的表现，震惊了天竺，轰动了唐朝朝野。

显庆二年（657），王玄策第三次出使，送佛袈裟到印度。显庆四年（659）到婆栗阇国，受到国王的热情接待，国王为唐使设种种杂技表演。显庆五年（660）九月到摩诃菩提寺，送到佛袈裟。王玄策等人回国时，从迦毕试国带回佛顶骨。迦毕试国为西域古丝绸之路南北两道交汇的必经之地，其地约在今阿富汗西部兴都库什山以南喀布尔河河谷一带。古城在今喀布尔北30多千米处。王玄策取道中亚吐火罗等国，至龙朔元年（661）春初返回长安。

另据《旧唐书》《新唐书》的高宗本纪记载，王玄策于麟德元年（664）第四次使印，回国后遇高宗"驾幸东洛阳"。王玄策第四次出使印度，是奉高宗之命，召僧人玄照回唐朝。玄照与王玄策彼此很熟悉，关系十分密切，王玄策第三次由印度归来时，曾对高宗宣称玄照实德，此时玄照住在印度的站部信者寺。高宗命王玄策再赴印度，追玄照回唐朝。但是，玄照最终没有能够回国，客死印度。

王玄策四次使印，联络了中印度和东印度、迦毕试、尼泊尔等国，为沟通和扩大中国与印度及南亚地区的文化交流做了大量工作。他几度出使印度，带回了重要的佛教文物，了解到印度风土、地理、政治、技术文化等方面的情况，对中印文化交流做出了贡献，并著有《中天竺国行记》10卷，图3卷，今仅存片断文字，散见于《法苑珠林》《诸经要集》《释迦方志》中。

《中天竺国行记》详细记录了吐蕃、泥婆罗国、印度诸国的风土物产，描述了印度社会的历史、法律、神话传说、佛教活动等，是研究中西交通史的重要史料，受到人们的高度重视。在王玄策和唐玄奘有关著述的基础上，唐朝官方修成了《西域志》（或称《西域图》）100卷，其中文60卷，图40卷。

王玄策的出使活动对中印文化交流的许多方面产生了重大影响。第一次奉使时，王玄策带画工宋法智等同行。宋法智等人在天竺专门从事临摹佛像的工作，"巧穷圣容，图写圣颜。来到京都，道俗竞模"，在长安引起了轰动。宋法智不仅画艺精湛，而且工于雕塑。麟德元年（664），玄奘临终前设斋，"命塑工宋法智于嘉寿殿竖菩提像骨"。王玄策从天竺带回的佛像范本，不仅被广泛"模写"，而且被收藏于宫禁之中。麟德二年（665），东都敬爱寺佛殿内雕塑菩提树下弥勒像，自内出王玄策取到西域所图菩萨为样，并由王玄策本人亲自指导贴金。在佛像摹本广泛传播的同时，古代印度的绘画、雕塑技法也随之流布到了唐朝社会的各个阶层。

王玄策的《中天竺国行记》记录了诸多佛教故事，这些故事流传下来，甚至作为佛教艺术的重要题材雕入洞窟。直到现在，在敦煌等处的石窟里还能找到按照王玄策带回的佛像图样临摹的壁画，如莫高窟的《摩伽陀国须弥座释迦并银菩萨瑞象》，今天辨认这些画，还要借助王玄策书中的记载。人们习称的"方丈"一词，也是来源于王玄策的出使活动。据载，天竺吠舍厘国宫城西北六里寺塔，是说净名处，寺东北有塔，是净名故宅基，多灵迹，其舍由砖砌成，"近使者王玄策以笏量之，止有一丈，故方丈之名因而生焉"。

王玄策的出使活动还对唐朝与天竺的物质文化交流起了积极的推动作用。王玄策第一次出使归来时，尸罗逸多遣使献"火珠及郁金香、菩提树"；第三次出使到达摩诃菩提寺时，寺主戒龙为唐使设大会，"使人已下各赠华毡十段并食器，次申呈使献物龙珠等，具录大真珠八箱，象牙佛塔一，舍利宝塔一，佛印四"。许多古代印度物产就这样随着唐使传到了唐朝境内。

印度制糖技术是王玄策在第二次出使印度时带回来的。从印度引进的甘蔗制砂糖工艺，对唐代的经济影响很大。王玄策在第二次出使印度时，打败阿罗那顺后，挑选专业制糖人员带回国内传授制糖之法。另外，唐太宗还曾派人到印度学习制糖技术，回来后大力推广。从此，我国人民开始享用蔗糖的美味。

四、天文历算与"天竺三家"

纵观几千年的中外文化交流史，我们会注意到这样一个现象，天文历算领域是中外交流比较多和活跃的领域。在唐代主要是与印度交流，在元代主要是引进阿拉伯的天文学成就，而在明清之际及以后，主要是引进欧洲的天文学成果。中国自古天文历算就很发达，但也积极引进外国的先进成果。

古代印度天文历算知识发达，早在汉代就已传入中国。《旧唐书》卷一九八记天竺国"有文字，善天文算历之术"，记泥婆罗国"颇解推测盈虚，兼通历术"。从《隋书》卷三四《经籍志》著录的有关天文历算的印度经籍可知，隋代以及之前已经译出印度天文历法7种60卷。《续高僧传》卷二《阇那崛多传》又说，隋高祖又敕崛多共西域沙门若那竭多、开府高恭、恭息都督天奴、和仁及婆罗门毗舍达等于内史内省翻译梵文古书及乾文，开皇十二年（592）书度翻讫合200余卷。梁启超说："所谓'乾文'者，当是天文书也。"

在唐代的中印交往中，继续有印度的天文历算著作传入中国。《旧唐书》记载，开元七年（719），罽宾国遣使献天文经一夹。《册府元龟》卷九七一记载："开元七年六月，吐火罗国进天文人大慕阇，其人智慧幽深，问无不知，伏乞天恩，唤取慕阇，亲问臣等事意，及诸教法，知其人有如此之艺能，望请令其供奉，并置一法堂，依本教供养。"同一年而由两国进天文学家与天文书，可谓盛事。《册府元龟》又记开元二十五年（737），东天竺大德达摩战来献《占星记》梵本。

由中国前往印度取经的高僧和印度来华的高僧们携带至中国的佛经中，也有不少关于天文历算的书籍。玄奘在《大唐西域记》中对印度的长度单位和印度岁时有比较详细的记载，义净在《南海寄归内法传》中记载有印度佛寺以漏法计时的情况。

在所译佛经中，天文历法方面最重要的是不空在乾元二年（759）所译的《宿曜经》。《宿曜经》全名为《文殊师利菩萨及诸仙所说吉凶时日善恶宿曜经》，有上下两卷，详细介绍了印度的占星术、七曜、二十七宿和十二宫方面的知识。其中"七曜历"对唐代历法影响很大。

唐朝传入的印度历法还有瞿昙悉达翻译的天竺《九执历》。所谓"九执"，是指"九曜"（navagraha），即在七曜之外再加上"罗睺"（Rahu，龙首）、"计都"（Ketu，龙尾）二星，合称"九曜"。"罗睺"和"计都"是印度天文学家假想的两个看不见的天体，实指黄、白道相交的升交点和降交点。

《九执历》是当时较为先进的印度历法，其中有推算日月运行和交食预报等的方法，历元起自春分朔日夜半。它将周天分为360度，1度分为60分，又将一昼夜分为60刻，每刻60分。它用十九年七闰法。恒星年为365.2762日，朔望月为29.530583日。《九执历》用本轮均轮系统推算日月的不均匀运动，计算时使用三角函数的方法。《九执历》的远日点定在夏至点前10度。

印度天文学曾经受到希腊天文学的影响，在计算天体运动时采用了黄道坐标系和几何学方法，和中国采用的赤道坐标系及代数方法大不相同。《九执历》中的基本天文数据有若干较中国略有逊色，但其方法和概念有许多长处。例如，中国古代历法中一直没有分辨出太阳运动的近地点和冬至点、远地点和夏至点的区别，而《九执历》则定出远地点在夏至点之前10度，这是符合当时的天文实际的。又如，中国古代历法中不考虑日、月和地球之间直线距离的远近变化问题，所以在日食、月食的计算中是有局限的，《九执历》中则有推算月亮视直径大小变化的方法，较中国古代历法有所进步。此外，《九执历》中引进了三角学里的正弦函数算法和正弦函数表，这在中国古代数学中也是一个新事物。总之，《九执历》的传入是中国与印度科学交流史上的一件大事。

翻译编纂《九执历》的瞿昙悉达在唐朝任太史监。太史监是秘书省下"监掌察天文，稽历数"的专门机构，后来在乾元元年（758）改为司天台。太史监是唐代以"本色出身"的技术官僚能够达到的最高官职，可知瞿昙悉达的天文历算技艺是相当高超的。瞿昙家族在唐朝世代从事天文历算职业。瞿昙氏（Gautama）来自中天竺，这一家族四代都供职于国家天文机构，担任太史令、太史监或司天监经110年。因此，当时人们称瞿昙悉达为"瞿昙监"，称这一派的天竺历法为"瞿昙历"。

1977年于陕西长安（今西安）发现的瞿昙悉达之子瞿昙撰墓志，是瞿昙家族的重要史料。瞿昙撰墓志中，追溯其家族最早的一代为瞿昙逸，称其"高道不仕"，又说瞿昙氏"世为京兆人""代掌羲和之官，家习天人之学"。瞿昙逸生子瞿昙罗。瞿昙罗曾作两种历法，即《经纬历》和《光宅历》。

瞿昙罗的儿子瞿昙悉达是此家族中名声最大的人。唐睿宗景云二年（711），瞿昙悉达奉敕作为主持人，参加修复北魏晁崇所造铁浑仪的工作。该工作于唐玄宗先天二年（713）完成。除了编译《九执历》，他还编辑了《开元占经》110卷。

瞿昙悉达身为皇家天学机构的负责人，得以利用皇家秘藏的星占学禁书，以其得天独厚的条件，编成《开元占经》。该书集唐前各家星占学说之大成，为古代中国星占学最重要、最完备的资料库。书中保存了中国最古老的恒星观测资料，其中甘、石、巫咸三氏之星表成为今人研究先秦时代中国天文学最重要的史料之一；书中还录载了中国上古至公元8世纪时所有相传历法的基本数据。据统计，《开元占经》中摘录有现已失传的古代天文学和星占学著作共77种，纬书共82种。

瞿昙悉达有子四人，第四子瞿昙撰继承父业，克绍箕裘，曾任秋官正、司天少监等职，为当时天学界的活跃人物。瞿昙撰最著名的活动是年轻时与其他官员指控一行《大衍历》"写《九执历》其术未尽"。当时其父瞿昙悉达已去世，他本人则尚未任要职，仅为一"善算"者。虽然这次指控以失败告终，但后来他仍做到司天少监之职。瞿昙撰有六子，其中瞿昙晏曾任司天冬官正。

当时唐朝著名的"天竺三家"，都以天文历算著称。瞿昙氏在"天竺三家"中最为显赫，是史籍中记载较多的家族。"天竺三家"的其余两家为迦叶氏、拘摩罗氏，也是以天文历算知名的天竺人。迦叶家族中较著名的是迦叶志忠，此人在景龙二年（708）曾以"右骁卫将军、知太史事"的身份奉旨进《桑条歌》12篇，为韦皇后妄造符命。另一位较为有名的是迦叶孝威。关于拘摩罗氏的记载有，在玄宗时代，天竺人拘摩罗将推算日食的方法传入唐朝。

五、传入中国的印度医药学

古代印度的医药学很发达。由于印度佛教发达，印度医学的许多内容是与佛教结合在一起的，因此在很多情况下往往把印度医药学称为佛教医药学。在佛教东传中国的同时，印度医药学也传到中国，为中国佛教僧医，乃至中医医生接受和应用，并被融入中医药学之中，成为中医药学的一个组成部分。印度佛教医药学在中国的传播，是佛教文化东传的一个重要内容，也是印度文化东传并发生影响的一个重要方面。

佛经中最著名的治疗个案就是医王耆婆的医疗事迹。他的事迹在中国广为流传，汉译佛经以及注疏中大量记载了耆婆的医疗事迹，他所治疗的疾病主要涉及外科、内科、小儿科、皮肤科等，列在他名下的药方也被中医药学广为采用。

耆婆是一个有神话色彩的人物，据说他出生时就手中抱持针药囊。"耆婆"梵语作"Jiva"或者"Jivaka"（此字的原义是"生命"），又译为耆域、时缚迦。佛经中关于他的传说很多，说他是萍沙王之子无畏王子与妓女所生，生下后被弃于巷中。无畏王子见了，便问这是什么，旁边的人说是小儿。无畏又问：是死是活？答说：是活的。无畏便让人抱回收养，并给他起名耆婆（"活的"）。耆婆长大后，无畏让他外出学习技艺，他便到得叉尸罗处拜师学医。7年学成，遍识天下药物。

耆婆大体上是佛陀时代的人。《十诵律》卷二七说他曾为佛陀治病。此外，各经还有一些其他传说，尽管时间上有差别，但都一致称他为"医王"和"药王"。他不仅在僧团医疗方面有很高的权威，而且对僧团戒律相关制度的建立（尤其是衣事、药事、出家事、食法和洗浴法）起到了促进作用。

随着佛教的传入，印度医药学对中国医药学产生了广泛影响。在这一时期，西域来华僧人传来了西域特别是印度的医药学知识；大量佛经的翻译，以文字形式将印度佛教的医药学知识介绍进来。随着佛教典籍的翻译和传播，中国人对于印度医药学已经有了比较全面的了解。

东汉到南北朝至唐代，是印度佛教传入中国最为活跃的时期，是中国吸收印度各类文化最多的时期，医学也不例外，许多印度医学治疗方法的观念是通过僧人来华而带入的。这一时期还出现了一批懂得医药学知识并能为人用药治病的僧人，他们成为我国古代医疗队伍中一支重要力量，为我国医药学的发展做出了贡献。精通医道的传法僧人的医疗实践，是印度医学向中国传播的一条重要渠道。佛教初传中国，更有很多高僧被人们视为"神医"而加以崇敬，他们反常合道，利用成务，以医术为化导方便，抑强摧慢，挫锐解纷，为佛教在中国的顺利传播奠定了基础。

印度医药学著作及其理论在中国的传播，印度和西域僧人的医疗活动，对中国传统医药学也有很大的启发和刺激，许多中医药学者都热心学习印度医药学知识，并且将其吸收到中医药学及其医疗实践中。

唐代，中印两国的交往进一步扩大，佛教交流进一步深入，印度医药学知识和医疗技术进一步传入中国，许多印度药物也输入进来，丰富了中国的药物知识。

印度医药学在中国的传播有多种渠道，比如佛教交流的渠道、商业往来的渠道、官方交往的渠道等。如王玄策出使印度，就曾携带印度医生回国。在双边的贸易关系中，印度的药物，包括香料，和其他国家，如波斯、大食等的药物一道，是当时进口的大宗货物。在这一时期来到中国的印度高僧，也有行医的记录；中国高僧赴印度取经求法，也对印度的医疗事业有所考察。所以，在隋唐时期，印度医药学在中国的传播比前代更为深入，并对中国医药学的发展产生了重大影响。

在唐代赴印度求法取经的高僧中，义净对印度医药学在中国的传播起到了很大的作用。义净本人在中国医药学方面有着丰富的知识和实践经验，所以他在印度考察的过程中，对于印度医药学也很留意，注意观察和了解印度的医疗制度、卫生习俗、诊断和治疗技术等。义净的《南海寄归内法传》中对印度的卫生习俗和医事制度，乃至医药学理论、药物知识等都有多方面的介绍。

印度古代眼科医学很发达，超过了中原地区在这一专科领域的水平。唐代社会名流罹患眼疾，往往延请天竺医为其诊治。鉴真东渡之前，屡历暑热，眼光暗昧，"爰有胡人，言能治目，遂加疗治"。这位能治目的胡人，就是游历唐朝的印度医师。唐代还有擅长治眼病的印度僧人。如刘禹锡的《赠眼医婆罗门僧》诗中写道：

> 三秋伤望眼，终日哭途穷。
>
> 两目今先暗，中年似老翁。
>
> 看朱渐成碧，羞日不禁风。
>
> 师有金篦术，如何为发蒙。

在唐代，随着印度医药学的传播以及贸易关系的发展，传入中国的印度药物有很多，其中有胡椒、补骨脂（又作"婆固脂""破故纸"）、青黛（靛花）、郁金香、婆罗、天竺桂等。由于佛家戒律中以"不杀生"为五戒之首戒，因此佛经中用以治疗的药物少有"血肉有情之物"，大多是草类、木类、矿物类。龙脑、木香、豆蔻、乳香、没药、郁金、诃黎勒、返魂香等数十种药物，原产于印度和东南亚等地，传入我国后，成为中药的重要组成部分。义净曾对唐朝及印度、南海出产的药草做过比较，可知当时对各地区出产的药物都有比较清楚的认识，而且唐朝以外地区出产的药物尤其受到人们的重视。

六、骠国向唐朝的献乐外交

中缅两国山水相连，文化之间的交流有着悠久的历史。缅甸位于中国和印度之间，同时受到中印两大文化的深刻影响，也是自古以来中国通往印度，乃至西方的陆海通道。在陆路方面，西南丝绸之路即"中印缅道"，是中国西南地区对外交通途经缅甸到印度的商道。中国丝绸等物品先传入缅甸，然后再从缅甸传入印度、阿富汗，乃至欧洲。

骠国是缅甸境内的一个国家。唐代史籍说，骠国东西3000里，南北3500里，有9个城镇、298个部落，还有18个属国。至晚在4世纪时，中国人已经知道骠国的存在，骠国的香料通过永昌郡输入中国。唐朝时，中国

⊙ 西南丝绸之路小相岭古登相营，为历代保障商旅往来而设的屯兵营

云南境内有一地方政权，即南诏国。南诏国一度势力很大，远及缅甸、泰国一带，曾占领缅甸伊洛瓦底江上游的寻传族地区（今克钦邦），骠国也受其控制。骠国不但和南诏有着频繁的接触，还通过南诏和中国发生文化上的联系。

骠是能歌善舞的民族，其音乐舞蹈艺术比较发达。唐德宗贞元年间（785—805），骠国组织了一个颇具规模的乐团，沿南方丝绸之路，不远万里赴唐都长安献乐。骠国使者入境当在贞元十七年（801）下半年。他们从骠国都城室利差呾罗出发，沿上骠国至南诏的商道，经沙示、叫栖、锡箔、畹町、九谷、遮放、龙陵、保山至大理。到大理后，由南诏译官陪同，继续向成都出发。到成都后，受到西川节度使韦皋的接见。韦皋整理、记录了骠国乐曲，并对骠国乐舞和乐器感到新鲜奇异，命画工画下了骠国的舞姿和乐器，献之于朝廷。

在成都短暂停留后，骠国乐团由韦皋安排从成都赴长安，贞元十八年（802）正月初到达唐都长安。乐团在唐宫廷进行表演，受到唐德宗和文武官员的欢迎。之后，唐朝与骠国建立了直接的友好联系。

按《新唐书·骠国传》所记，此次骠国乐团的率领者是悉利移城主舒难陀。舒难陀是骠国王子。白居易在为德宗起草的《致骠王书》中也记有"国王之子舒难陀"。白居易时任秘书省校书郎，在长安见过舒难陀。陪同舒难陀前来献乐的还有大臣那及元佐和摩思柯那。乐团的乐工有35人，史籍中对这一数字有明确的记载。乐团除乐工外，还有一定数量的舞蹈表演者。可见，"骠国乐"是一个乐器较多、队伍庞大的演奏乐队。

骠国此次所献的乐器计有8大类22种。在这22种乐器中，《新唐书》详细罗列了19种，共计38件。按现代乐器的划分方法，属于体鸣乐器的有铃钹、铁板，属于皮乐器的有三面鼓、小鼓，属于弦乐器的有大小包琴、独弦匏琴、筝、凤首箜篌、龙首琵琶、云头琵琶，属于气乐器的有螺贝、横笛、两头笛、大匏笙、小匏笙、牙笙、三角笙、两角笙。种类之齐全、数量之丰富，由此可见一斑。

骠国乐团在唐宫廷演奏的乐曲计有12首。在这12首乐曲中，前7首是有歌有舞的乐舞作品，集声乐、器乐和歌舞于一体，极富艺术表现力；后5首则是器乐作品。乐曲的乐意、内容多涉及佛教。骠国乐舞的表演，有一人先领舞，各个乐曲的舞者数量为2至10人不等，都成双成对。从"舞容随曲"可推知，表演者的舞姿、表情和音乐的节奏是非常协调的。

骠国乐团在长安的表演，受到了唐宫廷和文人学士的欢迎。唐德宗对骠国乐赞赏有加，令白居易写信给骠王，称赞唐与骠的友好邦交，并封骠国国王雍羌为检校太常卿，舒难陀为太仆卿，随行的两位大臣也授了官职。骠乐被编入宫廷音乐中。

唐代文人记下了自己对骠国乐的感受。白居易、元稹都作有《骠国乐》，这些文字一直传诵至今。开州刺史唐次也作《骠国献乐颂》，献给德宗。白居易写的《骠国乐》这样赞道：

> 骠国乐，骠国乐，出自大海西南角。
> 雍羌之子舒难陀，来献南音奉正朔。

德宗立仗御紫庭，黈纩不塞为尔听。

玉螺一吹椎髻耸，铜鼓一击文身踊。

珠缨炫转星宿摇，花鬘斗薮龙蛇动。

曲终王子启圣人，臣父愿为唐外臣。

左右欢呼何翕习，至尊德广之所及。

须臾百辟诣阁门，俯伏拜表贺至尊。

伏见骠人献新乐，请书国史传子孙。

时有击壤老农父，暗测君心闲独语。

闻君政化甚圣明，欲感人心致太平。

感人在近不在远，太平由实非由声。

观身理国国可济，君如心兮民如体。

体生疾苦心憯凄，民得和平君恺悌。

贞元之民若未安，骠乐虽闻君不叹。

贞元之民苟无病，骠乐不来君亦圣。

骠乐骠乐徒喧喧，不如闻此刍荛言。

骠国献乐向中国输入了大量的域外乐器、乐曲，乃至乐理，对中国原有传统音乐的丰富和发展产生了积极而深远的影响。《新唐书》具体所列的19种乐器，依其渊源分为印度系和土俗系两大类。在这两大类中，印度系诸乐器来源于印度，体现了印度文化对骠国文化的影响。骠国献乐以前，印度系乐器输入中国的主要途径是西域丝绸之路，而贞元年间（785—805）骠国乐器是经西南丝绸之路输入的。

印度音乐经西域丝路东来中国，并非长驱直入，而是一个渐进而多向的过程。印度音乐先为西域各民族所接受，经西域各民族的融合、发展，再经河西走廊输入中原。西域民族在印度音乐的入华中起到了中介作用。在传播过程中，印度音乐受到西域民族自身文化因素的影响，必然会产生某些变异，这一变异包括对印度系乐器的某些改造或改进。同理，输入骠国的印度音乐在影响骠国原有音乐的同时，也必然受到骠国原有音乐的影

⊙ 西南丝绸之路上的汉代蓝津遗址

响，从而烙上骠国民族的印记。这是一个交互作用的过程。骠国献乐，使具有西域特色的印度系乐器与具有骠国特色的印度系乐器在中土交汇，促进了印度系乐器在中国的发展，促进了中国乐器的改进，扩展了中国传统音乐的表现力。

第二十二章　玄奘的丝绸之路旅程

一、玄奘西行的旅程

唐贞观三年（629），玄奘背着行囊，走出了长安城，沿着丝绸之路，踏上了西去取经的漫漫旅程。

玄奘（602—664），俗名陈祎，是洛州缑氏（今河南偃师缑氏镇）人。玄奘的父亲陈惠精通儒家经学，一派儒士风度，时人誉其为东汉名儒郭林宗，郡县推举他为孝廉，拜陈留县令。陈惠性情恬淡、不尚名利，加之隋政腐败，遂于大业（605—618）末年托病辞官，隐居归里，平时潜心学问，博览经书，当时的有识之士都称赞他的志节。陈惠共生四子，陈祎是他的第四个儿子。陈祎的二哥陈素（长捷法师）在东都洛阳净土寺出家，所讲解的佛经义理，与当时的名僧并驾齐驱，是当时的一代高僧。陈祎幼年跟父亲学习《孝经》等儒家典籍，"备通经典""爱古尚贤"，养成了良好的品德。

陈祎13岁那一年，隋炀帝下诏准许甄选僧人剃度，但仅有27个名

⊙ 玄奘像

额，报名者有百余人之多。陈祎尚未到剃度的年龄，但他也前往探视，主试人郑善果发现陈祎谈吐高雅，志气恢宏，相貌出众，就问他为何出家。陈祎答："意欲远绍如来，近光大法。"郑善果很赏识陈祎，说："一般的通业易成，殊胜的风骨难得，我想若此子得度，必能弘扬佛法的教化，而成为伟大的人物。"于是陈祎被特例入选，出家为僧，法名玄奘。

玄奘初随二哥长捷法师住在净土寺，跟景法师学《涅槃经》，从严法师学《摄大乘论》，达6年之久。玄奘素有卓异之志，胸怀远大，刻苦好学，很快就成为净土寺的突出人物。在讲习中，众僧推举玄奘升座复讲，赞扬他的讲经"抑扬剖畅，备尽师宗"。

此时正值隋末唐初动荡的年月，玄奘无法安心习经。当时各路法师都远游四川。隋大业十二年（616），因求学心切，玄奘跟随长捷法师离开洛阳，一同游历汉、川，北至益州，玄奘跟随空、景二法师受学。此时恰逢各方大德汇集在成都，次年，至高僧大德云集的成都学习。玄奘居蜀四五年间，师从多师，研习大小乘经论及南北地论学派、摄论学派各家的学说。唐武德五年（622），玄奘于成都受具足戒。后玄奘游历各地，参访名师，讲经说法。

玄奘进步很快，常给众僧讲经，成为博学多才的僧者，为人钦慕。经过多年出家生活的修持、磨炼，玄奘修学精进，严净毗尼，精通经、律、论三藏，被大众尊称为"三藏法师"。

通过众多名师的指授，玄奘对大小乘经论、南北地论、摄论学说等均有了甚深的见地，闻名于吴蜀荆楚。他并没有满足，于武德七年（624）到相州（今河南安阳中西部）。相州是当时摄论学的中心，玄奘从慧休学《杂心论》，又到赵州（今河北赵县），随道深学《成实论》，再到长安大觉寺从道岳听受《俱舍论》，并向在武德年间（618—626）来华的中印度波罗颇迦罗密多罗（简称"波颇"）咨询佛法。

在出家后的10年当中，玄奘遍访名师益友，质疑问难，精读了不少佛教典籍。他曾向很多高僧求教，但有时高僧们对玄奘提出的问题无言以对，无法回答，他只能独自寻找其他经典或论著来解惑。玄奘发现，其中有很

⊙ 陕西榆林石窟第三窟西行求法壁画

多原因。但有的经论因译者翻译的缘故而义理含混，理解不一，注疏也不同，对一些重要的理论问题分歧很大，难以融合，特别是当时摄论、地论两家关于法相之说各异，令人莫知所从。所以，他钦慕法显的壮举，慨然决定西行求法，以释众疑。

鉴于法相学形成了北方地论学、南方摄论学的差异，如何融合二者，成为玄奘思考解决的问题。唐武德九年（626），天竺僧波颇抵长安，玄奘得闻印度戒贤于那烂陀寺讲授《瑜伽论》总摄三乘之说。于是，玄奘发愿西行求法，直探原典，重新翻译，以求统一中国佛学思想的分歧。

贞观元年（627），玄奘向唐太宗提出申请，请允西行求法，但未获批准。当时政府明令不许普通民众私自出国，各主要道路关隘的稽查很严。但玄奘西行求法的决心已定。贞观三年（629），玄奘28岁。当时有来自秦州的僧侣孝达在长安学《涅槃经》，学成返乡，玄奘与孝达一起从长安出发去了秦州。在秦州停留一夜后，又与人结伴到达兰州。之后偶遇凉州人送官马归，玄奘一同去往凉州。在凉州停留月余后，玄奘冒着违抗朝廷禁止国人出蕃的禁令，昼伏夜行，至瓜州，出玉门关，终得偷出国门。

玄奘孤身涉险，一路上历尽艰辛。他以超人的意志，忍饥挨饿，越沙漠，翻雪岭，顶风雪，斗盗贼，九死一生，命若悬丝。他心中只有一个信念："去伪经，存真经，不至天竺，终不东归一步！"贞观四年（630）正月，玄奘到达今新疆吐鲁番境内的高昌王城。

玄奘受到高昌王麴文泰的礼遇，与他结为兄弟。在高昌王的帮助下，经龟兹、凌山、素叶城、迦毕试国、赤建国、飒秣建国、葱岭、铁门，到达货罗国故地，这里是今葱岭西、乌浒河南一带。然后南下经缚喝国、揭职国、大雪山，到梵衍那国，这里是今阿富汗之巴米扬地方，玄奘曾在这里瞻仰了巴米扬大佛。继而经今巴基斯坦白沙瓦的犍陀罗国、乌伏那国，到达今克什米尔的迦湿弥罗国。

玄奘从长安出发，至此行程为13800余里。

二、名震五天竺

玄奘在迦湿弥罗国开始钻研梵文经典，后又到达今巴基斯坦境内，一年内亲历四国，所到之处，均停留学习佛法。玄奘游历各地，巡礼佛教胜迹，广泛学习大小乘佛教。当时的印度小国林立，分为东、西、南、北、中五部分，史称五印度或"五天竺"。玄奘先到北印度，在那里拜望高僧，巡礼佛教圣地，跋涉数千里，经历十余国。

唐贞观五年（631），玄奘进入恒河流域的中印度。当时印度东北的摩揭陀国、西南的摩腊婆国两国最重学术，而以摩揭陀国的那烂陀寺为当时最大的佛教大学，居印度千万所寺院之首，有两万多人，聚集了精通各项学术的精英，还收藏着佛教大乘经典、小乘经典、婆罗门教经典及医药、天文、地理、技术等书籍。玄奘在那烂陀寺历时5年，备受优遇，并被选为通晓三藏的十德之一（即精通50部经书的10名高僧之一）。

贞观十年（636），玄奘离开那烂陀寺，游访考察东南西印度，先后到达伊烂钵伐多国、萨罗国、安达罗国、驮那羯磔迦国、达罗毗荼国、狼揭罗国、钵伐多国，访师参学。他在钵伐多国停留两年，悉心研习。后又到低罗择迦寺向般若跋陀罗探讨说一切有疗三藏及因明、声明等学，又到杖林山访胜军研习佛教经典。

⊙ 印度那烂陀寺遗址

　　贞观十四年（640），玄奘应戒贤法师之邀，重返那烂陀寺。此时，戒贤嘱玄奘为那烂陀寺僧众开讲摄论、唯识抉择论。适逢中观清辨（婆毗吠伽）一系大师师子光也在那里讲《中论》《百论》，反对法相唯识之说。于是，玄奘著《会宗论》3000颂，以调和大乘中观、瑜伽两派的学说。同时，他参与了与正量部学者般若多的辩论，又著《制恶见论》1600颂，还应东印度迦摩缕波国国王拘摩罗的邀请讲经说法，著《三身论》。

　　东印度迦摩缕波国国王拘摩罗慕名遣使来请玄奘前去讲学。玄奘到达该国时，国王率领群臣迎拜赞叹。贞观十五年（641），北印度羯若鞠阇国（即曷利沙帝国）国王戒日王（590—647）为扩大大乘派教义的影响，也闻名来请。拘摩罗王便偕同玄奘来到曲女城。

　　贞观十六年（642）十二月，戒日王召集各国僧侣在曲女城召开辩论大会，五印度18国国王全都列席，3000多名大小乘高僧、2000多位婆罗门等教徒，以及1000多位那烂陀寺寺僧，全都参加了这个盛会，这就是佛教史上著名的“曲女城辩论大会”。玄奘受请为论主，登上宝座，称扬大乘佛教。他说："如果我所说的有一字无理，谁能发论折服的话，我愿斩首谢罪。"他把《真唯识论》悬诸国门，接受挑战。从早到晚，连续18天，他高坐宝位，发挥宏论，对答如流，言之有据，使与会者群情悦服，无一人能发异论者。于是，玄奘的声誉传遍五印度，各派圣贤争相赐予他"大乘天"和"解脱天"的美誉。这是中印文化交流史上的空前盛事。依照印度的通例，凡是辩论胜利，便乘象出巡，以示荣耀。于是，戒日王礼请玄奘乘象出巡，并遣人执旗前导巡行。

隔了两年，玄奘又应邀前往钵罗耶伽参加曷利沙帝国5年一度的佛教无遮大会。这是印度佛教史上规模最大的一次盛会，历时75天，盛况空前，与会者中包括王公、贵族、僧人和学者，先后达5万人之多。

在访印期间，玄奘还与戒日王探讨唐乐大曲《秦王破阵乐》。回国后，他又将我国古典名著《老子》译成梵文，推介给印度。

玄奘学成后，向那烂陀寺的僧众表示回国之意时，那烂陀的一些大法师劝他留在印度。玄奘说："此国是佛生处，非不爱乐。但玄奘来意者，为求大法，广利群生。愿以所闻，归还翻译……"曲女城大会以后，戒日王和拘摩罗王都诚恳挽留他。玄奘也以同样理由谢绝了。

无遮大会后，玄奘正式辞王东归。戒日王特派4名官员一路护送，戒日王本人还携当地文武官员，相送几十里路才挥泪话别。

三、玄奘的译经事业

玄奘游学于印度期间，享有盛誉和优厚的生活待遇，古印度诸国有多国王室多次盛情挽留玄奘留在那里，但玄奘义无反顾地返回祖国。

但是，在回国途中，他不知皇帝是否能赦免他当年私自出国之罪，同时，朝廷能否支持他的译经事业也让他非常忧虑。在回国途中，行至于阗时，他委派高昌人马玄智随商队前往长安，代他向唐太宗呈上表文。唐太宗阅过玄奘表文，下令从于阗到长安一路各地官府迎送，说："今得归还，欢喜无量！可即速来，与朕相见。"

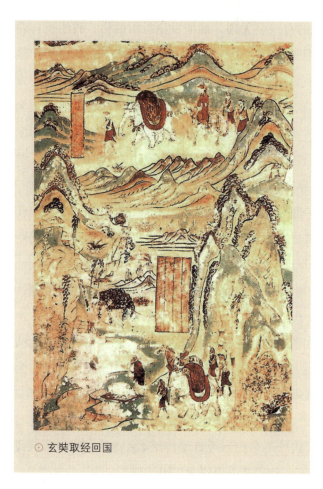

⊙ 玄奘取经回国

玄奘自贞观三年（629）私往天竺，至贞观十九年（645）回到长安，结束了历时17年、跋涉5万余里、周游参学100余国的艰难历程，时年44岁。

贞观十九年（645）正月二十四日，玄奘回到长安，受到了文武百官及数十万僧俗百姓的夹道欢迎，长安百姓散花烧香，隆重而热烈。史载，当时"道俗奔迎，倾都罢市"。他带回如来舍利150多粒，金檀佛像7躯，梵本经论657部。玄奘安置好经、像之后，便动身前往洛阳谒见太宗。

二月一日，唐太宗在仪鸾殿接见玄奘，迎慰甚厚，并下令在长安朱雀街陈列大师从天竺带来的经典、佛像等圣物。唐太宗非常赏识大师的学问，表达了要他还俗辅政的意愿，玄奘婉拒了唐太宗的要求。此时太宗正准备率大军伐辽，遂邀玄奘同行，玄奘则以佛门戒律严禁观兵戎战斗为由婉拒，唯请准许在环境清幽的嵩山少林寺翻译所取经本。唐太宗答应支持玄奘的译经事业，令宰相房玄龄选取高僧20余人，分任证义、缀文、正字、证梵等职，组织宏大的译场，协助玄奘翻译佛经。这是中国佛学史上一次著名的译经活动。太宗认为玄奘游学天竺17年的经历超

⊙ 西安兴教寺玄奘、窥基、圆测灵塔

过张骞通西域，责成他写下来。他回长安后，口述游历，由弟子辩机笔录为《大唐西域记》一书。贞观二十二年（648）六月，唐太宗再度劝他归俗，并希望他"升铉路以陈谟，坐槐庭而论道"。玄奘申述很多道理力辞。

在玄奘的影响下，太宗对佛教的态度有所改变，并为玄奘撰《大唐三藏圣教序》，度僧18500余人，乃至有了临终前颇有相见恨晚的话："朕共师相逢晚，不得广兴佛事。"

高宗在位时，玄奘仍保持与帝王之礼仪，但不卷入宫廷政治中，而专心致力于翻译事业。他竭力寻求高宗对自己译经事业的赞助，如永徽二年（651）奏请在慈恩寺西院建塔以安置经、像、舍利，经高宗许可后，玄奘亲负篑畚，担运砖石，并在基塔之日将塔命名为"大雁塔"。显庆元年（656），玄奘请薛元超、李义府转请高宗准许援以往成例，由朝廷简派大员监阅、襄理译事，又请高宗撰写慈恩寺碑文，均得到高宗的许可，玄奘为此率徒众诣朝奉表陈谢。

⊙ 西安兴教寺玄奘像

　　玄奘赴印度的主要使命是取经和求法。他在回国时，从印度携回的佛
教经典共657部。这些佛教经典，大大丰富了我国佛教典籍的宝库，也为
唐代译经事业的辉煌成就提供了梵本基础。

　　玄奘返回长安后，直至他圆寂前的一个月，在这近20年的岁月中，他
把全部心血和智慧都献给了佛教典籍的翻译事业。玄奘开创了佛经汉译的
一个新阶段，被后人尊为一代伟大的翻译家。玄奘的翻译活动是在译场中
进行的，他把译经和讲法结合起来，培养了大批弟子，创立了自己的佛教
学说，成为唯识宗的创始人。

　　唐麟德元年（664）新年，玄奘自觉身体衰弱，恐不久于人世，从此绝
笔翻译，并对徒众预嘱后事。正月初九日，玄奘病势严重，至二月五日夜
半圆寂。朝野达百万余人送葬者将其灵骨归葬白鹿原。唐总章二年（669），
朝廷为之改葬"大唐护国兴教寺"。唐肃宗还为舍利塔题写塔额"兴教"
二字。

　　玄奘回国后，唐太宗留玄奘长住弘福寺译经，并如所请，为其建立分

⊙ 西安大雁塔

工细致、空前庞大的译场。玄奘即于当年开始了他在长安历时19年的译经活动，直到临终时。

由玄奘主持的译经班子，译场设于长安弘福寺。这是唐代最具规模的国立译场，后来他的译场又迁入慈恩寺和玉华宫。据释彦悰所作《大唐大慈恩寺三藏法师传》记载，玄奘从天竺带回来的梵本佛典有520箧，共657部。尽管他夜以继日地辛苦耕耘，还是未能将从天竺带回的经典全部译完，他先后译出的经论典籍共有75部，共1335卷，计有1335万字，虽然这仅是从天竺取回经典总数的1/10，却占整个唐代译经总量的一半以上，是中国历史上另外三大译经家（鸠摩罗什、真谛、不空）译经总量的一倍多。

玄奘主持的国立译场，组织庞大，译人众多，分工及流程合理完善，从译主玄奘到校勘，其间分工很细，职责明确，已形成流水化作业。这个译场还设有官方的监护，唐朝名相房玄龄曾担任此职。

玄奘的译经事业得到了太宗和高宗两朝的大力支持。贞观二十二年（648）六月十一日，唐太宗敕令玄奘至坊州宜君凤凰谷玉华宫，再次劝其还俗从政，玄奘再次婉辞。又询及《瑜伽师地论》，玄奘为之讲述大意。太宗遂敕令官府挑选秘书省书手抄写所译经论9部于雍、洛、并、兖、相、荆、杨、凉、益等九州辗转流通。七月十三日，太宗撰《大唐三藏圣教序》，居庆福殿，百官侍卫，命玄奘坐，使弘文馆学士上官仪向群臣宣读，备极褒扬，敕冠众经之首。皇太子李治亦作《述圣记》一篇。

其时，皇太子李治为纪念其亡母文德圣皇后，专门营造大慈恩寺，同时另造翻经院，令玄奘移居专门从事译经。这个译场规模宏大，设备完善。玄奘奉诏与50名高僧由弘福寺迁往该翻经院，太宗敕令太常卿江夏王李道宗率宫廷九部乐，及各县内音声和诸寺幢帐，护送玄奘众僧及经本佛像。途经长安市街时，唐太宗与皇太子及后宫妃嫔在安福门楼上，手执香炉，目而送之，路上观者数十万人，典礼极为隆重。

太宗去世后，玄奘更加努力地从事翻译，每天夜以继日，勤奋不辍。除翻译外，他还讲经，主持寺务。显庆三年（658），西明寺落成，高宗迎玄奘入主西明寺，其威仪、幢盖、音乐等，一如入慈恩寺及迎碑之例，又敕遣西门寺新度沙门10人充弟子。

玄奘在印留学勤奋，精熟梵语，华、梵兼修，故所译梵本为汉籍佛典，做到了信、达、雅，使华、梵融入一体。

玄奘的译经事业有很强的计划性。从他所译的重要经论翻译的前后次第上可以看出，他在翻译之先，有个相当周密的计划。除了极少数经典的翻译是由于临时的原因，如《能断金刚般若经》系应唐太宗之请而翻译，一般经论的翻译都是有重点、按步骤进行的。玄奘的译经事业及其弘教活动，对我国佛教的发展和隆兴做出了巨大贡献。玄奘的译经事业规模宏大，成就显著，为我国佛教经典宝库增添了极为珍贵的文献珍藏，也为中华文化典籍的丰富做出了巨大贡献。

四、《大唐西域记》

玄奘归国后，将沿途各国的风土习俗以及政治、历史、宗教上的遗迹轶闻，写成《大唐西域记》，在佛教史学及古代西域、印度、中亚、南亚的史地、文化上，乃至于在中西交流史上，均有极高的价值。

中国古代关于印度的记载，在汉以前的古书中可能已有一些，但神话传说的成分比较多。佛教传入中国以后，两国间直接的交流日益频繁，出现了一些介绍印度的著作。比如法显的《佛国记》对印度的佛教和民俗有许多介绍。后来义净的《大唐西域求法高僧传》中，对印度的佛教和其他社会文化风俗等方面的情况也有所介绍。更多的情况是，往来于两国之间的僧侣和商人，会把有关印度的社会文化信息带给唐朝人。所以，在唐代，中国人不仅通过传播过来的佛教以及其他印度文化对印度有了直接的了解，还获得了大量关于印度文化的信息。人们关于印度和西域的知识是比较丰富的。而《大唐西域记》的内容更为详细，也更为真实，成为人们认识和了解印度的一份极为重要的文献。

玄奘留学印度15年，旅途往返两年，先后共计17年，行程5万多里。《大唐西域记》记载他亲身经历和传闻得知的138个国家和地区、城邦，包括今中国新疆、中亚地区以及阿富汗、伊朗、巴基斯坦、印度、尼泊尔、孟加拉国、斯里兰卡等地的情况，分12卷，共10余万字。卷一所述从阿耆尼国到迦毕试国，即从新疆经中亚抵达阿富汗，是玄奘初赴印度所经之地；卷二为印度总述，记载了从滥波国到犍驮罗国，即从阿富汗进入北印度；卷三至卷十一所述从乌仗那国至伐剌拏国，包括北、中、东、南、西五印度及传闻诸国；卷十二所述从漕矩吒国至纳缚波故国，即经行的帕米尔高原和塔里木盆地南缘诸国概况。书中对各国的记述繁简不一，通常包括国名、地理形势、幅员广狭、都邑大小、历时计算法、国王、族姓、宫室、农

⊙ 西安玄奘塑像

⊙《大唐西域记》（局部）

业、物产、货币、食物、衣饰、语言、文字、礼仪、兵刑、风俗、宗教信仰以及佛教圣迹、寺数、僧数、大小乘教的流行情况等内容。特别是对各地宗教寺院的状况和佛教的故事传说，都做了详细的记载。记事谨严有据，文笔简洁流畅。

《大唐西域记》对五印度的历史文化、宗教信仰、风土人情、山脉河川、地理特征的记载十分详细。中印两国交往历史悠久，至少从汉代开始，两国之间的人员和物质文化交流就持续不断。但国人对印度的称谓，因时因地而异，极不统一。玄奘在《大唐西域记》中写道："详夫天竺之称，异议纠纷，旧云身毒，或曰贤豆，今从正音，宜云印度。"又说："印度之人，随地称国，殊方异俗，遥举总名，语其所美，谓之印度。"所以印度国名的译定始于玄奘。由于古印度在吠陀时代就存在着种姓制度，且唯婆罗门种姓地位至高无上，因此，玄奘也取其这一特征，称印度为"婆罗门国焉"。印度国名还得名于今印巴两国境内的一条大河，中国古称"信度河"或"辛头河"，玄奘定名后，改称印度河（Indus）。书中所记印度地理的概要，极为精到，很能描绘出印度真实的轮廓。如：

> 五印度之境，周九万余里，三垂大海，北背雪山，北广南狭，形如半月，划野区分，七十余国，时特暑热，地多泉湿。北乃山阜隐轸，丘陵泻卤；东则川野沃润，畴陇膏腴；南方草木荣茂；西方土地硗确，斯大概也。

《大唐西域记》的重大贡献还在于其巨大的史料价值。古印度在哲学、自然科学方面有很高的造诣，却没有留下翔实的史籍。印度民族文化有一个特点，即不大重视历史的记述，印度人没有写史的传统，古代留下的史料实不多见，对时间和空间这两方面有幻想过多、夸张过甚的倾向，因而印度本国关于古代历史的记载十分缺乏。《大唐西域记》对印度历史上许多重大事件有所记述。例如，书中记述了释迦牟尼的生卒年份。这对于印度历史年代的确定起着十分关键的作用，因为这两个年份定下来后，此前此后各件大事的年代才有了可靠的依据。印度历史学家恩克·辛哈（Narendra Krishna Sinha）等人著的《印度通史》就说，玄奘"给我们留下了有关印度的宝贵记载。不利用中国历史资料，要编写一部完整的佛教史是不可能的"。

　　关于7世纪上半叶的印度政治形势和笈多王朝瓦解后出现的诸王割据的局面，《大唐西域记》中都有翔实的记述。书中对羯若鞠阇国（曲女城）做了较为详细的叙述："象军五千，马军二万，步军五万，自西徂东，征伐不臣。象不解鞍，人不释甲，于六年中，臣五印度。"《大唐西域记》记载了戒日王对北印度控制后的政绩，"垂三十年，兵戈不起，政教和平，务修节俭，营福树善"。《大唐西域记》对他轻徭薄赋、施赈济贫、褒奖学术和保护宗教的各项举措都做了记述。印度史学家正是根据玄奘的记述和其他资料来评定戒日王的功过的。关于7世纪上半叶印度的风土习俗、岁时物产、土地制度、种姓演变、商业税收等，《大唐西域记》里也均有记述。辛哈写道："他的记述是有关戒日王时代的印度社会和宗教情况资料的真正宝藏。"

　　总之，《大唐西域记》以其丰富的知识，大大扩展了中国人对西域和印度等地的认识，丰富了中国关于西域和印度的知识系统，进一步开阔了中国人对世界的眼界，为当时唐朝经营西域提供了确切的资料。同时，《大唐西域记》也成为后世研究古代南亚次大陆和中亚诸国历史、地理的经典性著述，更成为各国学者研究古代中亚各国和7世纪前印度历史的重要依据。

第二十三章　丝绸之路与萨珊波斯和大食

一、萨珊波斯的流亡集团

　　古代中国与波斯有着久远的经济、文化交往的历史，3世纪时波斯建萨
珊王朝，与我国南北朝时的北魏、北齐、北周等政权都有过往来。隋代时，
炀帝曾派云骑尉李昱出使波斯，波斯随即遣使和李昱同来，与隋朝进行通
好和开展贸易。唐初与波斯的往来也很频繁。

　　唐太宗贞观六年（632），萨珊朝末代国王伊嗣俟三世（Yesdegerd Ⅲ）
即位。其时阿拉伯人，即中国史籍所说的大食人在西亚崛起，不久，大食
人开始大举入侵波斯，伊嗣俟三世与大食交战兵败，在唐高宗永徽二年
（651）逃往木禄，被人杀害。大食人把波斯纳入阿拉伯帝国的版图，使波
斯改信伊斯兰教，历时数百年的萨珊波斯帝国最终灭亡。

　　此后，伊嗣俟三世之子、波斯王卑路斯（Firuz Perozes）避居波斯东境，
在吐火罗的支持下建立了流亡政权。吐火罗即汉代西去建国的大月氏，是
丝绸之路的南路必经之地，当年张骞通西域的目的地就是大月氏，亦即吐
火罗。[①]吐火罗和中国的关系素来密切。至唐代武德、贞观年间，吐火罗一
再遣使入唐，通聘友好。高宗永徽时，吐火罗使贡献鸵鸟。高宗曾派王名

---

　　① 629（或630）年，玄奘行经该地，记吐火罗国领域：东起帕米尔，西接波斯，北据
铁门（今乌兹别克斯坦南部布兹嘎拉山口），南至大雪山（今阿富汗兴都库什山）。南北千余
里，东西三千余里，相当于今阿富汗北部地区。

远出使其国，并封其王为使持节月氏等二十五州诸军事、月氏都督。从此到开元、天宝年间，双方往来尤为频繁，吐火罗曾多次贡献玛瑙等宝物和名马、药物。例如开元十二年（724）一次就贡献药物"乾陀婆罗等二百余品"。按照惯例，唐朝每次也都赐赠大批丝绸等中国物产于吐火罗。可见唐朝与吐火罗在经济文化上的交流十分频繁。

《旧唐书》卷一九八《西域传》记载，唐龙

⊙ 往来于东西方之间的波斯商人

朝元年（661），卑路斯派使者到唐朝求援，说明"频被大食侵扰，请兵救援"。但唐朝当时的注意力集中在葱岭以东的西域地区，无意在葱岭以西与大食直接对抗，唐高宗婉言拒绝了出兵的要求。恰好当时唐高宗派王名远到西域，在吐火罗道设置羁縻都督府州，在卑路斯所在的疾陵城设置波斯都督府，即任命卑路斯为都督。

由于大食频年东侵，卑路斯在西域无法立足，于咸亨年间（670—674）亲自到唐朝来，高宗封他为右武卫将军，卑路斯最后客死唐朝。其子泥涅斯（Narses）随父来唐，唐朝册立其为波斯王，客居长安。高宗调露元年（679），西突厥阿史那都支和李遮匐叛唐，与吐蕃联合攻击唐朝在西域的军事力量。唐高宗任命吏部侍郎裴行俭为安抚大食使，以册送泥涅斯为名，在途中袭击西突厥。虽然裴行俭"安抚大食使"的衔号实际上只是虚有其名，但是在高宗永隆元年（680）前后，泥涅斯最终还是在唐朝军队的护送下回到了吐火罗。为了完成这次带有远征性质的护送行动，唐朝专门组织了"波斯军"，还特别颁发了"波斯军别敕"。波斯军兵员由蕃汉兵混合组成，除了兵募，还有唐朝西州的府兵，最后都到了吐火罗。泥涅斯客居于吐火罗20多年，景龙二年（708）仍回唐朝，唐朝廷封他为左威卫将军，最后客死长安。

由于萨珊波斯灭国，整个王朝迁移到唐朝避难，形成了一个比较大的移民集团。

波斯虽已亡国，但部众仍存，至少在8世纪上半叶，萨珊波斯余部仍然在吐火罗地区活动，而里海南岸的陀拨斯单（Tabaristan）出自萨珊王室，也一直保持独立到765年。因此，唐朝史籍中仍不断有波斯贡使的记录。仅开元、天宝年间，史载就有19次。其中甚至有波斯国王遣使的记载。波斯流亡政权屡屡向唐朝贡献玛瑙、绣舞筵等物。据《册府元龟》有关朝贡的记载统计，在此期间波斯向唐朝进献的物品主要有香药、犀牛、大象、猎豹等，甚至到大历六年（771），还有波斯国遣使献珍珠、琥珀等物。

也有的研究者把这些使者看作冒称使者的波斯商人。当时入唐的波斯人除外交使节外，有不少负贩商贾和传道僧人，其中还有人兼有商人和使节的多重使命。

⊙ 萨珊波斯银币

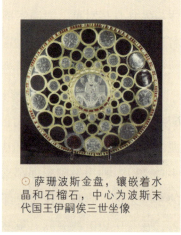

⊙ 萨珊波斯金盘，镶嵌着水晶和石榴石，中心为波斯末代国王伊嗣侯三世坐像

二、流行唐朝的"波斯风"

唐初，萨珊波斯灭国，整个王朝迁移到唐朝避难，形成了一个比较大的移民集团。除了这些上层贵族组成的移民集团，还有相当数量的波斯商人活跃在唐朝。波斯与中国的贸易一直没有中断，而且在隋唐时代有了更大的发展。当时旅居在唐的"商胡"，其相当一部分是波斯商人。中国与西方的海上贸易，其中也有相当大的部分是通过波斯商船进行的。

大量波斯移民的进入，波斯商人活跃在中西贸易的舞台上，分布在长安以及洛阳、扬州、广州等大都市，甚至深入民间社会，同时把波斯文化广泛传播到中国。在隋唐时期，通过丝绸之路，西域充当了波斯文化东传的一个重要中转站。

因此，在这一时期的中西文化交流中，波斯文化占据了相当大的比重，所谓"胡风"，有相当大的成分就是"波斯风"。传播到中国的，不仅有大量的"波斯货"，精神文化方面，在唐代传入的"三夷教"，都与波斯有关，甚至可以说就是波斯的宗教和思想文化。从衣食住，特别是衣食两方面，也可以看出波斯文化的影响。

萨珊波斯艺术风格的流行是波斯风的突出表现。在萨珊风格的影响下，唐代金银器上出现了一些比较特别的纹样装饰，来自域外的纹样主要有：

（1）立鸟纹。颈有绶带的立鸟纹常见于波斯萨珊王朝的银器上。唐代金银器上的鸟衔花草、绶带或方胜纹样显然受到了萨珊金银器的影响。不过，唐代的立鸟纹大多姿势优美，体态生动，尤其是后来，它们以中国人喜爱的成双配对的形式出现，并增添了飞腾的动感。而萨珊的立鸟呆板，多侧身像，身体僵直，皆单个出现。

（2）翼兽纹。萨珊器物上的动物形象多增添双翼，并在四周加麦穗纹圆框，即所谓"徽章式纹样"，这种饰样在萨珊银器上尤为常见。在西安何家村出土的"飞狮六出石榴花结纹银盒"和"凤鸟翼鹿纹银盒"盖上的翼狮及翼鹿纹饰，就明显属于徽章式纹样，而这类装饰在唐代并不常见，只出现在8世纪的几件器物上，是受萨珊波斯器物饰样影响的结果。后来，这种饰样在中国器物上产生了一些有趣的变化，首先是取消了圆框中的动物形象，代之以唐代流行的宝相花之类的饰物，稍晚一些的器物则进一步取消了圆形边框，8世纪中叶以后逐渐消失。

（3）缠枝鸟兽纹。唐代金银器上有发达的缠枝忍冬、缠枝葡萄纹，其中穿插着飞禽走兽。在公元前后的地中海、黑海地区，曾非常流行葡萄卷草间点缀禽兽的纹样。缠枝鸟兽纹很有可能是在中国传统云气纹样的基础上糅合了外来纹样的特质而形成的。也有人认为，缠枝纹伴随着佛教艺术出现在中国，早在南北朝时就已十分成熟而流行，唐代金银器上的这种纹样应是南北朝风格的发展延续。

（4）联珠纹。联珠纹在唐代前期的金银器上极为多见，主要来自萨珊波斯和粟特艺术。以联珠组成环形饰带，其内配以对称动物，是萨珊王朝时期织锦中最为常见的纹饰。联珠饰带内的动物皆有翅膀，使之成为"天马""飞牛""飞鹿""飞狮"之类的"有翼动物"，并把它们用人的装束打扮起来，如颈部缠绶带、口中衔项链、背部放鞍鞯，为其披红挂绿，表现其威武的身姿和凌厉的气势。这种独特的装饰手法，成为萨珊式花纹的典型形式，并对中国当时的织锦和金银器工艺纹饰产生了一定影响。

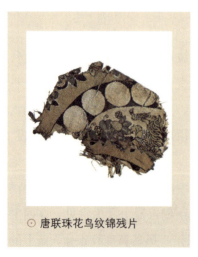

⊙ 唐联珠花鸟纹锦残片

⊙ 唐大联珠纹锦覆面

（5）摩羯纹。摩羯是古印度神话中一种长鼻利齿、鱼身鱼尾的神异动物，常见于古代印度的雕塑和绘画艺术中。到唐代，它成了金银器中较为常见的装饰图案。

但是，无论胡瓶、酒注，或其他金银器皿，凡属唐代制作的，其纹饰大都中国化了，翔凤游麟，舞马狩猎，以及宝相花、卷草纹等屡见不鲜，而典型的萨珊图案，如希缪鲁（半狮半孔雀纹）、野猪头等，几乎没有在中原地区的产品中出现过，为唐人所取法的萨珊原器则更为少见。

萨珊工艺对唐代的影响相当广泛，在织锦、宝石镶嵌、玻璃烧造，以及马具、乐器、服饰等方面都有它的痕迹。

萨珊玻璃器对唐代工艺的影响，也引起了学术界的注意。西晋时就有萨珊玻璃器的输入。在北周和隋代的遗址中，也都有萨珊玻璃器发现，在唐代遗址中发现的萨珊玻璃器主要有洛阳关林M118唐墓出土的细颈瓶，西安何家村唐代窖藏中的凸圈玻璃杯等。在敦煌壁画中，有85件玻璃器皿的画图，其中可以认定为从萨珊波斯或罗马进口的玻璃器皿为69件，占总数的80%，可知外来玻璃器皿是很受当时人们青睐的。

⊙ 陕西法门寺地宫出土的仿萨珊波斯金属器风格的玻璃瓶，陕西法门寺博物馆藏

萨珊波斯的石雕艺术对唐代石雕工艺也有一定的影响。我国石刻的浮雕艺术一直是以平雕、浅浮雕为主的，但7世纪出现了不少水平很高的高浮雕，如有名的昭陵六骏，有人推测它是受了萨珊雕刻的启示。昭陵六骏是我国马鬃剪三花最早的实例，此后8—9世纪，三花、五花成为贵族间流行的马饰。这样装饰马鬃和唐陵石兽多雕出云样双翼的意匠，也来源于萨珊波斯。长安碑林保存着的若干块碑石，其侧面、础石、台座等处装饰有丰腴艳美的纹饰，都是波斯的艺术风格。

由萨珊波斯传入中国的艺术风格，经唐人的接受和吸收，融入唐代的各种工艺艺术之中，并经过唐朝，又传播到新罗和日本，对那里的艺术也产生了一定的影响。如7世纪风行于我国的联珠纹装饰，也被新罗普遍使用在砖和瓦当上。新罗使用联珠纹，不仅用在建筑材料上，还铸造在大钟上。

⊙ 唐波斯风格对格利芬纹织锦，西安大唐西市博物馆藏

在日本，7世纪后半期，联珠纹也很流行，在瓦当、铜器上都有这种纹饰。高松冢壁画中的伞盖上也绘有联珠纹的边饰。现存8世纪日本从中国带回的工艺品中，有捶揲狮子纹样的金花银盘，有在琵琶面上绘出的粟特人骑驼的形象，有涂漆的铜胡瓶，有背饰绿珐琅的铜镜，还有模仿波斯器形的绿琉璃十二曲椭圆形杯，这些都是唐代工匠制造的。奈良的东大寺收藏有两件白玻璃器，一件是外形磨出圆形装饰的碗，一件是素壁的胡瓶，都是西方的钠玻璃，玻璃原料和器形、装饰都可以说明是萨珊波斯的产品，可能也是从中国转运过去的。

三、波斯金银器制造技艺的传播

萨珊波斯金银器的输入对唐朝的金属制造业，特别是对中国金银器皿制造业的发展产生了一定的影响。萨珊的金银器多是统治阶层用的盘、壶、杯、碗、罐等生活器皿和流通的金银币。这些金银器因其造型、雕刻工艺精湛，形成了当时流行的萨珊波斯风格，而且在工艺上常常出现圆雕、錾花、"敲花"等工艺。萨珊波斯金银器艺术从题材上可以分为两类：

一类是表现世俗题材的宫廷艺术，另一类是具有一定象征意义的宗教题材艺术。

五、六世纪时，萨珊波斯金银器就已输入了中国各地。唐代以前中国的金银器皿制造业并不发达，包括外国输入品在内，总共发现者也不过数十件。而到了唐代，金银器皿的数量骤然激增，如今已公布的出土和收藏品近千件。

萨珊波斯的金银器受到中国上层社会的喜爱与欢迎。唐高祖李渊赐秦琼"黄金瓶"，唐太宗李世民赐李大亮"胡瓶"，即萨珊金瓶或银瓶。唐代金银器制作与使用之盛，不仅限于宫廷、官府，也波及民间的茶楼酒肆。杜甫诗说：

马上谁家白面郎，兴轩下马坐人床。

未通姓名粗豪甚，指点银瓶索酒尝。

诗中说的"银瓶"即胡瓶，当时酒家多用以盛酒供客。日本正仓院所藏唐代的漆胡瓶，其形制也显然受到了萨珊金银器皿风格的影响。中国传统的盛酒容器是与盆相近的樽。唐代前期，开始兼用酒樽与胡瓶。洛阳出土的高士饮宴纹螺钿镜和日本正仓院所藏唐金银平文琴上的图纹中，饮酒者面前，除酒樽外，还摆放着胡瓶。胡瓶实为中唐以后的酒具注子和偏提的借鉴，而古代的酒注与偏提等物，又是近代酒壶的雏形。

高足杯在社会上层官僚贵族生活中使用非常普遍，银高足杯在洛阳唐墓出土了多件。洛阳博物馆收藏了一件草叶纹高足银杯，高足上有托盘，足为花瓣形，纹饰为草叶纹。洛阳宜阳张坞乡和伊川水寨也出土过银高足杯。多曲长杯也是外来风格明显的器物，器物呈椭圆形，八曲或十二曲，杯腹较浅，有圈足，在萨珊波斯时期非常流行，之后经中亚粟特地区最终传入唐朝。洛阳唐墓曾多次出土多曲长杯，1991年在洛阳伊川鸦岭乡杜沟村唐后期齐国太夫人墓中就出土了两件双鱼纹四曲金长杯，长杯底部中心有水波纹，双鱼环绕，边饰为宝相花纹。洛阳偃师杏园唐开成五年（840）

的崔防墓中也出土过一件银质四曲长杯。

早在战国至西汉时期，西方的金银器及制造工艺就开始传入中国。到南北朝时期，人们在对外来金银器制作技术和装饰工艺进行更多模仿和学习的同时，也试图将它们与中国传统器形相融合。到唐代，西方金银器物的捶揲工艺、造型艺术和装饰纹样大量传入，经过唐代工匠的创新，中国古代金银器风格突变，并出现了兴旺发达的景象。近年来考古发现，唐代金银器数量众多，类别丰富，造型别致，纹饰精美，金光闪闪，银光熠熠，成为显示唐王朝兴盛之貌标志之一。

唐代金银器从器物种类上可以分为食器、饮器、容器、药具、日用杂器、装饰品及宗教用器。唐代金银器的工艺技术也极其复杂、精细，当时已广泛使用了锤击、浇铸、焊接、切削、抛光、铆、镀、錾刻、镂空等工艺。据统计，20世纪50年代以来，仅在西安市区及其近郊出土的唐代金银器就有近千件，主要有碗、杯、盘、盒、碟、罐、壶等器皿。这些器物大部分是本土生产的，但其中许多器物都具有明显的西方艺术风格。

唐代的金银器艺术有一个发展过程。在唐高宗之前的时期，金银器品种不多，有碗、盘、杯、壶、铛等。其特点是划分出许多区段来配置图纹，装饰区间多在9瓣以上，甚至有14瓣的，这些区间瓣多錾刻成U形或S形。棱形器物是这个时期的重要特征。武则天到唐玄宗时期，器形种类增多，大量采用六等分、八等分来装饰配置纹样，装饰瓣多为莲瓣形且多为双层叠瓣，U形瓣已极少见，S形瓣不再出现。

⊙ 唐狮纹银花盘

从唐初到玄宗时期，金银器皿受西方影响较大，但也开始了中国化的进程，如高足杯、带把杯、折棱碗、五曲以上的多曲器物和器身呈凸凹变化的器物很流行，纹饰有忍冬纹、葡萄纹、连珠纹、宝相花纹、禽兽纹和狩猎纹。

唐代大量吸收了萨珊波斯等西亚和中亚金银器发达地区的工艺、造型和纹饰，唐代的金银器呈现出浓郁的异域色彩与前所未有的多样性，保留了明显的萨珊风格。唐代瓷器艺术是萨珊艺术和中土艺术相融合后创造出新风格的有益尝试，经过一定的创新，器物的造型、纹样更适合中国人使用，也更符合中国人的鉴赏风格。唐代青瓷凤头龙壶，壶身是绚丽的纹饰，壶盖被塑成凤头形，由口沿至底部连接着有动感的螭龙壶柄。显然，这类瓷器具有一种既吸收了萨珊金银器的造型，又采用了中土龙凤纹做装饰的新风格。

在造型方面，唐代金银器中有为数不少的各种带把杯。唐代长杯忠实模仿了萨珊长杯的多曲特征，但是具有体深、敞口、高足等有别于萨珊波斯器的特点。1975年内蒙古敖汉旗出土的唐代萨珊银胡瓶，瓶高28厘米、重800克，瓶口与瓶柄相接处饰有一鎏金头像，深目高鼻，有"八"字胡须，器形具有典型的波斯风格。出土的唐代带把杯，一部分系直接从粟特输入，另一部分是仿粟特器物制造的。西安何家村窖藏、沙坡村窖

⊙ 唐狩猎纹高足银杯

藏、韩森寨出土的金银带把杯，把手呈圆环形，上部有宽宽的指垫，顶面刻胡人头像，把手的下部多带有指鋬，有些器体呈八棱形，是典型的仿粟特器物。唐人在模仿中时有创新。如有的带把杯取消了指垫和指鋬，或把指垫变成叶状，杯体也由八棱折腹变为碗形、花瓣形。不少器物，造型虽取自粟特器形，纹样却具有典型的唐代本土特点。

罗马-拜占庭式的高足杯在唐代以前就已传入中国，唐代金银器中的大量高足杯很可能是受拜占庭器物形制的影响而制作的，但这种影响有可能是间接通过萨珊波斯传过来的。唐代高足杯上的纹样主要是缠枝花草、狩猎和各种动物纹，都是常见于其他种类器物上并为当时人们所习惯和喜

爱的纹样。唐代金银器中的金银长杯是对萨珊式银器的模仿和改造。多曲长杯原本是典型的波斯萨珊式的器物，口沿和器身呈变化的曲线，宛如一朵开放的花朵，唐朝人对这种造型奇特的器物十分喜爱。但是，萨珊式多曲长杯内部有突出的棱线，与中国器物光滑的内部不同，不符合中国人的使用习惯。唐代工匠经过不断的改进和调整，加高器足和器身，淡化内壁突起的棱线，使得中晚唐时期的多曲长杯表现出了全然不同于萨珊式长杯的面貌，并最终成为唐代的创新作品。

在外来工艺中，对中国金银器影响最大的是捶揲工艺。捶揲工艺最早出现在公元前2000多年的西亚、中东地区，并大量用于金银器的成型制作。由于长期受制于青铜铸造工艺，中国传统金银工艺也以铸造成型为主。虽然考古资料显示，我国东周时期的金银加工技术中就已出现了捶揲技术，但此种技术一直未见广泛用于器皿成型制作。到唐代，西亚、中亚等地的商人、工匠纷纷来华，他们在带来大量国外产品的同时，也带来了包括金银器制造在内的不少工艺技术。由于金、银均具有较好的延展性，捶揲成型更能体现金银制品的特质和美感，因此该技术得到了广泛的应用。考古出土的唐代金银器绝大部分都是捶揲成型，足见其影响之大。

萨珊波斯金银器常用的凸纹装饰工艺也对唐代早期的金银器装饰工艺产生了较大的影响。凸纹装饰技术，属于捶揲工艺，又称为模冲，即在金银器物的表面，以事先预制好的模具冲压出凸起的花纹图案。其特点是：主体纹饰突出，立体感强，具有极强的装饰效果。西安何家村窖藏出土的舞马衔杯纹皮囊式银壶、鎏金龟纹桃形银盘和鎏金双狐双桃形银盘就是用这种装饰技法制作出的精品。捶揲技术的输入与弘扬，使中国古代的金银器制造工艺进入了一个新的发展阶段，并极大地促进了唐代金银器制造业的繁荣。

由于金银器皿在上层流行，我国陶瓷工艺仿制金银器的风气更盛了。不仅在纹饰上模仿，而且新型的白瓷工艺出现了不少仿银器的器类，主要有碗、杯、盘、盒和胡瓶，这类仿制品在陕西西安、咸阳一代的墓葬中较常见。洛阳、太原和其他大城市附近的墓葬中也有发现。唐三彩器物中的造型、装饰中都有西亚因素，如胡瓶、凤首壶、牛首杯、象首杯等器物造型就是仿造萨珊波斯的金银器造型。再如那些典型的中国式器物三彩贴花龙耳瓶，其腹部的贴花也无疑借鉴了萨珊波斯金银器的装饰手法。

洛阳唐墓还出土了许多波斯金银器物的仿制品，其中许多是三彩瓷器仿制品。如洛阳东郊塔湾村唐墓出土的三彩凤首壶，壶首为凤头形，头有高冠，尖嘴，壶身一侧附弧形柄，装饰狩猎纹和

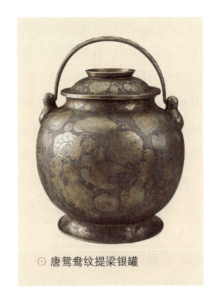

⊙ 唐鸳鸯纹提梁银罐

鸳凤纹。在洛阳邙山葛家岭出土的兽首壶，通体施淡黄、绿釉，壶口装饰有一兽首，双目圆睁，张嘴露齿。这几件器物的造型和装饰源于波斯萨珊王朝时期的金银器胡瓶，在当时洛阳官僚贵族生活中使用非常普遍。洛阳东北郊以及偃师城关镇唐墓出土的头戴折沿帽的胡俑都手执胡瓶。2005年在洛阳洛南新区发掘的唐安国相王唐氏孺人墓中，井东壁壁画中的侍者也手提一件鸭嘴式长尖流、细长颈胡瓶。除三彩瓷器外，洛阳唐墓还出土了其他材质的仿制品，如偃师杏园晚唐墓葬中出土了精美的白瓷四曲长杯，庐州参军李存墓中出土了滑石四曲长杯，李郁墓中也发现了相似器型的滑石长杯。

四、唐朝与大食的交通往来

在阿拉伯帝国兴起之前，中国与阿拉伯民族早已有所接触。张骞通使西域时，曾得知在安息以西有条枝，并遣副使前往。东汉班超派甘英出使大秦，便是到条枝后折而复返。据张星烺说，汉时的"条枝"和唐时的"大食"皆是波斯称呼阿拉伯人的同一个词的译音。所以，可以认为，汉通西域，已与阿拉伯人有所接触和往来。

另外，丝绸等中国产品沿丝绸之路，经安息西传，也早已输入阿拉伯人生活的地区。在叙利亚东部沙漠地区曾出土汉字纹锦，经鉴定，是1世纪的丝织品，它的纹样和汉字与在新疆楼兰等地发现的丝织品相同或相似，都是汉代的绫锦、彩缯。在萨珊波斯时期，中国货物通过海陆两途输往两河流域。632年，阿拉伯人在建立帝国的过程中，攻陷了底格里斯河口附近的乌剌港（乌布剌），后来一些阿拉伯作家在记述这一事件时曾说，乌剌是一个"中国港口"。可见当时中国与西亚往来的密切关系。

唐朝与阿拉伯帝国的直接交往开始于高宗永徽二年（651），正是阿拉伯人灭萨珊波斯，杀死波斯王伊嗣俟三世这一年。据记载，这年大食使者初次来到长安。《新唐书·大食国传》说："永徽二年，大食王徽密莫末腻始遣使者朝贡，自言王大食氏，有国三十四年，传二世。"所谓"徽密莫末腻"，当是阿拉伯语 Amīral-mīnīn 的译音。这是阿拉伯人对哈里发的一种尊称，意为"信士们的长官"。当时是阿拉伯哈里发奥特曼（Ottoman）在位。阿拉伯使臣的到来，标志着唐朝与西域关系史重大转折的开始，随着萨珊波斯的灭亡和大食帝国的扩张，大食人逐渐取代波斯人，在中国古代东西交往的历史中占据重要地位。

自此以后，大食使者频频到达。自651年初次通好，到798年最后一次大食使者入唐，在这100多年中，大食使节进入长安共有39次之多。

阿拉伯帝国于661年建立倭马亚王朝。因其尚白色，故唐朝将其称为"白衣大食"。唐朝与倭马亚王朝的关系颇为复杂。一方面，倭马亚王朝及其派驻伊朗东北部呼罗珊的总督不断遣使入唐，以交友好，唐朝与大食的接触日渐频繁，开创了唐朝与西域交往的新阶段。另一方面，倭马亚王朝在完成对呼罗珊的征服之后，即以呼罗珊为基地继续扩张，向东向北推进。受到阿拉伯人侵袭威胁的中亚各国，如康、安、曹、史、石等昭武九姓国和吐火罗、支汗那、骨咄、俱位等纷纷寻求唐朝的支援和保护，波斯也曾求援于唐。唐朝对中亚，乃至波斯的危机虽鞭长莫及，但与大食亦时时出现紧张关系。8世纪初，大食竟有意东侵中国。当时的呼罗珊总督哈札只曾向部将卡西姆和屈底波许诺，谁第一个踏上中国领土，谁就出任统治中国的总督。713年前后，卡西姆和屈底波分别在印度西部边境和中亚地区建立了阿拉伯人的统治。他们虽未达到进入中国的目的，但已叩到了中国的大门。而与此同时，吐蕃人也进入中亚，与大食争雄。于是，在8世纪上半期，唐朝、吐蕃和大食在中亚地区屡次发生错综复杂的纠葛与冲突。唐玄宗开元、天宝年间，唐朝由东而西，吐蕃由南而北，大食由西而东，三方势力在西域交汇。唐朝虽曾在葱岭以西设立过羁縻府州，并进行过一些惩罚性的远征，但总的来说，唐朝势力主要局限在葱岭以东的地区。

750年，阿卜勒·阿拔斯灭倭马亚王朝，建立了以阿拔斯王朝知名的阿拉伯政权。因其色尚黑，故唐朝将其称为"黑衣大食"，以别于"白衣大食"倭马亚王朝。倭马亚王朝的都城在大马士革，阿拔斯王朝的政治中心则向东迁移，先是东迁到幼发拉底河中游的库法，后又迁至巴格达，继而又建都城萨玛拉，其中萨玛拉是9世纪时阿拔斯朝连续8位哈里发的都城。每次迁都的用意都与开展与中国及东方各地的贸易关系有关。

阿拔斯王朝在东部伊斯兰世界稳固地统治了500年之久。随着政治中心东移，大食帝国与唐朝的关系更趋密切。正是在阿拔斯王朝时代，中国与阿拉伯的文化交流达到最兴盛的时期。唐代大食人叶耳古卜（卒于897年）记述，当时在亚丁建有中国商船的码头。

唐与大食的官方往来密切而频繁，两国民间的贸易关系也显示出前所未有的盛况。特别是8世纪以后，中国和阿拉伯之间的贸易往来空前活跃，陆路和海路两途，往来商旅都络绎不绝。在陆路，由于阿拉伯帝国雄踞西亚和中亚广大地区，因此在其境内，东西交通的丝绸之路畅通无阻。阿拉伯帝国的驿递制度很完善，从首都到外地均有驿路，四通八达。沿途的驿馆等设施，不仅保证了政令的迅速传布，而且为运输物资、商旅往来提供了便利。

阿拉伯历代统治者一向重视发展手工业和商业贸易，以充国用与享受之资。杜环《经行记》记载说，当时大食国"四方辐辏，万货丰贱，锦绣珠贝，满于市肆"，反映了阿拉伯手工业的发展和贸易的兴旺。经济的繁荣，也刺激了大食帝国海外贸易的发展。在政府的鼓励下，阿拉伯商人梯

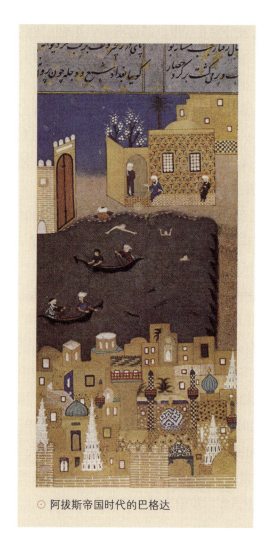

山航海，无远弗至，东至中国，西至欧洲，极大地促进了中西方的经济文化交流。有学者指出，阿拉伯人"是那些遥远国度的商业开创者"，"他们在中国和东南亚的贸易中扮演了中间人的角色"。[1]

巴格达是当时西亚的一大商业中心，在巴格达的市场上，从各地转运来的货物之多，往往超过原产地的数量。当年阿拔斯王朝在巴格达建都，其用意之一就是开展对中国等东方国家的贸易。762年，第二代哈里发曼苏尔说："我们有底格里斯河，使我们能与像中国那样遥远的国土联系，并给我们带来美索不达米亚和亚美尼亚的食品以及海洋所能供给的一切。我们还有幼发拉底河，可以给

⊙ 阿拔斯帝国时代的巴格达

我们运来叙利亚、拉卡（al-Raqqah）和邻近各国所贡献的一切东西。"在阿拔斯王朝统治下，巴格达发展成为一个惊人的财富中心和具有国际意义的都会，号称"古代世界几座最强大的首都之一""一个举世无匹的城市"，只有拜占庭可以和它抗衡。巴格达的商业贸易十分繁荣，市场上有从中国运来的瓷器、丝绸和麝香等商品，从印度和马来群岛运来的香料、矿物和

---

① ［英］约翰·霍布森著：《西方文明的东方起源》，孙建党译，山东画报出版社2009年版，第37页。

染料，从中亚细亚突厥人的地区运来的红宝石、青金石、织造品和奴隶，从斯堪的纳维亚和俄罗斯运来的蜂蜜、黄蜡、毛皮等，从非洲东部运来的象牙、金粉等。城里有专卖中国货的市场。帝国的各省区，用驼队或船舶把本省的物产运到首都：从

⊙ 伊拉克巴格达的海达尔·哈纳清真寺

埃及运来大米、小麦和夏布，从叙利亚运来玻璃、五金和干果，从阿拉比亚运来锦缎、红宝石和武器，从波斯运来丝绸、香水和蔬菜。

阿拔斯王朝统治者迫切希望中国等地的商人到其国内经商。正是这种政策上的鼓励，导致了大食海外贸易的兴盛。9世纪中叶的阿拉伯文献指出："当时从伊拉克去中国和印度的商人络绎不绝。"阿拉伯商人从巴格达和其他出口中心，航行到远东、欧洲和非洲，他们贩卖织造品、宝石、铜镜、料珠、香料、枣椰、蔗糖、棉织品、毛织品、钢铁工具和玻璃器皿；他们输入的货物，有来自远东的香料、樟脑、丝绸和来自非洲的象牙、黑檀等。和印度、波斯人的贸易一样，阿拉伯商人贩卖到中国的货物，有他们本地的产品，也有经他们之手转运的其他国家和地区的商品。

通过丝绸之路，大批阿拉伯商人，包括波斯商人，成群结队地来到中国从事贸易活动，进入甘陕一带，有的甚至深入四川，东下长江流域。尼沙布尔和德黑兰附近的赖伊等地出土的唐五代越窑系青瓷和唐长沙窑彩绘盘，以及萨马拉出土的唐瓷残片，为这些阿拉伯和波斯商人当年陆上运输的繁忙景象留下了物证。西安西窑头村晚唐墓中曾出土3枚阿拉伯金币，其中最早的一枚铸造于倭马亚王朝第五位哈里发阿卜杜勒·麦立克在位时

期，相当于702年，另外两枚的年代分别相当于718年和746年。金币的随葬约相当于8世纪后半期和9世纪前半期。

五、怛罗斯战役与造纸术的西传

中国和阿拉伯文化交流的盛世开端于两国间的一次战事。唐玄宗天宝十载（751），刚刚建国的阿拔斯王朝的呼罗珊总督阿卜·穆斯林出兵中亚。唐朝的安西四镇节度使高仙芝应中亚诸国之请而领兵去帮助他们抵御大食的侵略，双方会战于怛罗斯（今哈萨克斯坦塔拉兹）。

怛罗斯战役是当时世界上两大帝国唐朝和阿拉伯阿拔斯王朝（黑衣大食）之间的一场大战，是一场在世界史上有着重要影响的重大战役。中国和阿拉伯两方面的史籍都对怛罗斯战役有所记载，只是在参战人数上说法不同。当时唐军在西域的统帅高仙芝是高句丽人。当年高句丽灭国后，许多王室成员和贵族内迁到中原，并且逐渐融合到唐朝的社会中，有的还担任了高级官职。高仙芝是唐朝著名的边将之一，被玄宗任命为安西四镇节度使，因其英勇善战，在西域获得了极大的声誉，被吐蕃和大食誉为"山地之王"。为了征讨企图反叛的中亚属国，巩固唐朝在中亚地区的羁縻制度，玄宗派高仙芝再度出兵中亚。

天宝十载（751）四月十日，高仙芝率军从安西出发，翻过帕米尔高原（葱岭），越过沙漠，一路长驱直入，经过3个月的长途跋涉，深入大食人境内700余里，在同年七月十四日到达大食人控制下的怛罗斯城，并且开始围攻该城。阿拉伯人立即组织了10余万大军赶往怛罗斯城。双方在怛罗斯河两岸展开了一场大决战。惨烈的战斗持续了整整5天。但是，在这场两大帝国之间的大战中，一贯英勇善战的高仙芝却因盟军背叛，腹背受敌以及指挥失误而打了败仗。唐军损失惨重，两万人的安西精锐部队几乎全军覆没，阵亡和被俘各自近半，只有千余人得以身还。但唐军也重创了阿拉伯部队，杀敌7万余人。慑于唐军所表现出的惊人战斗力，阿拉伯人并没有乘胜追击。而唐朝由于几年后爆发安史之乱，国力大损，只能放弃在中亚与阿拉伯的争夺。

怛罗斯战役过后，唐朝无力涉足帕米尔高原以西之地，许多自汉代以来就已载入中国史籍并为中国干涉控制的古国均落入阿拉伯人手中，中国的势力范围缩小了百余万平方千米。华夏文明从此退出中亚，这一地区开始了整体伊斯兰化的过程。整个中亚的历史进程被彻底改变了。

关于怛罗斯战役的意义，从政治上来说，自此以后，阿拉伯势力在中亚地区取得了优势，而中国的势力逐渐退出这一地区。

怛罗斯战役并没有使唐朝和大食的关系交恶。唐天宝十一载（752）十二月，"黑衣大食谢多诃蜜遣使来朝"（《册府元龟》卷九七一）。此次派遣使节入唐的当为阿拔斯王朝的创建者，这是阿拔斯王朝第一次遣使中国。唐朝特意隆重地授以左金吾卫员外大将军的勋位。接着，在天宝十二载（753）一年之中，大食使者4次入长安；以后又连续5年，每年都有大食使者入唐。可见唐朝与阿拔斯王朝的关系相当密切。安史之乱时，阿拔斯王朝还应唐肃宗之邀，派兵援唐，平定安、史叛军。

不过，怛罗斯战役更重要的意义是在文化方面，因为在这次战役中有大批唐兵被阿拉伯军所俘，其中有不少技术工匠。他们被带往阿拉伯地区，因而把中国的科学技术文化传播开来。可以说，正是怛罗斯战役促成了中国与阿拉伯之间的第一次技术转移。例如，造纸技术就是在这时由被俘的中国工匠传入阿拉伯世界并进而西传欧洲的。现在的研究者一般把751年作为中国造纸术西传的正式年份。

1887年，奥地利阿拉伯学家卡拉巴塞克（Joseph Karabacek）最先把怛逻斯战役与造纸术的西传联系起来。被阿拉伯人所俘的唐军兵士中，有一些是造纸工匠，这些工匠把造纸法传入撒马尔罕，在那里建立了一座造纸工场，成为阿拉伯帝国造纸业的开山始祖。9世纪上半期，一位名叫塔米姆·本·巴赫尔（Tamim b. Bahr）的阿拉伯作家，留下了一篇回鹘行记，其中记述了821年前后的情况。行记中引述了另一位阿拉伯作家阿卜勒·法德勒·瓦斯吉尔迪的话说："穆斯林掳获甚丰，掳来的一些人的孩子们就是现在在撒马尔罕制造上好纸张、各种武器、各种工具的人。"据英国伊朗学

⊙《天工开物》中的《制纸图》

家米诺尔斯基（V. Minorsky）考证，阿卜勒·法德勒·瓦斯吉尔迪所说的这批俘虏的孩子们，就是怛罗斯战役中被俘唐军的子弟。这段记载是目前所知最早提及中国工匠在撒马尔罕造纸、造武器、造工具的史料。

在怛罗斯战役中被俘的唐代著名史学家杜佑的族侄杜环，后来辗转归国。他在回忆录中也提及中国工匠向阿拉伯人传授造纸技术的史实。

撒马尔罕在唐时被称为康国，700年为大食将军屈底波率兵占领，成为阿拉伯帝国的东方重镇。撒马尔罕有丰富的大麻和亚麻植物，加上充足的水源，为造纸业的发展提供了自然资源。撒马尔罕的造纸业因为有技术熟练的中国工匠操作，所造纸张十分精良，成为远近闻名的商品。直到11世纪初，"撒马尔罕纸"仍在阿拉伯世界中保持着很高的地位。

撒马尔罕的造纸业发展起来后不久，阿拉伯世界又涌现出几处造纸业基地。794年，在呼罗珊总督巴尔马基特的赞助下，巴格达建立了新的造纸厂。当时的巴格达是伊斯兰教的宗教和文化中心，是当时世界上最富庶繁荣的城市之一。巴格达纸厂的建立，由于与呼罗珊总督关系密切，因此其主要技术力量都是由撒马尔罕纸厂提供的，据说其中就有中国工匠。纸厂投产后，政府便明令政府公文正式采用纸张，以代替耗资巨大的羊皮纸。

由于纸的需要急剧上升，9世纪时西亚地区又陆续出现了两个新的造纸厂。一个是在阿拉伯半岛东南的蒂哈玛建立的纸厂，不久又在大马士革设立了一座规模宏大的纸厂。几百年间，大马士革是向欧洲供应纸张的主要产地，所以欧洲一般称纸为"大马士革纸"。叙利亚的另一城镇班毕城也以制纸著称，所以欧洲人也曾把纸称为"班毕纸"。

当时，非洲北部也在阿拉伯帝国的统治之下，所以纸和造纸术在中亚和西亚地区传播的同时，自然很快传播到埃及。900年前后，在今埃及的开罗地区已经建立了造纸厂。埃及自古以来一向以生产莎草纸闻名于世，并长期向地中海地区输出这种莎草纸。但是，当中国发明的纸和造纸术传到这里以后，莎草纸便遇到了强有力的竞争对手，最终被淘汰。在9世纪末，莎草纸被用于文书写作已经到了它的最后阶段。10世纪中叶以后，莎草纸文书已告绝迹，纸最终代替莎草纸而成为最重要、最常用的书写记事材料，甚至纸在埃及还被作为日常生活用品使用。

造纸业的发展，纸的推广和普遍应用，推动阿拉伯科学和文化事业的进一步繁荣和昌盛。830年，阿拔斯王朝首都巴格达建立了"智慧宫"，由科学院、图书馆和译学馆联合组成，系统地和大规模地开展翻

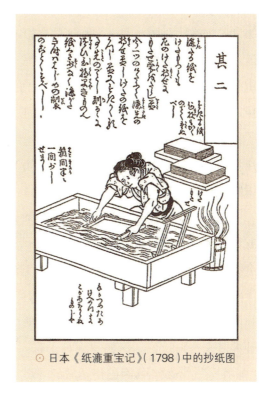

⊙ 日本《纸漉重宝记》(1798)中的抄纸图

译事业。撒马尔罕和巴格达造纸厂生产的轻便的纸，为翻译事业的发展提供了最方便的条件。译学馆网罗了各科学者和翻译家，包括伊斯兰教、景教、犹太教的学者，翻译希腊文、叙利亚文、波斯文和梵文的各种专门著作，广泛地吸收世界各国的科学文化遗产。古希腊的许多科学著作得以保存下来，几乎全赖阿拉伯文的译本。10世纪时纸在波斯湾和两河流域已经非常普遍，以至短时期内便可抄录多卷本的科学巨著。纸张用于书写，使得各种抄本得以广为流传，在巴格达、大马士革和开罗都有专门销售抄本的书商。法蒂玛王朝也在开罗创建了"科学馆"，从事科学研究和翻译事业。正是因为新式纸张的传抄，开罗皇家图书馆的藏书达到20万册，使得在公元前1世纪和389年两次被罗马人焚毁殆尽的亚历山大里亚图书馆昔日的盛业重现光辉。

除造纸技术外，中国的丝织技术以及其他工艺技术也在这一时期传入中亚地区。杜环的《经行记》描述了他在阿拉伯流寓期间的所见所闻，提到"绫绢机杼，金银匠、画匠、汉匠起作画者，京兆人樊淑、刘泚。织络者，河东人乐隈、吕礼"。这些金银匠、画匠、织匠、络匠，都是当时流落西亚地区的中国工匠。特别是这些中国织匠、络匠，他们把中国的丝织技术带到西亚，使当地的织造锦缎等高级丝织品手工业迅速发展起来。伊朗、叙利亚等地的穆斯林很快取代拜占庭而执掌丝织业的牛耳，并操纵了对欧洲的丝绸贸易。自哈里发以下，阿拉伯的各级统治者都办起了宫廷作坊和官府作坊，生产"兑拉兹"（Tirāz）等供王室和上层人物专用的丝织物。

"兑拉兹"原意为刺绣，这里指上面以古体文字绣出或织出哈里发名字或苏丹名字，供缝制统治者御用袍服或赏赐有功大臣的荣誉袍服的织物。今波斯湾东岸的许多城市都有这样的工艺高超的作坊，织造花团锦簇、色泽鲜丽的锦缎、壁毯等。这些作坊的产品大量输往欧洲。实际上，穆斯林的丝织作坊控制了9—14世纪欧洲的丝绸市场。在欧洲，有名的丝绸品种大多来自阿拉伯。例如"大马士克"（金线刺绣的绸缎）来自大马士革；"阿塔比"（条纹绢）因巴格达城的阿塔卜区而得名，后来西班牙的阿拉伯人仿制这种丝织品，畅销于法国、意大利和欧洲其他国家，也叫"塔比"；库法制造金丝或半金丝的头巾，名叫"库菲叶"，今天的阿拉伯人仍然喜欢戴这种头巾。后来，丝织技术经阿拉伯人的中介传入西班牙，并得到高度发展。1147年，丝织技术传入西西里。12世纪下半期，西西里成为丝织业向欧洲各地传播的基地。[①]

六、杜环的奇幻旅行

在怛逻斯战役中，许多唐军士兵被阿拉伯人俘虏，其中有许多是掌握一定专业技术的工匠，他们后来辗转中亚、西亚各地，把中国的生产技术，特别是造纸技术传播到那里，为我国技术向阿拉伯世界的转移做出了重大贡献。但是，他们绝大多数没有能够返回故乡，而是在各地漂泊，埋骨异乡。而他们中有一个人是幸运的，不仅最终返回故乡，而且在历史上留下了他的名字。他就是杜环。

杜环是《通典》的作者杜佑（735—812）的族子，怛逻斯战役时被大食军队俘虏，在大食境内漂泊10年之久，宝应元年（762）附海舶返回唐朝。杜环根据他在大食境内流寓的经历及见闻写了《经行记》，留下了中国与阿拉伯交往的最早和可靠的记录。

杜环经历了怎样的旅程和磨难，又是怎样最终回到了故乡，现在都不得而知了。但是，《经行记》记载了十多个国家，即拔汗那国、康国、师子国、拂菻国、摩邻国、大食国、大秦国、波斯国、石国、碎叶国、末禄国、苦国。这些都可能是他到过的或者听闻的地方。10年之久的漂泊，他一定经历了无数的磨难，走过了相当遥远的行程，到过很多地方，也见到或者经历了许多闻所未闻的人和事。他在海外漂泊了10年，从陆上丝绸之路随军西征到西域地方，最后从海上丝绸之路乘商船回到广州，这本身就是一

---

① 张广达著：《海舶来天方 丝路通大食——中国与阿拉伯世界的历史联系的回顾》，载周一良主编《中外文化交流史》，河南人民出版社1987年版，第772—773页。

个传奇，是丝绸之路上一次奇妙的旅行。

《经行记》原书已佚，但是杜佑在写作《通典》时，在"边防典"中摘录了其中部分内容，吉光片羽，弥足珍贵。今见之于《通典》的仅有1511字，其中保留了关于早期阿拉伯风俗和伊斯兰教教义的最早汉文记录，翔实地反映了当时中亚各国和大食、拂菻、苫国的情况，又提到了锡兰、可萨突厥、摩邻国。

《经行记》对阿拉伯的风俗文化多有记录，为研究早期穆斯林风俗提供了宝贵资料。特别值得注意的是，《经行记》中已经涉及伊斯兰教教义的内容。这是中国文献中关于伊斯兰教很简要、正确而得体的最早记录。

《经行记》中还记录了非洲的女国与摩邻国两个国家。杜环是历史上第一个有名可指到达非洲的中国人，他对这个自然和人文都颇为奇特、被写作"摩邻"的国度，记载详尽。杜环着意描述了他从耶路撒冷启程，经过埃及、努比亚到埃塞俄比亚的阿克苏姆王国的见闻。阿克苏姆人崇敬的三大神中，在天神、地神之外还有海神摩邻，杜环便管它叫"摩邻国"。在进入非洲后，杜环亲眼见到埃及、努比亚和埃塞俄比亚流行大秦法（基督教），埃及的国教和努比亚沿海的阿拉伯人信大食法（伊斯兰教），在尼罗河以东苏丹境内从事转口贸易的牧民贝贾人崇奉寻寻法（原始拜物教）。

杜环书中关于"摩邻"的内容尤其受到学界的高度重视。有学者推测，摩邻国位于红海西岸。还有学者通过对相关叙述的考察，提出，符合"自拂菻西南度碛二千里"而后至、食"马食干鱼"、"其人黑"等条件的地区，应是位于今撒哈拉沙漠迤南、有着宽阔内陆三角洲的尼日尔河上、中游地区。当中世纪，"加纳、马里、桑海"等相继在当地建立灿烂文明，所称的"摩邻"正是当地曼迪人对王国的泛称"马里"。"摩邻"的三"法"："大秦"指的是早期受到罗马文化影响的柏柏尔人；"大食"指的是入侵的阿拉伯人；"寻寻"指的是包括曼丁哥、索宁凯、桑海等的土著黑色人种，而"寻寻"正是"桑海"一词变形后的译写。摩邻具体指哪个国家，分歧尚多。但是综合杜环记载的方位、肤色、风俗、物产等各方面的情况来看，摩邻是当时非洲大陆的某个古代国家是没有疑问的。

杜环最后返航的地方是埃塞俄比亚的马萨瓦港，他从那里回到波斯湾后，当年便搭船返回广州。

七、阿拉伯文献记载的丝绸之路

阿拉伯地理学兴起于8世纪中期，到八、九世纪之交的时候，进入蓬勃发展时期，涌现出许多著名的地理学家。由于当时的阿拉伯是一个世界性大帝国，阿拉伯人的地理眼界比以往大为开阔。当时阿拉伯人的地理学著作所述的内容往往涉及他们所知的整个世界，其中也包括对中国地理和文化的介绍。这些旅行家的见闻录和地理学家的著作中对中国的记述，代表了当时阿拉伯人关于中国的知识。而阿拉伯人关于中国的知识，他们对中国文化的了解，无论在广度上还是在深度上，都远远超过了欧洲人。实际上，许多中国文化的成果，如造纸术、炼丹术、中医学等是通过阿拉伯而进一步传到欧洲的，欧洲人关于中国的知识在许多方面都得自于阿拉伯人。阿拉伯是中华文化西传的一座桥梁。正如一位英国学者所说，"阿拉伯人事实上成为沟通东西文化者"[1]。

伊本·胡尔达兹比赫可以说是古典阿拉伯地理学的鼻祖，他奠定了用阿拉伯语撰写地理学文献的风格和模式。胡尔达兹比赫出身名门，曾在巴格达受过良好的教育。他是哈里发穆耳台米德的挚友，曾担任伊朗西部杰贝勒省的邮政和驿传长官，后又升为巴格达及萨马拉的邮传部长官，这些职务使他有条件收集和整理阿拉伯官员和商人有关亚洲国家，特别是中国以及阿拉伯人商道的大量情况报告。他博才多学、著述宏富，他还写过一部《历史》，据说记录的是伊斯兰以前诸民族的沿革。《道里邦国志》大概完成于他担任邮传部长官的时期，他边写边搜集材料，用了很长的时间。

胡尔达兹比赫撰写的《道里邦国志》一书，综合了流传至此时的最早

---

① ［英］M.布隆荷尔著：《中国与阿拉伯人关系之研究》，载朱杰勤译《中外关系史译丛》，海洋出版社1984年版，第13页。

的阿拉伯地理知识报道。《道里邦国志》详细记述亚、非、欧三大洲西起法兰西、西班牙，东至中国、新罗、倭国（今日本）、麻逸（位于今菲律宾），北及罗斯（古俄罗斯），南达印度洋各个岛国的民间风俗、宗教文化、历史遗迹、经济特产及各国之间的路程，各地的商货及其质量与价格、商路上的食宿条件、海港与海上航程等，并为读者描绘出9世纪的国际贸易路线图。其范围极广，几乎将整个文明世界都包括进去。它详细介绍了犹太商人、罗斯商人及伊斯兰帝国的穆斯林商人在国际贸易中的积极作用。麻素提称颂《道里邦国志》为"一部珍贵的书，它是取之不尽的宝藏，始终都可以从中得到教益和知识"。

《道里邦国志》中有一节是"通向中国的道路"，对中国的港口、河流、物产以及海上航行等情况有较为具体的记述，其中记载，沟通中国与阿拉伯世界的干道是著名的"呼罗珊大道"。这条大道从巴格达向东北延伸，经哈马丹、赖伊、尼沙布尔、木鹿、布哈拉、撒马尔罕、锡尔河流域诸城镇而到达中国边境，与中国境内的交通路线相联结。这条呼罗珊大道的路线，就是古代丝绸之路在葱岭以西最主要的一段路线。

《道里邦国志》中也记述了从波斯湾海道到中国的实际航程。书中写道："操着阿拉伯语、波斯语、罗马语、法兰克语、安达卢西亚语、斯拉夫语的商人经陆路和海路，从东方行至西方，又从西方行至东方。"若走海路，他们从"西海中的凡哈（Fanhah）出航，取道凡莱玛（Faramā），再负载着商品到红海……再从红海出发航行在东海上，抵达伽尔（Jār）和吉达，再至信德、印度、中国。然后，他们从中国携带着麝香、沉香、樟脑、肉桂及其他各地的商货返回红海，再将货物运至凡莱玛，再航行于西海中"。若走陆路，商人们"从安达卢西亚，或者法兰克出发"，航海至"'远'苏斯，再至坦佳，再至阿非利加，再至米昔儿（埃及）"，经西奈半岛、两河流域、伊朗、印度，最后到中国。[①]这条航线全程需时87天。

---

① ［阿拉伯］伊本·胡尔达兹比赫著：《道里邦国志》，宋岘译注，中华书局1991年版，第164、166页。

《道里邦国志》中没有直接记载大食与中国的贸易交往情况，只是记载了中国的一些港口，如汉府（广州）、汉久、刚突（江都）。此书还记载了唐与大食贸易往来的主要商品，如丝绸、宝剑、花缎、麝香、沉香、马鞍、貂皮、陶瓷、绥勒宾节、肉桂、高良姜。唐代时，从外国输入中国的主要商品有香料、珍珠、象牙、犀角等珍品。书中说到，中国疆域广大，东起海洋，西至印度，全中国有300座人口稠密的城市，其中较为著名的有90座。

成书于10世纪中叶的《黄金牧地》是阿拉伯人有关中国记述的一部重要文献。《黄金牧地》是当时阿拉伯著名的经传体历史和地理书。这部著作的作者麻素提是10世纪最负盛名的历史学家和地理学家。麻素提出生于巴格达，自幼年起便周游各国，一生大部分时间是在旅途中度过的。他的旅途所至甚远，到过埃及、东非、叙利亚、伊朗、印度、东南亚以及中国沿海诸地。他自称在马来亚和中国海岸停留过，对于黑海和红海地区更为熟悉。

麻素提根据自己的旅行见闻，又借鉴许多前贤的著作、游记以及其他经典文献资料，写下许多巨著，但保存下来的只有《黄金牧地》。《黄金牧地》又名《历代编年史》，约成书于943年。原书共30册，主要是著者依据自己遍游亚非各地40年间所记录的第一手资料写成。

《黄金牧地》用纪传体形式写成，与中国各王朝断代史的体例颇为相似。从地域方面来说，该书涉及从苏门答腊到中亚、欧洲和非洲的大部分地区，如中国、印度、波斯、阿拉伯半岛、巴比伦、神祇人地区、犹太人地区、北非、拜占庭、法兰克人地区、西班牙等；从内容上来说，它涉及王统世家、民族分布、伊斯兰教、基督教、佛教、各种巫教以及自然地理、人文地理、风土人情、文化历法、工艺、文学、山川、河流、海洋、军事征服、名胜古迹等。该书的特点是将实地考察所得的材料与可靠的史料相结合，作者的博学见闻、精辟见解尤为突出，后广为世界史学家所参考和引用。可以说，《黄金牧地》是一部中世纪的百科全书，此书代表着阿拉伯和穆斯林历史编纂学的顶峰，所以麻素提被称为"穆斯林和阿拉伯的希罗多德"。

与麻素提大体同时的还有一位波斯旅行家麦哈黑尔，他也到过中国。麦哈黑尔是从陆上丝绸之路进入中国的。他到过吐蕃、回纥、突厥等民族聚居之地，还遇到了一些黑衣大食东征军的后裔。他还进入中国都城。麦哈黑尔回国后，著有《游记》，记述了他在中国游历的见闻。他记述了沿途丰富的物产，有降雨石、金块、麝香、羚羊角等奇珍异宝。

在当时其他阿拉伯地理学者著作中以及其他方面的阿拉伯文献中，也有不少关于中国的记载。例如生活在10—11世纪的穆斯林学者撒阿利比在其著名的《珍闻谐趣之书》中就有关于中国文化的记载。

在唐代中国和阿拉伯文化交流的高潮中，阿拉伯人关于中国的知识已经具有相当的广泛性和深度。他们的记述中，不仅包括通往中国的陆路和海路交通路线以及中国的产品，还包括中国人的风俗文化、政治制度、宗教信仰等许多方面，也包括中国的货币制度和贸易方式。他们还记述中国疆域广大，人口众多，都城壮观。当时的中国和阿拉伯，都处在一个全面开放的时代。频繁的往来，增加了彼此间的文化接触和相互了解。而这些关于中国的记述，也会和传播到阿拉伯的中国物产、科学技术一样，对促进阿拉伯文化的发展起到一定的作用。当时的阿拉伯人在谈到中国时，都会对灿烂的盛唐文化流露出钦慕之情，赞誉之词不绝于书。阿拉伯的作家们一般非常热衷于描述中国，极力称赞中国幅员辽阔，城池多如繁星，居民富庶安乐。在这些阿拉伯人的笔下，中国不仅是穆罕默德那时候所知的学问之乡，而且是富庶之乡、文明之乡。

第二十四章　丝绸之路与拜占庭

一、拜占庭与唐朝的交通往来

公元330年，罗马皇帝君士坦丁大帝（Flavius Valerius Constantinus，280—337）在巴尔干半岛东部的拜占庭地方建立罗马帝国的新都，即君士坦丁堡（今土耳其伊斯坦布尔），并赐予其"新罗马"（Nova Roma）的正式名称。4世纪末，罗马帝国分裂为东、西两个帝国。

拜占庭帝国不仅保持了原本属于古罗马帝国的领土，而且进一步囊括了中东和希腊地区，据有地中海周围的欧洲、亚洲和非洲的大片区域。以拜占庭为中心的帝国东部，融会古希腊文化、基督教、东正教、罗马政治观念以及东方（如波斯）文化因素，逐渐在政治制度和文化上表现出自成一格的独特性，形成了一个不同于古希腊和古罗马的新型帝国，近

⊙ 君士坦丁堡

⊙ 圣索菲亚大教堂

代学者称之为"拜占庭帝国"。但是，这个称谓是近代以后出现的。对当时东部帝国的统治者和民众而言，这个东部帝国仍然是罗马帝国的正统，承续着帝国的光荣和使命，故其君主自称为"罗马皇帝"，民众自称为"罗马人"，而新都"君士坦丁堡"称作"新罗马"。罗马帝国与外族交往以"Rum"自称。

在历史上，拜占庭是一个十分强大的帝国，有着完善的行政管理制度和较为发达的科学技术。直到1453年奥斯曼土耳其帝国攻陷君士坦丁堡，在长达1000多年的时间里，拜占庭帝国曾是欧洲和地中海世界的政治、经济、文化和宗教中心，对西欧、东欧、西亚各国产生过巨大影响。

拜占庭促进了全球贸易的发展。拜占庭帝国的复兴，使帝国在地中海东部的贸易活动重新活跃起来。拥有近百万人口的君士坦丁堡，以其独特的商业地理位置，成为当时欧洲最富庶、人口最稠密的大都市。它位于东西交通的要冲，具有地理上的优越地位，距离美索不达米亚、埃及、希腊以及当时世界上其他较繁荣的国家和地区都不算远。君士坦丁堡东与波斯、印度、中国，西与西欧，北与北欧都保持着贸易关系，全部的地中海贸易都与它密切相关。它控制了通向东方的商路，其商业利益远布到中国和印度。马克思曾说，君士坦丁堡是"东西方之间的一道金桥"①。

在东晋和南北朝时期的史料中已记有拜占庭，称为拂菻、蒲林、普岚等名。不同汉译名的出现，是由于用汉语将东罗马帝国的名称Rum转译成各种不同的东方古代语言时形成的。

---

① 《马克思恩格斯全集》（第9卷），人民出版社1961年版，第263页。

《太平御览》卷七八七《晋起居注》记载，东晋穆帝（345—361）时罗马使者到达东晋建康。至兴宁元年（363），东晋哀帝派使者前往拜占庭回访。东晋使者大概是通过名义上受晋朝封号的凉州张氏政权、中亚国家，乃至里海以西的拜占庭而发生外交关系的。

南朝梁武帝大同七年（541）的《职贡图》表现了当时南朝的外交活动情况。《职贡图》中还专门画出拜占庭贡使，并以"拂菻"为名题记。

北魏与拜占庭也有往来。《魏书》所记，有3次拜占庭的使者到达北魏。

总之，在魏晋南北朝时期，南朝和北朝都分别与拜占庭有所来往，中国人对拜占庭也有所了解。《魏书·西域传》和《晋书》卷九十七都记载了有关大秦的消息，《魏书》和《晋书》所记载的说是大秦，但从当时的情况来看，它们所说的大秦应该是东罗马帝国。这些记载反映了北朝人对东罗马的认识和了解。

拜占庭人一直致力于向东方发展。但当时的国际形势是，复兴的拜占庭帝国还没有达到鼎盛时期罗马帝国的强大国力，而3世纪初兴起的波斯萨珊王朝比此前的安息王朝更为强大。因此，在传统的丝绸之路贸易上，拜占庭帝国无法打破萨珊王朝的绝对垄断地位。对东方奢侈品的需求迫使拜占庭帝国更加重视红海水道的作用，不过它无力像鼎盛期的罗马帝国一样，独立开辟通达印度，乃至中国南部的道路。四、五世纪时，拜占庭钱币大量出现在印度南部和锡兰，主要是居间商人，如阿比西尼亚人、阿拉伯人（主要是阿克苏姆人），尤其是波斯人活动的结果。但拜占庭商人，尤其是红海北部水域埃及地区的拜占庭商人，并未放弃直接前往东方经营的努力。

到了唐代，这种情况有了改变，有拂菻国使臣入唐，据史籍可稽考者，从643年首次通使到742年最后一次使节抵唐，近一百年间共有7次。

拜占庭第一次遣使入唐是贞观十七年（643）。使节带给唐朝廷的礼物是"赤玻璃、绿金精等物"。绿金精为何物，不能确知。有人认为这次使节贡献给唐朝廷的"赤玻璃"可能是仿造的红宝石。据研究者考证，初次遣使入唐的拂菻王波多力并非拜占庭皇帝，而是教皇狄奥多罗斯（Papas Theodorus）。当时的拜占庭国势渐衰，阿拉伯伊斯兰势力已夺取了拜占庭

⊙ 东罗马双人托绿琉璃方戒面金戒指，西安大唐西市博物馆藏

帝国在亚洲和北非的大部分领土。阿拉伯势力兴起是拜占庭帝国面临的最大难题。拜占庭皇帝借教皇的名义遣使入唐求援，借以越过阿拉伯人的封锁。中国方面，此时在唐太宗的筹划下，正是全面出击东、西两突厥获得成功，唐帝国威望在西域趋于高峰之时，唐朝的统治权远及费尔干纳、大夏以及阿富汗、呼罗珊的部分地区。在波斯帝国已为阿拉伯军队灭亡的情况下，拜占庭希望在中亚找到可以利用的力量，与之建立友好关系，结成联盟，以便帮助他们抵御新兴起的阿拉伯敌人，这是十分可能的。

由于此时阿拉伯人已经占领波斯全境，封锁了通过伊朗高原的丝绸之路交通，拜占庭使节只能从北部欧亚草原之路东行，即跨越里海、咸海北岸、天山南麓、哈密，然后到达长安。这条道路正是6世纪下半叶拜占庭帝国与西突厥互通使节时两国使节来回往返的道路，也是裴矩在《西域图记》中做过逆向描述的道路，即"经蒲类海、铁勒部、突厥可汗庭，度北流河水，至拂菻国，达于西海"的路线。

唐太宗对拜占庭使臣待以厚礼，表现出对这次通聘的高度重视，但对他们的请求则爱莫能助。

8世纪初，拜占庭又多次遣使与唐朝联络。如大足元年（701）和景云二年（711），拜占庭使者连续两次到长安。而在开元七年（719）一年中，竟有两次遣使"来献"。

除官方联系外，唐朝和拜占庭之间的民间贸易也一直不断，有大批中国丝织品输往拜占庭。《通典》卷一九三《边防典·大秦》说该国"又常利

⊙ 君士坦丁堡的港口城市金角湾，是东西方贸易中转站

得中国缣素，解以为胡绫绀纹，数与安息诸胡交市于海中"，可见这时拜占庭购买中国丝织品数量之多。

在与拜占庭帝国的交往中，唐朝已经对拜占庭有了比较多的认识。《旧唐书·西戎传》说"拂菻①国，一名大秦，在西海之上，东南与波斯接"。这个记载说明唐人已经知道拂菻国与大秦的关系，对于拂菻国的地理位置也有所了解，知道其在波斯西北，在"西海之上"，即地中海，对于拜占庭首都君士坦丁堡的地理位置也说得很准确了。

随着相互交往的增多，唐朝人对拜占庭的了解逐渐加深，有关拜占庭的内容甚至成了文艺创作的题材。如唐朝著名画家张萱和周昉都曾创作过《拂菻图》，五代画家李玄应和王道求分别有《会拂林》和《拂林弟子》等作品传世，五代王商更是创作了《拂林风俗图》《拂林士女图》《拂林妇女图》等反映拜占庭风俗、物产的画图。这些作品从特定的角度反映出人们对拜占庭已经有了一些具体的了解。

---

① 拂菻，又作茀菻、拂林、拂临、弗林等。

二、拜占庭通过突厥与中国的间接往来

拜占庭帝国同先前的罗马帝国一样，对东方奢侈品，特别是中国丝绸充满强烈的渴求，但萨珊王朝像从前的安息王朝一样，牢牢控制着横贯其境内的丝绸之路，掌握着丝绸贸易的垄断权。波斯帝国利用这种垄断地位，迫使拜占庭帝国在两国关系中让步，拜占庭帝国自然不甘就范。在海路和陆路两个方面均受制于波斯的情况下，拜占庭帝国试图从其他路线绕过波斯到达东方。

拜占庭与中国最初以突厥为媒介而间接有所联系。6世纪中叶，西突厥所掌有的中亚领土正处在东西交通的枢纽地带，无论是横贯波斯的传统丝绸之路，还是贯穿欧亚大陆的草原之路，都经过这一地区。强大的突厥草原帝国迅速向西扩张，势力及于里海北岸，沿黑海、里海和咸海北岸到达东方的欧亚草原之路重新活跃起来。在突厥的统治下，粟特这个古老商业民族长期形成的经商传统得以很好地传承。粟特人的经营活动范围西抵黑海沿岸，东达内蒙古草原，乃至长江流域。他们依靠西突厥提供的政治后盾，通过与中原地区的商贸活动，积聚了大量丝绢。粟特人想通过突厥可汗的威望打开波斯市场。突厥可汗应粟特人的请求，两次派遣突厥-粟特使团前往波斯，但从一开始波斯就坚决抵制突厥-粟特人的如意算盘。为了显示不需要来自突厥的生丝，波斯王收购突厥使团带来的全部生丝，当其面全部焚毁。突厥可汗第二次派出使团时，波斯人将突厥-粟特使团的大部分成员杀害。两次行动未果后，粟特人建议突厥可汗直接与拜占庭帝国进行交易。

568年末，突厥-粟特使团在粟特首领马尼亚赫（Maniach）的率领下，携带珍贵的丝绸礼品和突厥可汗的书信，沿南俄草原和高加索山区到达君士坦丁堡，受到查士丁二世（Justin Ⅱ，565—578）的接见。突厥-粟特使团向查士丁二世呈献以"斯基泰文字"写成的国书，皇帝厚待使者，详细询问突厥的风土人情及其在中亚的征服活动，突厥使者据实以答。二者经过谈判结成反对波斯的联盟。

为了回应西突厥的通使，拜占庭皇帝派遣西里西亚人蔡马库斯（Zemarchus）于569年8月随马尼亚赫回访西突厥。西突厥室点密可汗在用丝绸装饰的气派非凡的汗帐内接见了拜占庭使者，并盛情款待。此后，室点密遣蔡马库斯自怛逻斯回国，并派遣突厥人塔格马及马尼亚赫之子（此时马尼亚赫已死）随蔡马库斯往访君士坦丁堡。拜占庭使团于

⊙ 甘肃靖远出土的东罗马鎏金银盘（4—5世纪）

571年秋返回君士坦丁堡。突厥使二次至拜占庭，要求查士丁二世废除以前拜占庭与波斯的和约，引起了此后拜占庭与波斯之间20年的战争。

此后拜占庭和突厥间又互派过多次使节。蔡马库斯和塔格马之后，突厥与拜占庭之间又有几次通使。576年，瓦伦丁第二次率使团出使西突厥，将此前居留君士坦丁堡的106名突厥人一并携回。拜占庭使团的这次出使，因拜占庭收留被突厥击败而西逃的阿瓦尔人而受到极不友好的对待，随后突厥人进攻拜占庭在克里米亚东部的重要据点博斯普鲁斯城，两国联盟破裂。拜占庭使臣蔡马库斯和瓦伦丁都有残片旅行记留存，其中包括对中国的比较确切的描述。

突厥的崛起及其与周边地区的交往，使中亚地区成为欧亚大陆各个文明的交汇地，撒马尔罕地区成为周边国家信息的集散地，周边国家可以借助于与突厥-粟特人广泛的联系获得远方国家的信息。

前面提到南北朝时中国人已知西方有一拂菻国，即拜占庭，并知此拂菻国亦即汉代所说的大秦，即罗马。隋朝裴矩记通西域三道，说北道"度北流河水，至拂菻国，达于西海"。裴矩所说北道，亦可称为"拂菻道"。拂菻道的开辟是6世纪中叶突厥汗国兴起的产物。其时正为西突厥与拜占庭互通，裴矩记通拂菻之道，必闻之于往来西域之商胡。此道也是拜占庭

使臣蔡马库斯奉使西突厥之道。蔡马库斯的出使报告中记载了这条道路的情况：

> 罗马使团……越奥伊赫（Oech）河前行，跋涉长途后抵达一大湖；蔡马库斯一行在此地休整三日，遣乔治（George）先行，向皇帝报告访突厥使团正在返回途中。
>
> 乔治与12名突厥人向拜占庭进发，所经行程全为沙漠，无水供给，但为捷径。蔡马库斯沿大湖有沙渍的岸边前行12日，跨过一些极为难行的地方，来到艾赫（Ikh）河，又进至达伊赫（Daikh）河，行经一些湖泊地带后，到达阿提拉（Attila）河，此后行至乌古尔族（Ugurs）领地，其人告诉罗马使团，在科芬（Kophen）河畔丛林地带4000名波斯人正设伏以待、准备在他们路过此地时将其擒获。乌古尔首领在这里仍然服从西扎布鲁的统治。……使团向阿兰人领地行进，胆颤心惊、小心翼翼，因为他们非常害怕奥罗穆斯基部落（Oromuski）。
>
> ……蔡马库斯闻此，遣10名运输工携丝绸往经缪西米亚（Miusimia）而行，以便迷惑波斯人，使其误以为丝绸运输队既在前行，则使者必在第二天到达。运输工离去后，蔡马库斯一行经达莱因前行，……抵达阿坡西利（Apsilii）。抵达罗戈托里乌姆城（Rogatorium）后，又进至黑海岸边，乘船抵达菲希斯河（Phasis），换船抵特拉比宗（Tribizond）。自此乘驿站的马匹返回拜占庭，晋见皇帝复命，完成了出使突厥的使命。[1]

蔡马库斯这里记载的是6世纪中叶拂菻道的情况，其艰难险阻自不待言。7世纪中叶以后，随着可萨汗国的兴起，拂菻道上继续有商旅往来并且十分活跃。

---

① ［英］H.裕尔撰，［法］H.考迪埃修订：《东域纪程录丛》，张绪山译，云南人民出版社2002年版，第177—178页。

三、可萨人与草原丝绸之路

在唐朝击败西突厥人后，突厥人有一支西迁至里海和黑海之间，建可萨（Khazar）王国，可汗名号为答剌罕。可萨是从突厥的统治地区西迁到拜占庭帝国边境的，是瓦和库尼人中的一支。可萨在西迁之前可能居住在碛口附近的突厥故地，8世纪初列入回鹘九姓中的可萨可能是留在家乡没有西迁的余部。

652年，率领可萨人的阿史那家族被高加索各地的突厥部落推举为突厥帝国的继承者，威震欧亚大草原的可萨汗国就此诞生。可萨汗国在7世纪中期到10世纪中期处于全盛时期，版图东至花剌子模（位于今中亚阿姆河下游地区），西至多瑙河，南至格鲁吉亚、克里米亚半岛、小亚细亚东北，成为丝绸之路上一个比较重要的中转站。

在突厥各族中，可萨是文明程度最高的民族，他们建立起一个有秩序的国家，因贸易而富裕，从游牧部落转变为以商立国的汗国。他们本来是"马背上的民族"，以驯养骆驼和良马著称，在迁移到伏尔加河下游后，开始转向定居生活，种植了水稻，以米和鱼为主食。8世纪中叶，有一批犹太难民进入可萨地区，其中包括一些学者和文人。在他们的影响下，可萨人从信奉萨满教转而信奉犹太教，直到965年，汗国一直以犹太王国的名义进行统治。

可萨汗国的崛起得力于其在沟通东西交通上的地理位置。750年前后，阿拉伯人已完全控制红海、波斯湾和横跨大陆的亚洲商路。他们从对拜占庭的贸易中榨取捐税，迫使希腊商人付出高价。所以，拜占庭帝国努力使经过中亚而不受阿拉伯人控制的北方商路开放，后来逐渐采用另一条更向北的北方商路。这条路线自印度和中国，沿阿姆河顺流而下，到咸海，绕里海北岸，过乌拉尔河口的萨拉坎谷，达伏尔加河河口的伊铁尔，从那里上至萨来，下行顿河到亚速海的罗斯托夫。这条路不受阿拉伯人的控制，能避免山区部落的抢劫，并且几乎全部是水路。随着越来越多的商队来往于这条北方路线上，拜占庭、阿拉伯和犹太商人们成群结队地到可萨的都城伊蒂尔和沙克尔收购从北方来的毛皮，可萨首都伊蒂尔成为繁荣的国际商业城市，商业税收成为可萨汗国财政收入最重要的部分。

可萨汗国不仅是东西贸易的重要中转地，又是南北贸易的要冲。北欧人、斯拉夫人和阿拉伯人统治下的美索不达米亚地区的贸易通过伏尔加河上的航线完成。19世纪以来的考古发掘已经在这条南北航线的附近发现了数以万计的8—11世纪的阿拉伯钱币。

裴矩的《西域图记》中记载的通西域北道即拂菻道，可萨是在从敦煌到拂菻（拜占庭）北道上的重要中转站。早在6世纪，拜占庭史学家美南德（Menande）就提到过这条路线，前文提到的拜占庭帝国派往突厥的使节蔡马库斯就是经由这条路线返回拜占庭的。不过，那时，这条道路还没有成为交通繁忙的商路。7—9世纪，在中国的隋唐时期，北道开始繁荣起来。1973—1974年，北高加索地区西部库班河上游挖掘的两处古墓群中，出土了多种来源的丝绢。其中中国产品占一定比例，还发现了汉文文书和以唐人骑马图为内容的绢画，断代为8—9世纪，反映出在这一时期高加索地区与中国有规模性的商品交流。

这条路线也出现在伊本·胡尔达兹比赫的《道里邦国志》一书中。他提到，被称为拉唐人的犹太商人，从海路或陆路到达中国，其中一条陆路是经过可萨汗国的，"从拜占庭腹地穿过斯拉夫人地区而达可萨人的首府，又渡里海而至巴里黑（Balkh），他们从那里通过河中地区（Transoxiana）继续其旅程而达回鹘人（Tagaygay）从那里至中国"。胡尔达兹比赫可能阅读了曾经在这条路旅行的阿拉伯人塔蒙的著作。塔蒙旅行的时间是760年至800年之间，这恰好是可萨可汗信奉了犹太教的时代。

可萨人与拜占庭保持着密切的关系。626年，拜占庭皇帝希拉克略向可萨可汗借兵4万，希拉克略用这支大军将萨珊波斯的阿塞拜疆省夷为平地。拜占庭人与可萨人之间的这一联盟又因多次的王室联姻而加强。

在中国与拜占庭的关系上，可萨人曾经充当了居间的角色。中国与拜占庭的丝绸贸易，相当一部分是通过可萨人进行的。另外，根据伊本·胡尔兹达比赫的记载，部分犹太商人经由可萨汗国前往中国。

可萨人可能与唐朝也有来往。花剌子模地处里海东岸，是萨珊波斯辖下的自治城邦。它同可萨汗国有密切交往。在唐代史料中，花剌子模被称为"火寻"。从天宝十载到十四载（751—755），火寻曾3次入贡。在751年前不久，花剌子模可能和可萨联合起来，建立了阿弗里帝国。天宝年间3次入贡的可能是花剌子模同可萨的政治联合体。

四、科斯马斯记载的丝绸之路

这时候，拜占庭时代的欧洲人对中国也有一些了解。出生在亚历山大的希腊人科斯马斯（Cosmas）在530年至550年间完成了《世界基督风土志》（*Universal Christian Toppgraphy*）一书。科斯马斯生活在拜占庭皇帝查士丁尼时代，这是东罗马一个相对繁荣、强盛的时期。据科斯马斯自述，他从青年时代起就四方漂泊经商，航行到过地中海、红海、波斯湾和阿拉伯海，遍访西奈半岛以及从埃及到赤道以北红海西岸的广大地区，包括现在的埃及、苏丹、埃塞俄比亚和索马里。因其航海经历，他被称为"印度水手"（Indicopleustrs）。他晚年回到亚历山大里亚定居，在那里放弃尘俗生活，成为修士，将全部精力用于对《圣经》的理论诠释和地理学、世界志的写作。

《世界基督风土志》描述的中国，是西方世界向往的"丝绸之国"。科斯马斯早年经商，遍游地中海、红海、波斯湾和阿拉伯海，主要经营丝绸贸易。他与波斯人有过商贸交往，并有可能从波斯商人或景教徒那里得知了"丝绸之国"的名称。

科斯马斯从印度和锡兰方向指出中国的相对位置："我们看到，有些人为可鄙之利不惮千难万险到大地的尽头去寻找丝绸……我可以提一下，产丝之国位于印度诸邦中最遥远的地方，当人们进入印度洋时，它位于左侧……这个国家叫秦尼扎（Tzinitza），其左侧为海洋所环绕，正如同巴巴利的右侧被同一海洋所环绕一样。被称为婆罗门的印度哲学家们说，如果从秦尼扎扯一条绳子，经波斯到罗马领土，那么大地恰好被分成两半。他们也许是对的。"①

科斯马斯提到了丝绸之路的两条路线：一条是从陆地上经过各国辗转到达波斯，另一条是经海路到达波斯。他指出了波斯位于丝绸之路要冲的重要地位。波斯利用这样的有利条件，曾经在历史上长期垄断东西方的丝绸贸易。罗马人与波斯人的多次战争，时常与对丝绸之路的垄断和反垄断有很大关系。科斯马斯在对中国和波斯的相对位置加以比较后说："秦尼扎国向左方偏斜相当严重，所以丝绸商队从陆地上经过各国辗转到达波斯，所需要的时间比较短，而由海路到达波斯，其距离却大得多。首先，从海上去秦尼扎的人，从塔普罗巴奈及以远地区驰向其目的地，需要穿越很长的路程，其距离犹如波斯湾进入波斯，甚至更大些；其次，从波斯湾到塔普罗巴奈及其以远地区（从那里人们左转往到秦尼扎），需要穿越整个印度洋，其距离也是非常大的。所以，经陆路从秦尼扎到波斯的人就会大大缩短其旅程。这可以解释波斯何以总是积储大量丝绸。秦尼扎以远既不能航行也没人居住。"②

科斯马斯作为有广泛商旅经历的商人，他的中国闻纪代表了6—7世纪拜占庭人对东方，特别是中国的知识，其中关于通往东方的陆上丝绸之路和海上丝绸之路的记述，更是非常宝贵的历史资料。

五、西摩喀塔有关中国的记述

拜占庭历史学家西摩喀塔（Theophylactus Simocatta）于628年编写了《历史》一书，其中包括有关中国的记述。

---

① 张绪山：《拜占庭作家科斯马斯中国闻纪释证》，载刘东主编《中国学术》（2002年第1期），商务印书馆2002年版，第71页。

② 张绪山：《拜占庭作家科斯马斯中国闻纪释证》，载刘东主编《中国学术》（2002年第1期），商务印书馆2002年版，第71页。

西摩喀塔大约于580年以后出生在埃及的亚历山大里亚，父母均为政府部门的官员。他在亚历山大里亚完成早期的学业。20多岁时他可能到达了君士坦丁堡。610年，拜占庭帝国的希拉克略发动兵变，推翻依靠兵变夺取毛利斯皇帝权位的福卡斯，此时西摩喀塔可能已在其手下供职。希拉克略在为毛利斯皇帝举行迟到的葬礼时，西摩喀塔为毛利斯及其家族写了一篇颂辞。自此时起至641年，他可能担任过谘议官，也就是皇帝的司法助手和传令官。随后还可能担任过君士坦丁堡的城市长官及主簿官，还有可能在君士坦丁堡主教塞尔儒斯（Sergius）麾下任职，在其鼓励下从事历史写作。641年，西摩喀塔出任希拉克略政府的帝国法官（theios dikastes）。他在620年至630年间完成了平生最重要的著作《历史》。这部著作记述了毛利斯皇帝执政时期拜占庭帝国经历的重大历史事件，有关中国的记载见于他的这部著作中。

西摩喀塔关于中国的知识可能得自出使西突厥的拜占庭使臣，他也很有可能利用了七世纪二三十年代在君士坦丁堡可以得到的30—60年前保存下来的官方档案，包括他的前辈美南德对拜占庭－突厥外交活动的记载。

西摩喀塔对中国的记述与古希腊罗马文献显著不同的一点是，他不是把中国称为"秦尼"或"塞里斯"，而是称为"陶格司"（Taugas）。"陶格司"这个词，现在一般翻译为"桃花石"。"陶格司"是张星烺的译法。有的研究者认为，西摩喀塔关于中国的认识，与他之前的拉丁文和希腊文文献关系较远，而与他之后的阿拉伯人有关中国的记载倒是比较接近。

西摩喀塔对中国的知识由于间接得自传闻，故也有不确切之处。例如他说中国都城为亚历山大东征时所建，当系误传。但在其他方面的记述却比较确切。例如他说在都城数里外建城之事，当是隋文帝所筑大兴城，亦即唐时的长安城。古代突厥族和西亚都称长安为"克姆丹"（Khumdan），西摩喀塔称为"库伯丹"（Khubdan），系同为一词，不过拼写略有不同。西摩喀塔又说库伯丹城内有两条大河贯流。据宋敏求的《长安志》及李好文的《长安志图》，长安城内确有二河，自渭水分出，在西北朱红门与启军门之间入城。所以，库伯丹就是长安无疑。粟特人从相当早的时期就开始以"库伯丹"一名来称呼长安。早在4世纪初叶，此名称已见于粟特人的信中。西安发现的781年的景教碑的叙利亚文中，景教徒也是以Khumdan（或Khubdan）指西安。这些事实表明，在西摩喀塔时代的前后两个世纪中，库伯丹（Khumdan）是中亚和西亚民族对长安的称呼。

西摩喀塔的记述中最令人感兴趣的是对所谓黑衣国和红衣国的记载。多数学者认为，这一记载实即隋军灭陈、统一中国。所言中央之大河，即长江，北为隋，南为陈。当时隋兵制衣尚黑，陈兵尚红，故有黑衣国和红衣国之传说，如唐代说阿拉伯为白衣大食和黑衣大食。隋军灭陈为589年，早于西摩喀塔所著《历史》不到40年。

西摩喀塔关于中国历史风俗事物的记载，有的学者说，"有着异常准确的叙述"，被认为是"马可波罗之前欧洲文献中保存的对中国最密切的一瞥"。

西摩喀塔关于中国的记载中，最为引人注目的是"桃花石"一名。在历史上，希腊罗马世界对中国的称呼有两个：沿海路向东探索接近中国南部时，多称中国为"秦""秦奈""支那"（Sin，Chin，Sinae，China）；沿横贯伊朗高原的丝绸之路接近中国北部时，则多称中国为"赛里斯"（Seres）。但在6世纪初叶以后，除了传统的"赛里斯"这一名称，希腊罗马世界又以另外的两个名称指称中国：一是6世纪初期科斯马斯提供的"秦尼扎"（Tzinitza），二是西摩喀塔记载中出现的这个新名称"桃花石"（Taugast）。

"桃花石"一名见诸域外文字，目前所知以西摩喀塔为最早。西摩喀塔的"桃花石"之名来自突厥人，此名之为突厥人使用当在此前。8世纪以后，"桃花石"以Tabɣač的形式频繁出现于突厥碑铭中，作为一个民族名称使用，又作为修饰词和限定词使用，如"Tabɣač的可汗""Tabɣač的民众""Tabɣač的官衔"等，指称中原政权。西摩喀塔之后，中亚及西亚民族也以Tabɣač或Tabghāj之类的名称指称中国。

六、拜占庭金币在丝绸之路的发现

除了官方的联系，唐朝和拜占庭之间的民间贸易也一直不断，有大批中国丝织品输往拜占庭。唐朝和拜占庭之间的贸易往来，往往要以波斯人、犹太人和突厥人为中介。实际上，拜占庭与西突厥通交，主要目的就是打破波斯人对国际丝绸贸易的垄断。在吐鲁番曾发现了5—6世纪的拜占庭金币，证实了该地区与拜占庭的历史联系。

拜占庭金币及其仿制品属于中国境内发现的最重要的东罗马遗物。考古工作者在各地发现的拜占庭金币，为拜占庭货币文化在丝绸之路上发挥的重要作用提供了实物证据。

最早在中国发现拜占庭金币是1897年，俄国人古德弗雷（Godfrey）在新疆和田古城废墟上发现了拜占庭金币。1915年，斯坦因在阿斯塔那的3处墓葬中，发现3枚与拜占庭查士丁尼一世金币大约同时期的仿制品。这些金币发现于墓葬中死者的口中。据说古代希腊有把钱币放在死者两唇间的习俗，而此种习俗并不为远东人所

⊙ 新疆阿斯塔那墓地出土的东罗马金币

知。1914年，在新疆和阗（今和田）也发现了4—6世纪的拜占庭金币4枚。1966—1969年，在吐鲁番阿斯塔那-哈拉和卓墓葬的发掘中，又发现拜占庭金币及仿拜占庭金币。从这些遗物的发现可以得知6—7世纪吐鲁番地区与拜占庭货币文化上的关系，这无疑是当时活跃的丝路贸易的反映。

第四编　丝绸之路的黄金时代

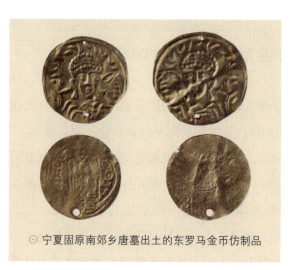

⊙ 宁夏固原南郊乡唐墓出土的东罗马金币仿制品

根据我国学者张绪山的统计，自19世纪末至20世纪末的1个世纪内，中国境内发现拜占庭金币30起，计42枚。[①]据张绪山分析，42枚金币中，不可辨认者8枚，仿制品12枚，拜占庭金币真品22枚。在中国境内发现的这些拜占庭金币，发现地点毫不例外地集中于丝绸之路沿线各地，即新疆、甘肃、宁夏、内蒙古、陕西、河北和河南。拜占庭金币与波斯银币的发现不仅在大范围上相同，而且在发现地点上亦多相合之处，可知传播路线和媒介大致相同。

中国所出的拜占庭金币分为三种类型：一是在君士坦丁堡冲压的真正的拜占庭金币（又称索里得，Solidus）。它们制作精美，铭文清楚完整，重量为4.4—4.54克。二是仿制的索里得，图案比较清晰，可以判定出仿制的原型应该同原型的年代相去不远，重量和索里得相当，很可能是同索里得一样，当成钱币使用。三是钱形金片或金饰片，单面打压，本身很薄，重量在2克以下。只有正面图案，且图案比较模糊，大部分铭文变形得难以辨认，说明冲压用的模具也是翻刻的，很难判定它的原型或年代，也很难判定它是否有钱币的功能。

从铸币的年代上看，4—7世纪中叶的金币表现出很大的连续性。7世纪中叶以后的金币只有君士坦丁五世（Constantine V，741—775年在位）时期所铸一枚，与其他金币在时间上没有连续性。这种情况说明，随着7世纪中叶阿拉伯势力兴起后对拜占庭帝国地中海东岸和北非领土

---

① 张绪山：《我国境内发现的拜占庭金币及其相关问题》，载彭小瑜、张绪山主编《西学研究》（2003年第1辑），商务印书馆2003年版，第74页。

的占领，以及对波斯萨珊王朝的征服，拜占庭帝国通过丝绸之路与中国的经济联系被切断了。

在吐鲁番出土文书中，有一个奇特的现象，就是在文书中条列人们名义上为死者陪葬的财物，葬于墓穴中。具列的内容虽然并不是真的陪葬物品，却可以反映人们当时经济生活的内容。这类文书通常被称为"随葬衣物疏"。据研究，在公元5世纪的随葬衣物疏中，冥财的内容只开具"铜钱"若干文，或笼统地称"黄金千两"或"黄金千斤"，在6世纪中叶至7世纪中叶的100年中，冥财的内容变成了"金钱"若干文（枚）或"金银钱"若干文（枚），金钱不仅作为冥财，而且在高昌地区的社会生活中被作为寄送信件的信物使用。这些迹象表明，在6世纪中叶以后的一个世纪中，拜占庭金币可能已经成了高昌地区流行的国际标准通货。北周时期"河西诸郡或用西域金银之钱"之"金钱"，可能包括拜占庭金币、印度金币及其他西域金币，但拜占庭金币具有标准货币的性质，它的重要性当在其他西域金币之上。文献记载恰好可与吐鲁番文书中反映的高昌使用拜占庭金币的情况相互印证。

七、养蚕制丝技术传到拜占庭

拜占庭帝国继承了罗马帝国的衣钵，成为罗马文化的传承者，奢靡之风有增无减，中国丝绸仍在东罗马境内广为流行。这时地中海沿岸居民对远东奢侈品所形成的嗜好，远甚于罗马时代流行的风尚。拜占庭人在往日罗马的奢华传统之上，还对奢华服饰增添了一种新的、更明显的东方情趣。4世纪后期的罗马史家马赛里奴斯（Ammianus Marcellinus）这样描述丝绸的流行："服用丝绸，从前只限于贵族，现在已推广到各阶级，不分贵贱，甚至于最底层。"他还描述了401年褓褓中的皇帝狄奥多西二世受洗时的盛况：君士坦丁堡"全城的人都头戴花环，身穿丝绸袍服，戴着金首饰和各种饰物，没有人的笔墨能形容全城的盛装"。

基督教在成为罗马帝国国教以后，经济势力逐渐强大。教会盛行以丝绸装饰教堂、制作教士法衣，以丝绸裹尸体下葬，因此教会成为丝绸、香料等东方奢侈品的重要消费者。

公元301年，拜占庭帝国的戴里克先皇帝（Diocletian，284—305）下令将每磅生丝的价格确定为274个金法郎，并且实行统制经济政策，加强对丝绸进口的管理。当时的海关条例、和平条约、商行章程、限制奢侈法等，都有关于丝绸的内容。丝绸成了决定拜占庭帝国各项政策的一个重要因素。

拜占庭帝国的东方贸易，尤其是丝绸贸易，也像罗马帝国一样受制于波斯。408—409年，为扩大贸易规模，拜占庭帝国又与波斯商定，增加幼发拉底河左岸的拜占庭城市卡里尼库姆和波斯-亚美尼亚地区的波斯城市阿尔达沙特作为通商口岸。此后两大帝国在这三个通商口岸的丝绸贸易进行了大约两个世纪。

527年，45岁的查士丁尼（Justinian the Great，527—565年在位）成为拜占庭帝国的皇帝。531年前后，查士丁尼皇帝利用控制红海北部的有利条件，劝诱其在红海地区的盟友埃塞俄比亚人前往锡兰购买丝绸，当时的锡兰是印度洋海上丝绸贸易的一个中心。查士丁尼向埃塞俄比亚人描绘合作的大好前景："（你们）这样做可以赚取很多钱，而罗马人也可以在一个方面受益，即不再把钱送给它的敌人波斯。"埃塞俄比亚人接受了请求，查士丁尼却未能兑现诺言。有研究者认为，真正的原因可能是，埃塞俄比亚人已与波斯人在东方贸易上达成默契，即埃塞俄比亚人垄断香料贸易，而由波斯人垄断丝绸贸易，双方都不愿为拜占庭帝国的利益而卷入两败俱伤的竞争；锡兰人可能也不愿破坏已与波斯建立起来的商业关系。

查士丁尼皇帝计划的失败，使拜占庭在叙利亚的丝织业受到严重影响。为了防止波斯丝商提高丝价，查士丁尼命令加强对生丝的垄断，由政府商务官在固定边界交易点上从波斯人手中购买生丝，以保证政府优先得到生丝，同时避免丝商争购造成波斯人抬价；他还禁止私人丝织者以每磅8个金币以上的价格出售丝织品。这个价格低于私商从波斯人手中的购买价，大量私商因这一规定而破产。

540年，第二次波斯战争爆发，生丝贸易停止，政府所存生丝又不

⊙ 查士丁尼皇帝的宫廷弥撒

敷用，为了保证政府作坊的供应，查士丁尼宣布接收私人丝织场为国有，将生丝和丝织品的买卖全部变为国家垄断。拜占庭丝织业陷于萧条，提尔、贝鲁特两地的大批丝业工人失业，造成严重危机，拜占庭不得不放弃限制办法。

面对城市里没有丝绸的可怕前景，拜占庭决定努力寻求自己生产蚕丝的办法，以摆脱受制于波斯的被动地位。

养蚕制丝技术传入欧洲，起源于一个波澜起伏的故事。552年，有几位印度僧侣向查士丁尼皇帝建议在他的国家里自行产丝，并把蚕子带到拜占庭，教会东罗马人饲养蚕。印度僧侣声称自己曾在一个叫作赛林达的地方生活过一段时间，而赛林达又位于许多印度部族居住地以北，他们曾非常仔细地研究过制造丝绸的可行办法。僧人们解释说，丝是由某种小虫所造，天赋予了它们这种本领。他们还补充说，绝对不可能从赛林达地区运来活虫，但可以很方便也很容易生养这种虫子，这种虫子的子是由许多虫卵构成的；在产卵之后很久，人们再用厩肥将卵种覆盖起来，在一个足够的短期内加热，这样就会使小虫子们诞生。听到这番讲述后，皇帝便向这些人许诺将来一定会得到特别的恩宠，并鼓励他们通过实验来证实自己的所说。为达到此目的，这些僧人返回赛林达，并且从那里把一批蚕卵带到了拜占庭。依法炮制，他们果然成功地将蚕卵孵化成虫，并且用桑叶喂养幼虫。从此以后，罗马人也开始生产丝绸了。

另有人记载说，蚕卵是一位波斯人传入拜占庭的。这位波斯人来自赛里斯，他把蚕卵藏在竹杖中离开赛里斯，并将其一直携至拜占庭，在那里孵化成蚕。泰奥法纳还说，查士丁尼曾向突厥人传授过有关蚕虫的诞生和加工丝茧的工序方面的知识，突厥人对此感到惊讶不已。

从上述记载中可以得知，是印度人或波斯人在6世纪时将蚕卵和养蚕技术直接从中国传至拜占庭的。于是，拜占庭继波斯之后也能养蚕缫丝，并且首次使用在西方生长的蚕所吐的丝做纺织丝绸的原料了。

地中海沿岸的气候适宜发展养桑业，桑种在那里茁壮成长。由于拜占庭有了桑蚕，各种能工巧匠也不乏其人，于是就真正掌握了一张"王牌"。从此，拜占庭既可以用自己的丝绸来争夺西方市场，又可以挫败波斯人的竞争，还可以为国库积累大量资金以支付战争的费用。

查士丁尼因为在推动东罗马帝国养蚕业发展方面所做出的贡献，而被称为"丝绸皇帝"。人们认为是他把养蚕、种桑、缫丝机织绸技术引进了拜占庭，并使东罗马帝国依靠丝绸生产发了财。中国的养蚕制丝技术从此传播到欧洲和阿拉伯地区。

⊙ 拜占庭丝织物残片（5—6世纪）

在查士丁尼皇帝的推动下，拜占庭的养蚕业首先在叙利亚发展起来，那里长期以来便集中了许多原来进行加工来自中国的丝绸和生丝的纺织厂家，到6世纪末，本地生产的蚕丝似乎能够满足这些厂家对原料的需求了。9—10世纪，拜占庭的丝绸生产达到极盛。君士坦丁堡不仅成为世界性的丝绸贸易市场，也成为重要的丝织业重镇。

拜占庭宫廷的丝绸纺织作坊，因为雇用许多妇女从事这项工作，

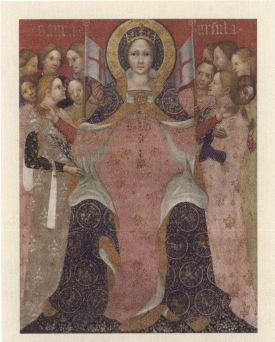

⊙《圣厄休拉和她的少女》(1410)，画面中女性圣徒所穿的长袍上缀满了凤凰图案，显而易见受到东方丝织品的影响

所以被称作"闺房"。首批"闺房"丝绸作坊是在君士坦丁堡建立的，亚历山大城和迦太基纳也都起而仿效，纷纷建立这种作坊。这种作坊完全是为了生产宫廷的必需品，其价格由宫廷决定。在埃及安蒂诺埃的一座墓葬里发掘出的一块丝绸残片，是至今人们所知的在罗马帝国领土上制造出来的最古老的丝绸，很可能是出自这些"闺房"。当时的拜占庭人已经学会了纺织华丽的丝绸锦缎，用金线和丝线互相交织。有的研究者提到，有一种混合有极其细小的羽毛的绝妙织物，其技术可能是直接从中国引入的，也可能是通过波斯媒介传过来的。这种昂贵的织物叫作"羽毛布"。

到7世纪，当时的世界，东起日本，西到欧洲，西南到印度，均有丝绸生产，空间分布很广，基本上奠定了后来蚕丝产区的格局。而中国发明的养蚕制丝和织造丝绸技术，到这个时候已经有将近4000年的历史。

第二十五章　丝绸之路传来的三大技术

一、玻璃制造技术

在古代，有三项西方科技发明通过丝绸之路引进中国，对中国人的日常生活产生了极为重要和深远的影响。这三项技术就是玻璃制造技术、制糖技术和葡萄酒酿造技术。玻璃制造技术是在南北朝时期引进的，后两项都是在唐代，也就是唐太宗时期引进的，而且都是在唐太宗亲自过问和关注下引进并得到推广的。

战国时期以后，西方的玻璃制品已经在中国有所传播。到魏晋南北朝时期，仍有大量西方玻璃器输入中国，西域僧人和使臣屡有进贡玻璃制品的记载。玻璃制品成为上层贵族珍爱的藏品，以及他们斗富的器物。

1965年，辽宁北票西官营子村十六国时期的北燕贵族冯素弗墓出土的5件玻璃器中，有淡绿色与湖蓝色的碗、杯、鸭嘴形水注等，精致美观。其中的鸭嘴形水注，为淡绿色玻璃质，质光亮，半透明，微见银绿色锈浸。体横长，鸭形，口如鸭嘴状，长颈鼓腹，拖一细长尾，尾尖微残。背上以玻璃条粘出一对雏鸭式的三角形翅膀，腹下两侧各粘一段

⊙ 鸭嘴形玻璃水注，为输入中国的罗马玻璃器（北燕时期）

波状的折线纹以拟双足，腹底贴一平正的饼状圆玻璃。此器重心在前，只有腹部充水至半时，因后身加重，才得放稳。此器造型生动别致，在早期玻璃器中十分罕见。

南朝宋刘义庆的《世说新语》说："满奋畏风。在晋武帝坐，北窗作琉璃屏，实密似疏，奋有寒色。"这里提到的琉璃屏，应是由无色透明的玻璃制成的，以至于实有而似无，令人仍觉室外的寒风好像可以直接刮进屋内，而生寒意。

唐代仍有大量西方玻璃制品输入中国。进口玻璃器已发现有陕西临潼庆山寺舍利塔下精室出土的一件玻璃瓶，颈部缠贴一道阳弦纹，腹部两条折纹互错，形成菱纹，可能是西亚的产品。陕西西安何家村窖藏出土的一件玻璃杯（无色透明，稍泛黄绿色，口沿下有一阳弦纹，腹部有8组纵三环纹）和陕西扶风法门寺地宫出土的20多件玻璃器，多数具有鲜明的中亚、西亚色彩，可能为中亚或西亚的制品。

玻璃器从西方传到中国，并进一步传入朝鲜半岛和日本。朝鲜半岛和日本也发现大量玻璃器，这些玻璃器有中国的，更多来自西方，且大部分是经中国传入的。

随着西方玻璃制品的输入，其先进的工艺也为我国南方玻璃制造业所吸收。最早借鉴西方玻璃工艺水平的是广州的玻璃制造业，工人按照西方玻璃生产的配方，制造出国内早期的单色或多色透明玻璃碗。葛洪的《抱朴子·内篇》中讲到当时进口的中东玻璃碗及其在国内仿制的情况："作水精碗，实是合五种灰以作之。今交、广多有得其法而铸作之者。""水精（晶）碗"，即透明的玻璃碗；"合五种灰"，就是要以五种原料成分配制。这时交、广和中东地区通过印度有贸易往来，故此可能掌握了中东玻璃制造的一些技术，而专家对埃及古代玻璃的化学分析与鉴定结果表明，硅土、苏打、石灰、镁和氧化铝是其玻璃制造的主要原料。葛洪的记述中，虽没有明确说明是哪"五种灰"，但其指出主要由5种原料配制而成是正确的，由此也说明葛洪所谓水晶碗"合五种灰以作之"的工艺是有根据的，而这一工艺已被交、广两地的玻璃工匠所掌握。

⊙ 宁夏固原出土的玻璃碗（北周时期）

埃及的玻璃碗耐高温，比中国的琉璃碗更能适应骤冷骤热的要求，因而具有更高的实用价值。广州的玻璃工业吸取了先进的埃及工艺，按照埃及玻璃配方制造出本国生产的单色或多色透明玻璃碗，以及其他日用器皿。一些考古发现表明，这时广州的玻璃工业除生产透明玻璃碗外，也制造其他生活器物。这些器物的形制、种类以及装饰图样，都突破了以往国内生产中的传统模式，具有一定的创新，从而使南方玻璃制造业超过了北方地区，走在国内前列。遗憾的是，不知何故，南方玻璃的生产技术大约在4世纪以后逐渐失传。

在我国出土的汉代玻璃器中，有一部分是钾玻璃，它既不同于西方的钠钙玻璃，也不同于中国特有的铅玻璃。在这些钾玻璃中，有一部分可能是从印度等地输入的。因为一方面，这些钾玻璃与印度等地发现的玻璃在成分上相似；另一方面，我国出土的钾玻璃基本上分布在广东、广西等南方沿海地区，具有与印度等地进行海上往来的条件。当然，其中也有一些钾玻璃可能是中国自制或在外来技术影响下自己生产的。

所以，玻璃制造技术还有待于再一次传入中国。一般认为，西方的玻璃制造技术是在魏晋南北朝时期传入中国并得以流传的。

《魏书》及《北史》记载，北魏太武帝时（424—452），有大月氏商贩在京城烧铸琉璃，"乃诏为行殿，容百余人，光色映彻，观者见之，莫不惊骇，以为神明所作"。《魏书·大月氏传》中有一条记载：

世祖时，其国人商贩京师，自云能铸石为五色琉璃，于是采矿山中，于京师铸之。既成，光泽乃美于西方来者。乃诏为行殿，容百余人，光色映彻，观者见之，莫不惊骇，以为神明所作。自此中国琉璃遂贱，人不复珍之。

这段文献是西方玻璃技术传入我国最早的、明确的记录。《魏书》和《北史》记载的大月氏商人，应是指大月氏地区的商人，大约也是粟特人。粟特人的玻璃技术是从萨珊人那里学来的。4世纪中叶，萨珊波斯战胜东罗马后，从东罗马俘虏了不少工匠，其中应包括玻璃匠师。近年来，在伊朗吉兰一带出土的4世纪以后的遗迹中，发现了不少萨珊波斯烧制的玻璃器。

大月氏商人将琉璃的采矿、制作等全套技术传入中国，中国就有了自己的玻璃生产作坊，开始成批生产。这种透明亮丽的多彩玻璃的成功制作，使得原来被中国人视为珍品宝贝的域外玻璃不再是稀奇之物了，"自此中国琉璃遂贱，人不复珍之"。长期以来，这段史料也被中外学者看作西域玻璃制造技术，即钠钙玻璃制作技术传入中国的证明。

另外，《北史·何稠传》还记载："中国久绝琉璃作，匠人无敢措意，稠以绿瓷为之，与真不异。"何稠是隋朝时人，隋开皇年间官至太府丞。他博览典籍，多识旧物，制作绝巧，有织造和机械方面的发明。何稠是西域昭武九姓中的何国人，他也有可能将西域玻璃制作技术传入中国。当时他所烧造的"绿瓷"，就是玻璃。

在西周至魏晋南北朝时期，中国所造玻璃的基本成分主要以铅钡为主。进入南北朝后，西方钠钙玻璃传入我国，这种玻璃质地比铅钡玻璃强度大，耐热性好，加之西方吹制法的传入，中国的玻璃工艺有了较前期更快的发展。最迟在北魏时期，中国已掌握玻璃吹制技术，可以吹制器形较大的薄壁玻璃容器。这一时期的玻璃器比较常见的是玻璃珠、环等小型装饰品。河北定县北魏塔基石函出土的一批中国器形薄胎玻璃器就是例证。透明玻璃瓶用来盛装舍利子，从而成为佛家供物，大量的玻璃珠可以被制成璎珞装点佛像与佛堂，这在一定程度上刺激了当时玻璃工艺的发展。

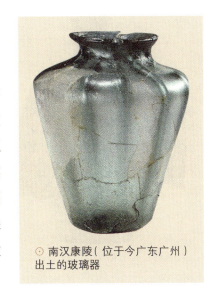

⊙ 南汉康陵（位于今广东广州）出土的玻璃器

隋唐时期，中国的玻璃制作技术已经比较成熟。隋唐玻璃器的突出成就表现在陈设品、生活用具玻璃器的制作上，主要是玻璃瓶、玻璃茶具、玻璃杯等。隋代玻璃器的出土数量较多，制作精致。最突出的是陕西西安郊区隋李静训墓出土的玻璃器皿，其中既有高铅玻璃，也有钠钙玻璃，造型与当时的瓷器相似。唐代玻璃器继承了隋代的传统，高铅玻璃与钠钙玻璃并存。湖北郧阳李泰墓出土的玻璃瓶是唐代玻璃的代表作，出土有2件黄色矮颈瓶、1件绿色玻璃瓶和1件绿色玻璃杯，这4件容器的器型较大，都是典型的中国器型，但玻璃的成分不同。黄色矮颈瓶含氧化铅高达64%，是高铅玻璃；而绿色玻璃是钠钙玻璃，含钾和镁较多。唐代寺院塔基还出土了一些薄壁小型玻璃舍利瓶。甘肃泾川舍利塔基下出土的玻璃舍利瓶，高3厘米，无色透明，长颈，球形腹，底微上凹，瓶内装舍利子，位于一套舍利容器的最内层，外有金棺、银函、铜函和石函。陕西临潼庆山寺舍利塔下精室出土了2件玻璃舍利瓶，放在金棺、银、石宝帐内铜质莲花座上，绿色透明，细颈鼓腹，壁薄如纸，瓶内盛放舍利。陕西西安东部的一座舍利塔基下也出土了类似的玻璃舍利瓶，置于鎏金铜棺中。临潼庆山寺舍利塔精室中出土的6件玻璃

⊙ 隋绿色玻璃瓶

空心球，球径2—3.5厘米，绿色透明或褐色透明。玻璃球位于宝帐前的三彩盘中，可能是作为供佛果品用的。1987年，陕西扶风法门寺地宫出土的20余件精美玻璃容器，其中1件玻璃茶碗和1件玻璃茶托子属于同一套茶具，与唐代流行的白瓷茶具在形制上完全一致，应是中国制造的玻璃精品。唐代墓葬也零星出土了一些玻璃珠饰、小型玻璃佛像和玻璃容器。

二、制糖术

我国上古时代没有蔗糖。《礼记·内则》提到甜食时，举出的是"枣、栗、饴、蜜"。"饴"就是现在所说的麦芽糖。《齐民要术》中记载了"白饧""黑饧""琥珀饧"等品种的制作方法，说明熬饴技术在这时已经成熟。相较于西方，饴糖在中国人的饮食中占有更重要的地位。

另外，中国人很早就已采集和食用野生蜂蜜，从公元2世纪末起就有养蜂和采集蜂蜜的记载。至少自公元4世纪起，中国南方的市场已有蜂蜜出售。到唐朝，史书记载有19个不同的地区向朝廷进贡蜂蜜，这表明那时蜂蜜的生产和消费已经相当普及。

印度自古就生产甘蔗，并发展起用甘蔗榨糖的技术，是世界甘蔗糖的发源地。古代印度制蔗糖的方法，是将甘蔗榨出甘蔗汁晒成糖浆，再用火煎煮，成为蔗糖块（sakara）。梵文sakara又有"石"的含义。印度的"石"糖在汉代传入中国，汉代文献中的"石蜜""西极石蜜""西国石蜜"指由西域进口的"石"糖。其中"西极""西国"正是梵文sakara的对音，而"石蜜"是梵文sakara的意译。后来印度的制糖术有进一步提高：将甘蔗榨出甘蔗汁，用火熬炼，并不断加入牛乳或石灰一起搅拌，牛乳或石灰和糖浆中的杂质凝结成渣，原来褐色的糖浆颜色变淡，经过反复的除杂工序，最后得到淡黄色的砂糖。印度的佛经中有许多关于糖的记载。佛典中的各种技术都表明，糖在古代印度非常普遍，既是可食的美味，又能入药治病，还可用于宗教仪式。从甘蔗汁中能提炼各种糖类食品，在古时已是众所周知的常识，故佛教典籍的编撰者能够利用制糖术来阐释佛教义理的概念。

也许是从印度传入制糖技术的，越南很早就开始从甘蔗中提炼蔗糖。《汉书·南中八郡志》就已经说到交趾地区生产蔗糖。西汉时南越人杨孚在《异物志》中谈到了用甘蔗榨糖，就是将煮沸的甘蔗汁提炼、晒干制成一种凝固的糖的过程。这是我国最早关于制造蔗糖的记载。这种蔗糖当时是贡品，民间并不多见。张衡《七辩》中说："沙饧石蜜，远国储珍。"三国时期，交趾地区出产的蔗糖输入内地。《三国志·吴志》中记载：吴主孙亮曾使黄门（宦者）取交州所献"甘蔗饧"食用。所谓"甘蔗饧"，就是蔗糖。"甘蔗饧"的形态是一种特意制成的黏稠状，其软柔的特性更适合人们食用。

在两晋南北朝时期，从当时翻译过来的一些佛经可知，印度用甘蔗汁制糖的技术已经传到中国。唐代义净所译经书中对印度的制糖法有所介绍。

从印度引进的甘蔗制砂糖的工艺对唐代的经济影响较大。这件事与王玄策出使印度有直接的关系。可能是王玄策在第二次出使印度时，打败阿罗那顺后，俘虏了大量能工巧匠，便从中挑选专业制糖人员，带回国内传授制糖之法。

印度制糖法的传入，对我国制糖业的发展起了重要的作用。当时印度的砂糖法中至少有三项先进经验：

（1）蔗浆结晶前用石灰或草木灰处理。由现代科学制糖原理可知，这项措施对蔗糖的结晶至关重要，因为蔗汁中除蔗糖和水分外，还有一些含量不算太高但对蔗糖结晶极不利的有机酸成分，它们会促使蔗糖水解生成还原糖（如葡萄糖、果糖等），这类糖在蔗汁搁置过程中不但自身不能结晶，还会生成糖蜜（我国古代叫"糖油"），阻碍蔗糖结晶，所以用"灰"去中和或沉淀那些游离酸，很有必要；还可使某些有机的非糖分、无机盐、泥沙悬浮物沉淀下来，既可以改善蔗汁的味道，又可以使蔗汁黏度降低，色泽变清亮，从而有利于蔗糖的析出，提高蔗糖质量。

（2）印度制糖技师很懂得如何挑选甘蔗品种，据他们的经验，苗长过八尺者不适于熬糖，而矮秆六七尺者是造砂糖的良种。后来我国就学习了印度的此项经验。

（3）印度制糖采取了分出糖蜜的措施，极有利于砂糖的结晶。唐代的制糖技术有了较大的进步，主要是由于从印度传入了当时先进的制糖技术。唐太宗派人到中天竺摩揭陀国去学习熬糖法，不仅学会了印度的制糖技术，而且在此基础上有所提高，制出了比印度蔗糖质量还好的产品。所以说"拃沉如其剂，色味愈西域远甚"。扬州人对糖进行了改进和精加工，实现了制糖技术的飞跃。最早的白糖不是洁净如雪，而是呈淡黄色。后来，优质的中国糖又传到印度，被印度人惊叹为"中国雪"。除扬州外，唐宋时期四川遂宁也是蔗糖的著名产地。

还有的学者认为，唐太宗时期只引进印度饼块糖石蜜制法，唐高宗龙朔元年（661）请来印度制糖专家，才引进印度砂糖制法。所以，唐朝遣使去印度求取制糖术有两次，而每次带回的制糖术是不同的。

唐代掌握了先进的制糖技术，蔗糖生产有了较大的发展。如陆龟蒙《江南秋怀寄华阳山人》诗

⊙ 清代《砂糖图》

中有"野馈夸菰饭，江商贾蔗饧"句。在药物学著作《千金要方》和《外台秘要》中，砂糖是常用的药物。敦煌残卷孟诜《食疗本草》也著录了砂糖等。这些都表明，作为食品或药用的砂糖已经成为当时市场上常见的商品。

唐代的砂糖似以四川生产的质量最好，如《元和郡县图志》载蜀州贡砂糖，《千金翼方》所载诸药出处，也仅载益州砂糖。直到元明两代，福建、广东改进了制糖技术，成为我国蔗糖的主要产地，明末宋应星的《天工开物》则对闽、粤的制糖法做了相当详细的介绍。

唐玄宗天宝十二载（753），鉴真和尚东渡日本传法，带有各种方物，其中有蔗糖2斤多，献给奈良东大寺，并把制糖法传到日本，此后日本才知道了砂糖。

三、葡萄酒酿造技术

西汉时，葡萄及其栽培技术传入中国，同时葡萄酒也传入了。

葡萄酒的酿造，由波斯、埃及经中亚传入西域，不会迟于西汉。张骞通西域，就向朝廷带回了西域酿造葡萄酒的信息。《史记》和《汉书》里都有关于大宛国出产葡萄酒的记载。到南北朝时，龟兹、高昌、焉耆、车师等都有葡萄酒出产。

葡萄酒在汉代就已经传入内地。到了魏晋及稍后的南北朝时期，葡萄酒的消费有了一定的发展。但是，这时人们品尝的葡萄酒，主要是从西域进口的。国内葡萄酒制作技术的获得和普及，还是唐代的事情。《册府元龟》记载，唐初，"（葡萄酒）前代或有贡献，人皆不识，及破高昌，收马乳蒲桃实于苑中种之，并得其酒法，帝自损益，造酒成。凡有八色，芳辛酷烈，味兼缇盎。既颁赐群臣，京师始识其味"。

这则记载说明唐以前西域的葡萄酒已进入皇宫，其后又由唐太宗亲自倡导，学习葡萄酒的酿制技法。

唐军在640年破高昌，这也是葡萄酒酿造技术引进中国的年份。唐太宗从高昌国获得马乳葡萄种子和葡萄酒法后，不仅在皇宫御苑里大种葡萄，还亲自参与葡萄酒的酿制。酿成的葡萄酒不仅色泽很好，味道也很好，兼有清酒与红酒的风味。

此事在文献中多有记载。如《唐会要》卷一〇〇《杂录》："葡萄酒，西域有之，前世或有贡献。及破高昌，收马乳葡萄实，于苑中种之，并得其酒法，自损益造酒。酒成，凡有八色，芳香酷烈，味兼醍醐。既颁赐群臣，京中始识其味。"柳宗元《龙城录·魏征善治酒》："魏左相能治酒，有名曰醽渌、翠涛，常以大金罂内贮盛，十年饮不败，其味即世所未有。太宗文皇帝尝有诗赐公，称：醽渌胜兰生，翠涛过玉薤。千日醉不醒，十年味不败。……公此酒本学酿于西胡人，岂非得大宛之法？"又《太平御览》卷九七二《果部·蒲萄》记载，"蒲萄酒，西域有之，前代或有贡献，人皆不识。及破高昌，

568

⊙ 陕西西安唐墓壁画《宴饮图》

收马乳蒲萄实，于苑中种之，并得其酒法"，所造酒"凡有八色，芳辛酷烈"。

唐代"葡萄酒"的产地，有今属新疆维吾尔自治区吐鲁番市的"西州"、甘肃省武威市的"凉州"和山西省太原市的"并州"。"西州"由故"高昌国"改设。《新唐书》卷四〇《地理志》说，西州"土贡：丝、氎布、毡、刺蜜、蒲萄五物酒浆煎皱干"。元稹《西凉伎》写道：

> 吾闻昔日西凉州，人烟扑地桑柘稠。
>
> 蒲萄酒熟恣行乐，红艳青旗朱粉楼。
>
> 楼下当垆称卓女，楼头伴客名莫愁。

白居易说到山西的葡萄酒：

> 豹尾交牙戟，蚪须捧佩刀。
>
> 通天白犀带，照地紫麟袍。
>
> 羌管吹杨柳，燕姬酌蒲萄。
>
> 银含凿落盏，金屑琵琶槽。
>
> 遥想从军乐，应忘报国劳。
>
> 紫微留北阙，绿野寄东皋。

唐朝是我国葡萄酒酿造史上辉煌的时期，宫廷里盛行品评葡萄酒。唐太宗在《置酒坐飞阁》诗中写道：

> 高轩临碧渚，飞檐迥架空。
>
> 余花攒镂槛，残柳散雕栊。
>
> 岸菊初含蕊，园梨始带红。
>
> 莫虑昆山暗，还共尽杯中。

武则天的《游九龙潭》给葡萄酒很高的赞美，写道：

> 山窗游玉女，涧户对琼峰。
>
> 岩顶翔双凤，潭心倒九龙。
>
> 酒中浮竹叶，杯上写芙蓉。
>
> 故验家山赏，惟有风入松。

唐朝皇帝多有向臣下赐酒，以示优宠。《太平御览》卷九七二记载："《唐景龙文馆记》曰：四月上巳日，上幸司农少卿王光辅庄。驾还顿后，中书侍郎南阳岑羲设茗，饮蒲萄浆，与学士等讨论经史。又曰：大学士李峤入东都祔庙，学士等祖送城东，上令中官赐御馔，及蒲萄酒。"

与此同时，葡萄酒的酿造已经从宫廷走向民间，民间酿造和饮用葡萄酒十分普遍。长安城中有许多酒肆，其中有些是胡人开的，出售西域进口的葡萄酒，也有一些是本地产的。自称"五斗先生"的王绩，不仅喜欢喝酒，还精于品酒，写过《酒经》《酒谱》。

李白更是与酒有不解之缘。李白十分钟爱葡萄酒，甚至在酒醉奉诏作诗时，也不忘心爱的葡萄酒。李白在《对酒》中写道：

> 蒲萄酒，金叵罗，吴姬十五细马驮。
> 青黛画眉红锦靴，道字不正娇唱歌。
> 玳瑁筵中怀里醉，芙蓉帐底奈君何。

这首诗中记载了葡萄酒像金叵罗一样，可以作为少女出嫁的陪嫁。李白在著名的葡萄酒醉歌《襄阳歌》中还写道：

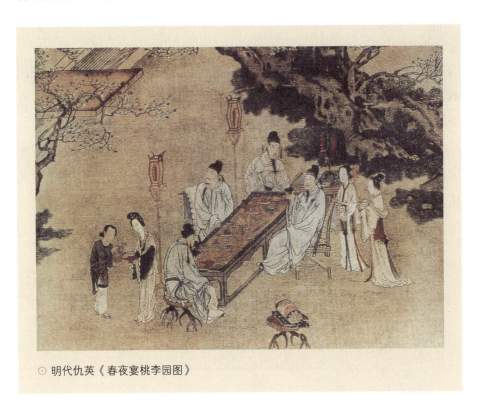

⊙ 明代仇英《春夜宴桃李园图》

> 落日欲没岘山西，倒著接蓠花下迷。
>
> 襄阳小儿齐拍手，拦街争唱白铜鞮。
>
> 傍人借问笑何事，笑杀山公醉似泥。
>
> 鸬鹚杓，鹦鹉杯，
>
> 百年三万六千日，一日须倾三百杯。
>
> 遥看汉水鸭头绿，恰似蒲萄初酦醅。
>
> 此江若变作春酒，垒曲便筑糟丘台。

李白幻想着将一江汉水都化为葡萄美酒，每天喝三百杯，一连喝上一百年，也确实要喝掉一江的葡萄酒。

唐代的葡萄酒诗，最著名的莫过于王翰的《凉州词》：

> 葡萄美酒夜光杯，欲饮琵琶马上催。
>
> 醉卧沙场君莫笑，古来征战几人回？

边塞荒凉艰苦的环境，紧张动荡的军旅生活，使得将士们很难遇到欢聚的酒宴。这是一次难得的聚宴，酒，是葡萄美酒；杯，则是"夜光杯"。夜光杯也是来自西域的珍品。

在众多的盛唐边塞诗中，这首《凉州词》最能表达战士们将生死置之度外的旷达、奔放的感情。明朝王世贞称此诗为无瑕之璧，为唐人七绝的压卷之作。

第二十六章　来自丝绸之路的艺术家

一、苏祇婆传"五旦七声"

在西域诸国的多民族文化中，乐舞艺术十分发达。汉代和南北朝时期，有许多西域各国的艺术家沿着丝绸之路来到中原，西域乐舞陆续传入中国内地，并对中国的宫廷乐舞和民间乐舞产生很大的影响，形成了中国乐舞艺术发展的一次高潮。

沿着丝绸之路而来的艺术家们，最著名的是南北朝时期北周的龟兹乐人苏祇婆，他将龟兹乐与七音融入北周乐舞中，实现了中国音乐史上最重要的变革。

苏祇婆出生于音乐世家，父亲是古突厥族有名的音乐家。在父亲的熏陶下，苏祇婆很小的时候便弹得一手好琵琶，又精通龟兹乐律，名噪乡里；后来奉召进入西突厥汗廷，从事歌舞宴乐。据考证，苏祇婆本姓白，"苏祇婆"在龟兹语中为"智慧""聪明"之意，故可以汉译为"智通"，苏祇婆应该就是史籍上记载的"白智通"。

北周天和三年（568），北周武帝宇文邕迎娶突厥公主阿史那氏为皇后。公主出嫁时，带来一支由龟兹、疏勒、安国、康国等地300多人组成

⊙弹琵琶陶俑（北齐时期）

⊙ 源于波斯的四弦琵琶，唐政府作为礼品赠送给7世纪末8世纪初访问中国的日本使节

的西域乐舞队，其中就有著名的龟兹音乐家苏祗婆，并且带来了西域特有的乐器，有五弦琵琶、竖箜篌、哈甫、羯鼓等。

在北周的宫廷，苏祗婆以善弹琵琶闻名，颇受周武帝器重。苏祗婆演奏了大量的龟兹琵琶乐曲，把龟兹乐舞的艺术魅力发挥到了极致。

北周灭亡后，苏祗婆流落到了民间，辗转各地，广招艺徒，传授琵琶技艺和音乐理论，传播龟兹乐律"五旦七声"。当时都城长安的西市，有很多西域胡人开设的酒店，胡姬压酒，胡乐当筵，风靡一时。酒店中侍酒的胡姬，常以她们婉转的歌喉、优美的舞姿招徕客人。一天傍晚，隋朝重臣、音律学家郑译独自徘徊在街市上，忽然被一阵动人的琴声吸引。他走进一家西域酒店，只见一位高鼻深目、相貌堂堂的西域乐师在演奏琵琶。郑译连忙打问他的姓名，才知道他就是苏祗婆。郑译大喜，当即拜苏祗婆为师，虚心求教。

当时，隋文帝命郑译创制新音乐。郑译与朝廷众乐工研究了几个方案，都不能让文帝满意。郑译以为，北周七声废缺，从大隋受命以来，应该用新的礼乐。他与苏祗婆合作，将西域龟兹乐律的"五旦七声"理论演变成"旋宫八十四调"。新的乐制确定之后，隋文帝高兴地说："此乐正合我的心意。"

苏祗婆"五旦七声"的输入，标志魏晋南北朝时期中国乐舞制度从乐人、乐器到乐律，都渗入了胡风。古乐大都并入雅乐，局限于庙堂乐章，民间歌舞与胡乐结合，显示出极强的生命力，为社会各界所欢迎。中乐七声，即宫、商、角、变徵、徵、羽、变宫，也就是苏祗婆所输入的婆陀力、鸡识、沙识、沙侯加滥、沙腊、般赡、俟利建，可以与西乐音符C、D、E、

F、G、A、B以及印度音符Sa、Ri、Ga、Ma、Pa、Dha、Ni一一对应。这是魏晋南北朝时期中国乐律改进的最重要成就之一。在新乐律的指导下，中国乐舞得以呈现丰富多彩的面貌。

二、来自西域的音乐家

到了唐代，有更多的西域各民族艺术家来到长安，他们带来了新的西域乐舞形式，使唐代的乐舞艺术大为丰富，促进了中国乐舞艺术发展的又一次高潮。

那时候的音乐传播，包括乐谱、舞蹈、乐器和乐师、艺人等，是一起传播过来的。比如史载一些国家"献乐"，实际上是一个大型的乐舞表演团体的活动。在各国所献的"贡人"中，有许多具有特殊才能的艺人，他们为西域音乐文化在中国的传播做出了贡献。如《新唐书》卷二二一记载，开元初，康国进贡各种珍奇物产和"胡旋女子"；开元时，米国贡"胡旋女"，俱密国献"胡旋舞女"。《册府元龟》卷九七一记载，开元十五年（727）五月，康国又贡"胡旋女"，史国献"胡旋女子"及葡萄酒。这些记载说的都是来自西域诸国的舞女。《杜阳杂记》记载，宝历二年（826），东国贡舞女飞鸾、轻凤，歌声一发，如鸾凤之音，百鸟翔集，舞态艳逸。在贡人中还包括一些骇人耳目的杂技艺人和魔术师。大历十二年（777），渤海遣使来朝，并献日本国舞女11人及方物。设在西域的唐朝安西都护府也向朝廷贡献舞狮伎人，白居易在《西凉伎》诗中说：

> 西凉伎，假面胡人假狮子。
>
> 刻木为头丝作尾，金镀眼睛银帖齿。
>
> 奋迅毛衣摆双耳，如从流沙来万里。
>
> 紫髯深目两胡儿，鼓舞跳梁前致辞。
>
> 应似凉州未陷日，安西都护进来时。

⊙ 唐三彩釉陶载乐骆驼

唐代载入史籍的著名西域音乐家有龟兹音乐家白明达、疏勒琵琶高手裴神符等几十人。此外还有许多西域乐工、舞伎、歌手在教坊、梨园供职。在出土的唐代胡俑中，有许多表现国外艺人进行乐器和歌舞表演的形象。比如，1980年河南偃师南蔡庄唐墓出土了一件彩绘胡俑。胡俑高鼻深目多须髯，头戴胡帽，两手紧握，作挥舞状，有孔洞，推测很可能是在手执鼓杖敲击羯鼓。胡人乐者的形象甚至出现在当时的陶塑玩具上，如河南巩义黄冶窑遗址出土的一件陶塑乐伎俑，陶俑为胡人男子形象，高鼻深目，络腮胡须，胸前悬挂腰鼓，一边奏乐一边歌唱。

白明达是隋代入华的龟兹作曲家。隋亡入唐，又经历了唐高祖、唐太宗、唐高宗时期，白明达一直在宫中创作音乐。隋炀帝赏识他的这些乐曲，曾表示要予以厚禄。白明达所创乐曲，至唐代尚有流传，如《泛龙舟》《七夕相逢乐》，五代时的敦煌曲子词还有词调《斗百草》。

白明达作品中影响最大的是具有浓郁西域风格的乐舞《春莺啭》，据说是奉唐高宗之命所作。《春莺啭》舞蹈属软舞类，张佑《春莺啭》诗有"内人已唱《春莺啭》，花下偓偓软舞来"，诗中描写宫中技艺最高的"内人"，表演《春莺啭》柔曼婉畅的歌声舞态。《春莺啭》曾传入朝鲜，《进馔仪轨》载："《春莺啭》……设单席，舞伎一个，立于席上，进退旋转，不离席上而舞。"并绘有舞蹈场面图。一女舞者立方毯上而舞。日本雅乐舞蹈也有《春莺啭》，由唐代传入日本，男子戴鸟冠而舞。其表演形式及风格，与唐代女子软舞不同，是日本民族化的雅乐舞蹈。

⊙ 唐彩绘陶骑马乐俑，西安大唐西市博物馆藏

　　裴神符是来自疏勒的音乐家，又名裴洛儿。大约在唐高祖李渊在位时，他就已担任唐朝宫廷乐师，到唐太宗李世民时，裴神符依然受到器重。他的以《火凤》为代表的三首名曲，作为唐代中原音乐"西"化的标志而出现。唐代汇集的名曲录中，裴神符的作品占据了一定的数量，尤以《火凤》影响最大。

　　贞观年间，众琵琶乐师在宫中献技。乐师们都是横抱琵琶，用木制或铁制的拨子弹奏，与演奏古瑟的方法相似，而且奏的大多是恬淡婉转、柔弱无力的宫廷雅乐。裴神符用与众不同的技法表演自己创作的乐曲《火凤》。他把琵琶直立怀中，改拨子演奏为手指弹奏。左手持颈，抚按律度，右手的五指灵活地在四根弦上疾扫如飞，这种指弹法是当时前所未有的演奏方法。《火凤》旋律起

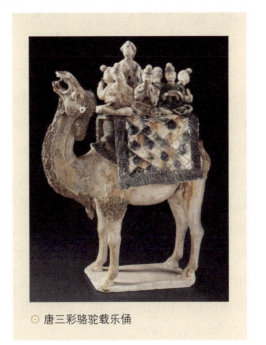

⊙ 唐三彩骆驼载乐俑

伏跌宕，节奏奔放豪迈。乐曲到高潮时，他的左手还加进了推、带、打、拢、捻等技巧，音乐形象刚劲淳厚，仿佛是一支乐队在合奏。《火风》曾在内地长期流行，并被多次改编。唐宫廷乐"法曲部"中的《真火风》、"胡曲部"中的《急火风》，都是根据《火风》改编才唱响的。元稹诗中说"《火风》声沉多咽绝"。

见于唐朝载籍的外来音乐、舞蹈家，多为中亚昭武九姓胡人。曹国胡人曹保祖孙三代，均为琵琶名手，在唐朝声名很盛，人称"三曹"。其中曹善才和曹刚（或作曹纲）的演奏艺术，尤其受到当时诗人的赞赏。"善才"本是当时著名乐师的一种尊称，由于曹善才技艺高超，因其姓曹，所以被人誉称为曹善才，这样，反使其真名失传了。曹善才是唐代教坊一流乐师，曾任梨园供奉，诗人李绅在《悲善才》的悼诗中写道："东头弟子曹善才，琵琶请进新翻曲"，"天颜静听朱丝弹，众乐寂然无敢举"。曹善才的琵琶常能弹奏新曲，连皇帝都爱听他演奏。他演奏时，全场寂静，没人敢起来摆弄乐器。曹善才不仅精于演奏，而且善于教学，其门下亦有不少琵琶弟子。白居易《琵琶引》序中称，元和十一年（816），在九江任司马时，夜闻舟中弹琵琶者，"有京都声"，经询访，知其人原为长安娼女，"尝学琵琶于穆、曹二善才"。

曹善才之子曹刚，也是非常有名的琵琶艺人。曹刚的演奏技巧胜过其父，尤其是他右手的拨子功，"若风雨而不事扣弦"，力如风雷，名噪一时。据《乐府杂录》记载："曹纲善运拨，若风雨，而不事扣弦。兴奴长于拢捻，不拨稍软。"所以当时有"曹刚有右手，兴奴有左手"之说。

大和二年（828），白居易在长安观赏曹刚演奏，深感其技艺水平超过其他同辈高手，作《听曹刚弹琵琶兼示重莲》诗："拨拨弦弦意不同，胡啼番语两玲珑。谁能截得曹刚手，插向重莲衣袖中？禁曲新翻下玉都，四弦振触五音殊。不知天上弹多少，金凤衔花尾半无。"薛逢将曹刚的琵琶演奏誉为神仙才能听到的天上"玉都殊音"，曹刚的《薄媚》一曲，弹得特别出色，使人百听不厌。刘禹锡诗云："一听曹刚弹薄媚，人生不合出京城。"

唐代著名的琵琶演奏家在段安节所撰《乐府杂录》中多有记载，计有段善本、曹刚、裴兴奴、康昆仑、雷海清、李管儿、赵璧等15人。康昆仑也是著名的琵琶艺人，段安节称原籍康国的康昆仑为贞元中天下"琵琶第一手"，并记载了长安祈雨时康昆仑与僧人在天门街"斗声乐"的故事。故事说：唐贞元年间（785—805），一次长安大旱，东西两区居民聚集在天门街举行祈雨大会，各搭彩楼奏乐娱神，并同时举行器

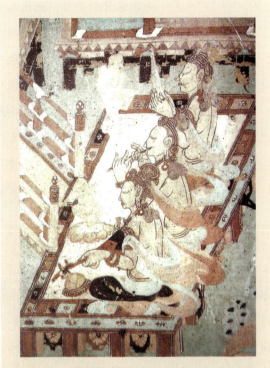

⊙ 敦煌321窟壁画，乐舞图中的三位乐伎，或弹琵琶，或吹竽篥，或吹笙，形象为高鼻深目，似为当时的外国乐队

乐演奏比赛。东区因有康昆仑便自认为此赛必胜无疑，就推请他登上彩楼弹奏了一曲《新翻羽调绿腰》，意先声夺人，让观众领略其难以战胜的音乐水准。昆仑奏毕，广场上鸦雀无声，片刻寂静后，才见西区彩楼上出现一位妙龄"女郎"，"她"怀抱琵琶面对听众说道："我也弹奏这一曲目，不过要将它转音移曲到'枫香'调上演奏。"说罢，"她"挥手触弦，其声如雷贯耳，震动人心，那妙绝入神的演奏技艺，远在昆仑之上。康昆仑听罢又惊愕又敬佩，立刻表示要拜"女郎"为师，"女郎"这时更衣出楼相见，原来不是"女郎"，而是庄严寺的和尚。这位和尚姓段名善本，后来他当上了康昆仑的琵琶教师。除了弹奏，康昆仑还善作曲，他曾将凉州曲改编为琵琶演奏曲。

李颀有一首《听安万善吹觱篥歌》：

南山截竹为觱篥，此乐本自龟兹出。

流传汉地曲转奇，凉州胡人为我吹。

傍邻闻者多叹息，远客思乡皆泪垂。

世人解听不解赏，长飙风中自来往。

枯桑老柏寒飕飗，九雏鸣凤乱啾啾。

龙吟虎啸一时发，万籁百泉相与秋。

忽然更作渔阳掺，黄云萧条白日暗。

变调如闻杨柳春，上林繁花照眼新。

岁夜高堂列明烛，美酒一杯声一曲。

诗名中的安万善是"凉州胡人"，诗人听了胡人乐师安万善吹奏觱篥，称赞他高超的演技，同时写觱篥之声凄清，闻者悲凉。前六句先叙篥的来源及其声音的凄凉；中间十句写其声多变，为春为秋，如凤鸣如龙吟；末两句写诗人身处异乡，时值除夕，闻此尤感孤寂凄苦。

李贺有一首《听颖师琴歌》：

别浦云归桂花渚，蜀国弦中双凤语。

芙蓉叶落秋鸾离，越王夜起游天姥。

暗佩清臣敲水玉，渡海蛾眉牵白鹿。

谁看挟剑赴长桥，谁看浸发题春竹。

竺僧前立当吾门，梵宫真相眉棱尊。

古琴大轸长八尺，峄阳老树非桐孙。

凉馆闻弦惊病客，药囊暂别龙须席。

请歌直请卿相歌，奉礼官卑复何益。

李贺在诗中描摹了颖师美妙绝伦的琴声，赞叹了他高超的琴艺。诗中说到的这位技艺高超的颖师，是一位来自天竺的僧人，他于唐宪宗元和年间（806—820）在长安，以弹琴著名。他的古琴长八尺一寸，用质地优良的古桐木制成，音色非常优美。颖师弹琴的技艺精湛，演奏时有特别的韵味，而且曲目很丰富，远近闻名。

来自于阗的尉迟青在唐代宗时居住在长安的长乐坊。唐德宗时，他官至将军。他吹奏筚篥的水平很高，时人称他冠绝古今。当时还有一位筚篥高手，是名冠幽州的王麻奴。他得知尉迟青的大名后，特意到长安，要与尉迟青比试技艺。尉迟青请奏一曲，王麻奴以高般涉调吹奏了一曲西域乐曲，曲毕累得汗流浃背。接着，尉迟青拿起筚篥吹奏了同一曲调，轻松裕如，音韵殊异。王麻奴心悦诚服，拜而求教。经过尉迟青和王麻奴这些名家的大力弘扬，西域乐器筚篥在长安乃至中原大地广为流行。

于阗人尉迟璋是尉迟青的晚辈，通音律，善吹笙。他于唐文宗太和年间（827—835）活跃于长安乐坛，曾任仙韶院乐官。他不仅善吹笙，技艺在当时首屈一指，而且琴、瑟、鼓、箫样样精通，还会作曲，曾整理改编过《霓裳羽衣曲》。尉迟璋的歌唱得也很好，"能啭喉为新声"，有"一声飞出九重深"之美誉，其"音辞曲转，听者忘倦"，引得京城乐人纷纷效仿，并尊称尉迟璋为"拍弹"。唐文宗李昂十分喜爱音乐，善吹管乐，亲自召见了尉迟璋，并命朝廷三品以上官员都穿上朝服来听尉迟璋吹奏和演唱。他先用笙吹奏了自己创作的《瀛州曲》，音调高亢，清亮辽远，接着演唱了传统的《霓裳羽衣曲》，音域宽阔，意韵深长，令当朝文武大臣眼界大开，耳目一新。

⊙ 唐代李寿墓壁画《乐舞图》

来唐外国人中，也有以歌唱著称于世者。《卢氏杂说》称元和年间（806—820）从事歌唱的乐人有米国胡人米嘉荣，米嘉荣歌曲之妙，当时无出其右。其歌唱艺术倾倒京城，并被皇帝赏识，被提拔为朝廷供奉（首席乐官）。世人称赞他的演唱能"冲断行云直入天"。米嘉荣曾在宪宗、穆宗、敬宗三代任供奉，史书上称他为"三朝供奉"。米嘉荣与诗人刘禹锡有厚交，两人常在一起交流艺术。米嘉荣系统介绍了音乐理论知识，他给刘禹锡演唱了许多西域和西凉（甘肃）歌曲。刘禹锡在米嘉荣的帮助下，吸收融汇了许多民歌音乐素材，创造了一种独特的诗体——竹枝词，风格清新，在当时风靡全国。刘禹锡在《与歌者米嘉荣》诗中称：

> 唱得凉州意外声，旧人唯数米嘉荣。
>
> 近来时世轻先辈，好染髭须事后生。

米嘉荣之子米和，咸通年间（860—874）以弹琵琶称，"申旋尤妙"，也以音乐技能供奉朝廷。刘禹锡还有一首诗提到可能是来自康国的歌女穆氏：

> 曾随织女渡天河，记得云间第一歌。
>
> 休唱贞元供奉曲，当时朝士已无多。

三、风靡一时的"三大乐舞"

来自西域的艺术家们，把西域各民族的音乐舞蹈艺术带到了中原。传入中原的西域乐舞，以胡腾舞、胡旋舞和柘枝舞最为有名，号称西域"三大乐舞"。早在北朝时，这三大乐舞就已经传入中国。

胡腾舞源于中亚昭武九姓之一的石国。大约在北朝后期，胡腾舞已传入中原。舞蹈史专家从北齐（550—577）墓出土的两个舞蹈纹的瓷壶上看出，西域胡人的舞姿具有胡腾舞的某些特点。在唐代，胡腾舞盛极一时，诗人刘言史的诗《王中丞宅夜观舞胡腾》中详细地描写了这种舞蹈：

⊙唐代壁画反弹琵琶图

⊙唐墓壁画红衣舞女图

　　石国胡儿人见少，蹲舞尊前急如鸟。
　　织成蕃帽虚顶尖，细氎胡衫双袖小。
　　手中抛下葡萄盏，西顾忽思乡路远。
　　跳身转毂宝带鸣，弄腾缤纷锦靴软。
　　四座无言皆瞪目，横笛琵琶偏频促。
　　乱腾新毯雪朱毛，傍佛轻花下红烛。
　　酒阑舞罢丝管绝，木槿花西见残月。

另一位诗人李端的《胡腾儿》诗写道：

　　胡腾身是凉州儿，肌肤如玉鼻如锥。
　　桐布轻衫前后卷，葡萄长带一边垂。
　　帐前跪作本音语，拾襟搅袖为君舞。
　　安西旧牧收泪看，洛下词人抄曲与。

扬眉动目踏花毡，红汗光流珠帽偏。

醉却东倾又西倒，双靴柔弱满灯前。

环行急蹴皆应节，反手叉腰如却月。

丝桐忽奏一曲终，呜呜画角城头发。

胡腾儿，胡腾儿，故乡路断知不知。

从这两首诗看来，舞者为男子，身着胡衫，袖口窄小，头戴蕃帽，脚登锦靴，腰缠葡萄长带，在一个花毡上腾跳，长带飘动。

胡旋舞在唐代十分流行。据杜佑《通典》介绍，这种舞蹈伴奏的乐器主要是各种鼓，有羯鼓、正鼓、腰鼓、铜钹和笛子、琵琶。史载，康、米、史等国曾向唐朝贡献的"胡旋女子"，实际上就是从事胡旋舞表演的专业舞蹈艺术家。

胡腾舞与胡旋舞的主要区别在于舞姿的不同：一个是"腾"，急蹴地跳腾；一个是"旋"，飞速地旋转。胡旋舞传入唐朝之后，在宫廷内外盛

⊙ 甘肃榆林石窟25窟舞乐图

行一时。8世纪初年，武延秀在安乐公主宅中作胡旋舞，"有姿媚，主甚喜之"。安禄山也以善舞胡旋著称，"至玄宗前，作胡旋舞，疾如风焉"。白居易有《胡旋女》一诗：

胡旋女，胡旋女，心应弦，手应鼓。
弦鼓一声两袖举，回雪飘摇转蓬舞。
左旋右转不知疲，千匝万周无已时。
人间物类无可比，奔车轮缓旋风迟。
曲终再拜谢天子，天子为之微启齿。
胡旋女，出康居，徒劳东来万里余。
中原自有胡旋者，斗妙争能尔不如。
天宝季年时欲变，臣妾人人学圆转。
中有太真外禄山，二人最道能胡旋。
梨花园中册作妃，金鸡障下养为儿。
禄山胡旋迷君眼，兵过黄河疑未反。
贵妃胡旋惑君心，死弃马嵬念更深。
从兹地轴天维转，五十年来制不禁。
胡旋女，莫空舞，数唱此歌悟明主。

白居易在诗中以转蓬、车轮、旋风等比喻，突出强调了胡旋舞疾速旋转的特点。他说，与胡旋舞相比，那飞奔转动的车轮和急遽旋转的旋风都显得太迟了。而且一跳起来，旋转的圈子很多，左旋右转不知道一点疲倦，千匝万周猜不透什么时候才能跳完。元稹在《胡旋女》诗中也称：

天宝欲末胡欲乱，胡人献女能胡旋。
旋得明王不觉迷，妖胡奄到长生殿。
胡旋之义世莫知，胡旋之容我能传。
蓬断霜根羊角疾，竿戴朱盘火轮炫。

585

骊珠迸珥逐飞星，虹晕轻巾掣流电。

潜鲸暗翁笘波海，回风乱舞当空霰。

万过其谁辨终始，四座安能分背面。

柘枝舞亦源于西域石国。较之胡旋舞、胡腾舞，唐人对柘枝舞的记载更多。舞柘枝者多为青年女子，舞者头戴绣花卷边虚帽，帽上施以珍珠，缀以金铃。舞者身穿薄透紫罗衫，纤腰窄袖，身垂银蔓花钿，脚穿锦靴，踩着鼓声的节奏翩翩起舞，婉转绰约，轻盈飘逸，金铃丁丁，锦靴沙沙，"来复来兮飞燕，去复去兮惊鸿"。当曲尽舞停时，舞者罗衫半袒，犹自秋波送盼，眉目注人。

柘枝舞艺术境界高超，且具有很强的观赏性，引起了唐朝社会各阶层的极大兴趣，诗人刘禹锡、薛能、张祜、白居易、沈亚之、卢肇等都写过有关柘枝舞的诗歌。白居易《柘枝伎》写道：

⊙ 敦煌莫高窟154窟北壁中唐报恩经变乐舞壁画

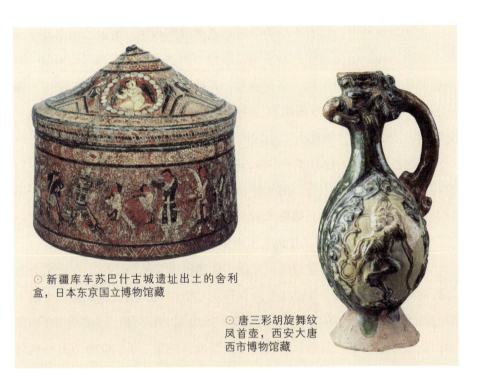

⊙ 新疆库车苏巴什古城遗址出土的舍利盒，日本东京国立博物馆藏

⊙ 唐三彩胡旋舞纹凤首壶，西安大唐西市博物馆藏

　　平铺一合锦筵开，连击三声画鼓催。

　　红蜡烛移桃叶起，紫罗衫动柘枝来。

　　带垂钿胯花腰重，帽转金铃雪面迴。

　　看即曲终留不住，云飘雨送向阳台。

　　再如刘禹锡《和乐天柘枝》："鼓催残拍腰身软，汗透罗衣雨点花。"张祜咏柘枝舞的诗最多，如《柘枝》："红筵高设画堂开，小妓妆成为舞催。珠帽着听歌遍匝，锦靴行踏鼓声来。"这些诗句说明柘枝舞是在鼓声伴奏下出场、起舞的，其舞蹈具有节奏鲜明、气氛热烈、风格健朗的特点。

四、尉迟带来的西域画风

　　来自西域的艺术家，除了音乐舞蹈艺术家，还有一些画家。他们把西域的绘画艺术技法传到了中原。

在初唐画苑中，最有影响的是尉迟乙僧的凹凸法。尉迟乙僧出身于于阗王族尉迟氏，他父亲尉迟跋质那是一位"善画外国及佛像"的画家，在隋朝时从于阗到洛阳作画，享有盛名，人称"大尉迟"。唐时曾作《六番图》《外国宝树图》《婆罗门图》《鬼神》《菩萨》等画。尉迟乙僧从小师从其父学画，造诣渐深，被称为"小尉迟"。

尉迟乙僧作画的题材多种多样，佛像、历史故事、民族人物和风俗，以及花鸟、动物，无所不包，但佛像和西域人物是其所长。他所画的《千手眼大悲》《花子钵曼殊》，被称赞为"精妙之状，不可名焉"，"皆一时之绝妙"，达到了精、绝、奇的佛画艺术境界，有独特的艺术成就。

尉迟乙僧创作了大量的佛教壁画，如唐仪凤二年（677），在光宅寺东菩提院内画《降魔变》等经变壁画；长安二年（702）前后，在慈恩寺塔下南门画《千钵文殊》等壁画；神龙元年（705）后，在罔极寺（兴唐寺）画壁画；景云元年（710）前后，为安国寺画壁画；神龙二年（707）五月，所居住宅敕建为奉恩寺，画于阗王族供养像于此寺内。他的创作特点是，善于把宗教题材世俗化，尽可能地糅进一些现实生活情景和西域风俗。

尉迟乙僧的西域民族人物和风俗为题材的绘画具有鲜明的现实性。在人物画中，从肖像画的角度，如《胡僧图》《外国人物图》等，正面刻画他们的面貌及服饰，描绘他们的表情与性格特征。风俗图，如《龟兹舞女图》《天王图》《番君图》等，生动地描绘了西域各民族的风俗特点。《番君图》以番君为中心，左有抱小孩的妇女、佣人，右有乐师与舞女，背景为帐篷，反映了西域游牧民族的特点。《天王图》中，画幅下端有一婆娑起舞的胡女，姿态优美，动作轻柔，还有手执琴弦的乐工，都是西域胡人打扮。他在长安奉恩寺创作的《本国王及诸亲族》是一幅历史题材的作品，以两起于阗遣使入唐的政治活动为背景。

尉迟乙僧画法的特点，一是善于运用"凹凸画法"，即用色彩的晕染和着色的厚重，使画面具有立体感，不同于中国传统上以线条为主的绘画技法。这种来自西域的传统艺术技巧，对中国后来绘画艺术的发展有着深远影响。二是"用笔紧劲，如屈铁盘丝"，线条的力度均匀而富有弹性，如弯曲的铁丝，刚中有柔。这种绘画技巧，具有西域绘画艺术的风格，传入中原后，又得到进一步提高。尉迟乙僧既保持了于阗绘画艺术的特点，又吸收了中原绘画的艺术风格，使唐代绘画艺术更具鲜明的唐风特色。

尉迟乙僧在唐初画坛上独树一帜，形成了明显的艺术风格，对此后中国美术的发展有很大影响。尉迟乙僧的艺术风格，美术史上称之为"于阗画派"。于阗画派广泛吸收了东西方艺术的养分，同时创造出具有本土特色的绘画艺术，并且经过尉迟乙僧等人的努力，在唐代的画坛上大放异彩。

尉迟乙僧所代表的一派对于盛唐大家风格的形成以及造型手段的丰富，都很有影响。吴道子也吸收了他的凹凸晕染技法，史称吴道子设色"于焦墨痕中，略施微染，自然超出绢素"。这种吴风中的技法与尉迟乙僧的凹凸晕染法有一定联系。

⊙ 唐代尉迟乙僧《天王图》

第二十七章　胡人与胡风

一、长安：国际化大都市

丝绸之路以长安为起点，唐代对外交通和文化交流的盛世，是以长安为中心展开的。

隋唐时代的长安城相当繁荣。它不仅是全国的政治中心，也是经济中心、文化中心和交通枢纽。唐代长安，鼎盛时有170万人。长安百业俱兴，商贾云集。长安城内的商业区，主要集中在东、西两市。东、西两市各有220行。"行"是同业店铺的总称，每行店铺的数量很大。见于记载的，东市有笔行、铁行、肉行、凶肆、绸缎行以及赁驴人、弹琵琶名手、杂戏等。西市行业比东市要多，据考古学家宿白统计，有大衣行、杂粮货卖之所、鱼店、酒肆、秋辔行、卜者、卖药人、药行、油靛

⊙ 唐彩绘胡人俑

590

店、法烛店、蒸饼团子店、秤行、柜坊、食店张家楼、贩粥者、帛市、绢行、麸行、衣肆、凶肆、烧炭曝布商、收宝物的胡商、波斯邸等。唐武宗会昌三年（843），东市失火，一次焚毁曹门以西24行4000余家。据此推算，东市的店铺竟有三四万家之多。由此可知当时长安城商业繁荣的盛况。

长安城里还分布着很多手工业作坊，丝织业、制瓷业等手工业生产都很发达。在交通方面，唐以长安为上都，各方路线俱自长安辐射。长安与各州之间都有通道，四通八达。长安起到了商品流通中心枢纽、内外销商品集散地、辐射全国乃至在周边和更大范围具有国际性意义的市场、沟通及导向商品经济的流通渠道、激活长安城商品经济等作用。据《新唐书·地理志》载，长安向各地辐射的陆路主要有14条，水路交通则可借环绕城周的水系与渠道，沟通包括四川、华北、江南、湖南、福建、广东等在内的广大区域。

唐代长安是一个世界性的商业都会和文化交流中心。唐帝国的兴盛发达，帝都长安的雄伟壮观，中华文化的灿烂辉煌，以及商品经济的发达和物产的丰盈，令世人钦慕景仰，吸引着世界各国人士。长安以全面开放的态势，向世界敞开大门，广迎天下来客。长安的鸿胪寺接待来自各国的外交使节。使节们多率领颇具规模的使团，形成"万国衣冠拜冕旒"的盛大景象。有的外国使节还长住长安，乐不思归。长安的国子学和太学还接纳了许多来自日本、朝鲜、琉球以及西域等地的留学生，他们在这里学习中国文化典籍，其中有些人还参加了唐朝的科举考试。

对外贸易的发展，吸引着南亚、西亚、欧洲的商旅来到长安，使长安成为一个国际贸易的场所，成为东西方国际贸易的一个集会点。

此外，还有来自各国的旅行家、艺术家、佛教僧侣，以及祆教徒、摩尼教徒、景教徒和伊斯兰教徒等。在长安，人们可以看到身穿皮裘、戴胡帽、辫发、脚穿乌皮六合靴的突厥人，戴耳环、披着肩布的印度人，以及身穿小袖袍、小口裤，皮帽边上绣花纹镶丝网的中亚人。唐代的外国侨民数量十分庞大，活跃在外交、宗教、商业、科学、艺术等许多领域。据有人估计，当时住在长安的外国人占长安人口总数的2%左右。加上突厥后裔，其数量当在5%左右。见诸诗文、笔记、小说所称者，有商胡、贾胡、胡奴、胡姬、胡稚、蕃客、蕃儿、昆仑奴等。大量外国人的涌入，大量外国人在各个领域的活动和贡献，成为盛唐时代一道独特的文化风景，成为盛唐文化的一个标志。这些来自世界各地的外国人，亲见盛唐文化的缤纷灿烂，置身于繁荣富庶、欣欣向荣的氛围之中，深刻领略中华文化的博大厚重，由衷地钦羡不已。

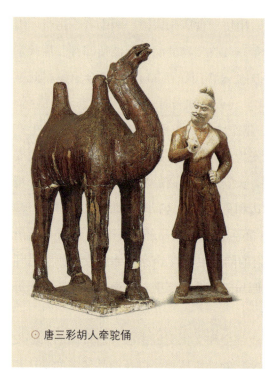

⊙ 唐三彩胡人牵驼俑

　　唐时在中国的外国人，除了日本人、新罗人，往往不辨其国籍，概称为"胡"，商人曰"商胡"或"贾胡"，僧曰"胡僧"，还有胡人、胡雏、胡儿、胡兵、胡客等。也有的称"西国人"。更多的情况下，"胡人"这种称谓是指当时与唐朝交往频繁的入华西域人，包括粟特人、波斯人、大食人，乃至来自拜占庭的罗马人等。

　　除了长安，居住在其他城市的外侨也人数众多。如《太平广记》记载，胡商活跃于唐朝各地城镇。其中有长安、洛阳、番禺、扬州等大都市，还有内陆中小城市，如豫章、洪州、义兴、陈留、魏郡、东州等。从《太平广记》所载资料可以看出，唐代胡商在中国境内活动的范围很广，沿海的港口城市、江河口岸城市和内陆城市，甚至是小县城，都有他们活动的身影。全国1/3的州郡，有外国侨民的踪迹。外国侨民在中国受到的限制较少，可以在内地定居，买田置屋，娶妻生子，行旅往来不受限制，生活和营业都很自由。外国商人可以毫无限制地深入中国内地，因此不管在内地多么偏僻的山村野店，都可以遇到同行的商胡。760年，扬州发生了一次变乱，遇难的大食、波斯商人有数千人。广州城是外来穆斯林商人的主要聚居地之一。《印度中国见闻录》说，黄巢起义军攻陷广州，大食人、波斯人、拜火教徒、犹太教徒和基督教徒遇难者有12万人。还有一说达20万人。这些数字虽或有夸张，却反映出来华外国人数量之众。

来自世界各地的商人、使节、僧侣、旅行者、艺术家和留学生等，住在中国的土地上，或数年，甚至二三十年，还有的终生居住，在中国去世。在中国生活期间，很多

◉ 唐三彩骑骆驼胡人俑

外侨与中国社会融为一体，积极关心中国的时政，参与政治活动，还有人在中国为官。唐朝后期，藩镇叛乱相继，不少外侨加入了维护国家统一、平定叛乱的行动中。许多胡人并不讳言他们自己的胡族家世渊源，在家族墓志上镌刻着自己"家世西土""发源西海"，描述自己是"本西域康国人""西域安息国人""其先安国大首领"等。

唐朝廷广泛吸收各族人员担任文武官员，如大食、波斯、突厥、安国、康国、天竺、高句丽、新罗、百济、日本各国人，有不少旅居长安，接受唐朝的职事。其中一些人世代居住在长安，与士人相往还，为文化交流做出贡献。据《新唐书·表》所示，唐代共有中书（宰相）369人，其中蕃族有23人；蕃将任节度使者，在开元前只有2人，但在天宝年间即骤升到9人，肃宗时8人，代宗时9人，德宗时17人，直至唐末共85人。比如，波斯人阿罗憾在唐显庆年中，官至右屯卫将军、上柱国、金郡开国公，还担

⊙ 唐皇城图

任过唐朝慰抚拂菻国的大使。波斯人李元谅曾是唐朝潼关领军，后屡立战功，先后升任御史中丞、华州刺史兼御史大夫、镇国军节度使、检校工部尚书、右仆射、右金吾卫上将军、陇右节度使等职务，被唐朝廷实封700户，赐甲第女乐，并授予其儿子六品正员官。波斯人安附国曾任左领军府左郎将、上柱国、右戍卫大将军等军职，封邑700户。波斯人石处温曾任四川利州司马、万州刺史。737年，日本遣唐使中臣名代等归国，仕于唐朝的波斯人李密翳随往日本。另外还有波斯人李玹、李珣、李舜弦三兄妹，其中李玹曾随僖宗入蜀。大食人中，李彦升在唐及第进士，由此可以想见他的汉文化造诣颇深。天竺人迦叶济，贞元间仕唐为"泾原大将试太常卿"。《资治通鉴·唐纪》说，唐德宗避朱泚乱后，诏"诸军、诸道应赴奉天及近收京城将士，并赐名奉天定难功臣"，罗好心可能是其中的一员。西突厥特勤史大奈，随处罗可汗入隋，曾从唐高祖平长安，赐姓史氏。处罗可汗子阿史那社尔，贞观间内属，娶衡阳长公主，授驸马都尉。酋长阿失思力，授左领军将军，娶九江公主。始毕可汗孙阿史那忠也娶唐宗室女，封薛国公，擢右骁卫大将军，在长安值宿卫达48年。昭武九姓国中，寓居长安的知名人物有：唐玄宗时康植平六胡州，有军功，曾在长安被唐玄宗召见；唐肃宗时有鸿胪卿康谦；安国人李抱玉、李抱真兄弟，以武勇称"有唐之良将"，"群从兄弟，或徙居京华，习文儒，与士人通婚者，稍染士风"。新罗、高句丽、百济三国仕唐的武将，如百济的黑齿常之，高句丽的泉男生兄弟、王思礼、高仙芝，新罗的张保皋，多是著名的武将。日本供职唐朝的最著名人物是阿倍仲麻吕（汉名朝衡或晁衡），他于开元年间随日本遣唐使来长安留学，学成仕于唐朝，为左补阙，后擢左散骑常侍、镇南都护，在华50余年。以上仅是从史籍中钩沉出来的一些著名人物，实际人数要更多。

唐朝时有人说到当时社会上"胡风"流行的有趣现象："胡着汉帽，汉着胡帽"。"胡"和"汉"是身份、本位，"帽"是文化、风俗。胡人来到唐朝，见到了"汉帽"，见到了中国文化，他们羡慕并学习，心向往之，因而"华化"了，戴上了"汉帽"；唐朝人遇到了大批来华的胡人，见到了"胡帽"，接触到胡人文化等外国文化，惊奇而向往，因而"胡化"了，戴上了"胡帽"。不同的文化，通过这些远道而来的"胡人"，碰面、接触、交流，进而互相倾慕、相互学习，成为盛唐时代的文化景观。

二、唐代的商胡

由于丝绸之路上的交通更为便利，商贸发达，也由于唐朝实行全面的对外开放，对外国人的进入和留居采取了优待政策，更由于中国经济社会文化的发达繁荣，更多的商贾相继来到中国，从事商贸活动。商胡是唐代外侨中较大的群体之一。在唐代载籍中，与"商胡"这个称谓类似的还有胡贾、蕃商、兴胡、客胡、海商、海胡、舶胡、西域贾等。

商胡是唐朝外来人中最活跃的一个集团，也是在唐朝经济甚至政治生活中起了重要作用的一个集团。商胡中较著名者如康谦，家赀以亿万计，天宝年间（742—756），以钱财贿赂杨国忠，得到安南都护的官职。至德元载（756），康谦随永王李璘作乱。永王兵败以后，康谦又"出家赀佐山南驿禀"，专门掌管山南东道驿路，并任试鸿胪卿一职。安南都护、鸿胪卿等官职是与对外贸易或经商关系密切的职务，一商贾竟然能够屡次以雄厚的财力得到方面之任，可见商胡在唐朝经济、政治生活中的重要作用。

唐朝商胡活动最集中的地区，当属人口最盛，经济、文化最发达，商业最繁荣的唐朝东、西两京。长安是唐朝的政治中心所在，也是商胡等外来人口云集之地。由于经商的关系，长安的商胡许多都居住在市场附近的地区，盛时达数千人，组成一个极富有的集团。据载，长安东市有一片低洼的隙地，有擅经营者填平修建客店，"以停波斯"，每天获利一缗，未几，因此而致富。由此可知在长安东市落脚的胡人很多。长安商胡主要聚居在西市附近的地区。唐太宗贞观年间，金城坊富家被胡人劫掠，案件经久未破。雍州长史杨纂提出将京城各坊市中的胡人都抓起来讯问，但是司法参军尹伊认为不应涉及面太广，应该从人数较多的"西市胡"入手，称"贼出万端，诈伪非一，亦有胡着汉帽，汉着胡靴，亦须汉里兼求，不可胡中直觅，请西市胡禁，余请不问"。不久，果然在西市胡中抓获了案犯。在唐代载籍中，往往将西市与胡人联系起来，有"西市贾胡""西市波斯邸""西市商胡""西市胡"的种种习称，表明商胡与西市的特殊关系。

玄宗时人元澄《秦京杂记》中记载的一则故事，也说明了大批胡人在西市从事经商活动。据载，李蔚接任京兆尹后，急需筹措3000缗钱，问属下何以取足，属下请他询问捕贼官韩铢。韩铢称：此事易办。来日升堂时，只要将我拖拽至庭前，责问为何西市波斯客与汉客交杂！这件事就算办成了。李蔚不明其中缘由。次日，依言责备韩铢。韩铢回家后，"蕃商二百许家，各送压惊钱，凡得数千缗"。李蔚不仅如数筹到了需要的钱数，而且有许多盈余。

唐东都洛阳地处天下之中，交通便利，商业繁荣，与长安相比，更多世俗气氛而较少政治色彩，是商胡聚居的首选之地。延载元年（694），武三思率四夷酋长请用铜铁铸天枢，为武则天歌功颂德，天枢高90尺，"下以铁山为脚，铸铜为二麒麟，以镇四方，上有铜盘，径三丈。蛟龙人立，两足捧大火珠，望之如日初出"。这座巨大的标志物建筑，是洛阳蕃客胡商聚钱百万亿所成。

⊙ 河南洛阳唐墓商胡牵骆驼壁画

与西京长安的西市一样，洛阳南市及附近诸坊也是商胡聚居之所。洛阳商胡康婆，"既而世袭衣缨，生资丰渥，家僮数百，藏镪巨万，招延宾□（此处缺字），门多轩盖。锦衣珠服，入必珍馐；击钟鼎食，出便联骑"。龙门石窟的《北市香行社人造像题记》，就是在北市从事香料贸易的胡人出资刊刻的。

在贸易发达的地区，都有专门接待外国商人的客店。《太平广记》卷二四三记载："唐定州何明远大富，主官中三驿。每于驿旁起店停商，专以袭胡为业，资财巨万，家有绫机五百张。"因开客店而发财，这位名叫何明远的商人，"专以袭胡为业"，似乎是专做外国人生意的。在唐时的各种旅店中，也有外国商人自己经营的客店。大概当时往来中国的外国商人数量很大，为适应这种情况的需要，才有各地所设的外国客店。

侨居在长安、广州、扬州、泉州各通商口岸的穆斯林商人日益增加，所以专门划出了一个特殊居留区，称为"蕃坊"。唐文宗开成年间（836—

840），卢钧为广州刺史、岭南节度使时，留居广州的外国人营田置宅，娶妻蓄奴，俨然中国人，卢钧下令禁止，并使外国人与当地居民分开居住。这样，这些信仰伊斯兰教的穆斯林可以按照其本国的习俗生活，信仰其原先的宗教，并自己处理内部事务。

至迟在太和年间（827—835），广州已有蕃坊了。蕃坊内部除了有住宅、旅舍、市场和清真寺外，还设有"蕃长"负责管理"蕃坊"内外国居民的日常事务，主持宗教活动。唐朝政府指令蕃坊中的穆斯林推选出"最有德望"的一二人，委任他们做"都蕃长"，在蕃坊中设立的管理机构叫"蕃长司"。而这些担任"都蕃长"的人，大都是当地管理伊斯兰教务的"筛海"（教长）和管理民事的"朵锥"（宗教法官），他们是穆斯林宗教生活的领导者和穆斯林间争议的裁决者。

蕃坊蕃长、都蕃长所掌蕃坊公事，主要包括管理坊内商品交易活动、处理坊内的违法犯罪事件及主持宗教活动；所掌招邀蕃商入贡，主要是代理外商与唐政府商贸交涉。具有实质意义的是，蕃长、都蕃长须由唐政府承认、任命，他们实际上是代理唐政府对外商进行集中统一管理，虽享有一定的权力，但必须对唐政府负责。另外，在蕃坊设立之前或不在蕃坊之内而在其他地方进行商品交易和商品流通的外商，也必须遵守唐政府关于商品交易和商品流通的管理制度。

蕃坊的设置，为虔诚地笃信伊斯兰教的阿拉伯、波斯商人提供了很大的方便。因为蕃坊不仅是外国商人集中居住的地点，而且由于他们在那里"列肆而市"，车

⊙ 唐代周昉《蛮夷执贡图》

马骈闻，人员杂沓，从而形成一个繁华热闹的商业区。这个商业区不仅有特殊的经济地位，而且有特殊的政治地位，如蕃人犯罪不受中国法律制裁，而是由蕃长按照其本国法律惩处。住唐的阿拉伯、波斯商人，在中国各处城市里都享受到法律上的以及宗教信仰上的照顾。

唐代史籍中所见商胡，许多与经营珠宝贸易有关。其实，在唐代，从事珠宝生意的不仅有西域来的粟特人，还有波斯和阿拉伯商人，以及南海的林邑、师子等国的商人，甚至有新罗和日本的商人。在唐以前的史籍中，已有波斯产珠宝的记载。到了唐代，这样的记载就更多了。慧超《往五天竺国传》说波斯出宝物，常于西海泛舶入南海，向师子国取诸宝物，亦泛舶汉地，直至广州取绫绢丝锦之类。在唐代的文献中，许多有关珠宝商的记载多与西域、波斯和阿拉伯商人有关。他们在与中国人的贸易中，把外国特别是西方的珠宝输入中国。

在西域和南海诸国与唐朝的官方交往中，珠宝是一种重要的"贡献物"。外国使臣带来的宝物，主要有金银、象牙、犀角、玛瑙、琥珀、珍珠、金精、石绿以及各种玻璃器皿和玉器，大都是非常珍贵的器物，如吐火罗国所献各高三尺余的两棵"玛瑙灯树"、安国所献"宝床子"、波斯所献"玛瑙床"、大食所献"宝装玉酒池瓶"等。而安国贡献的用鸵鸟蛋雕刻成的杯子，对唐朝人而言，就更属罕见之物了。隋唐时来中国的商胡，有许多从事兴贩珠宝的职业，珠宝几乎成了商胡的象征。元稹《和乐天送客游岭南二十韵》在"舶主腰藏宝"句下注称："南方呼波斯为舶主。胡人异宝，多自怀藏，以避强丐。"这里的"波斯"就是"商胡"的代称。张籍在《送海南客归旧岛》诗中也称"入国自献宝，逢人多赠珠"。此所谓"海南客"，也是来自南海的商胡。康国人僧道仙，初来中国以游贾为业，往来于吴蜀江海，"集积珠宝"，所获赀货满两船，值钱数十万贯。除了珠宝，商胡经营的宝物还有"紫靺鞨""铜碗""宝骨""冰蚕丝锦""玉清宫三宝""轻绡""消面虫""琉璃珠""象牙""碧颇黎镜""郎巾""宝剑""宝镜""流华宝爵""销鱼精""龟宝""龙食""九天液金""宝母"等，种类繁多，不一而足。

⊙ 唐三彩胡人骑马俑，西安大唐西市博物馆藏

《太平广记》对商胡的活动多有记载，但其中只要记载商胡，就与巨额财富联系在一起。他们动辄以几十万甚至几千万的金钱购买珠宝、奇货。如卷三十四崔炜引《传奇》载："贞元中，有崔炜者……（在番禺得阳燧珠）乃抵波斯邸，潜鬻是珠。有老胡人一见，遂匍匐礼手曰：'郎君的入南越王赵佗墓中来。不然者，不合得斯宝。'……崔子诘胡人曰：'何以辨之？'曰：'我大食国宝阳燧珠也。'"卷六十三崔书生引《玄怪录》载："唐开元天宝中，有崔书生，于东州逻谷口居。……（从女神仙处得到一个盒子，回家后）忽有胡僧扣门求食曰：'君有至宝，乞相示也。'……崔生试出玉盒子示僧，僧起，请以百万市之。"卷四五七至相寺贤者引《广异记》载："长安至相寺有贤者……开元中（得到一夜光珠），至市高举价，冀其识者。数日，有胡人交市，定还百万。"所以，唐人将商胡称为"千金估胡""富波斯"等。

唐代流行许多关于商胡与珠宝的故事，有商胡割裂腿部肌肉将拇指大小的青泥珠"纳腿肉中"的记载，有波斯老胡"剖股藏珠"的传说，有鬻饼胡将宝珠藏于臂中的故事，还有波斯商胡以刀破臂掖藏径寸珠等记载。

与"贱身贵珠"的故事类似，还有商胡"身亡珠存"的故事。在以上所述的这类故事中，商胡大都是重珠轻身，视珠宝为生命，直到临死才以珠托人；唐朝人则重义轻宝，以珠宝为余物，将珠宝奉还给死者的后人。

开设珠宝店的"波斯胡"，拥有雄厚的经济实力，收购珠宝不吝所费，且有良好的商业道德，在卖家不识货的情况下，往往不掩宝物所值。《广异记》

中说，一士人出卖周武帝冠上缀珠，索价一千缗，外商笑他辱没此珠，与众人核定珠价为五万缗，并共同凑钱买下。《宣室志》中讲，韦弇卖宝于广陵，外商明告他此宝为玉清宫之宝，酬之以数千万。另外，在《太平广记》几十则外商经营珠宝的故事中，他们往往是求宝若渴的搜购者，而不是出售者。

除经营邸店及收购珠宝的富商大贾外，还出现了一些小商小贩，他们被称为"穷波斯"。例如，沈既济《任氏传》中说，郑子早行，因门扃未发，门旁有胡人鬻饼之舍，方张灯炽炉，郑子憩其帘下，坐以候鼓。有举人在京城，邻居有鬻饼胡，无妻，数年，胡忽然病，生存问之，遗以汤药，既而不愈。临死告曰：某在本国时大富，因乱遂逃至此，本与一乡人约来相取，故久于此不能别。从他说的话中可以断定，他原是阿拉伯富商，后因国内动乱，到中国经商，最后落魄，只能做饼子糊口了，因病只能客死他乡。这两个例子说明，当时中国的长安等大城市商胡多的地方，这样的胡人小店是不少的。

三、五光十色的西域物产

由于丝绸之路交通的通畅和发展，西域各国遣使不断，各国商旅络绎不绝，相望于道，促进了物质商品的大交流，中国的丝绸等产品运到遥远的西方，也给中国带来了丰富的西域物产。

隋唐时，与西域各国的经济贸易在很大程度上还带有"朝贡"色彩。各国使节前来长安通好时所携带的珍宝特产，以"朝献"的名义输入，中原的丝绸、瓷器等物产则以"回赐"的形式输出。例如，唐时中亚康国、吐火罗分别数十次遣使长安，先后向唐廷赠送锁子铠、水晶杯、玛瑙瓶、金桃、银桃、胡药、质汗药、骏马、狮子、豹、鸵鸟等，唐政府回赐大量的锦绣彩帛。其他昭武九姓国，如安国、曹国、史国、石国、米国及西域其他国家，都与隋唐进行着这种官方经济贸易。

在官方贸易之外，西域各国还进行民间贸易。中亚、西亚各国素以善商贾著称西域，利之所在，无所不至。当时在长安的外商，以西域各国、

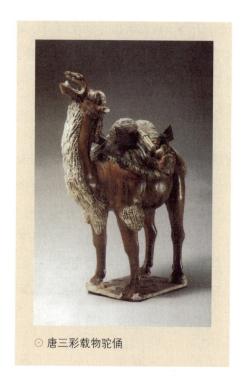

⊙ 唐三彩载物驼俑

波斯和阿拉伯人为最多。他们聚集在长安东、西两市，尤其是西市，开设店铺进行经商贸易。通过这样的官方和民间贸易的多种渠道，中国的瓷器、丝绸等大宗商品被运往西域各国，西域的多种物产也销往中国内地。

输入中原的西域物产，多是奇珍异宝、奇珍异兽，品种繁多，五光十色。贞观二十一年（647）三月，唐太宗"以远夷各贡方物，珍果咸至，其草木杂物有异于常者，诏皆使详录焉"（《册府元龟》卷九七〇）。史书记载，贞观时环王国献驯象、镠锁、五色带、朝霞布、火珠，后又献五色鹦鹉、白鹦鹉。诃陵元和时献鹦鹉、频伽鸟、玳瑁、生犀及异种名宝，堕和罗国贞观间献象牙、火珠，堕婆登国贞观中献古贝、象牙、白檀，天竺在贞观时献火珠、郁金、菩提树，波斯于天宝间献玛瑙床、火毛绣舞筵、长毛绣舞筵、无孔珍珠，如此等等。

美国学者薛爱华的专著《撒马尔罕的金桃》，对唐代西域地区及西方各国输入唐朝的商品做了详尽的叙述。他将这些商品分为人、家畜、野兽、鸟、毛皮和羽毛、植物、木料、食品、香料、药品、织物、颜料、矿产、珠宝、金属，以及上流社会的日用品、神器、书籍等十几大类。下面又细分为169种，如把"人"这一类分为战俘、奴隶、侏儒、人质、乞丐、音乐家与舞蹈者，家畜分为马、骆驼、牛、绵羊、山羊、驴、骡、野驴和狗，珠宝则有碧石、水晶玻璃、光玉髓、孔雀石、青金石、玻璃、犀角、象牙、鱼齿、珍珠、玳瑁、珊瑚、琥珀等，而且每一种都予以详细说明。这些物品的传入，大大丰富了中国人民的物质生活和精神文化生活。

中国的养蚕制丝技术传到西域后，在各地都发展起丝绸织造业。西域国家的纺织业是在其毛纺织业基础上发展起来的，所出丝织品以锦类为主，染色、提花、刺绣等一如毛纺。这些织锦传入中国后，人们泛称"胡锦""西锦"等。这些"胡锦"在织造技术上保持了毛

⊙ 唐彩绘胡人骑卧驼俑，西安大唐西市博物馆藏

纺的特点，采取斜纹组织和纬线起花等手段，原料上以混纺为特色，多加以金、银丝线和毛、麻等，花纹图案则基本属于西域传统文化的内容，结构形式多为联珠团窠或在几何图形内添加动植物纹。波斯的"冰蚕锦"、女蛮国的"明霞锦"、龟兹和高昌的"龟兹锦"、疏勒的"疏勒锦"等，都是西域著名的丝织品。

西域各地的丝绸产品不断流入中国，受到中原人士的欢迎和喜爱。开元十四年（726），安国国王派遣使臣来到唐朝，上贡一些华美的毛毯。李贺在《感讽六首》其一中用"舞席泥金蛇，桐竹罗花床"来描写一种用金蛇装饰的舞席。他在另一首诗《宫娃歌》中提到，"象口吹香疑氍暖，七星挂城闻漏板"，这种波斯的羊毛毯在唐朝富豪家里已经算不上罕见之物了。永泰元年（765），东海弥罗国献"碧玉蚕丝"。

唐宣宗宫中有女蛮国所贡"明霞锦"，《杜阳杂编》说其"云练水香麻以为之也，光耀芬馥着人，五色相间，而美丽于中国之锦"。同昌公主有"澄水帛"，纳凉消暑功效奇特。《太平广记》卷二三七记载："一日大会韦氏之族于广化里，玉馔具陈，暑气将甚，公主命取澄水帛以水蘸之，挂于南轩，满座皆思挟纩。澄水帛长八九尺，似布而细，明薄可鉴，云其中有

龙涎，故能消暑也。"

另外也有关于"冰蚕锦"的夸张神奇的传说。《乐府杂录》记载："康老子遇老妪持锦褥货鬻，乃以半千获之。波斯人见曰：此冰蚕丝所织也。暑月置于座，满室清凉。"元和八年（813），大轸国向唐宪宗贡献了神锦衾。据称，这种被子是用冰蚕丝织成的。朱启钤《丝绣笔记》引《杜阳杂编》说："唐元和八年，大轸国贡神锦衾。锦乃冰蚕丝所织，方二尺，厚一寸，其上龙文凤彩，殆非人工。其国以五色石甃池，采大柘叶饲蚕于池中，始生如蚊睫，游泳于其间。及老，可五六寸。池中有挺荷，虽惊（劲）风疾吹不能倾动，大者可阔三四尺。而蚕经十五月，即跳入荷池中。以成其茧，形如斗，自然五色，国人缲之以织神锦。亦谓之灵泉丝。上始览锦衾，与嫔御大笑曰：此不足为婴儿绷席，曷能为我被邪？使者曰：此锦之丝，冰蚕也。得水则舒，水火相返，遇火则缩。遂于上前令四官张之，以水一喷之，则方二丈，五色焕烂，逾于向时，上叹赏其奇异，因命藏之内库。"《乐语》中有诗：

> 自在云间白鹤飞。晴川浴罢不胜衣。
> 旋裁五色冰蚕锦，
> 千花覆处，三呼声里，惹得御香归。

瑟瑟幕是来自鬼谷国的贡物，因为颜色与瑟瑟相同而得名，"阔三丈，长一百尺，轻明虚薄，无以为比，向空张之，则疏朗之纹如碧丝之贯真珠"。这种帐幕最优越的性能是不会被大雨淋湿，据说是因为在上面抹上了鲛人的瑞香膏。

《杜阳杂编》还记载了五彩氍毹、紫绡帐、金丝帐、却尘褥、龙绡衣、神锦衾、浮光裘、明霞锦、联珠帐、瑟瑟幕、纹布巾、火蚕锦、澄水帛等种种外国传来的、具有神奇性能的纺织品和织物。这些外来的纺织品明显带有虚幻、想象的色彩，甚至它们的出产国也可能是虚构的。唐朝的纺织业越发达，人们就越希望能够得到更加神奇的织物，由于唐朝具有非常繁荣的对外文化交流，人们很自然地将对纺织品的希望和理想寄托在外来物品上。因而，这些来自外国的纺织品，不仅丰富了人们对纺织品的认识和了解，更激发了人们的想象。

除了这些美妙而动人的传说，唐朝文人也屡以外国贡献纺织品为题作赋，如独孤授《西域献吉光裘赋》、李君房《海人献文锦赋》、张良器《海人献冰蚕赋》、韦执中《海人献冰纨赋》等。在这些文章中，歌颂唐朝统治者"化之所被，物无不臻；德之所加，人或无阻"，"方五帝而可六，比三王之可四，是使贡献远物，德格异类"，还寄托了当时人们对纺织品的理想。

四、唐人对外来物产的奇异想象

通过朝贡、商业渠道输入中国的异域珍奇物品，不仅极大地丰富了人们的生活，也进一步激起了人们对于域外事物的向往和追求，丰富了那个时代人们的异域想象。这些物品来自遥远的地方，甚至来自人们所不知道的地方，因而充满了神秘色彩，并被赋予了许多奇异的功能。这和早期中国的丝绸传播到罗马的情况是一样的，那个时候的罗马人不知道丝绸是从哪里来的，因而就流传着许多关于丝和丝绸以及它们产地的神秘传说。

所以，在唐代的文学作品中，有许多关于来自异域的物品的神异故事，充满了各种各样奇妙的想象以及新奇的内容。

唐代的传奇故事中对来自远方的奇珍异宝更是充满了奇异的想象。唐代传奇故事有许多都是假托叙说唐玄宗统治时期的故事。一则故事记述，在一位大臣献给唐朝皇帝的"定国宝"中，有两枚"西王母"的白环。这种白玉环与其他那些民间传说中非常有名的、具有魔力的玉环很相似。据信，谁要是有了这种玉环，他就能使周边所有国家臣服。

另一个故事讲的是交趾进贡的一枚犀牛角，这枚犀牛角"色黄如金"，放置在皇宫的金盘里。据带来犀角的人解释，这种犀牛角具有驱寒的功能——在犀牛角周围也确实"温温然有暖气袭人"。与辟寒犀功能类似的，是被称作"瑞炭"的一百根炭条。据说，这种炭是由西凉国贡献的。瑞炭坚硬如铁，"烧于炉中，无焰而有光。每条可烧十日，其热气迫人而不可近也"。

来自龟兹的一件贡礼是用一块酷似玛瑙的光滑的石头制作的、做工"甚朴素"的枕头。据说，有幸枕在这个枕头上睡觉的人，就可以在梦中四处漫游，海洋陆地，无所不至，甚至能到俗世凡人闻所未闻的仙境中游历。

唐代的传说中通常有一类关于神奇宝石的故事，它或者由诡秘的异域人带入唐朝，或者是他们在唐朝境内寻找到的。这些宝石具有澄清污水的妙用，还有揭示埋藏宝藏的功能，它能够为航海者带来顺风，或者天生就具备其他一些同样能够满足人们欲望的属性。

有一个故事说，在玄宗朝中期，唐玄宗对近年的贡物中没有用五色玉制成的贡品感到惊奇。虽然玄宗的库藏中有一条以美丽的五色玉为饰物装饰成的腰带和一个用五色玉雕成的玉杯，但这些都是很久以前由西方贡献的。于是，唐玄宗命令其主管安西的将军谴责进贡的诸蕃玩忽职守。这里提到的失职的诸蕃可能指于阗人，因为于阗国有着无穷无尽的玉石资源。于阗实际上并没有忘记将这种美丽的五彩宝石运往长安，不幸的是，他们派出的商队遭到了小勃律的袭击，货物被抢劫一空。袭击商队者来自帕米尔雪原边缘寒冷而狭窄的山谷之中，他们是一群"缠巾、食虱"的强盗。当这个坏消息传到宫禁之时，天子大怒，命令4万汉军和无数附属的蕃军包围抢劫者，重新夺回珠宝。小勃律王很快就献出了他抢夺的珠宝，并且谦恭地请求得到每年向唐朝进贡的殊荣。他的请求遭到了拒绝。获胜的唐朝将军带着掠夺来的3000人班师还朝。但不幸的是，后来这批唐朝的士兵在一场暴风雪中丧生，只有一位汉人和一位蕃人幸免于难。玄宗最终失去了已经到手的财宝，"即令中使随二人验之。至小海侧，冰犹峥嵘如山，隔冰见兵士尸，立者、坐者，莹彻可数，中使将返，冰忽消释，众尸亦不复见"。

写作于9世纪末叶稍前的《杜阳杂编》，其内容几乎都是与外来物品传奇有关的主题。书中描写的来自域外的奇珍异宝，都具有非凡的神奇功能，看似荒诞不经，却反映了唐代人们对异域事物的向往与想象。比如《杜阳杂编》说有一种神奇的食物，是神秘的南海某国进献的一种芳香的小麦，吃了这种小麦，可以使人身轻御风。此外还有一种紫色的稻米，具有返老还童、延年益寿的功能。《杜阳杂编》记载南海贡献的一个水晶枕，在这种枕头里可以看到由建筑物和人物构成的奇妙景观，与水晶枕一起进献来的是一床由"水蚕丝"织成的"神锦衾"，这种织物在濡湿之后即可扩展，而当受热时又能收缩。神奇的"龙角钗"是用一种深酱紫色、类似于翡翠的玉石制作的，"上刻蛟龙之形，精巧奇丽，非人工所制"。

《杜阳杂编》记载的这些带有浓厚想象色彩的奇珍异宝中，有些是真实的东西，或者至少是根据真实的东西加工改写而成的。如所记载的新罗王贡献给唐代宗的"五彩氍毹"就是这种类型的。五彩氍毹制作巧丽，冠绝一时，"每方寸之内，即有歌舞伎乐，列国山川之像。忽微风入室，其上复有蜂蝶动摇，燕雀飞舞，俯而视之，莫辨真假"。"万佛山"也是新罗国进献的贡礼。它高约10尺，是用印度尼西亚的伽罗木雕刻而成的，并且镶嵌了宝石作为饰物。

五、"胡音胡骑与胡妆"

在唐代，随着中西交流的扩大，大量西域物产输入中国，成群结队的外国侨民涌入中国，在各大城市里生活，胡僧在寺院里传经，胡商在市场上交易，胡姬在酒馆里翩翩起舞，各国的使臣出入官府，从而使胡服、胡妆、胡戏、胡食成为一种新奇时尚风行一时，影响了唐人社会

⊙ 唐永泰公主墓壁画摹本

生活的各个方面，改变了唐人的生活风貌。

唐代胡化之风弥漫于社会生活的各个领域，涉及饮食、服饰等日常起居的许多方面，也包括音乐、舞蹈等娱乐活动以及诗歌、绘画等。来自外国的各种商品和奢侈品以及它们的仿制品，成为人们竞相追逐的对象。

诗人元稹描写唐代"胡化"之风：

> 自从胡骑起烟尘，毛毳腥膻满咸洛。
> 女为胡妇学胡妆，伎进胡音务胡乐。
> 火凤声沉多咽绝，春莺啭罢长萧索。
> 胡音胡骑与胡妆，五十年来竞纷泊。

唐代兴起的这种弥漫于社会生活各个领域的"胡风"，来源于频繁的人员交往和物质交流，来源于源源不断进入中国的外来物产和商品，也来源于唐朝人对域外文化的想象。这种对域外文化的想象成为刺激本土文化发展的一个精神源泉。

唐人大规模地模仿穿戴外国异族服饰，成为当时社会的流行时尚。从贵族到士庶，皆以好穿胡服为时尚。如唐太宗之子李承乾，"使户奴数十百人习音声，学胡人椎髻，剪彩为舞衣，寻橦跳剑，鼓声通昼夜不绝……又好突厥言及所服"。隋及唐初，宫人骑马，多着幂篱。永徽以后，皆用帷帽。开元初遂俱用胡帽，民间因之相习成风。

在男子服装中，襕袍和襕衫的出现，便是受了胡服的影响。襕袍与襕衫是一种上衣下裳相连属的服装形式，虽与古时的深衣制相同，但已改大袖为小袖，改斜领为圆领，改袖及襟有缘饰为无缘饰。襕袍和襕衫是唐太宗时由大臣马周等人汲取深衣制上衣下裳连属的形式，并结合胡服窄袖、圆领的特点而形成的一种新的服装。此外，缺胯袍衫和袴褶也是胡服流行的具体体现。

男子所戴的胡帽有席帽、浑脱帽、帷帽三种。席帽，本是羌人的帽子，用毡为之，有的涂油用来防雨。浑脱帽亦为一种胡帽，由羊皮制成，高顶、尖而圆。帷帽，是一种高顶的大檐帽，因其檐下垂一丝网似"帷"故名，是由西域传入中原的一种"胡帽"。帷帽在隋唐五代时期甚为流行，宫廷内外，无论男女，官宦士庶都戴帷帽。帷帽的"裙"有一个由长到短的过程，这曾受到朝廷的干涉，原因是"过为轻率，深失礼容"，然"递相仿效，浸成风俗"，唐高宗几次下令"禁断"，但收效甚微。帷帽的形状，在唐人《明皇幸蜀图》中有具体描绘。新疆吐鲁番阿斯塔那187号唐墓中，发掘出一个戴帷帽的女俑，帷帽四周垂下的网状帽裙，至今尚完好无损。

⊙ 唐彩绘胡服女俑

从大量传世和出土的唐人画塑来看，唐代妇女所穿的"胡服"，通常由锦绣帽、窄袖袍、条纹裤、软锦靴等组成。衣式为对襟、翻领、窄袖，领子、袖口和衣襟等部位多缘以一道宽阔的锦边，腰间还系有一条革带，革带上还附缀以若干条小带，这种革带就是南北朝蹀带的遗形。唐代还流行波斯等国的胡服"卡弗坦"，其形制为锦绣浑脱帽、翻领窄袖袍、条纹小口裤和透空软锦鞋。陕西乾县章怀太子墓、永泰公主墓出土壁画及新疆吐鲁番阿斯塔那张礼臣墓出土的绢画中，都绘有穿这种服装的妇女形象。

在出土的大量唐代俑人中，可以看到当年流行的"胡服"样式。如河南洛阳龙门盛唐时期安菩墓出土了两件身着圆领窄袖长袍、腰束革带的汉族男俑，同样服饰的男俑在洛阳孟津西山头唐墓有多件。洛阳偃师恭陵哀皇后墓中也出土了大量身着翻领窄袖长袍的骑马俑。许多女性俑也身着翻领窄袖以及圆领窄袖长袍的胡服，如偃师城关唐柳凯墓中出土的头戴胡帽、身着圆领窄袖长袍的女俑，洛阳关林镇唐墓出土的身着翻领窄袖长袍的彩绘女俑。尖顶或卷沿的胡帽也非常流行，1985年偃师后杜楼村出土的彩绘牵马俑、褐釉

⊙ 赭面的唐女俑

⊙ 唐胡装女俑

牵马男胡俑以及关林镇唐墓出土的三彩牵马男胡俑，都头戴尖顶帽。洛阳东北郊唐墓以及偃师前杜楼、北窑、城关镇等地唐墓也出土了头戴卷沿虚帽的彩绘男胡俑。唐代许多洛阳妇女出行时还戴着来自西域的帷帽，文物例证如偃师杏园李嗣本墓中就出土一件骑马女俑，头戴笠帽，头颈用织物遮掩，双臂间还有一宽沿帷帽。装束与前者相似的帷帽骑马女俑在巩义二电厂90号唐墓以及北窑湾M6唐墓都有出土。

　　唐代妇女在发饰和化妆上也多模仿外国样式，即所谓"胡妆"。早在梁代，徐摛的《胡无人行》中就有"刻楹登鲁殿，拥絮拭胡妆"的描写，到唐代胡妆更为流行。天宝时期的诗人独孤及《送王判官赴福州序》诗中也有相关记述："椎髻殊俗，覆车畏途。""圆鬟椎髻""抛家髻""胡人椎髻""椎髻"等，都是典型的胡妆。"椎髻"亦作"椎结""堆髻"，即将头发结成锥形的髻。白居易《时世妆》一诗专咏来自域外的流行装束，包括"堆髻"：

时世妆，时世妆，出自城中传四方。

时世流行无远近，腮不施朱面无粉。

乌膏注唇唇似泥，双眉画作八字低。

妍媸黑白失本态，妆成尽似含悲啼。

圆鬟无鬓堆髻样，斜红不晕赭面状。

昔闻被发伊川中，辛有见之知有戎。

元和妆梳君记取，髻堆面赭非华风。

白居易诗中说的"乌膏"是妇女用以涂唇的化妆品，"赭面"即以赤色涂脸，亦指以赤色涂红的脸。赭是红褐色。元和年间（806—820），妇女的面妆不施朱粉，而以乌膏涂唇，眉成八字，发作"堆髻"，面呈赭色。"堆髻""赭面"虽非中原传统的装扮，但一流行就长达数十年，可见当时妇女对其的钟爱程度。

⊙ 椎髻样式

白居易诗中对"胡妆"屡有描述："风流夸堕髻，时世斗啼眉。"诗人自注说："贞元末，城中复为坠马髻，啼眉妆也。"堕马髻，又称坠马髻，为一种偏垂在一边的发髻；啼眉妆，又称"啼妆"，即"双眉画作八字低"，状似悲啼，让人怜惜。白居易《琵琶引》中有"夜深忽梦少年事，啼妆泪落红阑干"的描写。作为一种流行时间较长的眉妆，"啼妆"在唐诗中时有描绘："瘴塞巴山哭鸟悲，红妆少妇敛啼眉"（元稹《瘴塞》），"弱体鸳鸯荐，啼妆翡翠衾"（李华《长门怨》），"殷勤为报梁家妇，休把啼妆赚后人"（罗虬《比红儿诗》），"戚戚彼何人，明眸利于月；啼妆晓不干，素面凝香雪"（韦庄《闺怨》），等等。

在"啼眉妆"之前，唐代妇女流行的眉妆大约如白居易《上阳白发人》中所描述的那样：

今日宫中年最老，大家遥赐尚书号。

小头鞋履窄衣裳，青黛点眉眉细长。

外人不见见应笑，天宝末年时世妆。

白居易描写的上阳宫女"青黛点眉眉细长"及"窄衣裳"，是"胡风"大盛时天宝末年的"时世妆"。

六、"笑入胡姬酒肆中"

早在汉代，就有许多来自西域的蔬菜瓜果和其他食物传入中国，进入人们的日常生活，丰富了中国人的饮食结构。汉朝人把从西域传入的食品称为"胡食"。唐代仍有一些西域植物传到中国并得到推广种植。随着大批胡人进入唐朝社会，"胡食"也在唐朝流行起来，成为当时社会生活的一个显著特点。《旧唐书·舆服志》说："太常乐尚胡曲，贵人御馔，尽供胡食。"

唐代的胡食品种很多，其中流传最广的两种面食是胡饼和馎饦。胡饼是一种面点，早在汉代就已进入中国。《太平御览》转引《续汉书》称："灵帝好胡饼，京师皆食胡饼。"至迟在晋代，胡饼已经成为人们的日常食品了。在唐代，胡饼尤其盛行于社会各个阶层。唐人食用的胡饼主要有素饼、油饼、肉饼、芝麻饼等不同的种类。在长安等地的街头，卖胡饼的店摊十分普遍，以辅兴坊胡饼店制作的芝麻胡饼最为有名。元和十四年（819），白居易在忠州刺史任上时，曾将忠州所出胡饼寄予万州刺史杨归厚，写诗《寄胡饼与杨万州》说：

胡麻饼样学京都，面脆油香新出炉。

寄与饥馋杨大使，尝看得似辅兴无。

"馎饦"一语源自波斯语，是一种以面粉作皮、包有馅心、经蒸或烤制而成的食品。唐代长安有许多经营馎饦的食店，有蟹黄馎饦、猪肝馎饦、羊肾馎饦等，还有一种叫作"天花馎饦"的食品。

我国历代的美味胡食还有胡羹、胡羊肉等。胡羹是汉魏南北朝时期的名菜，传说它始于北方草原民族地区，或始于西域各国，羹中所用的原料都是西域胡地生产的，故称"胡羹"。而后，各种羹料植物从西域各国引进种植，人们习惯食用此羹，胡羹的名字也流传了下来。胡羊肉是用羊肉煮、蒸之法烹制的食物。

在胡食流行的同时，外来调味品在唐朝也很时兴，其中最有名的是胡椒。胡椒是汉代时从西域传入中国的主要香料之一。到唐时，胡椒已经成为人们烹饪的主要调料。

除了制作或出售胡食外，胡人在饮食业中经营的项目还有酒肆业。当时大量胡商居住在长安、洛阳、广州、扬州等地，"殖资产，开第舍，市肆美利皆归之"。

长安的酒肆业十分兴盛，城内酒肆主要分布在东、西两市和东门、华清宫外阙津阳门等交通要道一带。长安城外的灞陵、虾蟆陵、新丰、渭城、冯翊、扶风等地也有众多酒肆。其中，长安西郊的渭城，是通往西域和巴蜀的必经之地，唐人西送故人，多在渭城酒肆中进行，也因此留下了许多渭城酒肆饯别的名句，如王维《渭城曲》：

渭城朝雨浥轻尘，客舍青青杨柳春。
劝君更尽一杯酒，西出阳关无故人。

除长安外，洛阳、扬州、益州等通都大邑和州郡治所都有酒肆。大中城市和州郡治所以下的县邑和乡村也有酒肆，只不过规模往往较小。

长安有很多胡人开的酒肆。各家酒楼用葡萄酒招揽顾客，用萨珊王朝进口的金杯银盏，或西域特产的琥珀杯、玛瑙杯，祁连山的夜光杯斟满葡萄美酒，又有中亚、西亚那些妙龄舞蹈家在悠扬婉转的胡乐伴奏下翩翩起舞，佐酒助兴，全然一派摄人魂魄的异域文化情调。社会上的文人，政府的官僚，长安两市的商贾，乃至皇室贵族、军旅将士、男人女士，都成为胡人酒肆的常客。李白《少年行》之二写道：

五陵少年金市东，银鞍白马度春风。
落花踏尽游何处，笑入胡姬酒肆中。

胡人酒肆中，由年轻美貌的胡姬服侍饮酒，充满异国情调和浪漫色彩，成为一代风尚。"胡姬招素手，延客醉金樽"，所以此类酒肆又被称为"胡姬酒肆"。

⊙ 唐胡人持酒瓶陶俑

胡人酒肆常设在城门路边，人们送友远行，常在此饯行。岑参《送宇文南金放后归太原寓居因呈太原郝主簿》诗云："送君系马青门口，胡姬垆头劝君酒。"到胡肆里饮酒可以欠账，所以王绩《过酒家》诗说："有钱须教饮，无钱可别沽。来时常道赏，惭愧酒家胡。"酒肆还接受以物换酒，以物品抵押质酒，凭信用赊酒等。以物换酒，唐诗中多有反映，最著名的要数李白《将进酒》所咏："五花马，千金裘，呼儿将出换美酒，与尔同销万古愁。"酒肆中除了美酒，还有美味佳肴和音乐歌舞。贺朝《赠酒店胡姬》诗生动描写了胡人酒店中的情景：

胡姬春酒店，弦管夜锵锵。
红氍铺新月，貂裘坐薄霜。
玉盘初脍鲤，金鼎正烹羊。
上客无劳散，听歌乐世娘。

王维诗中也有"画楼吹笛妓，金碗酒家胡"的描写。元稹"野诗良辅偏怜假，长借金鞍迓酒胡""最爱轻欺杏园客，也曾辜负酒家胡"等诗句，都以"酒家胡"作为酒肆的代称。文人学士们"细雨春风花落时，挥鞭直就胡姬饮"，总喜欢到胡人酒肆中饮酒，欣赏胡姬歌舞。唐诗中有不少诗篇提到这些酒店和胡姬。"酒家胡"与"胡姬"已成为唐代饮食文化的一个重要特征。

与此相关的是唐诗中对胡人酒肆中当垆胡姬的描述，如杨巨源《胡姬词》写道：

> 妍艳照江头，春风好客留。
> 当垆知妾惯，送酒为郎羞。
> 香渡传蕉扇，妆成上竹楼。
> 数钱怜皓腕，非是不能留。

这首诗描写了春日江边竹楼酒肆中胡姬侍客饮酒的情形。唐诗中这样的描写还有很多，如贺朝"胡姬春酒店，弦管夜锵锵"，李白"胡姬貌如花，当垆笑春风"，岑参"胡姬酒楼日未午，丝绳玉缸酒如乳"，施肩吾"胡姬若拟邀他宿，挂却金鞭系紫骝"，温庭筠"金钗醉就胡姬画，玉管闲留洛客吹"，都是将胡姬作为描述的对象。

七、唐代艺术中的异域情调

大量外国人生活在唐朝，从事着商业、艺术等活动；由他们带进中国的"胡风"，弥漫在社会生活中，整个唐朝充满了对于异域情调的想象和欣赏，影响和改变着人们的生活习惯和社会风俗。

当时的艺术作品也表现出人们对外来事物的浓厚兴趣，体现着带有时代特征的异域风情。在音乐舞蹈方面，来自西域的乐舞，如龟兹舞、胡旋舞、柘枝舞等广泛流行；来自西域的舞蹈家和音乐家，活跃在长安以及其他大都市，给人们带来强劲的西域旋风。在宗教生活方面，僧人们的俗讲和变文、奇异鬼怪的故事，吸引了大量听众，成为一种深受欢迎的大众文化形式。

诗歌创作方面也表现出这种浓郁的异域风情。唐代胡风的流行，包括胡装、胡食、酒家胡、胡姬、胡舞等，许多诗人的创作中都有所表现，充满了绚烂的色彩、奇丽的想象和浪漫的意境。他们的吟咏酬唱，恰是那个时代社会生活的具体反映，是那个时代社会风气和精神情调的诗意书写。此外，他们在诗歌中，还经常以各种外来事物来表现特有的意境。

李贺在诗歌创作中自然而然地展现了奇妙的异域风情。他在《昆仑使者》一诗中写道：

> 昆仑使者无消息，茂陵烟树生愁色。
> 金盘玉露自淋漓，元气茫茫收不得。
> 麒麟背上石文裂，虬龙鳞下红枝折。
> 何处偏伤万国心，中天夜久高明月。

在诗人元稹的诗中，也涉及许多与外来事物有关的主题，如进口的犀牛、大象以及突厥骑手、骠国乐等。

绘画方面，也和这个时代的风尚相符合，描绘外来风貌成为当时许多画家的创作主题。在绘画作品中，首先是表现域外人的形象。7世纪时，表现外来人物的画家中名气最大的是阎立德。阎立德是阎立本的哥哥，阎氏兄弟二人齐名。据说在描绘外来题材方面，与阎立德同时或比他更早的画家中，没有一个人能够超过他的成就。史载，贞观三年（629），东蛮谢元深到长安朝觐，阎立德奉诏画《王会图》纪其事，以歌颂唐帝国的强大兴盛以及与远边民族的友好关系。他还画过《文成公主降蕃图》，形象地记录了贞观十五年（632）唐太宗命文成公主赴吐蕃与松赞干布联姻这一重大历史事件。贞观十七年（634），阎立本曾受命描绘太宗朝万国输诚纳贡的场面。

外国人是唐朝大画家喜欢表现的一个主题，如李渐与他的儿子李仲和画的骑在马上的蕃人弓箭手的形象，张南本创作的《高丽王行香图》，周昉画的《天竺女人图》，张萱的《日本女骑图》等，此外还有敦煌壁画中一些面貌古怪、帽子奇特、留着外国发式的西域民族人物的形象。唐朝画家描绘的这些远国绝域的居民形象，通常穿着他们本地的服装，而且这类绘画尤其突出地表现了异域人奇特的相貌。

在表现外国人的艺术作品中，还有由唐朝工匠创作的赤陶小塑像。在这些塑像中，我们可以发现头戴高顶帽、神态傲慢的回鹘人，浓眉毛、鹰钩鼻的大食人，此外还有一些头发卷曲、启齿微笑的人物形象。在辽宁朝阳、河北唐山、湖北武昌、湖南长沙等地的唐墓中都出土了深目高鼻的中亚、西亚人面型的陶或瓷的胡俑。陕西西安乾陵陪葬墓和昭陵陪葬墓出土了形象各异、姿态不同的胡俑。河南洛阳的唐墓中出土的大量胡俑，特点非常明显，均深目高鼻，络腮胡或八字胡，身材魁梧，与中原人有明显区别。其人物形象有文官俑、牵马牵驼俑、骑马俑、侍俑、商俑、乐舞俑等。这些胡俑造型生动，形象逼真，千姿百态，极具个性。关于这些胡俑的研究，表明唐代胡人的职业是丰富多彩的，身份亦是多元的，不仅仅是贩运的胡客商贾。胡人中既有从事畜牧的牵驼养马者，也有耕田扶犁的务农者；既有酿酒酤卖的酒家胡，也有变幻百戏的卖艺者；既有侍候主人的家奴，还有进入中原后为朝廷效力的文臣武将。江苏扬州不仅在遗址中发现了带釉的胡人像，还发现了石雕像，在一处手工作坊中还出土了深目高鼻的人头陶范。

⊙ 唐彩绘胡女俑

描绘外国山川形胜的图画，也是当时表现异域情调的一个风貌。在阎立本的作品中，有两幅《西域图》。活跃在唐朝画坛上的周昉与张萱都曾画过《拂林图》。诗人王维也根据某个"异域"创作了一幅风景画。

对唐朝的艺术家来说，异域的野生动物、家畜、植物，特别是唐朝人羡慕和渴望得到的那些家畜，如鹰隼、猎犬、骏马等，都具有强烈的吸引力。因而在唐代的绘画和诗歌创作中，也有许多作品表现这些充满异域想象的动物和植物，寄托人们无尽的情怀。

中国的玉器有着悠久的传统。到唐代，玉器的品种式样出现了许多新的变化。其中包含许多外来题材，如佛教飞天、胡人歌舞等，形成了胡人风格的玉器。唐代佩饰中数量最多和最富有时代特色的，首推嵌缀在玉带上的玉带板。玉带板多于正面琢饰图纹，其纹饰有写实动物纹、神兽龙凤纹、植物花草纹和人神仙佛纹等。在人物纹中，又以所谓"胡人纹"最多和最富有特色，有胡人献宝、胡人乐舞、胡人舞狮、胡人驯象、胡人宴饮以及胡人托塔等。

第二十八章　隋唐的海上丝绸之路

一、广州通海夷道

唐代前期国力强盛，文化远被，中外交通畅达，陆路和海路都很畅通。特别是唐朝对西域的经略，扫除了突厥和吐谷浑对丝绸之路的障碍，中西之间的交通往来频繁。但是到唐代中期安史之乱以后，唐朝的势力退出了西域，吐蕃、阿拉伯人乘势而起，在西域割据争霸，唐朝在西北陆路的对外通道基本被阻绝，中西交通转以东南海路为主，从而促进了海上丝绸之路的繁荣发展。

从中国经南海到印度洋的海上航路，在秦汉之际南越国时期已经贯通。随着航海技术进步、造船技术的提高以及东西方航海活动的增多，海上贸易大为发展，宗教传播、文化交流也随之频繁，形成了南海交通发展和繁荣的局面。

贾耽在《皇华四达记》"广州通海夷道"中，记述了从广州经越南、马来半岛、苏门答腊，跨越印度洋，至印度、斯里兰卡，直到波斯湾沿岸各国的航线、航程，以及沿途几十个国家和地区的方位、名称、岛礁、山川、民俗等方面的内容。贾耽所述广州通海夷道的具体走向为：从广州屯门出发后，沿着传统的南海海路，穿越南海、马六甲海峡，进入印度洋、波斯湾；在乌剌国，如果沿波斯湾西海岸航行，出霍尔木兹海峡后，可以进入阿曼湾、亚丁湾和东非海岸，经过90余个国家和地区，航期89天，是八、九世纪世界上最长的远洋航线，也是唐朝最重要的对外贸易海上交通线。

⊙ 广东广州唐代码头遗址

　　贾耽所记的这条航线，所及地方已不仅仅是东南亚和南亚，而是将东亚、东南亚、南亚、波斯湾与北非、东非都联结起来了。这条航线的航程之长、航区之广、所体现出来的航海实力之强，在当时是许多擅长航海的国家或民族难以达到的。

　　7世纪以降，阿拉伯、印度、中国及东南亚各国以印度洋－南海为中心，展开了波澜壮阔的海上交通与贸易活动，东西方进入一个全新的海洋贸易时代。有学者提出，在18世纪以欧洲为中心的全球经济体系出现之前，早在13世纪，由于长期的贸易往来以及文化、技术与人口的交流，环印度洋世界就已经形成"第一个全球性经济体系"。这个经济体系对当时以及往后很长一段时期世界政治经济格局演变都产生了深刻影响。而"广州通海夷道"是沟通这个体系的重要纽带和桥梁。它一头联结海外世界，一头通向中国内地，循着四通八达的水陆交通网络，可以前往长安、洛阳和其他通都大邑。

　　另外，据日本学者高楠顺次郎的考证，唐代时，中国从广州至海外各地，经常性的定期航线有6条：

（1）广州、南海（即东南亚）、锡兰（斯里兰卡）、阿拉伯、波斯之间（此线经阿拉伯海岸入波斯湾）；

（2）广州、南海、锡兰、美索不达米亚（即伊拉克）之间（此线经阿拉伯之南复经亚丁峡、红海）；

（3）波斯、锡兰、南海、广州之间；

（4）阿拉伯、锡兰、南海、广州之间；

（5）锡兰、阇婆（爪哇）、林邑（越南中部）、广州之间；

（6）广州、南海之间。[①]

这些航线，虽然距离远近不一，但都航行至东南亚、南亚甚至西亚地区，因而可知唐代中国与这些地区的海上交通是十分便利和频繁的，往来商舶几乎络绎不绝。义净赴印度求法，就是走的海上路线。他撰写的《大唐西域求法高僧传》记载，中外西行求法僧人搭乘海舶，或从广州，或从交趾，或从占婆起航，出海后或经室利佛逝，或经诃陵，或经郎迦戍，或经裸人国，而抵东印度耽摩立底；或从羯荼西南行到南印度那伽钵亶那，再转赴师子国；或复从师子国泛舶北上到东印度诸国，或转赴西印度。

⊙ 观音菩萨是早期佛教中的海神

① 邓端本编著：《广州港史》（古代部分），海洋出版社1986年版，第49页。

9世纪中叶曾经到过广州的阿拉伯商人苏莱曼记下了他的航海历程，航线走向是：从尸罗夫出发，经马斯喀特岬角、巴努－萨发克海岸和阿巴卡文岛至苏哈尔，再往东航行约1个月，抵达故临，进入海尔肯德海，经朗迦婆鲁斯岛航行约1个月，至箇罗，再航行10天，至潮满岛，又10天至奔陀浪山；再10天至占婆，又10天至占不牢山，穿越"中国之门"，进入"涨海"，约1个月到广州。[①]这条航线约需时间120天，在穿越马六甲海峡之前与贾耽所记不同，不是直穿孟加拉湾，而是沿着该湾的海岸航行，穿过海峡后，航线与贾耽所记相同。

据中外史料记述，唐代从广州出发到波斯湾和东非以及欧洲的海上航线，全程约15000千米（广州至巴士拉约10040千米，巴士拉至马斯喀特约1200千米，马斯喀特至桑给巴尔3542千米）。这不仅是当时世界上最长的远洋航线，也是16世纪以前世界上最长的远洋航线。有学者概括，这条航线有三个特点：

一是中国航船第一次取直线航行，即从广州至九州石至象石到占不劳山，军突弄山至海峡，伽蓝州至师子国都是取直线航行，不再循岸走弧线，从而缩短了航程，一般3个月可到。

二是船舶航行与季风和海流方向保持一致，航行快。当时广州远洋船舶去程一般是趁每年10、11、12月的最盛东北季风出发，顺着中国北部沿岸大陆南下的中国沿岸海流出南海，经越南东海岸航行，十分便利。回程则利用每年4、6、7、8月的强盛西南季风，从马来半岛南部起，利用爪哇海流在流经加里曼丹与苏门答腊海面继而北上南海之势，径渡暹罗湾。特别是到了越南南岸，吹逆流更加快速，又有暖流沿越南及海南岛东岸直流向台湾海峡，吹流到广州登陆。

三是整个航程以乌剌国为中心，前段是沿着波斯湾东岸航行，即"皆沿海东岸行"，后段"其西岸之西皆大食国"，是阿拉伯半岛及其以西地区。

---

① 《中国印度见闻录》，穆根来等译，中华书局1983年版，第7—9页。

在这个时期，从中国向西方的陆上丝绸之路和海上丝绸之路汇集在尼罗河三角洲。地中海上常年吹拂着温润的海风，从海上沟通了沿海的城市和港口。和海岸线平行的陆路更是非洲北部的大动脉，被当时的人们称为"大道"和"正路"。它东起苏伊士地峡，穿过锡尔提卡长达500千米的荒凉地带，沿着的黎波里海岸向西，一直延伸到大西洋。一路上经过巴尔卡、的黎波里、凯鲁万、塞蒂夫、提阿雷特，直达非斯。这条驿道从埃及到非斯，沿途共计146站。地中海南岸的驿路又通过沿海港口，同南欧、西欧各国连接在一起。例如，在最西边的丹吉尔，从海上越过直布罗陀可以通伊比利亚半岛。756年，倭马亚王朝后裔在那里建立了独立的王朝，很快繁荣富强起来，成为与东方联系的一条重要通道。另一条海上航路从突尼斯和贝贾亚通向西西里岛，9世纪穆斯林开始了征服西西里的军事行动，此后西西里一直是意大利联系东方的重要中转站。

二、隋唐对海上丝绸之路的经略

随着海上丝绸之路日益重要，海上贸易的大发展，隋唐两朝都致力于海上丝绸之路的开发与经略。隋朝建立后就致力于发展海上交通，重视与东南亚诸国的交通往来，除接待一些国家的使节通好外，还曾派遣使臣出使南洋。

林邑位于今越南南部地区，中国史籍称为占婆、环王或占城。林邑建国，当在东汉末年。林邑建国后，不断向北扩张，侵扰交州之地，当其被中国王朝击败后，便开始向中国纳贡称臣。从晋代起，便有了林邑与中国王朝交往的记载。《晋书·林邑传》说，林邑"自孙权以来，不朝中国。至武帝太康中，始来贡献"。

隋文帝平陈后，林邑国便成为隋朝南邻。仁寿四年（604），隋炀帝派大将军刘方平复交州，并授他为日南郡骥州的行军总管，以"经略林邑"。刘方亲帅大将军张愻等以舟师趣比景，沿印支半岛东岸南下，航达林邑海口。大业元年（605），刘方率军到灵江口，与林邑王范梵志交战，隋军得利，其后深入至阇黎江，刘方击溃敌军，渡江后又再攻破林邑象阵。此后刘方行军甚为顺利，最终攻进林邑国都，范梵志奔逃。隋廷便在林邑国境设置比景郡（初称荡州）、海阴郡（初称农州）、林邑郡（初称冲州）。不久隋军撤退，林邑王范梵志返回故地复国，遣使到隋廷谢罪，其后朝贡不绝。其他一些南洋国家也曾遣使入隋朝贡。

隋朝也曾派遣使臣出使南洋。如常骏出使赤土国，便是人们时常提起的中国与东南亚交通上的一个著名事件。这个赤土国，据考其地约在马来半岛南部[①]，"其地多赤，因以为号"。大业三年（607），屯田主事常骏、虞部主事王君政等人从"南海郡乘舟"，出使赤土国。常骏一行到达赤土国界时，国王利富多塞遣使以船舶30艘迎接隋使。大业六年（610），常骏经交趾返回，赤土国国王又遣王子那邪迦跟随使团入隋朝贡，献金芙蓉冠、龙脑香。常骏根据他们的行程撰写了《赤土国记》，丰富了当时和后世关于南海历史、交通的知识。

常骏出使赤土国是中国古代见诸记载的一次重要的航海与外交活动，其行程比三国吴时朱应、康泰的行程更远。此后，赤土国多次遣使朝贡。隋与赤土的友好交往，为隋朝发展海外交通创造了必要的条件。其他一些南洋国家也曾遣使入隋朝贡，与隋朝通好。

常骏等人出使赤土国，以及各国使臣入隋，扩大了隋对南海诸国的认识，增加了对南海诸国以及南海交通的知识。由于海上丝绸之路的畅通，在隋代发展与南海诸国交通的基础上，唐代与南海诸国的交往有了更大的发展。唐代载籍中对南海诸国的记载，以《新唐书》"南蛮传"为详，《新唐书》专为立传的南海国有31国。在以上众多国家或地区中，林邑、真腊、骠国、诃陵、室利佛逝诸国与唐朝交往较多。

唐高宗上元年间（674—676），唐州刺史达奚弘通曾奉使泛海西行，横渡印度洋，便是从赤土出海。他途经36国，抵达虔那。一般认为虔那在今阿拉伯半岛南部。达奚弘通西行，应该说是建立在隋时扩大了对海南诸

---

① 也有人认为，赤土国之故地在今苏门答腊岛。

国认识的基础之上的。达奚弘通回国后著《海南诸蕃行记》(一作《西南海诸蕃行记》)一卷。

安史之乱后，吐蕃势力崛起。为了抵制强大的吐蕃政权给唐王朝西域边疆所造成的军事压力，唐德宗启用一代名相李泌"北和回纥，南通云南(南诏)，西结大食、天竺"以困吐蕃的外交政策。为此目的，贞元元年(785)四月，宦官杨良瑶受命率使团，经过海路出使黑衣大食。杨良瑶此次出使可能达到了联合大食对抗吐蕃王朝的目的。《新唐书·大食传》记载："贞元中，(黑衣大食)与吐蕃为勍敌。蕃军太半西御大食，故鲜为边患，其力不足也。"杨良瑶回国后，因功勋卓著受到德宗皇帝的奖赏。

杨良瑶是我国第一位航海抵地中海沿岸的外交使节。他的航海路线，很可能就是前文提到的贾耽在《皇华四达记》中记载的"广州通海夷道"。贾耽与杨良瑶是同时代人，也是同朝为官。有学者认为，贾耽所记广州至大食一段海上路程十分详细，所取原始资料应当来自杨良瑶一行的亲身经历。

隋唐两代海上交通的发达和贸易的繁荣，是与造船技术的发展和航海技术的提高分不开的。隋开皇八年(588)，文帝发兵征讨南方的陈朝时，命杨素在长江上游永安建造舰船，当时就有了五牙、黄龙、平乘、舴艋等规格不同、用途各异的战船。五牙舰上起楼五层，高百余尺，黄龙舟也可容兵百人。隋代造船技术显然已经具备相当高超的水平。唐代造船技术进一步得到发展，造船工艺领先于世界水平。造船地域遍布今江、浙、皖、赣等省，数量则动辄数百上千，由此可见唐朝制造海船的能力。天宝二年(743)，鉴真第二次东渡日本，从扬州出海前，用80贯钱从岭南采访使刘巨鳞处买得"军舟"一艘，船上所载除大量什物外，有船工18人，僧人17人，各种工匠85人，可知唐代军船已经具备一定的规模和远程航海的能力，是当时比较先进的海船。阿拉伯史料提到，唐代海船因为体积太大，只能在尸罗夫停泊，无法到达巴士拉和马斯喀特。造船技术的提高，为远洋航行和海上贸易的发展提供了必要条件。

⊙ 唐代船舶修理图

　　隋统一中国后，将对外贸易作为重要国策，驻使西域，遣使南洋，招徕互市，在海外贸易方面有一些新举措，积极发展与海外诸国的贸易往来，对外贸易有了进一步的发展。到唐代，农业和手工业的发展，内外交通的发达，更促进了商业的繁荣。安史之乱以后，陆上丝绸之路交通受阻，海上交通与贸易的发展显得更为重要。沿着海上丝绸之路航线，中国和亚非各国的商船往返不绝。

　　唐代的民间对外贸易也很发达，陆海两途都有大批外国商旅入华从事贩运经营活动，也有中国商队和海舶远走异国。这种不以沟通政治关系为目的、专以经商牟利为目的的海外贸易，称为市舶贸易。唐文宗时，曾下诏要求沿海各地地方长官鼓励海外商船来中国贸易。

　　唐政府对市舶贸易的管理经历了管理体制和管理内容的逐步变革过程。高宗时，对市舶贸易的管理做出规范，重点一是外商以船舶载货物到达广州后，先要与唐政府官方进行交易，然后才能与国内百姓进行交易，即官方具有优先购买权；二是政府官方购物由岭南节度使府的长史负责，即由岭南节度使的属僚负责，尚未设置专门的市舶贸易管理机构及管理官员。不过，长史作为正五品上的职事官，为岭南节度使府的高级幕僚，这足以反映出唐政府对市舶贸易管理的重视。后来唐朝设立市舶使，加强了对海外贸易的管理。市舶使是唐朝派驻广州、专管海路邦交贸易的使职，在唐代海外贸易以及对外关系史上占有重要地位。

三、海上丝路的起点：“利兼水陆，瑰宝山积”

中国古代早期，商业都市大都在内地，如长安、洛阳、邯郸、阳翟、定陶、临淄、寿春、合肥、成都、郢等，因为这时贸易的路线以河流为主，这些都市多沿着内地的河流旁边而发展，而所经营的多半为国内贸易。及唐宋时代，海上丝绸之路发达，促进了登州、扬州、明州、泉州和广州等一批以对外贸易为特点的沿海港口城市的繁荣。阿拉伯和波斯的商人，从海路来中国，多从广州等沿海港埠登陆。《道里邦国志》列举了4个中国港口，自南而北有龙景（Lukin，在越南灵江口的北景）、广府（Khanfu，广州）、越府（Djanfu，明州）和江都（Kanfu，扬州）。

在这些沿海的商业都市中，发展最早、资格最老的，要算广州。秦汉以降，广州就是南方商业、手工业发达的大都会。六朝时期，阿拉伯人、波斯人、印度人、中国人频繁经营着从波斯湾、印度洋到南中国海的远洋贸易，南海-印度洋海上交通空前畅达，广州成为南海贸易的主要港口。在3世纪的时候，从事海上贸易的阿拉伯人已经在广州设有居留地。据《晋书·吴隐之传》记载，当时有好些珍异的奢侈品由海外输入，"广州包带山海，珍异所出。一箧之宝，可资数世"。《南史·萧劢传》说："广州边海，旧饶，外国舶至，多为刺史所侵，每年舶至不过三数。及劢至，纤毫不犯，岁十余至。"

及隋唐时代，由于海上交通发达，广州"地当要会，俗号殷繁"，是唐朝最早设市舶司的地方，有"天子之南库"之称。广州不仅是当时中国最大的港口，也是世界上著名的港口之一。上文引贾耽叙南海航路，起点即广州港。阿拉伯地理著作，如《道里邦国志》《中国印度见闻录》等也以广州为南海诸国航海东方的终点，称广州港为"中国最大的港口"。唐人形容广州"涨海奥区，番禺巨屏，雄藩夷之宝货，冠吴越之繁华"，说广州"地际南海，每岁有昆仑乘舶，以珍物与中国交市"。唐人于邵《送刘协律序》说："南海，有国之重镇，北方之东西，中土之士庶，舟宗连毂击，会合于其间者，日千百焉。"杜甫在《送重表侄王砅评事使南海》一诗中咏道：

番禺领亲贤，筹运神功操。

大夫出卢宋，宝贝体脂膏。

洞主降接武，海湖舶千艘。

唐代外国商舶多聚于广州，这些外国商船来自各个地区的许多国家，"舶交海中，不知其数"，呈现"大舶参天，万舶争先"的壮丽景象。日本

⊙ 位于广州黄埔的南海神庙，建于隋开皇十四年（594）。唐宋时期，中外商船从广州出海前，到这里祈求一帆风顺，海不扬波

人写的《唐大和上东征传》记载，广州江中，"有婆罗门、波斯、昆仑等船，不知其数，并载香药珍宝，积载如山。其舶深六七丈，师子国、大石国、骨唐国、白蛮、赤蛮等往来居住，种类极多"。唐人李肇记载了广州港的盛况，称广州每年都有"南海舶"，即外国商船停泊。在南海舶中，师子国舶最大，这些船高达数丈，人们上下往来需要搭设梯子，船上堆满了宝货。每当南海舶到来时"则本道奏报，郡邑为之喧阗"。商船上都饲养信鸽，万一在海上遇难，信鸽可以在千里之外归来报信。唐大历五年（770），进入广州港的商船竟达4000余艘，每日平均有11艘之多。据估算，开元时期，广州一年之中，来往流动的客商达80多万人次。这个估算数字与实际人数可能有出入，但在一定程度上算是唐代广州对外贸易繁荣的一个标志。

广州凭南海贸易的支持，与国内外市场建立起密切的商业联系，成为全国海外贸易中心，连接着国内外市场，"雄藩夷之宝货，冠吴越之繁华"，其城市功能超出区域体系，成为全国性的中心城市。唐代广州至内地的交通已很便利，特别是开元四年（716）张九龄整治大庾岭道，大大方便了往来的交通，使各国前来贸易的商人畅通无阻。中国商人从江淮、两京以及其他北方市场运来各地商品，投放广州，购回洋货，销往内地；外国商人则运来海外奇珍，包括象牙、犀角、珠宝和香料等多种多样的土特产，购回中国商货，销往外国；也有的中国海商从广州采购商品，直接运销海外市场。

唐代以前，广州城区保持较多传统的市场形态，如坊市结构，市由官设，限制交易时间，规定交易地点，坐商有专门市籍等。唐代广州经过宋璟、杨於陵、杜佑等人的整治，城区规模扩大，旧有坊市结构开始被打破，主要街道成为营业自由、邸铺行肆林立的商业服务业经营场所。在繁华街区，"任蕃商列肆而市"，不仅日中为市，而且出现夜市。整个广州一时市舶麇集，列肆林立，珍货山积，商贾云集，盛况空前。张籍《送郑尚书出镇南海》诗说"蛮声喧夜市，海色浸潮台"，刘禹锡也赋诗"大艑浮通川，高楼次旗亭。行止皆有乐，关梁似无征"，来歌颂广州的兴盛繁荣。

在南方沿海，还有大大小小的港口以及具有天然掩护屏障的港湾多处，它们为海上丝绸之路的发展提供了天然的良好资源。特别是在古时的帆船航行时代，这些港口、港湾为航海提供避风防涛、供给淡水食粮、装卸货品等极大的便利。同时，这些港口、港湾又内联广东陆地的千百条河流，保证了海上丝绸之路与内地都市的联系。

除广州外，交州也是唐代的重要贸易港口。唐代时，交州位于今越南河内附近一带，它在唐代海外交通贸易中的地位日显重要而直追广州。福建沿海也是唐代开展海外贸易的重要地区。泉州处于福建沿海晋江下游，福州位于闽江入海处，两地都处于江、海交汇之地，地理位置非常重要。《全唐诗》中收录的《送泉州李使君之任》诗云：

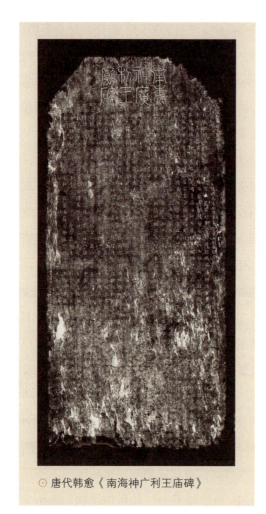

⊙ 唐代韩愈《南海神广利王庙碑》

云山百越路，市井十洲人。

执玉来朝远，还珠入贡频。

泉州八方辐辏，海外贸易非常繁荣。浙江沿海对外贸易港口主要有台州、温州、明州等。其中，明州东临大海，地势平坦，航道通畅，其辖境相当于今浙江甬江流域及慈溪市、舟山群岛等地，自古就是我国古代造船与航海的发轫地之一。在日本遣唐使时代，明州是东海航线的重要港口之一，即使是停派遣唐使之后，明州仍是往来于唐朝与日本之间的商船停泊的重要港口。

扬州是江苏沿海最重要的港口城市，也是唐时全国最繁荣的商业城市之一。扬州位于长江下游，距离长江入海处很近，而且是南北大运河的枢纽，是长江流域物资的总汇之地，是盐、铁、茶、丝、药材、瓷器、珠宝等货物的转运中心。隋代初年就已在扬州设总管府，辖制东南一方，唐朝先后在此地设立扬州大都督府和淮南节度使。扬州是唐朝庞大水路运输网络的中枢，由唐朝和外国商船运来的各种货物都要在扬州换船，装入北上的运河船。所以这里也是亚洲各地商贾的聚集之所，史称扬州"俗好商贾，不事农桑"，"多富商大贾、珠翠珍怪之产"。唐人评述国内繁盛的商业都会，"皆称扬、益"。张祜的诗句"十里长街市井连"，杜牧的诗句"春风十里扬州路"，都描述了扬州城中最繁华的一条主要街道。杜甫还有商胡自四川聚会饯别、顺长江下扬州的诗句：

　　　　商胡离别下扬州，忆上西陵故驿楼。
　　　　为问淮南米贵贱，老夫乘兴欲东游。

　　在唐朝境内游历的外国人，或者是在唐朝定居的外国人，都愿意集中在广州、扬州等充满生气的南方商业城市里。作为海外贸易的重要地区，唐代有大批商胡在扬州兴贩谋利，进行各种各样的贸易。开元初年，李勉沿汴河游扬州，遇波斯商胡搭乘船只，途中因

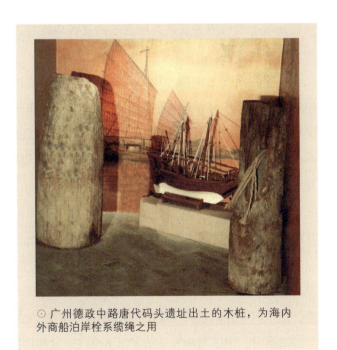

⊙ 广州德政中路唐代码头遗址出土的木桩，为海内外商船泊岸栓系缆绳之用

病而死。李勉到达扬州之后，有"群胡左右依随"，其中有已故商胡之子。这里提到的"波斯胡"与"群胡"，都是长期居住扬州并在此经商的外国人。据称，唐肃宗乾元年间（758—760），朝廷国用不给，监察御史康云间担任江淮度支，"率诸江淮商旅百姓五分之一，以补时用"，有波斯胡人因交易珠宝，在扬州输税款一万贯。经营珠宝业的胡商，许多在扬州开设邸店。唐代传奇中，不时可见扬州"波斯店""胡店"的记载。唐文宗开成四年（839），日本僧人圆仁在扬州，适值扬州大都督府长史李德裕主持为扬州开元寺修瑞像阁捐款，有波斯侨民捐钱1000贯，婆国侨民捐钱200贯，可知这些商胡与当地社会的关系是很密切的。

四、诃陵和室利佛逝：海上丝绸之路贸易的汇合点

海上丝绸之路的航线，都要经过东南亚地区的广阔海域，因此印度尼西亚占据了重要的位置。

南北朝时，印度尼西亚的爪哇等岛屿就与南朝有海上交通。到了隋唐时代，海上贸易更为发达，印度尼西亚各岛屿充当了海上丝绸之路的中转站，是东西方贸易的交汇处。

隋唐时期海上丝绸之路的商船早期主要是通往印度，再由印度向阿拉伯转运。在印度笈多时期（4—6世纪），印度和马来半岛以及毗邻各岛有了密切的接触。在几个世纪的时间里，印度的宗教和文化传播到了爪哇、苏门答腊、高棉和其他岛屿。那些原来是印度居留地而后来发展壮大的土邦和帝国，重视贸易，控制海上航线，互相争雄。9—11世纪，南部的注辇王朝一直是一个强大的海权国，他们派遣一支海军远征队，一度征服了塞林德罗帝国（即室利佛逝）。有学者指出，在公元前和公元后的最初几个世纪中，印度人非常热衷于贸易和经商。印度人控制了很多国外市场，从东方岛屿方面取得物资，也从商业运输中获得利润。印度人的移殖与文化传播，使东南亚各国进入一个影响深远的"印度化时代"。

隋唐时，中国与南海诸国有诸多交往，这些国家成为中国与印度交通和

文化交流的中转站。更进一步说，它们是中国与西方交通的海上丝绸之路的中转站。这些国家和地区文明的兴起和发展，在很大程度上得益于海上丝绸之路的繁荣。

7世纪时，在苏门答腊岛上先后兴起了摩罗游（又作末罗瑜，Malayu）、都郎巴望（Tulang Bawang）、室利佛逝（Srivijaya）等王国，在爪哇岛上兴起了诃陵（Kaling）王国。诃陵、摩罗游、室利佛逝都与唐朝有密切的交往。

诃陵国的位置，中外学者一般认为在今中爪哇，地

⊙ 16世纪末印度细密画中的诺亚方舟

处唐朝与印度及西亚海上交通要冲之地，是来自南印度羯陵伽（Kalinga）的印度人建立的国家。诃陵国与唐朝的关系十分密切，自7世纪中叶至8世纪中叶有9次遣使来唐。

诃陵还是唐朝僧人由海路前往天竺的中途落脚点。唐高宗麟德年间（664—665），成都僧人会宁泛海前往天竺取经，经过诃陵时，遇诃陵高僧若那跋陀罗（智贤），共译《涅槃经》，译毕寄达交州。仪凤元年（676），交州都督遣使与会宁弟子运期一起携经入京。由于此经与内地流传的大乘佛教系统的《涅槃经》颇有不同，引起了当时佛教界的注意。仪凤三年（678），大慈恩寺沙门灵会于东宫启请施行。若那跋陀罗本人虽然未履唐土，但是由他翻译的经典却在唐朝流传，他本人也被列入唐朝的"高僧传"中。除了会宁和尚，《大唐西域求法高僧传》所载7世纪后半叶

⊙ 印度阿旃陀寺庙建筑群中的壁画中描绘的三桅商船

前往天竺取经的僧人中，还有并州常慜禅师、益州明远法师、荆州道琳法师、襄州襄阳僧人法朗等在诃陵国停留。

室利佛逝是7世纪后半期在印度尼西亚西端兴起的一个新的海上帝国。它先后征服了苏门答腊的摩罗游，占据了邦加和马来半岛的克拉地峡。它控制着马六甲海峡和克拉地峡交通要道，成为东南亚的海上强国和中西交通必经之地。

室利佛逝在唐代南海交通中的地理位置十分重要，唐代佛教僧侣西行印度求法，有一些人走海路，其中大部分途经室利佛逝。有些僧侣在那里停留很长时间，甚至终老不归。例如唐代义净自671年出国西行，至695年回国，在国外游历和生活了24年，其间3次旅居室利佛逝，

⊙ 约建于700年的爪哇蓬塔德哇神庙

前后共达10年之久。义净所撰《南海寄归内法传》和《大唐西域求法高僧传》都有对室利佛逝的记载，至今仍是了解当年这个海上帝国的珍贵文献。

唐朝与室利佛逝的交往和贸易也很频繁。唐朝时期中国对外贸易的复兴在很大程度上推动了室利佛逝的兴起。这是中东、印度和中国之间贸易的一个重要汇合点。室利佛逝对全球贸易起了重要作用，是远东全球贸易的一个中心。

五、义净：海上丝绸之路的求法僧

玄奘不畏艰险西行取经的壮举，给后代的佛教学者以极大的鼓舞。"玄奘西征，大开王路，僧人慕高名而西去求法者遂众多。"在玄奘之后，陆续有中国僧人赴印度开展求法取经活动，其中以义净最为著名。

义净（635—713），7岁出家为僧，跟随善遇法师及慧智法师学习。在数年的学习中，义净开阔了眼界，但若干许多典籍在当地无法读到，许多教义中深奥的理论也无法弄通，于是立志走出寺院，到佛教的发祥地印度去追求真谛。《义净遗书》称："年始一十有七，思游五印之都。"

义净深为法显、玄奘的事迹所鼓舞，将他们作为榜样，对法显和玄奘充满了仰慕之情，《宋高僧传》称其"仰法显之雅操，慕玄奘之高风"。玄奘与义净是同时代人。玄奘年长义净30多岁，其西行求法的成功及回国后的声名显赫对义净的鼓舞更大、更直接。在义净11岁时，即贞观十九年（645），玄奘在印度游学十几年后回到长安，这在当时是一件轰动朝野的大事。此时的义净尽管年纪不大，但至少从其老师那里听闻了玄奘法师的事迹。

26岁那年（唐高宗显庆五年，660），义净开始了他漫长的外出求学的第一步。这一年，他自山东到河南，再到长安。长安佛教盛行，名僧和经籍令义净大开眼界。在此期间，恰逢玄奘在长安著述讲学，义净有了可以面见玄奘并听其讲学的机会。麟德元年（664）二月五日，玄奘在长安示寂，其葬礼极为隆重。此时义净很可能就在长安，参加了玄奘的葬礼，在送葬的"百余万人"之列，更甚或是在夜宿的"三万余人"之中。玄奘的葬礼一定给义净留下了很深的印象，促使他更加坚定了西行求法的决心。

唐高宗总章三年（670），义净在长安学习已达10年之久，他去印度求经的念头更加强烈，并得到了并州处一法师、莱州弘伟法师几位好友的支持，相约结伴而行。第二年，他经扬州到广州，因几位同伴无法按约同行，他只好与另一位来自晋州的年轻僧人善行乘波斯商人的船南行。

咸亨二年（671）的年末，义净到达南海的室利佛逝国。义净在室利佛逝停留了6个月，学习梵语。从室利佛逝又到达末罗瑜国，在末罗瑜又停留两个月，这时已经是咸亨三年（672）十二月。义净再乘船北行，经过裸人国，在咸亨四年（673）二月八日到达东印度的耽摩立底国。他在耽摩立底停留一年，继续学习梵语。咸亨五年（674）五月，义净离开耽摩立底，前往中印度，最后到达中印度摩揭陀国的那烂陀寺。

那烂陀寺是当时印度最大的佛教寺庙，玄奘曾在此游学，也是义净求法的最终目的地。义净在那烂陀寺学习佛教，前后停留近12年。他自己的说法是"住那烂陀寺，十载求经"。他拜印度著名佛学高僧宝师子为

⊙ 义净像

师，并与印度其他高僧和西游至此的国内佛教界人士玄照、无行等相互切磋学问。除在那烂陀寺学习外，他还远到印度南部和东部二三十个小国家访问，拜访僧俗各界人士，探讨学问。

垂拱元年（685），义净离开那烂陀寺，仍取道海路回国。他带着在印度寻找到的佛经"梵本三藏五十万余颂"，再次回到耽摩立底，从耽摩立

底登船到达羯荼国，再从羯荼国回到南海中的室利佛逝。这时已经是唐高宗垂拱三年（687）。

从垂拱三年至永昌元年年间（687—689），义净停留在室利佛逝。当时这一带佛教发展兴旺，各国往来僧人众多，义净请学于室利佛逝国名僧。除了向当地高僧学习，义净做的另一项工作是全力翻译从印度携带的经文，并抄写当地的经书。因室利佛逝国缺少好的墨和纸，在永昌元年（689）七月的一天，义净登上室利佛逝港口一艘商船，欲托人捎信到广州，求取抄写梵经所需的墨、纸，并雇佣抄经的帮手。但是由于商船因风乘便，未及通知义净离船登岸，便升帆入海。义净"求住无路"，无意中被载回了广州，而他多年跋涉辛苦得来的50余万颂佛经则被留在了室利佛逝。

义净回到广州时，住在广州有名的制旨寺里，并且在制旨寺向大家报告了他在印度和南海的经历。义净还招募译经的助手，制旨寺的僧众向义净介绍了峡山一位名叫贞固的僧人。义净写信给贞固，"裁封山扃，薄陈行李"，贞固"启封暂观，即有同行之念"。于是贞固来到广州，同意跟随义净前往室利佛逝翻译经典。僧人道宏听到这个消息，也愿意跟随义净重返南海。当年的十一月一日，义净带着他邀请到的4位中国僧人——贞固、怀业（贞固的弟子）、道宏、法朗，一起搭乘商船离开广州，重新返回室利佛逝。

义净回到室利佛逝后，开始译写佛经。从广州来的4位僧人做他

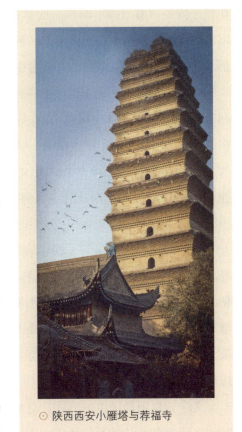

⊙ 陕西西安小雁塔与荐福寺

的助手，"学经三载，梵汉渐通"，可以帮助义净做一些翻译方面的工作。武周天授二年（691），义净在室利佛逝写成《大唐西域求法高僧传》和《南海寄归内法传》两部书。这年的五月十五日，他派遣一位名叫大津的僧人，搭乘商船先到广州，把这两部书和"新译杂经论十卷"送到洛阳，同时"望请天恩于西方造寺"。因为义净在印度求法时，见到其他一些国家的僧人在印度有各自的寺庙，而中国僧人没有自己的寺庙，他希望能在印度建造一座这样的寺庙。只是他的这个愿望后来并没有得到实现。

武周长寿三年（694），也即延载元年的夏天，义净从室利佛逝回到广州。跟随义净从广州到室利佛逝去的4位僧人，贞固和道宏相随回到广州，法朗去了南海中的诃陵国，一年后因病去世，怀业留在了室利佛逝。

由于义净数十年为求法译经而奔走，在当时的中外佛教界声望极高，在朝廷内外声誉日隆。回国后的第二年，义净离开广州，五月仲夏抵达洛阳。武后为他归国举行了隆重的欢迎仪式，率领群臣出城迎接他，"洛阳缁侣，备设幢幡，兼陈鼓乐，在前导引"，非常隆重。

义净回国时带回梵本经律论各种著作近400部，并金刚座真容1铺、舍利300粒。他自己将全部精力投入规模浩大的翻译经书工程中去，先后在洛阳大福先寺和长安西明寺、大荐福寺展开译经工作，长达18年之久。据现存资料，义净共翻译梵文经书56部230卷，但实际翻译数字可能还远不止这些，义净成为中国佛教界最著名的翻译家和翻译佛教经典最多的高僧。

义净的译经工作得到了朝廷的大力支持，武则天等几位皇帝先后为其译出的书作序，给予了很高的礼遇。如圣历三年（700）武则天为其作《大新翻圣教序》；神龙元年（705）刚复位的唐中宗为其作《大唐龙兴三藏圣教序》；两年后，唐中宗亲召义净入皇宫，共同翻译经书，探讨学问；太极元年（712），睿宗皇帝亲自在崇勖为义净临摹的像上题词制赞，在义净患病时又亲派内侍去寺中探病。

义净采取随译随讲的方式，这样就在当时形成了一个以义净为中心的翻译、研究和弘传佛教的队伍。在译经之余，义净也授徒讲律。义净为佛教界人士和信仰佛教的官员讲学，听众甚多，从而培养了一批弟子。

唐玄宗先天二年（713），79岁高龄的义净在长安大荐福寺圆寂。三月初，长安佛教界为他举行了隆重的安葬仪式，弟子门生万人为其送葬，惊动长安城。玄宗皇帝亲制诰书并派使者吊慰，赠他为鸿胪寺卿，赐锦绸150段，丧事费用全部由政府承担。光禄大夫行秘书监少监同安侯卢璨还亲自为他的灵塔撰碑铭，高度评价了义净一生的贡献。

义净不图虚名，不受功名利禄所诱，为追求佛教真谛，不远万里，西行求经，长达20余年。回国后，十几年如一日译经不止，硕果累累。直到临终，仍写遗书给弟子们，要求他们发扬光大佛教精神。他虽声望日隆，然谦虚好学，时有求者必应，诲人不倦，得到佛俗人士的敬佩与仰慕。

义净留下的《大唐西域求法高僧传》和《南海寄归内法传》，是可以与法显《佛国记》、玄奘《大唐西域记》相媲美的佳作。

《大唐西域求法高僧传》2卷，记述了从641年到691年间义净到印度和南海访问的57位分别来自大唐、新罗、睹货罗、康国、吐蕃的禅师、法师的事迹，此外兼述经济、风俗及旅行路线，是研究7世纪南洋诸国状况和国际交通的重要资料。《南海寄归内法传》是义净多年游历印度和南海之后，根据自己的所见所闻，对当时印度和南海僧徒的日常法式状况写成的实际记录。书中真实地记录了印度、东南亚地区当时的社会、政治、经济状况和这些地区人民与中国人民的友好交往。

义净的这两部著作，完成于他从印度取经归来，在室利佛逝停留的时期。因为两部著作均为作者的亲身经历，其史料价值和真实性甚至超出一些正史，具有毋庸置疑的可靠性。

如果说《大唐西域记》是一部关于陆路丝绸之路的大书，义净的两部著作则是关于海上丝绸之路的大书。

六、师子国：海上丝绸之路的要冲

师子国即斯里兰卡，其最早见于中国载籍的称呼，有"斯调""私诃条""僧强叠",亦"Sihaladvipa""Singhaladvipa",即"狮子"之"国""洲"的音译。据各种文献记载,"斯调"即"私诃条""僧强叠"之居民,笃信佛教,以商为业。玄奘《大唐西域记》记载:"僧伽罗国周七千余里,国大都城周四十余里。土地沃壤,气序温暑,稼穑时播,花果具繁。人户殷盛,家产富饶。其形卑黑,其性犷烈。好学尚德,崇善勤福。"

因为斯里兰卡居于海上交通要冲,所以其"奇瑰异宝"中有许多非当地所产,而是转运贸易的商品。其中有许多是从印度乃至西方贩运到中国的。

斯里兰卡一直充当了中国通往印度的海上丝绸之路的中转站。《汉书》卷二八下《地理志》记载:"自日南障塞、徐闻、合浦船行可五月,有都元国;又船行可四月,有邑卢没国;又船行可二十余日,有谌离国;步行可十余日,有夫甘都卢国。自夫甘都卢国船行可二月余,有黄支国……"如果不算路上的停留,自今雷州半岛或附近地区的"徐闻、合浦"出发,"五月"的时间是能够到达"都元国"的。这个"都元国"也是斯里兰卡的旧称。

正是商业上的特殊地位,师子国成为中国"蕃船"的远航目的地。历代诗人也多有吟咏。如韩愈《送郑尚书赴南海》写道:

> 番禺军府盛,欲说暂停杯。
> 盖海旗幢出,连天观阁开。
> 衙时龙户集,上日马人来。
> 风静鵾鹏去,官廉蚌蛤回。
> 货通师子国,乐奏武王台。
> 事事皆殊异,无嫌屈大才。

洪适《设蕃致语》写道:

> 舻人指日欲开樯,洽此需云宠远商。
> 奇物试求师子国,去帆稳过大蛇洋。

银杯更尽金杯饮，黑暗仍兼白暗将。

方伯使华清彻底，不闻私有橐中装。

政容狱市，誉溢康庄。

得华裔之欢心，知藩垣之大体。

治如方庆，忿息昆仑之酋；

诗美郑公，货通师子之国。

古代中国人前往南亚次大陆，除了沿今安达曼海东岸航行的路线，斯里兰卡是必经之地。也正是因为所至者多、所闻者多，中国人对这个国度有着充分的认识。在西方文献的记载中，古代锡兰，即斯里兰卡，也是一处贸易繁盛之地。拜占庭作家科斯马斯写于547年的《基督教世界风土志》中说：

　　该岛（锡兰岛）地处中心位置，从印度、波斯和埃塞俄比亚各地很多船只经常访问该岛，同样它自己的很多船只也远航他方。从遥远的地区——我指的是秦尼斯达（Tzinista）和其他输出地——它接受的是丝绸、沉香、丁香、檀香和其他产品。这些产品又从该岛运往这一边的其他市场，如没来、卡利安那、信德（Sindu，即印度河口的Diul Sindh）、波斯、希米雅提（即也门）和阿杜里（红海非洲之滨的Zula）。没来出产胡椒；卡利安那出口黄铜、胡麻木和布匹，亦为一大贸易市场；信德出产麝香、海狸皮及甘松香。该岛也输入上述各地的物产，转而输往更遥远的港市；同时该岛向两个方面输出自己的物产。

科斯马斯的记载说明，当时的锡兰已成为东西方重要的海上丝绸贸易中心。与科斯马斯同时代的另一位拜占庭作家普罗柯比的记载为此提供了进一步的佐证。531年前后，查士丁尼皇帝不堪忍受波斯萨珊朝对生丝的垄断，要求其盟友埃塞俄比亚和希米亚提派人前往锡兰购买丝绸，然后转卖

⊙ 佛教传播到东南亚

给罗马人。埃塞俄比亚和希米亚提接受了请求，却未能实现诺言。普罗柯比解释失败的原因："波斯人总是占据印度（锡兰）船开进的每一个港口（因为他们是邻国），通常收购了所有货物，埃塞俄比亚人不能进港购得丝绸；而希米亚提人则无法渡过如此广阔的沙漠，与如此好战的民族（波斯）对抗。"

斯里兰卡在历史上与印度关系密切，印度文化对斯里兰卡有着广泛而深刻的影响，是印度以外第一个接触到佛教的地区。

斯里兰卡很早就成为佛教东传的一个基地。据《梁书》卷五四，师子国国王听说东晋孝武帝（373—396）崇奉佛教，便派遣沙门昙摩航海送来4尺2寸高的玉佛像一尊，路上行了10年，义熙二年（406）才到达晋京。

东晋义熙六年（410），法显经印度到达了师子国，看见有商人用中国产的白绢扇供佛，可见那时中斯两国间早已通商往来。法显在那里旅居两年，曾亲往岛上有名的无畏山寺、佛牙寺等，还求得梵本回国。法显在他所著的《佛国记》中记录了师子国佛教的许多重要情况。此后，该国使臣和僧人屡屡东来。

入唐之初，斯里兰卡与中国来往更为频繁，多有僧徒从师子国来华的记载。赞宁《宋高僧传》卷一、卷二、卷二七、卷二九记载了经师子国来到中国的僧人。赞宁提到了金刚智和不空，他们是在唐代很有影响的"开元三大士"中的两位。

⊙ 位于斯里兰卡康提市的舍利寺（佛牙寺）

七、海上丝绸之路上的阿拉伯航海家

阿拉伯人很重视海外贸易，在阿拔斯王朝的统治下，伊斯兰文明经历了一个世纪左右的黄金时代。8世纪以后，海路的重要性逐渐超过陆路。越来越多的阿拉伯和波斯商人取道马六甲海峡北上交州、广州。这些来华的波斯和阿拉伯商船大都从阿曼的苏哈尔①或波斯湾北岸的尸罗夫起航，沿着印度西海岸，绕过马来半岛，来到中国东南沿海。

在古代，南阿拉伯充当着印度与地中海之间的转运站，因为这里既受惠于地理位置的优越，也受惠于横扫其海岸的定期季风，把船只推进到浩瀚的东方大洋，又把它们送回原来的出发之地。苏哈尔和尸罗夫都是古代海湾地区的商业重镇，长时间内是"通往中国的门户"。据10世纪麻素提的记载，苏哈尔和尸罗夫的海员跑遍了中国海、印度海、也门海、埃塞

———————

① 苏哈尔（Suhār）还有一个波斯语的名字叫Mazūn，唐代根据这一名字译作"没巽"，宋代译"勿巡"。

⊙8世纪中叶，阿曼航海家欧倍德驾双桅三帆木船"苏哈尔"号抵达广州，拓展了阿拉伯帝国与唐朝的海上贸易通道

俄比亚海等广阔海域。伊本·胡尔达兹比赫在《道里邦国志》中也记述了从波斯湾海道到中国和新罗的实际航程。此外，帝国境内的巴士拉、西拉夫、开罗、亚历山大港等口岸，也是国际上著名的贸易中心。西班牙与大马士革、巴格达和麦加之间的贸易也特别活跃。通过亚历山大港和君士坦丁堡，西班牙的产品能找到像印度和中亚那样遥远的市场。9世纪时有大食人说，在亚丁建有中国商船的码头。一位大食人说："阿曼是个巨大的城市。它有一个港口，信德、印度、中国等海舶经常驻泊在那里。"[1]10世纪至13世纪在埃及先后兴起的法蒂玛（Fātimid）和阿尤布（Ayyubid）两个王朝，都十分重视贸易发展。法蒂玛王朝从工商业和贸易中获得巨额收入，物质财富丰足，国力强盛。

　　早在古代和中世纪初期，阿拉伯人在濒于印度洋的国家之间的商业贸易中发挥了重大作用。那时，他们在印度洋东部地区的商道上占据了主要阵地，并成为印度洋西部地区真正的统治者。8世纪时，地中海的西部、南部和东部海岸，红海和波斯湾的整个海岸以及阿拉伯海的北部沿海地区，全都掌握在阿拉伯人手里。他们在穿越中亚或穿越高加索和伊朗高原从而联络欧洲和印度的许多重要陆路交通线上，以及丝绸之路的西段定居下来。由于这个缘故，阿拉伯人成了欧洲与南亚、东南亚以及中国进行贸易的中间人。9世纪中叶阿拉伯文献指出："当时从伊拉克去中国和印度的商人络绎不绝。"阿拉伯商人从巴格达和其他地方出发，航行到远东、欧洲和非

---

① 李大伟著：《宋元泉州与印度洋文明》，商务印书馆2015年版，第24页。

洲，他们贩卖织造品、宝石、铜镜、料珠、香料、枣椰、蔗糖、棉织品、毛织品、钢铁工具和玻璃器皿。他们输入的货物，有来自远东的香料、樟脑、丝绸和来自非洲的象牙、黑檀等。和印度、波斯人的贸易一样，阿拉伯商人贩卖到中国的货物，有他们本地的产品，也有经他们之手转运的其他国家和地区的商品。

在当时中国与阿拉伯的航海贸易中，除了往返的阿拉伯和波斯商船外，还有相当一部分中国商船参与其间，往返于漫长的海上航路上。当时的中国商船已出没于波斯湾。唐代贾耽所记"广州通海夷道"，记载了从广州出发而至大食的航线，还记载了从波斯湾复出霍尔木兹海峡，沿阿拉伯半岛南岸西航至红海口而南下至东非海岸的航线。阿拉伯人与波斯人在南亚以东的航行，大都喜

⊙ 细密画中的阿拉伯海船，选自哈利里《麦卡玛特集》，法国国家图书馆藏

欢搭乘中国海船进行。苏莱曼的《中国印度见闻录》提到，阿拉伯商人把货物"从巴士拉（Basso-rah）、阿曼以及其他地方运到尸罗夫（Siraf），大部分中国船在这些装货"[①]。阿拉伯人盛赞中国海船既大又坚固，和仅用椰索穿栓固定、船板较薄的阿拉伯双桅船不同，这些海船以制作坚固、货位充裕、抗风力强、航行安全而著称。当时有许多阿拉伯和波斯商人乘中国船来华贸易，也有些阿拉伯水手在中国船上工作，另外还有阿拉伯或波斯商人租赁或径向中国造船厂订造泛海巨舶的情况。

---

① 《中国印度见闻录》，穆根来等译，商务印书馆1983年版，第7页。

一些来过中国的阿拉伯使节、商人、教徒和旅行家,在回国之后,把他们在中国的所见所闻、把他们所认识和了解的中国文化带回故里。其中有些人把这些见闻记录下来,广为传播。

阿拉伯人对中国的记述,最有意义的一部著作是前面提到过的《中国印度见闻录》。这部著作成书于851年,其作者已不知何人。书中记述了阿拉伯商人苏莱曼在印度、中国等地行商,回国后述其东游见闻。《中国印度见闻录》分为两部分:上部叙述阿拉伯商人从波斯湾经印度洋和马六甲海峡到中国沿途航线上所见的港湾、岛屿、居民、风物、货币、交易方式等自然和社会情况。下部广泛叙述印度诸邦、中国皇帝以及两国的城市、官制、司法、税收、物产、交易、交通、军队、婚姻、宗教信仰等社会和自然概况。

有的研究者认为,书中所述的内容不只是苏莱曼一个人的陈述,实际上他可能只是那位佚名作者所询问的陈述人之一。书中还包括了其他东来中国的阿拉伯商人的回忆,不过只提到苏莱曼一个人的名字。

这部《中国印度见闻录》是目前所知最早的阿拉伯人的中国游记,是那个时代国外关于中国知识的重要文献之一,是先于《马可·波罗游记》约4个半世纪问世的关于中国的一部最重要的著作。全书内容丰富,资料翔实,反映了唐代东西海上交通日益发达,中国和阿拉伯之间的商业往来已经开始;阿拉伯来华人数日趋增多,他们与华人和睦相处,对中阿之间的经济文化交流起到了促进作用;中国官方对伊斯兰教持宽容态度,不仅不干涉外籍穆斯林的宗教信仰和生活习惯,而且在他们比较集中的地区,如广州,授予他们自行管理自己内部事务的权力,从而使伊斯兰教在广州及其他地区得以传播。上述记载有的与中国史书互相印证,有的补充了中国历史记载中的某些不足,为研究中国伊斯兰教史、中西交通史提供了极有价值的珍贵资料。《中国印度见闻录》自18世纪以来,曾有多种语言的译本问世，为东西方学者广泛引用。

《中国印度见闻录》首先叙述了赴中国的海上船行。书中说到从波斯湾经印度和马六甲海峡到中国的航线上，有哪些地方可以泊港，需要航行多少天，在何地补充淡水；而且涉及浅滩和礁岩、强风和龙卷风、吃人种族居住的岛屿等等。书中还记载了各地的土特产以及当地的货币和交易方式。因此有人认为，对当时的阿拉伯商人来说，此书"堪称是一部通俗的南海贸易指南"。

不过，此书最有兴味的，还是对中国风俗文化的记载。书中的陈述者苏莱曼似乎在中国停留不少时日，对中国人的服饰、饮食、婚嫁、宗教等等许多方面的情况有所介绍。他说中国人无论贵贱都穿丝绸，"王公穿上等丝绸，以下的人各按自己的财力而衣着不同"①。"女人的头发露在外边，几个梳子同时插在头上：有时一个女人头上，可多达二十只象牙或别种材料做的梳子。"他说到中国的食物："中国人的粮食是大米，有时，也把菜肴放入米饭再吃。王公们则吃上等好面包及各种动物的肉，甚至猪肉和其他肉类。……他们喝自己用发酵稻米制成的饮料，因为中国没有葡萄酒。""在中国，人们用米造醋、酿酒、制糖以及其他类似的东西。"②缔结姻缘时要先送聘礼，一个男人可以娶几个妻子。书中还讲到中国人的宗教信仰，说："中国人崇拜偶像，他们在偶像前做祷告，对偶像毕恭毕敬。中国人有宗教书籍。"③中国人以铜钱为货币；在商业交易上和债务上，中国人都讲公道。

苏莱曼对中国丰富的物产十分感兴趣。他说："他们拥有黄金、白银、珍珠、锦缎和丝绸。""他们有精美的陶器，其中陶碗晶莹得如同玻璃杯一样：尽管是陶碗，但隔着碗可以看得见碗里的水。"④

苏莱曼对中国的政治文化也颇感兴趣。他说："据说，中国有二百个

---

① 《中国印度见闻录》，穆根来等译，中华书局1983年版，第10页。
② 《中国印度见闻录》，穆根来等译，中华书局1983年版，第11页。
③ 《中国印度见闻录》，穆根来等译，中华书局1983年版，第23页。
④ 《中国印度见闻录》，穆根来等译，中华书局1983年版，第15页。

府城：每个府城有其王侯和宦官，并有其他城市隶属于它。"中国政府在每一个城市都设立学校，对穷人及其子女进行教育，政府供给一切。"不论贫富，不论老少，所有中国人都学习认字、写字。"①"中国的政治公平，有条不紊。官吏等级，序列详明。公事商业往来，皆用笔书写后而行之。递呈官府，文辞格式，尤须讲究。"

苏莱曼还记中国饮茶风俗，将茶称为"泡开水喝的一种干草"。"在各个城市里，这种干草叶售价都很高，中国人称这种草叶叫'茶'……此种干草叶比苜蓿的叶子还多，也略比它香，稍有苦味，用开水冲喝，治百病。"②据说这是外国文献中第一次记载饮茶风俗。他还介绍了中国的医药学，说中国也有医学，主要是"灸"，"有一石碑，高十肘，上面刻有各种疾病和药物，某种病用某种药物医治。如果其个人很穷，他还可以从国库中得到药费"③。

苏莱曼对中国的记述，充满溢美之情。他说：

> 中国更美丽，更令人神往。……在中国人那里则到处是城墙围绕的城市。
>
> 中国人比印度人更为健康。在中国，疾病较少，中国人看上去较为健壮，很少看到一个盲人或独目失明的人，也很少看到一个残疾人……
>
> 在印度，很多地区是荒无人烟的，而在中国，所有土地均被耕种，全国各地人口密集。④

在苏莱曼的见闻录成书后60年，又有尸罗夫人阿布·赛义德·哈桑（Abu Zaid Hassan）根据传闻，著另一篇《见闻录》。19世纪法国人雷诺德（U. Reinaud）在编定《中国印度见闻录》时，将苏莱曼的见闻编为第一卷，

---

① 《中国印度见闻录》，穆根来等译，中华书局1983年版，第14、16页。
② 《中国印度见闻录》，穆根来等译，中华书局1983年版，第25页。
③ 《中国印度见闻录》，穆根来等译，中华书局1983年版，第24、19页。
④ 《中国印度见闻录》，穆根来等译，中华书局1983年版，第24—25页。

将哈桑的记录编为第二卷。

哈桑本人并未亲到中国，他的记载都是依据传闻或记录他人所见。他认真读过苏莱曼的见闻录，认为"此书谈到的一切，都是真实可信的"。不过，他补充说："自从'此书'撰成以后，世变日亟，尤其是中国的情势，发生了前所未有的剧变。由于事变频仍，开往中国的航船已经绝迹；在中国的国土上，田园荒芜，秩序荡然，国势也逐渐衰落了。"①关于事变的原因，哈桑明确指出当时中国发生黄巢之乱。黄巢之乱不仅给唐王朝以沉重打击，而且兵陷广州，有12万教徒罹难。因此阿拉伯商船不再通往中国。哈桑的记述，不仅补充了中国史料所缺，而且对中国当时发生的历史事件做如此直接而迅速的记述和评论，在外国文献中是不多见的。

哈桑对中国风俗文化的记载，多是重复苏莱曼的见闻录。不过，他的见解似更深刻。他盛赞中国艺术，说："中国人在绘画、工艺，以及其他一切手工方面都是最娴熟的，没有任何民族能在这些领域里超过他们。中国人用他们的手，创造出别人认为不可能做出的作品。"②

哈桑的记录中最引人注意的是他的友人伊本·瓦哈卜（Ibn Wahab）的中国之行。瓦哈卜在黄巢之乱之前搭船来到中国，到广州后又行两个月，北至长安。他在长安见到了中国皇帝（唐僖宗），与皇帝讨论了"世界的年纪"、各种宗教观念以及当时的国际政治等问题。皇帝问他何以远来中国，瓦哈卜回答说，他的故乡"巴士拉发生了动乱，我不得不逃到尸罗夫，在那里恰好碰上一只开往中国的船；而我，对中国皇帝的威严，对中国的美好和富足，又早有所闻，'所以，我决意踏上这块土地，亲眼一睹。现在，我就要离开这里，返回故国，到自己的王——我的叔伯兄弟——那里去了。我将把亲眼所见的事实，如皇帝陛下的威严、贵国土地的广大，等等，传扬出去，把一切美好的东西，传扬出去；把（我领受的）一切盛情厚意，再三向人们诉说'"③。

---

① 《中国印度见闻录》，穆根来等译，中华书局1983年版，第95页。
② 《中国印度见闻录》，穆根来等译，中华书局1983年版，第101页。
③ 《中国印度见闻录》，穆根来等译，中华书局1983年版，第107页。

九、海上丝绸之路的香料贸易

海上丝绸之路主要是贸易之路。在这条通过茫茫大海的航道上，商船往来，贸迁有无，把丰饶的中国商品传到南洋和西方，也把海外的商品输入中国。在通过海丝绸之路输入中国的商品中，香料在很长的时间内占有重要地位。

早在汉代乃至南北朝时，中国人就从西域进口了多种香料，香料成为中国上层社会生活必不可少的物品。自唐以后，在海外贸易中，香料是进口的大宗货物。特别是通过海上丝绸之路的贸易，往来的商船都把向中国输送香料作为主要的商品。到了宋代，进口香料更是海上丝绸之路贸易的最大宗商品。

香料是热带芬芳类植物和动物分泌的香胶，有多个品种，有的香料具有止痒杀菌、祛腥除臭、清洁环境的作用，药用功效更多，所以有时候"香药"并称。大食和波斯商人输入中国的香药，大多产自东非和阿拉伯地区。

有许多商胡专门从事东西方间的香料贸易。长庆四年（824），波斯大商李苏沙向朝廷进贡沉香亭子材，此"波斯大商"是以兴贩香材为业的胡商。又据记载，番禺牙侩徐审与"舶主何罗吉"是朋友，这位何罗吉也是从事香料贸易的胡商。他们临别时，何罗吉赠3枚鹰嘴香给徐审，据称可避时疫。后来番禺遭遇大疫，徐审全家焚香得以幸免，这种香就被称为"罗吉香"。武后永昌元年（689），洛阳北市"香行社"造像记中记录了社官、录事及社人等20余人的姓名，其中有安僧达、史玄策、康惠登、何难迪、康静智等，这些人的姓氏都为粟特胡姓，他们很可能就是来自中亚的商胡及其后裔。

唐朝进口或使用的香料主要有沉香、紫藤香、榄香、樟脑、苏合香、安息香、哇爪香、乳香、没药、丁香、青木香、广藿香、茉莉油、玫瑰香水、阿末香、甲香等许多品种。在唐代，广州港成了世界上进口香料和药品的最大港口，藏红花经印度和布哈拉传入中国（迦湿弥罗变成了其最大的藏红花出口地）；水仙花被认为来自罗马帝国，但它很可能是原产于波斯；神香阿魏是一种树的树胶、树脂，这种树生长在伊朗的拉雷斯坦和坎大哈地区；液体苏合脂出自东南亚的一种芳香性植物；"安息香"一词在指bdelium（没药）之后，又用于称印度支那和印度尼西亚的遗址香脂钓樟属或山胡椒属植物。鉴真在广州见到江中有婆罗门、昆仑等地来的海舶，装满了香药珍宝，积载如山。

⊙《清明上河图》中的香铺

诗人王建树有诗描述广州繁忙的香药生意：

> 戍头龙脑铺，关口象牙堆。
> 敕设薰炉出，蛮辞咒节开。
> 市喧山贼破，金贱海船来。

扬州香药市场十分隆兴，鉴真由扬州东渡日本时，曾在扬州采购了麝香、沉香、甲香、甘松香、龙脑香、胆唐香、安息香、栈香、零陵香、青水香、熏陆香、毕钵、诃黎勒、胡椒、阿魏等近千斤香料。而此类由"波斯舶"贩运而来的香药，又多购自这里的"胡店"。唐时，日本多次派人来中国求香药，在正仓院珍藏的香药物品中，有相当大的部分产自阿拉伯地区，有从扬州购买去的，或经由扬州转运到日本的。唐代诗人皎然在《买药送杨山人》中有"江南药少淮南有""扬州喧喧卖药市"的诗句，描述了当时扬州香药市场的繁荣景象。魏郡也有同样的香药市场，据《太平广记》记载，当时贩卖香药者，在"其药有难求未备者，日日于市邸谒胡商觅之"。香药是当时非常名贵的药物，"龙涎香每两与金等"。《张氏可书》有一则记载："一海贾鬻真龙涎二钱，云三十万缗可售鬻，时明节皇后许酬以二十万缗，不售。"可见香药属物贵价昂之物，以至连皇后欲买都不予削价。

香料或香材也是外国政府向唐朝进贡的重要物品，据史书不完全统计，天竺、耨陀洹、伽毗、林邑、诃陵等国都曾向唐朝"贡献"香料，涉及的种类主要有郁金香、龙脑香、婆律膏、沉香、黑沉香等。有时将外国贡献的香料径称作"异香"，即在唐朝境内稀见的香料，而外来的香料也被赋予了种种神秘的特性。

香料在唐人生活中具有重要的作用，皇室和贵族对香料或香材的使用几乎达到了奢侈无度的程度。在唐代，香料制作更加精细和考究，品类更加丰富。据称唐朝皇帝"宫中每欲行幸，即先以龙脑、郁金藉地"（《旧唐书》本纪第十八下）。五代花蕊夫人《宫词》写道："青锦地衣红绣毯，尽铺龙脑郁金香。"《明皇杂录》载唐玄宗在宫中置长汤屋数十间，即大型室内温泉，银镂漆船及白香木船置其中，楫樯皆饰以珠玉，汤中以绿宝石和丁香，堆叠成瀛洲、方丈（传说中的海上仙山）的模样。

皇室之外，达官显贵也嗜香成风。杨国忠有"四香阁"，"用沉香为阁，檀香为栏，以麝香、乳香和为泥饰壁"，甚至比皇宫中的沉香亭更为奢华。长安富商王元宝在床前置木雕矮童二人，捧七宝博山炉，彻夜焚香。柳宗元收到韩愈寄来的诗后，"先以蔷薇露灌手，熏以玉蕤香，然后发读"。唐中宗时，宗楚客兄弟、纪处讷、武三思以及皇后韦氏诸亲属等权臣常举办雅会，"各携名香，比试优劣，名曰斗香"。以上所说都是见于记载的用香的故事。

在唐朝社会中，风流所及，无论男女，都讲求名香熏衣，香汤沐浴。

当时还引进和开发了能用于各种场合的香具，如镇压地毯一角的重型香炉，帐中熏香的鸭形香炉，悬挂在马车和屋檐上的香球，藏于袖中而动止皆香的香囊，等等。其中熏笼更为盛行，覆盖于火炉上供熏香、烘物或取暖。《东宫旧事》记载："太子纳妃，有漆画熏笼二，大被熏笼三，衣熏笼三。"反映此时宫中生活的宫体词也有很多提到这种用来熏香的熏笼，如：

熏笼玉枕无颜色，卧听南宫清漏长。（王昌龄《长信秋词》）
红颜未老思先断，斜倚熏笼坐到明。（白居易《宫词》）
樱花落尽阶前月，象床愁倚熏笼。（李煜《谢新恩》）
凤帐鸳被徒熏，寂寞花锁千门。（温庭筠《清平乐》）

陕西法门寺出土的大量金银制的熏笼，雕金镂银，精雕细镂，非常精致，都是皇家用品。

唐代还出现了数量众多的咏香诗文，其跳动的音韵、馥郁的氤氲展现了蔚为壮观的盛世景象。王维、杜甫、李白、白居易、李商隐、李贺等都有此类作品。李贺在《贵公子夜阑曲》中，细致入微地说明了沉香的重要作用，诗中描写了一位贵公子在孤寂的房屋中等待黎明的情景：

袅袅沉水香，乌啼夜阑景。
曲沼芙蓉波，腰围白玉冷。

李贺其他诗中也有对沉香的描述："沉香火暖茱萸烟，酒觥缩带新承欢。""归来无人识，暗上沉香

⊙《斜倚熏笼图》，上海博物馆藏

楼。""沉香熏小像，杨柳伴啼鸦。"王维《谒璇上人》写道：

> 少年不足言，识道年已长。
>
> 事往安可悔，余生幸能养。
>
> 誓从断臂血，不复婴世网。
>
> 浮名寄缨佩，空性无羁鞅。
>
> 夙承大导师，焚香此瞻仰。
>
> 颓然居一室，覆载纷万象。
>
> 高柳早莺啼，长廊春雨响。
>
> 床下阮家屐，窗前筇竹杖。
>
> 方将见身云，陋彼示天壤。
>
> 一心在法要，愿以无生奖。

　　据学者统计，涉及用香的唐诗有100多首，其内容可分为皇宫用香、寝中用香、日常用香、军旅用香、释道用香、制香原料、合香种类、香品形式、香具类型、香笼的使用等内容，其中直接指出的长安宫殿名称就有红楼院、大明宫、日高殿、华清宫、长安东南角的芙蓉苑和城东的夹城，宫中在除夕夜傩戏逐煞、元旦朝贺、初十五灯节醵宴、妃产子以及值夜、清晨上朝等不同季节与时辰，也都使用不同的香。平民百姓在一般日常生活中，无论晨起、更衣、宴饮、观舞、熏衣被等，也大都点香、熏香。

　　此外，还有许多关于外来香料的神奇传说。据称，杨贵妃所佩交趾国贡献的蝉蚕形瑞龙脑香，"香气彻十余步"。玄宗在暇时与亲王弈棋，贵妃立于旁边观看，乐工贺怀智在侧弹琵琶，风吹贵妃领巾落于怀智幞头上。怀智归家，觉满身香气异常，遂将幞头收藏在了锦囊中，多年之后，仍然香气蓬勃。

　　还有一则故事说，唐懿宗的女儿同昌公主乘坐的七宝步辇，辇的四角缀有五色锦香囊，内装辟邪香、瑞麟香、金凤香，都是外国进献的贡品，其中还杂有龙脑金屑。同昌公主每次乘坐这具步辇出游，都满街流芳。当时有一群权贵子弟到广化旗亭买酒喝，忽然互相询问："咱们坐在这里，哪来的香气？而且这香气也太奇异了？"同桌的一位说："这不是龙脑香吗？"另一个回答说："不是，我小时候为嫔妃宫中办事，常闻到这种香。不知道今天是什么缘由在这里闻到了。"于是，他问当垆卖酒的，卖酒人说："同昌公主的步辇仆夫，在我这里用锦衣换酒喝。"众人让卖酒的将锦衣拿出来看，果然异香是从衣服上发出，众人皆叹稀有。

另一则故事称，咸通年间（860—874），崔安潜至宰相杨收家中，见客厅台盘前置一香炉，烟出成台阁之状，但是别有一种香气，"非烟炉及珠翠所有者"。崔安潜四下顾望，不明所以。原来气味是由厅东间阁子金案上"漆球子"内罽宾国香发出的。香气之郁烈由此可知。《太宗实录》上记载有罽宾国进献拘物头花，它散发的香气数里地内都能闻到，大概这就是杨收说的罽宾国香，拘物头花也是佛教经典中常提到的供佛香花之一。

在佛教和道教的活动中，用香也是一项重要的内容。《大方广佛华严经》中具体谈到了一切和香、一切熏香、一切涂香、一切末香等香的使用方法。佛教也认为用香有助于修行，以香"浴佛"是重要的佛教供养。

⊙《罗汉图》中的焚香

法门寺出土文物中有各式香炉、香合（盒）、香垒子、香迭子、香案子、香匙、香碗子、羹碗子、香匙香筯、火筯、檀香、丁香、沉香、香囊、手炉、香宝子、波罗子、香笼子等。

东方丝绸之路

第二十九章　东方丝绸之路与东亚文化圈

一、东方的丝绸之路

"丝绸之路"这个概念，最初是指欧亚大陆上的交通网络，即从中国中原地带出发，与西方的交流通道。丝绸之路是通往西域的交通大道。后来延伸的"草原丝绸之路"和"海上丝绸之路"概念，所指也是中西之间的交通通道。丝绸之路所涵盖的，就是中西之间的交通史，即东方与西方的交流史。

但是，在中国的东面，还有朝鲜半岛和日本，而且从很早的时候，中国就与它们有着密切的交流往来，有着比较通畅的交通道路。所以，有的学者在谈到丝绸之路的时候，也把与朝鲜半岛和日本的交通包括进去，称之为"东方丝绸之路"。或者，有日本学者提出，丝绸之路的东方起点，不应该是长安和洛阳，而是日本的奈良。这种观点认为，因为日本很早就与中国有交通往来，西域的物产和文化经过丝绸之路传到中国，再进一步传播到日本，所以从日本的古都奈良到中国的长安，再向西域，才是完整的丝绸之路路线。日本的正仓院

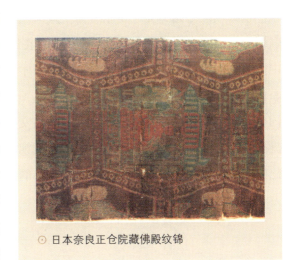

⊙ 日本奈良正仓院藏佛殿纹锦

⊙ 日本奈良正仓院藏唐紫地凤形锦

等保存了一些来自西方的古物，似乎为这个观点提供了佐证。有些韩国学者持有相同的观点，认为应该把朝鲜半岛也纳入丝绸之路的范围，因为在历史上朝鲜半岛很早就与中国内地有了交通往来，在朝鲜半岛的新罗时代，也和日本奈良一样，有许多来自西域的物品经过中国传播到朝鲜半岛。近年来，又有学者提出了"东北亚丝绸之路"的概念，进一步把丝绸之路的概念扩大到东北边疆地区。

　　这种观点实际上涉及对丝绸之路概念的理解。丝绸之路不是单一的交通路线，而是一个国际性的交通网络，是一个古代遍及欧亚大陆及其海域的、从东到西而又南北穿插的广泛的交通网络。丝绸之路所承载的和象征的，就是古代世界各民族文明的大交流。丝绸之路是各民族文明的交流与互鉴之路。

　　东方丝绸之路，无论是东方海上丝绸之路，还是东北亚丝绸之路，都强调中原地区与东北方向的交通和交流。在历史上，由于地理位置的关系，中国历代对东方的交流重点都在朝鲜和日本。数千年的交通往来，一代又一代大陆移民迁徙到朝鲜半岛和日本诸岛，朝鲜和日本也有许多人员到中国出使、参访和经商，出现了一波又一波文化交流的高潮。在这些文化交流高潮中，中国的先进文化持续地传播到朝鲜半岛和日本，促进了当地文化的繁荣发展，形成了以中国本土为中心的东亚文化圈。东亚文化圈是东方丝绸之路发展最重要的成果。

二、以唐朝为中心的东亚文化秩序

丝绸之路在唐代得到了充分发展，是丝绸之路的黄金时代。唐帝国疆域广大，国力强盛，文化辉煌，在当时的世界上占据举足轻重的地位。特别是在亚洲的历史舞台上，唐朝担当着领衔主角，具有极大的感召力和极高的国际威望，各国争相与唐朝通聘往来，发展友好关系。

当时的亚洲实际上是以唐朝为中心的。中国的周边国家都以"天可汗"来称呼中国皇帝，表示对唐朝的臣属关系。在中国东北、西北边外的各国，"可汗"是国家领袖的尊号，等于中国内地历来所称的皇帝或天子。而唐代自太宗时起，一国之君既为中国的皇帝，又被周边诸国共同拥戴为"天可汗"。"天可汗"，就是诸国归服和崇敬的可汗。

《唐会要》卷一○○《杂录》称，贞观四年（630）：

> 三月，诸蕃君长诣阙，请太宗为天可汗，乃下制，令后玺书赐西域北荒之君长，皆称皇帝天可汗，诸蕃渠帅有死亡者，必下诏册立其后嗣焉。

这里所说的"诸蕃君长"，《资治通鉴》卷一九三《唐纪》九作"四夷君长"，是指当时中国东北、西北、西南边外的各国首领与使臣。所谓"皇帝天可汗"，是指中国皇帝兼各国拥戴的天可汗。这种"天可汗"的观念，不是以武功造成的，是当时各国心悦诚服地表现出来的。

这样，在当时的东亚和中亚地区，就形成了一种以唐朝为中心的国际政治秩序和文化秩序，也有的学者称之为"东亚世界体系"。

这种建立在"天可汗"观念上的国际关系和国际秩序，开始于唐太宗贞观四年（630），延续至唐玄宗天宝十四载（755），持续了125年。安史之乱以后，唐朝放弃了对中亚地区的经略和控制，中北亚地区脱离了中华文化的势力范围，被纳入伊斯兰教文化圈之中。而以后在中华文化圈中，

⊙ 韩国庆州佛国寺

　　只有中国本土和朝鲜半岛、日本、越南等东亚和东南亚国家。凡此东方诸国，其与唐帝国的关系，政治上为册封体制，文化上模仿中国。工艺方面也是如此，却又各有自己的发展特色。例如朝鲜半岛的织锦、日本的冶炼，在某些方面还胜于中国产品。朝鲜半岛与日本的儒学与佛教发展十分迅速，既继承了中国的传统，又发展出自己的特色。

　　由于这个原因，东亚地区的国家关系，在政治层面上形成了以中国为中心的"册封关系体系"或"朝贡体系"。这种册封体系或朝贡体系，常与条约体系、殖民体系并称，是世界主要国际关系模式之一。册封体制本身，最早是中国王朝的国内秩序，即以皇帝作为顶点和由这个顶点与贵族、官僚之间所形成的君臣关系秩序。因此，中国王朝与周边国家之间所形成的册封体制，体现的是这种国内秩序的外部延伸。中国王朝对于与中国有册封关系的国家，要求其臣服和礼敬，显示了中国王朝的权威；周边诸国要求中国王朝的册封，则有利于通过册封来确立其统治者的国内权威。

以中国中原王朝为中心的朝贡体系最早开始于汉代。在这一时期的朝贡体系中，中原政权和其他诸国以"册封"关系为主，即其他诸国需要主动承认中原政权的共主地位，并凭借中央政权的册封取得统治的合法性。中央政权往往直接将其他诸国的君主封为"某某国王"，如"汉委奴国王""南越武王""疏勒国王"等。各受封国对中原政权按照不同的要求负有进贡和提供军队等义务。早期的这种朝贡册封关系比较简单，中原王朝需要附属国的仰慕，认为自己是这个世界的中心，是文明之国，而附属国是"夷"，是未开化的民族。但从宋代开始，朝贡的性质发生了很大变化。一方面，朝贡关系仍然保持着原来的政府之间的关系；另一方面，随着政府对贸易的重视，朝贡逐渐变成一种贸易手段。到了明清以后，朝贡体系越来越具有贸易的性质，因而有"朝贡贸易"之说。朝贡体制或朝贡贸易，成为物质文化交流的一种形式。

三、东亚文化圈的形成

东方丝绸之路发展最重要的成果是在东亚地区形成了以中华文化为中心的东亚文化秩序，形成了东亚文化圈。东亚地区的"文化秩序"即"中华文化圈"内的"文化秩序"。"东亚"概念除了具有地理和人种含义，更包含文化的含义，主要指形成于古代中国的文明圈。这些地区高度发达的文明及基本的文字体系都来源于古代中国，从这个意义上可以说，东亚就是"中华文化区"。这个共同体是以内在的一些相互确认的基本因素联结在一起的，通过文字系统、宗教信仰、观念意识、生产方式等相互联结，构成了古代东亚文明共同体。

一般说来，世界范围的文化交流是个别地区的交流活动扩展而成的。在某一比较广阔的地区内，某一国家或民族的文化，由于内部的和外部的原因，发展的水平比较高，因而对周围的一些国家和民族产生了较大的影响，逐渐形成了特定的文化圈。文化圈的形成、发展与定型是在历史中完成的。文化圈也有明确的时间范围。庞大帝国的出现，表征着文化

⊙ 唐代《宫苑图》

圈的发展达到鼎盛，文化圈内各文化的同质性程度很高。在盛唐文化这个时期，欧亚大陆的文化在发展、传播和交流的过程中，从西而东形成了四大文化圈，即基督教文化圈、伊斯兰教文化圈、印度文化圈和中华文化圈（东亚文化圈）。这些文化圈在非常辽阔的地区内，在相当长的历史时期中，对文化圈内的国家产生了较大的影响。

东亚文化圈的范围包括朝鲜半岛和日本等地区。在19世纪西方殖民主义势力进入这个地区以前，日本、朝鲜半岛以中国为文化母国，大规模地吸收和融合中华文化，并在此基础上构建起符合其本民族特性的文化体系。当时的东亚世界，在地理上以中国本土为中心，在文化上以中华文化为轴心，从而形成了区别于其他文化圈或文明区的东亚文化圈。

东亚文化圈的形成，首先与地理环境有关。东亚文化圈所表达的首先是特定区域的文化概念。中国位于欧亚大陆的东侧，北部大漠茫茫，西部高原壁立，东南则濒临浩瀚无际的太平洋。这样的地理环境犹如一道道天然屏障，把中国与其他文明区分隔开来。当然，中国先民很早就致力于开辟与域外诸国、诸民族的交通，特别是汉代以降，海陆两途交通繁盛通达，中国与各国的经济和文化交流都很活跃。但是，在当时的交通条件下，毕竟是道路艰险、困难重重，文化交流的广泛性和普遍性都受到了限制。这样，在太平洋的东亚海域，在中国大陆、朝鲜半岛、日本列岛、琉球群岛之间就构成了一个不甚完整的内海，有人将其称作"东方地中海"。自古以来，东亚人民沿着"日本海环流路"等自然航道，借助季风往返于中国大陆、朝鲜半岛、日本列岛之间，"东方地中海"也就成了以中国大陆为内核，以朝鲜半岛、日本为外缘的中华文化圈的交通走廊。另外，朝鲜与中国本土接壤，陆路交通方便，而日本与朝鲜半岛仅有一海峡之隔，这也为东亚文化圈的形成提供了便利的地理条件。

东亚文化圈形成的另一个条件是东亚各国都是传统的农耕文明区域。中国古代的生活方式、观念礼俗、政治制度，乃至以儒家为代表的思想体系，都反映了当时的农业生产方式，而朝鲜半岛、日本也是长期以农业生产方式为主的、进行农耕的民族，因而对于反映农业生产方式的中国文化比较容易接受和认同。

东亚文化圈的形成经过了长期的历史过程。在文化发生期，东亚诸国的先民们就有所往来和交流。汉朝在朝鲜半岛北部设置郡县，实行直接统治和控制，以及中国王朝与朝鲜三国、日本的通使往来，都加大了中华文化传播的力度，为东亚文化圈的形成奠定了基础。但是，东亚文化圈的总体形成，是在7—9世纪的隋唐时代。一方面，在这一时期，中华文化显示出一种阶段性的集大成的灿烂风采和恢宏气度，具有极大的文化辐射力和感召力。另一方面，这一时期的朝鲜半岛和日本列岛先后形成了较为强大的封建中央集权国家，其社会文化系统具有向中华文化学习的需要以及吸收、兼容中华文化的有效机制。正是在这样的总体背景下，盛唐文化以前所未有的规模和力度在东亚各国传播，朝鲜半岛、日本等以前所未有的热情学习、吸收和兼容中华文明，从而深刻影响和改变了东亚的文化面貌。

所以，东亚文化圈不仅仅凝聚着中华民族的智慧，也是东亚各国人民的共同创造。在中华文化圈中，中国文化是一种高势能文化或优势文

⊙ 日本奈良东大寺大佛，始建于8世纪

化。按照文化传播理论，高位文化向低位文化的传播和流注，是一种必然的现象。但是，中国文化与东亚国家的交往，绝不仅仅是高位文化向低位文化的自然流注，而且是东亚诸国对中华文化主动摄取的过程。同时，东亚国家对中华文化还具有一种主体性的选择与受容，也就是实现中华文化的本土化。在东亚文化圈内，每个国家和民族都有其自己的特点。它们可以将中华文化作为仿效、学习的样板，但也只能从其本身的民族传统和文化特性出发，加以吸收消化，然后创造出适应其本身的文化。因此，中华文化圈内的各国文化，既不能还原成为中华文化，也不能将这一文化圈内的某些国家和民族的文化看作中华文化，只能说，它们是以中华文化为范本，受中华文化影响后派生出来的。实际上，东亚国家在大规模吸收中华文化的同时，都十分注意保持主体的选择性，而不是全盘"华化"或"唐化"。

文化圈内各国的文化交流不是单向的输出。虽然在很长的历史时期中，中华文化向其他东亚国家的输出是主要的，但这些国家在接受中华文化的同时，还将经过吸收、消化、再创造的文化因素逆输回中国，从而对中华文化在本土的发展产生一定的影响。这种情况在宋代以后逐渐显著起来。实际上，任何文化交流都是相互的。中华文化在泽被东亚地区的同时，也从东亚各国中吸取了许多有益的文化要素，丰富和促进了自身的发展。

东亚文化圈是一个多样统一、有机组合的文化世界，是地理上以中国本土为中心、文化上以中华文化为轴心的东亚文化结构秩序。这种文化秩序自唐代形成以后，直到19世纪中叶，延续了千余年，始终是东亚地区的基本文化秩序，规定着东亚各国文化发展的趋向和历史轨迹。19世纪西方殖民主义势力侵入东亚地区，是对中华传统文化的严重挑战和冲击，东亚各国都经历了历史性的嬗变和更新。但是，中华文化在千余年中对东亚文化圈成员的文化影响，并没有也不可能随着东亚文化秩序的解体而湮灭，因为中华文化的一些基本要素已经成为朝鲜半岛、日本等地区文化的组成部分。在中国和这些国家走向现代化的道路上，中华传统文化影响的痕迹依然随处可见。

第三十章　东方丝绸之路与朝鲜半岛

一、箕子"走之朝鲜"

中国与朝鲜半岛的交通一直很便利。朝鲜半岛与大陆紧密相连，陆路交通方便，又与山东半岛隔海相望，水路也不遥远。早在史前时代，中国和朝鲜半岛的先民们就有了一定的文化联系。

关于中国与朝鲜半岛最初联系的文献记载，是"箕子走之朝鲜"的故事。这个故事发生的年代是公元前11世纪。

箕子名胥余，是商纣王的叔父，商朝末年的太师，因封国在箕地，所以称"箕子"。箕子与比干、微子并称为商纣王时期的"三贤"，也就是孔子在《论语·微子》中所称赞的"三仁"。商纣王是中国历史上著名的暴君，他残暴无道，而且不听任何劝谏。于是，微子离他而去；比干坚持劝谏，却被剖心而死；箕子则披发佯狂，隐居在箕山（位于今辽西地区），以求自保，结果还是被囚禁起来。

周武王灭商，命召公释放了箕子。根据汉初儒生伏生所传《尚书大传》的说法，箕子不忍看殷商王朝灭亡的惨状，遂率约5000人去了朝鲜。同去的还有殷商贵族景如松、琴应、南宫修、康侯、鲁启等。

周初，分封诸侯于各地，周武王闻知箕子东走朝鲜，便封箕子为朝鲜侯。箕子在朝鲜建立国家，定都于王俭城（今朝鲜平壤），受周之封号，为周之藩属。此后，每12年朝周一次。后来，箕子应周武王之召至西周之镐京，与周武王共同讨论治国方略，并作一篇题为《洪范》的文章。

⊙ 明代仇英《帝王道统万年图》第十二幅《武王访箕陈范》

　　箕子一行去朝鲜，可能走的是陆路，从商朝故地到东北，经辽东进入朝鲜半岛。1973—1974年，辽宁喀左北洞村发现窖藏青铜器群两处。二号窖坑内出土殷周时青铜器6件。其中有一件方鼎与殷商末年的相同，铭文中有箕子的"箕"字。这些文物的发现，说明本在山东境内居住的箕族，在商末周初，其支裔已生活在辽宁地域。一号窖坑出土五罍一瓿，皆为商代晚期器皿。那么，似乎可以说，在商末周初，辽宁地区已成为箕族支裔居住的地区，由此可以说明当年箕子"走之朝鲜"的可能性。

　　还有一种说法，箕子一行人从今胶州湾渡海，奔向与商有一定族缘关系的朝鲜，创立了箕氏侯国。据说，箕子一行到了黄海边，便乘了木筏向东漂去。几天后，他们登上一岛，见山清水秀，芳草连天，一派明丽景象，便将该地叫作朝鲜。从此，箕子一行人就在那里定居下来。

那么，箕子一行到了朝鲜的什么地方呢？根据我国历史文献的分析，周初的朝鲜应在今朝鲜半岛北部。《山海经》中有两处记载着朝鲜的地理位置，其中《海内经》说："东海之内，北海之隅，有国名朝鲜……"《海内东经》说："朝鲜在列阳东，海北山南。列阳属燕。"列水即大同江，列阳即列水之阳，亦即大同江北岸。周代的朝鲜大致在清水江和大同江之间。箕子"走之朝鲜"应该就是指这里。

《三国遗事》等朝鲜史籍称箕子创立古朝鲜的一代王朝，即"箕子朝鲜"或"箕氏朝鲜"。中国古代史家也有此说，并认这个"箕氏朝鲜"传40余世，历900多年。

箕子是一位有很高地位的殷商王朝的统治集团成员，在中国历史上具有很高的文化地位。箕子率领的约5000人，实际上是一个庞大的移民集团。这个移民集团具有较高的文化水平，里面有诗书礼乐、医巫阴阳、百工技艺等多方面的人才。百家技艺皆从其入朝，把先进的生产技术和文化

⊙ 箕子陵（原位于朝鲜平壤，今已不存）

带到朝鲜，在生产技术和文物制度方面对当地的社会生活有一定帮助，"教民以礼义、田蚕织作"，因而将朝鲜的文明推进了一大步。从在朝鲜平壤城南发现的箕田也可看出殷商农业文明对古朝鲜的影响。

由于箕子的礼义教化和律法严明，"其民终不相盗，无门户之闭"。箕子还制定"犯禁八条"，即《汉书·地理志下》记载的"乐浪朝鲜民犯禁八条"。箕子"犯禁八条"的内容包括：

（1）相杀，以当时偿杀。

（2）相伤，以谷偿。

（3）相盗者，男没入为其家奴，女子为婢，欲自赎者，人五十万。

（4）妇人贞信。

（5）重山川，山川各有部界，不得妄相干涉。

（6）邑落有相侵犯者，辄相罚，责生口、牛、马，名之为"责祸"。

（7）同姓不婚。

（8）多所忌讳，疾病死亡，辄捐弃旧宅，更造新居。

"犯禁八条"是古朝鲜受中国文化影响而形成的最早的成文法。而成文法是社会达到较高程度文明的标志之一。所以，可以说，箕子东走朝鲜，给那里带去了较为先进的中华文明，对于推动朝鲜半岛的社会发展和文化进步起到了很大作用。

《史记》记载，箕子在朝鲜立国后，曾经回到周朝国都朝见周王。当经过殷商故国，看到过去华丽的宫殿已成为废墟，禾黍丛生时，箕子十分伤心，便作《麦秀之诗》咏道："麦秀渐渐兮，禾黍油油。彼狡僮兮，不与我好兮！"诗中所说的"狡僮"，指的就是商纣王。商朝遗民听到这首诗后都感伤不已，不禁痛哭流涕。这个故事说明，受封于朝鲜的箕子，与周朝之间还有一定的政治往来。箕子朝周的举动说明，箕子承认周的宗主国地位，正式将立国于大同江流域的箕氏朝鲜纳入周王朝的方国体系之内。

二、齐国与东方海上丝绸之路

我国有学者针对春秋战国时期的齐国提出了"东方海上丝绸之路"的概念。春秋前中期，齐桓公即位，管仲任相国。早在齐国立国之初，姜太公就倡导"工商之业"，这个方针在齐桓公时得以发扬光大。《史记·货殖列传》记载："齐带山海，膏壤千里，宜桑麻，人民多文彩布帛鱼盐。"当时山东半岛东部的莱国，还未归齐国，虽然齐国与莱国时常有战事发生，但并未影响商贸往来。不仅如此，齐国为吸引外地客商来齐地经商，采取各种优惠政策，提供优质服务，出现了"天下之商贾归齐若流水""言天下之人冠带衣履，皆仰齐地"的局面。

当时的齐国，不仅在经济上实行开放通商的政策，在思想文化上也实行对外开放的国策。这种开放的文化，重视商业往来、采取农工商并举的经济政策，不仅使齐国迅速强大起来，统一了山东半岛，成为春秋时代的霸主，也加速了山东半岛与周边地区的交往。

在战国以前，齐国就开始了东方海上丝绸之路的开辟和海外贸易，"越海而东，通于九夷"。这条路由齐国沿海的芝罘、蓬莱、海阳、崂山、海阳、斥山等港口出发，北渡长山列岛至辽东半岛，再转向东南，沿朝鲜半岛西海岸南下，过济州海峡到达日本。

由于当时的航海条件还不能抵御大海的狂风巨浪，无法横渡大海直达日本，只能绕道而行。这样，可利用海水左旋回流的漂移作用减少人力消耗。同时沿辽东半岛或朝鲜半岛海岸航行，还便于补充粮食和淡水。考古资料证实，来自齐国的物品主要发现于朝鲜半岛南部的韩国境内，而在朝鲜半岛北部见到的主要是来自燕国和赵国的物品，这说明战国时期燕、赵、齐三国与朝鲜半岛交往所走的路线是不同的。燕国和赵国多走陆路，经辽东从北部进入朝鲜半岛；而齐国走的是海路，多经庙岛群岛，循海岸线从朝鲜半岛南部西海岸进入今韩国境内，这是一条相对安全又便捷的航路。《战国策》记载，战国时期，齐国已经可以派遣大批船只成规模地越过渤海了，"秦攻燕……齐涉渤海"，救燕国。司马相如在《子虚赋》中也曾提道："齐东陼巨海……秋田乎青丘，彷徨乎海外"，而青邱，便是"主东方三韩之国"，说明在战国时齐国的海上交往已经非常便利了。

韩国全罗南道的完州上林里遗址曾出土了3件直刃青铜剑，庆尚南道的蔚山市下岱遗址第23号墓曾出土铜鼎，与齐国物件的时代都是一致的。特别是庆尚南道金海市良洞里遗址第322号墓也曾出土一串包括两颗水晶珠在内的项链，就是来自战国时期的齐国。日本考古学家在日本佐贺县弥生文化的墓葬中发掘出了公元前3—公元4世纪时的丝织品，这个丝织品是一片一寸见方的残布片，专家测定其经线为40—50根，纬线为30根，经纬线与齐地所产丝绢极为相似。这也证实了战国时期的齐国已向日本输出丝绸了。此外，朝鲜半岛和日本出土过一些与山东半岛做法、形制、纹饰一致的器物，山东半岛也出土过日本普遍使用的物品。我国学者陈炎指出："日本在西海岸发掘出的中国春秋时期的青铜铎350件，与朝鲜出土的完全相同。这说明，早在2700年前，中国的航海先驱者，已经开辟了从山东半岛出发，经朝鲜半岛，再东渡日本的航路，并把中国文化传入朝鲜和日本。"[1]

同时，朝鲜、日本的商民也有沿此航线到达齐国进行贸易的。《管子·揆度》记载，齐桓公问管仲："吾闻海内玉币有七策，可得而闻乎？"管子对曰："……发、朝鲜之文皮，一策也……"管仲把东夷的部落北发和朝鲜的文皮看作天下最好的商品之一，说明当时朝鲜与齐国已有了商业往来，而朝鲜的文皮就是输入齐国的重要商品之一，数量也不在少数，否则不会有这么高的知名度，连远在齐国都城的管仲都非常熟悉。

《管子·轻重甲》还记载，管仲曾建议齐桓公以通商作为武器，使邻国臣服，用齐国的货物和吴国、越国交换珍珠象牙和发，和朝鲜交换文皮等。"一豹之皮，容金而金也，然后八千里之发、朝鲜可得而朝也"，这里说的

---

① 陈炎：《海上丝绸之路对世界文明的贡献》，《今日中国》（中文版）2001年第12期。

"八千里"，显然不是实数，是说离齐国较远的国家，而这些国家又多通过海上联系，可以看出齐国通过海路与邻国通商的情况。历史学家顾颉刚认为，"这是古籍中记及古朝鲜的最早的一条"，这也是中国与朝鲜半岛商业往来的最早记录。

汉初成书的《尔雅》提到，"齐有海隅""东北之美者，有斥山之文皮焉"。斥山在山东荣成南部石岛港西北，即今石岛赤山。多石的斥山，树木稀少，没有虎豹生存的条件，因此出产虎豹皮的可能性极小。很可能斥山的文皮是从外地输入的。根据《管子·揆度》和《管子·轻重甲》的记载，齐地输入了朝鲜的文皮，斥山应该是朝鲜文皮进入中国的主要集散地，否则不会有"东北之美者，有斥山之文皮焉"的名气。由此推断，春秋时期，斥山港和朝鲜半岛的海上交通线已经开辟。

据我国学者刘凤鸣的《山东半岛与东方海上丝绸之路》一书考证，山东半岛地区与朝鲜半岛、日本列岛的文化交流早在4000多年前的龙山文化时期就开始了，位于渤海海峡的庙岛群岛是中日韩文化交流的纽带。庙岛群岛位于山东半岛与辽东半岛之间，南北排列了20余个岛屿，相邻岛屿之间最远的距离也不到20海里，都在人们的视线之内。远古时期，简易的独木舟在大海中航行，每次航行的距离不可能太远。庙岛群岛就像一个个驿站，为独木舟提供了休息、补充淡水和给养的场所，小小的独木舟也可以安全越过渤海湾，因此庙岛群岛成为山东半岛和辽东半岛文化的交汇点。山东半岛文化经由辽东半岛，就可以传到朝鲜半岛和日本。

据王绵厚、朴文英研究，汉魏时期通往包括朝鲜在内的东北亚交通，主要有三条海路：

一是由山东登莱入海，经庙岛群岛北路海道，至今辽东半岛南旅顺老铁山一带，然后北行登陆的古"乌石津"和"沓津道"。

二是由山东汉"齐郡"和"东莱郡"入海，东北海行，沿黄海海岸，入自鸭绿江口的"安平道"；再转渡朝鲜湾海域，由大同江口（古称"列口"）或清川江口（古称"浿水"）登陆的入"列口"和"三韩""日本道"。

三是由山东"东莱郡"或"渔阳郡泉州"(今天津一带),渡渤海入自"辽口",然后溯大辽水和梁水至"襄平""辽阳"和"望平""高显"诸道。[①]

三、燕国与朝鲜半岛的陆路交通

齐国与朝鲜半岛的贸易,是通过海路进行的;燕国与朝鲜半岛的贸易,则是通过陆路。这说明大陆与朝鲜半岛之间的陆路和海路都很通畅。

战国时燕国与朝鲜之间的贸易往来已相当活跃。它的贸易路线主要在陆路。在朝鲜半岛北部各地大量发现燕国货币明刀钱,多者一次达数千枚,并有战国时代的青铜兵器和铁器并存。例如,朝鲜慈江道渭原郡龙渊洞曾出土大约400枚明刀钱,和它一起出土的还有铜镞、铜带钩、铁镞、铁刀、枪、铁斧、铁锹、铁镰、铁制半月刀等金属工具;同道江界郡前川面仲岩洞出土了大约250枚明刀钱;同郡化京面吉多洞出土了大约4000枚明刀钱;平安南道宁远郡温和面温阳里也出土了明刀钱和布钱;此外,在朝鲜西北部的一些地方,甚至在朝鲜南部也发现了明刀钱。这些遗物中的一部分,可能是在战国时期的贸易往来中传入朝鲜半岛的,另一部分则可能是战国末期和秦末汉初的大动乱中迁入朝鲜半岛的燕国人等带去的。

战国时代,不仅中国与朝鲜半岛的经贸文化交流很活跃,而且开始了中朝两国最早的官方接触和交涉。这种官方接触是在中国北方的燕国与朝鲜西北地方的箕氏朝鲜之间进行的,时间大致是公元前4世纪晚期到公元前3世纪早期。

春秋以后,东周的威信日益衰落,但名义上仍保持"天下宗主"的地位。在这种情况下,作为"东夷"的朝鲜,在建立了自己的国家后,很可能与东周建立了交往,获得作为东周一侯国的"朝鲜侯"称号,不仅在经济上与中原相互交换和互通有无,而且在政治上与中原诸侯处于同等地位。

---

① 王绵厚、朴文英著:《中国东北与东北亚古代交通史》,辽宁人民出版社2016年版,第130—131页。

箕氏朝鲜经过几代"朝鲜侯"之后，国力有了较大的发展。到战国时代中期，公元前323年（周显王四十六年），即燕易王十年，燕自尊为王，并且"欲东略地"，即企图向东发展。这就引起箕氏朝鲜的不安。于是，朝鲜侯也"自称为王"，而且准备"兴兵逆击燕以尊周室"。当时，箕氏王朝有一位名叫"礼"的贤明大夫，他力陈利弊，劝说朝鲜侯以和平方式解决问题。箕氏朝鲜国王接受了这位贤大夫的意见，便派礼作为箕朝使臣到西方的燕国进行交涉，结果，"燕止之，不攻"，燕国停止了向东发展、取辽东之地的计划。这便是历史上中国与朝鲜之间的首次官方交涉。

在燕与朝鲜交涉之后，箕氏朝鲜"子孙稍骄虐"，可能不遵守当年与燕国的约定，经常侵据辽东地方。而燕国也逐渐发展强大起来，公元前280年（周赧王三十五年）前后，派秦开为将，取辽东千里之地，并"至满潘汗为界"，亦即与箕氏朝鲜首次划定疆界。当时可能并未发生战事，似乎箕氏朝鲜固守"满潘汗"一线，燕兵一到，双方就进行了成功的谈判，划定了疆界。而所谓"满潘汗"，是昌城江、大宁江、清川江的古名。

20世纪80年代，朝鲜学者在流经平安北道中部的大宁江及其支流昌城江的东岸发现了一条古长城遗址。据朝鲜《历史科学》1987年第2期发表的《关于大宁江畔的古长城》和《朝鲜考古研究》1987年第2期发表的《大宁江长城的调查报告》两篇文章介绍，该长城遗址总长度约为120千米，南起平安北道博川郡中南里，向北延伸，直到东仓郡新安里，再往北还有一些土城、石城的痕迹。朝鲜考古工作者还从当地农民口中得知，大宁江的东堤自古以来便被称为"万里长城"，传说这条长城向北一直到鸭绿江，并继续伸到鸭绿江以西。这条所谓"大宁江长城"应当是当年燕国北长城的一段，是其最东段或最终段。燕北长城的最东端应在博川郡坛山里的"峭壁"处，紧靠清川江入海处江岸，即大宁江与清川江汇合处的三角地带。这条长城从昌城江东岸再向北，经现今水丰水库，正好与辽宁宽甸的燕北长城址衔接。

燕国与箕氏朝鲜划界后，并没有从此相安无事。不久，燕国即实行武力扩张，占领了属于箕氏朝鲜的一部分领土。公元前284—公元前279

年，是燕国击溃齐国、势力大增的全盛时期，最有余裕将注意力转向东北方面，解决东胡问题和开拓辽东地方。燕攻占箕氏朝鲜的一部分领土，大概紧接秦开拓地。"略属"之后，燕国在那里设置了官吏，并于边界要冲修筑了防御城堡，大概就是燕北长城的那一部分。朝鲜考古学者在这一条长城内外发现了多处燕国的明刀钱遗址。明刀钱是中国战国时代燕国的货币，流行于公元前5世纪—公元3世纪。与明刀钱一起出土的还有陶器、青铜器、铁器等文物，均与燕国本土所在的河北省各遗址出土的同类文物完全一致。

四、朝鲜半岛的早期中国移民

自古就不断有大陆住民移居朝鲜半岛。上古先民的文化遗存和箕子"走之朝鲜"的故事，都可能是当时中国人口向朝鲜半岛迁徙流动的文化痕迹。《汉书·地理志》说："东夷天性柔顺，异于三方之外，故孔子悼道不行，设浮于海，欲居九夷，有以也夫！"这句话中的"东夷"专指朝鲜，意思是说朝鲜人民自古以来便性格随和，通情达理，与中国周边其他三方的人不一样。就连孔夫子都曾考虑过，如果他的道不能行之于中国，便要乘桴筏过海，移居到朝鲜这个有仁贤之化的国度去。可见在孔子那个时候，东走朝鲜已不是非常艰难的事。

从战国末期到秦二世而亡、刘邦建立汉朝，这100多年间，中国征战频繁，社会动荡，许多中国人为避战乱和秦朝苛政徭役而逃往朝鲜，有的还经朝鲜半岛而远渡日本。

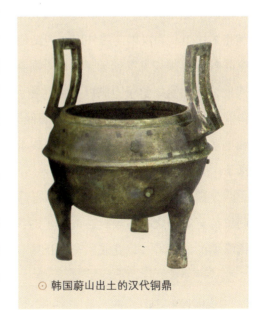

⊙ 韩国蔚山出土的汉代铜鼎

同一时期，原燕、齐、赵等国的百姓，为避战乱与重役，从陆路经辽东进入朝鲜半岛北部的箕氏朝鲜，人数多达数万。《三国志》中记载此事说："陈胜等起，天下叛秦，燕、齐、赵民避地朝鲜数万口。"这数万中国移民定居于箕氏朝鲜的西部地方。有如此众多的中国移民居住在朝鲜半岛，对当地的文化民俗、日常生活的影响之大亦可想而知。如西汉扬雄曾把"北燕、朝鲜洌水①之间"列为汉语方言区之一。

有汉一代，中国移民东走朝鲜者仍史书不绝。如汉初，在燕王叛汉和汉王朝出兵征伐期间，燕地众多群众纷纷出逃避难。其中有燕人卫满率千余人渡过浿水，逃往朝鲜半岛。这也是一个较大的移民集团。燕人卫满率千余人进入朝鲜半岛后，箕氏朝鲜国王准将其安置在西部地区的"秦故空地"，使他们得以定居，并任命卫满为"博士"，以掌管文化。可能是卫满移民集团具有较高的文化水平，他们的到来，给朝鲜带来了先进的大陆文明。

翌年，即公元前194年，卫满实力雄厚，便攻打箕氏朝鲜国都王俭城，驱逐国王箕准。卫满攻占王俭城后，自立为王，国号仍称朝鲜，史称"卫氏朝鲜"。

卫满建国之后，控制了朝鲜半岛的北部地区，与西汉燕地相邻。此时正值西汉惠帝时期，天下初定，辽东太守经汉廷批准，主动与朝鲜国王卫满相约：卫满为汉朝藩属外臣，为汉朝保卫塞外，不使汉朝边境受到侵犯；塞外各族首领朝见汉朝天子，以及各国与汉朝通商，不许从中阻扰。作为回报，汉朝答应给予卫满以兵力和物资上的支援。有了西汉藩属外臣的身份和汉廷的军事、经济支持，卫满便开始不断地侵凌和征服附近的真番、临屯等部落（今清川江以南、汉江以北和东海岸咸镜北道、江原道一部地区），扩充领土至"方数千里"。

卫满逝世后，继位的卫蒙继续了卫满与汉朝交好的政策。但是，卫氏朝鲜传至卫满之孙右渠时，改变了对汉朝的臣服态度，不再朝贡，而是招诱汉朝的逃亡者，以此来扩充卫氏政权的实力。而随着卫氏势力的日益雄

---

① 今朝鲜大同江。

厚，右渠不但自己不肯再向汉朝通商朝贡，还阻碍邻近真番等小国与汉朝通商朝贡。汉武帝元朔元年（前128），朝鲜半岛小番君南宫等，因不满右渠的控制，率众28万归降汉朝，汉武帝以其地为苍海郡。

汉元封二年（前109），汉武帝派涉何为使赴朝鲜交涉，劝谕右渠改变对汉朝的不友好政策。

⊙ 朝鲜乐浪郡时期瓦质陶器（1—3世纪）

涉何对出使没有结果非常气恼，在回国途中，将护送他出境的朝鲜裨王长杀死，并将情况飞报汉武帝。汉武帝不但没有责怪涉何，还任命他做辽东郡东部都尉。右渠对涉何怀恨在心，发兵突袭辽东，杀死涉何。这便是著名的"涉何事件"，它成了汉武帝发动对朝鲜战争的导火线。

同年秋，汉武帝发兵5万，分水陆两路攻打卫氏朝鲜。水路由杨朴为帅，自齐地渡海，至朝鲜列口（今大同江江口），陆路由简彘率领，由辽东出发，向王俭城进军。两路大军出师不利，消息传到朝廷后，汉武帝再派卫山为使臣，前去晓谕右渠。右渠受汉朝两路大军压迫，表示愿意降服，派太子到汉廷谢恩，并献上大量军粮和马匹。然而，当太子带领1万士兵前往汉朝时，使臣卫山和左将军荀彘怀疑太子有阴谋，要求他的军队不能携带武器，太子则怀疑使臣和左将军要谋害他，便率军返回王俭城。此事激起汉廷的愤怒，命令在朝鲜的两路大军加紧进攻王俭城。由于王俭城长期被汉军包围，在抵抗汉军的问题上，卫氏朝鲜内部发生了意见分歧。公元前108年夏，右渠被主和的臣属杀害，王俭城终于被攻下，卫氏朝鲜灭亡。

汉朝灭卫氏朝鲜后，将其属地改为直属政区，设置乐浪、真番、临屯、玄菟四郡，历史上称其为"汉四郡"。汉四郡的最初位置是：乐浪郡在朝鲜清川江以南、慈悲岭以北，即今平安道南部和黄海道北部；真番郡为旧真番地区，在慈悲岭以南、汉江以北，即今黄海道大部和京畿道一部；临屯郡为旧临屯地区，即东北海岸，包括今咸镜南道全部；玄菟郡即今鸭绿江中部流域和浑江流域。汉四郡设置后，又下设置众多县。郡县长官由汉朝中央派遣汉人担任。汉四郡的设置，说明汉武帝已经将朝鲜半岛北部地区纳入汉帝国的统治范围。

汉武帝之后，西汉在朝鲜半岛北的郡县设置情况有所变化。昭帝始元五年（前82），罢去真番、临屯二郡，将其原属地并入乐浪、玄菟二郡。乐浪郡治所仍在今朝鲜平壤，管辖濊貊、沃沮等族；玄菟郡治所初在夫租（今朝鲜咸兴），后因受濊貊所侵而迁往高句丽西北（今辽宁东部新宾），管辖高句丽、夫余等族。到公元4世纪，高句丽先后占据了乐浪郡和玄菟郡，从而结束了中国王朝在朝鲜半岛设置郡县的历史。在汉四郡中，乐浪郡存续时间最长，从公元前108年至公元313年，共存在了421年。

西汉在朝鲜北部置四郡时，不仅有众多汉人官吏来到四郡任职，更有很多富商大贾来这里经商，农民们来这里垦荒，四郡已是一派汉文化景象。20世纪中期以后，在汉四郡地区的考古发掘中，出土了大量汉朝的官印和各种质地不同、形状各异的器皿，考古学家将这种文化现象称作"乐浪文化"。学术界对乐浪文化的基本看法是：乐浪文化属于广义的汉魏晋文化系统，其萌芽是与汉四郡的设立同时发生的，两汉时期在中央政权对边郡的有效管理之下，乐浪文化得到了高度发展，随着汉末以来中原地区不断出现的动荡局势，乐浪文化开始逐步衰落，最终被南下的高句丽势力中止。

⊙ 朝鲜乐浪郡时期手把陶壶（1世纪）

汉朝所置四郡，属地约占朝鲜半岛北部的三分之二。在半岛南部则有"三韩"，即马韩、辰韩和弁韩人居住。当时朝鲜半岛南部的社会发展远比北方落后，汉置四郡时，三韩还处在部落联盟阶段。

马韩北与乐浪郡相邻，南与倭相邻。卫满推翻箕子朝鲜后，箕子朝鲜准王与他的拥护者逃到半岛南部，准王自称"韩王"。马韩就是南迁的箕子朝鲜的遗民和当地土著建立的国家。箕准虽然称号上改称"马韩王"，但其政权的性质是箕氏朝鲜政权在朝鲜半岛南部的延续。

辰韩在今庆尚道洛东江东侧，弁韩在洛东江西侧。辰韩中有一部分是秦代为避战乱而流寓半岛的中国移民。在秦征战六国及统一以后，原齐、楚、韩等国人民为避战乱和繁重徭役，从山东半岛渡海来到朝鲜半岛的中部和南部。马韩划出东部沿海一带（今庆尚道北部庆州地区），令他们居住。此后，他们与当地人民一起建立了国家，定都于庆州，国名辰韩，也叫秦韩。所谓"有似秦人，非但燕齐之名称"，是说这一大批的移民中，有与辰韩相离不远的燕人，有与辰韩对岸居住的齐人，而更多的人是从关中来的秦人。可见，秦时中国人之赴辰韩者，系来自各地。

秦始皇时，几位方士卢生、侯生和韩终等，没有能给秦始皇找到仙药，都相继逃亡了。《汉书》记载："秦始皇初并天下，甘心于神仙之道，遣徐福、韩终之属多赍童男女入海求神采药，因逃不还，天下怨恨。"徐福去了日本，韩终则到了朝鲜南部。大概是在秦灭楚后8年，韩终带领居住在荆楚腹地的以罗氏族、卢氏族为主的3000臣民，有准备地逃离了秦国，渡海来到朝鲜半岛南部，在适合居住的太白山下落户。陈寿在《三国志·魏书》里详细地记录了辰韩大大小小的部落国家，有许多是以卢为国名的，如莫卢国、驷卢国、万卢国、捷卢国等，甚至有的直接以楚为国名，如楚山涂卑离国、楚离国等。在韩国史籍中，也有辰韩、弁韩是苗裔的记载。公元前57年古新罗建国，新罗是辰韩部落联盟中的斯卢部落所建，所以也称斯罗、斯卢。

五、"登州海行入高丽道"

中国历代王朝都与朝鲜半岛有比较密切的交流往来。新罗统一三国后，

⊙ 建于新罗统一后的庆州雁鸭池

两国的关系更为密切，人员往来更为频繁，经济和文化交流更为繁盛，出现了中朝文化交流史上的一次高潮。

唐代中国与朝鲜半岛的交通已经十分便利通畅。据《新唐书·地理志》记载，贞元宰相贾耽叙述唐与外国交通最重要的路线有7条，其中两条与朝鲜有关。一条是陆路，即"营州入安东道"，是隋唐时期通往辽东的陆路干道之一。从营州（今河北昌黎）出发渡辽水，经"安东都护府"，继续往"东南至平壤城"，可推知往南可到达新罗首都庆州。另一条是海路，即"登州海行入高丽道"，从山东半岛的登州出航，渡渤海，再由辽东南岸西行至乌骨江（今鸭绿江）口。《新唐书·地理志》记载，前往朝鲜半岛港岸的航路是："乃南傍海壖，过乌牧岛（今身弥岛）、贝江口（今大同江口，可循江溯流至平壤）、椒岛，得新罗西北之长口镇（今长渊县长命镇）。又过秦王石桥、麻田岛、古寺岛（今江华岛）、得物岛（今大阜岛），千里至鸭绿江唐恩浦口。乃东南陆行，七百里至新罗王城（今庆州）。"这条沿岸航路航程较长，但较为安全，当为惯常的主要航路。

另外还有两条海上航路。一条是从山东半岛的登州沿海启航，直接东航（或东北航），横越黄海，直达朝鲜半岛西海岸的江华湾或平壤西南的大同江口。唐代对高句丽的几次海上用兵，其舟师就走过这条快速航线。另一条是从江浙沿海或长江口出发，先沿大陆海岸北上，行至山东半岛成山角附近，再或者东渡朝鲜半岛西海岸，或者北驶渐进，跨岛沿岸续航至朝鲜半岛。

　　日本僧人圆仁的《入唐求法巡礼行记》指出，唐与新罗的海上通道共有4条。该书卷一记载："按旧例，自明州进发之船，吹着新罗境。又从扬子江进发之船，又着新罗。"从这两个地方出海的船，经黑山岛可至今韩国全罗南道的灵岩。同书卷一又说："登州牟平县唐阳陶村之南边，去县百六十里，去州三百里，从此东有新罗国。得好风两三日得到新罗。"这是最为便捷的道路。此外，该书卷四还提到从楚州山阳县和海州也可入海达新罗。而由新罗至唐既可从新罗汉江口的长口镇或南阳湾的唐恩浦起航到山东半岛，也可从灵岩附近经黑山岛至唐定海县或明州。

　　由于交通的便利以及历史上两国友好往来的传统，唐朝与新罗的官方交往十分频繁密切。每次新罗王薨逝，必遣使来华告哀，唐朝皇帝则为之辍朝举哀，并遣使持节赍诏书往新罗吊慰，追赠故王官爵，赙赠锦彩等物。同时，新罗国新王登位，也必请加册命，唐朝皇帝则遣使持节赍诏书往新罗册立，加封新罗王官爵，册新王之母为太妃，妻为妃，并赐王以旌节，赐重臣以门戟，赐王、王妃、王太子、重

⊙ 新罗时代庆州瞻星台

臣以衣物。新罗对唐之册封十分重视，贞元十六年（800），新罗王金俊邕立，唐遣司封郎中兼御史中丞韦丹持节册命其为开府仪同三司、检校太尉、新罗王。当韦丹行至郓州时，金俊邕卒，于是唐召韦丹还。到了元和三年（808），新罗遣使金力奇来朝。这一年七月，金力奇上言："贞元十六年，奉诏册臣故主金俊邕为新罗王，母申氏为太妃，妻叔氏为王妃。册使韦丹至中路，知俊邕薨，其册却回在中书省。今臣还国，伏请授臣以归。"而唐朝也满足了他的要求，"令奉归国"。

唐天宝年间，因安史之乱，唐玄宗避难成都，并失去帝位。新罗景德王遣使至成都。《三国史记》卷九《新罗本纪》第九记载，新罗景德王十五年（唐天宝十五载，744），"王闻玄宗在蜀，遣使入唐，溯江至成都，朝贡。玄宗御制御书五言十韵，赐王曰：'嘉新罗王岁修朝贡，克践礼乐名义，赐诗一首'"。《三国史记》在叙述这件事后说："帝幸蜀时，新罗能不远千里，朝聘行在所，故嘉其至诚，赐之以诗。其云益重青青志，风霜恒不渝者，岂古诗疾风知劲草，板荡识贞臣之意乎。"

如果把新罗统一前唐新之间的遣使往来加起来统计，那么，有唐一代，新罗共向唐遣使126次，唐向新罗遣使共34次，双方使节来往共160次，平均一年多就有一次使节往来，新罗有时甚至一年有两三次向唐遣使。这与同时期日本派遣唐使相比较，新罗向唐遣使的次数是相当多的。

新罗的遣唐使到达长安后，与唐朝的文人墨客进行广泛交流。同样，唐朝派往新罗的著名文人也促进了这种文人之间的交流。比如，768年派往新罗册封惠恭王的归崇敬，册封新罗昭圣王的使节韦丹，册封新罗哀庄王的使节元季方，均是唐代著名的文人官吏。唐新两国之间频繁地遣使往来，不仅加强了两国的政治关系，促进了两国之间经济贸易关系的发展和文化交流，也为中华文化在朝鲜半岛的大规模传播创造了有利条件。

六、新罗商人与"东亚贸易圈"

唐与新罗之间的贸易往来相当频繁，规模也相当大。按其贸易的性质，唐新之间的贸易主要有两种形式：一种是在国家之间随同外交使节的来往进行的国家贸易，另一种是在民间商人之间进行的私人贸易。一般情况下，官方贸易占有更重要的地位。

和历史上中国与其他国家的交往一样，唐与新罗的遣使往来，也兼有官方贸易的任务。所谓"朝贡"，实质上是一种以"朝贡"为名义的易物贸易。遣唐使的贡品包括金银、牛黄、人参等原生珍宝，以及朝霞锦、木棉布、金银器皿、工艺品等加工品。对此，唐王朝予以极其隆重的接待，并向新罗国王和使臣赠送"赐物"。《新唐书·新罗传》记载，新罗兴光王遣使"数入朝，献果下马、朝霞绸、鱼牙绸、海豹皮"，"亦上异狗马、黄金、美髢诸物"。唐玄宗则"赐瑞文锦、五色罗、紫绣纹袍、金银精器"。另外，唐朝使臣到达新罗时也要携带许多礼品赐赠，并接受新罗的回赠。

随着两国社会的发展和经济的繁荣，双方往来的主题更多地转移到了经济文化方面，礼品的交换逐渐演变成正常性的官方贸易，交换的种类和数量也大大增加了。通过这种官方贸易的渠道，大量的中国物产传播于新罗，丰富了新罗人的物质文化生活，也促进了中国先进生产技术和科学知识的传播，增进了新罗人对中华文化的了解。据《三国史记》和其他一些文献记载，新罗向唐朝输出的有朝霞绸、朝霞锦、鱼牙锦、鱼牙绸、三十升绀衫缎、龙稍、布等织物，金、银、铜等金属，金钗头、鹰金锁镣子、金花银针筒、金银佛像等工艺品，人参、牛黄、茯苓等药材，马、狗等牲畜，以及虎、海豹等毛皮。唐朝赠给新罗的物品有金器、银器、金银细器物、银碗银榼等金属工艺品，锦袍、紫袍、绿袍、紫罗绣袍、押金线绣罗裙衣、金带、银带、银细带、锦细带等服装，彩素、锦彩、绫彩、五色罗彩、绫罗、瑞文锦、绢、帛等纺织品，《最胜王经》《道德经》《孝经》佛经等书籍以及孔子及其弟子像等，其他还有茶种、白鹦鹉、佛牙、甲具等。

在官方贸易中，除了奢侈品的交换，政府间也有一些对平民生活产生影响的物品交换。《三国史记》卷十载，新罗兴德王三年（828），"入唐回使大廉持茶种子来，王使植地理山。茶自善德王时（632—647）有之，至于此盛焉"。茶叶从此在新罗开始盛行。此外，在官方朝贡贸易的背后，尚有大宗朝贡使团私下的互市贸易活动。

唐与新罗的民间私人贸易也很活跃。特别是9世纪中后期以后，新罗中央政权衰弱，与唐的官方贸易有所下降，民间贸易更加活跃起来。唐新之间的民间贸易所经营的商品种类与官方贸易差不多，有绫、锦、丝、布等纺织品，金、银、铜等金属，人参、牛黄等药材，此外还有书籍等。崔致远在《桂苑笔耕集》卷十八说："前件药物，采从日域，来涉天池，虽微三丫五叶之名，渐无异质，而过万水千山之险，贵有余香。""凡荷奖延之赐，合申献贺之仪。前件人参并琴等，形禀天成，韵含风雅，具体而既非假貌，全材而免有虚声。况皆采近仙峰，携来远地。"这说明新罗特产海东人参和实心琴等名贵商品已运销于扬州。缘此，淮南节度副大使高骈得以海东人参三斤贡献于朝廷。正是通过官方和民间的贸易渠道，大量汉文典籍和佛典流传到朝鲜半岛。

唐朝为接待新罗的贸易官员和商人，特地在今山东、江苏沿海各州、县设有多处"勾当新罗所"，所内设有通事，专事翻译。有许多新罗商人到山东、江苏沿海各地从事商业活动，当时这些地区有大批新罗商人居住，设有"新罗坊"和"新罗院"。唐朝与新罗海上交通的主要口岸，特别是新罗人聚居的城市，如河南道登州的文登县、淮南道楚州的山阳县，即新罗与唐朝民间贸易的集市。

日本入唐留学僧圆仁的《入唐求法巡礼行记》中述及新罗人者颇多。根据圆仁的记载，他所到过的地方，如扬州、楚州、密州（包括诸城）、海州（包括宿城村）、泗州（包括涟水）、登州（包括牟平、文登、赤山）、青州等地方，都有新罗人居住。圆仁在唐期间，曾得到新罗人的许多帮助。如唐开成四年（839），正月"八日，新罗人王请来相看，是本国弘仁十年流着出州国之唐人张觉济等同船之人也。问漂流之由，申云：为交易诸物，离此过海，忽遇恶风，南流三月，流着出州国"。又如，同年四月五日，圆仁一行遇新罗船客10余人，在他们的帮助下，"到宿城村新罗人宅，暂憩息"。船客们说："吾等从密州来，船里载炭，向楚州去。本是新罗人，人数十有余。"① 他们是在楚州与密州之间从事木炭业买卖的商人，用新罗船贩运木炭来回行驶。可见当时新罗商人不仅从事唐与新罗之间的海上贸易，也直接参与了唐朝的国内贸易。唐人刘恂《岭表录异》中记载，有一位新罗客搭海船从青州赴闽，途中"遭恶风飘（漂）五日夜，不知行几千里"，沿途经过6个奇怪的国度，新罗客居然知晓其中的狗国和流虬国的情况，甚至能半译流虬国语言。这位见多识广的新罗客，很可能是一位来往于青州与闽越乃至东南亚之间，从事经营贩运的商人。

在东南沿海的许多地方，都有新罗商人的踪迹。除了上面提到的新罗坊、新罗院，一些岛屿、渡口、山和村落的得名都与新罗商人的活动有关。比如浙江临海东南大约30里处有一小岛，曾有新罗商人"舣舟于此"，故名"新罗屿"。台州还有新罗山。这两处地点都位于浙江沿海，新罗商人经常在此停船靠岸，装卸货物，使得这些地区成为中外商品的集散地，遂以"新罗"命名。浙江宁波象山还有新罗岙、新罗岙村，也都与当年新罗商人的活动有关。

中国先进的造船航海技术传到新罗，使新罗的造船航海技术达到很高的水平。新罗商人从事海上运输的很多。圆仁在《入唐求法巡礼行记》中记载，日本第十八次遣唐使抵达唐扬州海陵县白潮镇桑田乡东梁丰村之后，"虽经数日，未有州县慰劳"，多日之后才有地方官员前来探查，并向遣唐使解释说："从先导新罗国使而与本国一处，而今年朝贡使称新罗国使，而相劳疏略。今大使等先来镇家，既定本国与新罗异隔远邈，即县州承知，言上即毕。"显而易见，当时新罗船只频繁地在扬州沿海一带活动，才会导致当时的地方官员将日本遣唐使的船队误以为是新罗人的船队。新罗船队在唐的活动范围远不止扬州一地，据《入唐求法巡礼行记》载："十八日未时，新罗译语金正南为定诸使归国之船，向楚州发去。"金正南此去一次性购买了9艘新罗海船。可知在这一时期新罗海船在数量

① ［日］释圆仁著，［日］小野胜年校注：《入唐求法巡礼行记校注》，白化文、李鼎霞、许德楠修订校注，花山文艺出版社1992年版，第95—96、137—138页。

上已颇具规模。新罗海船十分巨大，在技术上具有一定的优势。依圆仁所述，金正南在扬州为日本遣唐使团购买的9艘新罗海船可以容纳370多人，且尚有足够空间装载数量可观的唐朝官方回赐物品、日本使团民间贸易所得的大量私货，以及370多人渡海所需的粮食、淡水等生活必需品。

在当时，新罗商船不仅往来于中国与新罗之间，还航至日本，连通整个东亚海域三国，建立了中国、新罗、日本之间的贸易航线，在三国之间开展国际贸易，在日本活动亦同样频繁。新罗商人从唐朝贩得大量商品，除满足新罗国内市场的需求外，还因地理条件之便及了解日本对唐货需求之行情，常将唐货运至九州大宰府，在日本销售。新罗商人作为中间商，起到沟通中日贸易的桥梁作用。

有学者推测，新罗商人渡日最早可以追溯到8世纪。自9世纪起，他们建立了往来于中国东部沿海地区与日本九州岛的固定航线，分别在中日两国设立贸易据点，从事两国贸易的中介经营。新罗商人在中国设置的贸易据点，主要是楚州以北，即现在的江苏连云港及山东半岛沿海一带。他们在这里设立新罗坊，采购物品，组织货源，安排船只，并设置总管，负责新罗商人的组织和管理。为了便于贸易联系，他们还在新罗坊内设有专职翻译，直接为新罗商人与日本贸易进行业务交涉。日本朝廷为了满足日本国内市场对唐货的需求，对新罗商人的政策一再放宽，明令大宰府允许新罗商人进行贸易，"商贾之辈，飞帆来者，所赍之物，听任民间令得回易"。另外，新罗商船还承担了中日之间的客运和货运，在中日经济和文化交流中发挥了积极作用。

9世纪初，新罗商人开始频繁渡日，揭开了唐日贸易的新篇章，形成了后来学者所称道的"东亚贸易圈"。往来频繁、技术先进的新罗船队和谙熟海路、善于驾船的新罗水手活跃于东亚海上，构成东亚三国海上通交的重要载体。当时参与这个"东亚贸易圈"的有新罗商人、唐商人、日本商人和渤海商人。不过，这个贸易网络是被新罗人张保皋的贸易商团所垄断的。唐会昌二年（842）张保皋商团被查封后，"东亚贸易圈"的贸易活动并没有中断，而是由活跃的中国明州商帮所取代。

七、张保皋：东方"海上王"

圆仁的《入唐求法巡礼行记》记有一位名叫张宝高的人。张宝高华名为张保皋，新罗名是弓福，其名其事不仅见于圆仁《入唐求法巡礼行记》，亦出于唐、日、新罗三国官撰正史，如《新唐书·新罗传》《续日本后记》《三国史记》《三国遗事》中均有提及。唐代著名文学家杜牧亦曾为其撰传。张保皋在新罗政府的默许和支持下，占据莞岛，从事唐、日、新罗三国之间的贸易活动。山东半岛及苏北一带的新罗院，往来于黄海的新罗船，一度都在其控制之下。

张保皋在17岁时和好友郑年结伴渡海来到赤山浦，不久辗转南下到达扬州。在他们浪迹扬州时，适逢镇海节度使李琦据润州造反。唐军扩募镇压反叛，张保皋和郑年被募编入了徐州武宁军中。张保皋和郑年在唐军中先后参加了平定镇江李琦、淮西镇吴元济和淄青镇李师道的叛乱。因本领高强、英勇善战，张保皋累立军功，唐宪宗元和十四年（819），被擢升为武宁军小将，统率1000多名士兵。

张保皋在唐军转战十几年，所见"遍中国以新罗人为奴婢"，特别是在李师道控制的山东一带，情况尤为严重。李师道是高句丽人李正己之孙，其祖父入唐后因平定安史之乱有功，官至淄青节度观察使，经过三代发展，形成与唐朝割据对立局面，独霸山东，并屡次进犯徐州。高句丽原为新罗世仇，故在李氏控制地区，把新罗人卖为奴婢。在新罗沿海一带，海盗活动猖獗，经常抢掠人口卖到唐地为奴。这一现象，令张保皋愤然不平，决心回国荡平海盗，禁绝买卖人口现象。唐穆宗四年（824），张保皋辞掉武宁军小将之职并决定回国。

张保皋于唐文宗太和二年（828）回到新罗。张保皋回国后，奏请新罗兴德王："遍中国以新罗人为奴婢，愿得镇清海、新罗海路之要，使贼不得掠人西去。"兴德王准请，张保皋随即招募周围1万岛民组成一支军队，在清海镇成立了大本营，很快荡平了多股海盗势力，"海上无鬻新罗人者"。

张保皋在荡除海盗、确保海上航路的畅通后，利用控制新罗国西南海上的优势，凭借有利的地理位置和丰富的海上经验，发挥自己对中国情况熟悉的特长，组建了庞大的船队，往返于新罗与中、日三国之间，开始从事利润丰厚的海运和商业贸易。

张保皋的海上贸易日益兴盛，形成了以清海镇为大本营，以赤山（今山东荣成石岛镇）、登州（今山东蓬莱）、莱州（今山东莱州）、泗州（今安徽泗县）、楚州（今江苏淮安）、扬州（今江苏扬州）、明州（今浙江宁波）、泉州（今福建泉州）和日本九州为基点的海运商业贸易网络。张保皋的商团几乎垄断了唐、新、日三国的海上贸易，是当时最大的国际贸易集团。

张保皋除进行直接贸易外，还经营造船业和出租船只、水手、艄公等。在中国山东、江苏北部海岸形成了一条船队服务线，开展海上服务贸易。当时阿拉伯商人东航喜乘中国船，而中国浙东地区则采用新罗造船术，造出了当时最先进的水密隔舱多桅杆船。这样，造船术和航海术便随着出租的水手、工匠传到阿拉伯等地。而中国的长安、洛阳、扬州、广州也聚集了许多南海、中亚、西亚等地的商人，他们把稀缺的商品运到中国销售，这样张保皋的海上贸易网络就与中西海上丝绸之路联系起来了。

当时赤山浦的一些村庄里有很多新罗人居住，他们几乎人人信仰佛教。张保皋征得唐朝廷的同意，在赤山浦建立禅院。山周围的山石皆为红色，相传有赤山神保佑当地众生，又因建院时请来诵经的首批僧人属天台宗派，读诵《法华经》，故此院取名为"赤山法华院"。法华院建有大殿及配楼、钟楼、讲经堂等，寺院长年讲经，常住僧人多时达40余人，法会人数有时超过250人。赤山法华院成了当时新罗人往返两国的驿站和活动中心，是张保皋船队的大本营之一。张保皋在赤山拥有庄田，"一年得五百石米"，以供应该寺居住僧的生活费用。唐开成四年（839）六月，日本国僧圆仁法师一行入唐求法，曾先后3次客居赤山法华院达2年零9个月。《入唐求法巡礼行记》对赤山法华院做了详细的描写，使得赤山法华院名扬海内外。张保皋在莞岛象皇峰、济州岛河源洞等地也建了法华院，与山东半岛的赤山法华院相对应，互为海运贸易的联络点。

后来，张保皋卷入了新罗王室王位继承纷争。838年，上大人金明逼杀僖康王登上王位，金佑徵为报"杀君父之仇"避祸清海求助，张保皋便分兵5000于郑年，击破金明的军队，金佑徵顺利登位，即神武王。神武王即位仅6个月即病死，其子文圣王即位后又拜张保皋为"镇海将军，兼赐章服"。张保皋因功被封为感义军使，封食邑二千户。文圣王欲纳张保皋之女为妃，朝中贵族以其出身微贱，予以阻谏。纳妃未成，文圣王与张保皋之间埋下了矛盾的种子。因惧怕张保皋的势力，文圣王和新罗贵族们借"欲谋乱、据镇叛"的罪名，于841年派人趁张保皋一次醉酒后将其杀害。这就是朝鲜历史有名的"弓福之乱"。

张保皋的事迹在中韩文化交流史上具有重大影响。《新唐书·东夷传·百济传》中就给予张保皋很高的评价，说："先国家之忧，晋有祁奚，唐有汾阳、保皋，孰谓夷无人哉！"在韩国，张保皋被誉为"海上王"。

八、宋朝与高丽的海上交通往来

高丽时代是朝鲜历史上社会经济和文化发展的一个重要时期。这一时期相当于中国的五代后期、经宋元而至明代初期。总体而论，高丽一代，与中国的交通往来始终是比较频繁、比较密切的。通达的交通、大宗的贸易、频繁的人员交流，为文化交流创造了有利的条件。

北宋与高丽的交往一直是很密切的。朝鲜半岛与中国大陆的交通，早就

⊙《宣和奉使高丽图经序》（局部）

十分发达便利。至北宋时，两国交通以海路为主，航路畅通发达，"若海道，则河北、京东、淮南、两浙、广南、福建，皆可往"（《宣和奉使高丽图经》）。其中主要有南北两路：

宋与高丽之间的海道北路，主干道是由山东半岛的登州出发，向东直航，横渡北部黄海，抵达朝鲜半岛西岸的瓮津。《宋史·高丽传》记载，淳化四年（993）二月，宋廷遣秘书丞直史馆陈靖、秘书丞刘式入使高丽，其航程即由登州八角海口登舟，"自芝冈岛顺风泛大海，再宿抵瓮津口登陆"，然后取陆路，经海州、阎州、白州，至高丽国都开城府。北路航线的另一支道，是由密州板桥镇启程，出胶州湾，东渡黄海，直航朝鲜半岛西海岸。这两条北路航线的特点是航距短，仅一海之隔，顺风一宿即可抵达。元丰六年（1083），任赴高丽国信使的冯景奉诏，"案视近便海道"，"至登、密州，问知得二处海道可并发船至高丽，比明州实近便"。（《续资治通鉴长编》卷三四一）

宋与高丽之间的海道南路，从明州、泉州、杭州、广州都可至高丽，但对高丽的主要贸易港口是明州和泉州。《乾道四明图经》称，明州"乃海道辐凑之地。故南则闽、广，东则倭人，北则高句丽，商舶往来，物货丰衍"。宁波至舟山海面一片"风帆海舶，夷商越贾，利原懋化，纷至沓来"。两宋时期，明州是长江以南的基本出发港，航行季节多在夏、秋，利用东南季风渡海。循南路航线赴高丽，从明州出发，往东北航行，抵达朝鲜黑山岛，再往北行，经朝鲜半岛西南海岸的众多岛屿，到达礼成江口。北宋宣和五年（1123），宋使给事中允迪、中书舍人傅墨卿出使高丽，徐兢随使而行。徐兢撰《宣和奉使高丽图经》，详细记录了出使经历及所见所闻，是宋与高丽交流的重要史料。徐兢一行就是走南路海道。据他记载，他们自明州出发，达定海招宝山出海，经沈家门，入白水洋（蓬莱山及其以北浙江近岸水域），过黄水洋（今浙苏淮河入海口附近水域），继而离岸东驶，横渡黑水洋（今江苏以东、山东半岛之南与东以及朝鲜半岛西岸之西的黄海水域），到五屿，达群山岛，然后沿朝鲜半岛西海岸北上，经紫燕岛、急水门、分岭等，"随潮至礼成港"，登陆进高丽首都开城。《宣和奉使高丽图经》说："朝廷遣使，皆由明州定海放洋，绝海而北，舟行皆乘夏至后南风。"

《朝鲜通史》在介绍宋与高丽的这两条航线时说："高丽与宋的贸易，主要由两国的商人进行，前者以礼成江口和临津江口为据点，后者以宋朝的南海岸为据点。高丽商人或者从礼成江口的碧澜渡或介于礼成江和临津江的贞州出发，沿西海岸北上，经瓮津半岛抵大同江口的草岛，再转向西南，直达山东半岛的登州，或者沿西海岸南下，经古郡山群岛抵黑山岛，转向西南，直达中国南海岸的明州。宋朝商人也由此航路来往……"①

北宋前期与高丽的海上交通主要取北路航线，登州是两国使节、商人来往的主要港口。但是后来，辽国军事威胁加剧，北路航线发生危机。登州濒临辽境，是防辽的海疆要塞，从登州往返高丽，不但易受辽军掠袭，无法保证航行安全，而且有误本国水师军机。另外，有部分商人常"冒请往高丽国公凭，却发船入大辽国买卖"，对本国带来不利。对于高丽来说，也存在与北宋相似的问题。北宋熙宁七年（1074），高丽"遣其臣金良鉴来言，欲远契丹，乞改涂，由明州诣阙"。北宋朝廷采纳这一建议，自此严禁舶商自海道往登州并取北路航线往返高丽。所以，自1074年以后，宋与高丽的交通主要利用南路航线，明州成为两国航路宋一侧的最主要港口。北宋规定，凡"非明州市舶司而发过日本、高丽者，以违制论"。

明州人楼异在任随州知州向皇帝陛辞时，建言在宁波设来远局，建高丽使行馆，以供高丽使者每年来宋贸易之用。他的建议被宋徽宗采纳，皇帝便改命他任明州知州，以执行这一任务。楼异到明州后，于徽宗政和七年（1117）在月湖建高丽使行馆。高丽使行馆有两种功能：一是安顿高丽使者的食宿，二是作为栈房储藏货物。高丽使馆安置的货物有两种：一种是从高丽运来的朝贡货物，这些货物在三江口经过抽解，余下的大部分由明州官府"博买""和买"，即由官府统购，其"价值酌蓄货轻

---

① 朝鲜民主主义人民共和国科学院历史研究所著：《朝鲜通史》（上卷第2分册），吉林省延边朝鲜族自治州《朝鲜通史》翻译组译，吉林人民出版社1973年版，第394页。

重而差给之"，或付以铜钱，或以货易货，所易的货物，主要为丝织品、瓷器、茶叶、书画、乐器、雕塑品等。这些货物，自然需安顿于高丽使馆。另外为贵重品，如宋朝廷需要的高丽药材、高丽漆器，这些贡品在行馆短暂安放后，即沿水路经杭州，溯运河而上，至开封后上贡宋皇帝，皇帝则予以赏赐。赏赐之物运回明州后，亦需安顿于行馆内。待风顺后，上述两种经朝贡贸易后的货物及货币，由高丽使者运回本国。到南宋时期，"凡中国之贾高丽与日本，诸蕃之至中国者，惟庆元（明州）得受而遣之"。

除明州外，泉州也是南路对高丽贸易的重要港口。《高丽史》记载，在北宋大中祥符八年（1015）至元祐五年（1090）的75年间，由泉州泛海而赴高丽的就有19起。苏轼说，"福建一路多以海商为业"，"福建狡商专擅交通高丽，引惹牟利，如徐戬者众"，"泉州多有海舶入高丽往来买卖"。（苏轼《乞会高丽僧从泉州归国状》）不过，因泉州离高丽较远，主要是南洋港口，所以对高丽的航海地位逊于明州，其航线实际上只是明州航线的延长。

与之相应，高丽的礼成江口也相当繁荣。13世纪高丽文学家李奎报作诗颂礼成江："潮来复潮去，来船去舶首尾相连，朝发此楼底，未午棹入南蛮天。"可见当时之盛况。

交通的便利，为北宋与高丽的官方往来提供了很大的便利。960年，北宋王朝建立，962年高丽第一个使节向北宋"献方物"。次年，宋太祖降制高丽国王，赐命王昭为开府议同三司、检校太师、玄菟州都督、充大义军使、高丽国王。淳化四年（994）始受制于辽的高丽，在受辽之册封、奉其正朔的同时，仍不时向宋朝贡。大中祥符八年（1015），宋真宗"诏登州置馆于海次"，以待高丽使者。天圣八年（1030），高丽派出由293人组成的庞大使节团到北宋，贡金器、银刀剑、鞍勒马、香油、人参、细布、铜器、黄青鼠皮等物。次年二月辞归，赐予有差，遣使护送至登州。辽国因而对高丽朝贡宋朝大加诘难，并多次发兵进攻高丽。高丽因国小势弱，不得已臣属于辽，并在辽之重压下，于1030年后中断了与宋之间的官方交往，达40年之久。

神宗年间（1067－1085），宋与高丽关系再度活跃。神宗熙宁四年（1071），宋朝改变了对高丽"来不拒，去不追"的政策，主动遣人联络高丽。于是，两国出于各自的政治、经济、文化需要，互遣聘使，恢复了官方联系。一直到12世纪30年代，两国使节往来一直极为频繁。据《宋史》和《高丽史》的记载统计，北宋使节赴高丽共24次，北宋与高丽的官方往来共87次。①当时，宋朝对高丽贡使"供拟腆厚"，并在熙宁九年，"命中贵人仿都亭西驿例治馆，待之寖厚，其使来者亦益多"。同时，高丽对宋朝来使的待遇也极厚。由此，形成了宋、高丽交往的高潮期，两国间的政治、经济、文化交流较前大增。

因为当时的使节往来兼有官方贸易的性质，高丽"朝贡"于宋，一方面是希望在经济上能"得厚利"，另一方面也是为了吸收和引进宋朝的先进文化。《文献通考》说："按高丽之臣中朝也，盖欲慕华风，而利发赐耳。"每次使团人数都很多，少则几十人，一般为一百多人，最多一次达293人。宋朝出于抵制辽、金的压力而与高丽结盟，因此对高丽使节的往来非常重视，往往给予很高的礼遇。如《宋史》记载，1070年，高丽遣"金悌等百十人来，诏待之如夏国使"，而"政和（1111－1118）中，升其使为国信，礼在夏国上"。同样，高丽王朝对来访的宋使也优礼有加，待为上宾。徐兢记载他们一行乘船至礼成港时，中国特使"奉诏书于彩舟。丽人以兵仗甲马、旗帜仪物共万计，列于岸次，观者如堵墙，彩舟及岸"，"次日，遵陆入于王城"，受到高丽举国上下的热烈欢迎。（《宣和奉使高丽图经》）

交通的畅达，以及两国官方频繁的通聘往来，为北宋与高丽之间的文化交流、为高丽大规模引进和学习宋文化创造了便利条件。

1127年，金朝灭北宋。南宋王朝国势危弱，偏居江南一隅。因南宋经常遭到金的侵掠，而高丽又与金接壤，南宋朝怕高丽与金互通消息，疑虑重重，两国关系一度疏远。如1146年，高丽使者至明州，南宋"惧其为

---

① 杨昭全：《北宋与高丽的贸易往来和文化交流》，载中国朝鲜史研究会编《朝鲜历史研究论丛（一）》，延边大学出版社1987年版，第111页。

间"，担心高丽使者为金朝派来窥探南宋江浙海防虚实的细作，遂"亟遣之回"，不敢接待。1162年，高丽又准备遣使赴南宋，南宋也因"惧有意外之虞"而不敢表示欢迎。到宋孝宗以后，南宋朝廷鉴于金势渐衰，以及宋金和议较长时间得以维持的局面，始恢复与高丽政府的往来，互遣使臣。有时赴高丽的宋商也充当政府使者，沟通两国关系，南宋与高丽之间通过海道的联系并未完全中止。南宋开庆元年（高丽高宗四十六年，1259）四月，中国商人范彦华的船只从高丽返回，船上带回了3名被蒙古俘虏的南宋居民。他们是在被迫参加蒙古对高丽的战争时逃出的，高丽将他们送回本国，高丽的礼宾省还为此向南宋地方官府发出了正式的牒文。范彦华等的商船是在上一年去高丽的。高丽元宗元年（南宋景定元年，1260）十月，"宋商陈文广等不堪大府寺、内侍院侵夺，道诉金仁俊曰：'不予直而取绫罗丝绢六千余匹，我等将垂橐而归。'仁俊等不能禁"。从"侵夺"的货物数量可知，这一年前来南宋的商船，装载货物的数量是相当可观的。

当时庆元（明州）为南宋与高丽交往的唯一港口，所行航路，为北宋后期以来的传统南路。但无论是两国交往的密切程度还是交流的规模，都远远不及北宋时期了。

九、燕行使：五百年一条路

李氏朝鲜与中国明清两朝始终保持着密切的友好关系和频繁的交通往来。明洪武二十五年（1392），李成桂发动宫廷政变，废除高丽幼主，自立为王，建立李氏朝鲜（又称"李朝"）政权。推翻高丽王朝的一个理由，就是高丽王朝与明朝关系恶化，是"以小逆大"。李朝建立之后，便与明朝建立了藩属关系，"事大至诚"，以"藩邦"自居，谨修"臣节"，同时又很坚决地维护国家主权和民族独立，使两国关系始终处于友好状态。

李成桂开国之初，就显示其对明朝亲附的态度，不久即以"权知国事"的名义，派使臣韩尚质以"和宁"（李成桂出生地）、"朝鲜"请国号于明朝。明太祖以为"东夷之号，惟朝鲜之称美，且其来远，可以本其名

⊙《航海朝天图》中燕行使出行的情景

而祖之"，于是赐其国号为朝鲜，是为朝鲜王朝。请求中国皇帝赐予国号，在朝鲜半岛历史上仅此一次。

由于明朝初年中朝两国的朝贡关系即得以确立，与明朝的其他藩属国不同，明朝与李朝的官方使节往来十分频繁。在明代前期，李朝每三年派遣一次纳贡使节，后来增加到每年三次，明朝也常遣使赴朝。此外还经常有一些临时性使节往来。在一些特别的年头，两国的使节往来更是繁忙。朝鲜使者"岁辄四五至焉"，明朝政府每次都"待以加礼"，以至"他国不敢望也"。例如在明隆庆元年（1567）正月，嘉靖皇帝逝世；二月，朝鲜遣汉城（今韩国首尔）判尹郑宗荣进香大行皇帝，刑曹参判宋赞陈慰新皇；三月，朝鲜遣右议政权辙知中枢府事郑惟吉贺登极；四月，又遣金知中枢府事李英贤如京师贺尊言益；五月，遣金知中枢府事洪春年如京师，贺册立皇后；六月，朝鲜国王明宗逝世，朝鲜即"遣陪臣告讣于天朝，且请承袭，翌年春，（明隆庆）皇帝遣太监姚臣、李庆赏诏封（城河君李日公）为朝鲜国王"(《宣祖昭敬大王实录一》)。可见在这一年之中两国官方往来之频繁。

至清代时,这种频繁往来的通使仍如前朝,清朝和李朝都用多种名义互派使节团。每年元旦、冬至和中国皇帝生日,朝鲜都定期派遣使者祝贺。对中国皇帝登基、上尊号、册封皇后、建储、平叛等大事,朝鲜也派使问候或祝贺。朝鲜使节将出使清朝视为燕京(北京)之行,所以又称"燕行使"。

朝鲜使团在清朝的待遇比明朝还高,明朝规定使团在京驻留期限只有40天,而清朝无时间限制,一般在60天左右。清朝对朝鲜国内的国王继位、立储、封后、吊祭、赐谥等重大事务同样关心,常派使者前去致贺、慰问。频繁的使者往来,密切了两国关系。据统计,在1637年至1850年的200多年间,李朝以各种名义向清朝派遣了615次使节团,平均每年2.84次;同一时期(1636—1850),清朝向李朝共派遣使节团160次,平均每年0.74次。

⊙ 燕行使进入山海关

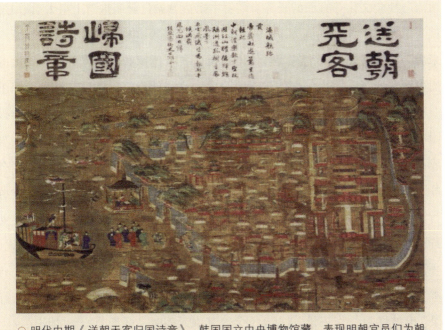

⊙ 明代中期《送朝天客归国诗章》，韩国国立中央博物馆藏，表现明朝官员们为朝鲜使节饯行的场面

　　这些频繁往来的使节团，不仅担负着外交使命，密切了两国的政治关系，而且加强了两国的文化交流。双方派遣的使臣，多是博学多才的文人儒臣，他们与彼国文人学士广为交游，切磋学问，结下了深厚的友谊，在中朝文化交流中起到了重要的桥梁作用。

　　朝鲜的燕行使可与日本的遣唐使相比，但比日本遣唐使的规模大得多，出使的次数也多得多，而且持续的时间长达500多年。

　　清代燕行使团所行路线多利用陆路，沿线所经过的主要城市依次是平壤、义州、鸭绿江、凤凰城、连山关、辽东、沈阳、辽宁、沙河、山海关、通州、北京等，途中需50—60天。这样，整个旅程（包括在北京的日子）需5个月左右。他们在北京的驻留时间一般为60天左右。朝鲜使团人员以私人身份与中国官员、学者乃至西方传教士进行广泛交流，游览书肆以及名胜古迹。

　　朝鲜十分注意了解中国的政局动态。出使的使节通常都负有了解中国政治、社会文化等方面的任务。朝鲜中宗遣尹希仁赴明进贺上皇太后尊号，就为他布置了详细的调查工作。中宗叮嘱"此等事非必强问，卿其随所闻来启"。到清代，入华的朝鲜使团规模更大，逗留的时间也更长，接触的面也更广泛了，因而他们的记录更全面。来华使臣们回国后往往要由国王召见，汇报有关中国的情况。尤其是书状官，必须将途中的见闻记录禀报国王；使团中的其他人员也私撰有关出使中国的记闻，它们多是用汉文写成，也有个别是用谚文（即朝鲜文）写作的。这些著述有些要报告朝廷，有些则著录成书，刊行于世。这些燕行之作，统称为"燕行录"。所以，"燕行录"按其内容可分为两类：一为朝鲜使节出使中国时，由书状官写给朝鲜官方，作为公文使用的誊录，相当于当时的情报，它的内容有固定格式，写得较为简略；二为其他参与燕行的私人私撰的游历记录，这部分以"刊本""写本"的形式出现，多出于私人文集中，其内容则较为多彩。"燕行录"也被称为"宾王录""朝天录"，其中元朝时高丽使节留下的记录称为"宾王录"，明朝时多称"朝天录"，清朝时的记录多称"燕行录"。

因此，"燕行录"是一系列关于燕京之行书的总称，而不是专指某一个朝鲜使团人员来华时的著述。书中文字的长短、卷数的多寡不同，具有体裁多样、作者层次广、年代跨度大的特点。其体裁有日记、诗歌、杂录、记事等，其作者包括朝鲜派往中国的正、副使和书状官，以及使节团中一般的随员，著名的学者有朴趾源、李德懋、洪大容、柳得恭等，这些人也是朝鲜历史上"北学派"的著名代表人物。

"燕行录"在内容与时间上都覆盖极广。朝鲜使臣自凤凰城边门入境，从中国东北到北京，一路所见，往往都有记载。如金景善的《燕辕直指》，从出疆开始，按所经之处，分别立题标目，介绍各个重要的场所，对北京地区的介绍尤其详尽。其中既有大量的如《琉璃厂记》《回子馆记》《畅春园记》这样的专题杂记，又有不少如《北京风水》《城郭市肆》《人物谣俗》这样的综述。除了记载路途、使行人员、贡品和沿路所见的风景，对中国当时的政治、经济、文化、社会风俗都有详略各异的记述。中国的时政、著名人物、藩属外交、边境贸易、商人市集、士人科举以及婚丧风

⊙ 韩国首尔显忠祠（原慕华馆），朝鲜国王曾在这里迎接中国使臣

俗，都是记述较多的内容，从这些内容的侧重点也可以看出，当时的朝鲜学者对中国社会各个方面都非常感兴趣。"燕行灵"是外国人对中国认识的第一手资料，因而具有相当的真实性，是研究清代中国社会历史情况的宝贵资料，在很多方面都可以弥补中国史料的不足。

　　燕行使是世界外交史上曾经存在过的一种十分特殊的现象。在大约500年间，他们基本上是沿着同一条道路往返于汉城（今韩国首尔）和北京之间。如果考虑到高丽时代以前的情况，其历史还会更长。"如果将燕行使视为世界历史上的特殊现象，燕行录则当然也在世界的旅行记中占有独特的位置。即在大约500年甚至更长的时间内，在汉城和北京之间使用同样的路线往返的旅行者写下了数以百计的相似的旅行记。……在500多年的时间里，留下了极多的内容雷同的外国旅行记，并形成了一个独特的门类，这在世界历史上是十分特异的现象。"①

　　① ［日］夫马进著：《朝鲜燕行使和朝鲜通信使——使节视野中的中国·日本》，伍跃译，上海古籍出版社2010年版，第192页。

　　和历史上的中朝关系一样，李朝与明清两朝的使节往来，还兼有官方贸易的性质。这一时期两国间的民间贸易远不及宋元时代发达，因而官方贸易显得尤为重要。官方朝贡贸易包含两个层次的贸易活动：

　　一是朝贡和回赐。李朝国王对明廷或清廷的"朝贡"，包括定期的"年贡"和不定期的"贡物"和"礼品"，明廷或清廷对李朝王室的"回赐"也有例行的和"特赏""特赐"的区别。这个层次的贸易活动是在双方的宫廷范围内进行的，朝贡和回赐都是封建礼法制度下的特殊形式，必须遵循严格的礼法制度程式，其政治含义远大于经济方面的效益。

　　二是使团贸易，即由朝使团官员和商人进行的经济贸易活动。其中最重要的使团经贸活动是"八包"贸易。"八包"是为了解决使团成员的路费和贸易资金而允许携带的特殊商品。所有朝鲜朝贡使团都携带"八包"用以与中国商民交易。按照朝鲜向明朝朝贡时的旧规，朝鲜王廷发给使团官员们"八包"作为盘缠费用。"八包"以人参或其他各种土产货物的实物形式发放，明令不得携带白银。清代明而起后，由于清廷禁止人参自由买卖，朝鲜王廷将人参"八包"改为银两"八包"。朝鲜使团携带"八包"货品，进入北京后在会同馆等处开市，直接与清朝市民和商人进行买卖交换。朝鲜使团的经济贸易活动还包括"栅门后市""沈阳八包

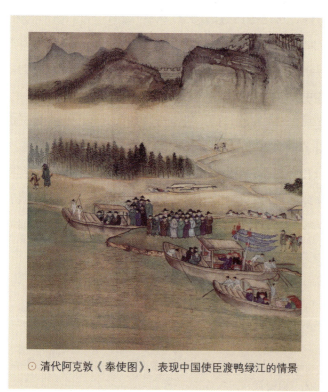

⊙ 清代阿克敦《奉使图》，表现中国使臣渡鸭绿江的情景

贸易"等，前者在使团进出凤凰城栅门时交易，后者由朝鲜官方组织商队随使团进入后，在辽东牛庄、沈阳等地交易，单独先期返回朝鲜。"八包"贸易是明清两代朝鲜使团的主要贸易形式。

在双边的贸易中，中国的产品大量输入朝鲜，也有许多朝鲜产品输入中国。

朝鲜每年都向明朝或清朝进贡。特别是每年正朝、节日、千秋，朝鲜都要进献方物。进献的贡品也有一定的规定。如《大明会典》卷一〇五公布了标准的朝鲜贡品清单，向明朝上的贡品有：金银器皿、螺钿梳函、白绵绸、各色苎布、龙文帘席、各色细花席、豹皮、獭皮、黄毛笔、白绵纸、人参等。还规定3年呈送50匹种马。还有没提到的定期要求的特别贡品，如牛、超过定额的马、棉布、制作武器的原材料、茶、胡椒、谷物等。

第三十一章　东方海上丝绸之路与日本

一、徐福东渡与东方海上丝绸之路

　　秦代，徐福两次率大规模船队东渡，都是从山东半岛启航到朝鲜半岛，再由朝鲜半岛南下至日本列岛。这可以认为，徐福船队的航线就是沿着春秋时期开辟的东方海上丝绸之路。有学者说，日本人民视"徐福是中国丝绸的传播者和开拓'东海丝路'的先驱"。

　　关于徐福东渡，中国的史籍记载说，秦始皇时，齐地方士徐福向秦始皇上书，要求率领童男童女到大海中的三神山求仙，访寻长生不老的仙药，以敬献秦始皇，得到秦始皇的允可。于是，徐福率数千童男童女和"百工"（即各种工匠和生产能手），携带部分生产资料泛海东渡，再没有回来。据说他们最后到达日本，给那里带去了先进的大陆文明，改善了当地人民的生活，提高了当地人民的物质文化生活水平。

　　徐福东渡是经过精心组织和策划，进行了充分准备的大规模移民活动。徐福所

⊙ 日本阿须贺神社徐福宫

⊙ 日本新宫市徐福公园内徐福像

带领的是一支人员配置齐全、装备精良的庞大的移民队伍。"百工"、五谷，是为了到达目的地后进行工农业生产，射手是为了对付沿途和日本当地土著的反抗，童男童女是为了繁殖后代。

《史记》记载，东渡的人有"三千童男童女"及众多工匠，而《义楚六帖》记载，"徐福将五百童男、五百童女止此国"。说明最后成功抵达日本的只有1000人左右。这一数字的变化不是误记。在去往日本的漫漫征途中，船队遇风吹散、折损的事情几乎是不可避免的。数以千计的男女可能被风所驱漂到沿途的海岛，其中也可能包括台湾岛以及琉球群岛。

关于徐福东渡日本止居不还的故事，其价值在于折射出一段文化交流的久远历史。在徐福的时代，即秦汉交替之际，确实有许多中国移民东渡到日本，他们有的就自称"秦人"（也有的移民到了朝鲜半岛南端，他们也自称"秦人"）。而且，这些"秦人"的自称与徐福团队"秦人"的自称，也有遥相呼应的意味。

那么，在当时的航海技术条件下，中国人泛海东渡日本是有可能的吗？齐国濒临大海，航海技术水平较高，是当时一个海上强国，所以齐国的方士对航海技术更为精通，故《史记》称："燕齐海上之方士传其术不能通……"意思就是说，这两个国家的方士，把航海技术全都垄断了。山东沿海一带的商人，在战国时就开始了海洋商业活动。在徐福等人以前，也许有人到达三岛，所以徐福他们才知道海外有三神山，因而引起他们寻找圣地的热望。正是山东沿海一带的商人，打通了与日本诸岛的商业通道。所以，从当时的航海条件来说，徐福出海是完全可能的。考古资料研究表明，秦代时我国已经能造出载重30吨以上的楼船，所以有学者认为，徐福东渡时使用的船也是楼船，可载百人以上。《史记》记载，徐福两次东渡，每次至少是几千人。以每船百人以上计，估计有几十艘，所以徐福东渡肯定是一支庞大的、浩浩荡荡的船队。

那么，他们是沿着一条什么航线驶向日本列岛的呢？学术界对此有"北行航线说"与"南行航线说"。"北行航线说"认为，徐福率船队从琅邪出发后，沿辽东半岛南、朝鲜半岛西的海岸线，穿过对马海峡，到达日本北九州和歌山等地。这种说法实际上和东方海上丝绸之路的航线大体相当，所以有人把徐福看作东方海上丝绸之路的先驱者和开辟者。"南行航线说"有两种意见：一是从山东半岛的青岛、成山头或芝罘横渡大海，经朝鲜半岛南部到达日本九州等地；二是从苏北沿海诸港口（出发港意见不一）横渡黄海，或至朝鲜半岛穿过济州海峡抵达日本九州，或直达日本。

我国学者孙光圻根据中日之间的地理条件与海洋条件、秦代中国航海工具与航海技术水平以及中日两国的考古学成果等方面的研究，提出徐福船队东渡的可行性航路。他认为，徐福船队可能是在山东半岛东岸的琅邪港起航，取沿岸北上的航路，先经由灵山湾、胶州湾，再折向东北抵达山东半岛东端成山头，然后向西航行，沿山东半岛北岸，驶达另一古代大港芝罘。这一段航路正是春秋战国以来的环山东半岛的传统航路。接着，他们可能从芝罘港沿山东半岛北岸驶达蓬莱头，再从蓬莱头经庙岛纵渡渤海海峡，抵达辽东半岛南端的老铁山。继而，沿岸东航至鸭绿江口，再沿西朝鲜湾南下，驶达朝鲜半岛东南部海岸的釜山、巨济岛一带。接着，他们从朝鲜半岛东南沿岸出发，趁北风举帆南驶，渡过朝鲜海峡西水道（釜山

⊙ 日本新宫市徐福上陆地碑

海峡）而至对马岛而至北九州海岸，再由关门海峡驶进濑户内海，沿大阪湾南航入纪伊水道，最后抵达熊野滩。[1]

　　从上述徐福东渡的可行性航路来看，古代中国人去日本，都是从陆路去朝鲜半岛或沿朝鲜半岛海岸航行，然后再由朝鲜半岛南端渡日本海而达日本列岛。在韩国的南部有徐福的遗迹。在朝鲜半岛南部的庆尚南道南海岛商州里锦山中部山麓的面海岩石上，刻有"徐市起礼日出"的文字，刻面为1平方米。19世纪朝鲜学者吴京认为，这是汉字初期阶段的象形文字。其中，"徐市"即徐福。20世纪80年代中叶，在与此岩刻仅隔一山的一个石洞里，又发现了一幅壁画，上面画动物、船只以及人物形象，洞外刻有脚印，小路旁还有象征太阳的画面。韩国学者黄龙浑在《亚洲的岩画》中援引当地的"乡土传说"指称："这一岩刻画是秦始皇听得徐市之言，派使者来朝鲜半岛求长生不老之仙草，返回时刻上字样的。"上述岩画遗迹提示了徐福入海至朝鲜半岛南部具有物证存在的可能，徐福入海东渡日本并不是盲目地漂流，先至半岛南部是他已经知晓的渡海航路。

---

① 孙光圻著：《中国古代航海史》，海洋出版社1989年版，第149—156页。

在庆尚南道巨济岛卧岘里有一处"徐福留宿地"，据说徐福带领"三千童男童女"从南海金山到达巨济海近港，再途经济州岛西归浦，最后到达日本八女市。在济州岛的朝天浦岩石上，刻有"朝天"二字，在正房瀑布的石壁上有"徐市起礼日出"的摩崖石刻，传说与徐福经此有关。朝天浦在济州岛北部海边，传说徐福一行从中国出发，在朝天浦登陆，在海边的岩石上刻下了"朝天"两个大字。徐福从朝天邑上岸后，率童男童女登上瀛洲山（今汉拿山）寻找不老草。徐福在此山找到的是"岩高兰"，就是今天的"灵芝"或"芝草"。汉拿山至今流传着《徐福采药》《雪门台婆婆及500个儿子》的故事。这与徐福率500名童男童女东渡的传说极为相似。徐福一行从瀛洲山上下来，经过正房瀑布时，惊异于这里的美景，便在该处刻下了"徐市过之"4个大字。后人在他离开时的渡口，留下富有诗意的地名"西归浦"。尔后再由西归浦启航返回中国。在韩语中，"西"字与"徐"字的发音基本相同，所以"西归浦"也可以称为"徐归浦"。这同司马迁《史记》记载徐福至少两次东渡相吻合。另有一说为徐福从西归浦启航西归的途中，又折往东行，抵达日本。

韩国的徐福遗迹可以说明，早期沿着朝鲜半岛海岸航行去日本的航线可能是存在的。

⊙ 日本新宫市徐福公园

⊙ 韩国济州岛正房瀑布（徐福登岸处）

　　那么，从朝鲜半岛到日本之间的航路是怎样的呢？早在远古时代，日本与朝鲜之间，不但有航路，而且往来相当频繁。古代朝鲜与日本之间有两条主要航路。一是从古时的辰韩到达日本山阴、北陆地区的一条航路，即"日本海环流路"。在日本海有一向左流动的环流。这条航路，是利用海流的，也可以说是半漂流性的航路，而且只能单程航行，但正因为它是利用海流的自然航路，在造船和航海技术都还不发达的远古时代，它就是从朝鲜航行到日本的最方便的航路。正因为日本海环流航路是自然航路，很早就通航了，大陆上的人们经由这条航线三三两两地到达日本。与此同时，中国的文化也经由这条航路很早就传到日本。另一航路是从弁韩、辰韩地区，中经对马、远瀛（冲之岛）、中瀛（大岛），到达筑前的胸形（宗像）一线，称为"海北道中"或"道中"。日本很早就称朝鲜为海北，所谓"海北道中"就是到朝鲜去的道中的意思。这是一条往返的交通线，它的开通可能稍迟于日本海环流线。但在远古时代，它是日韩之间最重要的一条交通线，可能就是大陆上的人们前往日本的交通干线。

另外有的学者认为，在公元前3世纪弥生时代开始之前，远古日本同外界已经有了几条较为固定的海上交通线：

（1）从中国中原地区经东北到朝鲜半岛，然后渡朝鲜海峡到达日本。

（2）从北亚到库页岛，然后渡海到北海道。

（3）从中国长江口渡过东海到达九州地区。

（4）从东南亚经琉球群岛到达九州地区。

二、遣唐使：东方海上丝绸之路的壮丽篇章

在东方海上丝绸之路上，最壮丽的篇章是日本的遣唐使船持续200多年的航行。日本的遣唐使们，在茫茫的大海上，不畏艰险，乘风破浪，前赴后继，上演了波澜壮阔的中日文化交流的历史活剧。

遣唐使活动的序幕是日本向隋朝派遣的遣隋使。据《隋书·东夷传》记载，隋文帝开皇二十年（日本推古天皇八年，600），日本第一次遣使于隋。隋文帝令有关部门的官员同使者交谈，详细了解日本的风俗政情，并亲下"训令"。这一年日本使节在隋都的活动，应看作隋朝与日本之间正式往来的开始。

607年，即隋炀帝大业三年，日本推古天皇十五年七月，圣德太子派遣大礼小野妹子（中国史书称"苏因高"）为使臣，鞍作福利为通事，组成遣隋使

⊙ 遣唐使船模型

团。使团于第二年（608）三月抵达隋都洛阳。小野妹子拥有"冠位十二阶"中最高的"大礼"职位。圣德太子任他为遣隋使，表明对中国邦交的重视。

小野妹子来华时，正值隋炀帝迁都洛阳不久。当时，隋炀帝派遣使臣招抚诸国，一时来隋朝贡者有30余国。小野妹子抵达洛阳，对于洛阳的繁华，不禁"瞠目惊视"。

小野妹子受到隋朝廷的热情接待。但他呈递的国书以"日出处天子致书日没处天子，无恙耶"为首句，隋炀帝览此不悦，以为一个东夷小国，竟敢与隋分庭抗礼，措辞不逊，用字僭越，乃谓鸿胪卿说："蛮夷书有无礼者，勿复以闻。"后经日使再三解释，以日本粗学汉字、不善文章为辞，不但得到谅解，且"犹怪其意气高远，遣裴世清等十三人"为答礼使回访日本，以示泱泱大国之恢宏气度。

隋炀帝命鸿胪寺掌客、文林郎裴世清为使臣，组成13人的使团，与完成外交使命东归的小野妹子等一道赴日。途经百济，于当年四月抵达筑紫（在今日本九州北部），日都飞鸟宫廷为之震动。圣德太子遣难波吉士雄成赴筑紫迎接，又命在难波（即大阪）高丽馆之上方建造迎宾馆。六月十五日，裴世清等抵达难波，即日由30艘彩船迎入宾馆。裴世清等人八月三日进入日京。是日，日本朝廷特遣经过精心挑选、人马上下一新的骑士75人远至海石榴市相迎，行列极盛，光彩照人。天皇又遣小德阿辈台率数百人，设仪仗，鸣鼓角来迎。八月十二日，裴世清入朝觐见，自圣德太子以下诸王诸臣都头戴金髻花，身穿锦紫绣织及五色续罗鲜服，接见仪式非常隆重。隋使向天皇献方物，呈国书。

据记载，推古天皇与隋使相见，非常喜悦。天皇称中国是"礼仪大国"，希望了解中国的"维新之化"。这里的"维新之化"当指隋朝统一中国后实施的包括振兴佛教在内的新政和文教事业。裴世清回答说："皇帝德并二仪，泽流四海，以王慕化，故遣行人来此宣谕。"（《隋书》卷八一《东夷传·倭国传》）于是，天皇命设国宴于朝，热情款待隋使。

九月十一日，裴世清自难波启程回国，日朝廷又遣小野妹子为大使、吉士成雄为小使（副使）、鞍作福利为通事，同行赴隋。是即第三次遣隋使。随同入隋的还有留学生和学问僧8人。他们大约在当年冬抵达隋都。小野妹子这次携来圣德太子亲拟的国书：

> 东天皇敬白西皇帝，使人鸿胪寺掌客裴世清等至，久忆方解。季秋薄冷，尊候何如。想清念，此即如常。今遣大礼苏因高、大礼乎那利①等往，谨白不具。（《日本书纪》卷二二《丰御食炊屋姬天皇》）

圣德太子在这份国书中以"东天皇"对称"西皇帝"，表达了对隋朝坚持对等外交的态度。虽然他一贯向往中国文化，积极主张学习吸取，但同时又始终尊重国家体面，主张与中国平等地进行交流往来。小野妹子一行于第二年（609）九月回国，但鞍作福利则留隋未归。

614年（隋炀帝大业十年，日本推古天皇二十二年），日本派大使犬上御田锹、副使矢田部造率遣隋使再度来华，同行的还有留学生和学问僧数人。这是第四次遣隋使。

入唐以后，日本向中国派遣的使团称为遣唐使。遣唐使是前朝遣隋使活动的继续，但又不是简单的重复遣隋使。无论是规模、组织、活动范围，还是所产生的影响，遣唐使都远远地超过了遣隋使。

推古天皇三十一年（623），当年随遣隋使一同赴华的留学生楼汉直福因和学问僧惠齐、惠光、惠日等搭乘新罗使船返回日本。惠日等人即向朝廷奏言："留于唐国学者，皆学以成业，应唤。且其大唐国者，法式备定之珍国也，常须达。"主张与唐王朝加强往来，并建议把已经学成的留学生、学问僧召回国，让他们在国内的政治、经济、文化各个领域发挥作用，实现以大唐国为蓝本来建立"法式备定"的天皇制国家的理想。这些留学生和学问僧的归国，进一步激起了日本朝野发展中日交通，全面学习和移植中国文化的愿望和热情，为遣唐使的派遣创造了社会氛围。惠日的上奏，

---

① 乎那利是"雄成"的音译，即吉士雄成。

促使日本天皇下定决心派出遣唐使，并把派遣唐使一事视为事关国家兴衰的战略举措予以高度重视。

日本第一次正式派出遣唐使是在630年（唐太宗贞观四年，日本舒明天皇二年），从这时起一直延续到894年（唐昭宗乾宁元年，日本宇多天皇宽平六年）停止派遣，前后历日本26代天皇，达264年之久。在这期间，日本朝廷共任命遣唐使19次。不过，在这任命的19次中，因故中止的有3次，实际入唐的共计16次。其中有一次仅抵百济，有两次系为送回唐

⊙ 福江岛遣唐使船寄泊地

之来使而任命的"送唐客大使"，另有一次为入唐日使久客未归，特派使团前往迎接的"迎入唐大使"。这几次都负有特殊任务，驻留期较短，与一般遣唐使性质不同。所以名副其实的遣唐使共计12次。

中日学者一般把遣唐使活动分为四期：

第一期，舒明天皇二年（630）八月，日本朝廷派出第一个遣唐使团，长达264年的遣唐使活动自此开始。朝廷选任曾为第四次遣隋使大使的犬上三田耜（犬上御田锹）为正使、遣隋学问僧药师惠日为副使，于第二年十一月抵长安入朝贡献。"太宗矜其道远，敕所司无令岁贡。"（《旧唐书》卷一九九上《倭国传》）日使在唐近两年，广泛接触各方面人士，深入了解唐朝的情况，学到许多新知识，于632年秋东归。太宗特遣新州刺史高表仁持节访日。同年秋八月，高表仁一行与犬上三田耜遣唐使途经新罗赴日，在新罗送使的陪同下抵达对马，日本朝廷闻报，立即准备迎接。

冬十月，高表仁等到达难波津，日廷派专员相迎，港湾列彩船32艘，旌旗飞扬，鼓乐喧天，场面极其热烈。但后来高仁表"与王争礼不平，不肯宣天子命而还"（《新唐书》卷二二〇，《东夷传·日本传》）。其所争之"礼"，可能是让日本国君以藩王身份听诏之类，故引起麻烦。尽管如此，翌年正月唐使归时，日廷仍遣护送使团送至对马。唐日邦交关系即已开始。

645年，日本朝廷内部的革新派发动宫廷政变，开始"大化改新"。大化改新及其以后的仿唐改革是与中日密切交往和日本积极学习中国紧密联系在一起的。为了及时吸收中国的先进文化营养，移植中国先进的律令制度，日本朝廷更加主动地与唐朝交往。在颁布《改新之诏》的当年（646），日本就向与唐朝关系特别密切的新罗派去了以高向玄理为首的高级别使团，大化四年（648）又赴新罗入唐使奉表。此后，日本朝廷分别于孝德天皇白雉四年（653）、白雉五年（654）和齐明天皇五年（659）正式派出遣唐使，每次使团的规模都在200人以上。史家一般以前4次遣唐使为第一期遣唐使，其间唐使赴日1次，日本另赴新罗使奉表1次。

第二期，7世纪中期，中日两国在百济发生了第一次战争。唐高宗龙朔三年（663）八月下旬，唐将刘仁轨指挥唐军与日军决战于白村江（今锦江）口，大获全胜。战后10年间，唐朝廷两次遣使赴日，百济镇将4次遣使赴日，日使至唐都2次，至百济镇将处1次，一般将这几次日本派往中国的使团列为第二期遣唐使。

第三期，8世纪上半叶出现了日本遣唐使的高潮。在8世纪上半叶的50余年间，日本分别于文武天皇大宝元年（701）、元正天皇灵龟二年（716）、圣武天皇天平四年（732）和孝谦天皇天平胜宝二年（750）4次派出遣唐使，使团规模比以往更加庞大，有的多达500多人。一般把这一时期列为第三期遣唐使。在此期间，中国唐朝和日本奈良朝都处在自身发展的黄金时代，中日两国的友好邦交和经济文化交流活动也空前高涨。两国交流了众多优秀人才，其中鉴真、玄昉、吉备真备、阿倍仲麻吕（晁衡）、藤原清河（河清）、袁晋卿等都是贡献较大、名垂青史的人物。这一时期正当唐朝中宗、睿宗、玄宗的治世，唐朝文化达到极盛时期，日本则已不再满足于前代那样单纯形式主义的模仿，而是处于进一步深入探索其真髓、彻底汲取而意气风发的时期。因此，遣唐使一行的组织确定了，规模也扩大了，仪容也整饬了，可以说这是遣唐使的最盛时期。日本天平时代文化的繁荣，在很大程度上应归功于这一时期的学问僧和留学生。

第四期遣唐使从8世纪下半叶至9世纪末。这一期间，有3次任命而因故未能成行，另有一次迎入唐大使使团和一次送唐客使。正式的遣唐使有3次，即光仁天皇宝龟八年（777）、桓武天皇延历二十三年（804）和仁明天皇承和五年（838）派出的遣唐使。这一期的遣唐使，其组织、规模与前期相同，或者有所超过，表面看来很盛大，实则可以说是衰落时期。因为这时唐朝正是安史之乱以后，百姓颠沛流离，文风逐渐衰颓。日本则是凡可汲取的唐朝文化已大致汲取，日本文化处于即将萌芽的时期。因此，前代那样的意气风发已不见了，只是作为祖传的成规完成任务而已。所以日本对遣唐使缺乏热情，遣唐使任命以后，一再中止、改变，留学生和学问

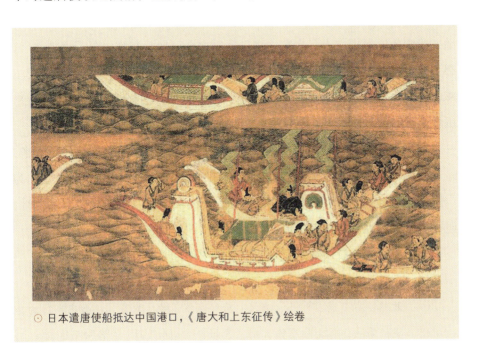

⊙ 日本遣唐使船抵达中国港口，《唐大和上东征传》绘卷

僧的留学期间也很短，一般是一两年，很少有超过五年的。所以这一时期各次遣唐使的间隔时间越来越长，比如第十八次是在仁明天皇承和元年（834）正月任命，距前一次相隔33年之久。而第十九次，也是最后一次遣唐使在宇多天皇宽平六年（894）八月任命，距离前一次已相隔了整整60年。经过前几期遣唐使的派遣，日本方面苦心钻研，吸取盛唐时期的典章法令、文化艺术等精华，从而使日本自身的文化逐渐发育成熟，所以此时向唐学习的热情大不如前，缺少了当年如饥似渴的迫切心情。而从唐朝的情况看，自安史之乱后，大唐盛世不再，内乱频仍，社会凋敝，内有宦官专横、节度使跋扈，外有回纥、吐蕃、南诏的侵扰，百姓流离失所，经济衰退，治安紊乱。凡此种种，唐朝对于日本已失去了吸引力。

宇多天皇宽平六年（894）八月，天皇任命菅原道真、纪长谷雄为正、副使臣，组织第十九次遣唐使团。道真奏称，据在唐游历的日僧中瓘报告，唐朝国势危殆，前途凶多吉少，且渡海艰难，请重新考虑。天皇命公卿、博士详议。第二年（895）遂罢遣唐使。至此，延续两个半世纪的遣唐使之举无论是在实际上还是在名义上均告结束。

遣唐使是中日文化交流史上最灿烂的一章，也是世界文化史上的辉煌壮举。遣唐使的规模之大，次数之多，历时之久，冒险犯难、艰苦牺牲之巨，都为世所罕见。遣唐使以他们的满腔热情和血肉之躯，在茫茫大海上架起一座中华文化全面向日本传播的大桥，为促进日本文化的全面繁荣做出了突出贡献。所以，在日本文化史上，遣唐使也是日本民族深刻的文化记忆。

在初期遣唐使时，每次都是两艘使舶，每舶搭乘120人左右。后来，随着使团人数的增加，每次分成4艘使舶，故在日本和歌中称遣唐使舶为"四舶"。这些遣唐使舶都是利用风力航行的帆船，但在难以利用风力时，便摇橹驶船，因而需要很多水手。

遣唐使的往返航路在不同时期也有所变化。主要有三条航路：

> 北路：循筑紫、对马、百济（后经新罗）横渡黄海，在山东半岛的登州、莱州登陆，再由陆路循青州、曹州、汴州（开封）、洛阳而达长安。

南岛路：从筑紫的博多起航，沿九州的西岸南下，从萨摩循种子岛、屋久岛、奄美大岛前进，在此附近横渡东中国海，指向长江下游，多在明州（宁波）登陆，然后经由扬州，通过大运河至汴州，西进而达长安。

南路：从博多出航，抵平户或值嘉岛（五岛列岛）暂泊，等待顺风，横渡东中国海，指向长江口岸或杭州湾附近，在楚州（淮安府）、扬州、明州等地登陆。

初期的遣唐使多走北路。因为北路是沿朝鲜半岛西南海岸北上，经辽东半岛渡黄海至山东半岛，基本上是沿遣隋使开辟的路线航行，相对来说还比较安全。但7世纪中叶以后，朝鲜半岛局势变化，唐安史之乱造成藩镇割据，北路受阻。所以，到了第三期遣唐使时代，便改走南岛路。南岛路航线虽短，但所经海面变幻莫测，所遇风险远远超于北路。经由南岛和走北路一样，需要颇多航海时日，还必须冒横渡东中国海的危险。于是似乎考虑到，既然同样冒险，不如从筑紫直接横渡东中国海。所以从第四期遣唐使时代，又新开辟了一条航路，即南路，先从筑紫的博多出发，到达值嘉岛，在那里一旦遇到顺风，就直接横渡东中国海。此航线虽距离最短，但所遇风险也最大。不过，遣唐使的航海技术也日益提高。沿南路，只要顺风，用不了10天时间就可抵达中国海岸。因此，南路航线长期为后代日本人所沿用。日本文献《安祥寺惠远传》中记载，唐会昌二年（842），海商李处人的唐舶载日本学问僧由日本值嘉岛出发，经6天抵达浙江温州。又据《安祥寺惠远传续后记》记载，唐大中元年（847）六月，海商张之信的唐舶自明州望海镇启航，仅用3天时间即到达日本的值嘉岛，为当时南道最快的航船。这是中日间最为便捷的航线，日本遣唐使在后期也多利用这条航线。

遣唐使团离岸西行，漂泊于茫茫大海，历尽艰辛。遣唐使一行以日常不习惯的干粮、生水勉强充饥，同时经受风吹雨打，波浪颠簸，在海上连续航行数十日，甚至数月，而且行程大都是在六七月最炎热的时候，中途病死的不在少数。

不仅如此，遣唐使在往返途中还多次遭遇风浪而颠覆漂流。在十几次遣唐使中，有6次遣唐使全军覆没葬身于大海，有2次遭遇船难，只有部分人侥幸回国。日本学者研究，遣唐使船前后共派船只48艘，其中有12艘沉没海底，平均每4艘中就有1艘遇难。653年，由高田根麻吕大使率领的第二次遣唐使团出国离港后不仅即遭遇风暴，其中一艘船在萨摩郡（今鹿儿岛县）沉没，船上只有5人死里逃生，死亡115人。659年，以坂合部石布、津守吉祥为正、副使的第四次遣唐使行至百济时横遭逆风，坂合部石布所乘的第一舶漂流至尔加委岛（南岛），大使等百余人被岛人所害，仅5人盗取岛人船只勉强到达中国括州（今属浙江丽水）。

第三期遣唐使改走南岛路后，几乎每次都遇到灾害，平安往返的似乎只有717年的一次。778年，第十五次遣唐使回国，第一舶遭风浪袭击，船体被截成两段，唐使赵宝英等25人、日使小野石根等38人遇难，其余近百人分乘船头、船尾，勉强漂到日本；第四舶漂至耽罗岛，判官海上三狩等被岛上居民拘留。至后期的第十七次使节入唐时，第三舶于近海沉没，第四舶漂流不知去向，第一舶漂流一个多月才到达福州的一个村庄，只有副使石川道益乘坐的第二舶算是顺利到达明州，而副使本人又客死他乡。第

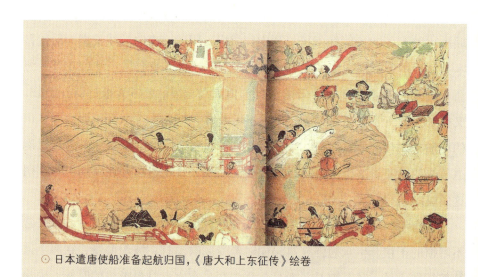

⊙ 日本遣唐使船准备起航归国，《唐大和上东征传》绘卷

十八次遣唐使，更是屡经磨难，九死一生。834年入海后即遭风袭击，第三舶百余人丧生，其余幸而漂回九州海岸。翌年再度入海，船又被风吹回。至838年第三次西渡总算成功。回国时因使船破损，不得不分别搭乘在唐的新罗船只。这次遣唐使从任命到使团成员全部归国，历时6年半，赴唐时3次渡海，归国时5拨靠岸，第二舶归途被风吹至南海"贼地"并遭"土贼"袭击，种种周折之多实为中日交通史上所罕见。

遣唐使船屡遭风波之险，主要是由于当时的造船和航海技术还不发达，特别是还没有充分掌握关于中国东海的气象知识。所以，每次出海西渡，都是一次前途未卜的冒险旅行。中日两国素有一衣带水之说，以现代眼光来看不过四五百海里的距离，一两天的路程算不得遥远，更谈不上艰险。但是，当时的日本虽为海洋国家，造船航海技术非常低下。据史料记载，日本的使唐船舶不过是把大树锯成方木之后，用铁片连在一起，木缝之间塞上一种细草。整个船舶既无铁钉固定，更无桐油等物密封，而且船底也不像是现代海船那样呈V字形。这种船舶防漏性能很差，不能劈波斩浪，一遇大风大浪很容易解体或倾覆。不仅如此，由于不了解海洋潮流和信风的规律，还常常遭遇顶风逆流，导致迷航、翻船，而且长期在海上漂泊，还要忍受严酷的生存条件，许多人由于饮食失调、酷热冷雨而染上疾病不治身亡。所以，遣唐使每一次出使唐朝都是生死难料，一入大海，就像走向战场，要与惊涛骇浪搏斗，随时都有生命危险。

但是，为了学习和移植先进的大唐文化，推动本民族文化的发展和繁荣，遣唐使们不畏艰险，做出了重大牺牲。因此，当时日本人往往把遣唐使出行视为英雄所为、悲壮之旅。

三、鉴真：东方海上丝绸之路的文化英雄

在唐代的中日交流中，佛教的交流是最重要的内容之一。其间有许多日本僧人到中国学习佛教，回国后传播中国化的佛教，如空海、最澄等人，为佛教东传做出巨大贡献。随着中国佛教文化的东传，日本的佛教也逐渐

兴盛起来。此外，也有一些中国僧人到日本传播佛教，其中鉴真大师是最著名的人物。

日本天平五年（733），元兴寺隆尊托舍人亲王转奏天皇："于我国中虽有律，未闻传戒人。幸簉玄门，叹无戒足。"建议到大唐聘请高僧，也同中国一样，非经"三师七证"不能入道，不可取得僧籍。天皇立即准奏，将礼请传戒师的使命交付给荣睿、普照两位法师。同年，荣睿、普照二人肩负着"随使入唐，请传戒师，还我圣朝，传授戒品"的使命，随第十次遣唐使一道入唐。当时唐玄宗正住在东都洛阳，即令两位日本僧人禅居东都福先寺，并由福先寺住持僧人定宾大师给他们二人授戒。3年以后，荣睿、普照祈请洛阳大福先寺高僧道璇赴日本弘法传戒。请去道璇以后，荣睿、普照仍感不尽其意，继续在中国游学，访求戒律名僧。唐天宝元年（742），荣睿、普照在中国已经10年了，他们始终不忘请师传戒的使命，为此做了许多努力。他们托宰相李林甫之兄李林宗写信给扬州仓曹李凑，请他造船备粮，以备东渡，同时邀请了西京僧道航、澄观，东都僧德清，高丽僧

⊙ 鉴真坐像，日本奈良唐招提寺御影堂藏

如海，与日本同学僧玄朗、玄法同下扬州，礼请闻名江南的鉴真大师。

扬州在当时是一个十分繁华的城市，不但在国内占有很重要的地位，在国际贸易和对外关系上也是个很重要的城市。鉴真（688—763）生于扬州江阳，16岁时出家，神龙元年（705）从光州道岸律师受菩萨戒。景龙元年（707），游学东都洛阳，继入西京长安。次年，在

长安名刹实际寺随弘景禅师受具足戒。这两位律师都是当时的律宗大德。鉴真受了这些名师的熏陶，数年之间便通达了三藏教法。融济是南山道宣的高足，义威是道岸的弟子，大亮是法砺弟子满意的法嗣。这些师承关系和律学修养，是鉴真后来在传持律学上能有重大成就的因缘。开元二十一年（733），鉴真46岁。这时他已经学成名立，于是自长安回到扬州，先后10年间在江淮地区讲律传戒，声名远播，成为当时独步江淮的律学大师。《宋高僧传》说他有著名弟子35人，各自倡导一方，共弘师教。他同时建造了许多寺院和佛像，书写3部大藏经，各11000卷。经他剃度得戒的共有4万余人。至荣睿、普照到扬州礼请时，鉴真早已是江淮一带远近闻名的授戒大师。

荣睿和普照抵扬州时，鉴真正在大明寺（法净寺）为众僧讲律。二人赶到大明寺拜见鉴真，具述请求东渡之意。鉴真回答，日本是"有缘之国"，便问弟子们有谁愿意应请到日本国去传法。众人默然良久，无人对答。弟子祥彦说，日本和中国隔着大海，路途危险，前往者很少能够安全到达，而我等"进修未备，道果未克"，所以大家不敢表示。鉴真说："为是法事也，何惜生命？诸人不去，我即去耳！"

⊙ 鉴真第二次东渡准备出发，《唐大和上东征传》绘卷

在鉴真的激励之下，他的弟子祥彦、道兴、道航、思托等21人也愿同心随行，自此开始了史无前例的历时12年的6次东渡之壮举。这时鉴真已年55岁。荣睿、普照自此作为鉴真的得力助手，积极佐助、筹划东渡。

唐玄宗天宝元年（742），即荣睿和普照赴扬州礼请鉴真的当年，鉴真一行便筹备首次东渡。但计划随鉴真东渡的僧人中，道航和如海发生争论。道航以为："今向他国，为传戒法，人皆高德，行业肃清。如海少学，可停却矣！"如海大怒，于是告到淮南采访使，说道航"造船入海，与海贼连"。可能当时海盗为患，所以淮南采访使班景倩听到如海报告大为惊骇，遂捕去了日本僧和道航。后经调查证明如海诬告而将他们释放，但采访使最后决定："今海贼大动，不须过海去！"于是将鉴真一行准备渡海的船只没收。鉴真首次东渡遂告失败。

天宝二年（743）十二月，鉴真又准备二次东渡。他以80贯钱向岭南采访使刘巨鳞买了艘军用船，率荣睿、普照、祥彦、思托等17位僧人，还招募了玉工、画工、铸写、雕律刻镂、绣师等技术人员，共85人，携经书、佛具、药品和干粮，举帆东下。驶至余姚郡狼沟浦一带时，遭暴风袭击，船只破损，只得靠岸等待时机。一个月后船只修复，他们出发再航，不料离岸不久，船又因触礁而损坏，众人被困岛上，水米俱尽，3日后获救，被余姚太守安置在宁波阿育王寺。在此后一年间，鉴真巡游越州、杭州、湖州、宣州等地，为众僧讲律受戒。众僧见大师年事已高，不忍他再受颠簸之苦，向官告荣睿诱大师欲往日本，致使荣睿被捕。第二次、第三次东渡均告失败。

荣睿、普照为邀请鉴真东渡，历尽千辛万苦，而"坚固之志曾无退悔"。鉴真被他们的真诚所感动，因此不久便又准备第四次下海东渡。天宝三载（744），弟子法进等先行福州置办船只和所需食粮用品，鉴真率祥彦、思托等30余人以巡礼天台山国清寺为由，先上天台，后辗转去了福州。留在扬州的鉴真弟子灵佑与诸寺僧出于对大师的爱护，不愿他远适异域，于是商议说："我大师和上发愿向日本国，登山涉海数年艰苦，沧溟万里，死生莫测，可共告官，遮令留住。"申请采访使下牒诸州，派遣差使，

⊙ 鉴真抵达日本难波后受到欢迎，《唐大和上东征传》绘卷

追踪到临海郡，令所经官府和寺院"勿令更向他国"，采取了严密防护措施，将鉴真迎回扬州。《唐大和上东征传》记载，当时诸州道俗，闻大和尚还至，竞来供养庆贺，独大和尚忧愁不乐，呵责灵佑，数月不见笑容，灵佑和诸寺负责人不断忏悔礼谢，始勉为开颜。这是第四次东渡受挫。

天宝七载（748）春，鉴真一行做第五次渡海的尝试，同行僧俗水手35人。行至狼山附近遇飓风，在茫茫大海中漂流14天，备尝艰辛，几至绝境。后来至越州界三塔山和暑风山各停住1月。再行启航，不久怒涛又至，在海上漂流14日，经过无数险阻，一直漂泊到海南岛南端延德郡（振州）才脱离险境。这样，第五次航海又失败了。在海南岛，鉴真一行受到当地地方官冯崇债的招待供养，并在他的护送下，取道广西、广东、江西、江苏而回扬州，经陆路1万余里。这次东渡损失很大。由于长期的奔波劳顿和酷暑的折磨，鉴真双目失明。迎请鉴真东渡的荣睿和决心相随的弟子祥彦也先后在途中病逝。

但这些打击并没有动摇鉴真东渡弘律之志。天宝十二载（753）十月，日本遣唐使藤原清河在阿倍仲麻吕的陪同下来到扬州，礼拜鉴真大师。他们向鉴真表示："弟子等早知和上五遍渡海向日本国，将欲传教，今亲奉颜色，顶礼欢喜。……愿和上自作方便。弟子等自有载国信物船五舶，行装

⊙ 日本官员纷纷前往东大寺礼拜鉴真,《唐大和上东征传》绘卷

具足，去亦无难。"扬州僧俗都不愿大师以年近古稀高龄再冒风涛之险，一再挽留。但鉴真决心已定，一切阻挠、困难都在所不计。这次搭乘日本使船出发，事先做了周密布置，避免了道俗的拦阻，是时日僧普照也从余姚赶来同行。终于在这年十一月十五日率弟子38人随遣唐使舶东渡。藤原清河所乘第一舶遇海难漂至越南，后又返回长安。鉴真一行所乘的是副使大伴古麻吕的第二舶。他们于十一月十六日从长江口的黄泗浦出发，二十一日东南漂到阿儿奈波岛（今冲绳），十二月六日启碇，七日到益救岛（今屋久岛）。十八日离益救，二十日抵九州南部的萨摩国阿多郡秋妻屋浦（今鹿儿岛川边郡坊津町秋目），正式踏上日本领土，终于实现了12年来东渡弘法的心愿。

鉴真一行在踏上日本国土后，稍事停留，便启程去都城奈良，沿途受到各地高僧和官员的热情欢迎和款待。日本天平胜宝六年（754）二月，鉴真一行抵达奈良，被安置于东大寺。唐僧道璇、印度僧婆罗门菩提僧正及宰相、右大臣、大纳言等朝廷官员前来礼拜。天皇派吉备真备前来宣诏：

大德和上，远涉沧波，来投此国，诚副朕意，喜慰无喻。朕造此东大寺，经十余年，欲立戒坛，传授戒律，自有此心，日夜不忘。

今诸大德，远来传戒，冥契朕心。自今以后，授戒传律，一任和上。
（真人元开《唐大和上东征传》）

天皇还敕僧都良辨把鉴真弟子中曾在中国临坛授戒的僧人名字抄录上报。几天后，天皇命授鉴真"传灯大法师位"。

日本天平宝字三年（759），天皇施给鉴真园地一区，是故一品新田部亲王的旧宅，并赐予足可供养的田地。普照和思托等劝鉴真在此地建寺，用来传戒授律，"以持戒之力，保护国家"。鉴真即在此建立了著名的"唐招提寺"。"招提"是在佛身边修行的道场的意思，"唐招提寺"就是表明这座寺院是为从唐朝来的鉴真和尚在此修行而建立的道场。

⊙ 日本孝谦天皇题"唐招提寺"匾额

天皇题写寺名，并下诏"其大僧都鉴真和上，戒行转洁，白头不变。远涉沧波，归我圣朝。号曰大和上，恭敬供养。政事躁烦，不敢劳老，宜停僧纲之任。集诸寺僧尼，欲学戒律者，皆属令习"（《续日本纪》卷二一《淳仁纪》），要求凡出家人须先到唐招提寺研习戒律，后方可选择自己的宗派。此后鉴真便专心在唐招提寺传法。鉴真被称为"日本律宗之初祖"，唐招提寺相应地被尊为"日本律宗祖庭"。

鉴真还对日本佛经的校订做出贡献。《续日本纪》说，当时日本寺院中所用的经典，因为都是从朝鲜半岛传入，只凭口头相承而传袭下来的，所以各本都不一样，错误也多。鉴真一行到达以后，日本政府就把校正经疏中的错误一事委给他们。当时鉴真虽已双目失明，但他凭着自己超强的记忆力，对这些经卷一一加以订正。

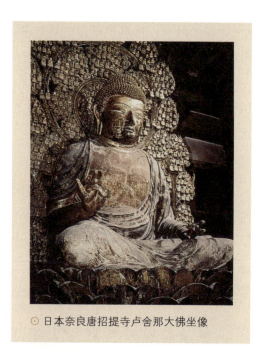
⊙ 日本奈良唐招提寺卢舍那大佛坐像

鉴真东渡时，随他同行的弟子有24人。凝然在《律宗琼鉴章》中谈到随从鉴真来到日本的弟子中名显后世的，有仁韩、法进、昙静、法颙、思托、义净、智威、法载、法成、灵曜、怀谦、如宝、惠运、惠良、惠达、惠常、惠喜、沙弥道钦等18人。[1]他们都在传播中国佛教和文化艺术方面发挥了不同程度的作用。在鉴真移住唐招提寺后，法进继他主持东大寺的戒坛院和唐禅院，从律师升任少僧都、大僧都。在传授律学之外，还向僧众宣讲"天台三大部"达4遍之多。鉴真圆寂前，以唐招提寺托付给法载、如宝、义净三人。他们继承了大师的事业，推动了律宗在日本的发展。

鉴真一行不仅对日本佛教的发展做出了重大贡献，还把当时唐代先进的建筑、绘画、雕塑、医药等介绍到日本，被后世称为"日本文化的恩人"。日本学者安藤更生说，鉴真是个站在奈良文化最高峰的人，也是替平安文化开道的人。

四、晚唐时期东渡的民间商船

日本派遣唐使来华，兼有官方贸易的使命。除官方贸易外，唐代中日民间贸易也有所发展。后来，中日之间的官方往来减少，民间的经济文化

---

① ［日］木宫泰彦著：《日中文化交流史》，胡锡年译，商务印书馆1980年版，第206页。

交流却趋于频繁。晚唐时期，官方往来间隔时间越来越长，与此同时，民间交往，唐人和新罗人的船只则不断往返于唐日之间。特别是9世纪中期日本中止遣唐使派遣后，民间贸易却更为活跃，民间商船往来于两国之间，成为晚唐时期中日交流的主要纽带。这就是说，停派遣唐使并不意味着中日两国关系的中断，而是改变了形式，进入以民间商船东渡为主要交流方式的时期。这一时期长达222年（894—1116）。如果从可查到唐商渡日最早资料的841年开始算，则长达275年。

晚唐时期从事中日民间贸易的，主要是中国商船。间或也有在日本建造的船只，但造船者和驾船者也都是中国商人。据史料记载，自841年至903年的62年间，中国商船往返于中日之间达30余次。仅姓名可查的中国商人就有李邻德、李处人、钦良晖、秀英觉、陈太信、李延孝、张支信[①]、金文习、任仲元、詹景全、张言、崔及、杨清、崔铎、张蒙、柏志贞、王纳、周汾、梨怀、景球等20余人。在这些人中，张支信、李邻德、李延孝、詹景全、钦良晖等人多次往返于中日之间，是晚唐时期经营对日贸易的大商人。木宫泰彦的《日中文化交流史》载，唐朝商人李邻德、李延孝、张支信、李处人、崔铎等人，自建海舶，以船主的身份往来于日本和中国的明州、温州和台州之间。同时，由于造船技术大大提高，又掌握了季风、信风以及海流规律，唐商船队不必再走绕道朝鲜半岛的北路航线，而是直接走南路航线，从江浙沿海的楚州、扬州、明州、越州、温州等地启航，循东偏北方向横越东海，直趋日本肥前松浦郡的值嘉岛，不仅减少了海难的发生，而且缩短了航行时间。842年，李处人的贸易船从日本值嘉岛那留浦返航归国，"得正东风六个日夜"便抵达温州乐城县，日僧惠运同船入唐。

圆仁的《入唐求法巡礼行记》中有许多关于中日之间民间贸易的记载。开成四年（839）正月八日，一名叫王请的新罗人去开元寺拜访圆仁。圆仁解释说，此人正是弘仁十年（819）与唐商张觉济等同船漂流到日本出羽国

---

① 张支信，一说张友信，本书使用前者。

的。张觉济兄弟"为交易诸物,离此过海",因遇恶风,漂流到出羽国,这也许是较早到达日本的民间商船。其后,抱着贸易目的航日的商船逐渐增多,《入唐求法巡礼行记》中多次出现唐人李邻德、张支信、江长,新罗人张公靖、金子白、钦良晖、金珍等名字。

证之史料,民间商舶,越往后往来越多。如仁明天皇嘉祥二年(849)唐商舶53人至太宰府(《续日本后记》)。清和天皇和阳成天皇在位时的贞观年间(859—876),往来尤其频繁。如清和天皇贞观四年(862)七月,李延孝等43人抵日(《日本三代实录》)。同年九月,张支信等送真如法亲王入唐至明州并于翌年四月返回日本(《头陀亲王入唐略记》)。五年(863),詹景全由日本赴唐,替圆珍带信给长安兴善寺三藏智慧轮,翌年返回。六年(864)秋八月,太宰府因唐通事张支信渡海未还,暂留唐僧法惠以为通事,说明张支信又一次入唐去了(《国史纪事本末》)。七年(865)日"僧宗睿还,唐人李延孝从来"(《扶桑略记》)。八年(866)唐商张言等41人至太宰府(《日本三代实录》)。因为这一时期唐商赴日的较多,朝廷在贞观八年(866)四月"谴责丰前、长门等国司曰:关司出入,理用过所,而今唐人入京,任意经过,是国司不慎督察,关司不责过所之所致也。自今以后,若有惊忽,必处严科"。以后几年,稍见减少。但在十六年(874)和十八年(876)又先后有唐商崔岌等36人及杨清等31人抵日。

晚唐时期的中国商人一般是单船行商,每船人数多者63人,少则40余人,载重量可达十数吨。这些中国商人贩运到日本的货物,主要有:佛经、佛像、佛画、佛具以及与佛教有关的用品;文房用具、书籍以及唐代大文学家和大诗人的文集、诗集等;药品、香料;日本皇族、贵族公卿所使用的贵重奢侈品,如瓷器、高级丝织品、手工艺品等。参与对日贸易的,除了唐商人,还有新罗商人和渤海商人,形成了一个颇具规模的"东亚国际贸易圈"。新罗和渤海商人以及部分日本商人,和唐商人一样,航行在中国、朝鲜和日本的航线上,源源不断地把大批中国商品运往日本和新罗。

晚唐时期中国商船不仅将大批中国货品运往日本,而且传播中国的文明成果,为遣唐使中止后日本学问僧赴唐提供了交通便利。著名日本学问僧圆珍，以及这一时期的许多日本僧人，是搭乘中国商船赴唐和返国的。日本贞观四年（862），中国商人张支信得知真如法亲王剃度为僧，意欲赴唐求法，便亲自设计和督造了一艘海船，将真如法亲王以及宗睿、贤真、惠萼等60余名日僧护送至明州，在中日文化交流史上传为一段佳话。

继唐之后，五代时期中日两国的联系主要依靠往返于两国之间的贸易商船。实际上，这一时期的商船来往仍然是十分频繁的。这大概是继承了前代唐日交通的余势。据木宫泰彦统计，在这50多年中，有文献可考的，就有15次商船往来。实际上在此之外当还有往来。

这些来往商舶都是中国的商船，没有一艘日本船，这是因为当时的日本政府对外采取消极的态度，几乎处于锁国状态，而中国方面则对中日贸易比较积极。五代后梁建朝后，即909年（日本延喜九年）闰八月，梁商船驶进博多港，日本朝廷令大宰府检点货物呈送货单，十一月，大宰府官员押送梁商货物及梁商献给天皇的孔雀到达京都。延喜十九年（919），梁商包置求驾船到日本，时任"交易唐物使"的藏人所出纳、大藏大属当麻有业，将包置求赠给的孔雀献给日本朝廷，并将与梁商人交易的中国货物亲呈天皇御览。延喜二十年（920），日本朝廷为加强与梁商的贸易，令大宰府藏人所招聘懂得汉语的人任通事（翻译），同年还有中国客商在通事的陪同下赴平安城活动。

五代时期与日本进行贸易活动最多的是吴越商人。吴越政权地处江浙一带，经济文化相当发达，与日本的海上交通十分活跃。据日本史书有明文记载的资料统计，从承平五年（935）至天德三年（959）的25年间，有9艘吴越商船往返日本进行贸易。吴越商船赴日航线，仍如晚唐商船惯行之南路，即由明州或扬州港载满货物启航，横渡东海，经值嘉岛，驶抵九州的博多港。吴越商船抵日后，大都在博多滞留一两个月，等候日本朝廷派员前来大宰府验收货物。与晚唐时期民间赴日商船相比，吴越的造船水平和续航能力都有所提高，商船规模较大，载重量也有所增加，这反映出吴越对日贸易量较之晚唐有所提高。

往来于中国与日本之间的吴越商船，不仅把香药、锦绮织物等商品运往日本，满足日本朝廷和贵族喜好"唐物"的需要，而且在吴越政权和日本朝廷之间的通问联络方面起了媒介作用，吴越商人积极主动地担任双方信使。承平六年（936），吴越商人蒋承勋带着吴越王元瓘的使命来到日本，日本左大臣藤原忠平有书信致吴越王。天庆三年（940），左大臣藤原忠平又有书信致吴越王，托蒋承勋带回国。天历元年（947），吴越商人蒋衮以吴越王使者的身份来到日本，献上信件和土物，日本方面则用左大臣藤原实赖的名义复信，并赠沙金200两。后来，天历七年（953），蒋承勋又以吴越王弘俶使者的身份来到日本，献上书信和锦绮等珍品，右大臣藤原师辅托蒋带复信给吴越王。天德元年（957）和天德三年（959），有吴越国持礼使盛德言来到日本上书。根据上述这些有记载可查的来往，可知吴越国和日本的交往还是很频繁的。

五、宋元时交通日本的商船

在唐代中日之间海上交通发展的基础上，宋代与日本的海上交通已经十分方便。日本京都东福寺塔头栗棘庵珍藏着一幅南宋的拓印《舆地图》。该图显示中国居中，大陆的东面标有"东海"，日本位于长江口的正东方海上，与大陆之间标有"大洋路"三个字。在日本的正北方突出着"高丽"，长江口与高丽间的海面上标着"海道舟舡路"。这幅南宋《舆地图》告诉我们，从宋代开始有了双桅海船与罗盘针，从而开拓了横渡东海大洋直航日本与高丽的两条新航路。航路名称，前者强调"大洋"，后者强调"海道"，显示出与过去沿循岛屿航海的传统航路有了本质上的区别。大洋路的针路就是明代郑若曾《筹海图编》上称为"间道"的太仓使往日本的针路。从江苏太仓开航，经吴淞过宝山、南汇出海后，南下到舟山群岛双屿港南方洋面，取"九山"方向，然后向东过洋二十七更（约三昼三夜）可到日本港口，若从乌沙门开洋起算，则需七日方可到达日本。

和五代时期一样，北宋时期的中日交往，也是以民间贸易商船的往来为主要纽带的。北宋王朝建立不久，便有意扩大对外贸易，对日关系采取积极态度，但日本这时仍实行锁国政策，反应冷淡。而在此期间，宋日贸易却十分活跃，中国商船频频东渡，掀起了民间对日贸易的又一次高潮。北宋商船乘风破浪，扬帆远航，年年岁岁，从未间断。据日本史料统计，在978年至1116年的将近140年间，北宋入日商船70次左右，而失之记载的亦可能不在少数。日本官方对于中国商船的来航，用"年纪制"的方法加以限制，但是为了追求贸易而来的宋商们，也有不少人是不等到规定的年限就来日本的。这时，他们就借口是由于"敬慕当今之德化""感圣化""慕王化""慕皇化"等来日本的。日本方面认为，贸易有赖于天皇的恩惠，结果因此而允许他们进入日本，并加以安顿。实质上，"年纪制"似已形同虚设。

和五代时期的情况一样，往来于两国之间的商船都是中国的，而没有日本船舶。北宋商船大都从江浙一带出发，特别是明州（今浙江宁波），一直是宋日贸易的主要集散地。它们横渡东中国海，到达肥前的值嘉岛，然后到达太宰府的所在地博多。但也有些商船驶进日本海，到达越前（今日本福井县）的敦贺，宋日贸易遂又增加了一个新的港口。敦贺在本州岛的西海岸，与京都距离较近，比从九州至京都的陆上运输要方便得多。福建也有比较固定的开往日本的航线，曾任福州太守的蔡襄在其所著的《荔枝谱》中记道："舟行新罗、日本、琉球、大食之属。"（蔡襄《蔡忠惠公法书》卷五）福建商船往返于中国福建与日本以及其他国家之间。熙宁五年（1072），日僧成寻乘中国商舶来华，《参天台五台山记》中写道："当时船头有三人，一为南雄人，一为福州人，一为泉州人。"徽宗崇宁元年至四年（1102—1105），泉州商客李充曾两次到日本从事贸易。他第二次到日本太宰府时，呈上本国的公凭，请求贸易。这份公凭，至今还保存在日本的古代典籍中，为《朝野群载》一书所辑录。这份公凭不仅登记了全体船员的姓名、所有货物的名称及船上的其他器具，还记载了有关舶船出海的各项具体规定，为我们了解当时中日之间的海船组织、市舶制度及进出口货物提供了第一手资料。

北宋商船运至日本的贸易品种类比前代有所增多。输入日本的商品以锦、绫、香药等物为主，还有瓷器、文具等。如福州客商周文裔于长元元年（1028）九月到达日本，献给左大臣藤原实资的方物中，计有翠纹花锦1匹、小纹丝殊锦1匹、大纹白绫3匹、麝香2脐、丁香50两、沉香5两、熏陆20两、何梨勒10两、石金青30两、光明朱砂3两、各色笺纸200幅、丝鞋3双等。宋神宗接见日僧成寻时问及日本需要中国何种物品，成寻回答"需香药、茶碗、锦、苏芳"等。由此可知，北宋向日本输出的商品主要以传统的丝绵、绫罗、香料、药品、茶碗、文具等为主。其中有些香料，如熏陆香、何梨勒、石金青等，产于北非及印度等地，系中国的转口贸易品。泉州商客李充驾船到日本，运去的货物有"象眼肆拾匹、生绢拾匹、白绫贰拾匹、磁垸贰佰床、磁堞壹佰床"等（《朝野群载》）。福建同安汀溪窑的青釉划花篦纹碗输入日本后，很受日本人的欢迎，日本高僧珠光和尚很喜欢用这种青瓷碗饮茶，故这种青瓷器又被日本人称为"珠光瓷"。在日本福冈松州等地出土有晋江磁灶窑生产的"黄釉铁绘花纹盘"和德化窑生产的"白瓷盒子"。另外，北宋商人多有向太宰府及日本朝廷献孔雀、羊、鹅、鹦鹉等禽兽和香药者，当为日本稀有之物。这些物品尤为日本贵族阶层所喜爱。

在北宋的商人中，有不少人数次往来于两国之间，如朱仁聪、周文德、周文裔、陈文佑、孙忠、李充等人。日僧成寻入宋时，帮他多方奔走的宋人陈一郎和通事陈咏，曾到过日本5次，据说精通日语。这些宋商不仅在中日两国之间架起经济贸易交流的桥梁，把丰饶的中华物产传播到日本人民的生活中，而且在一定程度上促进了两国政府之间的官方接触，为两国关系的发展和文化交流做出了贡献。北宋时期，中日两国多次互相致函通问，多由宋商转达呈递。

1977年，位于日本九州的福岗市在建设地下铁道的工程中，在祇园町一带掘出不少宋代中国人的遗迹，其中有宋钱元丰通宝，有中国人的坟墓，墓中随葬品是中国制的青瓷、白瓷器物和有名的天目茶碗等。经过研究，人们认为这些东西都是11、12世纪到日本经商的宋人遗物，而祇园町一带，正是当时有名的"宋人百堂"之所在。祇园町离博多港不远，而博多港在9世纪以后一直是日本和中国通商贸易的大港之一。这个港口据说是平清盛为了扩大海外贸易，而在二条天皇应保年间（1161—1162）兴建的。在港的周围，建立了一些贵族庄园和大寺院，而从事两国贸易的中国商人就居住在附近，也就是现在的祇园町一带。在这以前，中国商人就聚居在筥崎宫前面，形成了一片以"大唐街"为名的居住区。据说，当时在筥崎宫的领地内有20个町左右的土地是属于中国人的。仁平元年（1151），这里发生过大宰府官员袭击大唐街、抢掠王升家等数百家财物的事，由此可以想象住在这里的中国商人财力之雄厚了。

到了南宋时期，中日两国的经济和文化交流比前代有了很大的发展，中华文化东传日本出现了继盛唐之后的又一高潮。

12世纪中叶，代表武士力量的大贵族平清盛迅速崛起，执掌了日本朝政大权。平清盛一改以前执行的锁国政策，大力开展对宋贸易交往。为了便利商船往来，他下令修筑大轮田泊（兵库港），疏通濑户内海航道。高仓天皇嘉应二年（1170），平清盛请白河法皇亲临摄津福原别墅，接见宋商，扩大对宋贸易交往。承安二年（1172），他力排公卿大臣们的种种非议，以法皇和他本人的名义，委托宋商向宋朝廷赠送答礼。平清盛还废除了禁止国人出海贸易之令，由此日船入宋"舳舻相衔"，与宋船相望于途。

12世纪末，源氏取平氏而代之，建立了镰仓幕府，开始了武家专政的历史。镰仓幕府的前期，大体相当于中国的南宋时期。在对外关系上，镰仓幕府仍继续执行与宋开展贸易的政策，促进了两国经济贸易和文化交流的繁荣。

镰仓幕府三代将军源实朝是最热心与宋朝交流的人物。有一个传说讲道，源实朝有一次在梦中梦见自己去了宋国，走进一座寺院，看见一位长老在讲经说法。于是源实朝向身旁一位僧人问此寺名，僧人回答是能仁寺。接着问长老的名字，答称是开山祖师南山道宣律师。源实朝感到惊异：道宣律师乃唐代之人，久已入寂，为何现在还在世呢？僧答曰："汝不知，圣者难测，生死无隔，随处可见，律师现于此转世，日本国实朝大将也。"源实朝又问："那位律师的侍者是谁？"答曰："侍者亦是转世，日本镰仓雪下之供僧良真僧都是也。"这样，源实朝在梦中问答数次，从梦中醒来，他感到不可思议，遂派使者去问良真僧都，途中正遇良真僧都，一问，他也做了同样的梦，正要来问源实朝。二人见面各自叙说梦情。自此以后，源实朝相信自己是道宣律师的转世，想尽一切办法要前往中国，看看道宣的遗迹，并让人制造了渡海赴宋的船只。

另外，还有一个传说，说的是建造东大寺大佛的佛工宋人陈和卿和源实朝的故事。陈和卿其人见识非凡，先是在供养大佛时，拒绝当时天下大将军源濑朝的邀请，而且拒绝的理由是，将军断送了许多人的性命，罪孽深重，我要避免与这种人见面，于是拒绝晋见。然而当他听说源实朝是神佛转世后，便亲自请求叩见。陈和卿晋见源实朝时，顶礼三拜，并号泣说："昔日您身为宋朝医王山长老时，我是您的门生之一啊！"自此以后，源实朝与陈和卿相交弥笃，他前往宋朝的志向也日益加强，遂命陈和卿建造大船，想亲自去宋朝，看看自己前生住过的医王山。后来，大船很快造好了，却终未成行，不能不说是一件极其遗憾的事。

在这样的背景下，南宋和日本的贸易空前高涨。现虽无可靠资料统计南宋时究竟有多少中国商船赴日，但可以推测其数量相当可观。自唐五代以来，经营中日两国贸易者多为中国商船，所运货物也多以中国货物运销日本为主。而至南宋时期，日本商船赴宋贸易者日益增多，改变了过去单独由中国商船承担中日贸易的现象。《开庆四明续志》载："倭人冒鲸波之险，舳舻相衔，以其物来售。"赵汝适《诸蕃志》"倭国"条载，该国"多产杉木、罗木，长至十四五丈，径四尺余，土人解为枋板，以巨舰运至吾泉贸易"。宋朝对待来华的日本商人，可谓是体恤存抚，优待有加。例如，减少对日商舶货的抽分，所谓"高丽、日本纲首、杂事十九分抽一分，余船客十五分抽一分"，远低于南海舶船"不分纲首、杂事、艄工、铁客，例以一十分抽一分"（《宝庆四明志》）的标准。据《开庆四明续志》记载，自宝祐六年（1258）开始，"念倭人之流离于海上者多阻饥"，明州市舶务又每天提供给日商钱一贯五百文，每人米二升，"候次年归国日止"。由于航海技术等方面的原因，日本商船常发生船毁人亡的海难事件。《宋史·日本传》载，南宋淳熙三年（1176）、淳熙十年（1183）、绍熙四年（1193）、庆元六年（1200）、嘉泰二年（1202），一些日本商船漂流到中国东南沿海，南宋朝廷为此下诏，赈给常平仓钱米，以此安抚日商。

日本商船因南宋的优惠政策，赴南宋贸易者越来越多。后来，镰仓幕府害怕西南各地方势力增长，影响幕府的统一局面，遂于建长六年（1254）决定控制赴宋日本商船的数量。《吾妻镜》记载："议定唐船事，批示规定员额即日施行。凡驶宋船的五艘为限，此外不得建造，应速令毁弃。"由此可知，至少在1254年以前，赴宋日本商船每年已超过5艘。在日本博多，到12世纪中叶，有宋商的居留地已经具有了相当的规模。在宁波天一阁有3块博多华侨刻石，内容是，乾道三年（1167），3名居住在日本太宰府博多的宋商，在对日贸易港明州，舍钱修路，以求佛门功德，并祈祷父母冥福。

这一时期输入日本的中国物品，和前代一样，仍以香药、书籍、织物、文具、茶碗等为主。例如宋商刘文仲于近卫天皇仁平年间（1151—1153），以《东坡指蒙图》二帖、《五代记》十帖、《唐书》十帖献给左大臣藤原赖长；平清盛于高仓天皇治承三年（1179），以从宋朝新输入的《太平御览》献给高仓天皇；源范赖于后鸟羽天皇文治元年（1185），以唐锦10匹，唐绫、绢等110匹，墨10锭，唐席50张献给后白河法皇。大量中国物品传入日本，给日本的文化和经济带来了巨大的影响，如宋船所带来的《太平御览》一直被当作百科全书而珍藏。

元代的中日关系首先引人注意的是元朝入侵日本的两次战争，即"文永之役"和"弘安之役"。

元世祖忽必烈继汗位不久，便欲征服日本。至元五年（日本文永五年，1268），元朝使节携国书抵日本，要求日本仿效"大蒙古国"的"东藩"高丽，与蒙古"通问结好"，成为"一家"，否则难免"用兵"。日本幕府拒绝了元朝的要求，并做好战争准备。元朝后来又派来使节，先后通牒五次，但每次都被日方拒绝。至元十一年（日本文永十一年，1274），蒙古、汉及高丽联军900艘大小战船、2万余兵，从高丽合浦（今马山）出发，远征日本。在博多湾沿岸，两方军队展开了激战，日本守军死伤惨重。然而，

⊙《蒙古袭来绘词》，日本福冈市博物馆藏

其夜博多湾忽起台风，元军数百战船覆没，官兵死伤无数，只得仓促撤军。此为元军第一次入侵日本，史称"文永之役"。这以后，元廷又两度遣使赴日，然而，两队使节皆惨遭幕府杀害。忽必烈决定再次征伐日本，并特立征东行省专任其事。至元十八年（日本弘安四年，1281），蒙古、汉、高丽组成的东路军与南宋降兵组成的江南军共4万多人，各种战船900余艘，分别从高丽合浦和庆元（即唐宋时的明州，今浙江宁波）出发，向日本九州进发。已有防备的镰仓幕府早已在博多修筑了防御工事，并组织了有效的抵抗，同时，又遇大风暴，元军战船与军卒损失过半，被迫撤回。此次战争，史称"弘安之役"。

元军两次入侵日本失败后，元日关系在政治、外交方面呈现出敌对与紧张的局面。为了缓和这种关系，元朝改变策略，以种种优惠条件诱使日商来元通商贸易，欲以通商为手段，达到"通好"的政治目的。日本方面，镰仓幕府坚持不与元朝"通好"，政治上和军事上将元视为敌对国，但坚持"政商分离"的原则，广开通商之门，以适应日本市场的需求，允许日商对元贸易。由于这两方面的积极态度，元日贸易得以顺利发展，经济文化交流仍然十分繁盛。

至元十四年（1277），有日商持金来换铜钱，元朝予以准许。次年，令沿海官司通日本人市舶。至元十六年（1279），日本大商船4艘载商人、水手2000余人至庆元，经查明是经商的，即许其交易而还。据日本史料记

⊙《蒙古袭来绘词》模本（局部）

载，从1277年至1364年的87年间，日本商船赴元贸易达43起之多，而且往往一年中不止一批，此外还有许多年份不明或失载者。大德八年（1304），元朝"置千户所，戍定海，以防岁至倭船"（《元史》卷二一《成宗纪》），也可见几乎每年都有日本船来。

庆元在元代重新成为对日贸易的最大港口，这里设有市舶司掌管对外贸易。日本商船多在这里上岸，经检查、抽分之后，日商登岸贸易。当时庆元十分繁荣，"贾区市墟，陈列分错，咿哑争齐，踏歌转舞"（袁桷《马元帅防倭记》，《清容居士集》卷十九）。此外，日本商船也到福州开展贸易，元中叶以后逐渐增多。从中国输出的商品主要有瓷器、香药、经卷、书籍、绘画、什器、绫罗绸缎以及铜钱等。从日本输入的商品有黄金、刀剑、木材、扇子、螺钿、铜以及其他工艺品。在《至正四明续志》卷五市舶货物条中可以看出，倭金、倭银、倭枋板柃、倭条、倭橹、倭铁、硫黄、乌木、苏木等都是从日本输入浙江的贸易品。

元代时对日贸易的特点是单向性，即只有日船入元，没有元船赴日，这和北宋时期的宋日贸易正好相反。古代中日经济交流史上，元代时以日商为主的中日贸易规模之大、数量之多，是任何其他时代都无法比拟的。唐宋时期，主导中日贸易的始终是中国的商人，直到南宋后期，才有日本商船来华。而到元代，日本商人成为中日贸易的主角，中国商人退出了这个领域。出现这种情况的原因，首先是元代中西交通大开，海上和陆上的

⊙ 日本京都天龙寺曹元池庭院

丝绸之路都很畅通，与西方的交往和商业关系大大发展，中国对外贸易的重点转向南洋和西方，而日本、高丽就不那么重要了。中国沿海商人都把眼光投向了西方市场。日本的情况恰恰相反，在此之前，11世纪后半期，高丽与日本的贸易往来一度很活跃，有许多日本商人受博多豪商和九州各地庄园主的派遣赴高丽从事贸易活动。中国的货物通过与高丽的间接贸易也有大量流入日本。但后来，由于高丽政局混乱，日本海盗对高丽沿海地区的骚扰日益频繁，直接影响了双方正常贸易的展开。高丽臣服元朝后，与日本的通商活动一度遭到元廷的干涉。特别是文永、弘安两役发生后，高丽在南部沿海诸岛设防甚严，专防日本海船，极大地影响了高丽与日本的正常贸易往来。由于与高丽的贸易受阻，中国成了日本唯一的海外市场。而在此时，日本上层社会对中国商品的需求达到了不可或缺的程度，这使得中国商品在日本有了广阔的市场。因此，尽管大海阻隔，海路艰辛，络绎不绝的日本商人仍承担起将中国商品大规模地输往日本的任务，以满足日本上层社会日益增长的需求。

元代后期六七十年间，是日本各个时代中商船开往中国最盛的时代。这些商船大部分都是日本西部冒险商人的私人船舶，但也有在幕府保护之下为了完成一定任务而派遣的官方商船。日本正中二年（1325），为了筹措建造建长寺所需的经费，在幕府的主持下，日本派出一艘赴元商船，规定该船回国后应交付一部分贸易所得，以为建寺之资。此后，为了建造关东大佛（镰仓大佛）、住吉神社等，也有同样之举。于是，这种为寺庙神社集资而特派的商船被称为"造营料唐船"。历应四年（1341），为了营造天龙寺，在将军足利尊氏之弟足利直义的主持下，建造天龙寺船一艘，还依据该寺的推荐任命至本为纲司（船长），议定次年秋渡元贸易，回国后不论生意好坏，均需向天龙寺交纳现钱5000贯。以后同类船只无论是否出自天龙寺，都习惯称为"天龙寺船"。天龙寺贸易实质上是一种半官方性的贸易。

1976年，人们在韩国全罗道新安郡木浦港发现了一艘古代沉船残骸。研究结果表明，此船是14世纪早期，大约1323年前后（有木牌上保留"至治叁年"的墨迹）从中国的庆元（宁波）出发前往日本的国际贸易商船，途中

⊙ 韩国全罗道新安郡木浦港发现的古代沉船残骸

⊙ 木浦沉船中出土的龙泉青瓷

因遭遇台风等原因，最终沉没在高丽的新安外方海域。韩、日两国学者基本认为这是一艘日本商船。经过历时8年的10次打捞，从沉船中发现了大量遗留品，其中有贸易品，也有船上人员的日用品，贸易品大部分产自中国，有两万多件青瓷和白瓷，两千多件金属制品、石制品和紫檀木，以及800万件重达28吨的中国铜钱。也有一些被确认为日本和高丽的制品。从日用品来看，有中国制的锅、勺等炊事用具，有日本制的雕有花纹的漆碗、漆盏、古濑户瓶等餐饮用具和象棋子、木屐等，有高丽制的铜箸、铜匙、铜制投壶和高丽镜。沉船中发现了大量被判定为货物标签的木简，木简上标有日本的寺名和人名，木简上书内容中有"足""奉加钱""纲司"等汉字的日本用法。还发现了41枚标有"东福寺公用"或"东福寺公物"的木简。此外，尚有5枚木简明确记有"钓寂庵"的字样。钓寂庵当时乃博多承天寺的塔头，而承天寺又是东福寺的末寺，这说明新安沉船与东福寺有着密切的关系。部分日本学者认为，这是京都东福寺为筹集重建寺院的资金而派遣的贸易船。

六、以勘合贸易为中心的遣明使团

明朝建立之初，便力图建立和发展与日本的关系。洪武元年（1368）

十一月，明太祖遣使赴高丽、日本、安南、占城诸国，告谕明已建立，令其奉明正朔。当时，日本正处于南北朝分裂时期，南朝征西将军怀良亲王占据九州。明使不知日本南北朝对峙内情，误以怀良为其国君，呈与国书。而怀良亦不知明已代元之事，见国书中有"尔四夷君长酋帅等遐迩未闻，故兹诏示"等词句，以为仍是元朝威胁，便断然拒绝接待明使。第二年（1369）三月，明太祖又遣杨载等7人赴日。怀良杀使者5人，将杨载、吴文华二人拘留3个月后放还。

洪武三年（1370）三月，明太祖又遣莱州同知赵秩等持国书赴日，怀良见赵秩时说，当年蒙古遣赵良弼来聘而继以兵袭，今来使亦姓赵，当是蒙古之裔，将故伎重演，因欲加害。赵秩泰然自若地对答："我大明天子神圣文武，非蒙古比，我亦非蒙古使者后，能兵，兵我。"这时怀良才释然以礼相待。

由于赵秩来日，怀良大致了解了明朝的情况，便派僧人祖来等9人出使明朝。洪武四年（1371），祖来一行抵达南京，上表称臣，贡马及方物，还送还被倭寇劫掠的明朝人70余名。当时，防止倭寇是明朝最严重的问题之一。明太祖很想了解日本的情况，曾召见当时住在南京天界寺的日本留学僧椿庭海寿，探询日本国情。祖来一行到来时受到明太祖接见，想必朱元璋也曾向他询问有关日本的情况。由此得知怀良并非日本国王，京都还有个持明天皇（北朝的天皇）。

洪武五年（1372），太祖以僧人仲猷祖阐、无逸克勤为使，以在明日僧椿庭海寿、权中一巽为通事，组成8人使团并送祖来东归。明太祖在召见仲猷祖阐、无逸克勤二人时说："朕三次派使赴日，为的是要会见持明天皇，现在派来的是关西使者（指征西府的使者祖来），这不是朕的本意。但要会见持明天皇，因关禁阻截，非派僧侣难以达到目的，所以才派你们去。朕听说日本君臣都信奉佛法，尊敬僧侣，所以你们到持明天皇面前时，告诉他们要禁止倭寇，通商往来，遵循唐末旧例修好。"

仲猷祖阐、无逸克勤一行至博多时，被占据九州的今川氏阻留，翌年幕府将军足利义满遣使将他们迎入京都。足利义满表示待政局稍安即与明通交。仲猷祖阐一行在京都逗留两个月，广交僧俗各界。祖阐讲佛法，令日本廷臣惊服，请其住持天龙寺，被祖阐婉拒。他们归国时，日本南北两朝皆遣使至南京，明太祖受幕府将军表文及贡物而却南朝之礼。

此后，据明朝史书记载，多有日本使者来明，不过很可能是民间商人冒称官方使臣的。到日本元中元年（1384），因出现所谓胡惟庸、林贤勾结日本怀良亲王谋反事件，明太祖遂下令与日本断绝往来，但仍把日本列入十五"不征之国"之列。

1392年，幕府将军足利义满促成了南北朝的统一。应永八年（1401），有筑紫商人肥富从明朝回国，以两国交往有利劝说足利义满。而足利义满刚完成了南北朝统一的大业，幕府今后要着手建设新的设施，正苦于财源枯竭，所以欣然采纳了这一建议。遂派这位肥富和近侍僧人祖阿为正、副使臣，持国书贡礼赴明，拜见明惠帝，并送还被倭寇掠留的明人数名。

翌年（1402），惠帝遣僧道彝天伦、一庵一如为使访日兼送日使，抵兵库时，足利义满特赶来参观明船，并令清扫道路，加派警卫，迎明使至京都。然后举行隆重的会见仪式，接受惠帝的诏书。惠帝的诏书指称足利义满为"日本国王"。至明成祖时，仍称义满为"日本国王"，并将刻有"日本国王"的金印赐给足利义满，而义满在给中国皇帝的国书中也以此自称。

惠帝派出的使臣道彝天伦和一庵一如在京都停留约半年。在这期间，他们和五山僧侣有所往来。次年（1403）回国时，足利义满又派遣明使，以坚中圭密为正使，辅以梵云、明空二僧，一行300余人赴南京。此时，明成祖朱棣已取惠帝而代之。根据日本使臣的要求，两国签订了《永乐贸易条约》，允许"日本十年一贡，人止二百，船止二艘，不得携军器，违者以寇论。乃赐二舟为入贡用"，从此开始了两国之间的"勘合贸易"。为了方便日本来贡，明成祖还赏赐给日本两艘船只，专为入贡用。

永乐四年（1406）正月，明成祖又命俞士吉以礼部侍郎衔出使日本，册封日本富士山为"寿安镇国之山"，立碑勒石铭诗，永修睦邻友好。

在明成祖在位的20余年间，只有日本、满剌加等少数几个国家享有封山的待遇。日本方面对此十分感激，当年六月就遣使来谢，以后则频频来贡，即开展"勘合贸易"。

勘合贸易是一种"朝贡贸易"，负责押送勘合贸易船的日本官方代表，明人通常称之为"日本朝贡使"，而近代以来有些史学家因勘合贸易而称之为"勘合贸易使"，也有人称之为"遣明使"。"遣明使"的范围似乎更广泛一些，包括实行勘合贸易之前来明的日本使节。自1401年始派至1551年废止前后150年间，日本总共派出19次遣明使，与从前日本朝廷任命的遣唐使次数恰好相等。遣明使可以说是遣唐使的继续和发展，都是日本派往中国的和平友好使者，都为巩固和发展中日交往、扩大和加强两国经济文化交流做出了卓越的贡献。不过，遣唐使虽也兼有来华贸易的任务，但更重要的是外交和学习任务，而遣明使后来渐以贸易为主要任务。由于造船和航海技术水平的差异，遣唐使遇难者很多，遣明使则往来自如，没有发生海难事件。此外，就使团规模和往来密度而言，遣明使也远远胜过遣唐使。

　　遣明使团由正使、副使、纲司、居座、土官、从僧、通事、总船头等组成。正、副使由幕府将军任命，几乎均为当时名僧。通事多为日籍汉人。另有"客人众"（被招徕参加朝贡贸易的客商）、"从商"（客人众招请的商人）等民间人员，每船有30—50人，加上船员，每船官方民间人员约为百人，一号大船则可乘180—200人。使团全员（包括客商）多在300人以上。景泰四年（1453）入明的第十一次遣明使全员多达1200人。

　　遣明使到中国后便受到热情款待。明朝在宁波设市舶提举司，负责日本朝贡等事宜。遣明使船至宁波后，地方官员率彩船鸣鼓角相迎。提举司逐级上报明政府，等候批准进京人员及时间。入京人员初定为300—350人，弘治年间因发生使团人员持刀杀人事件，被限定在50人。礼部批准进京的回复到达后，立即按规定人员进京。进贡方物中的马匹、金银器皿、珍宝之类的贵重品，装车运送至京。苏木、胡椒、硫黄、铜等大宗货物，造册呈报后，运送至南京库内。此外，一部分附载物品也随车运至北京贸易，其余留在宁波等地贸易。通常由宁波府官、千户、百户、市舶司通事等组成护送团同路护送。从四明驿乘船，自钱塘江入杭州，经运河北上，沿途由各驿站供应粮、菜、役夫、车、船、驴、马等脚力和工具，需四五十日方能抵达北京。到北京后，日使在奉天殿朝见皇帝，上表进贡，

第五编　东方丝绸之路

⊙ 日本《遣明船图》

皇帝劳问并赐宴，礼仪略如唐朝之待日本遣唐使。日使离京后，沿途亦可进行交易活动。

以遣明使和勘合贸易为主要形式的明朝与日本的关系，以足利义持的一度中断而分为前后两期。前期从建文三年（1401）到永乐十七年（1419），共19年。这一阶段日本遣明使来华8次，其中6次为勘合贸易船，使船总数在40艘以上，由幕府统一组织派遣。《永乐条约》本规定日本十年一贡，船限2艘，人限200人，违例则以寇论。宣德元年（1426）因入贡的人、船均超过限数，运来的日本刀亦太多，因此重新规定贡船不过3艘，人数不过300人，刀不过3000把，不许违禁。但实际上无论人船之数还是间隔时间之限均未执行，遣明使几乎年年来华，明朝也均予接待。其间明朝也9次遣使赴日。这一时期中日两国之间的送往迎来，使聘不断，关系相当融洽。

然而，中日两国之间这种融洽而频繁的往来并没有持续多久，足利义满之子、第四代幕府将军足利义持停派遣明使，并拒绝接待访日明使，遂使两国官方往来中断。第一期勘合贸易也告结束。

中日勘合贸易断绝后，双方政府都有不便。对日本而言，获利的是组织倭寇进行劫掠的各大武士，幕府本身失去了与明廷贸易获取厚利的机会。

对明朝而言，无法有效地抑制倭寇的侵扰。因此，双方都在试探着改变目前的状况。宣德初年，明宣宗率先做出了改善中日关系的举措，单方面取消了永乐初期中日双方做出的关于限制日本纳贡使团的协定，并建议增加每十年来华贸易的船只和人数，但日本足利义持及其支持者从中阻挠，双方未能达成协议。而足利义持的继承者足利义教对恢复中日勘合贸易关系表现出了很大的兴趣。

宣德七年（1432）二月，宣宗派宦官柴山携带一份给义教的诏书去琉球，建议恢复关系，批准增加贸易量。诏书是通过琉球国王的斡旋而转到日本的。足利义教对诏书的内容感到欣慰，他已改变了足利义持时期断绝中日贸易的外交政策，于当年九月派了具有中国血统的天龙寺僧人龙室道渊，带领一个纳贡使团于次年（宣德八年，1433）六月抵达北京，勘合船由幕府船、大名船、寺社船等5艘组成，同时随带马匹、甲胄、刀剑及其土产等贡品。

明宣宗在给予日本使团丰厚的回赏后，回派了一个使团护送日本使团回国。宣宗以雷春为正使，裴宽、玉甫厚为副使，组成五六百人的庞大使团，分乘5艘船赴日，加上日本的使船共10艘，舳舻相接，蔚为壮观。明使携有给足利义教的国书，并送去"本"字勘合100道及"日"字勘合底簿一册。明廷的使团在日本受到了热情的接待。在此基础上，中日双方于宣德八年（1433）订立了《宣德条约》，其中规定，日本每10年来中国朝贡一次，每次人数不得超过300人，船只不得超过3艘，刀剑不得超过3000把。此后，明朝一再重申各种限制，如嘉靖六年（1527）强调："凡贡非期，及人过百，船过三，多挟兵器，皆阻回。"嘉靖二十九年（1550）再度强调："日本贡船，每船水夫七十名，三艘共计水夫二百一十名，正副使二员，居坐六员，土官五员，从僧七员，从商不过六十人。"同时，明朝重申日本应制止倭寇，严禁倭寇船沿海侵扰。

《宣德条约》签订后，中日两国的朝贡贸易再开，是为第二期勘合贸易。由于日本从中获利甚厚，因此并未严格执行《宣德条约》，而是不断地增加人、船数量，仅宣德八年（1433）和宣德九年（1434）两次入贡，就有共10艘船来华。正统七年（1442），入贡船9艘，人数达千余。日本勘合船所载物品，除少数贡品外，绝大多数是商品，来到明朝后，贡品换来了明廷丰厚的回赏，商品则与地方交易，也获得了厚利。

第二期勘合贸易由宣德七年（1432）算起，至明嘉靖二十六年（1547）废止，共历时115年。这期间日本共派勘合贸易船11次，明遣使日本1次。与第一期勘合贸易相比，第二期勘合贸易的规模更大，人数更多。在这期间，日本共派出50艘勘合船，平均每次近5艘。而日本享德二年（1453）第三次勘合贸易时，所派船只竟达9艘，刀9900把，乘员千余人。另外，这期间的勘合贸易船已不再由幕府垄断。在全部50艘船中，幕府船只有7艘，其余则是大名船和寺社船。因而这期间的勘合贸易仅在形式上保存了"朝贡"名义，实质上已经以官私贸易为主。

日明贸易最初由幕府经营，后来转归守护大名，随从的商人数量还比较少。15世纪60年代后，为大内氏及与之结合的博多商人、细川氏及与之结合的讶市商人所掌握。朝贡船全部承包给了博多和堺港的商人，因此随从的商人数量大大增加，商人已从搭乘转变成为朝贡贸易的主体。他们不仅想通过朝贡贸易来赢取厚利，而且把某种资金的筹集寄托在这上面。如明正统十二年（1447），天龙寺遭受火灾后正兴工重建，为筹集营建费，在景泰四年（1453）入贡的9艘船中，最重要的3艘——第一号、第三号和第九号船都是由天龙寺派遣的。由此可见，日本派出的朝贡船是由商人承包的，他们入明朝贡纯粹是为了营利，故其船数、人数及货物量都不断增多。而明朝将他们当成贡使看待，给予与普通商人不同的礼遇，分别由地方和中央出面接待。

勘合贸易是两国之间的官方贸易，除此之外，民间贸易也一直没有中断。明朝史籍中一再出现未准进港的无国书、无勘合的日本"贡船"，应该说就是日本民间商船。但因两国间存在官方贸易，因此民间贸易难以大规模发展。勘合贸易停止后，中日民间贸易遂取而代之，迅速发展起来。

明代中日之间的勘合贸易和民间贸易，不仅加强了两国间的经济联系，同时极大地促进了两国间的文化交流。在人员交往方面，日本入明僧和渡日明僧均搭乘勘合贸易船和民间商船而成行，贸易船成为沟通两国文化交流的桥梁。特别是日本所派遣明使，几乎都由僧侣担任，其随行人员中亦有很多日本僧侣。这些入明僧接触明朝各界人士，与各地名僧和儒家学者互相切磋，促进了两国间的文化交流。他们回国时，多带回大量中国典籍、名人书画及佛像、佛具等。明朝遣日使节中也有一些佛教僧侣，他们既是外交使节，又充当了传播中国文化的特使。此外，明末时，还有一些明僧为躲避战乱而赴日，他们中的许多人学识渊博，德高望重，为传播佛教和中国文化做出了贡献，深受日本僧俗的尊敬。

七、作为"万国津梁"的琉球

琉球即现在日本的冲绳县，在被日本兼并前是一个独立的国家。早在唐代，中日之间的航线是经过琉球或以琉球为中继站的，鉴真东渡日本时曾途经琉球。冲绳岛的考古调查曾发现唐三彩的残片，冲绳西表岛曾出土唐开成三年（838）釉下铭文盘。

中国与琉球的关系，从史料记载来看，是从明朝开始的。在明代之前，元世祖曾派人往使琉球，但结果是不了了之，并未建立起往来关系。明朝洪武五年（1372），明太祖派杨载出使琉球，通告大明开国建元洪武，并命其"称臣入贡"。琉球国中山王察度接待了明朝使臣，并表示向明朝称臣，遣其弟泰期随中国使者杨载一同来华，送给明太祖玛瑙、象牙等贡品，从此开始了明朝与琉球国的正式往来。

洪武七年（1374），中山王察度又遣泰期奉表、贡马及方物，并上皇太子笺，明太祖赐其大统历及金织文绮、纱罗等，从此确立了两国的朝贡关系。永乐二年（1404），中山王世子武宁遣使告父丧，明成祖命礼部派行人时中往，诏武宁袭中山王位，此为明朝与琉球正式建立册封关系。

明朝与琉球国的往来十分频繁。据统计，在明太祖洪武年间，琉球中山王对明朝的朝贡多达24次，几乎每年一贡，有两年还"两遣使"贡马、硫黄及方物。在明朝276年里，琉球对中国的朝贡总计是182次。可见这一时期两国交往是极为频繁的。

清代明兴之后，这种交往仍持续不断。明清鼎革之际，琉球曾与南明政权有来往。清顺治三年（1646）九月，清军攻入福建，灭南明政权。此时，由琉球世子尚贤派遣来庆贺明唐王称帝的琉球使臣等50多人滞留福建。王舅毛泰允、长史金思议等见明朝大势已去，便随清军入京投诚。顺治四年（1647）四月十七日，琉球使臣一行抵达北京，顺治皇帝"格外优恤，赐宴、赐袍、赐靴"。礼部颁布敕书："朕抚定中原，视天下为一家。念尔琉球自古以来，世世臣事中国，遣使入贡，业有往例。今故遣人敕于尔国，若能顺天循理，可将故明所给封诰印敕，遣使赍送来京，朕照旧例封锡。"顺治六年（1649），招抚使谢必振等人抵琉球。世子尚质率文武百官迎接谢必振及皇帝敕书，并于当年遣都通事梁廷翰、通事周国盛护送谢必振一行归国，并赍表投诚。

在清代，中国与琉球之间的册封关系继续保持，贸易和文化交流还更为扩大了。特别是康熙、雍正年间，琉球的入贡活动十分活跃，在康熙在位的61年里，琉球入贡多达29次，而雍正的12年里，入贡竟达8次之多。清政府规定琉球每两年进贡一次，人数不得超过150名，正、副使可带15名随从进京，其余则留福建待命。到1872年日本禁止琉球对中国朝贡时止，琉球对清朝的朝贡在100—110次。

那么，从明初到清末的500年间，琉球对中国的朝贡有近300次之多。日本学者统计，琉球国向中国正式派遣的进贡使、庆贺使、谢恩使等，在明代约350次，在清代约120次。另据冲绳学者赤岭诚纪《大航海时代的琉球》一书统计，从1372年至1879年，500余年间琉球国总共向中国派遣各类使团884次，其中明代537次，清代347次，冠于诸国之首。

明代及清初，琉球进贡使团人数多为150人，康熙二十八年（1689）后，清廷恩准增至200人，但"正副使从人十有五名入京，余留边听赏"，因此使团中的绝大多数人员须滞留在福州，等候赴京使臣。除进贡外，琉球遣往中国的使臣，另有接贡使、庆贺进香使、谢恩使、报丧使、请封使、接封使及护送难民的使臣等。使团的主要官员有王舅、大夫、长史、都通事、通事、伙长、直库等。其中大夫、长史、都通事、通事、伙长等可能都是专由久米村人担任。王舅是形式上被承认为国王一族的人，一般仅限于参加袭封、谕祭之时派遣谢恩、庆贺新帝登基等大事的贡船，此类大事偶尔也曾派遣王弟。长史是王府所属官员，大夫的位阶是散官，伙长是掌航路的航海长。一般而言，贡使是耳目官，正议大夫是副使。所谓耳目官即国王的耳目，虽可能含有保卫国家治安之意，但又称为御锁侧官，专司外交上的各种事务。长史司在久米村也是官名，与中

⊙《琉球王国进贡船图》

议、正议大夫、都通事、通事以下等同为正式的官职，其采地、薪俸等在制度上亦有详细规定。

琉球是一岛国，中国与琉球的交通往来依靠的是海上交通。在明代以前，福建到琉球的航路已经开通。文献中记载"福建往琉球"的传统航路，是从福建梅花所开洋，通过小琉球、钓鱼屿、赤坎屿以后，到枯美山（又称古米山），由此进入琉球国。这一航路从明初开始持续500年间，两国使臣和商船往来，都是沿着传统的航路，从福州出航，经台湾海峡而最后抵达琉球。

琉球人程顺则著有《中琉航海指南》，详细说明琉球与中国之间的海道交通，为当时极为重要的航海交通参考书。《中琉航海指南》书中抄引

《三十六姓所传针本》，记载了从福州到琉球的针路。其中写道：

> 福州回琉球：梅花及东沙开船，若正南风用乙辰针十更取小琉球头，便是鸡笼山圆尖，又用乙辰五更花瓶屿并彭家山，又用单乙七更取钓鱼台，离开流水甚紧，北过，用乙卯并单卯针四更乌屿，前面黄毛屿，北过用单卯针十更取赤屿，北过用卯卯针十五更取古米山，北过用单卯针三更取马齿山，用甲卯并甲寅三更收入那霸港，大吉。

赐闽人三十六姓给琉球，是由明朝派遣的大规模向海外移民的国家行为。三十六姓为善于航海操舟的世家，他们的航海经验是祖上传承下来的。所传的针木，年代久远，是世代传承使用的传统海上针路。针路传抄本是以文字或口头相传的航路知识，详细记录了沿海岛屿名称、准确位置和航行针位、更数。针经或针本属于民间文书，可以分为两类：一类以手抄本形式留传下来，另一类以口述形式传承下来。此类古代航海者所用的"秘本"，其来源可谓源远流长，是中国航海先民海上实践的结晶，历代相承。以上两部针路传抄本，是中国古代航海人发现和命名东海诸岛的真实记录，也是千百年来中国沿海渔民在海上航行所积累的丰富经验总结，是渔民的航海"秘本"，也是航行必备之书，经过几代人补充修正而抄写传承下来。

历年出使琉球的使臣对往返福州与琉球之间的航路多有记载。如明代嘉靖年间两次派遣使臣出使琉球：一为嘉靖十三年（1534）的陈侃使团，一为嘉靖四十一年（1562）的郭汝霖使团。他们的出使船只，都是从福建长乐梅花开洋，经过传统的东行航路到钓鱼屿、黄尾屿和赤（尾）屿以后，进入琉球国。

在当时的航海条件下，出使琉球，路途遥远，惊涛骇浪，卷雪翻云，舟行其中，危险重重。所以，当时被派往琉球出使，往往被看作"死亡之旅"。

琉球虽为岛国，却不懂得"驾舟楫"，落后的航海业阻绝了琉球国与外界的往来，导致"东瀛之岛""凡十数而琉球最贫"。闽人三十六姓抵达琉球后，彻底改变了这一局面，大大推动了琉球造船、航海业的发展，使琉球一跃成为以"海舶行商为业""以舟楫为万国之津梁"的贸易中转国。为了加强与琉球的海上交通联系，明朝还向琉球赠送海船。据统计，明永乐年间赐给琉球国的海船就有30多艘。从明景泰年间开始，史籍中就有了琉球使臣在福建修船、买船的记载。随着福建造船工艺和航海技术的传入，琉球国自身的造船、航海水平也有了很大提高，发展成为"舟楫为万国之津梁"的海岛国家。

在明朝以前，中国与琉球就已经有了贸易关系。明初设立福建市舶司，规定通琉球。琉球使臣在福建上岸，入京以前，须将正贡中的硫黄等物上交给督抚诸官员收存，并且拜会福州的主要官吏，如将军、督抚、布政使、按察使等，向他们赠送琉球的土产。除北京会同馆外，福州柔远驿成为琉球人在中国贸易的另一个重要场所。琉球商人在福州交易的货物种类繁多，有各种手工业品、医药、香料、矿产、海产、纺织品及其他珍奇货物。福建产的瓷器、茶叶、丝织品、棉织品都是琉球商人喜爱的商品。琉球贡使携带回国的物品大致为纺织品、文化用品、日常生活用品、瓷器、药材等。

在明朝期间，琉球商人在中国、朝鲜和日本非常活跃，他们的足迹还遍布东南亚地区，如暹罗、爪哇以及马六甲等。琉球与朝鲜的贸易关系非常频繁，仅次于中国、日本。朝鲜通过琉球向南洋转口贸易，从南洋进口药物、香料和珍珠、玳瑁、珊瑚等奢侈品。在琉球王国都城首里城（朝鲜称为海浦）出现了专门航行到朝鲜的琉球贸易船。除此以外，琉球还与东南亚国家，如暹罗、佛大泥、巡达、三佛齐、爪哇国、苏门答腊、满剌加、占城、安南、吕宋等，以及更远的土耳其、巴基斯坦等进行外交和贸易交往。琉球国与暹罗国、爪哇国进行过官方文书"咨"的交往。琉球的船只往来那霸与福州之间，北上日本、朝鲜，南下整个南洋群岛。当时的那霸是一个国际港，是日本、朝鲜、中国等东亚国家，与泰国、马来西亚、印度尼西亚等东南亚地域的中继贸易站。日本冲绳学者认为，14—16世纪中后期的琉球王国，已经成为以中国为中心的环西太平洋海上贸易交通网络中不可缺少的一员。

⊙ 琉球首里城的万国津梁钟

琉球对中国的朝贡贸易，实际上成为国际贸易的重要构成部分。琉球商人利用海禁时期中国政府对其的特殊关照，将日本及东南亚诸国商品，以贡品形式带到中国，绝大多数在福州柔远驿进行交易，再把所购得的中国商品运到日本及东南亚各国出售。每逢朝贡，琉球便派海船到东南亚各地采购商品作为贡品。比如1425—1570年，琉球国总共88次向东南亚各国派出船只104艘，主要采购与中国进行朝贡贸易的商品。琉球人最早时所贡的只有硫黄、皮纸，随行商人所携的财货，也不过是本土所产的海螺与蚌壳。此外，纸扇、烟筒等形制陋劣，档次极低，所以在中国的一些地方，俗语谓"厌憎之物"则曰"琉球货"。后来中国自琉球进口的货物亦颇为丰富，竟有金、银、铜、锡各类制品，以及香料、玛瑙、象牙、硫黄、马刀、药材、磨刀石等物品以及各种海味干货等，实际上分别来自日本以及东南亚的暹罗、爪哇、满剌加等地。同时，琉球又从中国买进药材、纺织品、书籍、丝绸等货物，转售到日本、朝鲜和南洋，获利至少在一倍以上，所以琉球人有"唐一倍""唐行倍"的谚语。

琉球海外贸易的大宗货物是向中国出售日本的白银、漆器、刀剑、屏风和扇子，并将东南亚、印度和阿拉伯半岛出产的犀牛角、苏木、香料、锡、糖、象牙、乳香、龙涎香销售到中国、日本、朝鲜三国。而从中国购买来的商品，如中国出产的药材、瓷器等，也往往是内贩外销，转售至日本和东南亚各国，从中获取海洋贸易的巨额利润。这就是说，琉球的国际贸易实际上是以中国为中心进行的。

752

在13世纪末至16世纪初，其中至少有150年的时间，琉球人是西太平洋地区最活跃的商人。琉球王国以海洋贸易立国，它的繁荣可以说是得力于与日本本土、中国以及南海诸国的交通。在15—16世纪，琉球国通过转口贸易而获得巨大利润，成为一个非常富有的国家，被称作"万国津梁"。在"万国津梁之钟"的铭文里，尚泰久王曾自豪地夸耀："琉球国者，南海胜地，而钟三韩之秀；以大明为辅车，以日域为唇齿，在此二中间涌出之蓬莱岛也。"琉球史家称这段时期为"大交易时代"。16世纪葡萄牙人皮列士的《东方志》中说："琉球人有自己特型的船只，每年往返贸易于中国与满剌加之间，从事如同中国人那样的贸易活动，看起来琉球人衣着比中国人更为讲究，显见贸易之富盛。"皮列士又说道："正如我们（欧洲）列国谈论米兰那样，中国人和其他所有国家的人都谈论琉球人。他们为人正直，不贩卖奴隶，即便用全世界来交换也不肯出卖自己的同胞，他们宁死也不肯……"

⊙《首里旧城之图》，日本冲绳美术馆藏

琉球船在南海诸国的贸易，在历史上有重要意义。自8世纪以来，东西贸易由阿拉伯人、中国人拓展开来，许多西亚、东南亚以及印度的产物输往中国，而中国的产物也输往这些地方。这些西方与南方的产物，有一部分又自中国再输往日本、朝鲜半岛等地。但是，14世纪末，由于明朝锁国的对外政策，外国的贸易受到影响。而琉球不仅因与中国的宗藩关系而从中国获得大量的物资供应，还发展成为锁国状态下中国的海上对外贸易"总代理"。琉球群岛与东南亚贸易关系的发展，依靠的是中国商人、水手和翻译的网络，覆盖从吕宋到苏门答腊、从安南到暹罗的范围。

16世纪初，中国的海上商人积极开展与外国的通商活动。东南亚、西亚以及印度等地的药材、香料和其他产物是通过中国而输入日本。至室町时代，这些产物已全通过琉球而输入。要输往朝鲜半岛的部分，有一部分是借琉球船直接运送，大部分是经由九州岛再输出。胡椒、苏木等南海的产物，室町时代与以前的时代是相反的，由幕府的遣明船载运，大量输往中国。到16世纪，中国海运商人的对外贸易活动一时兴起，欧洲人开始向东洋扩张，日本本土商船的南下活动也逐渐兴起，琉球船在东亚贸易史上的中介角色才终于告一段落。

第三十二章　东北亚丝绸之路

一、从长安到渤海国

东北亚丝绸之路，陆路一般是指从河西走廊经漠南至东北亚的交通路线，海路是指从中原经阿什哈达、松花江、黑龙江到鞑靼海峡至库页岛和日本北海道。但是，和"丝绸之路"这个概念一样，东北亚丝绸之路也不是单一的交通线路，而是被广泛应用于亚洲东北地区的国际交通网络。

中原与东北地区很早就有交通。周武王时，东北肃慎人曾来到中原进贡过"楛矢石砮"。鸭绿江、松花江自帝舜起就是当地先民去中原朝献所走的古道。汉魏时期，东北的夫余国与中原存在商业贸易的往来。龙潭山和东团山之间出土有大量汉代五铢钱、汉代白铜镜残片，以及印有王莽货泉花纹的陶片。

东北亚丝绸之路最重要的时期是在唐代。渤海国是唐代东北地区一个以粟末靺鞨族为主体、联合一部分高句丽遗民建立的地方政权。唐武则天圣历元年（698），粟末首领大祚荣建立靺鞨国，自号震国王。开元二年（714），唐玄宗册封大祚荣为渤海郡王，统辖忽汗州，加授忽汗州都督。从此"去靺鞨号，专称渤海"，靺鞨以"渤海"为号，成为唐朝版图内的一个羁縻州。宝应元年（762），唐廷诏令渤海为国。从此，渤海国全面效法大唐文明，开疆拓土，创造了"海东盛国"的辉煌。渤海国疆域东临日本海，西至今吉林乾安、长岭和双辽，南至朝鲜半岛龙兴江，北抵今黑龙江依兰，定都于上京忽汗城（今黑龙江宁安东京城）；后唐高宗天成元年

（926）为辽国所灭，传国15世，历时229年。

渤海国在长达200多年的发展过程中，始终履行包括朝贡、朝觐、贺正、质侍在内的各项义务，与唐朝之间在政治、经济和文化等各个方面保持着频繁的来往和密切的联系，同内地贸易岁岁不绝，向中原派遣的朝贡使团、王公贵族子弟有数万人。他们学习中原文化，学习先进的手工技艺，效仿中原礼仪，逐渐形成"车书一家"的局面。当时渤海国使用的车乘、文字、语言，文书交流等都与中原相同。据统计，渤海国共向唐朝朝贡140余次。此外，还向后梁、后唐朝贡了10次。渤海国向唐朝进献的贡品中，有人参、虎骨、熊皮、貂鼠皮和昆布等物产。昆布，是褐藻门海带目的别称，产地是日本的北海道与本州北部地区。原产自日本的昆布，经渤海国的中继贸易，通过渤海国朝贡道进入中原。

唐朝也非常重视渤海国的殷勤臣服，为渤海等国的使臣设置了接待官员。开元二十八年（740），以平卢军节度兼渤海黑水等四府经略处置使；代宗大历初，改以淄青节度使领检押新罗、渤海两蕃使；穆宗践祚，又加平卢以检押新罗渤海两蕃使。唐朝对渤海使臣，不仅有在上朝时根据其品级给以衣冠袴褶的恩典，还加授官职。《渤海国记下篇·朝贡中国》载："又有赐金鱼袋者，二品以上服也；紫袍金带，三品以上服也；绯袍银带，五品以下服也。"

这既促进了渤海地区的社会发展和进步，也加强了东北地区与中原内地的紧密联系，并使其事实上成为唐朝版图一个重要组成部分。唐文宗在致大彝震的敕书中盛赞渤海"尊礼仪而封部和乐，持法度而渤海晏宁。远慕华风，聿修诚节。梯航万里，任土之贡献俱来；夙夜一心，朝天之礼仪克备"。诗人温庭筠《送渤海王子归本国》的诗中说：

> 疆里虽重海，车书本一家。
>
> 盛勋归故国，佳句在中华。
>
> 定界分秋涨，开帆到曙霞。
>
> 九门风月好，回首是天涯。

渤海与唐朝的民间贸易也很发达。《渤海国志》载，高王十六年（唐玄宗开元元年，713），"遣王子朝唐，十二月至长安，奏请就市交易，入寺礼拜，玄宗许之"。唐在山东登州置"渤海馆"，专管渤海贸易，平卢、淄青节度观察使李正己"货市渤海名马，岁岁不绝"。渤海向唐朝输出的有马、虎皮、海豹皮、熊皮、貂鼠皮以及人参、麝香等各种名贵药材，从唐朝输入的有帛、锦、绢、粟、金银器皿等。

　　渤海以上京龙泉府为中心，开辟了通往唐朝以及邻族、邻国的五条交通道。《新唐书》卷二百一十九《北狄·渤海》记载："龙原东南濒海，日本道也。南海，新罗道也。鸭绿，朝贡道也。长岭，营州道也。扶余，契丹道也。"其中，"鸭绿朝贡道"和"长岭营州道"在东北亚交通中最为重要。唐朝道使节和渤海的贡使在这两条路上往来频繁。

　　"鸭绿朝贡道"是一条水陆兼行的交通道。关于这条道路所经过的城镇和路线，《新唐书·地理志》记载："登州东北海行，过大谢岛、龟歆岛、末岛、乌湖岛三百里。北渡乌湖海，至马石山东之都里镇二百里。东傍海

⊙ 渤海国上京龙泉府遗址

⊙ 渤海国上京龙泉府宫城遗址

堧，过青泥浦、桃花浦、杏花浦、石人汪、橐驼湾、乌骨江八百里。……
自鸭渌（绿）江口舟行百余里，乃小舫溯流东北三十里至泊汋口，得渤海
之境。又溯流五百里，至丸都县城，故高丽王都。又东北溯流二百里，
至神州。又陆行四百里，至显州，天宝中王所都。又正北如东六百里，
至渤海王城。"这条"鸭绿朝贡道"即贾耽在《道里记》中所说的"登州
海行入渤海道"。

　　这条道路首先由唐朝的都城长安东行到登州。自登州渡海东北行，过
庙岛群岛中的大谢岛（今长山岛）、龟歆岛（疑为今之砣矶岛或钦岛）、
末岛（今庙岛）、乌湖岛（今隍城岛），再北渡今渤海海峡，由此至马石
山（今旅顺老铁山）东之都里镇（今旅顺）。由今旅顺口沿辽东半岛东海
岸东北航行，过青泥浦（即青泥洼，为今大连旧称），由此再沿辽东半岛
东岸东北行，经桃花浦、杏花浦（金州杏树屯）、石人汪（长海石人岛）、
橐驼湾（大北岛）而到乌骨江（今叆河），从今叆河口溯流北上，因江面
狭窄，所以换成小船，东北行三十里到泊汋口，由此进入渤海境内。由泊

汋城溯鸭绿江而行250千米至丸都城（今吉林集安），又东北溯流100千米至神州（今吉林浑江临江镇）。渤海之"神州"亦即"西京鸭绿府"的所在地，是唐与渤海和渤海与高丽之间重要的水、陆交通枢纽重镇。从这里开始，弃"鸭绿水路"，取陆路北行"中京显德府"去渤海上京；南行则进入朝鲜半岛北部高丽、新罗之境，由神州东北改为陆路，经显州到上京龙泉府。

对于当年"鸭绿朝贡道"在连接中原与中国东北暨东北亚的重要性，南宋诗人陆游曾写道：

> 鸭绿桑干尽汉天，传烽自合过祁连。
> 功名在子何殊我，惟恨无人快著鞭。

"长岭营州道"是当时从唐朝首都长安到营州（今辽宁朝阳），再从营州经辽阳（安东都护）转到渤海的上京路线。《新唐书·地理志》记载："营州东百八十里至燕郡城。又经汝罗守捉，渡辽水至安东都护府五百里。府，故汉襄平城也。……自都护府东北经古盖牟、新城，又经渤海长岭府，千五百里至渤海王城。"营州是唐朝经略东北诸蕃的重镇，又是唐朝平卢节度使的驻地。从营州经燕郡、汝罗东渡辽水，到安东都护府的道路即隋唐时代的南道。再自安东都护府（今辽阳）沿浑河东北行，过分水岭以后，再沿柳河、辉发河沿岸东北行，然后再沿牡丹江东北行，到上京龙泉府。

营州道在安史之乱以前已是通往东北的主要交通道之一。其后由于安史之乱和契丹兴起，营州道多次被阻，故多走"鸭绿朝贡道"即登州入海道这条水、陆交通道。因此，鸭绿朝贡道成为中后期渤海和唐朝来往的主要交通道。

二、从渤海国到日本

渤海国"开大境宇"，海岸线漫长，与日本隔海相望。从渤海立国到灭亡，渤海与日本一直保持着密切的友好睦邻关系。在渤海的第二位国王大武艺即位的仁安元年（唐开元八年，日本养老四年，720），日本遣使赴渤海观俗。仁安八年（开元十五年，727），大武艺派宁远将军郎将高仁义、高斋德带领24人出行，拜见圣武天皇，呈国书、信物和貂皮300张。日本天皇授高斋德等官职，赐宴、赐帛等，招待听雅乐。次年六月，高斋德拜辞，日皇付玺书、信物，赐彩帛等，派引田虫麻吕伴送回渤海。双方从此开始建立起来正式的交聘关系。渤海和日本"沧波虽隔，不断往来"。

从727年第一次访日到919年的最后一次出使，渤海访问日本34次，日本访问渤海13次。渤海访日的34次使团，最少的由22人组成，最多的达359人，以105人组成的使团为多，计8次。如771年渤海使团由壹万福带队，325人乘17艘船，编成船队，浩浩荡荡。至今，在日本的奈良、福井县敦贺市、金泽市户泽町等地，还有渤海国使团留下的遗迹。石川县羽咋郡富来町福浦港平台上，有巨石屹立其上，其中一块上刻"史迹。福良津，渤海使节来航之泊"，另一块巨石上刻赞颂福良津的俳句，中间一石镌刻着说明。

渤海使团成员包括大使、副使、判官、录事、译语、史生、通事、首领等，此外还有主神、医师、阴阳师、船师、射手、卜部、杂使、船工、梶师、傔人、挟杪、艄公、水手等。由于渤海前后期出使日本的目的不同，因而使团长官的身份也有所不同。在762年以前，也就是渤海大钦茂前期，渤海出使日本的目的在于寻求政治军事上的盟友，因而大使、副使皆由武将担任，如宁远将军高仁义，若忽州都督忠武将军胥要德，云麾将军己珍蒙、辅国大将军慕施蒙、杨承庆，归德将军杨泰师，辅国大将军高南申等。大钦茂后期，逐渐转向以经济贸易为主，因而在762年以后，渤海使团的长官转为以行政官员为主，如行政堂左允王新福，青绶大夫壹万福，献可大夫司宾少令史都蒙、张仙寿，匡谏大夫、工部郎中吕定琳，政堂省左允王文矩、贺福延、乌孝慎、杨成规等。后来，随着两国交往转向以文化交流为主，渤海使团长官又转由有才华的文官担任，如文籍院少监王龟谋、裴颋、裴璆等。

渤海至日本的交通路线统称为"龙原日本道"。龙原即渤海"东京龙原府",故址在今吉林珲春八连城。渤海国使者从上京龙泉府,即今黑龙江宁安渤海镇出发,沿着马连河南下,穿过冈峦起伏的哈尔巴岭,沿着嘎呀河到今吉林图们,再沿着图们江从西向东,就到达东京龙原府。再向南走约30里,到达长岭子山口。越过长岭子山,南面是一块近海平地,顺着海岸东行,便到达今俄罗斯滨海边疆区渡谢特湾的唯一天然良港毛口崴(摩阔崴,即波谢特)。渤海国使者从这个港口弃车登舟,向东横渡日本海,在日本的出羽、能登、加贺、越前等地靠岸。登陆以后,经过近江、山城到达首都平城京或平安京。从上京龙泉府至毛口崴,大约230千米,从毛口崴至能登或加贺,大约900千米,水陆路全程共约1130千米。渤海航海家们由于掌握了日本海域的季风与海流的规律,懂得顺应季节和海流,创造了冬往夏归的成功经验,从而大大减少了海难的发生,使其开辟的"日本道"成为当时最为繁忙并相对安全的海上道路。有学者把渤海国通往日本的交通路线称为"东北亚海上丝绸之路"。

日本与渤海国的航海交往,对加强日本与唐朝中央政府之间的关系,还有着某种中介作用。乾元二年(日本天平宝字三年,759)二月,日本天宝年间入唐的大使藤原清河恰逢安史之乱,在唐久留而不能回国。淳仁天皇对此十分忧虑,于是派高元度为遣唐使,借道渤海国到大唐,来迎接藤原清河返国。在9世纪中叶日本停派遣唐使之后,渤海人仍穿梭于中国和日本之间,并在事实上成为两国间继续进行接触和经济文化交流的主渠道。日本访唐的僧人,如永忠、戒融等,都是取道渤海,往来于日本和唐王朝之间。

渤海国与日本保持了密切的贸易关系。日本官方多次命令"内藏寮与渤海客回易货物""听京师人与渤海客交关""听诸市人与(渤海)客交关""听诸市人与(渤海)客徒私相市易",以"官钱四十万赐渤海国使等,乃唤集市廛人卖与客徒此间土物"。(《日本三代实录》卷二十一)渤海国与日本双方的商业贸易、经济交流数额是巨大的,对双方的经济发展都起到了良好的促进作用。746年就有"渤海及铁利总一千一百余人"到达日

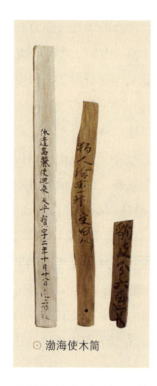

⊙ 渤海使木简

本，其中多数人与商贸活动相关。872年的一次官方贸易，日方支付给渤方的货物补差款竟达40万钱。到9世纪以后，随着唐日官方贸易的中辍，私商开始成为唐、日、新罗贸易的主角，而其中最为活跃的是包括李延孝、李英觉、李光玄等在内的一些渤海"商主"，他们从事跨国贸易的经贸活动。

渤海国送给日本的礼品，主要有貂皮、大虫（老虎）皮、熊皮、罴皮、豹皮、人参、蜂蜜、松子、麝香、细布、靴子、玛瑙杯、玳瑁杯等。日本回赠渤海国的礼品，主要有彩帛、绫、绢、丝、绚绵、土毛绢、缬罗、黄金、水银、金漆、漆、海石榴油、水精念珠、槟榔等。双方进行商业贸易的货物，想必与这些礼品相同。从日本销往渤海的主要有绢、锦、绫、丝、彩帛、绚棉、土毛绢等纺织品，以及金、银、金漆、海石榴油、水精珠、槟榔扇等物品。

渤海人的文字和书法曾被日本人誉为"笔下雕云""毫含松烟"。渤海使臣带到日本的书法作品很受欢迎，对日本书坛产生一定的影响。

渤海人将学自唐朝的《长庆宣明历》介绍给日本。有唐一代历法曾8次更换，有《元嘉历》《仪凤历》《大衍历》等，日本皆派人学习，并回国使用。但唐朝停用《大衍历》、使用《宝应五纪历》后，日本未派人赴唐学习新历法。在此期间，唐朝又几次改历，渤海因连年赴唐，凡所换新历皆学而用之。至唐大中十三年（859），渤海赴日大使乌孝慎特传唐新历法《长庆宣明历》于日本。日本经朝议，停用旧历而改用《长庆宣明历》。

740年，渤海国已珍蒙出访日本，朝贺天皇时曾在日本宫廷演奏渤海乐，自此日本始知渤海乐。随后，日本宫廷派内雄等人来渤海学习"音声"，并将其吸收为日本宫廷乐。由于保有鲜明的民族特色，故而关于渤海乐舞的记载史不绝书。天平胜宝元年（749），天皇朝拜东大寺时，奏

"大唐、渤海、吴乐"。这时的渤海乐已成为雅乐寮中杂乐的一派，而且与唐乐、吴乐相并列。

在渤海国与日本的经济文化交流中，渤海国使者把光辉灿烂的盛唐文化、独具特色的渤海文化带到日本，又把日本的优秀文化带回渤海。同样，日本访渤使者也起了这种文化桥梁纽带作用。渤海国在历史上的存在时间虽然比较短暂，但在中日交往中起到的承前继后作用是不可低估的。

日本通行汉字，一度把文章诗词当作经国之大业和国家体面的表现。因此，渤海国使团到日本后，可以不借助通事，以汉字笔谈，进行文学交流。历代日本天皇在委派接待官员时，经常任命谙熟汉学、多才多艺的人士，招待陪伴渤海客人，诗词唱合之风由此兴盛起来。为了更好地进行文化交流，历代渤海国王在挑选赴日使者时，也往往注意选择能诗善文的饱学之士。宾主双方往往"兴成赋诗"，留下许多诗篇佳句，读来大都脍炙人口。日本诗人多次评价渤海诗人"管染湘妃竹露红"（暗比屈原）、"七步之才"（暗比曹植）、"江家昔有忘年契"（暗比江淹）、"占云难傍荀鸣鹤，摛藻多惭范彦龙""江淹枕上晓梦中""何乡犹曳买臣衣""白体新诗大使裁"（暗比白居易）等，可见日本文人对渤海诗赋上承秦汉遗韵、下效盛唐文风的认可与激赏。渤海使臣与日本文人的诗文唱和，是唐代中日文学交流的重要补充，对于向日本传播中华文化、促进日本汉文学的发展起到了一定的作用。

《源氏物语》中讲了一个与渤海使臣有关的故事。这个故事说，光源氏作为贵公子，由优秀的汉诗文先生辅导他的学习，所以他的汉诗文修养很高。一次，渤海国的使节来到京都。由于不便以天皇儿子的身份参加会见，他就假借汉文先生之子的名义与使节们见面。渤海国使团里有一位擅长相面的人，他看到光源氏虽只是一个身份低下的汉文先生的儿子，却有着一副"帝王之相"，为此惊叹不已。据说当时光源氏因写出十分优雅的汉文诗句而受到渤海使节们的高度赞赏，后者还特意送给他礼物。集汉文学修养于一身的贵公子光源氏，其超人的汉诗文能力被广为传颂，多少得益于与渤海使节们的这次会见。

第五编 东方丝绸之路

渤海第四次访日使团的副使杨泰师以诗词而著名。唐肃宗乾元元年（日本淳仁天皇天平宝字二年，758），日本以小野田守为正使、高桥老麻吕为副使，访问渤海。同年秋，返回日本。渤海文王大钦茂以辅国大将军、行木底州刺史兼兵署少正、开国公杨承庆为大使，归德将军杨泰师为副使，一行23人护送回国，同时回访日本，并吊圣武天皇丧。第二年正月，在渤海使一行离日返国前，日本太保藤原惠美押胜宴请渤海使于田村弟，日本"文士赋诗送别，副使杨泰师作诗和之"。

814年，王孝廉（?—815）出使日本，掀起了酬酢唱和的旋风，在日本诗坛引起震动。王孝廉是渤海著名文人，他的诗歌艺术达到相当高的水平，尤其是七言绝句，深受盛唐诗歌艺术影响，得其三味。王孝廉和副使高景秀、释仁贞等一行于当年九月间抵达日本出云国（今岛根县），冬天由日本领客使安倍吉人、岛田洁等人陪同去京都，第二年正月受到嵯峨天皇接见并设宴招待。因王孝廉擅长诗赋，日本诗人们对他很敬佩，纷纷与之唱和。日本文献记载了与王孝廉唱和的诗人与诗歌作品，知名者有巨势识人（诗题为《春日饯野柱史奉使存问渤海客》）、坂今继（诗题为《和渤海大使见寄之作》）、滋野贞主（诗题为《春夜宿鸿筒渤海入朝王大使》）、桑腹赤（诗题为《和渤海入觐副使公赐对龙颜之作》）、大伴宿称氏上（诗题为《渤海入朝》）等。日本平安时代的汉诗集《文华秀丽集》，共收录王孝廉、释仁贞与日本诗人的唱和诗11首，其中有王孝廉1首、释仁贞1首。

王孝廉这次出使日本，其外交活动和超群的诗作，受到包括日本天皇在内的日本朝野的敬佩。但王孝廉等人回国时离开日本海岸不久便遇上风暴，又漂回日本，不久因疮伤病逝。日本朝野上下无不痛惜。嵯峨天皇颁发诏书表彰，空海等诗人作诗悼念，礼节隆重。空海的悼亡诗说："一面新交不忍听，况乎乡园故国情。"空海还致书王孝廉妻，痛悼王大使逝世，表达了"天边隔我，松柏岂移"的深挚情感，凄楚动人。

裴颋与裴璆父子先后出任渤海大使到日本，与充任日方接待官的菅原道真、菅原淳茂父子结成笔墨深交，更是传为佳话。

三、亦失哈九上北海

明朝永乐三年（1405），朱棣在黑龙江下游设奴儿干卫，招抚海西、建州、野人女真首领归附，初步完成了对东北的统一。为了巩固东北领地，永乐七年（1049），又设立了奴儿干都指挥使司，以东宁卫指挥康旺为都指挥同知，给兵二百护印，千户王肇舟等为都指挥佥事，管辖黑龙江、精奇哩江（今俄罗斯结雅河）、乌苏里江、松花江流域及库页岛（今俄罗斯萨哈林岛）等地的土著居民。此外，他还派遣女真宦官亦失哈九次前往巡视。

亦失哈，又叫亦信，海西女真人，是明廷的宦官。为了完成这次远征，他在今天的吉林市南郊松花江畔一个叫阿什哈达的地方，费时一年，制造了25艘巨船。永乐九年（1411）春，他统率千余官兵，乘坐着满载布帛丝绸、粮食器具等物资的巨船，乘着春天的季风，扬帆起航，浮江而下。从松花江驶入黑龙江，不舍昼夜，直下奴儿干。

这次远征相当顺利。抵达奴儿干后，亦失哈召见了当地居民，"赐男妇以衣服、器用，给以谷米，宴以酒食"。宣布"敕谕"，"授以官爵印信，赐以衣服，赏以布钞，大赏而还。依上兴立卫所，收集旧部人民，使之自相统属"，并与康旺、王肇舟、佟答剌哈等官员在一个叫特林的地方（今俄罗斯蒂尔）开设奴儿干都司府。这是明朝最北部的官府。

据记载，永乐十年（1412）"冬，天子复命内官亦失哈等载至其国"。刚从奴儿干回京的亦失哈，再次风尘仆仆地重返阿什哈达造船，于次年春第二次巡视奴儿干。这次，他不仅带去大批衣服器用等物品，而且做了两件永载史册的大事：一件是"亲抵海外苦夷"，登上了库页岛，巡察了大明王朝最东端的领土，并以朝廷钦差的身份接见"自海西抵奴儿干及海外苦夷诸民"，宣示朝廷对苦夷的关怀；另一件是带去一批工匠，在满泾站修建了永宁寺，勒石建碑，上刻"敕修永宁寺记"，记载了明朝建立奴儿干都司、兴建永宁寺和自己巡视该地区的经过。

从永乐九年（1411）到宣德七年（1432）的20多年间，亦失哈九次（一说十次）奉命巡抚奴儿干，没用武力便征服了奴儿干及海外苦夷诸民。他的武器不是刀枪，而是粮食、丝绸和器物。

明宣宗宣德七年（1432），亦失哈最后一次巡抚奴儿干。这是明王朝最为隆重的、规模最大的一次派使臣到黑龙江下游地区进行宣抚，也是亦失哈一生中最辉煌的一页。这次亦失哈所率船队是奴儿干船队的两倍，所率官兵也是两倍，即2000人。几十艘巨船浩浩荡荡地行驶在江上，逶迤四五十里，每船乘40人，还装载着朝廷赏赐给奴儿干各部族头领的布帛绸缎、器具、酒、粮食等物品。

在奴儿干，亦失哈见"民皆如故"，独永宁寺破毁。破坏寺庙者被捉，"皆怵惧战栗"，以为要被处死。亦失哈表现了大国使者的风范，好生柔远，进行安抚，"特别宽恕，斯民谒者，仍宴以酒，给以布物，愈抚恤"（《重修永宁寺记》），从而维护了奴儿干地区的稳定。

亦失哈还有一项重要任务，就是劝说女真部族首领派使团向明王朝效忠朝贡。他的劝说相当成功，当地的酋长们纷纷响应，循着元朝的海西东水陆城站，在江边的森林和草原上，走出了一条更加漫长的朝贡之路。女真的纳贡使团来到中原，不仅得到丰厚的金银、丝绸、粮食和其他用品的赏赐，还获得了在中原开展贸易的机会。于是，大批的丝绸、绢、苎丝袭衣、金织以衣等物品，源源不断地进入黑龙江流域，那里的人们则与日本进行贸易。

第六编

丝绸之路大交通

第三十三章　草原丝绸之路再繁荣

一、丝绸之路与西夏

　　唐代后期，由于唐朝的势力退出西域，海上的交通越来越重要，海上丝绸之路进入空前繁荣的阶段。但是，这并不是说陆上丝绸之路就废弃了、阻隔了，相反，在宋代，丝绸之路仍然有交通。占据丝绸之路要冲的西夏政权，利用这一有利地理位置，与西域地方保持了比较频繁的贸易往来；辽朝则进一步开拓了草原丝绸之路，而宋朝也努力通过间接的渠道保持与西域国家的陆上往来。而到了元代，一个空前大帝国的出现，实现了前所未有的丝绸之路大畅通，出现了丝绸之路又一个繁荣的高潮。

　　唐末五代时，党项族首领李继迁占领灵州后，不断向河西走廊进军。经过李德明、元昊父子的努力，最终拥有了丝绸之路东段的甘州、凉州、瓜州和沙州。1038年，李元昊称帝，国号大夏。因位于中国的西北部，史称"西夏"。西夏又称邦泥定国。"邦泥定国"首见于西夏使者递给北宋宋仁宗的建国国书："男邦泥定国兀卒曩霄上书父大宋皇帝"。此国号可能是党项语直译，意译为"白高国"或"白上国"。

　　西夏据有丝绸之路要冲。西夏的建国，阻挡了中原与西域的交通，造成了丝绸之路的阻滞。西夏对回鹘人的过境贸易课以重税，"商人苦之"。西夏的兴起，在一定程度上阻碍了丝路贸易，西来的商人、使节只得绕行青唐路至中原王朝，或走海路。

　　但是，西夏统治者也十分重视商业利益，与高昌回鹘、大食以及其他西域国家保持商贸往来。元昊统治时期，西夏曾于庆历六年（1046）向宋朝贡"大石样金渡黑银花鞍辔，金渡黑银花香炉"。"大石"应是"大食"，这一贡品说明西夏与大食存在着直接或间接的经济往来。北宋嘉祐七年（1062），西夏派往北宋贺正旦的使臣，"其所贸易约八万贯。安息香、玉、金青石之类，以估价贱，却将回。其余硇砂、琥珀、甘草之类，虽贱亦售"。安息香产自波斯，金青石为阿富汗的特产，玉以于阗的品质最好，说明嵬名谅祚时西夏与大食、于阗已有商贸关系。

在古代丝绸之路上，最善经商者，首推大食与回鹘商人。在西夏与周边民族和政权的商业往来中，大食与回鹘具有非常重要的地位，特别受到政府的重视。回鹘的贡使、商队常往来于西夏。西夏与大食之间也有官方关系的往来。有记载说明，大食国王悉古海所派遣的使者曾远足西夏辖下的西凉府一带。此使的河西之行应与贸易有关。回鹘人在西夏的对外贸易中起着非常独特的作用，回鹘语已成为西夏与周边民族进行商业贸易的交际语，因此在西夏国境内还形成了一种专门的职业，号为"回鹘通译"。

在黑水城出土文献中，有一份《天盛改旧新定律令》，其中涉及西夏与大食的贸易关系。《天盛律令》卷七《敕禁门》载：

> 向他国使人及商人等已出者出卖敕禁物时，其中属大食、西州国等为使人、商人，已卖敕禁物，已过敌界，则按去敌界卖敕禁物法判断。……此外其余国使人、商人来者，买物已转交，则与已过敌界同样判断。

文中除大食外，还提到西州，即高昌回鹘人。根据规定，西夏政府规定的"敕禁物"不得出售给包括大食、高昌回鹘在内的各国使者和商人，如有违背，则视具体情况予以处罚。按照惯例，这些"敕禁物"指的一般是那些与军事有关的物资。在杜绝"敕禁物"进入买卖市场的前提下，西夏政府采取了多种鼓励性的优惠政策。如当大食、高昌回鹘商人用于运输的骆驼死亡或不够用时，或者所驮货物需要有人看护时，可告知当地政府，

⊙ 西夏王陵

由其帮助解决；商人来时随身携带的粮食，在吃用不完时可就地出售；当其回还时，可在当地购买所需食粮，但不许"超额运走"，如有违犯，按买卖"敕禁物"论处。

西夏设立有主管与他国买卖的机构皇城司和三司，皇城司、三司为次等司，地位仅次于上等司中枢、枢密。此外，监军司有接待与护送他国来使的职责，群牧司负责提供出使他国时所用的马匹、骆驼。西夏首都兴庆府内有馆驿专供外国使者、商人歇息、交易，政府征收外贸税。西夏对使者来往与出使他国贸易有明确规定。另外，他国来使所带随从、行童必须是可靠人员；他国来使若要买卖，必须住进京师的馆驿，买卖时还要缴纳一定的税。出使他国进行买卖时，官物与私物必须分清，私物不能由官驮负载；官物与私物同时买卖，私物不能与官物竞争；官物卖时，"所得价及实物当于正副使眼前校验，成色、总数当注册，种种物当记之，以执前官侍御印子印之"。

西夏的榷场交易和贡使买卖都以官方为主，官商在对外贸易中占主导地位。西夏使团、商队常去西辽买卖。西辽的国际贸易相当发达，处于商道的大城怛逻斯、讹答剌等都有专供商队过往食宿的旅店和出售商品的地方。国际贸易贩运的商品主要是高级消费品，即中原的丝绸和高级工艺品、中亚和西亚的珠宝玉器和香料等。此外，奴隶也是贩运的对象之一，他们主要来自北方游牧部落，多运往河中和西亚地区。西夏的贡使、商人穿梭在金与西辽之间，在国际贸易中充当着中介的角色。

西昌回鹘的贡使、商队常往来于西夏。西夏境内翻译佛经的高僧，有许多是回鹘人，西夏汉文《杂字·果子部》中有"回纥瓜"。来自大食的骆驼已在西夏畜牧业中占有一席之地。大食商人在中国贩运的商品历来以香药、宝石、珍珠、象牙、犀角为主，从中国输入的货物主要以丝绸、瓷器、纸、墨、香料为大宗。西夏虽能生产一定数量的丝绸、瓷器、纸、墨，但产量和工艺无法与中原产品相提并论。西夏前期，这些商品主要从北宋进口，后期主要从金朝获得。西夏充当了阿拉伯与中原贸易的中转站。仁孝时，西夏官库存放着金银、丝绸、钱币、陶器、漆器、药材等。药材中有香象牙、珍珠、珊瑚、乳香、没药、龙脑等产自西域和大食的药品。官库内的香象牙、龙脑等物品应是从西方获得的。西夏所在的河西走

⊙ 西夏文王陵残碑，宁夏博物馆藏

廊出产大黄，也应是西夏输往西方的主要商品之一。

通过贸易，回鹘、大食以及西域其他地方的不少物产都传到了西夏境内。西夏汉文文献《杂字·果子部》中即有"大石瓜"即西瓜的记载。西夏种植的植物中也有一些来自阿拉伯。西夏文辞书《文海》收有"块根菜"一词，并解释说："此者蔓菁类也，草上出也。"蔓菁原产于阿拉伯国家。元代《饮食正要》也解释说："蔓菁，味苦温，无毒，主利五藏（脏），轻身益气，蔓菁子名目。"蔓菁根，阿拉伯语称"šaljam"，元时译为沙吉木儿。其他盛产于阿拉伯地区的物品屡屡见载于西夏的各种文献之中。

西夏文－汉文对照词语集《番汉合时掌中珠》中共收集词语700余条，内容涉及西夏社会的各个方面，列举了不少外来物品，其中盛产于阿拉伯世界的有乳香、沉香、珊瑚、琉璃、琥珀、玛瑙等。有一些物品尚不能确考，如燕珠、碧细珠、涂香、末香（疑为木香之音转）等。《宋会要辑稿》食货三八之三一中提到宋朝民众曾用生绢等物交易西夏的青盐及乳香。青盐为西夏所出产，而乳香则为外来商品。《天盛律令》卷十七《物离库门》讲述的是西夏官府对财物的出入库管理，其中列举了近200种生药药材，阿拉伯地区盛产的珊瑚、沉香、琥珀、乳香、玛瑙等也有出现。西夏文辞书《文海》中也有琥珀、珊瑚等词条。《圣立义海》第七卷目录条中有谷宝、明珠、玉石、金钱、丝、杂色、褐、白、布等内容。敦煌莫高窟北区出土的西夏文文献《碎金序》中也有这样的记载："搅海寻珊瑚，选择串璎珞。细珠玉耳环，钗算簪腕钏。金银珍宝多，价高库进出。绫罗锦褐里，召工裁画缝。"俄罗斯冬宫博物馆藏有一件黑水城出土的项链，系由玻璃珠、珊瑚和宝石做成，中间是黑白条纹组成的石头护身符，用以招福驱邪，研究者初步将其定为12—14世纪的物品，极有可能是西夏时期的遗物。这反映出珊瑚、珠玉、绫罗锦褐等物品大受西夏社会的喜爱。上面所说的珊瑚、琥珀、乳香、白、玉（石）、硇砂、檀香、麝脐、玛瑙、琉璃等都是外来商品。

西夏除了和西昌回鹘、大食有经济交往，商贸来往最多的还是丝路东端的宋、辽、金。西夏前期与北宋、辽经济往来频繁。西夏至宋朝的贡使"纵其为市"，设置在双方边境上的官方榷场、和市，买卖兴隆。除此之外，两国边民之间还有私市。榷场贸易中，西夏以畜产品、土特产换取北宋的锦帛、罗绮、香料、香药、漆器、瓷器等。西夏因与北宋贸易而"公私无乏""资用饶足"。北宋与西域间的茶马贸易很盛，"回鹘入朝，大驱名马，市茶而归"。茶叶也是西夏与西部民族贸易的重要商品。西夏每年从北宋获得大量茶叶，与西蕃之间"以茶数斤，可以博羊一口"。唐朝以绢买西北之马，北宋以银、绢、盐、茶等物博西域的马匹。西夏的织绢院生产一定数量的丝织品，通过岁赐、回赐、贸易等途径，从北宋得到大量丝绸。西夏因转手丝绸贸易，获利很多，它成为充实国力的重要手段。

宋朝与西域各国的往来也并未因西夏的兴起而完全中断。《宋史·夏国传》记载："西若天竺、于阗、回鹘、大食、高昌、龟兹、拂林（即拂菻）等国，虽介辽、夏之间，筐筐亦至，屡勤馆人。"《宋史·于阗传》说："知秦州游师雄言：'于阗、大食、拂菻等国贡奉，般次踵至，有司惮于供赉，抑留边方，限二岁一进。……'从之。"招待频繁而至的西方贡使成了沿途北宋地方财政的沉重包袱，绍圣年间（1094—1098），丝路上来自西方的使团、商队络绎不绝。《宋史·回鹘传》说："然回鹘使不常来，宣和中，间因入贡散而之陕西诸州，公为贸易，至留久不归。朝廷虑其习知边事，且往来皆经夏国，于播传非便，乃立法禁之。"北宋末年，回鹘供使也是途经西夏而到宋朝的。

西夏与辽一直友好，西夏使者频繁至辽，贡使贸易不断，西夏使者还在辽境沿路私市交易。辽在云中、上石楞坡、天德、云内、银瓮等处设市场，允许双方买卖。金灭北宋，在夏金边界的兰州、保安、绥德、东胜、环州等地设立榷场，并沿袭辽在云中、上石楞坡、天德、云内、银瓮等处的互市，而且允许夏使在京城买卖货物。夏金之间频繁遣使，商贸往来很密切。西夏与南宋没有什么交往，因而茶叶、丝绸多从金国获取。

二、辽代草原丝路的繁荣

辽朝是由中国北方游牧民族契丹人建立的王朝，从916年建国到1125

年被金朝所灭，共存在了209年。辽朝一度十分强盛，疆域辽阔，长期统治中国北方大片区域，称霸于亚洲东部，影响远及欧洲。

辽朝是一个开放的帝国，对外交往相当频繁。除了与宋朝保持十分密切的往来和贸易关系，东与高丽、日本，西与哈剌汗国、大食、波斯等都有往来。契丹人原起于东北辽水流域，立国之初，便积极向西北方向扩张。神册元年（916），辽太祖耶律阿保机发动西征，"亲征突厥、吐浑、党项、小蕃、沙陀诸部，皆平之"。以后又几经征战，打通了经漠北通往西域的道路。但因一些被征服部族多次反叛，遂使辽朝开辟的西北路线时通时绝。直到统和二十二年（1004），辽朝建漠北三城，即镇州、维州、防州，作为辽朝统治漠北的前哨基地，从而确保了辽对漠北的统治和与西域的贸易路线，一直持续到辽朝末期。

辽朝与西方的往来都要依靠草原之路，同时将草原之路的东向延伸，草原之路在欧亚的广阔地域起到了沟通南北、连接东西的重要作用。大体上说，辽通往西方的草原之路有南北两条干道，其中以南道最为重要。我国学者项春松的著作《辽代历史与考古》对此做了详细说明：

> 南线：西起喀什，经叶尔羌（今莎车）、于阗（今和田）、古楼兰（今米兰一带），抵敦煌，东北行穿过阴山山脉，杭爱山支脉，进入东蒙草原，到达上京临潢府。
>
> 北线：由上京西北上边防河董城（一名回鹘可敦城，今乌兰巴托南）、西南至皮被河城（今蒙古境内）、西行至塔懒主城（额尔古纳河侧）、西行至镇州，途经防州、维州，均在今乌兰巴托西北，经招州（鄂尔浑河西岸，原有古回鹘城），西北行经乃蛮部、辖嘎斯国，再转西南经金山、精河、八喇沙衮，回入阿萨兰回鹘。西辽西迁及西征路线大体与北线相近。①

---

① 项春松著：《辽代历史与考古》，内蒙古人民出版社1996年版，第202页。

草原之路基本把辽朝的各个城市连接起来。以上京（今巴林左旗林东镇南）、中京（今宁城县大明城）、东京（今辽阳市）、南京（今北京城）、西京（今大同市）为骨干，形成了北达宝韦、乌古，东北至黄龙府、渤海国、奴儿干城，西北至突厥、吐谷浑，西至丰州、朔州、夏州，南通北宋的道路网络，形成了交通干线上的全方位开放格局，进一步促进了草原地区经济文化的繁荣。西域诸国的商人和使团，带来大批西方珍奇物品。契丹的商人也携带着草原和中原地区的商品，沿草原丝绸之路不远万里跋涉到西域和中亚、西亚各国进行贸易。当时，北宋王朝与西方贸易主要走海上丝绸之路，北宋和阿拉伯商船以广州为起点，将中国的瓷器、丝绸运往西方。契丹则在陆路，通过草原丝路与阿拉伯国家开展贸易，进行各种交流。因此，阿拉伯人自公元10世纪起，称中国为"契丹"（Kata）。即便是辽朝灭亡以后，阿拉伯语仍然用"契丹"来表示中国。

辽朝通过草原之路与西域的回鹘建立了联系。

早在漠北回鹘汗国时代，回鹘势力即已扩张到以高昌（西州）、北庭为中心的新疆东部地区。唐开成五年（840），漠北鄂尔浑河流域回鹘汗国政权崩溃，出现回鹘西迁浪潮。西迁回鹘诸部主要分为三支：第一支奔至吐蕃统治下的河西走廊，后来分别以甘州、沙州为中心建立了自己的政权——甘州回鹘、沙州回鹘；第二支迁往中亚葛逻禄统治区，建立了哈喇汗王朝；第三支入新疆，以高昌、北庭为中心建立了高昌回鹘王国。

在漠北回鹘汗国时期，契丹就与回鹘汗国有联系，并为其臣属。840年回鹘汗国被黠戛斯人攻灭后，回鹘大部分人向西迁徙，契丹借机摆脱了回鹘的控制，转而内附唐朝，接受唐朝的封号，回鹘旧地也遂为契丹所占有。回鹘西迁后，回鹘的一个分支高昌回鹘与契丹仍保持着联系，不过臣属关系颠倒过来了，是高昌回鹘臣属于契丹。天赞四年（925）四月，"回鹘毋母主可汗遣使贡谢"。随后，辽于北庭置监国太师。辽圣宗于北庭筑可敦城，屯以重兵，高昌回鹘为辽之属邦（同时也称臣于宋），辽设高昌大王府以羁縻。《契丹国志》记载，高昌国向辽朝"三年一次朝贡，进献玉、珠、乳香、斜合里皮、褐里丝等。亦有互市"。

⊙ 北庭高昌回鹘佛寺遗址

　　西迁的回鹘人另有一支进入中亚楚河流域，建哈剌汗国，汉籍作"黑韩王""黑汗王"，《辽史》中称"阿萨兰回鹘"或"回鹘阿萨兰"。天显八年（933），哈剌汗王朝派出的第一个使团到达辽朝。辽太宗对发展同哈剌汗朝的关系很重视，派墨离鹘末里率领使团回访。会同三年（940），鹘末里返回，受到辽太宗的赐衣嘉奖。看来这次回访很成功，因为辽朝经常派出使节出访各国，罕见劳慰使臣之记载。辽太宗对鹘末里的特殊奖赐，说明使臣出使哈剌汗国访问成功，对辽朝在西域的政治影响和经济利益有重大意义。

　　此后哈剌汗朝与辽朝一直保持着密切的友好关系。在《辽史》中关于"阿萨兰回鹘"的记载共达36次之多，可见双方的关系是十分密切的。从天显八年（933）至咸雍四年（1068）的135年中，哈剌汗朝共向辽朝派出使臣16次，平均每八九年就有一次。当时西域把结为姻亲看作政治结盟的象征和这种结盟的有力保证。所以，在统和十四年（996），哈剌汗遣使辽朝请求和亲，但可能是当时契丹人还没有所谓"公主下嫁"的习惯，辽圣宗没有同意。但在后来，辽朝与哈剌汗朝已有和亲关系，可见双方都很重视这种双边交往关系。

辽朝与哈剌汗朝的交往中，贸易关系占有重要地位。哈剌汗朝向辽朝派遣的16次使节中，有13次是所谓"朝贡"。它对辽朝的"朝贡"主要是出于经济目的。另外，民间贸易也很活跃。11世纪哈剌汗诗人哈斯－哈吉甫·尤素甫（Yüsup Xas Hajip，Yusuf Khass Hajib）在《福乐智慧》中说："从东方吹来的春风，给世界善良的人打开了天堂之路。""大地裹上了绿绒，契丹商队运来了中国商品。"这里的"契丹商队"也应是从辽朝回来的哈剌汗商队。

辽朝通往回鹘的道路大致有南北两条。其南部的一条，即由辽上京或辽中京出发，向西南经鸳鸯泊（今克什克腾旗达里湖）至多伦（今内蒙古锡林郭勒盟东南部）；或由辽南京出发向西北至多伦，过辽西京，再沿阴山向西，过居延，穿越西夏，进入高昌回鹘王国，进而向西可入中亚、西亚。北部的一条则自上京出发，向西北经今蒙古乌兰巴托，折而南行，沿黑水至于张掖，与甘州回鹘进行贸易。沿河西走廊继续西行，可经由酒泉、敦煌而入高昌回鹘王国，再西行至中亚、西亚。

回鹘的商人一直活跃在草原之路上，辽上京中设有"回鹘营"，专门接待远道而来的回鹘商人。回鹘人多到辽朝燕京做买卖，以特别能鉴别珍宝著称。北方其他少数民族在那里经商的，也需要经回鹘人从中做牙客，否则无法将货物出售。当时高昌、龟兹等地回鹘的王室每隔3年照例要派遣一批百余人的回鹘"使臣"（实际上是商人），远道到辽朝上京做买卖，运去的货物有玉、珠、犀、琥珀、乳香、硇砂、琉璃器以及由细毛织成的褐里丝、门得丝、帕黑呵等。

随着回鹘与辽的联系不断加强，回鹘地区的物产也传到了辽上京。如回鹘地区生产的西瓜传到那里。西瓜的原产地在非洲热带的干旱沙漠地带。西瓜首先从埃及传到小亚细亚地区，经波斯向东传入印度，向北经阿富汗，越帕米尔高原，沿丝绸之路传入西域。西瓜引入中国北方地区，就是在辽朝与高昌回鹘交往的这一时期。

1995年，在赤峰市敖汉旗羊山1号辽墓内发现了一幅《西瓜图》。图中，墓主人坐在木椅上，左右各有侍者，在墓主人前面的供台上，绘有两个大果盘，一盘盛放石榴、杏、桃等水果，另一盘里有3个碧绿色的西瓜。据专家鉴定，这幅画是目前我国已知时代最早的《西瓜图》，对研究西瓜传入我国的历史具有重要资料价值。

　　在辽朝与西域的交通中，除了与高昌回鹘、哈剌汗王朝保持着密切的友好往来和贸易关系，还与波斯、大食等国有通使和贸易。《辽史》卷二《太祖本纪下》载，天赞二年（923）六月，"波斯国来贡"。这里的"波斯"即萨曼王朝，当时受阿拉伯帝国阿拔斯王朝统治。《辽史》卷二《太祖下》记载："（天赞三年八月）癸亥，大食国来贡。""天赞三年"为924年，可见辽朝创立不久，大食国就主动与其建立了外交关系。

　　《辽史·属国表》中，列有波斯、大食、沙州、阿思濑（即阿萨兰回鹘）、于阗等。南宋叶隆礼撰《契丹国志》卷二一《诸小国贡进物件》中，列有大食等8个国家和地区，后文接着说，以上诸国三年一次遣使，四百

⊙ 内蒙古赤峰敖汉旗白塔子辽墓壁画《契丹人引马图》

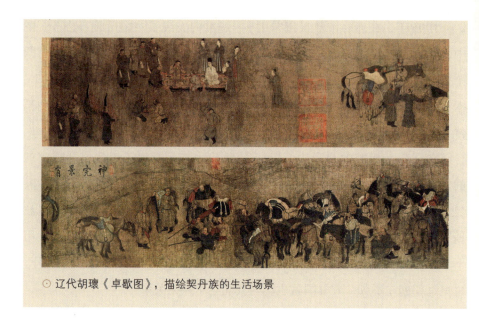

⊙ 辽代胡瓌《卓歇图》，描绘契丹族的生活场景

余人，"至契丹贡献玉、珠、犀、乳香、琥珀、玛瑙器、宾铁兵器、斜合黑皮、褐黑丝、门得丝、帕里呵、碉砂、褐里丝"，"已（以）上皆细毛织成，以二丈为匹。契丹回赐，至少亦不下四十万贯"。"契丹"指辽朝，"斜合黑皮"应作"斜合里皮"，这是用硇砂鞣制而成的红色牛皮和马皮，为西域特产，是做皮靴的高级原料。"门得丝"即今新疆和田等地盛产的麦德莱斯花绸。"褐里丝"也是塔里木盆地出产的丝织品。"帕里呵"当作"帕黑呵"，为新疆喀什产的花绸。"碉砂"为硇砂的误写，它既是鞣制高级皮革的重要原料，又是矿物质药品。从这条记载看，大食国至少3年遣使一次，人数多达400人，从贡物品种看，犀牛角、乳香、琥珀、玛瑙器产于阿拉伯地区，为大食商人对外贸易的常见商品。

后来，辽朝濒亡，耶律大石西迁时，最初就是打算去大食。可见辽朝与大食的关系一贯是很友好的。

11世纪中亚木鹿（Maru）伊斯兰学者马卫集（Sharaf al-Zamān Tāhir Marvazi，1046—1120）在其所著《动物之自然属性》第8章第22节载录有契丹皇帝致伽色尼算端书，书中建议双方通好。书末注明写于鼠儿年，当为辽圣宗太平四年（1024）。伽色尼王朝是大食帝国领域内分离出来的突厥人国家。辽圣宗在使者携带的国书中表示，希望修建由辽至伽色尼（Ghazni）的道路，以便两国使臣往还。这一记载说明，辽朝对于发展同西亚，尤其是大食的关系是非常重视的。

辽朝与大食帝国尽管相距遥远，但二者间的贸易是相当繁荣的，除朝贡外，当还存在着其他多种贸易形式。西夏与辽长期保持着较为友好的关系，大食很可能通过西夏而入辽进贡的。马卫集记载了从喀什噶尔经叶尔羌、和田、沙州、可敦城到辽上京的路线。该路线当即大食商人东行辽朝之道。

在现已发现的辽代文物中，有不少阿拉伯地区的玻璃制品。1974年，在对辽宁法库叶茂台早期辽墓进行发掘时，出土"玻璃方盘"一件，其器形特殊，面呈正方形，中间微凹，四周镶裹银边。下有4只袋形足，袋足之间，有阴弦纹沟通。玻璃器原裂成3块，用3个小银锔子将玻璃锔合在一起。玻璃绿色透明，壁较厚，有4—5毫米，铸造成形，成形后经过打磨，打磨痕迹很清楚，可能产自伊拉克或埃及，用于放置不同的调味品。

辽宁朝阳姑营子辽耿氏墓（开泰八年，1019）出土的玻璃带把杯，呈圆筒状，腹部急收成假圈足，口、腹部附一把手，把上端一角翘立，具有

⊙ 山西大同辽墓壁画《出行图》，大同市博物馆藏

典型的伊斯兰风格玻璃器特征，与伊朗高原喀尔干（Kurghan）出土的玻璃把杯有着相同的造型。

与姑营子出土带把玻璃杯完全一样的器物在内蒙古自治区通辽市奈曼旗青龙山镇辽陈国公主夫妇合葬墓（开泰七年，1018）中也有发现。这些器物，与德国杜塞尔多夫市博物馆藏品中的9—10世纪近东或伊朗产的带把杯相近。沙特阿拉伯利雅得伊斯兰艺术馆收藏的一件带把玻璃杯，被认定为9—10世纪的产品，也与姑营子、辽陈国公主墓所出同类器物相近。可见辽墓出土的这两件相同的玻璃杯可能都是从伊朗输入辽境的。此外，在陈国公主墓中还出土有乳钉纹玻璃杯1件，口颈漏斗形，圆腹圈足，以及刻花玻璃瓶1件，细长颈，折肩，桶形腹，腹部刻几何纹，与喀尔干出土的9—10世纪玻璃把杯的器形极为相近。在河北定州宋代静志寺塔地宫出土有类似的玻璃瓶，与德黑兰考古博物馆藏你沙不儿（Nishabur）出土的10世纪水瓶形状和纹饰几无二致。这些玻璃器皿都属于伊斯兰风格，应系包括伊朗在内的大食商人传入辽朝境内的。

三、耶律大石的西迁之路

辽朝末期，国内党争剧烈，各种矛盾交织，社会危机加深，国势日趋衰败。在辽朝濒亡之际，有一部分契丹人在皇族重臣耶律大石的率领下，经过万里行程，西迁到中亚地区，重建辽朝。历史上称之为"西辽"，穆斯林和西方史籍称之为"哈剌契丹"（Qara Khitay），意为"黑契丹"。西辽王朝一度幅员广大，国力强盛，在蒙古兴起前，称雄于中亚，左右丝绸之路形势近百年，推动了当地社会经济文化的发展。

西辽王朝的创立者耶律大石是辽太祖耶律阿保机的第八代孙。耶律大石一踏上仕途就面临着严峻的形势，逐渐成为朝廷倚重的大臣。保大四年（1124）秋七月，耶律大石与天祚帝决然分裂，脱离辽廷，率200骑西北行至可敦城，即位于鄂尔浑河上游的辽朝西北军事重镇镇州，决心另谋建立根据地，聚集力量，待机恢复。耶律大石自立为王，召集威武、崇德、会

⊙ 新疆乌鲁木齐西南乌拉泊古城南垣（西辽时期）

蕃、新、大林、紫河、驼等七州的长官与十八部的首领和部众开会。耶律大石在会上说："我祖宗艰难创业，历世九主，历年二百。金以臣属，逼我国家，残我黎庶，屠翦我州邑，使我天祚皇帝蒙尘于外，日夜痛心疾首。我今仗义而西，欲借力诸蕃，翦我仇敌，复我疆宇。惟尔众亦有轸我国家，忧我社稷，思共救君父，济生民于难者乎？"（《辽史》卷三十《西辽始末》）大会以后，诸部都出兵马，于是大石"遂得精兵万余，置官吏，立排甲，具器仗"，建立起一支新的军事力量，在漠北立住了脚，为以后的发展打下了基础。

经过5年的休养生息，耶律大石的实力已经相当强大。但新兴的金朝正处在上升时期，其实力远远超过耶律大石，所以耶律大石没有足够的力量攻金复辽。于是，耶律大石决定先向西发展，扩大领域，建立更为雄厚的物质基础，然后再来消灭金朝，光复旧物。

1130年，耶律大石整旅西行。他们自鄂尔浑河畔出发，借道甘州回鹘，再往西行，至叶密里，征服了当地的突厥诸部落。1132年，耶律大石在叶密里称帝，根据当地习惯，号称"菊儿汗"，意为"大汗"，或"汗中之

⊙ 山西大同辽墓壁画《侍酒散乐图》和《吉祥图》，大同市博物馆藏

汗"。群臣又上汉尊号"天祐皇帝"，建元"延庆"。

耶律大石在叶密里称帝建元后，继续大规模地向外扩展。在其后的十年中，大石利用有利的国际环境，东征西讨，先后归并了高昌回鹘王国、东哈剌汗国、西哈剌汗国和花剌子模国，以及康里部，建成一个疆域辽阔的帝国。其疆域东起土拉河，西包咸海，北越巴尔喀什湖，南尽阿姆河、兴都库什山、昆仑山，面积不下400万平方千米。在这样广阔的土地上，耶律大石和他的后继者们循辽朝旧制，建立起西辽王朝的国家组织和政治制度，实行有效的统治，达90余年。

西辽的国际贸易相当发达，处于商道的大城怛逻斯、讹答剌等都有专供商队过往食宿的旅店和出售商品的地方。国际贸易贩运的商品主要是高级消费品，即中原的丝绸和高级工艺品、中亚和西亚的珠宝玉器和香料等。此外，奴隶也是贩运的对象之一，奴隶主要来自北方游牧部落，多运往河中和西亚地区。西辽还与东斯拉夫人建立的基辅罗斯公国有密切关系，中国内地的丝绸通过西辽转卖基辅罗斯。

西辽亡国后8年，耶律楚材随成吉思汗西征至西辽故地，作感怀诗："后辽兴大石，西域统龟兹，万里威声震，百年名教垂。"耶律楚材又说："大石林牙，辽之宗臣，挈众而亡，不满二十年，克西域数十国，幅员数万里，传数主，凡百余年，颇尚文教，西域至今思之。"（《湛然居士集》卷一二）

四、丝绸之路与金朝

金朝兴起以后，也与西域地区保持了一定的联系。

金初攻辽，金军自上京、中京直奔西京，金之疆域一直向西南方拓展，灭辽后不久又南下攻宋，未及经略蒙古草原。直到金中期以后，金的势力才进入蒙古草原。史载："世宗将如凉陉，子敬与右补阙粘割斡特剌、左拾遗杨伯仁奏曰：'车驾至曷里浒，西北招讨司囿于行宫之内地矣。乞迁之于界上，以屏蔽环卫。'上曰：'善。'诏尚书省曰：'招讨斜里虎可徙界上，治蕃部事。都监撒八仍于燕子城治猛安谋克事。'"曷里浒东川指流经今河北省沽源县与内蒙古自治区正蓝旗的闪电河，燕子城在今河北省张北县。金世宗常至曷里浒东川春水，这一带已成为"行宫之内地"，所以将西北招讨司招讨移置"界上"，显然金朝的北疆在曷里浒东川与燕子城以北很远的地方，即已进入蒙古草原。

金朝势力进入漠北以后，草原西部的部族纷纷表示效忠。高昌回鹘甚至不惜将耶律大石的部下送给金人，以向金人示好。从此，金朝与西域之间存在直接的联系。但是，这些部族同时也臣属于西辽。这些两属的部族在金与西辽之间构成一个缓冲区，金朝与中亚的联系正是通过这些部族的两属来实现的。至金世宗大定中期，西辽与金相距并不遥远，金的实际控制区当仍在可敦城一带。

《金史》卷七《世宗本纪》载，大定十五年（1175），"七月丙午，粘拔恩与所部康里孛古等内附"；卷一二一《粘割韩奴传》载，"粘拔恩君长撒里雅、寅特斯率康里部长孛古及户三万余求内附，乞纳前大石所降牌印"。粘拔恩部即乃蛮部，

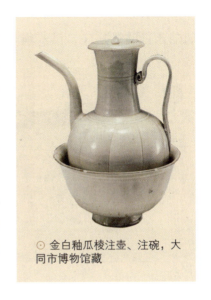

⊙ 金白釉瓜棱注壶、注碗，大同市博物馆藏

居住在阿尔泰山一带,据伊本·阿尔·阿苏尔《全史》,对西辽"归附之诸酋长之衣带上,系一银牌以示臣顺",撒里雅要交给金朝的"大石所降牌印",就是其向西辽"以示臣顺"的"银牌",这一举动标志着粘拔恩部决心与西辽断绝关系,专属于金。粘拔恩部的归向,在原来两属的部族中引起连锁反应,各部都倾向于与金朝建立进一步的臣属关系,至明昌元年(1190),还有"大石部长乞修岁贡者"。因此,金朝后期最终确立了对阿尔泰山一带的统治,隔阿尔泰山与西辽为界。

《金史》卷三《太宗纪》记载,天会九年(1131)"八月辛巳,回鹘隈欲遣使来贡。九月己酉,和州回鹘执耶律大石之党撒八、迪里、突迭来献",这标志着金朝与西域地区直接联系的开始。

金朝与西域的交通多是经由南线。《金史》中可以约略考知交通路线的资料见于卷一二一《粘割韩奴传》。称粘割韩奴"自和州往使大石",其出发点自然是金上京,应是从阿尔泰山东南至和州,也就是走的金上京—临潢府—东蒙草原—杭爱山支脉—和州一线。大定十五年(1175),粘拔恩部与回鹘移习览3人都来到西南招讨司。自大定八年(1168)以后,金之西南招讨司已在今山西应县,其所取路线自然不会是北线。回鹘移习览3人来自西辽都城虎思斡鲁朵,其自和州至虎思斡鲁朵的路线未必是古楼兰—于阗—叶尔羌—喀什一线。《长春真人西游记》载丘处机的西行路线是自"昌八剌",经"阿里马",至"大石林牙城",即西辽都城虎思斡鲁朵。赴西域的耶律楚材在《西游录》中的记载顺序是"不剌城""阿里马""虎司窝鲁朵,即西辽之都",并提到有"河曰亦列",即今伊犁河。二者都是取道昌吉,沿伊犁河谷西

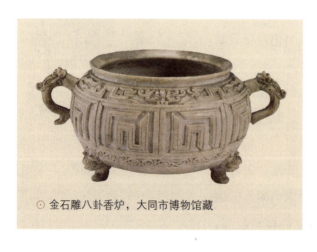

⊙ 金石雕八卦香炉,大同市博物馆藏

行，再南下赴虎思斡鲁朵。这当是金代自新疆东部吐鲁番一带赴中亚两河流域的主要路线。

金朝于天会九年（1131）已与西域建立起直接的联系，在大定十五年（1175）至明昌元年（1190），阿尔泰山一带的各部族归属金朝以后，金朝与西域地方的联系更加密切，《金史》卷一二三《完颜陈和尚传》称"忠孝一军皆回纥、乃满、羌、浑及中原被俘避罪来归者"，曾有大量粘拔恩人与回鹘人迁居金朝统治区。《金史》于太宗、熙宗、海陵、世宗各朝都有回鹘来贡的记载。

五、宋朝与西域的联系和贸易

由于西夏的阻隔，宋朝与西方的交往和贸易主要是通过海路。但与西域各国的往来并未完全中断，西域诸国仍通过陆路与宋朝保持着贸易。

宋朝与高昌回鹘和哈剌汗国长期保持交往与贸易关系。五代时期，高昌回鹘与中原各王朝保持着比较紧密的贸易关系。从后唐同光二年至后周广顺二年（924—952），回鹘商人13次进入内地，将诸多种类的货物运到洛阳、开封，其中有白布、安西丝、安西白、白段、斜褐、毛褐、绿野马皮、白貂鼠皮、玉团、玉带、硇砂、羚羊角、大鹏砂、腽肭脐（海狗的肾脏，药用）、琥珀、胡桐泪及香药等。其中广顺元年（951）一次运到开封的就有1329段白布、2632段白貂鼠皮等。

宋朝建立后，也与高昌回鹘建立了联系。太祖建隆三年（962），西昌回鹘阿都督等42人的使团向宋王朝贡方物。乾德三年（965），西昌回鹘可汗派僧法渊献佛牙、琉璃器和琥珀盏。宋太宗太平兴国六年（981），高昌回鹘王宣布立外甥阿斯兰汉为西州狮子王，派都督麦索温再次向宋朝贡，自称"西州外甥"，追认从前和唐朝的亲戚关系。同年五月，宋太宗派遣供奉官王延德、殿前承旨白勋为首的100余人的庞大使团出使高昌。这次出使，规模是空前的，可见宋王朝对加强与高昌回鹘关系的重视。

　　王延德一行从东京汴梁出发，渡黄河、越戈壁沙漠，行程几千千米，于翌年到达了西州回鹘汗国的首府高昌城。当时狮子王正在北庭避暑，邀请王延德到北庭相见。王延德一行游历了交河，登上了金岭（今石窑子达坂），历时 13 天，到达北庭。狮子王举行了隆重的欢迎仪式，王及王子、侍者皆身穿国服，向东朝拜，接受宋王朝的贵重赐品。王延德出使高昌，前后达 3 年之久。宋雍熙元年（984）四月，王延德等回京后，向宋朝报告了当时高昌回鹘的大概情况，就出使见闻写了《西州使程记》，又称《使高昌记》。该书记载，高昌国拥有发达的农业和丰富的物产，民众善乐器，好骑射。佛寺 50 余，匾额皆为唐朝所赐，可见佛教之兴盛。当时北庭有多种宗教并存。《西州使程记》详细地记载了北庭发达的游牧业。王及太子各养马群，"放牧平川中，弥亘百余里，以毛色分别为群，莫知其数"。北山中出硇砂。这里的硇砂，又被称为"北庭砂"。"城中多楼台卉木"，说明城市建设已初具规模；"人白皙端正，性工巧，善治金银铜铁为器及攻玉"，说明当时已有发达的手工业。

　　《西州使程记》为后人了解宋代北庭和高昌的历史、文化、艺术留下了一份珍贵的资料，近代以来受到中外学者的重视，并被译成多种语言。

　　从北宋建隆三年（962）至元丰八年（1085）的 100 多年中，高昌回鹘多次将马匹及其装备品运去开封，源源不绝。其中最大的一次是元丰八年（1085），其贸易额达 12 万贯钱，折合马匹数最少有 24000 匹，运到开封的还有药品及香料等。

　　高昌回鹘人"性工巧，善冶金银铜铁为器及攻玉"，当时的冶炼业和玉器雕琢业已达到一定水平。在 951 年给后周的"贡品"中，有"白玉环子、碧玉环子各一，铁镜二，玉带铰具六十九，玉带一，玉鞍辔等"。采矿业也有初步发展，有"北廷北山中出硇砂"的记载。高昌回鹘将硇砂大量输入内地，用作药材。据后唐同光二年（924）至宋熙宁十年（1077）间不完全统计，回鹘前后 18 次将药品和香料运往后唐、后晋、后汉、后周和北宋，其中 12 次包括硇砂在内。当时还开采琥珀，如后周广顺元年（951）向后周贡"碧琥珀九斤"，"大琥珀"30 颗，宋熙宁四年（1071）向北宋贡

琥珀。织白布、绣文花蕊
布等家庭手工业也相当普
遍。纺织品有"兜罗、绵
毛、狨、锦、注丝、熟绫、
斜褐"等许多种。

龟兹回鹘是高昌回鹘的
一部分，当地人自称"西

⊙ 哈剌汗国铜币

州回鹘"，称其地为"西州龟兹"。龟兹回鹘常单独向宋朝和辽朝进贡。
据不完全统计，从1001年至1096年，龟兹向宋贡方物15次，贡品包括马、
独峰骆驼、大尾白羊、室刀、镔铁剑、弓箭、盔甲、玻璃器、瑜石、瑜石
瓶、硇砂、玉石、玉佛、玉鞍勒、玉辔、玉带、玉越斧、琥珀、象牙、翡
翠、珍珠、胡黄连、香药、乳香（最多一次为124.5千克）以及花蕊布、宿
绫、褐、杂物等，另有龟兹僧人献梵夹、菩提印叶、念珠、舍利、佛骨等。
龟兹是丝绸之路的枢纽之一，当地回鹘商人有时和婆罗门人、波斯人一起
到北宋京城进贡。

回鹘人还有一部分迁到甘州建立政权。甘州回鹘所处的河西走廊一带，
自古以来就是丝绸之路的咽喉要地。在回鹘迁入这里以前，当地就是经济
繁荣、贸易发达之地，已经形成了一套较为完整的产、供、销体系，东西
方各民族穿梭往来，不断迁徙、流动，同时各种风格不同的文化也在这里
传播、交流。回鹘人迁入这里后，频繁的丝绸之路贸易成为回鹘经济发展
的命脉。甘州回鹘积极发展与周边民族，尤其是中原地区的经济文化交流。
五代至宋，甘州回鹘与中原各王朝都保持着密切的关系，经常派遣使者朝
贡，朝贡使团少则几十人，多则上百人，接受中原王朝的册封和回赐，以
甥舅相称，同时通过"朝贡"的名义和方式，在丝绸之路沿线进行贸易活
动。甘州回鹘使者、商人的足迹，西到波斯、印度、阿拉伯，东抵五代都
城洛阳、开封，辽都上京、宋都汴京等地，促进了丝绸之路的繁荣，故往
来于丝绸之路上的东西方商旅、使者、宗教徒络绎不绝。

在中原与甘州回鹘的贡赐贸易中，双方都尽量满足对方所需的奇缺物

资，如宋朝要求甘州回鹘输入名马、美玉，而甘州回鹘则要求宋朝赐予各种药物以及修建佛寺用的金粉、金银等饰物。甘州回鹘商人把中原地区的物品，如丝绸、锦袍、紫衣锦衣、银带、银器、服饰、笏、介胄、黄金器、金带、冠、器币、香药、美酒、小儿药、冷病药、金粉、金银碗、银瓶器、宝钿、银匣历日、缗钱、羃锦、旋襕等运往河西走廊，通过那里再辗转运往西域、波斯、阿拉伯、印度，乃至欧洲或其他地方，又把河西、西域、波斯等地的物品运往内地。

在甘州回鹘的所有贡物中，以马的交易次数最多，数量也最多。五代，尤其是北宋时期，与辽、西夏战事频繁，需要大量马匹。北宋王朝的战马主要为产自四川、贵州、云南的川马。由于不敷需求，尚需大量的外来马匹，其中又以青海产的吐蕃马和甘州产的回鹘马为主。吐蕃与北宋的关系时好时坏，其马的来源不能保证，数量也有限，因此，向甘州回鹘购买马匹，就成为北宋战马的主要来源。如乾德三年（965）十二月，甘州回鹘可汗夜落纥一次贡给宋朝的战马即达1000匹，另有骆驼500头。北宋甚至还在陕西设有提举买马监牧司，专司收买西北各族马匹之事。

哈剌汗王朝建国初期就向宋朝派出使团，并希望宋朝能派出使团回访，但宋朝远不如汉唐那样强盛，并无经略西域的强烈愿望，便以"路远""劳费"为辞，没有派出使团。不过，自此以后，哈剌汗王朝向宋朝遣使不断。哈剌汗王朝同宋朝的往来，主要是贸易关系。哈剌汗使节入宋贡方物，每次宋朝都给予大量回赐，回赐品包括金带、锦袍、袭衣、器币等。另外还有许多哈剌汗国的民间商队来宋贸易。这些商队运到宋朝境内的商品有一部分是哈剌汗国的产品，以乳香为大宗，也有从印度、西亚或北非转运来的，他们从宋朝运回的商品，主要是丝织品和衣服，以及中国工艺珍品、茶叶和钱币等。

第三十四章　元代丝绸之路的大畅通

一、蒙古汗国和元朝时代的战争与和平

13世纪蒙古在中国北方崛起，西进灭亡西夏王朝，南下中原，先后灭亡金朝和南宋，统一中国，建立元朝。元朝的统治时间比较短。从1206年成吉思汗建立蒙古帝国算起，至1368年元朝灭亡，共160多年；如果从1279年灭南宋、统一中国算起，则只有90年。但在中外文化交流史上，特别是对中西文化交流来说，元朝是一个十分重要的朝代。

在13世纪上半叶，蒙古军队先后发动了三次大规模的西征。

1206年成吉思汗统一蒙古各部落，建立大蒙古国后不久，便把眼光转向更大的外部世界。1218年，成吉思汗率领大军进行了蒙古的第一次西征。他先派哲别消灭了西辽僭主屈出律，灭西辽帝国，继而又亲率大军分四路攻伐花剌子模，平定中亚各地。1221年，攻占花剌子模首都玉龙杰赤城。不久，成吉思汗返回蒙古，派遣哲别和速不台一军继续西进，在攻掠阿哲儿拜占（今阿塞拜疆）、谷儿只（今格鲁吉亚）、设里汪（位于里海西北，高加索山附近）等地后，又越过太和岭（今高加索山），征伐阿速、钦察等部，钦察首领被迫逃往斡罗思（伏尔加河西莫斯科、基辅一带）。1223年，哲别、速不台大败钦察和俄罗斯联军于坷里吉河（今迦勒迦河），进兵俄罗斯南部。还有一支蒙古军队越过克里米亚半岛，一直推进到第聂伯河。

成吉思汗的这次西征，灭亡了花剌子模（里海、锡尔河南），讨伐了钦

⊙ 波斯人拉施特手稿的插图，表现成吉思汗追杀敌人的情景

察（里海西、黑海北）和斡罗思，征服了康国（里海、咸海北），打开了东西方交通的大道，为日后世界性蒙古大帝国的建立奠定了基础。成吉思汗在这次西征中使用了中原汉族和西辽的先进军事技术，装备了弩炮、火箭和飞火枪等攻城武器，所向披靡，攻无不克。实际上，正是在成吉思汗西征的时候，使用了火药和火器，从而使火药和火器制造技术传到了西方。

成吉思汗死后，继任大汗的窝阔台决定继承成吉思汗的事业，继续西征。1235年到1244年，拔都和速不台率领25万大军，进行了第二次西征，征服欧洲的计划正式付诸实施。1237年，蒙古军队灭莫尔瓦多后，兵分四路征讨斡罗思，连克莫斯科、基辅等城。1240年，拔都的军队击破斡罗思国国都乞瓦城。第二年蒙古军队分两路，分别出击勃列儿（今波兰）和马扎儿（今匈牙利）。1241年春夏之交，进攻波兰的蒙古军队直入西里西亚地区，甚至乘筏渡过了奥得河，直掠德国边境。西里西亚侯亨利在里格尼茨

⊙《忽必烈出猎图》

附近组织波西联军、日耳曼军队和条顿骑士团 3 万人进行抵抗,但蒙古军队势不可挡,所向披靡,亨利兵败被杀。拜达儿率领的蒙古军队转道马扎儿,与拔都会合。1241 年春,蒙古军队攻占了马扎儿的首都佩斯城;7 月,又挺进到维也纳附近的新城(Neustadt),奥地利会同波希米亚军队拼死抵抗,击退了蒙古军队。这年年底,拔都渡过多瑙河,攻克大城达兰。

1242 年,传来大汗窝阔台去世的消息,拔都率军向东撤退,而合丹继续追击匈牙利国王别剌,然后经巴尔干半岛进至亚得里亚海,取道塞尔维亚与拔都会师一道东还。在此期间,还有一支蒙古军队向西亚进军。1243年,另一支蒙古军队攻入叙利亚,同年小阿美尼亚国王海屯一世遣使到拜住帐下,请求归附。

1242 年东撤标志着蒙古军队第二次西征结束,这次西征给欧洲各国以极大的震撼,它们惊恐地称蒙古军队为"上帝之鞭""黄祸",时刻有大难临头的感觉。用一位外国史学家的话说："由于我们的罪恶，我们不知道的部落来到了，没有人知道他们是什么人，他们是从哪里来的——也不知道他们的语言是什么，他们是什么种族，他们信仰的宗教是什么——只有上帝知道他们是什么人，知道他们是从哪里跑出来的。""鞑靼人从第聂伯河折回了，我们不知道他们是从哪里来的，也不知道他们再一次躲藏在哪里。由于我们的罪恶，上帝知道，他是从哪里把他们接来惩罚我们的。"①

蒙哥于1251年即大汗位后，令其弟旭烈兀率兵西征。这次西征的主要方向是西南亚地区，头等目标是消灭木剌夷国（Mulahida，在今里海南岸的伊朗北部）。1257年，蒙军荡平木剌夷之地，并挥师继续西进，攻陷报达（Baghdad，今巴格达），屠杀80万人，灭亡历时500多年的黑衣大食。此后旭烈兀又率兵攻陷阿拉伯的圣地麦加，攻占大马士革，其前锋曾渡海收富浪（即今地中海东部的塞浦路斯岛）。本来他还要进一步攻打埃及，因得到蒙哥伐宋阵亡的消息，便率主力班师。

在近半个世纪中，蒙古帝国以蒙古大漠为中心，通过三次西征，以及对中国内陆地区包括金朝、西夏以及南宋王朝的征服，把欧亚大陆的大部地区纳入蒙古帝国的版图中，形成了从东到西的庞大的蒙古汗国。蒙古帝国全盛时期幅员为2840万—3108万平方千米，从西伯利亚冰雪覆盖的冻土地带延伸到印度的酷热平原，从越南的水稻田伸展到匈牙利的麦地，从朝鲜半岛伸展到巴尔干半岛。蒙古的都城和林（即喀拉和林，故址即今蒙古中部鄂尔浑河上游的哈拉和林）和元朝上都成为当时世界的政治中心和文化中心，中西交通出现了前所未有的盛世，东西方文化的接触、碰撞、交流与融和出现了前所未有的规模。

至元二十二年（1285），元世祖诏修全国舆地图志，主持其事的秘书监臣奏称，"如今日头出来处、日头没出处都是咱每的"，宜将秘监所得"回回图子"与汉地、江南各省舆图"都总做一个图子"。许有壬的《大元一统志序》说："我元四极之远，载籍之所未闻，振古之所未属者，莫不涣其群而混于

---

① 葛桂录著：《中英文学交流系年》上卷，山东教育出版社2018年版，第1页。

一。"《元史·地理志·序》说，元之幅员，"北逾阴山，西极流沙，东尽辽左，南越海表"，"东南所至不下汉、唐，而西北则过之，有难以里数限者矣"。

　　蒙古人在广袤的欧亚大陆上建立起的大帝国，从东亚的海边一直延伸到欧洲的内陆，跨越了东亚的中国、中亚和西亚的穆斯林以及欧洲的基督教几大文化世界。经过多次的征战，成吉思汗帝国将周围诸文明社会整合进一个全新的世界秩序之中，在这片广袤的大陆上实现了前所未有的"和平"景象。14世纪时意大利人裴哥罗梯（Francesco Balducci Pegolotti）根据当时往来商人介绍的材料，著成《通商指南》一书，把当时颇为兴盛的中国与意大利贸易做了详细介绍，其中特别提到通往中国的商路是很安全的。裴哥罗梯记载说："据商人曾至契丹者言，由塔那至契丹，全途皆平安无危险。日间与夜间相同。唯来往商人，死于途中者，则所有财货，皆归当地国王所有。王委官吏至寓所收没之。死于契丹国者亦然。若有兄弟随行，或知己同伴，冒称为死者之兄弟，则官吏交出其财货，不没收也。"[①]波斯史学家志费尼（Juvaini，

⊙ 拉施特《史集》插图中的蒙古汗廷

---

① 张星烺编注，朱杰勤校订：《中西交通史料汇编》（第一册），中华书局2003年版，第416页。

1226—1283）这样描述："（成吉思汗）带来了完全的和平、安全与宁静，他实现了极度的繁荣与安宁，道路安全，骚乱减少。"所以，后来的西方学者把14世纪称为"蒙古强权下的和平世纪"。

但这是通过铁与血的征服而实现的和平，是建立在杀戮和废墟上的和平，是"蒙古强权下的和平"。然而，无论如何，和平实现了，民族的疆域被打破了，文化的藩篱被拆除了，贸易的道路通畅了。由此进入了一个中西方文化大交流的时代，一个中国走向世界、世界认识中国的时代。

二、丝绸之路的大畅通

在"大汗给予的和平"之下，实现了东西方陆上丝绸之路的空前大畅通。

唐代安禄山之乱以后，中国通西域的丝绸之路已不大通畅，到了宋代，特别是南宋时，因辽、金、西夏的阻隔，中原王朝西通西域的丝绸之路交通时有中断。元代对外交通的一个突出成就，就是使陆路交通得到恢复和发展，丝绸之路实现空前的大畅通。我国学者德山在《元代交通史》中说："国家陆路交通是成吉思汗祖孙三代三次西征的产物。"第一次西征，"为建立横跨欧亚、空前未有的大蒙古国奠定了基础"；第二次西征，"建立了蒙古四大汗国之一——钦察汗国"，"开辟了通往中国的国际交通——钦察道"；第三次西征建立了四大汗国之一的伊儿汗国，"开辟了中国通往波斯的国际交通——波斯道"。①

关于这一时期中西的陆路交通，法国东方学家格鲁塞（René Grousset，1885—1952）写道："到13世纪末，贯穿大陆的两条路把欧洲与远东联系起来。第一条路是从钦察汗国到敦煌，对欧洲人来说，它起于克里米亚的热那亚和威尼斯商业据点，更准确地说，起于顿河河口处的塔那。该道的主要驿站有伏尔加河下游的萨莱，即蒙古钦察汗国的都城，接着是锡尔河

---

① 转引自朱耀廷著：《蒙元帝国》，人民出版社2010年版，第356页。

中游的讹答剌和伊塞克湖以西的怛逻斯和八拉沙衮。从伊塞克湖起，有一条小道进入蒙古，途经叶密立河、也儿的石河上游（黑额齐斯河）、乌伦古河，到达鄂尔浑河上游的哈拉和林，从哈拉和林该路南通北京。从伊塞克湖西端出发的另一条小道，通伊犁河上游的阿力麻里（固尔扎附近）、别失八里（今济木萨）、哈密和甘肃肃州，然后进入中国本土。第二条路是穿过波斯的蒙古汗国，它的起点或者是特拉布松希腊国都城、黑海边的特拉布松城，或者是从法属叙利亚附近的西里西亚的亚美尼亚国最繁忙的港口剌牙思。无论从哪一个起点，该路都要穿过与波斯的蒙古汗国保持紧密联系的属国、小亚细亚塞尔柱克苏丹国的东境，然后到波斯汗国的实际上的都城桃里寺。从桃里寺起，主要驿站常常是可疾云（加兹温）、剌夷、莫夫（马里）、撒麻耳干（撒马尔罕）、塔什干（当时名柘析）、喀什、库车、吐鲁番、哈密和甘肃。还有另一条路可以选择，即从莫夫到巴里黑、巴达克山、喀什、于阗、罗布泊和敦煌。经过这些不同的商路，从远东来的商品被直接运往欧洲。"[1]

在蒙古帝国的各条交通路线中，随着中西交通大开，草原丝绸之路更是出现了空前活跃的局面，创造了草原丝绸之路最为繁荣的景象。草原丝绸之路既是政令、军令上传下达的重要通道，也是对外商贸往来的主要线路。蒙古以上都、大都为中心，设置了帖里干、木怜、纳怜三条主要驿路，构筑了连通漠北至西伯利亚、西经中亚达欧洲、东抵东北、南通中原的发达交通网络：

"帖里干道"属东道，起点站为元大都，北上经元上都、应昌路（今克什克腾旗达里湖西岸）至翕陆连河（今克鲁伦河）河谷，再西行溯土拉河至鄂尔浑河上游的和林地区。

"木怜道"属西道，在元上都附近，西行经兴和路（今河北张北）、集宁路（今内蒙古集宁）、丰州（今呼和浩特白塔子古城）、净州路（今内

⊙ 新疆吐鲁番出土的元代狩猎纹缂丝

蒙古乌兰察布四子王旗净州路古城），北溯汪吉河谷（今蒙古国南戈壁翁金河）至和林。

"纳怜道"又称"甘肃纳怜驿"，自元大都西行经大同路东胜州（今托克托县大荒城），溯黄河经云内州至甘肃行省北部亦集乃路，北上绕杭爱山东麓至和林。

由于和林地区地处蒙古高原的腹地，草原丝绸之路的三条主干线大多通过这里再向西北经中亚纵向延伸，直至欧洲。

这三条通往欧洲的驿路，构成了草原丝绸之路最为重要的组成部分。阿拉伯、波斯、中亚的商人通过草原丝绸之路来到中国，商队络绎不绝。1271 年，意大利旅行家马可·波罗（Marco Polo，1254—1323）及其父亲、叔父，从威尼斯出发，进入中亚后，转经丝绸之路的南道进入河西走廊，考察了联系河西走廊与草原丝绸之路驿道上的名城亦集乃路（今内蒙古额济纳旗黑城遗址），又折回，转经河套进入天德（今内蒙古呼和浩特），踏上草原丝绸之路的南道，于 1275 年到上都觐见忽必烈。元朝时期，罗马教廷多次试图与蒙古人接触，并派遣使臣前往蒙古大汗王庭。柏朗嘉宾（Jean de Plan Carpin，1182—1252）和鲁布鲁克（William of Rubruk，1215—1270）等人都是经过草原丝绸之路而抵达和林的。

为了保护商旅和有利于传递信件，成吉思汗在西征时就开辟了官道，窝阔台开始建立"站赤"，即驿站制度，忽必烈则把站赤制度推行到元廷势力所及的一切地方。

元朝的驿站十分发达，无论是驿站的设置、管理、建制，还是驿站作用的发挥，都达到了前所未有的水平。据记载，元朝腹地和各行省的驿站共1400处。在每一驿程上置一千户，以守卫那些驿站。站赤中有驿令、提领等官。在关会之地，还设置脱脱禾孙，以司辩诘。站赤中的各级官吏皆归通政院及中书兵部统一管理。站户有逃亡的，要及时签补，并加以抚恤和赈济。站赤官员要对过往行人进行严格盘查，根据是否带有文字牌面来决定是否给予马匹。没有牌面的，随便给予马匹，要治罪；有牌面，没给马匹的，也要治罪。虽然规定如此严格，但前来朝贡的使臣可以不受限制，"若系军情急速，及送纳颜色、丝线、酒食、米粟、缎匹、鹰隼，但系御用诸物，虽无牌面文字，亦验数应付车牛"。

⊙ 蒙古人通行驿站的金牌

为了转运贡物，加强对属国的控制，元朝还将驿站设置在各属国境内。如至元十七年（1280）七月，元朝首次在高丽境内设置驿站。按照元朝的计划，在高丽境内应设置40个驿站，由于"民畜凋敝"，高丽恳请元朝减少驿站的数目，后得到准许，将40个驿站合并为20个。《元史·地理志》说："元有天下，薄海内外，人迹所及，皆置驿传，使驿往来，如行国中。"《经世大典·站赤门》中说："我国家疆理之大，东渐西被，暨于朔南，凡在属国，皆置驿传，星罗棋布，脉络贯通，朝令夕至，声闻毕达，此又总纲挈维之大机也。"元代的驿路已贯穿欧亚大陆，向南延伸到波斯。

站赤的发达，标志着元朝国内交通的发达，也标志着元朝对外交往的频繁与广泛。依靠这个发达的站赤制度，元朝的天下，"梯航毕达，海宇会同"，超过以前任何一代。以大都为中心，在四通八达的驿道上，各国使节来往不绝，贩运队商相望于途，呈现空前活跃的局面。丝绸之路交通的恢复和发展，大大促进了东西方的经济贸易和文化交流。马可·波罗以及柏朗嘉宾、鲁布鲁克等人都是通过这条道路从遥远的欧洲进入中国的。驿站不仅是商人、僧侣、使节等各色人往返的歇息之地，也是输送东西方文化的传递站，是文化的辐射地和集散地。

元代是中国历史上对外交通最发达的时期之一。在这个时代，中国与西方的贸易往来比以往任何时候都更加频繁。可以说，交通和人员往来最主要的推动力是给人们带来巨大利益的贸易。贸易是冲破一切障碍的强大动力。元朝的统治者们对于开展对外贸易十分重视。他们取得丝绸之路沿线散乱衰败的商贸城镇，并将其纳入历史上最大的自由贸易区之中。

三、"到东方去寻求财富"

在欧亚大陆的另一端，这一时期的欧洲人也在积极进行着从西方向东方的开拓。这些开拓为欧洲人打开了远方未知的世界，并且唤起了人们旅行和冒险的热情。

但在另一方面，这些开拓打破了拜占庭和阿拉伯人在东方贸易中的垄断地位，使中国文化与外部世界的交流进一步延伸到地中海以西和以北地区。

这一时期的欧洲，正处于中世纪晚期，早期资本主义和商业正在发展起来。12—14世纪，地中海区域商业出现了空前繁荣的景象，并对欧洲其后的历史发展进程产生了深刻影响。西方史学家常把这时商业发展的"黄金时代"称为"地中海商业革命"。当时的欧洲，特别是意大利，商业城市迅速发展起来，如威尼斯、热那亚等充分利用国际形势的变化，成为欧洲最大的国际商埠，成为13世纪欧洲最重要的商业中心。意大利的比萨，法国南部的马赛、蒙伯利尔、那旁，西班牙的巴塞罗那，也在一定程度上参与了东西方贸易。大批进行东西方贸易的香料商、绸缎商们的商业活动沿着陆路与海路迅速扩张，并在黑海、巴尔干、亚历山大、君士坦丁堡、北非海岸地带建立起自己的殖民地和商站。威尼斯人控制了黑海沿岸对东方的贸易，在亚速海顿河河口建立了塔纳港（今俄罗斯罗斯托夫），作为贩运丝绸和药材的重要基地。塔纳港成为丝绸之路西端的新起点。而热那亚

⊙ 意大利塔兰托古港口，是与东方有久远联系的西方海港之一

人，凡是他们足迹所到之处，"都再建一个热那亚"，仅在君士坦丁堡就有300多名热那亚商人。他们认为世界是从陆地向海上延伸出来的、没有边界的商路和贸易机遇所构成的一个巨大的网络。借助商船和驼队，他们走遍世界各地，寻找珍贵的香料、珠宝和丝绸。威尼斯、热那亚以及其他意大利自由城市在13世纪都有着强大的经济活力，这在当时是无与伦比的。"威尼斯贸易"几乎成了"全球化"的代名词。热那亚人和威尼斯人打破种族和宗教分歧，与各个国家的商人进行贸易，与阿拉伯人、波斯人、土耳其人、蒙古人等都建立了合作关系。马可·波罗一家就是这个时代走向东方的威尼斯商人之一。

12—14世纪地中海商业革命的强大推动力是与东方的贸易。到东方寻求财富是意大利商人们的梦想，也是他们的奋斗目标。这一阶段他们专门从事奢侈品、香料、纺织品、毛皮以及制造业所需要的原料品等物的交易。来自东方的商品主要有香料、糖和甜酒，药材与颜料，珍珠与宝石，香水与瓷器，丝织与金银，线锦、薄棉纱布与棉布等。他们的商业活动把源源不断的丝绸、瓷器、香料等物品运到波斯湾和红海一带，再经由中东与埃及进入地

⊙ 亚得里亚海港口城市威尼斯

中海区域城市，由此极大地促成了"地中海商业革命"生机勃勃的景象。而那时候东方商品成了欧洲富人阶层重要的消费品，欧洲市场对东方商品存在"普遍的需求"。在《马可·波罗游记》中我们看到，他到处留心当地的物产、物价以及商业发展的状况和贸易形式，这不仅仅是出于商人的本能，也是一种需要，所以有人就把他的游记说成是东方贸易的指南。

马可·波罗是当时来华欧洲商人的一个代表。在元朝，有许多威尼斯、热那亚等地的商人（如马可·波罗一家）来到中国，这在当时的文献中也有记录。比如泉州的安德鲁主教在1326年的信中提到以私人身份出现在中国的拉丁商人，说"热那亚商人"曾提到中国货币；1346年，约翰·马黎诺里（J. Marignolli）说他去过泉州，那里的方济各会传教机构经营着一家商业性工厂，还有一座为欧洲商人使用的仓栈；伊本·拔图塔（Ibn Battūtah，1304—1377）记录他在泉州见到过热那亚商人。鲁布鲁克去蒙古的时候，是由商人陪伴同行的。在这个时期的有关文献中，随处可以看到欧洲商人的身影，他们活跃在中国的港口城市，比如大都、杭州这样的大城市中。

总之，元代陆路和海路的对外交通都很发达，对外交往也十分活跃，中国的谷米、茶叶、瓷器、金银、铜钱、金属器皿、日常生活用品和文化用品、药物等都是大宗出口商品，这些商品源源不断地流入世界各地。这不仅丰富了各国的经济生活，而且促进了中国与各国的文化交流。

四、耶律楚材和丘处机西游记

随着蒙古的西征，中西陆道大通。在传统的丝绸之路上，西行的元朝使者或旅游者络绎不绝，他们或随蒙古大军而前往西方，或奉朝廷派遣而出使西域，也有的以私人身份从事游旅，他们的行记等文献大大加深了人们对西域的认识。

耶律楚材（1190—1244）随成吉思汗西征，撰写了《西游录》，记载了许多关于西域的文化地理知识。

耶律楚材是金元之际契丹人，字晋卿，号湛然居士。辽东丹王突欲之后，金尚书右丞相耶律履之子。耶律楚材秉承家族传统，自幼学习汉籍，精通汉文，年轻时"博及群书，旁通天文、地理、律历、术数及释老医卜之说，下笔为文，若宿构著"，在燕京士子中很有名气。初仕金，为开州同知、左右司员外郎。成吉思汗十年（1215），蒙古军攻占燕京，成吉思汗得知他才华横溢、满腹经纶，遂派人向他询问治国大计。成吉思汗十三年（1218），耶律楚材奉命北出居庸关，赶赴漠北大营晋见成吉思汗，后随成吉思汗西征，常晓以征伐、治国、安民之道，屡立奇功，备受器重。成吉思汗二十一年（1226），耶律楚材又随成吉思汗征西夏，谏言禁止州郡官吏擅自征发杀戮，使贪暴之风稍敛。

成吉思汗二十二年（1227），耶律楚材东归。窝阔台汗即位后，耶律楚材倡立朝仪，劝亲王察合台等人行君臣礼，以尊汗权。从此，耶律楚材更加受到重用，被誉为"社稷之臣"。他初执掌中原地区赋税事宜，建议颁行《便宜一十八事》，设立州郡长官，使军民分治；制定初步法令，反对改汉地为牧场；建立赋税制度，设置燕京等处十路征收课税所。窝阔台汗三年（1231），耶律楚材任中书令（宰相）。此后，他积极恢复文治，逐步实施"以儒治国"的方案，使新兴的蒙古贵族逐渐放弃了落后的游牧生活方式，采用汉族以儒学为中心的传统思想和制度来治理中原，从而使战争不断的乱世转为和平的盛世，使先进的中原农业文明得以保存和继续发展，也为后来忽必烈建立元朝奠定了基础。

耶律楚材随成吉思汗征行6万多里，对边疆塞外的风土人情、山川景物比较熟悉，留下了为数不少的描绘西域地方的诗文。他的西域诗有50余首，均为即兴之作，其中最为人所熟知的当推《壬午西域河中游春十首》和《西域河中十咏》。

《西游录》是耶律楚材在1228年即成吉思汗去世后的次年返回燕京所作。上篇以纪实的手法、优美的文辞细致勾勒出自金山至河中一带的自然景观、交通地理、风俗民情、物产经济等，留下了13世纪初期关于西域历史的最为翔实的资料。下篇为问答体，主要是与道教全真道首领丘处机的驳辩。

《西游录》记其自燕京出发而抵西域的情形。其所载西游之行程经过如下：

成吉思汗十三年（1218）春，耶律楚材扈从西游。楚材始发永安（指燕京），过居庸关，历武川，出云中（大同）之右，抵天山（指今内蒙古阴山，亦名大青山）之北，涉大碛，逾沙漠，而抵行在（在今蒙古克鲁伦河畔）。他这样形容当时成吉思汗武威之盛："车帐如云，将士如雨，马牛被野，兵甲赫天，烟火相望，连营万里，千古之盛，未尝有也。"成吉思汗十四年（1219），成吉思汗率蒙军大举西伐，耶律楚材随行，于盛夏过金山（阿尔泰山），越瀚海。由别石把（别失八里），经轮台、和州、不剌，然后南下出阴山（天山山脉），经圆池而抵阿里马城。复西渡亦列河（伊犁河），抵虎思斡鲁朵，即西辽之都。又西数百里，经塔剌思（怛逻斯）、苦盏、八普、可伞、芭榄诸城。又自苦盏西北五百里至讹答剌，其西即寻思干（撒马尔罕），又西为蒲华（布哈拉）。蒲华之西河名曰阿谋（阿姆河），河之西为五里犍城。又南濒大河有斑城，又西有博城。又自斑城等处而南，直抵黑色印度城。成吉思汗十九年（1224），耶律楚材随蒙军东归进攻西夏，经沙州、瓜州、肃州、甘州、灵州，于成吉思汗二十二年（1227）返回燕京。

耶律楚材的《西游录》等书，是13世纪记述天山以北和楚河、锡尔河、阿姆河之间历史地理最早也是最重要的著作。

丘处机（1148—1227），字通密，自号长春子，山东登州栖霞人。1166年，他到宁海昆嵛山出家，用大约一年的时间在岩洞中自我修行，后来拜全真道的创立人王重阳（1112—1170）为师。全真道是道教后期两大派别之一。1180年丘处机32岁时，成为全真教龙门派的创始人。1191年，丘处机从终南山东归栖霞太虚观。在这期间，山东地区成为金、南宋、蒙古、山东地方军阀的交兵之地，几股政治力量此消彼长，局势错综复杂。就在这种形势下，全真教在山东、河北、山西等地有了很大发展。丘处机声名鹊起，名满四方。金、宋屡来征召，都被他拒绝。

1217年，丘处机成为全真教的教主。1218年，他由栖霞太虚观转到莱州昊天观居住。1218年前后，成吉思汗统兵进行第一次西征，通过近侍刘仲禄和耶律楚材的介绍，得知丘处机是个神仙般的人物，于是派遣刘仲禄携带他的诏书，去邀请丘处机来汗庭传道。丘处机欣然接受了成吉思汗的诏请，率领弟子尹志平、李志常等18人西行。丘处机一行行程万余里，于成吉思汗十六年（1221）在阿富汗境内兴都库什山西北坡的八鲁湾行宫谒见了成吉思汗。

成吉思汗万里迢迢诏请丘处机是为了求长生之术，因此丘处机刚一入见，成吉思汗就忙着问："真人远来，有何长生之药以资朕乎？"丘处机如实回答说："有卫生之道，而无长生之药。"这个回答很令成吉思汗失望，但丘处机的诚实坦率也深得成吉思汗的赞许。成吉思汗曾三次请丘处机讲授卫生之道，不称其名，唯曰"神仙"。丘处机回汉地时，成吉思汗还赐以玺书，免除各地道人的差发负担。

丘处机西行的路线大致是：从山东登州出发至燕京，由燕京北上，经蒙古高原，出居庸关，北上至克鲁伦河畔，由此折向西行至镇海城，再向西南越过金山（今阿尔泰山），经天山北路至阿力麻里城（今新疆霍城东），沿着亦列河（今伊犁河）谷，向西越过吹没辇（今楚河），到达塔剌思（今哈萨克江布尔），经察赤（今乌兹别克首府塔什干），渡过霍阐没辇（今锡尔河），到达邪米思干（今撒马尔罕）及其南面的天险铁门关，渡过乌浒河（今阿姆河）到达大雪山（今兴都库什山）。这是走丝绸之路北道的东段。

东归时，丘处机一行至阿力麻里后，直向东至昌八剌，经由别失八里东面北上，过乌伦古河重归镇海城。此后，向东南直奔丰州，过云中，至宣德，居朝元观。

1224年春，丘处机与其弟子们同回燕京，居太极宫，受命掌管天下道教。丘处机西游的路线位于西北的蒙古高原和中亚地区，丘处机西行的出发地是莱州，最远到达位于今阿富汗境内的成吉思汗大雪山行宫。这条路线不同于以往旅行家，如晋代法显和唐代玄奘所走的路线，更具唯一性和典型性。

丘处机的弟子李志常撰《长春真人西游记》，记述了这段不平凡的旅程。全书分上下两卷。上卷写丘处机一行西行来到兴都库什山西北坡的成吉思汗行宫觐见，然后回到中亚名城撒马尔罕，在那里等候正式讲道。下卷记载丘处机讲道的经过、东归的行程，并对沿途居民的生活习俗有很多详细的记叙。李志常在随其师西游途中，详细记载了丘处机北上西域的历程、沿途的地理状况和风土人情。书中的很多描述都是他的亲身见闻，读来令人有身临其境之感。

《长春真人西游记》以精练的笔触描述了13世纪蒙古高原、西域及中亚一带的自然景观，包括沿途数万里经过的高山、峡谷、河流、湖泊、沙漠、森林、绿洲的气候植被、地质地貌，为后人留下了极为难得的自然地理学资料。书中详细记载了大量的人文地理信息，诸如沿途城乡的居民人口、民风民俗、宗教信仰、建筑、手工业生产状况等。另外书中对中亚细亚各城市建筑、人口、行业的描写也十分生动。这些有关城市建筑、器物制度、民风民俗的记录都是研究13世纪中亚地区历史、人文地理和中西交通的珍贵文献史料。

五、形形色色"色目人"

交通的畅达、人员的流动，为元代中西文化的大交流创造了条件。

1229年窝阔台即大汗位后，选定和林作为都城。和林被修葺一新，成为一座热闹非凡的国际都市。忽必烈入主中原后，在原来辽朝南京和金朝中都的所在地，即今北京地方建元朝大都。和林与大都先后成了国际交流的政治中心和文化中心。

元朝大都由汉人刘秉忠和阿拉伯人也黑迭儿主持设计，由宫城、皇城、郭城三部分组成，是当时世界上规模最宏伟的大都市。大都聚集了来自亚欧各地的贵胄、官吏、卫士、传教士、天文学家、阴阳家、建筑师、医生、工程技术人员以及乐师、美工和舞蹈家等。

除和林、大都外，当时还有一座国际化的大都市，即上都。上都位于今内蒙古锡林郭勒盟正蓝旗境内，是忽必烈在1256年修建的，初名开平府，1264年改名元上都，是元朝仅次于大都的第二个政治、军事、经济和文化中心。每年四月至七月，元朝皇帝率群臣到这里避暑并处理政务，元朝的很多重大事件都发生在这里。由于元上都的政治地位，贵族、官僚、商人云集于此，许多来华的外国人也聚于此，使它成为当时"蒙古草原上最繁荣的城市"。元朝有人写诗称赞上都之盛：

> 明德城南万骑过，御天门下百官多。
>
> 西关轮舆多似雨，东关帐房乱如云。

元帝国的建立，打破了原有民族、地域之间的界限，增进了各民族在经济、文化方面的交流，出现了有异于唐宋时期的盛况。元帝国之内无地域差别，所谓"四海为家，声教渐被，无此疆彼界"。商业领域打通了地域等方面的限制，出现了全国范围内经济、文化交流的大发展，西域人入仕元朝，学习汉文化，皆以中国为家，即"西域之仕于中朝，学于南夏，

⊙ 元代任伯温《职贡图》(局部)

乐江湖而忘乡国者众矣"。

　　自汉代以后，特别是南北朝时期，开始陆续有西域商人以及其他人士进入中国，到了唐代达到高潮，形成外国侨民的群体。宋代则有"蕃客"和"蕃坊"。这些侨民或移民为中外文化的交流和海外文化在中国的传播做出了贡献。到了元代，这种人员上的交流、这种外国移民群体进入中国内地的现象，形成了前所未有的一次大高潮。

　　在蒙古大军的三次西征中，有大批蒙古军士兵驻扎在征服占领的广阔领土上，同时也有成千上万的蒙古族人和汉族人从中国迁至中亚、波斯、阿拉伯地区，乃至欧洲。另外，也有大批的西方人迁徙到东方。每次战争结束后，蒙古统治者都将大批阿拉伯人、波斯人和中亚各族人迁徙到东方，他们中有被签发的军士、工匠，有被俘掠的妇孺百姓，还有携带家属部族归附的上层人士，以及东来经商的商贾。这些移居中国的西方人，有的从事农业、手工业生产，有的充当职业军人、担任传教士，或者从事贸易，还有少数人在元朝当了官。如花剌子模都城玉龙赤杰之役后，就有10万工匠迁徙到东方。

　　在马可·波罗、柏朗嘉宾和鲁布鲁克等人的记载中，都提到在大都、和林以及在中国的其他地方见到过来自欧洲不同国家的人，有的是专业工匠，有的在大汗的宫廷里服务。在和林城中，不但有畏兀儿人、波斯人，而且有匈牙利人、弗来曼人、俄罗斯人，甚至有英国人和法国人。布累斯劳人、波兰人、奥地利人也有的奔赴东方，威尼斯人、热那亚人和犹太人也前来进行贸易。

无论是哪一种情况，这些入元的西方人与中国人杂居共处，耳濡目染，深受中华文化的熏染和影响，有一部分已经华化了。

元朝将除蒙古族以外的西北各族、西域以至欧洲各族人概称为"色目人"。"色目"一词，始见于唐。《唐律疏议》卷十三《户婚·许嫁女辄悔》条《疏议》释"之类"二字说："以其色目非一，故云'之类'。"《唐会要》卷八三《租税》建中元年颁两税法赦文："其比来征科色目，一切停罢。"可见"色目"具有"诸色名目"和"种类非一"之义。北宋钱易《南部新书》说："大中（唐宣宗年号）以来，礼部放榜，岁取三二人姓氏稀僻者，谓之'色目人'，亦曰'榜花'。"所谓"姓氏稀僻"，即指一般常见姓氏以外的姓氏，也就是正常姓氏以外的另一种人。

蒙古人最早接触和熟悉的是女真人、契丹人和汉人，他们把这些人统称为汉人，其中也包括渤海、高丽人等；灭南宋后，称南宋境内的汉人为南人，而把汉人以外的，主要是西方的各民族称为"色目人"，有时也称西域人。蒙古人借用"色目"这个词，就是取"种类繁多"的意思。因为当时来到中原的西域人以及阿拉伯人、欧洲人等，不仅数量庞大，而且来自多个国家、多个民族。

因为当时西域、欧洲人的民族成分很繁杂，元人对他们的译名又不划一，所以不可能精确地记载元代色目人的种数。常见于元人记载的色目人，有唐兀、乃蛮、汪古、回回、畏兀儿、康里、钦察、阿速、哈剌鲁、吐蕃等。其中以回回人为最多，因而有时也用回回人代称色目人。有学者认为，在元朝初期，"回回"只是十余种色目人中的一种，到元朝中后期，"回回"的范围逐渐扩大，成为信仰伊斯兰教的各色目人种的总名称。但是，"色目人"的概念所包含的范围要比"回回"大。

元朝把治下人民划分为蒙古人、色目人、汉人、南人四等，并据其所处等级，在为官、刑罚、禁令、赋役等方面做出了与之相应的政策或规定。

色目人在元朝的建立和统一全国的过程中大量进入汉族居住地区，他们作为蒙古人征服中亚和西域的归附者，受到元朝的重视，被列为全国四等人中的第二等人，待遇仅次于蒙古人。

但是，这些色目人在中国的活动，相对于唐宋时期发生了重大的变化。元朝通过法律认可色目人等的中国人身份，使这些来华定居的色目人结束了唐宋时期的"蕃客"身份，转而被元政府认定为真正的中国人。色目人的定居地，不再局限于"大贾擅水陆利，天下名城居邑，必居其津要，专其膏腴"，而是遍及于全国各地，城乡之间。元时，回回人遍天下。他们入居元朝后，"乐居中土，皆以中原为家""不复回首故国也"。来华定居的色目人，"仕于中朝，学于南夏，乐江湖而忘乡国"。就是说，色目人和中国社会实现了相互认同、一体性接纳。

色目人在经济上和政治上享有仅次于蒙古人的优越地位，许多色目人上层人物成为元朝的高官显宦。色目人在各级行政机构中的地位虽在蒙古人之下，却在汉人、南人之上。有时，其名义上的级别虽低，实权却驾于蒙古长官之上。他们可以担任汉族官员不能担任的职务，如地方政府的达鲁花赤。

元代色目人群体庞大，其中不少人对中国科学技术和社会文化的发展

⊙ 元代胡人陶俑

做出了贡献。成吉思汗西征以后，大批西域工匠被俘东迁，后散居漠北、中原各地，立局造作，有织造金绵的纳失局以及金玉等匠局。叙利亚人爱薛，精通星历、医药之学，贵由大汗在位时来蒙古，后入忽必烈藩府。忽必烈即位后，命其掌西域星历、医药二司事。阿拉伯学者赡思，精通汉文，曾参与编纂《经世大典》，所著《西国图经》《西域异人录》等书，系译介阿拉伯史的著作。窝阔台曾令木速蛮工匠在和林以北的春季驻地建迦坚茶寒殿。忽必烈时，又有阿拉伯建筑家也黑迭儿参加了大都皇城和宫苑的建设。大食人也黑迭儿是出色的建筑工

程师，忽必烈时任茶迭儿局诸色人匠总管府达鲁花赤，兼领监宫殿。在大都宫城的设计中，"受任劳勚，夙夜不遑，心讲目算，指授肱麾，咸有成画"。后与张柔、段天祐同行工部事，管领修筑宫城，为大都城的修建做出了贡献。尼泊尔著名绘画装塑家阿尼哥，中统元年（1260）受帝师八思巴之招，率领匠师80人造黄金塔于吐蕃。后从帝师入京，以塑绘和工巧著名一时，两都寺观的塑像，多出其手。阿老瓦丁和亦思马因是伊利汗阿八哈应忽必烈之命而派遣来元的制炮家，他们所造的巨炮曾用于进攻襄阳与常州，具有极大的摧毁力。

六、丝绸之路上的回回商人

在元代中西间丝绸之路的贸易中，回回商人担当了重要的角色，发挥着独特的作用。

西域的回回人具有传统的商业才能，而且大多数始终生活在多种语言混用的社会氛围中，一般都能操回鹘、阿拉伯、波斯、蒙古等多种语言，其中有些尚通汉语。由于这样的优越条件，回回很快就取代了先是粟特人后是回鹘人在丝绸之路上的优势地位，成为丝绸之路国际贸易史上的最后一个商业民族。

中亚、波斯和阿拉伯商人历来就是东西方的陆、海丝绸之路上最活跃的人群。早在蒙古西征之前，回回商人就已经活跃在蒙古和华北地区，操纵着不善经商的游牧民与定居农业地区间的贸易。蒙古西征后，由于诸部已经统一，交通大道上设置了驿站，因此交通更为方便，商旅往来更安全。

成吉思汗早就与回回商人结下了关系，在大蒙古国建立之前，成吉思汗结识了一位贩羊到也里古纳河来的西域商人，后来又有一位"饶于财，商贩巨万，往来于山东河北"的回鹘人，他曾鼓动成吉思汗用兵南下。蒙古人西征时，他们还利用经商的方便条件，为蒙古军队提供情报，甚至担任蒙古的使节。有一则故事说，约在1218年前，花剌子模的3个商人携带大量商品到达蒙古。第一个商人要价太高，成吉思汗震怒，没收了他的商品，其余二人以献送为名，不敢要价，成吉思汗高兴之余厚赏了他们，连同第一个商人也得到了同样的赏钱。为了保护来往的商人，成吉思汗颁布了一道扎撒："凡进入他的国土内的商人，应一律发给凭照，而值得汗受纳的货物，应连同物主一起遣送给汗。"

保护和优待商人，发给他们凭照，使得中亚、西亚的商人从丝绸之路接踵而来，推动了元代对外贸易活动的繁荣。1218年，成吉思汗命令诸子、那颜、将官，各从其部属中抽调两三名西域商人，随花剌子模人马合木等前往中亚搜罗奇物异宝。结果，从这些蒙古贵族的麾下，竟然共集中起来450名西域商人。看来，这时在漠北的西域商人已是成群结队、数以千计了。

当时，蒙古贵族迫切需要西域地区生产的锦缎、珍奇宝物、粮食、兵器及酒类饮料等。蒙古人在物质上对西域商人的依赖，决定了他们在蒙古帝国中享有较高的地位。史载，元末回回人丁鹤年，其"曾祖阿老丁与弟乌马儿皆元初巨商。世祖皇帝徇地西土，军饷不继，遂杖策军门，尽其资归焉"。懂得经营理财的西域商人还成为元朝统治者在政治上的得力帮手。忽必烈时重用的西域人阿合马，即为商人出身。阿合马于中统三年（1262）领中书左右部，兼诸路都转运使，忽必烈"专以财赋之任委之"，说明他在经济管理方面具有才干。阿合马的手下也聚集了一批西域敛财之臣。阿合马死后，这些西域人继续得到重用。卢世荣曾上书忽必烈说："天下能规运钱谷者，向日皆在阿合马之门，今籍录以为污滥，此岂可尽废？臣欲择其通才可用者，然惧有言臣用罪人。"世祖乃谕令："何必言此，可用者用之。"结果，撒都丁、不鲁合散等西域回回人复升为河间、山东等路都转运盐使。泰定帝时，朝廷仍多以回回人理财，以至一些汉人官员对"时相多西域人"颇有微词。

许多回回商人充当了蒙古贵族的"斡脱"。"斡脱"为非汉语语词的音译，契丹语指行帐、宫殿，蒙古语为请酒，而突厥语为伙伴、商人。元代文献中常见的"斡脱"一词，乃专指突厥语之"ortaq"。在突厥语中，"斡脱"词义颇广，其原意为同伙、伙伴或商业组合。因使用突厥语的西域商人往往结成商帮，长途贩运，且自称"斡脱"，故该词又转义为商业团伙，或专指西域商人。有学者认为，斡脱是元代的一种商业组织，并进而引申为商人。蒙古人不善于做生意，把钱交给斡脱商人，令其贸易纳税，这种机构以及在这种机构工作的人都统称为"斡脱"。所以，有"斡脱钱""斡脱所""斡脱总管府"等词。

"斡脱"经营，实是元代的一种特殊的商业高利贷活动，它似乎由这一时期东来的西域商人所专门经营，并成为元代社会一个特殊的社会阶层——斡脱户。《元典章·户部》就"斡脱户"的解释为："见奉圣旨、诸王令旨随路做买卖之人。"大汗、诸王、公主、大臣都把银两交给他们做本钱，或经商或放债，从而收取利息。元朝皇室常以虎符、圆牌、驿传玺书授予回回商人，遣他们赴西域各国购买奇珍异物；他们将贩运来的奇珍异物献上后，又索要巨额"回赐"，称为"中卖"。

回回商人在元代的国内外贸易中势力很大，他们的活动地域遍及全国各地，且深入至极北的吉利吉思、八剌忽（在今贝加尔湖地区）等部落，在国际上则伸展到波斯和印度等地。

回回商人的商业范围很广泛，他们把从国外进口的包括象牙、犀角等在内的宝物，各种布匹，沉香、檀香等香货，不同种类的珍贵药物，以及木材、皮货、牛蹄角、杂物等商品贩运至大都、上都等城镇，把南方的粮食输往大都、上都及北方缺粮地区，把中国的特产，如丝绸、瓷器等运到海外。他们在中土"多方贾贩"，其足迹遍及元朝全境。据中统四年（1263）的户口登记，中都（后改大都）就有回回人2953户，其中多是富商大贾势要兼并之家。回回商人有许多以贩卖珠宝为业，元人陶宗仪《南村辍耕录》记载了十余种"回回石头"，即阿拉伯宝石，说"回回石头，种类不一，其价亦不一。大德间，本土巨商中卖红剌一块于官，重一两三钱，估直中统钞一十四万锭"。元代诗人马祖常的诗说：

> 波斯老贾度流沙，夜听驼铃识路赊。
> 采玉河边青石子，收来东国易桑麻。

回回商人有雄厚的经济势力，其商业活动直接影响元朝财政，他们缴纳的关税和其他"例献"之物，是元朝中央与地方政府重要的财政来源。元朝廷还给予西域回回商人种种优惠，如免差役、免租税等，更加促进了回回商人的发展。

回回商人有许多富商大贾。泉州大食人蒲寿庚，南宋末任市舶提举，叛宋降元后，官至中书左丞，为福建行省长官，其子蒲师文任宣慰使左副元帅，父子世掌市舶，富贵冠一时。蒲氏女婿回回富商佛莲，拥有海舶80艘，家产仅珍珠就有130斛。伊本·拔图塔说他曾在杭州寄宿在一位巨商的家里，他的子孙在此地继承了他的声望，他们仍延续了父辈的怜贫济困之风。除大商巨贾外，元代回回商人中更多的是小本经营者。他们大半从事长途贩运小宗贸易，经营日用商品，对促进各地区的物资交流起了积极作用。

元朝高度重视回回商人在海外贸易中的作用，多委以回回商人从事市舶贸易，鼓励他们"下蕃货卖"。在泉州、广州、杭州等对外贸易港口城市，唐宋以来就有不少大食商人寓居，入元以后，由于元朝统治者倚重木速蛮（Musilman，即波斯语"穆斯林"）商人经营海外贸易，他们的势力更盛。马可·波罗、伊本·拔图塔的书中都有关于泉州等地商贸发达的记载，其中有不少是回回商人的作用。

七、丝绸之路与伊斯兰教的传播

丝绸之路是经贸交流之路，也是文化交流之路、宗教传播之路。经由丝绸之路传播到中国，最突出的是佛教。在唐代，还有祆教、景教和摩尼教经由丝绸之路传播到中国来，虽然它们的影响远远不及佛教那么广泛和深远。到了元代，伊斯兰教也沿着古老的丝绸之路传播到中国，对中国人的生活产生了一定的影响。

伊斯兰教在中国的传播和发展，在中国宗教史上、在中外文化交流史上，是仅次于佛教在中国传播的重大事件。从唐代初期开始，随着阿拉伯人陆续进入中国，他们所信仰的伊斯兰教就被带进了中国。到了宋元时代，特别是元代，由于进入中国的阿拉伯人、伊朗人的增多，还有西域许多民族开始信奉伊斯兰教，这些民族也有许多人进入中国，伊斯兰教在中国的传播达到了一个高潮。

佛教在中国的传播，包括以后天主教的传播，是由少数宗教人士经由丝绸之路来到中国，在中国民众中进行传教活动，继而有中国信徒继续着他们的传教事业。与佛教和天主教不同，伊斯兰教是随着信奉它的阿拉伯人、波斯人以及其他西域人一起来到中国的，它首先是作为这些移民的宗教信仰而存在的。到了元代，来自阿拉伯和西域地方的移民数量庞大，逐渐在中国形成了新的族群。这个新族群的标志就是信仰伊斯兰教。伊斯兰教在中国传播的历史，实际上就是中国回族形成和发展的历史。

与佛教一样，伊斯兰教在中国的传播与发展，也经历了一个与中国传统文化相接触、相融合的过程，也就是本土化的过程，而这个过程，也就是这些外来移民及其后裔在中国落地生根、与中华民族相融合的过程，是由一个外来移民群体转变为中华民族成员的过程。与此同时，在这个过程中，伊斯兰文化、阿拉伯文化在中国得到广泛传播，其中许多内容被吸收到中华文化的传统之中，成为中华文化的一个组成部分，促进了中华文化的丰富和发展。

伊斯兰教是世界性宗教之一，与佛教、基督教并称世界三大宗教。"伊斯兰"系阿拉伯语音译，原意为"顺从""和平"，指顺从和信仰宇宙独一的最高主宰安拉及其意志，以求得和平与安宁。信奉伊斯兰教的人统称为"穆斯林"（Muslim，意为"顺从者"）。

伊斯兰教在兴起后不久就传入中国。唐朝时有许多波斯和阿拉伯商人从丝绸之路进入中国经商，其中有许多居留不还，成为在中国社会活跃的"商胡"中的一部分。他们分布在长安、广州和扬州等地。在广州留居的穆斯林，据说多以万计。当时来华的阿拉伯人和波斯人，已经把他们的宗教信仰及其宗教活动带到了中国。唐时来华贸易的阿拉伯人，落籍广州后，一般都居住在蕃坊内。阿拉伯商人苏莱曼在其游记中对广州蕃坊内阿拉伯人的宗教信仰和活动有所记载：在广州，中国长官委任一个穆斯林，授权他解决这个地区各穆斯林之间的纠纷。蕃长依《古兰经》、圣训行事，按照伊斯兰教的风俗开展宗教活动，规范同类习俗，解决同类民事纠纷，维护同类的利益。因此，"蕃坊"既是穆斯林聚居区的称谓，又是一种政教合一的组织机构。唐宋时期的伊斯兰教，是作为一种"侨民文化"而存在的，是客居中国的穆斯林侨民的信仰，它的存在范围仅限于蕃坊之中。由于蕃坊文化圈的相对封闭性，伊斯兰教以及蕃民的生活，在当时中国人的眼中不过是一种异国风情和生活习俗，人们对伊斯兰教并无清晰的认识，伊斯兰教对中国社会及其主流文化也未产生冲击和影响。

蕃坊中一般都建有清真寺，以适应宗教信仰和宗教生活的需要。现在广州的怀圣寺是我国最早的清真寺。宋代泉州的阿拉伯商人数量更多。他们在泉州兴建了几座清真寺，其中较为著名的有北宋真宗大中祥符二年（1009）建的圣友寺，又称"清净寺"，俗称"麒麟寺"，位于泉州通淮街。宋高宗绍兴元年（1131），"有纳只卜穆慈喜鲁丁者，自撒纳威从商舶来泉，刱此寺于泉州之南城"。元至大三年（1310），耶路撒冷人艾哈玛德·本·穆罕默德重修。

元代是伊斯兰教在中国内地广泛传播和全面发展的重要时期。蒙古人西征中，将一批批中亚各族人、波斯人、阿拉伯人作为战俘征调到中国来。他们与唐宋时期寓居中国的大食人、波斯人的后裔都是穆斯林，故被称为"回回"或"木速蛮"，成为元代色目人中的重要组成部分。迁徙到中国的大批阿拉伯人和其他西域人背井离乡，长途跋涉，经历了一个十分痛苦和艰难的过程。

穆斯林的主要成分，虽然最初大多数都是外来成分，但在其形成过程中也吸收了大量的汉族成分。穆斯林对汉族成分的吸收，主要反映在通婚上。通婚形式，从有关记述看，大多数是回男娶汉女。这一婚姻形式，早在唐宋时期就已产生。13世纪初年，回回人大批涌入中国时，因多数人都是"回回军"或"回回工匠"，故当其在中国定居后，便通过娶汉女为妻

⊙ 广东广州怀圣寺

的办法，将她们吸收进回回民族中。汉男娶回女而被吸收入回回民族的也不少。

除吸收汉族人外，元代也有吸收维吾尔和蒙古等各族成员为穆斯林的。维吾尔族原信奉摩尼教和佛教，11—13世纪期间，又相继改奉伊斯兰教。元世祖忽必烈统一中国时，由于配合蒙古军作战，或受遣到内地当官，或奉派往战略要地屯守，而落籍内地的人很多，这些人后来大多数也成了回回。回回人吸收蒙古族人成分，主要和部分蒙古族人改奉伊斯兰教有关。例如元成宗铁穆耳在位时，蒙古的王公、贵族及军队，就有数量颇多的人皈依伊斯兰教。其中最典型的就是宗王阿难答及其部属。据载，阿难答不仅自己笃信伊斯兰教，遵循其一切戒律，并使依附他的15万蒙古士兵也成

⊙ 福建泉州清净寺

为穆斯林教徒。他的儿子月鲁帖木儿还在自己的营地上建清真寺。这些人后来也大部分融合于回回民族中。

元代迁入中国的穆斯林对伊斯兰教都有着坚定的信仰，信奉和遵守伊斯兰教的基本教义和礼仪。这些人遍布全国各地，马可·波罗在其游记中多次提到中国各地都有穆斯林。他说押赤（今云南昆明）"人有数种，有回教及偶像教徒，及若干聂斯脱里派之基督教徒"。伊本·拔图塔在其游记中记载："中国各城市，都有专供穆斯林居住的地区，区内有供行礼等用的清真大寺。"他还具体记述了刺桐（今福建泉州）穆斯林的情况。

在元代，大批阿拉伯人、波斯人和其他西域人进入中国内地，他们吸收其他民族的成员信奉伊斯兰教。所以，在这个时代，信仰伊斯兰教的群体比唐宋时代大为扩展了。此外，在唐宋时代，那些信奉伊斯兰教的穆斯林是作为蕃客存在的，伊斯兰教是这个侨民群体的信仰，是一种侨民文化。而在元代，外来的穆斯林都获得了中国居民的身份，不再是蕃客或侨民，因而这一时期的伊斯兰教成为中国内部一部分居民的宗教信仰。但是，这部分居民又是以族群的形成出现的，信仰伊斯兰教的就是"回回"这个族群的成员。因此，元代的伊斯兰教，虽然比前代有了很大的发展，但仍然是属于这个族群内部的信仰和宗教生活，并没有向其他民族和群体传播。对其他民族成员的吸收也是通过通婚等形式将其纳入这个族群中，而不是通过传教和使人改变信仰的形式实现的。所以，元代的伊斯兰教，没有翻

⊙ 福建泉州灵山伊斯兰圣墓

译经典、阐扬教义的记载，"无人以中国文字解说回教教义与礼节者"。元代文献中的"回回""答失蛮""木速蛮"等称呼，既未区分宗教与民族，也未弄清宗教学者、修道者和一般信徒的不同。这一时期，伊斯兰教在中国仅以宗教礼仪和教法的遵循，生活习俗的坚持，血统的遗传，阿拉伯文和波斯文的学习，经典的口头传授等为传播方式，伊斯兰教主要在穆斯林社团内部信奉。

和在唐宋时代的情况一样，虽然元代的穆斯林群体大为增加，清真寺遍布全国各地，伊斯兰教获得了很大的传播，并且获得了与佛教、道教等同等的宗教地位，但仍然是一个特殊文化圈子内部的宗

⊙ 福建泉州伊斯兰也门教寺碑

教信仰活动和文化活动，并没有与中华文化传统发生实质上的接触和碰撞，也没有引起中国文化体系的震动和强烈反应。在以汉族为主体的文化传统中，伊斯兰教只是属于进入他们视野的一个文化风景。

八、丝绸之路与察合台汗国和钦察汗国

元代丝绸之路交通大开，首先是指贯穿于欧亚大陆上的陆路交通的顺畅。蒙古西征后，形成了钦察、察合台、伊儿与窝阔台四个汗国。其中，他们征服了今咸海以西、里海以北的钦察、花剌子模，以及东起阿尔泰山、西至阿姆河的西辽、畏兀儿，建立察合台汗国，大体上相当于西辽帝国的故地；在鄂毕河上游以西至巴尔喀什湖的乃蛮旧地，建立窝阔台汗国；在伏尔加河流域的梁赞、弗拉基米尔、莫斯科、基辅等公国，建立钦察汗国，统治俄罗斯的大片领土；在两河流域的伊朗、阿富汗、叙利亚，建立伊儿汗国，主要统治波斯。此外，在中国建立的元朝，成为全国的统一王朝。

诸汗国逐渐成为事实上各自的独立政权，但在名义上，这四大汗国以及元朝在名义上都属于一个统一的蒙古帝国，元朝皇帝即蒙古大汗，其他汗国对其保持臣属地位，接受元朝的册封。在通常情况下，诸汗国汗位的承袭，必须取得元朝皇帝的认可。元朝的皇帝"合罕"，"是有居民的四大地域的帝王和成吉思汗后裔所有各家族的长者"，是"一切蒙古君主之主君"。因此，在欧亚大陆上，"四海为家""无此疆彼界""适千里者如在户庭，之万里者如出邻家"，东西交通空前繁荣，国际关系十分活跃，使节往来频繁，商旅络绎不绝，移民相望于途，从而开创了东西文化接触、交流、交融的新局面，开创了中华文化西传的新态势。

1217年，成吉思汗率蒙古大军首次西征，进入楚河地区，灭西辽王朝。1220年，蒙古军队又攻伐花剌子模，进而平定整个中亚地区。从此中亚进入蒙古统治的时代。察合台汗国继承了西辽的政治遗产和文化遗产。西辽在中亚地区近百年的经略和统治，不仅留给蒙古征服者一个幅员广大的版图，而且契丹人从中原带来的先进生产技术、科学知识和文化传统，中亚

地区广阔富庶的草原、发达的农业和手工业，也成为察合台汗国立国的基础。另一方面，蒙古军队西征中亚时，使用了中原汉人先进的火器和军事技术，同时有许多中原的汉人和其他民族人士移居中亚地区，或者到中亚地区游历，他们的西行，也把先进的中华文化传播到中亚地区，对当地经济社会发展和文化进步起到一定的推动作用和积极影响。

四大汗国虽然都由成吉思汗的子孙们所统治，但他们彼此之间时常发生征伐攻战，大动干戈。元朝建立之初，察合台汗国曾屡次出兵抗击忽必烈。直到元成宗大德八年（1304），察合台大汗朵瓦遣使入元，与元朝握手言和。此后连年来朝，元朝廷每次都赐赠币、帛、银、钞等。自此至元末，元朝与察合台汗国之间使节往来不断，关系颇为密切。中亚地区与元朝的民间贸易也十分活跃。通过回回的商业活动，大量白银从中国以及其他国家流入中亚，使中亚原来长期缺乏的银通货得到充分的弥补，并在13世纪中叶以后一段时间内成为国际上的商业-金融业中心。

钦察汗国又称金帐汗国、克普恰克汗国、术赤兀鲁思，为蒙古四大汗国之一。

俄罗斯南部钦察草原的主要居民，俄罗斯人称其为波洛伏齐人，欧洲人则叫作库曼人。库曼人是12世纪初由中国今河北东北部和内蒙古西迁的库莫奚的后代。

成吉思汗首次西征时，钦察的库曼人与俄罗斯人结成联盟。哲别和速不台率蒙古军队大败钦察和俄罗斯联军，兵进俄罗斯南部地区。蒙古第二次西征时，经过数次战役，征服了俄罗斯，到1240年先后征服了钦察草原、克里木（今克里米亚）、高加索、保加尔（今保加利亚）、伏尔加河和奥卡河地区以及第聂伯河流域的罗斯各公国。被征服的这一广大地区成为拔都的兀鲁思，从1242年以后称为"钦察汗国"。汗国的疆界大致包括：东自额尔齐斯河，西至第聂伯河，南起巴尔喀什湖、里海、黑海，包括北高加索及花剌子模北部和锡尔河下游地区，向北临近北极圈。拔都把伏尔加河地区作为政治中心，在河口处建立了都城萨莱城（今俄罗斯阿斯特拉罕附近）。罗斯诸公国与钦察汗国为藩属关系。钦察汗国统治了近250年。

至蒙古大军西征时，中国人才知道有俄罗斯。在《元史》中，其名作"斡罗思部"，又作"阿罗斯""兀鲁思""乌鲁斯"，在《元朝秘史》中又作"斡鲁斯"，都是蒙古语"Orus"一词的音译。

钦察汗国与元朝保持着名义上的臣属关系。凡钦察汗继位，元朝都要按例遣使册封；俄罗斯每一位比较高级的贵族，都必须亲到和林或大都参加接受委任的仪式；许多内部纠纷，也必须请示大汗来裁决。所以，尽管钦察汗国与元朝路途遥远，但两国的关系十分密切，人员往来不断，经济、文化上的交流都比过去任何时候都要频繁。

钦察汗国在东西方贸易中占据重要地位。13—14世纪，欧洲同中国的贸易主要是通过钦察汗国进行的。因此，蒙古统治者特别重视商业的发展。拔都汗和别儿哥汗在伏尔加河先后修建了拔都萨莱城和别儿哥萨莱城，后来又修建了乌维克城，在札牙黑河（乌拉尔河）河口修建了萨莱契克城。汗国优越的地理位置，以及与邻国的贸易往来，使各城市的商业很快发展起来，特别是别儿哥萨莱城。从萨莱到和林及大都之间设有正式的驿路，只要持有元朝颁发的牌符，就可以在此路上乘驿往来。而处于中西交通线上的萨莱，已成为一个国际性的都市。根据1333年到过该城的阿拉伯旅行家伊本·拔图塔的记载，"萨莱城是最美丽的城市（之一），这个城市规模特别大，建在平坦的土地上，城里人众拥挤，到处有漂亮的市场、宽阔的街道……城中有十三座举行礼拜的清真寺……城中（居住着）不同的民族：蒙古人（他们是国家真正的居民与统治者，其中一些是伊斯兰教徒）、信奉伊斯兰教的阿速人、钦察人、契尔克斯人、俄罗斯人与拜占庭人（他们都是基督教徒）。每个民族分占一定地区，有自己的市场"。

月即伯汗统治时期（1312—1341）是别儿哥萨莱城最繁荣的时期，人口在10万以上。城内建有街坊，每个街坊都从事一定的手工业生产，有制造铁器、农具、青铜器的作坊，其中以制作皮革和毛纺品最为发达。城内还有规模较大的熔矿厂等。拔都萨莱城、别儿哥萨莱城、兀龙格赤、保加尔、克里木等城市，都是东西贸易的集散地。根据《金帐汗国兴衰史》的记载，中国、中亚以及欧洲的商品都运到这些城市，通过这里再运往东西方各国。14世纪时，丹纳（阿速夫）城与苏达克城享有同等地位，这里的贸易被威尼斯商人所操纵。克里木及其港口是联络东西方的枢纽，从克里木出发，到兀龙格赤，

⊙ 察合台汗国银币

再转向河中方向，可到达布哈拉和撒马尔罕；从兀龙格赤出发，通过草原，经讹答剌与阿力麻里，可到达大都及和林。还有一条通往中国的商道——丹纳—萨莱—兀龙格赤或萨莱—讹答剌—阿力麻里—甘州—大都，整个行程需要9个月。

在蒙古统治时期，莫斯科的下诺夫戈罗德（Nijni Novgorod）市场，是远东商队输入欧洲的集散中心，中国和土耳其的队商即在这里与欧洲汉撒同盟（Hanseatic League）各城市水道贸易的航商发生接触。下诺夫戈罗德城至今仍有一个区叫"契丹区"，莫斯科仍有一条重要街道叫"契丹街"，成为当时这些地方和中国商货往来的遗迹。当年在钦察汗国，能买到中国的各种丝织品和其他物品。考古学者在原钦察汗国统治区各地发现了许多中国的物品，如中国式丝织对襟衫、带有汉字铭文的铜镜等。另外，在此期间，在莫斯科、大不里士和诺夫戈罗德都有中国侨商的居住地。

佛罗伦萨商人裴哥罗梯具体记述了从塔纳港沿着陆路前往汗八里（意为"帝王之城"）的行程：商旅从塔纳港出发，至钦察汗国的都城萨莱，东行至巍黑河（乌拉河）口的萨拉康科（今古里耶夫），折而东南行，至乌浒河口的玉龙杰赤（今木伊纳克）、药杀水畔的讹答剌（今斡脱剌儿），到达阿力麻里，然后由此从北方的草原之路，或沿着天山北路东行至汗八里。这条路虽然遥远艰难，但对商贾过客来说还是相当安全的。14世纪上半叶，塔纳城的商业相继被热那亚和威尼斯商人所操纵，许多欧洲商人从这里出

发，到中国进行贸易。从匈牙利乃至从意大利来的商人，不用去中国，在钦察汗国都城萨莱就可以买到中国的丝织品。

蒙古人在统治俄罗斯和波罗伏齐平原后，契丹和蒙古文化更是深入当地的各个角落。通过双方的贸易，中国的丝锦、服饰等被大批运到钦察汗国，对俄罗斯人的日常生活产生深刻影响。中国的丝锦是钦察汗国贵族喜爱的衣饰物。萨拉托夫附近的乌维克村出土过中式丝制对襟衫。宋辽金以来流行的金服饰，到元代更加盛行，输出到钦察汗国的也很多。库曼的《圣经》古抄本里已经有库曼语的"nac"，这个字的意思就是"金锦"。钦察汗国贵族多采用东方式的服装，俄语中的靴、长衫、束腰带、圆帽等，都源自蒙古语和契丹语。

传入钦察汗国的还有中国的日用器皿和武器，为当地居民所习用。熨斗是中国一个小小的发明，一个科技创制，传入波斯，传入俄罗斯，他们原本无此物件，无对应之词，也省得创制，于是音译而搬入本民族语，故波斯文作"utû"，俄语作"utug"。这既是文化事项的传入，又是语言的传入。桦木是中国北方的一种常见树木，主要用来制作器皿和盘碟，桦木箭矢坚硬无比。西伯利亚各部落也惯用桦树制作盆、桶、篮、盘等。桦树也生长在俄罗斯和保加利亚，同样被用来制作器皿。桦皮弓和弯刀是俄罗斯士兵的装备。俄罗斯人还从蒙古人那里学会了使用铁火罐等新式武器。

蒙古西征以及钦察汗建国时，都曾随携大量中国各种手工业工匠，他们把中国的先进技艺，如火药火器技术、铸造铜镜技术、雕版印刷技术等，传到钦察汗国。如在伯勒克萨雷发现过有汉字铭文的铜镜，是由中国运去的；还有一些在钦察汗国故城发现的元代铜镜，则是在当地铸造的，镌有阿拉伯字铭文。这不但说明中国的铜镜受到当地人民的喜爱，也说明汉族工匠把中国的制镜技术带到这里，当地工匠从而掌握了这门技术。中国元代开始使用的算盘，是古代世界最简便而有效的计算工具。14世纪时，算盘已传到俄罗斯和波兰，直到20世纪初，算盘仍是这些地方的妇女用来计算的简便工具。雕版印刷的传播和在蒙古帝国担任主计和文书的畏兀儿人有关。畏兀儿人熟悉雕版印刷。当时在蒙古汗廷服务的俄罗斯人，有一些是刻字工匠。据柏朗嘉宾说，贵由大汗给教皇的信函上面的国玺就是一位叫克斯莫斯的俄罗斯人刻制的。这些刻字工匠可能与畏兀儿人有过接触，所以有学者认为，俄罗斯人通过在13世纪已经使用木活字的畏兀儿人，在欧洲人中首先了解到雕版印刷和活字印刷的方法，并通过他们传到欧洲。中国通用的交钞也通过商业贸易渠道流传到俄罗斯，可能对钦察汗国出现雕版印刷起到过催生作用。

九、丝绸之路与伊儿汗国的"中国风"

成吉思汗西征时，蒙古军队已经占领了里海的南岸和西岸，并且迫使小亚细亚的罗姆地方臣服，奉献贡赋。1253—1260年，蒙古人又发动了第三次西征，由旭烈兀统率。旭烈兀是成吉思汗幼子拖雷的第六子，忽必烈的弟弟。1253年，旭烈兀率大军远征波斯，两年内攻陷100多座城池。1258年，蒙古军队攻占巴格达，推翻了阿拉伯帝国阿拔斯王朝；1260年，蒙古军队又攻下大马士革，并在征服的领土上建立了伊儿汗国。伊儿汗国的版图以伊朗为中心，包括今天的土耳其、伊拉克、阿塞拜疆、亚美尼亚和格鲁吉亚等地。建都城于今伊朗北部的大不里士。

在名义上，伊儿汗国保持对元朝蒙古大汗的臣属地位。伊儿汗的称号是元世祖忽必烈所封，突厥语"Ilkhān"是部族首领，意思是蒙古大汗的附庸。旭烈兀被尊称为大伊儿汗，是这个波斯蒙古王朝的奠基者。旭烈兀死后，其子阿八哈于1265年即位。因未奉元朝册封，阿八哈设小座在汗位下，受朝臣祝贺。直到5年后，1270年11月，忽必烈册命到达大不里士，阿八哈才举行登基大典，接受元朝送来的冠服，正式称汗。

自阿八哈开始，历代伊儿汗都必须受元朝大汗的册命。元朝大汗还曾向伊儿汗颁发过刻有汉字篆书"辅国安民之宝"和"真命皇帝和顺万夷之宝"的印章。历代伊儿汗都和中国诸大汗关系特别密切，并且非常尊敬中国诸大汗。伊儿汗廷一些有殊勋的权贵，往往由大汗赐予官爵。伊儿汗娶妃，也以请大汗赐婚为殊荣。阿鲁浑之妃卜鲁罕去世，遗命非其族人不得袭其位为阿鲁浑妃。因是阿鲁浑派遣使者前往大汗廷，请求大汗赐婚，于是忽必烈选阔阔真公主由使者护送至伊儿汗国。马可·波罗就是在这次护送公主之后返回威尼斯的。

伊儿汗国与元朝之间的官方使节往来也很频繁。使臣往来，都兼营贸易。伊儿汗国所处的地理位置自古以来就是丝绸之路要道，过境贸易一直是汗国重要的财政来源，而汗国内的回回商人又是当时中西贸易中的活跃力量，所以有元一代，伊儿汗国与元朝的贸易往来比较繁忙，双方使臣兼做官方贸易，而民间的贸易往来也很广泛。前面讲到回回商人在元代对外贸易中的作用，其中有一部分回回商人就是往来于中国内地与伊儿汗国之间，做珠宝即所谓"回回石头"生意的。

在元朝派往伊儿汗国的使节中，最著名的一位是孛罗。在古代中国和

⊙ 波斯细密画《花园中的王室宴会》（1444年）

波斯的关系史上，他是一位有很大影响的人物。孛罗是元朝重臣，深得忽必烈的信任。1271年，孛罗被忽必烈任命为御史中丞兼大司农卿，主持司农事务，并兼领侍仪司事；1275年升为御史大夫，1277—1283年间任枢密副使，并兼宣徽使；后来还担任过中书丞相。1283年，忽必烈派遣孛罗出使伊儿汗国，爱薛等人同行。他们由海道抵达忽里模子港，从这里进入伊儿汗国。这也就是几年后马可·波罗西返的路线。

伊儿汗国建国之初，以元朝的经济政治制度为效法的典范，在许多方面模仿中国。孛罗出使伊儿汗国后，便被当时的伊儿汗阿鲁浑留用宫中，从此孛罗便在伊儿汗朝任职，直到1313年在那里去世。乞合都汗执政时，为解决财政困难，准备模仿元朝发行纸钞，征询孛罗的意见。孛罗向乞合都汗介绍了元朝纸钞的形制和具体办法，乞合都汗认为可行，于是下令在全国推行纸钞，完全仿元朝至元宝钞，上面也有汉字"钞"字，四周纹饰都照式刻印。此次发行纸钞最后失败了，却使波斯人和阿拉伯人具体接触到了纸钞和中国的雕版印刷术。在波斯语中，"Chāo"（钞）这个汉语借词一直保留到今天。世界上最早的纸币制度也由此西传。

　　合赞汗在位期间，孛罗受到充分信任，执掌汗廷的万人亲卫军。合赞汗是伊儿汗国历史上一位有为的君主。他与元朝保持密切的关系，使用元朝颁发的汉文国玺，同时以伊斯兰教为国教，使伊儿汗王朝成为信奉伊斯兰教的王朝，加速了蒙古政权与伊斯兰文化的融合。合赞汗任命拉施特为宰相，在国内进行了一系列改革。孛罗与拉施特过从甚密，深受拉施特的信赖和尊重，因此孛罗很可能对这次改革产生过重要影响。

　　牌符制度也在元代传入伊儿汗国。伊儿汗廷授予各级将领、地方官员和使臣不同等级的牌符，将它们作为权力或身份的凭证。诸算端（诸侯）、灭里（州的长官）佩圆形大虎符，地位略低的牌面略小些。使者驰驿则给以圆牌，上有"官牌"字样，完成使命后须交还。各边区长官遣使乘急递铺马送紧急军情者，也须发给3—5面圆牌。现在波斯文的"牌子"（paiza）这个词就是来自汉语。

　　总之，在伊儿汗国前期，其汗廷的组织与制度，几乎完全与蒙古汗廷相同，譬如，选汗的忽里台制度、汗的即位仪式、冬夏两都的巡狩制度、陵墓的禁地设置、后妃的守宫继位、宗王出镇与分封制度、四怯薛制度、达鲁花赤制度、驿传牌符制度等。直到合赞汗转奉伊斯兰教以后，一些制度才开始有所变化。

　　伊儿汗王朝不仅模仿中国的政治经济制度，而且广泛吸取中国的科学、医学、艺术和史学成就。在伊儿汗国的统治下，西亚地区的经济、文化发展迅速，其都城大不里士成为这一时期亚洲西部主要的商业中心，具有浓厚的国际化都市色彩。各国的商人、教士、学者、使节云集于此。在大不里士和元朝的和林、大都之间，每年都有定期的商队往还，沿途居民点星罗棋布。在旭烈兀西征建国时，以及后来伊儿汗王朝与元朝的密切交往中，有大批中国人移居到西亚地区，把中国先进的科学知识、生产技术乃至文学艺术带到那里，并广泛传播开来。

伊儿汗国的天文学和历法受到中国的很大影响。耶律楚材随成吉思汗西征时，曾在撒马尔罕与伊斯兰学者交流天文历算知识。当时中国天文学家在预测日食、月食以及恒星观测方面均领先于世界。旭烈兀西征时，从中国随带许多精通天文历算的学者，每次出战，都要依靠占星学者求卜。伊儿汗国建立后，仍有许多中国学者继续到那里与波斯、阿拉伯的天文学家们一道工作。1259年，旭烈兀委派波斯天文学家纳速剌丁·杜西（1201—1274）筹建天文台，从事天文表的编制。伊儿汗国组织力量，征集东西方的科学家，集中了中国、阿拉伯、波斯和希伯来的天文历算学者，在大不里士附近的马拉格城西山冈上建造了一座天文台。在纳速剌丁·杜西的精心培育和指导下，马拉格城规模宏大的天文台，装备有精良的仪器，拥有一个藏书40万卷的图书馆。马拉格成为当时世界上一流的科学研究中心，在伊斯兰文化史上占有重要地位。

1272年，纳速剌丁·杜西和他的同事们通力合作，完成了《伊儿汗天文表》（以下简称《天文表》）。这部用波斯文写作的《天文表》共分4卷：第一卷分纂中国、希腊、阿拉伯、波斯历法，第二卷为行星运行，第三卷为天文历，第四卷为占星术。这部《天文表》是马拉格天文台天文学家的主要成果，在世界天文学史上起到了里程碑的作用。在《天文表》中，中国天文历法和希腊、波斯、阿拉伯的天文历法并列，占有重要地位。其中也凝结着许多中国天文学家的心血。旭烈兀西征时从中国带去的天文学家中，有一位叫傅蛮子的，纳速剌丁·杜西就是从他那里了解中国的天文历法以及推步之术的。这位"傅蛮子"显然是中国南方的汉人。据考，"傅蛮子"可能是元人王士点、商企翁的《秘书监志》卷九至卷十记载的傅岩卿。

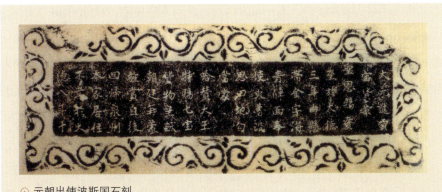

⊙ 元朝出使波斯国石刻

傅岩卿是个道士，人称"先生"，至元二十五年（1288），从侍郎升著作郎，至元三十一年（1294）升任秘书少监。

随孛罗出使伊儿汗国的爱薛也直接参加了马拉格天文台的研究工作。爱薛是西班牙人，大约在1246年以后经叙利亚来到中国，在宫中担任要职。爱薛受命掌管西域星历星药二司，后来专设广惠司（京师医药院），仍由爱薛主持。爱薛通晓西域诸部语言，曾先后于1265－1267、1270－1273、1283－1286年三次出使伊儿汗国。他随孛罗的那次出使是他三次出使中的最后一次，当时孛罗留任于伊儿汗王朝，爱薛却返回中国，颇令忽必烈感叹。爱薛后来官至翰林学士承旨、平章政事，封秦国公。爱薛在出使伊儿汗国时，曾在马拉格参与纳速剌丁·杜西主持的国际科学协作。在马拉格

⊙ 14世纪波斯细密画《蒙古人征服报达》

天文台工作的科学家中，有一位叫麦海丁·马格里布（Muhyī al-din al-Maghribi）的天文学家，此人又叫阿布·舍克尔·马格里布（Abī-shukr al-Maghribī），是作为旭烈兀的上宾应聘到马拉格天文台工作的。据有人考证，这位马格里布就是爱薛。由于他精通阿拉伯天文学和数学，又熟悉中国的天文学和数学，因此在马拉格的研究工作者中，他起到了特别重要的作用。

爱薛在马拉格留下14种用阿拉伯文撰写的科学著作，涵盖数学、历法、占星术、观象仪等方面，对中国科学知识的西传做出了很大贡献。其中最重要的专著是《中国和维吾尔的历法》（Risālat al-khitā'wal-īhgùr）。该书是对中国和中亚维吾尔历法的具有代表性的总结，阐述了中国历法的基本理论和演算方法，提供了汉族和维吾尔族历法的翔实资料，是第一部对中国历法进行系统介绍的阿拉伯文著作。这部著作与《伊儿汗天文表》的研究工作也有密切的配合关系，为《伊儿汗天文表》提供了有关中国方面的详尽资料。而《伊尔汗天文表》曾向西方传播并对西方天文学产生了积极的影响。

中国历法在中亚地区也有很大影响。著名天文学家和数学家阿尔-卡西（al-kashī）是一位精通中国历法的阿拉伯学者，曾主持撒马尔罕的天文台，1437年编成了著名的《兀鲁伯星表》4卷，第一卷便论述了中国历法纪年置闰的原理，这部星表曾风行亚洲和欧洲各地，流传很广。

这位阿尔-卡西还是一位对中国数学有深入了解的数学家。他在1427年完成的《算术之钥》一书中介绍了中国汉代数学名著《九章算术》中的"盈不足术"（盈亏类计算问题），他称之为"契丹算法"（al-Khattaayn）。在《算术之钥》中，他还介绍了传自中国的四则运算、开平方、开立方、"百鸡问题"等。他介绍的开任意高次幂的方法，完全和宋元时期的中国数学家贾宪、秦九韶的增乘开方法相同；而该书"开方法"中的二项式定理系数表，正是11世纪首次在中国出现的贾宪的"开方作法本原图"。

元代中国艺术对伊斯兰艺术的发展有很大影响。中国瓷器长期是伊斯兰教艺术模仿的对象。自9世纪末到13世纪初，埃及仿造华瓷成风。波斯仿造华瓷，在8—10世纪十分兴盛，其仿制品极为精致，几可乱真。中国艺术影响伊斯兰艺术，其次为丝绸。伊儿汗时代，波斯人已能仿制精美的绫锦，并远销国外。在意大利费路那（Ferouna）城古墓中，曾发现一些绫绸上印有中国花卉和阿拉伯文字。

伊儿汗时代，波斯画家开始模仿中国水墨画，其画风酷似中国。作动物画原为伊斯兰教之大禁，但波斯人自接触中国画之后，即突破了这个限制。当时波斯画家画的人物，都喜作蒙古人容貌。元代和明初，伊斯兰画家在中国画风的影响下，所画动物与花卉，始趋于工整、逼真和生动，一扫以前的呆滞刻板。14世纪以后波斯和阿拉伯画家开始仿作中国画中的花草，如荷、萍、芦苇、牡丹等。古代伊斯兰画家不知空白之美，往往将所有空白填满；自与中国艺术接触后，才知道简单之藻饰，或仅用一种颜色亦可成为最上乘之艺术作品。

从现存波斯历代美术作品中，可以看出自蒙古族统治波斯之后，波斯的绘画艺术受中国工笔画和水墨画的影响是很明显的。有的绘画风格，甚至连具体的花纹、云纹等构思及形状都是极为相似的。有的则是巧妙地把两国各自的艺术风格融合到同一幅作品中去。例如，在一幅描述脍炙人口的民间爱情故事《霍斯罗与希玲》的画面上，周围环境景色构思及笔调均是中国明代画派的笔调，但画中的两个人物是穿着波斯服饰的霍斯罗与希玲，他们的脸庞又很像中国人。同样的情况还可以从其他工笔画和细

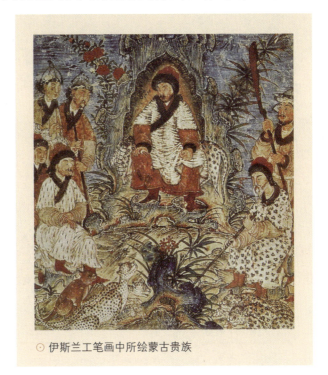

⊙ 伊斯兰工笔画中所绘蒙古贵族

密画中看到。

　　波斯画家还从中国画中获得一些理想的或接近于理想的题材，如龙、凤、麒麟。1322年，阿布·赛义德（Abu Saiyd）所建法拉明（Faramin）大清真寺，其门面上就画有龙像。波斯人还多以龙画于手抄本书籍的周边。巴格达城有一"驱邪门"，建于1180年至1225年，在门的拱形上有龙的凸雕。各种绘画中也常见有龙的装饰。波斯多数毛毯上织行猎图和禽兽图，又好施以云彩，都受到中国的影响。波斯画家得自中国的题材，还有代表云与电的中国式天景，改变为曲线的太极图，以及象征长寿的仙桃等。取自中国图案的曲线、直线、断线，类似匙孔、心形的几何图案，在14世纪已普遍使用于清真寺的装饰中。在13—14世纪伊斯兰教国家的建筑物中，盛行方形或长方形"库法字体"，乃是波斯艺术家模仿中国图章形式及篆体字而成的。伊儿汗时期，中国式的帽子、宝座以及服饰都风行波斯。

第三十五章　宋元时代的海上丝绸之路

一、宋元对海上丝绸之路的经略

宋代在唐代海外交通发展的基础上，与海外诸国的海上交通更为发达。由于造船与航海技术的发展，海上丝绸之路交通呈现繁荣发展的局面。

两宋时，特别是南宋时期，中国的远洋航行就空前活跃。宋朝把发展航海事业作为一项既定国策，大力发展海外贸易，远洋航行的通航区域空前广泛，航程通达整个南洋、北印度洋、阿拉伯半岛、东非海岸以及地中海，出现了"东西南数千万里，皆得梯航以达其道路""虽天际穷发不毛之地，无不可通之理"的鼎盛局面。

宋代的主要对外港口是广州和泉州。据研究者概述，宋代至东南亚乃至更远通往西方的航路，主要有以下几条：

⊙ 宋船模型

（1）广州（或泉州）至三佛齐航路。三佛齐即唐代所称的室利佛逝，位于今苏门答腊，是宋代舶商在南洋进行直航贸易的主要口岸。又由于三佛齐地扼新加坡海峡东南处海口，故而又是中国与印度洋沿岸航行交往的要冲，东西方的远洋船舶多在此地"修船转易货物"。《岭外代答》说三佛齐国是"诸国海道往来之要冲也"，赵汝适的《诸蕃志》说道，大食国商人以"本国所产多运与三佛齐贸易，贾转贩以至中国"。三佛齐至中国的海途十分方便，《文献通考》中说，由三佛齐驶向中国，"泛海便风二十日到广州。如泉州，舟行顺风，月余也可到"。

（2）广州（或泉州）至阇婆航路。阇婆位于今爪哇岛。宋时的阇婆，其富盛甚于三佛齐，也是中国在南洋通商的重要口岸。由广州出发往阇婆，通常可顺风直航；由阇婆来航，则一般经由渤泥、三佛齐中转。《岭外代答》说："阇婆之来也，稍西北行，舟过十二子石，而与三佛齐海道合于竺屿之下。"《宋史·阇婆传》说，从阇婆出发，"西北泛海十五日至渤泥国，又十日至三佛齐国，又七日至古逻国，又七日至柴历亭，抵交趾，达广州"。

（3）广州（或泉州）经兰里、故临至波斯湾航路。兰里位于苏门答腊岛西北端班达亚齐，扼孟加拉湾与马六甲水道之交口，地当太平洋与印度洋之航行要冲。《诸蕃志》说，"泉舶四十余日到兰里，住冬至次年再发，一月始达"。故临位于印度半岛西南部著名的马拉巴贸易海岸，宋时是中外海船云帆荟集、商使交属之处，东西方商舶多在此地歇泊补给。中国与阿拉伯世界的海上交通，一般经由兰里和故临中转。由于当时中西航海工具的远洋适航性不同，"中国舶商欲往大食，必自故临易小舟而往"；而"大食国之来也，以小舟而南行，至故临国，易大舟而东行"。"大舟"主要是中国的大中型远洋梅搬，"小舟"主要是阿拉伯海区惯用的三角帆小船。这条航路在唐代已经开辟，贾耽在"广州通海夷道"中已记载此航线。

（4）广州（或泉州）经兰里至东非航路。这条航路是宋代开辟的。海舶从广州或泉州出发，经南海、兰里、故临至波斯湾，再由波斯湾沿阿拉伯海岸西南行，至亚丁湾和东非沿岸的弼琶啰（今索马里）、层拔（今桑给巴尔海岸一带）等地。

（5）由泉州通往麻逸、三屿航路。麻逸为今菲律宾尼多洛岛，三屿为菲律宾的卡拉棉、巴拉望和布桑加等岛。宋代和元代通往菲律宾的航路，一般取道南海，经占城，绕道渤泥，然后至麻逸、三屿等地。明代中期以后改为由泉州经澎湖、台湾直通菲律宾，不再走迂回的航道。①

宋代的海上交通线，在东海方面，主要通往朝鲜和日本。在南海方面，除驶往东南亚地区外，又过马六甲海峡，直达印度和斯里兰卡；再进入阿拉伯海，经波斯湾抵达阿拉伯。

宋代海外交通的发达，与造船和航海技术的提高有很大关系。先进的航海技术和庞大的海船，是进行海外贸易的有力工具。宋代航海造船业的进步，体现了海外贸易的发展，又直接推动了海外贸易的繁荣。宋代造船技术和工艺比唐代有很大提高，特别是打造巨船的成就最大，

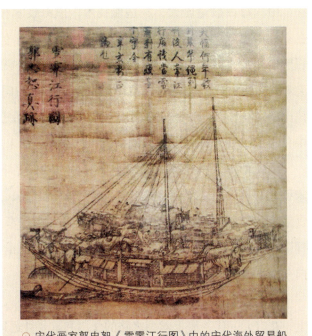

⊙ 宋代画家郭忠恕《雪霁江行图》中的宋代海外贸易船

① 孙光圻著：《中国古代航海史》，海洋出版社1989年版，第404—413页；《泉州港与古代海外交通》编写组：《泉州港与古代海外交通》，文物出版社1982年版，第47—48页。

居于世界领先地位。宋代海船比唐代海船载重量更大，设备也更完善了。阿拉伯人东来，依然在印度南部换乘中国船。中国商船前往阿拉伯，由于造船技术的进步和航道的改善，中国的船只不必在印度转换小船，而可以从印度南端直航波斯湾。这一时期，中国商船还开始了向阿拉伯海西岸及更广范围的贸易航行。中国商船最远可到亚丁湾，亚丁湾一带同非洲只隔一道曼德海峡，中国商船常到亚丁湾，也就易于航抵非洲，与非洲海岸也展开了直接贸易。

在航海技术方面，宋代有三项重要成就：一是对海洋潮汐的研究，二是航海图的绘制，三是指南针用于航海。宋代船员们在航海实践中积累了丰富的航行知识和经验。北宋时还绘制了中国历史上第一张海道图，即徐兢《宣和奉使高丽图经》中的海道图，对航海事业的发展有很大意义。

中国海商数量庞大，在造船技术、航海技术和商品结构上都有优势，在亚洲海上丝绸之路贸易中发挥着主导作用。宋代航海业呈现千帆竞发、百舸争流的兴盛景象。据宋代的文献，如《岭外代答》《云麓漫钞》《诸蕃志》等书的记载，南宋时，与中国有外贸关系的国家和地区有60个以上，范围从南洋、西洋直到波斯湾和东非海岸。《诸蕃志》的著录最为详细，书中介绍了50多个国家和地区的情况，列举其名而未加介绍的又有20个。

阿拉伯商人是来华贸易的主要力量，他们基本上从海路来宋朝贸易。宋朝政府也鼓励来华商旅使节选择海上丝绸之路，宋太宗曾"诏西域若大食诸使，是后可由海道来"，宋仁宗又令各国进奉"今取海路由广州至京师"。所以，至宋代，已经完全实现了对外贸易重心由西北陆路丝绸之路向东南海上丝绸之路的转移。

在草原和西域丝绸之路畅通的同时，元朝还大力发展海上交通，实际上，在有元一代，海上丝绸之路的作用和重要性远远超过陆路。

元灭宋后，即遣使"诏谕"东南亚各国来朝。忽必烈企图用武力征服各国，先后遣兵侵入安南、占城、爪哇、缅等国。但忽必烈的海外扩张均告失败。元成宗即位后，下诏罢征南之役，中国与东南亚各国传统的经济、文化联系渐次恢复。元朝积极开展海外活动，其范围远远超过前代。

为保证航行安全，元朝在沿线设置了航标船、标旗、航标灯等指挥航行。航标的设置，是中国海运史上的重大成就。远海航行已可通过观测星的高度来定地理纬度，这种方法当时叫"牵星术"。牵星术的工具叫牵星板，是用优质乌木制成的。用牵星板观测北极星时，左手执木板一端的中心，手臂伸直，眼看天空，木板的上边缘是北极星，

⊙ 宋海船纹铜镜

下边缘是水平线，这样就可测出所在地的北极星距水平的高度。求出北极星的高度，就可计算出所在地的地理纬度。

元代从至元十九年（1282）到至元三十年（1293），曾开辟了3条近海航线：

第一条航线是至元十九年（1282）开通的。它自刘家港启航入海，向北经崇明州之西，再向北经海门县附近的黄连沙头及其北的万里长滩，沿海岸北航，经连云港、胶州，又转东过灵山洋，沿山东半岛的南岸，向东北航行，以达半岛最东端的成山角，由成山角转而西行，通过渤海南部向西航行，到渤海西头进入界河口，沿河可达杨村码头，最后转运河达大都，全程约6600千米。这一航线主要是近海航行，离岸不远，浅沙甚多，航行不便，加之我国东部的近海，自渤海以至长江口，全年均受由北向南的东中国寒流的影响，船逆水北上，航程迟缓且危险，另外线路曲折费时，往往数月甚至一年才能到达，这样显然不能满足漕运的要求，必须另辟航程。

第二条航线开辟于至元二十九年（1292）。这条航线从刘家港入海，过了长江口以北的万里长滩后，驶离近海海域，如得西南顺风，一昼夜即可航行约1000里到达青水洋，再过黑水洋即可望见沿津岛大山；再经刘家岛、芝罘岛、沙门岛，最后直抵海河口。这条航线，自刘家港至万里长滩的一段航程，与第一条航线相同，但从此后即指向东北航经青水洋，进入

深海，利用东南季风改向西北直驶成山角。这段新开航线比较直，在深海中航行，不仅不受近海浅沙的影响，而且可以利用东南季风和夏季来临的黑潮暖流帮助航行，大大缩短了航行时间，快的时候半月即可到，"如风、水不便，迂回盘折，或至一月、四十日之上，方能到彼"。这条新航线的开辟，突破了以往国内沿海航线只能近海航行的局限性，大大缩短了航行时间，是元代海运对我国沿海航路发展的一个重要贡献。

第三条航线开辟于至元三十年（1293）。这条新航线从刘家港入海，至崇明州三沙放洋，东行入黑水洋，取成山转西，至刘家岛，又至登州沙门岛，于莱州大洋入界河。此航行与第二条航线相比，其南段的航路向东即进入深海，路线更直，全航程更短，加以能更多地利用黑潮暖流，顺风时只用10天左右即可到达，又大大缩短了航程。从此以后，元朝海运漕路均取此路，再无重大变化。直到今天，从上海到天津的航线仍走这条线路。

在远洋航行方面，元代在宋代的基础上，交通范围比以前更有扩大。如曾两次附商船游历东西洋的汪大渊在其所著的《岛夷志略》里记载了他所经过的海外诸国，记有通商国家和地区90多个。地域涉及东自澎湖、琉球，西至阿拉伯半岛和非洲东岸之层拔罗（今桑给巴尔）等地，包括南洋诸岛及印度洋沿岸各国。大德年间（1297—1307）陈大震等人所修的《南海志》中记载的海上贸易国家与地区多达145个，到达波斯湾、阿拉伯半岛、埃及、东非各国，以及欧洲地中海沿岸。《南海志》把这些地区和国家划分为"小西洋""小东洋""大东洋"等范围，并说："广为蕃舶凑集之所，宝货丛聚，实为外府，岛夷诸国名不可殚。"可见这些国家与广州大都有交通和贸易往来。《南海志》又说："圣朝奄有四海，尽日月出入之地，无不奉珍效贡，稽颡称臣，故海人山兽之奇，龙珠犀贝之异，莫不充储于内府，畜玩于上林，其来者视昔有加焉，而珍货之盛，亦倍于前志之所书者。"元人周致中的《异域志》著录了210个国家和地区与元代有交往，其地域范围东起朝鲜、日本，西抵西亚、非洲，南至东南亚、南亚诸国。

元初波斯湾一线的通航，主要是为了加强和伊儿汗国的联系。元朝为了加强与阿拉伯人之间的交往，还发展了阿拉伯海、红海航线，并由阿拉伯进一步沟通了中国和地中海以及东非之间的联系。1258年阿拔斯王朝灭亡后，阿拉伯人的政治、经济、文化中心便从巴格达转移到了埃及的开罗。离开罗不远，位于地中海南岸的亚历山大港，与当时中国的泉州都是具有世界性意义的大海港。元朝的丝绸和陶瓷等商品，不少是从泉州港出海后，经过印度洋及红海到亚历山大港，再从该港输送到欧洲和

⊙ 泉州宋代古船复原模型，泉州海外交通史博物馆藏

非洲各地。当时阿拉伯人在海上的势力虽已削弱，但他们仍保持了在印度洋以西的阿拉伯海和红海的势力，并在沟通东西方的经济交流中继续发挥重要作用。

元朝时与印度的交往有了很大进展。《元史·外夷传》记中国与印度的交通说："海外诸蕃国，惟马八儿与俱蓝足以纲领诸国，而俱蓝又为马八儿后障，自泉州至其国约十万里。其国至阿不合大王城，水路得便风，约十五

⊙ 泉州出土的南宋海船

日可到，比余国最大。世祖至元间，行中书省左丞唆都等奉玺书十通，招谕诸蕃。未几，占城、马八儿国俱奉表称藩，余俱蓝诸国未下。"这里，马八儿和俱蓝都在印度半岛南部，是当时南印度的大国。"至元间"指元世祖忽必烈统治中国的时期。这一时期是中国历史上与印度交往最频繁的时期之一。

元朝与印度的交往主要通过海路，印度半岛南部的马八儿、俱蓝两国是波斯湾通往中国的必经之地，商船往来较他国尤多。据阿拉伯旅行家伊本·拔图塔记载，当时中印间的交通多由中国海舶承担，大者至用12帆，可载1000人。1272年，元朝使臣亦黑迷失第一次出使印度马拉巴海岸的八罗勃国，接受和购买了大量异国珍稀财宝，于1274年返回中国，得到忽必烈"金虎符"的赏赐。1275年，元船队第二次出使印度八罗勃国，该国国师随亦黑迷失船队来到中国。1284年和1287年亦黑迷失又奉旨率船队分别前往斯里兰卡的僧加剌国和印度的马八儿国。

因与俱蓝国未通使节，1279年年底，忽必烈派广东招讨使杨庭璧出使俱蓝国。1280年，杨庭璧到达俱蓝，国王表示来年再遣使通交，杨庭璧带着俱蓝国书回元。1281年，杨庭璧与哈撒儿海牙再次奉命乘坐使船从泉州出发，去往俱蓝国。但使船到达僧加剌国海岸时遇季风转向，"舟人郑震等以阻风乏粮"，改向到马八儿国，然后走陆路进入俱蓝国，但因这一地区战火频仍，几次商议无果，杨庭璧与哈撒儿海牙只好按原路回国。同年底，忽必烈第三次派杨庭璧率使团携国书远洋前往俱蓝国。1282年2月，他们到达俱蓝，受到俱蓝国国王的迎接，"国主及其相马合麻等迎拜玺书"。周边国家也纷纷派宰相等重臣到俱蓝国与杨庭璧签订建交国书。杨庭璧完成外交使命后，率使团返航，途中停泊于尼科巴群岛中的那旺国，杨庭璧率使团参拜了该国国王，并与那旺国建立了外交关系，该国"愿纳岁币，遣使入觐"。

至正二年（1342），元顺帝遣使者至德里，赠予德里算端国男女奴隶及锦绸等名贵物品，要求在印度建造佛寺。德里算端国遣寓居印度的阿拉伯旅行家伊本·拔图塔率领使团与元使一同入元报聘。使团从古里起航后，遇风漂没，伊本·拔图塔未及登舟，得免于难。元朝使臣脱难后来到俱蓝国，从这里搭本国商船回国。伊本·拔图塔因失去随员、礼物，不敢回德里复命，辗转游历于马尔代夫群岛、僧加剌、马八儿等地，两三年以后始从朋加剌乘商船至苏木都剌，由此航海抵泉州。

宋元两代远洋航海事业的发达，使中国与海外许多国家建立了通使关系，海外贸易也十分繁盛。而在当时中国的海外交通中，出广州、泉州等港口南下或西行的航路，几乎都途经东南亚地区。因而，在宋元两代，中国与东南亚诸国的使臣往来、贸易关系和文化交流都十分频繁。

二、宋元海外贸易的繁荣发展

宋代时，全国的经济中心和政治、文化中心都逐渐南移。经济重心南移的过程至北宋后期已接近完成，至南宋则全面实现了。在这样的背景下，东南沿海地区成为出口商品的主要供给地和进口商品消费中心。造船和航海技术的进步使海上贸易在商业运输成本、运输规模、贸易周期等方面与陆上贸易相比，具有显著的比较优势。在传统贸易中，香药珠宝是中国最大宗的进口品，特别是在宋代进口商品规模有巨大增长以后，香药成为最大宗的商品，而这些商品中的主要产地在东南亚和印度洋沿岸地区。这些因素决定了对外贸易重心在宋代转移到了海上。

因此，宋朝廷十分重视发展海上交通，推行"招诱奖进"的海外贸易政策，鼓励"商贾懋迁""以助国用"。早在建立之初，北宋即对海外诸国以"朝贡"或类似名义输入的货物实行免税，并给予丰厚的回赐和赠予。宋徽宗政和五年（1115），福建市舶司就曾专门派人到占城、罗斛两国，劝说当地政府和商人来华贸易。宋神宗曾指出："东南利国之大，舶商亦居其一焉。"他要求臣下"创法讲求"，积极推动与国外的航海贸易，以期"岁获厚利，兼使外蕃辐辏中国，亦壮观一事也"。南宋偏安江南，"赋入狭而用度增广"，因"市舶之利最厚"，更是竭力推进航海贸易，积极鼓励外商来华进行贸易活动。高宗即以"市舶之利，颇助国用"为由，号召臣僚"宜循旧法，以招徕远人，阜通货贿"。

宋朝的统治者不仅重视朝贡的经济意义，更重视其政治与军事意义，所以对于外国的贡品，不仅给予免税的优待，而且一般要"估价回答"，由市舶司对这些礼物进行作价，然后回赠一定数量的物品。而宋朝回赠的物品一般来说高于原物的价值。此外，还要对朝贡使节进行封官授爵。在这种政策的鼓励下，各国贡使纷至沓来，"朝贡不绝"。庞大的贡使队伍中，不乏借朝贡之名来华贸易的商人，他们在牟取商业利润的同时，还常常获得宋廷优厚的赏赐。

宋朝政府对于海外贸易还采取了其他鼓励措施。如广州地方当局对从事海外贸易的船只给予种种便利。因为蕃舶常苦飓风，广州官府便开凿内壕，以方便避风。每年十月蕃舶归国的时候，广州官府照例设宴为之饯别，以示慰劳，叫作"犒设"，不单从事海外贸易的主要人物（纲首）被邀参加，其附属人物，如作头、梢工（即水手）等也被邀赴宴，以示对海外贸易的奖励。

在宋代对外贸易的经营上，不单是外商，华商也起到同样重要的作用。宋朝鼓励资金雄厚的富商以私商身份打造海船，前往海外经营，"并海商人遂浮舶贩易外国物"，特别是"福建一路多以海商为业"。宋代的早期中国帆船更喜欢在马六甲海峡与印度商人交易，后期中国船也乐意到印度的港口与阿拉伯人交易。北宋还有"华人诣大食，至三佛齐修船，转易货物"。由广州发往南洋各国的商船中，也有许多华商前往贸易。中国海商数以万计，虽然中小商人最多，但资产数十万乃至上百万的海商也层出不穷。因为商业利润很大，所以不单是商人，就是中国的官吏，也利用他们雄厚的资本，以亲信

⊙ 宋代泉州市舶司遗址碑

充当商人来经营。宋代广州市舶司常常发舶往南洋诸国贸易。

宋代出口的商品以金银、络钱、丝织品和瓷器为主。与宋朝进行海路贸易的各国，都以本国的特产交换中国的金、银、瓷器等。特别是宋瓷，不仅是大宗的出口商品，还曾作为交易外货的手段。同时，宋代钱币也大量外流，宋钱不仅成为中国与国外的交易媒介，而且一度成为各国彼此间的通货。海外贸易的发展，不仅促进了中国与各国的经济和物质文化交流，而且增进了相互的了解。宋代外国使节来访，往往搭乘中国商船；许多从事海外贸易的中国商人，还充当了中国与许多国家建立官方关系的联系人。

宋代海外贸易繁盛，对外贸易港口众多。唐代主要贸易港有交州、广州、泉州和扬州四大港，而宋代与外洋通商的港口已近20个。其中，广州、泉州、临安、明州等大型海港相继兴起，还兴起了一大批港口城镇，形成了北起淮南，中经杭州湾和福州、漳州、泉州金三角，南到广州湾和琼州海峡的万余里海岸线上全面开放的新格局。宋代海上交通的繁盛，为元代和明代海上交通的进一步发展、海外贸易的进一步繁荣铺平了道路。

由于宋朝政府积极鼓励发展海外贸易，因此宋代航海业呈现千帆竞发、百舸争流的兴盛景象。中国海商数量庞大，造船技术、航海技术和商品结构方面有优势，在亚洲海上贸易中发挥着主导作用。

随着沿海贸易港口数量的增多、管理方式的进步、进出口商品种类和数量的增长，宋开宝四年（971）设置了第一个海外贸易的管理机构"市舶司"，制定了管理制度《市舶条法》。

唐代就设立了市舶使，而市舶司制度成熟于宋代。市舶司的职责是"掌蕃货海舶征榷贸易之事，以来远人，通远物"。《市舶条法》就是管理本国海商和来华外商，如发放公凭、禁止私贩；制定商人立限回舶的规定；抽解和博买；编定船户户籍；设置蕃坊，管理来华外商；对贸易规模大的商人授予官职；由政府主持祈风祭海活动等。

北宋中期以前，只有广州、杭州、明州三地设置市舶司，船舶到达其他沿海港口，都要"押赴随近市舶司勘验施行"。后于元祐二年（1087）又在泉州和密州设立市舶司，以适应海外贸易发展的需要。在一些较小的港口，如温州、江阴、上海等地，则设立市舶务或市舶场。到南宋时，除密州归入金版图外，其他市舶机构仍存在。广州、泉州二市舶司较为稳定，成为发展航海贸易的重要机构。光宗绍熙元年（1190），禁止外商船舶进至澉浦，杭州的舶务随之被裁撤。宁宗时期（1194—1224），江阴、秀州、温州三地舶务又相继被裁撤，两浙地区仅留下明州一处。

宋代海外贸易规模很大，有时候，一次贸易的"净利钱"就达98万余贯，一次到货的乳香就达10万余斤。宋朝已把市舶收入作为财政收入的组成之一。北宋时对外贸易税收约占国家总收入2%—3%，南宋时则达20%。从政府的市舶收入可以概见海上贸易的规模。《文献通考》记载，哲宗元祐元年（1086），"杭、明、广三州市舶，是年收钱、粮、银、香、药等五十四万一百七十三缗、匹、斤、两、段、条、个、颗、脐、只、粒，支二十三万八千五十六缗、匹、斤、两、段、条、个、颗、脐、只、粒"。宋高宗曾说"市舶之利，颇助国用""市舶之利最厚，若措置合宜，所得动以百万计"。宋高宗所说反映了宋徽宗朝以后的基本状况。崇宁大观时期市舶每年平均收入约为110万单位，史籍有载的绍兴元年（1131）、绍兴七年（1137）、绍兴十年（1140）都为100余万单位，绍兴二十九年（1159）达到200万缗。北宋前期所见收入在30万—80万（单位有时以缗计，有时为复合单位）。

宋代经济重心南移和鼓励海外贸易发展的政策，促进了海上贸易的繁荣，中国对外贸易重心由西北陆路完全转移到东南海路，亚洲海路贸易从而空前繁荣，南海贸易体系最终形成。这个贸易体系是以朝贡贸易体系为基础形成的亚洲经济圈，是随着对中国朝贡贸易及互市贸易等官营贸易及民间贸易的发展而形成的亚洲多边贸易网，是以中国和印度为两个轴心、以东南亚为媒介的亚洲区域市场。13世纪及此前很长一段时期，阿拉伯海、印度洋和南中国海已形成三个有连锁关系的海上贸易圈：最西边是穆斯林区域，中间是印度化地区，最东边是中国的"天下"，即朝贡贸易区。这三个贸易圈在宋代已经成为一个整体的贸易体系，有学者称之为"南海贸易体系"。

南海贸易体系在地理空间上北到中国和高丽、日本，西到印度洋沿岸地区和西亚。东南亚是这个贸易体系商品和人员流动的枢纽，其中三佛齐最处"诸蕃水道之要冲""东自阇婆诸国，西自大食、故临诸国，无不由其境而入中国者""大食诸蕃所产，萃于本国""商贾转贩以至中国"。由中国往印度洋和西亚贸易，从"广州自中冬以后，发船乘北风去，约四十日到地名蓝里，博买苏木、白锡、长白藤。住至次冬，再乘东北风"，至故临"易小舟而往"大食。自大食国到中国，则"至故临国易大舟而东行，至三佛齐国乃复如三佛齐之入中国"。以朝贡贸易为基础的亚洲地域经济圈的地理范围，是以中国和印度为两个轴心、以东南亚为媒介的亚洲区域。这正是宋代南海贸易的基本范围。

宋代时南海贸易体系的形成有三个明确标志：一是形成了稳定的商品结构和互补性的市场关系，即以中国瓷器和丝绸为主的手工业品与东南亚和印度洋沿岸地区的香药珠宝为主的资源性商品的交换；二是形成了稳定的贸易力量，即作为基本力量的中国商人和阿拉伯商人，以及日益增长的亚洲其他地区的商人；三是形成了有稳定贸易关系的市场区域。有学者认为，10世纪到13世纪由于宋朝重商政策和贸易发展的推动，海运贸易繁荣，北至东北亚、南到东南亚形成了一个"贸易世界"，东北亚第一次被深入地整合到国际贸易网络中，东南亚进入"商业时代"，贸易和国家发展发生根本性转变。

元朝规模空前的统一局面、畅达四方的水陆交通，为中外商旅提供了"适千里者如在户庭，之万里者如出邻家"的优越环境。同时，元朝政府采取了积极开放的对外贸易政策，因此，元代的海外市场颇为广阔，海陆贸易极为发达。

元政府在推动海外贸易的发展上更具积极性，把海外贸易看作"军国之所资""国家大得济的勾当"，进行全力运营。元至元十四年（1277），元朝沿宋制在泉州、庆元、上海及杭州附近的澉浦等地相继设立市舶司。10年后，元朝政府组建完整的海上贸易机构，设"行泉府司"，下辖镇抚司、海船千户所、市舶提举司；还建立了海上驿站，专为宫廷运送"蕃夷贡物及商

⊙ 元代《卢沟运筏图》

贩奇货"；并组建"海船水军"，保护航道安全。这些举措无疑有利于海上贸易的发展。至元二十六年（1289），兼管海外贸易的机构行泉府司所统海船达15000艘，而"挂十丈之竿，建八翼之橹"的"富人之舶"也不少见。市舶所入亦甚可观，元代前期占"岁入之数"中黄金总数的六分之一强，到了元代中期，舶税收入达钞数十万锭。至元年三十年（1293），正式制定《市舶则法》二十三条，这是中国古代对外贸易史上的一份重要文献，它第一次详细规定了中外商舶从事海外贸易的法则，具有特别重要的意义。

至元二十一年（1284），元朝开始实行"官本船"制度。"官本船"是在元朝海外贸易活动中占据了很重要地位的一种贸易形式，具体做法是官府提供资本交由商人经营，由官府建造海船，发给本钱，"选人入番，贸易诸货"，赢利中，朝廷得七成，经手人得三成。"发舟十纲，给牒以往，归则征税如制"，这是元朝官本商贩的海外贸易法。为了推行"官本船"法，元朝廷投入大笔资金，充作营运本钱。如官本船法创立之时，就一次投入10万锭；元贞元年（1295），"别出钞五万锭、令沙不丁等议规运之法"。这就是所谓"规运""谓以官本营利者"。终元一代，官本船始终存在。作为专门从事海外贸易的"舶商""梢人"等，市舶司以下衙门不得"差占"，他们的"家小"亦享有"除免杂役"的优遇。在贸易政策方面，也较前代更为宽松，对进口货物一般只实行抽解。

忽必烈在灭宋前后招降、重用阿拉伯商人后裔蒲寿庚，据史料载，"蒲寿庚提举泉州舶司，擅番舶利者三十年"。蒲寿庚（1205—1290），其先辈系10世纪之前定居占城的阿拉伯海商。约11世纪，其家族移居广州，经营商舶，成为首屈一指的富豪。南宋中后期，泉州港日益繁盛，逐渐超过广州港。蒲寿庚之父蒲开宗即举家自广州徙居泉州。蒲开宗去世后，蒲寿庚继承父业，长期垄断经营香料生意而大富，后又因助官兵击退海寇而被南宋授福建安抚使兼沿海都制置使，统领海防兵事和民政，成为官商合一的巨头。1276年年底蒲寿庚降元，他对元代海外贸易制度和海外贸易的发展起了很大的作用。至元十五年（1278）八月，元世祖诏唆都、蒲寿庚，"诸蕃国列居东南岛屿者，皆有义慕之心，可因蕃舶诸人宣布朕意。诚能来朝，朕将宠礼之。其往来互市，各从所欲"，并任命唆都、蒲寿庚为福建行省中书左丞，"镇抚濒海诸郡"。此后，元朝政府几次重大的招谕活动都从泉州港起航，且主要由泉州当局负责，并有蒲氏亲信参加。至元十五年（1278）八月，蒲师文等人的出使，借助了蒲寿庚"南海蛮夷诸国莫不

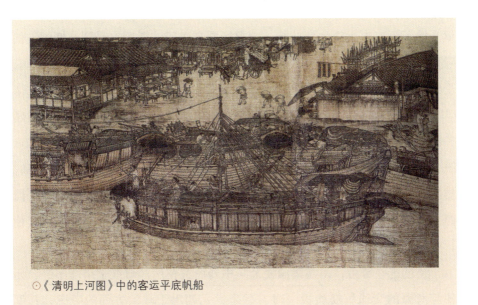
⊙《清明上河图》中的客运平底帆船

畏服"的影响力，取得良好的效果，开创了中国与南海诸国关系的新局面。至元十六年（1279）六月，又派蒲寿庚部下尤永贤招谕南毗国，"占城、马八儿诸国遣使"来华，其他国家（地区）的使者和商人也相继而至。终元代一朝，蒲寿庚家族掌控海上贸易，独霸市舶。

远航贸易方面，浙江嘉兴澉浦的杨氏家族在元朝赫赫有名。最初，杨发掌管元朝的庆元、上海、澉浦三处市舶司，后在家乡修筑船场造大船，并进行航海贸易，成为一代海商巨富。杨发去世后，其子杨梓继承了父亲的船队，主要从事对日本和高丽等国的海上贸易。杨梓除有大量私家船只外，还因熟悉海路和东南亚风情，任爪哇宣慰司官，随大臣伊克穆苏负责军事导航，前往招谕，归来后受封为安抚总司，后又因"澉浦杨家等有舟，且深知漕事"，杨梓再次升迁为海道运粮都漕万户。1301年，杨梓之子杨枢承包了泉州致用院的官本船，出海经商贸易。杨枢率远洋船行至西洋，适遇波斯王派遣使臣那怀数人欲去元朝"来贡珍物"，遂载那怀等一同来朝。1303年，杨枢与那怀平安到达中国，那怀等人去京城觐见了元朝皇帝。1304年，那怀因为念及杨枢海船之稳定与远洋途中高超的驾驶技术，向元朝廷提出请求，还由杨枢率船队护送他们一行回国。元文宗早知杨枢精于船事，因此当即同意，并加封杨枢为忠显校尉海运副千户。1304年冬，杨枢开始了第二次远洋波斯航行，把那怀顺利送回波斯国，受到波斯国王的隆重礼遇与回谢。一路上，杨枢还多次与别国进行贸易。1308年杨枢回国，受到元武宗的召见。

除此之外，为了把贸易延伸到蒙古政治势力之外的新地区，元朝鼓励一些臣属地区，特别是中国南部，向外移民并在外国的港口建立贸易点。纵观整个元朝时期，无数中国人离乡出海，到越南、柬埔寨、马来半岛、婆罗洲、爪哇、苏门答腊的沿海地区定居。他们大多从事航运贸易，像商人一样往来于通向港口的江河上，他们的经营范围逐渐地扩大到其他行业。

经过这些努力，南洋诸国使节与中外商贾在南洋航线上络绎不绝，元朝与南海的交通贸易盛极一时。后来，元朝出于政治方面的考虑，几度

"禁商泛海"，不许民间商贾下海经商，企图借官本船垄断海外贸易，但未能奏效，禁后不久即行复开。元至治二年（1322），元英宗"复置市舶提举司"，最后决定"听海商贸易，归征其税"，从此至元末再没有禁海。于是，"富民往诸蕃商贩率获厚利""商者益众"，从事官本船贸易的商人和私商日益增多，形成了官本船与私人航海贸易并存发展的局面。尽管"海外蕃夷之国，去中国数万里，舟行千日而后始至，风凌之与陵，蛟龙之与争"，然而"嗜利者必之焉"。

三、海上丝绸之路与大食

宋代依唐代习惯，仍称阿拉伯为"大食"。大食帝国的阿拔斯王朝（黑衣大食）与宋朝相偕并存了300年。阿拔斯朝前期，曾有百年的鼎盛时代，这一时期它与中国唐朝有着密切的官方交往和民间贸易关系。而在9世纪中叶以后，阿拔斯朝出现政治上四分五裂的局面，各小国纷纷独立，各据一方，仅在表面上承认阿拔斯王朝的统治地位。昔日地

⊙ 阿拉伯大三角帆船

跨亚非欧三洲、国力强盛的阿拉伯帝国一蹶不振，势力大衰。1055年，塞尔柱突厥人侵入阿拔斯王朝都城白达（今伊拉克巴格达），阿拔斯王朝之哈里发在政治上被废黜，但仍保持宗教领袖的地位。阿拉伯帝国分裂成众多小国，但这些小国仍视巴格达为首都，故《岭外代答》称："白达国，系大食诸国之京师也。"

这些小国本来是文明古国的后裔，各有其文化传统，独立或半独立后，根据自己的优势大力巩固政权、发展经济，把各国固有的文化和阿拉

伯文化结合起来，在阿拔斯王朝前期文化成就的基础上，发展出各具特色的灿烂文化。在埃及的图龙王朝，叙利亚的哈木丹王朝，波斯的布韦希王朝、萨曼王朝，突厥的伽色尼王朝和塞尔柱王朝等，都体现了阿拉伯-伊斯兰文化的高度发展。阿拉伯历史学家将10—13世纪称为阿拉伯"多元化文化"发展的时期。

阿拉伯帝国的分裂与衰败并未影响阿拉伯商业的繁荣，阿拉伯商人古老的贸易传统并未随着帝国一起衰落。巴格达依旧是"城市衢陌，民居豪侈，多宝物珍段"（《诸蕃志》卷上《志国·白达国》）。

到了宋代，中国人对阿拔斯王朝后期的形势变化及阿拉伯帝国经济文化的发展已有所了解。《宋史》《岭外代答》《诸蕃志》都对大食有所记载，说："大食者，诸国之总名也。有国千余所，知名者特数国耳。"还说："诸蕃国之富盛多宝货者，莫如大食国。"其中比较著名的有勿巡、陁婆离、俞庐和地、麻啰跋（麻啰拔、麻离拔、麻罗抹）、麻嘉、吉兹尼、眉路骨惇、勿斯离、陁曷、奴发、哑四包闲、罗施美、木俱兰、伽力吉、毗喏耶、伊禄、白达、思莲、白莲、积吉、甘眉、蒲花罗、弼琶罗、勿拔、瓮篱（瓮蛮）、记施、弼斯罗等国。其中，白达国对其他各国有象征意义的宗主国身份，故史书中凡以"大食"为名者，在多数情况下指的是白达国。

上述这些文献对大食与宋朝的交往都有记载。北宋建立初年，宋太祖为扬其国威，招徕他国商人进行贸易，遣僧行勤等157人西行印度求取佛经，顺道招谕沿路诸国向宋进贡。史载："乾德四年（966），僧行勤游西域，因赐其王（大食国王）书以招怀之。"开宝元年（968），大食入贡，由此而拉开了大食与宋交往的序幕，大食入宋的贡使贸易很快兴盛起来。开宝四年（971），大食"又贡方物，以其使李诃末为怀化将军，特以金花五色绫纸写官告以赐。是年，本国及占城、阇婆又致礼物于李煜，煜不敢受，遣使来上，因诏自今勿以为献"（《宋史·大食传》）。

据统计，从开宝元年（968）到乾道四年（1168）的201年间，大食入贡宋朝共计52次，平均每4年就有1次。若只计算北宋一朝，从开宝元年（968）到政和六年（1116）的149年间，大食入宋朝贡共有48次，平均每

3年就有1次。这比唐朝时期大食入贡的次数要多、频率更高。但到了南宋，大食入贡次数急剧下降，仅有4次。

据《宋史》《岭外代答》《诸蕃志》等文献记载，当时由海路与宋朝通使贸易的地方，在西亚有白达（今伊拉克巴格达）、弼斯罗（今伊拉克巴士拉）、勿斯离（今伊拉克摩苏尔）、瓮蛮（今阿曼）、层檀（今沙特阿拉伯西部），在非洲有勿斯里（今埃及）、层拔（今坦桑尼亚桑给巴尔）、弼琶罗（今索马里）等。

唐时，中国与大食间的通路，通常的有两条：一条是走陆路，一条是走海路。唐贾耽著录中国入四夷路程，就详细讲到了这两条路。宋朝与大食间的交通，同样有陆路和海路两条。在天圣元年以前，大食入贡北宋也有陆路到达京城，其路线是由沙州历河西走廊，下渭州，或经秦州，然后到达汴京。后来，北宋为了遏制西夏势力的发展，禁止大食经过西夏境内。周文质所谓的"旧制"，大约是咸平五年（1002）西夏王李继迁攻陷灵州后制定的。但是这个旧制对大食入贡路线的制约并不是十分奏效，天圣元年（1023），大食又从夏州入宋朝贡，于是，北宋政府不得不重申禁令。禁令的实行无疑会对陆路丝绸之路贸易产生巨大影响，但这并不意味着陆路的完全断绝，因为大食与西夏、辽朝之间也有频繁的贸易，需借道陆路丝绸之路。大食入贡宋朝还可以经由熙州（今甘肃临洮）而往。

由此可见，大食与宋朝的贸易，尽管越来越依赖海路，但陆路贸易并没有完全终止。而在大食入贡宋朝的活动中，大食贡使还是以由海路来到中国为主。在大食入贡宋朝的使节中，有称舶主的，如蒲希密、李亚勿、蒲押陁黎、陁婆离等人。舶主乃一船之长，所以这些舶主充任使节进贡宋朝，必当走海路无疑。

宋朝与阿拉伯海上交通的繁荣、官方往来的频繁和经济贸易的发展，加强和促进了双边的文化交流。中国发明的指南针在这时传入阿拉伯，并已为阿拉伯海船所应用，对阿拉伯航海事业的发展起了很大作用。火药和火器技术大约同时传入阿拉伯。与此同时，阿拉伯文化也继续传入中国，给中国文化的发展以一定的影响。

宋朝还通过与阿拉伯的海上交通，进一步与非洲、欧洲建立了联系。关于宋朝与欧洲的交往，《宋史·拂菻国传》记载，元丰四年（1081）四月，拂菻国即拜占庭"其王灭力伊灵改撒始遣大首领你厮都令厮孟判来献鞍马、刀剑、真（珍）珠"。据有研究者认为，这里说的拂菻国王灭力伊灵改撒，即东罗帝国皇帝迈克尔（Michael Ducas）。但迈克尔已于1078年被废黜，可能其使者或早遣出，因亚洲大陆行旅不便，羁留途间，致延迟至1081年始抵宋朝汴京。另外，《岭外代答》《诸蕃志》中也有对大秦国或地中海及欧洲诸国的记载。

宋代中国与阿拉伯的贸易，既有官方贸易，又有民间贸易。官方贸易即传统的朝贡贸易形式，由大食使节入宋时进行。北宋初期，大食国曾派一位僧侣，与西域另一国家的僧侣一起至汴京朝贡，这位僧侣还向北宋皇帝报告了本国的地理位置和社会政治经济情况。在大食诸国向宋朝的遣使中，也可能有大食商人冒称国使者。在这些朝贡活动中，仅有少数几次朝贡使具备真正意义的国使性质，其余大都是商人出面做贡使的，具有明显的商业因素。

阿拉伯商人来东方和中国贸易，或合伙、或自备船舶和船货独资经营。阿拉伯地理学家伊本·豪卡尔（Mohammed Abul Kassem Ibn Hauqal）在写于977年的《地球的面貌》（*The Face of the Earth*）中记载，他于961年在巴士拉遇见了一位富商，富商常常从自己的船队中装备一艘驶往印度或中国的货船。他把全部船货交给合伙人，从不索要报偿。到宋朝经商的大食商人多拥有雄厚的资产，动辄数以百万计，还把持着非洲的优质象牙与阿拉伯地区的香药与宝货，宋朝向海外购进的香料，首要的就是原产于阿拉伯地区的乳香。宋朝对乳香的大量需求，刺激着大食商人甘冒海上航行的危险，不远万里而来，从而导致双方之间的贸易呈现欣欣向荣的景象。

北宋时，来广州港贸易的阿拉伯商人最多，所征收的关税位居第一。宋朝在珠江之滨特设蕃坊，以供各国蕃商聚居，并置蕃长，负责"蕃坊公事"和"招邀蕃商"来华贸易。此蕃长多由大食巨商担任，如宋神宗时代的蕃长辛押陀罗、蒲拖波罗慈等都是大食人，说明阿拉伯商人在各国来华商人中的地位是举足轻重的。

阿拉伯与宋朝的贸易，如上所述，有官方贸易和民间贸易。从《宋史》《宋会要》等文献的记载来看，大食使节每次入宋，都贡献多种方物。宋朝也向大食回赐各种物品，主要有金银、铜铁、丝织品、瓷器以及其他高级工艺品，数量都很大。民间贸易规模更大，交易品种也很广泛。

　　在双边的贸易中，由中国输往阿拉伯各国的货品，以丝绸和瓷器为大宗。另外，还有相当多的药物，如从《宋会要》中记载的互市药品来看，有朱砂、人参、牛黄、茯苓、茯神、附子、水银、白附子、川芎、雄黄、川椒、石钟乳、白术、芜荑、茅术、防风、杏仁、五苓脂、黄耆、土牛膝、石斛、肉桂、天南星、秦皮、橘皮、鳖甲、官桂、红豆、生姜、黄芩、龙骨、蔓荆子、金毛狗脊、五加皮、菖蒲等近60种，由阿拉伯和中国商船输往阿拉伯各国。

　　从阿拉伯输入中国的货品有香料、药物等数十种，品种繁多，物色齐全。阿拉伯输入中国的货物大致可分为珍宝、犀象、香药三大类。其中珍宝以及特产之类大多数只能作为进贡物品出现，作为大宗的交易商品，有宋一代应以犀象、香药为最多。

四、海上丝绸之路与非洲

　　在中国与外部世界的联系中，由于路途遥远，中国与非洲的联系不多。但在很早的时候，中国人已经对非洲的亚历山大里亚有了一点了解。到了唐朝，则与非洲一些地方建立了直接的贸易联系。入宋以后，由于阿拉伯势力进入东非和北非地区，而中国与阿拉伯来往非常频繁，因此与非洲有了比较多的来往。不过，在中国的文献中，有关贸易往往都记载在阿拉伯贸易的名下，实际上许多阿拉伯商人贩运到中国的商品，尤其是香料，来自非洲地区。到了明初，由于郑和下西洋的活动，中国与非洲的交往和文化交流进入一个高潮，出现了频繁往来的情景。中国人也获得了更多的关于非洲的地理、文化知识。

　　唐代中国与非洲建立起来的贸易关系，到宋代时有了进一步的扩大和发展。宋的大帆船驶往埃及和东非海岸，与非洲建立起经常性的贸易关系。

埃及地处国际交通中心的位置。10世纪至13世纪，在埃及先后兴起的法蒂玛（Fātimid）和阿尤布（Ayyubid）两个王朝，都十分重视贸易的发展。法蒂玛王朝从工商业和贸易中获得巨额的收入，物质财富丰足，国力强盛。据记载，宋大中祥符元年（1008），有一位名叫蒲含沙的埃及船长从杜米亚特港起航赴华。杜米亚特是埃及的重要港口城市，是地中海和印度洋贸易中一个主要进出港，其繁华日益胜过亚历山大里亚。这位埃及船长到达中国、觐见宋帝后，被允许随宋真宗皇帝前往泰山参加盛典，受到特殊恩宠。宋真宗还通过他转赠埃及法蒂玛朝哈里发银饰绳床、水罐、器械、旗帜、鞍勒马等。此后，埃及法蒂玛王朝多次遣使中国，互通贸易。

大中祥符四年（1011），宋朝皇帝祀汾阴后土祠，埃及派归德将军陀婆离随带大批礼品朝贺。真宗对随同的埃及使者给予最高级别的接待，请使者陪位，又赐冠带服物。天禧元年（1017），宋朝批准"大食国蕃客麻思利等回示物色，免缘路税减半"。"麻思利"（又译为"勿斯离"），是宋代中国文献中对阿拉伯语Maghreb（马格里布）的译名，指埃及以西的地方。上述决定即宋朝对埃及商人给予从京师到港口沿途经商减税的优待。1018年和1073年两次大食使者，也都是从杜米亚特派出的。天禧二年（1018），大食国遣使蒲麻勿陀婆离、副使蒲加心来华。熙宁六年（1073），档册上记载："大食国陀婆离国遣使蒲麻勿等"到中国，随带珍珠、玻璃、乳香、象牙等大批礼品。"陀婆离"是当时对杜米亚特的译称。

赵汝括的《诸蕃志》中详细地记载了勿斯离（今埃及）、遏根陀（今埃及亚历山大港）、陀盘地（今埃及杜姆亚特港）和憩野城（今埃及开罗）等地的情况。这些情况可能是他从到达泉州的埃及商人那里听来的。他还记述遏根陀国有一座高塔，就是古代亚历山大港的法鲁斯岛灯塔，高达100米。憩野是勿斯离的都城，商业非常繁盛，意大利商人曾到这里来购买东方货物，其中最吸引人的是宋朝的货物，主要有丝织品、瓷器、金银、铜钱等。

今苏丹的埃得哈布港，是古代北非与东方贸易的重要港口。11世纪中叶到14世纪中叶是这里最繁荣的时期。从印度溯红海开往埃及的船只，都在埃得哈布港停泊。12世纪后半叶著名旅行家伊本·裴巴尔（Ibn Jubayr）说："从印度和也门来的船只频繁出入，这里是世界上最繁华的城市之一。"据一位也门的犹太商人的记录，由印度运进埃得哈布港的商品中，中国陶瓷占第一位，还有胡椒、草药、绢丝、珍珠、铁等。埃得哈布港遗址沿海岸分布，延续约2千米，到处散布着中国陶瓷碎片，包括唐末、宋、元和明初的越窑青瓷、龙泉窑青瓷、白瓷、青白瓷、青花瓷以及黑褐釉瓷等等。这些遗迹说明当时这里与中国的贸易是很繁盛的。

宋代中国与东非沿岸各地也建立起经常性的贸易和外交关系。这时东非社会由于和伊斯兰世界以及印度尼西亚海上联系的广泛开展，正在经历着巨大的变革。7世纪末到10世纪时，大批阿拉伯人迁移到东非，他们在这里建立了很多居民点，逐渐发展为城市。东非地区伊斯兰化，商业也迅速发展和繁荣起来。著名的僧祇（Zanzibar）帝国就在此时兴起，《诸蕃志》中出现的"层拔"，《宋史》中的"层檀"，当为Zanzibar的音译，即今之桑给巴尔。僧祇帝国的居民以大食人居多，史载："其人民皆大食种落，遵大食教度。"这里的大食居民自古以来以出海经营作为营生。他们甚至不远万里来到宋朝进贡、贸易。在这一时期，穆斯林商人的队伍也加入了中国的海外贸易商，成为东非象牙、香药外销的重要客商，中国瓷器向东非的出口成倍地增长。从11世纪下半叶起，中国帆船的印度洋货运线在航程上超过了穆斯林商人经营的东方贸易线。到12世纪后半期和13世纪上半期，东非这个市场完全被纳入了中国的印度洋贸易网。

宋代就可能有中国商船直接到达非洲。国外有关文献记载，在宋代王安石主持变法时期，中国同东非贸易的兴隆已达到前所未有的水平。1270年前后，确有一个中国船队访问过阿察尼亚（东非）海岸。所以，在宋代，中国与东非沿岸各地的贸易空前活跃，进入频繁、持续和繁荣发展的时期。

东非地区也有一些国家向中国派遣使节。熙宁四年（1071），有层檀国使者层伽尼从海上到达广州，对宋朝进行访问。元丰四年（1081），层檀国再次派层伽尼来到广州，在广州停留一年多，于元丰六年（1083）正月抵达开封，受到宋朝廷的隆重接待，使者赠送本国特产，宋神宗回赠银二千两。此层檀国，即索马里北部、位于亚丁湾南岸的港口城市泽拉，当时是埃塞俄比亚的属国。

宋朝人称索马里古国为中理（今索马里沿岸）和弼琶罗（今索马里柏培拉港）。宋代索马里的对华贸易港，北方有泽拉，南方有摩加迪沙。泽拉在北宋时期是中索贸易的主要港口，后来，摩加迪沙在印度洋国际贸易中充当了极其活跃的角色，在对华贸易上也超过了泽拉。《宋会要》记载，大中祥符四年（1011），有三麻兰国船长聚兰到宋京开封，同行的还有蒲婆众国的麻匀和勒等人。"三麻兰"即索马里，蒲婆众即摩加迪沙。索马里境内有很多地方发现中国古瓷，从这些高原遗址发现的中国陶瓷，和阿拉伯半岛南岸的阿布扬城遗址13—15世纪的中国陶瓷是完全一样的。索马里领土内非洲东端的瓜达富伊角（非洲之角）上的索科特拉岛，从前被称为地斯克雷达岛（Discorida Island），自罗马时代以来曾经是印度、希腊和阿拉伯商人之间进行大规模贸易的中转地。那里曾经商人云集，他们带来地中海地区、非洲以及印度、中国的货物，在这里进行交易。

⊙ 肯尼亚曼布鲁伊镇的一座用中国瓷盘装饰的穆斯林古墓

肯尼亚位于这一漫长海岸线的中段，沿岸多有良港，海外交通比较发达。中世纪以后，由于中国瓷器的大量输入，当地人将其称为"中国拉姆"，意思是从拉姆运来的中国瓷器。

元代也有中国商船直达非洲，使中国与非洲的交往比之前代有更大的发展。随着造船和航海技术的发展，元代的远航能力大大超过宋代，为中国与非洲海上交通的发展创造了条件。元代中国与非洲的海上交通主要有3条航线：

（1）至北非的航线。中国船只经印度至亚丁后，将货物改装到小船上，进入红海航行7天后到达埃及的埃得哈布港。汪大渊到埃及可能走的就是这条航线。《马可·波罗游记》中对印度—亚丁—亚历山大港之间的贸易做过详细记载，他说，载有香料和药材的船舶从印度抵达亚丁后，把货物从大船搬到小船上，渡红海至埃得哈布港，再卸下货物装在骆驼背上，运往内地，约30天后再用小船沿尼罗河运到开罗，从这里沿着一条叫加利奇恩的运河航行，最后抵达亚历山大。马可·波罗称这是航程最短的路线。

（2）至东非沿岸的航线。这是一条经马尔代夫群岛至东非的航线。《岛夷志略》中记载，北溜"地势居下，千屿万岛。舶往西洋，过僧加剌傍，潮流迅急，更值风逆，辄漂此国。候次年夏东南风，舶仍上溜之北"。

（3）至马达加斯加岛的航线。据马可·波罗记载，这条航线分两路：一是从索科特拉岛向南方及西南方航行1600千米而到达，马可·波罗从中国回国时就是走的这条航线；二是从印度的马拉巴海岸至马达加斯加，航期为20—25天。

当蒙古人在东方崛起的时候，埃及也发生了改朝换代。1250年，埃及的艾优卜王朝被推翻，建立了马木鲁克王朝。马木鲁克王朝建立不久，便通过伊儿汗国和意大利城邦，与遥远的中国建立了贸易上的联系。当时中国的出口货物有很大一部分要经过印度洋运到亚丁湾，再转销到利凡特和杜米亚特、亚历山大里亚、贝贾亚、丹吉尔等地中海的非洲港口。中国苏州、杭州的各色丝绸、瓷器、铁条、麝香、红色烧珠，从亚丁湾转销到地中海东岸和尼罗河三角洲。

马木鲁克王朝也积极争取与中国元朝建立直接的联系。1259年，马木鲁克王朝向中国派遣使者，于元中统二年（1261）抵达元朝上都，受到忽必烈的热情接待。元代文献中的"发郎使者"，即指马木鲁克王朝。

元世祖忽必烈对埃及遣使十分重视，也开始考虑与马木鲁克王朝建立直接联系。至元十九年（1282），元朝派阿耽出使埃及，抵达开罗。当时马木鲁克王朝的苏丹盖拉温是一位杰出有为的君主。元朝使者阿耽可能与盖拉温讨论了双方进一步发展陆上和海道的贸易往来问题。盖拉温颁发航海护照给侨居也门、印度、马来半岛和中国的埃及客商，鼓励他们招徕外商前往埃及。大德九年（1305），元朝再次遣使赴埃及，调解伊儿汗和马木鲁克的争端。当时的历史学家和地理学家、曾任哈马长官的阿布-菲达（1273—1332）在《人类史纲》中记述，中国使节到达开罗后，向马木鲁克苏丹纳赛尔馈赠大批礼物，其中有700匹织有苏丹尊号的花锦。使者前往埃及所经过的路程，从大都算起，约有1万千米。

至治二年（1322），马木鲁克朝属地希贾兹也派使节到中国。此使节入华，增加了元朝对印度洋和地中海贸易的了解，间接地促成了元朝在至治三年（1323）重新开放海外贸易的决定。

这一时期中国和埃及之间贸易繁荣，人员往来频繁，有一些马木鲁克商人还侨居中国。至正五年（1345），伊本·拔图塔在杭州逗留期间，游历了第三区伊斯兰教徒居住处，访问过埃及富商奥托曼的寓所，该区因他的名声而被命名为"阿尔奥托曼尼亚"，即"奥托曼区"。当时埃及人侨居中国，多数集中在杭州和泉州。

元朝和埃及马木鲁克朝的频繁交往，增进了彼此的相互了解，促进了双方的经济文化交流。

元朝与北非和东非其他国家也有密切交往。例如埃塞俄比亚是最早与元朝通史的非洲国家之一。在阿耽出使埃及之后一年，即至元二十年（1283），就有古答奴国"因商人阿畏等来言，自愿孝顺"（《元史》卷一二）。古答奴商人闻讯前往中国，表示希望通商。"古答奴"即冈达拉，在阿姆哈拉以西。埃塞俄比亚新兴所罗门王朝原先便是阿姆哈拉以西的基督教世家。至元二十八年（1291），元朝派特使到俱蓝、马八儿和于马都三国。出使马八儿和于马都的是礼部侍郎别铁木儿、亦列失金和陕西脱西，出使俱蓝的是礼部尚书铁里、侍郎阿老瓦丁和不剌。其中的于马都国，便是埃塞俄比亚。到致和元年（1328），还有埃塞俄比亚遣使入华的记载。与此同时，中埃之间的海上交通和贸易十分活跃，在东非其他国家也有与中国的间接贸易关系。如马达加斯加岛与外界的贸易很发达，马可·波罗记载，世界各处，有许多商船开往这个岛，装载各种货物，包括各种花样的锦缎和丝绸，卖给本岛商人或者换取货物回去，他们从中获得巨额利润。

至元十九年（1282），元朝使者杨庭璧曾到过东非，抵达肯尼亚的那旺和索马里的摩加迪沙。至元二十二年（1285），有摩加迪沙使者入华。他们可能是乘中国商船，直航苏门答腊，和苏门答腊（亚齐）使团一

⊙ 埃及三彩陶器残片

起在泉州登陆，再北上大都，受到忽必烈接见。第二年，即至元二十三年（1286），印度、斯里兰卡、苏门答腊、马来半岛和东非十国使者同时来华。《元史》卷二一〇记有马八儿、须门那、僧急里、南无力、马兰丹、那旺等十国。其中有远到斯瓦希里海岸的马兰丹（马林迪）和那旺（帕特岛）。大德四年（1300），有蘸八（桑给巴尔）和爪哇、暹罗等国使臣抵大都。翌年，马来忽（马尔代夫）等海岛也派使者到中国。他们都取道马尔代夫群岛这一条由中国帆船经营的新航线，分别从亚丁或摩加迪沙横渡印度洋。中国帆船也随使者远航非洲。当时元朝使者的足迹已至北非和东非。远到大西洋海滨和肯尼亚南部的蒙巴萨，都和中国有直接的贸易和外交关系。

五、号称"天下货仓"的泉州

广州和泉州是宋元时两个最大的外贸港口，从世界各地来中国开展贸

易的各国商人，大都集中在广州和泉州两个港口。至宋代时广州已成为我国东南海岸的最大港口，在经济上和交通上都占有十分重要的地位。宋人程师孟诗中写道：

千门日照珍珠市，万瓦烟生碧玉城。

山海是为中国藏，梯航尤见外夷情。

泉州东南濒临大海，沟阔港深，自南北朝时就是海外贸易的港口。自唐中期，海上交通得到迅速发展，外商船舶云集港口，出现了"云山百越路，市井十洲人"的繁荣景象。至晚唐时，泉州在海外交通中的地位日渐重要，遂与广州、交州、扬州并称为东南四大贸易港。至宋代，泉州在海外贸易中的地位迅速提升，可与广州媲美，"蕃舶之饶，杂货山积"。1087年，宋朝正式在泉州设市舶司，这在泉州历史或是中国对外贸易史上都是一件大事。市舶司的设立，标志着泉州成为非常重要的对外贸易港。设司以后，泉州港可以直接发船到海外，也能接纳外来的商船，因而进出口贸易得到迅速发展。尤其到了南宋，泉州越于广州之上，成为我国对外贸易第一大港。中国商人到海外通商贸易，很多是从泉州或取道泉州出航的。宋代来华贸易的外国商船，绝大多数往返于广州、泉州两港。宋代谢履有诗《泉南歌》说："州南有海浩无穷，每岁造舟通异域。"

泉州港口上经常停泊着上百艘大船和无数只小船，呈现海外贸易的兴盛景象。"若欲船泛外国卖买，则是泉州便可出洋。"赵汝适的《诸蕃志》载，至宋时来泉州的东南亚及西亚、北非的商人、传教士、游历家，骤然间增至"数以万计"。

⊙ 福建泉州宋蕃客墓石碑

⊙ 福建泉州六胜塔，建于宋元时期，位于泉州湾入海处，见证了当时海外交通繁荣的历史

元代对外贸易的总体水平超过宋代，对外贸易港口有泉州、广州、庆元、上海、澉浦、温州、杭州等七大港口。其中泉州港的航海贸易得到空前繁荣，成为元代对外交通第一大港口。"番货远物、异宝珍玩之所渊薮，殊方别域、富商巨贾之所窟穴，号为天下最。"

元代泉州海外贸易在宋代的基础上取得了更进一步发展，达到了空前繁荣的程度。泉州在元代已经成为通商的总门户。泉州开辟了至三佛齐航线、泉州港至西亚航线、泉州港至澎湖经台湾至三屿航线，以及泉州港至明州、高丽、日本航线。当时麇集于泉州的外国人来自非洲、威尼斯、阿拉伯、波斯、占城、菲律宾、高丽等。诗人薛能曾诗言："秋来海有幽都雁，船到城添外国人。"

汪大渊在《岛夷志略》中记载，与元代泉州有过海外贸易的国家达到98个，物资品种达250种以上。泉州输出的商品来自国内各地，例如，"处州瓷器"来自浙江，"建阳锦"与"建宁锦"来自闽北，"苏杭五色缎"来自江浙，"云南叶金"来自西南，"海南布"与"海南槟榔"来自海南岛。至于海外输入的各种珍宝、香料，更是通过泉州输往全国各地。可见，元代的泉州是当时世界船舶物资的重要集散地，人们用"天下货仓"来描绘宋元时期的泉州。

发达的海外贸易造就了泉州市街的繁华，元人吴澄说："泉，七闽之都会也。番货、远物、异宝、珍玩之所渊薮，殊方别域，富商巨贾之所窟宅，号为天下最。"商业繁荣使泉州城市发展很快。"一城要地，莫盛于南关，四海舶商，诸蕃琛贡，皆于是乎集。"元末扩修泉州城，把南关也包括进去，使泉州城墙周长扩至30里长。外国人称泉州港为"刺桐港"，马可·波罗和伊本·拔图塔等人都曾记述此港之繁荣景象。伊本·拔图塔称："刺桐港为世界上各大港之一，由余观之，即谓世界上最大之港亦不虚也。余见港中有大船百余，小船则不可胜数矣。"

海外贸易的发达，使当地的社会风气发生了巨大的变化。当时诗人宗泐对泉州有这样的描写："厘头赤脚半蕃商，大舶高樯多海宝。"

⊙ 福建泉州九日山有关海上贸易的摩崖石刻

862

许多外国商人、水手随着海船来到泉州，泉州成为各国人杂居的海港都市。南宋时，来泉州贸易的外商"有黑白二种"，数量众多，为了便利外国人居住，照顾不同民族的风俗习惯，泉州划出固定范围让外国人居住，这样的地方称为蕃坊。元朝时，居住在这座都市的居民，除了汉人和蒙古人，还有来自阿拉伯、波斯、叙利亚、也门、亚美尼亚、印度、占城、爪哇、吕宋群岛以及遥远的非洲和欧洲各地的人们。他们当中有商人、传教士、教徒、旅行家、水手、骑士，也有王子、贵族和使节。不少外国人与当地人通婚，从此定居下来，他们的后代被称作"半南蕃"。

宋元时期的400多年间，多种外来宗教与泉州的道教和民间信仰和平共处，融于一体。元代的泉州将异域文化在本地的存在和传播视为正常现象，外国宗教文化与中国儒家思想、道家文化等相互融合。例如佛教长期在泉州传播，且不断世俗化。基督教、伊斯兰教、印度教、佛教、犹太教、摩尼教共处于一个城市之中，各种宗教的教堂、寺院林立，构成了奇异的景观，使得这座商业气氛极为浓厚的泉州城增添了不少异国情调和文化氛围，并获得历史上仅有的"世界宗教博物馆"的赞誉。

六、三佛齐：宋元海上丝绸之路的中转站

在唐宋时期的南海贸易中，阿拉伯商船曾一度垄断了地中海、印度洋、南洋、南中国海的航行。也有的阿拉伯商人把他们的商业总店设在南洋群岛，来往于广州、南洋之间。例如三佛齐在宋朝和阿拉伯的贸易中就起着重要作用。

在唐朝的海上之路中，位于印尼的室利佛逝是一个重要的中转站和交汇点。它曾是南海上的一大港口，在中国与印度、中国与大食的交通贸易中起到了居间的作用。唐昭宗天祐元年（904），中国文献将室利佛逝改称为"三佛齐"。"三佛齐"是阿拉伯语"Zabadj"和爪哇语"Samboja"的对音。

《诸蕃志》所记，有几点值得注意：一是三佛齐"管州十有五"，这15

个州约在马来半岛、苏门答腊和爪哇西部等地区，其领地远比当年的室利佛逝更大。二是地理位置，三佛齐在泉州正南方，航程为顺风时一个月，这就说明了往来的航线。三是地方所有的商品，相当一部分"皆大食诸蕃所产，萃于本国"。这说明三佛齐与阿拉伯来往密切，并且主要是经营转口贸易。四是当时三佛齐是一个海上强国，成为当时国际贸易甚为发达的国家，并试图垄断东南亚与中国及西方的贸易。"其国在海中，扼诸番舟车往来之咽喉""东自阇婆诸国，西自大食、故临诸国，无不由其境而入中国者"，凡往来商船，必须入港，否则"出船合战，期以必死，故国之舟辐凑"。

在大食通往中国的海上丝绸之路上，三佛齐为中国与大食贸易的中转站，无论是大食商人来华，还是宋朝商人去大食，都要经过这里。《诸蕃志》卷上《志国·大食国》说：

> 大食在泉之西北，去泉州最远。番舶艰于直达，自泉发船四十余日，至蓝里博易住冬，次年再发，顺风六十余日方至其国。本国所产，多运载与三佛齐贸易，贾转贩以至中国。

蓝里也即蓝无里，在今之苏门答腊岛西北端，为三佛齐属国。

三佛齐是一个大的国际贸易集散地，大食商人常常将货物运载到三佛齐进行贸易，把其中的一部分商品卖于三佛齐，然后再购买一些当地的商品，前往宋朝进行贸易。而三佛齐亦将从大食商人手中得到的商品贩运到宋朝销售。所以在三佛齐运销到中国的货品中，有许多是大食特有的商品，如乳香、蔷薇水、木香、万岁枣等。《岭外代答》载："国无所产……番舶过境，有不入其国者，必出师尽杀之，以故其国富犀象、珠玑、香药。"上引《诸蕃志》亦载："外有真（珍）珠、乳香、蔷薇水、栀子花、腽肭脐、没药、芦荟、阿魏、木香、苏合油、象牙、珊瑚树、猫儿睛、琥珀、蕃布、蕃剑等，皆大食诸番所产，萃于本国。"从一定意义上来说，三佛齐承担了大食商品向中国的转运功能。

唐以后的五代十国时，据有福建七州的闽国在王审知的治理下，经济和文化开始有所发展。王审知开辟海港，奖励海外贸易，招徕外国商贾，使福州成为当时对外贸易的大商港。他曾派人到三佛齐国进行贸易。此举对以后福建商人到东南亚，特别是到苏门答腊和爪哇等地进行贸易有积极的影响。另据《龙溪县志》的记载，"南唐保大（943—957）中，有三佛齐国将军李某以香货诣本州易钱，营造普贤院，手书法堂梁上"。可见当时三佛齐与我国的贸易关系是比较密切的。

⊙ 北宋《重修天庆观记》碑文拓片。碑文记述了宋代三佛齐国和宋王朝的友好往来，三佛齐商人捐资重修广州天庆观的事迹

三佛齐与宋朝的交往也比较多。宋朝开国之初，三佛齐便遣使入朝。在960年至988年的近30年间，三佛齐竟有10次遣使入宋，平均不到3年就遣使一次，可见与宋朝的关系之密切。11世纪后，三佛齐仍与宋朝往来不断。据统计，三佛齐从宋朝立国之始的960年到1178年的200多年间，先后遣使20多次，与中国保持了极为密切的友好关系。三佛齐的朝贡，所献礼品除本地特产外，大多数也是来自大食的产品。

除了官方的朝贡贸易，民间贸易也很活跃，有一些三佛齐商人来华进行贸易活动，宋商也有很多赴三佛齐进行贸易。南宋绍兴八年（1138）福建莆田立"祥应庙碑"，记述大观元年（1107）"泉州纲首朱纺舟往三佛齐国……舟行迅速，无有艰阻，往返曾不期年，获利百倍，前后之贾于外蕃

⊙ 西方铜版画中所见14世纪的南洋海船

者未尝有是"。北宋元丰五年（1082），三佛齐国舶主向广州提举市舶孙迴赠送龙脑和布，孙迴不敢私自收纳而向朝廷报告，诏令按价收入官库，并全部用绢帛优惠回报。绍兴二十六年（1156），三佛齐商人莆晋中仅乳香就有8万斤，胡椒万余升，象牙40斛，名香宝器甚众，规模十分可观。三佛齐商人在华定居的也不少，"三佛齐之海贾以富豪宅生于泉者，其人以十数"。

七、罗盘在航海中的应用

关于中国利用指南针进行海上导航的最早文字记载，见于北宋宣和元年（1119）朱彧所著的《萍洲可谈》，书中说："舟师识地理，夜则观星，昼则观日，阴晦观指南针。"据考，朱彧之记载采自其父朱服的见闻。朱服在元符二年（1099）至崇宁元年（1102）曾任官于广州。由此可知，中国航海者用指南针的时限，最迟不晚于11世纪末。另一条较早记载应用指南针于航海的，见于徐兢的《宣和奉使高丽图经》，"舟行过蓬莱山之后，水深碧色如玻璃，浪势益大。……是夜，洋中不可住，惟视星斗前迈。若晦冥，则用指南浮针以揆南北"。

12世纪前期，航海主要是靠天文导航，指南针只是作为阴晦天气使用的辅助性导航仪器。但到了13世纪，它已成为航海者不可缺少的重要导航手段。南宋赵汝适在成书于1225年的《诸蕃志》中说："舟舶来往，惟以指南针为则，昼夜守视惟谨，毫厘之失，生死系矣。"咸淳年间（1265—

1274）吴自牧的《梦粱录》也说，"风雨晦冥时，惟凭针盘而行，乃火长掌之，毫厘不敢差误，盖一舟人命所系也"，出洋航海，"全凭南针，或有少差，即葬鱼腹"。吴自牧这里提到了"针盘"，说明当时指南浮针已经演进成为水浮式磁罗盘了。

罗盘是一种使指南针固定，以便在航行中定向的装置。吴自牧提到的"针盘"是早期罗盘的一种形式，它由水浮针与圆形方位盘结合而成。方位盘上，依十二地支（子、丑、寅、卯、辰、巳、午、未、申、酉、戌、亥）将整个圆周分为十二等份；在十二地支之间再等而分之，填以天干八字（甲、乙、丙、丁、庚、辛、壬、癸）与八卦四字（乾、艮、巽、坤），构成每字相差15°的二十四方位罗盘图；如再以每两字间夹缝为一方位，则可构成每向差7°30′的四十八方位罗盘图。在使用时，先以子、午定北、南，再观航向与其方位字的关系，如正好吻合，则为"丹针"，称"某针"或"丹某针"；如航向在某二方位字之间，则为"缝针"，称"某某针"。

使用罗盘导航，大大提高了航路的正确性，使船只在固定的航线上安全航行，为船只在启航港和目的港之间定期往返提供了保证。不仅如此，航海罗盘的使用还推动了针路和航海地图的出现，使海上航行进一步完善。南宋周去非《岭外代答》卷六中说："舟师以海上隐隐有山，辨诸番国皆在空端。若日往某国，顺风几日，望某山，舟当转行某方。或遇急风，虽未足日，已见某山，亦当改方。"可以推测，12世纪时已有针路的设计，凭借罗针可计算航行日程。

所谓"针路"，亦即"针位航路"，就是从一地航行到另一地转向针位点的集合。13世纪初赵汝适在泉州任市舶提举司使时，已能看到标有南海各地的外国地图，这种地图便是早期的航海地图，用来记录沿途地点、里程和针位，航海者可以依图计程。元代官方文书明确规定，海上航行"惟凭针路定向行船，仰观天象以卜明晦"。13世纪末周达观在《真腊风土记》一书中不仅提到罗盘，还有他沿途——记录下的实际罗盘方位，如"自温州开洋，行丁未针……到占城""又自真蒲行坤申针，过昆仑洋入港"。这种相对稳定的针路的出现，表明了人们在针盘的可靠导航下，对海上航路的安全性、便捷性、规律性已有了较为深刻的认识。

宋元时代，中国的商船不但往来于中国沿海商埠与朝鲜、日本以及南洋诸岛之间，而且远航到印度洋和波斯湾沿岸诸国。中国发明的指南针也随着中国航海家的踪迹传播出去，成为各国航海家使用的导航仪器。

大约在12世纪后期和13世纪初，指南针就传到了阿拉伯人手中。因为当时中国商船是波斯湾和南海之间海上贸易最活跃的参加者，与阿拉伯航海家多有接触。有一些中国船还雇用波斯的船员和船长，因此中国船先进的装备很容易被阿拉伯船所采用。宋代开始使用的平衡舵，在10世纪前后已被用于红海的阿拉伯船。使用航海罗盘这样先进的航海技术导航，也很快被阿拉伯航海家所掌握。据法国学者雷诺和谟里的研究，阿拉伯海员确切使用罗盘的时间是在13世纪初。在阿拉伯和红海地区，海员使用的罗盘被称为"针圆"或"针房"，海湾地区的伊朗人则称之为"吉卜赖·纳玛"。阿拉伯和波斯船上的罗盘都按中国罗盘的形式采用四十八分向法。波斯语、阿拉伯语中表示罗经方位的"khann"，就是闽南话中罗针的"针"字。

在阿拉伯文献中，最早记载罗盘的是13世纪初的《地理志》。在1230年编纂的波斯轶闻集《故事大全》中，有类似中国的指南鱼寻求航路的故事。其中一则故事说，一位乘客乘船在海上航行时，看到船长将一块凹形的鱼状铁片放在水盆中，此浮鱼头部便指向南方。船长解释说，以磁石摩擦铁片，铁片就自然具有磁性。阿拉伯船长所使用的这种海上导航仪器，与北宋曾公亮1044年在《武经总要》中记载的陆上行军时使用的指南鱼是一样的。阿拉伯人显然是用中国技术制造了水浮式指南针。

⊙ 宋代水浮式指南针

1281年，阿拉伯矿物学家贝伊拉克·卡巴扎吉在《商人辨识珍宝手鉴》一书中说，当他乘船航行于叙利亚海上，从特里波利前往亚历山大里亚城的时候，海员使用借助木片或苇箔托浮在水面上的磁针辨别方向。"海员们说，航行在印度洋上的船长们不用这种木片托浮的指南针，而用中空的磁铁制作一种磁鱼，磁鱼投入水中之后浮在水面，头尾分别指示北方和南方。"

阿拉伯航海用指南针基本上用的是水浮式磁针，这与中国的传统是一致的。大部分阿拉伯文献强调这种仪器指南（qibla）比指北更重要。波斯文称磁罗盘为指南，与中国名有相同的意思。中国人和阿拉伯人都以南的方位为尊，这与欧洲人是不同的。

似乎和中国许多的伟大发明一样，指南针也是通过阿拉伯人的中介传播到欧洲的。大约在12世纪末，欧洲的文献中就有了相关的记载。大概首次提到磁罗盘的是英国人尼坎姆。他在12世纪末所写的《论自然的性质》中说，这是一根放在支轴上的针，当让它自行停息的时候，它就给航海者指明航行的方向。尼坎姆还写道："航海者在海上，当白天云雾遮日，或夜晚在黑暗中，不知道自己是向世界的哪一部分行驶的时候，就用磁石触引一根针，这针就旋转起来，到它转动停止时，针尖就会指向北方。"

在尼坎姆的记载之后，还有各种关于磁针帮助航行的文献记载。法国犹太人纳克丹也谈到过指南针。他编写的《石头的力量》一书中介绍了73种石头的性能，其中包括磁石和指南针。

弗兰德人托马斯写的通俗百科全书《自然的性质》中，分20个门类的知识，其中石类部分就叙述了航海用的水罗盘。从这些记载中可以得知，当指南针第一次带到欧洲的时候，大概已经是用来驶航的一种装置了。

13世纪时，欧洲的航海者中似乎已经广泛地知道了指南针。意大利商船首先采用了罗盘，并很快推广到印度洋、地中海航运界，引起了巨大的变革和发展。欧洲在使用中国罗盘以后，加以改进，采用支轴装置罗经，用一个支轴的尖端顶在磁针中部，使磁针水平旋转，在航海上的使用较水针更为方便，称为"旱针"。14世纪初，意大利人阿马尔费塔尼

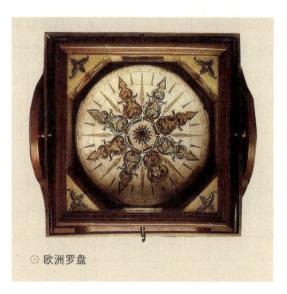

⊙ 欧洲罗盘

（Amalfitani）发明了一种"罗盘卡"，是一种将字盘装在磁针上，盘随针转的旱罗盘。

13世纪下半叶，欧洲的航海家得到中国航海家绘制的印度洋航海图。这种航海图为远洋航行提供了进一步的便利。据记载，法国国王路易九世在1270年乘意大利热那亚船从法国南部港口艾格莫特（Aigues-Mortes）启程，跨地中海赴北非的突尼斯。船沿意大利西海岸南行6天后，乘客们仍没有看到撒丁海岸。国王有些担心，这时船上的官员向他出示地图，指出船现在所处的位置，并说明他们正在靠近意大利南部的卡利亚里（Cagliari）港。这是欧洲第一次提到在海上航行时使用海图。因为图上标有各地针位和观星数据，因而又被称为"针图"（Compass Charts）。

航海图绘制源于我国晋代地图学家裴秀用经纬线表示地理方位的"分率制图法"。裴秀作《禹贡地域图》，开创了中国古代地图绘制学。李约瑟称他为"中国科学制图学之父"，裴秀与欧洲古希腊的托勒密齐名，二人是世界古代地图学史上东西辉映的两颗灿烂明星。裴秀的"分率制图法"后来传到波斯和阿拉伯世界。14世纪初，意大利人受阿拉伯人这种绘制航海图方法的启发，开始结合罗盘的方位线用分率制图法绘制航海图。无论是商船还是军舰远航，都需要备有线路图、航海图和指南针，这三项成果被称为中世纪航海业的"三项技术革命"。

1300年前后，实用航海图如雨后春笋般地在欧洲问世，打破了欧洲制图界传统的T-O寰宇图的体系。现存最早的这类航海图在1280年前后就已出现，至今尚存且有年份可考的是1311年维斯康特所绘的航海图，图上有交叉的罗盘方位线、矩形网格和带刻度的边缘。不过，出现在欧洲的网格航海图并不是对一向使用网格绘制、具有针路的中国航海图的简单模仿。意大利和西班牙的航海家不仅认识到罗盘在航海上的作用，而且将已经中断了1000多年的希腊人的定量制图学再度引入航海图的绘制中。正是罗盘的实际使用，促使欧洲的航海家重新注意到托勒密的坐标系统。这种使用罗盘方位线或叙驶线的航海地图，使得航海家能够精确地探索海岸的走向，从而绘制精密的地图。15世纪的欧洲航海图已经重新确立了托勒密的制图原则，后来杰拉尔德·麦卡托（Geradus Mercator）使用圆柱正形投影法绘制世界大地图，奠定了现代地图科学的基础。麦卡托是法兰提斯出身的地理学家、地图学家。他于1569年发表了一幅长202厘米、宽124厘米的世界地图。在这幅以投影法绘制的地图上，经纬线于任何位置皆垂直相交，从而使世界地图可以绘制在一个长方形上。因为可显示任意两点间的正确方位，航海用途的海图、航路图大都以此方式绘制。而这些成就，正是由于受到中国航海家们传给欧洲的罗盘和航海图的启发而取得的。

指南针传入欧洲，在欧洲的大航海时代起到了重要作用。指南针表明方向的结果，使得地图精确起来，并且使地图的绘制有了普遍性。这推动了达·伽马发现印度新航路，哥伦布发现美洲大陆和麦哲伦的环球航行，并由此促进了欧洲商业贸易的扩大和工场手工业的发展，为资本主义的产生和发展提供了必不可少的前提。在早期葡萄牙亨利王子培训航海家队伍时，帮助舵手掌舵的有"星相家"，他们是一些精通领航业务的专家，他们会看罗盘，能算出罗盘偏差并在地图上标出子午线。在麦哲伦做环球航海时所使用的船只上，备有不可缺少的罗盘，必需的航海仪器，包括罗盘、罗盘针、沙漏计时器、星盘、比重秤和星座一览表等。

八、古代文献中记载的海上丝绸之路

宋代海上丝绸之路发达，海上对外贸易繁荣，这在宋代的官方文献中多有记载，在一些私人著述中也有不同的记载。宋代全面而又详细记载海上丝绸之路交通和贸易的私家专门著作，最有代表性的是周去非的《岭外代答》和赵汝适的《诸蕃志》。

周去非（生卒年不详），字直夫，浙东路永嘉人。南宋孝宗隆兴元年（1163）考取进士，淳熙年间（1174—1178）任广南西路桂林通判，"试尉桂林，分教宁越"。在周去非任职期间，南宋政府十分重视对岭南各地的管理，桂林成为西南重镇，广州成为对外贸易中心。一时间，南来北往的客商云集此地。岭南地区政治稳定，经济繁荣，发展速度快于战乱频繁的北方，人们生活富裕，其在全国的地位越来越引人注目。被派到岭南地区任职的官员，如范成大、周去非等，十分重视考察当地的风土民情，以寻求更好的治政之道。周去非利用工作的便利，细心体察民情，获得了许多宝贵资料。周去非说，他在广西期间"随事笔记，得四百余条"，而且所记皆为"疆场之事、经国之具、荒忽诞漫之俗、瑰诡谲怪之产"。周去非所著《岭外代答》具有重要的史料价值。它是广西地方史中内容较全面而时代较早的重要文献，也是研究宋代海上丝绸之路交通和12世纪南海、南亚、西亚、东非、北非等地古国史的可贵资料。

周去非的《岭外代答》共录存294条，用以答客问，故名曰"代答"。全书共分地理、边帅、外国、风土、法制、财计、器用、服用、食用、香、乐器、宝货、宝石、花木、禽兽、虫鱼、古迹等共20门，"今有标题者十九门，一门存其子目而佚其总纲"。全书记载了宋代岭南地区的社会经济发展情况、少数民族的生活风俗，以及物产资源、山川、古迹等方面的情况。其中"外国门""香门""宝货门"兼及南洋诸国，并涉及大秦、大食、木兰皮（故地在今非洲西北部和欧洲西班牙南部地区）诸国，反映了当时岭南地区与海外诸国的交通、贸易等情况。

《岭外代答》有很多篇幅记载了海路所通诸国，并写到所了解的各国方位：

> 诸蕃国大抵海为界限，各为方隅而立国。国有物宜，各从都会以阜通。正南诸国，三佛齐其都会也。东南诸国，阇婆其都会也。西南诸

国，浩乎不可穷，近则占城、真腊为宛里诸国之都会，远则大秦为西天竺诸国之都会，又其远则麻离拔国为大食诸国之都会，又其外则木兰皮国为极西诸国之都会。三佛齐之南，南大洋海也。海中有屿万余，人莫居之。愈南不可通矣。阇婆之东，东大洋海也，水势渐低，女人国在焉。愈东则尾闾之所泄，非复人世。稍东北向，则高丽、百济耳。

西南海上诸国，不可胜计，其大略亦可考。姑以交阯定其方隅。直交阯之南，则占城、真腊、佛罗安也。交阯之西北，则大理、黑水、吐蕃也。于是西有大海隔之，是海也，名曰细兰。细兰海中有一大洲。名细兰国。渡之而西，复有诸国。其南为故临国，其北为大秦国、王舍城、天竺国。又其西有海，曰东大食海。渡之而西，则大食诸国也。大食之地甚广，其国甚多，不可悉载。又其西有海，名西大食海。渡之而西，则木兰皮诸国，凡千余。更西，则日之所入，不得而闻也。

《岭外代答》的《外国门》对南海、南亚、西亚、东非、北非等地古国的地理、民俗、物产及交通方面都有比较充分的记载。关于海上之航线，《岭外代答》卷三《航海外夷》有记载：

诸蕃国之富盛多宝货者，莫如大食国，其次阇婆国，其次三佛齐国，其次乃诸国耳。三佛齐国者，诸国海道往来之要冲也。三佛齐之来也，正北行，舟历上下竺与交洋，乃至中国之境：其欲至广者，入自屯门；欲至泉州者，入自甲子门。阇婆之来也，稍西北行，舟过十二子石，而与三佛齐道合于竺屿之下。大食国之来也，以小舟运，而南行至故临国，易大舟而东行至三佛齐国，乃复如三佛齐之入中国。其他占城、真腊之属，皆近在交阯洋之南，远不及三佛齐国、阇婆之半，而三佛齐、阇婆又不及大食国之半也。诸蕃国之入中国，一岁可以往返，唯大食必二年而后可。大抵蕃舶风便而行，一日千里，一遇朔风，为祸不测。幸泊于吾境，犹有保甲之法，苟泊外国，则人货俱没。若夫默伽国、勿斯里国其远也不知其几万里矣。

周去非的《岭外代答》主要是以记载岭外即两广地区特别是广西的事情为主，兼及海外诸国的地理交通，而赵汝适的《诸蕃志》则是专门记述外国的地理学著作，"所言皆海国之事"。

赵汝适（1170—1231），字伯可，是宋太宗八世孙。他父亲赵善待官至朝请大夫、岳州知州。绍熙元年（1190），赵汝适以祖上遗泽，补将仕郎，后历任多种官职。嘉定十六年（1223），赵汝适知南剑州，次年转朝奉大夫、朝散大夫、提举福建路市舶司。他在市舶司任职两年多，就又转任他职。但赵汝适在史学上最大的贡献，就是在福建路市舶司兼权泉州市舶使任上所撰著的《诸蕃志》。据该书序说："是书所记，皆得诸见闻，亲为询访。宜其叙述详核，为史家之所依据矣。"

《诸蕃志》成书于宋理宗宝庆元年（1225），分上下两卷。上卷记海外诸国的风土人情，下卷记海外诸国的物产资源。它记载了东自日本，西至东非索马里、北非摩洛哥及地中海东岸中世纪诸国的风土物产，并记有自中国沿海至海外各国的里程及所需时间，内容丰富而具体。其中记大食国"王与官民皆事天。有佛名麻霞勿。七日一削发剪甲，岁首清斋，念经一月。每日五次礼天"，"唐永徽以后，屡来朝贡。其王盆泥末换之前，谓之白衣大食。阿婆罗拔之后，谓之黑衣大食"。关于穆斯林商人来华的情况，他说："有番商曰施那帏，大食人也。侨寓泉南，轻财乐施，有西土气习，作丛冢于城外之东南隅，以掩胡贾之遗骸。"该书有关海外诸国风土人情的内容多采自周去非《岭外代答》的记载，有关各国物产资源的内容则多采访于外国商人。

《诸蕃志》卷上《志国》篇记述的国家有：

> 交趾国、占城国、真腊国、宾瞳龙国、登留眉国、蒲甘国、三佛齐国、单马令国、凌牙斯加国、佛罗安国、新拖国、监篦国、蓝无里国、细兰国、阇婆国、苏吉丹国、南毗国、故临国，胡茶辣国、麻啰华国、注辇国、鹏茄罗国、南尼华啰国、大秦国、大食国、麻嘉国、弼琶啰国、勿拔国、中理国、瓮蛮国、白达国、吉兹尼国、忽厮离国、

木兰皮国、遏根陀国、茶弼沙国、斯伽里野国、默伽猎国、渤泥国、麻逸国、三屿国、蒲哩鲁国、流求国、毗舍耶国、新罗国、倭国等58个国。

其中斯伽里野国篇记述的是西西里岛的地理和岛上的活火山。这是中文古典典籍中最早记述意大利西西里岛和埃特纳火山的著作。

卷下《志物》篇记述：

　　脑子、乳香、没药、血碣、金颜香、笃耨香、苏合香油、安息香、桅子花、蔷薇水、沉香、笺香速暂香、黄熟香、生香、檀香、丁香、肉豆蔻、降真香、麝香木、波罗蜜、槟榔、椰子、没石子、吉贝、椰心簟、木香、白豆蔻、胡椒、荜澄茄、阿魏、芦荟、珊瑚树、琉璃、猫儿睛、砗磲、象牙、犀角、腽肭脐、鹦鹉、蠮瑁、龙涎、黄蜡等。

元成宗元贞二年（1296），元朝派遣一个外交使团出使真腊，周达观是使团的随行人员。使团于当年二月离明州，二十日自温州港口开洋，三月十五日抵占城。中途因逆风不利，故秋七月始达真腊，逗留其国一年。大德元年（1297）六月回舟，八月十二日返抵四明泊岸。周达观回国后，根据亲身经历见闻，写成《真腊风土记》一书。

此次遣使，因为各书所未载，仅依周达观本人所述才得知始末。周达观生年未详，同时代人吾邱衍有《周达可随奉使过真腊国作书纪风俗因赠三首》。诗中有对南洋"蛮邦"的想象："裸壤无霜雪，西南极目天。岂知云海外，不到斗天边。"

在《真腊风土记》一书中，周达观对元朝使团前往真腊之行程记之甚详：

　　自温州开洋，行丁未针。历闽、广海外诸州港口，过七洲洋，经交趾洋到占城。又自占城顺风可半月到真蒲，乃其境也。又自真蒲行坤申针，过昆仑洋，入港。港凡数十，惟第四港可入，其余悉以沙浅故不通巨舟。然而弥望皆修藤古木，黄沙白苇，仓卒未易辨认，故舟人以寻港为难事。自港口西北行，顺水可半月，抵其地曰查南，乃其属郡也。又自查南换小舟，顺水可十余日，过半路村、佛村，渡淡洋，可抵其地曰干傍，取城五十里。按《诸蕃志》称其地广七千里。其国北抵占城半月路，西南距暹罗半月程，南距番禺十日程，其东则大海也。旧为通商来往之国。

周达观所记自温州开洋抵达其国之行程，值得注意的是针位之记载，因为指南针之应用于航海虽早见于宋代载籍，但述及罗盘针位者则首推《真腊风土记》。此外，该书服饰一节有载"其国中虽自织布，暹罗及占城皆有来者，往往以来自西洋者为上，以其精巧而细美故也"，总叙说"其国……西南距暹罗半月程"，一般认为此乃"暹罗"一名之始见，指泰国历史上的大城王国，但也有人认为暹罗之名始见于明初，这里出现的系明人抄刻时误增。至于西洋，则指今印度南部的卡利卡特一带，该书亦为较早刊载西洋一名之古籍。这些记载说明，真腊在当时的海上丝绸之路占有一席之地，与占城、暹罗、印度以及我国广州都有航船往来。

10—13世纪，是柬埔寨文明最灿烂的时代。周达观出使真腊之时，正值其国势鼎盛，文化繁荣。周达观在《真腊风土记》中，根据其亲身经历，记述了今柬埔寨及越南南方13—14世纪时的都城、宫室及风土人情。除了总叙外，全书共有下列40节：

城郭、宫室、服饰、官属、三教、人物、产妇、室女、奴婢、语言、野人、文字、正朔时序、争讼、病癞、死亡、耕种、山川、出产、贸易、欲得唐货、草木、飞鸟、走兽、蔬菜、鱼龙、酝酿、盐醋酱麹、蚕桑、器用、车轿、舟楫、属郡、村落、取胆、异事、澡浴、流寓、军马、国主出入。

该书属郡一节记载其国有属郡90余，曰真蒲，曰查南，曰巴涧，曰莫良，曰八薛，曰蒲买，曰雉棍，曰木津波，曰赖敢坑，曰八厮里。周达观所记吴哥城周围约20里，有5道城门。城外皆巨濠，濠之上有通衢大桥。桥之两旁有石象54座，桥上阑干凿石而成蛇形，蛇为多头蛇。54座石将军以手拔蛇，"有不容走逸之势"。城由石块垒城，周密坚固，可达2丈之高。城中有铜塔金塔，周达观因而感叹"富贵真腊"。王宫及宫舍府第皆面向东方，屋颇壮观。梁柱甚巨，皆雕画佛形，防禁甚严。其余国戚大臣，以官阶决定房屋大小。一般以草盖顶，高官之家，也只有家庙和正屋可以用瓦；其余百姓之家，皆为草屋。

真腊即古之扶南，三国吴时朱应、康泰曾出使扶南并撰写《扶南异物志》或《吴时外国传》，然其书早佚。后来《隋书》《唐书》《宋史》虽有真腊传，但均非专著，内容也颇为简略。《真腊风土记》准确地记述了柬埔寨的气候、季节、水文、土壤、耕耘、作物、山川等地理资料。故《真腊风土记》成为现存关于中柬关系、柬埔寨古代历史之最详细的专门性要籍。

周达观的这部著作是现存的同时代人所写的柬埔寨文化极盛时代的唯一记录。柬埔寨本国的文献中，也没有这样一部详述他们中古时代文物风俗生活的书。从9世纪至15世纪，吴哥是真腊国的首都，历经几百年，成为一座壮丽辉煌的都城。城中许多建筑和雕刻，都是这个时代的文物精华，城中塔寺林立，巍峨壮观，俨如一座城市寺院，被认为是"全世界最大的宗教建筑物"。但是，自15世纪末叶吴哥被废弃后，逐渐被湮没在修藤巨树之间，无人所知，直到19世纪中叶才被重新发现，而正是《真腊风土记》帮助人们打开了这座古老艺术宫殿的大门。它所载的州城（即吴哥城，Angkor Thom，亦称大吴哥）及其王宫、金塔（巴云寺，Bayon）、鲁班墓（即吴哥寺，Angkor Vat）、东池、北池等，是现存同时代人所记吴哥文化鼎盛情况之唯一记载，笔酣墨饱，绘声绘影，具有很高的历史价值。

元代文献中，《大德南海志》也对海上丝绸之路有所记载，对研究元代海外交也有重大意义。

《大德南海志》系陈大震、吕桂孙所撰，成书于大德八年（1304）。陈大震是番禺人，宋理宗宝祐元年（1253）进士，宋度宗咸淳七年（1271）权知雷州，转知全州。元世祖至元十八年（1281），授广东儒学提举，以疾力辞。吕桂孙生平则无载。

《大德南海志》现仅残存元大德刻本五卷。这五卷对应的是原书的第六至第十卷，涉及元代广州地区赋税、物产、教育及海上贸易等领域，其中卷六记户口、土贡、税赋，卷七记物产、舶货，卷八记社稷坛壝、城濠，卷九记学校，卷十记兵防、水马站、河渡、局务仓库、廨宇、郡圃。凡所举废，由宋及元。卷七之后还附有"诸蕃国"名表。此志综记元广州路所属七县事，举凡历史之沿革，山川之广袤，户口之登耗，田畴之芜治，物产之丰盛，舶货之品类，诸蕃之国名，社稷之变迁，以及税课、书院、科第、兵防等。

其卷七"船货"与其附录"诸蕃国"，是元初广州海外贸易之记录。所著录当时广州贸易海外之国有142国。分别列各国为东洋、西洋。东西洋之划分，始见元代，而元初其他著作只见"西洋"一词，如《天南行记》《真腊风土记》提及"西洋国黄毛皮子""西洋布"。唯《大德南海志》并述东洋、西洋，并且细分为小东洋、大东洋、小西洋、大西洋。大抵以巽他海峡为东、西洋之分界，加里曼丹岛北部至菲律宾为小东洋，其南诸地为大东洋，马来半岛、苏门答腊一带为小西洋，印度洋为大西洋。这些国家与广州大都有交通和贸易往来。

《南海志》不仅载及东、西洋之名，而且根据航路的先后、近远，把今东南亚诸国之地名予以排列，使我们便于探索元代之南海航路和考证今地。

从《大德南海志》所载南洋地名可以看出，当时我国与南洋各地的海路交通大致有下列数条路线：自广州发舶，顺中南半岛东岸至半岛南端；自中南半岛南端，经柬埔寨、泰国而至缅甸；由泰国沿马来半岛东岸而下，抵新加坡、马六甲海峡；从马六甲海峡南航至巽他海峡，或北出马六甲海峡抵苏门答腊西北岸；自巽他海峡东行，中经爪哇岛直达帝汶岛；由南海至文莱、菲律宾群岛，或由泉州至菲律宾、文莱；自加里曼丹岛西北端，顺该岛西岸、南岸，向东直抵马鲁古群岛。

九、海上丝绸之路上的旅行家

鄂多立克（Odorio da Pordenone，1286—1331）是意大利人，圣方济各会修士。他和马可·波罗、伊本·拔图塔、尼古拉·康蒂一起，被誉为"中世纪四大旅行家"。

约1316年，鄂多立克开始了长达十几年的东游旅行。他先乘船离开威尼斯，渡海至君士坦丁堡，进入大亚美尼亚（Armenia the Greater），经今土耳其之埃尔祖鲁姆（Erzurum），越萨尔比萨卡罗山

⊙《北京城外的旅行家和鄂多立克》

（Sarbisacalo），来到大不里士。由大不里士来到里海南岸的伊朗之苏丹尼耶（Sultanieh）。鄂多立克可能在此地住了一段时间后，随一群旅伴来到波斯古都波斯波利斯，再向西进入巴格达。他又顺底格里斯河南下到波斯湾，抵达忽里模子（Ormes）。约1321年夏，鄂多立克由忽里模子乘船东航，花了29天抵达印度西岸之塔纳（Tana）。由塔纳沿印度西岸南下，抵达印度东南端之马八儿（Mobar）和锡兰。由马八儿和锡兰继续东航，渡过大洋海，抵达苏门答腊岛，最后抵达占婆。又东航大洋若干天，终于到了中国南方即所谓"蛮子"省。大约在1322年到达中国的广州。鄂多立克记载的东来的行程，也就是那个时代海上丝绸之路的航线。

鄂多立克到广州后，稍作停留就继续东行，至福建的泉州、福州，北上经三省交界的仙霞岭，至杭州和南京。再从扬州沿大远河北上，最后约

在1325年到达元朝大都，受元泰定帝接见，并在大都留居3年，于1328年启程回国。返程取道天德军（河套），经陕西、甘肃，又南至吐蕃，然后经中亚、波斯，返回意大利。

与柏朗嘉宾、鲁布鲁克等人不同的是，鄂多立克是从海路先到广州以及中国南方地区，然后到达大都，再由西北陆路返回欧洲。因此，他对中国与欧洲之间的海陆两道丝绸之路交通都有了切身的经历。这与马可·波罗相似，但行程相反，马可·波罗是从陆路进入蒙古和大都，然后从海路返回欧洲的。

鄂多立克回国后，到阿维尼翁谒见教皇，求教皇降福，准许其率领50位传教士东来传教，但因病未得实现。他后来寓居帕多瓦，将旅途见闻口述，由索拉纳的僧侣威廉（William of Solagna）笔录，即流布于世的《鄂多立克东游录》。此书一经问世，就受到人们的重视，以后陆续有拉丁文、意大利文、法文、德文等各种语言抄本，达76种之多。

鄂多立克在中国游历极广，对所到地方都有记载。他对中国各大城市的印象极为深刻，认为中国城市的雄伟壮丽绝非欧洲诸城可比。他惊叹于广州密集的人口、繁荣的经济以及港口众多的船只，说广州是一个比威尼斯大三倍的城市，该城有数量极其庞大的船舶，整个意大利都没有这一城的船只多。他说刺桐（泉州）是世上最好的地方之一。他记载金陵府（南京），其城墙四周约64千米。城中有360座石桥，比全世界其他地方的都要好。它的人口稠密，有大量船只，使人叹为观止。城市坐落在交通方便之处，有大

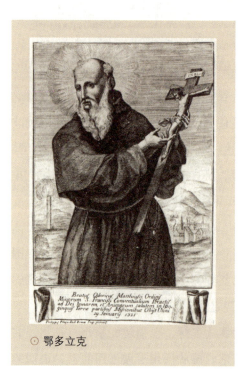

⊙ 鄂多立克

量各种好东西。他特别描绘了杭州城，说它是"天堂之城"。

鄂多立克和其他到中国的旅行者一样，对中国的物产丰富和生活富裕留下了深刻的印象。他写到杭州时说，我很奇怪，那么多的人怎么能安排住在一个地方，但那里始终有大量的面食和猪肉，以及米和酒。

鄂多立克在大都居留的时间最久，对元朝的规章礼仪、宫廷建筑有不少翔实的记载。他描述大汗的宫殿雄伟壮丽，大宫墙内堆起一座小山，其上筑有另一宫殿，系全世界之最美者。此山遍植树，故此名为绿山。山旁凿有一池，上跨一"极美之桥"。这里说的小山即今北海公园内的琼华岛，其上的宫殿即广寒宫，其旁之池即元代的太液池，今北海，"极美之桥"应为山前之白玉石桥。

鄂多立克东行游历十几年，足迹几乎遍布整个亚洲，特别是在中国，从南到北，远达西南、西北诸省，所记甚为详细，他的游记被称为"关于中国的最佳记述"。

另一位同样被称为"四大旅行家"之一的伊本·拔图塔，是生于西北非洲摩洛哥的阿拉伯人。其他几位旅行家的行程都是明确的目的地，肩负着宗教或外交或商业上的任务。伊本·拔图塔则不同，游历就是他的目的。他是名副其实的"旅行家"。

1325年，伊本·拔图塔离开家乡，取道陆路前往埃及的亚历山大城，从此开始了他的游历生涯。他用了26年的时间，行程12万余千米，游历了半个世界，足迹遍及亚、非、欧三洲。1349年，伊本·拔图塔经过多年的旅途生活，回到故乡，来到马林国首都非斯。他关于世界的渊博知识受到非斯苏丹阿布·伊南（Abù'Inān）的赏识，召他入宫任职，并委派他出国完成外交使命。他再次回国后，阿布·伊南命他回忆在世界各地旅行的情形，由文学秘书穆罕默德·伊本·玉萨笔录成书。经过一年多的勤奋工作，举世闻名的伊本·拔图塔游记于1355年12月最后完成。

伊本·拔图塔的游记原名为《异域奇闻揽胜》。在这部著名的游记中，伊本·拔图塔详细介绍了他游历世界各地的见闻，描绘了阿拉伯、突厥、印度和中国文明的生动图景。它最初被收藏在马林王朝皇家档案馆，直到

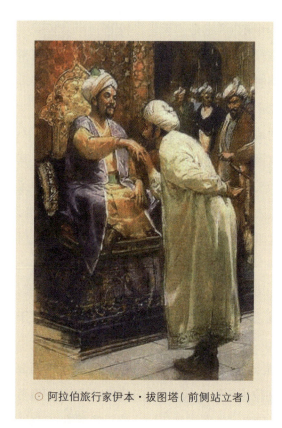

⊙ 阿拉伯旅行家伊本·拔图塔（前侧站立者）

1840年被译成葡萄牙文出版，此后注家蜂起，竞相翻译，至今已有30多个译本，被译成40多种语言。

伊本·拔图塔的游记有很大篇幅记载他在中国游历的见闻。关于拔图塔的中国之行，也颇为复杂和富有传奇色彩。1339年，他从中亚地区进入印度，到达德里，被德里苏丹留住宫廷8年，充任德里马立克教派总法官。当时德里苏丹统治着全北印度地区。1341年，元顺帝遣使德里，要求重建喀拉格里山麓萨姆哈里的佛寺，供中国佛教徒顶礼。苏丹授命拔图塔率领使团前往中国答谢。拔图塔早已厌倦了在德里的定居生活，他不习惯于在一地久留，渴望继续他的旅行生涯。于是，他很愉快地接受了苏丹的使命，踏上了中国之旅。

拔图塔的中国之行很不顺利。1342年7月，拔图塔率领的使团离开德里到达坎贝，由坎代哈尔登舟，计有3艘使船，南航科泽科特，等候季风，准备乘中国海舶前往广州。不幸发生海难，使团失散，拔图塔流落马尔代夫群岛、锡兰、孟加拉等地，历尽风霜，饱尝艰辛，最后于1345年春由爪哇搭乘驶往中国的海船，踏上中国的土地。拔图塔先到广州，又从泉州走水路到杭州，然后沿运河北上到大都。据他自述，由于战事发生，拔图塔没有见到元朝大汗，便被护送回印度，从泉州登上去印度的中国船。

伊本·拔图塔在中国各地游历，前后有11个月左右，对中国文化有了较为具体的了解。游记中，他详细介绍了中国丰盈的物产以及造船、陶瓷、

丝、棉织等行业的情况，还特别介绍了当时中国社会的文化习俗、典章制度、宗教信仰等方面的情况。他说中国幅员甚广，土产甚丰，有水果、五谷、金银等，世界各国莫与伦比。他说中国的农业和灌溉工程极为发达，赞扬中国是世界上出产小麦最多的国家，丝绸普遍到贫民都能穿用，产糖之多和糖质之佳远胜过埃及，而中国人使用煤块做燃料，这尤其使他感到新奇。他倾慕中国社会的稳定，说中国居民富庶、国家繁荣。他在中国旅行时看到了佛教的庙宇里附设的盲人和老人休养院、免费医院和食堂、寡妇收容所、孤儿院。

拔图塔在中国游历了许多地方，到过中国许多大都市，对中国都市的繁荣景象和恢宏气势有很深的印象。他对行在（杭州）的繁华和宏大极为赞叹。他说行在城宏大，须三日才能穿越全城，游览该城需投宿就餐。行在分有六城，大小相包，城区优美。他还记述了广州、泉州等他所到过的城市，在他看来，说泉州为世界上最大港口也不过分。

伊本·拔图塔对在中国的游历到处都感到新奇，时时为中国的繁荣富庶、文明昌盛所感染。他在游记中往往流露出对中华文化的钦慕和敬意。

元代的旅行家汪大渊于1230年到1239年先后两次随商船出海，航迹遍及东亚、东南亚、南亚、西亚、印度洋与地中海，他把出海见闻写成《岛夷志略》，流传于世，是海上丝绸之路的重要文献，甚至成为后来郑和航海的重要参考资料。

至顺元年（1330），年仅20岁的汪大渊首次从泉州搭乘商船出海远航，历经海南岛、占城、马六甲、爪哇、苏门答腊、缅甸、印度、波斯、阿拉伯、埃及，横渡地中海到摩洛哥，再回到埃及，出红海到索马里、莫桑比克，横渡印度洋回到斯里兰卡、苏门答腊、爪哇，经澳大利亚到加里曼丹、菲律宾返回泉州，前后历时5年。

至元三年（1337），汪大渊再次从泉州出航，历经南洋群岛、阿拉伯海、波斯湾、红海、地中海、非洲的莫桑比克海峡及澳大利亚各地，至元五年（1339）返回泉州。

在长期的远航考察中，汪大渊对所过之地，凡其目所及，皆为书以记之。他在第一次航海归国后撰写了航海纪实性著作；在第二次航海回国后，又以新增的阅历对旧志进行修订，最后完成《岛夷志略》一书。他又以5年的时间校对前人的记载，发现其中许多与自己的见闻"大有径庭"的地方。吴鉴在《岛夷志略·序》中介绍："豫章汪君焕章，少负奇气，为司马子长之游，足迹几半天下矣。顾以海外之风土，国史未尽其蕴，因附舶以浮于海者数年，然后归。其目所及，皆为书以记之。较之五年旧志，大有径庭矣。"张翥在《岛夷志略》的序中说："汪君焕章，当冠年，尝两附舶东西洋，所过辄采录其山川、风土、物产之诡异，居室、饮食、衣服之好尚，与夫贸易赍用之所宜，非亲见不书，则信乎其可征也。"

《岛夷志略》最后成书是在"至正己丑冬"，即元顺帝至正九年（1349）冬天。这年冬，汪大渊路过泉州，适值泉州路达鲁花赤偰玉立莅任。偰以《清源前志》散失，《清源后志》仅至南宋淳祐十年（1250）为止，乃命吴鉴编修《清源续志》。吴鉴认为泉州为对外贸易的大港，船舶司的所在地，诸蕃辐辏之所，不能没有海道诸岛屿及诸国地理情况的记载，于是请两次亲历海外、熟悉海道地理情况的汪大渊撰写《岛夷志》，附于《清源续志》之后。不久，汪大渊回到故乡南昌，复将《岛夷志》刊印成单行本，以广其传。至正十年（1350），又请翰林修撰张翥为之作序，正式发行于世。

《岛夷志》在清代时改名《岛夷志略》。全书共分100条，前99条记载和涉及的地点总计220个，有关各地山川、风土、物产、居民、饮食、衣服和贸易的情况，都是他根据亲身的见闻记录下来的，其说可靠；其第100条"异闻类聚"，是摘录前人旧记《太平广记》等书而成。

　　《岛夷志略》上承南宋周去非的《岭外代答》和赵汝适的《诸蕃志》，下启明初马欢的《瀛涯胜览》、费信的《星槎胜览》等书。但《岭外代答》，特别是《诸蕃志》，主要是作者耳闻，而不是亲历。《岛夷志略》是研究14世纪上半叶亚、非、欧各国历史、地理、经济、文化的重要文献，也是考察中国元代远洋航海活动的珍贵史料。自元以来，这部著作作为中外研究海上交通的学者所重视。

第三十六章　蒙古与教廷

一、教廷与蒙古接触的努力

自从5世纪西罗马帝国灭亡以后，基督教会逐渐成为欧洲社会的支配力量，罗马教廷成为全欧洲的宗教中心和政治统治中心。从11世纪起，在近200年的时间里，罗马教廷意在巩固和扩大基督教会的势力，与伊斯兰教势力对抗。在13世纪的时候，伊斯兰教是它仍然畏惧的唯一敌人。所以，当蒙古大军首次西征、兵进俄罗斯的时候，欧洲人竟对蒙古人毫无所知。

15年后，蒙古人再次发动西征，征服了俄罗斯，并一度占领波兰、匈牙利，兵进奥地利，使欧洲人大为震动，引起了一种普遍的不安之感。教皇和各国君主也认识到局势的严重性，察觉到迫在眉睫的危险。

西欧最早关于蒙古威胁的消息，是从叙利亚的亦思马因人那里得到的。他们在1238年曾向法兰西和英格兰国王建议，结成穆斯林与基督教的大同盟，以对付来自东方的可怕敌人。欧洲人却以幸灾乐祸的态度看待这个建议。

1240年，一位叫马太·巴黎（Mathew Paris）的人在其著作中对蒙古人做了比较详细的介绍，这是在1246年柏朗嘉宾前往蒙古之前欧洲人所知的关于蒙古人的最初情报。

1241年，蒙古军队在里格尼茨大败西波联军，同时另一支蒙古军队进入匈牙利，将侵入中欧和西欧的最后屏障除掉。这时欧洲人才如梦初醒，发觉真的要大难临头了。教皇格里高利九世（Pope Gregory Ⅸ）呼吁组织一支军队来抵御蒙古人，宣传要进行一次圣战。此时，神圣罗马帝国兼西西里王国皇帝腓特烈二世（Frederic Ⅱ）因为和阿拉伯人保持长期的友好关系，对蒙古人及其战事的认识可能超过了他同时代的任何人。他写信给英国国王亨利三世，在信里相当详尽地提到蒙古人第一次入侵欧洲，对库蛮和南俄的征服。然后他谈到第二次入侵，谈到蒙古军队对匈牙利的征服，国王贝拉四世（Béla Ⅳ）在佩斯的

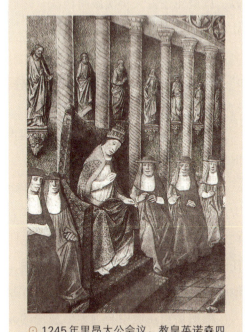

⊙ 1245年里昂大公会议，教皇英诺森四世决定向蒙古派遣使节

败北，以及里格尼茨更大的惨败。他把波兰、波希米亚遭到入侵、奥地利遭到进攻的事告诉亨利三世，特别谈到所有基督教诸侯迫切需要采取联合行动。他在信的结尾说，他信赖上帝，希望靠基督教国家的共同力量，最终将鞑靼人赶回他们的老家去。但是，教廷方面并没有采纳腓特烈二世的意见，因为他们怀疑腓特烈二世与敌人互相勾结，引狼入室，认为他为了反对教皇的目的捏造了"鞑靼祸害"的谎言。当时教皇面临的最大问题就是腓特烈二世与之争权。

后来，由于蒙古大汗去世，蒙古军队停止了进攻的步伐并返回亚洲，欧洲人面临的威胁才暂时得以解除。但这时欧洲人已经知道有一个强大的、危险的蒙古存在了。

英诺森四世（Innocent Ⅳ）当选为新教皇后，鼓励组织军队，抗拒迫在眉睫的蒙古入侵。另外，教皇英诺森四世向东方派出了使节团，试图缔结和约，窥探蒙古的军事实力，并且考察是否有可能使蒙古人改宗天主

教，以避免蒙古人再次威胁西欧。之后，又派出传教士，到东方传教，建立教会。

二、柏朗嘉宾出使蒙古

1245年4月16日，教皇英诺森四世派遣意大利方济各会修士柏朗嘉宾出使东方，后者由里昂启程前往和林。

柏朗嘉宾出生于意大利佩鲁贾（Perugia）地区的一个贵族家庭。他是圣方济各（Saint Fransois d'Assise）的挚友，也是方济各会的创始人之一。从1221年起，他受圣方济各的派遣前往日耳曼，在1239年之前，他在那里担任萨克森修道院院长和省教长的职务，其间有3年到西班牙任职。1245年他受教皇派遣出使蒙古时，已经是60多岁的老人了。

柏朗嘉宾在途中与为他做通译的波兰人本尼迪克特（Benedict）会合，1246年4月，他们到达伏尔加河畔拔都的王庭。拔都决定立即将他们送往和林。他们经过3个半月的长途跋涉，在7月22日抵达和林附近的蒙古皇家幕帐。8月24日，贵由汗举行大汗受位庆典，8月底才接见柏朗嘉宾和本尼迪克特，接受教皇的信件。

罗马教皇英诺森四世写给蒙古汗王的信件，其主要内容是阐明基督教教义，规劝可汗皈依基督教，优待基督教徒，并直言蒙古屠杀之非。

教皇对当时的蒙古人太缺乏了解了，以为单凭一纸文书、几句规劝就能阻挡蒙古大军的铁骑。贵由汗当即复书，对教皇的责难一一驳斥，并将蒙古人军事征服的成功归诸上帝的偏爱和相助。贵由复教皇信原用蒙文写成，由镇海等人逐字逐句翻译后，柏朗嘉宾即用拉丁文记录下来。为使罗马教廷在欧洲能够找到解读原信的人，又译成萨拉森文（波斯文），交给使者带回。贵由汗复信的拉丁译文早有传本，波斯文原件亦于1920年在梵蒂冈图书馆发现。原件用黑墨写在一张长1.1米、宽0.2米的由两片粘接而成的棉纸上，上有两处方印，印文为"长生天在上，贵由汗在地，圣旨所致处，众生须敬之"。

⊙ 柏朗嘉宾受教皇英诺森四世派遣出使蒙古

柏朗嘉宾带着贵由汗给教皇的复信，于当年11月13日踏上返程，1247年秋回到教廷。

柏朗嘉宾奉使蒙古的任务，一方面是试图规劝蒙古人皈依基督教，与欧洲基督教国家结成联盟，以达到遏制蒙古人西进的目的。他的这个任务并没有实现。虽然此行没有完成预期目标，但不可否认，这是一次了不起的探险之旅。柏朗嘉宾被认为是公元900年后第一位东行到巴格达并成功走出亚洲人迹罕至之地，最终安全返回欧洲的西方人。

另一方面，他还受教皇之命去了解蒙古人的情况，特别是了解蒙古人的军事实力和西征计划。这一部分使命完成得颇为出色。柏朗嘉宾的这次出行是一次充满危险的旅程，因为他们对蒙古人一点也不了解，而且所听到的都是杀戮与残暴的传闻。但这个使命最重要的就是要给欧洲一个比较准确的关于蒙古人的信息。柏朗嘉宾冒着生命危险，搜集了一批有关人种学和军事方面的第一手资料，着重研究了蒙古人的宗教信仰和崇拜活动，

⊙ 柏朗嘉宾修士

对于当地民族的瑕疵和美德，他都做了客观的评介。

出使归来后，柏朗嘉宾所介绍的故事引起了人们的关注，于是他向教廷写了一份出使报告，重点介绍了蒙古人进行的战争、征服的地区、武器装备、如何对付蒙古人的入侵以及蒙古人的风俗习惯等。他的报告以自己的亲自观察为基础，并广泛利用了他在旅途中搜集的大量资料。

柏朗嘉宾的报告书名为《蒙古史》，或称《柏朗嘉宾蒙古行纪》。因为柏朗嘉宾的出使比中世纪其他欧洲旅行家，如鲁布鲁克、马可·波罗、鄂多立克等人东游的时间要早，所以柏朗嘉宾介绍的有关蒙古和中亚的许多情况是首次传入欧洲，是欧洲人根据亲身见闻所写的关于蒙古的第一部详细报告。其书中所记的资料至今仍是研究蒙元史和中国北方地区历史的珍贵资料。柏朗嘉宾的这份报告收入同时代人文森特（Vincent de Bauvais）的百科全书式名著《大鉴》第4部《史鉴》中，原书抄本有5种传世，16世纪以后有多种刊本和译本。

柏朗嘉宾是在欧洲面临蒙古人威胁的情况下出使的，而了解蒙古人军事征服的动向又是他的主要使命之一。因此，他在其报告中以较大的篇幅详细地介绍了成吉思汗的兴起，成吉思汗及其后继者们发动的南征北战，特别是前两次西征中的重大军事行动。他还介绍了蒙古人的军队结构、武器装备、军队集结方式、战略战术等方面的情况。柏朗嘉宾提醒西欧各国要抓紧备战，同时要像蒙古人那样组织军队，配备优良的装备。

可以说，对当时的欧洲人来说，柏朗嘉宾的这些报告是振聋发聩的，给大家敲响了战争迫在眉睫的警钟。除此之外，作为一位有学问的教士，柏朗嘉宾还对蒙古人生活的各方面情况进行了细致的观察。如他介绍自成吉思汗以后各位大汗的家系身世，以及成吉思汗家族的支系；介绍了蒙古汗国的国家组织形式和权力结构。他还用一定篇幅描述了蒙古人居住的中国北部地区的地理环境、资源和气候条件，描述了蒙古族居民的礼仪、风俗、宗教信仰以及服装、住宅、婚姻等方面的情况。

柏朗嘉宾出使期间正值贵由汗举行登基大典，所以他以教皇使节的身份参加了庆典活动。贵由的登基庆典是在皇家幕帐失剌斡耳朵（Syra Ordo）举行的，那里距和林有半日行程的距离。柏朗嘉宾可能实际上并没有到过和林，而是一直住在失剌斡耳朵，直到返程回欧洲。但他在报告中提到和林，说它是"具有一定规模的城市"。西方人是通过柏朗嘉宾而首次获悉蒙古人京都的名字。

柏朗嘉宾还在其书中叙述了蒙古灭金朝的过程，提到了"契丹人"。不过他所说的"契丹"并非指建立辽朝或西辽的那个民族，而是泛指中国和中国人。柏朗嘉宾可能在蒙古汗庭见过汉族人，如此才能说出他们的形貌和性格，并注意到汉族的语言和文字。他对中国人在工艺方面的先进水平和丰富物产的记述也是准确的，但在其他方面则是若明若暗，不甚了了。

在柏朗嘉宾之后入华的旅行家，如鲁布鲁克、马可·波罗等人，他们的记述要更具体、更准确一些。但柏朗嘉宾作为"破天荒的第一次"，在欧洲人认识中国史上有其重要地位。

三、鲁布鲁克出使蒙古

教皇在派遣柏朗嘉宾出使蒙古的同时或不久，又派出另一支由多明我会修士阿西林（Ascelin）率领的使团。他们奉命出使驻扎在距小亚细亚边界最近处的蒙古军队营地，要求他们停止反对基督教世界的战争。阿西林一行于1247年5月24日抵达位于里海之西的蒙古军统帅拜住的营地，递交教皇的信件。阿西林一行受到粗暴的接待，在被拘押两个月后，携带与柏朗嘉宾已经携回的内容相同的复信，于1248年夏回复教皇。当时有两位蒙古使者同阿西林一道前往教廷。这两位使者于1248年在意大利受到教皇英诺森四世的接见，并带回教皇给拜住的复信。

拜住的继承者宴只吉带（Aljigiday）本人是景教徒，对与西方基督教徒建立关系的重要性有所认识，并开始采取一些相应的措施。这时法兰西国王路易九世率军进驻塞浦路斯。宴只吉带派其使者大卫（David）和马克（Mark）于1248年12月到达塞浦路斯，要求与法王协同作战，共同对付穆斯林。其实宴只吉带的使节并非蒙古大汗派遣，没有真正的权威性。但路易九世不了解这个情况，遂派出法国多明我会修士安德鲁（Andrew of Longjumeau）率领一个使团，随两位蒙古使节于1249年1月25日启程，往见蒙古大汗。安德鲁是多明我会修士，曾参加过阿西林的使团。他到达宴只吉带的营地，然后继续东行，往见蒙古大汗。不料此时值贵由汗去世，皇后海迷失摄政。她把安德鲁一行的出使视作臣服，并把他们的礼物作为贡品。她对路易九世致以词意傲慢的复信，要求对方归顺和缴纳贡赋。和柏朗嘉宾一样，安德鲁也没有达到出使的目的，于1251年折返回国。

虽然路易九世对安德鲁的出使结果感到失望，但他获得了关于"鞑靼地区"内有大量基督教徒的报告。另外他还从别处得知拔都之子撒儿塔本人就是基督教徒。于是，路易九世于1253年又派法国方济各会修士鲁布鲁克前往和林。

鲁布鲁克是法国佛兰德斯（Flanders）鲁布鲁克村人，方济各会士。与柏朗嘉宾不同，他不是由教皇而是由法国国王路易四世派遣出使蒙古的。他曾一直随法国国王参军，转战塞浦路斯、埃及和巴勒斯坦。前面已经提到，法国国王在1249年曾派出一个赴蒙古的使团，但不得要领而归。

鲁布鲁克是在柏朗嘉宾奉使8年之后启程的，因而有机会做充分的准备。据说鲁布鲁克曾在巴黎见过柏朗嘉宾，听其介绍出使蒙古的经历和见闻。他还从其他奉使回来的使节以及别的渠道获得许多有价值的情报。因而，当鲁布鲁克踏上东行之旅的时候，他所做的知识准备要比柏朗嘉宾等人充分得多。

鲁布鲁克于当年5月7日从君士坦丁堡启程，历尽艰辛，12月27日抵达和林。元宪宗蒙哥接见了法国使者，并致以回复法国国王的国书。鲁布鲁克要求留在蒙古传教，被蒙哥婉言拒绝。1254年8月18日，鲁布鲁克不得不离开和林折返回国。鲁布鲁克在其游记中多次声称，他出行是为了传教，在蒙古人面前从不承认自己是使臣。然从其出行带着国王信札，归国后即复书信给国王，以及其

⊙鲁布鲁克修士

与国王的密切关系来看，他无疑是带有某种特殊使命的使臣。他一再否认自己是使臣，恐怕另有原因。

鲁布鲁克自蒙古返回欧洲，在抵达塞浦路斯时，得知路易九世已返回法国。当地的主教不允许他赶到法国去见国王，而是让他把旅行经历写下来，另派人转交国王。鲁布鲁克只得这样做。他以长信的形式记下了他的行程，此即流布后世的《鲁布鲁克东行纪》。他在信的末尾要求到法国面见国王，大概获得了准许，所以后来鲁布鲁克还是回到了法国。几年后，英国著名哲学家和科学家罗吉尔·培根在法国遇到他，向他详细询问了旅途的经历和发现，并且几乎将每个地理细节都在他的名著《大著作》中披露出来，关于火药的知识也是在这次会见中由鲁布鲁克向罗吉尔·培根介绍并第一次进入欧洲文献中。

《鲁布鲁克东行纪》的特点在于，无论是蒙古地区的风土人情，还是作者本人的种种活动，都描述得细致和具体，以至于有的研究者认为，鲁布鲁克可能在行程中做了某些记录或日记。

当然，鲁布鲁克可能也有了解蒙古人情况和动向的使命。所以，他在《鲁布鲁克东行纪》中用一定篇幅介绍了蒙古人许多方面的情况，包括蒙古族的风情礼俗、婚丧嫁娶、饮食服饰、法律禁忌、狩猎生产等。他特别提到几次与蒙哥汗的见面和交谈，以及蒙古宫廷内的一些情况。他还提到贵

由汗的死因，说在旅途中听说贵由是被拔都派人毒死的，或是拔都派人去朝见贵由时，使者（拔都之弟司徒堪）和贵由因酒发生争吵，彼此把对方刺死了。关于贵由的死因，中外史籍均无记载，可以说鲁布鲁克在这里保留了几乎是唯一可贵的记载，提供了蒙古宫廷斗争的一些重要线索。

鲁布鲁克还介绍了在蒙古汗国都城和林的见闻。如果说柏朗嘉宾首次提到和林城的名称，鲁布鲁克则旅居其间，对该城做了许多具体的描述。鲁布鲁克提到的"契丹"，也和当时其他西方旅行家一样，指的是中国内地，"契丹人"主要指汉族人。他提出，古代人所说的"赛里斯"（丝人）其实与"契丹"是同一个国家和民族。这种判断具有重要的历史地理价值，使欧洲人开始把他们所知的"契丹"与历史文献上说的"赛里斯"联系起来认识。

不仅如此，鲁布鲁克对中国文化还有更进一步的、具体的观察和了解，比如提到了中医的诊断（按脉）和治疗（草药）方式，提到了中国人的工艺水平，以及中国人子承父业的习惯传统。鲁布鲁克还介绍了中国的纸币，提到中国的文字和书写方式。鲁布鲁克是西方文献中最早提到中国纸币的。关于中国文字，柏朗嘉宾只是提到"契丹人"有"自己特殊的字母"，鲁布鲁克则具体介绍了中国文字的构成和书写方式，这大概是那个时代西方旅行家们的记录中仅有的。

四、波罗兄弟联络教廷的使命

罗马教廷和欧洲君主派遣使节至蒙古汗国，初步建立起欧洲教会与蒙古的联系。蒙古汗王除热情礼遇外，也很想与西方建立联系。柏朗嘉宾出使蒙古时，贵由汗即派镇海等接待使臣，从中了解罗马教皇及欧洲各国的情况。柏朗嘉宾回国时，贵由汗本想派使团同行，但遭到婉言谢绝，只得修书与罗马教皇联系。1248年，驻波斯统将野里知吉歹派使者携信札去拜见法国国王路易九世，信中言贵由汗将保护所有基督徒并帮助他们反对回教徒，收复耶路撒冷。但这次出使未得到蒙古大汗亲许。安德烈出使蒙古时，摄政的海迷失皇后给予热情接待，并派使节随欧洲使团同去法国，但不知结果如何。鲁布鲁克拜见蒙哥时，蒙哥也想派使与其同去欧洲，但亦遭到回绝。在《鲁布鲁克东行纪》中，记有这样一件事：塞阿多鲁斯是个骗子，蒙哥受其蒙骗，竟派他带领一个蒙古使者手持金牌去见法国国王和主教。蒙哥虽被骗，但从中可见他急于同西方取得联系的迫切心情。

蒙古汗王急于同西方联络，其动机大概是出于军事目的。征服欧洲是蒙古贵族统治者计划之内的事。如同西方派传教士出使蒙古汗廷带有政治、军事目的一样，蒙古统治者也想以通使的方式来刺探对方的情报。蒙哥派蒙古人随骗子塞阿多鲁斯出使前，曾对使者说：跟这家伙前去，认真观察道路、国土、城镇、人物和他们的兵力。西方使团以种种借口谢绝蒙古使者的出使，实际上也是出于防范心理。蒙古汗王大概看透了西方传教士使者们的这种动机，故在礼遇的同时，又复以措辞严厉的信函。

马可·波罗的父亲和叔父就是这一时期来华的商人。马可·波罗的父亲尼哥罗·波罗（Nicolo Polo）和他的叔父马菲奥·波罗（Maffeo Polo）于1260年自备商船从君士坦丁堡启程，向尤新或黑海方向进发，驶达索耳得亚港，又从陆路行抵蒙古汗王别儿哥的王都，并献珠宝给别儿哥王，别儿哥王则以金银和其他礼品作为回赠。波罗兄弟在那里居住了一年。1262年，别儿哥与旭烈兀发生战争，因归途不安全，兄弟二人只好继续东行，至不花剌城，并在那里逗留3年。二人在那里遇见了旭烈兀派去朝见忽必烈的使臣，使臣建议二人随其同行晋谒大汗，二人遂随其而行，大约在1626年夏到达上都。

波罗兄弟到达上都后，朝觐了忽必烈大汗，并受到了他的亲切接见。忽必烈还因他们是首次来元的拉丁人而特意为他们举行了一次盛大的宴会，以示隆重欢迎。大汗慈祥地和他们交谈，详细地垂询了西方各地的风土人情、罗马教皇和其他基督教君主、王公的情况，以及他们的国土状况、治国之道、如何立法、如何指挥军事等。他尤其关心教皇的起居和工作情况、教会的事业、宗教的崇拜和基督教的教义。波罗兄弟见多识广，且通蒙古语，对忽必烈的所有问题都回答得很得体，因而受其赏识。忽必烈汗准备

⊙ 波罗兄弟从威尼斯启程前往东方

派波罗兄弟二人充任骋问教皇的专使。经与众臣商议，决定请二人同另一名使臣去罗马觐见教皇。另外希望他们在返回复命的时候从耶稣基督圣陵的长明灯带回一点圣油来。

波罗兄弟及另一使臣携带忽必烈写给罗马教皇的信函，手持令沿途关卡放行并提供一切必需品的御赐金牌，前往西方。途中，使臣因病滞留，波罗兄弟带着国书继续西行，于1269年4月抵达阿克拉。这时忽然传来教皇克莱蒙特四世新近逝世的消息。他们向阿克拉城里的教廷专使透俄把塔（Legat du Pape）报告忽必烈的使命。透俄把塔听波罗兄弟陈述后大喜过望，认为此事对圣教大有益处，指示兄弟二人回威尼斯等候。兄弟二人在威尼斯数年，教皇久不选定，他们急于回复大汗，便由威尼斯启程，带上马可·波罗，觐见前专使透俄把塔，求其准许到耶路撒冷取圣墓长明灯里之油少许，归见大汗复命。波罗兄弟到耶路撒冷取了油来，见专使说："举定教皇，遥遥无期，吾辈必须归见大汗，因流滞久矣，故不能再待也。"二人得了专使的信，离开阿扣城，归见大汗。到了拉耶斯城时，听说专使已被选为教皇，改号格列高利十世（Gregorius X）。专使派人追至拉耶斯，以教皇的名义，请兄弟二人急回阿扣，觐见教皇。

1271年，波罗兄弟二人携带马可·波罗在阿克拉谒见新上任的教皇格列高利十世，要求回中国复命。新教皇派遣了两位修道士携带致忽必烈大汗的信与波罗等人一同前往中国。这回17岁的马可·波罗跟着他们一起来了。这两位修道士都是知识渊博的神学家、文学家和科学家，一位是维琴察的尼古拉（Nicole des Vicence），一位是的黎波里的威廉（Guilaume de Triple）。后来这两位教士走到半路，因惧怕前途艰险而没有继续东行，遂将教皇致大汗的信交给尼哥罗等代为传达。马可·波罗与父亲、叔父用了3年半的时间，于1275年夏到达上都。

波罗兄弟及马可·波罗向忽必烈汗复命，呈献教皇的书信和礼品以及耶稣基督圣陵的灯油。忽必烈盛赞波罗兄弟作为专使的忠诚和热心，并详细询问了他们出使的经过以及和教皇交涉的始末。对于新来的马可·波罗，忽必烈汗亦很欢迎，并将其名字列入荣誉侍从的花名册上。

波罗兄弟及马可·波罗来中国的目的不是传教，而是经商。尽管如此，他们实际上仍充当了蒙古汗廷与罗马教廷之间的使节，使蒙古帝国与罗马教廷及欧洲各国有了进一步的联系。

五、拉本扫马西行记

虽然教廷和法国国王的几次遣使都没有达到预期的目的，但是，从蒙古人这方面来说，由于从成吉思汗起就奉行宗教兼容的政策，因此聂思脱里派（即景教）重新活跃起来，并成为元代流行各地的宗教之一。蒙古汗廷及高级官吏中有不少景教徒和信奉基督教的人。另一方面，蒙古人第三次西征、建立伊儿汗国后，几代伊儿汗都把西方的基督教徒看作他们反对伊斯兰教的天然盟友，并努力与之建立联系。所以，在鲁布鲁克出使之后，教廷和欧洲国家主要是与伊儿汗国交往。1274年，阿八哈汗遣使至里昂，出席了教皇在这里召开的宗教大会；1277年，他又派6名使者到英格兰。最后，1286年，阿鲁浑汗向西方派出了以拉本扫马为首的最重要的一个使节团。

拉本扫马（Rabban Sauma，约1225—1294）虽然取的是叙利亚名字，却是出生在中国北京的突厥人或维吾尔人。他的父亲是一位名叫昔班（Hispan）的景教徒，13世纪初来北京任景教都会巡视观察员。拉本扫马30岁时入修院，后独居京郊山洞隐修，曾由大都景教总主教马·吉沃吉斯（Mar Giwargis）受洗。其弟子马可斯（Rabban Markos）亦为景教教徒，就学于扫马，并受剪发礼而成修士。

1275年（至元十二年）前后，拉本扫马和马可斯决意去耶路撒冷朝圣，得到了忽必烈的批准。这一年，拉本扫马已经修行27年了，是一位颇有声望的景教僧侣。也就是在这一年，年轻的马可·波罗跟随他的父亲和叔父抵达大都，向忽必烈复命。拉本扫马二人随商队而行，经沙州、和田、喀什噶尔、呼罗珊前往巴格达，准备去拜见景教宗主教马·登哈（Mar Denha）。马·登哈主教是景教界的首脑，此时正巡幸马拉加城。拉本扫马与马可斯沿着里海南岸赶到马拉加。拜谒场面令人感动。

1280年，马·登哈在景教徒旭烈兀妃托古思敦的支持下，任命马可斯为驻中国的契丹主教，取名雅八哈拉，随即马可斯与拉本扫马二人返回中国。途中得知马·登哈去世的消息，二人又返回参加丧礼。1281年，马可斯被推为马·登哈的继承人——东方教会大总管，统领东起中国、西至巴勒斯坦、南到锡兰、北到西伯利亚的广大地区的教务。拉本扫马被任为巡视总监。

1284年，伊儿汗阿鲁浑即位后，力图与罗马教廷及欧洲各国建立更为密切的关系，以联合攻夺耶路撒冷和叙利亚各地。1287年，阿鲁浑汗与总主教雅八哈拉三世（即马可斯）商量决定派遣扫马作为伊儿汗王和教会的使节，正式出使欧洲各国。拉本扫马的随行人员中，也有两位意大利人，乌凯托（Ughetto）与阿芳斯的托马斯（Thomas of Anfossi），他们从中国返回欧洲，路过波斯，就作为译员或联络人员加入了使团。拉本扫马一行携带阿鲁浑致西方教皇、君主的信件，从巴格达出发，沿古商路西北行至黑海，受到安德罗尼古斯二世（Antronicus Ⅱ）的款待。又在此乘船至意大利那颇利港，转陆路抵达罗马。当时，罗马教皇新逝，教廷主事官员知其来意后，告知需等新教皇选出后才能复命。于是，拉本扫马继续西行至巴黎，向法国国王菲利普四世（Philip Ⅳ）呈交了阿鲁浑的信件和礼物。

菲利普四世答应派军队与阿鲁浑联合攻打耶路撒冷，并派使者将复信送给阿鲁浑。阿鲁浑致菲利普四世的信至今存于法国巴黎图书馆。拉本扫马一行离巴黎去加斯科尼，见到了英王爱德华一世（Edward Ⅰ）。英王对阿鲁浑联合欧洲军队夺取耶路撒冷一事非常赞赏，对拉本扫马一行也以厚礼相赠。1288年，拉本扫马返抵罗马，新教皇尼古拉四世（Nicholas Ⅳ）隆重接待了他们，对阿鲁浑汗优礼基督教和准备攻打敌对宗教势力、夺取圣地耶路撒冷并扩大基督教领土的举动表示支持和感谢。拉本扫马一行完成使命后回伊儿汗国。

拉本扫马出使欧洲，受到了罗马教廷和英、法等国君主的优渥礼遇和普遍欢迎，教皇和各国国王争相赠予贵重礼品。回伊儿汗国后，他也受到了阿鲁浑王的嘉奖。

拉本扫马是一个生长在中国而长期服务于伊儿汗国的景教徒。他充当伊儿汗国的使者出使欧洲，向欧洲人介绍蒙古汗国的情况，为联络蒙古汗国和罗马教廷起了很大的作用。拉本扫马用波斯文记载了他的出使经历与见闻。到1887年，一个偶然的机会，居住在波斯西北的索罗门（Mr Salomon）从一位信奉景教的突厥青年那里发现了一部叙利亚文手稿，手稿记录了拉本扫马的生平与旅行。

六、孟德高维诺的传教活动

1289年，教皇尼古拉四世派遣意大利人孟德高维诺（Giovanni da

⊙ 孟德高维诺

Montecorvino，1247－1328）出使中国。孟德高维诺是意大利的方济各会修士，曾在伊儿汗国都城大不里士主持教务，因而可能对东方和蒙古人的情况比较熟悉。

孟德高维诺于1289年从罗马出发，携带教皇致伊儿汗阿鲁浑、大汗忽必烈及海都的信，启程东行，经亚美尼亚抵伊儿汗国都桃里寺。1291年，他与商人彼得（Peter）结伴继续东行。因当时忽必烈与海都正在交战，陆路不安全，遂走海路至印度，留居马八儿一年多。在此期间，他给西方教廷写过一封信。约在1293年，他从马八儿乘船来中国，在中国登陆的口岸极可能是扬州。1294年，孟德高维诺抵达大都，觐见元朝皇帝。孟德高维诺抵大都时，忽必烈已经去世。元成宗接见了他，孟德高维诺向成宗呈交了教皇的信件，并请求元帝准许其在中国传教。元成宗对孟德高维诺以礼相待，并准许其在大都传教。商人彼得亦留在中国经商。从此，中国的基督教开始在聂思脱里派之外，和罗马教廷取得了联系。

孟德高维诺在中国的传教活动，可从他寄给罗马教廷的3封信中得知大概。第一封信是1292年寄向印度。第二封信是1305年（元大德九年）1月8日在汗八里（即大都）写的。第三封信写于1306年。孟德高维诺的《中国书简》是中国天主教史上的重要文献。

孟德高维诺是罗马教皇派到中国开辟教区的第一任主教，在中国生活了30多年。

孟德高维诺自来中国后，即行传教之事，曾创设教堂两座，收纳教徒甚众。他于1299年（元大德三年）在大都建立第一所天主教堂。教堂配有一座三口钟的钟楼，可能是北京最早的钟楼。第二座教堂建于1305年（元大德九年），当年圣方济各祭日（10月4日）竣工，这座教堂内有可容

200人的礼拜堂，屋顶竖有红色的十字架，在城内是一个醒目的标志。这座教堂可能是在与他一起从印度迈拉布尔来的意大利商人彼得的捐助下建成的。孟德高维诺所建的第二座教堂的位置可能在元皇城的正北门厚载红门外（今地安门以北）。除大都的两所天主教堂外，受孟德高维诺影响的阔里吉思还在其属地修有一座罗马教堂。此教堂修建于1305年之前，由阔里吉思及其部众捐资兴建。这座教堂雄壮宏丽，不亚于王公贵族的宅院。

孟德高维诺的第二封信是1305年1月8日在汗八里写的。在此之前，孟德高维诺和罗马教廷、方济各会已失去了联系整整12年。孟德高维诺在这封信中回顾了他到中国以后开展传教活动的情况，说蒙古大汗（元成宗）宽待天主教徒，虽然他曾努力使大汗改宗但并未成功。他曾受到景教徒的迫害，但最终排除诬陷，获得大汗信任。他在汗八里建了一座教堂。孟德高维诺希望罗马方面派助理辅佐他，并展示了中国领土之广大，以示传教之前景。

罗马教廷收到孟德高维诺来自大都的这封信，可以想象受到了极大的鼓舞。教皇克莱门五世遂于1307年特设汗八里总主教区，任命孟德高维诺为总主教，授权他统辖契丹、中国南部各处主教、高僧，统理远东教务，有授主教和划分教区权，非重大事件，不须请示教皇，只需承认教皇为教会领袖，并从教皇处领取总主教绶带，但绶带的传袭，须有教皇的认可。

同年7月，教皇派遣7名方济各会传教士前往中国，但只有格拉德（Gerardus）、佩里格林（Peregrinus de Castello）和安德鲁（Andreas de Perugia）3位副主教约在1308年抵达中国，协助孟德高维诺在中国的传教事业，其他4人在途经印度时病逝。1311年，教皇再增派彼得（Peter）、哲罗姆（Jerome）和托马斯（Thomas）3人赴中国传教。

孟德高维诺的第三封信写于1306年（元大德九年），主要是说他在汗八里大汗宫门前开始建一座新教堂。他还说到大汗对他的礼遇，他在大汗宫里有一个座位，享有进入宫内的权利。

孟德高维诺写这两封信的目的，主要是请教廷再派一些传教士来华，协助他在中国开展传教活动。

1308年，格拉德、佩里格林和安德鲁3位副主教抵达中国，协助孟德高维诺在中国的传教事业。约在1313年，泉州创设主教区，由格拉德任首任主教。格拉德死后，佩里格林被孟德高维诺任命为泉州主教。

与佩里格林同来的安德鲁在大都居住5年，也要求去泉州，得到元朝的批准。他乘驿南行，沿路皆受欢迎。他在泉州附近的小林中建造教堂一座，修院一所。佩里格林去世，安德鲁被孟德高维诺任命为泉州主教，在泉州继续传教，直到最后在泉州去世。20世纪30年代，泉州陆续发现了大量天主教徒的坟墓和墓碑，其中一块墓碑石上刻有拉丁文碑文，半可辨读，大意是"Andreas Peruginus牧师长眠于此"。碑文末所刻年份应是1332年，即安德鲁去世之年。

安德鲁于1326年1月在泉州主教任上给教皇发出一封信，信中报告了他们来华途中的艰难遭遇以及在华的传教经历，其中特别提到在汗八里5年所享受到皇帝赐予的优厚的"阿拉发"（Alafa）待遇。安德鲁迁居泉州时，得到允许，将钦赐薪俸（阿拉发）移往泉州。他说，他将这份补助金大部分用于建筑教堂。

1328年，孟德高维诺病逝于大都，享年81岁。出殡时，教徒及非教徒自愿参加送葬行列者人数极多，足见其在当时极负盛名和影响。孟德高维诺在华传教30年，对天主教在中国的传播起了很大的作用。孟德高维诺去世后，这种局面并没有继续下去。

后来，教皇派巴黎大学神学教授尼古拉斯（Nicholas）任汗八里总主教，同行者有教士20人、平民6人。尼古拉斯及同行者抵达阿力麻里，受到察合台汗的欢迎，但从这以后，竟不知去向。

七、马黎诺里在中国的游历

孟德高维诺任主教期间，曾劝化一些外来的部族信仰天主教，包括从俄罗斯和西方来的军人，其中最重要的部族是从黑海高加索地区来大都的阿兰人。由于孟德高维诺去世，尼古拉斯尚未到任，他们请求元顺帝遣使教廷，以通往来。阿兰官员也上书教皇，请求委派主教和传教士来中国。

至元二年（1336），元顺帝派在中国的欧洲人安德烈·弗兰克和威廉及阿速人脱孩等人率领16人的使团出使教廷，携元顺帝致教皇书信一封。信的内容除表示友好、要求教皇"告天祝寿"外，还将信奉天主教的阿兰人介绍给罗马教皇，并请帮助购买良马、珍宝等物。

中国使团于1338年抵达当时教皇驻地阿维尼翁。教皇本尼迪克特十二世（Benedict XII）隆重接待了元顺帝的使者，并安排他们游历欧洲各地。

同时教皇派遣由数十人组成的庞大使团前来中国。使团中有4名方济各会士，其中留下记载的就是约翰·马黎诺里。1338年12月，使团从阿维尼翁启程，至意大利那颇利港，会齐元朝来使，取道君士坦丁堡，渡过黑海，先到钦察汗国都城会见了钦察汗，又到察哈台汗国都城阿力麻里，从那里经哈密前往大都。当使团于至正二年（1342）七月到达大都时，元朝安排了盛大仪式，给予隆重接待。马黎诺里等向元顺帝呈上教皇的复信和西方骏马一匹。《元史·顺帝纪》记载："是月，拂郎国贡异马，长一丈一尺三寸，高六尺四寸，身纯黑，后二蹄皆白。"该马曲项昂首，神俊超逸，被誉为"天马"。元顺帝大喜，命画工周朗作《天马图》，文臣揭傒斯作《天马赞》，在廷文人多应制写诗作序，时人叹为盛事，欧阳玄作《天马颂》《天马赋》，周伯琦作《天马行》，陆仁有作《天马歌》，秦约亦作《天马颂》以记其事。他们描写这些使者"黄须碧眼，服二色窄衣，言语不可通"。"拂朗国进天马"成为在当时朝廷轰动一时的大事。

约翰·马黎诺里是意大利人、方济各会士，他到大都后，即开展传教活动。元朝宫廷对他待遇优厚。据其著述记载，汗八里都城内，小级僧人有教堂一所，接近皇宫。堂内有总主教之寓所。教士衣食费用，皆由大汗供给，至为丰足。他在大都留住4年，1346年回国，行前元顺帝设宴欢送，赏赐物品、3年费用和良马200匹。他们经杭州、宁波到达泉州。马黎诺里到泉州后，见该处有3座天主教堂，比鄂多立克1324年见时多一座。他们由泉州起航，经印度、斯里兰卡、霍尔木兹、巴格达、耶路撒冷、塞浦路斯，于1353年抵阿维尼翁，进呈元顺帝致教皇克莱门六世的国书。信中表示大汗尊重天主教，并要求教皇继续派传教士来中国传教。

1354年，马黎诺里受日耳曼皇帝查理四世之召至布拉格，负责改修波希米亚编年史，著《波希米亚史》3卷，其中最后一卷追忆了他出使中国的见闻。这部著作完成后藏于布拉格图书馆，鲜为人知，直到1768年，教士多博纳（Gelasius Dobener）著《波希米亚史》，将其列入所编的著作中，才为世人所知。1820年，德国学者梅纳特（J. G. Meinert）将多博纳著作中的这一部分辑出，依原文重新整理，为《马黎诺里游记》（Der Reisebericht des Johannes Marignolla），刊于《波希米亚科学学会会报》，马黎诺里出使及其游记才为世人所知。

马黎诺里在游记中记述了他奉使东方的行程，对中国之广大赞叹不已。他说蒙古大汗统治东方世界过半，其权力之巨大、城市之众多、疆土之辽阔、语言之复杂、物产之富足、民族之繁多，难以言表。他说到汗八里城乃东方帝国之首府，雄伟无比，其人口之众和军容之庄严，无须赘述。马黎诺里在大都期间，所需饮食用品皆由宫廷供给，所以他说"其宽待远人之惠，感人深矣"。

马黎诺里借返国之机，到中国南方游历，"沿途我们看到许多城市村庄，其繁荣昌盛难以言表"。《马黎诺里游记》对泉州做了这样的记载，说刺桐城是一个令人神往的海港，也是一座令人惊奇的城市。方济各会修士在该城有三座非常华丽的教堂。教堂十分富足，有一浴室、一栈房。还有几尊极其精美的钟。他们所见到的教堂，一座由阿美尼亚妇人所建，一座由方济各会泉州主教安德烈所建，鄂多立克到泉州时也见到一座教堂，另一座教堂不知由谁所建。马黎诺里的这些记述对研究元代方济各会在泉州的历史，具有重要的参考价值。

马黎诺里返回欧洲时，已是元末。自从孟德高维诺去世后，天主教在中国的教会失去了精神领袖。此后公教会自顾不暇，元帝国也日薄西山。1369年，元顺帝出逃漠北，天主教也随着元朝的灭亡而在中原销声匿迹。

天主教徒再度来华，则要等到200多年后的利玛窦那个时代了。

第三十七章　马可·波罗发现了新世界

一、诞生在监狱里的名著

1298年，在意大利热那亚的监狱里，关押着一批威尼斯囚徒。热那亚是意大利重要的港口城市，也是中世纪重要的贸易城市，其势力仅次于威尼斯，后来因发现新大陆而名震世界的哥伦布就是热那亚人。当时，为了争夺东方贸易的霸权，热那亚与威尼斯进行了四次战争。这些囚徒就是在战争中被俘的。

狱中单调的生活，闲极无聊，其中一位囚徒就给大家讲故事。他说自己多年在东方游历，知道许多奇闻逸事、奇风异俗，说那里极为富有，遍地黄金。大家听得十分入迷。听众中有一位作家，觉得这些东方的奇异故事很有意思，如不写成书传之后世，是十分可惜的。于是，他就笔录成书。

这位作家是比萨人鲁思蒂谦诺（Rusticiano）。鲁思蒂谦诺从小受到比萨文化传统的熏陶，并且对外部世界有着浓厚的兴趣。起先，他在比萨学习法语，因为法语是当时地中海地区广泛使用的语言，很受当地知识阶层的重视。后来，他前往法国深造，专门研究法国骑士文学。13世纪是欧洲骑士文学繁荣的时代，而法国是骑士传奇的中心。鲁思蒂谦诺到法国后，很快熟读法国骑士文学的经典，并对这些作品的构思主题、编织情节、描写技巧等方面的特点进行认真研究。他曾写了一个欧洲人熟知的亚瑟王和其他骑士的侠义故事，得到英国国王爱德华一世的赏识。他用法语写成了一部骑士传集《梅里亚杜斯》。该书反映了当时人们理想中的骑士精神。

这部著作很快传到意大利，在各城邦君主、贵族的宫廷里以及骑士传奇读者中广为流传，受到热烈欢迎。所以，在入热那亚监狱之前，鲁思蒂谦诺已是一个颇有名气的文人了。由于他广学博识，富有教养，人们都尊敬地称他"鲁思蒂谦诺老师"。我们不知道他是如何被关到监狱里的。有人说，他是在1298年的那场战役中被俘的，他也参加了威尼斯的舰队。据另一说，鲁思蒂谦诺入狱的时间要早数年，是在梅洛里亚战役中被俘的。不过这无关紧要。重要的是，他在狱中笔录的这本书，深刻影响了世

⊙ 1477年纽伦堡印本《马可·波罗游记》扉页的马可·波罗肖像画

界文明的历史。仅凭这本书，他的名字就被写进了世界史。

鲁思蒂谦诺笔录的这本书就是日后闻名于世的《马可·波罗游记》。而故事的讲述者，威尼斯人马可·波罗，日后被称为中世纪"四大旅行家"之一。在热那亚的监狱里，鲁思蒂谦诺得以结识马可·波罗，也是一时的奇遇。可以说，如果没有鲁思蒂谦诺，如果没有这位执着的作家强迫马可·波罗静下心来坐在那里滔滔不绝地讲述自己的经历，就不会有马可·波罗的故事变为文字广为流传，他的经历最终只能是那些行走在丝绸之路上的商人们闲来无事的谈资，会和他同时代无数的商人、旅行家们一样，消失在历史的烟云中。

据文学史专家认为，鲁思蒂谦诺在笔录《马可·波罗游记》时，态度严谨、忠实，《马可·波罗游记》的文字流畅自然，不尚浮华夸张，体现了历史的真实和马可·波罗口述的特点。但是，他并非仅仅扮演了一个纤毫不失的机械笔录的角色。事实上，在鲁思蒂谦诺笔录的《马可·波罗游记》中，也包含着他对马可·波罗口述的接受、理解和再创造，包含着作为一位文学家的艺术匠心和风格。

《马可·波罗游记》成为一本风靡欧洲、家喻户晓的书。

二、马可·波罗的丝绸之路旅行

马可·波罗是威尼斯人。威尼斯是一个古老的商业城市，威尼斯商人早在9—10世纪，就在地中海上进行商业活动。到了13世纪，地中海成为欧洲的两大商业区之一，而意大利的威尼斯、热那亚、比萨等城市又是地中海商业区的中心。这些城市联系着西欧和东方的市场，成为东西贸易的枢纽。其中威尼斯的地位尤为重要，它是东方货物运往中欧和北欧的一个吞吐港。马可·波罗的父亲尼哥罗和叔父马菲奥都是有名的威尼斯商人，经常奔走于地中海东部地区，进行商业活动。

1271年，尼哥罗和马菲奥再次启程前往中国，年仅17岁的马可·波罗随父亲和叔父同行，踏上了东方之途，开始了他一生中长达24年的漫游东方的历史行程。

1271年11月，马可·波罗一行由威尼斯启程。他们乘船渡过地中海，

⊙ 马可·波罗穿越沙漠，选自1375年的加泰隆画册（局部）

到达小亚细亚半岛，经巴格达而到当时商业繁荣的霍尔木兹。马可·波罗在这段行程中感受到旅行的快乐，他说沿途有不少美丽的城镇和村落，鸣禽野兽很多。在这里旅行，还可以携鹰打猎，所得愉快很难用言语形容。然而，艰难的旅程还在后面。他们穿越荒无人烟的伊朗高原，继而东行，翻越险峻的帕米尔高原，沿着古老的丝绸之路，经喀什、莎车、和田，再经敦煌、酒泉、张掖、宁夏等地，经过3年半的跋涉，于1275年夏天抵达了元朝上都。

马可·波罗一行抵达上都后，受到忽必烈的接见。马可·波罗年轻聪明，善于学习，很快就熟悉了东方的风俗和语言，很受忽必烈器重和信任，留他以客卿身份在朝中供职。这并不奇怪，因为在忽必烈的朝廷里有很多来自阿拉伯的乃至欧洲的西方人担任各种职务，他们被称为"色目人"。忽必烈的宫殿是一个国际化的朝廷，忽必烈的都城是一个国际化的大都市。

1277年至1280年，马可·波罗离开京城到云南游历。他从北京出发，经由河北到山西，过黄河进入关中，逾越秦岭至成都，西行至建昌，并到过西藏地区，最后渡金沙江，到达云南昆明和大理地区。此后，马可·波罗又游历了江南一带。他的游记中没有明确的行程记载，但记载了淮安、宝应、高邮、泰州、扬州、南京、苏州、杭州、福州、泉州等南方城市。马可·波罗可能不止一次游览江南地区。据他自己说，他曾担任几年杭州城的领导职务。这个说法没有中国文献佐证，但在现在的杭州西湖边上伫立着一尊马可·波罗的塑像。

此外，马可·波罗在中国旅居期间，还奉使去过东南亚的一些国家。他的行记里提到的有印度尼西亚、菲律宾、越南和缅甸等国。1292年，马可·波罗趁奉命护送蒙古公主阔阔真嫁到伊儿汗国之便，得以和父亲、叔父离开中国。他们一行先到波斯送阔阔真公主，然后继续西行，于1295年回到故乡威尼斯。

马可·波罗在中国生活了17年，遍游大江南北与长城内外，对中国情况的了解远远超过当时的欧洲人。他回国后向乡人介绍东方见闻，引起人们的极大兴趣。而作为商人，他与其父亲、叔父在中国各地经商多年而成为巨富，回国时带回大批珍宝，人称"百万马可"。他成为威尼斯的名流，参与城市的公共事务。他热爱自己的家乡，为家乡而战，他就是在一次与热那亚人的战争中被俘而被关到监狱里的。

三、《马可·波罗游记》展现了迷人的中国文明

马可·波罗的故事因为《马可·波罗游记》这本书而广为人知。

由马可·波罗口述、鲁思蒂谦诺笔录的《马可·波罗游记》共分4卷、229章。第一卷叙述马可·波罗与其父亲、叔父东来时的沿途见闻。第二卷记载了中国元朝初年的政事，大汗忽必烈的宫廷生活、都城、宫殿、节庆、游猎等；记述了马可·波罗奉使经太原、西安、成都等地赴云南各地的见闻，自大都南行至淮安、扬州、镇江、苏州、杭州、福州、泉州等地的见闻，描述了各地的繁华景象。第三卷介绍了日本、越南、印度尼西亚、斯里兰卡、印度、印度洋沿岸诸岛以及非洲东部等地区的情况。第四卷讲成吉思汗以后蒙古各汗国之间的战争和俄罗斯的概况。

马可·波罗用了很大篇幅来描述元朝大都的宏伟和繁荣。都城作为全国的政治和文化中心，历朝历代都对都城的营建下足了功夫，极尽奢华壮丽，特别注重规模建制，使其显示出皇权的至高无上和神圣不可侵犯。所以，都城往往气势雄伟，规模宏大。正如唐代诗人骆宾王的名句说："山河千里国，城阙九重门。不睹皇居壮，安知天子尊。"凡是到过中国都城的外国旅游者首先都会对中国都城建设的宏伟气势而惊叹不已。比如唐代的长安城，恢宏壮观、大气磅礴，是当时世界上第一大都市，令来到长安的外国人大为惊叹。17、18世纪来中国的传教士们也都对明清都城北京印象深刻，撰写了大批描述北京面貌的文字，形成他们的"北京经验"。

元朝的大都即现在的北京，也是当时世界上最大的城市之一。马可·波罗对大都做了详细介绍。他称大都为"汗八里"。他描写汗八里面积广袤，街道布局严整。大都的皇城，周围有高达10步的城垣环绕，皇城

◎ 元世祖忽必烈在上都夏宫接见马可·波罗一家

四角建有角楼。宫殿建筑的"工巧之极，技术之佳，见之足以娱人心目"。君王临朝听政的大殿，壮丽雄伟，光泽灿烂。在宫城与皇城两墙之间有"一极美草原"，种植各种果树，还有许多动物，如鹿、獐、山羊、松鼠等；另外还有一个大湖，景色非常优美。

　　马可·波罗在游记中介绍了西安、太原、成都、大理、苏州、杭州等数十个城市，对这些城市的情况，包括山川地形、生物矿产、气候寒暑、工商贸易、珠宝香料、宗教信仰、风俗习惯等，都有详略不等的介绍。他尤其对经济发达、人文荟萃的长江中下游地区印象深刻。他说苏州"其城之大，周围有六十里，人烟稠密，至不知其数"。他称杭州为"天城"，是"世界最富丽名贵之城"，其"所供给之快乐，世界诸城无有及之者，人处其中，自信为置身天堂"。他特别提到了西湖的美丽景色，说城中有一大湖，湖上有许多画舫划艇，大小都有，专为游览娱乐而设。每条船里都备有漂亮的桌椅和其他必需的器皿，驾船之人手持篙子，插入湖底，用力撑船，想往何处，随心所欲。船顶以下及其四壁，悬挂各色画图；两旁有窗户，可以向外眺望，所有湖边的离宫别墅、院庙寺宇、园林山色，都尽在眼中。他很感叹地说，地上的赏心乐事，没有比泛舟西湖更为快乐的了。

除了对大都和这些大都市的描写，《马可·波罗游记》中还记述了中国的许多情况，涉及政治、军事、法律、奇闻轶事、风土人情等诸多方面。在元朝的制度方面，涉及元朝的行省制度、驿站制度和漕运等方面的情况。由于他到处旅行，因此对驿站制度特别在意。他说，全国有驿站1万多个，有驿马20多万匹，有陈设豪华的驿站系统宫殿1万多座。

马可·波罗本人是个商人，所以他以极大的兴趣记录了各个地区的物产、贸易、集市、交通、货币、税收等与商业有关的事物。有人统计，《马可·波罗游记》中关于商务的记录，占中国部分内容的1/6以上，以至于欧洲人曾把它看成东方的"商务指南"。马可·波罗记述了大都贸易发达、商业繁荣的情况，说大都是"商业繁盛之城"，凡是世界上最为稀奇珍贵的东西，都能在这座城市找到，特别是印度的商品，如宝石、珍珠、药材和香料。中国北方各地区和其他各地区，凡有贵重值钱的东西都运到大都来。外国高价珍稀商品及各种商品输入大都城之多，是世界上其他城市所不能比拟的。这里"百物输入之众，有如川流之不息，仅丝一项，每月入城者计有千车"。

他不仅记录了扬州、杭州、福州、泉州等商业名城的商务和物产，而且细心地观察了途经中等城市的工商业状况。其中关于地方特产、商店市场、贸易方式、物价税率、货币折算及金银比价等的记事，甚至比当时中国一些文人的记述更为详细和具体。比如，他讲到了成都的蜀锦，云南大理的黄金交换价格，扬州居民"恃工商而活"，开封的绢绸生产，镇江的金锦丝绢生产，以及苏州、杭州的工商业，福州、泉州的海外贸易等。

马可·波罗对在元朝流行的纸币做了比较详细的介绍。他首先介绍了印造纸币的机构和货币的质地，说"在此汗八里城中，有大汗之造币局，观其制设，得谓大汗专有方士之点金术"，"此币用树皮作之，树即蚕食其叶作丝之桑树"。用这些树皮造纸，然后裁作长方形，大小不等。这些纸币，幅有大小，面值不等，币面上盖有"君主印信"。这些纸币在全国流通，凡州郡国土及君主所辖之地莫不通行。大汗国中商人所至之处，用此纸币以给费用，以购商物，以取其售物之售价，竟与纯金无别。

《马可·波罗游记》还介绍了中国的育蚕制丝技术、制盐造纸技术，用煤作燃料，乃至做面条的方法。另外，对于宗教、葬俗、饮食、生肖纪年、社会救济等，都有繁简不同的记述。

在《马可·波罗游记》中，对中国有两种称呼：一个是"契丹"，一个是"蛮子"。这是沿用了蒙古人的叫法。与他同时代的柏朗嘉宾、鲁布鲁克、鄂多立克等人都是采用这样的称呼。元朝统一中国后，把中国北部称为"契丹"，把中国南部称为"蛮子"。俄语、希腊语和中古英语中，把整个中国称为"契丹"（读音分别为Kitay，Kitala，Cathay），穆斯林文

⊙ 马可·波罗手持驿票进入皇宫

献中常把北中国称为契丹（Khita，Khata）。俄国人当时仍然称中国为Kitan（契丹），称中国人为Kitanyes（契丹人）。但是，关于契丹的种种传闻传入欧洲后，人们误认为"契丹"和"中国"是两个国家，认为在China（中国）之外，遥远的东方还有一个美丽的国家——契丹，甚至在地理位置上认为"中国"在"契丹"以南以东的位置。

《马可·波罗游记》中极尽能事地描写了契丹的繁荣昌盛，使契丹这个名字在欧洲不仅耳熟能详，而且成为欧洲人向往和追求的梦想。这样混淆的地理概念一直持续了几个世纪，直至16世纪时，欧洲人对东亚大陆的认识还十分混乱，从海路来华者，称中国为"秦"或"China"，从陆路来华的称中国为"契丹"。17世纪初，由于利玛窦等人的努力，才最终得以澄清，欧洲人始确认"契丹"与"中国"实际上是一个国家的不同名称。

四、《马可·波罗游记》的传播与影响

《马可·波罗游记》以其丰富的内容、富有感染力的文笔，给欧洲知识界开辟了一个新天地，极大地丰富了欧洲人对中国和东方的认识。《马可·波罗游记》被称为"世界第一奇书"，马可·波罗被誉为"中世纪的希罗多德"，他不仅是中世纪最伟大的旅行家，而且是有史以来世界上的"最伟大的旅行家之一"。

《马可·波罗游记》完成后不久的14世纪初，就已经有手抄本流传。在《马可·波罗游记》诞生后的头20年，其语言形式有法意混合语的、托斯卡纳语的、威尼斯语的、德语的、拉丁语的以及一种经过改造的法语形式的版本。其译本创造了中世纪史无前例的记录。由于传抄和翻译的广泛，在14世纪，它成为法国人和意大利人的史诗中有关东方内容的源泉之一。1477年，《马可·波罗游记》的第一个印本德文译本在德国纽伦堡印行，以后陆续翻译成多种文字出版。最早的英译本是1579年在伦敦出版的。

不过，当时的欧洲人并没有充分认识到《马可·波罗游记》的重要价值。因为当时的欧洲人对中国、对东方的了解还是相当有限、相当模糊的。特别是因为14世纪以后，土耳其的奥斯曼帝国兴起，中西交通再次受阻，欧洲人对东方的了解更困难了。而马可·波罗所说的一切，对于他们来说太陌生、太新奇、太不可思议了。他们还没有做好接受如此大量文化信息的观念上和文化上的准备。所以当时有人将《马

⊙《马可·波罗游记》的最早抄本

可·波罗游记》看作《天方夜谭》一类的书籍，并没有对其进行充分的理解。马可·波罗也被同时代人称为"讲故事的能手"。在相当长的时间里，《马可·波罗游记》只被看作一种文学作品，人们并不相信它是真实的。它和那个时代的其他地理学著作一样，基本上被当作一本关于世界奇观和奇风异俗的书，而在欧洲中世纪，地理学的基本构成元素就是奇闻逸事。

在当时的一些人看来，《马可·波罗游记》并非真实的记录，而是他"曾仿许多旅行家，将他所见的事物故意夸张粉饰"而成的，认为马可·波罗并未到过东方，书中所述是得自他人的传闻。他的一些亲友也持这种怀疑态度。据说在马可·波罗的家乡，但丁就对马可·波罗和他的书怀有成见，在自己的著作里从未提到过马可·波罗和他的书。1321年，但丁和马可·波罗都在威尼斯。但丁是以使节的身份到威尼斯为拉文纳家族（Ravennati）的案件做辩护，马可·波罗则以"社会贤达"的身份被委任为大陪审团的成员。奇怪的是，这两位在当时都是很有名望的旅行家，竟从未在一条狭窄和人群拥挤的街道上相遇过，至少没有这样的记载。在但丁眼中，马可·波罗可能是个不值一提的人物。

⊙ 1556年《马可·波罗游记》法文版第一版

当时许多人对《马可·波罗游记》所传递的有关中国的信息将信将疑，但《马可·波罗游记》终因其"奇异"而不胫而走。由此，马可·波罗向欧洲展现出一个新奇的中国，一个富裕强大、文明昌盛的奇异世界，一种优越的、迷人的、发达的民族的文化。由于马可·波罗的介绍，欧洲人对中国的模糊印象逐渐清晰起来，对中华文化有了进一步的接触和了解。

在马可·波罗那个时代，也有一些欧洲人士来到中国，并写下他们的游历记录，但由于马可·波罗在中国生活的时间很长，并且广泛游历各个地方，既出入宫廷又深入社会，因而马可·波罗对中国的了解比他们更深入、更充分，他的记述也更具体、更详细，更富有感染力。因此，可以说，正是马可·波罗代表了那个时代欧洲人关于中国的知识水平。

马可·波罗及其游记的历史价值，在于他以亲身的经历和见闻，比较系统地向欧洲介绍中国和中华文化，增加了他们对中国的了解。

马可·波罗是第一个亲自游历中国并将其经历笔录成书的欧洲人。他大大开阔了当时欧洲人的地理视野，在他们面前展示了一个广阔而富饶的国家，引起他们对东方的浓厚兴趣。而对那个时代的欧洲人来说，马可·波罗的故事确实使他们大开眼界。就像200年之后哥伦布发现新大陆一样，马可·波罗为欧洲人发现了一个新世界。

可以说，马可·波罗的中国之行，揭开了欧洲人心目中对亚洲文化想象的序幕。

直到15、16世纪，欧洲人对于东方的历史和地理知识逐渐丰富，《马可·波罗游记》的价值才显现出来，于是怀疑化为相信，伴随而来的是惊奇和羡慕。所以，有人说，马可·波罗用了20年时间认识中国，欧洲人认识马可·波罗却用了200年。

200年后，世界历史进入大航海时代，而《马可·波罗游记》展现的中华文明，成为刺激欧洲人发动大航海运动的强大心理动力。

五、马可·波罗时代欧洲人的中国知识

在马可·波罗时代，还有几部关于中国的文献，如《海屯行记》《光明之城》，伊本·拔图塔的游记，以及实际上是伪书的《曼德维尔游记》等。这些文献，以及马可·波罗和诸位传教士、旅行家留下的报告，代表了那个时代西方人对中国与中华文化的认识和了解以及西方人关于中国的知识所达到的水平。

西方人对中国和中华文化的了解、认识，早在中西接触之初就已经开始了。西方人对中国的认识史、知识史，是与中西文化交流史、中华文化西传史同步的。早在古罗马时代的文献中，就有关于中国和中华文化的记载。但是，在那个时候，西方人关于中国的知识，主要限于具体的物质形式（主要是传到欧洲的丝绸），并且大部分来源于几经周转的传闻，有许多不确切的、模糊的甚至误传的东西。这也反映了当时中西文化初步接触的条件和水平。那个时候，西方人只是对遥远的那个产丝的国家有一些模糊的印象。可能有欧洲人来到中国，也可能有欧洲人与中国人的直接接触，例如关于大秦王安敦（罗马皇帝马可·奥勒留）遣使来华的记载等。但他们并没有留下在中国游历的经历和见闻的文字记录，因而在西方人中国知识史上不占有重要地位。

罗马帝国覆亡之后的数百年间，欧洲进入中世纪时代，欧洲在这一时期的历史和文化是落后的、发展缓慢的。虽然有许多中华文化的物质成果和先进技术经阿拉伯人西传至欧洲，虽然中国与欧洲也有一些外交上的往来，如与东罗马帝国即拜占庭的交往，但实际上欧洲人的中国知识、欧洲人对中华文化的了解和认识并没有显著的进步与增长，也没有特别值得注

意和重视的文献记载。当盛唐文化在东方如日中天、展现其世界性辉煌的时候，欧洲人却对此知之甚少。实际上，限制人们知识水平的，不仅仅在于被认识客体的表象和呈现，更主要在于认识主体接受、理解的条件和能力。处于"黑暗时代"的欧洲人还不具备充分认识和理解中华文化的条件。

到了13—14世纪，即中国元朝统治的时代，情况则大不相同了。从客观条件来说，由于蒙古的西征和四大汗国的建立，中西交通大开，东方与西方有了更多的接触和交往的机会。从主观方面来说，11世纪以后，欧洲的经济、社会和文化都有了较大的进步，出现了新的复兴和繁荣；从客观方面来说，蒙古人西征的威胁，强化了欧洲人了解东方的愿望和自觉性。因而，13—14世纪欧洲人关于中国的知识，无论是在广泛性和丰富性上，还是在知识的层面上，都达到了一个新水平。

13—14世纪欧洲人关于中国的知识，已经主要不是得自传闻，而是来自那些亲自到中国游历和在中国生活过的旅行家们的经历和见闻，来自他们对中国事情的记述和报道。他们在中国生活的时间，有的很长，如马可·波罗竟在中国生活17年之久。因而他们有机会与中国社会各方面人士接触，包括皇帝、官员、僧侣、商人，乃至普通百姓；他们有机会在中国广泛游历，南至广州，北至和林，鄂多立克甚至到过西藏，马可·波罗到过云南大理。他们面对面地认识了中国人，他们对中国和中华文化的了解是直观的、具体的、生动的、真实的。他们不再是把传闻，而是把直接的感性经验作为中国知识的基础。

在这一时期欧洲人对中国的认识中，基督教人士（主要是方济各会修士）发挥了重要作用。这些人的宗教世界观当然可能限制他们认识的眼界，但也许正因为如此，他们对中国的宗教情况特别留意，有不少关于中国的佛教、道教、聂思脱里派（景教）情况的具体描述，虽然他们一般限于介绍这些宗教的分布、庙宇和礼拜仪式等表层的东西，没有更多涉及这些宗教的理论形态，但毕竟已经开始深入中国人的精神生活和意识层次了。另一方面，这些来华的基督教人士，有些主要是承担外交使命和了解情况的使命，如柏朗嘉宾和鲁布鲁克，有些虽是来传教的，但主要还是旅行家，如鄂多立克，所以在他们的报告或游记中，宗教的气氛并不浓烈，反而在对中国人文地理、风俗民情的介绍中用了浓墨重彩。

在这一时期欧洲人对中国的认识中，商人也发挥了很大的作用。马可·波罗就是以商人的身份来华的。有的研究者认为，马可·波罗在中国17年中的主要活动也是经商。商业活动的特点，使他的活动范围不限于上层和少数人，而是有可能深入社会，与更广泛的人群接触。所以，如前面提到的，与他同时代那些传教士的记载相比，马可·波罗的游记更深入、更充分、更具体，也更富有感染力。

13—14世纪欧洲人对中国知识的第一个特点，是建立起一个完整的中国地理观念。在古罗马时代，人们只是知道产丝的"赛里斯国"的大体方位，即在遥远的东方，而这一时期的欧洲人已经对中国的疆域有了比较清楚的概念。在这个时代的文献中，都说到中国地域辽阔，疆土广大，全国分成十几个省。有的把中国北方叫作"契丹"，把南方叫作"蛮子"，有的则把"蛮子"看作契丹的一个省，无论是哪种提法，所指的地方都是具体而且准确的。这些文献对中国的地理环境也有所描述，如提到北方的沙漠，南方的平原，提到长江、珠江，乃至大运河。同时，还提到朝鲜、日本、印度等中国的邻邦，提到中国东邻大海，如此等等。总之，这个时候的欧洲人通过那些旅行家的描绘，已经对中国的地理位置和行政区划有了大体准确和清楚的概念。

第二个特点是，这一时期的旅行家们对中国的城市怀有极大的兴趣。几乎所有重要的游记、报告和书信都不厌其烦地描述中国的城市，包括大都、杭州、刺桐、广州，还有福州、苏州、南京等大都市，也包括忽必烈之前的蒙古汗国都城和林，甚至涉及一些中小城市。他们往往都以赞美和惊叹的口气详细地描述这些城市规模巨大宏伟，宫殿建筑辉煌壮丽，城市繁华，交通便利，人口众多，物资丰盈。大都和杭州更是他们大加渲染、赞颂的对象。这些旅行家往往对这些大都市的文化氛围乐此不疲，深为其陶醉。这种现象，不仅反映了他们个人的兴趣与感受，而且与当时欧洲城市文化的兴起有很大关系。城市日益兴起并成为社会生活的中心，成为政治、经济和文化的中心，是10世纪以后的一种世界性政治、经济和文化现象，是欧洲资本主义前夜的一种历史现象。正因为有这样的背景，那些从欧洲来的旅行家对在中国看到的规模宏大、欣欣向荣的大都市会给予特别的关注，而他们对这些都市的描绘，也会引起欧洲读者们的热烈反应。

第三个特点是他们都注意到并且着力描写中国的疆域广大、人口众多、物质繁荣和社会富庶。在柏朗嘉宾、鲁布鲁克和鄂多立克三人的游记中，在马可·波罗的描述中，也多次看到对大都以及对各个城市的繁荣、奢华、富庶以及工商业繁荣的描写和赞叹。对正处于中世纪的欧洲人来说，面对如此浮华的强大的中国，他们发出由衷的赞叹和惊讶。15世纪的德国诗人汉斯·罗森普吕特（Hans Rosenplüt，约1400—1460）在诗歌《葡萄酒赞歌》中写道：

> 上帝赐福予你，名贵的酒药！
> 你使我健康强壮，
> 因为你是一个健康的 Syropel。
> 君士坦丁堡的皇帝，
> 契丹国伟大的可汗和
> 教皇约翰，这三位巨富，
> 连他们用钱都买不来你的价值，
> 难道我还会指责你吗？[①]

契丹国之所以令人兴奋，是因为它的可汗为传说中的三大巨富之一。

第四个特点是这一时期欧洲旅行家们对中国的介绍已经深入日常生活领域，对中国的社会经济文化生活有了更广泛的涉及。他们不仅介绍了中国的典章制度、礼仪规范，也不仅介绍了中国各种丰富的物产，而且用很

---

① ［德］夏瑞春编：《德国思想家论中国》，陈爱政等译，江苏人民出版社1995年版，第262页。

多篇幅描绘他们所了解的风俗习惯和日常生活。中国人的婚丧礼俗、饮食起居、家庭伦理、社会刑罚等，他们的报告中都有所涉及。由于元朝是蒙古人建立的王朝，因此这些旅行家对蒙古人的礼俗风情多有叙述，特别是在这一时期较早来华的柏朗嘉宾和鲁布鲁克，他们主要在中国北部蒙古人生活区旅行，大部分篇幅介绍的是蒙古人。不过，蒙古族是中国主要的少数民族之一，蒙古族文化是中华文化的一个组成部分。另外，虽然蒙古族风俗文化与中原汉族有许多不同的地方，但在与汉民族的长期交往、共同生活中，在很多方面都受到汉族文化的影响，甚至在一定程度上汉化了。到忽必烈汗的时候，在中国的蒙古人已经充分吸收了汉族的文明。所以，西方人对蒙古人风俗文化的了解，是他们的关于中国知识的一个组成部分。

当然，从对基督教中世纪观念的影响来看，它们并未造成东西方在思想层面的实质性遭遇，但这些旅行家的经历再一次刺激了西方世界对东方这一神秘、虚幻之地的兴趣。这些历险使得欧洲看到了对东方兴趣和信仰进行重新解释的可能性，在随后欧洲心灵对东方的想象和知识建构中起到了相当重要的作用。

第三十八章　丝绸之路上的大流动

一、瓷器与制瓷技术在波斯和阿拉伯的传播

元代是丝绸之路大为畅通的时代。在这100多年的时间里，欧亚大陆上出现了前所未有的"流动"浪潮，有人员的流动、物质商品的流动、技术发明的流动、思想观念的流动、文化的流动。大流动带动了大交流，所以元代是中西方文化大交流和大融合的时期。

⊙ 伊斯兰工笔画中所绘中国瓷器的运输过程

物质文明的大流动，包括物产、商品的大流动和科学技术的大流动，它是丝绸之路上最重要的内容，是丝绸之路文明最精彩的篇章。

在丝绸之路畅通发达的时代里，中国文化的许多重要因素西传，在那里产生了不同程度的影响，甚至有一些至关重要的影响，直接参与了西方文化发展变迁的历史过程，或者对于这样的发展变迁起到了激励、刺激或启发作用。

唐代是中国瓷器发展成熟并开始外销的时期。在唐代以及以后历代来到中国的波斯人，一定见过瓷器这种精美绝伦的器皿。例如9世纪到过中国的波斯商人苏莱曼在《中国印度见闻录》中，就把薄似玻璃的陶瓷作为中国的一大特产介绍给读者。他说：

> 他们（编者注：中国人）有精美的陶器，其中陶碗晶莹得如同玻璃杯一样：尽管是陶碗，但隔着碗可以看得见碗里的水。[1]

法国汉学家伯希和认为，苏莱曼这一简短的叙述是"西方关于瓷器的头一次描述"。另外，波斯作家塔利比（Thaalibi，961—1038）在关于珍宝的著作中也介绍了中国瓷器。他说：

> 有名的中国瓷器是些透明的器皿，能制煮食物的罐、煎食物的锅，也能做盛食物的碗。以杏色的为上，胎薄、色净、音脆，奶白色的次之。[2]

塔利比所说的杏色瓷器，大概是指唐代著名的外销瓷长沙铜官窑的产品。

伊斯兰学者贝鲁尼（Biruni，973—1048）讲述了一个与中国瓷器有关的

---

① 《中国印度见闻录》，穆根来等译，中华书局1983年版，第15页。
② 沈福伟著：《中西文化交流史》，上海人民出版社2017年版，第187页。

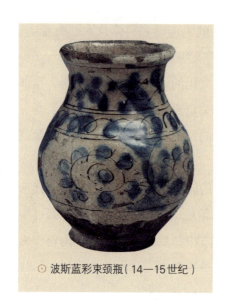
⊙ 波斯蓝彩束颈瓶（14—15世纪）

故事。贝鲁尼说在赖伊的时候，遇到了一位从事商业的朋友，这位朋友曾宴请他。在商人的家里，贝鲁尼看到了房间里的每一件东西，有碗、碟、瓶、盘、壶、饮具、浇罐、盆、灰碗、香炉、灯、灯架和其他一些器物。每种不止一件，所有这些都是中国制造的瓷器。于是他感慨地说："我很惊奇他对如此众多的奢侈品的渴望。"

在古代中国与波斯的贸易关系中，瓷器是主要货品之一。沿着海陆两路通达顺畅的商道，伴随着浩瀚大漠中来往商队的驼铃声声和茫茫大海中来往商船的风帆远影，古代中国瓷器被源源不断地运到伊朗。直到今天，那些联结东方和西方沙漠绿洲上的古老城镇和那些接受海运物资的波斯湾沿岸旧港口，仍有很多古代的遗址。在这些遗址中，发现了许多中国古瓷，证明着往昔那一段中伊交流的盛况。

中国瓷器源源不断地流向波斯，波斯人很喜爱和珍视这些来自中国的珍品。至今伊朗人仍把瓷器称为"秦尼"（Chīnī，意为中国的或中国生产的）。中国瓷器的传入，促进了陶瓷业在波斯的兴起和发展。中国瓷器输入波斯不久，波斯就开始模仿中国瓷器的样式和花纹。阿拔斯大帝曾从中国招聘了300名陶工，在波斯仿中国瓷器样式制作青花陶器。波斯人吸取了中国陶瓷的特点，结合波斯的具体情况加以发展，烧制出为波斯人喜爱的、有自己民族风格特色的陶瓷。

从8世纪开始，受中国唐三彩技术的影响，波斯烧出了带有伊斯兰色彩的铅釉陶，被称为"波斯三彩"。波斯三彩有捺纹陶和彩釉陶两种装饰手法。捺纹陶是在器壁上以细小的点线构成复杂纹样，然后再作彩釉敷饰。彩釉陶是先刷一层白色陶衣，再施以绿、黄、紫褐三色釉，釉彩透明，在烧制中互相交融，自然天成。9—10世纪，伊朗高原东部的呼罗珊一带是伊斯兰陶器工艺的另一个中心。三彩釉陶和两河流域的产品在装饰风格上基本一致，另一种白底绿黄斑的彩陶器具有自己的特色。10—11世纪，伊朗的阿莫尔生产出刻纹彩釉陶，在白色胎上刻以各种细纹装饰，有花瓣纹、缠枝纹和几何纹，线条流畅圆柔，再涂以绿、褐等釉彩，呈现瑰丽而潇洒的风格。这时阿克孔多的陶

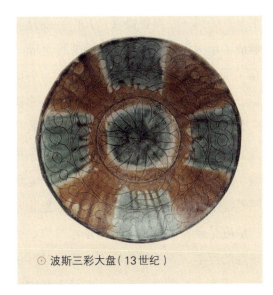

⊙ 波斯三彩大盘（13世纪）

器则形成了一种以褐色、绿色和黄色为主的三彩装饰的风格。

　　但当时波斯仿制的陶器，无论是在技术上还是在工艺上都与中国瓷器有很大差距。波斯人对中国瓷器的生产原料和制作工艺还不甚了了，只是道听途说了一些传闻，并没有完全掌握瓷器的生产技术和工艺。但是，不可否认的是，中国瓷器的大量传入，对于发展波斯的制陶业起到了很大的促进作用。

　　中国瓷器也很早就传到了阿拉伯地区。著名波斯历史学家贝哈基（Baihaki，995—1077）1059年写成的一部著作中提到早期中国瓷器运往巴格达的情景：在哈里发哈仑·拉希德（Hārun Rashīd）在位时（786—809），"呼罗珊总督阿里·伊本·伊萨（Ali Ibn Isa）向哈里发哈仑·拉希德进献过20件精美的中国御用瓷器，以及数达2000件的中国民用陶瓷。这在哈里发宫廷中是从未见到过的"。呼罗珊地区位于伊朗东北部。这条史料证实，在八、九世纪之交，已有相当数量的中国瓷器经呼罗珊流入巴格达。

　　9世纪以后的阿拉伯文献中已有关于输入中国瓷器的记载。阿拉伯古典地理学家伊本·胡尔达兹比赫在《道里邦国志》中历数中国沿海著名港口，在出口货物中提到瓷器等。

　　博学的阿拉伯学者扎希兹（Al Jahiz，约779—869）在《商务的观察之

书》中提到一份换货协议，其中一款是从中国贩运来的"多彩瓷器"。瓷器成了中国出口货物中不可缺少的商品。地理学家伊本·法基（Ibn Faqih）在《地理志》（903）中将中国丝、中国瓷器和中国灯并列为三大名牌货。[1]10世纪上半期，忽鲁谟斯拥有多艘海舶的舶主沙赫里雅尔（Buzurg b. Shahriyār）在《印度珍闻录》中记载了一件轶事：一位资金很少的犹太商人在883年或884年前往东方，912—913年回到阿曼城（此当指苏哈尔城），带回了100万迪纳尔的金钱、丝绸和大量瓷器，已成巨富。他献给阿曼统治者"一只颈口闪闪发出金光的黑瓷瓶"。这是一件精制的青瓷瓶，产地应是越窑。在占有红海东岸哈里、亚丁、席赫尔、阿伯阳、米尔巴特等地的伊本·齐亚德（Ibn Ziyad）977年的财政收入报告中，除上百万货币外，还有大批麝香、樟脑、龙涎香和中国瓷器。中国瓷器在波斯湾、阿拉伯半岛已经成为畅销货。1001年巴格达哈里发一次赠给当地一位官员的礼物中，就有300件中国瓷器。

中国瓷器在阿拉伯是极受珍视的贵重物品，阿拉伯人多以珍藏中国瓷器为荣。10世纪阿拉伯学者塔努基（Tanūkhī，?—994）提到，哈里发西瓦格在位时（842—874），用30件中国瓷坛盛装麝猫香，香气历久不绝。其中最大的一只广口瓷坛特别沉重，须由数名奴仆使用扁担、筐架抬运。10世纪阿拉伯大文学家伊斯发哈尼（Isbahānī，约897—967）在著名的《乐府诗集》（Kitāb al-Aghānī）中有诗篇记述，哈里发穆泰瓦基勒（al-Mutawakkil）在位时期（846—861），一位诗人的好多件瓷器被一头为了欢度宰牲节（古尔邦节）而育肥的公羊撞碎，这位诗人十分惋

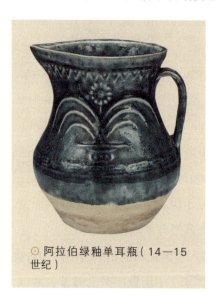

⊙ 阿拉伯绿釉单耳瓶（14—15世纪）

---

[1] 沈福伟著：《中西文化交流史》，上海人民出版社2017年版，第187页。

惜，他特别痛惜其中一只灯碗（sirāj），将其称为"一个中国的瓷盌，富于想象力的画工在上面绘画了图形纹样"。

据文献记载，巴格达的统治者哈仑·拉希德和法蒂玛王朝哈里发穆斯坦希尔（Mustansir，1036—1094）都收藏大量中国瓷器。

伊拉克的考古发掘显示，早在公元820年以前，就有大量中国陶瓷运抵波斯湾。在今伊拉克境内，从南到北的各处古代遗址都出土了许多唐宋古瓷。在叙利亚的哈马（Hamāt）遗址，发现一些中国古瓷。另外，在阿拉伯半岛各地，也发现中国古瓷。

阿拉伯伊斯兰国家的陶瓷工艺，在世界陶瓷艺术史上占有重要地位。阿拉伯人很早就掌握了陶瓷上彩上釉技术，后来又将波斯人烧制五色琉璃的技巧加以改进，在世界上开拓了彩瓷加工法，取代了传统的镶嵌细工。

青花是我国传统的颜色釉，它是用氧化钴做着色剂，在坯体上描绘各种花纹，然后施透明釉，经高温（1300℃左右）在还原气焰中一次烧成的。我国早在唐代就已经开始了青花瓷器的制作，但还属于原始阶段。到元代，青花瓷器的制作有了突飞猛进的发展，无论是在造型、画面装饰还是在工艺制作方面都日渐成熟，为明清两代青花瓷器的生产奠定了基础。青花瓷器发展到明代永、宣时期，可谓进入了黄金时代，这一时期的青花瓷器以其胎质细腻洁白、釉层晶莹肥润、青色浓艳、造型多样、纹饰图案优美而享有盛名，其制作达到了最高水平，而尤以它浓艳幽深的青花色泽最为著称。

元代以后青花瓷突飞猛进的发展，以及明代青花瓷的登峰造极，都与阿拉伯文化的影响有着直接的关系。明代开始引进了伊斯兰"苏麻离青""回青""霁红料"等色料，特别是苏麻离青的使用，使得这一时期的青花色泽浓重明艳。苏麻离青是来自

⊙ 伊斯坦布尔托普卡帕宫收藏的14世纪中叶菱口青花碗

伊拉克萨马拉的钴蓝料。"萨马拉"在古代的发音是"Samarra"，叙利亚文是"Sumra"。中国早期青花使用的进口料称为"苏麻离青""苏渤泥青"，这发音与"Samarra"及当时普遍使用的叙利亚"Sumra"地名发音相同。郑和七次下西洋，从伊斯兰地区带回一批"苏麻离青"料，此后就有这种颜料的大量进口。

苏麻离青是一种用于青花瓷器的着色原料，这种色料的特点是凝重幽艳，其晕散现象更是独树一帜。由于料中含有较高的铁质，而且含锰较低，因此常出现深浅不同的色泽，浅处为天蓝色，浓重处则呈现出靛色，并带有类似铁锈的结晶斑点，且微凹不平。用这种青料绘制的纹饰具有中国画的水墨韵味，形成了不可模仿的特征。同时，制瓷工匠们熟练地运用不同含量的青料，烧制出不同的青花，如淡描青花、蓝地青花等，使青花瓷器的制作达到了炉火纯青的地步。随着苏麻离青的引进，中国青花瓷烧造出现了自元代末期青花瓷成熟以来的第二次高峰，尤其是宣德时期的青花瓷与中国传统文化有机地结合而被民间称之为"青花之王"。

另外，中国的外销瓷大量输往阿拉伯地区，得到了那里的王公贵族以及一般平民百姓的喜欢，他们对中国瓷器的偏爱和需要，又形成了外销瓷器的大市场。而这一地区大批的陶瓷订货，使得具有典型伊斯兰文化色彩的阿拉伯、波斯陶瓷式样、纹饰及风格被引入中国瓷器的制造工艺中，使得青花瓷器的造型发生了很大变化。

明代青花瓷除了继承前期传统造型，基本改变了元代青花瓷器的面貌，许多瓷器与西亚地区器物的风格相似，有些器物本身就是为适应西亚诸国的需要而制作的，如抱月瓶、长颈方口折壶、长颈水罐、仰钟式碗、无挡尊、八角烛台、花浇、水注、军持、执壶、藏草壶、僧帽壶、卧壶、扁腹绶带葫芦瓶、天球瓶、折沿洗、大盘、鸡心碗等。其中的卧壶亦称扁平大壶，器身呈圆形，一面鼓腹，腹中有脐形拱起，一面为平砂底无釉，中心下陷如脐，肩两侧或凸起花朵，或以双系活环为装饰，小口，直颈，带盖。藏草壶也称无柄壶，盘口，束颈，鼓腹，下部承托，足外撇，腹一侧有管形长流，无柄。此器物受西亚文化影响，造型雅静，梵语谓之"净瓶"。

僧帽壶形如僧人之帽，直颈，圆腹，圈足，口面有流于颈部突出，一侧宽带柄，两端为如意头连接口腹，宝珠顶钮盖合于长条口流之上，盖边凸出一角与流相合。

阿拉伯文化的输入也给此时的陶瓷绘画带来了丰富多变的图案。我国最早出现装饰有阿拉伯文字的瓷器可上溯至唐代。1998年在印度尼西亚海域发现了装有6万余件唐代长沙窑、越窑外销瓷器的沉船，其中长沙窑中有部分瓷器用褐绿和红色彩料书绘阿拉伯文字及伊斯兰风格纹饰，如书写有阿拉伯文（"我是安拉的仆人"）的褐绿彩纹碗。这类瓷器出现的历史背景与明代永宣时期有相似之处，也是为了满足外销需要，有目的地吸收外来文化元素的结果。在宋代，南北各窑厂生产的青瓷、白瓷上也出现过类似的装饰，但为数不多。到了元代，开始大规模生产具有伊斯兰装饰风格的青花瓷器，并销往阿拉伯地区。明代永宣时期的瓷器也有许多外来风格的纹饰图案，如几何纹、藏文、阿拉伯文字、藏人歌舞、胡人舞乐、洋莲、佛花等。特别是最广泛使用的西番莲（一种团形的多叶莲花）纹样就是从痕都斯坦（今巴基斯坦北部、阿富汗东部一带）玉质盘子上的番莲图案移植过来的。明代文献中多次提到的"回回花"就是这种纹样。永宣青花瓷器上的"回回花"装饰无所不在，即使是传统的龙凤纹样也常常是以西番莲为底衬，有的则书写《古兰经》中的语录。

二、雕版印刷术的西传

在这一时期传入西方的中国文化，最重要的就是"四大发明"中的印刷术、火药以及指南针，而另一项重要发明造纸术在唐代的时候已经西传。这"四大发明"，经过元代的西传，进入欧洲本土，对于欧洲的文化变革和社会变迁、对于影响世界历史进程的文艺复兴运动，起到了至关重要的作用。

中国印刷术发明不久即传到东亚各国，并迅速得到推广和应用，对日本、朝鲜半岛和越南的文教振兴、文明发展起到了直接的、重大的推动作用。但是，印刷术的西传似乎就不那么顺利了，它经过几次艰苦的努力，才完成了西传的漫长历程，成为人类共享的文明成果。

关于中国印刷术西传的起始年代，至今尚无从确认。1880年，在埃及法雍地区阿尔西诺（Arsinae）遗址附近出土了大批纸草、羊皮纸和植物纤维纸，从中分辨出50件左右的雕版印刷品。这些印刷品中有一件印在羊皮纸上，其余的都印在纸上。专家们根据印刷品上各种阿拉伯文字体判断，其年代在900年至1350年间，多数属于这一时段中较晚的时期。最早的一件印有《古兰经》的片断，其字体是属于8世纪的，但估计印刷的年代不会早于10世纪。这些印刷品的内容大都是伊斯兰教的祈祷文或《古兰经》经文，也有辟邪的咒文。所印的文字为阿拉伯文，只有一张祈祷文在阿拉伯文周围印有一圈埃及柯普特字母的拼音字。从印刷水平来看，这些印刷品粗精不一，反映了不同时代不同地点的印刷技术。有的印刷精良，装饰悦目；有的手工粗劣，行列不齐。所印纸张或粗或细，油墨色泽也不一致，或白底黑字，或黑底白字，个别有用红墨印刷的。不过，这些印刷品都和中国内地以及新疆吐鲁番出土的许多印刷品非常相似。印刷方法也和中国一样，是在铺平的纸上使用刷帚轻轻刷印而成的。20世纪50年代，法雍又出土了30块镌刻阿拉伯文的木板，从采用的阳刻方法和运用的板框式样来看，都和中国的雕版相似。因此，许多研究者认为，埃及雕版印刷的起源与中国的雕版印刷术有关，是从中国传去的。

但是，中国的雕版印刷术是在什么时候、通过什么渠道传至遥远的埃及的呢？有研究者认为，雕版印刷术是在8—10世纪时通过海路从中国传到埃及的。当时科尔多瓦王朝创始者阿卜杜勒·拉曼的一位秘书曾用复印法（tab）来复制政府公文，这种方法显然受到中国印刷术的启发。另外，在雕版印刷的中心扬州曾有大批阿拉伯侨民居住，他们很可能了解到这种可以大量重印一式文字的新方法，并在印刷术的早期西传中起过一定作用。[①]

埃及的雕版印刷也有可能来自另一条路线，即以西域为中介，通过中

---

① 沈福伟著：《中国与非洲——中非关系二千年》，中华书局1990年版，第521页。

亚和西亚从中国传来。在雕版印刷术西传的过程中，西域一带发挥了重要作用。在新疆吐鲁番地区曾经发现大批雕版印刷品，大部分属于13世纪，也有的属于较早的年代。这些印刷品中有回鹘文、汉文、梵文、西夏文、藏文和蒙文，而以前三种文字的印刷物为多，内容都是佛教经典。不过，无论是汉文、梵文或回鹘文，都印有小字的汉文页码，明确表示出于中国人的手艺。从出土的大量雕版印刷品来看，中原的雕版印刷技术可能很早就传播到新疆吐鲁番地区，这里的雕版印刷事业在蒙古人兴起以前一度相当兴盛发达。

不论埃及的雕版印刷是从哪条路线传过去的，它确实兴盛了一个时期。但是，不知什么原因，埃及的雕版印刷后来中断了。中国印刷术的西传，还需要做再一次的努力。这次则发生在元帝国崛起、中西文化交流再次出现高潮的时代。

在中国印刷术西传的过程中，蒙古人统治下的波斯是极其重要的一环。1294年，在伊儿汗国的都城大不里士曾发行过上面印有汉文和阿拉伯文的纸币，从而在中国雕版印刷的西传史上留下了浓重的一笔。

当时的统治者乞合都汗（Khaikhatu khan）根据孛罗的建议，仿效元朝发行纸币。纸币的价值自半个蒂尔哈姆（dirham）起至10个蒂纳尔（dinar）止，纸币的式样直接照抄自忽必烈发行的纸币，甚至连纸币上的汉字也如法炮制，作为图样的一部分，汉文"钞"字也照原样印上。每枚纸币上都印有阿拉伯文，并说明纸钞发行于穆罕默德纪元693年（1292），凡行使伪币者将予以严惩。还宣称："这种吉利的钱币一经流通，贫穷即将消灭，物价即可低廉，贫富将归平等。"然而，这个预言并没有实现。在强迫流通新钞的8天以后，市场就萧条起来，在城里几乎什么东西都买不到了。两个月间，商业活动实际上已经停止，店铺空空，路无商人。最后，朝廷不得不宣布放弃发行纸币的计划，停止使用纸币。但印刷纸币这件事的重要意义，在于波斯第一次使用中国的印刷术。这也表明大不里士当时已经有一些知道如何印刷的工匠。可以确信的是，在13世纪末，中国的雕版印刷术已经明白无误地传到了波斯。

　　就在印发纸币的10多年后，拉施特在1310年完成的《史集》中详细记述了中国的雕版印刷方法。拉施特的记述，是中国以外的文献中关于印刷方法的最早记述。相传在拉施特写作《史集》时，曾请去两位中国人协助。他们带去不少书籍和资料，对他著作中的插图有所帮助。他对雕版印刷有这样清楚的记载，恐怕也得之于中国人。不过，拉施特并没有了解这种技术的重要性，而只是把它看成一种保持书籍原文正确无误的方法。然而，拉施特的记载虽有这种偏颇，但传至国外，一定会使大家知道，除手抄外，还有别种流传书籍的方法，因为拉施特的《史集》是一部流传很广的著作。另外，在《史集》成书后7年，他的这段记述又被一位阿拉伯作者全文引入自己的著作中，而这部著作就是阿布·苏莱曼·达乌德·巴纳基提（Abu Sulaymán Da-ud of Banákiti）于1317年所著的《智者之园》（Garden of the Intelligent）。这部著作比《史集》流传更广，具有更大的影响。这样，通过拉施特和巴纳基提的著作，中国的印刷方法，包括誊写、校对、镌刻、印刷和发行等，就已为西方人所知了。

　　在伊儿汗国发行纸币的时候，大不里士是一个繁荣的国际大都市，聚居着来自中国、印度、回鹘以及其他突厥国家、阿拉伯和法兰克等地的人们。那么，像发行纸币及其所引发的风潮这样的重大事件，不会不向国外传播。

　　另外，蒙古军队13世纪的西征，重新打开了一度阻塞的欧亚大陆丝绸之路，为东西方技术、经济交流和人员往来创造了条件。从元大都到罗马、巴黎等欧洲城市之间畅行无阻，中国与欧洲有了更直接的往来，欧洲人可以直接从中国引进印刷技术。

　　纸币是欧洲人所接触的最早的印刷形式。欧洲人通过纸币，不仅了解到作为新型书写材料的植物纤维纸，而且得知了雕版印刷术这一中国人的伟大发明。欧洲人了解纸币，不仅是通过大不里士，更主要的是在这一时期中西交通大开之际，许多东来的使节、商人和教士直接给欧洲人带去了中国发行的纸币，使其了解纸币在经济商业活动中发挥的重要作用。

　　中国是世界上最早使用纸币的国家。中国最早的纸币，是北宋初年的"交子"。南宋高宗绍兴三十一年（1161）二月，成立行在会子务，发行"会子"，作为主要货币之一，在东南各路流通，又称"东南会子"。元代是纸币最盛行的时期，市场上除银元宝外，几乎都是纸币。元世祖中统元年（1260）发行"中统元宝交钞"，以白银为本位，面额则同铜钱单位，不限地区和年月流通使用。到至元二十二年（1285），通过一系列措施，"中统元宝交钞"成为全国唯一的法定货币。至元二十四年（1287）又发行"至元通行宝钞"，作为主要纸币流通。元朝中央政府还设立诸路宝钞都提举司，完善管理制度，使元代成为纸币发展的高峰时期。

纸币的神奇，不仅仅因为它体现了造纸与印刷术的完美结合，更在于它体现了符号与物质之间隐秘的对应关系。元代来华的许多西方人士都对纸币产生很大兴趣，并做过报道和介绍。其中最早向欧洲介绍纸币的是元代来华传教士鲁布鲁克。他回到法国后，于1255年提到中国人用纸币进行商业贸易。在此之前，欧洲人可能根本没有听说过用纸作为交易媒介的事情。英国著名科学家和哲学家罗吉尔·培根很快就读到了鲁布鲁克的报道，他在约1266年写作的《大著作》中形容这种纸币为"一张桑叶制成的片子，上面印着一些线条"。马可·波罗对纸币的作用做了更详细和直接的观察。他简要介绍了桑树皮制纸的情况，并极为详尽地叙述了纸币的制作过程、流通系统、纸币在交易中的使用及破旧纸币更换等情况。

14世纪和15世纪初，文艺复兴以前的著作家中对中国使用纸币的情况做了类似介绍的还有：亚美尼亚王子海屯（1307）、索尔坦尼亚（Soltania）地区的大主教（约1330）、多明我会修士约翰·德·科拉（John de Cora，约1330）、方济各会修士奥德里（Oderic of Pordenone，约1331）、佛罗伦萨商人裴哥罗梯。前文提到裴哥罗梯在1340年前后把自己的所见所闻写成一本书，这本书里专门提到纸币，他说："无论商人们携带多少银子远去中国，中国的君主都会从他们手中拿过来纳入国库。对带来白银的商人，他们用纸币与其兑换。这是一种黄颜色的纸，上面盖了上述君主的印章。这种钱叫balishi，用这种钱，你可以购买丝绸和其他你想买的商品。这个国家的所有人都一定会接受它。你不会因为你的钱是纸币，而为你的商品付出较高的价钱。据说，这种钱分为三种，按照君主为它设计的价值，各有不同的面值。"① 在裴哥罗梯的介绍中，中国的纸币已经被描述得十分详细了，可能他本人就见过这种纸币。

此外，一些阿拉伯人也介绍过中国的纸币。例如14世纪埃及学者阿哈默德·锡拔布·艾丁（Ahmaed Sibab Eddin）在所著《地理书》中根据亲身到过中国的人的口头材料说："中国的钱是长方形的纸片，纸是用桑皮做成的，有大有小，印上皇帝名字后，就可以流通。"② 阿拉伯旅行家伊本·拔图塔在14世纪中叶到过中国，他据亲眼所见的情形说："中国人不用金银铸成之钱。……其兑付账目，则皆用纸币。……纸币大如手掌，面印皇帝玉玺。……若纸被撕破，则可带至印钞处，改换新钞，无须纳钱。……彼必须将金银换为纸币后，方可随意购货物。"

除纸币外，纸牌也是欧洲所知道的最早的雕版印刷品之一。纸牌也是由中国人发明的，据传说最早是汉将军韩信发明了纸牌游戏，起初叫"金叶子格""叶格""叶子戏"，后来又称为"马吊"。唐代中期，叶子青撰写了《叶子格》一书，详细记载了叶子戏的玩法，说明当时的纸牌游戏已经比较成熟了。实际上，纸牌也是中国最早的雕版印刷品之一。纸牌在宋以后普遍流行，在南宋的杭州已有专门出售纸牌的铺子。

很可能是在元代中西交通大开之际，纸牌传到了欧洲。它可能是通过阿拉伯人带去的，也可能是当时来华的欧洲人直接从中国带回去的。15世纪意大利维特波（Viterbo）人柯维卢苏（Covelluzo）曾根据他的祖先记事，提到"纸牌的游戏在1379年传入维特波。这种牌戏来自萨拉森国家，那里叫'纳布'（naib）"。意大利文的"naib"是借自阿拉伯文，因此有许多研究者认为纸牌是经阿拉伯人传去的。但是，17世纪的一位意大利作者柴尼（Valère Zani）主张纸牌是直接由中国、而非经阿拉伯传入的。他说："我

---

① ［美］杰里·本特利、赫伯特·齐格勒著：《新全球史——文明的传承与交流》（第三版）上，魏凤莲等译，北京大学出版社2007年版，第547页。

② 张秀民著：《中国印刷术的发明及其影响》，上海人民出版社2009年版，第133页。

在巴黎时，僧正特勒逊（abbé Tressan）给我看一副中国纸牌，告诉我有位威尼斯人第一个把纸牌由中国传入威尼斯，并说该城是欧洲第一个知有纸牌的地方。"这里说到的威尼斯人很可能是马可·波罗。比较多的说法是，1292年马可·波罗离开中国时，把包括纸牌在内的许多中国物品带回威尼斯，并立刻引起了人们的兴趣，很快在民间流传开。

无论是通过什么渠道，欧洲的纸牌来自中国是毫无疑问的。纸牌传入欧洲后，逐步被改造成为扑克牌。此后又经过数百年的演变，逐渐变成今天国际公认的扑克牌样式。

在欧洲流行纸牌不久，就出现了印刷纸牌的行业。15世纪初，印刷纸牌已经成为一项重要的工业产业。在奥格斯堡（Augsbury）和纽伦堡的市府记录中，1418—1438年5次提到纸牌制造人，他们大概就是印制纸牌的人。大约与此同时，在德国乌尔姆城（Ulm）的记录中，有把纸牌装在桶内用船运往西西里和意大利的情况。威尼斯是当时欧洲印刷纸牌的中心之一。

纸牌是欧洲出现得最早的雕版印刷品，它对于欧洲雕版印刷业的发展起到了重要的推动作用。据此可以说，在14世纪末15世纪初，欧洲的雕版印刷业已经发展起来了。实际情况也是这样。几乎在纸牌大量流行的同时，出现了其他雕版印刷品。现存最早的欧洲雕版印刷品是印制于1423年的圣克利斯道夫（St. Christopher）像。那个时候留存到现在的图像印刷

⊙ 现存最早的欧洲木版画：1423年圣克利斯道夫像

品有几百幅，但绝大多数没有注明年代。所以这幅圣克利斯道夫像并不一定是最早的，只是它在注明年代的少数作品中是最早的。很可能在此之前，雕版印刷已经流行了一个时期。这些雕版最初印于德国南部和威尼斯，1400—1450年逐步普及于中欧大部分地区。它们以宗教为主题，都是些圣徒画像和《圣经》故事。拉丁文字说明则刻印在画像之下，或者刻成回旋卷状从画面上主要人物的口中发出。后来则由印制宗教画像发展到印刷书籍。15世纪中叶，威尼斯已经成为欧洲印刷业的中心。1481—1500年新设立的印刷所如雨后春笋，达100多处，出版书籍最多，印刷质量很不错。据有关文献记载，1485—1499年在威尼斯从事印刷的帕格尼尼神父（Alessandro de Paginini）曾出版过一本阿拉伯文的《古兰经》，这是欧洲最早的阿拉伯文印刷物。后来，意大利、德国、荷兰也先后成为欧洲雕版印刷的早期基地。

欧洲早期的雕版书籍与中国的雕版书籍很相似，所用的印刷方法和制作工艺也基本相同。据美国印刷史家特文尼（Theodore Law de Vinn）的研究，欧洲人也是先将文稿或画稿用笔写绘在纸上，将纸上的墨迹用米浆固定在木板上形成反体。刻工顺着板材纹理持刀向自己的方向刻之，每块木版刻出两页，版心有中缝。刻好后，将纸铺在涂有墨汁的版面上，以刷子擦拭，单面印刷。最后将印纸沿中缝对折，使有字的一面朝外，成为书口。将各纸折边对齐，在另一边穿孔，以线装订成册。这些与中国的雕版印刷方法几乎没有什么不同。可见，欧洲早期木刻本在版面形制、刻版、上墨、刷印及装订等各工序的操作上，完全是按照中国技术方法进行的，因而具有元代线装书的面孔，只是文字横行，而不是直行。由此可以看出中国与欧洲在印刷技术上前后相承的关系。

三、火药与火器技术的西传

在宋元时代，中国古代的重要发明火药和火器制造技术通过丝绸之路传播到西方。

⊙ 元代使用火药武器场景图

阿拉伯世界在中国火药和火器技术的西传过程中起到了桥梁作用。阿拉伯是火药和火器西传的第一站，经过这一站而后火药和火器才传到欧洲。

火药和火器传入阿拉伯世界主要经由两条路线：一条路线是在南宋时期从中国东南沿海经过海路直接传入埃及，一条路线是在蒙古军队西征时经过陆路传入阿拉伯国家。

南宋时，中国与阿拉伯的海路交通十分发达，来往商船不断。通往阿拉伯的中国商船都备有自卫武器，船上有弓箭手、盾手和发射火箭的射手多人。据有关史料记载，船上武器在贸易结束后须呈请官库保管，下次开航时再予发放。阿拉伯人很有可能是通过海上贸易渠道得知中国火药和火器的知识的。另外，当时有许多阿拉伯人到中国经商旅行或侨居，他们可能在中国看到过节日焰火，接触过火药和火器，并把这些见闻传播回去。比如有许多埃及人和摩洛哥人在中国亲眼看到过临安城里风行的"流星"或"花火"。再比如，据说1161年宋金采石战役中宋军使用"霹雳炮"时，就有在场的阿拉伯水手目睹。

13世纪时，蒙古军队发动了几次大规模西征，直接在阿拉伯境内战场上使用各种火器。1234年蒙古灭金后，开封府等地库存火药、火器及守军中的火箭手、工匠等，尽为蒙古军所有，并立即被编入蒙古军之中。后来历次西征时，这些火箭手也随大军西进，并在阿拉伯地区驻扎。旭烈兀西征时，蒙哥曾把一支包括炮手（投石机手）、火焰放射手（火铳手）和弩手在内的千人汉军队伍派给旭烈兀使用。《元史·郭侃传》说："壬子（1252），送兵仗至和林，改抄马那颜。从宗王旭烈兀西征。"总领这支炮手部队的是随路炮手军都元帅唵木海。"癸丑，从宗王旭烈兀征刺里西番、斜巨山、桃里寺、河西诸部，悉下之。"旭烈兀出征时，还专门延请漕司从事高鸣，征求建议。高鸣为旭烈兀"陈西征二十余策，王数称善"。

随旭烈兀西征的还有汉军将领郭侃。依据《元史》的记载，郭侃在西征中"所向无敌"，到巴格达的攻防战为止，他总共攻下128座城池。1258年，他攻陷阿拔斯王朝首都巴格达并俘虏哈里发。据波斯史学家拉施特记载，1258年2月蒙古军在郭侃的率领下攻占巴格达时，曾使用了"将火药筒绑在枪头上的武器"，也就是火箭。他一直前进到地中海岸，有着"极西之神人"的称号。

1258年伊儿汗国建立以后，中西交通通达顺畅，往来人员络绎不绝，那里的不少阿拉伯人懂得火药和火器技术，有的还被派到中国内地在军队中服役。

阿拉伯文献中最早提到中国火药知识的是药物学家伊本·白塔尔著于1240年的《医方汇编》。白塔尔曾在埃及、希腊和小亚细亚一带旅行，对阿拉伯、波斯、印度和东方药物比较熟悉。他在这部书的"巴鲁得"（bārūd）条目下说："这是埃及老医生所称的中国雪（talgā-s-Sīn，talj al-sīnī），西方（马格里布和安达卢西）普通人和医生都叫'巴鲁得'，称作'焰硝花'。""巴鲁得"一词在当时的含义就是硝。阿拉伯人把硝称作"巴鲁得""中国雪""焰硝花"。硝石是宋元时中国对外贸易的出口商品之一。阿拉伯人因为硝石来自中国，所以又将其称为"中国雪"，而asīyùs则是汉语"焰硝"的音译。当时侨居中国的阿拉伯人对中国的烟火感到十分新奇，他们将中国这一发明称为"焰硝花"。

另一位阿拉伯学者库图比（Yūsuf ibn Ismā'il al-Kutubi，大约生于1311

年）将白塔尔的《医方汇编》加以缩编，改称《行医须知》，其中对硝石有较白塔尔更详细的记述："巴鲁得（bārūd）是马格里布（al-Maghrib）使用的亚洲石华之名，在伊拉克人通行语言中名为'墙盐'（Milh al-hāyit 或 Wall-salt）。此盐甚剧烈，比一般食盐强烈，能伤肠子。……他们用此盐制造起火和走火以增加其亮度及可燃性。"

13 世纪下半叶阿拉伯有一部著名的兵书，即阿拉伯军事家哈桑（Hassan，1265—1295）在 1285 年至 1295 年间所著的《马术和军械》。这部著作中详述了各种火器、烟火、火药配方和硝石提纯技术等方面的问题，广泛引用了中国的资料。关于硝石的提纯，哈桑指出用草木灰溶液处理（使溶解的钙盐和镁盐沉淀析出），再对硝石母液用再结晶的方法进行纯化。他写道："取干柳木烧之，并按化灰方将其灰放入水中。复取三份重硝石及三分之一份仔细粉碎的木灰，将混合物放入一坛中——用黄铜制坛更佳。复加入水并加热，直至木灰与硝石不再粘在一起为止。防止发火。"哈桑在书中还叙述了火箭、火毬、烟火等，药料成分中包括硝石、硫黄和木炭，还有树脂、亚麻子油及某些金属装填物。

从以上古代阿拉伯文献的有关记载可以得知，早在 12 世纪下半叶，阿拉伯人就已经接触到中国的烟火、火药和火器的有关知识或信息。13 世纪，随着蒙古大军的西进，阿拉伯已经掌握了制造火药和火器的有关技术。

大概阿拉伯人在研制火药之后不久，便将其应用于作战。在 13 世纪中叶，阿拉伯人使用了含硝的"烟火剂"，用带长尾羽翼的箭射向敌阵，其威力远大于不含硝的"希腊火"，只见飞行的箭如火龙经空，似闪电疾飞，火光照耀，变黑夜为白昼，欧洲十字军终于被击退。

14 世纪的阿拉伯人伊本·卡尔顿（Ibn Khaldūn）在 1354 年著的《奇物录》中记载，北非的苏丹阿卜·优素福（Abù yūsuf）在 1274 年的锡尔马萨（Sijilmāsa）战役中使用了具有爆炸性的火器，内装火药，火药的成分中还有铁渣。由于火药火器在战争中的巨大威力，阿拉伯人将其大量用于军事装备，取代了传统的火攻武器"希腊火"。

哈桑在《马术和军械》一书中介绍了一种"契丹火枪"，枪头叫"契丹火箭"。他们采用金人的飞火枪，用火箭作为燃烧体。14世纪初的另一部阿拉伯兵书《为阿拉而战》，也载有陆战时用的火枪和水战时用的火箭，都叫"契丹火箭"。这种火箭是在一根长形的契丹火箭上，"安上长而尖的头，以备水战"。在交战中，箭发敌船，"箭头嵌入船板，便延烧以致无法扑救"。这两种"契丹火箭"，前一种是陆战时交手中的火枪，后一种是水战时由管形火器中发射的火箭，由于是从管形火器中发射，因此这种火箭已类似突火枪中的子窠。

13世纪末至14世纪初，统治中东地区的马木鲁克人将蒙古人传去的火筒和突火枪加以改制，发展成为一种叫作"马达法"的管形射击火器。"马达法"一词在现代阿拉伯语中通称"火器"。关于"马达法"的形制，14世纪初希姆·埃丁·穆罕默德（Schems eddin Mohammed）的兵书上有所记载，主要有两种：一种是用一个木制短筒装置火药，在筒口安上石球，点燃火药就冲击石球；另一种筒身较长，先装火药，然后安上铁栓，再在筒口装箭，火药点燃后，由铁栓推动铁箭射击。日本火器史研究者有马成甫指出，阿拉伯人的火器"马达法"，同中国金军所用的飞火枪、南宋创制的突火枪同属管形火器系列。"马达法"是二者的发展：飞火枪用纸筒、突火枪用竹筒做枪筒，"马达法"用木筒做枪筒。

古代欧洲文献中最早的火药知识全都来自阿拉伯国家。13世纪下半叶，欧洲人将有关火攻战术的书《制敌燃烧火攻书》（*Liber Ignium ad Comburendos Hostes or Book on Fire for Burning Enemies*）译成拉丁文。这本书长期被托名为希腊人马可（Marcus Graecus）所作，直到19世纪才揭示出原著是13世纪中叶的一位匿名阿拉伯人所作。这是流传到欧洲的最早的一本讲火攻法的书。据说在1804年拿破仑下令将这本书付印，发给法国的部队将领。这本书中收集了用于火攻的35种方法，其中包括有关"希腊火"配制成分的记载。在这35种火攻方法中，有5种涉及火药和火器。

《制敌燃烧火攻书》所记载的有关火药和火器的配方及制作技术，反映了当时阿拉伯人的知识水平，而这些知识和技术都直接与中国有关，是从中国传过去的。不仅如此，这部著作的意义还在于，它大概是欧洲人最早接触到的有关火药和火器的技术资料。另外还有名为《八十八自然实验法》的阿拉伯文写本，记载了许多与《制敌燃烧火攻书》相同的方法，也由欧洲人译成拉丁文。

欧洲人不仅从阿拉伯的文献中获得了有关火药和火器的知识，而且在与阿拉伯人的战争冲突中认识到火药火器的威力以及其在战争中的重要性。在13世纪中期，阿拉伯人使用了含硝的"烟火剂"来抗击欧洲军队，而在1270年欧洲军队在作战时也使用了这种含硝的"烟火剂"。14世纪时，火药和各种火器，包括管形射击火器，已广泛用于阿拉伯军事装备，并在同欧洲人的战事中多次使用。1290年的阿卡（Akka）战役中，马木鲁克人使用92座抛石机不停地攻击阿卡城，抛石机不但抛投巨石，也发射火球、火瓶和火罐，终于使法兰克人不得不从这座亚洲大陆的最后堡垒撤走，宣告了十字军的彻底失败。1325年，西班牙卡斯提尔反抗阿拉伯人的统治，阿拉伯人用抛石机发射火球攻击巴沙（Baza）城，显示了巨大的威力。1342年，摩洛哥人用大炮保卫阿耳黑西拉斯，抗拒葡王阿方索十世的侵略，使葡萄牙人遭受重大伤亡。在与阿拉伯的这些军事冲突中，欧洲人逐渐学会使用、制造火药和火器。

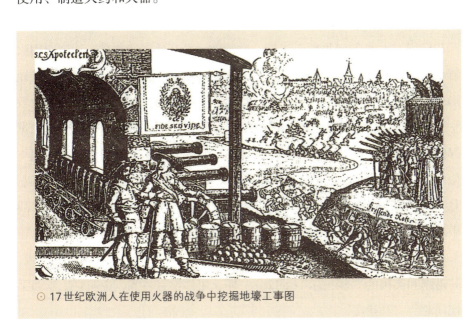

⊙ 17世纪欧洲人在使用火器的战争中挖掘地壕工事图

阿拉伯是中国火药火器技术的西传之"桥"，但也不排除从中国直接传播到欧洲的可能性。因为蒙古军队的几次西征都直抵欧洲腹地，所以在作战中广泛使用了火药和火器。例如蒙古第二次西征时，1237年攻占莫斯科，蒙古军队使用了火炮。1241年，在波兰境内莱格尼查（Legnica）附近的华尔斯达脱（Wahlstatt）平原上，蒙军与德国波兰联军大会战，蒙军使用了"中国龙喷火筒"（Chinese dragon belching fire），结果大获全胜。15世纪波兰史学家德鲁果茨（John Dlugosz，1415—1450）在《波兰史》（*Historia Polonica*）中记述了1241年莱格尼查战役中蒙古军队使用"火龙"的情景。

⊙ 元代火铳，刻有"至顺三年（1332）二月四日绥边讨寇军"，是已发现的最早的管状火器实物

蒙古军队在欧洲战场上使用这些神奇的火器，必定给欧洲人以深刻的印象。另外，元代时中西交通畅通，有不少欧洲人到过中国，也有中国人到过欧洲，他们也可能成为火药火器技术西传的媒介。

火药和火器的知识和技术经阿拉伯人的媒介传入欧洲后，迅速得到推广和应用。大约在14世纪上半期，欧洲就已经开始制造并在实战中应用火器了。现存欧洲最早的火器图形，是在牛津礼拜堂发现的一张1326年的瓶形火炮图画，瓶口插一支箭，后有武士正点引线。这份档案是1326年伦敦主教为英国国王爱德华三世加冕时的加冕辞，关于火炮的图画就画在加冕辞的下方。在霍开姆（Holkham）发现的一份1326年的档案中，也有一幅类似的瓶形火炮图画。这类瓶型火炮与中国宋金时期铁火炮的形状十分相似。意大利一处中古时期的教堂有1345年和1364年的壁画。1345年画的是水战中用手铳射击。1364年画的是堡垒内外的战士都用手铳，堡垒外有一尊竹节形火铳，尾部无竹节，火门在尾部，铳口安有石球，有人正在点燃药线。其形制和英国的"提拉尔"（telar）一样，尾部没有竹节，说明它出于和手铳同源的"马达法"。

综上所述，大约在14世纪上半期，中国发明的火药和火器技术已经在欧洲广泛传播，并很快得到推广，应用于军队装备和各种战事。当时，欧洲正处于历史大变革的前夜。火药和火器的传入，对于这场历史大变革起到了重要的推动作用，从而对世界历史进程起到了重要的推动作用。

四、宋元时期进口的外国商品

海陆丝绸之路的兴盛实际上就是远程国际贸易的产物。中国历代海外贸易的繁盛，首先是因为中国在商品上、技术上具有很大的优势，长期处于世界先进水平，因而在国际贸易中发挥着主导作用。中国丰饶的物产，如丝绸、茶叶、瓷器等，在很长的历史时期内一直是各国需求的大宗货物，各国商旅长途跋涉，不辞劳苦，主要是在贩运这些先进的、精美的和实用的中国货物，获取更多的商业利润。

宋代延续了以往海外贸易的态势，继续进行大规模的海外贸易，把中国精美的商品，如丝绸、瓷器等大量销往海外，同时把世界各地的物产运销中国。据统计，宋代从海外进口的货物在410种以上。

根据外来物品的用途和种类，宋代外来物品主要分为珍奇异宝、纺织品、动物、文化用品和香料等六大类。其中，珍奇异宝主要存在于宋朝的贡赐贸易中，包括犀角、象牙、玳瑁、珍珠、北珠等。动物分为珍禽异兽和役畜两大类。其中，珍禽异兽包括驯象、驯犀、红鹦鹉等，主要来自占城、交趾以及大食等南海诸国；役畜则包括马、牛、骆驼等，主要来自北方少数民族政权。纺织品主要来自高丽和大食诸国，主要有高丽纻布、大食锦和火浣布等。文化用品则主要来自高丽和日本，分别以高丽扇、高丽纸和日本扇为代表。香料是外来物品中种类最多、数量最大、使用最为广泛的品种，以沉檀龙麝"四大香"为主要代表。另有学者概括宋代有"五大进口商品"，分别是香药、犀角、珠宝、木材、棉布。

《宋史》卷一八六《食货下八》简略记述了开宝四年（971）置市舶司的情况后称：

凡大食、古逻、阇婆、占城、勃泥、麻逸、三佛齐诸蕃并通货易，以金银、缗钱、铅锡、杂色帛、瓷器，市香药、犀象、珊瑚、琥珀、珠玭、镔铁、鼍皮、瑇瑁、玛瑙、车渠、水精、蕃布、乌樠、苏木等物。

关于宋代进口的外国商品，史籍中有很多记载。在宋代的朝贡贸易中，所贡之物包括国王贡物、王室成员贡物、贡使及随行人员贡物等几大部分，主要是朝贡国本国土特产，如高丽贡金银器、绢、布、马、刀剑、人参、硫黄，交趾、占城、三佛齐等东南亚国家贡象牙、犀角、玳瑁、珍珠、驯象以及各种香料、香木，大食贡玻璃器、水晶、织锦、香料，于阗、龟兹贡骆驼、马、玉器、乳香等。

《宋会要·职官》四四说：

市舶司掌市易南蕃诸国物货航舶而至者。初于广州置司……凡大食、古逻、阇婆、占城、勃泥、麻逸、三佛齐、宾同胧、沙里亭、丹流眉，并通货易。以金、银、缗钱、铅、锡、杂色帛、精粗瓷器市易香药、犀、象、珊瑚、琥珀、珠啡、宾铢、鼍皮、瑇瑁、玛瑙、车渠、水精、蕃布、乌构、苏木之物。

《宋会要·职官》四四之一八、一九记载绍兴三年（1133）进口品总计212种，其中香药177种、珍宝11种、手工业品14种，其他资源性商品10种，资源性商品超过90%。

宋代进口的外国商品，大量是通过商舶的市舶贸易。市舶司将进口货物分为"细色"和"粗色"两种："细色"指贵重物品，如金、银、珠宝、麝香等；"粗色"指一般货物，如胡椒、硫黄、速香、吉贝布等。

学术界最常引证的是南宋宝庆《四明志》所列的外国货物清单。四明即宁波，宋元时代是主要的对外港口之一。宋元时，除了通往日本、高丽的商船络绎不绝，还发展了与东南亚、南洋及阿拉伯各国的通商贸易。《四明志》始撰于宝庆二年（1226），成书于绍定元年（1228），其中详细记录了当时进出明州港口的货物品种及名称。其中有202种，除了重复的，实际上是163种。其中细色占绝大部分，有百种之多，粗色为60种。

外商将货物运到广州等港口后，有一部分被挑选出来运到都城汴梁。到了南宋，由于政治中心的南移，杭州人口增多，成为大消费中心，因此商人多把由广州进口的外货运往杭州出售。

由广州等港口上岸的外货，不仅运销汴梁或杭州，还运往全国的许多地方。苏过《斜川集》卷六《志隐》说，广州的犀、象、珠、玉走于四方，可见由广州进口的外货普遍分配于国内各地；还有由汴梁、杭州贩往辽、夏、金等国的情况。

中国古代对外贸易的结构性特点是，进口的商品以资源性产品为主，主要是满足上层贵族社会的奢侈品消费。到了宋代，这种情况有所改变，许多进口商品的消费不只局限于上层社会，而且深入普通民众的生活，特别是京城和大都市的居民，已经开始大量消费进口商品。

因此，在民间出现了进口商品加工业。由广州、泉州等地转贩入京城的外货，多半属于原料性质，由海外输入后，便贩往京城。此外，又有些输入广州和泉州的外货，先在广州和泉州加工制造，然后运往内地出售。《桂海虞衡志》说："世皆云二广出香，然广东香乃自舶上来。"有许多商品的名称记上它们集散地的地名，而不记出产地的地名。如"广香"与"广药"等各地所卖的"广洋杂货"，并不出于广州，而是产于外洋；广州因为是对外贸易港，遂成为此种货物的集散地。

南宋时，"京城内外有专以打造金箔及铺翠销金为业者，天下数百家"（《宋会要》）。为了适应香药消费的需要，香药的加工匠人对各种香药的气味、性能等都有详细的认识，并根据不同的消费用途创制了很多香药的配制方法。

对大量进口商品的消费，催生了弥漫于全社会的奢侈之风。珠宝业的发展，香药的流行，成为那个时代流行时尚的文化符号。唐代人所惊之华丽器物，在宋代已是百姓寻常之物。宋人嘲笑唐人没见过世面。沈括在《梦溪笔谈》中说：

唐人作富贵诗，多记其奉养器服之盛，乃贫眼所惊耳。如贯休《富贵曲》云："刻成筝柱雁相挨。"此下里鬻弹者皆有之，何足道哉？又韦楚老《蚊诗》云："十幅红绡围夜玉。"十幅红绡为帐，方不及四五尺，不知如何伸脚？此所谓不曾近富儿家。

明陆楫在叙述当时江南地区的奢靡之风时说："今天下之财赋在吴越，吴俗之奢，莫盛于苏、杭之民，有不耕寸土而口食膏粱，不操一杼而身衣文绣者，不知其几何也，盖俗奢而逐末者众也。"

有元一代，丝绸之路上的商队络绎不绝，中国的商船在东起高丽、日本，西抵非洲海岸的海上丝绸之路上都十分活跃，进口商品的数量和品种也比前代有所增加。以明州港的进口舶货为例，宋代《宝庆四明志》记载的进口货物为160余种，元代《至正四明续志》记载的舶货为220余种，比宋代增加了60余种。《至正四明续志》书成于至正二年（1342），其中关于"市舶货物"的记载，列出了元代从宁波港进口的货物清单。这两项差距充分说明，元代贸易活动的范围已远远超过前代，交通和贸易的国家或地区十分广泛，除东亚地区的高丽、日本等国外，在南海及以西方向，东起菲律宾，中经印度尼西亚群岛、印度次大陆，直到波斯湾沿岸地区、阿拉伯半岛和非洲沿海地区。元成宗大德八年（1304）刊印的《南海志》记载，当时与广州发生贸易关系的国家和地区已达143处。

元代主要进口商品，汪大渊的《岛夷志略》记载有100多种，除香料外，还有衣料类、食品类、宝货类、杂货类，都比宋代多，各种蕃布的输入与转输其他国家和地区的尤为频繁。主要进口商品有：

象牙、犀角、珍珠、琥珀、片脑、梅花片脑、肉豆蔻、白豆蔻、米脑、硼砂、肉桂、苏木、降真香、安息香、丁息、打白香、木香、罗斛香、龙涎香、上等沉速香、黄熟香头、栀子花、百合、萝蔔、琼花、蔷薇水、菠萝蜜、大枫子、红檀、苏木勃、盈山、龟筒、腽肭脐、鸭嘴胆、芎蕉、苇粟、旬子、檀木、椰心簟、生金、黑小斯、小丁皮、鸦忽石、青蒙石、鹤顶、驼毛、张叶、软棉、木棉、丝布、皮桑布、芯布、高你布、兜罗布、花布、打布、棉布、竹布、大手巾布、八丹布、白布、玳瑁、猫儿眼睛、琉璃瓶、白银、沙金、铜、铅、锡、鸦鹘石、青琅玕、珊瑚树、红石、蚌珠、硫黄蜡、红紫、茄蓝木、乌梨木、贝八子、白藤、浮留藤、藤杖、万年枣、胡椒、孩儿茶、椰子、槟榔、石榴、菠萝、甜瓜、单皮、西瓜、马乳葡萄、黄豆、黍子、紫薰、米、麦、盐、蔗酒、酒、鱼干、孔雀、仙鹤、鹦鹉、骆驼、西马、骏马、牛、大羊、绵羊、鸡、鸭、绿毛狗、熊、鹿、豹、麂皮、麝檀、翠羽等。

《大德南海志》记录了元代广州上岸的外国货物清单，共计71种：

宝物：象牙、犀角、鹤顶、珍珠、珊瑚、碧甸子、翠毛、龟筒、玳瑁。

布匹：白番布、花番布、草布、剪绒单、剪毛单。

香货：沉香、速香、黄熟香、打拍香、暗八香、占城、粗熟、乌香、奇楠木、降香、檀香、戎香、蔷薇水、乳香、金颜香。

药物：脑子、阿魏、没药、胡椒、丁香、肉子豆蔻、白豆蔻、豆蔻花、乌爹泥、茴香、硫黄、血竭、木香、荜拨、木兰皮、番白芷、雄黄、苏合油、荜澄茄。

诸木：苏木、射木、乌木、红柴。

皮货：鲨鱼皮、皮席、皮枕头、七鳞皮。

牛蹄角：白牛蹄、白牛角。

杂物：黄蜡、风油子、紫梗、磨末、草珠、花白纸、藤席、藤棒、虺子、孔雀毛、大青、鹦鹉螺壳、巴淡子。

五、札马鲁丁与回回天文学的引进

阿拉伯的天文学十分发达。阿拉伯的科学家们对天文学一直保持着浓厚的兴趣，他们已经能够娴熟地运用星盘、等高仪、象限仪、日晷仪、天球仪和地球仪之类的天文仪器从事天文学研究。天空中的很多恒星，如毕宿五、河鼓二和很多天文学的术语，如照准仪、地平经度和高度方位仪，都来源于它们的阿拉伯名字。阿拉伯天文学继承了大量前人的科学遗产，如古代希腊-罗马、波斯，甚至印度的天文学等。阿拉伯天文学自成体系后，又影响和推动了世界其他文明的进程。而在这一推动过程中，阿拉伯天文学在和中华文明的交融中，极大地影响和丰富了中国的天文学。

忽必烈居藩时，曾"有旨征回回为星学者"，任用了一批伊斯兰天文学家，其中著名的天文学家波斯人札马鲁丁应召东来，后主西域星历司。札马鲁丁于1249年至1252年间来到中土，效力于蒙哥帐下，后来转而为忽必烈服务。忽必烈登大汗之位后，又将札马鲁丁派回伊儿汗国，去马拉盖天文台参观学习。至元四年（1267），札马鲁丁带着马拉盖天文台的新成果回到忽必烈宫廷。札马鲁丁向忽必烈进献《万年历》，并进献西域天文仪器7件。这7件天文观测仪器包括用来观测太阳运行轨道的浑天仪，观测星球方位的方位仪，用来观测日影定春分秋分的斜纬仪，观测日影定夏至冬至的平纬仪，天文图像模型天球仪、地球仪，以及观察昼夜时刻的观察仪（即星盘）。这些仪器设计巧妙新奇，准确精密，反映了阿拉伯天文学研究达到了很高水平。

札马鲁丁根据伊斯兰历法，撰进《万年历》。忽必烈下旨在全国颁行。到至元十八年（1281）郭守敬《授时历》完成，《万年历》才终止使用。《万年历》在中国范围内通用了14年。郭守敬编制《授时历》时，也曾参用了回回历法，从《万年历》中吸收了不少合理的内容。

至元八年（1271），忽必烈下令在上都设立回回司天台，秩从五品，并令札马鲁丁领导司天台的工作。元仁宗皇庆元年（1312），改台为监，秩从四品，掌观象衍历。监内有天文科、算历科、三式科、测验科、漏刻科。元代在天文机构的设置上实行双轨制，即在为回回天算家设立机构之前或同时，也为汉人设立了另一套天文机构。按元制，回回司天监与汉司天监地位相等，两监官员品秩相当，人数也基本相同。札马鲁丁、爱薛、可马刺丁、赡思丁等一批天文学家先后在这里任职，为中国天文历算的完善和发展做出了巨大贡献。

按元制，司天监专职人员需子孙世袭。元廷还规定："司天台执事者，恐泄天文，不可流之远方。随朝应承技艺者，太医、阴阳、匠官，免丁忧致仕。"终元一代，供职于回回司天监者，基本为来自西域的回回人、也里可温人及其后裔。

上都的回回司天台，既与伊儿汗王朝的马拉盖天文台有亲缘关系，又由伊斯兰天文学家札马鲁丁领导，且专以进行伊斯兰天文学工作为任务，在伊斯兰天文学与中国天文学交流方面占有重要地位。除上述大型仪器外，回回司天监当时还拥有小天球仪、万能仪（星盘）、横道仪及圆规等小型回回天文器具，这些仪器的研制，应该是对伊斯兰同类仪器的引进和复制。回回天文仪器的制造，为"掌观象衍历"的回回司天监的工作提供了基本的观测条件，保证了回回天文工作的正常开展。札马鲁丁所献7件"西域仪象"，仍为明代回回钦天监所运用。

同时期主持汉司天监的郭守敬，通过回回司天监和札马鲁丁的"西域仪象"，对回回天文学有了一定的了解，因而在仪器设计方面，吸收了回回天文仪器的长处。

至元十年（1273），札马鲁丁以回回司天台提点的身份被元世祖任命兼职为新设立的秘书监两长官之一。另一长官是汉人、原任户部尚书的焦友直。秘书监的主要职责是掌管皇家收藏的历代书籍和阴阳禁书，从事皇帝特命的撰述任务等。而元代的司天台因为当时认为其工作关涉皇家机密，故被划为秘书监管辖。元代回回司天台和秘书监的主管人往往是兼任的，札马鲁丁就是这样兼任惯例的开始者。至元二十四年（1287），札马鲁丁升任集贤大学士，官阶为从二品。

在札马鲁丁的领导下，秘书监引进了大量波斯文、阿拉伯文的天文学、数学、星占学等方面的图书、器物，还有大量的阿拉伯地图。秘书监是元代中国与阿拉伯科学文化交流的一个重要中心。在《元秘书监志》中录有"回回书目"195部。在26种存目的回回书籍中，有数学、几何学、天文学、医学、地理学、星象学、化学、哲学、历史学、辨认宝石学、机械制造原理、诗歌、天文仪器制造等方面的内容。

六、"回回炮手"与"回回炮"

元初，有两位非常有名的穆斯林造炮专家：阿老瓦丁和亦思马因。他们把阿拉伯的制炮技术传播到中国，为发展中国的兵器事业做出了很大贡献。

至元初年，忽必烈征伐宋朝期间，在襄阳、樊城遭到宋军顽强抵抗。襄樊战役始于至元五年（1268），元军围城5年，却始终未能攻克。至元八年（1271），忽必烈向伊儿汗的阿八哈汗征调回回炮匠。阿老瓦丁及其弟子亦思马因应诏，举家驰驿至京师。至元九年（1272）十一月，阿老瓦丁、亦思马因制成回回炮，奉旨在大都五门前试射。试射成功，忽必烈非常满意，特赐他们衣物、绸缎，并诏令他们带此炮赴襄阳军前使用。至元十年（1273）正月，他们以回回炮攻樊城，一举告捷。接着，元军移炮以向襄阳。亦思马因细心观察地势，在襄阳城东南角安置巨炮。"机发，声震天地，所击无不摧陷，入地七尺。"结果，一炮就射中襄阳谯楼，"声如雷霆，震城中。城中汹汹，诸将多逾城降者"。宋将吕文焕自知不敌，遂纳城归降元军。相持5年之久的襄樊战役宣告结束。

上文所谓"回回炮"并不是火炮，实际上是一种发石机，所用弹石重达150千克，以机发射，用力省而射程甚远。因首先在攻打襄阳、樊城时使用，又名"襄阳炮"。由于发射威力大，它又叫"巨石炮"。

在攻占襄阳后，元军利用这种威力巨大的回回炮不断扩大战果。至元十一年（1274），元军渡江，宋兵陈于江南岸，拥舟师迎战。亦思马因之子布伯于北岸竖回回炮击之，宋舟全部沉没。至元十三年（1276），元军以炮先克潭州，继克静江，将战果扩大到湖南、广西。后来南宋朝也曾令边郡仿造回回炮。宋人徐霆曾对回回炮评价说："回回百工技艺极精，攻城之具尤精。"

阿老瓦丁、亦思马因此受到元世祖的格外赏识。阿老瓦丁于至元十五年（1278）被授为宣武将军、管军总管。十七年（1280）入朝觐见，得赐钞5000贯。十八年（1281），奉命率散居各郡的回回炮手俱赴南京（今开封）屯田。二十二年（1285），任回回炮手军匠上万户府副万户。大德四年（1300），阿老瓦丁告老，子富谋只袭副万户职。皇庆元年（1312）富谋只卒，子马哈马沙袭其职。亦思马因在攻破襄阳城后，得赏银250两，被任命为回回炮手总管，佩戴虎符。卒后其子布伯袭其职。后来，布伯也多次立功，先后被任命为镇国上将军、回回炮手都元帅、军匠万户府万户、刑部尚书、通奉大夫、浙东道宣慰使等职，其弟亦不剌金、子哈散、侄亚古等人也俱被委以重任。

元廷对回回炮手和军匠的训练、组织、管理都极为重视。在攻破襄阳的第二年，设立了回回炮手总管府。至元十六年（1279）三月，调令两淮造炮回回炮兵新附军匠600人及蒙古、回回、汉人、新附人能造炮者俱至京师大都。至元十八年（1281），设置回回炮手都元帅府。至元二十二年（1285），改都元帅府为回回炮手军匠上万户府，品秩为正三品。至治三年（1323），派遣回回炮手赴河南汝宁、新蔡等地教习炮法。致和元年（1328），亦不剌金奉令率所部回回炮手军匠至京师，与马哈马沙的回回炮手军匠上万户府合并，共同监造回回炮。由此可见，元代回回炮手军匠数目可观，规模庞大，在大都、南京（开封）、江南，到处都有回回炮手军匠的记录。

七、阿拉伯医药学在中国的传播

阿拉伯医学有着悠久的传统。阿拉伯人在继承埃及、印度、中国、希腊、罗马等古代人类医学成果的基础上，创立了优秀的阿拉伯–伊斯兰医学体系。相传穆罕默德曾说过，学问有两类：一类是教义学，一类是医学。有文献可考的世界上第一所正规医院是9世纪在阿拔斯王朝的巴格达建立的。大约经过一个世纪的时间，又有5所医院在巴格达开业。10世纪初期，那里已经建立起流动医院，在村庄提供医疗服务。巴格达最具规模的一所医院建立于公元982年，该院建立之初就拥有包括眼科医生与外科医生（含正骨医师）在内的25名医生，而到1184年，一位旅行家描述说，那所医院的规模就像是一座巨型的宫殿。

蒙古人在西征中，对包括医生在内的各种匠艺人员采取了一定程度的保护措施。蒙古统治者在所征服地区征召医生为自己服务，在当时蒙古最高统治者周围就逐渐集聚了一些著名的中外各族医生，如为成吉思汗服务的就有信奉景教的回回医生。

元初，阿拉伯、中亚及波斯等地的医生大量进入中国，阿拉伯医学得到广泛应用和推广。叙利亚人爱薛是唯一在《元史》中立有专传的阿拉伯医家，他及其家人在元代为阿拉伯医药学在中国的传播发挥了重要作用。爱薛出身于基督教聂思脱里派教徒世家，他的父亲不鲁麻失为著名天文学家。爱薛继承家学，通晓阿拉伯语、古叙利亚语和蒙古语，擅长阿拉伯星历、医药之术。蒙古贵由汗曾征召不鲁麻失，不鲁麻失因年老"辞不能往"，极力推荐其子爱薛代父应召，入侍蒙廷。1265—1286年，爱薛曾3次出访伊儿汗国，在马拉格天文台参与纳绥尔丁·图西主持的国际科学协作。

爱薛于至元七年（1270）成立京师医药院（其提举为正三品，级别仅次于太医院），由其妻主持。至元十年（1273）春正月，京师医药院改广惠司，仍由爱薛掌管。据《元史·百官志》载，广惠司的职责一是掌修制宫廷用回回药物与和剂（配方），二是治疗诸宿卫士和大都的孤寡及贫寒之士。广惠司均为回回医生，按阿拉伯传入的各种香药配制有特效的良方，以阿拉伯医术治疗。该司还翻译回回药方，推广回回医药。广惠司的主要职官有20多人，内设提举、卿、少卿、司丞、经历、知事、照磨等官职。在广惠司及两所回回药物院等机构中，聚集着爱薛、鲁合父子、答里麻等一批回回名医。元成宗时，"置各路惠民局，择良医主之"。朝廷派遣回回医官到全国各地建立医疗机关，回回医药学也在社会上得到广泛传播。至元二十九年（1292），在太医院下专设回回药方院和回回药物局两个药学机构，分管大都和上都两所回回药物院。至治二年（1322），大都和上都药物院划归广惠司统一掌管。这些是中国中原历史上最早传播回回医学的机关。除了回回医药专门机构，在太医院、典医监等中国传统的医药机构中，先后有爱薛长子野里牙以及铁树、曲抠等多名回回医生在元廷任职。

除在元廷任职外，还有很多回回医生散居

⊙ 13世纪伊拉克手稿中描绘医生为病人治疗的场景

中国各地，在民间行医或卖药。当时，大批阿拉伯、波斯、突厥血统的伊斯兰医师携带着医书药典纷纷来到中国，以行医为计，治病救命，遂形成伊斯兰医学大举输入中国之势。这些外国医师被称作"回回医人"或"回回医官"。

元人王沂《伊滨集》卷五《老胡卖药歌》记回回医生卖药之事，极为生动。诗中说：

西域胡贾年八十，一生技能人不及。

神农百草旧知名，久客江南是乡邑。

朝来街北暮街东，闻掷铜铃竞来集。

师心已解工名术，疗病何须说《难经》。

江南只今成乐土，异代繁华复亲睹。

……

大家"闻掷铜铃竞来集",售药的铜铃一响,人们竞相来购,特别是他熬制的金丝膏药,更受人们欢迎。

在中外贸易交往中,输入中国的商品以香药为其大宗。"香"和"药"其实是两类商品,一类是香料,一类是药物。有许多香料也可以入药,所以人们时常"香""药"并称,除了日常生活中用香,如熏香、焚香等外,以香料入药也是常见的。自汉代中西交通开辟以来,从西域、波斯、阿拉伯乃至非洲以及南洋、印度等地,源源不断地将各地的特产药物输入中国,极大地丰富了中医药学的内容,为中国人的医药卫生保健做出了很大贡献。唐宋以后,香料与药物的进口数量更大,品种更多,来源地也更广泛。而在这个时期,由于阿拉伯和波斯商人成为中西交通贸易的主体,往来的商船多来自阿拉伯地区,许多国家的物产是经由他们转运的,因此到中国以后也都记到他们的名下,被认为是阿拉伯的产品。这样,在宋代,输入中国的香料和药物,无论是阿拉伯本土所产,还是阿拉伯商人转运的,都被认为是阿拉伯香药。

到了元代,继续有阿拉伯的各种香料和药物源源不断地输入中国。元朝统治者对阿拉伯药物很感兴趣。如自波斯等地运入的橄榄油,他们"皆以重价收买之,宝藏之,视若无上之药物"。汪大渊的《岛夷志略》记载,当时中国商船在同波斯湾地区的贸易中运回不少药材,如甘埋里的丁香、豆蔻、苏木、麝香,挞吉那的水银、硫黄,加里那的水银、苏木,波斯离的大风子、肉桂等。

元代时回回药物输入的途径之一,是诸汗国的"进贡"。伊儿汗合赞、不赛因诸王先后多次遣使向元廷进贡,在所贡物品中,回回药物占了很大比重,其中多有珍奇之品。如1332年十月,不赛因"遣使贡塔里牙八十八斤",即属此类。1320年七月,回回太医进药"打里牙"(即塔里牙),一次酬其值竟达15万贯之巨,进药数量之大足以想见。上述药物的进贡,由于均从元廷领取大量的回赐,实际上已经带有贸易的性质了。

至元二十九年(1292),大都、上都始置"回回药物院,秩从五品。掌回回药事"。从此,"回回医药""回回药物"成了阿拉伯医药在中国的别称，阿拉伯医药在元朝有了崇高的地位。

宋元时代大量阿拉伯药物的输入，以及一些阿拉伯药物在实际中的应用日益广泛，促进了当时人们对阿拉伯药物的认识和研究，某些阿拉伯药物为中国本草学所吸收，逐渐华化为后世所习用的中药。

元代有两部与药学有关的著作，据认为都在很大程度上吸收了阿拉伯医药学的成果。

元代药物学家萨德弥实，元至大四年（1311）至泰定年间（1324—1327）先后任江南行御史台监察御史、内台监察御史、建昌州知州等职。在职期间，他致力于考订各家方书，博采回回医药经效诸方，并将病家试用屡效的单方、验方加以分门别类的整理，1326年编辑订正而成共15卷的《瑞竹堂经验方》。原著在明代中叶后国内失传，但书中许多内容散见于国内外的医药文献中。该书运用回回香药较多，如书中记载的悬吊小桶淋浴是阿拉伯人自古以来独特的卫生传统习俗。另有治急气疼方、治疗疮方，且在方名上标有"海上方"等字样，说明有些方药是经海路传入中国的阿拉伯伊斯兰治方。

回回医生忽思慧（忽斯慧）1314—1320年担任宫廷饮膳太医，负责宫廷中的饮膳调配工作，并专门从事饮食营养研究。他将回回医药学与汉、蒙古、女真、维吾尔等民族的医药学和营养学结合起来，于1330年完成了《饮膳正要》。这是集元朝以前中国营养学研究精华而完成的中国第一部饮食卫生和营养学方面的专著。该书全面系统地总结了营养学理论，收集了各种奇珍异馔、汤膏煎造术238方，谷类、肉类、菜类230余种，介绍了各种食物的性质、烹饪及饮食卫生要求。

忽思慧是穆斯林医家，书中有不少来自他最为熟悉的本民族的清真食品原料，如回回葱、回回青、回回豆子、回回小油等。清真食品原料中，包括来自阿拉伯国家冠以"胡"字的食材，如胡葱、胡麻、胡椒、胡荽等。《本草纲目》中解释胡葱说："元人《饮膳正要》作回回葱，似言自胡地，故曰胡葱耳。"书中收载的马思答吉汤、木瓜汤、粉汤、鸡头粉血汤等，都是穆斯林医疗保健食品。《饮膳正要》备受赞誉，经久不衰。

元代时，阿拉伯医学在中国广泛传播，中国学者对阿拉伯医学进行了深入研究，其最显著的成果体现在这个时代的医学代表作《回回药方》中。

《回回药方》的作者是中国元明之际的回回医学家，他（或他们）既精于以《医典》为代表的阿拉伯医学，也有较深的汉学造诣及较高的中国传统医学水平，在全面研究和掌握这两种古代医学理论与医疗实践的基础上，写出了系统反映元代回回医学水平的大型综合性医药学著作。《回回药方》既保存了阿拉伯医学的基本特征，也受到了中国传统医学的影响，在医方和医论上加入了许多中国传统医学的内容。因此，它体现了中国与阿拉伯两种不同医药学的初步融合，成为中国医药学体系的一个有机组成部分。

八、中华文明与文艺复兴

元朝时，由于陆路丝绸之路和海上丝绸之路交通都十分畅达，人员来往十分频繁，中国通过印度和东南亚与欧洲的间接贸易，以及与欧洲威尼斯等地的直接贸易，再加上马可·波罗等旅行家们的记述，使得这个时期的中国文化在欧洲得到了一定的传播。

正是在这个丝绸之路交通畅通发达的时代里，中国文化的许多因素进入欧洲，在那里产生了不同程度的影响，甚至一些至关重要的影响，直接参与了欧洲文化发展变迁的历史过程，或者对于这样的发展变迁起到了激励、刺激或启发作用。文艺复兴时期的许多重要事项，比如宗教改革运动，大航海和新航路的发现，哥伦布发现美洲大陆，都间接地与这一时期中华文化的传播和影响有关。

在这一时期，有许多中国文化因素传播到欧洲。蒙古人给欧洲人带来了华丽的货物和奢侈的珍品。这些发明和发现对于改变欧洲人的生活都有一定的影响，甚至使他们在日常生活最世俗的方面也发生了改变。例如，欧洲人转而改穿蒙古织物，穿短裤和短上衣，而不是束腰外衣和长袍；用草原式的琴弓去演奏他们的乐器，而不是用手指去弹拨；使用新风格进行绘画。意大利作家但丁、薄伽丘和英国作家乔叟用"鞑靼绸""鞑靼布""鞑靼缎"等词汇，作为世界上最精美衣料的术语。很明显，这些不是指蒙古人制造的纺织品或染料，而是指经蒙古人买卖或来自蒙古统治区的纺织品或染料。

这一时代中华文化对于欧洲文艺复兴运动的影响，不仅仅在于物质方面，也不仅在于技术和艺术方面，更在于思想观念方面。这一时代，在这种全面开放的态势下，大规模的人员和物资交流，地理空间的开拓，都使欧洲人在思想观念上发生了深刻变化，而这正是引发文艺复兴运动的思想基础。在元朝时代，形成了一个全球文化的新趋势，这个新的全球性文化经过几个世纪的发展，已经成为现代世界文化发展的基础。而在当时，欧洲人就从这个全球文化体系中学到了很多东西。

这些新观念都不同程度地被接受并产生影响，并直接地改变了欧洲人的许多观念，成为引发文艺复兴运动的思想基础。有一位英国学者说，在这个时代，欧洲没有什么能给予中国的，但从中国拿来的不仅是消费品，还有其他东西，像技术、工艺、组织结构、思想和视野。这种接受性，或者说获得性，反映了欧洲不仅取得了进步，在进步的方式上也取得了进步。从中国获得的东西被称为14世纪欧洲革新的重要因素。

欧洲人世界观的变化，首先是地理观念的变化，是"世界眼光"的扩大。在这里需要再提一下马可·波罗的作用。马可·波罗的同时代人、帕达大学教授皮埃特罗·达巴诺（Pietrod' Abano）在1310年出版的《哲学与医学实践之间差异的沟通》一书中说，威尼斯的马可·波罗是他以前认识的游历最广的旅行家和最勤勉的探索者。马可·波罗的游记大大开阔了当时欧洲人的地理视野，引起他们对于东方的浓厚兴趣。在14世纪，欧洲某些思想最活跃的人开始按照这位威尼斯旅行家提供的知识塑造其世界观。早在地理大发现之前，欧洲从前以欧洲和地中海为界的视域拓宽了，包括了世界上大片新的地区。

中世纪晚期欧洲地理学的发展，在很多方面得益于马可·波罗。例如在1320年马里诺·萨努托（Marino Sanuto）的世界地图中，新的地理资料多取自《马可·波罗游记》。再如1375年的加泰隆地图，更是以它为主要参考书而绘制的，成为中世纪最有科学价值的地图。这个地图打破了宗教谬说和"天圆地方"说，摆脱了中世纪地图学的幻象，成了欧洲思想文化史上的一个重要里程碑。14世纪末，人文主义者多梅尼克·班迪诺（Domenico di Bandino）在其著作中也收录了大量来自《马可·波罗游记》的引文，并把马可·波罗说成是"对东方海岸最勤奋的调查研究者"，说《马可·波罗游记》是"涉及东方行省的位置、风俗和环境的赏心悦目的书"。以后的地图也大都以《马可·波罗游记》为据而制作。如1410年的博尔贾地图，1442年、1448年的利乐杜斯地图，1459年的毛罗地图，1538年的默凯特地图等，大都取材于《马可·波罗游记》。利乐杜斯宣称，他的地图中包括了很多东亚内地的地形图，"他没有按照马里纳斯和托勒密的理论，而是吸收一些较新的报告内容的基础上完成了地图的绘制，尤其是借鉴了《马可·波罗游记》中的一些内容"。1492年马丁·毕海姆（Martin Behaim）的《地球仪》（Terrestrial Globe）也是以《马可·波罗游记》为基础的，他宣称《地球仪》表示"整个世界，即托勒密所描述的那部分地区——和促使威尼斯的马可·波罗爵士记录下来的其他世界"。

马可·波罗这个时代欧洲人地理观点的进步，不仅仅是马可·波罗，还有其他旅行家们，往来于大陆两端的商人们，以及征服欧亚大陆的蒙古铁骑，他们一起改变了欧洲人的地理观念，向他们展现出一个超出他们历史视界的世界。

到16世纪下半叶，《马可·波罗游记》被普遍认为是真实可信的，并且得到了广泛的传播，而这一时期《马可·波罗游记》的传播，主要是基于它的地理学性质，对人们探索新世界的活动和地理学知识的扩展起到了重要作用。18世纪末的历史学家威廉·罗伯逊（William Robertson）在《古人有关印度知识的历史研究》（An Historical Disquisition Concerning the Knowledge which the Ancient had of India）中对启蒙思想的态度加以总结，他认为《马可·波罗游记》是"迄今为止对东方所做的最全面的观察，是欧洲人所给的最全面的描述"。

古代中国人发明的造纸术、印刷术、火药和指南针，也主要是在这个时代传到欧洲的。"四大发明"传播到欧洲之后，对以基督教思想为核心的、以教会的神权统治为支柱的西方中世纪传统文化系统来说，"四大发明"不是一种支援力量，而是一种巨大的破坏力量。在西方文化由中世纪走向近代、在人们迎接近代文明曙光的伟大时刻，从远方中国传来的奇妙无比的"四大发明"，对于西方文化，起到了激励、开发和推动这一伟大历史转变的重要作用。或者说，"四大发明"是从外部刺激西方文化系统内部发生蜕变和更新的重要文化要素。"四大发明"对西方乃至整个世界的历史进程都起到了革命性的作用，推动和促进了整个人类文明的结构性改变。

"四大发明"通过各自的渠道和路线陆续传播到欧洲。它们的传播和接受，本来是各自独立进行的，互相之间并没有必然的联系。但是，它们传播到欧洲大致是同时的，是在蒙古人通过三次西征而建立起跨欧亚大陆的超级大帝国的时代，是中西文化大流动、大交流的时代，也即欧洲发生文艺复兴运动的前夜。正是在这样一个文化接触的汇合点上，"四大发明"发挥的作用和影响远远超出其本身的技术性范围，成为刺激文艺复兴运动并为其推波助澜的外来力量。这是一种不可低估、不可替代，更不可否定的来自东方的文化力量。

造纸术和印刷术加速了欧洲近代文明的到来，而火药和火器的传入，为打破旧有的统治秩序提供了强有力的物质力量，改变了欧洲的政治格局，宣告了欧洲中世纪的结束。至于指南针和航海罗盘，它的直接影响在于开辟了欧洲大航海的时代。

总而言之，作为西方文化发展史上具有划时代意义的文艺复兴运动，从一开始就受到"四大发明"以及与此相关的其他中国文化因素的刺激和推动，并以此为物质前提。"四大发明"的传入，激励和开发了西方文化系统内部的活跃因素，从而使西方文化的历史大变革成为可能。恩格斯曾经指出："各种发明的大量涌现和东方发明的引进，不仅使希腊文献的引进和传播、海上探险以及资产阶级宗教革命成为可能，并且使它们的影响范围异常广泛而迅速地扩展。"①

中国的"四大发明"不仅为文艺复兴提供了物质基础，而且成为促进资本主义产生和现代人类精神解放、科学文化昌明的最强大力量。正如马克思说的："火药、指南针、印刷术——这是预告资产阶级社会到来的三大发明。火药把骑士阶层炸得粉碎，指南针打开了世界市场并建立了殖民地，而印刷术则变成新教的工具，总的来说变成科学复兴的手段，变成对精神发展创造必要前提的最强大的杠杆。"②因此，"四大发明"的伟大历史意义和文化意义受到人们的普遍承认和高度评价。

早在17世纪初，英国哲学家弗兰西斯·培根（Fransic Bacon，1561—1626）就充分肯定了印刷术、火药和指南针等发明的重大意义，虽然他和当时的人们一样，还不知道这些伟大的技术成果来源于中国。他说：

> 我们还该注意到发现的力量、效能和后果。这几点是再明显不过地表现在古人所不知、较近才发现、而起源却还暧昧不彰的三种发明上，那就是印刷、火药和磁石。这三种发明已经在世界范围内把事物的全部面貌和情况都改变了：第一种是在学术方面，第二种是在战事方面，第三种是在航行方面；并由此又引起难以数计的变化来；竟至任何帝国、任何教派、任何星辰对人类事务的力量和影响都仿佛无过于这些机械性的发现了。③

培根还写道，在发现新大陆，发明印刷术、火药、罗盘以后，继续在旧知识和旧发现基础上前进是可耻的；世界已经发生变化，生活的许多领域中已完成了巨大的变革：印刷术已变成科学，火药已变成军事技术，人借助于罗盘可以横渡海洋。虽然这些发明是偶然的，它们却在人类发展史上起了重大的作用。如果说偶然的发明在人类发展中起了如此巨大的作用，

---

① 《马克思恩格斯全集》（第26卷），人民出版社2014年版，第493页。
② 《马克思恩格斯文集》（第8卷），人民出版社2009年版，第338页。
③ ［英］培根著：《新工具》，许宝骙译，商务印书馆1984年版，第103页。

那么不难推测：如果在发明的基础上建立起科学，社会的进步将会多么巨大。要为系统的发现指明道路，必须建立新科学。新发现形成新知识，而新知识是人类用来驾驭自然的工具。

第三十九章　明朝西域丝绸之路的交通

一、明朝与帖木儿王朝的往来

蒙古人在中亚建立的察合台汗国，到14世纪初叶，分裂为东、西两部。东察合台占有中国新疆一带，明朝称为别失八里；西察合台占据阿姆河和锡尔河间的地带。东、西察合台两部互相争战不息，各部宗王争夺汗位的斗争也颇为激烈。1370年，西察合台的蒙古贵族帖木儿（Tamer，1336—1405）夺得了统治地位，宣布自己是成吉思汗的继承人，成为西察合台的苏丹，以撒马尔罕为都，建立起盛极一时的帖木儿帝国，明朝称为撒马尔罕国。

帖木儿属于西察合台境内突厥化的蒙古贵族巴鲁剌思家部落，巴鲁剌思蒙古是成吉思汗家族的近亲。帖木儿是一位雄心勃勃的有为君主，想仿效成吉思汗建立庞大的军事帝国。在其建国的初期，帖木儿灭西方的伊儿汗国，攻打北边的钦察汗国，在中亚地区迅速崛起，并称雄一时，成为除明朝外元朝政治遗产的最大继承者。帖木儿帝国的疆域西起幼发拉底河，东至锡尔河和印度德里，北抵高加索，南临波斯湾，成为当时世界上最强大的国家之一，被西方史学界赞为"成吉思汗后蒙古又一伟大征服者"的帝国。

帖木儿王朝建立的时间与明朝大体相当。朱元璋称帝后，遣使诏谕域外各国，告之其即位之事，洪武三年（1370）曾遣使西域，给予西域各国传达的信息是：遣使朝贡，即不征伐，只要臣服，即由其自立。但西域各国反应冷淡，都持观望态度。诏谕发出后，除了撒里畏兀儿、安定王遣使朝贡，西域各国遣使来朝者不多。《明史·西域传》载："洪武中，太祖欲通西域，屡遣使招谕，而遐方君长未有至者。"洪武十三年（1380），都督濮英复请兵略地，开梅里之路以通商旅。濮英兵至白城、赤斤、苦峪等地，获胜后还肃州。哈梅里

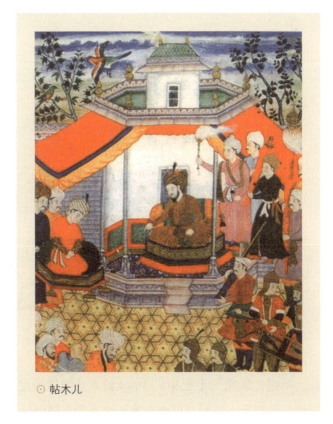

⊙ 帖木儿

回回阿老丁洪武十四年（1381）五月来朝，明朝遣其畏兀儿之地诏谕番酋。

　　直到明朝打击残元势力取得明显进展之后，与西域的交往才取得了明显的进展。洪武二十年（1387），帖木儿平定伊儿汗国后，"首遣回回满剌哈非思等来朝，贡马十五，驼二。诏宴其使，赐白金十有八锭"。洪武二十四年（1391），东察合台汗国遣使哈马力丁来朝，这对帖木儿王朝造成无形的压力。洪武二十七年（1394），帖木儿再次派遣使臣到明朝，贡马200匹，并携带表文，盛称明朝皇帝"统一四海"的业绩。帖木儿的这份表文，语气谦恭，自不乏外交辞令，但从中也反映出明朝国势之强盛以及恩威远被的气势，方有帖木儿帝的"纳贡称臣"。另外，当时双方的交通也很通畅，"站驿相通，道路无壅"，人员往来不仅仅限于官方通使，还有许多民间商贾奔走于途。史学界认为，洪武二十七年（1394）帖木儿这次遣使来朝，可以看作"两国发生关系之始"。

⊙ 撒马尔罕帖木儿大帝陵

　　不过，洪武二十七年（1394）帖木儿派遣的使节，也可能兼有刺探明朝情报的使命。当时，以成吉思汗继承者自居的帖木儿在取得对小亚细亚、金帐汗国、德里苏丹国的胜利后，自觉羽毛丰满、力量强大，便开始考虑东征。洪武二十八年（1395），即帖木儿进呈表文的第二年，明太祖派遣兵科给事中傅安、郭骥等率领将士1500人出使帖木儿帝国都城撒马尔罕，却被扣留。帖木儿派人带领傅安到处周游，借以夸耀其统治疆域的辽阔。随即又将滞留哈烈的明使臣陈德文等人扣留，不让其归国。同时，决定远征明朝以解除藩属关系，并声称要"亲来见大汗（明皇帝），使之称臣纳贡于帖木儿"。

　　建文四年（1402），帖木儿率兵打败土耳其东归撒马尔罕，以为西方既定，就打算对明朝用兵。经过一番准备之后，帖木儿于1404年（明永乐二年）冬集结数十万军队向东进发，不料帖木儿病死途中，这次进军也就中止了。帖木儿死后，其孙哈里（Khalil Sultan）继承汗位。哈里主张与明朝恢复和平邦交关系，于永乐五年（1407）遣使送傅安等回明朝。

帖木儿在世时，曾派第四子沙哈鲁（Shāhrūkh Bahadur，1377—1447）据呼罗珊，常驻哈烈（Herat）。帖木儿死后，沙哈鲁拥兵自立，与哈里争夺汗位。1409年，沙哈鲁废黜哈里，把都城迁往哈烈。

在沙哈鲁与哈里争夺汗位之际，明成祖曾派白阿儿忻台到哈烈和撒马尔罕调停争端。白阿儿忻台的调停虽未见成效，却受到沙哈鲁的热情接待，给以隆重礼遇。在白阿儿忻台回国时，沙哈鲁又派使节随同入明。在出使期间，白阿儿忻台遍访中亚各部，以结友好。

沙哈鲁统治时期，帖木儿帝国逐渐改善与明朝的关系，恢复了对明朝的朝贡。永乐十七年（1419），帖木儿帝国向明朝派遣了一个规模庞大的使团，力求扩大和加强双方已有的和睦关系。这个使团有500多人。其中有沙哈鲁本人的代表，也有他的几个王子的代表，这些王子分别是帖木儿帝国各部的总督。其中三王子贝孙忽儿（Baysunqur）的代表是画师盖耶速丁·纳哈昔（Ghiyath al-Din Naqqāsh）。盖耶速丁根据主人的要求，用日记形式记下了出使的过程。这份日记保存在同时代沙哈鲁宫廷史学家哈菲兹·阿不鲁（Hafizi Abru）的通史性著作《历史精华》中，这份文献就是《沙哈鲁遣使中国记》（*The Embassy Sent by Shah Rukh to the Court of China*）。

明朝也频繁派使臣回访帖木儿帝国。1407年，哈里送还明朝使臣傅安等人，向明朝发出和解的信号后，明朝迅速响应。明永乐六年（1408），明朝派回国不久的使臣傅安二次"赍书币往哈烈，其酋沙哈鲁，把都儿遣使随安朝贡"。之后，明朝多次派使团出访撒马尔罕等地，积极致力于发展双方友好关系。

通过明成祖与沙哈鲁的共同努力，两国关系达到前所未有的友好状态。仅在永乐年间（1403—1424），就有20多个外交商贸使团来自帖木儿王朝，另外，还有数十个西域使团来华访问。双方联系密切，使15世纪前半期古老的丝绸之路呈现一派繁荣景象。

总之，有明一代，明朝与帖木儿王朝的关系密切，往来频繁。明朝共向帖木儿王朝派遣了20次使团。帖木儿王朝也频繁向明朝派遣使节，

⊙ 帖木儿王朝的《狩猎图》

据《明实录》记载，1387年到1504年间，帖木儿王朝出使明朝的使团共有78次。

明朝与帖木儿王朝之间的往来实际上以经贸往来为主。明朝在经济上用互市贸易、厚利番商、优待贡使等做法来招抚西域诸国，以此来提高自身的国际地位。在西域番商、贸易使臣纷纷东来之时，亦有商队从中国贩运商品至帖木儿王朝。帖木儿企图远征中国前夕，明朝与帖木儿王朝的贸易往来也一直未断。帖木儿王朝灭亡后，继立的昔班王朝遣使臣贡马、驼等物，明廷照例回赐彩缎等物。明朝与撒马尔罕的往来并未因政权的更迭而结束。

明朝与帖木儿王朝之间有着不同的文化背景与文化内涵，随着政治与经济的交流，彼此间的文化也有所交流。通过两国使臣的觐见礼仪，双方对彼此的制度文化有了一定程度的了解，进而在交往过程中能够尊重对方的习俗，并将彼此了解的情况记载下来，传之后世。双方的物质文化交流对彼国的社会生活也有一定影响。

二、傅安出使西域记

早期出使帖木儿的明朝使臣傅安，被帖木儿扣留，在西域滞留13年方才回国，被人誉为"明代的苏武"。

傅安（？—1429），字志道，河南祥符（开封）人。他于明初以吏起家，始任南京后军都督府吏，后历任四夷馆通事、舍人、鸿胪寺序班；洪武二十七年（1394）以才擢升为兵科给事中。四夷馆是明朝中央政府专事翻译边疆民族和邻国语言文字的机构，鸿胪寺是负责外交礼仪的部门，傅安在这两个部门工作多年，很可能懂外族语言，这与以后他被派出使中亚、西域有很大关系。

明洪武二十八年（1395），明太祖朱元璋"欲远通西域"，决定派傅安等出使帖木儿帝国。傅安与给事中郭骥、御史姚臣、中官刘惟等携带玺书金币，率领1500人的庞大使团踏上了艰难的万里征程。曾任左春坊大学士兼翰林院侍读学士的曾棨，在《西游胜览诗卷序》中记述了傅安一行出使的路线：

> 盖当其时，太祖皇帝方大施恩信，以怀远人，使其知所感慕，乃遣礼科给事中傅安往使其国，以通道路，且修报施之礼焉。安遂由甘肃酒泉郡出玉门关八百里抵流沙，西北二千余里至哈迷里。复西涉瀚海，历千三百余里至古高昌郡，唐之西州，今名火州之地，其人自幼至老且死，不识霜雪。复西行至亦剌八里，自此水皆西流。又西三千余里，始至撒马儿罕[①]。

按照上述记载，傅安使团由甘肃酒泉出玉门关，行走800里后进入流沙地带（今新疆东部的哈顺沙漠），西北2000余里至哈迷里（今新疆哈

---

① 撒马儿罕，即撒马尔罕。

密）；再向西穿越瀚海（今新疆哈密盆地的南湖戈壁），历1300余里至火州（今新疆吐鲁番）之地；复西行至亦刺八里（今新疆伊宁）。比照陈诚出使的路线，傅安使团也应该是翻越天山那拉提达坂进入伊犁河谷的，他发现从伊犁再往西行，伊犁河等河流都是向西流的；又西行3000余里始至撒马尔罕。这里所记的应该是明代通往西域的丝绸之路的路线。

经过近一年的涉流沙、过空碛、翻雪山，傅安一行来到了当时帖木儿帝国的都城撒马尔罕。傅安使团是中外史籍记录的明朝到达中亚的第一个使团。这时，帖木儿刚获西征初胜，"骄倨不顺命"，反而威逼傅安等投降。傅安表现了高度的民族气节，对帖木儿说："吾天朝使臣，可以从汝反邪？"帖木儿见傅安不服，欲夸其国土广大，来诱迫傅安等屈服，于是命人引导傅安等人"由小安西至讨落思（今伊朗大不里士），安又西至乙思不罕（今伊朗伊斯法罕），又南至失剌思（今伊朗设拉子），还至黑鲁（即哈烈，今阿富汗赫拉特）诸城，周行万数千里，阅六年始返其国（撒马尔罕）"。傅安等不为所动，"始终不屈节"，结果帖木儿恼羞成怒，"竟留不遣"，无礼地扣留了明朝的友好使团。

帖木儿死后，哈里派遣虎歹达等送傅安回国。明代陈继儒《见闻录》说，傅安被帖木儿扣留"凡十三年，艰苦备尝，志节益励"，"初安之使西域也，方壮龄，比归，须眉尽白，同行御史姚臣、太监刘惟俱物故，官军千五百人，而生还者十有七人而已"。

傅安回国后，向明成祖汇报了当时帖木儿帝国及其他诸国的详细情况。第二年，傅安征尘未洗，再次奉命出使帖木儿帝国，并颁赐其他诸国。永乐七年（1409），"撒马儿罕、哈烈、火州诸国随安等入朝，贡西马五百五十匹"，明成祖于是再派傅安送使臣们回国。

由于傅安熟悉西域的情况，此后他又三次奉命出使西域的东察合台汗国。东察合台汗国是察合台后裔建立的西域地方政权，明朝时先称"别失八里国"，后称"亦力把里国"。永乐九年（1411），别失八里王马哈麻遣使入贡名马、文豹，明成祖命傅安送其使还国，赏赐金织文绮。当傅安回朝时，除马哈麻派遣入朝的使臣随同外，路途所经的火州王子哈三、柳

丝绸之路文明史 —— 第二卷

城万户观音奴、吐鲁番万户赛因帖木儿的使者也随之而至。永乐十二年（1414）十月，有自西域还朝者，报知别失八里王马哈麻的母亲和弟弟相继死去。明成祖为怀柔远人，派傅安持敕书前去慰问，并赐马哈麻文绮表里。永乐十四年（1416）三月，马哈麻之侄纳黑失只罕遣使贡马及方物，并报知马哈麻之丧。明成祖派遣傅安和中官李达等往祭，并以玺书命纳黑失只罕嗣位为别失八里王，赐其金织文绮、盔甲弓刀。不知是何缘故，傅安又滞留东察合台汗国9年，直到洪熙元年（1425）七月才返回。傅安回朝后请求朝廷给予敕命，告老还乡。吏部认为傅安多年出使在外，未经考核，按照制度是不允许的。明宣宗朱瞻基说："安为朝廷使远夷，艰苦多矣！可拘常例乎？"他同意了傅安告老还乡。

在长达20多年的时间里，傅安6次出使中亚、西域，奔波往来于西域古道的沙海绿洲之中，对加强明朝与中亚、西域的联系发挥了重要作用，也为促进丝绸之路的畅通、东西方的经济文化交流做出了卓越贡献。

傅安出使回来，朝中士大夫"皆以安节使绝域数万里外，往来三二十年，以得周览其山川疆域之形胜，其意气岂不壮哉！于是，皆为之赋西域胜览之诗，安萃为一卷"，纷纷为傅安作诗，汇成《西游胜览诗卷》。

与傅安有着相似的遭遇，也在同一时期的尚有陈德文等人。陈德文是保昌县人，曾任监察御史，升北平按察使。《明史》卷三三二《哈烈传》：

（洪武）二十八年遣给事中傅安、郭骥等携士卒千五百人往，为撒马儿罕所留，不得达。三十年又遣北平按察使陈德文等往，亦久不还。

成祖践阼，遣官赍玺书彩币赐其王，犹不报命。永乐五年，安等还。德文遍历诸国，说其酋长入贡，皆以道远无至者，亦于是年始还。德文，保昌人，采诸方风俗作为歌诗以献。帝嘉之，擢金都御史。

洪武三十年（1397），即傅安出使西域的两年后，因其被羁留未归，朱元璋再次派陈德文前往。陈德文"开通西域，居十有二年"，也曾被帖木儿扣留12年。在陈德文所撰的作品中，也有类似《西游胜览诗卷》的。

三、陈诚出使西域记

明朝遣使帖木儿，其中最著名的是陈诚奉使西行。

陈诚（1365—1458），字子鲁，江西吉水人，出生于一个世儒之家，其父陈同早年"挟赀遍游江湖，南极岭海，北抵燕赵，如是者数年"，经商数年，赚有财富。世代业儒而又非风望显达的家庭环境，其父"壮游数千里，览山川之奇胜，都邑之雄壮，人物之富盛"的经历，对日后陈诚的生活道路产生了重要影响。陈诚于洪武二十四年（1391）中秀才，二十六年（1393）成举人，二十七年（1396）登进士，选除行人司行人，正八品。陈诚在最初三年履职期间，"诏往北平求贤、山东蠲租、安南谕夷，皆能不辱命"。洪武三十年（1399）初到安南，谕安南王陈日焜，责其侵夺思明府事，是陈诚第一次奉使出国，初步显示了他作为外交家的才华。陈诚与安南王往复辩论地界书，后与《使西域记》等一道进呈给明成祖。建文三年（1401），奉命往迤北塔滩里招抚夷人，回京后，升广东布政司左参议。永乐十年（1412），升吏部验封清吏司员外郎。

陈诚一生4次远使西域，3次到达撒马尔罕及哈烈。永乐十一年（1413），早在三年前出使帖木儿王朝的使臣都指挥白阿儿忻台回京，随其来贡的是哈烈、撒马尔罕等地的大批使臣。明成祖决定遣中官李达等人送帖木儿王朝使臣归，并择廷臣中能文武长才者佐其行。陈诚欣然乐于从命，告诸寮友："士生明时，得委身于朝，苟可效涓埃之忱，虽冒寒暑，历艰险，固当鞠躬瘁力，无所逊避。"他在西行诗《马上》写道：

老骑官厩马，宁似少年时。

报国心逾壮，挥鞭力渐衰。

白云亲舍远，银汉客槎迟。

髀骨应消尽，还家自有期。

⊙《蒙古山水图》之嘉峪关图

　　这次出使对于发展明与帖木儿以及西域其他国家的关系具有十分重要的意义。一路上，陈诚等人走访帖木儿周边中亚国家，以大明国使的身份先后册封达什干、迭失迷、赛兰、沙鲁海牙等国国王。永乐十二年（1414）十月，帖木儿国王沙哈鲁在其都城赫拉特设盛大仪式欢迎陈诚一行。会见期间，沙哈鲁麾下大将，祖上曾是元朝重臣的阿哈黑当场发难，指责明朝是驱元而起，素来是蒙古人仇敌，此来不可不防。陈诚则针锋相对，坦言"国之运祚，在德不在威"，接着一一列举前元朝遗留下的各族旧臣在明朝受到优待的事实，并令使团里的回回官员萨都木当场"现身说法"，正告帖木儿国君臣：明朝与帖木儿国的通好，是"行德安民之举"，若再起争执，只会"祸连贵国苍生"。有礼有节的应对令帖木儿国君臣上下叹服，阿哈黑当场被沙哈鲁下狱。其后，沙哈鲁多次在其内宫设家宴款待陈诚一行人，并令其继承人拜见陈诚，表达世代愿与明朝友好的愿望。

　　在帖木儿国留居期间，陈诚走访当地知名宗族、商会，结好驻帖木儿国的各国使臣，更逐一驳斥许多逃到当地的故元遗臣对明朝的歪曲描述，"驳荒悖之论，尽言大明仁德"，而中国使团带来的瓷器、丝绸等精美礼品，更在当地产生了轰动效应。

永乐十三年（1415）十月，陈诚一行人返归南京，归国随行的还有中亚乃至西亚各国派来朝见的使团，最远的甚至有埃及马穆鲁克王朝的使节，人数多达300人，可谓"万国来朝"。

在此次出使西域后，陈诚向明成祖建言，力主接受各国请求，开放与西方各国的双边贸易，坚称此举不但能够"消减边关之患"，更能"岁增巨赋，收百年之利"。成祖采纳了陈诚的建议，在新疆哈密、甘肃凉州等地设立"互市"，允许西域各国商队来此贸易。帖木儿帝国也重修了原本因战火而废弛的伊朗西部古驿道，连贯至土耳其乃至埃及地区。至此，从元末开始荒废的丝绸之路重现商旅繁荣的盛景，中国的丝绸远销西亚和东非地区，中东甚至欧洲的商品也渐次输入中国。值得一提的是，中国宋元时期数学的著名成就"高次方程求解法"，自元末失传后，正是在这一时期由阿拉伯数学家重新传回中土。此后虽明朝国策变动，但这条商路始终未断，直至明朝末年的崇祯时期，陕西西安和甘肃凉州等地，依然是西方商旅云集的国际化都市。

次年，撒马尔罕使臣回国，明成祖派陈诚等人随行，再次出使西域，到处受到隆重的接待。这次的主要任务是同西方各国议定每年互派商队的数量，达成贸易协定。帖木儿国王沙哈鲁盛情款待，并遣使护送陈诚回国。波斯史学家阿布都·拉扎克（Abdur Razzak）在《沙哈鲁史》中记载，1417年中国使团到达哈烈，随带礼品有马300匹以及鹰、花绫、文锦、瓷器等若干。又有国书一封，大旨详举两国以前的友好历史，并希望以后两国仍得亲睦。尤注意于扫除两国交通障碍。两国相处虽远，但可大开"和协之门"。两国人民商贾，可以自由来往贸易，道途之间，无盗匪骚扰也。礼物中还有由明朝宫廷画师精心绘制、画有沙哈鲁进献给永乐皇帝宝马的《奔马图》。

永乐十六至十八年（1418—1420），陈诚第三次出使中亚各国。这次出使前，陈诚母亲罗氏病逝，按照规定陈诚需在家丁忧三年，但明成祖认为"非子鲁不可担此任"，命他"夺情视事"，是年十月初二抵达帖木儿国都城。陈诚归国时，沙哈鲁竟"相送百余里，不舍之情溢于言表"。永乐十八年（1420）十一月，陈诚携中亚各国回访使团500人返归北京，朝见正筹谋北征蒙古的明成祖。

永乐二十二年（1424），已是60岁高龄的陈诚最后一次出使西域，行至肃州将出塞间，明成祖去世。仁宗即位，诏赦天下，停止四夷差使。陈诚中途返回，未达西域。陈诚最后的官职是广东布政使右参政。

陈诚在第一次出使哈烈返回后，著《西域行程记》和《西域番国志》，对哈烈等地的地理、风俗、人情及制度做了翔实的叙述。这是两本详细记录中亚国家风俗民情的专著，不但在中国史料中有重要地位，更被西方学者所重视。另外，他还撰有《进呈御览奉使西域往回纪行诗》多首。他晚年还撰写了《历官事迹》，除了记录自己数次出使西域的全过程，更详细阐述了有关双边谈判、招抚异族、尊重少数民族习俗、通商贸易等方面的种种学问，后来明朝的几代名臣，如李东阳、杨廷和、王崇古等人都对此书推崇备至。

《西域行程记》作于永乐十二年（1414）出使哈烈的途中，是他的旅行日记。书中详细记载了他自肃州出发一直到哈烈的具体行程以及沿途的气候、地理和风俗民情，"是明代初期关于中亚形势最重要的资料"。

从行程记看，永乐十二年（1414）正月十三日，陈诚一行自肃州卫（今甘肃酒泉）北门外发轫西行，渡过北大河，"北岸祭西域应祀之神，以求道途人马平安"。沿着古丝绸之路出玉门关至哈密，然后越火焰山、流沙河，经鲁陈、火州抵吐鲁番。这一段大致与唐代的中、北道相合。但是，出了吐鲁番后，陈诚并未沿着中道，也未沿北道继续前行，而是在崖儿城将使团分为南北两路，陈诚当时就随南道前进，他的日记也仅记载了这部分人的行程路线。使团中分出的北路，因史籍缺载，无法叙述其行程。大概这批人从崖儿城向西北沿着汉唐时代的丝路北道继续前进，直到今伊宁以西、阿力马力山口以东的地方，南北两路才得重逢。陈诚使团出了崖儿城，折而向南，到达托克逊，沿阿拉沟继续西行，绕过窟丹纳兀儿，穿越博脱秃上，进入孔葛思河谷。这条道路既不是汉唐时代的北道，也不是中道，陈诚是在古之北路与中路之间穿行的，历代旅行家均未走过此路。四月十七日，陈诚使团在孔葛思河畔的忒勒哈刺遇到了马哈木使臣，陈诚一行在马哈木王驻地盘桓了13天，然后越过阿力马力山口，渡过衣烈河折向西南，翻过险峻的爽塔石（三塔什山脉），绕过亦息可儿东面，向西南行走，再过塔尔塔什大坂，于六月十一日访忽歹达牙帐的所在地喀喇乌只。在此处停留3天后，便取道北行，越过伊塞克湖与松湖之间东西走向的山脉，溯喀修喀儿河西上，越其分水岭到达塔拉斯河谷，沿河谷西行，于六月二十六日到达养夷城。这之后又穿越养夷、塞蓝、达失干、迭里迷、撒马尔罕、迈母纳、马剌绰等地，于闰九月十四日抵达西使的终点哈烈城，即告此次出使顺利完成。

《西域番国志》是陈诚与同行的李暹出使西域时笔录所见西域山川风土而著成的一部上呈朝廷的报告。全书分18章，分述哈烈、撒马尔罕、俺都淮、八剌黑、迭里迷、沙鹿海牙、塞兰、达失干、卜花儿、渴石、养夷、别里八失、土尔番、崖儿城、盐泽城、火州、鲁陈城、哈密，内容涉及山川风土、居民状况、历史、古迹、物产、气候、宗教、民俗、语言、文字等各方面。

陈诚的西域报告，对山川形势，气候物产、宗教民俗，尤其是商品经济、集市贸易、货币、衡器、税收等记述甚详。陈诚初使帖木儿的临行前，翰林学士胡广嘱咐说："子鲁宜考其山川，著其风俗，察其好尚，详其居处，观其服食，归日征诸史传，求有合焉者""他日国家修纂志书，稽诸西域以见声教之达，其有待于子鲁之行乎？"陈诚在《西域番国志》中提及帖木儿王朝与别失八里、蒙古部落相互争斗的事，在《西域行程记》中提到别失八里马哈木王西迁之事，但这些记载均非常简略，是一种客观描述。《西域番国志》以哈烈为首，记哈烈的内容最详，约占全书的一半。在哈烈期间，陈诚等人不仅递交了国书，撰写了行程记，而且对哈烈的山川风物细加察访，得知其地有狮子、花兽等物，并敦促沙哈鲁遣人朝贡。

四、明代的西域丝绸之路贸易

明代的陆路交通仍然是中国与外界联系与交往的主要通道之一。当时，外国商人以贡使的名义，通过丝绸之路与中国进行广泛而频繁的商贸活动。他们带来的所有物品，除粗劣之物外，明朝一概准许入境。其主要物品有马匹、骆驼、狮子、钻石、硇砂、宝石、地毯、纸张、葡萄干、金银器皿、宝刀等。西域商人以此来换取中国的瓷器、红玉、丝绸、布匹、棉花、花毯、茶叶、乌梅、麝香、大黄、颜料、金箔、桐油等。正如《明史·西域传》所载："回人善营利，虽名朝贡，实图贸易。"

明朝还加强了对丝绸之路贸易的管理。为了确保丝路贸易的正常进行，明朝制定了一系列严格的管理措施：（1）每一使团进入嘉峪关时，必须出示关文，并逐一登记，不能随意入关。无关文者或超过关文所载人数者不得进入。（2）外商在明朝境内从事贸易时，不得漫天要价，不得大量收购禁卖物品，如茶叶、罗绮、箭竹等，不能将熟铁、兵器等夹带出关。（3）外商必须遵守中国法令，不得殴打中国居民，不得刺探军事情报，不得携带中国人口出境。违者将被逐出中国，并记录在案，取消以后入境从事贸易的资格。（4）外商出关时，要接受严格检查，凡携带违禁物品者，将予以没收。

明朝为了体现对朝贡贸易的高度重视，对于合法的商人，在其入关之时，由甘肃镇官员设宴并举行隆重的接待仪式。丰盛的酒席使那些长途跋涉、历经千难万险的外商对明代中国产生敬仰之情。在其入关以后，明朝为其免费提供食宿和驿递。为了维护明朝的形象和确保丝路贸易的顺利进行，明廷要求丝绸之路沿线的各级官员廉洁自律，不得敲诈外商。一旦被外商告发，且查证属实，将予以严厉的惩处。

对于进入嘉峪关的外国商人，当地官员按照有关规定，将其分为"起送"贡使与"存留"贡使两类。其中起送者只是某一使团中的极少数人。一般而言，起送使臣只占该使团人数的十分之一，最多不超过十分之二三。他们在前往北京的途中，"舒适安歇而不缺乏任何东西"，"到处都设备齐全，在往返途中都一样，任何时候都有同样的排场"。他们代表所在国的国王，并随身携带部分侍从，通过肃州、甘州、凉州、庄浪、兰州、平凉、西安、潼关、临清等地而至北京，须在春节之前到达，利用新年之际觐见皇帝。他们每到一地，当地官员都要组织一次盛会，欢迎他们的到来。同时，起送使臣可以在所经过的城镇进行短暂的游览，但不得从事交易。他们的大部分行李存在甘州等地，只携带一部分优质商品前往北京。在由驿递运至北京后，一部分贡献于皇帝，另一部分允许在北京市场上出售，并可获得皇帝的优厚赏赐，以体现明朝在朝贡贸易中所奉行的"厚往薄来"原则。明朝将起送使臣分为五等，分别给予不同的赏赐。在觐见完毕后，起送使臣由原路返回。

使团中不在起送之列者，便是存留使臣。存留使臣的名单及贡物由起送使臣带到北京，亦按五等得到皇帝的不同赏赐，无贡品者也能得到一匹绢或布。因为起送使臣带往北京的只是其全部商品中的一小部分，所以其大多数商品由存留使臣在甘州、肃州等地代为出售，而马匹全由陕西行都司收购，用于西北边地的耕防。

由于明朝对丝绸之路管理得当，绝大多数外商都能按照明朝的法令从事贸易，使汉唐以来的丝绸之路在明代大放异彩，丝路贸易再度繁荣，并形成了独特的贸易景观。终明之世，丝绸之路上的外商不畏艰险，络绎于道，接踵叩关。而明朝通过对丝绸之路的管理，稳定了西北边疆，与广大的西域世界进行着广泛的交流。

在明代前期中国与中亚、西亚的贸易中，回回商人发挥了很大作用。在元代，回回商人十分活跃，在中西贸易中发挥了重要作用。元亡明兴之后，回回商人仍然活跃在丝绸之路上。明初与西域的商贸活动仍以回回商人为主要媒介。西域各地多以回回为入贡明朝的使臣，所以明初西域与中原的"朝贡贸易"，实际上主要是由回回商人来承担的。在中亚细亚各民族与中国内地的经济文化交流中，回回扮演了极为重要的角色。

明代前期，中国与西域之间的贸易十分活跃，特别是永乐一朝，以回回为主的西域与中原以朝贡贸易为主要形式的商业贸易发展至有明一代的高峰，西域各地的使团商队"往来道路，贡无虚月"，其载货车"多者至百余辆"。帖木儿朝有大批来华的使臣，其中相当多的是贸易使臣或以官方朝贡的名义前来贸易的商人。回回多与地名连在一起，如撒马尔罕回回、哈烈回回、撒蓝回回、失剌思回回等。《明实录》记载，撒马尔罕回回来华的次数，洪武年间4次，永乐年间10次，宣德年间8次；哈烈回回在永乐、

⊙《西域土地人物图》之嘉峪关图，台北故宫博物院藏

宣德年间3次以上；宣德年间，赛蓝回回有2次，亦思弗罕回回1次。据明代史料，永乐年间来华的回回使臣、商人，所涉足的西域诸国家已有东起哈密、吐鲁番，西达撒马尔罕、哈烈，北自瓦剌、鞑靼，南至于阗、把答黑商等，有十四五个之多。

这些回回商人精于贸易，资本雄厚，如永乐元年（1403），哈密回回马哈木沙、浑都思一次市马近5000匹；永乐十七年（1419），哈密回回商人满赖撒丁等250人市马3500多匹；永乐二十一年（1423），哈密回回兀马儿火者一次市马千匹、驼300多峰；翌年，兀马儿火者又市马6000余匹。

在朝贡贸易中，西域回回商人向明朝进贡马匹、玉石等物，换取相应的"回赐"。"回赐"有标准规定或惯例，不在规定之内的物品则临时"会估"以定"回赐"数目。明廷的"回赐"物品通常比"进贡"物品的价值要高，丰厚的回报是西域各国乐于进贡的重要原因。利用进贡的机会，他们还携带各种土特产到明朝境内贸易。这种贸易一般是在京城或边地进行，也有使臣在其经过之所购买当地物产。这种朝贡之路被西域人称为"金路"。

明代西域回回"朝贡贸易"的发展，为中国与中亚地区的经济文化交流提供了有利条件。回回商人将西域的大量马匹、玉石、矿产、皮革、药材、衣料和装饰品源源不断地运往中原，换回丝绸、铁器、茶叶、药材、纸张、金银首饰等，这些都是西域各民族生产与生活中必不可少的物品。《大明一统志》中有西域物产与明朝交流的记载：撒马尔罕"贡驼、马"，哈烈"贡马及玉石"。《明会典》记载撒马尔罕"贡物：马、驼、玉石、阿思马亦花珠、赛蓝珠、玛瑙珠、水晶蔓碗、番碗、珊瑚树枝、梧桐碇、锁服、矮纳、镔铁刀、镔铁锉、硇砂、黑楼石、眼镜、羚羊角、银鼠皮、铁角皮"。

武斌 著

丝绸之路
文明史

The History of
the Silk Road's Civilization

第三卷

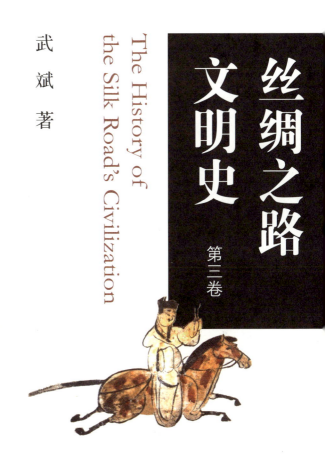

山东人民出版社·济南

目　录

第七编　相逢在海上

第八编　相遇与相识

第九编　丝绸之路再发现

相逢在海上

第四十章　郑和下西洋

一、郑和所"下"之"西洋"

郑和下西洋是海上丝绸之路上最壮丽的航行，是中外关系史上一件大事，更是中国与东南亚、南亚地区经济文化交流史上一件具有划时代意义的大事。从1405年率领庞大的船队初次开洋，到1433年最后一次返回，在长达28年的时间里，郑和先后共计7次下西洋。在这期间，中国的航海家率领着庞大的船队，在东起琉球、菲律宾和马鲁古海，西至莫桑比克海峡和南非沿海的广大海区，定期往返，到达越南、马来西亚、斯里兰卡、印度、沙特阿拉伯等30多个国家。郑和的船队与所到国家建立了友好的关系，加强了中国与这些国家的交流往来，而且进一步开拓了海上交通，促进了海外各地社会经济文化的发展。郑和下西洋，既是海上丝绸之路上的宏伟篇章，又是海上丝绸之路的进一步开拓与延伸，使中国与南海诸国以及更远国家的贸易和文化交流达到了更高水平。

宋元两代，中国与东南亚和南亚广大地区各个国家的官方交往和民间交流都比以前有所发展，海上丝绸之路进一步开辟和延伸，商船往来不断，贸易活跃繁荣。而至明初，中国与东南亚和南亚地区的交往和文化交流、中华文化在东南亚和南亚地区的传播，出现了一次前所未有的高潮。这次文化传播高潮的出现，肇始于号称"明初盛事"的郑和下西洋。

关于明代"西洋"的地理概念，明末张燮在《东西洋考》中以文莱即"婆罗国"为界线划分东洋和西洋，其西为"西洋"，其东为"东洋"。《明史·外国列传》载："婆罗，又名文莱，东洋尽处，西洋所自起也。"也就是说，以加里曼丹岛北部的文莱为界，东边的太平洋为"东洋"，西边的印度洋为"西洋"。"西洋"也包含马六甲海峡以东的"南洋"地区。

明初郑和所"下"的"西洋"，与张燮的划分有所不同。根据郑和本人所立的《天妃灵应之记》碑对7次远航历程的介绍，以及他的随员马欢、巩珍等人的著述所证，当时是以"苏门答剌国"（今苏门答腊岛萨马朗加）为"西洋总路头"。马欢的《瀛涯胜览》记载，当时是以南浡里国为东洋和西洋的分界，而南浡里国位于今天的印度尼西亚苏门答腊岛。岛的西北有一座很小的帽山，帽山以西被认为是西洋，也就是说今天的印度洋，被称为西洋，当年它叫作"那没黎洋"；帽山以东是东洋。

按今天的航区概念，即以马六甲海峡西口为界，其西的广大北印度洋水域为"西洋"，其东的东南亚和东亚水域为"东洋"。因此，郑和在永乐二十二年（1424）曾出使旧港，但因未入印度洋航区，所以并未将其列入下西洋的行记中。

在郑和下西洋之前，已经有尹庆两次出使西洋。

尹庆第一次出使的时间是明永乐元年（1403）十月，他携带明成祖的即位诏前往东南亚和南亚国家。他访问的国家有满剌加、苏门答剌国、西洋古里、柯枝国。他的副使是闻良辅，随行人员有行人甯善等。他们一行于永乐三年（1405）九月回京。

尹庆第二次出使的时间是永乐三年（1405）九月，即第一次出使回国后不久。此次出使的国家包括满剌加和苏门答剌国。

尹庆是郑和下西洋的先驱者，为明初航海事业的发展以及明朝与东南亚国家的交往做出了贡献。后人为纪念尹庆，把南沙群岛北纬8°48′—55′、东经112°12′—53′范围的一处群礁命名为尹庆群礁，于1947年公布名称，1983年再次公布。

但是，更大规模的航海活动是郑和下西洋。

二、历史选择了郑和

郑和下西洋不是简单、孤立的事件，而是明朝永乐时期文治武功和对外交流的一个有机组成部分。永乐时期，明成祖初设内阁、迁都北京、编纂《永乐大典》、屡伐元朝残余、遣使通西域和派遣郑和下西洋等一系列举措，都是影响明代历史进程的重大事件。明朝是当时的亚洲乃至世界强国，为了彰显其大国地位，稳定周边局势，成祖在继承洪武时期外交政策的基础上，遣使四出，"宣德化而柔远人"，以和平方式竭力构建明朝视野中的世界新秩序。

朱棣在即皇帝位的当年，就开始了大范围派遣外交使节的活动，向东邻朝鲜派出了第一个使团，"遣使以即位诏谕朝鲜"，继而"以即位遣使赍诏谕和林、瓦剌等诸部酋长"，又"遣使以即位诏谕安南、暹南、爪哇、琉球、日本，西洋苏门答剌、占城诸国"，还向西域的帖木儿等国派出了外交使团，通报自己即位的消息。在短短4个月的时间内，他所派出的外交使团已遍及东亚、东南亚诸国和北邻、西邻诸部落酋长。

第二年即永乐元年（1403）八月，明朝派遣行人吕让、丘智出使安南，按察副使闻良辅、行人甯善使爪哇、西洋、苏门答剌，给事中王哲、行人成务使暹罗，行人蒋宾兴、王枢使占城、真腊，行人边信、刘元使琉球，翰林待诏王延龄、行人崔彬使朝鲜，赐诸国王绒、绵、纱罗等。九月，遣中官马彬等使爪哇、西洋、苏门答剌诸国，赐之文绮、纱罗；十月，遣中官尹庆等使满剌加、柯枝诸国，赐其国王罗铂金帐幔及伞并金织文绮、彩绢等。永乐二年至三年（1403—1404），又有6批使臣被派往安南、占城、婆罗、爪哇、朝鲜等10多个国家。这些使臣的主要任务是，前往告之新皇帝即位，将继续实行和平友好的政策，同时颁发赏赐，以示怀柔，赏赐的规格比明太祖时期要高。

据统计，永乐年间明朝向亚非诸国派遣使节共61次。这些被派往海外的使节，为推动明初外交方针政策的实现，为中国在海外赢得声誉做出了

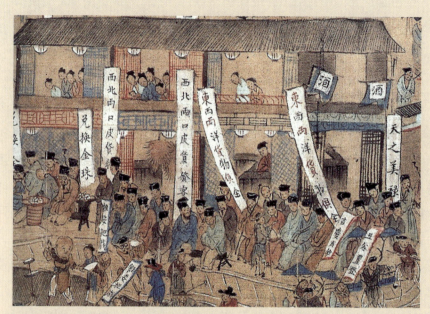

⊙ 明《南都繁会图卷》（局部），描绘了明代南京的发展盛况。图中的大幅标语 "东西两洋货物俱全"，反映了当时中国与西洋各国的贸易交往情况

很大的贡献，也对郑和下西洋的伟大事业起到了很好的配合作用。

明朝 "遣使四出招徕" 的政策取得明显的效果，随之而来的是各国纷纷派遣使节来中国回访。此时，中国在东南亚、南亚、西亚和非洲的影响达到了高峰，出现了 "四夷归附，万国来朝" 的空前盛况。《明实录》记载，自洪武二年至正统十四年（1369—1449年）的80年中，仅与郑和下西洋有关的亚非国家对明使节的派遣就达694次之多。这个数字还是很不完全的，如果把日本、朝鲜等东亚国家和中亚地区向明朝的遣使活动计算在内，数字还会增加许多。不过，即使从这个不完全的数字中，也可以想见当时各国使者纷至沓来的空前盛况。在永乐年间，西洋共有30余国与中国建立了友好的朝贡关系。近到东南亚的占城、暹罗，远到非洲东海岸的木骨都束、麻林，都有使者前来。永乐十七年（1419），有19国一起来朝，形成了海外来使络绎不绝、 "相望于道，充斥于廷" 的景象。郑和第六次下西洋归来，竟有18国同时派遣多达1200余名使节来中国访问。这年十一月，成祖至奉天门朝贺群臣，时各国使节一千数百人咸集阙下。文武群臣感此盛况，纷纷上表庆贺，成祖亦感慨地说："四夷顺则中国宁……四海万民家给人足，然后朕与卿等共享治平之福。"

永乐皇帝的外交活动，不仅在明朝，就是在整个中国古代历史上也是首屈一指的。永乐十八年（1420），有一首宫廷乐舞《殿前欢》，其中唱道：

> 四夷率土归王命，都来仰大明。万邦千国皆归正，现帝庭，朝仁圣。天阶班列众公卿，齐声歌太平。

又有一首《太情歌》：

> 万国来朝进贡，仰贺圣明主，一统华夷。普天下八方四海，南北东西。托圣德，胜尧王，保护家国太平，天下都归一，将兵器销为农器。旌旗不动酒旗招，仰荷天地。

这种"远人归慕，万国来朝"的局面，正是永乐皇帝追求的外交目标。

明初为什么会开展郑和下西洋这样规模庞大的航海事业呢？关于这个问题，历来有许多说法。《明史稿·郑和传》中说："当是时，帝（成祖）以兵戈取天下，心疑建文帝行遁海外，将踪迹之，且欲耀威异域，示中国富强。"这里提出了两个理由：一是寻找建文帝的踪迹；二是向海外各国炫耀中国的强大。这两种看法一般被认为是解释郑和下西洋的最初动机。此外，在现代学者中还有一些看法，比如吴晗指出："到成祖继位后，国家财政已经到了没有办法的地步，不能不改变政策，掉转头来向南洋发展，从国际贸易的收入上来解救当前的难关。""使臣派出之目的在贸采琛异。"① 这就

---

① 吴晗：《明初的对外政策与郑和下西洋》，载纪念伟大航海家郑和下西洋580周年筹备委员会、中国航海史研究会编《郑和研究资料选编》，人民交通出版社1985年版，第75页。

把郑和下西洋说成主要是为了经济目的了。还有一些说法，比如强调政治经济双重目的，比如说是针对帖木儿王朝，以及威慑倭寇，等等。

永乐七年（1409）三月，明成祖命郑和带给"海外诸番王及头目"的敕书中说：

> 朕奉天命，君主天下，一体上帝之心，施恩布德。凡覆载之内，日月所照，霜露所濡之处，其人民老少，皆欲使之遂其生业，不致失所。今特遣郑和赍敕，普谕朕意：尔等祗顺天道，恪遵朕言，循理安分，毋得违越，不可欺寡，不可凌弱，庶几共享太平之福。若有撼诚来朝，咸锡皆赏。故兹敕谕，悉使闻知。

这份文件大体上说明了作为这次大航海行动决策者的永乐皇帝的基本想法，就是鼓励海外诸国被纳入天朝礼制体系。在这个体系中，中国皇帝是"天下共主"，谋求以和平的手段，实现中国与海外诸国"共享太平之福"的对外总方针。郑和下西洋，正是明朝整体外交政策的重要一环。

郑和下西洋这样的壮举得以发动和实施，有着多方面的原因和多重性的目的。究其实质，郑和下西洋是明朝初期大力发展中国与海外诸国友好关系的产物。明初洪武至永乐年间，海内升平日久，国运昌隆，使明朝皇帝更倾心于追溯历代盛世中帝王的治绩，向往在海外树立威望，享有盛名。因此，明朝对海外诸国采取了以和平外交手段广为联络，建立以中国为主导的国家间和平相处局势的方针。这个方针就是所谓与海外诸国"共享太平之福"，就是要建立起一种国际和平环境，既在各国之间消除欺寡凌弱的现象，又使中国免受外患的威胁，并发展中国与亚非各国之间在政治、经济、文化诸方面的友好关系。《明史》中说："当成祖时，锐意通四夷，奉使多用中贵。西洋则和、景弘，西域则李达，迤北则海童，而西番则率使侯显。"可见成祖有意于经营四夷，欲效秦皇、汉武，遣使四出，"宣德化而柔远人"，以和平方式竭力构建明朝视野中的世界新秩序。永乐皇帝派遣郑和数次下西洋，就是为了贯彻、实现这一外交方针。

⊙ 江苏南京牛首山郑和墓

郑和下西洋的最大使命，本为"统制异域"。上引永乐七年（1409）明成祖敕谕中说："祗顺天道，恪遵朕言，循理安分，毋得违越，不可欺寡，不可凌弱，庶几共享太平之福。"宣德五年（1430），明宣宗在派遣郑和下西洋时也说："纪元宣德，咸与维新。尔诸番国，远处海外，未有闻知。兹特遣太监郑和、王景弘等赍诏往谕，其各敬顺天道，抚辑人民，以共享太平之福。"（《明宣宗实录》卷六七）这说明明宣宗派遣郑和下西洋，是为告知海外诸国自己即帝位的消息，同时告知诸国明朝对外的方针不会改变，即为了使中国与海外诸国的邦交有更进一步的发展。

郑和本人对于朝廷赋予自己的使命深为理解。他说：

　　皇明混一海宇，超三代而轶汉唐，际天极地，罔不臣妾，其西域之西，迤北之国，固远矣。而程途可计。若海外诸番，实为遐壤，皆捧琛执贽，重译来朝。皇上嘉其忠诚，命和等统率官校旗军数万人，乘巨舶百余艘，赍币往赉之；所以宣德化而柔远人也。①

　　就是说，下西洋是为了嘉奖海外诸国对中国的忠诚，使之能持续不断地与中国通好，使"宣德化而柔远人"的基本国策得以贯彻执行，以形成"万国来朝""四夷咸服"的盛况。

　　发展对外贸易，与海外诸国互通有无，也是郑和下西洋的目的之一。郑和船队在海外活动的近30年中，始终进行着广泛的贸易活动。每次出航，都携带大量货物，或作为礼品赠送所到国家国王和头目，或与当地物产交换，进行官方贸易。通过资赐和贸易，将深受国外欢迎的中国彩币、瓷器、名贵药物、铜器等传播于诸国，对各国有很大的吸引力。郑和下西洋时期，明代的海外贸易进入最繁荣、最活跃的时期，不仅马六甲海峡以东的邻近各国，甚至整个印度洋地区的国家都纷纷通过官方途径和中国发展直接的贸易关系。

　　因此，郑和下西洋的旷世壮举，正是明朝初期为大力发展与海外诸国的外交关系，包括文化交流和贸易关系的一项重大举措，是古代中国致力于走向世界、建立以"天朝礼治秩序"为基本框架的国际关系格局的一次重要努力。当然，这样的重大举措和努力并不是偶然出现的，它是中国向海外开放历史长过程的延续，特别是中国与东南亚、南亚广大地区交通往来历史过程的延续。而宋元以来造船和航海技术的发展以及宋元两代发展的中国与东南亚、南亚各国的海上丝绸之路交通，为郑和下西洋提供了历史的和技术的前提。明初国内生产繁荣、经济发展，为郑和大规模的航海活动提供了雄厚的物质基础。

　　郑和下西洋是一次规模庞大、影响广泛的国家外交活动。这场前无古人的远洋航海活动倾国家财力、物力，调动全国的技术力量和军事力量，非在国家层面上进行不可。下西洋的动议是在永乐年间提出的，7次下西洋的活动，有6次是在永乐年间进行的，实际上正是永乐皇帝亲自决策和直

① 郑鹤声、郑一钧编：《郑和下西洋资料汇编》（上册），齐鲁书社1980年版，第42页。

接指挥了这项意义重大的大航海事业。从《明成祖实录》中可以看出，从下西洋的动议、决策、人选，到船舶的制造、费用的支出等，无一不是在永乐皇帝的直接领导下完成的。郑和船队每次远航的时间、任务的确定以及重大事件的处理，也都是由永乐皇帝亲自决定的。永乐皇帝耗费如此巨大的开支，动用如此庞大的力量，必定寄托着他的心血与期待。对郑和下西洋的研究，就笔者读到的材料所及，很少有从朝廷的层面、从最高决策者永乐皇帝本人的层面，包括他的国内外政治、经济方略的考虑乃至他个人的理想和心理动机方面进行研究的。而这个层面的研究，正有助于更深入地认识郑和下西洋这一旷世壮举的伟大历史意义和文化意义。

因此，在多种历史动因和机缘的促成下，在15世纪初叶这个离世界大航海时代的到来并不太久的时候，明成祖决策，令庞大的中国船队驶出国门，活跃在东南亚、南亚乃至阿拉伯和非洲东岸的广大海域，向世界显示中国作为航海大国的强大实力。

而中国历史上这次最伟大的海上航行，选择了郑和作为它的代表。

郑和（1371—1433）祖辈为云南昆阳州（今昆明市晋宁区）宝山乡和代村人，本姓马，世称哈只。"哈只"是"haji"对音，意为"巡礼人"。伊斯兰教中，凡是到过阿拉伯伊斯兰教圣地天方（今麦加）朝圣而归的人，都被尊称为"哈只"。郑和的祖父和父亲都曾朝觐过天方，所以也被人们尊称为哈只。郑和六世先祖赛典赤·瞻思丁（1211—1279）元初来自波斯东部。赛典赤·瞻思丁曾任云南行省平章政事，死后被追封为咸阳王。马姓是汉化的阿拉伯语"Mahmud"音译而来的。郑和原名文和，小字三保（亦作"三宝"），成祖赐姓郑之后，方名郑和。

明朝建立后，云南滇池地区尚为元梁王负隅顽抗的最后堡垒。明太祖几次派人招降，均无结果。洪武十四年（1381），明太祖命颍川侯傅友德为征南将军，率30万大军进征云南，于次年三月平定云南。明军在云南作战时，有掳当地儿童服役之风，郑和就是被掳去的儿童中的一个，当时他年约11岁。

郑和后来被分发到燕王朱棣藩邸中服役。郑和天资聪明，少有大志，自被征云南的明军掳去后，转辗千里，从征塞外，曲折艰辛的经历造就了他非凡的才能。在朱棣身边的宦者中，郑和卓然超群，"丰躯伟貌，博辩机敏"，其"姿貌才智，内侍中无与比者"，深得朱棣的赏识和信任。朱棣将其选为自己的亲侍，"甚倚信之"。郑和有智略，知兵习战，在靖难之役中，他"出入战阵，多建奇功"。所以在永乐二年（1404）正月元旦，即"靖难"功成之日，他被朱棣赐姓并升为内官监太监，官至四品，地位仅次于司礼监。宣德六年（1431），郑和被钦封为三保太监。

由于郑和才智过人，深得成祖的器重和信任，因此成祖初即位，就把奉使海外的重任交付于郑和。郑和用了两年左右的时间，进行了几次小规模的航海活动，通过访问东西洋一些国家和地区，对沿途岛屿、山形、水势进行实地调查，取得第一手的航海资料，并比较深入地研究和了解了各种航海图，掌握了远洋航海所必备的多方面的知识，为日后领导大规模的航海活动做了充分的准备。

三、七下西洋的航程

郑和下西洋的船队是一支规模庞大的船队。郑和的船队每次远航，随行者都有二万七八千人。据史料记载，第一次下西洋的人数为27800余人，第三次为27000余人，第四次为28568人，第七次为27550人，其他几次人数阙录不详，但估计也在27000人左右。郑和船队完全是按照海上航行和军事组织编成的，在当时的世界上堪称一支实力雄厚的海上机动编队。

按照下西洋的任务，郑和船队人员主要有五个部分：指挥部分、航海部分、外交贸易部分、后勤保障部分、军事护航部分。指挥部分是整个船队的中枢，对航行、外交、贸易、作战等进行指挥决策。航海部分主要负责航海业务、修船、预测天气等。外交贸易部分主要负责外交礼仪、贸易、联络翻译等方面的工作。后勤保障部分主要负责财务管理、后勤供应、起草文书以及医疗工作等。军事护航部分负责航行安全和军事行动。郑和船队的组织系统建制完整，分工细密而明确，能够保证船队各项工作的正常运转，使整个船队的远洋航海活动成为一个庞大而科学的系统工程。

郑和船队的每次远航，一般由63艘大、中号宝船组成船队主体，加上其他类型的船只，共"乘巨舶百余艘"。据记载，第一次下西洋时乘船208艘，"维峭挂席，际天而行"，蔚为壮观，是七次下西洋中动用船只最多的一次。

在郑和下西洋的船队中，有五种类型的船舶。第一种类型叫"宝船"。最大的宝船长44丈4尺，宽18丈，折合现今长度约为148米，宽为60米。船有4层，船上9桅可挂12张帆，锚重有几千斤，要动用200人才能起航，载重量高达800吨。这种船可容纳上千人，是当时世界上最大的船只。它的体势巍然，巨无匹敌。第二种叫"马船"，长37丈，宽15丈。第三种叫"粮船"，长28丈，宽12丈。第四种叫"坐船"，长24丈，宽9丈4尺。第五种叫"战船"，长18丈，宽6丈8尺。可见，郑和所率领船队的船只，有的用于载货，有的用于运粮，有的用于作战，有的用于居住，分工细致，种类较多，是一支以宝船为中心、各舰密切配合的、庞大的混合船队。

⊙ 郑和船队"宝船"复原效果图

⊙ 郑和船队"马船"模型

郑和远航，体现了当时先进的造船水平。郑和船队中的"宝船"之名有两种含义：一是郑和船队的总称，即以"宝船"来概括船队中各种尺度、各种类型的船舰，取意将郑和船队中所有船只统视为"西洋取宝之船"；二是指郑和船队中形体大并在《明史》等文献中留下长宽尺度的大中型宝船。郑和船队中的巨型宝船，主要是由南京宝船厂建造的。入明以来，宝船厂集中了全国各地的优秀造船工匠。永乐年间，明朝调集了浙江、福建、湖广等5省府县造船工匠400余户在南京造船。《明成祖实录》记载，永乐元年（1403）五月下令福建都司造海船137艘，八月又"命京卫及浙江、湖广、江西、苏州等府卫造海运船二百艘"；永乐二年（1404），"命福建造海船五艘"。此后至永乐三年（1405），两年内接连下令江南各地修造和改造海船共1516艘。这样大规模的造船为郑和下西洋做了充分的准备。

郑和下西洋，先后7次，历时近30年之久，其间可分为前后两个时期。前期从永乐三年（1405）郑和第一次奉命出使至第三次下西洋于永乐九年（1411）归国为止。在这一时期中，郑和使团的活动范围不出东南亚和南亚，主要往来于东南亚各国之间。使团的活动是主要为解决中国在东南亚和南亚所面临的一系列问题，树立起中国在东南亚和南亚各国的威信，而进行的广泛的外交活动。后期包括郑和下西洋的第四次到第七次航行，从永乐十一年（1413）到宣德八年（1433）。后期航海的主要任务，是向南亚以西继续航行，到达波斯湾以远的地方，通过开辟新的航路，让从来不通中国的海外远国重译而来，"宾服"中国。在后期航海中，郑和船队经过南洋群岛，横渡印度洋，取道波斯湾，穿越红海，沿东非之滨南下，最远到达赤道以南的非洲东部沿岸诸国及马达加斯加岛一带，分航甚至远达西非沿岸。

下面简要介绍一下郑和下西洋的具体经过。

（1）第一次下西洋。

永乐三年（1405）六月，郑和第一次下西洋，先抵达占城，再至爪哇，然后经旧港、苏门答剌、南浡里、锡兰山，最后抵达古里。古里是西洋诸国中较大的国家，为古代印度半岛西岸一大商港，号称"西洋诸番之会"。郑和初抵古里，在那里建一碑亭，立石勒文"其国去中国十万余里，民物咸若，熙皞同风，刻石于兹，永示万世"，以为纪念。郑和船队于永乐五年（1407）回国，随船队而来的有苏门答剌、古里、满剌加、小葛兰、阿鲁等国派往明朝的使节。

（2）第二次下西洋。

郑和第二次下西洋为永乐五年（1407），主要访问了占城、爪哇、暹罗、满剌加、南浡里、加异勒、甘巴里、阿拨巴丹、小葛兰、锡兰山、柯枝、古里等国。回国之期约在永乐七年（1409）夏季。在此期间，除对各国例行赏赐诏谕外，特别有意义的是郑和在锡兰山佛寺布施金银供器等物。郑和第一次下西洋至锡兰山国时，曾在锡兰山佛寺进行佛事活动。郑和第二次出使来锡兰山时，向锡兰山佛寺布施多种礼品，并刊刻石碑以记其事，颂扬锡兰山佛教之盛，又说自"遣使诏谕诸番"以来，"海道（大）开，深赖慈佑，人舟安利，来往无虞"。此碑后来于1911年在斯里兰卡迎里镇被发现，现存于斯里兰卡科伦坡国家博物馆。

（3）第三次下西洋。

郑和第三次下西洋，于永乐七年（1409）九月出发，距第二次出使归国只有几个月的时间。船队载官兵27000余人，驾驶海舶48艘，从太仓刘家港起航，经占城、爪哇、满剌加、暹罗、阿鲁、苏门答剌、南浡里，至锡兰山。在锡兰山，郑和派出一支分航船队前往加异勒、甘巴里、阿拨巴丹，自己率大航船队访问小葛兰、柯枝和古里。郑和归国时，满剌加国王拜里迷苏剌率妻子及陪臣随郑和船队入明朝贡，受到成祖的热情款待。

（4）第四次下西洋。

郑和前三次下西洋都以古里为终点，活动区域不出东南亚和南亚。郑和第四次奉命出使，则远航至波斯湾、阿拉伯一带。郑和第四次下西洋始于永乐十一年（1413）十一月，到达占城、爪哇、满剌加、苏门答剌、柯枝、古里、南浡里、彭亨、急兰丹、加异勒、忽鲁谟斯、比剌、溜山、阿丹、剌撒、木骨都束、卜剌哇、麻林等国，于永乐十三年（1415）回国。

（5）第五次下西洋。

郑和船队第五次下西洋，始于永乐十五年（1417）。这次航行，先护送先前随船队入华的各国使臣回国，到占城，然后到爪哇，以此经旧港、满剌加、彭亨，到苏门答剌、南浡里。转向西航至锡兰山，而达柯枝，然后到古里。由古里向西北行至忽鲁谟斯，又南下入阿拉伯海，而至剌撒、阿丹，由阿丹过曼德海峡，而抵木骨都束、卜剌哇、麻林等东非国家。再由麻林东航，横渡印度洋，经由溜山、锡兰山、苏门答剌、满剌加等地回国。此行回归在永

⊙《郑和行香碑》拓片，郑和第五次下西洋前夕在福建泉州东郊灵山行香所立

乐十七年（1419）七月，往返有一年半左右。

（6）第六次下西洋。

永乐十九年（1421）郑和第六次下西洋，主要任务是护送外国使节回国。郑和船队除到达忽鲁谟斯、阿丹、祖法儿、刺撒、卜刺哇、木骨都束、古里、柯枝以及加异勒、锡兰山、溜山、南浡里、苏门答剌、阿鲁、满剌加、甘巴里等16国外，还访问了暹罗、榜葛剌等国。另有史料说，郑和第六次下西洋，"往榜葛剌等番邦，周游三十六国"。郑和此次行程也有一年半的时间，于永乐二十年（1422）八月回国。

（7）第七次下西洋。

郑和在第六次下西洋之后，曾于永乐二十二年（1424）正月专程出使旧港。因此次航行未出马六甲海峡，故未列入"七下西洋"之中。在此期间，明成祖去世，新继位的明仁宗下诏："下西洋诸番国宝船，悉皆停止。如已在福建、太仓等处安泊者，俱回南京，将带去货物仍于内府该库交收。……各处修造下番海船，悉皆停止。"所以，郑和自旧港返国后，奉命领下洋官兵守备南京。直到宣德五年（1430），为扭转因郑和船队停航数年，"践祚岁久，而诸番国远者犹未朝贡"的局面，明宣宗决定再派郑和下西洋，赍诏往谕诸番国。郑和第七次下西洋，主要访问了忽鲁谟斯、锡兰山、古里、满剌加、柯枝、卜剌哇、木骨都束、南浡里、苏门答剌、刺撒、溜山、阿鲁、甘巴里、阿丹、竹步、加异勒、旧港等地，启程在宣德五年闰十二月（即1431年1月14日至2月11日），返国在宣德八年（1433）七月，历时两年半以上。

⊙ 郑和第七次下西洋时在福建铸造的大铜钟

在第七次下西洋的回航途中，郑和逝世于古里。郑和逝世之后，下西洋事业失去了最重要的领导者，庞大的船队失去了主帅，所以，郑和下西洋的伟大壮举也就结束了。

上述七次下西洋所航行的路线略有不同。在航海沿途，船队设立了四大交通中心站和航海贸易基地。这四大交通中心站分别是占城、苏门答剌、锡兰山别罗里和古里。占城和苏门答剌属于中南半岛、马来半岛范围，为郑和船队发展南海及南洋海上交通以及与东南亚各国进行航海贸易的要冲之地。别罗里和古里属印度半岛及其附近范围，为郑和船队发展印度洋和阿拉伯海上交通以及与南亚、西亚和东非各国进行航海贸易的要冲之地。主船队利用这四大交通中心站，遵循惯常的主航线，与亚非各国开展贸易活动。此外，若干分船队从这四大中心站出发，形成几条主要的分船队航线：

（1）以占城新州港为据点，分别向东南的渤泥与西南的中南半岛和马来半岛诸地进发。

（2）以苏门答剌为据点，一支北航榜葛剌，一支西航锡兰山，一支前往印度半岛西南海岸各国及其邻国。

（3）以古里为据点，一支北航波斯湾直达忽鲁谟斯，或绕阿拉伯半岛经祖法儿、阿丹，深入红海到天方国；一支北航经波斯湾、亚丁湾，过曼德海峡，沿索马里的北海岸到东北方再经过须多大屿（索科特拉岛）、葛儿得风（瓜达富伊角）和哈甫泥（哈丰角），从而到达非洲东岸各国；一支经小葛兰径航东非沿岸的木骨都束、卜剌哇、竹步、麻林、慢八撒等地。

（4）以锡兰山别罗里为据点，西南经溜山国直航东非沿岸的木骨都束国。

郑和船队以上述四大交通中心站为海运的枢纽，在广大的海域内建立起纵横交错的海上交通网络，使船队的航行尽可能到达所能到达的地方。据梁启超依据《瀛涯胜览》和《星槎胜览》等相关文献考释，郑和船队到过40个国家：

（1）马来半岛以东有十五国：占城、灵山、真腊、昆仑、宾童龙、暹罗、彭坑（即彭亨）、东西竺、龙牙门、交烂山、假马里丁、麻逸冻、爪哇、重加洛、吉里地闷。

（2）满剌加诸国凡四（仅列举三国）：满剌加、亚鲁、九州山。

（3）苏门答剌诸国凡七：旧港、苏门答剌、南浡里、那孤儿、黎代、龙涎屿、翠蓝屿。

（4）印度诸国凡七：榜葛剌、柯枝、大小葛兰、古里、锡兰（即锡兰山）、溜山洋。

（5）阿拉伯半岛诸国凡五：佐香儿、阿丹、忽鲁谟斯、天方、剌撒。

（6）阿非利加沿岸诸国凡三：木骨都束、卜剌哇、竹步。

四、郑和下西洋与文化交流

从永乐三年（1405）首次下西洋，至宣德八年（1433）结束最后一次航程，郑和率船百艘，"浮历数万里，往复几三十年"，到达亚非30多个国家和地区，在世界航海史上谱写了光辉的一页，创造了巨大的功绩。梁启超称赞郑和下西洋的伟大业绩："及观郑君，则全世界历史上所号称航海伟人，能与并肩者，何其寡也。"①

郑和七下西洋的伟大历史壮举，对于扩大明朝的国际声威，传播先进的中华文明，加强中国与海外诸国之间的相互了解与交流，起到了巨大的推进作用。

郑和下西洋的主要任务，是与东南亚、南亚乃至更远的国家开展广泛的外交活动，加强与这些国家的官方联系，建立以中国为主导的国际和平秩序。郑和在历次奉使出航中，都认真贯彻明王朝的和平外交方针，致力于发展与各国的友好关系，使明朝的国际威望大大提高，与海外诸国的官方关系更为密切，取得了重大的外交成就。由于郑和下西洋的影响，明朝在永乐至宣德年间与东南亚、南亚等地区的交通往来出现空前繁荣的盛况。许多国家纷纷向中国派遣使节，以通友好。那些位于"绝域"的远方国家，

---

① 梁启超：《祖国大航海家郑和传》，载纪念伟大航海家郑和下西洋580周年筹备委员会、中国航海史研究会编《郑和研究资料选编》，人民交通出版社1985年版，第28页。

"如祖法儿以下诸夷，多有自古未通者"，出于对中国的敬慕，沿着郑和所开辟的航路，不远万里，纷纷来宾。有的国家是国王携妻带子与陪臣一同入朝。郑和每次返航，都有海外诸国使者随船来华。第一次下西洋返国时，有苏门答剌、满剌加、古里等国的使者随行；第五次下西洋返国时，带回了17个国家和地区的使者；第六次下西洋返航时，出现了暹罗、苏门答剌等18个国家的1200余名使臣同时来华的盛事。

郑和下西洋不仅在发展与海外诸国的官方联系方面取得了巨大成就，而且在向海外诸国传播中华文化、促进当地社会的文明开化和文化进步方面做了大量工作。从下西洋船队的派遣者明成祖到船队的统帅郑和，乃至郑和的一般随行官员，都对向海外传播中华文化有着自觉的认识，并高度重视这项工作。明成祖曾说："朕丕承鸿基，勉绍先志，罔敢或怠。抚辑内外，悉俾生遂，夙夜兢惕，惟恐弗逮。恒遣使宣教化于海外诸番国，导从礼义，变其夷习。"郑和在亚非各国访问时，本着"王者无外，中天下而立，定四海之民，一视同仁"的精神，努力宣扬文教，以中国先进的文化和精神文明的成果来影响海外国家的精神生活，提高其文化程度，使其接受中国的礼仪，改变落后的习俗。

在中国古代政教制度中，历法和冠服是最具民族色彩的事项，一向为国家施政上最重要的措施。所谓"颁正朔，易服色"，是封建国家对内对外的两件大事。

对船队所至国家给赐冠服，是郑和下西洋的使命之一。给赐冠服具有让海外国家接受中国礼仪、移风易俗的意义。郑和到访时，奉命"颁诏"，赐明朝冠服予渤泥、暹罗、爪哇、占城、满剌加、锡兰山、古里等国，同时主持"施恩封泽"仪式，对各国国王赐以皮弁玉圭、麟袍、龙衣、犀带，而对一般使节赐以"朝服"和"公服"。如，"永乐七年（1409）己丑，上命正使太监郑和等，统赍诏敕，赐头目双台银印冠带袍服，建碑封城，遂名满剌加国"。郑和代表明朝廷赐给满剌加冠带袍服后，满剌加头目拜里迷苏剌的身份发生了变化，由一个部落的酋长正式成为一个国家的国王；冠服之制如中国，这就改变了原先那种"不习衣冠疏礼义"的落后状态。

后来，拜里迷苏刺入明朝贡，成祖又几次赐给他及其王妃冠服仪仗等。其他各国也是如此，"愿比内郡依华风""仰慕中国衣冠礼仪，乞冠带还国"。（《明成祖实录》卷四〇）

明初对四邻国家屡次颁给历法。《明实录》中载有许多这方面的实例。申时行等重修的《明会典》记载，在正统朝以前，琉球、占城等国，俱因朝贡，每国给予王历一本，民历十本。郑和出使海外诸国，"所至颁中华正朔，宣敷文教，俾天子生灵，旁达于无外"。所谓"颁中华正朔"，就是颁给本朝的历法，要求海外诸国承认明朝为"正朔所在"，奉行明朝颁给它们的历法。郑和第五次下西洋时，将《大统历》赐予占城国王占巴的赖。宣德元年（1426），明廷又派人前往占城颁赐《大统历》。从此，占城普遍采用明朝的《大统历》。《大统历》源于元代郭守敬创制的《授时历》，是当时比较先进的历法。

郑和向出使各国颁给历法的重大意义，不仅在于使它们有一本比较精确的历法，以便于日常生活和生产，更在于使诸国接受中国的礼俗，促其

⊙ 泰国大城府三宝公庙

⊙ 印度尼西亚三宝垄的三宝庙

社会文化面貌向接近于中国方面转化。明代的历法分为"王历"和"民历"两种，每种都有历注，记载一些应行的事宜，两种历法历注所载六十二事，包括上至国家大事、下至百姓日常生活的各项事宜，其内容极为丰富，集中了中国人民千百年实践对季节、气候的规律性认识，包含了中国国家政治、社会生活、日常礼俗的各个方面，是中国农业文明的集中体现。郑和所到之处，通过"颁正朔"活动，将中国的礼俗和先进文化介绍给海外诸国学习，作为让海外诸国"变其夷习"的依据，以此对其实行引导，改善其落后的生存状态，发展其社会文明。郑和向海外诸国颁给历法，对促进当地天文历法的进步也有重要意义。

郑和下西洋时，还向海外诸国赠予中国的图书。其中有记载的是《列女传》。《明成祖实录》记载，永乐二年（1404）九月辛亥，明成祖命礼部装印"《列女传》万本，给赐诸番"。当时凡郑和使团舟车所至的国家和地区，都得到明朝廷赠给的《列女传》。成祖亲自为这部《列女传》作序，表示赠书的目的是向海外诸国宣扬"经纶之道"，以"修太平之业"。如此广泛地向海外诸国赠书，是郑和下西洋时期中华文化向海外传播的一件大事。

郑和及其率领的庞大船队，在七次下西洋、遍访30余国的航程中，积极发展与这些国家的政治、经济关系，大力宣传和传播中国的先进文明，为推动当地的文明开化和文化繁荣做出了重大贡献。中华文明的礼仪典制、儒家思想、天文历法、度量衡制、农业技术、制造技术、建筑雕刻技术、医术、航海造船技术等对西洋各国，特别是东南亚地区产生了重要影响。随着丝绸、瓷器的传入，各国的服食器用水平得到了提高；中国的钱币流入西洋各国，促进了当地货币的流通和使用；铁器等先进生产工具的引进，加快了南洋岛国的开发；明朝典章礼仪制度的传入，则深刻影响了各岛国的文明进程。由于郑和及其船队的努力，中国与东南亚、南亚等地区的文化联系更为密切。中华文化在东南亚和南亚地区的传播，也由于郑和的努力而达到一个新的水平。

五、郑和下西洋与海外贸易

郑和下西洋对发展中国与海外诸国的贸易关系、促进物质文化交流有重大贡献。郑和船队每次出洋，都携带大批货物。这些货物有明朝赠送各国国王、头目的礼品；有对各国进贡物品的回赐，即"朝贡贸易"所需的物资；还有下西洋官员在海外从事贸易活动所需的货物。

郑和奉使西洋，目的在于诸番国之朝贡。郑和船队访问亚非各国，在与各国建立友好关系后，即与该国社会各阶层人民进行广泛的贸易活动。郑和既是明朝的国家使节，也是政府的通商代表。与所到各国进行通商贸易，是郑和船队的主要任务之一。郑和船队携带大量中国货物，在远航途中进行着广泛的贸易活动。《殊域周咨录》卷八说："夷中百货皆中国不可缺者，夷必欲售，中国必欲得之。"中国的丝绸、瓷器、茶叶、金银器皿、铜钱、雨伞、烧珠、樟脑、麝香、水银等深受西洋各国的喜爱。西洋的香料、药材、宝石、琥珀，以及长颈鹿等珍稀动物、海棠等稀奇植物也被引入中国。马欢在《瀛涯胜览》中记载，在祖法儿国，"中国宝船到彼，开读赏赐毕"，在国家之间的外事活动结束后，"其王差头目遍谕国人，皆将乳香、血竭、芦荟、没药、安息香、苏合油、木别子之类，来换易纻丝、瓷器等物"，在每个所到国家都是这样。

所以，郑和船队每次出航都携带大批货物。有关史料记载："宣德三年（1428）八月庚寅，命南京守备太监郑和、王景弘等，以内府见贮大绢十万匹，棉布二十三万匹，令户部遣官运赴北京。"调运的这些丝绸，都是朝廷为赏赐外国使节所用。郑和船队运往各国的货物，包括红丝、刺绣、湖丝、雨伞、绸缎、瓷器、麝香、烧珠、青瓷盘、碗、书、樟脑、橘、金、银、铁鼎、米、谷、豆等。船队所携带的货物，不但数量可观，更以产品的独特见长于世。中国特产，如锦绮、纱罗、绫绢、纻丝以及青花、釉里红瓷器，都是独步世界的产品。各种青瓷盘碗、烧珠、麝香、大黄、肉桂、铁鼎、铜器等，也是大宗出口货物，其中尤以丝绸、瓷器数量最多。船队所到各国，对中国的货物都非常喜爱和欢迎，都希望能够普遍地得到供应。

《瀛涯胜览》中记载，在占城国，"买卖交易，使用七成淡金或银，中国青瓷盘碗等品，纻丝、绫绢、烧珠等物，甚爱之，则将淡金换易"。爪哇国"买卖交易行使中国历代铜钱……最喜中国青花瓷器，并麝香、销金、纻丝、烧珠之类"。锡兰山国对"中国麝香、纻丝、色绢、青瓷盘碗、铜钱、樟脑甚喜，则将宝石、珍珠换易"。这种情况在其他各国也是一样。所以，郑和船队所进行的贸易活动，处处呈现一派繁忙的景象。阿拉伯史学家伊本·泰格齐·拜尔迪在《埃及和开罗国王中的耀眼星辰》中说，伊历835年（1432）"10月22日，从光荣的麦加传来消息说：有几艘从中国前往印度海岸的祖努克，其中两艘在亚丁靠岸，由于也门社会状况混乱，未来得及将船上瓷器、丝绸和麝香等货物全部售出。统管这两艘赞基耶尼船的总船长遂分别致函麦加艾米尔、谢利夫-拜莱卡特·本·哈桑·本·阿吉兰和吉达市长萨德丁·伊布拉欣·本·麦莱，请求允许他们前往吉达。于是两人写信向素丹禀报，并以此事可大获其利说服打动他。素丹复信允许他们前来吉达，并指示要好好款待他们"①。

除了颁赐给当地统治阶层的赏赐，郑和船队所携带的货物，都是按照市场价格进行交易的。郑和首次下西洋到达古里，船队带来瓷器和丝绸，古里国国王派掌管国家事务的大头目带领二头目、算手、中介人和明朝官员面对面议价，进行平等交易，击掌定价，书写两份合约，双方各收一份，此后无论货物价格升降，双方都信守合同无悔。古里国以六成金币"法南"和银币"答儿"支付货款，随后古里的富商带来宝石、珍珠、珊瑚等货物来议价，为期1—3个月。此述中国宝船与番人交易详情，其交易全为以货易货，为最可信据的史料。

郑和船队有时还直接与当地居民进行交易。郑和船队抵达一国后，并不仅限于在国都或大码头、大市镇进行交易，而且派遣船只到各国内地的市集上去做买卖。《郑和航海图》所标地名极多，于偏僻处注明"有人家"字样，由此可见贸易活动范围之广泛。船队还允许随船官员、海员、兵弁携带一定的私人物品出海贸易，以鼓励参与这项出海时间长、危险性大的航海人员的积极性。第六次下西洋前夕，1421年，永乐皇帝在敕令中特别

⊙ 郑和船队停泊在南洋岛国

① 万明：《明代内官第一署变动考——以郑和下西洋为视角》，《北京联合大学学报（人文社会科学版）》2010年第4期。

第七编 相逢在海上

关照"其官军原关粮赏，买到麝香等物，仍照依人数关给"，当时麝香在热带地区为俏货，货轻价高，供不应求。皇帝允许下洋"官军"携带"麝香等物"，贩之海外。船队返航时也允许兵弁海员携带"番货"回国。

郑和每次下西洋，都携带大量中国铜钱，或作为礼品馈赠，或为贸易之用。在爪哇，"国人多富，买卖俱用中国铜钱"；在旧港，"市中交易亦使中国铜钱"；在泗水，"买卖交易行使中国历代铜钱"，"国人最喜中国青花瓷器，并麝香、锁金丝、烧珠之类，则用铜钱买卖"。使用中国铜钱，对促进印尼各岛农业、手工业和商业发展的意义重大。中国的金融制度在东南亚通行了几个世纪，直到20世纪前半期，印尼巴厘岛等地还在使用中国清代的铜钱。

郑和船队还在沿途设立了3个贸易据点。

在马来半岛一带，船队的贸易据点设在满剌加。满剌加即马六甲，其海峡呈东南—西北走向。它的西北端通印度洋的安达曼海，东南端连接南中国海，是连接太平洋与印度洋的国际水道。15世纪初满剌加在拜里迷苏剌统治时期，与中国有友好往来，数度派使节来中国访问，曾控制海上贸易。满剌加在当时是东南亚各国的一个商业中心区，也是东西洋水陆交通的枢纽，为郑和船队向东南亚以西远航的必经之地。中国宝船西行赐命"互市"及东回时，均以满剌加为停装货物及分聚之所。

船队在阿拉伯半岛一带地区以忽鲁谟斯为航海贸易的据点。忽鲁谟斯，即霍尔木兹（Hormuz），又译作和尔木斯，在今伊朗东南米纳布（Minab）附近，临霍尔木兹海峡，废址在霍尔木兹岛北岸，扼波斯湾出口处，为中世纪著名的国际贸易中心，又是海上交通的孔道，自印度洋进入波斯湾以至巴格达诸大城，此为必经之地。忽鲁谟斯是在有关郑和航海的史书文献中出现频率非常高的地名之一，也是郑和下西洋的主要目的地之一。《明史·外国传·忽鲁谟斯传》记载，因为郑和前三次出海后，西洋近国已航海入贡，"远者犹未宾服"，明成祖朱棣乃命郑和持玺书前往诸国。"远者"，是指忽鲁谟斯。郑和第四次下西洋时，抵达忽鲁谟斯，在此建立了贸易据点，再从这里派遣分舰队赴红海和东非。郑和第五次、第

⊙ 马来西亚槟城寺庙中的郑和下西洋宝船壁画

七次下西洋时也到了忽鲁谟斯。以忽鲁谟斯为据点，便于购买和换易西亚诸国名贵的宝石、琥珀、手工艺品等，同时与来自欧洲大陆的"旱番胡商"进行贸易。

位于满剌加、忽鲁谟斯中间的古里国，也是郑和船队开展对外贸易的重要据点。古里国是位于南亚次大陆西南部的一个古代王国，曾为马拉巴尔地区的一部分，其境在今印度西南部的科泽科德（Kozhikode）一带，为古代印度洋海上的交通要冲。郑和首次下西洋便到达古里，郑和船队带来瓷器和丝绸等中国商品，与古里国国王进行交易，郑和船队还把古里国作为淡水和食物补给地以及西进基地。郑和第一次下西洋到达古里国，古里国国王接受明成祖朱棣诏封的敕书和诰命银印，各头目接受升赏品级冠服，郑和还在古里立石碑亭纪念，碑文说："其国去中国十万余里，民物咸若，熙皞同风，刻石于兹，永示万世。"以此为据点，郑和船队既可以与南亚诸国频繁进行贸易活动，又可以对加强船队在东西方的贸易起到中间站的作用。

在漫长辽阔的海上丝绸之路上，有了满剌加、古里、忽鲁谟斯这3个主要的航海贸易据点，郑和又在占城等地设立规划贸易的大本营，以充分发挥船队从事海外贸易的潜力。这些地方也因此出现了繁荣的景象。

郑和船队在发展与亚非各国的贸易方面取得巨大成就。郑和下西洋打通了中国和东南亚以及西洋各国的海上贸易通道，不仅把中国和东南亚各国的政治交往推向高峰，而且建立了当时世界上贸易最为活跃的贸易圈之一——亚洲贸易圈。通过郑和下西洋，亚洲贸易网络形成。在这一网络基础之上，亚洲区域贸易的整合得以实现，东西方的连接也由此完成。下西洋结束以后，在海上丝绸之路大开的背景下，民间私人海上贸易蓬勃兴起，东西方贸易进入一个崭新的发展阶段。

在郑和下西洋的作用下，民间私人海外贸易迅速崛起。根据记载，宣德年间（1426—1435年）以后，东南沿海地区的私人海外贸易就兴盛起来。远航船队刚刚返回，明宣宗即迫不及待地命行在都察院严禁私通番国，颇能说明问题。到明朝成化、弘治年间（1465—1505年），东南沿海地区的民间私人海外贸易已经冲破朝贡贸易与海禁的樊篱，极其迅速地发展起来。"成、弘之际，豪门巨室间有乘巨船贸易海外者。"当时广东"有力者则私通番船"已成为相当普遍的现象。随着民间私人海外贸易发展，在荒野海滨兴起的福建漳州月港，成、弘之际已享有"小苏杭"的盛誉。漳州府户口在弘治时期（1488—1505年）比全省其他地区有了明显增长，这与民间私人海外贸易的活跃及新的贸易港口城镇的兴起有着密切联系。

六、郑和下西洋"三书"

郑和下西洋的档案没有完整保留下来，郑和本身又没有著述，今人所见下西洋原始资料仅有3部基本文献——马欢《瀛涯胜览》、费信《星槎胜览》、巩珍《西洋番国志》，即郑和下西洋史地"三书"都是当时跟随下西洋的人所著。下西洋"三书"虽在内容上详略有别、各具特点，却都明确记述了郑和船队的使命，同时记载了万里远航中"浮针于水，指向行舟"的航程，丰富了人们的地理概念和航海知识，扩大了人们对外部世界的认识。

这"三书"都明确表达了明朝"宣德柔远"、加强中外联系、"共享太平之福"的意愿。下西洋"三书"明确记述了郑和船队"前往海外，开诏颁赏，遍谕诸番""宣布纶音往夷域"的共同使命。"宣布纶音"的目的是用仁义感化西洋各国，使它们效法中国的礼乐制度，敬顺天道纲常，彼此和睦相处，密切联系，以共享太平之福。

下西洋"三书"记载了万里远航中"浮针于水，指向行舟"的航程。《星槎胜览》中详细记录了沿途的航线和日程，如：

> 中国至占城，海舶从福建五虎门开洋，张十二帆，顺风十昼夜可至；占城至爪哇，顺风二十昼夜可至；爪哇至旧港，顺风八昼夜可至；旧港至满剌加，顺风八昼夜可至；满剌加至苏门答剌，顺风九昼夜可至；满剌加至锡兰山，顺风十昼夜可至；锡兰山至古里，顺风十昼夜可至；古里至忽鲁谟斯国，顺风十昼夜可至；忽鲁谟斯至天方，顺风十昼夜可至。

可以看出，以上航程以占城、满剌加、苏门答剌、古里为重要航站，船队总是先到达这几个航站，再由这几个重要的中转站分抵西洋各国。

"三书"还记录了航行沿途的山形水势，以及如何运用罗盘浮针、"牵星过洋"等航海知识。巩珍在《西洋番国志·自序》中说："惟观日月升坠，以辨西东，星斗高低，度量远近。皆斫木为盘，书刻干支之字，浮针于水，指向行舟。"这是在记述当时船队用"牵星过洋"和水罗盘定向相结合的方法来确定航向。为了准确判定航向和里程，船队还要选有经验的船师担任"火长"，多是选择福建广浙一带"驾船民艄中有经惯下海者"，让其执掌"针经图式"，以保"更数起止，计算无差"。巩珍还描述了下西洋宝船"体势巍然，巨无与敌，蓬帆锚舵，非二三百人莫能举动"的壮观景象，记载了船队每停泊一处，须及时"汲取淡水，水船载运，积贮仓储，以备用度。斯乃至极之务，不可暂驰"。凡此种种，描写细致，均为研究15世纪中国航海史的重要材料。

下西洋"三书"详细记载了郑和船队途经30余国的地理位置、疆域范围、气候变化，以及矿产、林木、果蔬、禽兽、水产等自然资源，对亚非各国地理范围的记载虽没有超出元代汪大渊的《岛夷志略》，却对《岛夷志略》的内容有重要的补充。汪大渊对亚非国家、地区的记载，每条之下往往只有寥寥几句，语焉不详，让人费解。而"三书"中每国每地内容的记载都非常丰富，其中费信书于地理、疆域的记载更详，马欢书则于物产的叙述更细。"三书"对西洋各国地理物产的记录亦对《岛夷志略》有重要补充。比如，"三书"所记之柯枝国、阿丹国、祖法儿国，《星槎胜览》所记之九洲山、翠蓝屿、刺撒国、竹步国、木骨都束国、卜刺哇国，《瀛涯胜览》《西洋番国志》所记之黎代国等10个国家与地区皆为《岛夷志略》所无。"三书"所记之锡兰山国、忽鲁谟斯国、溜洋国、阿鲁国，汪大渊则分别称为僧加刺、甘埋里、溜山、淡洋；马欢、巩珍书所记之南浡里国，汪大渊称喃巫哩；费信书所记之吉里地闷，汪大渊则称古里地闷。这些记载也反映出，明代时中国人对西洋地区的认识在元朝时的基础上又有了发展变化。

"三书"对西洋各国物产的记载，可补《岛夷志略》的内容更多。《岛夷志略》所记海外物产品名的数量可谓繁多，据统计有350余种，而"三书"对西洋各国物产的记录可补《岛夷志略》者，多达100余种，其中珠宝类的如青米蓝石、昔剌泥、金刚钻、玛瑙、黑珀等，林木类的如白檀香、花梨木、观音竹等，果蔬类的如沙弧米、万年枣、芦荟、胡荽、胡萝卜等，禽兽类的如火鸡、马哈兽、珍珠鸡、飞虎等，水产类的如马鲛鱼、鼍龙、神珠等。他们还形象地记录了西洋许多奇珍异产的详状，如占城的观音竹"如细藤棍样，长一丈七八尺，如铁之黑，每一寸有二三节，他所不出"，旧港的火鸡"大如仙鹤，圆身簇颈，比鹤颈更长，头上有软红冠，似红帽之状，又有二片生于颈中。嘴尖，浑身毛如羊毛稀长，青色。脚长铁黑，爪甚利害，亦能破人腹，肠出即死。好吃烧炭，遂名火鸡"。

下西洋"三书"还特别注意从社会制度、文化习俗、经济活动等方面介绍海外诸国的社会面貌，记载西洋各国的社会制度、军事、法律等方面的情况。如占城国"酋长所居高广，屋宇门墙俱砖灰甃砌，及坚硬之木雕琢兽畜之形为华饰，外周砖垣，亦有城墙之备"，还说"其部领所居，亦分等第。门高有限，民下编茅复屋，门不过三尺，过则即罪之"。爪哇、暹罗、阿丹等国重兵习武，阿丹国"人性强梗，有马步锐兵七八千，所以国势威重，邻邦畏之"。暹罗"风俗劲悍，专尚豪强"，"削槟榔木为标枪，水牛皮为牌，药镞等器，惯习水战"。爪哇兵为"诸蕃之雄"。占城国刑罚严峻，"罪轻者以藤条杖脊，重者截鼻，为盗者断手，犯奸者男女烙面成疤痕。罪甚大者……令罪人坐于尖木之上，木从口出而死"。印度半岛的榜葛剌国"国法有笞、杖、徒、流等刑，官品衙门印信行移皆有，军亦有官管给粮饷"。而在一些国家，社会形态还处在比较落后的阶段，如与爪哇相邻的重迦逻"无酋长，以年高德者王之"。印度半岛的柯枝、古里有"木瓜"民，"无屋居之，惟穴居树巢"。溜洋国居民也是"巢树穴居""裸形无衣，惟结树叶遮前后也"。

"三书"记载了西洋各国的民俗民情，如占城、爪哇国民俗忌人摸头，"如有触其头者，如中国杀人之恨"。爪哇、锡兰等地有好吃槟榔之俗，终日"不绝于口"。印度半岛的榜葛剌国、波斯湾口的忽鲁谟斯国的耍虎、耍羊、耍猴等杂耍马戏，技艺绝胜。"三书"还记载了各国淳朴的民风，如苏门答剌北边的花面国"强不夺弱""富不倚骄，贫不生盗，可谓一区之善"。马来半岛上的龙牙犀角地区民风淳厚，"以亲戚尊长为重，一日不见，则携酒持肴而问安"。天方国则"居民安业，风俗好善"。西洋各国有的已有文字，如占城、爪哇皆有文字，然无纸笔，占城"用羊皮槌薄，或树皮熏黑""以白粉载字为记"，爪哇则"以尖刀刻之，亦有文法，国语甚美软"。"三书"还详细记述了西洋各国的宗教习惯和习俗，如《瀛涯胜览》记占城、暹罗、锡兰、小葛兰、柯枝、古里等国的佛教习俗和传说，记东南亚、阿拉伯等国家的伊斯兰教仪式和穆斯林饮食、妇女蒙面的习俗。《星槎胜览》详细描述了天方国的圣殿、黑石等的结构、形状。

"三书"还注意记载西洋各国的农业、手工业生产和经济活动。东南亚各国因"田沃勤热",所以农业往往比较发达。如暹罗"田平而沃,稼多丰熟",旧港"田土甚肥,倍于他壤。古云:一季种谷,三季生金。言其米谷盛而为金也。民故富饶"。而阿拉伯半岛、东非等国则因"数年无雨""草木不生",所以不合耕种。如祖法儿国"田广而少耕,山地皆黄,亦不生草木,牛羊驼马惟食鱼干"。手工业方面,西洋各国所产多有海盐、西洋布、酿酒等。"三书"还记述了各国的货币流通情况,如《西洋番国志》记爪哇、旧港用中国铜钱,暹罗以海贝为钱,苏门答剌的七成淡金铸钱称"底哪儿",古里国的六成金铸钱称"吧南",阿丹国的金币称"甫噜黎"、铜币称"甫噜斯",榜葛剌国的银币称"倘加",忽鲁谟斯国的银币亦称"底哪儿"。

"三书"还记述了中外交通的历史,以及中国人移居海外与当地居民友好相处的史实,记载了中国人在东南亚许多国家和地区成批聚居,建立新村,或杂居于当地,与"原住民"通婚生活,世代繁衍,体现了中外文化交流的密切联系,展示了中外贸易的繁荣。

七、《郑和航海图》

郑和下西洋留下了一份重要的文献,即《郑和航海图》。《郑和航海图》原名《自宝船厂开船从龙江关出水直抵外国诸番图》。郑和在下西洋的同时,还进行了科学考察,绘制了20幅40面海图,即《郑和航海图》及其附图《过洋牵星图》。该图制作于郑和第六次下西洋之后,全体下洋官兵守备南京期间,正值明宣宗酝酿再下西洋之际。《郑和航海图》是在继承前人航海经验的基础上,将郑和船队历次下西洋航程综合整理,绘制成的整幅下西洋全图,是郑和使团为适应下西洋的需要而集体编制的。巩珍在宣德九年(1434)所撰的《西洋番国志·自序》中写道,下西洋前预先到福建、广东、浙江招募有出海经验的船员,"用作船师,乃以针经图式付与领执，专一料理，事大责重，岂容怠忽"。

《郑和航海图》之所以得以传世，是因为明代晚期茅元仪将其收录在自己编纂的《武备志》中。

茅元仪是明末杰出的军事家和文学家。他自幼好学，尤喜兵农之书。成年后，他对长城沿线的隘道了如指掌。面对后金的崛起、明廷的腐败，他立志发奋著书，探讨历代兵法韬略，搜集器械战具资料，积15年心血，于天启元年（1621）辑成《武备志》，自此声名大振。他以知兵之名被任命为赞画，随大学士孙承宗督师辽东，抵御后金，并到江南募集战船舟师，提高明军的战斗力。他与孙承宗、袁崇焕、徐光启、李之藻、孙元化等人，同为御敌保国之中坚。茅元仪一生曾著有60多种、数百万言的著作，但因屡遭禁毁，散佚较多，而《武备志》得传后世。

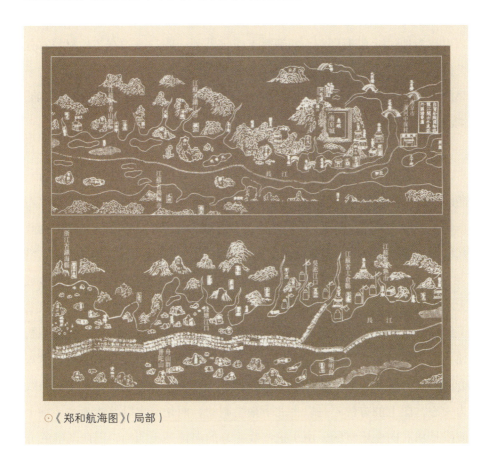

⊙《郑和航海图》（局部）

兵学巨著《武备志》是中国古代卷帙最多、门类最齐全的军事百科全书，赢得中外学者的高度评价。《武备志》共240卷、200多万字，附图738幅。《武备志》规模宏大，所用军事资料翔实，全面仿效了北宋官修的《武经总要》的编纂体例，在几乎转录《武经总要》大部分内容的基础上，把各门类及其内容的宽度、深度大加扩展和延伸，囊括了自宋代以来所创造的最新成果，又融汇了当时的新鲜内容，吸收了《纪效新书》《练兵实纪》《筹海图编》《阵纪》《武编》《神器谱》《兵录》等兵书的创造性成果，辑为巨著，著成大作，具有浓厚的时代特色。

在《武备志》中，《郑和航海图》叫作《自宝船厂开船从龙江关出水直抵外国诸番图》。茅元仪没有说明航海图的来历，根据向达《整理〈郑和航海图〉序言》的考证，嘉靖时，胡宗宪为浙江巡抚，为防御倭寇，曾请郑若曾等人搜集海防材料，编辑《筹海图编》。茅元仪的祖父茅坤在胡宗宪幕府里参加过《筹海图编》的编纂工作，见到一些与海防有关的材料；他又做过兵部的官，也可能见到过兵部的档案。茅元仪秉承家学，《武备志》里的《郑和航海图》，如果不是出自兵部档案，就是从胡宗宪那里得来的，渊源有自。

《郑和航海图》原图为一字形长卷，收入《武备志》时改为书本式，自右而左，有图20页，共40幅，最后附《过洋牵星图》。海图中标出了城市、岛屿、航海标志、滩、礁、山脉和航路等。其中明确标记南沙群岛（万生石塘屿）、西沙群岛（石塘）、中沙群岛（石星石塘）。1947年国民政府内政部以郑和等航海家的名字来命名南海诸岛礁，以纪念这位伟大的航海家。

《郑和航海图》采用传统的绘画方法，是写景式的海图，图中的地域大小、远近比例，都只是相对而言的，有些地方的方位甚至有错。但只要了解其绘制方法，结合所记针路及所附的《过洋牵星图》，并以今图对照，便可发现该图在描绘亚非沿海各地形势，以及在认识海洋和掌握航海术等方面，在当时都达到了较高的科学水平。《郑和航海图》的图幅配置以航线为中心，图上的方位不是以上北下南绘制的，而是突出以航线为主，整个航线是从右向左连贯的，由于这些线原来的向位是不同的，因此图幅的方位亦随之而异。如南京至太仓航线，原是自西向东，而图上绘成从右至左，图幅方位就成为右西左东、上南下北；又如出长江口后沿大陆海岸的航线基本是由北向南，但图上的航线还是由右而左绘出，所以图幅方位又成为右北左南、上西下东。这样绘制的航海图，其图幅方位虽不统一，却便于在航行中使用。

《郑和航海图》突出了与航行有关的要素，表现该图的内容要素都是为了航海的需要：一是突出标明航行的针路（航向）和更数（航程）；二是为了定位导航的需要，将显著目标均画成对景图，以便识别、定位；三是用文字说明转向点的位置和测深定位的水深数，以及注明牵星数据。这些都是保证安全航行的基本要素。《郑和航海图》是中国最早不依附于航路说明而能独立指导航海的地图，从航海学和地图学的角度来看，该图内容非常广泛，涉及大陆和岛屿岸线、浅滩、礁石、港口、江河口，沿海的城镇、山峰，陆地上可作航标的宝塔、寺庙、桥梁，航线及其方位等，沿海各个地区的海洋形势，航向、航程、航道深度，该图都有相当详细的描述与标注。此外，还配置有天文导航专用的《过洋牵星图》。

《郑和航海图》属于针路图系统，该图最主要的内容为针路。郑和下西洋运用的地文航海技术，以海洋科学知识和航海图为依据，运用了航海罗盘、计程仪、测深仪等航海仪器，按照海图、针路簿记载来保证船舶的航行路线。航行时确定的航行线路，叫作"针路"。针路一般包括针位与航程。针位是罗盘上的磁针所指的方位，有了罗盘导航以后，在航海上就有了针位的问题。中国罗盘分为24个方位，每一个方位相当于15°。航程一般用"更"来计算，一更约合60里。《郑和航海图》以南京为起点，最远至非洲东岸的慢八撒。图中标明了航线所经亚非各国的方位，航道远近、深度，以及航行的方向牵星高度，对何处有礁石或浅滩也都一一注明。图中列举自太仓至忽鲁谟斯的针路共56线，由忽鲁谟斯回太仓的针路共53线。对于这些针路，大都附有针位和航程，根据针位和航程，即可知针路所经的一些地方的方位和相互之间的里程。船队往返针路全不相同，表明船队在远航中能够灵活地采用多种针路，具有高超的航海技术，达到较高的海洋科学水平。

中国人很早就可以通过观测日月星辰来测定方位和船舶航行的位置。郑和船队已经把航海天文定位与导航罗盘的应用结合起来，提高了测定船位和航向的精确度，人们称"牵星术"。用"牵星板"观测定位的方法，是通过测定天空的高度，来判断船舶位置、方向和确定航线。这项技术代表了那个时代天文导航的世界先进水平。郑和的船队，白天用指南针导航，夜间则用观看星斗和水罗盘定向的方法来保持航向。由于对船上储存淡水、船的稳定性、抗沉性等问题都做了合理解决，故郑和的船队能够在"洪涛接天，巨浪如山"的险恶条件下，"云帆高张，昼夜星驰"，很少发生意外事故。白天以约定方式悬挂和挥舞各色旗带，组成相应旗语；夜晚以灯笼反映航行时的情况；遇到能见度差的雾天、雨天，配有铜锣、喇叭和螺号用于通信联系。《郑和航海图》中的4幅《过洋牵星图》是：

（1）丁得把昔到忽鲁谟斯：从印度代奥格尔（Deogarh）到忽鲁谟斯，用北辰星、织女星、灯笼骨星定位。

（2）锡兰山回苏门答剌过洋牵星图：用北辰星、织女星、华盖星、灯笼骨星等定位。

（3）龙涎屿往锡兰过洋牵星图：用北辰星、灯笼骨星等定位。

（4）忽鲁谟斯回古里国过洋牵星图：用北辰星、织女星等定位。

《郑和航海图》上的航区，主要由4个部分组成：一是内河航区，起自南京龙江关（今南京下关），止于长江口；二是东南沿海区，止于福建厦门五虎门；三是近洋航区，止于东南亚诸国及印度半岛；四是远洋航区，止于非洲东海岸。该图所示的地域非常广阔，航线众多且漫长。在图中，郑和船队所经之地均有命名，涉及的地区为今天的中国、越南、文莱、柬埔寨、泰国、印度尼西亚、马来西亚、新加坡、缅甸、斯里兰卡、印度、马尔代夫、也门、伊拉克、索马里、坦桑尼亚、阿联酋、卡塔尔、巴林、科威特、塞舌尔、马达加斯加、科摩罗、莫桑比克等，约500个地名中，外

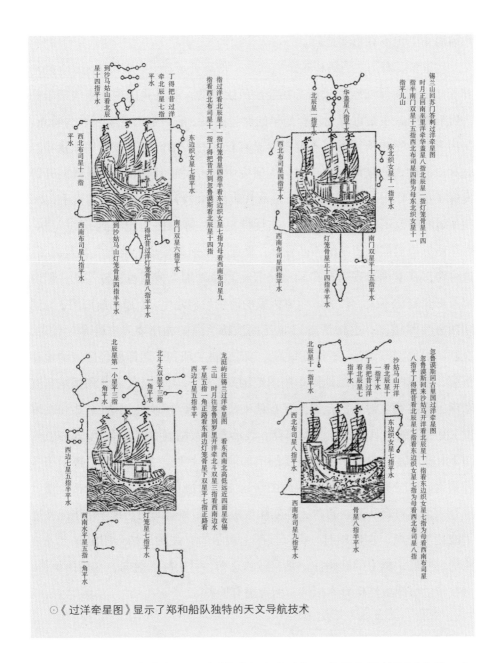

⊙《过洋牵星图》显示了郑和船队独特的天文导航技术

国地名约300个，大大超过汪大渊《岛夷志略》一书所收的外国地名数。如仅在这张航海图的非洲大陆东、南海岸，就标注着15个地名。15世纪以前，中国关于亚非两洲的地理图籍，以《郑和航海图》最为详尽。该图不仅是研究郑和下西洋和中西交通史的重要图籍，在世界地图学、地理学史和航海史上也占有重要地位。

《郑和航海图》是郑和航海实践的一份重要成果。《郑和航海图》是郑和船队根据航海实践和长期考察经验所绘制的，既是我国现存年代最早的一份航海图，也是世界上现存最早的航海图集。它以航海的实用性为特点，突出导航、定位所需的基本要素，具有较高的实用价值。该图集除指导当时和以后的古代航海外，还对后人研究中国古代航海史和亚非航线的开辟发挥了重要作用。与同时期西方最有代表性的波特兰海图相比，《郑和航海图》制图的范围广，内容丰富，实用性更胜一筹。13世纪末到14世纪初，由于西方帆船航海贸易的不断发展，便诞生了航海使用的地图波特兰海图。这种海图在欧洲出现后，在14、15世纪数量增加，使用也比较广泛，但内容及形式变化不大，代表了西方国家的海图发展水平。《郑和航海图》与同期西方海图相比，也就是与15世纪的波特兰海图相比要先进得多。首先，在制图的范围方面，《郑和航海图》全面反映了郑和下西洋所经区域的地理概貌，是当时中国所绘地图中制图范围最广的，从中国东南沿海直至非洲东岸，而波特兰海图的范围主要在地中海及大西洋沿岸，不如《郑和航海图》范围广阔。其次，在图幅内容、表示方法及精确程度方面，《郑和航海图》内容丰富，包括了航海需要的诸如航线、针路、航道、牵星数据等各种要素，十分完备，而波特兰海图在这方面要逊色得多，有的内容绘得过于夸大，不符合实际。再次，在实用性上，《郑和航海图》的针路注记胜过了波特兰海图，在使用时，可以按图上表示的有关图形结合测定深度等方法确定船位，图上的针路注记是实践的总结，是实际的航向，实用性很强，而波特兰海图虽然也有实用性，但针路有偏差。

八、郑和下西洋与欧洲人的大航海

15—16世纪是人类走向海洋的时代，是人类的大航海时代。在大约100年的时间里，中国人与欧洲人先后从欧亚大陆的两端分别进行了空前的向海洋的大进军。这一场大进军不仅显示了人类征服海洋的勇气、智慧和技能，更重要的是标志着人类从此进入了一个带根本性的历史转折时期：世界各大洲居民相对封闭隔绝的状态，从此渐被彼此密切交往、人类渐成一体的状态所代替，与此相适应，人类的文明发展程度急剧提高，生产力低下的古代和中世纪成为过去，高度发展的时代向人们迎面走来。

郑和的远洋航行，发生在15世纪初，是他拉开了整个大航海活动的序幕。他的航行比哥伦布发现美洲大陆早87年，比达·伽马航达印度早92年，比麦哲伦环球航行早114年。李约瑟写道："当世界变革的序幕尚未揭开之前，即15世纪上半叶，在地球的东方，在海涛万顷的中国海面，直到非洲东岸的海域，呈现出一幅中国人海上称雄的图景。这一光辉灿烂的景象，就是郑和下西洋。"

从1405年开始，在28年间，郑和率领中国明朝的200多艘舰船航行在世界海域上，航线从西太平洋穿越印度洋，直达西亚和非洲东岸，途经30多个国家和地区。郑和下西洋，其船舶技术之先进、航程之长、影响之巨、船只吨位之大、航海人员之众、组织配备之严密、航海技术之先进，在当时的世界上都是罕有其匹的，甚至在航海时间、船队规模以及航海技术诸方面，均是哥伦布等人的航海活动所望尘莫及的。

郑和率领的这支船队，是15世纪规模最大的远洋船队。在郑和下西洋停止几十年之后的15世纪末16世纪初，几支最著名的西方远洋船队，无一能与郑和的船队相比拟。如1492年横渡大西洋到达美洲的哥伦布船队，只有90名水手、3艘轻帆船，其中最大的旗舰"圣玛丽亚"号不过250吨，仅为郑和宝船的1/10。1497年绕过好望角航达印度的达·伽马船队，有160人、4艘小帆船，主力旗舰120吨，全长不到25米。1519年进行环球航行的麦哲伦船队，有265人、5艘小帆船，其中两艘130吨、两艘90吨、1艘60吨，全船队的总吨位也不过郑和一艘宝船的1/5。可见，郑和率领的船队在世界航海史上占据着领先地位，是当时任何西方海上强国都无法望其项背的。

据估计，1420年中国明朝拥有的全部船舶，应不少于3800艘，超过当时欧洲船只的总和。今天的西方学者承认，对当时的世界各国来说，郑和所率领的舰队，从规模到实力，都是无可比拟的。有西方学者指出，人们往往想当然地认为，只有西方人才能做出那些改变人类生活道路、开创世界历史新纪元的、富有历史意义的发现，这种观点是完全没有道理的。考虑到中东的穆斯林和东亚的中国人所具有的伟大的航海传统，这种观点尤其没有道理。当郑和庞大的中国探险队跨洋过海到达非洲东海岸时，葡萄牙人才刚刚贴着非洲西海岸摸索航路。

从郑和庞大的远洋舰队可以看出，当时中国在航海上，无论是造船技术还是航海技术，都远远居于世界领先水平。

但是，在15世纪，欧洲的航海事业也取得了巨大的进展：航海活动扩大，地图科学发展，古典时代的知识重新被认识。而在15世纪后期，葡萄牙、西班牙等国的统治者对航海活动的支持，更促进了航海活动的开展。到了15世纪末，欧洲的大航海时代开始了。欧洲人的大航海活动取得的成就也是巨大的。不过，之所以能取得这些成就，实是基于人类航海能力的空前提高，达到了具备航行于全球所有海洋的能力。而这一能力的提高，是全世界各国人民长期共同努力的结果。同时，在欧洲人进行这些海洋探险时，还得到过非欧洲人的帮助。所以从这一角度来说，15—16世纪世界性大航海活动中通过欧洲人之手而取得的成就，应归功于整个人类。

对于欧洲的大航海事业，梁启超认为郑和"与彼并时而兴"，是"全世界历史上所号称航海伟人"，他的航海比哥伦布等人要早数十年。但"郑君之烈，随郑君之没以俱逝"，郑和远航与西方人开辟新航路的结局，有着截然不同的后果。郑和下西洋的航海活动虽然声势浩大，但明成祖和郑和去世后不久，中国船队便绝迹于印度洋和阿拉伯海，中国的航海事业突然中断了，这使得中国与西洋各国业已建立起来的联系戛然而止。从此，中国人传统的海外贸易市场逐渐被欧洲人所占据，中国最终退出了正在酝酿形成中的世界性市场。相反，哥伦布和达·伽马开辟新航路后，西欧激起了远洋航海的热潮。东方的商品和航海贸易的利润直接加速了资本主义的原始积累。欧洲人对美洲的新开发，绕过非洲的航行，给新兴资产阶级开辟了新的活动场所，从而揭开了资本原始积累的序幕。从这一点来看，哥伦布等人的航海活动，对于西欧以及世界历史的发展产生了深远的影响。

第四十一章　寻找海上新丝绸之路

一、"远方契丹的诱惑"

从15世纪中叶开始，西欧诸国掀起了开辟全球性海上新航路的探险热潮。一时间，勇敢的各国冒险家们乘风破浪，冒险克难，在茫茫的大海上探险：

1487年至1488年，葡萄牙航海家迪亚士（Bartolomeu Dias，约1450—1500）率领的探险队绕过非洲南端，在返航途中发现了好望角。

1492年，意大利航海家哥伦布（Cristoforo Colombo，约1451—1506）率船队横渡大西洋，到达巴哈马群岛等地。

1497年，葡萄牙航海家达·伽马（Vasco da Gama，约1469—1524）率船队从里斯本出发，绕过非洲南端，于1498年抵达印度西海岸的卡利卡特，首次打通了东印度航路。

1519年，葡萄牙航海家麦哲伦（Fernão de Magalhães，约1480—1521）率船队开始了人类历史上第一次环球航行。

所有这些影响人类历史进程的伟大探险航行，都有一个共同的目标，就是：寻访东方。

自从《马可·波罗游记》在欧洲传播以后，东方的财富，好像神话一样，使欧洲的贵族、商人和冒险家们醉心向往。这被说成是"远方契丹的诱惑"。在马可·波罗时代，欧洲一直与东方有着贸易往来。当时，东西方贸易商路主要有三条：一条是陆路，由中亚沿里海和黑海到达小亚细亚，然后就与陆上丝绸之路接上了头。另外两条是海路（或海陆并用）：一条是先从海道抵红海，然后再由陆路至埃及的亚历山大港；另一条是由海道入波斯湾，然后经两河流域到达地中海东岸叙利亚一带。这两条海路都接续海上丝绸之路。当时，地中海，特别是西地中海的贸易主要由意大利商人把持，而地中海东岸一带的贸易由阿拉伯商人所垄断。

无论是陆上丝绸之路，还是海上丝绸之路，都是东西方交通的大通道，往来的商队相望于道。

但是，到了14世纪后期以后，中西之间传统的贸易路线受到了严重的阻碍。首先是14世纪中叶，帖木儿在中亚地区建立的帝国，隔绝了中西交通。继而是发生在1453年的奥斯曼土耳其人攻陷君士坦丁堡，吞并了东罗马帝国的大部分领土，奥斯曼帝国成为地跨亚、非、欧三洲的大帝国。奥斯曼帝国的舰队称霸地中海、红海和波斯湾，控制了红海、波斯湾和黑海通往地中海的交通线，向过境各国商人勒索大量捐税，垄断了欧洲同东方的贸易。

此外，欧洲和东方在陆路的商贸往来，长期受制于埃及卡拉米商人和阿拉伯骆驼队商。陆上运输迟缓、运费昂贵和缺少安全保证，越来越不能适应欧洲市场的需要了。

然而，虽然传统的交通贸易路线受到阻隔，但是欧洲人并没有丢掉一切，幻想和希望依旧存在。马可·波罗所讲述的关于"契丹"的故事，令他们记忆深刻。前人已经取得的成就，刺激了他们的野心。如果不能再安全地走旧的陆路，他们就一定要找到通往东方的新的水路。欧洲各国贵族、商人急切地希望找到一条摆脱阿拉伯人、绕过地中海东部的新航线。他们认为，一旦找到不经地中海的新航线，东方货物所缴纳的通行税就只需过去的1/80。

寻访东方仍然是挡不住的诱惑。

于是，欧洲人开始寻找通往东方的新途径。于是，就有了一系列寻找新航路的海上探险活动。有一位英国学者说："现代的航行地理学者实导源于当时探寻契丹的热诚。"

所以说，《马可·波罗游记》对15—16世纪欧洲航海事业的发展起到了极为重要的激励和促进作用。当时一些著名航海家和探险队的领导者都读过马可·波罗的游记，从中受到鼓舞和启示，激发了对于东方的向往和冒险远游的热情。正是现实经济利益的驱使，以及马可·波罗所描述的富庶东方的"召唤"，直接推动了欧洲人的地理大发现运动。有人说，寻访东方是欧洲大航海事业的"意志灵魂"，而这种"意志灵魂"正是在《马可·波罗游记》中培育、生长和锻造的。

从最初的动机来说，大航海时代的来临，就是对海上丝绸之路新航路的探索，就是要寻找更为便捷的沟通东西方的新航线。大航海正是丝绸之路在新的技术条件下、在新的时代要求的激励下的延伸和发展。但是，这种延伸和发展与古代丝绸之路的意义和作用在本质上是完全不同的。因为正是大航海时代的来临，把整个世界联系在一起，实现了不仅仅欧亚大陆，还包括所谓"新世界"的互联互通，从而开始了真正意义上的全球化时代。

二、亨利王子和他的航海事业

在15世纪，整个欧洲的商人和船员们都在推测和探索通往东方的新航路。

在这个时代的海上探险活动中，葡萄牙人充当了先锋。葡萄牙位于欧洲的西南角，在14世纪和15世纪上半叶，葡萄牙的船队已经沿着非洲曲折的海岸走了相当远。当时他们形成了这样一个概念：也许再往前一些，海岸会向东转，到印度群岛和契丹的路就通了。

葡萄牙的亨利（1394—1460）王子是葡萄牙海上探险的发动者和组织者。

亨利王子是葡萄牙国王若昂一世的第三子，从小学习战略和战术、外交艺术、国家管理以及其他知识。作为王子，亨利向往历险、战斗的生活。

1415年，亨利与众兄弟随父亲突袭了位于北非的休达，当地的摩尔人事先一点也不知情，结果仅用了一天时间，休达就被攻陷。1417年，摩尔人的军队包围了休达，亨利又率领援兵来到休达，并在那里停留了3个

⊙ 航海家亨利王子等人的雕像

月。在这期间，亨利从战俘和商人口中了解到，有一条古老而繁忙的商路可以穿过撒哈拉大沙漠，经过20天就可以到达树林繁茂、土地肥沃的"绿色国家"，即当代的几内亚、冈比亚、塞内加尔、马里南部和尼日尔南部，从那里可以获得非洲胡椒、黄金、象牙等。葡萄牙人对从陆路穿过沙漠是没有经验的，亨利王子有了一个大胆的想法，要从海路到达这个"绿色国家"。这一主张得到了国王的赞同，国王封他为骑士，随后又加封他为维塞乌公爵以及科威尼亚领主。

亨利对政治毫无兴趣，他到远离政治中心里斯本的阿加维省任总督，并在靠近圣维森特角的一个叫萨格里什的小村子定居下来。这个地方成了他以后几十年中到陌生的地方进行探险的策源地。1420年5—11月，罗马教廷颁发了一系列文件，任命亨利王子为总部设在托马尔的基督骑士团大统领，让他管理骑士团的相关财产，并将骑士团的收入用于航海和冒险事业，其唯一的限制是不许动骑士团中非常昂贵的不动产。

亨利王子在萨格里什创办了一所航海学校，培养本国水手，提高他们的航海技艺。他设立观象台，网罗各国的地学家、地图绘制家、数学家和天文学家，共同研究，制订计划、方案；广泛收集地理、气象、信风、海流、造船、航海等方面的文献资料，加以分析、整理，为己所用；建立旅行图书馆，还收集了很多地图，并且绘制新的地图。1428年，亨利的兄弟佩德罗亲王在访问威尼斯之后带回一本《马可·波罗游记》和一张世界地图，上面描绘了世界上所有的地区，这给亨利王子很大推动。

亨利王子资助数学家和手工艺人改进、制作新的航海仪器，还改进了从中国传入的指南针、象限仪（一种测量高度，尤其是海拔高度的仪器）、横标仪（一种简易星盘，用来测量纬度）。

他还资助里斯本大学开设航海学、天文学、几何学、地理学等学科，为葡萄牙培养航海的后备人才。

由于地中海和大西洋的航行条件不同，在地中海上航行的船是不适合在大西洋上航行的。亨利把主要精力放在造船上，采取了许多优惠措施鼓励造船：建造100吨以上船只的人可以从皇家森林免费得到木材，任何其他必要的材料都可以免税进口。到1440年，终于造出了适宜在大西洋上航行的船舶——卡拉维尔帆船。卡拉维尔帆船用阿拉伯三角帆和欧洲方形帆混搭，长宽比为3.5∶1。这种船的船体小，吃水浅，轻便灵活，速度快，这使得它能够在紧靠海岸的地方航行，不必为了躲避暗礁和沙洲而远离海岸，这一点在以探索陌生海岸为目的的航行中尤为重要。

亨利王子相信非洲是可以绕过的大陆，在某个地方必定存在一条尚未被发现的通向印度的海上通道。于是，葡萄牙人沿着非洲西海岸，一路向南。

1418年，亨利王子派出了他的第一支仅有一艘横帆船的探险队，向南寻找几内亚。船被风吹向了西方，抵达马德拉群岛中的桑托斯港岛，马德拉群岛就这样被发现了，亨利王子随后宣布该群岛属葡萄牙所有。1419年，葡萄牙船队抵达了马德拉群岛的本岛，并在岛上建立了葡属马德拉的首府。这里土地肥沃，气候湿热，适合种植小麦和甘蔗。此后，马德拉群岛成了

⊙ 亨利王子组织建造的卡拉维尔帆船

葡萄牙探险队的落脚点和物资供应站。

随后几年，亨利王子又数次派出探险队从两个方向进行探索：一个方向是沿非洲西海岸南下，一个方向是离开海岸向西南深处航行以发现更多的岛屿。

1427年，向西南探险的舰队发现了亚速尔群岛。亚速尔群岛位于葡萄牙以西1450千米的大西洋上，由9个主要岛屿组成，气候温润，水土丰美。岛屿附近的洋流是从西向东流淌的，所以有利于从非洲返程的船只回到欧洲大陆。亚速尔群岛可以作为远洋航行的补给站点。1431年，贡萨洛-维尼乌-卡布拉尔发现了亚速尔群岛东面的福米加岛。可能是由于气候恶劣和当地人的反抗，葡萄牙人第一次登陆之后只能不了了之。在以后的几年里，葡萄牙人又发现了圣米迦勒群岛和圣玛利亚岛。1432年，亨利王子派出16条船、数百人（含1名牧师），带着几十头牲畜占领亚速尔群岛。亚速尔群岛的发现对葡萄牙以后的探险和领土扩张有重要影响。

亨利王子把主要精力放在沿非洲海岸南下的探险上。在这条航线上，首要的障碍就是位于加那利群岛正南方非洲大陆上的博哈尔角。博哈尔角以南对当时的欧洲人来说是一个全然未知的世界，那里暗礁密布，巨浪滔天，有神秘莫测的急流，阿拉伯人将这片海域称为"黑暗的绿色海洋"。1434年，在经过十几次尝试后，葡萄牙的远征队终于在船长吉尔·埃亚内斯的率领下越过了该角。第二年，埃亚内斯和巴尔答亚再次出海到达博哈尔角以南100海里的加内特湾，他们认为这个海湾就是欧洲人长期以来要找的"金河"，为这个不毛的沙漠之区取名"里奥德欧罗"（葡语意为"金河"）。

1442年，葡萄牙探险队抵达了奥罗河口。1443年，葡萄牙人第一次抵达塞内冈比亚地区。葡萄牙人在这里与黑人王国有了早期的接触。葡萄牙人将这片土地称为黑人的土地。此后，葡萄牙人还先后占领了"象牙海岸""胡椒海岸""奴隶海岸"和"黄金海岸"，并在加纳建立了军事据点。

1443年，时任摄政王的佩德罗授予亨利王子在博哈尔角以南的海域和陆地的航海、战争、贸易的特权，将其用于航海事业，并免除航海所得收益的一切税金。后来亨利王子还在萨格里什前面的海角上修建了一个小镇，这里就是著名的圣维森特角。1448年，亨利王子派人在布朗角的阿尔金岛建立永久性的堡垒，以此为中心修建港口、市政厅、修道院，作为葡萄牙探险的贸易中转站。后来的葡萄牙海上帝国就是由这样一个个散布在各个战略要地的贸易站和贸易站之间的海域组成的。

在40年有组织的航海活动中，葡萄牙成了欧洲的航海中心，葡萄牙人建立起庞大的船队，探索先进的造船技术，培养了一大批专业的探险家或航海家。在亨利王子之后，葡萄牙的海上探险事业得到继续发展。

1487年，葡萄牙航海家迪亚士进行了更远的南航。当他的船队靠近非洲大陆南端时，强大的风暴把船只吹离海岸，滔天巨浪几乎把他们吞没。十几天后，迪亚士调转船头，先向东，再向北航行，终于在南非的莫塞尔湾靠岸看到了太阳从他们的右边升起。这时候，他们已经进入印度洋，绕道非洲南端通往印度的航道实际上已经打通了。回航途中，通过非洲南端的尖角时，狂风猛烈，天气恶劣，迪亚士把它叫作"暴风角"。当他回来汇报自己的发现时，葡萄牙国王说，应该把它叫作"好望角"，因为现在他们有了到达"印度"的良好愿望了。

那时候欧洲人说的"印度"，实际上包括他们所知的南亚和东亚地区。"印度"就是东方财富的象征。

三、达·伽马：找到通往东方的航路

在迪亚士发现好望角之后10年，1497年，葡萄牙政府组建和装备了一支舰队，去探索由葡萄牙起绕过非洲前往印度的海上航道。这支舰队由航海家达·伽马率领。

达·伽马出生于葡萄牙一个名望显赫的贵族家庭，他的父亲便是一名出色的航海探险家，曾受命于国王若昂二世的派遣，从事开辟通往亚洲海路的探险活动，几经挫折，远大的抱负未能实现。达·伽马的哥哥巴乌尔也是一名终生从事航海事业的船长，曾随同达·伽马从事1497年的探索印度的海上活动。达·伽马是一名出生于航海世家的贵族子弟，青少年时代就受过航海训练。1497年7月8日，达·伽马率领4艘小型船共计170多名水手，由里斯本启航，踏上了探索通往印度的航程。他循着10年之前迪亚士发现好望角的航路，迂回曲折地驶向东方。曾经为王国发现好望角的迪亚士也率领一支小船队为新的印度洋远征舰队护航开道。他一直护送达·伽马的船队抵达葡萄牙位于西非海岸的殖民地堡垒才返回。

达·伽马船队沿迪亚士走过的航道航行，在足足航行了将近4个月和4500多海里之后，来到了与好望角毗邻的圣赫勒拿湾，看到了一片陆地。向前将遇到可怕的暴风袭击，水手们无意继续航行，纷纷要求返回里斯本，而此时达·伽马执意向前，宣称不找到印度他是绝不会罢休的。圣诞节前夕，达·伽马率领的船队终于闯出了惊涛骇浪的海域，绕过好望角驶进了西印度洋的非洲海岸。

1498年1月，达·伽马一行的船队抵达东非的莫桑比克海域。这是

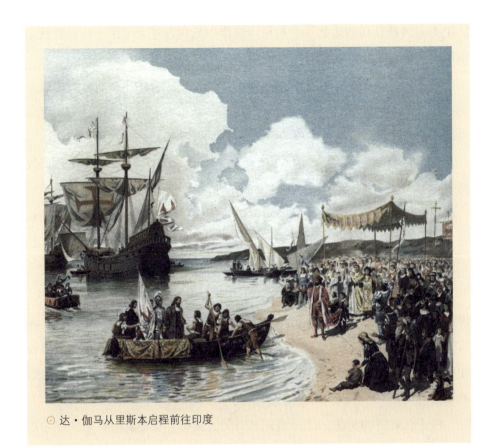

⊙ 达·伽马从里斯本启程前往印度

人类历史上第一次有史可查的从大西洋直接至印度洋的深度航行，对于传说与财富的憧憬渐渐浮现。继后，船队逆着强大的莫桑比克海流北上，巡回于非洲中部的赞比西河河口。这年的3月底，达·伽马的船队在消耗了大量补给品后，按照惯例凿沉了伴随航行的补给船，仅以3艘船只轻装前行。

4月14日，他们在非洲东岸摸索着航行到了马林迪。马林迪的统治者允许达·伽马在自己的城市建立用于贸易和支持航海的小型要塞，并给他们充足的补给。达·伽马在这里找到了一个阿拉伯领航员给他们指路。这位领航员叫艾哈迈镕·伊本·马吉德。他出生于阿拉伯半岛阿曼地区，是当时著名的航海学专家，由他编著的有关西印度洋方面的航海指南在当代仍有一定的使用价值。正是在这位经验丰富的领航员的带领下，葡萄牙船队于4月24日从马林迪起航,利用印度洋上只在每年上半年才特有的西南季风,直奔印度海岸。

1498年5月28日,达·伽马率领的葡萄牙舰队抵达印度西海岸最强大的港口城市卡利卡特,在附近的一个港口抛下了锚。该港口正好是半个多世纪以前中国著名航海家郑和的船队所经过和停泊的地方。

欧洲人梦寐以求的"印度"被找到了!通往东方的海上新丝路被找到了!

从此以后,葡萄牙的船只经常取道好望角驶向东方,回去的时候满载着香料、丝绸和珠宝等贵重货物。他们还占据了锡兰、苏门答刺、爪哇和香料群岛。1517年他们到了中国广州,1542年他们进入日本。

关于葡萄牙人发现通往印度航路的重大意义,可以说是一眨眼的工夫,葡萄牙人便从阿拉伯人手中夺去了印度洋的"海上霸权"。葡萄牙把"东航的钥匙"牢牢地掌握在自己手中,成了16世纪最强大的海上王国。葡萄牙在印度、印度尼西亚、非洲及其他地区均设有前哨站,建立起庞大的殖民帝国。

由于新航路的发现,自16世纪初开始,葡萄牙首都里斯本很快成为西欧的海外贸易中心。葡萄牙、西班牙等国的商人、传教士、冒险家聚集于此,起航去印度、去东方追求财富。

四、哥伦布寻找东方,却发现了新大陆

当葡萄牙人向东寻找一条绕过非洲到印度去的新的全程水路时,西班牙人则开始了向西的航行。

这时候,古代地圆学说广泛传播,欧洲人已经普遍接受地球是圆的这一观念,并且相信海洋绕过欧洲和非洲向印度和中国伸展,但是没有人想到还有美洲大陆横在中间。那么,渡过大西洋向西直驶,也许可以更容易、更迅速地到达东方,正是这个想法鼓舞着哥伦布创造了世界探险史上最精彩的篇章。

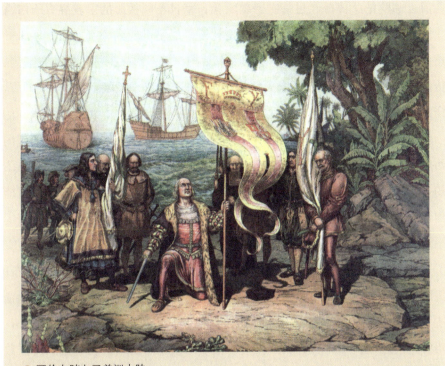

⊙ 哥伦布踏上了美洲大陆

　　哥伦布没有到达东方，却发现了美洲新大陆。

　　哥伦布远航的计划，和这个时代的探险主旨一样，就是要到东方去。哥伦布在出发前仔细读过《马可·波罗游记》，他在日记中也屡次提到这本书。哥伦布读过的《马可·波罗游记》原本，至今被保存在里斯本，边栏上有哥伦布写的许多摘要。这些眉批主要以拉丁文写成，间杂以西班牙文，显示了最吸引哥伦布注意的段落。马可·波罗书中的描写令他深受震撼，也感受到了其中隐藏的商机。只要是马可·波罗提到的黄金、白银、纯丝买卖、香料、瓷器、红蓝黄宝石、琉璃、醇酒、采珠人等内容，哥伦布都做记号。同样深受哥伦布关注的内容，包括季风期来临时船队航行的方向及时间、海盗或食人部落猖獗的情形，以及类似食物及其他物资可能存在的位置。

　　据说，哥伦布为了寻找通往东方的最短航线，曾于1474年请教过佛罗伦萨著名的天文学家和地理学家保罗·托斯堪尼里（Paolo Toscanelli）。在此之前，佛罗伦萨曾召开过一次宗教大会，来自不同教派的宗教界人士济济一堂，谈论着世界各地的消息。这位托斯堪尼里可能同刚刚从东方回来的意大利旅行家康蒂见过面。他得到一幅地图，上面有一条神秘的北方航路，传说沿着这条航路可以直抵大汗的国土，即马可·波罗所说的"契丹"、汗八里和行在城。他在这次会议上介绍了这幅地图，并给葡萄牙国王的一位顾问寄去了一张海图和一封信。在信中，他认为，从里斯本一直向西航行，就能到达繁荣富庶的行在城。葡萄牙国王没有把这近乎"谵妄"的书信和海图当回事，毕竟在那个时代，关于地球是圆的、一直向西就能到达东方的想法近乎疯狂。况且在那个时候，也没人把那位马可·波罗的"百万传奇"当作现实。

当哥伦布向托斯堪尼里请教时，后者把这封信的抄件寄给了哥伦布。托斯堪尼里为马可·波罗的亲身游历所吸引，他在这封信中满怀激情地描述了亚洲尤其是中国财富的商业潜力。他盛赞中国人口众多，富庶无匹，邦省地邑之多，不可胜数。不独金、银、珍宝与香料，所在皆是，可以致富，且可与其国之学人、哲士、天文家等交换知识；而治国之道、作战之术，亦可自其人学习。托斯堪尼里在信中还指出，横渡大洋到达"香料之国"确实存在着一条最短的道路，这条道路要比葡萄牙人沿非洲两岸航行所要寻找的道路近得多：

> 一直向西航行，向大洋的彼岸和地球的另一半的西方就可以到达东方的国家。[1]

托斯堪尼里坚定地相信，从里斯本向西到达日本所应航穿的海域并不十分辽阔，距离也不十分遥远。哥伦布把自己的计划告诉了托斯堪尼里。托斯堪尼里在给哥伦布的第二封信中说："我认为你的从东向西的航行计划是符合我的地图要点的，而且是地球仪上清晰可见的、伟大而崇高的计划。

---

[1] 徐永清著：《地图简史》，商务印书馆2019年版，第161页。

我高兴地看到，人们已经很好地了解我了。"1871年，有学者在西班牙的塞维利亚找到了一本哥伦布曾经阅读过的书，发现该书的空白页上抄录着托斯堪尼里的来信。1902年，维格诺（H. Vignaud）将该信译成英文出版，即《托斯堪尼里与哥伦布》。

在15世纪里，谁也不知道如何划分地球表面上的陆地和水域。托斯堪尼里把亚洲从西到东的面积几乎扩大了两倍。他计算，沿陆路从里斯本到达中国东岸的距离大约是地球大圆周长的2/3。他认为，中国的沿岸城市金山（杭州）位于里斯本经线以东230°处。以此推算，他在西方把南欧与中国相分的水域缩为1/3，因此他认为金山位于里斯本经线以西130°处。他确定这个水域的宽度为地球大圆周长的1/3，就是说，按他的计算，不超过1.2万千米（折合现今的里程）。按托斯堪尼里的看法，面向欧洲的日本海岸离中国东海岸约2000千米。这样一来，从里斯本到达日本似乎只需航行不到1万千米。哥伦布根据15世纪一些流传较广的天文和地理书，对这种计算方法做了一些"修正"，他得出的结论是，前往东亚最合适的航线是经过加那利群岛，似乎从加那利群岛出发向西航行4500—5000千米的路程就可以到达日本。按照18世纪法国一位著名地理学家的看法，哥伦布是以"一个极大的错误导致了一次极其伟大的发现"。

1492年8月3日，哥伦布在西班牙国王的支持下，率领3艘船和88名船员出发了。他随身还携带了一封西班牙国王给契丹大汗的信。到10月12日，哥伦布

⊙ 哥伦布的船队在航海中

经过漫漫的航行，终于登上了美洲巴哈马群岛中的一个岛屿。但是，他绝没有想到这里离印度和中国还十分遥远。他相信自己发现了位于亚洲海岸边东印度群岛中的一个岛。他把当地的土人称为"印第安人"（即"印度人"，Indians）。他们从此就一直被称为印第安人。1792年10月21日，哥伦布首次到达新大陆后的第9天，他在航海日记中记录，自己将"再去一个更大的岛，据随船土人用手语相告，该大岛可能就是西邦戈岛，此地岛民叫古巴。据说，那里有很多舟船，组成众多庞大的商队。在该岛附近还有一岛名为波伊奥，据说也很大。两岛之间还有若干小岛，吾也欲顺便观望。最后，根据可能收集到的黄金和香料之数量，再定日后行动。然而，臣仍决心抵达大陆，抵达金萨伊城，把陛下之诏书面呈大可汗，再将大可汗之复诏转呈二位陛下"①。

哥伦布在10月30日的日记中又写道："远征军司令说，应设法前往大可汗国，据其认为大可汗就在附近，也即大可汗居住之契丹城就在附近。据有人在其驶离西班牙前相告，契丹城甚大，地势低缓，景致优美，附近海水颇深。"②

哥伦布回到西班牙后，向国王汇报他找到了印度群岛。此后，他又3次回到美洲，携带了商人、传教士、冒险家和殖民者，并且一直还在寻找日本、中国、香料群岛和印度。他探测了加勒比海、委内瑞拉和中美洲沿岸，但哥伦布死的时候还不知道自己已发现一块新大陆这一事实。他至死还相信他环绕世界航行到了亚洲。

五、大航海时代的来临

哥伦布发现"印度"（实际上是发现了美洲）的消息大大地震动了整个西欧。它激起了许多人前去探险的愿望。在英国，约翰·卡博特（John

---

① 《哥伦布〈航海日记〉》，孙家堃译，上海外语教育出版社1987年版，第43页。
② 《哥伦布〈航海日记〉》，孙家堃译，上海外语教育出版社1987年版，第50—51页。

Cabot）向国王提出要进行如同哥伦布向"印度"航行一样的探险建议。1497年5月，卡博特在布里斯托尔商人们的资助下，离开布里斯托尔向西航行，绕过爱尔兰的北部海岸，一直沿北纬50°线偏北航行。他到达一个气候寒冷的不毛之地，他把这块陆地称为迪耶拉·波里玛·维斯塔（意大利语音译，意思是"首次看到的陆地"）。尽管卡博特在那个地方没有见到人，也没有靠近这片陆地的海岸，但他认为这是一片有人居住的陆地。于是，他掉头返航，回到英国报告说，他也到达了"大汗的国家"。

1498年4月，卡博特进行了对"中国"的第二次探险。但他在航行途中去世，他的儿子塞巴斯蒂安·卡博特（Sebastian Cabot）领导探险队继续航行。他们到达了北美大陆，并沿着它的东部海岸向西南航行了很远的距离。显然他们是想寻找人口稠密的中国海岸。水手们经常登上海岸，可是他们在那里遇见的不是中国人，而是身穿兽皮的人（北美印第安人）。

欧洲人极其缓慢地、渐渐地晓得了"美洲"不是"亚洲"而是一个"新世界"这个惊人的事实。欧洲许多冒险家继续探索美洲和亚洲之间的航线。在西班牙探险者巴尔博亚（Balboa）在1513年通过了巴拿马地峡，并且发现外面是一片宽阔的海洋后，人们还在梦想只需要几天的船程就可以把船开到中国。1514年，葡萄牙人列什波亚宣称在南纬40°找到了通往"南海"（即太平洋）的"海峡"。直到西班牙航海家麦哲伦的环球航行，才最后证伪这种说法。

费尔南多·麦哲伦是葡萄牙航海家。1505年，麦哲伦参加了亚尔美德的远征队，先后在印度、马六甲、印度尼西亚等地进行殖民活动，具有丰富的航海经验。他曾4次绕过好望角，他会准确地使用航海仪器，他对东方海洋的了解和对航海知识的掌握，在整个葡萄牙除达·伽马外，是无人可比的。他从摩鹿加群岛（今印度尼西亚马鲁古群岛）以东是一片汪洋大海这一点推测出，继续往东走将是哥伦布所到过的地区，在美洲和亚洲之间必然有航道可通。

1515年和1516年，麦哲伦拟定了一个从欧洲西行绕过南美，再向西渡过"南海"，驶往摩鹿加群岛的计划。他确信在大西洋和新发现的南方海洋之间有一条海峡，他能够找到它并通过它实现环球航行。麦哲伦把这个计划提交给葡萄牙国王。然而，这个计划被葡萄牙国王拒绝了。1517年，麦哲伦到了西班牙，把西航前往摩鹿加群岛的计划呈交给西班牙国王，获得了西班牙国王查理一世的支持。

与他一同投奔西班牙的，还有他的朋友、学者鲁伊·法莱罗。此人虽未上过船，但被认为是天文学和制图学方面的权威。他发明了自己的经度计算法，制作了可能是当时最好的海图和航海仪器，并为麦哲伦后来的事业提供了巨大帮助。

1519年9月20日，麦哲伦率领一支由5艘旧船和265名船员组成的船

⊙ 麦哲伦的船队在太平洋上

队，从西班牙塞维利亚城的圣罗卡出发。船队越过大西洋，沿巴西海岸南下。10月21日，船队在南纬52°找到一条海峡。这时只剩下3艘船的麦哲伦船队，用了28天时间通过了这条海峡，进入了浩瀚无边的"南海"。后来人们把这条海峡叫作"麦哲伦海峡"。麦哲伦船队在"南海"上航行了3个多月，一路上风平浪静，麦哲伦便把"南海"改名为"太平洋"。

1520年3月6日，船队到达马里亚纳群岛。这是欧洲人从未到过也从未提及的一个群岛。3月16日，船队抵达菲律宾的萨马岛（三描岛）。在这里，当年麦哲伦在马六甲买的一个奴隶、这次随他远航的仆人，听到了自己的母语。麦哲伦意识到，他已到达了12年前他随同达·伽马的船队绕过非洲到达的马来语地区。他终于找到了向西航行通向东方的航路，而这是哥伦布、维斯普奇和其他许多探险家所未能找到的。他实际上已经完成了环球航行。

4月27日，麦哲伦在同马克坦岛的土著发生冲突时被杀。麦哲伦死后，船员们分乘剩下的两条船，于11月8日抵达印度尼西亚东北部的马鲁古群岛，即摩鹿加群岛，也就是欧洲人梦寐以求的"香料群岛"。他们在这里又留下了一条必须修理的帆船，只有"维多利亚"号一条船横渡印度洋，绕过好望角，于1522年9月6日回到西班牙。

那是人类第一次环绕世界的航行，并且是整个历史中最伟大的航行之一。

以寻访东方、开辟海上丝绸之路新航线为最初动机的海上探险活动，导致了美洲新大陆的发现和新航路的开辟。这对世界历史的发展进程有特别重大的影响。马克思和恩格斯在《共产党宣言》中指出：

> 美洲的发现、绕过非洲的航行，给新兴的资产阶级开辟了新天地。东印度和中国的市场、美洲的殖民化、对殖民地的贸易、交换手段和一般商品的增加，使商业、航海业和工业空前高涨，因而使正在崩溃的封建社会内部的革命因素迅速发展。①

---

① 《马克思恩格斯选集》（第1卷），人民出版社2012年版，第401页。

发现新大陆和开辟新航路，是世界历史上最重大的事件之一。

一些现代学者把大航海时代作为早期全球化的开端。从此，整个世界被连成了一片，人类文明超越了地域的限制，开始了世界文化的时代。然而，正是在这一伟大事件的过程中，东方，特别是中国，以它丰饶的物产、灿烂的文化，以及它神秘的魅力，还有令人们魂牵梦绕的古老的丝绸之路，成为刺激、激励和推动欧洲人去寻访、去冒险、去开辟新航路，去发现新大陆的感召性的动力。欧洲人的伟大发现正是在东方魅力的感召下实现的，正是在古老丝绸之路精神的鼓励下实现的，中国为新航路的发现做出了间接的贡献。

不仅如此，远在欧洲人出现于印度洋之前许多世纪，中国人、印度人、阿拉伯人和马来人，在开拓印度洋和太平洋上的航路和航海技术方面已经取得了很大成就。这条航路把从中国东海、南海到中南半岛太平洋西部地区、南亚次大陆、波斯湾、阿拉伯半岛，直到非洲东岸联系起来。所以，"环球航路"的发现，应该说是西欧人在亚洲人许多个世纪征服海洋的基础上所做出的新的伟大贡献，是在海上丝绸之路千百年历史的基础上所做出的新开辟和新发展。

第四十二章　海上丝绸之路的大帆船

一、满剌加：海上丝绸之路的桥头堡

哥伦布到达了美洲，而葡萄牙人沿着非洲海岸线绕过好望角后抵达印度，终于开辟了欧洲与亚洲之间的新交通线。正是从这个时候开始，古老的海上丝绸之路改变了航线，即都是通过地中海、穿过大西洋和绕过好望角来实现欧洲与亚洲的海上交通了。这样，中国与欧洲，东方与西方，在这条新的航线上重新联系起来，碧波万里的海上丝绸之路又谱写了更为辉煌灿烂的篇章。

海上丝绸之路再次畅通，欧洲的大帆船乘风破浪，扬帆起航。

探索和发现新航路的目的，是延续古代的丝绸之路，与东方，特别是和中国做贸易。新航路开辟之后，最先抵达中国的欧洲人是葡萄牙人。葡萄牙把"东航的钥匙"牢牢地掌握在自己手中，成了16世纪最强大的海上王国，它夺取了对南亚和东亚贸易的垄断权，并保持了90年之久。葡萄牙人即利用此新航路，开展与东方的贸易。香料和东方各种物产，大宗流入欧洲。葡萄牙首都里斯本一时成为欧洲重要商港之一。葡萄牙人利用其坚甲利兵，摧毁印度洋上阿拉伯人的商业势力，独霸东方海上。

在大航海时代葡萄牙与中国的海上交通中，满剌加占据突出的地位。满剌加以马六甲海峡为中心，地跨马来半岛和苏门答腊岛，是15—16世纪的东西方海上贸易中心，是海上丝绸之路上重要的桥头堡。

满剌加原是一个有海盗出没和渔民居住的小渔村。约1400年，被满者伯夷和暹罗藩属北大年驱逐的旧港王子拜里迷苏剌率追随者到这里定居，满剌加作为港口开始发展，当时的满剌加附属于暹罗。满剌加首次见于中国史籍记载是在永乐元年（1403），当时永乐皇帝派遣尹庆出使满剌加。永乐三年（1405），"满剌加酋长拜里迷苏剌"派遣的使者随尹庆到达明朝京师朝贡，并上表称："愿内附，为属郡。"明成祖封其为满剌加国王，满剌加遂开始摆脱暹罗的控制而独立。然而，"暹罗强暴，发兵夺其所受朝廷印诰，国人惊骇，不能安生"。有鉴于此，永乐七年（1409）郑和第三次下西洋，奉成祖诏敕，赐予拜里迷苏剌银印、冠带、袍服，建碑封城，以提高满剌加的国际地位。同时还给予军事援助，赐予海船，"回国守土"，目的在于"俾暹罗无侵扰"。郑和又在满剌加屯驻大军，建立航海贸易基地。明朝的军事支持为满剌加的安全提供了强有力的保证。实际上，满剌加的兴起与郑和下西洋是密不可分的。

明朝的支持有效阻遏了暹罗的侵扰，维护了满剌加的独立，为满剌加的发展提供了必要条件。到15世纪下半期，满剌加国力达到了全盛。1456年，满剌加在海战中打败暹罗，使盛产黄金的彭亨成为自己的属国，后来占领马来亚北部，并征服了苏门答腊海峡一侧的重要贸易地区。

满剌加与明朝建立起紧密的宗藩关系，成为明朝的朝贡国。永乐九年（1411），满剌加国王拜里迷苏剌率其妃、子及陪臣540余人来朝，受到明成祖的盛情款待。使团还未入京，永乐帝就派中官海涛、礼部郎中黄裳等前往宴劳。满剌加国王奉表入见并献方物，永乐皇帝在奉天门设宴款待，另外设宴款待王妃及陪臣等。满剌加国王在京停留的3个月中，永乐帝多次赐宴和赏赐，礼遇甚优。

永乐十七年（1419），亦思罕答儿沙继位，亦率妻、子来朝。后西里麻哈剌者继位，又分别于永乐二十二年（1424）和宣德八年（1433）亲自来明朝贡，均得到盛情款待和优厚赏赐。西里麻哈剌者第二次访华时，携其弟剌殿把剌、头目文旦等228人，于宣德八年十月至南京。因天气寒冷，明宣宗许其在南京休息，宣德九年（1434）四月才入京朝见。西里麻哈剌者在中国逗留了一年半，到宣德十年（1435）四月才由明政府敕广东都司、布政司送其还国。

满剌加国王如此频繁地亲自入华朝贡，这在海外国家中是绝无仅有的，可见它与明朝的关系非同一般。满剌加是明朝在东南亚最重要的保护国，它扼守东西方海上交通的要道，战略地位十分重要，在东南亚朝贡贸易体系中处于中心的位置。明朝也十分重视与满剌加的关系。郑和船队几乎每次都航经满剌加，有确切记载的有5次。此外，船队回程时有满剌加使臣同归的，估计也途经满剌加。

满剌加位于印度洋和东亚、东南亚海上通道的交汇点上，具有发展成为东西方贸易港的优越地理条件。在明朝的扶持和保护下，满剌加从此迅速兴起，吸引了来自东西方各国的商人，一跃成为东南亚最重要的国际贸易中心和一等强国。正是在这一时期，满剌加成为世界商人云集的城市、当时世界上各种商品的交易中心，连接了亚洲、非洲和欧洲。贸易物品本身具有文明的重要内涵，而交易通过从世界各地航来的海船停靠在满剌加海港一带实现。通过贸易活动，不同文明间的对话和交流同时进行着。

1502年9月在里斯本绘制的第一次标明赤道线和热带回归线的一张地图上，有关满剌加的说明如下："这个城市所有的物产，如丁香、芦荟、檀香、安息香、大黄、象牙、名贵宝石、珍珠、麝香、细瓷及其他各种货物，绝大部分从外面进来，从唐土（terra dos Chins）运来。"16世纪初曾到过满剌加的葡萄牙人巴博沙（Duarto Barbosa）赞叹道："这个马六甲城是最富的商埠，有最多的批发商，舰船之多、贸易之盛，甲于全球。"

15世纪大航海开辟了新航路以后，葡萄牙人率先航海来到东方。1508年，葡萄牙国王曼努埃尔一世（Dom Manuel Ⅰ）派遣塞奎拉（Diogo Lopes de Sequeira）率5艘战舰前往东亚、东南亚探险。塞奎拉于第二年9月11日抵达满剌加，这是葡萄牙人第一次进入中国的朝贡贸易国际体系范围。1511年7月，葡萄牙驻印度总督亚伯奎（Afonso de Albuquerque）率领一支由15艘战船和1600名士兵组成的舰队到达满剌加，要求在满剌加城内拨出地皮给他建造炮台。他的要求没有得到满剌加苏丹的答复，于是亚伯奎发起了进攻。8月，经过激烈的战斗，葡萄牙人攻下了满剌加。

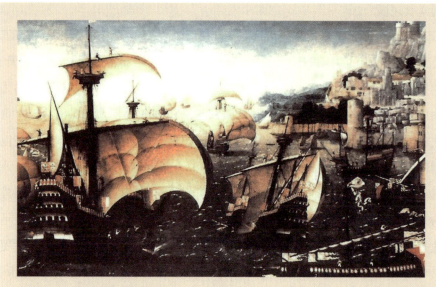

⊙ 从马六甲驶来的葡萄牙商船

　　葡萄牙人充分认识到满剌加的重要性。亚伯奎在对满剌加发起总攻前，向他的部下发表讲话说，"大多数乃至全部摩尔人是依靠满剌加的贸易生活和发财的，并成为巨大宝库的主人，征服满剌加的结果将使摩尔人所统治的印度全部落入我们的掌控之中"，"我们必须占领这个城市，因为它是各种香料和药材的总汇集地，摩尔人每年从这里将香料运往海峡，如果我们不能制止他们这么做的话"，"我确信，如果我们把满剌加的贸易从他们的手中夺取过来，那么，开罗和麦加就全完了，而威尼斯商人除非到葡萄牙去购买，否则也将没有香料运往威尼斯"。

　　葡萄牙人占领满剌加是东南亚国际关系中的一件大事，也是海上丝绸之路历史上一件大事，对东南亚的历史及与中国关系的发展都产生了深远影响，而葡萄牙人在攻占马六甲这个东亚、东南亚门户的同时，也打开了通往中国南海、进入中国的大门。

　　葡萄牙人控制了满剌加这一海上丝绸之路的交通要津后，通往东亚、东南亚的航道也畅通了。从此，满剌加成为葡萄牙人以及后来其他欧洲国家殖民者和传教士进入东方的桥头堡。正是从葡萄牙人占领满剌加开始，西方势力的冲击与随之而来的西方学术思想的传播，开始对中国造成深远影响。

二、葡萄牙人来到中国

新航路开辟之后，最先抵达中国的欧洲人是葡萄牙人。

1511年葡萄牙人攻占满剌加时，有5艘中国商船停泊港中。葡领印度总督亚伯奎，即葡军占领满剌加的指挥者，留中国商船多住数日，并与中国船长交往，以了解有关中国的情况，预备日后与中国通商。亚伯奎将在满剌加所见中国商人之种种情形写成报告，并拟就了一份葡萄牙与中国通商的计划书，一并呈给葡萄牙国王。葡王乃决意派遣使者，前来中国要求通商。

葡萄牙商人来中国，始于1513年。当时受限于中国惯例，不许外人入境，故他们未能登陆，仅在屯门岛上交换商品。这些商人的行动属于私人性质，不是官方派遣的。1517年，葡领满剌加总督选派多默·皮列士（Tome Pires）为官方使节，是葡萄牙政府正式通使中国之始。

多默·皮列士是新航路开辟之后首批到达北京的欧洲人之一。多默·皮列士约出生于1468年，他的父亲是国王的药剂师，

⊙ 16世纪往来于中国和葡萄牙之间的葡萄牙大帆船

皮列士本人是一位王子的药剂师。1511年，他从里斯本登船赴印度，其间去过满剌加、爪哇等地。当时的葡领满剌加总督亚伯奎是他的朋友。1517年，当葡王要求向中国派遣使臣时，他决定派皮列士担当使臣，由安德拉德（Fernão Peres de Andrade）率领8艘武装舰船护送，于1517年8月15日抵达广州屯门港。

由于阿拉伯人将葡萄牙人称作"佛郎机"，意思是欧洲人，中国便以佛郎机称葡萄牙。安德拉德的舰队抵达屯门港时，要求进入广州，声称佛郎机国"进贡"。但广州地方当局以查无佛郎机进贡"旧例"为由拒绝。他们几经交涉，方获得允许。葡萄牙舰队驶入珠江，当行至广州澳口时，"船樯揭以旗帜，并鸣礼炮以示敬"。时任广州地方长官陈金接见了安德拉德等人，请示朝廷后，只准许皮列士及随从进广州怀远驿安置，仍不准通商，只许给葡人贡物代价，让其回国。同时，安德拉德派人回满剌加报告消息，又遣马斯卡列纳斯（Jorge Mascarenhas）率领分舰队寻找琉球群岛，但因气候恶劣，只到了福建漳州，在那里进行贸易后便返航与安德拉德会合。安德拉德率舰队于1517年10月返回满剌加，皮列士则留住广州，伺机进京入觐皇帝。后来，皮列士想方设法获准进京，于1520年（明正德十五年）偕翻译火者亚三由广州起程。这时正碰上明武宗因"宸濠之乱"而到南京，所以他们也赶去南京，由江彬将火者亚三以使臣的名义引见于明武宗，火者亚三乃得"侍帝左右"。明武宗回北京时，他们也随同前往，但不久明武宗逝世，新君明世宗杀了火者亚三，并于1521年将皮列士等人押回广州，投入监狱。有的材料说，皮列士于1524年5月病死狱中。但也有的研究者认为，1523年年底或1524年年初，他从广州被流放到了大运河边上的一个小镇，直到1540年在那里去世。

在被扣押期间，皮列士撰写了《东方志》（A Suma Oriental de Tomé Pires）一书。这是"地理大发现"后欧洲人第一本详尽描述东方（包括中国）的著作。和与它同时代的许多游记类作品不同，《东方志》的基本特点是真实，而不是如其他作品那样添加了许多想象和传闻，这也是它的价值所在。《东方志》中有专门一章介绍中国，论及中国的皇帝、中国与各

⊙ 葡萄牙的克拉克帆船

藩属国的关系、出航海外及外国船舶来华的相关事宜、中国与马六甲的商贸关系、中国物产与外销商品等，内容比较丰富。皮列士书中涉及的中国地名还有广州（Quamton）、海南（Ayam）、漳州（Chamcheo）、西安（Xãnbu）、福州（Oquem）等。流行于西文中广州的对应词"Canton"就起源于皮列士。

继皮列士出访失败之后，1518年，安德拉德之弟西蒙·安德拉德（Simao d'Andarde）又率舰队驶往屯门。西蒙·安德拉德擅自占据屯门岛，建筑棚寨，掠买人口，剽劫行旅，沿海乡村横遭其祸，引起群情之愤。1521年9月，广东海道副使汪铉奉命抗击，发生屯门之战，将占据屯门岛的葡萄牙人全部驱逐出境。不久，又发生新会的西草湾之战，葡萄牙人仍以失败告终。在1521—1522年，所有葡萄牙船只都被强行逐离广东海岸，同时颁发一道圣旨禁止一切与"番鬼"的贸易。

⊙ 1517年葡萄牙人首次在广州登陆

　　葡萄牙人自然不愿意轻易放弃这个与中国进行贸易的难得机会，所以他们转而至福建和浙江沿海，进行走私贸易。宁波附近的双屿港、大厦门湾南端的浯屿岛和月港等地，成为他们的临时性驻地。

　　以后，葡萄牙人又乘中国开放海禁之机，在广东沿海的上川岛和浪白澳等地进行走私和贸易活动。上川岛自唐宋以来就是中外海上丝绸之路贸易往来的必经之路。到此时，上川岛商贾云集，成为葡萄牙与中国贸易的大集市。

　　到1553年，葡萄牙人获得了在澳门停留的权利，从此他们以澳门为据点，展开了与中国的大规模贸易活动。

三、澳门：海上丝绸之路的"敦煌"

　　葡萄牙人在中国首先开辟了通商贸易关系，这主要得益于他们取得了在澳门的居住特权，澳门成为他们开展贸易的一个主要据点。16—20世纪，澳门成为欧洲与中国第一个，也是最长久的一个"交接处"。有学者指出，直到鸦片战争前夕，澳门是当时中国境内唯一的东西文化交流中心，它在东西方海上交通中的地位，"大致相当于丝绸之路上的敦煌"。

从1513年葡萄牙人最初到中国沿海，一直到1553年，这40年间，葡萄牙人与中国广东、浙江、福建等地进行贸易，大都是在官府巡船顾及不到的沿海偏僻港汊或岛屿上与中国贩海私商在暗中进行的，属于中国政府明令禁止的走私贸易。随着海禁的逐渐松弛，越来越多的中国私商驾船出海贸易，来华通商的外国人也逐渐增多。其中，葡萄牙人因为路途遥远，而且必须等待季风到来时才能离开中国，所以，他们曾经先后被允许在沿海附近的上川岛、浪白澳和濠镜澳（即澳门）等处搭寮越冬栖息，或与中国商民交易。嘉靖三十二年（1553），葡萄牙少校莱昂尼·德·苏珊（Leonel de Sousa）买通广东海道副使汪柏，得到通商允许，并诡称商船遭遇风暴，借口晾晒货物，得到准许入居澳门。

嘉靖三十六年（1557）以后，葡萄牙人在澳门私自扩展土地，建筑炮台，设立官署，把澳门当作了他们的殖民地。但澳门实际上是明朝广东地方政府香山县属下一个特殊区域，明朝官员在澳门全面行使主权。这样，就形成了一个中国对外开放的窗口。明至清前期，澳门的特殊历史作用凸显，在此中国与欧洲之间建立了一个交点，形成了一条渠道，架起了一座桥梁。从"浪白澳"到"濠镜澳"的地点转移，是中葡贸易进入重要阶段的标志。

在此之前即15世纪末16世纪初，澳门已经由一个小渔村发展成为四方商船寄碇的港口和走私"通番"的据点。葡萄牙人之所以从上川岛转移到浪白澳，又从浪白澳聚集到澳门，原因在于澳门既适合泊船、越冬，又便于走私、贩私和接济。自葡萄牙人占据澳门以后，来澳门居住的葡萄牙人不断增加，以至"筑室千区""夷众万人"。1561年，澳门的居民只有500人，到1580年则增至2万人。汤显祖在其名著《牡丹亭》中描写到葡国商人"不住田园不树桑，琲珂衣锦下云樯"，葡国少女"花面蛮姬十五强，

⊙ 澳门港口

蔷薇露水拂朝妆"。

　　一份1622年的葡萄牙文文献记载了澳门最初几十年的发展情况，这份文献写道：

　　　　为了双方和好，各自得益，我从此处（澳门）的长者、故人及其他人那里仔细询问到过去和现在的事情。我得到的情况如下：首先，大约104年前，葡萄牙人开始与华人贸易。这在1518年左右，当时的正德皇帝是万历皇帝的曾祖父。起初的47年，部分时间在上川，部分时间在其他港口，一直缴纳常规的船税……1555年，被获准前往广州参加交易会……进行贸易和纳税。时至今日，已经67年。1557年，中国国王的执法官……迁往澳门港。65年来，给了他们（葡萄牙人）地方居住。从此，（葡萄牙人）每年两次前往广州缴纳船税和为印度与日本的贸易参加交易会……并向（中国）国王缴纳本城每年的500两地租银。从那时起至今，我们一直缴租。104年来，葡萄牙人与华人交易，从未对王国做过坏事，也从未让人怀疑过他们的忠诚。[1]

葡萄牙人在澳门立足以后，即把澳门当成同印度和日本贸易的中转站，并由此建立起庞大的东方贸易网络。从明末到清嘉庆年间，澳门是海上丝绸之路的一个重要的国际贸易中心，是葡萄牙人从事亚洲至欧洲以及至拉丁美洲的国际贸易的中转站和通往世界各地的海运中心，号称"东方第一商埠"。

澳门商人能够享有任何外商所不能享有的各种特权和豁免权。例如，一艘200吨级的葡船经过第一次丈量后，缴付白银1800两作为泊税，以后每次抵港只需交此数的1/3。而其他任何外国商船无论是第一次，还是以后每次，都需缴纳白银5400两。对葡商在广州购买的所有商品，其征税额也要比其他外商所缴的低1/3。由于这些特权，从1557年至1640年，葡萄牙人几乎垄断了中国对日本的出口贸易。他们把从广州买到的便宜丝货运到日本高价卖出，然后把日本的银条运到澳门购买运往印度的生丝，从中攫取高额利润。他们在澳门还经营一种从澳门到菲律宾、日本的三角贸易，把中国生丝运到马尼拉换取西班牙银圆，然后把银圆带到中国购买更多的生丝，再运到日本售卖，以获得更高的利润。应日本市场的需求，每年对日输出的中国生丝，其中五六成是葡商从澳门输出的。1578—1638年的60年内，每年从澳门运往日本长崎的中国生丝，由1500担增至3000担。至于从日本流入澳门的白银，据记载，仅1636年即达235万两。1580—1590年的10年间，从澳门运往印度果阿（Goa）的生丝，每年有3000多担。1574年至18世纪末的200多年间，从澳门经马尼拉至墨西哥的商品中，中国丝织品和棉织品很快跃居首位，在墨西哥的进口总值中，中国丝绸等占了六成多。

---

[1]　金国平编译：《西方澳门史料选萃（15～16世纪）》，广东人民出版社2005年版，第273页。

当时在澳门开辟了几条国际贸易航线，主要有：

（1）广州—澳门—果阿—里斯本航线。这是澳门开辟的多条国家贸易航线中最重要的一条。

（2）广州—澳门—日本长崎航线。

（3）广州—澳门—马尼拉—阿卡普尔科航线。这是维持马尼拉大帆船贸易的主要航线之一。

（4）广州—澳门—东南亚航线，目的地有马六甲、望加锡、越南的东京等。

这些航线都是跨越万顷波涛的远程贸易航线，澳门成为当时全球海洋贸易体系的一个重要枢纽。以广州—澳门—果阿—里斯本航线为例，每年从事贸易的大帆船船队中载有200吨、600吨和800吨货物的船只，由里斯本起航，满载着毛织品、红布、水晶、玻璃制品、英国时钟、佛兰德工业

⊙ 顺治十二年（1655），荷兰使团进京前在澳门妈祖庙登陆时的情景

品、葡国酒，前来东方，沿途在各个港口进行贸易交换活动。到达印度果阿后，再驶向马六甲，大部分货物在那里被用于交换香料、檀香木、暹罗的皮制品，随后由马六甲航向澳门。由于当时的欧洲尚拿不出与中国相匹敌的货物，因此葡萄牙人自欧洲经印度和东南亚，沿途交换各地的土特产品，是按照中国的需求购置的，以换取中国的丝绸等商品。到达澳门以后，葡萄牙商人到广州购买中国货物，在澳门装船。主要货物有生丝、各种颜色的细丝、绸缎、金、黄铜、麝香、水银、朱砂、糖、茯苓、黄铜手镯、金项链、樟脑、陶瓷、涂金床、墨砚盒、手工制被单、帷帐等。每年冬季，葡萄牙大帆船从澳门起航，乘东北季风驶向果阿，途经马六甲、暹罗西海岸、缅甸、锡兰等地。到达果阿后，由两条航线返回里斯本：一是向西航行，经印度的官留屿（今马尔代夫群岛的马累岛）、木骨都束（今索马里的摩加迪沙），穿越莫桑比克海峡，绕过好望角，沿非洲海岸到达里斯本；二是沿阿拉伯半岛，西航至东非海岸的葛得儿风（今索马里瓜得富伊角）、哈甫儿雨（一称哈甫尼，今索马里哈丰角），南下经不剌哇（今索马里布腊瓦）、麻林（今肯尼亚东海岸马迪林）、慢八撒（今肯尼亚蒙巴萨），然后与第一条航线汇合，绕过好望角，或到葡萄牙。这条穿越亚非欧三大洲的远洋航线全程有11890海里。

1557年，澳门成为葡萄牙人的贸易据点之后，开辟了澳门到日本长崎的航线，澳门的葡萄牙人从广州购买货物贩运到日本长崎。葡萄牙商船一般在每年广州春季"交易会"期间，购得日本市场所需的中国商品，初夏乘西南季风北上长崎。交易完毕，大约在秋天顺着东北季风返回。运往日本的货物主要有丝绸、陶瓷、药材、铅、硝石等。据统计，崇祯年间每年由澳门运往长崎的中国商品的总价值都在白银100万两以上，其中崇祯十年（1637）为200多万两，有时甚至超过300万两。其中，生丝占有很大比重。16世纪下半叶，澳门每年将1000—1600担生丝输往日本，1610年更是高达3000担。有关史料记载，当时由澳门开往长崎的葡萄牙商船，每船载白丝500—600担。崇祯十年（1637），澳门输日商品中，中国货占总值的89%，其中丝货占91%或全部商品的81%。

⊙ 日本人绘的葡萄牙船只

　　1600年前后一艘葡萄牙商船所载货物，在长崎大部分可获取超过100%的利润率，如各色丝线每担在广州卖价白银140两，在长崎卖到每担370—400两；各种绸缎在广州每匹卖1.1—1.4两，在长崎每匹卖2.5—3两。药材获利最大，如茯苓在广州每担卖1两，在长崎每担卖到4—5两；甘草在广州每担卖3两，在长崎每担卖9—10两。在1580—1630年这50年间，从澳门到长崎的商船不断增加，1580年为2艘，到1619年则有8艘。这些船的载重量一般在1000吨左右，有的甚至高达1600—2000吨。

　　16—17世纪的澳门至日本的贸易是葡萄牙东方航线中获利最丰的贸易线路。就贸易商品的种类以及运送路线而言，澳门至日本的贸易是传统中日贸易的延续和新兴中外贸易的发展。

通过这几大航线及其相互延伸，以澳门为中心向海外辐射，形成了国际贸易大循环。在这几大航线的运行中，中国由澳门运出了大量丝绸，海外经澳门运入中国大量白银，因而它们是名副其实的"丝银之路"。

葡萄牙人以澳门为据点的国际贸易，实际上是以中国内地为依托的，中国的商品是澳门国际贸易的支点，可以说澳门是作为中国商品输出世界的辐射地而兴起和发展起来的。万历六年（1578），明朝规定在广州定期举行贸易集市，于是葡萄牙人可一年两次到广州进行直接交易。贸易关系吸引了大量中国商民和工匠到澳门来，可谓"趋之若鹜"。万历年间，澳门还出现了由官方指定专营进出口货物的"三十六行"，它们主要是向外商提供出口商品，并购入进口货物，既是卖主，又是买主，直接参与交换，起到海外贸易的一种中介作用。

乾隆二十五年（1760），清朝下令外国商人必须到澳门居留，澳门成为欧洲各国来华外商的居留地。在此以后，由于清朝政府的政策，澳门成为欧洲各国在华贸易机构的设置地。乾隆二十六年（1761），首先是法国和荷兰的公司在澳门设立了办事处，接着是丹麦和瑞典，然后是英国。这就打破了葡萄牙人独占澳门特殊权益的局面，澳门成为欧洲各国进入中国的门户。

四、接踵而来的各国大帆船

葡萄牙人的海上扩张活动激起了欧洲各国的效仿。16世纪一位英国航海家在认真考察和研究了葡萄牙的海外扩张活动后指出："谁能控制海洋，谁就能控制海上交通，控制海上贸易，获得世界财富，进而控制整个世界。"

16世纪末17世纪初，继葡萄牙人东来之后，又有西班牙、荷兰、英国侵入东南亚海上诸国。1571年，西班牙占领菲律宾群岛。1595年荷兰人抵达爪哇，1598年在爪哇建立殖民政府。至此，南洋群岛的国家已被葡、西、荷殖民势力瓜分。葡萄牙在西，以印度半岛沿岸各地、苏门答腊岛和印度支那半岛为主；西班牙在东，以菲律宾群岛为主；荷兰在南，以爪哇岛为主。

西、荷两国亦想与中国建立通商关系。西班牙人抵达菲律宾之初，便急欲打开与中国的商贸联系。菲律宾土地贫瘠，人口稀少，不能满足西班牙殖民者的基本生活需要。他们希望利用中国商船运载的生活用品，维持他们在菲律宾的殖民统治。早在1521年麦哲伦远航到菲律宾时，西班牙人就已听说每年有6—8艘中国商船来到吕宋岛；西班牙殖民者刚到菲律宾时，也听说每年都有中国商船来到菲律宾，以生丝和金属制品换回黄金和珍珠。但是，西班牙与中国的早期通商，主要是通过中国私商将货物贩运到马尼拉这种间接方式进行的。1575年西班牙菲律宾总督曾派使者拉达（Mardin de Rada）等4人抵达厦门、泉州、福州等地，欲在福建沿海找一据点与中国通商，被当地官员拒绝。所以，西班牙的对华贸易，主要是依靠"中国—菲律宾—墨西哥"的大帆船贸易，再从墨西哥转运回西班牙，从而形成了横跨太平洋和大西洋两大洋的海上贸易线路。后来不再经过墨西哥，直接开展了"中国—菲律宾—西班牙"的"大三角"贸易。

⊙16世纪的荷兰商船，这些商船有比葡萄牙商船更多的大炮，曾使葡萄牙人损失惨重

荷兰人于17世纪初期来到东方。荷兰航海能力发达，海外贸易发展很快，被称为"四海车夫""世界承运商"，其商业窗口是阿姆斯特丹。17世纪，阿姆斯特丹成为世界的中心。法国哲学家笛卡尔说在那里可以找到所有的东西。还有人把它描述成"世界珍品之都，宇宙交流之城"。荷兰的市民是现代商品经济制度的创造者，他们将银行、证券交易所、信用以及有限责任公司有机地统一成一个相互贯

通的金融和商业体系，这种先进的运作模式帮助荷兰把贸易触角伸得比葡萄牙和西班牙都要长，由此带来了爆炸式的财富增长。1602年3月20日，荷兰将各种私营贸易公司合并为一家公司——荷兰东印度公司，结束了远洋航行的无组织状态。国会通过特许状赋予该公司从好望角到麦哲伦海峡之间的贸易垄断权，还有开战或讲和、夺取外国船只、建立殖民地、修筑城堡和铸币等权力，这使得这家公司成为一支独立的力量。荷兰东印度公司作为"一种真正的权威"，从此一帆风顺地不断发展。到17世纪中叶，荷兰的全球商业霸权已经牢固地建立起来。此时，荷兰东印度公司的贸易额占到全世界总贸易额的一半。17世纪中期，悬挂着荷兰三色旗的16000多艘商船游弋在世界的五大洋之上，大量的财富使得国家武装力量大为增强，当时的荷兰已经成了一个让葡萄牙和西班牙都畏惧的海上强国。

当时欧洲各国对中国商品的需求量迅速增长，其中尤以生丝为最。1603年2月25日，荷兰东印度公司船长希姆斯柯克（Jacob van Heemskerck）在柔佛港外劫掠了"圣·凯瑟琳娜"（Santa Catharina）号葡萄牙船，其装载的船货中有中国生丝1200大捆，在荷兰价值225万多荷盾。8月，在阿姆斯特丹公开售卖这些船货，很快被抢购一空。此后，阿姆斯特丹成为非常重要的丝市之一。同年7月底，麻韦郎（Wijbrand van Waerwijck）所率领的船队在澳门岛附近劫掠了一艘开往日本的葡萄牙船，在其船货中有生丝2800大捆，在阿姆斯特丹售卖得款140万荷盾。

这两次劫掠所获得的高额利润，大大刺激了荷兰东印度公司的胃口，他们迫切想打开同中国进行贸易的大门，以取得利润高昂的生丝等中国商品。1603年，荷兰东印度公司打算派哈根（Steven van der Hagen）和艾特森（John van Aertsen）率一支由12艘船只组成的船队前往中国，并准备觐见中国皇帝，要求在中国获得自由贸易权，但后来因北大年的荷兰商人认为不适宜而放弃了这个计划。翌年（1604），麻韦郎从北大年出发，到达澎湖岛，在那里同福建地方官员谈判贸易，但未获结果。荷兰东印度公司在无法同中国直接贸易的情况下，设法同邻近中国的国家建立关系，在一些中国商船经常到达的地方，如北大年、万丹、锦石和马鲁古等地同华商进行贸易。北大年是荷兰人获得丝绸和瓷器等货物的主要地方之一。

后来，荷兰人又几次欲打开中国贸易，均未果。1622年，驻在巴达维亚（今印度尼西亚雅加达）的荷印总督彼得逊·昆（Jan Pieterszoon Coen）命令雷耶斯佐恩（Kornelis Rayerszoon）率领15艘船和800名士兵进攻澳门，企图以武力打开中国的大门。他以为如此可以迫使明朝政府同意与他们进行直接贸易，但没想到遭到惨败。荷兰人在进攻澳门失败后，转而占据了澎湖岛。彼得逊·昆认为，澎湖是最好的战略观察点，如果中国人不愿意同荷兰贸易，那么就在这个新取得的基地进攻所有的中国船只，尽可能封锁中国沿海。荷兰殖民者对澎湖岛的侵占和在沿海一带的骚扰，对明朝后期的私人海外贸易造成严重干扰和破坏，商船"内不敢出，外不敢归"。至天启四年（1624），福建巡抚南居益集中150艘战船、4000名士兵，攻占澎湖岛，将荷兰殖民者赶走。荷兰殖民者被迫撤离澎湖岛后，随即又占据了台湾。他们以台湾为基地，获得生丝、瓷器、糖等中国货物，并加强了与日本的贸易联系。荷兰殖民者占据台湾达38年之久，直至1662年郑成功收复台湾。

荷兰人占据台湾期间，以台湾为贸易据点，与中国进行贸易。据有关学者的研究，荷兰人占据时期，经由台湾的对外贸易航线和经营的商品主要有：

（1）大陆至台湾航线：生丝、纱绫、缎子、棉布、麻布、衣服、砂糖、瓷器、黄金、白蜡、茯苓、茶叶、大米、小麦、面粉、酒、明矾、水银、锡、铁锅、木器等。

（2）台湾至大陆航线：白银、胡椒、苏木、丁香、白檀、豆蔻、红檀、沉香、犀牛角、象牙、琥珀、珊瑚等。

（3）日本至中国台湾航线：银锭、蜡、木材、大米等。

（4）中国台湾至日本航线：生丝、缎子、毛织品、麻布、棉布、砂糖、锡、珊瑚、胡椒等。

（5）巴达维亚至中国台湾航线：胡椒、红檀、沉香、豆蔻、椰子油、大米、琥珀、锡、棉纱、几内亚麻布。

（6）中国台湾至巴达维亚航线：生丝、绢、缎子、棉布、丝绵、砂糖、冰糖、人参、麝香、安息香、茯苓、草药、茶叶、大米、小麦、面粉、瓷器、硫黄、黄金、白蜡、黄铜、明矾、日本木材、杂货等。

清顺治十三年（1656），由德·侯叶尔（Pieter de Goyer）和凯塞尔（Jacob Keyzer）率领的荷兰使团抵达北京，依照贡国例，请求互市。荷兰使团希望五年一贡，但清政府准其"八年一次来朝，员役不过百人，止令二十人到京。所携货物，在馆交易，不得于广东海上私自货卖"。使团成员纽霍夫（John Nieuhoff）将此次中国之行记录下来，该书出版后，因图文并茂而大受欢迎。1622年以后，荷兰人被郑成功击败退出台湾后，与清政府的关系更为亲近。康熙元年（1662），荷兰水师提督博特（Balthasar Bott）率兵船12艘和士兵1200人，协助清军攻打郑成功，同时向清朝请求通商。清廷允许其两年一贡。但康熙五年（1666），清廷取消荷兰两年一贡。荷兰东印度公司又于1667年向中国派出使团，以博特率领荷兰水师有功的理由，向中国请求自由贸易。这个使团由阿姆斯特丹大贵族彼得·范·侯尔恩（Pieter van Hoorn）率领。清廷并没有满足他们的要求。

英国是后起的海上国家，但早在16世纪末英国就想与中国建立联系。1565年，一份给英国女王的备忘录指出了一条到中国最北边的道路。1573年，威廉·布尔（William Bourne）出版了《论海上霸权》一书，证明从英国到中国可能有5条通道：取道好望角，为葡萄牙人所垄断；取到麦哲伦海峡，为西班牙人所专有；西北航道，则需要通过北美；东北航道，需通过俄罗斯；北极航道，需通过北极。1576—1578年，弗罗比舍（Frobisher）在商人洛克（Michael Lock）的帮助下，几次航行，试图找到通往中国和印度的道路，1578年组成"俄国公司"，但没有取得成功。1583年2月，伊丽莎白女王差遣约翰·纽伯雷（John Newberry）携带她给中国皇帝的信函，乘舟东行，信函中要求与中国建立联系，互通有无，但后无消息。1596年，罗伯特·达德利（Sir Robert Duddley）携带同样的公函，带领2艘船舰东行，后来也没了消息。

1600年英国成立东印度公司，取得对东方贸易的垄断权，即欲与中国通商。它在万丹和亚齐设立了商馆，使万丹成为中英贸易的一个中转站。这里每年有3—6艘载重300吨的中国帆船前来和荷兰人、英国人进行贸易。此后，英国东印度公司每年派1—3艘船到亚洲，在南洋与中国商人进行贸易。他们不仅把中国的商品运往欧洲，甚至在东方也用中国商品做交易。1620年，英船"尤尼康"（Unicorn）号在澳门附近被风浪所破，被中国人救起。1636年以前，英国一直没能与中国进行直接贸易。

1635年，葡萄牙印度总督授予英国东印度公司在葡萄牙位于亚洲东部地区的殖民地进行贸易的权利，同年租用英国船"伦敦"号到中国运货。这只商船抵达澳门后，船上的英国人不顾葡萄牙人的阻挠，径直上岸与中国人交易。从此英国商船开始了与中国的直接贸易。翌年，英国康汀恩商团派约翰·威德尔（John Weddell）率领舰队前往中国，直驶广州，为地方官府所拒。但英舰炮击虎门炮台，登岸焚烧官署，强行进入广州。中国地

⊙ 穿越中国南海的英国东印度公司商船

方当局"虑启边衅",而英国人的目的也只是通商贸易,于是双方做出让步,再加上广东总兵陈谦接受英国人的贿赂,乃让他们进入广州贸易后退走。但此后英船来中国的并不多。1671年,英国人在厦门设立商馆。1684年,两艘英国商船到达厦门,从厦门买了白丝、绸缎等物载回。同年,英国人在广州设立临时商馆。

1689年是中英贸易史上比较重要的一年。这一年,英国有两艘商船到达厦门,除购买生丝、绸缎外,还购买了大量白糖。同年还有一艘英国商船正式进入广州黄埔港。此后,英国商船来华日益增多,从1636年到1704年的60多年间,英国商船到广东的共有9船次,到厦门的有36船次,到舟山的有5船次,到宁波的有1船次,到福州的有1船次。1715年,英国东印度公司在广州正式设立商馆,以后每年都有商船来华,最多的年份达到10艘。

随着葡萄牙、西班牙和荷兰海上霸权的衰落,英国则迅速扩展,并很快在东方贸易中居于主要的地位。1760年前后,英国的东印度公司跃居各国对华贸易的首位。以1751年为例,这一年进入黄埔港的英国商船

⊙ 停靠斯德哥尔摩海岸的瑞典东印度公司商船"皇太子古斯塔夫"号(图中左侧最大者)

有9艘，而荷兰只有4艘，法国有2艘，丹麦和瑞典各有1艘。在17世纪初英国东印度公司成立以后的70年间，英国对东方的出口增加了近12倍。它在中国海上对外贸易中的比重，在18世纪中期已占50%以上，到19世纪初期则进一步达到80%左右。英国东印度公司从与中国的出口贸易中获得了巨额利润。在1775年至1814年的40年间，英国东印度公司共获利2713.5万英镑。

其他西方国家，如法国、丹麦、瑞典等，也有商船开来中国，不过它们的贸易始终不占重要地位。从1731年瑞典东印度公司成立到1806年，瑞典东印度公司共有37艘船进行了130次航行，其中有127次是以广州为目的地的。

1643年路易十四登基时，法国尚未积极参与东方贸易。1660年的时候，欧洲各国总共有两万多艘远洋船舶，其中荷兰有1600艘，而法国只有600艘。早在1601年，法国商人马丹·德·维特利（Martin de Vitré）和彼拉尔·德·拉瓦尔（Pyrard de Laval）就装备了两艘船，"以便用东方的特产丰富大众的生活"。法国于1660年组建了垄断中法贸易的"中国公司"，并首次派商船来华，但因中途船遇风暴沉没，公司倒闭。1664年，法国又组织东印度公司，先后在印度西部和印度东海岸建立商馆，积极开展对华贸易。1698年，法国国王路易十四派商船"安菲特利特"号首航中国。清政府以法国船第一次来华，且有船

⊙ 1745年瑞典东印度公司"哥德堡"号第三次远航

主为法国国王的使者，因此对于法船应纳关税予以豁免，表示优待，并允许法国人在广州设立商馆。1701年"安菲特利特"号做第二次航行。两次从中国运走大量丝绸、瓷器、漆器，一时法国社会风行穿着丝绸，摆设瓷器和漆器。此后，法国常有船只不定期到广州。中法贸易便在17世纪末期正式开始。

根据有关资料统计，从康熙二十四年（1685）到乾隆二十二年（1757）的70多年中，到中国贸易的欧美各国商船有312艘，而乾隆二十三年（1758）至道光十八年（1838）的80年间，到粤海关贸易的商船共5107艘，平均每年近64艘。而且这些商船的吨位都不小，有些甚至可以称为巨舶。例如康熙三十八年（1699）至六十一年（1722）到广州的英国货船，最小者为140吨，最大者达到480吨，一般者也达到300吨，多数为410吨。

每年都有大批商船从欧洲远渡重洋，来到中国采购商品，一时间，全世界都参与到这个贸易体系中。数十艘、数百艘大帆船开始在南中国海、印度尼西亚群岛和印度洋的各个港口之间穿梭航行，舟舶相继，辐辏相随，络绎不绝。

那是一幅多么激动人心的景象啊！

第四十三章　跨越太平洋

一、马尼拉大帆船

欧洲人开展大航海活动的最初目的是寻找通往东方的新航路，而这个探险有一个意外的结果，就是哥伦布发现了"新大陆"。新大陆的发现完全在欧洲人寻访东方的"计划"之外，但这个伟大的"意外"真正改变了世界，把美洲大陆与欧亚大陆联系了起来。因而，原本"计划内"的传统海上丝绸之路的延伸和拓展，也进一步向更远的地方延伸，与美洲联系了起来。

自哥伦布发现新大陆和达·伽马开辟通往亚洲的新航路之后，西班牙的殖民势力迅速向海外扩张。它在亚洲据有菲律宾，在美洲攫取了从墨西哥到南美洲的广大地区，建立了地跨南北美洲并远至亚洲的海外帝国。16世纪初，西班牙拥有100艘商船，几乎垄断了美洲、欧洲、非洲北部和亚洲东部的贸易。

1570年，西班牙人来到马尼拉，建立了一个贸易港。当时马尼拉在摩尔人的统治下，摩尔人也从事海上贸易，控制了东南亚海岛地区的许多贸易港口。西班牙将摩尔人赶出马尼拉，在这里建立了自己的殖民地。

1573年，西班牙驻菲律宾殖民当局向西班牙国王提议由墨西哥派商船来菲律宾开展贸易，可以攫取巨利，增加王室的关税收入。1573年，有2艘马尼拉大帆船驶往墨西哥，在其船货中，有712件中国生丝、22.3万件优质的镀金瓷器和其他瓷器。1574年，有6艘大帆船从墨西哥到达马尼拉，翌年又有12—15艘，从此开始了长达两个半世纪的马尼拉大帆船贸易。

由于大帆船贸易的开展，西班牙人开辟了一条横跨太平洋的新航线。这条航线的一端在墨西哥太平洋岸的阿卡普尔科，一

⊙ 16世纪太平洋上的西班牙大帆船

端在亚洲的马尼拉。行驶在这条航线上的西班牙船只，绝大多数是西班牙人雇佣中国的工匠在马尼拉利用当地木材建造的，故称马尼拉大帆船。这些帆船载重都在300吨左右，是当时世界上最先进的船只。

有的史学家评论说，马尼拉是中国与美洲之间海上丝绸之路的中转站，马尼拉大帆船其实就是运输中国货的大帆船。从中国到马尼拉再到墨西哥，太平洋海域建构起了一个全球的贸易网络，形成了早期太平洋海域的固定交通航线。这个时代太平洋的全球经济、全球贸易，实际上是以中国商品为中心的，中国参与并且主导了这个全球化过程。

往来于墨西哥和菲律宾的大帆船，通常在6月由马尼拉出发，经过五六个月的航行，到达阿卡普尔科。从阿卡普尔科返航马尼拉，按照1633年的法律规定，最迟不能超过翌年的12月，以不到3个月的航行即可到达马尼拉。大帆船离开阿卡普尔科，西向航行，渡太平洋，在关岛停下来，补给水和食品，然后经贝纳迪纳海峡而达马尼拉。

西班牙殖民者经营这种大帆船贸易所获得的利润非常之大，有资料说这种大帆船贸易为西班牙人提供了100%—300%的巨大利润。据马尼拉总督在1609年的报道，西班牙人对中国贸易很感兴趣，因为他们回程可获利10倍。在1620年，他们以1艘200吨的大帆船载运生丝从菲律宾到墨西哥，每年可赢利200万比索。正是由于利润巨大，墨西哥和秘鲁等地的商人纷纷涌去马尼拉贩运中国货物。从马尼拉向西属美洲运送中国货物成为马尼

拉商人的"主要谋生之道"。

中国—菲律宾—墨西哥航线的大帆船贸易，除连接中国与美洲外，还通过美洲延伸到西班牙。运到墨西哥的中国商品，除在当地销售外，有一部分又经过墨西哥通往西班牙的航路，运往西班牙。西班牙每年派两支船队从西班牙的塞尔维亚港出发驶往墨西哥，每支船队有20—50艘商船，并派2—6艘战舰护航。它们把在墨西哥装载的中国商品运回西班牙。这样，中国—菲律宾—墨西哥航线就延伸成为中国—菲律宾—墨西哥—西班牙多边贸易航线。这是跨越两大洋的贸易线路，是当时世界贸易中线路最长的一条航线。中国拥有空前发达的商品经济，能为世界市场提供充裕的商品；而西班牙握有大量的贵金属，可作为世界市场当中的交换手段。因此，中国—菲律宾—墨西哥—西班牙多边贸易航线又成为推动世界市场迅速发展的"中轴"线。

大帆船运到墨西哥的中国商品，经由墨西哥—西班牙航线运抵塞尔维亚，再由这里分散到西班牙内地销售，从而进入欧洲市场。而这些进口的中国商品，大部分被运往梅迪纳·德坎波的国际市场，再次分销到欧洲各地。梅迪纳·德坎波在14世纪就发展成为一个国际闻名的大集市，吸引着来自欧洲各国的商人，并形成了从梅迪纳·德坎波经毕尔巴鄂直达荷兰的国际商道。中国商品进入梅迪纳·德坎波市场，使这个地方进一步活跃起来。

到18世纪中期以后，西班牙商船直接抵达菲律宾进行贸易活动，而不再经过墨西哥，由此形成了"中国—菲律宾—西班牙""大三角"贸易。

二、马尼拉：太平洋上的中继站

马尼拉大帆船贸易的主要商品是中国货物，没有中国丰富的商品供应，马尼拉大帆船贸易就不可能进行，"大帆船航线"实际上就是中国商品走向世界的海上丝绸之路向美洲的延伸。大帆船贸易是中国与美洲贸易和文化联系的主要渠道。

在西班牙人到达菲律宾之前，已有约300个华人在马尼拉从事丝织品、瓷器的买卖。西班牙在菲律宾建立殖民统治之后，立即与侨居当地的中国商人发生贸易往来，并着手寻找与中国建立直接贸易的门路。长期居住在当地的华人，从事务农、打鱼、搬运、缝纫等生计，他们被西班牙人称为"Sangley"（有学者认为是闽南语"生意"的谐音），没有他们，马尼拉城就无法运行。

1571年，西班牙人曾营救过一艘在民都洛（Mindoro）外海沉没的中国帆船上的水手，并把他们送到安全地点。这些水手回到中国后，宣扬了西班牙人的好处。1572年，一些得救的中国人驾驶一艘满载货物的船来到马尼拉，他们带来了生丝、瓷器等中国商品。1573年，他们再度到来。驶来的第一艘中国货船被派出横渡太平洋，前往阿卡普尔科。中国货船上载满各式商品。1574年有6艘、1575年有12艘中国商船到达马尼拉，就此打下了马尼拉大帆船贸易的坚实基础。

马尼拉的西班牙殖民当局积极鼓励中国商船到马尼拉贸易。当时正值明政府在福建海澄月港部分开禁后不久，私人海外贸易船只在这种影响下，纷纷涌向马尼拉。月港是对菲律宾贸易的主要港口，另外也有部分船只从广州驶往马尼拉。每年12月至次年1月，当西北季风起时，中国的船队便满载丝货和其他贵重物品，从月港或广州出发，经过15—20天，可抵达马尼拉。当中国船队驶入马尼拉湾时，西班牙哨兵便点燃篝火，通知马尼拉当局中国船队到达的消息。船队靠岸后，港务人员登船检查。中国船队所载船货一经完税和转卖出手后，立即被转装到待航的马尼拉大帆船上。

据记载，西班牙人于1570年最初到达马尼拉时，有华人商船4艘来航，有华商40人携眷来侨居。第二年有3艘华舶来马尼拉港和5艘至近邻诸岛贸易。此后来自中国的商船不断增加。据估计，16世纪80年代，每年平均20艘，90年代增至每年平均30余艘；至17世纪初，达到每年平均四五十艘之多。有关资料显示，从万历二十七年（1599）到崇祯十六年（1643），中国商船占每年到菲律宾贸易商船总数的66.2%—100%。

在17世纪上半叶马尼拉海关对进港船舶所征收的进口关税中，中国商船每年平均占全部进口关税的80%，最高年份（1641—1642年）甚至达到92.06%。

从中国港口前往马尼拉的商船，有少数来自澳门。这些来自澳门的船只不是中国船，而是葡萄牙船。有鉴于中菲贸易利润巨大，葡萄牙人也在广州收购中国货物运往马尼拉，或者为中国货主把货物运销马尼拉，称为澳门—马尼拉贸易。澳门输往马尼拉的商品，生活用品有生丝、丝线、面纱、花边、花缎、线绢、各色棉布、白纸、色纸、墨、瓷器、陶缸、铁锅、瓦筒、珠子串、宝石串、宝石、蓝玉等，食品有粮食、糖、蜜饯、火腿、咸猪肉、花生，水果有无花果、栗子、枣、安石榴、梨、橙，禽畜有母牛、母马，军需品有弹药、火药、铁、铜、锡、铅、水银等。其中以生丝、丝织为大宗。葡萄牙人企图在马尼拉市场上垄断中国货物的贸易，甚至派出商船横渡大洋，试图建立澳门与阿卡普尔科之间的直接贸易航线，都因遭到西班牙人的坚决反对而未能如愿。另外，明末清初郑成功家族经营台湾期间，大力发展对马尼拉的贸易。1644—1681年，共有91艘中国商船开进马尼拉湾，其中有40艘直接来自台湾。

大量的中国商品汇聚到菲律宾，使马尼拉发展成西太平洋地区重要的物资聚集地，每年都有葡萄牙、荷兰、英国的商人把印度、印尼甚至波斯的商品拿到这里与中国商品交换；还有许多日本商人到马尼拉采购中国丝绸等货物。由此，马尼拉发展成一个繁荣的国际贸易大港，有"东方威尼斯""东方明珠"之誉。

与此同时，也有一些中国人到马尼拉定居，专门从事贸易中介业以及其他工商业。1582年，在马尼拉城内出现了华人聚居区，称为"涧内"（Paran，菲律宾语意为"市场"）。1588年，涧内有商铺150间，到1645年，增加至1200间，包括成衣铺、修鞋匠铺、面包商铺、木匠铺、蜡烛匠铺、糖果铺、茶铺等。

三、"中国之路"与"中国之船"

中国通过大帆船贸易航路输往美洲的货物，有中国特产、工艺品和日用品等，品种繁多。其中尤其以生丝、棉布、纺织品、瓷器、漆器、珠宝、香料为大宗。此外，还有面粉、砂糖、饼干、奶油、橙子、胡桃、栗子、菠萝、无花果、李子、梨、咸肉、火腿、陶罐、陶瓷、铁器、铝、硝石、火药、牛、马、药材、墨汁、纸张、家具等。

1574年出版的有关马尼拉的文献记载："华商运来的货物，有些是杂碎的零星日用品，其中有菲律宾的摩尔人常用的中国大陶瓷，此外尚有粗磁（瓷），铜铁什器，另有精细磁（瓷）器以及丝织品，乃以供应官员者。"他们还"带来各种货样，俾便探知售价，例如水银、火药、胡椒、肉桂、丁香、糖、铁、锡、铜、纹丝、丝织品、面粉等等货品，都是别国商人未曾用过，而且也未曾运售过的。他们更运来耶稣受难的造像，以及模仿西式的精巧的坐（座）椅……中国商人晓得带来什么货物在菲岛做买卖"。他们将"再会运来各种精美的东西，那是西班牙人所爱慕的"。[①]

1596—1598年任马尼拉总督的西班牙史学家德摩加（Antonio de Morga）在其著作《菲律宾群岛志》中记载了一份中国商人携往马尼拉的货单，他感叹说："中国商人提供了说不完也写不完的各种稀罕东西。"他的货单中开列了各种商品：

　　　　大束生丝，精粗具备；素色和彩色精美小卷散丝；大量天鹅绒，有些是本色的，有些绣有各种图案与彩色花款，有些色泽艳丽和嵌绣金线；织有金银丝的浮花锦缎；大量金银线；缎子，绫罗，

　　① ［美］菲律乔治著：《西班牙与漳州之初期通商》，薛澄清译，《南洋问题资料论丛》1957年第4期。

平纹绸和各色衣料；亚麻布制品；不同品种的白棉布匹。中国人还带来麝香、安息香、象牙；大量床上装饰品、帐帷、被单、天鹅绒挂毯；各色织锦和丝毛混织品；台布、椅垫和地毯；用同类材料制成的嵌有玻璃珠和小珍珠的马饰；珍珠和红宝石；青玉和水晶；金属盘、铜壶、铜锅和铸铁锅……硝石和火药。中国人还供应桃子、梨、肉豆蔻、生姜和其他中国水果制成的蜜饯；腌猪肉和其他腌制品；良种家禽和上等阉鸡；大量新鲜水果……美味的栗子、胡桃、柿子（干货和鲜货水果均同样可口）；各式各样的线、针和小摆设；小箱子和文具盒；床，桌子，椅子，描金板凳。他们还带来水牛，形似天鹅的鹅，马，骡，驴；甚至还有会说话、唱歌及逗趣的提笼鸟。中国人还带来数不清的外表好看而不值钱的小玩意和小装饰品，这些东西很受西班牙人重视！各种精美的陶器……黑色和蓝色长袍；各种念珠，红玉髓，五十色的，宝石；胡椒和其他香料；还有种种稀见之物，如果都要提到，我将永远写不完，也没有这么多纸张来写。①

另外，英国人华尔特（Richard Walter）在《1740—1744年环球航行记》中也记载道：

从此处（马尼拉——引者注）对中国和印度诸地进行的贸易，主要是来办那些供应墨西哥和秘鲁王国的货物，这些货物是：香料、各种中国丝织品和中国制品，特别是丝袜，我听说每只船经常携带不少于五万双；大量的印度原料如印花布和白洋布（这种布在美洲穿得很多）；还有其他一些很精致的器物如金匠饰品等等。这些饰品大多系马尼拉城中的中国人制作的，因为据说至少有两万中国人常居该处，

① ［西班牙］德摩加：《菲律宾群岛志》，引自周一良主编《中外文化交流史》，河南人民出版社1987年版，第840—841页。

充当仆役、匠人或面包师。所有这些货物均汇集于马尼拉，从此处运往墨西哥王国的阿卡普尔科港口。[1]

中国的货品运抵马尼拉后，除供应菲律宾市场的消费外，大宗的生丝、丝织品、瓷器、珠宝、玉器等则由马尼拉大帆船沿着太平洋上的航路运往美洲。从16世纪中期至19世纪初的250年间，满载中国货品的马尼

⊙ 西班牙大帆船

① ［英］华尔特：《1740—1744年环球航行记》，引自周一良主编《中外文化交流史》，河南人民出版社1987年版，第842页。

拉大帆船在太平洋上络绎不绝。马尼拉大帆船源源不断地把丰盈的中华物产运往美洲，对那里的经济生活和文化发展产生了积极的影响。

大帆船贸易在美洲的到岸港口阿卡普尔科是一个深水良港，并且与墨西哥城有较好的内陆联系。阿卡普尔科原是濒临太平洋的一个小镇，1598年的人口不过250户。随着马尼拉大帆船贸易的开展，这个小镇逐渐繁荣起来，商贾云集，交易兴隆，热闹非凡，成为当时世界上最繁盛的市集之一，由一个普通小镇一跃而成为墨西哥的著名港口。每当满载中国货物的马尼拉大帆船到达阿卡普尔科港时，这里都要举行盛大的集市。当地的印第安人、黑人、混血种人和白人商人以及来自东方的菲律宾人、中国人、印度水手和莫桑比克的卡菲尔人等，都齐聚这个小镇。

每逢马尼拉大帆船抵达阿卡普尔科的时候，墨西哥举国上下都要举行庆祝仪式，到处钟鼓齐鸣，人们奔走相告，视为盛大的节日。

集市贸易结束后，商人们从这里把中国的各种货物转运到中美、巴拿马、南美北部海岸、加勒比地区、秘鲁、智利、阿根廷等地。18世纪末，在墨西哥内地各商路上，有7.5万头骡子在驮运从阿卡普尔科进口的中国货物。当地人把从墨西哥城南通向这个太平洋港口的道路称为"中国之路"，抵岸的马尼拉大帆船则被美洲人亲切地称为"中国之船"。

也正是由于这条航道所带来的繁盛，墨西哥当局于1700年在首都墨西哥城设立了一个商业区，取名"巴连"（Parian），与马尼拉的华人市场同名，专门经营由中国和其他东亚国家运来的货物。在整个18世纪，这个"巴连"成为墨西哥城商务活动的中心。墨西哥城不仅是中国商品的主要消费城市，而且有许多中国商品从墨西哥城转运到拉丁美洲的许多地方，巴拿马、瓜尔基尔、波哥大、布宜诺斯艾利斯、卡塔黑纳等地都风行中国商品，中国商品被当地贵族阶层热烈追捧。在秘鲁首都利马最繁华的商业街上，大商号有40余家，资本有的在百万比索以上，他们经销的大宗商品就是来自阿卡普尔科的中国商品。利马的商店里陈列着中国瓷器，从智利到巴拿马，到处都有中国丝绸出售，而且人们喜欢穿这种丝绸的服装，东方货物胜过了西班牙的产品。而秘鲁的商人是用从安第斯矿上挖掘的大量白银来换取中国的瓷器、丝绸等商品的。

在马尼拉大帆船贸易时代，墨西哥不仅成为东西方物质文明的交汇地，而且成为东西方文化交流中心。在那个时期到中国的传教士中，特别是西班牙的传教士，有不少是经过墨西哥辗转来到中国或者亚洲其他国家的。在他们返回欧洲的时候，也有人要在墨西哥停留。这样的人员往来，使得墨西哥成为一个交换信息的地方。他们从东方带回了有关中国及其他亚洲国家的历史、文化、政治体制、宗教信仰、民族习俗乃至山川形势、地理位置等方面的信息，甚至一些中国图书也被带到了墨西哥。墨西哥的一些修道院逐渐成为研究东方文明的学术中心。后来，一些传教士经墨西哥前往中国或亚洲其他国家时，在这里就获得了相当多的有关东方的知识。

四、"中国皇后"号的航行

在美国独立以前的殖民地时代，北美地区与中国就存在着间接的贸易往来，美洲的人参通过英国东印度公司的商船运销到中国，中国的茶叶也在远隔重洋的北美市场上享有盛誉。但是，当时美国人对中国的了解和印象是相当模糊的。1776—1781年，英国著名探险家库克（James Cook）在最后一次太平洋探险航行中，随船的两名美国海员雷亚德（John Ledyard）和戈尔（John Gore）到过广州。这是现有记载中最早来到中国的美国人。1782年自英国返美后，雷亚德出版了《库克船长最后一次太平洋航行日志》，首次向美国人介绍了他在广州的见闻，特别指出在那里进行贸易所可能获得的商业利益。他说，中国的皇亲国戚们，从头到脚都穿戴着价值昂贵的毛皮，无比奢华。在美国"西北海岸"用6便士购得的一件海獭皮，在广州可以卖到100美元。但当时没有人相信他讲的奇迹，大家都嘲笑他"幻想太多"。

虽然他的叙述被许多人视为海外奇谈，但一定也在某种程度上激发了人们的好奇心。关于中国的神秘传说以及诱人的中国商品，毕竟对美国人有巨大的吸引力。18世纪50年代，富兰克林和费城富商威廉·艾伦派出"阿尔戈"号商船通航拉布拉达海岸，期望从加拿大找到通往中国的航路。经1751年、1753年和1754年3次冒险航行，探查西北航线的计划没有成功。

美国独立伊始，经济状况十分困难。人们开始考虑与中国开展贸易的可能性，以便摆脱经济困境。美国一位学者在回顾这段历史时感慨地说："当时美国没有资源，没有资本，没有商业，没有朋友。美国与欧洲的贸易变得困难重重，经济面临崩溃的危险"。"奇迹是：它何以能生存呢？什么东西救了它呢？""一言以蔽之……中国贸易！"1783年12月，波士顿商人集资装备了一艘名为"哈里特"号的商船，满载人参前往中国，在好望角与英国东印度公司的商船相遇。由于英国人的阻挠和对风险的惧怕，美国人以1磅人参换2磅茶叶的价格与英国人达成交易，中止了去中国的航行。

第二年，费城巨商罗伯特·莫里斯（Robert Morris）和丹涅尔·巴克尔（Damiel Parker）联络其他几位商人，计划再一次远航中国。莫里斯是当时美国相当有影响的人物，美国独立战争爆发后，他一度独揽了华盛顿军队中的所有军火事宜，官至美国大陆会议财政部总监，组建北美第一家私人商业银行——北美银行，负责筹集款项。他也是美国《独立宣言》的签名者之一。他们集资12万美元，购置并装备了"中国皇后"（Empress of China）号，由约翰·格林（John Green）任船长。这艘非常精巧的木制帆船配有各种新式航海设备，承载着莫里斯本人和投资商的巨大希望，以及对中国的无限遐想。船上装载的货物有：473担西洋参、2600张毛皮（主要是海狸皮）、1270匹羽纱、26担胡椒、476担铅、300多担棉花、12桶酒（葡萄酒、白兰地、朗姆酒）、50吨木材以及大约2万枚西班牙银币。

"中国皇后"号于1784年2月22日启航，这一天正巧是华盛顿总统的生日。

"中国皇后"号穿行大西洋，绕过好望角，行程1.13万海里，历时188

天，于8月28日抵达广州黄埔港，进港时，"中国皇后"号鸣礼炮13响（代表当时美国的13个州），其他停泊于港内的各国商船也鸣炮回礼。格林船长有这样一则手记："'中国皇后'号荣幸地升起了在这海域从未有人升起或看见过的第一面美国国旗！这一天是1784年8月28日。"4个月后，"中国皇后"号的货物已全部脱手。1874年12月27日，它满载大量中国货物，其中包括红茶2460担、绿茶562担、瓷器962担和大量丝织品、象牙扇、梳妆盒、手工艺品等，驶离广州，于次年5月11日抵达纽约，实现了首航中国的目标。

"中国皇后"号开创了美国航海史上最为浪漫和最有魅力的篇章。"中国皇后"号首航成功，打通了美国与中国之间直接贸易的渠道，也燃起了美国商人开拓东方市场、追逐巨额利润的强烈愿望。美国国会对首航中国所取得的成就给予高度赞扬，并给予全体船员以崇高的荣誉。纽约的报纸详尽地报道了这次航行的经过，称这次航行是"一次有远见卓识的、成果丰硕的航行"，是"美国商业史上的一个里程碑"。其他商业城市的报刊也纷纷予以转载。从新英格兰到纽约和费城，"人们到处都在谈论着与中国的贸易"，"每一个沿海小村落，只要有一艘能载5个人的小帆船，就计划着到广州去"，一时出现了"中国热"。由于英国封锁，美国人很难买到来自海外的货物，因而早早就有人等在码头，抢购这批盼望已久的中国货。就连华盛顿总统也派人抢购了302件瓷器及精美的象牙扇等，这些物品仍有部分保留在美国宾夕法尼亚州博物馆和华盛顿故居内。"中国皇后"号第二次开赴中国时，在起锚前收到华盛顿总统开列的一份订单，要求为他的夫人采购中国的"白色大瓷盘、白色小瓷碗和好看的薄棉布"。

"中国皇后"号第一次航行的利润达到3万多美元，获纯利为投资额的25%。由于航程远，船的吨位小，"中国皇后"号此行的赢利不算多，但此次航行开辟了中美之间的直接关系，以其特殊的意义载入了中美两国交往的史册。

由于"中国皇后"号这次与中国的直接贸易起到了突破禁运的作用，

它的策划人莫里斯在从中获得巨大利益的同时，也一跃成为美国联邦政府第一任财政部部长。美国政府决定，由莫里斯负责对华贸易，以解决当时的经济困境。与此同时，美国政府制定了种种优惠政策，鼓励和保护美国商人直接与中国贸易。自1784年以后，美国的重要港口，如纽约、波士顿、费城、普洛维登斯等，都有直达船驶赴广州贸易，直航广州的对华贸易圈逐渐形成。许多美国公司也在广州建立了分公司或派出了代理人，对华贸易迅速发展。大批美国商船进出广州港口，把丝绸、茶叶、土布、瓷器等中国货物运往美国。

据统计，在1784年至1812年的20多年间，从美国驶往中国的商船有400艘进入广州港。而1784年至1833年的近50年间，美国来华商船的总数达1040艘，是英国来华船数的一半，超过了欧洲其他国家来华船只总数的4倍。1792年，美国已成为中国的第二大贸易伙伴，仅次于英国，超过荷兰、法国、丹麦和瑞典。19世纪前期，中美贸易额占中国对外贸易额的21%左右，仅次于英国而居第二位。美国将中国列为自己的第四位贸易伙伴，对华贸易仅次于对英国、法国和古巴的贸易。1833—1841年，来华的商船总数为231艘，其中有的年份超过40艘。

对华贸易促进了美国东海岸商港在19世纪初期的繁荣，并且是刺激美国向太平洋沿岸拓殖的主要因素。一个有趣的现象是，一位美国学者在一部研究美国地名的著作中提到，在美国的23个州里，都有以广州（Canton）命名的城镇或乡村。美国的第一个"广州"出现在1789年，这是马萨诸塞州东部诸福克县的广州镇。俄亥俄州东北部的广州市，是美国最大的"广州"。

五、北美的茶叶贸易及社会影响

英国东印度公司大批量从事中国茶叶贸易，除供应国内消费外，还转运到北美殖民地。到了18世纪前期，茶叶在北美殖民地的消费量非常大，饮茶之风普及广大城镇和乡村。

茶叶在北美最大的社会影响是著名的"波士顿倾茶事件"。18世纪60年代，英国在北美殖民地增加税收。1765年的《印花税法》和1767年的《唐森德条例》等法案导致北美殖民地居民的强烈不满。他们开始宣传一种主张：既然他们在国会没有代表，就没有义务缴税。波士顿商人约翰·汉考克（John Hancock）等领导当地人抵制英国政府所经营的来自英国东印度公司的中国茶叶，同时走私自己弄来的茶叶以逃避关税，致使东印度公司的茶叶销量一落千丈。当时人们饮用的走私茶占消费量的9/10。1773年，英国政府为倾销东印度公司的积存茶叶，通过《救济东印度公司条例》。该条例给予东印度公司到北美殖民地销售积压茶叶的特权，免缴高额的进口关税，只征收轻微的茶税。该条例明令禁止殖民地贩卖"私茶"。东印度公司因此垄断了北美殖民地的茶叶运销，其输入的茶叶价格较"私茶"便宜50%。便宜的价格打压了本土的茶叶销售，导致很多走私商人和本地茶叶商人无法生存。美国茶叶价格被操纵，北美生产出来的茶叶销售受影响。另外，北美人民认为东印度公司是英国扶植的，假如他们购买东印度公司的茶叶，就等于他们还继续受英国殖民者的压迫、剥削，被迫接受英国对殖民地征税，被迫遵守英国人制定的法律，所以这个条例引起了北美殖民地人民的极大愤怒。

1773年11月，7艘大型商船前往殖民地，其中4艘开往波士顿，其他3艘分别前往纽约、查理斯顿和费城，而纽约和费城两地的茶商拒绝接货，这两艘商船不得不返回英国。1773年11月28日，东印度公司的茶叶商船"达特茅斯"号在波士顿格里芬码头卸下除茶叶外的其他货物。1773年12月16日，波士顿8000多人举行集会抗议。抗议活动是由殖民地的民间反抗组织"自由之子"领导的，他们反对英国政府在殖民地征税并借此控制殖民地政府，也反对英国东印度公司利用法案垄断北美的茶叶进口贸易。但亲英派总督哈钦森（Thomas Hutchinson）仍坚持拒绝遣返英国东印度公司的茶船。当天晚上，在塞缪尔·亚当斯（Samuel Adams）和约翰·汉考克的领导下，数十名"自由之子"成员化装成印第安人登上茶船，将东印度公司3艘船上的342箱茶叶全部倾倒入海。一位当事者说："波士顿港今晚成了一

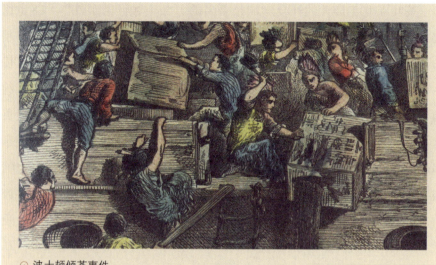

⊙ 波士顿倾茶事件

个大茶壶！"亚当斯在日记中写道："毁坏茶叶的行动是如此大胆、果断、坚定、勇敢、不屈，它一定有非常重大的意义……我不得不视为一个历史上值得纪念的事件。"

对于这次著名的"波士顿倾茶事件"，《马萨诸塞时报》生动地描述道："这些人在抛弃'达特茅斯'号船上的茶叶后，又登上布鲁斯和考菲船长的船，不到3个小时，便将船上所有的茶叶共计342箱完全毁坏，并扔到海里，动作相当迅速。涨潮时，水面上漂满了破碎的箱子和茶叶。自城市的南部一直延绵到多彻斯特湾，还有一部分被冲上岸。"后来，人们在"波士顿倾茶事件"发生的码头竖起了一块纪念碑，碑文写道：

> 此处以前是格里芬码头，1773年12月16日，装有茶叶的3艘英国船停泊于此。为反对英王乔治每磅3便士的苛税，有90多位波士顿市民（一部分扮作土著人）登到船上，将所有342箱茶叶全部倒入海中，此举成为举世闻名的波士顿抗茶会的爱国壮举。

"波士顿倾茶事件"给英国东印度公司造成巨大的财产损失。事件发生之后，英国政府认为这是对殖民当局统治的恶意挑衅。1774年3月，英国议会通过了惩罚性的法令，即《波士顿港口法》《马萨诸塞政府法》《司法法》《驻营法》。这四项法令通称为"强制法令"（Coersive Act）。这些法令明显地剥夺了殖民地人民的政治和司法方面的权利，激起了他们的联合反抗，直接导致了第一届大陆会议的召开，并由此引发了美国独立战争。有一位美国学者评论说："最初的起因是对于过去繁荣的回忆，而最近的则是图谋延续一种让英、美商人都感到厌恶的茶叶专卖制。英国政府为取悦东印度公司而不惜断送了一个大帝国。"当时的一位匿名诗人写的小诗说道：

> 有谁知道，一些微不足道的小事，
> 竟会导致如此怨恨，
> 如此可怕的事件？
> 有谁知道，一些被扔进大海的茶叶，
> 竟会使成千上万的人流血牺牲？①

"波士顿倾茶事件"改写了北美殖民地的历史，却没有改变人们对于饮茶的喜好。据说华盛顿就经常举行茶会。1784年美国商船"中国皇后"号经由纽约开往广州，开始中美的茶叶直接贸易，这年美国进口的茶叶为3022担。此后中国茶叶被源源不断地运往美国。到1800年，进口到美国的中国茶叶增至28489担。据记载，在1804年至1828年间，每年往来于中美之间的商船运出大量茶叶。19世纪中期，美国率先设计建造了三桅快速帆船（Clipper）。1845年，750吨级的"彩虹"号首航至中国，载运茶叶等中国物产，大大缩短了茶叶海运时间，引起西欧各国的瞩目。西欧各国竞相发展快速帆船，引起茶叶海上运输竞赛。

---

① ［英］罗伊·莫克塞姆著：《茶：嗜好、开拓与帝国》，毕小青译，生活·读书·新知三联书店2010年版，第50页。

1876年，美国作家爱默生（Ralph Waldo Emerson）写道："在饮茶历史中，伴随着大量诗歌的出现，其中还凝聚着真挚而深邃的情感。"①

六、流行美国的"中国风"

早在美国与中国直接通商之前，就有许多中国商品通过英国东印度公司被运到北美大陆，饮茶也在北美殖民地居民中流行起来，中国的瓷器，包括茶具、餐具以及其他日用器皿和装饰用品也在13个州的家庭中普及了。吸水性好的南京布（江南土布）也是非常流行的商品，当地的男人喜欢用这种布做裤子，或者做被褥。

1784年，美国商船"中国皇后"号首航中国广州时，在广州购置了962担瓷器。1786年它再度远航中国，返航时又运载了大量瓷器，包括青花瓷器、瓷塑观音像、瓷宝塔等。以后陆续来中国的美国商船，都把大量中国瓷器运销美国。中国出口到美国的瓷器装饰图案起初和法国18世纪所使用的中国瓷器相似，在上面描绘蝴蝶、花卉、柳树、亭台楼阁、鸟禽等图案，底色一般为蓝色或白色。后来，在瓷器的边缘上装饰金色、蓝色，甚至乌贼黑色，成为独特的风格。18世纪后期，收藏中国瓷器在美国成为一种时尚，社会上有很多富豪、学者、名流等精心搜集中国的瓷器。美国一些著名的企业、保险公司、医院、富豪家族等，从广州订购中国的瓷器，并在上面描绘或铭写自己的姓名、名称等，以作纪念。有些美国商人还要求订制绘有美国船舶、雄鹰纹章、华盛顿肖像等装饰和图案的瓷器，以适应美国市场的需求。

瓷器初到美国的时候，价格非常昂贵。富兰克林讲过一个发生在自己身上的故事。一天，他从外面回来吃饭，走到桌前，他简直不敢相信自己的眼睛，一个漂亮的中国瓷碗摆在桌上。他责怪妻子说："怎么花这么多钱买中国瓷碗呢？用英国产的粗瓷碗不是一样可以吃饭吗？"他的妻子说：

---

① ［英］简·佩蒂格鲁著：《茶设计》，邵立荣译，山东画报出版社2013年版，第138页。

"我看到邻居家里都买了这种中国瓷碗，你也不比他们差，凭什么你不能用中国瓷碗？"这是富兰克林家的第一件中国瓷器。

1768年，以费城为中心的美国科学界人士发起了推动研究中国工艺、园艺作物和生活艺术的热潮。美国哲学学会出版的人种学刊物，期望减少不同文化和种族之间的差异，但直到此刻，许多美国上层人物对中国的知识还是不甚了了。因为当时主要是开展贸易活动，美国商人来去匆匆，常年居住在澳门、广州地区者极少，还受到语言等各方面的限制。据说直到1785年美国首任总统华盛顿才知道中国人不是白种人，并感到大为惊诧。1771年，《美国哲学学会会报》第1卷上发表了查理·汤姆森写的发刊词，热情洋溢地要求北美知识界研究引进中国物产的实际问题：

> 引进古老的东方国家的物产，特别是中国的产品，将使我们这个国家可以得到期待已久的长足的进步。我们如能有幸引进中国的工艺、生活艺术、先进的管理和当地的植物，那么美国一定会成为像中国一样人口十分兴旺的民族。[①]

汤姆森认为费城与北京的纬度相同，气候和蔬菜也相仿，因此他主张进口中国的样品，采用中国的技术，在美国发展棉花、茶叶，建立丝织业和瓷器制造业。他认为宾夕法尼亚州也能制造出像进口的中国瓷器一样精致的瓷器。富兰克林认为，不仅中国的德行政治值得学习，而且中国的农业成就堪称北美可以效仿的典范。如果借鉴中国的经验，北美也可以成为像中国那样的繁荣地区。

富兰克林一度非常努力地在殖民地提倡发展养蚕业，认为丝绸不但让中国人有衣可穿，而且可以用来出口，繁荣自己国家的经济。富兰克林对他的同事宣称，如果人们觉得种小麦没有意思，那么他们应当考虑养蚕和

---

① 沈福伟著：《西方文化与中国（1793—2000）》，上海教育出版社2003年版，第13页。

制作丝绸，生产麻布和丝绸对美国内陆来说再合适不过了。他以中国为例表示，中国丝绸业的发达使得这个国家人人都可以用丝绸来做衣服穿，同时他们还可以把多余的丝绸用来出口，而后来这些丝绸便传遍了印度和欧洲等地。

杰斐逊在得知中国的某些旱稻品种在欧洲生长得非常不错时，竭力从欧洲的朋友那里获取旱稻的种子，他希望将旱稻移植到美国南卡罗来纳的种植园里，这样可以解决水稻带来的许多问题。乔治·华盛顿一度非常努力地在自己的花园里种植来自中国的花草，希望它们能够在北美的土壤中繁衍开来。

随着中美之间航线的开通，美国的商船直航中国，许多有关中国的知识在美国流行开，中国文化艺术风格在美国也有所流传。来中国的商人、海员等，都曾把一些中国艺术品带回美国。

1796年，曾经当过荷兰东印度公司代办的荷兰人豪斯格斯特（A. E. Van Braam Houckgest）定居美国费城。他于1790年至1795年间在中国工作，赴美时带来了约2000幅中国绘画，大量的中国家具，以及其他艺术品。他在费城郊外建造了一座中国风格的住宅，把收集的中国古玩布置在房间里，形成了浓厚的东方情调，并将其命名为"中国退隐园"（China's Retreat）。楼上是一座宝塔，里面装有包括17个中国人物塑像的立体布景。当时费城的一些名流常是他的座上客，以领略东方艺术情调。他还于1797年出版了《荷属东印度公司使臣朝觐中国皇帝实录》，这是在美洲出版的第一本关于中国的书。19世纪初，美国也受到欧洲流行的"中国风"的影响，一些富商和博物馆开始收藏中国古典艺术品、民间艺术品、瓷器和丝织品等，甚至举行过中国画展览。

自18世纪初开始，中国的建筑和家具风格在北美逐渐流行开来，人们视这些来自遥远的中国的设计为流行时尚。其特点便是在顶部拥有像宝塔一样的曲线，刻上龙的图案，以及两边的"耳朵"往上翘起。杰斐逊是最早推崇中国设计风格的美国领导人之一。他在修建自己家的花园时，对采用中国的园林设计风格表现出了非常大的兴趣。他最终在花园的屋顶、门廊和过道的栏杆中采用了许多中国元素。杰斐逊晚年一度考虑修建一座有中国式屋顶的建筑，以及几座中国式亭子。他在笔记中明确表示，希望修建一座方形的"中国庙宇"。费城富商约翰·拉铁默的住宅也完全按照中国风格布置，墙壁上贴着中国壁纸，张挂着丝织帷幕，摆放着中国的瓷器和家具，客厅里悬挂着一幅表现广州景象的油画。

18世纪"中国风"在美国的流行，其影响是持久的。美国学者伊罗生（Harold R. Isaacs）在20世纪中期指出："一个多世纪以前，由新英格兰航海家引进的中国式的房屋装饰风格作为一种时尚，至今还伴随着我们，在最近几年中，中国风格已经扩展到女性服装，甚至是面部化妆之中。在本世纪20年代，麻将热席卷美国，然后消失，但中国餐馆却已成为美国城市中令人熟悉的风景。……我们很小就可以一眼认出中国农民戴的圆锥形草帽，或是中国式样房顶向上翘起的角。我们知道中国谜语、中国棋、中国灯笼、中国红、中国黄……"①

七、"哥伦布大交换"

哥伦布航行到美洲大陆，是旧大陆与新大陆之间联系的开始，引发了各种生态上的巨大转变。哥伦布这一壮举的意义绝不仅仅限于发现了一片土地，更在于激发了动物、植物甚至微生物在全球范围内的流动，让人类生存的这个星球发生了翻天覆地的变化。有的西方学者说，在改变地球这个方面，没有任何人的影响像哥伦布那样巨大。

美国历史学者阿尔弗雷德·克罗斯比（Alfred W. Crosby）在他1972年出版的著作中首先提出了"哥伦布大交换"这个观念，用它来指称这一场东半球与西半球之间生物、农作物、人种（包括黑奴）、文化、传染病甚至思想观念的突发性交流。它是人类历史上跨越种族的一个重要事件。在人类历史上，它是关于生态学、农业、文化许多项目的一个重要历史事件。

---

① 何芳川主编：《中外文化交流史》（下卷），国际文化出版公司2008年版，第991页。

地理大发现时代新旧大陆的相遇，是迄今为止历史上最大规模的两个系统之间的交汇，而其中最积极的影响之一就是玉米、南瓜、西红柿、马铃薯、番薯、花生等美洲粮食作物输入欧亚大陆和非洲，大量引入的食物成为这里人们的主食，并促使人们为种植更多农作物而开发新的种植区。

"哥伦布大交换"对中国也产生了重大影响。就在"哥伦布大交换"发生之后不久，许多原生在美洲的作物就被引进中国，其中包括玉米、番薯、豆薯、马铃薯、木薯、南瓜、花生、向日葵、辣椒、番茄、菜豆、菠萝、番荔枝、番石榴、烟草等20多种，形成我国作物国外引种史上一个高潮期。玉米、烟草传入中国后不到100年就基本传遍全国，番薯、辣椒等用时不到200年，马铃薯传播稍慢一些，其他美洲作物引种到中国后传播都比较快。这些美洲物种的传入，在改变我国传统种植结构，大幅度提高粮食产量，改善人们生活水平、饮食结构等方面都起了巨大作用。有人称这一时期是中国的"物种爆发"时期，还有学者称之为中国的"第二次农业革命"。

美洲新大陆许多作物的引入，对中国的农作物结构产生重大影响。多熟种植成为农业生产的主要方式，是清代粮食单产和总产大幅度提高的主要原因。汉代以前，我国主要粮食作物是粟和黍，汉以后逐步演变为南方以稻米为主，北方以麦、粟和高粱为主，这种状况一直延续到明清时期。明清时期，玉米、番薯、马铃薯等美洲粮食作物的引进与推广，不仅使原来不适于耕种的边际土地得到了利用，也使得人力资源得到了充分的利用。近代以后，玉米、番薯等美洲作物的生产，无论是播种面积还是总产量，都快速增长。中国六七种最重要的粮食作物中，美洲作物的数量和产量占了近1/3，这对中国粮食生产影响深远。

美洲作物的引进还丰富了我国蔬菜瓜果的品种，增添了人们的食物营养和饮食情趣。南瓜、辣椒、番茄、菜豆等一些美洲原产蔬菜种类的引种，改变了我国夏季蔬菜不足的状况，成为我们今天餐桌上最常见的夏季蔬菜。作物的引进同时增加了食用油原料的种类。汉代以前，我国生产食用油主要是利用动物脂。芝麻传入后，开始了我国植物油生产的历史。到了宋代，油菜和大豆作为油料的价值得到重视，明清时期，美洲花生和向日葵传入，成为我国五大油料作物中的两种。

这些来自美洲的新农作物来到中国，正是恰逢其时。上有明清两朝政府的大力鼓励和支持，下有各级地方官员的积极推动，广大农民热烈响应，玉米、番薯、马铃薯等粮食作物得到大面积推广，并逐渐成为中国人的主要粮食作物。它们传进中国，不仅改变了中国的粮食结构，而且使中国人在其后几百年间度过了一次又一次的天灾人祸，也使中国的人口在几百年间不断地快速攀升。

第四十四章　海上丝绸之路的搬运工

一、海上丝绸之路上运载着巨量的中国商品

数量众多的欧洲商船、美国商船，还有马尼拉大帆船，乘风破浪，踏海扬波，最后云集在中国的港口。它们都是冲着中国的商品而来的。它们是海上丝绸之路的搬运工。那时候，中国丰饶的、数量巨大的商品支撑着整个中西贸易网络。广东的"十三行"是当时世界上最大的贸易集散地之一。

中国输出的商品门类齐全，不仅数量巨大，而且品种繁多。其中除了一定数量的农副产品和初级工业原料产品，大部分是具有高度工艺水平的手工业产品，包括丝绸、棉、麻、毛纺织品、服装衣物、食品香料、家具漆器、珠宝首饰、生活日用品、工艺美术品、药品和中草药等，几乎涵盖了日常生活领域的各个方面，还有火炮、火器等军需品。

法国学者亨利·柯蒂埃（Henri Cordier）说道：

> 我们通过欧洲的旅行者认识了从广东出口的商品：除了绿茶、红茶和丝织物以外，充斥着外国人住宅的主要产品是南京的黄色丝织品（云锦）、瓷器、粉状糖和冰糖、樟脑、桂皮、中国红皮萝卜、中药、大黄、木制工艺品、烟火等等。还要加上广东的象牙、在宁波雕刻的木艺、福州的棕色和金色漆、北京的红色漆、滑石做成的小摆设、玉做成的花瓶和神像以及其他的货物，都装满了那些从广东起航到洛里

昂（Lorient）的船只。^①

中国商品的种类、数量，已经无法统计，我们下面仅举几个例子，就可以一窥其壮观的场面。

1592年，从葡属亚述岛出发的一艘西班牙大帆船，被英国舰队劫持到英国普利茅斯港。当时一个叫理查德·哈克卢伊特（Richard Hakluyt）的人把他所看到从船上卸下来的东方货物记录下来：

> 船上装载的货品（珠宝除外，因为珠宝太贵重了，他们不会让我们看到）主要有香料、药材、丝绸、白棉布、被褥、地毯和颜料等。香料有胡椒粉、丁香、肉豆蔻皮、肉豆蔻核仁、新鲜的生姜；药材有贝加明延令草、乳香、良姜、mirabolans、芦荟、zocotrina、指甲花等；丝绸有缎子、塔夫绸、里子绸、仿金线织物、半成品的中国丝绸、细丝绸、白色斜纹丝绸、卷曲的cypresse。棉布有白色宽幅的，有精细浆水的，有棕色的，等等，也有带盖的和有菱形花纹的毛巾，薄绸和棉布的被褥，与土耳其毛毯类似的毯子，还有不知哪儿来的珍珠、麝香植物、麝香猫、龙涎香。其余货物数量较大但价值不高，如象牙、中国瓷器、可可核、兽皮、如黑玉般的黑檀木、床架、奇怪的树皮纤维的织物、手工艺品。^②

我们再举18世纪初法国"安菲特利特"号的例子。大航海时代的中欧贸易中，法国是后起国家，海运贸易远不比其他国家发达。1698年，"安菲特利特"号首航中国，1700年8月3日返回法国。这是第一艘航行到中国的法国商船。1700年10月4日起，"安菲特利特"号上的商品被公开销售。

---

① ［法］亨利·柯蒂埃著：《18世纪法国视野里的中国》，唐玉清译，上海书店出版社2006年版，第107页。

② 袁宣萍著：《十七至十八世纪欧洲的中国风设计》，文物出版社2006年版，第37页。

《优雅信使报》1700年9月号发表的销售公告说，其中的商品有：

> 大批的红铜和黄铜器皿；共计8000匹的布帛，包括绢、绮、普通罗和皱纹罗、缎画、重皱织物、哔叽、平纹布、针织棉等；中国的漆、刺绣和绘画；17箱瓷器，包括瓷瓶、瓷碗、瓷盒、瓷壶、大小瓷盘、瓷杯或瓷茶具、瓷酒瓶、平底瓷杯、带把瓷杯、瓷糖罐、瓷盐罐、壁炉瓷器配套物以及其他各种细瓷产品；17箱漆器，其中有4箱各自装有3件小漆匣和带堆金花卉图案的文房四宝，另外9箱装有各种各样的漆桌；14箱酒具；21箱漆画和人物花卉画等；30箱中国屏风，4箱叶状屏风，3箱尚未安装好的纸屏风；455根手杖、大批纸张、广州和南京刺绣、12条挂毯、绣花缎、11条丝巾、6卷绘画、38件麻织品。

《优雅信使报》还告诉读者，人们可以在许多箱中发现其种类和质量相同而数量各异的商品。

曾于1750年至1752年在瑞典东印度公司商船上做随船牧师的奥斯贝克（Pehr Osbeck）到过广州，他在《中国和东印度群岛旅行记》中记载了自己所在的这条商船搭载的货物清单，其中有：

> 4000匹丝绸，5300匹黄布，5000磅生丝，4000磅土茯苓，2165磅珍珠母，1万磅西米，4170磅大黄，9000磅有色纸（墙纸），6325磅用于捆东西的藤竹，约500箱瓷器，6吨烧酒及各种漆器、纽扣等。除这些货物外，大宗的还是茶叶，总计100多万磅。

我们已经知道，从16世纪开始，往返于欧洲与中国的商船络绎不绝，每一艘商船都是满载而归。

由此，我们可知运往欧洲各国的中国商品数量之巨大。

中国输出的这些商品，是具有古老传统的产品或手工艺品，凝聚着数千年的文化积淀，既体现着复杂的工艺，又具有丰富的文化内涵。瓷器、丝绸和茶叶在这一时期欧洲生活方式和艺术风格的变化中扮演了重要角色。物质领域的交换和交流，进一步发展成为艺术的、思想的、文化的交流，中华民族创造的精神文化产品也走进了欧洲大陆，成为"公共的财产"，成为"世界的文化"。

二、风靡欧洲的丝绸

号称中国"三大贸易"的丝绸、瓷器、茶叶畅销数世纪，风行欧洲各国，在大航海时代的东西方贸易中扮演了重要角色。

绚丽多彩、风情万种的中国丝绸在罗马帝国大为风行，这种热潮并没有随着罗马帝国的崩溃而烟消云散。中世纪的时候，欧洲并没有减少丝绸的进口，欧洲各国继承了罗马时代追求丝绸作为豪华奢侈品的遗风。

16世纪以后，由于葡萄牙、西班牙、荷兰的商船直航，中国丝绸直接销售到欧洲市场，不再通过陆路和海路上的各种中间商环节。从这个时期开始，通过持续3个世纪的中欧直航贸易输入欧洲的丝绸总量大大超过了以往的任何时代。直到19世纪以前，中国丝绸一直是主要的出口商品。

近代运往欧洲的中国丝绸数量是巨大的。澳门是西方人的主要贸易基地，澳门输出的商品种类繁多，有生丝、丝线、面纱、花边、花缎、线绢等。当时的外国资料记载，葡萄牙人在澳门、广州之贸易输出品以绢为大宗，每年由葡萄牙人输出的绢约计5300箱。每箱装缂缎百卷，薄织物150卷。《葡属亚洲》一书断言："他们每年的出口达5300箱精制丝绸，每箱包括100匹丝绸、锦缎，和150匹较轻的织物……"[①]1608年，澳门输往马尼拉一地的货物总值有20万比索，其中丝织物达19万比索，占总值的95%。1619年以后，葡萄牙人几乎了垄断了从广州经澳门到马尼拉的丝货贸易。1619—

---

① ［瑞典］龙思泰著：《早期澳门史》，吴义雄等译，东方出版社1997年版，第100页。

1631年，葡萄牙人从澳门贩运生丝和绸缎到菲律宾，年贸易额达150万比索。出口到马尼拉的生丝，集中在马尼拉城的东北角、人们称之为"生丝市场"的地方进行交易。

外国商人非常喜欢中国的丝货，有人说，从中国运来的各种丝货，以白色最受欢迎，其白如雪。欧洲没有一种产品能比得上中国的丝货。

乾隆二十九年（1764），两广总督苏昌等奏《为请准粤省出洋船只酌令配带丝斤事折》说，每年准许英国商人"每船准带土丝五千斤、二蚕湖丝三千斤。嗣又仰蒙惠泽，准其配带绸缎二千斤"。乾隆年间，平均每年出口生丝和绸缎20万－30万斤。道光十年（1830），仅广州出口的生丝就达70.53万斤，其中南京丝33.73万斤、广东丝36.8万斤。

在这一时期，欧洲的丝织业也发展起来了。但是，欧洲的丝绸在质量上无法与中国丝绸相比。虽然欧洲当时已经生产了自己的生丝，但丝绸贸易一如古代那样重要。中国丝绸以其价廉、特殊工艺质量和装饰魅力在欧洲市场上参与竞争。中国的丝绸依然在中西贸易中发挥着不可替代的重要作用。

中国丝绸的大量涌入，给欧洲的丝绸产业造成很大冲击。在英国，中国丝绸的大量进口使英国丝织业面临倒闭的危险，英国于1701年竟因此封存了进口的丝绸。法国也出现了同样的情况。法国从17世纪80年代开始实现限制或禁止中国丝绸进口，以扶植法国丝织工业。1691年，法国又制定了禁止输入丝绢的法令。但是，这些法令似乎并没有得到严格的执行。因为当地的丝绸产品，包括对中国丝绸的仿制品，一是价格要比中国货高出许多，二是消费者偏爱外国货，当地产品远远不如中国丝绸有诱惑力，所以来自中国的精美丝绸制品仍然通过各种渠道，包括走私的渠道，源源不断地输入欧洲各国。

这种情况在美洲也出现过。在16世纪的大帆船贸易中，运往美洲最主要的货物就是中国的生丝和丝绸。由中国经菲律宾马尼拉开往墨西哥的船只所载的丝织品，有时一次竟达1200箱，每次所运送的中国丝袜达2万双。其获利往往高达8倍，最高时可达10倍。中国的衣物和丝织品，在墨西哥的进口总额中有时占到1/2以上。中国丝绸质地优良、价格低廉、式样新颖、工艺精美，成为远销美洲获利最大的货物，在美洲市场上极为畅销。到18世纪末，中国丝绸商品占墨西哥进口总值的63%以上。其他如秘鲁、巴拿马、智利等地，中国丝织品的销售情况基本上也是如此。可以说，沿南美洲海岸，无处不有中国丝绸的踪迹。

16—18世纪，欧洲对于中国丝绸的需求远远超过以前的时代，各种丝织品，比如服装、地毯、挂毯、窗帘、床罩等，一起输入欧洲。

中国丝织品因其明亮的色彩、充满异国情调的纹样和相对低廉的价格，受到欧洲上层社会妇女们的欢迎，成为她们的主要服饰之一，并成为某种社会身份的标志。在路易十四时代的法国，宫廷男女服饰都以刺绣、折裥、蝴蝶结装饰，贵妇人的高跟鞋面有些也以中国丝绸、织锦为面料，上面绣有各种精美的图案。伦敦的贵妇人将中国丝绸服装视为时髦。这些服装往往绣着象征吉祥如意的麒麟、龙凤等图案，古典华贵，深得贵妇们的欢心。有些妇女喜欢穿着有中国刺绣的服装，披着有中国刺绣的披肩、围巾，口袋里装着有中国刺绣的手帕，甚至请中国刺绣工匠绣制丝绸名片。中国丝绸有一个独特的地方，即行走时衣裙摩擦会发出轻轻的丝鸣。在当时欧洲的社交场合，这种丝鸣声是上流社会妇女展示魅力的一个重要手段。莎士比亚在《驯悍记》中写道：

> 室内的帷幕都用古代的锦绣制成，象牙的箱子里满藏着金币，杉木的橱里堆垒着锦毡绣帐、绸缎绫罗、美衣华服、珍珠镶嵌的绒垫、金线织成的流苏以及铜锡用具……①

18世纪中期以后，中国的丝绸披肩风靡欧洲，色彩以白色和艳色为主，欧洲每年的进口量高达8万多条，其中法国就占了1/4的份额。西班牙还流行一种被称为"马尼拉大披肩"（Montones de Manila）的丝巾，是

---

① ［英］莎士比亚著：《驯悍记》，朱生豪译，北京联合出版公司2016年版，第66页。

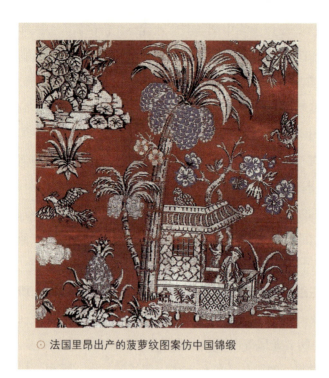

⊙ 法国里昂出产的菠萝纹图案仿中国锦缎

经过马尼拉大帆船贸易然后经墨西哥转运到西班牙的。这种丝巾是当时妇女们用来增加魅力的重要服饰，流行一时。这些"马尼拉大披肩"的原产地是广州，所以应该称为"广州大披肩"（Montones de Canton）。这些丝巾上往往都绘有穿着中国民间服装的人物形象，有具有浓郁中国特色的花园、院落、居室等，还有展现"武松打虎"等中国历史故事的图案。

18世纪晚期，中国的手绘丝织品成为欧洲社会最为流行的样式。到1673年，中国花样渐趋"平民化"，已经有了印花丝织品，以代替高价的手绘丝织品。《优雅信使报》记载："丝织品最近又有了印成的材料，几乎同手绘的一样美丽。最初的印花品只供花边装饰之用，现在这种印花的绸缎大量流行。它非常美妙，使人一眼难于辨认究竟是手绘的还是印花的。"①鉴于这种绘制或印花丝织品的消费越来越多，法国的一些丝织厂纷纷仿效，专造各款绘花或印花的丝织品，再加上中国的商标，以满足人们的嗜好。

---

① 马良著：《西方人眼中的东方丝绸艺术》，上海教育出版社2004年版，第229页。

三、茶叶之路

中国是世界上最早发现茶树和利用茶树的国家，是世界茶文化的发祥地。"茶通六艺"，茶是我国传统文化艺术的载体。人们将饮茶与山水自然结为一体，茶的自然属性与中国古老文化的精华相互渗透和融合，使得茶的精神内涵为众人所接受。中国悠久的制茶历史和饮茶传统形成了灿烂的茶文化。

在欧洲，最早提到茶这种饮料的是1559年在威尼斯出版的一本名叫《航海与旅行》的书。这本书的作者赖麦锡（G. B. Ramusio）是马可·波罗时代的一位传记作家，据说他还曾担任过《马可·波罗游记》一书的编辑。他与许多旅行家有过交往，其中有一个叫哈吉·穆罕默德的波斯商人，他告诉了赖麦锡有关"Chai Catai"（中国茶）的故事。相传最初关于茶叶的知识，就是由他传入欧洲的。

但真正了解茶的还是随着大航海商船来中国的欧洲人，他们注意到了已经在中国普遍流行的饮茶习俗。最初欧洲人有关茶叶的介绍中，首先注意到的是中国人以及日本人的这种生活习惯，其中包括饮茶的方式和以茶待客的生活习俗，同时也注意到了饮茶时所使用的茶具和其他精美的器具，总之还是将饮茶作为一种"异国情调"、一种"东方风情"来介绍的。与此同时，许多人特别注意到了饮茶有治病、保健和养生方面的功能，强调茶是一种有益于健康的饮料，饮茶是一种健康的生活习惯。有人以亲身体验说："每餐之后，饮茶少许，感觉对身体非常有益。"

这些早期到过中国或日本的欧洲人，亲见中国人或日本人的饮茶习惯，也亲自品尝过香茗的味道，印象十分深刻。但他们还没有想到把这种神奇的饮料带回去，让欧洲人一起欣赏、品尝。这种情况最后由一个荷兰人改变了。1595年，荷兰航海家杨·胡伊根·范林思索顿（Jan Huygen van Linschoten）出版了《旅行杂谈》一书，其中描述了位于东方的一个辽阔的葡萄牙殖民帝国，提供了详细的地图，并介绍了那里各种令人惊奇的东西。其中有一种在中国和日本被称为"朝那"（chaona）的东西。

据说，正是《旅行杂谈》这本书引起了荷兰人对于饮茶这种奇异的东方习俗的浓厚兴趣，最早激发了人们将茶叶运到欧洲的想法。于是，他们乘商船来到东方，第一次把茶叶带到欧洲，由此揭开了近代欧洲持续3个多世纪的大规模茶叶贸易的序幕。

大约在1606年，第一批茶叶运到荷兰。这被认为是茶叶第一次作为商品进口到欧洲。荷兰东印度公司的档案里有一封信，是该公司的职员威克汉（R. Wickham）于1615年6月27日在日本写给在澳门的同僚伊顿（Eaton）的，他在信中索要"一包最醇正的茶叶"。这是荷兰有关茶的最早记载。

在整个17世纪和18世纪初，荷兰是欧洲国家中最大的茶叶贩运国和茶

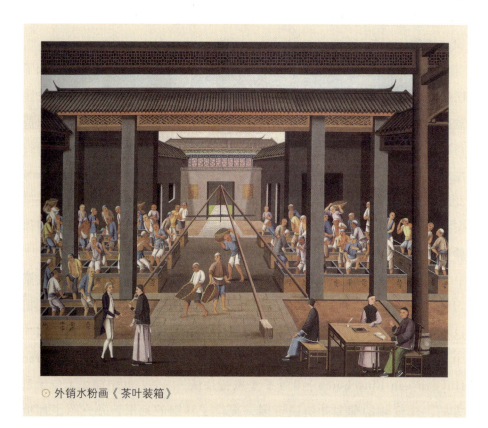

⊙ 外销水粉画《茶叶装箱》

叶经销商，几乎独占茶叶贸易长达80年之久。在初期，荷兰东印度公司通过前往印尼巴达维亚的中国帆船进行茶叶贸易，每年获利10万—50万荷兰盾。在荷兰占领印尼以前，中国与印尼就有十分密切的贸易关系。葡萄牙占领马六甲后，东南亚的贸易中心从马六甲转至巴达维亚。每年中国商船运载陶瓷、丝绸、茶叶等物品到巴达维亚交换胡椒、香料等土产。17世纪二三十年代，平均每年到达巴达维亚的中国帆船有5艘。1683年清朝解除海禁后，中国帆船到达东南亚的数量有明显的增加，1690—1718年，平均每年有14艘中国帆船至巴达维亚。荷兰人除从巴达维亚进口中国茶叶外，还通过波斯进口部分中国茶。

1651—1652年，荷兰阿姆斯特丹举办茶叶拍卖活动，使茶叶成为独立的商品。阿姆斯特丹也因此成为欧洲的茶叶供应中心。阿姆斯特丹的茶叶交易一直十分活跃，1714年拍卖的茶叶有36766磅。

荷兰从中国进口的茶叶，除满足本国的消费外，还贩卖至欧洲其他国家和北美殖民地。1666年，英国贵族奥索雷（Ossory）和阿林格顿（Arlington）从阿姆斯特丹带一批茶叶到伦敦变卖，获得可观的利润。当时阿姆斯特丹每磅茶叶售价为3先令4便士，而伦敦则高达2英镑18先令4便士。荷兰人彼得·施托伊弗桑特（Peter Stuyvesant）把第一批中国茶叶运到北美殖民地的新阿姆斯特丹（即后来的纽约）的荷兰人定居点，当地居民都成了爱喝茶的人，该城的茶叶消费量甚至超过了整个英格兰。至17世纪末，荷兰的茶叶贸易规模已较大，1685年荷兰东印度公司董事会在给荷印总督的指示中，要求供应2万磅新鲜上等茶叶。进入18世纪，中荷茶叶贸易的规模进一步扩大。1715年，荷兰东印度公司董事会要荷印当局订购6万—7万磅茶叶，次年又要求增加到10万磅。1719年，荷兰的订茶量达20万磅。

1727年10月，荷兰东印度公司董事会决定派船直接到中国买茶，中荷茶叶贸易由中国—巴达维亚—荷兰的间接贸易形式改为中国—荷兰的直接贸易形式。1728年12月初，东印度公司的"科斯霍恩"（Coxhorn）号直航广州，1730年返航时，共运回茶叶27万磅、丝绸品570匹以及陶瓷等物。

货物脱手后，扣除各种费用，净得利润32.5万荷兰盾。1731年至1734年，荷兰派出11艘商船前往广州，共购买茶叶135担，价值1743945荷兰盾，占全部货值的73.9%。1734年以后，荷兰东印度公司茶叶贸易有所起伏，但仍然是对华贸易的最重要商品。

18世纪20年代至90年代，茶叶贸易在荷中直接贸易中始终占据绝对重要的地位，茶叶占荷兰东印度公司输入中国商品的70%—80%，有时超过85%。茶叶贸易是一项利润极为丰厚的买卖。1729年，荷兰在广州购买茶叶的总值是242420荷盾，在荷兰售卖后获利355681荷兰盾，利润率达147%。1733年，荷兰在广州购买价值336881荷兰盾的茶叶，到荷兰后竟卖得988510荷兰盾，获利651629荷兰盾，利润率高达193%。

欧洲饮茶风在18世纪已非常盛行。茶叶贸易的巨大利润吸引欧洲国家竞相加入茶叶贸易的行列。在1790年至1800年间，荷兰、丹麦、瑞典、法国等国从中国进口的茶叶总量为38506646磅。专门运输茶叶的船队逐渐建立起来，数量越来越多的茶叶箱在设有"东印度公司码头"的世界各大港口卸货，这些港口包括里斯本、洛里昂、伦敦、奥斯坦德、阿姆斯特丹、哥德堡等。有一份资料显示，自1766年起，广州输出的茶叶按如下分配：英国船600万磅，荷兰船450万磅，法国船210万磅，合计约7000吨。还有一份资料显示，1700年欧洲人从中国进口茶叶9万磅，1800年增至4500万磅，100年间增加了近500倍。在18世纪上半叶，西欧各国对华贸易形

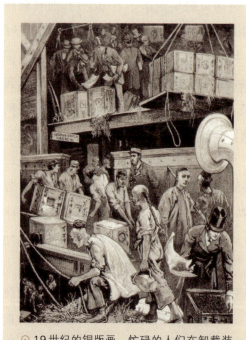

⊙19世纪的铜版画，忙碌的人们在卸载装有中国茶叶的集装箱

成了以茶叶为大宗进口商品的结构，反映了18世纪欧亚通商的主要特点，人们将这一世纪称为欧亚贸易的"茶叶世纪"。

瑞典学者罗伯特·贺曼逊（Robert Hermansson）在《伟大的中国探险：一个远东贸易的故事》中，说到瑞典东印度公司第一艘赴华贸易的商船"费德力克·利丝·苏西亚"号1732年在广州装货的情景。除了大宗的瓷器和丝绸，还说到茶叶：

> 茶叶一直都是公司里最重要的商品。在第一次商旅中，一共有货物1591个整箱、250个半箱以及10大矩形盆状包裹。在漫长的返航途中，通常茶叶都被放在捆着铅线的方形盒子中，并且都用纸密封起来。茶叶一旦受潮就不值钱了。
>
> 合理精确的统计显示，费德力克·利丝·苏西亚号返航时装载了大约165吨茶叶。这些茶叶分不同的等次和颜色，红茶和绿茶都有。最多的红茶品种是武夷茶和小种茶，它们几乎占了茶叶总量的一半。在拍卖会上即使是最常见的品种，一磅也要卖1克朗10银便士。[①]

前文提及的随船牧师奥斯贝克在《中国和东印度群岛旅行记》中记载的100多万磅茶叶，其中包括许多不同的品种：

> 1030642磅武夷茶（红茶），共2885箱。
> 96589磅工夫茶，共1071大箱和288小箱。
> 67388磅小种，共573大箱和1367小箱。
> 17205磅白毫，共323箱。
> 6670磅Bing-tea，共119箱。
> 7930磅熙春皮茶，共140箱。

---

① ［瑞典］罗伯特·贺曼逊著：《伟大的中国探险：一个远东贸易的故事》，赵晓玫译，广东人民出版社2006年版，第30页。

2206磅熙春茶，共31桶。

3557磅其他各种茶，共1720罐。[1]

英国东印度公司是当时世界上最强大的跨国公司，从18世纪开始支配世界的茶叶贸易。英国人茶叶消费的普及正是东印度公司业务拓展的结果。17世纪时，英国的茶叶进口量还不大。1664年，英国东印度公司下了第一笔关于茶叶的订单，从爪哇运回100磅中国茶叶。1678年，订单中的茶叶数量增加到4713磅，以后逐年大幅度增长。在18世纪70年代，英国合法茶叶每年的消费量是400万—500万磅，而每年走私茶叶的总量为400

⊙ 外销画《中国的茶叶贸易》

① ［瑞典］彼得·奥斯贝克著：《中国和东印度群岛旅行记》，倪文君译，广西师范大学出版社2006年版，第166页。

万—750万磅。1790—1800年，荷兰、丹麦、瑞典、法国等国从中国进口的茶叶总量约为3851万磅。但是，就其地位和重要性而言，其他国家没有一家公司可以和英国东印度公司相抗衡。比如同在1790年至1800年间，英国东印度公司从中国进口的茶叶总量约为2.89亿磅。到了19世纪，英国的茶叶进口量又有了惊人的增长，1830年是3000万磅，1879年则上升到1.36亿磅。

英国东印度公司完全依靠茶叶得到迅速发展。在它的全盛时期，它掌握着中国茶叶贸易的专卖权，操纵茶叶买卖，限制茶叶输入英国的数量，控制茶叶的价格，垄断茶叶的国际市场。由英国东印度公司运销的中国茶叶，在18世纪70年代占广州全部外销茶的33%，到80年代增至54%，90年代激增至74%，19世纪初达到80%。英国东印度公司不仅"造就"了世界上最大的茶叶专卖制度，而且茶叶宣传是其不断扩张的原动力，结果是促成了英国的饮料革命，使英国人放弃咖啡而变成嗜好饮茶。

通过茶叶贸易，东印度公司以及后来的各大商行赚取了巨额利润，英国政府也从中获得了巨额税收。茶叶进口税成为英国财政收入很重要的一部分。在东印度公司垄断的最后几年，茶叶带给英国国库的税收平均每年达到330万磅，占国库总收入的1/10左右。因此，茶叶被称为"绿色黄金"，茶叶贸易"开始了欧洲贸易史的新篇章"。

进口到各东印度公司所在国的茶叶，并非仅限于其本土的消费，还流通到西北欧国家乃至它们在美洲的殖民地。因此，在有的城市里形成了一定规模的国际茶叶市场。伦敦是全世界最大的茶叶消费与专卖市场，从1679年开始举行茶叶拍卖，直到1998年6月29日最后一次拍卖，伦敦的茶叶拍卖市场存在了300多年。

四、被茶叶改变的生活

持续了3个多世纪的茶叶贸易，把数量巨大的中国茶叶运抵欧洲，为那些从事这种远程贸易的欧洲各国的东印度公司以及其他商人创造了巨大利润，积累了前所未有的财富，为以后近代资本主义的发展奠定了雄厚的基础。

从事这种远程贸易，首先是在中国有巨大的货源。支撑大规模茶叶贸易的另一端，是广泛的市场需求，即茶叶成为深入欧洲人日常生活的一种普遍的消费需求。这就是说，近代西方大规模的茶叶贸易，是以在欧洲人中普遍流行饮茶为基础的。饮茶，不仅是消费一种饮料，而且成为一种生活方式，成为一种普遍流行的民间文化。

欧洲最早开始饮茶的是荷兰人，大约是在17世纪初。茶叶在欧洲最初不是被当作饮料，而是被视为药物放在药店出售的，药师会在茶叶中加上珍贵药材，例如糖、姜、香料等，成为当时的成药。茶的价格也相当昂贵，被视为一种极为稀缺和昂贵的奢侈品，一般人是消费不起的。饮茶的荷兰人主要是来往于东方与荷兰的商人、水手及达官贵人。在英国开始出现饮茶文化的最初四五十年，即1658—1700年，茶叶的价格相当昂贵，通常是每磅16—50先令。当时一个仆人一年的工资约为6英镑，相比之下，茶叶显得异常奢侈。

欧洲最流行饮茶的是英国。从事茶叶贸易最突出的是英国的东印度公司，它控制了全球的茶叶贸易，从中获取了空前的高额利润。也正是因为东印度公司的大力宣传和推广，饮茶习俗在英国广泛流行开来，甚至形成了"下午茶"这种独特的英国茶文化。

⊙ 英国油画《喝茶的家庭》(约1727年)

英国流行饮茶与查理二世国王的王妃凯瑟琳有很大关系。凯瑟琳是西班牙国王胡安四世的女儿，1662年，她嫁给了查理二世。在她带来的嫁妆中，有一箱茶叶。在她的影响下，饮茶成为英国宫廷的时尚，不久饮茶习惯从宫廷传播到了整个英国上流社会。

17世纪后期以后，饮茶习俗已经在英国社会各阶层中普遍流行了。英国最早的茶叶零售是在咖啡馆里。1657年，在伦敦的交易巷（Exchange Alley），有一家托马斯·加威（Thomas Garway）咖啡馆开始卖茶叶，这是英国首次公开出售茶叶。店主托马斯·加威是当时著名的贸易商和烟商，他以冲泡的方式出售茶叶。首次卖茶的招贴海报和价目表，现仍保存在伦敦博物馆。这张海报突出强调茶叶的保健功能，可以说是英国第一份"茶叶宣言"。

继托马斯·加威咖啡馆之后不久，伦敦陆续有一些咖啡馆开始经营茶叶零售业务和提供饮茶服务。苏丹王妃咖啡馆是第一家为顾客提供饮茶服务的店铺。1658年9月23日，伦敦《政治快报》上刊登了一则广告，这是英国最早标明日期的有关茶的公开报道。

到18世纪，伦敦的咖啡馆实际上成了茶馆。据说在1700年的时候，伦敦就有超过500家的咖啡店卖茶。18世纪上半叶，伦敦大约有2500家咖啡馆出售茶叶和提供饮茶服务。1706年，伦敦建立了首家红茶专卖店"汤姆咖啡馆"。除此之外，伦敦的药房也贩卖茶叶，将其作为治疗伤风感冒的新药，接着玻璃行、绸缎店、陶瓷商、杂货店也都开始卖茶。18世纪中叶，出现了茶叶专卖店。1783年英国共有33778个获得许可的茶叶经销商，1801年共有62055个茶叶经销商。据计算，在英国每174个人中就有1个茶叶经销商。茶叶成为英国全民共饮的大众饮料。

饮茶习俗的形成也带动了中国瓷器在英国的流行。当饮茶成为一种时尚的时候，饮茶所用的瓷器也就成了一种时尚的必需品。当时的一位英国作家说，中国的瓷制茶具成了"每一位时髦女士的必需之收藏"。"下午茶"的出现更是促进了人们在茶具上的追求和爱好。无论是穷人还是富人，他们都想要至少一套精美的瓷器茶具。

饮茶在17世纪后期到18世纪成为英国上层贵族和文人学子们的雅好。安妮女王（Queen Anne of Great Britain）也爱饮茶，诗人蒲伯说女王常在肯辛顿宫园内闲坐饮茶。蒙塔古夫人（Mrs. Montagu）是当时社交界贵妇名媛中的首要人物，她说，因为饮茶，社交活动更有生机了，年老的变得年轻了，年轻的更年轻了。蒙塔古夫人写信给她的亲戚，请她们给她购买两磅上好的走私茶，并带到伦敦来。艾迪生（Joseph Addison）和斯蒂尔（Richard Steele）这些沉湎于饮茶的才子们，时常流连于茶馆之中。艾迪生曾在他主办的《旁观者》报上撰文说，时髦女子在上午10点至11点之间要喝一杯武夷山茶，到了晚上，又坐在茶桌旁了。他在另一篇文章中还说，老茶客能分辨各种名茶；如果两种茶叶合在一起，他在品尝时也能分辨出来，并能说出合在一起的是哪两种茶。

　　饮茶已经不仅仅是上层社会的雅好，而且成为普通百姓日常生活的一部分。比如城市的工人家庭也爱喝茶。18世纪20年代，弗里德里克·莫顿·伊登（Frederic Morton Eden）为写一本名为《穷人的状况》的书而对英国各地开展了实地调查。他详细地记录了英国各地穷人的饮食状况。从他的记录中可以看出，很多穷人定期购买茶叶和食糖。一个典型的体力劳动者和他的家人每周都要购买2盎司茶叶，再加上购买用于加入茶中的食糖，这两项费用占其家庭收入的5%—10%。相比之下，买肉的支出为12%，买啤酒的支出仅为2.5%。茶叶、面包和奶酪构成他们日常饮食的核心部分。对收入非常有限的劳动阶层来说，"面包+茶叶"成为他们非常理想的食谱。到了18世纪末，对全体英国人民——不论是富人还是穷人——来说，茶叶已经

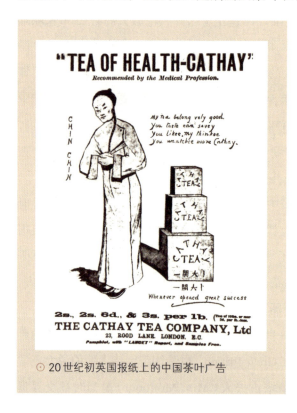

⊙ 20世纪初英国报纸上的中国茶叶广告

⊙ 饮茶成为英国人日常生活中不可缺少的活动之一

成为他们生活中一个重要部分。有人估计，18世纪末，"最穷的英国人每年消费5—6磅茶叶"。恩格斯在《英国工人阶级状况》中讲述了19世纪初英国工人的饮食状况，其中说到他们的饮茶习惯："一般都喝点淡茶，茶里面有时放一点糖、牛奶或烧酒。在英国，甚至在爱尔兰，茶被看做一种极其重要的和必不可少的饮料，就像咖啡在我们德国一样。喝不起茶的，总是极端贫苦的人家。"①

英国还发展出"下午茶"这种特有的茶文化。17世纪时，英国上流社会的早餐都很丰盛，但午餐较为简便，社交晚餐则一直到晚上8时左右才开始，人们便习惯在下午4时左右吃些点心、喝杯茶。品茶也成为当时人们待客的一种重要形式，并且发展出茶会这种社交形式。下午茶成为维多利亚时代社会生活的重要组成部分。这个时期是英国中产阶级崛起的时期，他们想通过模仿上层社会的活动来显示自己的富有，所以中产阶级的女士

① 《马克思恩格斯全集》(第2卷)，人民出版社1957年版，第356页。

像贵族一样用下午茶。

英国贵族赋予茶以优雅的形象及丰富华美的品饮方式，下午茶更被视为社交的入门、时尚的象征。特别是对于女士来说，下午茶是她们日常生活中不可缺少的一部分。在每天的这段时间里，她们可以打探各种消息和小道传闻，互相展示新款帽子和连衣裙。同时出现了专门为参加下午茶活动而设计的茶礼服。茶礼服设计得不仅舒适，还兼顾高雅和从容，逐渐发展成为一种奢华的服装。

下午茶的发展也受到了英国传统文化的影响，在以严谨的礼仪要求著称的英国，下午茶逐渐产生了各式各样的礼节要求与习惯，并成为英国上流社会每日必不可少的活动之一。实际上，英国下午茶已发展成为一种类似日本茶道的仪式，并成为民族生活习惯和文化中不可分割的部分。

五、瓷器之路

中国的饮茶习俗一直与瓷器有着不解之缘。中国人饮茶对茶具有多样的要求，尤其注重茶具的艺术性。饮用与欣赏、茶香与茶具融为一体，相得益彰。而在欧洲，当饮茶成为一种时尚的时候，饮茶所用的瓷器也就成了时尚的标配。在大航海时代的中欧贸易中，瓷器也占有相当大的份额，与丝绸、茶叶并称为"三大贸易"或"三大物产"。

瓷器是一种综合表现中华文化的特殊物质形态。因此，当瓷器大量外销并传播到世界各地的时候，不仅给各国人民提供了一种方便、适宜的生活用具，也向他们展示了中华文化的风采和光辉。

瓷器的外销大约是在唐代开始的。至迟从9世纪下半期，我国的瓷器就已输出国外。起初也许不是有意识地向海外开拓市场，有可能是作为唐王朝赠送给各国的礼品，却为以后中国瓷器的大量外销开了先路。

中国瓷器从唐代开始就作为外贸商品销往国外，很快就受到世界各地人们的喜爱和欢迎，所以瓷器外销数量越来越大，中国也出现了以生产外销瓷为主的瓷器窑口。明代以前，生产外销瓷的窑厂主要集中在东南沿海各地，到了明代，景德镇一枝独秀，成为主要的外销瓷生产基地。到明嘉靖元年（1522），景德镇的窑口达到900多座，陶工达到10万多人，此后有"四时雷电镇"之称，形成"工匠来八方，器成天下走"的繁荣景象。

从16世纪初开始，欧洲各国掀起了大规模的远洋贸易，中国瓷器在欧洲的销售量达到历史上的高峰。欧洲各国商船直接到中国港口进行瓷器贸易，在大量采购中国瓷器的过程中，又对瓷器的购买提出了进一步的要求，他们希望瓷器的造型、纹饰风格和内容能够按照他们的意愿去设计，使景德镇生产的日用陶瓷更符合欧洲人的审美习惯和要求。后来，有些艺术家、画家直接参与瓷器的图样设计，委托东印度公司到中国来定做。瑞典东印度公司还拥有自己的设计师，专门为在中国定做瓷器设计图稿。西方人所喜欢的金银器、玻璃器和陶瓷的造型与式样，很多直接被景德镇的陶工所采用。

⊙ 外销瓷，广彩人物纹盘

针对欧洲市场，景德镇的陶工们制作了一批图案性、装饰性强的青花瓷器，除了传统的花鸟、瑞兽及人物等纹饰图案，还常见有西方国家的族徽、外国文字、罗盘、经书、喷水图及西洋风景画，边饰开光或镂雕，内绘枝花或硕果，造型有深壁花口大碗、壶、折沿花口盘等。这些瓷器制作非常精细，胎体薄而讲究，欧洲人非常喜欢。这种按照西洋风格制作的瓷器被称为"克拉克瓷"。

关于"克拉克瓷"名称的来历，据说 1602 年荷兰东印度公司在海上劫掠了葡萄牙商船"圣卡特丽娜"（Santa Caterina）号，船上装有大量来自中国的青花瓷器。当时，荷兰人把葡萄牙远航东方的货船称作"克拉克"（carrack），"kraak"是其荷兰文的拼法。因为当时人们不清楚瓷器的产地，欧洲人便把这种瓷器命名为"克拉克瓷"。

从乾隆时期开始，为了适应外销需要，国内出现了洋彩瓷器，在瓷器装饰方面仿照西洋画法。欧洲人对瓷器的要求是，既要保留一定的中国特色，又要适应西方人的审美习惯。中国陶工们就是按照这样的标准生产外销瓷的。

瓷器初入欧洲时，人们把它看得十分神秘，并产生了许多神话般的传说。比如，在中世纪，人们认为中国瓷器可以保护人免受毒药的侵害，认为青瓷器碰到毒药马上会变黑，可以识毒。有人认为瓷器有一种魔力，用它来吃饭喝水，可以使身体强壮。文学家的这种富有浪漫色彩的幻想，更增加了瓷器的神秘感。

16 世纪初，中国瓷器开始大量销往欧洲。由于各地对瓷器都有着广泛的市场需求，因而具有巨大的利润空间。这种巨大的商业利润激发着人们不辞劳苦、不畏风险，去从事贩运瓷器的各种远程贸易活动。在接下来的 3 个世纪中，中国瓷器销售到欧洲的数量达到 3 亿件之巨，另外还有巨量的瓷器销往东亚及东南亚各地。300 年间，中国瓷器外销欧亚的数量每年合计高达 300 万件。

葡萄牙相关档案里提到中国瓷器，最早是在 1499 年。这份档案显示，达·伽马抵达印度的卡利卡特，即古里，当地的国王赠给他"一个装有 50

袋麝香的瓷罐，六个像饮酒用的大口杯一样的大瓷碗……还有六个深腹的瓷壶，每个可以容纳15升水"①。达·伽马回国时，带回这些东方物产，并将一些瓷器献给了葡萄牙国王曼努埃尔一世。

在抵达中国之前，葡萄牙人就已经固定在印度转口装船，一次运载瓷器就高达6万件。从那时起，中国瓷器就率先进入葡萄牙和西班牙的皇室宫廷，并成批地进入欧洲市场。1513年，葡萄牙人阿尔瓦雷兹在离广州18千米的屯门上岸；1517年，裴雷·德安德雷特带领8艘商船抵达澳门东南的圣约翰岛，接着去了广州，开始与中国进行直接贸易。当时每艘葡萄牙商船上都装载着数量高达20万件的瓷器。瓷器在中葡贸易中占有极其重要的地位，也成为欧洲社会最珍贵的礼物。

葡萄牙人从直接向欧洲贩卖瓷器中获取了高额利润，其利润高达100%—200%。葡萄牙率先与中国进行瓷器贸易，把精美的中国瓷器运销欧洲后，欧洲各国很快掀起了购买中国瓷器的热潮。欧洲人狂热地赞美中国瓷器，把购买、搜集中国瓷器说成像是去"寻求黄金"一样。

1584年，荷兰皇宫可能通过葡萄牙或西班牙向中国订购了96000件瓷器。1602年，荷兰人掳掠了一艘装载瓷器返欧的大帆船"圣卡特丽娜"号，将瓷器运到阿姆斯特丹拍卖。据说这批瓷器有60吨。法国国王亨利四世在这次拍卖中购买了一套质量精良的餐具，英国国王詹姆士一世也买了一些瓷器。也正是从1602年开始，荷兰东印度公司开始参加东亚、东南亚贸易，定期从中国贩回瓷器。1610年，荷兰一艘商舶到达广州，运载了瓷器9227件；1612年运往荷兰的瓷器有3.9万件；1614年，另一艘商舶又运载了6.9万件瓷器。而到1636年，运往荷兰的瓷器达25.9万件，1637年达21万件，1639年多达36.6万件。据估计，在1604年至1656年间，荷兰进口了300多万件瓷器。另有统计说，在1602年至1682年这80年间，有1600万件中国瓷器由荷兰东印度公司的商舶运载到荷兰和世界各地。

1700年，英国商船"马克列菲尔德"号首次驶入广州港装运瓷器。

---

① 万明：《明代青花瓷的展开：以时空为视点》，《历史研究》2012年第5期。

⊙ 荷兰订制的中国瓷器，器具上采用的是1728年特别为荷兰东印度公司铸造的银币上的纹样

1710年，一艘英国商船装载了40吨、约合50万件瓷器。1721年，有4艘英国商船各装载了21万件瓷器。1722年，英国东印度公司收到的订购中国瓷器的信函达几万份。这一年运到英国的瓷器有40万件，多数是在中国订制的标有族徽的餐具和茶具。1735年，英国商船"格拉富图"（Grafton）号和"哈里逊"（Harrison）号分别从广州和厦门返航，运载了24万件瓷器。

1700年，法国商船"安菲特利特"号从广州回到法国。船上装满了以江西景德镇为主的瓷器160箱。法国东印度公司为这次远航成功专门在报纸上刊登了醒目的广告，说这批瓷器有咖啡壶、盛放调味品的盒、花瓶、水罐、各种大小的盘和碟、茶杯、酒杯以及理发师用的脸盆等"上等的瓷器"，估计有数万件之多。仅两个月时间，这批瓷器便销售一空。1703年，"安菲特利特"号再度远航广州，又运回瓷器140箱。这艘法国巨舶的两次远航，成为18世纪初中法文化交流的一件大事。

18世纪，欧洲其他国家也相继参与中国瓷器贸易。瑞典第一艘来华的商船被命名为"费德力克·利丝·苏西亚"号，以此来纪念瑞典国王。这

⊙外销画《瓷器入仓》，描绘了清代广州陶瓷制品运抵货仓，搬运工人从船上卸货入仓的情景

⊙外销画《广州瓷器店》

艘商船于1732年2月起航，历时7个月到达广州，在广州停靠4个月后起航返乡。瑞典学者罗伯特·贺曼逊在《伟大的中国探险：一个远东贸易的故事》中描述"费德力克·利丝·苏西亚"号在广州交易的情景：

⊙ 从沉没的瑞典"哥德堡号"商船上打捞出水的青花瓷片

　　船只经中国官员测量、检查批准后，押运员们开始做生意。他们用西班牙银币买了大量的茶叶和瓷器。估算有43万件瓷器运上了船，其中大约30万件瓷器都是用来装热饮的。（根据）船队返航后的拍卖依据——现今尚存的商品目录，我们可以发现在这上千件瓷器中有305件餐具、194只水壶、579只茶壶、21170个盘子、2543只碟、12只痰盂和6个有盖的夜壶。夜壶在拍卖会上每个卖6克朗4银便士。拍卖会的商品目录很好地统计了这些商品的价值。一个相当普通的带有25块青花碎纹（的）茶具，最最一般也要卖整整12克朗。一双男装丝质袜子卖6银克朗。一套大一点的有60个盘子的餐具，那时称为饭桌餐具，需要大约130克朗。为了防止返航途中瓷器破碎，它们被仔细包装好。每个瓷器都放在草编的套子里，就像鸟巢似的，那些套子就叫做瓷巢。为了保护好瓷巢里面的瓷器，这些瓷巢再被分装在158公斤重的装有西米的麻袋里。①

---

① ［瑞典］罗伯特·贺曼逊著：《伟大的中国探险：一个远东贸易的故事》，赵晓玫译，广东人民出版社2006年版，第29—30页。

另外，据估计，瑞典在 1750 年至 1775 年间就进口了 1100 万件瓷器。在经营东亚、东南亚贸易期间，瑞典东印度公司从广州进口的瓷器共有 5000 万件。

六、被狂热追捧的瓷器

瓷器传到欧洲后，引起了人们狂热的追捧，特别是在宫廷王室贵族社会中，出现了一大批瓷器爱好者。作为非西方文化的艺术品，中国古陶瓷在世界上获得的广泛认同和青睐是独一无二的，它的价值和品位可以比肩于西方任何一个门类的艺术品，以及西方历史上那些声名显赫的艺术大师的作品。特别是在 17 至 18 世纪，收藏和展示东方瓷器成为欧洲王室和贵族奢华生活的重要形式之一。有人说，瓷器一如宫殿和貂袍，其实是在宣示所有者的实力和气势。瓷器成为各国王室相互仿效、彼此较劲的身价通货。还有人说："皇家或贵族是否占有东方瓷器或者后来的欧洲瓷器，关系到他们的声望。瓷器增加宫廷的光彩。"

达·伽马在完成东方航行之后，将一件从亚洲带回来的中国瓷器作为礼物送给葡萄牙国王曼努埃尔一世。曼努埃尔一世是一位东方文物的狂热爱好者，其财产目录中记载的物品，有的被确定为来自摩洛哥、土耳其、波斯、印度或者中国，其中包括"4 件外部带有银饰和柳条的中国瓷器"。在 1512 年，国王送给里斯本的哲罗姆修道院许多瓷器。一年以后，他又送给他的妻子卡斯蒂里的玛丽王后一套瓷器。从 1511 年 2 月到 1514 年 4 月，里斯本印度库房的香料司库若奥·达萨（Joao da Sa）记录了皇家库房一共进了 692 件瓷器和数千件稀有的东方物品。国王的母亲同样拥有一些瓷器，并珍藏在一个佛兰德斯箱子里。在王后伊莎贝拉去世后被公布的她的财产目录中提到了一位葡萄牙亲戚，他在 1504 年 4 月 26 日向王后的侍女维奥兰特·德·奥比昂（Violante de Albion）移交了一件大青花盆，这是卡斯蒂里的玛丽赠送的礼物。4 天后，她又从一位威尼斯大使那里得到了一件小一点的装饰着紫罗兰花的八角形盆。

在葡萄牙的桑托斯宫（Santos Palace）有一个"瓷器屋顶"，天花板上覆盖着260余件青花瓷盘，大多是16—17世纪的克拉克瓷。桑托斯宫从1501年开始作为葡萄牙国王曼努埃尔一世的住所，1589年以后属于兰卡斯特雷（Lancastre）家族所有。这个青花瓷装饰的天花板是17世纪后他们花了25年时间建造的，上面的瓷器曾是曼努埃尔一世的收藏。

对葡萄牙统治者来讲，瓷器是一种深受喜爱且非常稀有的礼物。1610年成书的《葡萄牙国王记述》对中国瓷器充满赞美之言：

> 这种瓷瓶是人们所发明的最美丽的东西，看起来要比所有的金、银或水晶瓶都更为可爱。

西班牙国王卡洛斯一世曾通过从事东方贸易的商人向中国订购了印有王族徽记和花押字的瓷器，纹章瓷由此在欧洲盛行起来。西班牙国王菲利普二世是欧洲最著名的艺术赞助人，他收藏了1500幅画，无数手稿、版画、锦帷、钟表、珠宝，以及各种奇珍异兽标本。他非常喜欢中国瓷器，经常进行采购。菲利普二世去世前，已拥有全欧洲最多的中国瓷器。据一份1598年的清单，他拥有的总数达3000件的瓷器，多数为餐具，包括上菜盘、水酒瓶、酱汁碗、大口罐等。

在荷兰，收藏瓷器也是很受王室贵族追捧的风潮。18世纪初荷兰威廉四世国王的王后玛丽莲·露易丝就是一个狂热的瓷器爱好者。1730年，玛丽莲王后移居荷兰北部城市吕伐登（Leeuwarden），住在普林西霍夫宫殿。她在晚年时大规模收藏东方的瓷器，并设想将普林西霍夫宫殿建成荷兰最大的瓷器博物馆。1731年，荷兰吕伐登普林西霍夫博物馆（Princesseh of Museum）正式成立，来自中国和日本的精美瓷器被源源不断地送到博物馆。1765年玛丽莲王后去世前，普林西霍夫博物馆已经拥有上千件中国瓷器。之后，普林西霍夫博物馆逐渐发展成为荷兰乃至欧洲知名的瓷器收藏中心，多年中不断收到收藏家捐赠的瓷器。到20世纪70年代，普林西霍夫博物馆成为荷兰公共陶瓷艺术研究中心，馆内藏有中国明清时期各大窑口的精美瓷器18万件。

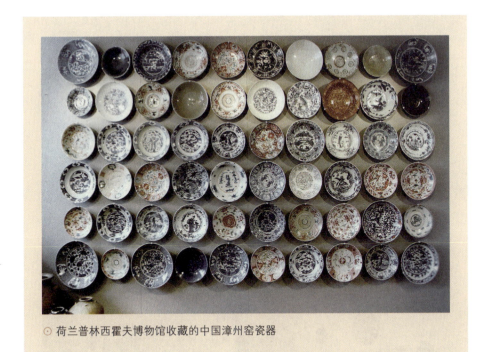

⊙ 荷兰普林西霍夫博物馆收藏的中国漳州窑瓷器

德国的德累斯顿茨温格尔宫是欧洲最大的瓷器艺术博物馆，其前身是奥古斯特大力王收藏的茨温格尔宫瓷器走廊。费里德里希·奥古斯特一世（Friedrich August I）是神圣罗马帝国萨克森选帝侯，也称"奥古斯特大力王"，1697年担任波兰国王。1715年前后，奥古斯特一世开始系统收藏中国瓷器。1717年，他得知北部普鲁士摄政王威尔·汉姆一世收藏了一批体量巨大的中国青花瓷。为了获得这批青花瓷，奥古斯特一世决定以波兰·萨克森部队的一个兵团（约600名龙骑兵）来换取威尔·汉姆一世的151件大型青花瓷。这批瓷器后来被称为"近卫花瓷"或"龙骑兵瓷"，也有人将它们称为"萨克森国

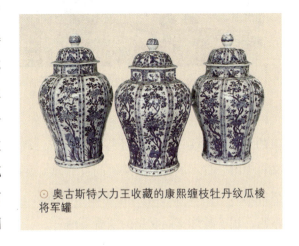

⊙ 奥古斯特大力王收藏的康熙缠枝牡丹纹瓜棱将军罐

⊙ 德国德累斯顿茨温格尔宫的迈森瓷器走廊

王的血罐"。这一年，他还将自己的波兰行宫改造成为"瓷器宫殿"，把来自中国、日本的瓷器和刚刚问世的德国迈森瓷器一同展示出来。1727年，奥古斯特一世又在易北河畔建造"日本宫"，将他的部分瓷器精品转至日本宫，用于装饰富丽堂皇的"瓷器塔"。

奥古斯特一世通过多种渠道来丰富他的收藏，既有国与国之间的购买，也有大臣们的呈送，更多的是在莱比锡城购买的。当地的瓷器商人将从荷兰购买的中国瓷器，再转手卖给奥古斯特一世。当时最著名的瓷器商人是伊丽莎白·巴斯塔切夫人（Madame Elisabeth Bassetouche），茨温格尔宫中的瓷器走廊装饰的很多花瓶组合都是由她代为购买的。之后，她一度居住在德累斯顿，成为国王身边的瓷器顾问。在奥古斯特一世收藏的顶峰时期，茨温格尔宫共有东方瓷器24100件，其中中国瓷器约17000件，日本瓷器和朝鲜瓷器7100件。

对中国瓷器的爱好和收藏，不仅在欧洲上层社会的皇室和贵族之间流行，也流传到民间。英国作家斯威夫特（Johathan Swift）说，他有一段时期爱上了瓷器，简直是疯了，不管它多么贵重。英国诗人盖伊（John Gay）在一首诗中提到一位爱好古瓷的夫人：

> 古瓷是她心中的爱好所在：
> 一个杯子、一只盘、一只碟子、一只碗
> 能够触动她肠中的火焰，
> 给她欢乐，或叫她不得安闲。

1712年，英国的《旁观者》杂志发表了一位瓷器店服务员的来信，信中谈到了一位古瓷爱好者。信上说，那位女子每天都要到他的店里光顾两三次，一会儿说要买屏风，服务员就把屏风搬出来让她看；一会儿又说要买茶和一套茶杯、盘子和钵子，服务员又去把这些东西搬出来，让她看看、摸摸。到后来她又说不买了。她走后，服务员把散落一地的货物整理上架，可是还没整理完，她又回来了。

意大利艺术家们把中国的或中国样式的瓷器表现在他们的作品里，最早的例证似乎出现在来自维罗纳的弗朗切斯科·本纳里奥（Francesco Benaglio）的作品中。在一件创作于1460年至1470年的圣母子绘画中可以看到一只莲蓬状的碗，并带有一种可以在15世纪初期的中国瓷器中见到的简单的青花装饰。安德烈·曼泰尼亚（Andrea Mantegna）在他的《博士来拜》中描绘了一件青花瓷，用来强调三位国王的东方起源。第一次对陶瓷的准确描绘，可以在一幅巨大的由乔万尼·贝利尼（Giovanni Bellini）创作的作品中看到，那就是他的《诸神的盛宴》。该画作于1514年，画面里有两个青花碗和一个带有镀银托架的盘子。碗是明代15世纪晚期和16世纪早期最典型的器物。在碗外侧的双层口沿之间，是由六朵莲花组成的饰带，内部有由五朵牡丹在一根起伏的花茎上组成的图案，边上是较小的繁盛的花和叶子。这种碗被广泛出口到东南亚和中东地区，并被葡萄牙人带到欧洲。据有的学者考证，画中瓷器的实物可能是1498—1508年曼努克·苏尔坦家族（the Mamluke Sultans）的外交礼品。画家是应痴迷中国瓷器的阿方索一世公爵（Duke Alfonso I d'Este）的请求而创作的。16世纪的许多欧洲画家喜欢在自己作品的背景中画几件中国瓷器，有的画家还在作品中写上几个汉字。

在17世纪，瓷器被视为一种新奇的珍玩，只有少数大宫廷才有比较大量的瓷器，但快到18世纪时，特别是在饮茶成为社会流行风尚后，瓷器逐渐成为普通家庭用品。精美绝伦的各种瓷器，深入社会的各个阶层，走进人们的日常生活，给欧洲人的日常生活带来很大的方便。

据说，在14世纪的法国上层社会，餐具还是金、木、陶制器皿并用。16世纪的时候，瓷器已经开始进入欧洲，但还是稀罕之物。1607年，法国王子用一只瓷碗喝肉汤，已经是很了不起的事情，因为当时只有国王和贵族才买得起瓷器。到了18世纪，欧洲人才开始以瓷器代替金银器作为餐具。法国国王路易十五命令将宫廷中所用的金银餐具熔化，充作他用，而以瓷器代替，自此上下从效。大量瓷器的引进改变了人们的餐桌。把餐具和饮具由笨重的银器变为精美轻便的瓷器，从而改变了人们的就餐方式，乃至引起整个生活方式的变化。

瓷器在日常生活领域的广泛影响，不仅仅局限在餐桌，不仅仅改变了人们的餐具、茶具等日常用品，还作为居室的陈设、装饰，美化着人们的生活环境。当时的欧洲上流社会，都以设置"瓷器室"（Porcelain room），陈列中国瓷器为时尚。如法国国王路易十四有专门收藏瓷器的凡尔赛镜厅，还特地建了"瓷宫"。波兰国王约翰三世在维拉努哈宫侧殿有专门陈列瓷器的"中国厅"。德国大选帝侯（Grand Elector）的夫人露易丝·亨利埃蒂（Louise Henriette）在柏林南部的奥拉宁堡（Oranineburg）宫殿设有带护壁板的大厅，专门陈列她在1652年至1667年间收集的中国瓷器。他的儿子腓特烈（Frederick，1701年为普鲁士国王）在夏洛滕堡（Charlottenburg）为其妻子索菲·夏洛特（Sophie Charlotte）建造的宫殿中，也设有瓷器厅，陈列了400余件中国瓷器。

以瓷器装饰房间的风尚，由欧洲大陆传到英国。玛丽二世女王在荷兰居住时，曾购买了大量瓷器来装饰房间。玛丽二世与其丈夫威廉三世继承了英国王位之后，把这种时尚带到了英国宫廷。1689年2月，他们查看了汉普顿（Hampton）王宫，决定对其进行全面整修。1720年出版的《大不列颠岛游记》记载，汉普顿宫陈列着大量精美的中国瓷器，这些瓷器在别的地方从未出现过。不但室内的陈列柜、壁炉上摆满了瓷器，就连宫中的长廊也随处摆放着瓷器。这一时期，欧洲涌现了一批室内装饰设计大师，从事"瓷器室"的设计。其中最有名的一位是荷兰建筑师丹尼尔·马洛特（Daniel Marot）。他是法国人，1685年流亡到荷兰，后来跟随威廉三世到了英国，参与了汉普顿宫"瓷器室"的设计。

到18世纪初，这种以瓷器装饰房间的风尚，从上层

⊙ 英国利物浦博物馆陈列的中国瓷器

社会传到了民间，许多普通家庭也把中国瓷器作为家庭居室的重要陈设。18世纪英国经济学家亚当·斯密就曾提到，他在爱丁堡和巴黎的人家中看到大量白色的中国瓷器。而瑞典人凭想象在自己的家里布置了一个"中国厨房"，厨房的墙壁和餐桌都是用中国瓷器装饰的，他们称之为"瓷器厨房"。

出口到欧洲的瓷器，大部分以中国传统纹样装饰。装饰的主题、题材和形式都是中国传统的，以传统人物、山水、鸟兽、花草、典故、传说、乡俗、物产等为主题，内容相当丰富，体现了中国传统瓷绘装饰艺术的特色和中华文化中深厚的人文精神，几乎是一部有关中国的"百科全书"。在照相技术尚未问世的18世纪，西方国家对中国形象的了解，主要是通过写实的绘画作品，而瓷器是一个重要的信息来源。这些充满异国情调的东方图画，让欧洲人领会到另外一种审美情趣，一时间成为追捧的对象，以至于在欧洲形成了持续一个多世纪的"中国风"和"洛可可艺术风格"。

七、独放异彩的漆器

漆器和瓷器一样，也是古代中国的一项伟大发明。漆器是用漆涂在各种器物的表面上所制成的日常器具及工艺品、美术品。至明清时代，漆器工艺的多种技法和不同纹、地的结合，迎来了千文万华之盛。在这个时期，漆器的品种至少在400种以上，其中最为突出的主要是雕漆、镶嵌漆、彩漆、洋漆、填漆、钱金漆等。

17世纪时，中国漆器已经输入欧洲，但尚属罕见之物，所以在1689年，髹漆的中国家具竟被作为皇家的开奖物品，可知其名贵。但到了17世纪末，漆器开始大量输入欧洲。中国外销到欧洲的家具以漆木家具为主，多采用黑漆描金的装饰手法，式样大到厨柜、桌椅、屏风，小到扇子、针线盒、工具箱等，无所不包。这些家具和漆器是展现中国彩绘装饰艺术的主要形式之一。多数家具的木胎，是事先订购的，做好后用船运至广州，广州漆匠髹漆彩绘后再返运回订购地。广州制作的漆器独占鳌头，成为主要出口商品之一，欧美各地所见的漆器也大多来自广州。

漆器家具输入欧洲，立即受到广泛的欢迎。法国路易十四时代的凡尔赛和托里阿诺宫中都采用了整套的中国漆制家具。许多中国漆器已登记在"皇宫家具的总目录"里，最早的有关史料记载，"一只中国橱柜，带有两扇门，门上画有在空中飞翔的四只鸟，两只兔子和中国式的房屋（第19号）；一只中国橱柜，带有两扇门，一扇门上画有空中有四脚的怪物，另一扇门上画有一块岩石（第20号）"；还有几个柜子，"涂以中国清漆，画有岩石和中国式的房屋，还有鹿、马、鸭子等动物"。在

⊙ 外销的漆制缝纫台

1708年记录的凡尔赛宫的家具清单里，有一套中国漆器屏风，它们是由"十二扇精制的漆木折叠饰板组成的，都以绿色漆及金片衬底，五彩缤纷的色彩画有花卉、梯田、树木，并以黑漆涂边，再在边饰中画有不同颜色的花瓶，并配有银色的小鸟和金龙，都是雕绘的。高为六英尺十英寸，背面是黑漆"。[①]

1703年，法国商船从中国运回大批漆器，引起全国性轰动。饰有镶嵌螺钿的中国家具大受欢迎，比较常见的有屏风、橱柜等，当时甚至称为"安菲特利特中国漆器"。据说法国著名作家赛维涅夫人（Madame de

① ［芬］方海：《中国家具传入西方简史》，唐飞译，载任继愈主编《国际汉学》第7辑，大象出版社2002年版，第236—237页。

Sévigné）在一个用作书桌的嵌螺钿漆器五斗橱上，写出了她著名的数十封给女儿的信。葡萄牙哥因布拉大学的图书馆，也采用了漆绘装饰的墙面。当时商业或财产目录上有关东亚进口货品的记载中，有许多中国漆器的名目。各种式样的漆器在社会上广为流行，以至老米拉波侯爵曾从经济方面对此种现象提出批评。

中国漆器家具传入欧洲后，在荷兰、意大利、英国、法国等国家都出现了中国漆器家具的仿制品。17世纪初，欧洲就开始有了仿制中国家具的记载。1600年在巴黎上演的一出戏剧中，剧中的人物提出要按照中国样式打造一件橱柜。1612年，荷兰家具师威廉·基克（William Kick）应一位将军的要求，打造过一个仿制的中国橱柜，以与另一个进口的中国橱柜配套，作为送给土耳其苏丹的礼物。

但是，当时人们还不知道中国漆的配方和制漆工艺。据说中国的制漆技艺是由奥古斯定修会传教士奥斯塔希乌斯（Eustachius）最早传入欧洲的，但此说尚待考证。在1690年至1700年间，意大利科学家、耶稣会士伯纳尼（Filippo Bonanni）写了一份关于中国漆器的详细材料，后来整理成为学术报告，于1720年发表。他的研究利用了耶稣会士们掌握的有关中国漆的材料，认为漆来源于一种树，它只生长于亚洲，不可能移植到欧洲。而且漆是有毒的，不便于海上长途贩运，所以欧洲不可能仿制中国的漆，必须寻找其他的替代品。

后来，欧洲人找到了一种中国漆的替代品，就是"树胶漆"（gum-lac）或"虫漆"（shell-lac）。虫胶又名紫胶，是寄生在某些树种上的紫胶虫所分泌的一种天然动物性树脂，颜色紫红，故称"紫胶"。其因系紫胶虫分泌物，又称"虫胶"。采集后经过加工，再将其溶解在酒精里，就可以制成虫漆。从16世纪晚期开始，欧洲就开始利用树胶漆或虫漆仿制中国的漆器。到17世纪初，当时的文献记载，阿姆斯特丹、纽伦堡、奥格斯堡等地都已经有了漆器生产，荷兰还出现了漆器行会。18世纪时法国的漆器业居于欧洲之首，其中以马丁一家最为著名。罗伯特·马丁（Robert Martin）在制漆技艺方面取得了卓越的成就。伏尔泰曾热情地赞扬他，说

"马丁的漆橱，胜于中华器"，又说"马丁的漆壁板为美中之美"，对法国漆业的最新成就表达了由衷的喜悦。蓬帕杜夫人（Madame de Pompadour）对中国时尚十分热心，其沙龙中经常聚集许多人高谈中国风尚。她特别喜爱马丁家仿造中国及日本样式的姿态优美的花鸟漆器，曾订购大批这样的漆器家具，装饰她所居住的蓓拉浮宫。法国漆器以

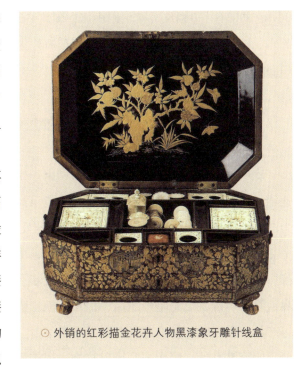

⊙ 外销的红彩描金花卉人物黑漆象牙雕针线盒

蓝、红、绿和金色为主，室内的立柜式样都仿照中国风格，采用牡丹花鸟、中国妇女、中式栏杆、房舍等装饰图案。

18世纪英国的设计家们认为，漆艺是指用漆先覆盖家具或其他物品表面，而后再用更多色泽的漆反复地在已有的漆面上绘画的技艺。他们首先把漆器的制作当作一门艺术。当时英国上层社会的妇女以学绘漆为时尚，绘漆成为女子学校的一门美工课。家具制造商也纷纷仿造中国漆器家具的图案和色彩，打造中国式家具。17世纪晚期英国的家具，以豪华的装饰和出色的髹漆著称。家具的样式有写字台、立式时钟、椅子、桌子、镜子等，这些产品在中国都找不到原型，但装饰图案都是中国风格的。著名家具设计师齐本达尔（Thomas Chippendale）和海普尔华特（Heppelwhite）设计制作的橱、台、椅子，完全模仿中国式样，采用上等福建漆，雕刻龙、塔、佛像、花草。齐本达尔引进福建漆檀木椅，后来又模仿中国竹节家具，屏风设计尤其雅致。齐本达尔在1754年出版《绅士与橱柜制造者指南》，副标题是"哥特式、中国式和现代式常用家具中最优雅与实用之图

例"。书中有160幅桌、椅、橱柜等中国风格家具的图案。这本书成为当时许多工匠的蓝本，他们制作的这类家具被称为"齐本达尔中国式"（Cinese Chippendale）。

八、输入中国的欧洲商品

晚明和清前期欧洲对中国的贸易，由于大航海时代的来临，出现了高速增长的态势。明中叶之后，我国商品货币经济发展较快。由于社会生产力的不断提高，农业方面，商业性农业迅速发展，农副产品产量日益增多；手工业方面，民营手工业的分工不断扩大，生产技术有新的突破，发明和推广了一批新技术和新工艺，制造出一批新产品，许多手工业产品名列世界前茅。所以，无论是丝织品、棉布、糖、瓷器、铁器，还是粮食、药材等产品，在国际市场上都具有很强的竞争力。而在15世纪至16世纪中叶，西欧国家没有什么民生产品可以打进中国市场。当时欧美各国的货物很难在中国找到市场，所以"夷船"来时"所载货物无几，大半均属番银"。因而出现了到达广州的欧洲商船进口的商品，除从南洋转口贸易的胡椒、苏木、象牙、檀香、沉香等货物外，主要的和大量的是白银。也就是说，外国商人是携带大量银子来广州购买中国货物，然后贩回其本国去倾销。

不过，除了输入大量的白银，也输入了许多欧洲的商品，商品种类、数量都很多，主要有：香料、药材、鱼翅、紫檀、黑铅、棉花、沙藤、檀香、苏合香、乳香、西谷米、丁香、降香、胡椒、藤子、白藤、黄蜡、哔叽缎、哆啰呢、羽毛布、自鸣钟、小玻璃器皿、玻璃镜、哆啰绒哔叽、银圆、珊瑚、玛瑙、洋参等数十种。[①]美国输入的商品有皮货、粗棉、铅、人参、水银、檀香水等。

从18世纪末以后，由于英国工业革命的影响，英国纺织工业生产力空

---

① ［英］格林堡著：《鸦片战争前中英通商史》，康成译，商务印书馆1961年版，第71页。

前提高，棉布、棉纱生产突增，中国进口英国棉布、棉纱量骤然增加。至鸦片战争前夕，西欧国家输入中国的商品中，棉花占首位，平均每年输入棉花达50万担，价值500万元；棉布占第二位，每年进口53万匹，价值138万元；呢绒占第三位；棉纱、棉线占第四位。这个时期，欧美各国把鸦片输入中国，进行走私贸易。从雍正七年（1729）开始，葡萄牙人从印度的果阿和达曼贩运鸦片到澳门，大约每年有200箱。以后英、美等国为了扭转其对华贸易的逆差，把鸦片作为扩大中国市场的敲门砖。

在欧洲国家与中国的交往中，也有一些国家派使臣向中国朝廷进献礼品，成为欧洲物产进入中国的一个渠道。如1663年（康熙二年），和兰（荷兰）贡刀、剑、马。1670年（康熙九年），义国（意大利）贡金刚石、珊瑚等，还有丁香、金银花露、大玻璃镜。1694年（康熙三十三年），俄罗斯入贡。1719年（康熙五十八年），英吉利入贡。1727年（雍正五年），葡萄牙贡方物。1764年（乾隆二十九年），西洋贡铜人十八人，能演《西厢》。

清人王士禛《池北偶谈》收录一篇杂文《荷兰贡物》，其中记载了荷兰使臣向清朝廷进献的礼品：

> 荷兰国自康熙六年入贡，今二十五年。台湾平，设郡县，其王耀汉连氏甘勃氏遣陪臣宾先吧芝复奉表进贡，表词有云："外邦之丸泥尺土，乃是中国飞埃；异域之勺水蹄涔，原属天家滴露。"云云。贡物大珊瑚珠一串，照身大镜二面，奇秀琥珀二十四块，大哆啰绒十五匹，中哆啰绒十四匹，织金大绒毯四领，鸟羽缎四匹，绿倭缎一匹，新机哔叽缎八匹，中哔叽缎十二匹，织金花缎五匹，白色杂样细软布二百一十九匹，文采细织布一十五匹，大细布三十匹，白毛裹布三十匹，大自鸣钟一座，大琉璃灯一圆，聚耀烛台一悬，琉璃盏异式五百八十一块，丁香三十担，冰片三十二斤，甜肉豆蔻四甖，厢金小箱一只（内丁香油、蔷薇花油、檀香油、桂花油各一罐），葡萄酒二桶，大象牙五支，厢金鸟铳二十把，厢金马铳二十把，精细马铳十把，彩色皮带二十佩，厢金马铳中用绣彩皮带十佩，精细马铳中用精细小

马铳二十把，短小马铳二十把，精细鸟铳十把，厢金佩刀十把，起花佩刀二十把，厢金双利剑十把，双利阔剑十把，起金花单利剑六把，照星月水镜一执，江河照水镜二执，雕制夹板三只。[①]

外国的贡品主要是进入宫廷，通过商业渠道进来的欧洲商品，则在中国社会流行起来。可以说，晚明至清前期，大量进口的外国商品，包括来自欧美的商品，已经进入人们的日常生活。如在《红楼梦》中，作为一部描写上层贵族大家庭的作品，其中有不少关于进口物品的描写。有人统计，《红楼梦》中描写的舶来的外域用品有50余种，涉及陈设、服饰、饮食、器物、药品、动物等各个方面。如把刘姥姥吓一跳的自鸣钟，刘姥姥醉游大观园时照的大镜子，还有"勇晴雯病补孔雀金裘"中被贾母称作"雀金呢"的氅衣，即使用俄罗斯孔雀毛织就的氅衣，等等。玻璃大身镜子当时是少数贵族才能拥有的物品。《红楼梦》还提到西洋葡萄酒、西药、眼镜、西洋自行船、西洋挂钟、西洋钟表、鼻烟、波斯玩器、俄罗斯金呢袭、玫瑰露等，还有翡翠花洋绉裙、羽绉面白狐狸皮的鹤氅、哆啰呢、洋线、番丝雀金呢、玻璃炕屏、乌银洋錾自斟壶、十锦珐琅杯、洋烟、西洋小银剪子、雪花洋糖等。

九、茶叶种植技术在欧洲的传播

欧洲人在大量引进中国茶叶的同时，也开始考虑引进茶树和茶种，希望移植这种植物。但是，中国茶树的移植是一个漫长的并且是由多数人参与的过程。据说有一位修士从中国将茶树带到法国的马提尼克岛，待到它发芽、开花，才知道它不是真正的茶树，而是与茶树同宗同类的山茶花。在17世纪的时候，荷兰人就从日本带了一些茶树到荷兰。但是，这些被带到欧洲的茶树好像没有栽培成功。

---

① 〔清〕王士禛著：《池北偶谈》，齐鲁书社2007年版，第66页。

瑞典博物学家林奈（Carl von Linné）的学生奥斯贝克在中国逗留期间，广泛考察了中国的植物，其中包括对茶叶及茶树的考察研究。奥斯贝克在其所著《中国和东印度群岛旅行记》中对中国的茶叶生产和制作做了比较详细的介绍。在此之前，已经有许多传教士及其他旅行者对中国的茶叶做过介绍，但都是集中在介绍中国人的饮茶习惯和喝茶的功效方面，还没有人注意到茶叶的采摘、制作乃至包装运输的全过程。奥斯贝克则侧重这些以前不为人所注意的方面。他认为，茶叶根据不同的生长地有许多不同的名字，制作的方法也不尽相同。他分别介绍了红茶、绿茶等茶叶的不同品种。奥斯贝克在中国收集到一棵茶树，却在回程的途中丢失了。

1763年，林奈最终获得了一棵茶树，这是欧洲的第一棵茶树。来华的传教士们也参与了引进茶树的过程，因为他们可以深入中国内地，直接从茶农手里购买茶种。传教士李明、利安国等都曾应邀向法国寄送过茶种。

1793年，英国使臣马戛尔尼勋爵访问北京，回国时被允许带走一些茶树种子和茶树。1816年，阿美士德勋爵带领一个使团到北京，也带回了一些茶树和茶树种子。

1827年，荷兰人雅各布松（Jacobson）移居雅加达，从中国携带回茶叶种苗和15名茶叶种植专家，在爪哇开辟了茶叶种植园。从1835年起，爪哇首次装200箱茶叶外销。

1834年，英国成立茶叶委员会，负责调查引进中国茶树和茶树种子的可能性，并在印度选择适合种植中国茶树的地区，开展试验性种植。他们派委员会的一位成员戈登（C. J. Gordon）到中国收集茶树和茶树种子，招募茶叶种植和加工方面的专家。他们还发布了一份官方通告，在印度最适合种植茶叶的地区征求意见。在印度阿萨姆，布鲁斯（Bruce）从1835年起，在中国广东工人的帮助下，开发了一种12年前发现的本土茶树品种，从1839年开始首次向西方出售茶叶。戈登则从中国送回8万颗种子，它们在加尔各答的植物园发了芽。戈登多次到中国来，在以后许多年中，大量中国茶树种子被戈登和其他人送往印度。中国的一些制茶工匠也来到印度加工茶叶。

1848年，英国东印度公司派遣植物标本采集专家罗伯特·福琼（Robert Fortune）到中国寻找优良的茶树品种。福琼的中国之行对把中国的植茶技术引入印度起到了重要的作用。

在此之前，英国植物学家约翰·雷维斯（John Reeves）曾到中国进行植物学调查。他是英国东印度公司驻广州的茶叶检察官，1812年来华后，一直到1831年，他在中国进行了广泛的植物学调查，从华南沿海地区将大批珍贵的观光花木，如杜鹃、山茶、牡丹、菊花、蔷薇、两广棱罗、樱桃、紫薇、紫藤等，引进英国。英国皇家园艺协会于1822年创办了契斯维克（Chiswick）植物园，被引进的中国植物都被种植在这座植物园里。雷维斯在1818年将一株良种的紫藤引入契斯维克植物园，到1839年，这株紫藤长成了一株约开有67.5万朵花的大树。雷维斯还请人将中国著名的观赏植物绘成彩色图谱，共654幅，送给皇家园艺协会，使英国人首次得知中国最优良的蔷薇、石斛、山茶、杜鹃等，以便进一步采集和引种。与此同时，皇家园艺协会还派出了另外几位植物学家到中国考察和采集植物。

雷维斯回国后，对中国丰富的园艺植物仍难以忘怀，在他的主持下，园艺协会决定派遣园艺学家福琼到中国进行大规模的调查与采集。福琼此前担任契斯维克植物园温室部主任。1843年，福琼被派往中国，从此开始了他在中国的四次植物学考察之旅。

临行前，园艺学会给福琼开列了一份清单，要求他引种野生或栽培的观赏植物及经济植物的种子，收集花园、农业和气象等方面的资料。福琼需要考察的有北京御花园中重达两磅的桃子，山茶、芍药和良种蚕，以及英国人想象中的蓝牡丹、黄色茶花，不同品质的茶叶；还要考察香港灯笼花的生长环境，调查有无黄色重瓣月季、黄色山茶及蓝色芍药等，收集荷花的变种，收集佛手、金柑、食用百合及做宣纸的原料植物，分析植被生长茂密处自然土壤的理化性质及适合山茶、杜鹃、菊花、灯笼花等植物生长的土壤的性质。他于1843年7月6日到达香港，进行了7周的植物采集，然后搭船到厦门，又去了浙江舟山，并到达宁波、上海、苏州。1844年年底，他将采集的450种植物寄往英国，其中有秋牡丹、桔梗、金钟花、构骨、石岩杜鹃、柏木、榆叶梅、榕树等，还有牡丹40个品种，包括12个新品种。1845年，福琼从上海乘船到福州，考察了福州附近的红茶产区。1846年5月6日，他采集的植物被送达英国契斯维克植物园，他本人也在同年回到英国。1847年，他将这次旅行的经过写成《漫游华北三年》并出版。书中描述了对茶、丝、棉产区的考察和中国的农艺、植物，附有许多插图。

福琼初次来华获得的成功，引起东印度公司的关注，后者决定聘请他再次赴华，为该公司在印度的茶园搜集最好的茶树种子和苗木。1848年7月3日，英国驻印度总督达尔豪西侯爵给他发命令："你必须从中国盛产茶叶的地区挑选出最好的茶树和茶树种子，然后由你负责将茶树和茶树种子从中国运送到加尔各答，再从加尔各答运到喜马拉雅山。你还必须尽一切努力招聘一些有经验的种茶人和茶叶加工者，没有他们，我们将无法发展在喜马拉雅山的茶叶生产。"①

1848年，福琼再次来到中国，他到了中国的很多地方，如徽州、婺源、余姚、宁波、金塘等地，考察茶叶生产，寻找最优良的茶树品种和各种植物。他对所到之处的气候、土壤、植物以及茶叶的采摘和加工都做了详细的记录。1851年2月，他将2万株茶树茶苗、17公斤茶种、1.7万棵茶树幼苗，用4条不同的船运送回印度，以确保至少有一些能够安全到达。他还招募了8名有经验的茶叶专家，购买了大量的茶叶加工设备。这些茶树被成功地移栽到印度的种植园里，并由那些中国种茶专家生产出优质的茶叶。从此，在印度种茶获得成功。那时欧洲人尚不知红茶和绿茶源于同一茶种。福琼发现，两者其实出于同一茶种，只是加工方式不同。这一说法当时在英国还引起了争论。英国历史学家托比·马斯格雷夫（Toby Musgrave）等人的著作《植物猎人》中说："福琼从衢州和浙江的其他地区成功地采集到了茶树种子。他还从宁波地区、舟山和武夷山采集了标本，负责将23892棵幼株及大约17000棵幼苗运到喜马拉雅山山脚下，同时安排8位中国茶工

---

① 丁文著：《中华茶典》，陕西人民出版社2010年版，第107页。

携带工具一同前往。不久，在印度的阿萨姆邦和锡金，茶园陆续涌现。到了19世纪下半叶，茶叶成了印度北部主要的出口商品之一。"1851年9月，福琼回到英国，后于1852年出版了《中国茶区纪行》一书，1853年出版了《再访中国茶区》。

东印度公司对福琼的工作非常满意，决定再次派他去中国，继续采集优良茶种，招聘最好的制茶工匠。于是，福琼于1853年至1856年第三次来到中国。他再次到之前去过的地区采集茶种，到台湾找到了造宣纸的原料通脱木，到湖州考察丝业，还到了其他一些地区采集动植物。他按照东印度公司的指示，在产茶区搜集了数万株茶苗，在江西、福建招募了一批一流的制茶技师，购置了一批制茶工具，一起送到印度的茶园。福琼还为印度引进多种中国经济作物，有油料作物、染料作物和观赏植物等。福琼回国后，出版了《在华人中逗留》一书。

1861年，福琼第四次来到中国，继续进行他的植物学考察，到了北京、天津、烟台、上海等地，回国后出版了《燕都与北京》。

英国殖民者在印度建立茶园后，又在锡兰建立了茶园。1841年，莫里斯·沃尔姆（Maurice Worms）从中国引入茶树苗，将布塞拉瓦（Poussellawa）附近的庞大种植园改造成为茶叶种植园，从而改变了锡兰的经济结构。此后茶叶又陆续被移栽到其他地区，开始在世界上的许多地方栽种茶树和生产茶叶。

十、制瓷技术在欧洲的传播

中国瓷器在欧洲的销路随着社会经济的发展不断增长，与此同时，中国的制瓷技术也传播到欧洲各国，从而刺激和推动了欧洲仿效中国建立自己的制瓷业。

《马可·波罗游记》中已有对中国制瓷技术的介绍。但是，马可·波罗的记述过于简略，语焉不详，并且瓷器在当时还属稀罕之物，所以并没有引起充分的重视。

"瓷器"这个名称本身在古代法语"pou rcelaine"和"porcelaine"中就有不同的含义，不仅指中国瓷器，也指贝壳（cypraea）。同名异义的原因可能是白色陶瓷闪光的表面让欧洲人想起了贝壳，并使他们得出结论：这些瓷器一定是用这些贝壳做出来的。瓷器制作技术在当时的欧洲还鲜为人知。早期出版的《论世界的知识》中重新提及马可·波罗的看法，书中写道："泥土在制成容器前要放40年，以使其成熟。父亲准备泥土而由儿子来完成，并制作出各种容器。"如果瓷器破了，"它需要用山羊奶煮沸泥土来修理"。葡萄牙人杜亚尔特·巴尔博扎（Duarte Barbosa）曾长期生活在印度，他对亚洲包括对中国的了解远远超出同时代的欧洲人，但他在1516年完成的《东方纪事》手稿中说到瓷器的制作时坚持说："他们（中国人）在这块土地上生产大批的瓷器，瓷器在所有地方都是大商品。制作瓷器要把海螺和鸡蛋壳磨成粉末，加蛋清及其他原料揉成一团，放在地下藏一段时间。这种泥团被当做遗产和财富，因为到时间后可以做成各种各样的普通或精美的瓷器。瓷器胎做好后再上釉、绘画。"[1]英国哲学家培根在《新工具》中也认为，将天然物质埋入土中，可改变其性质，并特别引用中国人的"瓷土做法，就是为此目的的。据说他们把这类物质大量埋入地下，长达四五十年，当作一种人造矿藏传供子孙之用"。可见，直至此时欧洲人对瓷器的制造仍然知之甚少。

16世纪葡萄牙传教士克路士（Gaspar da Cruz）也曾介绍过中国制瓷技术，或许对欧洲人有所启发。他在1569年出版的介绍中国情况的著作《中国志》中，专门介绍了中国生产瓷器的原料和制作方法。但是，克路士的介绍还是十分简单，语焉不详，读到的人也不甚了了。西班牙人门多萨根据克路士的记述，在《中华大帝国史》中也记载了有关瓷器制作的方法。

17世纪时，随着传教士进入中国内地，欧洲人对于瓷器的制作已经有了一些比较深入的了解。法国传教士李明在《中国近事报道（1687—

---

[1] 澳门《文化杂志》编：《十六和十七世纪伊比利亚文学视野里的中国景观》，大象出版社2003年版，第14页。

1692）》中有对瓷器制作过程的详细介绍，其中说到瓷器的成型、上釉、图案以及不同的造型和用途等等。特别是他针对当时流行的一些关于制瓷材料的神秘说法，详细描述了瓷器的烧制过程，并宣称自己所说的"就是欧洲长期以来一直寻求的瓷器的奥秘"。

真正对中国制瓷技术和工艺的西传起到直接作用的是18世纪初的法国传教士殷弘绪。殷弘绪是法国耶稣会派来中国的传教士。他在江西设立了一座教堂，1699年至1719年的20年间，一直在此传教。在此期间，他曾多次在景德镇了解瓷器生产情况。1712年，他写信给耶稣会中国和印度传教会巡阅使奥里（Orry），报告有关景德镇和瓷器生产的情况。他说自己有机会了解这种备受推崇并被运往世界各地的华丽瓷器在此地的生产工艺。他到窑厂现场观察，听取当地许多教友的介绍，其中有从事瓷器生产的人，也有做瓷器生意的人。此外，他还阅读了有关瓷器的一些中国古代文献。殷弘绪生动、具体地介绍了景德镇有关人口、城镇、物价、地理、治安等方面的情况以及胎土、釉料、彩绘、色料、匣钵制造、装器入窑、烧成等瓷器生产制作情况，使欧洲人第一次读到有关神秘的景德镇及其瓷器制作技术的真实的第一手材料。殷弘绪的报告书简《中国陶瓷见闻录》，刊登在该会出版的《耶稣会传教

⊙ 18世纪英国制造的瓷砖，上面绘有中国风俗画

士写作的珍贵书简集》第12期上。

殷弘绪的《中国陶瓷见闻录》发表后，在欧洲引起很大反响，同时，欧洲的瓷器制造商和匠师们纷纷托人或来信询问更详细的技术细节。当时，法国、荷兰、意大利、英国等国有不少仿造中国瓷器的陶瓷工场，这些工场在生产中都遇到了一系列技术上的疑难问题。1720年，殷弘绪从江西升调到北京。为了回答欧洲制瓷业人士提出的问题，他于1721年年底再度来到景德镇，对当地的瓷业生产情况进行了为时一个多月的考察和研究。在深入调查的基础上，他写成了《中国陶瓷见闻录补遗》，对景德镇的制瓷技法做了更为具体的介绍。这篇报告刊登在《耶稣会传教士写作的珍贵书简集》第16期上。殷弘绪的这两篇关于中国瓷器生产技术的考察报告，对当时欧洲正在蓬勃发展的陶瓷工场来说，是极为宝贵的技术资料。

殷弘绪的景德镇书简，又称"饶州书简"，为西方世界首度提供了瓷器及制瓷技术和生产的既正确又全面的报道。这份资料后来被收入杜赫德编的《中华帝国全志》。在《百科全书》中，作者狄德罗坦言，写到瓷器部分时，自己再怎么写，都不如直接引用殷弘绪的论述。法国学者博西埃尔（Yves de Thomszde Bossiere）在《殷弘绪和中国对18世纪欧洲的贡献》中指出，殷弘绪首次使欧洲人系统地了解了中国瓷器制造的全过程，甚至掀起了一股寻找高岭土和仿制瓷器的热潮。这是他对法国做出的巨大贡献，也使他在自然科学方面获得了名望。

1856年，法国汉学家儒莲出版了一部有关制作中国瓷器的指南，书的标题为《中国瓷器的制造及其历史》，这使得在1个世纪以前由殷弘绪带回法国的有关这方面的知识得到更新，并且被运用到塞弗尔的制瓷手工业工场中去。

欧洲最早开始试图揭开瓷器制造的奥秘并进行制瓷试验的国家是意大利。据说早在1470年，威尼斯人安东尼奥就用波隆那（Bologna）的黏土制出了一批类似瓷器的东西。16世纪初，另一位威尼斯人伦纳德·佩灵格（Leonardo Peringer）试图用玻璃制造方法来制作瓷器。不过，这些实验只是仿制瓷器。马里奥·德·美第奇（Fracesco Mario de Medici）大公爵统治时代（1574—1584年），佛罗伦萨建立了一个陶器工场，试行仿造中国硬胎瓷器，并生产了一些据说是在欧洲制成的第一批原始瓷器。这是一种有玻璃质的石胎瓷器，被称为"美第奇"瓷。最后他们制成一种类似威尼斯人制品的陶器，在素地或淡青地上涂以深蓝色。这种有色陶器与当时流行的中国瓷器颇为相似。

1584年，荷兰的陶器匠师们通过东印度公司，直接从中国采购白色釉料和青花颜料，仿造中国青花瓷器生产并获得成功。在17世纪，邻近海牙的德尔费特借鉴佛罗伦萨的有色陶器制法，以生产专门模仿中国青花瓷器的白釉蓝彩陶器而闻名。中国瓷器的纹样，如龙、凤、麒麟、虎、蝴蝶、蝙蝠等动物纹样，梅兰竹菊、荷花池塘、岁寒三友、牡丹、芭蕉等植物纹样，山水园林、风俗故事、仕女婴戏、刀马人物等风景人物纹样，以及云纹、水波纹等，都出现在德尔费特的釉陶产品上。德尔费特生产的瓷器行销欧洲，受到热烈欢迎。当时，欧洲人把这种白釉蓝彩陶器直接称为"德尔费特"（Delft），一直沿袭至今。17世纪，中国的壁纸在欧洲流行一时。1630年，德尔费特开始生产模仿中国糊墙纸的建筑装饰陶砖，这适应了当时欧洲各国帝王大兴土木、修建宏伟华丽宫殿的需要。这种建筑装饰陶砖大约也受了"南京瓷塔"的启发，把整个画面分割为36块（横行4块，竖列9块），上面绘有长尾鸟（中国凤凰的变形）、梅花、牡丹、狮子等图案，充满了中国艺术的情调，然后拼凑、组合为整体，粘贴在墙面上。此外，还描绘柳树、小桥流水、亭台楼阁等中国青花瓷器上的图画。

在欧洲瓷器发展史上，德国的波特格尔（Johann Friedrich Bottger）是一个十分重要的人物，他在制瓷技术方面取得了决定性的成功。波特格尔是一位炼金术家，据称掌握了"点石成金"的秘密。他的实验不仅引起了德国著名哲学家莱布尼茨的注意，而且传到了普鲁士国王弗里德里希一世（Frederick I）的耳中。波特格尔受到警告，于1707年逃到萨克森，受到萨克森选帝侯奥古斯特一世的保护，开始试制瓷器。1708年，波特格尔制造出一种红色瓷器，1709年制成无釉的硬质瓷器和有釉的瓷器，烧制出欧洲第一件"真正的瓷器"，成为欧洲硬瓷生产的开端。对此，奥古斯特一世非常高兴，在德累斯顿每个教堂的门上都贴出了告示，自豪地宣称萨克森艺术家已经能够制造真正的瓷器了。1710年，皇室在迈森建立了一家瓷厂，任命波特格尔为瓷厂的"管理人"，出产彩瓷。1713年，迈森瓷场烧制出高品质的白瓷，再一次轰动欧洲。

1714年，第一批迈森瓷器在莱比锡博览会上展出，自此名声大噪，生意兴隆，瓷器业不久就成为萨克森最重要的工业部门。到1733年，迈森的瓷器工厂已经拥有700名员工，成为丰富的收入来源之一。"七年战争"时期（1756—1763年），普鲁士国王弗里德里希二世占领萨克森，就利用迈森的瓷器作为清偿战争债款的物品。弗里德里希二世从迈森瓷业的获利和普鲁士的财政困难受到"启发"和"激励"，从商人哥茨可夫斯基（Kozkowski）那里以22.5万塔勒尔买下他的瓷厂，后来该瓷厂成为著名的"皇家瓷器工厂"（Royal Saxon Porcelain Manufactory）。

波特格尔参与创办的迈森瓷厂在欧洲陶瓷工艺的发展中起了重要作用，至今它仍然是世界上最著名的瓷厂之一。迈森瓷厂生产的瓷器，从器形来说，大多采用中国模式，例如迈森瓷的"蒜头模式"同中国瓷的"石榴模式"多少存在着关系。至于花纹装饰，则仿效中国在白瓷上制作人物、花卉、鸟兽的浮雕，乃至用金色绘制中国人物，称之为"金色的中国人"，颇为新奇有趣。维也纳出身的画师哈洛尔德（Johann Gregor Horoldt）为迈森瓷器装饰艺术的发展做出了很大贡献。哈洛尔德最拿手的，是用富丽的色彩，如红色、蓝色、土耳其青、明亮的黄色等，在瓷器上画出充满异国情调的中国风景人物。哈洛尔德的彩绘，决定了迈森瓷器头十年的特点和风格，同时形成了欧洲瓷器装饰的传统。他的风格是使器皿具有一种统一的构图，器皿背景、装饰、画面、结构聚集成一个完整的统一体，流光溢彩，美艳动人。雕塑家坎德勒设计制作了一系列中国人物雕塑，其中以布袋和尚以及变形的Pagod造型最有特点。迈森的瓷器色彩艳丽，造型独特，精雕细刻，表现出了德国工艺家高超的艺术水平。

1719年，在维也纳实力人物杜帕基（C. Du Paquier）的促成下，迈森瓷厂的工艺师和画匠洪格尔（Hunger）与史特尔采（Stolzel）前往维也纳，帮助杜帕基创办维也纳瓷厂，这是继迈森瓷厂之后欧洲的第二家瓷厂。1720年，凡格尔去了威尼斯，向意大利人介绍制瓷的信息和技术。后来，他又到丹麦和俄罗斯的圣彼得堡，帮助当地人开办瓷厂。此后，欧洲的制瓷业很快发展起来。在德国，除了迈森瓷厂，慕尼黑附近的宁汾堡、柏林、福斯腾堡、路德维格斯堡等地的瓷厂也都很著名。欧洲的其他国家，如西班牙、荷兰、奥地利、法国、英国、意大利、俄罗斯等，纷纷建立瓷厂，生产瓷器。

⊙ 18世纪英国生产的八方盘

法国的制瓷业起步比较晚。17世纪下半叶，法国的陶工模仿中国瓷器，生产出仿中国青花的蓝白陶，后来也生产出彩陶。除釉陶外，法国的软瓷在17世纪末发展起来，到18世纪时已经是精彩纷呈，但硬瓷的生产要比德国晚。1756年，蓬帕杜夫人在塞夫勒建起了瓷器作坊，1761年将其改为"皇家塞夫勒瓷厂"，成功烧制出真正的硬瓷。为了区别于早期生产的软瓷，塞夫勒生产的新瓷器被称为"皇家塞夫勒瓷"。法国瓷器以造型优美、装饰高雅而享誉欧洲，特别是其中国风的设计更是无与伦比。

　　这些欧洲的瓷器制造工厂，无论是在工艺上还是在造型艺术上，都以仿制中国瓷器为主。从16世纪起，欧洲瓷器的发展史实际上就是一部既在装饰图案方面又在物质材料方面模仿中国瓷器而做出努力的历史。这个时候，欧洲的制造品大量采用中国的饰纹，进而仿效中国的款式。瓷器原为中国所独创，欧洲仿效中国画法，也是很自然的。有的人有时还在未上釉的器物底部刻上中国标志"底款"，来冒充精美绝伦的中国上等瓷器。

第四十五章　丝绸之路吹拂"中国风"

一、中国商品带来的异域风情

在大航海的浪潮中，数以千百计的大帆船舟舶相继，行驶在海上丝绸之路上，源源不断地将中国商品运往欧洲各国。这时运到欧洲的中国商品，不仅数量巨大，而且种类繁多，除了丝绸、瓷器、茶叶这"三大物产"，还有服装布匹、食品香料、家具漆器、珠宝首饰、生活日用品、工艺美术品、药品等，几乎涵盖了日常生活的各个领域。这些商品都是具有古老传统的产品或手工艺品，不但是人们的生活必需品，而且凝聚着数千年的文化积淀，既体现着复杂的工艺，又有着丰富的文化内涵。

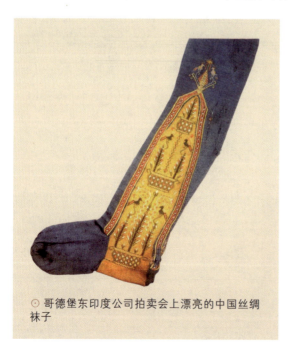

⊙ 哥德堡东印度公司拍卖会上漂亮的中国丝绸袜子

来自遥远中国的、充满异国情调的、新颖奇特的各类物产，大大地开阔了欧洲人的眼界，丰富了他们的知识。所以，在那个时代里，痴迷地追逐新奇的中国物品，在生活的各个领域、各个方面拥有、收藏、使用、品评鉴赏中国的东西，成为欧洲社会普遍流行的时尚。

大量的中国商品涌进欧洲后，在当时的欧洲人看来，这些东西是先进的、高品质的、高档次的、精致的、充满异域风情的，因而也是时髦的、时尚的、流行的。在那个时候，拥有和享用来自中国的商品，是一种身份的标志，是跟上时代的象征。在当时的欧洲社会，中国物品是高雅与先进的象征，人们以拥有中国物品为时尚和荣耀。皇室、贵族以及上流社会的富人阶层，大量搜罗来自中国的东西，引领社会的消费时尚，即使是普通百姓，也希望拥有一两件中国丝绸的服装、几件中国瓷器和漆器，甚至是一把扇子、一件小饰品，以跟上社会的潮流。所以，大家对中国商品趋之若鹜，乐此不疲。

在巴黎、伦敦等许多城市，设有专门出售中国商品的店铺。葡萄牙是最早开展东方贸易的，由于中国瓷器和其他物品的输入，葡萄牙首都里斯本很快成为欧洲专门销售中国古董和中国手工艺品的中心，不少专门经营中国瓷器和手工艺品的商店也蓬勃兴起。1580年，里斯本大街上已经有6家专门出售中国瓷器的商店。最吸引人的是里斯本的格尔明街（Germain），那里以销售中国瓷器著名。此外，还有许多出售中国商品的售货亭和货摊。

早在17世纪初，巴黎就有一些专门从事贩卖中国商品的商人和店铺。在巴黎圣日耳曼大街和圣罗兰大街的大型集市上，有大量中国瓷器和古玩出售。路易十四的首席大臣马扎林主教的中国收藏，部分来自圣日耳曼集市。所以，在当时买到和拥有中国物品并不是特别难。

英国也早就设立了专卖中国商品的商店。据说，早在1609年，伦敦就有了第一家瓷器店。1774年出版的《伦敦指南》记载，在伦敦专门出售瓷器、漆器和其他中国工艺品的商号至少有52家。这些商家兼有商贾和艺术家双重身份。他们根据顾主和市场的需要，委托东印度公司的商人在中国制造他们需要的瓷器等艺术品。到18世纪英国的乔治时代，即使是在偏僻的乡村杂货店里，也能买到东方缎带等一些时髦的奢侈品。

在那个年代里，品种多样、制作精美、丰富多彩的中国商品走进了欧

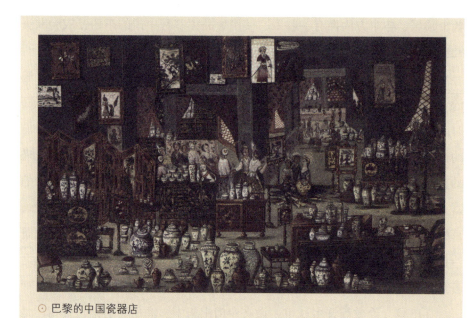

⊙ 巴黎的中国瓷器店

洲人的日常生活，丰富了他们的生活，提高了他们的生活品质，改变了他们的审美趣味，甚至在一定程度上改变了他们的生活方式和生活态度。所以，这些中国商品成为一种时尚、时髦，成为一种风向标，也成为个人品位、地位和身份的象征符号。不仅如此，他们也通过这些看得见、摸得着而且每天就在生活周围存在的物质化的东西，获得了有关中国的知识，至少生发了对中国的想象。

二、中国艺术品的收藏热

流入欧洲的中国物品，除了通过商业渠道进入欧洲人的日常生活，还有少量的是到过中国的传教士、旅行家等带回去的礼品。这些传教士和旅行家，有的在中国居住多年，还有一些可能没到过中国，但在东方活动，比如在菲律宾、印度、日本等地传教或旅行，也会收集到不少中国物品。1980年，西班牙奥古斯定修道会建立了一座"东方博物馆"（Museo Oriental），将该会曾在东方进行传教活动的传教士们400年间带回西班牙的中国物品和菲律宾艺术品展出。这些展品的绝大多数是中国的历代文物，有周代青铜器、汉代铜镜、唐俑、宋瓷、明清山水画卷等。此外，还有许多表现民间风俗、民间信仰的文物，如老子的雕像，八仙和玉皇大帝的画像，观音菩萨的泥塑等；牧童回乡、河畔停舟、雅士抚琴、文人挥毫、福禄寿合欢等题材的画卷；还有皇帝的龙袍、官服、印章、刺绣等。除了奥古斯定修道会，其他修会的传教士们所带回的中国物品也分别被珍藏在各地的教堂或修道院中。

在那个时代的欧洲，收藏是一种社会风尚，而收藏的重点是来自东方的奇珍异物。欧洲的有钱人都搜集包括中国的瓷器和漆器在内的物品。许多贵族和社会名流在家里专门开辟了"中国工艺品陈列室"。

荷兰有一位收藏家Paludanus，共拥有87个收藏柜，藏品范围很广，有地理学、植物学、动物学等方面的标本，也有各种人工制品，如瓷器、漆器、服装等工艺品。这些物品大部分来自中国、印度和日本。1633年，Paludanus去世后，他的部分藏品被捐给了荷兰的莱顿大学，莱顿大学专门建造了一栋楼，用来收藏和陈列这些藏品。这种形式便成为近代欧洲博物馆的前身。

许多皇室和贵族以及上流社会的人都有收藏中国物品的雅好，他们或多或少地收集一些中国的工艺品，以显示自己的文化和时尚品位。法国国王亨利四世从东方购进许多瓷

⊙ 描绘18世纪欧洲上层人士生活的绘画，集中展现了当时的"中国热"，包括中国丝绸、瓷器等

器和纺织品，还从中国购买了大量生丝，在里昂创办皇家丝织工场，以满足宫廷的需要。亨利四世的王后玛丽·德·美第奇指示廷臣为她提供中国式的漆釉书桌和柜橱，还特许一名经营中国商品的商人出入卢浮宫。路易十三的首席大臣黎塞留主教（Armand Jean duPlessis de Richelieu）是雅好艺术的收藏家，曾在他的官邸里展示他丰富的收藏，包括中国漆的屏风、漆床以及400多件中国瓷器。马扎林主教（Jules Mazarin）的中国文物收藏也十分丰富，他1649年的收藏清册摘要内记载："两件中国方式制的箱柜，黑底上满饰螺钿。4件瓷瓶及丝绣的中国床罩。"1653年的清册记载："一系列中国家具、织品、中国纱、15件中国锦缎以及10件完整的巴黎制的中国式哔叽。"

17世纪的英国作家伊夫林在日记中记载了他在一些贵族家里看到的来自中国的东西。1682年，他在伯恩博士的家里看到一箱子珍贵的东西，在走廊里有一个日本式的屏风，还有另外的一个屏风，上面画的是中国的风景和中国人生活的场面。1683年，在普斯麦斯公爵夫人（Duchess of Portsmouth）的家里，他看到了日本的柜子和屏风。1684年6月22日，伊夫林在日记中写道："一名叫汤生的耶稣会士"让他看了一些"由日本及中国耶稣会士寄来的珍品"，这是由英国东印度公司转运到巴黎的货物，暂在伦敦停留。伊夫林说，他这辈子还没见过类似的东西："最醒目的是巨大的犀牛角以及金碧辉煌的背心。那背心以金线编织刺绣，颜色鲜活，既优雅又活泼，欧洲压根儿见不到。还有一条镶着各式珍贵宝石的腰带和锐利到不能碰的匕首，刀刃的金属光泽也不是我们常见的，偏淡偏青。至于扇子，倒像

⊙ 油画《静物写生》，画中有中国织锦和瓷器

是此地女士们惯用的样式，只是大得多，有个雕琢精美的长柄，扇面上则布满了汉字。"伊夫林说，这些物品几乎让人误以为直接来自弗兰西斯·培根的乌托邦小说《新大西岛》。1693年，伊夫林还在玛丽王后的宫殿里见到了稀有的箱子和珍贵的瓷器，还有镜子、架子、立轴、半浮雕的东西和人像。安妮女王的陈设中也有大量来自东方的物品，有二三百个瓷器的杯子、瓶子、盘子等。

到了18世纪，这种风潮仍然持续不衰。法国大臣贝尔丹是一个中国物品的迷恋者，他有一个完整的陈列馆，这个陈列馆就在他位于巴黎林荫大道的府邸中。他通过各种渠道搜集的中国物品，包括中国素描画、绘画和艺术品等，成为他的珍异品陈列馆中最富有特色的部分，其中还珍藏着各种中国乐器。实际上，这个珍异品陈列馆向当时的所有学者开放，成为一座真正的中国博物馆。

法国贵族肖恩（Chaulnes）公爵，是文学艺术的热情资助者，他拥有关于自然历史、古代文化和中国古玩的大量收藏，据说这些藏品装满了他府邸的好几个房间。这位贵族的中国物品收藏是极为丰富的，有服饰衣帽、首饰，有瓷器、漆器、象牙、木器等材质的工艺品，有床、家具、茶壶、刀具、衣帽架、灯笼等家庭用品，有各种游戏器具和图书等，甚至有北京地图、绘画作品，可谓蔚为大观。

三、日常生活的中国情趣

日常生活的其他领域，也随处可见中国风的余韵和影响。一切广告、书籍插图、舞台布景、演员化妆，都以中国风尚为新奇的创造。例如中国折扇在17、18世纪的法国特别流行，法国宫廷贵妇，不论冬夏，都一定手持中国式绢制聚头扇，即折叠扇，以代替16世纪时流行的羽毛扇。英国诗人盖伊在一首诗中说到流传到英国的中国扇子。他说，扇子上的各种人物，其中有女子，有的细眉细眼，莲步姗姗，有的吹笛击钹，自得其乐；有老者踞座而餐，神态俨然；也有彩车上的兵勇，好像是东倒西歪。

欧洲人把中国情调引入他们的娱乐游戏中。中国服装舞会和化装舞会首先在巴黎、维也纳出现，后来又在其他宫廷举行。舞会上最早出现中国人装扮是在1655年，不久后戴着锥形帽、垂着八字胡的中国人成为舞会的基本造型之一。在1685年凡尔赛宫举办的一次假面舞会上，路易十四的弟弟一晚上便换了好几套装扮，最后出场时，他变成了一个"中国人"，给人留下深刻的印象。这种娱乐在18世纪变得非常风行，甚至法兰西学院的学生也经常携带化装面具。1700年元旦，法国宫廷采用中国节日庆祝形式来迎接18世纪的第一个新年，参加者身着中国式丝绸刺绣服装，皇家乐队用笙、笛、锣等中国乐器来演奏音乐，似乎已经代表了这个世纪的情调。

这是一个"以中国为时髦之风气的鼎盛时代"。

那时出版了许多有关中国的图书，其中有旅行家的游记和报道，传教士们的书信、报告、著作和翻译的中国文献，欧洲专家学者、作家撰写的有关中国的评论，还有一些以中国为题材撰写的剧本或小说等文学作品。这些图书都广为流传。总之，"中国"是当时出版界和新闻界的热门题材，有关中国的一切，都是报刊专栏作家们热衷的话题，似乎不谈论中国，就赶不上时代的潮流。比如创刊于1717年的英国《旁观者》报，就曾连续刊登一系列有关中国的文章，内容涉及瓷器、茶叶、长城、园林艺术、孝道、封赠制度等诸多方面。翻阅一下18世纪那些日益大众化的杂志、小报，就会为英国人对中国的兴趣和了解感到吃惊。

这种追求中国趣味、模仿中国样式的风尚广泛流行于各个艺术领域，一切来自中国的工艺品，如瓷器、漆器、丝绸、餐具、陈设、家具、各种小摆件、小手工艺品等，都成为人们热烈追求的对象，同时出现了许多体现中国趣味、中国风格的仿制品。中国风格的造园艺术风靡欧洲，到处都出现了中国式的或"英-中"式的花园和园林，"中国风"的装修设计也大为风行，出现了许多所谓"中国房间"，那里铺中国地毯，墙面贴中国壁纸，陈设中国漆绘家具，使用中国餐具，摆放中国瓷器。"中国风"深入欧洲人日常生活的各个层面。

法国有一位包考克博士（Dr. Pocock），他在1757年游历英国，一周之内似乎处处都见到了中国的东西：中国鸭、中国鸡、中国鱼、中国画、中国船、中国建筑，如此等等。英国作家何瑞思·沃尔波尔（Horace Walpole）到法国后，说："在巴黎，人们更新潮流就像他们更换情人一样频繁。"伏尔泰也说到当时人们对中国物品的痴迷：

> 我们到中国去寻找瓷土，就好像我们这里一点瓷土都没有似的；去找绸缎，就好像我们缺少绸缎一样；去找一种泡在饮料里用的小草儿，好像在我们土地里一点草药都没有。①

"中国风"流行于社会的各个阶层，上至宫廷国王王后、贵族政客，下至黎民百姓，都以自己的方式和能力追逐这股时尚潮流。一位法国学者研究了18世纪法国"中国热"的社会基础和地理范围，认为参与"中国热"的人主要是王室成员、贵族、官吏、律师、医师、艺术家、学者和富商等。"总而言之，法国18世纪'中国热'的特征是：法国的重农派学者们具有理想和神秘的中国之形象，他们把中国视为'最智慧的国家'；商人们是具有'遍布珍异物和财富'的中国之理想，他们将中国以及整个东方视为财富之源；自由职业者们怀有崇尚'以深厚情趣和雅致而生活'的中国之信念，形成了浪漫中国之形象；学者们却形成了一种有关'文化高度发达'的中国之观点，将中国视为文明和礼仪之邦。"②

18世纪末，英国的马戛尔尼作为英国国王的特使出访中国。法国学者佩雷菲特（Alain Peyrefitte）描写了马戛尔尼的心情：

> 他可以想象已经到过中国。他用中国瓷盅喝中国茶。在他的中国漆器做的文具盒上镶着带蒙古褶眼睛的贝壳人物。他最有钱的朋友家

---

① ［法］伏尔泰著：《哲学辞典》（上册），王燕生译，商务印书馆1991年版，第328页。
② 耿昇著：《中法文化交流史》，云南人民出版社2013年版，第58页。

的花园不用"法国式"的几何形图案，而学中国的园林艺术：人们可以在品种繁多的树木夹杂的美色中，在洁白的大理石小塔下，沿着那没用的拱形小桥跨越的小溪散步。整个欧洲都对中国着了迷。那里的宫殿里挂着中国图案的装饰布，就像天朝的杂货铺。真货价值千金，于是只好仿造。在布里斯托尔和里摩日等地都生产中国古玩。塞夫勒或梅森的瓷器，契本达尔的家具或里昂的丝绸使欧洲人的口味习惯"中国模式"。①

马戛尔尼这时还没有想到自己的这次出使是一次失败之旅，所以他的心情是愉快的，他是带着对中国文化的向往和热爱出发的。

总之，在18世纪，中国成为最炫目的魅力之源。在那个时代，迷恋中国的物品与风情，成为普遍流行的社会时尚，成为一种大众流行文化。而这种大众流行文化，首先是从物质文化、从对中国商品的追捧和迷恋开始的。

四、中国情调的设计风格

当欧洲人醉心于中国最热烈之时，中国的东西，影响了欧洲生活的各个方面，尤以手工艺品和工艺美术为最。中国的瓷器、漆器、家具、轿子、壁纸和丝绸、刺绣及其制作工艺传入欧洲，不仅为欧洲人的日常生活提供了许多方便，也在一定程度上改变了他们的生活环境和生活方式，更为重要的是，它们将一种神秘而飘逸的艺术风格和神韵带到欧洲，在很大程度上影响了欧洲人的审美趣味和艺术追求。这些工艺美术作品中，出现了大量模仿中国纹样的或中国情调的设计，或者称为"中国风格"的设计。

---

① ［法］阿兰·佩雷菲特著：《停滞的帝国——两个世界的撞击》，王国卿等译，生活·读书·新知三联书店1995年版，第29—30页。其中的"梅森"即前文所称迈森瓷厂。

流传到欧洲的中国瓷器对洛可可艺术风格的形成有重要影响。在中国制瓷技术的影响下，欧洲各国相继办起瓷器工场，它们大都模仿中国瓷器，使用亭台楼阁、小桥流水、菊花柳树等独特的中国艺术风格图案。温雅清脆的中国瓷器，不仅为洛可可艺术提供了新的物质材料，而且象征了洛可可时代特有的光彩、色调、纤美，象征了这一时代特有的情调。

欧洲各国的丝织业都模仿中国的丝织技术和纹样图案，特别是法国生产的丝绸，丝质柔软，并且大量采用中国的纹饰图案，所以，法国出品的这种技术特点，连同中国风格的花式装潢，都是取法中国的。

丝绸和瓷器设计，采用来自中国的风格和图样，成为当时流行的"中国风"设计的重要表现形式。有人说，中华文化对于洛可可风格的影响，不在文字方面，而是体现在中国清脆的瓷器和各种丝绸上绚艳悦目的光泽上，这种光泽暗示了欧洲18世纪社会一种想象中的快乐的人生观。

中国的刺绣工艺也在欧洲广为传播并产生很大影响。刺绣最早的历史要追溯到四五千年前，随着养蚕、缫丝业的发展兴盛，心灵手巧的女工们不再满足于织物本身的质地与纹理，她们开始用各色彩线在织物上绣出女儿家的"心境"，古代的刺绣工艺由此兴起。唐时胡令能的诗《咏绣障》："日暮堂前花蕊娇，争拈小笔上床描。绣成安向春园里，引得黄莺下柳条。"这首诗写出了女子在古式床上刺绣时的灵动场景与心情，更展现出这门手艺的绝美之处。到明清时，刺绣工艺在技艺和审美上达到巅峰，城市中出现了经营刺绣工艺品的行庄，许多画家参与刺绣画稿的设计，刺绣品类万千，日用品为刺绣的主流，刺绣商品出口至日本、南洋及欧美等地。精致灿烂、各家百花争妍的风格，于全国各地形成具有地方特色的刺绣系统，形成了苏绣、湘绣、粤绣和蜀绣这"四大名绣"。

浓郁而精美的东方风格丝织刺绣产品大量传入欧洲，成为皇室贵族和上层社会妇女的爱好之一，并出现了许多模仿和仿制的工场。在法国丝织业中心里昂，卑尔蒙德（Pillement）以中国刺绣图案为范本，设计了许多奇

⊙ 法国18世纪90年代的中国装饰图案

妙的花卉图案，对里昂刺绣术的发展起到很大的推动作用。马鲁特（Daniel
Marot）的刺绣图案将螺纹、格子及逼真的小花大胆地配合起来，同中国的
意匠十分相像。另外，著名画家布歇（Francois Boucher）等人也常为刺绣
品提供图样。17世纪初，法国宫廷刺绣匠师瓦尔利特等人创建了刺绣公会，

专门向宫廷刺绣师提供具有东方风格的刺绣图案和样式。18世纪，巴黎的刺绣公会有250多名成员。上流社会的妇女把掌握刺绣工艺当作她们的必修课之一，认为这是有教养的表现。17世纪末，中国刺绣绷圈传入法国，普通家庭主妇可以用这种技术自制家用的枕袋、靠垫、台布、垫布等。

据说路易十四和他的女儿都对刺绣很感兴趣，有时路易十四还为女儿亲自挑选美丽的图案。在路易十四的财产目录中，与中国绣品并列的，有"中国式"或"中国品"等字样，稍后又有绣花绸绢，并加上日期。18世纪，路易十五的情妇蓬帕杜夫人用绷圈绣制丝绸工艺品，使绷圈刺绣不仅具有实用价值，而且具有艺术价值。

壁毯也是这一时期表现中国趣味的一种艺术形式，这主要表现在壁毯的图案设计上。有一件制作于17世纪末的伦敦Soho壁毯，原件现藏于美国耶鲁大学，这个壁毯共有4幅，图案分别是"音乐会""公主梳妆""坐轿""进餐"。其中"坐轿"的画面是一位王子坐在一顶加盖的轿子上，由两个随从抬着，几位女子在等候王子的到来。"进餐"表现的是皇帝和皇后坐在帐篷里进餐，前景有人垂钓，地子的颜色是深暗的，画面上的人物很小，着装是中国、印度和欧洲风格的混合，人物活动就在一个个浮岛上展开：人们在岛上钓鱼、散步，上树采果子，聊天、坐车，配以中国式建筑，异国情调的棕榈树和其他奇异的植物、与东方有关的禽鸟和神秘的动物等，构成一幅幅十分神奇的画面。

巴黎的戈贝林（Gobelins）是专为皇室和贵族制作挂毯的工场，它的产品大量采用中国绘画和图案，例如皇帝上朝、皇后品茶、夜宴、采茶等。宝塔、亭榭、仕女、花鸟、鹦鹉、猴子、拖着辫子的官员等，都是挂毯上常用的图案。挂毯上还时常出现这样的中国场景：一个学者在埋头读书，两个仆人跪在他的身后等候吩咐，远处的宝塔隐约可见；园中亭下，丫鬟张伞为女主人遮阳，女仆跪着向女主人献花，远处是海边，礁石旁有几个渔夫影影绰绰地在捕鱼。

法国博韦（Beauvais）皇家作坊是1664年创办的，它不仅生产专供王室的产品，也供应其他顾客。18世纪20—30年代，这个皇家作坊生产了一套

⊙ 英国梭霍公司生产的挂毯

10幅以中国皇帝为主题的大型系列壁毯，内容有"皇帝的接见""皇帝出行""天文学家""夜宴""摘凤梨""采茶""打猎归来""皇帝登舟""皇后登舟""皇后品茶"等，展现了中国皇帝宏伟的生活场面。

　　1752年，画家布歇也曾为博韦织毯厂制作了许多挂毯的画板，其中有一套包括9幅画的挂毯，这9幅画分别是：《中国皇帝的召见》《中国皇帝的宴请》《中国婚礼》《中国捕猎》《中国捕鱼》《中国舞蹈》《中国集市》《中国风俗》《中国园林》。据说，这套挂毯是布歇参照传教士王致诚寄给巴黎的《圆明园四十景图》设计的。1764年，法国国王路易十五将根据这份画稿设计织造的挂毯赠送给了乾隆皇帝。据说乾隆皇帝十分欣赏这套挂毯，对其赞不绝口，在圆明园中开辟了专门的房间来收藏。可惜在英法联军"火烧圆明园"的时候，这套挂毯也一起被毁。

　　在室内装饰中大量使用精致美观的壁纸也是洛可可风尚的表现之一。

⊙ 法国博韦中式挂毯《中国皇帝的召见》

⊙ 布歇绘挂毯《中国集市》

⊙ 制作于18世纪70年代的英国中国风壁纸

中国的壁纸在欧洲的传播与流行，是一个很奇特的现象。中国传统的民居虽然也有用纸裱糊墙面的情况，但一般是用木板或石灰泥墙分隔，以素净为美，习惯在厅堂的墙壁上悬挂立轴绘画与对联，民间常见的是贴上年画。那么，怎么会有"中国壁纸"一说呢？有的学者推测，可能是卷轴画或民间年画这类纸本绘画被不明就里的欧洲商人购买后，直接贴到了墙上，其浓郁的东方情调引起人们的浓厚兴趣，并与欧洲正在兴起的壁纸时尚相吻合。所以，欧洲的商人到中国大批量地采购壁纸，于是，中国才开始生产这种外销产品。因此可以说，壁纸制作是一门应外销要求而兴起的艺术手工业。

壁纸是16世纪首先由法国传教士从中国带到欧洲的，后来又由西班牙、荷兰商人经广州采购运回欧洲。中国外销的壁纸大多是成套的，一般每套有25张，每张一般有365厘米长、91—122厘米宽，拼起来就可以在墙面上组成一组连续的画面。画面的题材主要有两类。第一类为"花树与鸟"题材，这类题材的壁纸外销数量最大，画面清新自然，风格优雅。其主题纹样是一株或几株花树，其枝干幼细，撑满整幅画面。树枝上各色鲜花盛开，美丽的鸟和蝴蝶绕树飞舞。整幅画面衬以浅色的底子，特别明快。"花树和鸟"的基本样式也有变化，或配以假山、池塘、盆景、栏杆等，或将竹子、芭蕉等植物陪衬在花树间，或在树上挂鸟笼子，或在树下点缀一些猴子、孔雀、中国人物，以集中表现中国情调。第二类为人物风景题材，主要表现中国人的日常生活场面，如游园、过节、宴乐、家居、打猎等，反映中国人平安逸乐的生活景象。

17世纪以后，中国手绘套印的色彩绚丽，由花鸟、山水、人物起居画而构成的壁纸，风靡了欧洲。1693年，英国有一份讲述玛丽女王所拥有的中国和印度珍品柜、屏风和挂纸的资料，首先提到了中国的壁纸。所谓挂纸大约就是中国手绘的彩纸。大约在1772年，约翰·麦基（John Macky）形容旺斯特德宫（Wanstead Palace）"用中国壁纸装饰得异常华丽，壁纸上画着他平生从未见到过的最生动的中国人物和花鸟"，有些简直惟妙惟肖，不禁令人觉得"只要仔细研究这些壁纸，就无须再研究中国的一切了。植物之中，有一种在中国和爪哇都很普通的竹子，其形象比我看到过的培植出来最美的植物还要婆娑多姿"。即使到了现在，欧洲人仍然认为中国手绘壁纸令其他壁纸逊色。

和中国其他的工艺品，如瓷器、漆器等一样，壁纸传到欧洲后，也引起了欧洲人的仿制。

五、洛可可风格

中国商品的异域情调，中国工艺美术的神秘意蕴，以及全社会风行的中国趣味，共同塑造了欧洲的艺术风格，这种风格被称为"洛可可风格"。

在17世纪末18世纪初，欧洲艺术领域的主导风格是巴洛克风格。巴洛克样式的特点是宏大、辉煌、壮丽，但失之刻板。此时正值路易十四时代，所以又叫"路易十四风格"。而17世纪后期，正是欧洲人为中国的物品和艺术所痴迷的时期，与当时欧洲艺术领域的巴洛克风格正好重叠。巴洛克艺术虽然源自古典风格，但它华丽的装饰感、昂贵的材质、奢华的氛围，与那个时期人们对中国的想象是基本合拍的。外销瓷器上的釉色和华丽的装饰，比大理石更为光洁的中国漆家具，奢华的中国锦缎和刺绣上色彩的丰富变化，有关东方旅行神奇而又冒险的经历，都符合这个时代的精神。

但是，中国艺术风格对欧洲的影响，更表现在对洛可可风格的形成起到的促进和推动作用上。这种风格，模仿中国文化、中国艺术中的柔美梦幻色彩，表现在生活层面上，就是壁纸、柳条盘子、壁炉台、木头檐口、格子框架、家具、亭子、宝塔，以及最重要的园艺。

"洛可可"（rococo）一词源于法语"rocaille"，意为假山石或装饰用的贝壳。洛可可风格（rococo style）是18世纪风行于欧洲的一种艺术领域的解放运动。洛可可风格的特点是轻飘活泼、线条丰富、色调灰淡、光怪陆离，重自然逸趣而不尚雕琢，与欧洲以前流行的严谨匀称的古典风格完全不同。

洛可可风格不仅仅是一种艺术形式的特殊风格，也是一种审美观念、一种社会情调。作为欧洲文化史上一个重要阶段，洛可可时代处处弥漫着中国文化的优雅情调，是中西文化交流史上别具风味的一章。洛可可艺术与中国古代艺术风格之间具有神奇般的"合"，它实际上就是一种"中国味的新风格"。

在当时欧洲人的心目中，中国是一个遥远、神秘、开明、温和、道德高尚的"文化中国"。而大量流入欧洲社会的中国美术工艺品，更是激起了人们对那个遥远国度的想象与神往。实际上，在当时流入欧洲的中国商品中，有很大一部分具有鲜明的艺术气质，而且这些商品有许多是以生活日用品的形式出现的，深入人们的日常生活之中，就使这种艺术气质渗透到大众文化领域，具有了广泛的群众性。瓷器、绸缎、漆器、屏风、壁纸、绘画、雕刻所具有的艺术气质，使得它们格外引人注目。这是因为，中国外销艺术品精美的工艺和别致的造型，以及全然不同于西方传统的装饰纹样，为欧洲提供了充满异国情调的、别样的审美体验与想象空间。大部分没有到过中国的欧洲人，正是通过这些外销艺术品认识中国并感知中国文化的。以淡色的瓷器，色彩飘逸的闪光丝绸美化的表现形式，展现了一个他们早已梦寐以求的幸福生活的图景。在当时文雅轻快的欧洲社会，闪现于江西瓷器的绚烂彩色、福建丝绸的雾绢轻裾背后的南部中国的柔和多变的文化，激发了欧洲社会的喜爱和向慕。

但是，"中国风格"实际上是一种"西方风格"，是欧洲对"中国风格"的"想象性"诠释。欧洲人对中国的艺术并不是完全照搬，也不是简单模仿，虽然在初期阶段充满了模仿，甚至是一些粗劣的模仿，但更主要是对中国艺术的倾慕和进一步的"想象"，亦即新的创造。

六、中国绘画艺术的影响

在洛可可时代，中国文化对欧洲的绘画艺术产生了重大影响。一方面，由于大量工艺美术品的传入，欧洲形成了普遍的审美意识的"中国趣味"；另一方面，也有一些中国山水画、人物画流传到欧洲，使欧洲画家得以直接欣赏并借鉴中国绘画艺术。所以，和当时收藏中国瓷器、漆器等工艺品一样，中国画也为人们热心搜寻并珍藏。他们最初在瓷器中所发现的并深为喜爱的风致，在丝绸中所发现的使他们为之倾倒的绚烂多彩，在中国画里重新接触到了。

受到中国绘画艺术影响而突出表现出洛可可风格，最杰出的是法国画家华托（Jean Antoine Watteau）。华托是法国绘画艺术史上一位很重要的人物，正是他使法国绘画摆脱了刻板的巴洛克风格，开启了洛可可画风。在技术上，华托在许多方面借鉴了中国画法，以山水烘托人物，把山水作为背景或壁画。他使用娇嫩而半透明的颜料作画，喜爱玫瑰色、天蓝色、紫藤色和金黄色的色调。这些色调和构图所呈现出的画面，产生了一种非常和谐的效果。特别是他描绘的风景，重峦叠嶂、流云黯淡、烟雾迷蒙，

⊙ 基歇尔《中国图说》（阿姆斯特丹，1667年）中的版画，其中桌子上的卷轴有可能是最早呈现于欧洲人面前的中国山水画

晕染出一片蒙蒙大气。

　　华托最著名的作品《孤岛维舟》描绘了在一座小丘上，一些盛装的贵族男女坐在树木和花环簇拥的维纳斯像下面，另外几个人已经步下小丘，走向岸边，那里有金色的船只和快乐的小爱神们在等待他们；远处，在朦胧的烟雾中显现出那个幸福之国的岛屿的轮廓；一对对恋人渴望到达那里，以享受爱情带来的真正幸福。这些沉湎于爱情的人物，融合于山石树木之中，给人以无限亲切悠然之感。仔细研究过宋代山水画的人，一看到这幅画的山水背景，会不由得感到二者的相似。他使景物与画中人合为一气，他所画的蓝色远景仍旧保持自己独立的存在。形状奇怪的山峰，一定不是他平日所见的山水，它们的形状和中国的山水十分相像；他用黑色画出的山的轮廓是中国式的画法，表示云的那种奇妙的画法也是如此。华托喜欢用单色山水作为画的背景，这正是中国山水画最显著的特征之一。华托还画过不少中国景物和人物画，但都是凭想象画成，画中的境界反映了他幻想中的东方。

　　法国画家中，具有中国情调的还有贝伦（Jules Berain）、基洛（Gillot）、

⊙ 华托《孤岛维舟》

毕芒（Jean-Baptiste Piliment）、布歇等人。毕芒曾印行一套和华托风格很相近的雕版画，题名《中国茅舍》，在敞开的小小茅舍之下，有中国人，有古怪的柏树、婀娜的蔓草，有代表人们所熟悉的中国桥梁的一二弧形物，亦有杂花，完全是一派中国田园风光。布歇是法兰西学院院长、国王的首席画家、戈贝林皇家作坊的艺术总监。他早年十分崇拜华托，曾把华托留下的多种素描刻成版画，出版了《千姿百态》画册。布歇继承了华托的优雅传统，吸取中国画的螺旋形构图和漂浮意象，使他的一些绘画具有明显的中国特色。他曾为蓬帕杜夫人画过肖像画，为她设计过服装和装饰品。他设计的图案成为当时出入宫廷的贵妇们所效法的榜样。布歇富有装饰才能，他的绘画也具有装饰的要素，如《爱之目》《牧歌》等。他以画花鸟著称，也画过一幅山水画。他创作的多幅画作中出现了大量写实的中国物品，比如中国的青花瓷、花篮、团扇、中国伞等，画中人物的装束很像是戏装，与当时清朝人的装束离得比较远，但中国特色很明

⊙ 布歇《中国花园》（局部）

显。其中,《中国捕鱼风光》这幅画,上有蔚蓝的晴天,下有一二中国建筑物,其前有一老人垂钓,旁有一妇人作观水之状,有一小童持伞荫蔽老人,深得中国画之神韵。贵族们争相收购这些画,买不到的,便把那些以这4幅画为蓝本的挂毯抢购一空。俄国普列汉诺夫说:"优雅的性感就是他的缪斯,它渗透了布歇的一切作品。"

中国绘画艺术对英国水彩画的发展有着直接的影响。英国画家亚历山大·科仁斯(Alexander Cozens)和约翰·科仁斯(John Robert Cozens)父子,是首先以水彩作风景画的画家。他们作设色山水,常以中国墨打稿。这一技法在浪漫主义时期以及其后成为一种普遍的艺术表现形式,受到传统中国绘画技法的强烈影响。据英国史家记载,在水彩画发展初期,很多画家用中国墨。

风景画大师特纳(Joseph Mallord Willian Turner)也曾试用中国墨。他一生创作了几百幅油画,几千幅水彩画和速写,给英国艺坛带来了巨大的活力。他运用丰富的色彩来表达光与空气的效果,形成了明暗对比鲜明的格调,并具有诗意的情味。他的水彩风景画颜色十分单纯,但具有丰富的色彩。

七、欧洲人对中国造园艺术的介绍

中国的园林和建筑艺术对欧洲人有着特别大的吸引力。在中国文化的影响和刺激下,欧洲各国的建筑园林艺术在洛可可时代有了突出的发展,形成了欧洲造园艺术文化史上一个有特殊意义的阶段。

中国的"自然式园林"与欧洲的"几何规则园林"形成了强烈的反差和对比。中国皇宫的富丽堂皇,南方民居的典雅清秀,庙宇塔寺的庄严肃穆,都明显带有东方文化的特点。来到中国的欧洲人,看到与他们习惯的园林式样完全不同的中国园林,看到与他们习惯的建筑样式完全不同的中国建筑,一定会留下十分深刻的印象,感受到强烈的视觉冲击。所以,来华的传教士和商人们都有对中国园林、造园艺术以及建筑风格不同程度的介绍。

最早来中国的传教士利玛窦曾多次提到中国的建筑和园林。卫匡国的《中华新图》、安文思的《中华新史》等一系列关于中国的著作中也有相当多的篇幅描述了中国园林，从而使西方人对中国园林有了进一步了解。1724年，意大利传教士马国贤把铜版画《御制避暑山庄三十六景诗图》带回英国伦敦，使中国园林的图像资料第一次传入西方，标志着西方人对中国园林的了解进入了图像时代。这幅图的原作是清代画家沈崳奉康熙皇帝之命所绘的《御制避暑山庄图》。康熙五十一年（1712），版刻名手朱圭、梅裕风以该画稿为底本，雕刻成木版《御制避暑山庄三十六景图》。次年，马国贤又以木版"御制图"为蓝本，主持印制了铜版诗，同于木版的格式，在36幅铜版画另侧，有名臣王曾期所书诸景点记述和康熙题诗。马国贤将这些铜版画带到英国，起先收藏于热心中国园林的伯灵顿（Burlington）勋爵家的图书馆中，现存于大英图书馆。马国贤在伦敦时，曾经向英国人介绍过中国园林，并与古罗马的贺拉斯和西塞罗的牧歌式理想做了比较。马国贤的伦敦之行，对英国乃至欧洲的园林艺术产生了极大的影响，推动了英国以及欧洲园林设计的革命。

另一位来华传教士王致诚在1743年给在巴黎的朋友达索（M. d'Assant）写了一封长信，其中详细描述了他称为"园中之园"即圆明园的美丽景色。王致诚具有很高的艺术修养，并且对中西方艺术都很有体会，所以，他对中国造园艺术的看法就不同于前述几位传教士仅仅是作为参观者的意见。在当时的来华传教士中，王致诚关于介绍中国园林的书信是最全面也是影响最大的一份文献。在王致诚看来，中国的园林建筑给人一种画意的感觉。他指出了中国园林的无比丰富性，中国园林充满了胜境幽处、意想不到的变化，充满了浪漫情趣，山重水复，木老石古。他认为中国人在园林建筑方面的创作是以作为景物的一部分而提出的，是对自然美景的补充。对于这种美景，王致诚觉得无法描摹，"只有用眼睛看，才能领略它的真实内容"。

王致诚的这封信在欧洲流传很广，他笔下的圆明园成为欧洲人心目中的时尚园林和梦幻仙境，也引起了欧洲园林建筑家的极大兴趣。后来，王致诚应友人之邀，将中国宫廷画家唐岱、沈源、冷枚等人完成的《圆明园四十景图》的副本寄到巴黎。

在向欧洲介绍中国园林艺术方面，除上述传教士们的介绍和推崇外，英国建筑家威廉·钱伯斯（William Chambers）也起到了很大作用。

钱伯斯在瑞典东印度公司的一艘商船上任货物经理。1742—1744年间，他到了广州，工作之余收集了一批有关中国建筑、园林、服饰和其他方面的艺术资料。他对中国园林很感兴趣，曾向一位叫李嘉的中国画家请教中国的造园艺术。1748年，他再次到中国考察，描画了许多中国建筑、家具、服饰等的式样，特别是对中国建筑做了大量的速写。后来，他脱离航海生活，先后到巴黎、意大利学习建筑。1755年，钱伯斯回到英国，担任威尔士亲王（Prince of Wales）的绘画教师。1757—1763年，他为王太后主持丘园（Kew garden）的园林和建筑设计，1761年开始任英国宫廷的建筑师，1782年成为宫廷总建筑师。

主持丘园的建设，是钱伯斯最主要的成就。与此同时，他还对中国建筑和造园艺术进行了深入研究，于1757年出版了《中国建筑、家具、服饰和器物的设计》一书，主要介绍中国的各种建筑物和园林，书中有大量相当精确的插图。同年5月，他在《绅士杂志》上发表了论文《中国园林的布局艺术》。钱伯斯的研究具有很高的价值，在当时就产生了相当大的影响，成为中国风尚的范本。

钱伯斯的著作提出了和当时普遍流行的园林形式完全不同的理念。他认为真正动人的园林应该源于自然，但要高于自然，要通过人的创造力来改造自然，使其成为适于人们休闲娱乐之处。他认为古典主义的花园太雕琢，过于不自然，而所谓自然景致花园又不加选择和品鉴，枯燥粗俗，最好的是明智地调和艺术与自然，取两者的长处，这才是一种比较完美的花园。这种花园，就是中国式的花园。他说："任何真正中国的东西至少都有它独创的优点，中国人极少或从不照搬或模仿别国的发明。"他还指出，中国人"虽然处处师法自然，但并不摒除人为。相反地有时加入很多劳力。他们说：自然不过是供给我们工作对象，如花草木石，不同的安排会有不同的情趣"。"中国人的园林布局是杰出的，他们在那上面表现出来的趣味，是英国长期追求而没有达到的。"① 钱伯斯相当系统、全面地论述了中国的造园艺术。关于中国造园艺术的基本特点，他指出："大自然是他们的仿效对象，他们的目的是模仿它的一切美丽的无规则性。"他指出："首先，他们详察所选定的地址的地貌，看看它是平川还是坡地，有土丘还是有山冈，是开阔的还是幽闭的，干的还是湿的，是不是有许多小河和泉水，或者根本没有水。他们对各种各样的环境很重视，选择最适合于自然地貌的布局方法，这种方法花钱最少，最能遮盖缺点，而又最能充分发扬一切优点。"②

钱伯斯进一步阐述了中国造园艺术的基本原则，他指出："中国园林的实际设计原则，在于创造各种各样的景，以适应理智的或感情的享受的各种各样的目的。""整个地段被分划成许多不同的景；他们的园林的完美之处，在于这些景致之多、之美和千变万化。中国的造园家，就像欧洲的画家一样，从大自然中收集最赏心悦目的东西，把它们巧加安排，以至不仅仅这些东西本身都是最好的，更要使它们在一起组成一个最赏心悦目、最动人的整体。"他认为中国园林中的这些景都是有性情的。

钱伯斯还非常重视色彩在园林中的独特作用，并首先将理论运用到实践中去。他对中国园林怀着极为赞赏和推崇的态度，认为中国人设计园林的艺术是无与伦比的，欧洲人在艺术方面无法和东方相提并论。他指出："在中国，不像在意大利和法国那样，每一个不学无术的建筑师都是一个造园家……在中国，造园是一种专门的职业，需要广博的才能，只有很少的人能达到化境。"③

钱伯斯对中国建筑和造园艺术的研究，在当时的欧洲各国产生了很大的影响，他所建造的丘园成为当时欧洲流行的"中国风"在园林建设上的

---

① 陈志华著：《外国造园艺术》，河南科学技术出版社2001年版，第280页。
② 陈志华著：《外国造园艺术》，河南科学技术出版社2001年版，第280—281页。
③ 陈志华著：《外国造园艺术》，河南科学技术出版社2001年版，第284页。

一个样板，他的《中国建筑、家具、服装和器物的设计》一书，也成为造园家们必备的参考书。可以说，钱伯斯在英国乃至欧洲的造园史上是一个划时代的人物。

八、流行一时的"英-中花园"

1750年，钱伯斯受肯特（Kent）公爵之托，在英国东南一个叫丘城（Kew）的地方建造别墅。他在此设计了一座中国式庭园，名为"丘园"。园中垒石为假山，小涧曲折绕其下，茂林浓荫；园内有湖，湖中有亭，湖旁耸立着一座九层四角形塔，每层有中国式的檐角端悬，塔顶四周以80条龙为饰，涂以各种颜色的彩釉。塔旁还有一座类似小亭的孔子庙，图绘孔子事迹，并杂以其他国家及其他宗教的装饰，唯雕栏与窗棂为中国式。丘园中某些局部的规划也具有一定的中国特色，在水面以及池岸的处理上尤显突出，两者之间过渡自然。丘园中那如茵的绿草地，点缀其间的鲜艳花卉，与伫立一旁的深色调的参天古木组合在一起，显得相当协调，充分体现了钱伯斯独特的艺术感和创造力。

丘园是钱伯斯最著名的代表作，是钱伯斯式风格的最佳体现。有一位艺术评论家说："钱伯斯建园，用曲线而不以直线，一湾流水，小丘耸然，灌木丛生，绿草满径，树林成行，盎然悦目——总而言之，肯特公爵入此园中，感到如在自然境界。"[1]

1763年，钱伯斯把丘园的建筑平面图和剖面图汇集成册，出版了《丘园设计图》一书。1771年，瑞典国王看到这本书后，封钱伯斯为骑士，授予他北极星勋章，英国国王乔治三世批准他可以在英国使用这个头衔，钱伯斯的声望达到了顶峰。

钱伯斯建造的丘园引起了模仿的潮流。1770年前后，中国的园林及建

---

① 南炳文、李小林、李晟文著：《清代文化——传统的总结和中西大交流的发展》，天津古籍出版社1991年版，第276页。

⊙ 英国伦敦丘园内的花园和鸟舍

筑实际上成为英国某些公园的主题,这使英国涌现出一批"中国风"园林。比较有代表性的,如建于1772年的德罗普摩尔(Dropmore)花园。德罗普摩尔花园不但有假山、水池和灌木丛,还有竹子和绿釉的空花瓷墩,很有中国风味。此外还有阿莫斯博雷(Amesbury)花园、夏波罗(Shugborough)花园等。牛津的沃斯顿公园也是用中国式园林构图方式来设计的。1798—1799年,罗伯特(Robert)在贝德福德的沃布建造了农场花园,其中的牛奶场采用中国形式,用白色大理石和彩色玻璃装饰而成,中心有一个喷泉。墙的四周环绕着许多中国和日本的各色碟碗,操作台上的物品柜也完全是中国式的家具。窗户是落地玻璃窗,上面绘有中国画,在幽暗的灯光下显得非常神秘。

在众多园林建筑中，英国人最喜爱用的是"中国亭"。18世纪，英国所建造的中国亭大部分是建造在水边或水中的，它们常常被用于垂钓或划船。随着中国式园林迅速地传播开来，英国很多地区出现了中国亭。在一个秀气的园林里面放置一个中式亭子，对当时的贵族来说好像是花园必不可少的装饰。因为它的体积小、轻盈，很快替代了流行很长时间的、很多柱子支撑起来的圆形古典小庙。

18世纪后期，中国式园林建筑在英国蔚成风气，日趋完善。此风传到法国，便有"英-中花园"之称。法国的一些贵族刻意模仿中国园林，在私人花园里建造亭台楼阁宝塔、小桥流水、假山石岛，甚至把圆明园的花卉移植到法国。巴黎的一些花园被设计成"自然式"，里面有湖面、小溪，还有中国式的桥、岩洞和假山，即在凡尔赛曾流行的所谓"乡村之景"。1774年，凡尔赛的小特里阿侬花园（Jardin de Petit Trianon）建成，这座花园是由园艺师理查德（Antoine Richard）设计建造的。在当时，这座花园被认为是"最中国式"的。这座花园是为玛丽·安托瓦尔特王后建造的，王后可能阅读过王致诚有关圆明园的描述，才有了建造这样的中国式花园的想法。

1773年始建的蒙梭（Monceau）花园是一座很典型的"英-中花园"，水面多且富于变化，有小溪、瀑水和湖泊。湖心有一座小岛，岛上建造了一座中国式建筑。园内还有中国式的桥、岩洞和假山。1780—1787年建于纽斯特附近的斯腾公园是法国最精美的"英-中花园"，其部分建筑是根据纽霍夫访华时从中国带回的资料设计的，园林中有中国的三角亭等。

18世纪的法国建筑师让·弗朗索瓦·勒鲁瓦（Jean-François Leroy）为在巴黎郊外的尚蒂伊宫建造了一座中式花园。这座宫殿和花园是属于孔蒂王子（Bourbon Condé）的。这座"中国花园"的标志性建筑是一座规模不大的假山，上面有石块砌筑的登山小路。假山前有一条蜿蜒曲折的小河，河边建有茅草小屋。小屋旁有一个水车，说明这是一座中国的农舍。

"中国风"设计的园林在德国、瑞典、西班牙等地也很有影响。在18世

⊙ 法国巴黎尚蒂伊宫里的中国花园

纪的欧洲，仿造中国式的园林，或者说建造一座"英-中花园"，已经成为贵族的一种时髦。此风从英国开始，继而各国纷纷仿效，一时间中国式园林遍布欧洲各国，成为独特的风景。

九、家喻户晓的"中国瓷塔"

在欧洲人了解的中国建筑中，最有名的是南京的"瓷塔"，以至于在很多人看来，"瓷塔"是中国建筑的代表。

"瓷塔"，即南京大报恩寺内的琉璃塔。大报恩寺位于南京中华门外雨花路东侧的秦淮河畔，是明朝永乐皇帝为纪念其生母，在1412年到1431年期间重修的，郑和担任过监工官。这座寺庙规模庞大，是一组有如宫殿般金碧辉煌的建筑群，其范围达"九里十三步"，曾与灵谷寺、天界寺并称为"金陵三大寺"。位于大殿后的大报恩寺琉璃塔九层八面，周长百米，

⊙ 纽霍夫的《中国出使记》插图，南京报恩寺琉璃塔

高达78.2米，以五色琉璃精工砌筑，为当时全国最高的建筑，甚至在数十里外的长江上也可望见。该塔是金陵四十八景之一。1856年，太平天国"天京内讧"，大报恩寺塔被北王韦昌辉下令炸毁。

欧洲人得知"瓷塔"，首先要归功于荷兰人纽霍夫。他在《中国出使记》中以图文并茂的形式介绍了"中国瓷塔"，热情地推崇它独特的造型和无与伦比的美丽：

　　　　我们走出城区，去看一座著名的宝塔。那里被中国人称作报恩寺……到了那里，你拾级而上……你所看到的所有营造设施都美轮美奂，巧夺天工，浸染着古老的中国风韵。我想整个中国也没有别的地方可与这里媲美了……在寺院的中央，伫立着一座高高的琉璃塔，它是精品之中的精品，展现了中国能工巧匠独特的才华与智慧……当我由这件艺术杰作联想到其他所有的艺术杰作，由这座非凡的建筑追忆起其他精妙的建筑时，一个念头袭上心头，我要以诗把它凝固：将宝塔与世界七大奇迹并置，这在西方旧世界也许显得荒谬；我为你崇拜的庙宇的灿烂深感惊恐，啊，南京，在此没有人信仰真正的神灵！①

纽霍夫图文并茂的介绍，使得南京大报恩寺塔成为最为西方人熟知的中国建筑。但纽霍夫将9层的宝塔错画成10层，这一错误直接影响到后来欧洲以此为蓝本设计的许多塔的层数。这座塔通体琉璃，但纽霍夫误认为是外表贴着珍贵的瓷砖，就把它称为"瓷塔"，从此以后大报恩寺塔就在欧洲以"瓷塔"著称。1665年纽霍夫《中国出使记》的法文版面世后，还激发了路易十四1670年在凡尔赛建成了欧洲首个中式建筑——特里阿侬瓷宫（Trianon de porcelaine）。欧洲人惊叹南京"瓷塔"的雄伟壮丽，认为它是"东方建筑艺术最豪华、最完美无缺的杰作"，将其称为与罗马大角斗场、土耳其圣索菲亚清真寺、英国沙利斯布里石环、意大利比萨斜塔、埃及亚历山大陵和中国的万里长城相提并论的"中古世界七大奇观"之一。

经过纽霍夫以及传教士们的介绍，"中国瓷塔"在欧洲家喻户晓。1839年，安徒生在童话《天国花园》中提到一位名叫"东风"的少年，这位少年穿了一套中国人的衣服，刚从中国飞回来。关于中国的印象，东风告诉他的风妈妈："我刚从中国来——我在瓷塔周围跳了一阵舞，把所有的钟都弄得叮当叮当地响起来！"在这个童话里，安徒生通过风妈妈四个儿子的叙述，描绘了世界各地的旖旎风光和独特的景物。故事中的瓷塔即代表中国。

1878年，诗人朗费罗（Henry Wadswoth Longfellow）在《可拉莫斯》（Keramos）中也提到了"瓷塔"：

> 远方的南京城的侧旁，可以看见
> 瓷塔，古老而且古怪，

---

① ［德］基德－海尔格·弗格尔：《中国宝塔在近代欧洲花园设计中的应用》，牟春译，《郑州大学学报（哲学社会科学版）》2004年第2期。

拔地伸向惊异的天空

它有九层彩绘的回廊

配有缠绕树叶状的扶栏，

瓦片的塔顶，在飞檐下，

挂着瓷铃，每时每刻

发出柔和悦耳的乐声……①

⊙ 英国伦敦丘园里的"中国宝塔"

中国的"瓷塔"成为欧洲园林建筑中纷纷仿制的对象。17世纪晚期到18世纪各地出现的中国式宝塔，都以"瓷塔"为样板，在其他装饰领域也多见到它的形象。欧洲第一座中国式塔就是前述英国建筑家钱伯斯建造设计的丘园中的塔。这座八角形的砖塔共10层，高约50米。宝塔主体成八角形砖砌锥体，底部为廊。每层设有列窗，有10层突出的顶盖，覆以白绿相间的琉璃瓦。每层均有中式大红眺台围绕，檐角则有彩绘雕饰的玻璃巨龙，巨龙嘴中隐含铜铃，向外探

① ［英］吴芳思著：《中国的魅力——趋之若鹜的西方作家与收藏家》，方永德等译，东方出版中心2009年版，第57页。

望。木质旋梯直达塔顶。塔内色彩斑斓，饰以棕榈图案的壁纸和蓝天图案的穹隆。此塔是当时欧洲仿建的、最准确的中国式建筑，曾在欧洲轰动一时，成为其后许多地方中国式塔的模仿对象。有法国人甚至说："丘园的塔是园林建筑物令人振奋的新发展的一个万人瞩目的象征。"[①]2003年，包括此塔在内的丘园被联合国教科文组织列为"世界文化遗产"。

在法国小城安布瓦斯附近的尚黛鲁普府邸中，有一座全部用石材砌筑的中国式塔，建于1775年至1778年间。塔为八角形，共7层，高约37米。其下粗上细的外形轮廓、优雅上翘的屋檐、窗棂格图案的栏杆都有大报恩寺琉璃塔的影子，特别是底层一圈16根柱子的外廊，与琉璃塔很像，不过它的细部都属西方古典主义的多立克柱式。中国式塔在德国至少有3座遗存。波茨坦的无忧宫花园内有一座建于1769年至1770年间的"龙塔"。该塔平面呈八边形，共4层，底层封闭，上面3层开敞，每层的腰檐都是曲面的，塔身的每个戗脊上共装饰有16条龙，故而得名。德国的另一座中国式塔，是矗立在奥哈尼恩包姆花园小山上的八角形钟塔，于1795年至1797年间建成。塔身以红砖砌筑，共5层，每层有檐，檐角悬挂风铃，各面均设一小窗。在德国慕尼黑的"英国园"中，也有一座著名的"中国塔"。此塔仿照丘园塔设计，建造年代与上述建塔时间相仿。塔高25米，共5层，12边形，木结构，每层均为全开敞的阁楼，外檐装饰镂花木格，空灵通透，出檐舒展。

---

① 马江、刘虹著：《中国建筑文化之西渐》，湖北教育出版社2008年版，第89页。

第四十六章　大航海贸易与中国

一、"江海风清，梯航云集"

随着海上新丝绸之路的发现，西欧各国的大帆船航行在茫茫大海上，络绎不绝，梯航云集，最后都聚集在中国沿海的码头，把丰富多彩的中国商品运回欧洲。它们是海上丝绸之路的搬运工。而在这个时候，中国的对外贸易，进入了空前大发展的时期。

明朝前期实行海禁政策，只发展官方的朝贡贸易，禁止私人贸易。到了明代后期，也就是欧洲大帆船接踵而来的时候，明朝取消了海禁，开始允许私人海外贸易，所以明朝后期对外的私人贸易得到了一定的发展。各国东来的商人，包括后来的东印度公司，相当一部分贸易是与中国私商进行的。

清初也一度实行严格的禁海闭关政策，禁止走私贸易。清政府实行禁海政策，主要是为了防止沿海人民和台湾郑成功政权发生联系，目的在于镇压台湾的反清斗争。

康熙二十二年（1683），清军占领台湾，清政府遂着手开放海禁。康熙二十三年（1684）九月，康熙皇帝发布谕令，正式宣布"开禁"：

> 今海内一统，寰宇宁谧，满汉人民相同一体，令出洋贸易，以彰富庶之治，得旨开海贸易。
>
> 向令开海贸易，谓于闽、粤边海民生有益，若此二省民用充阜，

⊙ 清代《盛世滋生图》中的苏州怀胥桥商市

财货流通，各省俱有裨益。且出海贸易，非贫民所能，富商大贾，懋
迁有无，薄征其税，不致累民，可充闽、粤兵饷，以免腹里省分转输
协济之劳，腹里省分钱粮有空，小民又获安养，故令开海贸易。(《清
圣祖实录》卷一一六)

次年，清廷"俱照明季旧例"，又"置江、浙、闽、粤四海关。江
之云台山，浙之宁波，闽之厦门，粤之黄埔，并为市地，各设监督，司榷
政"(《夷氛闻记》卷一)。

此即所谓"四口通商"时期，是中国历史上正式建立海关的开始。至
此，清初的海禁宣告结束，中国的海外贸易进入了一个开海设关管理的时
期，一直延续到道光二十年（1840），长达156年。这四个口岸中，广州仍
是洋船集中之地。由此经雍正至乾隆年间，沿海榷关又增至山海关、津海

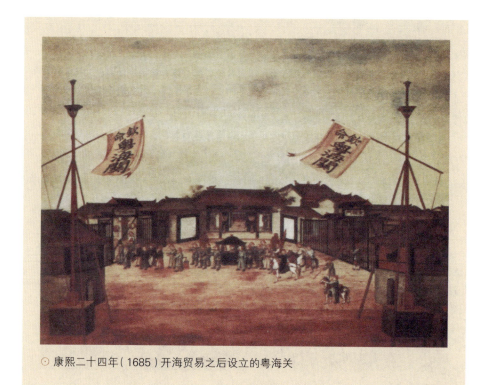

⊙ 康熙二十四年（1685）开海贸易之后设立的粤海关

关、江海关、浙海关、闽海关、粤海关等六大海关，专门管理航海贸易事务。其中，粤海关最为重要，是清政府管理对外贸易的重要机构。

"开海"时期，清政府对出海贸易的商民及船只做出种种规定。首先，规定出海贸易的商民必须经申请、具保、核准，才能获得执照，凭照出入贸易。商民建造出海商船，必须经海关监督及地方官核准。最初规定出海贸易的船只只限于单桅五百石以下，以后虽允许双桅船出海，但梁头不得超过1丈8尺，舵手人等不得超过28名。其次，对出口商品的禁止和限制。清政府对火炮、军器是绝对禁止出口的，制造火炮、军器的原料，如硫黄、铜、铁等也禁止出口。而在"尺铁不许出洋"的禁令下，甚至铁锅也不许出口。对粮食、丝绸、茶叶等的出口也有严格的规定。再次，对待外国商民来华贸易，政策则比较宽松。"开海"之后，海外商人虽须交纳同本国商人一样的货税、船钞，但清政府本着"怀柔远人"之意，对海外商人实行减免货税的待遇，对海外商人所征收船钞的标准也远远低于对本国商人征收的标准。有史料估算,西方商船所负担的船钞税占贸易额的0.75%,而本国商船所负担的船钞税占贸易额的0.85%。

自康熙二十三年(1684)开海贸易后,"粤东之海,东起潮州,西尽廉,南尽琼崖,凡分三路,在在均有出海门户"(《粤海关志》卷五《口岸一》),福建、浙江、江苏沿海也是"江海风清,梯航云集,从未有如斯之盛者也"(《雍正浙江通志》卷八六《榷税》),山东、河北、辽宁的港口"轻舟"贩运也十分活跃。史料记载,当时开放给中外商人进行贸易的大大小小的港口计有100多处。北方以天津口为盛,其次是山东的登州、辽东的牛庄等港口。由此可知,虽然当时政府规定是广州、泉州、宁波、松江四口通商,实际上中国整个沿海的大小港口都是开放贸易的。

自开海以来,对外贸易获得了很大的发展。到东洋、南洋贸贩的船只及人数都日益增多。据记载,康熙五十五年(1716),皇帝说他曾南巡路过苏州,见到船队,问及海洋事情,被告知"每年造船出海贸易者多至千余"(《清圣祖实录》卷二七○)。

雍正时期延续了康熙时期的开海政策,并加强了管理,使海关的运作更加条理、规范。乾隆时期,清政府在海洋事务上较前紧缩,不仅对进出口贸易的商品、人员量额进一步限定、控管,如茶叶、生丝、绸缎、米谷等被剥夺于私人贸易之外,而且对渔捞等近海生产也严加规定和监督。

清政府开放海禁以后,中国与近邻的日本、朝鲜、南洋地区的贸易以及与西方国家的贸易都有一定程度的发展,世界各个国家和地区的商人纷至沓来。东洋有日本、朝鲜,南洋有吕宋群岛、苏禄群岛、西里伯群岛、马六甲、新加坡、婆罗洲、爪哇、苏门答腊、马来亚、暹罗、琉球、越南、柬埔寨、缅甸等国,欧洲有葡萄牙、西班牙、荷兰、英国、法国、丹麦、瑞典、普鲁士、意大利、俄国等国,美洲有美国、秘鲁、墨西哥等国,印度洋有印度等国,几乎所有亚洲、欧洲、美洲的主要国家都来广州等口岸与中国发生了直接贸易。特别是美国与中国发生直接贸易关系是从乾隆四十九年(1784)"中国皇后"号首航广州开始的。除往返于日本、东南亚的商船外，欧美各国来中国贸易的商船数量也不断增加。

这一时期，海外贸易的规模和贸易总值远远超越前代，达到新的高度。明代隆庆时期（1567—1572年）以后，海禁松弛，对外贸易获得较快发展。万历二十二年（1594）是全国海外贸易税饷收入最高的年份，共29000余两，按当时的税率为一两征税二分推算，这一年的海外贸易商品总值约为100万两。而乾隆十年（1745）四港的贸易总值达到36571777两，比明代最高年份增加35.6倍。以粤海关一处的贸易而言，雍正七年（1729）的贸易值为11105800两，比明代的最高年份增长了10.1倍。

当时，厦门作为远航贸易的主要港口，"服贾者以贩海为利薮，视汪洋巨浸如衽席"，除北上浙、江、鲁、冀、辽及对渡台湾外，"外至吕宋、苏禄、实力、噶喇吧，冬去夏回，一年一次。初则获利数倍至数倍不等"，"舵水人等借此为活者以万计"（周凯《厦门志》卷一五）。广州及其周围如潮州、澄海等地的富商大贾，"挟奇赢兴贩四方者"，也是"重洋绝岛"万里无阻。18世纪30年代后，中国对东南亚的航业渐臻盛期，诸国均有厦门洋船的活动踪迹。有学者估计，在航运盛期，每年从厦门出洋的帆船当在100艘至200艘之间。广东各口所拥有的南洋海船在最盛期也有300艘至400艘。此外，上海、宁波等口与暹罗、安南、菲律宾三处通商的帆船也有四五十艘。据此粗略统计，在清代远洋盛期，活跃在东南亚水域的各类中国海船当有500艘左右，至少拥有近20万吨的运输能力。

二、一口通商与十三行

乾隆二十年（1755），发生了英国人洪任辉（James Flint）驾船闯入宁波、定海和天津口岸事件。清政府于乾隆二十二年（1757）十一月十日宣布：撤销宁波、泉州、松江三海关的贸易，番商"将来只许在广东收泊交易"，限定广州为唯一的对外贸易口岸，由粤海关管理。这种广州"一口通商"的体制，一直实行到1840年鸦片战争时止。

乾隆二十四年（1759）十二月，清廷颁布了两广总督李侍尧提出的《防范外夷规条》。这是清政府全面管制外商的第一个章程，共有5条，因此又称《防夷五事》。其主要内容为：

（1）禁止夷商在广州过冬；

（2）夷人到广州，应令寓居洋行，由行商负责稽查管束；

（3）禁止中国人借外夷资本及受雇于外夷；

（4）割除外夷雇人传递信息之弊；

（5）夷船进泊黄埔，酌拨营员弹压稽查。

一口通商主要是针对西方各国而言的，南洋商船仍可到闽浙江海关贸易，中国商人也可以从四口出海贸易，《防夷五事》在实际中难以切实执行。

1757年实行一口通商后，广州成了全国唯一的通商口岸。外国商船进港贸易逐年增加。据统计，乾隆二十三年（1758）至道光十八年（1838）到粤海关贸易的商船共5107艘，平均每年不少于63艘。其中，以英国的商船最多：乾隆五十四年（1789）为58艘，占外商船总数的67%；道光六年（1826）为85艘，占外商船总数的82%；道光十三年（1833）为107艘，占外商船数的80%。另据史料记载，乾隆五十七年（1792），中国对英国、法国、美国、荷兰、西班牙、丹麦、瑞典等西方国家的进口贸易总额为1256万两，其中出口总额为549万两。通过广州出口的中国船舶也有一定的发展，仅新加坡一地，每年就有90余艘中国船往来贸易。

但是，当时所谓的"只许在广东收泊贸易"，主要是对欧美各国而言的，特别是英国和荷兰等国。至于南洋地区的欧洲殖民地国家，仍许到福建、浙江、江苏海关进行贸易。东南亚地区各国的商船，仍然不断地到福建厦门等地进行贸易。例如乾隆四十六年（1781）、四十八年（1783）、五十一年（1786），嘉庆十二年（1807）、十四年（1809），西班牙的商人万利落、郎吗叮、郎安敦、郎万雷、郎棉一等，就从吕宋（菲律宾）运载大批燕窝、苏木、番银、槟榔、乌木、米、海参、鹿脯、牛皮、玳瑁、火艾棉等到厦门贸易，然后从厦门运回大量的中国棉布、瓷器、桂皮、石条、白纸、花砖、方砖、雨伞、纸、墨、石磨、麻线、土茶、冰糖、药材等到吕宋，使厦门的对外贸易进入极盛时期。

另一方面，中国商人也不受所谓"只许在广东收泊贸易"之限，可从四海关出海贸易。乾隆二十二年（1757）之后，从福建、浙江、江苏沿海港口出海贸易的商船仍有不少。道光九年（1829），到新加坡进行贸易的中国商船共9艘，其中从广州去的1艘，从潮州去的2艘，从上海去的2艘，从厦门去的4艘，共载货47000担。道光十年（1830），从广东的潮州、海康、惠州、徐闻、江门、海南，福建的厦门、青城，浙江的宁波，江苏的上海、苏州等地，驶往日本、菲律宾群岛、苏禄群岛、西里伯群岛、马六甲、婆罗洲、爪哇、苏门答腊、新加坡、马来亚半岛、暹罗、安南、柬埔寨等地贸易的中国船只达到222艘。

◎ 荷兰版画《远望广州城》

⊙ 清初繁忙的广州港

　　按照清政府的规定，外国商人不得与中国商人发生任何直接的买卖关系，外商到中国贸易，必须通过行商开展商务活动。行商又称"洋商"，是专门从事对外贸易的"洋行"或"洋货行"商人，一般世代经营，拥有同外国人打交道的经验。这些商人向政府领取专营对外贸易的特许执照，被授权承销外商带来的进口货物、代外商收购中国出口土货并代外商向海关报税，同时充当向外商传达政府政令、管束外商在口岸的活动和行为、办理政府与外商间各种交涉的角色。康熙五十九年（1720），广东行商成立"公行"，即后来的十三行，进一步方便了清政府对外贸和外商的管理。清政府实行一口通商，成就了广州口岸海外贸易史无前例的繁荣，广州十三行的机构也在中西经济文化交流中起到了独特的作用，使得广州在以后的清中叶形成了开往世界各地港口的航线网络。在清朝对外贸易中，这种管理制度所带来的巨大效应也使得后人在海关管理方面得到了巨大的启示。

　　十三行是当时世界上最大的贸易集散地之一。广州十三行商是一个庞

⊙ 广州十三行码头搬运货物上船的情景

⊙ 明末清初时期广州的怀远驿

大的对外贸易商业机构。十三行位于广州新城城外约500米处，面临珠江北岸，倚近怀远驿，在清代对外贸易和外交领域具有特殊的地位。对应十三行，由行商租赁给外国商人办公居住的会馆被称为"十三夷馆"，整个建筑群位于广州城外西南方的珠江岸边，其中又分为英、美、法、荷等馆。

明清之际的海外贸易，虽然有两朝政府的种种限制，虽然几经实施与开放"海禁"的交替，但仍然有一定的发展，许多中外商人渡海泛舟，把丰饶的中华物产贩运到世界各地，把世界各地的商品贩运到中国。他们同时传递着中外的文化信息。明清之际海外贸易的发展，对这一时期的中外文化交流起到了桥梁和纽带的作用。

三、全球贸易体系中的中国与欧洲

近代西方社会的变革是从大航海时代开始的。新航路发现的直接结果是建立了世界性的贸易体系，建立了世界市场。海外贸易是资本主义原始积累的主要形式之一，是现代资本主义得以发展起来的最初物质基础。正是在大规模的海外贸易中，欧洲各国为资本主义的发展积累了大量货币财富。不仅如此，这种大规模的国际贸易，还把整个世界连成了一片，开始了最初的全球化进程。马克思、恩格斯指出：

> 资产阶级，由于开拓了世界市场，使一切国家的生产和消费都成为世界性的了。……过去那种地方的和民族的自给自足和闭关自守状态，被各民族的各方面的互相往来和各方面的互相依赖所代替了。物质的生产是如此，精神的生产也是如此。各民族的精神产品成了公共的财产。民族的片面性和局限性日益成为不可能，于是由许多种民族的和地方的文学形成了一种世界的文学。[①]

---

① 《马克思恩格斯选集》（第1卷），人民出版社2012年版，第404页。

马克思、恩格斯的这一论述对于我们理解明清之际的中欧关系尤其重要。这一段论述首先说明，在这个时期形成了一个"世界市场"，这个"世界市场"的出现，打破了各个地区、各个民族之间的封闭状态，"生产和消费都成为世界性的了"。另一方面，"精神的生产也是如此"，"各民族的精神产品成了公共的财产"，也就出现了世界性的"文学"或文化。这些论述实际上说明了全球化进程两个方面的特点：一个是在物质生产和消费领域，一个是在精神文化和文明领域的全球性交流和融合。在我们讨论的这一时期的中国和西方的关系中，前一个方面是通过欧洲国家的东亚、东南亚贸易来实现的，后一个方面主要是通过以耶稣会士为代表的来华传教士们的活动来实现的。通过这两个方面，东方与西方、中国与欧洲进行着全面的、大规模的和直接的交流与对话。

由地理大发现而引起的商人资本发展的大革命，从根本上改变了原先世界的贸易格局。它不仅开辟了大西洋航路，而且突破了历来相对独立又平行发展的四个航海地区的界限，将波罗的海、北海、地中海、印度洋和西太平洋等贸易区串联起来，形成了统一的世界市场，即全球贸易体系。另一方面，从15世纪末至16世纪初，伴随地理大发现而发生的商业激变，为欧洲工农业生产带来一片生机。但自16世纪中叶以后，欧洲开始出现经济衰退的征兆。从美洲掠夺的贵金属大量流入欧洲，持续了100多年的时间，造成银价下跌和物价上涨。西方学者把这一历史时期物价、地租和工资等经济指数的激变以及由此引起的社会震荡称为"价格革命"。在1551年至1600年"价格革命"的高峰年代，欧洲的工业生产水平有限，经济发展陷入严重萧条之中，物价飞涨，各类商品极端匮乏。"价格革命"是资本原始积累的重要因素之一，它加速了西欧封建制度的解体和资本主义关系的发展。

与欧洲经济衰退的景象相反，在同一历史时期的明代，我国的商品经济正处在蓬勃发展之中，当时只有中国才能为世界市场提供物美价廉的商品。于是，欧洲国家掀起一股争夺中国商品的竞争热。中国精美的丝绸、瓷器以及各类工艺品源源不断地涌入欧洲。所以，这一时期的世界贸易体系，是以欧洲和中国为主要两极的贸易体系，而且是由欧洲各国主导的以东亚、东南

⊙ 广州十三行商馆区

亚贸易为主要内容的。我们看到，从葡萄牙、西班牙开始，欧洲各国纷纷建立东印度公司，每年都有大批商船从欧洲远渡重洋，来到中国采购商品，并由此延伸到经过澳门到日本长崎、经过马尼拉到墨西哥的商船航线以及东南亚、印度洋的航线。一时间，全世界都卷入这个贸易体系中，舟楫相望，络绎不绝。美国历史学家威廉·麦克尼尔（William Hardy McNeill）指出："在上亿的中国人中增加的新财富开始跨越海洋（很大一部分也沿着商队的路线）外流，并且给予市场有关的活动增添了新的活力和领域。数十艘，数百艘，也许数千艘航船开始在日本海、南中国海、印度尼西亚群岛和印度洋的各个港口之间穿梭航行。大多数航程较短，货物从最初生产者那里通过沿途许多货物集散地分装转输，才到达最终的消费者手中……商品流动的增加意味着更多的人员上下航船，或滞留在集市上，讨价还价。"①

---

① ［英］崔瑞德、［美］牟复礼编：《剑桥中国明代史（1368—1644年）》（下卷），杨品泉等译，中国社会科学出版社2006年版，第354页。

在 16—18 世纪的全球贸易体系中，中国商品处于支配地位，这首先是因为这个时代的中国在全球经济中居于领先地位，并拥有巨大的生产能力。以法国为例，18 世纪时，法国的农业和手工业与中国相比都处于相当的落后状态。当时中国的农业生产率远远高于法国，法国财政大臣贝尔旦就曾说过："在中国，耕地的投入与产出在 1 比 15 到 1 比 20 之间，而法国的一般耕地，这个比率只有 1 比 4.5。"[①] 而与英国相比，18 世纪末随马戛尔尼使团来华的巴罗（John Barrow）估计，中国的粮食收获率远远高于英国，"麦子的收获率为 15∶1，而在欧洲居首位的英国为 10∶1"。

20 世纪 90 年代，经济合作与发展组织发展中心的首席经济学家安古斯·麦迪森（Angus Maddison）运用实际购买力的计算方法，对中国从汉代以来的 GDP 做了计算，得出以下结论：1700 年时，整个欧洲的 GDP 和中国的 GDP 差不多相等。此后，从 1700 年到 1820 年，中国以 4 倍于欧洲的速度增长。中国的 GDP 在世界 GDP 中所占的比重从 23.1% 提高到了 32.4%，而整个欧洲的 GDP 在世界 GDP 中所占的比重仅从 23.3% 提高到了 26.6%。因此，直到鸦片战争前不久，中国经济不仅在绝对规模上而且在增长幅度上，都雄居世界各大经济地区之首。在麦迪森之前，美国政治学家保罗·肯尼迪（Paul Kennedy）就做过一个估计，他说乾隆十五年（1750）时，中国的工业产值是法国的 8.2 倍、英国的 17.3 倍；在 1830 年的时候，中国的工业产值是英国的 3 倍、法国的 5.7 倍；一直到第二次鸦片战争，英国的工业产值才刚刚赶上中国，而法国仅为中国的 40%。

许多西方学者认为，从地理大发现到工业革命的时代，已经是经济全球化的时代。德国学者弗兰克（Andre Gunder Frank）认为，1500—1800 年经济全球化中的东方，是世界经济的中心。在 1800 年以前，欧洲肯定不是世界经济的中心。在这一时期，整个世界经济秩序是以中国为中心的。弗兰克说，在 18 世纪中期以前，西方只不过是在亚洲经济列车上买了一个座

---

① 许明龙著：《欧洲十八世纪"中国热"》，外语教学与研究出版社 2007 年版，第 5 页。

⊙ 欧洲商船在广州黄埔停泊地等待上岸的情景

位，然后买了一节车厢，只是到19世纪才在车头找到了一席之地。[①]

由于中国社会生产力水平高于同一时代的欧洲，因此中国的商品在世界市场上表现出强劲的竞争力。由于社会生产力发达，劳动生产率高，商品的价格就相对低廉。物美价廉是中国商品的强大优势。16世纪来华的欧洲人对中国商品低廉的价格有深刻的印象。西班牙传教士拉达在他的中国行记中说，中国市场上的肉类、蔬菜、水果的价格是那么便宜，几乎是"分文不取"。利玛窦也说到这种感受："他们产品所要的价钱大约是我们在西方所付同类产品的三分之一或四分之一。"[②]中国商品的低廉价格在国际市场上显得十分突出，无论是在菲律宾，还是在美洲和欧洲的市场上，与欧洲和其他地区的商品相比，中国的商品都具有明显的价格优势。欧洲的商人之所以对中国商品趋之若鹜，无非是因为中国的商品品种多、质量好，而且价格低廉。这些优势都是当时欧洲各国的商品所不具备的。

从16世纪初开始的一直持续了3个多世纪的东亚、东南亚贸易，为西

① ［德］贡德·弗兰克著：《白银资本——重视经济全球化中的东方》，刘北成译，中央编译出版社2000年版，第27、373页。

② ［意］利玛窦、［比］金尼阁著：《利玛窦中国札记》，何高济等译，中华书局1983年版，第14页。

欧各国积累了大量财富，为它们完成资本原始积累、开始现代工业化进程奠定了雄厚的物质基础。而这种贸易的另一端，主要是中国，之所以能够支撑着这样持久和大量的贸易，首先在于中国强大的社会生产力。中国为这个时期的全球贸易贡献了巨大物质财富。瓷器、丝绸和茶叶这三大中国物产，以及其他珍贵的中国工艺品，是全球贸易体系中的突出商品。瓷器、丝绸和茶叶在欧洲生活方式和艺术风格的变化中扮演了重要的角色。

四、中国成了"世界工厂"

世界市场对中国商品的大量需求为中国沿海商品经济的发展开辟了广阔的前景。在大航海时代大规模的国际贸易中，中国成为当时的"世界工厂"。中国源源不断地为世界市场、为遥远的欧洲各国生产着他们翘首以待的、精美的物质产品。

历史学者樊树志指出，海外贸易的繁荣，必然带动国内经济的迅速发展，国际市场上对于中国丝绸、棉布的需求，刺激了中国内地市镇的手工业生产，刺激了中国江南市镇丝织业和棉纺业的发展。他以当时江南从"苏湖熟，天下足"转到了"湖广熟，天下足"来论证江南农业由粮食作物开始转移到了经济作物，即蚕桑业和棉纺业的繁盛；同时，江南地区也逐渐由农业经济转为工业经济。有数据表明，在当时江南发达地区，工业和农业的地位已经不相上下，甚至超过农业。由于丝绸、瓷器及茶叶都是长江以南的东南与华南地区的产品，甚至后来外销南洋及美洲的日用工艺品（例如广东佛山的铁器、福建福州的漆器）也是南方生产的，中国东南与华南持续了将近300年（16—19世纪）的经济繁荣。这些地区，尤其是长江三角洲与珠江三角洲，市镇十分密集。这些地区的粮食生产量，已不足以供应当地迅速增加的人口需求。于是长江流域的腹地，尤其是湖广、四川，由于供应沿海食粮，也带动了经济的繁荣。

进入明代以后，商品经济不断向纵深发展，日益深入农村，促使农家经营的商品化程度不断提高。传统的蚕桑丝织经济与新兴的棉纺织经济带动了农民家庭手工业的专业化与市场化，使经济收益明显增加，导致农业结构发生变化——蚕桑压倒稻作，棉作压倒稻作，进而改变了先前以粮食作物为主体的农业模式，代之以与市场密切相关的经济作物的栽培，以及由对蚕茧、棉花的深加工而带动的手工业的飞速繁荣。在整个江南之地，人们纷纷放弃原来的粮食生产，转而种桑养蚕，纺丝织绸，种植茶叶，或者建炉烧窑，制作瓷器。在苏州和景德镇，夜里灯火通明，数以百计的工场和数以万计的工人在加班加点，制造出口商品。

南京是著名的丝织品产地，有丝织工人数万人。有关历史文献记载，"隆万（1567—1620）以来，机杼之家沿相比业，巧变百出"（《湖州府志》卷四一）；在苏州，"郡城之东，皆习机业"（《嘉兴府志》卷三二）；在杭州，"机梭之声日夜不绝"（《长州县志》卷一）。早从17世纪末开始，上海西南松江的棉纺业便长期雇用了20多万工人，此外还有来料加工的工作。

中国外销茶叶主要有红茶和绿茶，以红茶为多。红茶主要产于福建、广东，绿茶主要产于安徽、浙江、江苏。在中国与欧洲茶叶贸易的前期，向欧洲出口的主要茶叶品种是福建的武夷茶。武夷茶名扬海外，盛极一时。当时的武夷山茶产量极大，清光绪《铅山乡土志·物产类》记载："红茶产高山者为最，每年约出百万石。"这虽然是个约数，但仍能说明当时产茶之盛。武夷山脉南坡下铅山毗邻的闽北茶区更为繁荣，仅崇安县一地，"环九曲之内，不下数百家，皆以种茶为业，岁所产数十万斤，水浮陆转鬻之四方"。

中国的茶叶种植在华南的土地上蓬勃发展，甚至出现了与粮食作物争夺土地的现象。在16世纪就出现了茶田扩张的现象，1760—1770年，为适应西方需求和国内市场消费量的双重膨胀，华南一带的茶叶种植再次高速发展，形成了茶田扩张一次最重要的高潮。由"山户"（茶农）收获的茶叶要在大茶庄中加工焙制，每家茶庄都雇佣数百名工人。为了提高效率，福建山区的茶农往往在收获茶叶之后进行短期的晾晒，随后运往广州进行深加工和包装，因此这类茶叶也被称为"广州武夷茶"。

另一产茶大省安徽则是沿着长江西上到鄱阳湖，再取道赣江水路南下，之后转入北江运到广州。在这条长江流域到珠江流域的货运交通要道上，每天都有数十万的船夫、挑夫、小贩等奔波往返。此外，还有产于浙江、江苏等地的茶叶。在广州，上等的茶叶被装在小的陶瓷罐或木制、铅制的小盒子里，然后装入大瓷坛子中。这样的包装能够保证茶叶经过几个月的海上运输而不变味。普通茶叶则放在大木箱子里，每个箱子重达170公斤。

18—19世纪，中国每年的茶叶出口量十分巨大，并且有不断增长的趋势。有资料统计，1722—1739年，从广州出口的茶叶为102795担；1740—1779年增至807193担，增长了近7倍；1780—1789年增至1885443担，又增长了1倍多；1810—1829年，增至3242874担，再增长七成多。到19世纪前期，每年茶叶的出口量竟然占到中国茶叶生产总量的1/5。根据东印度公司档案的记载，1817—1833年广州口岸出口的茶叶占出口总货值的60%左右。直到19世纪中后期，茶叶一直是中国占第一位的出口商品，其出口值在有些年份甚至占中国总出口值的80%以上。1880—1891年，清政府的茶叶关税收入总计5338.9万两，相当于同期海关出口税收的55.4%。鸦片战争前，中国植茶农户共有130.23万户；到1894年，植茶农户增加到234.09万户。有学者估计，晚清时期直接投入茶叶出口产业的人力在1359万人以上，这还不包括材料生产、水运、金融等其他辅助部门的从业人员。

此外，福建的造纸和蔗糖，广东新会的麻布，佛山的五金制品，芜湖的钢铁，南京的细棉布，苏州和杭州的丝绸，以及湖州的生丝等，都有很大的生产规模。

五、白银源源不断流入中国

在这一时期的中西贸易中，中国输出商品的种类、数量、品质以及重要性远远超过了欧洲各国的商品，中国长期处于有利的出超地位。中国是当时世界上最大的经济体，输出的产品门类齐全、品种繁多，而且畅销不衰，其中除了一定数量的农副产品和初级工业原料产品，大部分是具有高度工艺水平的手工业产品，包括丝绸、棉、麻、毛纺织品，瓷器、陶器、铁器、木器等日用品，以及火炮、火器等军需品。特别是丝绸、瓷器、茶叶畅销数世纪，风行欧洲各国，号称中国"三大贸易"。而欧洲各国输出到中国的商品，多为自然产品、农副产品和初级工业原料产品，并且其中大部分是从东南亚、印度等地转运过来的，直接来自欧洲的产品并不多。因为在17世纪中叶以前，世界的发展还不是科学引导技术的发展，科学上的创新往往来自现存记述的启迪，所以，尽管欧洲在造船、钟表、玻璃以及呢绒生产等方面有己之长，但在世界市场上有广大需求的产品方面，如纺织品、金属产品和农产品等方面，远远落后于中国。

因此，欧洲各国不得不在与中国的贸易中用白银作为支付手段。16世纪国际市场交易的主要方式是以白银交换中国商品，这是这一时期全球贸易的新特点之一。

美洲是白银的最大产地，美洲的白银大量输入中国。美洲的白银生产集中于两个地区，即上秘鲁（Upper Peru，今玻利维亚）和新西班牙（今墨西哥）。从16世纪70年代到17世纪30年代，上秘鲁所产白银占西属美洲输出白银总量的65%。1581—1600年，仅上秘鲁的波多士（Potosi）银矿，每年就生产白银254吨，约占全世界产量的60%。18世纪初以后，墨西哥成为世界上最大的白银产地。1803年，墨西哥所产白银占全美洲的67%。18世纪

⊙ 广州明代墓葬中出土的威尼斯银币

以后，80%—90%的美洲白银由西班牙的"银船"运往欧洲。由于欧亚贸易的迅速扩大，从美洲输往欧洲的白银大部分又转输到东方。根据估算，美洲白银产量迅速增长，16世纪总产量为17000吨，17世纪总产量为42000吨，18世纪总产量为74000吨，17世纪和18世纪美洲生产的白银大约有70%输入欧洲，其中40%又转送到亚洲。没有输入欧洲的白银的大部分没有留在美洲，而是从太平洋运往亚洲。16世纪中期至17世纪中期的晚明时代，估计最终流入中国的白银有7000吨或10000吨。因此在那100年间，中国通过"丝银贸易"获得了世界白银产量的1/4—1/3。

墨西哥银币大体上可分成两种：一种是西班牙统治时期铸造发行的，1536年第一次铸造发行，此后这种银币就成为墨西哥传统的出口物。银币呈圆形，上面铸有不同时代西班牙国王的头像，一面有太阳放光的图案，成色在93%以上，中国人称其为本洋、双柱等。另一种就是墨西哥独立后的第三年，即1823年开始铸造的图案为鹰踏仙人掌叼蛇的银币，成色为90%，我国称其为鹰洋。

⊙ 16—17世纪的西班牙银币

最早与中国进行贸易的葡萄牙，最初多是实物交易，从1582年以后，由实物转向白银，包括葡萄牙商船向中方交纳的税项，也以白银计。1619—1631年，澳门—马尼拉交易进入鼎盛时期，每年从马尼拉流入澳门的白银，价值135万比索。葡萄牙人除在其东方的"三角贸易"中把大量的日本白银输入中国外，还每年将一定数量的本土白银从里斯本运到澳门，通过购买中国货物流入中国。葡萄牙有档案记载，1601年，有3艘葡萄牙船驶往澳门，其中一般沉没于广东沿海，损失了30万枚葡萄牙银币。若以此计算，这3艘葡萄牙船所载白银总数为90万枚银币，约27500公斤。

由于欧洲商品难以与价廉物美的中国货竞争，西班牙人、葡萄牙人以及后来跻身对华贸易的荷兰人、英国人都不得不用银币来购买中国商品。自阿卡普尔科返航马尼拉的大商帆运载的主要是用以购买中国货物的白银。西属美洲流往马尼拉的白银开始时每年约100万比索，后来达每年200万—300万比索，有时甚至超过400万比索。有些外国学者则估计美洲白银总产量的1/3—1/2流入中国。此外，还有部分输入欧洲的美洲白银通过贸易转运澳门，然后流入中国内地。舒茨（W. L. Schurz）在《马尼拉大商帆》中记载，西班牙人多次抱怨："中国商人把从新西班牙运来的白银几乎全部运走了。"一位西班牙海军上将则惊叹道："中国国王能用来自秘鲁的银条修建一座宫殿。"仅1631年一年，由菲律宾输入澳门的白银就达1400万两，相当于永乐元年至宣德九年（1403—1434年）明朝30年鼎盛期内中国官银矿总产量的2.1倍，是万历年间明朝国库岁入的3.8倍。1593年和1595年，西班牙国王三次颁发敕令，规定每年从墨西哥运抵菲律宾的白银以50万比索为限，企图遏止美洲白银流入中国。但这种违背经济规律的敕令成为一纸空文，甚至菲律宾殖民地总督本人也公然违反敕令，携带大量美洲白银进入菲律宾。

日本是海外白银流入中国的另一个主要来源地。日本不仅用白银购买中国货物，而且用白银交换中国钱币。17世纪末，日本的银产量占世界银产量的1/4。日本白银流入中国的年代早于美洲白银，流入途径有民间走私贸易和葡萄牙人开展的转口贸易两种。嘉靖年间，正当中国白银需求日增之际，中日走私贸易已经使不少日本白银流入中国。与明廷和日本均有良好关系的葡萄牙人遂乘虚而入，利用中日两国给予的优惠待遇，在中日贸易中发挥了较大作用。嘉靖三十二年（1553），葡萄牙人入据澳门后主动招引日本人赴广东方面贸易，最终建立了以澳门和长崎为轴心的葡日贸易网络。中国学者全汉升、李龙华估计，16世纪最后25年间，日本生产的白银半数外流，其中大部分被葡萄牙商人运走，每年数量达50万—60万两；到17世纪前30年，每年运出100多万两，有时高达200万—300万两。日本白银外流中国数量之大，使日本政府为之不安。为减少白银外流，日本政府于1689年、1715年两度颁布法令，限制中国赴日商船数量和贸易额。

17世纪中叶以后直到18世纪末，银圆仍然是英国东印度公司输入中国的主要商品。如其他欧洲国家一样，英国人的银圆也来自西班牙的美洲属地。银圆通常被装箱输往中国，每箱一般装4000个银圆。1637年英船首航广州，就携带62000个西班牙银圆。从18世纪初到18世纪中叶，白银占英国东印度公司对华输出货值的90%。1700—1753年，英属东印度公司共有178艘船前往中国贸易。其中65艘船共载7099068两白银，或每船平均携带白银109216两。若以109216两作为178艘英船每船携银的平均数，则在1700—1753年，英船共运19440448两白银到中国。

18世纪中叶以后，英国东印度公司扩大对华的货物出口，主要是铅、锡和棉花，白银在总货值中的比例有所下降。然而，由于对华贸易，特别是茶叶贸易的迅速增长，白银输华的绝对量仍持续增加。1758—1762年，该公司每年对华输出货物值174000两，白银219000两。1760—1770年，公司对华输出总值中，白银约占50%。到1795—1799年，这一比例下降到13%。但由于每年对华输出总值高达5373015两，白银输出每年平均仍有739994两。

荷兰人在18世纪也输出大量白银到中国。1728—1794年，荷船可能携带15541330两白银前往中国。1720—1795年，荷船从欧洲运送63442651两白银到亚洲，其中1/4流入中国。同期购买的中国商品价值33717549两，近一半中国商品的货值是以白银支付的。

其他欧洲对华贸易公司，如法国、丹麦、瑞典等国的公司，对华贸易自始至终是建立在输出白银的基础上的。美国商船迟至1784年才到中国，但不久之后，美国商人已成为中国第二大茶叶买主和最大的白银供应者。在中美贸易初期，美商提供的大量洋参与皮毛在中国销路颇佳，其货值足以支付所购买的中国商品的货值。19世纪初以后，美商的皮毛来源逐渐枯竭，其在广州的皮毛市场也受到英商的激烈竞争，白银成为美国支撑对华贸易的主要手段。美船在欧洲购买制成品销往拉丁美洲，换取白银后，绕南美合恩角前往广州购买茶叶、丝绸和瓷器。1805—1840年，美商共运61484400两白银到广州。

大量进口的白银对晚明中国经济产生了重要影响。明中叶以后，大量白银输入并逐渐成为主要货币。随着白银货币化步伐的加快，白银渗透到社会的每一个角落，深入人们的日常生活中。隆庆时期确立了以银为主、银钱并行的货币流通制度，这是中国封建社会晚期货币流通制度定型的标志。万历九年（1581），张居正进行历史性的财政税收制度改革，在全国全面推行一条鞭法，一切赋税、徭役统一折银缴纳，标志着中国货币财政制度的最终确立。一条鞭法的全面推行，表明明朝中央政府正式承认了白银的本位货币地位。

相遇与相识

第四十七章　不断发现中国

一、相遇与相识：东方与西方的相互发现

随着海上新的丝绸之路的发现，大航海时代的来临，中西文化交流进入一个非常重要的阶段。明清之际的中西文化交流，既是过去历史的继续，又是在新的时代条件下的发展。如果从交流所持续的时间以及交流所达到的深度来看，甚至可以说，正是在这个时期，中西两大文化体系开始了实质性的、直接的接触，开始了大规模的、多层次和多渠道的交流，中国与西方之间彼此有了较为全面的认识。莱布尼茨曾热情地赞颂这种中西文化交流的积极意义，称"这是一次互相的启蒙"，这是那个时代最大的事情，其伟大意义超越人们的想象。

16—18世纪中国与西方的文化交流史，是两个完全独立发展的伟大文明第一次真正的接触。这是中国和文艺复兴之后的欧洲高层知识界的第一次接触和对话。这种交流和接触，不仅对于中国与欧洲的文化具有特别重要的意义，而且是文化全球化历程中一个极为关键的事件。

明清之际中西文化交流的契机，在于西方人的东来。首先是新航路的开辟，早期殖民主义向东方的扩张，接着是随着这种扩张而来的中西贸易的增加。贸易历来是文化交流和传播的重要渠道。在不断增长的中西贸易中，不仅是双方具有民族特色的物产传播到对方的国家，而且随着人员往来的增多，文化信息的交流增加，彼此都有了进一步互相了解、互相认识的愿望。来往于中国和欧洲之间商船上的大批海员、商人以及旅行家、冒

⊙ 西方人想象的中国皇帝和皇宫

险家，劈波斩浪，扬帆渡海，交换着两地人民创造的物质文明成果，也架设起中西文化交流的桥梁。与此同时，大批传教士东来，成为两种文化交流的先锋。他们本来担负着寻找新的"福音之地"的宗教使命，却成为中西文化交流的使者。传教士们在向中国传播基督教的同时，也把西方的文化，特别是西方的科学知识传到中国；他们通过书信、著作等方式，又把古老的中国文化介绍给西方，向西方人展示出古老而神秘的中国的辉煌画卷。在明清之际的中西文化交流中，传教士们起到了非常重要的作用。

明清之际的中西文化交流是全方位、多层次的。在这一时期，中国和西方之间的文化交流，不仅仅是通过贸易进行的物质文化层面的交流，虽然物质文化的交流仍然是十分重要的，也不仅仅是生产技术的传播，如前一时期"四大发明"、制瓷技术、丝织技术等在西方的传播，而是深入科学知识和艺术文化的层面，深入思想观念的层面。在中国，传来的西方科学文化知识，包括天文学、地理学、算学、力学、物理学、医学和药物学等，还有西方哲学和逻辑，以及美术和音乐等艺术形式，部分地改变了中国人的学术传统和关于世界的观念图景。在欧洲，传来的中国儒家伦理思想和文化典籍，对反宗教专制的启蒙思想起到了激励和参照作用，而中国的艺术风格和审美趣味，渗入西方人的日常生活领域，成为人们追求的时尚，部分地改变了他们的生活方式。因此，明清之际的中西文化交流，既包括器物层面的交流，也包括艺术层面的交流，还包括思想观念层面的交流。各个层面上的交流都是在较大规模上、较大范围中进行的。我国学者张西平形象地描述了这一时期中国和欧洲文化交流的盛景，他写道：

> 那时的东西双方好像处在"初恋"之中，情人眼中出西施，各自都从自己的需要出发，学习对方。徐光启把"泰西"作为人类社会的理想，伏尔泰则时时以孔子弟子自居，对儒学顶礼膜拜。
>
> 相互学习，相互尊重，相互倾慕，成为那个时代东西方文化交流的主要特征。从皇帝开始，康熙学西洋数学，听西洋音乐，让八旗子弟们演几何、学外语；明末清初的学术领袖如徐光启、顾炎武等人，也个个读西洋之书，谈历学、算学。心学衰，实学兴，与西学有着直接的联系。而大西洋岸边的路易十四则专门将被传教士带到法国的中国人黄嘉略留在身边，喝中国茶，建中国亭，用中国漆器，看中国的皮影戏。一时间"中国热"遍及欧洲。那是一个会通的时代，尽管有着虚幻，有着矫情，但双方是平等的，心态是平稳的。[①]

因此，明清之际的中西文化交流对双方都产生了一定的积极影响，对各自的文化发展也都起到了一定的积极作用。这一时期的中西文化交流，从总的趋势来说，形成了一种积极的、正面的互动关系。

虽然如此，但这个时期的中西交流是以西方人到东方来为主要载体的。在这一时期，欧洲人对中国的兴趣，远远大于中国人对于欧洲的兴趣，甚至欧洲人已经来往了很长时间，中国人还分不清葡萄牙人、西班牙人、荷兰人和英国人，只是笼统地称他们为"夷人"或"洋人"。那时候中国人中并没有多少醉心于研究欧洲知识的人。反之，对欧洲人来说，中国却是

[①] 张西平著：《游走于中西之间——张西平学术自选集》，大象出版社2019年版，第69页。

一个巨大的知识场域、一个他们急于探索的广袤之地。所以，谈论关于中国的知识，是那个时代欧洲知识分子的一种基本文化修养，是他们的浓厚兴趣所在。所以，这一时期大规模的文化交流，都是欧洲人从西方来，航海家们寻找新的航路，商人们来这里寻找财富，传教士们来这里"传播福音"，科学家们（耶稣会士身份的）来这里探寻未知的世界，而没有中国人去欧洲传播儒学，去进行贸易，去研究欧洲的学问。

所以，不能说这一时期的文化交流是完全平衡的。就总体而言，明清之际中西文化交流的基本态势，是中国文化对于西方的影响作用大于西方文化对于中国的影响作用。无论是就发生影响的深度还是就其广泛性而言，这一时期的西方文化都多得益于中国文化。

明清之际中西文化交流的这种基本态势，是由中西文化各自的发展水平以及双方接触的程度和关系决定的。在这一时期的世界文化总体格局中，无论是就发展的成熟程度来说，还是就创造的文明成果来说，中国文化都明显高于西方文化。所以，关于当时文化交流和传播态势的判断，恰恰是高势能的中华文化向低势能的欧洲文化圈的流灌，虽然并不排斥西方文化向中国的流动与传播，但两者无论是在深度、广度、速度上，还是在对人类文化发展进程的影响上，都存在着明显的差异。

因此，明清之际中国文化对西方的影响，在深度和广度上都远远超过西方文化对中国的影响。当时传入中国的西学，的确给古老的中国传统文化以一定的冲击和震动。特别是在学术思想领域，近代西方科学知识扩大了中国知识分子的视野和世界图景，在学术精神和思维方法方面引起部分的变化，从而启发和刺激中国传统文化的自我批判和反省，为近代中国的文化蜕变和更新提供了一定的历史性前提。但是，明清之际西学对中国文化的影响及其所引起的变异毕竟是很微弱的，并没有对中国传统文化体系造成实质性的冲击，也没有引起中国文化的结构性演变。从发生影响的广泛性来说，明清之际的西学东渐，虽有传教士深入民间的传教活动，但西方传来的物质文明成果，多数仅作为贡品在宫廷和贵族中玩赏，西方的学术思想、科学知识以及艺术文化等基本上还限于在知识分子中流传，没有引起广泛的社会兴趣或"西学热"，也没有可能对日常生活领域产生深刻的影响。与这种情况不同，在这一时期，中国文化在欧洲的传播和影响则是相当广泛和深刻的。18世纪的欧洲以享有中国器物为时尚，它不仅表现为对政府中理性的儒家道德与慈善专制的理想化印象，其中还包括对中国的艺术、建筑风格、陶瓷、家具及装饰艺术等的狂热追求。西传的中国文化成为一种社会时尚，部分地改变了欧洲人的日常生活方式。不仅如此，中国的儒家伦理思想给启蒙思想家们以新鲜的思想材料，被理想化的中国成为巨大的乌托邦宝藏。在批判基督教神学和封建专制制度的斗争中，中国文化成为一种有利的思想武器和参照系。当时的欧洲文化正处在历史性转折的关键时期，正处在由中世纪神学文化向近代科学文化蜕变的历史演进中。而在这时大量西传的中国文化，为这一转折和演进过程提供了新鲜的思想源泉和刺激力量。简单地说，明清之际中国文化的大规模西传，对西方文化的结构性演变发挥了重要作用。

从16世纪开始的中西文化交流，在很大程度上是西方探寻中国的历史，是西方发现和认识中国的历史。按照西方历史学家的话说就是："在北美西方发现了土地，在东亚西方发现了文明。""如果16世纪的人发现了美洲，那么17世纪的人则获得了发现中国的成功。"当时的人们已经认识到这种"发现"的重大意义。传教士曾德昭在其出版于17世纪中期的《大中国志》的《致读者》中开宗明义地说：

> 我把这部期待已久、最真实的大中国法律、政治、风俗，及现在情况的历史献给你。……（我敢于说）自从美洲发现以来，这是我们世界最有价值的发现；因此今天远东和西方一样，也得到揭示，并向现世开放。①

成千上万的商船航行在广袤的大海上，在中国"发现"了巨大而富饶

---

① ［葡］曾德昭著：《大中国志》，何高济译，商务印书馆2012年版，第1页。

的物质财富，从而形成大规模的物质文化交流；一代又一代传教士背井离乡，来到遥远而陌生的神秘土地，在中国"发现"了发达而丰富的灿烂文化，从而形成大规模的精神文化交流。于是，中国与欧洲，进入从物质到精神的全面相遇、相识的大交流时代。

二、曼努埃尔国王的中国问题清单

欧洲人为了寻找东方、寻找中国，乘着大帆船，克服各种艰难险阻，踏万顷波涛，开辟出一条条海上航线，实现了人类历史上的伟大壮举。最后，他们找到了东方、找到了中国，看到了充满神秘色彩的"契丹"。他们踏上中国的土地，走马观花，留下了最初的印象，也给他们的同胞发回了这些最初印象的报告。

在16世纪初欧洲人来中国之前，实际上欧洲人对中国的了解很少。正如我们前面已经介绍过的，在古罗马时代，因为丝绸的关系，罗马人乃至欧洲人对这个产丝的国家有一点模糊的印象和传闻，但对其实际的地理位置不是很清楚。到了元朝时期，马可·波罗以及一些到过中国的旅行家、教士、商人留下了有关中国的游记，记述了这个遥远帝国的一些事情，使欧洲人对中国有了一些初步的了解和认识。那时候，他们了解到有关东方盛产香料、宝石和黄金的情况。我们在前面已经说过，大航海时代的来临，新大陆的发现，都与这些关于中国和东方的传闻有关。但是，马可·波罗的记录仍是不完整的，甚至带有许多传奇色彩，欧洲人对于中国实际状况的认识还是不甚了了。18世纪法国作家鲁斯洛·德·絮吉（Rousselot de Surgy）就当时人们关于中国的知识问题说道：

> 我们关于中国的最初知识，来自著名的威尼斯人马可·波罗。他谈到了这个国家的悠久历史，优秀的法律和政府，肥沃的土地，富足的生活，繁荣的商贸，众多的居民，等等。他描绘了中国人的礼节，

他们对艺术和科学的喜爱以及发展艺术和科学的热情。所有这些记述都被视为虚妄的奇谈。人们认为，这种无稽之谈与其说是事实的真实记述，不如说是善意的想象结果。人们觉得，如果相信数千里外有一个强大的国家，它胜过治理得最好的欧洲国家，那简直就是荒谬。什么！在许许多多的野蛮国家那边，在世界的尽头，会有如那位威尼斯人所说的那样一个古老、聪慧和文明的民族？纯粹是痴人说梦，除了头脑简单的人和傻瓜，谁也不会相信。[1]

中西文化真正的实质性接触，两大文明的正式相识，以及欧洲人对中国有了比较具体的和真实的了解，还是从16世纪初欧洲人大批来到中国开始的。

1508年4月，葡萄牙国王曼努埃尔一世向身在麻剌甲的葡萄牙人做出指示，要他们了解：

⊙ 葡萄牙国王曼努埃尔一世

　　　对于旅居麻剌甲之中国商人，详加调查，如中国商人从何处来？行程如何？携若何之商品来麻剌甲或其他之地求贸易？又其来麻剌甲也，始于何时？以及船只之数目若干？式样若何？中国商人在麻剌甲商馆之有无？资产之有无？武装之有无？勇壮之态度若何？衣服式样若何？宗教若何？其国版图之面积若何？凡此种种，俱一一在调查之列。[2]

　　① 许明龙著：《欧洲十八世纪"中国热"》，外语教学与研究出版社2007年版，第1—2页。

　　② 周景濂编著：《中葡外交史》，商务印书馆1991年版，第8页。

葡萄牙国王曼努埃尔一世是积极推动与中国联系和贸易的王者。他的这份"问题清单"，表现出葡萄牙人想要认识中国的迫切愿望，也表明了当时他们对中国的了解程度——所知不多。

最早来东方的欧洲人是葡萄牙人，他们也最早撰写了向欧洲介绍中国的文献。"由于葡萄牙人的远航开拓，转瞬之间东方世界便展现给欧洲以崭新的规模，成为具有强大吸引力的一极。这不仅有物质原因，而且也有精神因素。与海洋、陆地和亚洲人的接触共存扩展了葡萄牙人的地理视野，极大地改变了他们的生活方式和世界观。我们那些旅行家搜集的第一手资料更新了传统的知识，对亚洲的看法发生了革命性的变化。""与中国土地的接触为获得地理和人种方面的资讯提供了方便，同时亦必然导致渲染过去未知情况的文稿泛滥。这样，商人和冒险家，士兵和王国官员，以及各教派传教士，都尽其所能帮助人们更好地了解中国这个世界。"[①]

首航印度的达·伽马，以及在他前后曾去过马林迪或马六甲的葡萄牙人，在返回里斯本时，不仅带回去许多"秦人之地"的物产和情报，还向亲友、朝廷大臣甚至国王转述了有关"秦人之地"的故事。此外，在1502年，一位不知名的葡萄牙人根据船员们的见闻绘制了一幅亚洲地图，地图上的马六甲附近标着"Terra dos Chins"（"秦人之地"），还注明了该地的物产，如大黄、珍珠、麝香和瓷器等。"秦人之地"就是他们所说的中国。这大概是当时葡萄牙人关于中国的最初认识。

此后，不断有葡萄牙人撰写关于中国的报告和游记。可以说，这些文献是在马可·波罗之后，欧洲人对于中国的更为直接的和比较深入的了解和认识。虽然与以后得以深入中国内地并且在那里长期生活的耶稣会士等传教士们的书简和著作相比，这些文字材料还是比较肤浅的，是走马观花式的，还带有许多想象的、道听途说的成分，以至于17世纪末的来华传教

---

① 澳门《文化杂志》编：《十六和十七世纪伊比利亚文学视野里的中国景观》，大象出版社2003年版，《序言》第1、3页。

士李明批评 16 世纪那些西方旅行家和商人，说在他们的记述中充满了道听途说和庸俗的无聊之谈，但这些文字材料毕竟在向认识真实的中国方面迈进了一大步，并且在很大程度上影响了那个时代欧洲人的中国知识，同时对 17—18 世纪欧洲人对中国的认识也具有很大的影响。

三、平托的冒险传奇《游记》

在 16 世纪葡萄牙人写的有关中国的报告中，平托的《游记》是很有特色而且最富传奇色彩的一部。

费尔南·门德斯·平托（Fernão Mendes Pinto，约 1510—1583）是 16 世纪葡萄牙著名的旅行家和冒险家。他出身贫困，从小在贵族家当差，后来怀着发财的愿望，和当时的其他冒险家一样，于 1537 年前往印度，此后一直以各种身份在东方各国游历，1558 年才返回葡萄牙。这 21 年中，他走遍东方国家，经历了无数的奇险之事，充满传奇色彩。正如他自己说的，"曾 13 次被俘，16 次被卖"。他做过海盗、商人，还参加了耶稣会，陪同沙勿略（Francisco Javier，1506—1552）神父一起到日本传教，出资建造了日本第一座天主教堂。后来，他退出了耶稣会。

大概从回国后的第二年即 1559 年开始，平托着手《游记》的写作，叙述自己在东方的经历，到 1580 年完稿。全书长达 226 章，叙述了他在红海、

⊙ 16 世纪末欧洲人眼中的中国人　　⊙ 葡萄牙人所绘的中国人形象

埃塞俄比亚、霍尔木兹、马六甲、苏门答腊、暹罗、缅甸、中国等地的游历过程，以及这些地方的风物及名胜。

平托的《游记》完稿后，为人们竞相传抄阅读，但正式出版是在他去世31年之后的1614年。据说在出版前，宗教法庭对该书进行了检查和删改，耶稣会也删去了与他们有关的内容。

《游记》中有一部分是平托在中国的游历。他到过广州、泉州、镇海、宁波、南京、北京等地。根据他自己的描述，1542年5月14日，在葡萄牙人安东尼奥·德·法利亚（António de Faria）的带领下，一支近150人的队伍乘坐两条快船，从镇海出发，要去一个叫加雷铺（Calemplui）的海岛，平托也在这支队伍之中。他们听一位中国向导说，这个岛上有中国17个国王的陵墓，里面金银成堆，而除了僧人，无人防守。他们沿着海岸北上，进入一条大河，溯河而上，路上惊险迭起，船上屡有减员，但一路上始终没有引起人们的注意。83天后，他们悄悄地到达该岛。当天晚上，他们即上岛，就近将一座庙宇洗劫一空。原以为这次行动不会被发现，第二天可以深入岛内盗掘陵墓，却被人发现了。他们匆忙逃遁，起锚行船，但遇到风暴，仅有14人幸免于难。他们伪称是遭到海难的暹罗商人，一路行乞，想步行到南京，再从南京搭船去镇海或广东，却在途中以不务正业流民罪被逮捕，并被押解到南京，又从南京被押到北京，最后被判流放Quansi（可能是甘肃）。最后，他们中只有9人幸存，得以返回。

平托在《游记》中记录了他们在中国的这些经历和所见所闻的一些事情。他说中国地域广大，物产丰富，特别提到中国的瓷器、丝绸和长城。他提到北京，说很多大国的城市"都无法与大北京最细微的东西相比，更难与北京各方面的宏大规模与气势相提并论，诸如雄伟壮观的建筑，用之不竭的财富，极其充沛的各种必需品，难以计数的人口、交易、船只"①。

---

① ［葡］费尔南·门德斯·平托等著：《葡萄牙人在华见闻录——十六世纪手稿》，王锁英译，澳门文化司署、东方葡萄牙学会、海南出版社、三环出版社1998年版，第216页。

平托是欧洲最早描绘东南亚与亚洲北方、东北方贸易往来的作家之一，他使人们对这些沿海地区海上贸易的开拓有了全面的了解。他到过舟山双屿港，在游记中他写道，"双屿港由对峙两岛构成""又有风景优美的小溪，溪水味甘，源出高山"。在双屿港附近居住的外国人，除葡萄牙人外，还有日本等10多个国家的商人，多时达3000人。他们来双屿港互市贸易。此地入夜灯火通明，一派繁荣，甚至港道拥堵，船只无处停泊。凡是运到这里的货物，都可以获得三四倍的利钱。欧洲人的白银源源不断地流入中国，换取中国的丝绸、瓷器、棉布等商品。平托称，双屿港是16世纪东亚最繁华的国际贸易中心。双屿港的地理位置，根据近年来专家的考证，是今舟山市普陀区六横岛西岸与佛渡岛东岸之间的水道，处于国际航线与中国内地的连接点上。明嘉靖二十七年（1548），浙江巡抚朱纨在《双屿填港工完事疏》中说："访其形势，东西两山对峙，南北俱有水口相通，亦有小山如门障蔽，中间空阔……"平托的记述与此吻合。

《游记》出版后，被称为"另一部《马可·波罗游记》"，很快被译成西班牙语、法语、荷兰语、德语及其他语言，成为一本真正的"畅销书"，甚至超过了《堂吉诃德》的销量。书中描述的异国情调和海外冒险的传奇经历令读者耳目一新。

但是，人们更多的是把它当作一部融真实与想象于一体的小说，也有人斥其为《天方夜谭》式的故事。有人说，在世界文学艺术的巨著中，《游记》是被人们误解最多的作品之一。现在的学术界，更肯定它是一部独一无二的作品，具有很高的文学、历史和思想价值。人们认为，《游记》一书虽然有夸张的部分，但所描写的仍不失真实。很多人把书中模糊不清的地方归罪于宗教法庭和耶稣会的删除。

四、拉达的中国纪事

马丁·德·拉达是最早来东方的欧洲传教士之一。拉达出身于西班牙的一个贵族家庭。11岁的时候，他被送往巴黎求学。他在巴黎大学居留了五六年，回国后进入萨拉曼卡大学学习神学，并加入了奥斯定会。16世纪50年代末或60年代初，拉达自愿赴墨西哥传教。1565年，他随列格兹比（Miguel Lopez de Legazpi）的探险队与修士乌尔达涅塔（Andres de Urdaneta）等人一起去了菲律宾。拉达在菲律宾的传教工作进行得很出色，在1572年被选为马尼拉的大主教。

当时西班牙人早已从葡萄牙人那里得知，跟中国人做生意可获大利，所以久欲与中国交通。拉达在1569年致墨西哥总督的一封信中简单地提到中国，鼓吹要征服它。他担任主教后，认为在自己任期内的首要任务就是尽可能地去教化中国。他在1572年7月1日给墨西哥总督的信中说，他自愿去中国，证实一下他听一个叫"甘科"（Canco）的中国人说到的有关中国的富足及弱点的消息，他在菲律宾的家里招待这个中国人住了几个月。他又说，除非得到国王或墨西哥总督的批准，长官不愿让他去，最后说，如果有两个修士去，那会是件好事，"因为除了给福音和吾主服务敞开大门，也可以因此得到真实的情况，他们将把我王的伟大告之中国人，让他们知道臣服我王陛下是他们的义务，因为他出财力把传教士派去教导他们。那（哪）怕这两个人仅仅充当译员与中国人建立贸易关系，那行程也将具有不小的意义；而我如是被差遣者之一，我会认为那是特殊的荣誉，极愿如此"①。

1575年，拉达的主教任期满后不久，他就被挑选为赴中国使团的团长。与他同行的还有奥斯定会修士哲罗尼莫·马任（Jeronimo Marin）以及两名军人洛阿卡（Miguel de Loarca）和萨尔密安托（Pedro Sarmiento）。菲律宾的西班牙殖民政府总督拉维扎列斯（Guido de Lavezares）于1575年6月12日给拉达等人做了详细的指示，让他们把赠送给中国官员的礼物和信件带到泉州和福州。他指示使者要向中国官员充分表达西班牙人的友谊，要请求允许传教士自由地宣讲"福音"。他们请求划定福建的一个港口供

---

① ［英］C. R. 博克舍编注：《十六世纪中国南部行纪》，何高济译，中华书局1990年版，《导言》第44页。

西班牙人贸易之用，一如葡萄牙人之在澳门。他们还要尽力了解中国人的性格、习俗和贸易，以及所能得到和获悉的关于中国的其他一切情况。如果地方官员坚持要把西班牙人的要求上报北京，那么使者会请求留在该邦以待皇帝的决定下达。拉维扎列斯特别告诉拉达等人，无论他们还是他们的随从，都不得嘲笑偶像、庙宇或中国人的宗教仪式，因为据说这是使他们十分恼怒的事。他们不得对他们看到的事物表示惊异或喜爱，不得对此加以指摘或嘲笑。为避免发生争吵、打斗的危险，晚上不要在街上行走。另外，如果不能够马上付现金就不要向中国人讨取任何东西，这样可以让他们发现，允许西人跟他们做生意可使他们获利。拉维扎列斯对发展贸易给予特别的重视。

1575年6月，拉达一行启程到福建，往返一共用了4个多月。他们于7月5日抵达厦门，7月11日下午到达泉州。当地官府组织了欢迎队伍，鼓乐队充当先导，由400名武装士兵护送他们进城。他们在泉州住了两个星期，后又到福州逗留了38天，最后于9月14日启程回菲律宾。拉达在中国逗留期间，曾与地方官员交往接触，并购买百余种中国图书典籍，内容涉及政治、科技、法律、医术、竞技、算术及星占学、观星术等。

拉达在返回马尼拉后写了出使报告，记述他和同伴在福建停留两个月的见闻。洛阿卡也有一份广泛的记述，传下来许多抄本。另外，据推测，哲罗尼莫·马任和萨尔密安托也记下了他们对中国的印象。拉达的出使报告题为《菲律宾群岛奥斯定修道会神甫马丁·德·拉达与其同伴哲罗尼莫·马任以及与他们随行的士兵在中国观察与体验到的事物》，英文译本将书名简化为 The Relation of Fr. Martin de Rada，即《马丁·德·拉达札记》。报告分为两部分。第一部分记他到中国的旅行、在福建的行程以及返回马尼拉的过程，题为《出使福建记》。第二部分是对中国的简述，题为《记大明的中国事情》，分为12章：（1）王国的版图和位置，（2）各省，（3）城镇，（4）军事事务，（5）人口和税收，（6）明朝的历史，（7）礼仪、习俗和服饰，（8）饮食，（9）建筑、农耕、矿藏等，（10）司法和行政，（11）宗教和祭祀，（12）和尚、道士、尼姑。

拉达在他的中国记事中首先明确指出，他们通称为"中国"的国家，威尼斯人马可·波罗叫作契丹。[①]在16世纪以前，欧洲人对中国的地理概念尚不清晰，误认为"中国"和"契丹"是两个国家。葡萄牙人皮列士曾确认"北京"就是"汗八里"，所以才估计到"中国"和"契丹"可能是同一国家的不同名称。而拉达是第一个明确无误地把中国考定为马可·波罗所认为的契丹的欧洲作家。不仅如此，拉达还指出中国历史上的不同名称，如汉唐、宋元、契丹，"今天它的本名是大明"。拉达介绍了中国的地理位置、幅员和行政区划。

拉达根据他在中国逗留期间的所见所闻和他所掌握的中国文献，详细介绍了中国的城镇分布、人口、赋税制度、行政管理和司法制度、建筑、物产，还简要叙述了中国的历史，介绍了中国人的风俗、服饰以及宗教信仰等方面的情况。他还记录下了泉州城的概貌。

拉达对中国悠久的历史很感兴趣，他据掌握的中国文献，简述了中国历代王朝的更迭，从盘古开天地说起，依次说到伏羲、神农、有巢、黄帝，继而列举了秦始皇、汉高祖以及隋、唐、宋、元诸朝。他指出，从中国悠久的历史"可看到这个国家除短期受鞑靼统治外一直完整地不被外族控制，这确实是件了不起的事。若这个历史是真实的，那他们在洪水后不久就有了皇帝，而且他们从此后始终没有被异族掺杂"[②]。

拉达的著作受到欧洲人的高度重视，门多萨（Juan Gonzales de Mendoza）在撰写《中华大帝国史》时采用了其中许多内容，并且将他的《记大明的中国事情》作为第二部分的一卷收入其中。当时的人们给予拉达很高的评价，说他是一个"非常伟大的数学家、几何家和天文学家，以至大家说他是世界上最杰出的人物之一"。还有人说："我们这有一位西班牙数学艺术

---

① ［西］马丁·德·拉达：《记大明的中国事情》，载［英］C. R. 博克舍编注《十六世纪中国南部行纪》，何高济译，中华书局1990年版，第185页。

② ［西］马丁·德·拉达：《记大明的中国事情》，载［英］C. R. 博克舍编注《十六世纪中国南部行纪》，何高济译，中华书局1990年版，第199—200页。

的花朵和凤凰，他就是那位修士马丁·德·拉达，他发现了西班牙人不知道的许多事情，时间将在适当的过程中揭示它。"①

五、门多萨的《中华大帝国史》

门多萨的《中华大帝国史》是16世纪有关中国问题的、影响最大的一部著作。门多萨出生在西班牙的多莱西亚·德加麦罗斯，当时正是西班牙帝国由盛而衰的转折时期。他自幼受到良好的教育，17岁去墨西哥，历时9年。1564年他加入奥斯定会，成为一名修道士。在墨西哥，他一面潜心研究神学、语法和艺术，一面在当地热心传教，因而具有在"异域"开拓事业的能力和经验。他在墨西哥期间，正逢列格兹比率船队远征并占领菲律宾，墨西哥成为从西班牙派往菲律宾的传教士和各级官吏的中转站，也是他们返回西班牙的必经之地。那时有关菲律宾和中国的各种信息成为当地引人关注的话题并引起门多萨对东方事物的浓厚兴趣。1573年，菲律宾主教迭戈·德·埃雷拉（Diego de Herrera）从菲岛返回西班牙，想争取菲利普二世更大的支持，以有利于西班牙在东方的扩张活动。当他途经墨西哥时，看中了门多萨的才华以及其对东方问题的深厚学识，选择门多萨与他同行，并于1574年8月12日返抵西班牙。

1574年9月14日，菲利普二世在马德里宫廷接见了埃雷拉和门多萨一行。在听取了埃雷拉有关菲律宾和中西两国关系的详尽汇报后，菲利普二世即表示意欲向中国派遣使团，并决定成立一个专门委员会研究具体方案。不久，有关马丁·德·拉达中国之行的报告传到西班牙，菲利普二世读了这份报告，他责成印度事务院主席正式组织派往中国的使团。麦耐塞斯与门多萨私交颇深，而且知道他在墨西哥的经历以及他对东方问题的浓厚兴趣，于是推荐门多萨为出使中国的使团团长并得到最高统治者的认可。

---

① ［葡］伯来拉、克路士等著：《南明行纪》，何高济译，中国工人出版社2000年版，第51页。

1581年，门多萨与佛朗西斯科·德·奥尔特加（Francisco de Ortega）、哲罗尼莫·马任带着菲利普二世致中国皇帝的信函和赠礼（包括图画、钟表、武器和盔甲、器用等）出行。其中，马任刚刚从福建返回西班牙，对中国是很熟悉的。有他参加使团，是完成出使任务的重要保证。他们于1581年2月离开圣罗卡，6月底到达墨西哥。但是，门多萨的中国之行计划受到墨西哥总督等人的阻挠，后者说入境中国十分不易，并使国王放弃了派遣使团的打算，门多萨于1582年由墨西哥返回西班牙。

1583年，门多萨返回罗马，拜见了教皇乔治十三。当时，天主教极欲到东方拓展势力，但苦于对中国历史、文化茫然无知，急需一本关于中国社会情况的资料汇编。受教皇委托，门多萨广泛搜集资料，整理来华传教士的文件、信札、报告，以及各类翻译成西文的中国图书。门多萨在墨西哥停留期间，与曾经和拉达一道出使福建的修士哲罗尼莫·马任有较多的来往，马任为门多萨提供了大量有关中国的材料。门多萨还接触过洛阿卡的《实录》，而洛阿卡是随同拉达和马任出使福建的两名军人之一，也在墨西哥与门多萨有比较密切的来往。更重要的是，门多萨认真研读了克路士的《中国志》和拉达的中国纪事。他在撰写自己的著作时充分利用了他们的材料。

另外，门多萨还接触和部分利用了拉达中国文献的译文，如司马光的《资治通鉴节要》（1541年刻）、《新刊按鉴汉谱三国志传绘像大全》（明嘉靖版）等。不过，由于译者水平所限，《中华大帝国史》的介绍时有错谬。此外，门多萨还参考了多种描述中国的欧洲著作，如巴洛斯的《亚洲史》、卡斯坦涅达的《葡萄牙发现和征服印度史》等。西班牙方济各会修道士彼得罗·德·奥法罗（Pedro de Alfaro）和其他3名同一教宗的修道士1579年游历广东后，曾写有游记。1581—1584年，方济各会修道士马丁·伊纳爵·罗耀拉（Martin Ignacio Royola）从塞维利亚出发，途经中国，做了一次环球旅行，也写有札记。此两书中有关中国的记载给门多萨留下深刻印象，他把这两部旅行札记附录在《中华大帝国史》的第二部分中。

所以，《中华大帝国史》取材非常丰富，更具有真实性和可靠性，在相当大的程度上弥补了门多萨没有亲自造访中国的遗憾。

门多萨的《中华大帝国史》于1585年用西班牙文出版。1593年，他被任命为利帕里（Lipari）的主教，1607年他以教皇代理主教的身份赴美洲，被任命为恰帕（Chiapa）主教，1608年被调任波帕扬（Popayan）主教之职。除《中华大帝国史》外，门多萨还另外撰写了几部历史和神学著作。

门多萨《中华大帝国史》的全名是《依据中国典籍以及造访过中国的传教士和其他人士的记叙而写成的关于中华大帝国最负盛名的情事、礼仪和习俗的历史》。门多萨的这部著作是一次撰写中国通史的尝试。他在这部著作中详尽地介绍了中国的政治制度、教育制度、历史地理、物产风俗等，举凡中国社会的林林总总，书中皆有提及，所报道的内容远远超过马可·波罗的介绍，是欧洲最早系统介绍中国历史和地理的学术性著作，称得上是当时欧洲人了解中国的百科全书。门多萨与西班牙政界上层人士直至国王，甚至教皇，都有直接联系，因此他较之一般的传教士和探险家有更高的审视能力。门多萨的文学才华使《中华大帝国史》具有很强的可读性。由于文体的优雅和用词的规范，人们常把《中华大帝国史》与西班牙古典文学中最脍炙人口的名著《祈祷与沉思录》和《堂吉诃德》相媲美。

《中华大帝国史》共分为两大部分。第一部分是对中国国情的综述。该部分分3卷：第1卷重点介绍了中国的疆域、地理概貌、气候、土壤分类、省的建制、城镇区划等；第2卷主要讲中国人的宗教信仰以及对超自然力的崇尚；第3卷主要涉及中国古代帝王的世系、宫闱秘闻、贡赋、差役、军队、战争、行政管理、司法、科举以及自然科学等方面的概况。第二部分是由3篇旅行记构成。

第一部分是《中华大帝国史》的主体内容。在这一部分中，门多萨主要讲道，中国是个地域辽阔的文明古国，中国人自称"大明人"。全国划分为15个省，"每省都要比我们所熟知的欧洲国家为大"。门多萨之前，已有欧洲著述介绍了中国的两京13省，但门多萨介绍得更为详细，不但介绍了15省，而且对各省的府、州数目，纳税人数目，兵员数目等都有介绍。据《中华大帝国史》，北京有47个府、150个州，除掉免除赋税的官员、军人外，有270万纳税人，而且由于是军事重地，还有215万步兵、40万骑兵。中国境内有完好的道路网将城镇连起来。路面平整、宽阔，"官道"可容15人骑马并行。路旁商店林立，两侧绿树成荫，如同罗马时代的大道一样。有些城市有水道相连，好似威尼斯。北京是世界上最大的城市。中国人富有建筑才能。建筑用材举世无双，一种用"白土"做成的方块（即砖）坚硬无比，只有用锄才能将其砸碎。一座座邸宅有如庄园。门多萨对各省宫殿般的府邸做了生动的描述：总的说来，一切都是华丽的和令人艳羡的，以高超的艺术做成，大得好像一个村庄，其中有大花园、水池，周围有树木环绕。中国人的房屋非常华美，像是罗马式样，通常在门前栽种树木，华丽整齐；树荫浓郁，街道看起来壮观。所有这些房屋内部都像牛乳一样洁白，好像是糊上了发亮的墙纸。地面都用四方石铺成，宽广而光滑；天花板用的是上等木材，装饰和描绘得非常精巧，好像金色的锦缎，极其好看。每一家都有三层庭院，花园中满饰各种名花异草，以供消遣。没有一家不修建鱼塘的，虽然很小。

中国最雄伟的建筑就是长城，长达500里格（每里格约合5572米）。中国军队有步兵，也有骑兵。中国也有战舰，4天内可征集战舰600艘。中国士兵在数量上多于欧洲，但在器械上处于均势地位，如果他们在胆识和勇气上能和欧洲各国士兵一样，他们就可以征服整个世界。中国皇帝具有统治国家的全权。各级行政官吏有效地行使权力，他们是通过科举产生的。中国有完整的法律。官吏和贵族出门要坐桥，而妇女从不在外从事社交活动。他描述了考试制度、官职的等级、任命官吏的方法以及任职流放的规则。

门多萨指出，中国物产丰富，蔬菜种类远比西班牙多。仅橘子就有三个品种，即甜的、酸的和甜酸适度的。糖质地很好，非常洁白，价格也很低廉。蚕丝色泽纯正，质量超过西班牙格拉纳达的产品。天鹅绒、丝绸和布匹价格非常之低，提及此点会使那些熟知西班牙和意大利纺织品价格的人大吃一惊。中国人普遍穿着丝绸服装。中国农田管理得很好，没有一块荒弃的土地。矿产也很丰富。中国是世界上最富饶、物价又十分低廉的国家。中国出产的手工艺品极为精致。1582年西班牙国王喜获中国床单，织法之巧妙令国王惊叹不已。很多西班牙能工巧匠前来观赏、借鉴。中国的瓷器很便宜，最精致的瓷器是贡品，薄如玻璃。中国商业发达，买卖兴盛。每条大街往往只经营一种行业，看到第一家商店就知道这一条街是卖什么商品的。中国匠人的手艺都是祖辈相传的。中国货币种类繁多，金、银凭重量使用，而没有一定式样的金币或银币。

门多萨指出，中国历史悠久。他介绍了从黄帝到明朝万历年间历代帝王的称号、在位年限、王位的更迭等，并对有些帝王做了简要的介绍。

他指出，中国有独特的教育体系，各类图书十分丰富，中国人富于文明和教养。中国人在科学技术方面有很高的成就。门多萨的《中华大帝国史》是欧洲人著作中首次介绍汉字的图书。门多萨认为，中国的语言文字是一种书面比口语更容易理解的语言，因为每个不同的字表示的含义肯定不同。他还惊奇地发现，中国人说各种不同的语言，但能通过文字相互理解。这是因为一个图形或字，对中国人来说，就表示一件事物。可见，门多萨已经看出中国语言文字的象形特征。门多萨还介绍了中国的纸、毛笔、印刷术，说中国人的书写格式和欧洲人相反，从上到下、从右到左，连印刷物也不例外。

《中华大帝国史》于1585年在罗马出版西班牙文版，随后很快被译成欧洲各国文字。5年内，意大利文、法文、英文、拉丁文和德文的译本在欧洲各地印行了好几版。到16世纪末，门多萨的《中华大帝国史》以7种不同的欧洲语言（西、意、德、拉丁、荷、法、英）重印了46次，可见此书影响之广。门多萨的这部作品为当时的欧洲人打开了了解和认识中国的窗口，使欧洲人从通过充满神秘色彩的传闻来"想象"中国，跨入通过中国的现实来认识中国的时代。

《中华大帝国史》的法文译本是由著名人文主义思想家蒙田审读的，他在书中加了批语。正是《中华大帝国史》使得蒙田对中国的政治制度表达了赞赏。在原来写的散文里，蒙田没有提到过中国。在《论经验》一文里，他谈到法国对失职官吏进行处罚。他说这还不够，他认为应同时对恪尽职守的官吏进行论功行赏。蒙田晚年读到门多萨的著作，才知道中国早已经这样做了，因而感到兴奋，并于1588年至1592年在《论经验》中加了一段，对中国的政治制度表示钦佩。

蒙田在其著作中数次提到中国的例子，以此鼓励读者用更开放的心态和眼光来看待欧洲的事物，提醒读者反思"世界的广阔与多种多样，远远超出我们的祖先以及我们自己所知"。有的历史学家指出，蒙田"用东方来支持其论点，即知识的不可靠，世界具有无穷无尽的多样性，以及道德准则的普遍性"。

据记载，英国哲学家弗朗西斯·培根曾阅读过门多萨的《中华大帝国史》，他在对中国的认识上显然受到了门多萨的影响。例如，培根在《自然史》一书中写到，在整个世界都迷恋点金术时，中国则对获取白银较获取黄金更感兴趣。而《中华大帝国史》中写明，中国的金价如同意大利一样，也是经常浮动的，而银价一般比较稳定。此外，培根在其著作中还提到中国火炮的使用以及外国人未经朝廷特许不得随意入境的法律。所有这些内容，在那个时代仅仅在门多萨的著作中有过论述。

荷兰从事东方探险的先驱，荷兰东印度公司创建者之一林希霍腾（Jan Huighen Van Linschoten）也是《中华大帝国史》的热心读者。他在1596年出版的名著《东印度之行》中有关中国的概述就是在门多萨著作的基础上写出的。

六、奥斯贝克的《旅行记》

瑞典是在1731年建立东印度公司的，此后的80多年间，每年都有一两艘瑞典东印度公司的商船前往广州从事贸易活动。有一些乘坐瑞典商船的乘客写下了大量的日记和游记，有些日记和游记得以出版。在这些数量众多的记述文献中，有3个人的作品值得关注，他们是卡尔·古斯塔夫·艾克伯格（Carl Gustav Ekeberg）、雅各布·瓦伦伯格（Jacob Wallenberg）和彼得·奥斯贝克（P. Osbeck）。卡尔·古斯塔夫·艾克伯格，原为随船医生，后来担任船长，多次带领船队到广州从事航运贸易。他出版了《卡尔·古斯塔夫·艾克伯格船长1770至1771年东印度航行记》。雅各布·瓦伦堡是一位年轻牧师，1770年随商船去广州时坚持写日记，1781年这部游记以《舰船之子》为题出版。彼得·奥斯贝克在1757年出版了《中国和东印度群岛旅行记》。

奥斯贝克是著名博物学家林奈的学生，他以一名随船牧师的身份跟随瑞典东印度公司的商船"卡尔亲王"号来到中国。这艘商船于1750年11月18日从瑞典哥德堡出发，第二年8月22日抵达广州，并在那里停留到1752年的1月4日才返航，1752年6月26日回到哥德堡。在广州逗留的4个多月期间，奥斯贝克搜集了相当多的有关中国植物的资料，也对中国人的生活习俗和中国文化进行了比较深入的观察和了解。从出发之日起，奥斯贝克就坚持记航海日记，将沿途的所见所闻记录下来，回国后便出版了这本航海日记，即《中国和东印度群岛旅行记》。这本书于1757年首次出版瑞典文本，不久后被翻译成德文和英文出版。这是第一份公开出版的瑞典访问者在中国的旅行报告。这个报告内容非常丰富，涉及中国的历史、文化、习俗、物产等许多方面。

作为那个时代最伟大的博物学家，林奈希望能够搜集到世界各地的相关资料，并以此为写作的基本素材。他在《自然系统》中对所有的自然物进行了规模宏大的分类。奥斯贝克是一位植物学家，他的这次出行，也带着林奈交给他的使命。所以，所到之处，他对当地的植物进行了深入的观察和研究，他在航海日记中记载了中国的大量植物，尤其是中国特有的植物物种，并对它们的形状、生长环境等方面做了详细的描述。

他回国后，向林奈展示了数百种新植物种类。他说："我将其中一些对在西班牙、中国以及其他地方所发现的新植物种类的描述提供给了林奈先生，很快地，这些内容都出现在那部不久后出版的极为重要的植物学著作《植物种志》（Species Plantarum）里，而我对这些植物的命名也在书中得到了认可。"[1]他提到的动物名称也被林奈的《自然系统》所采用，其中有些

---

① ［瑞典］彼得·奥斯贝克著：《中国和东印度群岛旅行记》，倪文君译，广西师范大学出版社2006年版，《自序》第12—13页。

林奈认为应该更改物种的名称，则将奥斯贝克的命名作为同一物种的异名所引用。

除了博物学方面的内容，奥斯贝克的旅行记对中国的许多方面都有记述。他介绍了中国人的性格、习俗，包括服饰、饮食、娱乐、礼仪以及商贸活动等，特别是对广州商贸街的描写十分详细、引人入胜；他还介绍了中国的许多商品和物产，比较具体地介绍了瓷器、丝绸、漆器、茶叶的生产过程和制作方法，这些都是当时欧洲人感兴趣并且很需要的知识；他特别赞赏中国的农业，认为"这里的农业，尤其是灌溉业和园艺，极为繁荣"，他还提到，"他们的皇帝非常重视农业和种植业，甚至还会亲耕"。

奥斯贝克对中国的农业进行了深入考察，介绍了中国的农作物，特别是水稻，调查了土地的利用、耕作方式、灌溉方式，还介绍了中国的梯田，以及中国政府的农业政策和管理等。当时来中国的欧洲人，都对中国的农业有深刻的印象。另一位瑞典人，瑞典东印度公司的船长古斯塔夫·爱克伯格（Charles Gustavus Eckeberg）从中国返航后，写了一份《有关中国农业的简短记述》的考察报告，被收录于奥斯贝克的旅行记中。

在奥斯贝克到中国的同一年，林奈的另一位学生奥洛夫·托瑞恩（Olof Torén）乘坐瑞典东印度公司的商船"哥特狮"号也来到中国，他先后给林奈写了7封信，对自己在中国的见闻做了详细的介绍。

第四十八章　利玛窦和他的同道

一、利玛窦蹈海东来

1582年8月，意大利青年利玛窦（Matteo Ricci）乘坐葡萄牙的大帆船，经过漫长的海上航行，来到澳门，踏上了他多年神往的中国大地。这一年他刚满30岁。

16世纪初期开始，欧洲爆发了大规模的宗教改革运动。针对宗教改革运动所造成的严重局面，天主教高层进行了一系列重要的改革，这被称为天主教改革运动或"反宗教改革运动"。"反宗教改革运动"的一个重要内容就是修会的复兴，对原有的修会进行了整顿，又创立了一些强调虔修生活和社会服务的新的修会组织。其中影响最大的是西班牙人依纳爵·罗耀拉（Ignacio de Loyola，1491—1556）1534年在巴黎创立的耶稣会。耶稣会的活动内容之一，是向海外派遣传教士，扩大天主教在欧洲以外的地方，如非洲、美洲和亚洲的势力。中国是耶稣会海外传教的重点地区之一。耶稣会成立不久，根据教皇的旨意，罗耀拉派遣他最初的同事、耶稣会的创办者之一方济各·沙勿略到东方传教。

利玛窦出生在意大利中部教皇邦安柯那省（Ancone）的马塞拉塔城（Macerata）。他9岁时就进入该城的耶稣会学校学习。耶稣会自从建立开始就非常重视教育，派往世界各地的传教士都要进行严格的选拔，并且进行长达十几年的专门培训。在这期间，他所学习的不仅有基督宗教的神学理论，还包括广泛的因文艺复兴发展起来的科学文化知识。利玛窦的少年时代就是

⊙ 中国籍耶稣会士游文辉绘《利玛窦像》，这张画像后来由金尼阁带回罗马，保存在罗马耶稣会总部

在耶稣会学校度过的，想必是他的成绩十分优异，16岁时便被派到罗马学习法律。1571年，他在罗马加入了耶稣会，这一年他19岁。利玛窦继续在耶稣会学校学习哲学和神学，同时师从著名数学家克拉维乌斯（Christopher Clavius）学习数学。

到东方传教，是许多青年耶稣会士的梦想，是他们为之奋斗的人生目标。利玛窦也是怀揣着这样的梦想踏上他的人生旅途的。1577年，他参加了耶稣会派往印度的传教团。在葡萄牙候船期间，他曾在高因盘利（Coimbra）大学学习。这所大学是由葡萄牙国王约翰三世和耶稣会创立人罗耀拉联合建立的，是耶稣会训练东方传教士的学术中心。

1578年3月24日，利玛窦与罗明坚和其他耶稣会会士14人，从里斯本乘船前往东方。他们沿着这时已经很畅通的航线，先沿着非洲西海岸南下，再绕过好望角进入印度洋。经过将近半年的航行，于同年9月13日到达印度西岸的果阿。这时候的果阿是葡萄牙人的殖民地，当年达·伽马就是在果阿建立了第一个贸易据点。利玛窦到来的时候，果阿已经是基督教在东方最大的传教中心，位于果阿旧城区的仁慈耶稣大教堂是亚洲最主要的基督教朝圣地之一。

利玛窦在果阿居留了4年。1582年，耶稣会从在印度的传教士中挑选巴范济、罗明坚和利玛窦3人到澳门学习中文，并拟将他们派到中国传教。

1582年8月，利玛窦抵达澳门，从此开始了在中国长达28年的传教事业，他再也没有回到自己的祖国。

二、利玛窦在中国的传教活动

利玛窦在澳门停留了一年，主要是研习中文，获得关于中国语言文字的初步知识。1583年9月10日，利玛窦和罗明坚得到两广总督郭应聘的邀请，到达肇庆。他们在肇庆建造了一座教堂，将其命名为"仙花寺"，并在这里住了下来。从此，西方传教士在中国的传教事业迈出了第一步。中西文化关系史和传教史中那最为辉煌的章节，就是在这里开始的。

利玛窦在肇庆生活了6年多。在这6年里，利玛窦取得了在中国生活的经验，赢得了当地官僚和知识阶层的尊重，基本上打开了局面。利玛窦行事小心谨慎，把主要精力放在学习汉语和中国的礼节习俗上，以博得中国人尤其是官员们的信任。利玛窦在与当地官员和文人的交往中，"深觉欲归化中国民众，先该从中国儒士入手；其与儒士交际当以学问为工具"[①]。所以，他利用与中国文人交往的机会，详细介绍西方的天文、算学、理化知识，将自鸣钟、地图、天象仪器、三棱镜等陈列在室内，任人参观。利玛窦带来的各种西方的新事物，特别是地图，吸引了众多感到好奇的中国人。1584年，利玛窦制作并印行《山海舆地全图》，这是中国人首次接触到近代地理学知识。利玛窦利用解释各种西方事物的机会，同时介绍了天主教信仰。很快就有中国人对天主教产生兴趣。但无论是"仙花寺"的创立，还是《天主实录》的刊行，中国人对待天主教的态度，始终仅仅把它当作佛教流派而已，对它还没有多少实质性的认识。

利玛窦身穿佛教僧侣的服饰，自称"西僧"，把自己的住所称为"仙花寺"。他认为这样能够博得人们的好感，而且他也觉得这与天主教神父的装束相差不大，这也使得中国人更加相信他们是远道而来的僧人。可见，利玛窦初到中国时还分不清状况，不知道中国社会的主流思想是儒学，不是佛教。

[①] 徐宗泽著：《中国天主教传教史概论》，商务印书馆2015年版，第119页。

在肇庆时，他结识了一位士人——瞿太素。根据瞿太素的建议，利玛窦改穿儒服，开始留须蓄发，改穿儒士所穿的丝绸长袍，改称"道人"。穿僧服还是穿儒服的问题，实际上是接近佛僧还是接近士大夫的问题。利玛窦"易服"是天主教进入中国的一个标志性事件，对于他以后的传教活动以及整个耶稣会的在华传教事业都有着重要影响。

1589年，利玛窦迁到韶州。利玛窦在韶州仍旧像在肇庆一样，广泛结交当地官员和士大夫，以便为传教创造条件。借着瞿太素的宣传，以及向高官们赠送自己制作的天体仪、地球仪和计时用的日晷等西洋物品，利玛窦的名声逐渐在当地的达官贵人中传开。

利玛窦在韶州也居住了6年多，之后又在南昌、南京等地暂住。在南昌期间，利玛窦结识了当地的著名理学家、易学家章潢。章潢建"此洗堂"于东湖之滨聚徒讲学，并主持白鹿洞书院讲席，是当地文坛的领袖人物。章潢邀请利玛窦到白鹿洞书院讲堂宣讲西学，为他赢得了"西儒"的美名。

利玛窦居住在南京时，他的住所成为南京士大夫的聚谈之处，士人视与利玛窦结交为荣。官吏陆续到访，所谈者涉及天文、历算、地理等，凡百问题悉加讨论。在南京期间，利玛窦也与许多文人学士结下了友谊。由于南京的官员和士大夫们对利玛窦的友好态度，利玛窦决定把南京作为传教的重要地点，再向周围地区发展。利玛窦在城西罗寺转湾买下一所住宅，并将主厅设为教堂，这可以说是南京的第一座天主教堂。这些活动使南京成为中国天主教史上最重要的传教中心之一。

在利玛窦交往的中国知识分子中，最有影响的是当时的著名思想家李贽。万历二十七年（1599），时年72岁的李贽在南京与利玛窦相识。利玛窦将自己刚刚再版的中文论著《交友论》赠送给李贽。李贽曾在纸扇上题诗给利玛窦：

逍遥下北溟，迤逦向南征。

刹刹标名姓，仙山纪水程。

回头十万里，举目九重城。

观国之光未，中天日正明。

三、利玛窦在北京的岁月

利玛窦从进入肇庆起，就希望有朝一日能进入京城北京，设法使皇帝批准他们的传教活动。

1600年5月18日，利玛窦和庞迪我（Diego de Pantoja，1571—1618）以及中国修士钟鸣仁、游文辉搭乘由一位姓刘的太监押运丝绸到北京去的船离开南京。1601年1月24日，利玛窦一行抵达北京。利玛窦呈递一份奏疏给万历皇帝，并向皇帝赠送了礼品。利玛窦向万历皇帝进赠礼物的清单是：

> 时画天主圣像1幅，古画天主母像1幅，时画天主圣母像1幅，《天主经》1部，圣人遗物，各色玻璃、珍珠镶十字架1座，万国图1册，自鸣钟大小2架，映五彩琉璃石2方，大西洋琴1张，玻璃镜及玻璃瓶大小共8个，犀角1个，沙刻漏2具，《乾罗经》1册，大西洋各色镇袋共4匹，大西洋布并葛共5匹，大西洋行使大银钱4个。

万历皇帝收下了各种礼物，对利玛窦进贡的礼物很满意，并派太监询问了利玛窦等人的要求以及欧洲国家的情况。由于万历皇帝已多年不上朝，不接见大臣，因此他也不会破例接见利玛窦，但他命令宫廷画师去画了利玛窦和庞迪我的画像给他看，以代替接见。

但利玛窦的奏疏与贡品是由宦官进呈的，没有通过礼部的正常渠道，因而引起礼部官员的不满。利玛窦被礼部软禁在供外国贡使居住的会同馆内。礼部右侍郎朱国祚为如何处置利玛窦等人的事向万历皇帝连上五疏，前面四疏都建议将利玛窦等送回广东或江西，不让他们在北京居住，但万历皇帝一直不批复。直到上第五疏时，礼部建议让利玛窦等在北京择地居住。礼部还让利玛窦向皇帝上一奏疏，表达想居留北京的愿望。结果万历皇帝让太监口头传谕"钦赐大西洋利玛窦等安居顺天府。禁绝一切遣回南方和大西洋之言",同意让他们居住在北京城。礼部还按月给他们一定的供给。

自此以后,利玛窦取得了在中国传教的合法地位,在北京开始从事传教活动。至逝世前,他一直住在北京。从利玛窦抵达澳门算起,到最终获准在北京定居,整整经过了20年。

利玛窦等在北京开始是租房子居住,教堂也设在租来的房子里。1605年8月,利玛窦等在宣武门内购得一所房子,8月26日迁入了这所新购的房子,并在其中修缮设置了一个礼拜堂。1610年,利玛窦等在所购的房屋地皮上建了一座新的小教堂。

利玛窦在中国传教事业的成功,部分取决于他与中国社会各阶层,特别是与知识分子阶层的广泛交游,部分取决于他所采用的传教策略,即介绍西方科学知识和利用中国儒家经典。这两种策略是明清之际传教士在华传教的基本方法,而正是利玛窦开创了采用这种新传教方法的传统。

实际上,利玛窦能与中国社会各阶层广泛交游并受到欢迎,也是因为他采用了这种策略。然而,正是因为如此,虽然他本意在于传教,却成为中西思想文化正面接触的第一个媒介者,他在多方面促进了中西文化的交流。

利玛窦在中国的二十几年中,饱经挫折,但矢志不渝,持之以恒,终于得其所愿,揭开了天主教在华传播的序幕。来华传教士艾儒略在《大西利先生行迹》中说,利玛窦"传道中华,百般艰阻,利子一以宽和谦忍,不以事顺而傲,不以事逆而悲,故所遇人士咸相敬爱,时愿亲炙",这种宽容大度、与人为善的精神确保了天主教在与中华古老文明的最初碰撞中基本上相安无事,润物无声,为后期在中国的传播打下了良好的基础。经过利玛窦等人的努力,天主教在中国的事业已经有了一定的进展。

由于利玛窦为传教事业奠定了良好的基础,在利玛窦去世后,传教事业仍取得了显著的成绩。如原有的传教中心和杭州、上海等新的传教基地,继续得到巩固和发展;阳玛诺、金尼阁、艾儒略、毕方济、谢务禄和史惟真等耶稣会士成功进入中国内地，成为上述传教区的核心人物；朝廷中主张吸纳传教士参与修订历书的活动，也在积极筹划之中。

1610年5月11日，利玛窦在北京去世。临终前，利玛窦对围在身边的教友说："我把你们留在一个大门洞开的门槛上，它可以引向极大的报偿，但必须经过艰难险阻才行。"接任利玛窦中国耶稣会会长职务的龙华民在一封信中写道："利玛窦神父的去世，使我们成了孤儿，正像阁下您能想象的，他的权威和声望对我们所有的人来说，就是遮风挡雨之所。我们希望他在天堂里还能给我们更多的帮助。"

利玛窦从1583年来中国传教，到1610年在北京去世，在中国28年，一直没有离开过中国。依照明朝的惯例，客死中国的传教士必须迁回澳门神学院墓地安葬。利玛窦去世后，其他传教士和利玛窦授洗的教徒都希望可以得到皇帝的恩准，让利玛窦安葬于北京，借此来认可教会和天主教在中国的合法存在。为此，耶稣会士庞迪我神父向万历皇帝上呈奏疏，希望能破例赐地埋葬利玛窦。

在庞迪我等人的极力斡旋下，礼部同意庞迪我所请，"赐给葬地，一广圣泽"。礼部在给皇帝的上疏中写道，赐给利玛窦一块墓地对于树立明朝的大国形象十分有利。在文渊阁大学士叶向高及李之藻等人的帮助下，万历皇帝下旨同意赐地安葬利玛窦。最后选定的地点是位于北京城西北阜成门外二里沟的一座寺院，庞迪我等将其改建为利玛窦的墓地。在传教士们的眼里，由皇帝赐予墓地，无异于中国最高统治者赞成了基督教的律法，所以认为这个成就或许比前30年漫长而艰难的奋斗所做出的贡献更重要。在他们看来，在中国这个大国，死者传统上一向有非常重大的影响，已故利玛窦的庇护无异于一份对基督教给予官方承认的执照。

利玛窦的安葬仪式于1611年11月1日（天主教的万圣节）举行，徐光启等许多教徒参加了葬礼。利玛窦墓地正门上挂有匾额，上书"钦赐"二字。墓为土丘形，前立螭首方座石碑一座，碑额十字架纹饰，碑身正中刻中西文的"耶稣会士利公之墓"，左为拉丁铭文，右为中文铭文，文意略有不同。墓地以砖砌花墙围绕。墓碑的形制与常见的一样，只是碑额雕龙

⊙ 利玛窦墓碑

花纹的中心，镌有代表天主教会的十字徽记，表明墓主是一位虔诚的天主教徒。

利玛窦被安葬后，这里就成了耶稣会士们的专属墓地，称"栅栏墓地"。之后陆续去世的传教士邓玉函、罗雅谷等都安葬在利玛窦墓前。后来清顺治皇帝将利玛窦墓地一侧的一块土地赐给汤若望作为墓地，这样栅栏墓地就扩大了一倍。现在，"明清传教士墓地"共保留63名传教士的墓碑，其中14人来自葡萄牙，11人来自意大利，6人来自德国，9人来自法国，还有比利时2人，捷克2人，瑞士2人，奥地利1人，斯洛文尼亚1人及不明国籍者1人。这些人中包括担任过钦天监监正的纪理安、戴进贤、刘松龄，以及参与圆明园设计的著名画家郎世宁等。

在明清之际的来华传教士中，利玛窦是最杰出、最有成就的一位。可以说，明清之际欧洲各国传教士在中国的传教事业，正是从利玛窦真正开始的；这一时期中西文化实质性的接触和交流，也正是从利玛窦开始的。利玛窦是明清之际沟通中西文化第一人。而在整个中西文化交流史上，马可·波罗和利玛窦是最为人们所熟知的两个名字。利玛窦在多方面奠立了中西文化的交流，他的历史影响也是深远的，可以说一直影响到近代。

四、《利玛窦中国札记》

利玛窦晚年在继续主持中国耶稣会教务、从事传教活动之余，还开始撰写他在中国传教经历的回忆录。到他去世时，这份记录已告完成，仅留下一些空白以待补充。手稿是用利玛窦的本国语言意大利语写成的，封面上除了有"耶稣""玛利亚"几个字外，没有做其他说明，看来他并不一定想把它公开刊行。金尼阁说，利玛窦写这份文献，是打算先把它送给耶稣会会长审阅，再让别人阅读；其目的是向欧洲人介绍有关中国的情况和在中国的传教事迹，使同会教友及有关人士从中获益。

耶稣会传教士金尼阁（Nicolas Trigault，1577—1628）为保存和出版利玛窦的这份珍贵文献做出了重要贡献。金尼阁1610年来华传教，此时利玛窦已经去世。1613年春，金尼阁受接利玛窦任耶稣会会长的龙华民派遣，回欧洲向教廷汇报中国教务。为了保存利玛窦的札记手稿，金尼阁在此次旅行中把它携回罗马。在漫长而单调的旅途航行中，金尼阁着手把利玛窦的手稿从意大利文译为拉丁文，并增添了一些有关传教史和利玛窦本人的内容，附有利玛窦死后哀荣的记述。

金尼阁翻译和增补、编纂的拉丁文本第一版于1615年在德国奥格斯堡出版。它的封面题字是："耶稣会士利玛窦神父的基督教远征中国史 会务记录五卷 致教皇保罗五世 书中初次精确地、忠实地描述了中国的朝廷、风俗、法律、制度以及新的教务问题，著者同会比利时人尼古拉·金尼阁"。

该书的拉丁文本刊行后，在欧洲不胫而走。根据原文本所翻译的各种文字译本陆续出现，在第一版之后又有4种拉丁文本，分别是1616年、1617年、1623年和1648年出版的。法文本3种，分别出版于1616年、

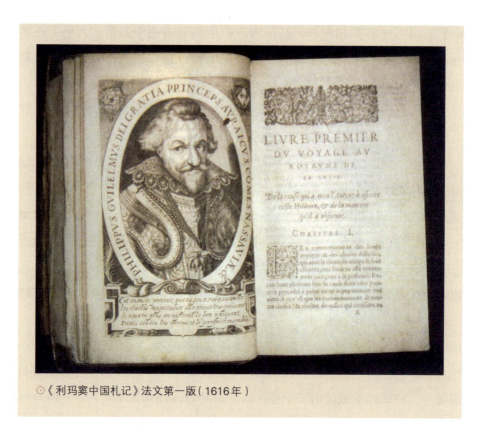

⊙《利玛窦中国札记》法文第一版（1616年）

1617年和1618年。另外，几乎同时还出版了德文本、西班牙文本和意大利文本各一种。1625年"普察斯朝圣者丛书"中收有一个英文摘译本。总之，7年内，欧洲就出版了17个版本。所以，可以说，《利玛窦中国札记》一面世，立即引起了广泛的注意，迅速在欧洲各国传播开来。

《利玛窦中国札记》共分5卷。第1卷主要介绍中国的状况，首先介绍中国的地理位置，版图的大小，所跨越的经度和纬度，行政区域的划分，接着介绍中国丰富的物产，后半部分侧重介绍中国的制度和文化，包括中国的文字、书法、哲学、天文、历算、教育、科举制度、政府机构、君主制度、官阶制度、法律制度等，以及中国人交往的礼节和习俗，最后介绍了中国的儒教、佛教和道教。第2卷至第5卷记载了耶稣会传教团在中国传教的过程。

利玛窦以颇为敏锐的感受和一个外国人的角度，把他的见闻详尽地记录下来，他的这部札记同时是一部晚明大动乱前夕的中国游记，它在史料上的价值和地位，颇似亚瑟·杨（Arthur Young）的《法兰西游记》之记述法国大革命前夕法国社会情况对于后人研究法国大革命史的史料价值和地位。这部著作的重要价值更在于，它的撰写者是一个在中国生活多年且熟悉中国的欧洲人。利玛窦在札记开头就说，他的叙述和此前其他欧洲著者对中国叙述的不同之处是：他是以亲身经历为依据，其他人则只能依靠道听途说的第二手材料。他说：

> 我们在中国已经生活了差不多三十年，并曾游历过它最重要的一些省份。而且我们和这个国家的贵族、高官以及最杰出的学者们友好交往。我们会说这个国家本土的语言，亲身从事研究过他们的习俗和法律，并且最后而又最为重要的是，我们还专心致意日以继夜地攻读过他们的文献。这些优点当然是那些从未进入这个陌生世界的人们所缺乏的。①

金尼阁也说："到现在为止，有两类写中国的著者：一类想象得太多；另一类听到很多，不假思索就照样出版。我很难把我们自己的某些神父排除在这后一类之外，他们信任中国的商人，不知道商人们的普遍习惯是夸大一切事情，把那些根本莫须有的事情说成是真的。"金尼阁指出："十分显然，谁也不能指望不经过多年的接触就透彻了解欧洲的生活。对中国也一样，为了完全了解这个国家和它的人民，一个人就必须花费多年时间到各个省份去旅行，学习讲方言并阅读他们的书。所有这些我们都已做到了，因此唯一合情合理的就是相信我们最近的这部叙述将取代在它以前出现的那些撰述，它所记录的事应该被当作是真实的……"②

① ［意］利玛窦、［比］金尼阁著：《利玛窦中国札记》，何高济等译，中华书局1983年版，第3页。
② ［意］利玛窦、［比］金尼阁著：《利玛窦中国札记》，何高济等译，中华书局1983年版，《金尼阁致读者》第41页。

《利玛窦中国札记》是当时最权威的、严谨而全面地向欧洲介绍中国文化的力作，对于欧洲人了解中国起到了重要作用，是"欧洲人叙述中国比较完备无讹之第一部书"。

五、继之而来的传教士们

利玛窦打开了向中国传播天主教的大门。与利玛窦同时，还有一些传教士陆续来华，协助利玛窦在澳门、肇庆、南京、杭州、北京等地开展教务活动。

在当时的交通条件下，从欧洲来中国只能走海路，搭乘往来欧洲和中国的商船。虽然那时从欧洲通往东方的海路已经比较通畅，商船的往来也比较频繁，但其路程遥远，时有海盗洗劫或海难发生。以耶稣会士为代表的明清之际来华传教士，其来华的路途实际上是一个充满艰难险阻的旅程，也是一个极为悲壮的旅程。这使我们想到，在唐代来华的日本遣唐使们，以及其他在中外交流史上留下或没有留下姓名的无数往来的行人，比如张骞、玄奘、鉴真、空海、马可·波罗等，他们为了自己的文化理想，踏上了艰难的旅途，甚至以生命的代价谱写了人类文明交流的不朽乐章。明清之际的来华传教士们，也是这样一批怀抱着宗教使命和文化理想的先驱者。

据意大利耶稣会士杜奥定（Agustin Tudeschini，1598—1643）回忆，他于1626年9月从欧洲启程东行，同船的有35名会士，还有其余教士600余人，"舟行海中，多经风浪，苦难尽述"。后遇风浪触礁，船毁人亡，幸存者仅剩200余人。他们不得已在荒岛上留居，直到1631年才到达中国，前后用了5年时间。据统计，在1655年至1659年的4年间，来华耶稣会士死于途中的有姓名者就有18人。在1581年至1712年间，死于海道途中的有127人，占同期来华耶稣会士总数的1/3。1657年，卫匡国从里斯本返回中国，同行的还有南怀仁等17人。他们从欧洲启程来中国时，途中遭遇海盗抢劫，钱物尽失，所幸保住了性命。后再度搭船东来，又遇到狂风暴雨，

⊙ 法国吉美博物馆藏书中的插图，插图上半部的3位外国传教士分别是利玛窦、汤若望和南怀仁（从左至右）

有的人在途中患病或病死，还有的人精神失常，最后只剩下5人。当他们一行于1658年7月抵达澳门时，前来迎接的柏应理等人不禁感叹说："看到南怀仁神父和吴尔铎神父，真叫人喜出望外！他们浑身污垢，衣衫破烂，必是历尽了千辛万苦。"

1680年，传教士柏应理返回欧洲，在此期间他曾"专心致力"于估计从欧洲各地出发前往中国的耶稣会士人数。他发现已有600人登船前往

⊙ 南怀仁

那里，但仅有100多人到达了目的地，其他人都在途中因病或翻船而结束了生命。1692年3月，柏应理从里斯本出发返回中国，同行的修士有15人，而安抵中国的仅有5人，包括柏应理在内的其他10人则遇大风暴而不幸身亡。

所以，有学者估计，派往中国的传教士中途遇难者的比例在1/3至1/2之间。那么，经欧洲动员选拔并奉命登上开往东方的远洋航船的传教士，实际上应有2000—2500人。

但是，尽管旅途充满各种风险，仍然挡不住他们前来的步履。从利玛窦开始，欧洲各国的传教士来华，前赴后继，不绝于途。

早期在华活动的传教士主要是耶稣会士。到17世纪的时候，这样的情况有了变化。1608年，教皇保罗五世（Paul V，1605—1621）发布敕令，允许托钵修会会士们任意选择路线前往东方。1633年，乌尔班八世（Urban VIII，1623—1644）再发敕令，将这一路线自由扩大到所有修会和宗教团体，允许其他修会与耶稣会同享在中国传教的权利。这样，各托钵修会会士和其他修会成员得以陆续进入中国。从17世纪中期开始，除耶稣会外，多明我会、方济各会、奥斯定会以及其他修会都有传教士来华进行传教活动。

据有关材料记载，自1581年到1712年，来华耶稣会士有249人（另有127人在赴华途中去世），多明我会士48人，方济各会士56人，奥斯定会士17人，另有不入会教士30人。总括起来，在此期间有1200—1500名西方传教士进入中国，当为较近实际的估算。这些传教士来自欧洲10余个国家，包括葡萄牙、西班牙、意大利、法国、荷兰、比利时、德国、奥地利、瑞士、英国、爱尔兰、波兰、捷克、斯洛伐克、南斯拉夫和立陶宛等国。从欧洲所动员传教士的数量（有二三千人之众）、国籍（来自东西欧十余个国家）以及其在中国活动的地域（不仅包括京城内地，也涵盖边疆地区）来看，传教士都具有相当的规模和一定的代表性。

早期来华的利玛窦等人都是当时的饱学之士。17世纪末和18世纪来华的法国耶稣会士，如洪若翰、白晋等人，因为本身就带有科学研究的任务，所以在科学修养上都具有很高的水平，每个人都有自己专长的研究领域。对于耶稣会士们的学识修养，中国的知识阶层也给予充分的肯定。徐光启赞扬他们"其道甚正，其守甚严，其学甚博，其识甚精，其心甚真，其见甚定"。《明史》上说，耶稣会士"东来者，大都聪明特达之士，意专行教，不求禄利。其所著书多华人所未道"。

⊙ 粉彩天使人物耶稣会纹章瓶（清道光至光绪年间）

耶稣会士们的文化修养和科学修养，是他们在来华后进行人文历史和科学研究的基础，也是他们实现传教使命和文化使命的必备条件。

传教士们，特别是耶稣会士们具有很高的学术修养，掌握了他们那个时代先进的科学文化知识。他们不仅以天主教传教士的身份，也以西方学者的身份与中国的知识阶层接触、交往和对话，把他们所了解的西方科学文化知识传播到中国，也使中国的知识阶层增加了接触、了解天主教及其教义和思想的兴趣。与此同时，他们对中国的观察与研究，他们撰写的有关中国和中国文化的研究报告，也就具有了当时的科学水准。

在16—18世纪到中国来的欧洲人中，传教士为数众多。他们远涉重洋，东来传教。传教士们在中国发展教会，培植信徒，使基督教文化浸染到中国大地。与此同时，他们也向中国介绍了许多西方近代科学文化知识和器物发明，为西方文化东渐做了大量工作。他们也通过通信、著述、翻译中国典籍等多种形式和渠道，向欧洲广泛介绍中国的社会、经济、政治情况，典章文物制度，历史地理风情，思想文学艺术等，为中华文化西传欧洲发挥了桥梁作用。这种作用也许是他们自己所始料不及的。文化的交流和传播有着自身的逻辑和规律。对中国和欧洲的文化历史来说，传教士们的功绩在于他们担当了文化传播的使者。

第四十九章 "学术传教"与西学东渐

一、"学术传教"策略

来华的传教士们本质上是虔诚的天主教徒，他们不远万里，来到中国开展传教事业，首先是出于他们传播宗教信仰的坚定信念和文化理想。为了实现这一目标，他们采取了"学术传教"的路线，以传播学术文化作为他们进行宗教传播的途径和方法。可以说，这种方法使得他们的传教活动取得了很大成功，或者说至少这种方法对于他们开展传教活动很有助益。

"学术传教"是耶稣会的一个基本传教方针。耶稣会自从建立起，就非常重视教育，它派往世界各地的传教士都要进行严格的选拔，并且进行长达十几年的专门培训。在这期间，他们所学习的不仅有基督教的神学理论，还包括广泛的文艺复兴运动中发展起来的科学文化知识。耶稣会士中有许多专门领域的专家学者。因而，从一定意义上说，耶稣会也是一个科学文化团体。最新的科学文化是他们传教的重要内容。

来华的传教士们对于执行"学术传教"策略的重要意义有充分的认识。利玛窦在晚年的一封信中说：

> 如果我们能给他们教授科学，不但可以使他们成为专家，而且因此也能使他们接受我们的宗教，他们自然会感激所受的大恩。这个方法我们已经顺利地开始了。虽然迄今我只不过教授他们一点数学与宇

宙学，但已使他们佩服得五体投地……假使我教他们更深奥的学科，如物理、形上学、神学与超性学的话，不知他们会用何种话表示他们的谢意了。

……　……

我们迄今和中国士大夫们交往谨小慎微，他们异口同声地称赞我们为学者、圣贤，我真希望我们能始终保有这个名誉。[1]

利玛窦初到肇庆，就介绍数学、地理、天文等方面的知识，以引起人们的好奇心，然后取得结交朋友的机会，转而论证天主教教义，引人入教。他到北京之后，继续采用介绍和翻译西方科学知识的方法来结交宫廷中的王公大臣和知识分子。

执行"学术传教"策略，是来华传教士们的共识。较晚来华的法国传教士白晋曾经说道：

根据一个多世纪以来的经验，传教士体会到要把天主教传入中国并使之在那里发展，最好的办法就是宣传科学……[2]

白晋等人是法国国王派遣的"数学家"，他们来华所承担的任务更多是在科学研究方面。他们承担着法国科学院交代的考察中国科学的任务，因此也参加了许多中国学者的科学文化活动。与其他耶稣会士相比，他们的传教任务则退居其次。这是白晋、张诚及以后陆续来华的法国传教士的一个特点。也因此，他们在传播西方科学文化知识方面所做的贡献更大。

① 沈定平著：《明清之际中西文化交流史——明代：调适与会通》（增订本），商务印书馆2007年版，第371—372页。
② ［德］G.G.莱布尼茨著：《中国近事——为了照亮我们这个时代的历史》，［法］梅谦立、杨保筠译，大象出版社2005年版，第98页。

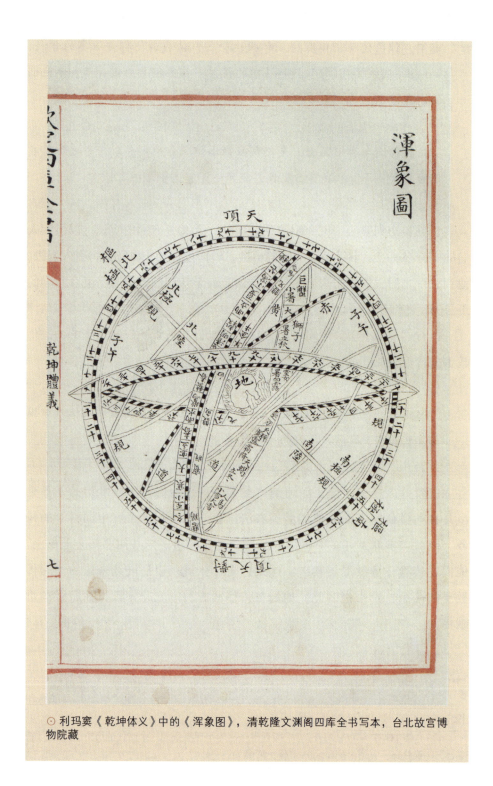

渾象圖

⊙ 利玛窦《乾坤体义》中的《浑象图》，清乾隆文渊阁四库全书写本，台北故宫博物院藏

明清之际进入中国的西方传教士在科学技术上有所专长者并非少数人，而是一个群体。继利玛窦之后，来到中国的传教士们也都以介绍西方科学知识和以参与修历为媒介传播天主教。为此，他们翻译并且著述了许多关于西方近代科学知识的著作，例如利玛窦、熊三拔、金尼阁、邓玉函、汤若望、南怀仁、白晋等人都留下了许多较为重要的科学著作。

关于耶稣会士传来的西学内容，徐光启说："先生（利玛窦）之学，略有三种：大者修身事天，小者格物穷理，物理之一端别为象数。——皆精实典要，洞无可疑。"他认为西学包含了"修身事天"的道德、宗教，"格物穷理"的哲学、科学，以及作为其"余绪"的象数。顺治时期，天主教中国信徒韩霖、张赓等人的《圣教信证》记载说："论明季以来，入中国诸修士，所著天教之书，不下百部，外讲格物穷理性命历法等学，亦有数十部，久行于世……然此等学问，西士皆目为余学耳，惟所传天学教法，则为吃紧之要学。"[1]南怀仁在其《欧洲天文学》中记述了在北京的耶稣会士于1668年至1679年间，在与数学和力学等有关的各种应用科学的实践活动中取得的成就。南怀仁从14个方面分别进行叙述，包括日晷仪原理和制作、弹道学应用于造炮、输水技术、机械学、光学、反射光学、透视学、静力学、流体静力学、水力学、气体力学、音乐、钟表制造技术以及气象学。南怀仁指出，在各个领域应用欧洲科学所取得的成就，是整个传教团在中国赖以生存的基础。

实际上，传教士们把西方的天文、历法、数学、物理、地理、音乐、美术、建筑、火炮技术等相继传入中国，在不同领域产生影响，掀起了中西文化交流的高潮。其中，利玛窦、熊三拔、阳玛诺、邓玉函、龙华民、罗雅各、汤若望、南怀仁、徐日升、安多、苏霖、白晋、张诚等传教士，不仅改进了中国的天文学仪器，与中国的天文学家一起编译了一大批天文历法书，还培养了一批应用西法的天文学家，逐渐改变了中国天文历法方

---

① 张西平等主编：《梵蒂冈图书馆藏明清中西文化交流史文献丛刊》（第一辑），大象出版社2014年版，第18—19页。

面的落后面貌，也弥补了当时中国在天体认识上的空白。另外，像利玛窦、庞迪我、艾儒略、南怀仁、蒋友仁、雷孝思、麦大成、杜德美等在地理学上的成就，艾儒略、利玛窦、邓玉函、汤若望、南怀仁、白晋、穆尼阁等人在数学上的成就，汤若望、南怀仁、阳玛诺、龙华民、卫匡国、艾儒略等人在医学上的成就，以及利玛窦、徐日升、南光国、巴多明、白晋、利类思、马国贤等人在音乐学上的成就，都对明清之际中国科学技术的发展和进步起了重要的作用。总之，西方在17世纪初及其以前取得的成果，大都在明末传入了中国。

传教士们的学术传教策略可以说是很成功的。传教士们大量向中国介绍西方科学技术和文化知识，使中西两大文化首次发生了实质性的接触，对当时的中国文化发展产生了一定的刺激和激励作用，在中国文化的历史进程中留下了深刻的印记。

二、礼品：西方物质文明成果的展示

耶稣会士们自身的科学文化修养，以及他们与欧洲学术界所保持的密切联系，使得他们在进行科学文化传播、贯彻"学术传教"策略方面具有明显的优势。他们通过多种途径传播西方文化，在世界各地交游，不断地译书和著书，携带图书与仪器等各种礼品入华，制造仪器与火器等。在这个过程中，他们把赠送中国朝廷和官员、士大夫们礼品作为推广西方物质文明成果的一个重要方式。

传教士们携带各种礼品，首先是要在中国建立自己活动的关系网络。他们认识到在中国的人际交往礼仪中礼品的重要性。如利玛窦注意到，"士大夫之间从不会忘记相互进行习惯性的礼貌拜访或经常馈赠礼品"，馈赠礼品是礼仪交往中的重要内容。

利玛窦的书中多处记载人们对传教士所带来的珍奇物品的好奇。在肇庆时，利玛窦等传教士们所带来的物品，所建造的教堂，甚至传教士本身都是引起中国人好奇的对象，"我们的到来和欧洲远来异物的出现，消息一经传开就把很多人吸引到教堂来，更多的人是来参观我们的教堂而不是拜谒总督的。一些人把面向道路的大钟当作新奇的东西，另一些人则把小钟当作新奇的东西。欧洲的图画和塑像、数学计算法、浮雕地图，也吸引很大的注意"[①]。

利玛窦到北京后，精心准备了送给万历皇帝的礼品。前文已提到利玛窦进献礼物的清单。按照性质，这些礼物分成3大类：（1）宗教类，包括圣像、经典、十字架；（2）科技类，包括舆图、自鸣钟、玻璃镜等；（3）西洋异物，包括西洋琴、西洋布、银钱等。但真正引起万历皇帝兴趣的是后来被保守士大夫称为"奇技淫巧"的自鸣钟。万历皇帝是因为对自鸣钟的好奇，才下旨让利玛窦赉物进京的。此种被视作"天下奇物"的自鸣钟，让利玛窦不仅获得进京的机会，还得以获准进入紫禁城，进而获允留居北京。从某种意义上说，利玛窦所携带的礼物"自鸣钟"对于他进京起到了至关重要的作用。

利玛窦之后，传教士们也利用各种机会向皇帝进献"方物"。崇祯十二年（1639），皇帝庆生，毕方济等进献"星屏一架、舆屏一架""附贡西琴一张、风簧一座、自鸣钟一架、千里镜一筒、火镜一圆、西香六炷、沙漏一具、白鹦鹉一只"。

到清代时，传教士进献的礼物就更多了。一方面是因为随着科学技术的发展，欧洲出现了许多新的产品；另一方面是因为海上交通的畅通和频繁，来往的人员更多了，便于为传教士们准备更多的物品作为礼物。

康熙在东巡及南巡期间，多次亲自或遣使拜访天主教堂，各地的传教士也主动向康熙敬献礼物。根据《熙朝崇正集》等记载，向康熙敬献的礼物多为西洋"方物"，少则四五种，多则十几种，传教士不仅向康熙皇帝敬献礼物，而且向太子敬献。康熙二十三年（1684），汪儒汪、毕嘉敬献康熙"方物"4种，但最后康熙只收了西蜡；康熙二十八年

---

① ［意］利玛窦、［比］金尼阁著：《利玛窦中国札记》，何高济等译，中华书局1983年版，第216页。

（1689），潘国良敬献"方物"6种，康熙只收下了小千里镜、照面镜、玻璃瓶3种。

由此可见，传教士所敬献的"方物"大体上是以欧洲的科学仪器（如千里镜、日月星钟、天文比例尺、日晷等）及土特产（如西蜡、玻璃球、玻璃瓶、水晶瓶、眼镜、西洋香、西药、西纸等）为主。而康熙对西方的科学仪器非常感兴趣，传教士们也投其所好，每次敬献的礼品中或多或少都有科学仪器。康熙二十八年（1689），康熙南巡至南京，毕嘉、洪若径自敬献测量仪器。因为这些仪器携带不便，康熙命毕嘉、洪若送至北京，直到康熙二十九年（1690）夏，他们才将仪器从南京送至北京。

传教士带来的西洋"奇器"有钟表、西洋乐器、天文仪器、西洋火炮、望远镜、显微镜、温度计，还有西洋绘画、西洋药物等。

所以，传教士们到中国来，给中国朝廷、官员和中国友人的礼品是精心准备的。甚至可以说，他们赠送的礼品是他们传教策略的一种具体表现。西班牙耶稣会档案中有一份耶稣会士向中国友人赠礼的"礼单"：

> 日晷一具、星晷一具、西洋衣帕一方、西洋梭布一匹、绉帕一方、西洋剪刀一股、西洋眼镜一函、远视景镜一架、八角眼镜一函、玻璃面镜一座、玻璃巧箸一双、玻璃杯盘一套、玻璃细碗一对、西洋画景四幅、《万国全图》一幅、《坤舆地图》六幅、东洋巧扇两握、佳纸四张、东洋顺刀一鞘、东洋漆箱一座、东洋漆盒一具、佳制糖果数种、乳蛋糕几器、棕竹饭箸二把、龙涎扇坠一枚、百合高香一封、西洋佳画几幅。[①]

上述传教士的赠礼显然是用心设计过的。像日晷、星晷、远视景镜、《万国全图》和《坤舆地图》，都在于表现西方科学的先进性；西洋衣帕、

---

① 张铠著：《庞迪我与中国——耶稣会"适应"策略研究》，大象出版社2009年版，第121页。

西洋梭布、西洋剪刀、各类玻璃器皿以及东洋巧扇、顺刀、漆盒等，则为海外"奇器"，可以用来打动中方友人的好奇心。但赠送西方礼品最直接的结果，正如传教士庞迪我所总结的那样，"用这些东西，我们结交了不少朋友，可以和他们谈及我们神圣的信仰和灵魂的拯救"①。

利玛窦将这样送礼的做法称为"给社会进步的齿轮里注润滑油"。

传教士们带来的这些西方器物，不仅作为礼品馈赠，还在自己的居所和教堂内展示。如罗明坚、利玛窦在肇庆时，就把带来的世界地图、万花筒等在房间里摆放，供人们参观，也确实引起人们很大的兴趣。利玛窦在肇庆刊印《山海舆地全图》之后，用铜和铁制作天球仪与地球仪，把铜日晷之类的仪器送给与他交往的官员。据说，地球仪和天球仪肯定是按照罗马天主教长老会的式样制作的。在韶州、南昌、南京等地，他向官员赠送或制作天球仪、地球仪、钟表、日晷、星盘、象限仪和纪限仪等，指导求教者制作天文仪器，还用星盘和其他仪器测定一些地方的地理位置，用象限仪测量塔的高度和山谷的深度等。利玛窦在南京时，将钟表和三棱镜等准备进京献给皇帝的礼品放在屋内供人参观。

《帝京景物略》中记载了北京南堂，将其描述成西洋奇器博物馆：

其国俗工奇器，若简平仪（仪有天盘，有地盘，有极线，有赤道线，有黄道圈，本名范天图，为测验根本），龙尾车（下水可用以上，取义龙尾，象水之尾尾上升也。其物有六：曰轴、曰墙、曰围、曰枢、曰轮、曰架。潦以出水，旱以入，力资风水，功与人牛等），沙漏（鹅卵状，实沙其中，颠倒漏之，沙尽则时尽，沙之铢两准于时也，以候时），远镜（状如尺许竹笋，抽而出，出五尺许，节节玻璃，眼光过此，则视小大，视远近），候钟（应时自击有节），天琴（铁丝弦，随所按，音调如谱）之属。

① 张铠著：《庞迪我与中国——耶稣会"适应"策略研究》，大象出版社2009年版，第122页。

⊙ 天主教北京南堂

史学家谈迁在顺治十一年（1654）到南堂造访汤若望，记录了他在南堂的所见所闻：

登其楼，简平仪、候钟、远镜、天琴之属。钟仪俱铜质，远镜以玻璃，琴以铁丝。琴匣纵五尺，衡一尺，高九寸，中板隔之。上列铁丝四十五，斜系于左右柱，又斜梁，梁下隐水筹，数如弦，缀板之下底，列雁柱四十五，手按之。音节如谱。其书叠架，茧纸精莹。劈鹅翎注墨横书，自左而右。汉人不能辨。

传教士们带来的这些先进仪器引起中国士人的极大兴趣，当时就有人说："自鸣之钟，照远之镜，举重之器，不鼓之乐，莫不精工绝伦，我中土之技巧不如也。"天启四年（1624），光禄寺少卿转通政使何乔远与

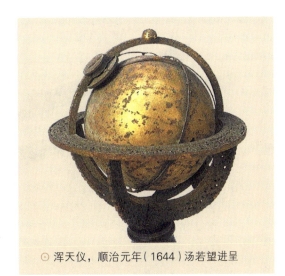

⊙ 浑天仪，顺治元年（1644）汤若望进呈

⊙ 镶有黄金和珍珠的天距仪，17世纪意大利的产品，底座是康熙时代的中国景泰蓝，故宫博物院藏

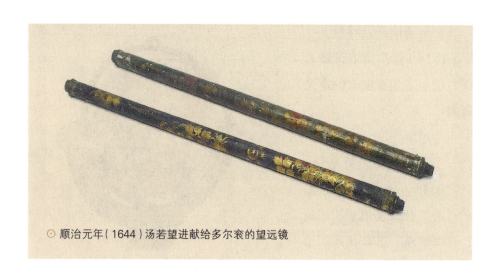

⊙ 顺治元年（1644）汤若望进献给多尔衮的望远镜

汤若望一起去龙华民的住所，亲眼看到地球仪、望远镜、西洋琴和图书等物。他说：

> 今岁有西方人龙华民者，来游京师。予往扣之，见其所藏先世至人之书，皆旁行手书，亡虑数百卷，岂不劳而费功哉！入其卧榻之旁，有二球焉，以测天地之圆方。有竹筒乘镜一寸许，以观天之象、度地之里，无不了然，不似中国懵懵尔也。有琴焉，椟而架之，牙在弦下，抽其牙则弦鸣，如中国之琴声，非如中国简易也。

此处所说的"竹筒乘镜"，显然指伽利略发明的望远镜。而伽利略发明望远镜是在1610年，5年后在阳玛诺的《天问略》一书中就有介绍。1619年金尼阁从欧洲返回中国，携回大批图书和科学仪器，何乔远在龙华民住所见到的这架望远镜大概就是金尼阁此次携回的科学仪器之一，在当时的欧洲也是最先进的科学仪器。

传教士们带来这些科学仪器，主要目的在于引起中国人对于西方科学的兴趣，进而向他们多方面介绍、宣传近代西方的科学知识。更重要的是，这些新奇的东西，使他们在人们面前树立起博学的形象，获得人们的尊重，从而为他们传播天主教创造有利条件。

⊙ 18世纪英国铜镀金转人亭式大钟，故宫博物院藏

三、传教士所传之"西学"

明清之际来华传教士的文化传播活动，现在被笼统地称为"西学东渐"。

明末清初逐渐流行开来的"西学"概念里的所谓"西"，指的就是欧洲。"西学"概念是与传教士们自称"西儒"的身份相对应的，他们为推广这个"西学"概念做了很多努力。自从利玛窦进入中国后，"西术""西法"乃至"西洋之学"或"天学"一类词，传教士和中国人都开始略有使用，但起初并没有形成系统的学问。有学者研究，"西学"概念的正式提出和公开传播，特别是作为一种传教士自塑宗教形象的命名行为，大体肇始于17世纪10年代中后期至20年代初期，以高一志《西学》的完成和艾儒略《西学凡》一书的刻行作为标志。

在中国，第一位以"西学"一词称呼西方学问的是传教士高一志。约在万历四十三年（1615），高一志著《西学》一文，介绍欧洲的教育体系和它背后的西方认识论。文章写成后，因"南京教案"发生，高一志被遣返至澳门，故《西学》一文一直没有正式发表。万历四十八年（1620），高一志在澳门刊印《幼童教育》，把《西学》原稿收入《童幼教育》下卷。天启四年（1624），高一志重返中国内地，《童幼教育》一书也随之传入。

高一志在《西学》中率先使用了"西学"的概念，还创造了一系列分支概念，展现出"西学"的整体结构及进学次序。在高一志看来，西学教育最初从"文学"开始，也即从语言文字修辞、文章议论之学入门打基础，"文学毕，则众学者分于三家而各行其志矣，或从法律之学，或从医学，或从格物穷理之学。三家者，乃西学之大端也"。所谓"格物穷理之学"，也就是哲学，它"名号最尊"，具体又分为5家，就是逻辑学、广义物理学、数学（几何、算学）、形上学和广义伦理学。高一志把伦理学译为"察义理之学"和"义礼西学"，认为它与中国儒家"修齐治平"等学说相对应。以上这些学问，被高氏统称为"人学"。但"人学之上尚有天学"，也就是关于"天主"及"信仰天主"的学问，即神学。"天学"

不仅是"西学"的最高学问，而且是所有学问的最终归宿。

大约与高一志同时，艾儒略也提出"西学"的概念，并与高一志进行过讨论。天启三年（1623）季夏，艾儒略著成《西学凡》，对"西学"进行了系统的概述。

《西学凡》是艾儒略关于欧洲大学教育的概

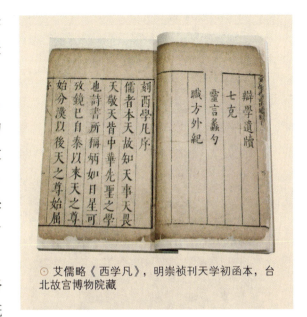
⊙ 艾儒略《西学凡》，明崇祯刊天学初函本，台北故宫博物院藏

说，"凡也者，举其概也"。中国古代，有两大知识分类体系：一是四库分类法，也就是经史子集；一是考据、辞章、义理（曾国藩后来加上"经济"）。《西学凡》在中国首次引入新的知识体系。这个体系包括文科、理科、医科、法科、教科、道科。文科着重语言与文艺，"大都归于四种，一古贤名训，一各国史书，一各种诗文，一自撰文章议论。又附有交接进退之规，有拊奏之乐，又合节之舞，有书数之奥、赞经之咏"。理科，即哲学，包括逻辑、物理、形上学、数学、伦理学5个分科，逻辑为一切知识的根本，物理学、数学、形上学是理论科学的3个分支，伦理学属于实用科学，艾儒略称之为"修齐治平"之学，包括有伦理本位的政治学，故讲究"区别众政之品节，择贤长民，铨叙流品，考复政事，而使正者显，庸邪者进弃，所以治天下也"。医科（医学）、法科（世俗法）、教科（教规法）、道科（神学）都是分门别类的专门知识学科。

对于这些学科，艾儒略总称为"西学"。虽然艾儒略所谓的"西学"是欧洲大学的知识体系，但也大致接近西方学术的知识体系。

在以上6科中，艾儒略进一步强调天主教之学本身在西学体系中的学科分量和地位。他明确表示，"大西诸国虽古来留心诸学，然而无不以陟

⊙ 法国以"中国皇帝"为主题的挂毯,中间长有白胡子的是汤若望,他正在向皇帝解释天文学

禄日亚(神学)为极为大",而这种"道学"或"天学",又以托马斯·阿奎那的学说为最高明,其《神学大全》被他誉为"所言最明、最简、最确,而此后学天学者,悉皆禀仰、不能更赞一辞"。

《西学凡》在中国首次介绍了西方大学先博雅后专业的教育学程。西方大学学程,"先以文辟诸学之大路",即以文科为第一台阶。文科学习的内容包括经典、历史、文学、写作以及社交礼仪、音乐、舞蹈、数学、赞经。其意义在于培养学生的基本人文素养和能力。艾儒略特别提到,文科学成后,要经过三道考试,先"试其文笔",次"试其议论",再次"至公所主试者之前诵说之,或登高座与诸智者辩论焉"以及演讲或辩论。这些程序的设计,是对学生文科综合能力的全面检验,"文学已成,即考取之,使进于理学"。理学即哲学,是更高层次的思维培养和训练。哲学学习需要三到四年时间,第一年学习逻辑学,第二年学习物理学,第三年学习形上学,第四年学习几何之学以及伦理学。只有完成了理科的学习,方进入医、法、教、道科的专业学习。

虽然《西学凡》所介绍的西方知识分类体系未能得到明末清初士人的回应,但在研究近代中国知识转型的过程中,艾儒略的《西学凡》以及高一志的《西学》显然不可忽视。《西学凡》所表述的"西学"一词,从一开始就是一个综合了西方社会科学和自然科学的概念。明清之际耶稣会士传入中国的"西学",绝非如传统史论所言,只是天主教神学以及格致之学,而是一个全面的、完整的知识体系。

四、传教士的著译活动

在不同文化相遇与交流的过程中,作为思想与文化载体之一的书籍往往扮演着重要角色。这些传教士来华的时候,携带来大量西方神学、哲学和科学文化等方面的图书,他们还进行了大量的著译活动,把相当一部分西书翻译成汉文。这些图书成为西方文化向中国传播的一个重要渠道和形式。

传教士们传播西书以及进行著译活动,首先是服务于传教的目的。耶稣会士等传教士在进行学术传教的过程中,都很注意撰著和翻译图书,即用著述汉语教理图书的方法,使人接受教理而入教。这种用书籍传教的方式,被他们叫作"哑式传教法"。中文书籍是中国文化的重要载体。儒家历来重视撰述以及书籍编辑与出版。传教士们了解到,对中国人而言,宗教文学对宗教传播所产生的影响,远比任何西方人所想象的要重要。佛教通过佛经的翻译得以在中国广泛传播,就是一个明显的例证。

在利玛窦看来,"哑式传教法"适合中国人的习惯,因为所有教派多以书籍,而非以口讲做宣传。中国人对于新内容的书籍十分好奇,又因为象形的中国文字在中国人心目中有一种特殊的力量及超强的表达能力,传教士们认为,在中国,印在书本上的都被认为是真理,因而"关于基督教义,中国人比较相信书本,只是口头讨论是不够的"。利玛窦认为,在中国,以书籍传教的效果极大,在中国许多处传教士不能够去的地方,书籍却能进去,且仗简洁有力的笔墨、信德的真理,可以明明白白地由字里行间渗入读者的心里,比用语言传达更为有效。

所以,利玛窦在给耶稣会总会长的信中,要求获得出版图书的许可权。耶稣会总会长很快批准了利玛窦的这一请求,将印刷图书的许可权交给了

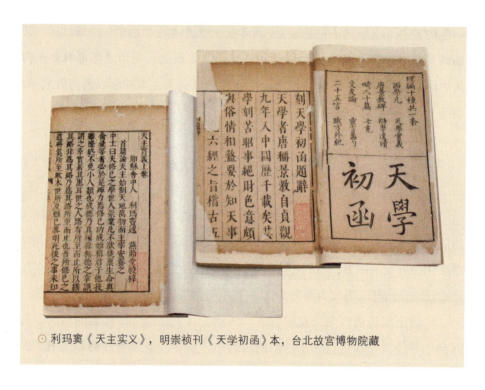

⊙ 利玛窦《天主实义》，明崇祯刊《天学初函》本，台北故宫博物院藏

中国传教团，为它们大量地翻译刊印图书提供了方便。

因此，从利玛窦开始，来华的传教士，特别是那些耶稣会士们，在从事传教和科学文化活动的同时，还大量翻译和撰写著作，并且都得到刊印，广为传播，成为他们在华活动的一个重要内容。如利玛窦在中国生活的近30年中，其著作竟达20种之多。利玛窦也一再要求其他传教士"多读中国书，会编写中国书"。传教士们根据利玛窦成功的经验，把译书和著书工作作为与中国文人交往、在中国传播教义的门径。

在艾儒略从事传教活动的主要地区福建，耶稣会曾刊刻过大量天主教图书。法国国家图书馆所藏《福建福州府钦一堂刊书板目》记载，仅福州天主教堂钦一堂在晚明刊刻过的作品就有51种之多。

来华传教士用中文撰述的著作，不仅数量可观，而且涉及的知识领域相当广泛，其中既有哲学、神学、历史、语言和逻辑等人文方面的论著，又有天文、历法、数学、地理、水利、机械、建筑、医药等科学技术及音乐、美术等方面的作品。

传教士们在中国的著译活动，得到了中国士大夫阶层的支持和合作，他们的许多著作是与中国士大夫合作完成的，或者有中国士大夫们所撰写的序言，或者有士大夫参与校定刊刻。如最著名的译著《几何原本》就是由利玛窦与徐光启合作完成的。1613年至1631年中国出版的50余种西方译著，大多经过李之藻之手，或作序，或同译，或润色，涉及天文、数学、哲学等多门学科。

通过初步统计，明清参与天主教图书编辑活动（校订、校

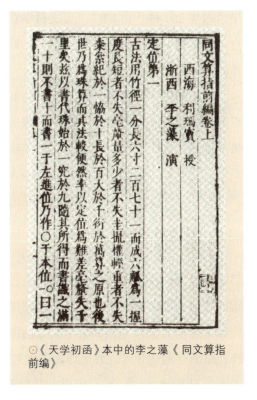

⊙《天学初函》本中的李之藻《同文算指前编》

梓、参阅、笔录、修润等）的士人共有404位之多，其中89人为进士，甚至有一些是位居高位者，如叶向高等。由清初江西信徒刘凝所编辑的、专门收集天主教著作序跋的《天学集解》中，至少有57篇序跋是由进士撰写的。《明史》则认为，徐光启、李之藻等信徒所参与的编辑活动，对于推动天主教的发展有积极作用，"士大夫如徐光启、李之藻辈，首好其说，且为润色其文词，故其教骤兴"。

明清之际来华传教士在中国士人的帮助下，翻译和撰著的宣传天主教和西方科学文化的著作，总量是不少的。最早的天主教中文著作书目是明末韩霖、张赓等著《圣教信征》所附的《耶稣会西来诸位先生姓氏》。在这个附录中，作者对传教士生平有简单介绍，还列举了传教士的中文作品，共收录了92位传教士、235部著作。另一部类似的著作是《道学家传》，共收录89位传教士、224部著作。据美国华裔学者钱存训的《近世译书对中国现代化的影响》统计，16—18世纪，耶稣会士译著西书共437种，其

中宗教类251种，占57%；人文科学（地理、地图、语言文字、哲学、教育等）55种，占13%；自然科学（天文、数学、医学、生物、军事等）131种，占30%。[①]

明末清初入华传教的耶稣会士共400多人，差不多都有中文著作传世。以上诸家所统计的数目不尽相同，或许是所依据的资料来源不一，但总的情况说明，在明清之际来华传教士们所翻译和撰著的图书数量是很大的。

五、七千部西书入华

由于"学术传教"以及翻译、刊印传教和西学书籍的需要，传教士们都希望欧洲能不断地给他们送来天主教以及其他西方科学文化的图书。在欧洲方面，耶稣会和教廷以及其他团体机构也通过各种渠道不断地给在华传教士送来有关天主教和科学文化的图书。耶稣会早有藏书的传统。当年沙勿略离开葡萄牙时，教皇约翰三世送给他100克鲁扎多[②]的图书，其中有一本每日祈祷文，一本马库斯·马鲁路斯关于"宗教生活方式"的著作，一本插图丰富的《圣经》，一本常用的精装《圣经注疏集》等。

罗明坚到中国后，一开始就要求罗马总会给他送来一本画册，它描述的是基督的生平事迹和《旧约》的某些故事，还有若干基督教国家的介绍，若干改编的故事书，一本插图精美的《圣经》。后来，罗明坚在一封信中说，他已经搞到了几箱子书，尤其是大厚本的教典法，可以在肇庆寓所中陈列。利玛窦谈到肇庆期间的情形说，他们有很多关于科学、律法方面的图书。

定居北京后，利玛窦从赛维里纳（Santa Severina）大主教那里得到一套8卷本的《圣经》，"封面镀金，装订精美"。利玛窦说，西方图书让所有的中国人感到惊讶，"因为装订方法与他们不同，而且封面镀金并有许多装饰，此外还有天文地理学和建筑图书，从中可见世界各国和各行省，整个

[①] ［美］钱存训：《近世译书对中国现代化的影响》，戴文伯译，《文献》1986年第2期。

[②] 克鲁扎多是葡萄牙的古重量单位，1克鲁扎多合1千克多。

欧洲漂亮的城市和郊外，以及其他高楼大厦、剧场、桥梁和寺院等"。庞迪我在给古斯曼主教的信中也说，中国人一向认为世界上只有他们才会读书写字。当他们看到欧洲的图书时，虽然只是看了书的外观，就已感到中国书的装帧远不如欧洲书的装帧精美。

为了学术传教的需要，利玛窦把搜集更多的欧洲图书乃至建立中国耶稣会图书馆作为一个重要的目标。经过不断的积累，万历三十三年（1605），在利玛窦的主持下，北京耶稣会图书馆组建起来。以后又有陆续到来的传教士将随身携带的图书充实其中，常年的积累使北京4个天主教堂的藏书都很丰富。其中南堂的图书馆藏书最为丰富。主持北堂的法国传教士张诚曾写信给法国天文台，恳求多购买些书运来，因为南堂的藏书特别丰富而使北堂相形见绌。

据《明经世文编》卷四八三《李我存集》，在1613年末，李之藻向皇帝上奏《请译西洋历法等书疏》，希望皇帝"敕下礼部，亟开馆局"，将见到的精选之书，除历法"照依原文译出成书"外，还能"将其余各书，但系有益世用者，渐次广译，其于鼓吹休明，观文成化，不无裨补"。李之藻在《请译西洋历法等书疏》中列出的这些西书的大类，是利玛窦和其他传教士们带进的和欧洲国家及科研机构馈赠的图书，可知当时入华的西书已有一定的规模。

1613年，龙华民派遣金尼阁赴罗马向教廷请示传教中的一些问题，同时交代给金尼阁的一个任务，就是在欧洲广泛搜集各类图书。

金尼阁到欧洲后，把搜集图书作为一项重要任务，通过各种方法获得了众多的图书以及科学仪器。其中，教皇保罗五世赠送了整整一库珍贵图书。某主教捐助了价值两千金币的图书，西班牙主教捐赠了5000册图书，供金尼阁挑选。在德国巴伐利亚公爵家族的赠品中，也有一大批图书。此外，金尼阁这次赴欧还有招募来华传教士的任务，其中有一位饱学之士邓玉函。邓玉函陪同金尼阁遍访了里昂、法兰克福和科隆等当时欧洲著名的出版中心，购买新面世的图书，其中科学书所占数量至为可观。此外，还有许多作家和出版家赠送的图书。最后金尼阁对这些图书加以精心选择，

"重复者不入，纤细者不入"。

欧洲文艺复兴以后，各国积极收集图书，努力扩大人类知识范围，建造图书馆大为流行。金尼阁所收集的图书，在当时相当于欧洲一个巨型图书馆的藏书规模，几乎包括文艺复兴以后的神学、哲学、科学、文学艺术各学科的所有知识。

1618年4月16日，金尼阁、邓玉函等人从里斯本起航，1619年7月抵达澳门。当此之时，前来澳门洽购西洋大炮事宜的奉教官员孙学诗和张焘征躬逢其会，据说他们见到这一批图书，大为惊奇。后来，金尼阁采取分批北上、分散带进的方法，让去内地的传教士尽可能随身携带这批图书，一部分赠送给中国人，另一部分收藏于教堂。有条件的，则根据传教的需要，先摘要译成中文。《辩学》记载，这批带到澳门的七千本图书，被陆续带进内地去的"未有什之一二"。这批图书在中国辗转流传，最终大多成为著名的新北堂藏书。

西书七千部入华是中西文化交流史上的重要事件。即使在当时的欧洲，如此规模的图书也堪称超大型图书馆。据说，这些书都是精装本，无一重复，囊括欧洲古典名著以及文艺复兴运动以来神学、哲学、科学、文学艺术等方面的最新成就，仅科技类图书就多种多样，涉及数学、建筑学、天

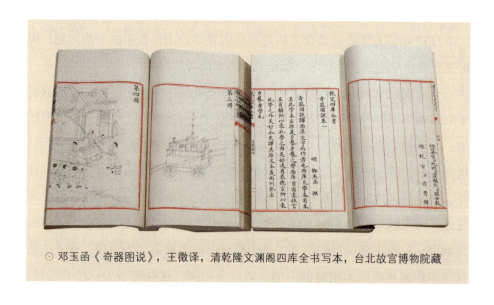

⊙ 邓玉函《奇器图说》，王徵译，清乾隆文渊阁四库全书写本，台北故宫博物院藏

文学、机械物理学、矿冶、医学、航海术等。《辩学》称"皆天人之学及历法度数之书"，即其中大量是宗教书和历算书。和早些年利玛窦及其他传教士带进的西书一样，七千部书中有不少是希腊著作的拉丁文译本，也有希腊著作注释、复原本，还有欧洲人的研究专著。不仅有亚里士多德的伦理学著作和《安哲罗全集》这样的哲学经典，还有当时极其时髦的科学名著，例如哥白尼的《天体运行论》和开普勒的《哥白尼天文学概要》。耶稣会士拉马尔这样评价金尼阁筹集的图书："金氏带往北京教会之书藏要为文学上及科学上最有价值之资源"，"实为中国天主教学术运动之源泉"。

七千部西书流入中国后，引起知识界的高度关注。许多文献都提到过这些西书，比如"彼国图书七千余部""西来七千卷""西书七千余部"。

金尼阁为引进的西书拟定了一个庞大的翻译计划，联络艾儒略、徐光启、杨廷筠、李之藻、王徵、李天经等中外人士，准备共同翻译出版这些图书，并于1623年首先以《西学凡》做提纲挈领的宣传。杨廷筠在为艾儒略的《西学凡》写的序言中提到这七千部书，说有七千部西方图书从海外运抵中国，所有这些书都应该译成中文，如果自己有10年的时间，同时有20个或更多志同道合的人，就能共同完成这一任务。李之藻也说："七千部奥义宏辞，梯航嗣集，开局演译，良足以增辉册府，轶古昭来。其如道不虚行，故迄今尚有所待。"李之藻去世前还遗憾地告诉世人："近岁西来七千卷，方在候旨。"

不过，"西书七千部"介绍给中国知识界的计划未能实现。但有一小部分被李之藻和王徵等人翻译成中文。有学者研究，这七千部西书中，被中国学者了解、翻译或利用的约有15部。

除了这七千部西书，以后来华的传教士也陆续带来大批欧洲图书。徐光启曾有"经书万卷，今未得遍译"之说。

六、《几何原本》汉译：西学东渐的经典事件

在传教士们向中国传播介绍的西方近代科学中，翻译和介绍数学方面

的成就是其重点之一。

明万历三十四年（1606）秋，徐光启与利玛窦合作翻译了西方古代数学名著《几何原本》，第二年春译出前6卷并刊刻出版。这是西方数学著作首次被译为中文，也是西方数学知识以及其他科学向中国传播的标志性事件。在关于明清之际中西文化交流的研究中，《几何原本》的翻译是反复被提起的。

几何学在西方历史悠久，西方大学的雏形、著名的柏拉图学园门口有一块牌子写着："不懂几何者不得入内。"《几何原本》的作者欧几里得（Euclid，约前330—前275）是古希腊的数学家，亚历山大学派前期的三大数学家之一。《几何原本》是世界数学史上最负盛名的巨著，也是世界上最早的数学经典，其数学思想和演绎方法支配了两千多年来数学的发展，对科学理论的成长、对人类文明的塑造都产生了巨大影响。《几何原本》对近代科学而言，其重要意义不仅是在数学方面，在逻辑史上也有着极其重要的意义。《几何原本》既是一部严谨的数学名著，又是几何学基础课本、数学启蒙读物，在世界上通行了2000多年。直到现在，它的许多内容仍被选入数学教科书中。《几何原本》是世界数学史上流传最长久、传播最广泛的科学名著。

利玛窦到中国不久，就致力于将《几何原本》译成中文。但是，将《几何原本》译成中文，是一项开拓性的艰巨工程。这本书的演绎体系和论证方法与中国传统数学完全不同，它的命题、名词、术语、逻辑推理形式等在中国古代数学著作中是从未见过的，许多专有名词在汉语中根本没有现成的词与之对应，所以既无任何成规可循，又无其他汉译书供参考。利玛窦在与徐光启合作之前，自己做过汉译尝试，结果知难而退；后来，有瞿太素向利玛窦学习两年数学，将《几何原本》第一卷译出，因不成功，未能刊印。青年学者张养默是继瞿太素之后学习欧几里得几何的又一人，他也曾尝试翻译过《几何原本》第一卷，也没有成功。利玛窦曾表示，除非有突出天分的学者单译或参译，否则无法承担起《几何原本》的汉译工作，并将它坚持到底。

后来利玛窦在北京遇到徐光启，于是相约翻译《几何原本》。中外合

⊙ 白晋、张诚编译的满文版《几何原本》

作翻译西方自然科学著作,也由此开了先河。他们翻译选的底本,依据的是利玛窦在罗马学院读书时的数学老师、德国数学家克拉维乌斯编注的《欧几里得几何学》,其中对欧几里得的原著做了大量注释,还加入了他自己的评价。克拉维乌斯对《几何原本》有着精深研究,他被利玛窦称作继欧几里得之后最伟大的数学家、欧几里得的真正继承者。利玛窦到中国后一直与他的这位数学老师保持着密切联系。所有这些,对徐、利两人在合作翻译中领悟《几何原本》的思想精髓、研讨解决理解原文遇到的一些问题,都是有利的条件。从万历三十四年(1606)秋开始,徐光启每天下午去利玛窦的住所,由利玛窦口述,徐光启笔录,经过不懈努力,于第二年春译毕前6卷。此后,徐光启又将初稿修改两遍。这样,历时一年多,三易其稿,终于用流畅通俗的文字完成了前6卷。

《几何原本》6卷的内容是:卷一,三角形、垂直线、平行线、矩形面积、勾股定理;卷二,面积的变换、用几何法解代数问题;卷三,圆、弦、切线;卷四,多边形与圆、正多边形的做法;卷五,比例;卷六,相似形。这6卷仅是克拉维乌斯底本的"平面几何"部分。万历三十五年(1607)五月,《几何原本》在北京刻印出版,题录是"泰西利玛窦口译,吴淞徐光启笔受"。徐光启和利玛窦在这版中每人写了一篇序。徐光启在序文中说明了几何学的本质，评价了数学的价值，并向中国学人热情推荐这部西方数学经典。徐光启指出：此书有"四不必"，即"不必疑，不必揣，不必试，不必改"；有"四不可得"，即"欲脱之不可得，欲驳之不可得，欲减之不可得，欲前后更置之不可得"。

欧几里得的拉丁文原书的书名是 *Euclidis Elementorum Libri XV*，直译为《欧几里得原本15卷》，徐光启在汉译时，创造性地加上了"几何"一词，将书名定为《几何原本》。他借用"几何"一词，代指一切"度数之学"（研究点、线、面、体的学问），使这部希腊科学经典有了更贴切简明的中国书名。在《几何原本》中，利玛窦和徐光启创造了一套中文的几何学名词，如点、直线、平面、曲线、四边形、平行线、对角线、直角、钝角等，其中有许多沿用至今。

1608年春，利玛窦对刻成的《几何原本》做了一次校正，寄给徐光启，建议再版重印。两年后，利玛窦病逝。徐光启与庞迪我和熊三拔等合作，在利玛窦校正稿的基础上重新校译了一遍，修订版于1611年问世。这个版本后来被李之藻收入丛书《天学初函》中。校正本出版后，徐光启又进行了第三次修改。但这个三校本一直没有出版，徐光启去世时也未及做交代。直到1665年，徐光启的孙子徐尔默发现了此稿，将其整理出版，还写了跋，这就是《几何原本》的三校本。在出版史上和数学史上，一般将徐光启和利玛窦译的《几何原本》6卷本通称为"明本"。它既是中国第一个汉译本，也是亚洲第一个译本。俄文译本问世是在132年后，而日文译本问世则在266年后了。

徐光启和利玛窦翻译的《几何原本》取得了巨大成功。该书译文质量多有过人之处，被誉为"无一字之苟，一语之疏"。梁启超称赞《几何原本》"字字精金美玉，为千古不朽之作"。梁启超还说："欧人名著之入中国，此其第一。……盖承认欧人学问之有价值，实自兹始也。"[①]

---

① 梁启超著：《中国近三百年学术史》（新校本），商务印书馆2011年版，第9、402页。

《几何原本》所带来的演绎体系深深吸引了中国的数学家，"士大夫争相传阅"。最使他们感到震动的并非那些令人眼花缭乱的几何命题，而是《几何原本》所体现出来的那种逻辑推理的说服力和科学结构的严谨性。为了更好地理解此书，许多人到利玛窦与徐光启那里求学。

徐光启生前的一大遗憾，是没有将《几何原本》全部译完。他在《题几何原本再校本》中感叹道："续成大业，未知何日，未知何人，书以俟焉。"直到250年之后的咸丰七年（1857），李善兰才与英国传教士伟烈亚力合作翻译出版了《几何原本》后9卷。这9卷中，他们秉承了徐光启、利玛窦译的前6卷体例，沿用了徐光启创造的名词术语，这个译本通称"清本"，与前6卷合起来的15卷本通称为"明清本"。从此，中国终于有了《几何原本》的一个完本。

第五十章　西学东渐在中国的风云际会

一、士大夫与传教士"咸于晋接"

传教士们来华以后，实行利玛窦制定的"文化适应性"和"学术传教"的传教策略一进入中国，就尽可能地与中国的知识分子阶层广泛交往，争取士大夫们对所传之天主教和西学的理解和支持。利玛窦等传教士以"西儒"的面目出现，并且主动地与各个层面的文人学者交往，以自身的学识修养赢得士大夫们的尊重。自利玛窦以降，结交士大夫是当时来华耶稣会士的普遍做法。与之相应地，与传教士的来往也被视作一种风雅的时尚。不仅热衷西学的士大夫与传教士往来频繁，就是一些保守派的官僚也竞相与传教士们礼尚往来。《明史·外国传》说："（利玛窦）公卿以下重其人，咸于晋接。"实际上，明清时期这一中西文化间伟大的接触在一定程度上是以传教士和中国士大夫面对面的"人际交往"为开端的。

利玛窦在中国期间，无论是在北京还是在外地，都十分注重与中国官僚和士大夫阶层的交往，结交了许多中国知名士大夫做朋友。

利玛窦蓄发留须，身着儒生服，以"西儒"的身份迎来送往，谈吐风雅，谦谦君子，这种特有的人格魅力与渊博学识赢得了当时中国知识阶层的普遍好感和钦佩，人们甚至把他称为"畸人"①。利玛窦在中国士大夫中有着广泛

---

① "畸人"语取自《庄子·大宗师》，"畸人者，畸于人而侔于天"，意即"奇特之人"。利玛窦亦以此自称，著有《畸人十篇》。

的声誉，与其交游、能够到他那里拜访，成为当时士人们的一种时尚。利玛窦在北京的9年间，常来常往的学者和官员，有姓名可考的，约有50人，其中不乏阁部官员。利玛窦在北京的居所宾客盈门，甚至每日接待少则20人，多则百余人。从早到晚，利玛窦居住的那条街上，马车和轿子来来往往，络绎不绝。他虽然名闻朝野，"身价不菲"，但无论何人来访，他都以诚相待，虚心讨教，不敢懈怠。

⊙ 利玛窦与徐光启

在利玛窦去世那一年，即万历三十八年（1610）的三四月间，恰逢全国各地官员五千余人齐聚北京朝觐听候考察，同时又有四五千各省举人来京参加科举考试。这上万名官员举子在京停留期间，争先恐后地到利玛窦的驻地拜访。当时与利玛窦一起在北京传教的传教士熊三拔在一封信中说："今年如您所知道的，在中国是'会试'之年，每三年举行一次，以甄选新的'进士'，它等于西欧的'博士'。再加本年为各省官吏入京面圣之年，很多官吏或考生早闻利玛窦神父大名，趁机愿和他会面，有些故交，更要与他畅谈不可；因此日夜访客不停，连吃饭的时间都没有……"

利玛窦与京城内外的士大夫们建立起广泛的友谊。有学者对利玛窦的交游规模进行过详细研究。据此研究，利玛窦在广东、江西、南京、北京所来往过的士大夫总计129人，另有道士1人、高僧2人、太监2人，还有8名中国籍耶稣会士。在这129位士大夫中，仅有29人在与利玛窦结识之时为布衣学者，其中有举人1人、医生1人，其余100人则是从县丞到六部官员的各级官吏，其中还包括公侯2人和皇族3人。在利玛窦交游的人物中，有王公贵族、朝廷宰臣、六部各卿、地方名宦、学者、僧侣、商贾，直至黎民庶人，几乎包括了各界的知名人物。可以说，这种交往和友谊为他在中国立定脚跟、融入中国社会生活进而顺利开展传教活动提供了巨大的帮助。

其他传教士也分别与中国的士大夫们建立起深厚的友谊。比如高一志在山西与段氏兄弟、韩氏兄弟的友谊，再比如艾儒略与叶向高的友谊。正是由于叶向高的邀请，艾儒略到福建开教20多年，成绩斐然。艾儒略在福建一地交游过的士人就有200余人。艾儒略曾6次到莆田，结交了多位莆田知名的士大夫。他们对彼此之间的交往乐此不疲，经常交流，或谈哲学，或谈天主教教义，或讨论政治，或谈诗词文学，或谈西方自然科学，可以说是无所不谈。虽然他们之间的观点或信仰不相一致，但他们彼此之间并不介意，而是持一种包容的态度。士大夫大都与艾儒略结下了深刻的友谊，纷纷赠诗予艾儒略。

在南方活动的毕方济，交游也很广泛。晚明四公子之一冒辟疆曾与毕方济交往，获赠在当时属于无上珍品的西洋布。冒辟疆特意为他的爱妾董小宛制衣，一时引起轰动。

⊙ 汤若望

汤若望在北京多年活动，也结交了许多士大夫。特别是在清初，尚结交了一大批明遗民士人。顺治十八年（1661）四月初一是汤若望的70寿辰，在京和汤若望有过交往的文人纷纷著文作诗为汤若望贺寿，后出版《赠言合刻》。其题赠者多为当时的名士，共20人。在这个群体中，有仕清的所谓"贰臣"，也有身为平民的遗民学者。由这个士人群体生发，内联外延，可以编织成一张庞大的士人交际网络，几乎网罗了清朝初年汉人士大夫的精英集团。

黄宗羲很可能与汤若望有过直接的交往。他在晚年作诗将汤若望比作自己的启蒙老师："西人汤若望，历算称开辟。为吾发其凡，由此识阡陌。"

明清士人与传教士们的交往，不仅仅是一种时尚，也不仅仅限于个人之间的好恶，他们还进行了广泛的合作，为西学和天主教在中国的传播创造了比较有利的条件。如许多士大夫热情引导和帮助传教士适应儒学和中国文化，使他们得以在中国长期居住并跻身于主流社会。我们在利玛窦的行迹中已经看到，他从进入广东开始，就得到许多士大夫的帮助和引导。艾儒略在福建、高一志在山西、卫匡国在杭州等的传教活动，都得到了当地士大夫们的大力支持和帮助。发生教难时，他们会挺身而出，有的公开出来辩护，有的多方设法营救或为传教士们提供庇护所。

传教士们所介绍翻译的西书，大部分是与中国士大夫合作完成的。而徐光启主持历局，编纂《崇祯历书》，更是一次国家层面的大规模合作。此外，许多士大夫还参与传教士书籍的校订、刊刻出版。

所以说，明清之际传教士们在华传播西学和天主教，如果没有这些中国学者的合作，是不可能完成的。换句话说，这一时期大规模的中西文化交流、大规模的西学东渐，是中西高级知识分子合作的结果。中国的士大夫们，中国的知识分子阶层，也为西学的引进和传播做出了重大贡献。

士大夫与传教士的交谊往来，在明清之际成为一种风气和时尚，固然有宗教的因素，但更多的是士大夫首先把传教士作为域外奇人、有德之士来看待。我们看到，在中国士大夫对所结交的传教士的赞誉中，所说最多的有两点：一是学识渊博，几乎每一位传教士都是饱学之士，在许多领域造诣颇深；二是人格高尚，他们的道德情操令人感佩。是他们的"道德"和"文章"两个方面吸引着中国士大夫。另一方面，对当时的士大夫来说，传教士们带来的西学是一种少闻少见的异质文化、一种新鲜的文化，西学对士大夫极具吸引力。

二、交流切磋，应酬唱和

　　传教士所带来的西方文化，对中国人，特别是对中国知识分子来说，是一种完全陌生的、异质性的文化，又是具有巨大吸引力的、对丰富和发展中国文化很有益的新鲜的、先进的文化。所以，很多士大夫对这些"西学"持有积极的欢迎态度。梁启超认为，清前期出现"西学热"，一个直接原因是，跨越明末清初持续了数十年的中西历法优劣之争与轰动一时的"康熙历狱"的最终结局，既使西方天文历算等科学知识获得了远较中法"精密"的声誉，也大大地刺激了中国学人对天文历法的关注与研究热情。他们普遍相信，在实测方法和事实验证方面，西学可为中学借鉴。第二个原因是，明末清初以来所刊行的大量西学图书，尤其汇辑了明末传入的西方宗教与科学的《天学初函》《崇祯历书》以及后者的修订本《西洋新法历书》等，为清初及以后的士人研习西学提供了基本的参考读物。

　　在这种情况下，西学普遍地成为士大夫中的时髦学问。中国的士大夫们是站在中国文化的立场上来理解和评估新进西学的。传教士们采取"合儒"的策略，宣传天主教与儒家学说在某些方面的一致性。许多士大夫也笃信西儒之学与儒家学说相契合。叶向高的《赠西国诸子》说：

> 爰有西方人，来自八万里。
>
> 言慕中华风，深契吾儒理。

　　杨廷筠认为西儒恢复了自秦以来隐没的儒家正统。传教士们提出的"以耶补儒"也得到了部分士大夫的理解和欢迎。对程朱理学不满，主张回归原始儒学，是王学之后的思想潮流，"以耶补儒"恰恰迎合了这样的思想潮流。这也是士大夫们欢迎西学的原因之一。

　　士大夫们还推崇传教士们于名利声色不染，志学有礼、乐善好施的品格，以及他们各方面的才艺。因此他们提出向西人学习的口号。郭子章在

《山海地舆全图序》中说，"天子失官，学在四夷"，这个口号在明末士人中相当流行。方以智也认为，"借远西为郯子，伸禹周之矩积"。李之藻在《同文算指》中强调一切事物都离不开数，"六艺而数居一，数于艺犹土于五行，无处不寓，耳目所接，已然之迹，非数莫纪"。数就是实学，对西学应该兼容并蓄。冯西京主张引进《天主实义》，从西方的伦理、哲学、科技、文化中去寻找"救世良药"。西学在清初几成时髦之学，上至名公巨卿，如龚鼎孳、魏裔介、李光地等，下至布衣学者，如王锡阐、薛凤祚、梅文鼎等。既有站在时代前列的启蒙学者顾炎武、王夫之、黄宗羲，也有立足于儒家学统的理学名士陆世仪、陆陇其等，尽管他们对西学的认知有较大的差异，然而西学成为清初士人谈论与研讨的一个重要对象，已是不争的事实。

关于如何对待西学，中国的士大夫们主张，不能完全照搬，全面"西化"。而且在这个广大的群体中，虽然新进的西学具有强大的吸引力，但从来没有人提出"全盘西化"的主张，也没有人认为中国文化处处不如西学。我们在明清之际的文献中没有看到后来出现过的激越的言论和主张。明清之际的中国知识分子，无论是主张全面接受西学的，还是主张部分接受西学的，都具有强大的文化自信和文化自觉。引入西学，不是要对中国文化取而代之，而是以西学的新知识、新技术和新艺术来丰富中国文化，刺激中国文化的发展。他们在与传教士们交流的过程中，并没有低人一等的感觉。他们谦虚地向传教士们学习，研究他们的宗教思想、科学技术和艺术文化，同时向他们传播、宣传中国文化。他们之间的关系是互为师友的关系，是平等对话和交流的关系。

大多数知识分子对西学东渐采取了热情欢迎和包容的态度。他们对于西学的欢迎和接受，是基于这种自觉的认识，是从丰富和发展中国文化的目标出发的，是"经世致用"，是为国家和社会的富强服务的。徐光启认为引入西方基督教义的必要性有三条：

（1）东西方道理相通，西方学说和中国圣贤学说如出一辙。"盖彼国教人，皆务修身以事上主，闻中国圣贤之教，亦皆修身事天，理相符合"，而且在行王道、重实教等问题上，东西方也是暗合的。

（2）引入西学，返本求实，改掉儒家学风的浮躁习气。他说科举制如同爬了一辈子的烂路，耗尽士大夫的精神，而与国计民生毫无干涉。

（3）引入西学，批判佛学，易佛补儒，补充儒家的临终关怀和未来报应的漏洞。主张儒家的个人反省、道德修炼和基督教的神操相结合。

徐光启的这三条是从"以耶补儒"的角度说的，如果更广而言之，也说明了引入西学对于当时中国文化发展的必要性和必然性。"东西方道理相通"，就有了互相了解和接近的可能，就有了进行平等对话的可能；而第二条和第三条讲的是引进西学可以补充中国文化之阙如，可以纠正中国文化之弊端，这也是积极引进西学的必要性和必然性。那时西学东渐还没有形成对中国文化体系颠覆性的、强烈的冲击。西学对于中国文化有补充、丰富的作用，有借鉴和激励发展的作用。所以我们看到，明清之际，虽然反对的呼声也很高，但没有形成特别强大的对西学东渐的阻力。比较来看，明清之际的西学东渐，甚至没有佛教初传到中国时所遇到的阻力大。

从中国文化的本位立场出发，徐光启提出中西会通方针：第一是翻译；第二是融合；第三是超胜。徐光启讲的这三条，实际上也是从接受主体的角度实现文化交流的三个阶段。所谓"翻译"，首先是翻译西书，但又不仅如此，而是要对西学有所了解、有所认识，知道其"是什么"，然后才有取舍的问题。第二条是讲中西文化的融合，学习西学的目的不是以西学取代国学，不是以西方文化取代中国文化，而是站在中国文化本位的立场去学习、理解和接受西方文化，把西学纳入中国文化之中，使其成为中国文化的一部分。第三条最重要，所谓"超胜"，不仅要超越西学，也要超越自己，在中西汇通的基础上实现中国文化的新发展。明清之际的中西文化交流，中国学者对西方文化的接受，大体上也是这个路子。

明清之际200年，风云际会，西学东渐，内容极为丰富。这一时期的西学东渐是一次整体性的文化传播，凡举文艺复兴以来在西方流行的新的思想观念、文化形态、科学技术、艺术形式等，都或多或少地有所传播。而其中，天文历学的传入具有突出的地位，成为国家主导的文化引进事业。风靡一时的西学风尚，最突出的表现是兴起了一股比较与研究中西天文历学之风，几乎遍及学界。在其他领域也是如此。在明末的士人看来，不仅是西方天文历算，而且诸如水利、音韵、机械乃至西洋画法都有可取之处。如引进火炮制作技术，引进西方的几何学和数学，引进西医药学等，都有很多中国学者积极参与其中，并提倡中西汇通。在艺术领域也是如此，郎世宁等西方画家在中国的活动，为中国的绘画艺术带来了新的技法和画风。西学东渐，中西知识分子交流切磋，砥砺思想，应酬唱和，弥漫于许多领域的"西学热"逐渐形成一种对中国文化发展产生重大影响的新趋势。

三、"清初三大儒"对西学的认知

黄宗羲（1610—1695）是明末清初最重要的学者之一，与顾炎武、王夫之并称明末清初三大思想家，或"清初三大儒"，有"中国思想启蒙之父"之誉。黄宗羲很可能在崇祯年间即已接触西学。他自述："余束发交游，所见天下士，才分与余不甚悬绝而为余之所畏者，桐城方密之、秋浦沈昆铜、余弟泽望及子一四人。"此四人中，方以智（字密之）和魏学濂（字子一）均在崇祯年间与西教士有直接交往。魏学濂约于崇祯十五年（1642）为葡萄牙耶稣会士孟儒望（J. Monteiro）"较（校）正"所著《天学略义》一书。现存黄宗羲著述中提及的西教士为与方以智交往过的毕方济和汤若望。

黄宗羲自述，他从崇祯三年（1630）至崇祯十四年（1641），曾数度寓居南京黄居中家，将其千顷堂之藏书翻阅殆遍。而据黄虞稷《千顷堂书目》著录，该堂收藏有利玛窦、汤若望、庞迪我等耶稣会士与徐光启、李之藻、李天经等著译的多部西学著作，卷十三天文类所录包括了《天学初函》器编除《几何原本》外的所有西学著作。同卷历数类著录"徐光启崇祯历书一百十卷，又历学小辨一卷，又历学日辨五卷"，并列有子目。这是《崇祯历书》明刊本的最早著录之一。黄宗羲在千顷堂完全有机会研读《崇祯历书》等西学书籍。黄宗羲十分熟悉此书的内容，并认为该书"关系一代之制作"，建议将其编制过程写入《明史·历志》。他对崇祯朝中西历法之争也相当了解："时言历者四家，原设大统、回回而外，别立西洋为西局，布衣魏文魁为东局，彼此排击，言人人殊……西人欲主西法，而以中法为佐；公欲主中历，而以西洋诸历为佐。"黄宗羲在崇祯年间即对西洋历法有所了解，这成为他日后研究西学的起点。

另据黄宗羲自述，他在顺治七年（1650）三月曾至常熟访钱牧斋书房，"馆于绛云楼下，因得翻其书籍，凡余之所欲见者，无不在焉"。钱氏《绛云楼书目》卷二历算类即著录西书10部，多数为《天学初函》所收，如利玛窦《几何原本》、艾儒略《西学凡》、阳玛诺《天问略》等。

黄宗羲曾从挚友梅朗中（字朗三）处得一西教士馈赠的龙尾砚，又曾藏有汤若望所赠日晷，显见与传教士有间接交往。黄宗羲所得汤若望馈赠之日晷，事见全祖望《明司天汤若望日晷歌》。歌名下自注"得之南雷黄氏"，歌末几句为：

> 昨过南雷搜古物，片石瞥见委书林。
> 依然二十八宿扪可拾，四游九道昭森森。
> 大荒有此亦奇儿，摩挲置我堂之襟。

学以经世致用是黄宗羲学术思想的基本特征。他提出："经术所以经世，方不为迂儒之学。"黄宗羲政治社会思想的代表作《明夷待访录》，撰成于康熙元年（1662），全面描绘了他设计的理想社会的蓝图。他在对这个社会的文化教育与选官制度的设想中，特别主张将号为"绝学"的历算、测量、火器、水利等涉及科学技术的专门学问列入国家选拔人才的范围，要求奖励在"绝学"上实有研究发明者。他说："绝学者，如历算、乐律、测望、占候、火器、水利之类是也。郡县上之于朝，政府考其果有发明，使之待诏。否则罢归。"他所说的这些"绝学",是属于自然科学的知识,"在中国传统文化中与数术混杂在一起,一直不为主流社会所重视,因而常中断失传,成为绝学"①。而这些"绝学"正是明末清初西学东渐的主要西方科学门类。

黄宗羲是在以自然科学为经世实学的思想前提下,来接受、容纳西方历算之学的。但是他并不满足于接受西方科学的成果,而是抱有吸纳西学科学方法以重振中国科学的高远之志。他对徐光启"言西洋之法,青出于蓝,冰寒于水"的称赞,尤其对《崇祯历书》的科学评价,充分证明了这种志趣。他十分推崇徐光启主编的《崇祯历书》,特别是十余种"使推者易于为力"的数据表。但他针对《授时历》等传统历法不载"其作法根本",而使人不知历法原理的缺陷,提出:"某意欲将作表之法,载于志中,使推者不必见表,而自能成表,则尤为尽善也。"其意在让更多的中国学者掌握其作表之法。要掌握《崇祯历书》中历算数表的编制方法,则必然涉及西方的天文数学理论,甚至从观测实证到演绎推理的方法。

黄宗羲是一位兼通文、理的学术大家,他所撰述的自然科学著作达20种,涉及天文、数学、地理等学科。明末清初由耶稣会士传入的西方科学以天文历算学最有成就。黄宗羲研究西学,亦以西洋历算学为主。他有关西洋历算学的著作约有7种:《西历假如》《新推交食法》《时宪历法解》《勾股图说》《开方命算》《测圆要义》《割圆八线解》等。其中《西历假如》《新推交食法》"是黄宗羲融会贯通中西历学,兼取中西历法之长的研究结果"②,另外几部都是研究算学的著作。

前述明清之际有"西学中源"说大为流行,黄宗羲也是这一说法的积极倡导者。"西学中源"是黄宗羲采取的一种寻求接受西方科学文化的表达

---

① 张立文主编,陈其泰、李廷勇著:《中国学术通史》(清代卷),人民出版社2004年版,第123页。

② 张立文主编,陈其泰、李廷勇著:《中国学术通史》(清代卷),人民出版社2004年版,第124页。

策略。他反对"守一先生之言"，以求会通各家学说的思维方式，认识到了西洋科技优于中学的"独绝"之处。他以论证西学源于中学的方式，既吸纳西学之长，又避免"用夷变夏"之嫌，为西学的传播开辟适当的空间。但是，黄宗羲对耶稣会士传播的天主教义是坚决拒斥的。

黄宗羲之子黄百家（1643—1709）继承了黄宗羲的学术传统，对西方的科技新成就做了多方面的介绍，内容包括西方天文学略史、伽利略以望远镜测天新发现、哥白尼日心地动说、传入的光学仪器、蒙气差概念、气象学知识，以及亚里士多德生物学等。

明末清初的杰出思想家王夫之（1619—1692）对于当时所传西学也有所接触和研究。通晓西学的方以智是他的好友。另一位瞿式耜，是南明政权中的奉教官员，与传教士有密切交往，曾为艾儒略《性学觕述》作序，王夫之对他非常崇敬。王夫之与衡阳藏书家刘近鲁过从甚密。刘近鲁家藏书有6000余卷，十分丰富。王夫之曾读过刘近鲁家的藏书，而刘近鲁的藏书中也可能有西学著作。

王夫之是明清之际一位具有世界眼光的思想家，他受西方哲学影响最深，以"六经责我开生面"的理论创造来会通中西哲学，将中国哲学提升到新的水平。对于西学，王夫之有一句总评："盖西夷之可取者惟远近测法一术，其他则剽袭中国之绪余，而无通理可守也。"这一观点继承了当时流行的"西学中源"说，所谓"西夷之可取者惟远近测法一术"，正是方以智所谓"泰西质测颇精"；所谓西学"无通理可守"，正是方以智所谓"泰西……通几未举"；而从西学中发现了其"剽袭中国之绪余"，正蕴含了晚明学者米稼穗所谓"吾儒之学得西学而益明"的观点。对于当时传入中国的西方科学技术，王夫之基本上持肯定态度。他称赞"西洋历家"的"远镜质测之法"，认为这是"西夷之可取者"。

与黄宗羲、王夫之同为明清之际重要思想家的顾炎武（1613—1682），也对西学有所接触和了解。明清之际所传西学，以天文历学最为发达。顾炎武与当时有"南王北薛"之称的王锡阐、薛凤祚交谊甚笃，尤其是吴江人王锡阐，顾炎武对他十分钦佩，与之有大量书信往来，还写下不少诗文。

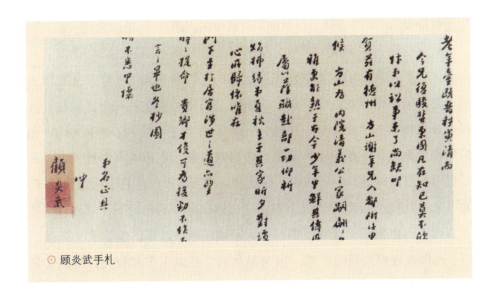
⊙ 顾炎武手札

在《广师》一文中，他列出了十位自叹不如的可师之人，把王锡阐列为第一位，说"学究天人，确乎不拔，吾不如王寅旭"（王锡阐字寅旭）。

总体而论，顾炎武对西学有一定的了解和接触，但与方以智、黄宗羲和王夫之相比，他的西学知识和兴趣远逊于前几位，对西学的研究也不多。不过，顾炎武做学问的思路，他的经世致用的实学倾向，都是与当时受西学影响的大潮流一致的。不仅如此，顾炎武开启的朴学传统，将西学的精神引入中国学术，其意义更是巨大的。所以，对顾炎武来说，西学更多的是作为一种时代背景和学术背景而存在的，间接地对他的思想和学问产生影响。

四、康熙与西学

明清之际西学东渐之所以得以比较顺利地进行，天主教得到一定的传播和发展，各种西方科学技术文化、艺术文化得以传播，许多西学图书能刊印发行，文人士大夫与传教士们交往、谈论西学成为流行时尚，除了中国文化环境宽松、西学取得最新发展成就、传教士们积极努力、中国文人学士热情合作参与等原因，还有一个很重要的原因，就是作为最高统治者的历朝皇帝的默许、支持，以及他们对西学的兴趣。

早在利玛窦来中国的时候，虽然万历皇帝懒于朝政，深居简出，一向为人们所诟病，但他对利玛窦所进献的自鸣钟和其他礼物却怀有极大的兴趣。而正是他的这个兴趣，决定了利玛窦可以在京城合法居住，并得以开展传教和文化活动。由此，开启了明清之际西学东渐的大门，而后则浩浩荡荡，不绝于缕。崇祯皇帝当政时期，正是国家内忧外患、日子很不好过的时候。一般来说，在这种情况下国家往往趋于封闭和保守，对外来文化保持高度的警觉。而正是在崇祯皇帝的支持下，奉教官员徐光启等人得以重用，开展了以西学为基础的历法改革，编纂了《崇祯历书》这样大规模的西书汇编。明清易代后，摄政王多尔衮允许传教士汤若望居住内城，编纂和使用新历，并公然刻上"依西洋新法"的字样。顺治皇帝与汤若望的亲密关系更是人们经常谈起的佳话。康熙皇帝更表现出对西学的浓厚兴趣。晚明和清初几代皇帝对西学的默许、兴趣、肯定和支持，使得这一时期成为天主教在中国传播和发展的黄金时期，也是西学东渐得以顺利发展的时期。

康熙皇帝对西学的浓厚兴趣和褒扬对天主教和西学的传播起到了很重要的作用。康熙登基之后就出现了中西历法之争与迫害天主教的"康熙历狱"。康熙亲政后，就给汤若望等传教士的冤狱平反，并启用南怀仁主持钦天监，继续前朝使用的《时宪历》，处罚杨先光等反教人士。从此以后，"钦天监用西洋人，累进为监正、监副，相继不绝"，开辟了由外国传教士主持钦天监上百年的传统，也为天主教的传播创造了比较宽松的外部环境。后来，康熙又发布了《保教令》，使天主教在中国的存在和发展合法化。这个《保教令》对于中国天主教的发展至关重要。后来由于"礼仪之争"，康熙最后禁教。但是，他仍然制定了"领票制度"，允许部分天主教传教士留在中国。康熙禁教，不是反对天主教的教义和思想，而是事关"中国礼仪"这个根本问题。康熙曾与来华的教皇特使多次恳谈，希望他能够理解礼仪问题对于中国的重要性。但是教皇和特使不能接受适应中国文化的传教策略，坚持教会的纯洁性，结果双方相持不下。康熙禁

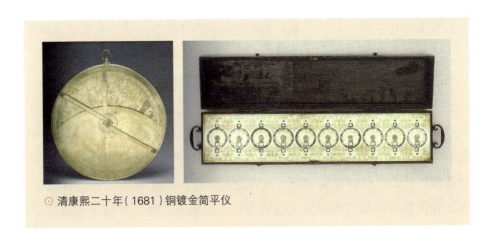

⊙ 清康熙二十年（1681）铜镀金简平仪

教，是"免得多事"。因为按照教廷的要求，不许中国教徒祭拜祖先，那就触及了中国文化的底线，那可是真的"多事"了。这是任何皇帝都绝对不能接受的。康熙的领票制度，是要求传教士在教廷与中国皇帝之间僵持的情况下"选边站"。领票，就是效忠中国皇帝，这也是对在中国居住的外国人的一个基本要求。所以，在笔者看来，虽然康熙禁教，但主要不是针对天主教教义，不是针对西学。而且在康熙禁教期间，并没有发生大的教案。

所以，在康熙时代，无论是前期的《保教令》，还是后期的禁教，康熙本人始终都保持着对西学的浓厚兴趣。在这一时期，许多传教士出入宫廷，以自己的技能为皇帝和宫廷服务。康熙甚至派在华传教士回欧洲招募更多有专长的传教士来中国。他最先引进外国传教士画家进入宫廷从事艺术创作，最先在宫廷中引进外国工匠制作钟表，还最先用西药治病，虽然是经过多次检验确认安全后才使用的。正是从康熙开始，西药被大量引入宫廷。其他方面的科学活动，如编纂《历象考成》《数理精蕴》《康熙永年历法》，汇通中西学，都产生了重大影响。请传教士绘制《皇舆全览图》，则是对中国地图学的重大发展。《清史稿》记载：

圣祖天纵神明，多能艺事，贯通中、西历算之学，一时鸿硕，蔚成专家，国史跻之《儒林》之列。测绘地图，铸造枪炮，始仿西法。

凡有一技之能者，往往召直蒙养斋。其文学侍从之臣，每以书画供奉内廷。又设如意馆，制仿前代画院，兼及百工之事。故其时供御器物，雕、组、陶埴，靡不精美，传播寰瀛，称为极盛。

在明末清初西学在中国的传播史上，传教士与康熙的关系是人们一再提起的。梁启超指出，论及清初学术，应该说到"康熙帝自身对于学问之态度。他是一位极聪明而精力强满的人，热心向慕文化，有多方面的兴味。他极相信科学，对于天文历算有很深的研究，能批评梅定九的算书。他把许多耶稣会的西洋人——南怀仁、安多、白进、徐日昇、张诚等放在南书房，叫他们轮日进讲——讲测量、数学、全体学、物理学等等。他得他们的帮助，制定《康熙永年历》，并著有《数理精蕴》《历象考成》等书，又造成极有名的观象台。他费三十年实测工夫，专用西洋人绘成一部《皇舆全览图》。这些都是在我们文化史上值得特笔大书的事实。……在专制政体之下，君主的好劣，影响全国甚大，所以他当然成为学术史上有关系的人"[1]。

康熙从年轻时就热衷于西学的学习。由康熙的皇三子胤祉和雍正皇帝编纂的《庭训格言》，主要记载康熙帝跟他的儿子们的一些对话，其中有这样一段：

尔等惟知朕算术之精，却不知我学算之故。朕幼时钦天监汉官与西洋人不睦，互相参劾，几至大辟。杨光先、汤若望于午门外九卿前，当面睹测日影，奈九卿中无一知其法者。朕思己不知，焉能断人之是非，因自愤而学焉。

从中能看出康熙学习西方天文学、历算学的原因。康熙向西方传教士学习

① 梁启超著：《中国近三百年学术史（新校本）》，商务印书馆2011年版，第18—19页。其中，"白进"即"白晋"。

数学、天文学的直接原因，则是以杨光先为首的本土派和以汤若望为首的西洋派在历法制定上的争讼。历法之争令康熙感触至深的不光是西法优于中法的事实，更有朝中官员对天文历学的无知。康熙帝受此激发，积极倡导专研西洋科学，并亲自做出表率，从而积极推动了清初的西学东渐。康熙十六年（1677），康熙令钦天监人员"学习新法"，即西洋历法。他也要求西方传教士向他本人系统传授新的欧洲数学知识，并"专志于天文历法一十余载"。

康熙是一个勤勉学习并且善于学习的人。康熙二十三年（1684），康熙曾对大臣高士奇讲过他是如何学习儒家经典的："朕自五龄即知读书，八龄践祚，辄以学庸训诂询之左右，求得大意而后愉快。日所读者，必使字字成诵，从来不敢自欺。及四子之书既已通贯，乃读《尚书》，于典谟训诂之中，体会古帝王孜孜求治之意，期见之施行。及读大《易》，观象玩占于数，圣人扶阳抑阴，防微杜渐，垂世立教之精心，朕皆反复探索，必心与理会，不使纤毫扦格。实觉义理悦心，故乐此不疲。"康熙最早曾向南怀仁学习数学、几何、物理和天文知识，时间长达半年。康熙学习西方数学非常认真，也很刻苦。据南怀仁记述："每日破晓我就进宫，立即被引入康熙的内殿，并经常到午后三四点钟才告退。我单独与皇帝在一起，为他读书和讲解各种问题。"

南怀仁从康熙对西学的兴趣中看到了中西科学文化交流的前景，他曾于康熙二十二年（1683）上书罗马教廷，请求速遣传教士来华："凡是擅长于天文、光学、力学等物质科学的耶稣会士，中国无不欢迎，康熙皇帝所给予的优厚待遇，是诸侯们也得不到的，他们常常住在宫中，经常能和皇帝见面交谈。"

康熙二十七年（1688）十一月初六，康熙接见了来自法国的"国王数学家"洪若翰、张诚、白晋、刘应等耶稣会传教士。当时的奏疏记载了康熙接见"国王数学家"的一些场景：他们带了30箱礼物，包括浑天器、座子、象显器和双合象显器（应该指显微镜）、千里镜等以及6箱"天文经书"、5张西方地理图和一小箱磁石。这些礼物大都是当时欧洲比较先进

⊙《几暇格物编》，是康熙皇帝记录并考察自然知识的笔记

的科学仪器，其中一件是丹麦天文学家罗默尔（Ole Romer）发明的仪器，在白晋写的《康熙帝传》里有专门记载，这位丹麦天文学家是测量光速的第一人。此后还有一些传教士进入宫廷，他们中有的在钦天监、观象台等处从事研究天文历法、制造天文仪器的工作；有的出入宫禁，充任御用教师，教皇帝及其子弟数学、几何、物理、化学和拉丁文等；有的从事绘画、音乐和雕刻；有的制造火器（火炮、鸟铳等）、自鸣钟或其他机械；有的作为外交使者充任翻译，参加与沙俄的边界谈判；有的为皇家勘测地形，绘制地图；有的在宫中实验室配制西药等。总之，传教士们各尽其能，最大限度地为自己和宫廷服务，从而客观上也使传教士在传播西方科学技术和学术知识方面发挥了有益的作用。

　　"国王数学家"到京后两年间，康熙皇帝非常勤奋地跟着传教士学习，每星期上两三次课。当时在宫廷授课的有法国人白晋、张诚，还有葡萄牙人徐日昇和比利时人安多，他们轮流给康熙皇帝传授数学内容。传授的内容主要来自两本书：洪若曾供职的耶稣会学院的数学教材巴蒂（Ignace Gaston Pardies）的《理论与应用几何学》和安多自己写的《数学纲要》。安多将《数学纲要》的内容翻译成《算法纂要总纲》，并用满文编写教材。安多负责数学，张诚和白晋负责几何学。他们每天上午和下午都要为康熙讲授两个小时的课程，风雨无阻，哪怕是皇帝居住在西郊畅春园时也没有中断过。这样一直坚持了四五年。原顺治帝寝宫、养心殿、御膳处都是康熙西学的教室。传教士们用汉语或满语讲解主要天文仪器、数学仪器的用法，讲解几何学、静力学、天文学、化学、医学、解剖学、地理学、药理学，乃至拉丁文、西方乐理乐器、欧洲哲学、西洋绘画等。康熙认真听讲，反复练习，亲手绘图，其热爱科学的强烈情感与勤奋专注的学习热忱，令传教士们惊叹不已。

康熙帝不但自己学，还让皇室子弟也学。有时为了加深理解，他常常自己刚学完，就马上为其子弟讲授，以检验自己理解的程度。他还常常与传教士们一起进行实地测绘。

康熙酷爱数学。他下令将已被利玛窦译成汉文的欧几里得《几何原本》译成满文，将传教士讲解法国数学家巴蒂《理论与应用几何学》的满文讲义译成汉文。他亲撰序文，亲自审校，命人在皇城内用满汉两种文字印刷成书，发行全国。他能熟练地用对数运算习题，用对数表分析三角。他还多次向学臣、后为著名数学家的陈厚耀等讲解开方法、定位法、虚拟法、借根法等西洋数学知识，并亲自将几何原理教给一位他所钟爱的皇子。据白晋描写，"康熙皇帝精通了几何学原理，取得了很大进步，以至于一看到某个定律的几何图形，就能立即想到这个定律及其证明"。"有时他亲自用几何方法测量距离、山的高度和池塘的宽度。"他简直可以和他的洋老师们比肩而坐探讨问题。

康熙三十一年（1692）二月二日，康熙在乾清门召集大臣进行日影观测，实际上是一次御前"科学讲演会"。康熙讲了非常多的内容，比如音律跟数学的关系、圆周率的大小、日影如何观测，以及中午12点时日影大概长多少、会到什么地方等。在观测日影的同时，他让满汉大臣、数学家们围在旁边。到了中午，日影果然到了康熙预测的那一点。当时在场的大臣王熙也有记录，他谈到当天"奉召于乾清门，同满汉正卿及翰林掌院学士等恭睹上亲算乐律历法，并令善算人于御前布算《九章》等法"，然后测量水平日晷，午后始出。康熙讲毕，大臣们就讲："仰承圣训，得闻所未闻，见所未见，不胜欢庆之至。"大臣张玉书还说："退而相顾惊喜，深愧从前学识浅陋，锢守陈言，而不自知其迷惑也。"可以看出，当时在场的大臣深受刺激，并在之后建议编撰一些科学图书。

康熙注重应用科学。他掌握了比例规、大半圆仪、照准仪、象限仪、水平仪、罗盘仪、天文钟等测量、观测仪器的全部操作方法，"令人难以置信地深切注意而且细心地从事这些研究工作"。他命人将一些精妙的天文仪器搬进他的内室，安放在御座两旁，经常用它们在御花园内观测日食、月食和不断变化的行星、星系。康熙更感兴趣的则是法国人带来的天文望远镜，他把它们摆放在自己的房间里，可以说是爱不释手。六次南巡，他沿途亲自用水平仪测量湖河水位、山地距离，用可靠的资料正确指导了治河工程，并将用数学计算河水流量的方法教给河臣。平定准噶尔之战，他登高用望远镜观察地形，部署兵力，指挥军队争先占据军事要地，取得了一个又一个胜利。在后来他几次回东北"祭祖"时，也让人拉了整整一大车仪器，一路边走边做河流山川的测绘。

除传教士进献的科学仪器外，他还谕令制作其他仪器。今北京古天象台8件巨大天文仪器中的6件，都是康熙时期吸收西方先进科学知识、结合中国当时的实际需要制造的。现在北京故宫博物院的库房里还保存了不少那时制作的仪器。法国科学家巴斯卡于1642年发明的手摇计算机，康熙皇帝令传教士为他仿制成功，以便于计算。现在故宫藏有数台计算器，就是康熙年间制造的改进型的帕斯卡计算器。

虽然康熙本人对西方的新科学有浓厚的兴趣，并且自己学习了很多东西，但他并没有以国家的意志来推广这些科学成果。他对一些从事西学研

⊙ 康熙皇帝巡视教堂

究的学者表示支持，如梅文鼎等人都受到康熙的鼓励，但没有因此形成全国性的新科学浪潮。这一点是许多研究者深为惋惜的。康熙并没有普遍推广这些新科学知识，也没有普遍推广西学。

南怀仁看到了康熙的西学兴趣，就把过去翻译编写的大量科技著作加以汇编整理，并略微补充了一些他自己的翻译和著作，于康熙二十二年（1683）编成《穷理学》。《穷理学》实际上是一部大型的西学著作汇编，是明末清初中西会通的集成之作。《穷理学》包括逻辑学与方法论及形而上学、数学、天文学、测量、力学与机械、生物学与医学等6个方面的内容，按照5卷为一端的形式，共形成60卷。该书的显著特点是剔除亚里士多德哲学中的自然神论，并融合中国传统格致知识，以演绎推理构成全书的内容。该书反映了明末清初"格物穷理之学"的总体概况。南怀仁有意让官方镂版刊印，使之流传，以此比较全面地宣传推广西学。康熙看了这部书，然后发还给了南怀仁。《康熙起居注》记载：

上曰："此书内文辞甚悖谬不通"。

明珠等奏曰："其所云人之知识记忆皆系于头脑等语，于理实为舛谬。"

上曰："部覆本不必发南怀仁，所撰书着发还。"

《穷理学》这套完整汇集了西方科技译著的丛书，因为康熙所谓"文辞甚悖谬不通"而没有被刊刻，也没能完整保存下来。南怀仁编纂这样的大型丛书，有意用西学的完整知识体系来代替中国传统的知识体系，甚至主张将其纳入科举考试的内容，这就触动了中国传统学术的底线，是康熙绝对不能允许的。

如果康熙将自己的兴趣转变为国家和民族的兴趣，将自己所学的知识推广为学术界普遍的知识，那么，中国科学的发展可能会有另外一种面貌了。

五、乾隆宫廷里的"西洋风"

乾隆时期，凭借康熙朝奠定的雄厚国基，经历雍正13年间的励精图治，清朝统治达于极盛。嘉庆朝上接乾隆之盛大，下连道光之衰微，它既有盛世的余晖，也呈露了衰世的迹兆，是清朝由盛而衰的转折时期。

乾隆朝对待西学的态度，与康熙朝有许多不同。虽然康熙晚年禁教，把对西学的兴趣仅限于宫廷之中，但总体来说，西学在中国的传播还是比较顺畅的。雍正时期实行了较为严厉的禁教措施。乾隆秉承雍正的余绪，更加严厉地禁教。在对外贸易上，从四口通商改为一口通商，对海外贸易实行更加严格的管理。

但是，乾隆并不是全面地排斥西学。相反，他大量引传教士的专门人才进入宫廷，从事各种专业工作。如他继承了康熙朝的传统，继续任用传教士为钦天监监正、监副等官职，由他们主持钦天监的工作。终乾隆一朝，钦天监一直是由传教士主导的部门。所以，在严厉禁教的同时，传教士们却能够在京城自由活动。乾隆对潜居各省、秘密传教的西洋人严加惩治，但对居在京城、为清廷服务的传教士则很照顾。他曾说："北京西士功绩甚伟，有益于国，然京外诸省西士，毫无功绩可言。"

清廷对传教士的使用还表现在美术方面。乾隆对绘画有着极其浓厚的兴趣，对来华的传教士画家颇为青睐，郎世宁、王致诚、艾启蒙、潘廷章、贺清泰都是他的御用画家。其中，郎世宁、王致诚与他的关系尤为密切。郎世宁、王致诚等人克服种种困难，长期为清廷服务，绘制了大量的精美作品，题材有人物画、风景画、花鸟画、年节画、扇画、珐琅画等。他们不仅为乾隆绘制了赏心悦目的艺术精品，满足了他的闲情逸致，而且充当了史官的角色，用绘画的方式记录了清廷的庆典、习俗以及其他重大事件，为乾隆的文治武功留下了生动的形象资料。这些纪实画既有很高的艺术价值，又具有独特的史料价值。

乾隆对西洋钟表和机械玩具十分喜爱，召用了许多有技艺的传教士进宫服务。钟表是这一时期最有代表性的西洋器物。在乾隆宫廷里，不仅有大量外国进口的西洋钟表，而且邀请西洋技师到宫廷里的做钟处制作钟表。所谓"宫钟"的制作，无论在数量上还是在工艺水平上，在乾隆朝都最为发达。

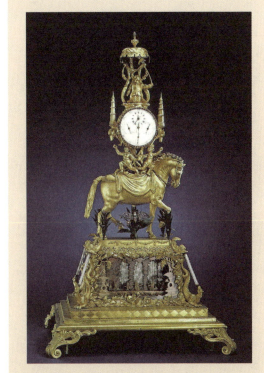

⊙ 18世纪英国铜镀金转水法人物马驮座钟，故宫博物院藏

传教士们则投其所好，充分利用西方的科学技术，制作了大量奇异珍玩。例如，乾隆曾令传教士制造自行虎，明确提出"要四足活动。先照小样做一件，得时照大样改做一件"，并令传教士制作活动人物、水内自行鹅、自行船、浮水娃娃、自行狮等等。乾隆十九年（1754），传教士钱德明在寄往欧洲的信中写道："为了讨好皇帝，为了听从他的旨令，杨自新教士刚刚做成一只自动的狮子，它能像一只普通狮子一样走上百步。杨自新教士在它体内装置了许多弹簧使它能走动。这位教士把最先进的机械制造技术都用到了他的机器人上，令人惊叹不已。我亲眼所见，也亲自让它在宫中走过。"乾隆还曾令传教士制作机器人。法国耶稣会士汪达洪在一封寄往欧洲的信中写道："我奉命造两个捧着花瓶会走路的机器人。我已经为此工作了8个月，还需要一年时间完成。"一年之后，汪达洪大功告成。这两个机器人深得乾隆帝的欢心。史料记载："两机既成，帝颇嘉悦，奖励之词，异乎寻常。"

乾隆还令传教士制作了能写多种字体的西洋陈设。乾隆五十年

⊙ 清宫传教士制作的"写字人钟"（局部），故宫博物院藏

（1785）十月，他下令："含经堂殿内现陈设西洋人写汉字'万寿无疆'陈设内，着汪达洪想法改写清话'万寿无疆'四字。"乾隆五十四年（1789）六月，他又下令"宁寿宫乐善堂现设写'八方向化，九土来王'西洋人陈设钟一件，着如意馆西洋人德天赐、巴茂止照样成做陈设钟一件，要写四样字"。乾隆对于"奇器"有着超乎寻常的兴趣，清宫里的做钟处几乎成为他的玩具作坊。在他的影响和带动下，清朝的王公贵族无不追求西洋奇物，在宫廷和京城上层社会掀起一股"西洋风"。

此外，乾隆还将西洋音乐引入宫廷，建立了中国历史上第一个西洋乐队。据说还曾在宫里上演过西洋歌剧。

乾隆十二年（1747），乾隆帝偶然从西洋画册中看到喷泉，便要郎世宁为之解说。听了郎世宁的解说之后，乾隆要郎世宁推荐能工巧匠进行仿制。法国传教士蒋友仁接受了这一任务。他努力工作，当年秋天就制造出第一台喷水机。乾隆见后十分喜欢，决定建筑一组欧式宫殿，殿内殿外均安装喷泉。这组欧式建筑位于圆明园中的长春园，俗称西洋楼。宫殿由郎世宁绘图设计，喷泉则全部由蒋友仁设计督造。《清中前期西洋天主教在华活动档案史料》第4册中的"传旨着郎世宁蒋友仁想法做水法陈设几件""传旨新建水法西洋楼处应画处着郎世宁起稿呈览""西洋人蒋友仁呈新建水法仪器样图奉旨照样准做""传旨新建水法西洋楼着郎世宁等画通景大画"等内容，使我们看到了传教士为圆明园锦上添花的情景。

乾隆还谕令传教士进行《乾隆内府地图》的测绘，以康熙朝《皇舆全览图》为基础，添加了新疆、西藏的地图，与《皇舆全览图》相比大大前进了一步。

虽然乾隆对天主教采取严厉的禁教措施，他本人也不像康熙那样有浓厚的学习西学的热情，却保持着对于西方工艺和技术的高度兴趣，在科学仪器、钟表和各种奇器的制作方面，对西洋音乐舞蹈等艺术方面的兴趣，以及令人建造圆明园西洋楼和大水法等，都体现了他本人的艺术气质和对新鲜事物的高度关注。这也带动了一时的"西洋风"在宫廷和京城上层社会的流行。

六、进入宫廷的洋画家

在康熙以及雍正、乾隆、嘉庆几代，西方传教士之有天文、历法、测量、绘画等技艺者，多有在朝廷供职的情况。比如造办处、钦天监等，都有西方传教士在那里工作，甚至在钦天监，多年都是由传教士主导和担任领导的。大约从康熙后期起，那些擅长绘画的传教士成为中国宫廷画家的成员，影响了中国绘画艺术的发展。这批具有专业素质的传教士画家成为这一时期西洋艺术在中国的主要传播者。其主要代表人物有意大利传教士马国贤、意大利耶稣会士聂云龙、意大利耶稣会士郎世宁、法国耶稣会士王致诚等。

最早进入清廷的外国传教士画家是意大利人马国贤。1707年，马国贤和另外5位传教士受教皇的直接派遣，寻找因"礼仪之争"而被羁押在澳门的多罗主教（Charles Maillard de Townon）。他们一行于当年10月从荷兰鹿特丹出海，先到伦敦经南非好望角，最后于1710年1月抵达澳门。此时，多罗"回忆康熙帝曾托其代请教皇物色长于艺术与科学的教士，供职宫廷，欲借此挽回康熙的感情，因函告康熙……有教士六人新近来华，里面有三个是深谙数学、音乐、绘画的"。此三人中就有马国贤。康熙接到多罗的奏折后，立即谕令两广总督赵弘灿处理此事。赵弘灿安排马国贤在广州一边学习汉话，一边接受绘画方面的水平测试，绘制山水画和人物画。他共绘制了 10 幅画，赵弘灿见后大为欣赏，敦请马国贤为他临摹了一幅，并让马国贤画了一幅真人肖像，招徕"很多人来围观马国贤画画，以致引起哄闹"。赵弘灿派人将马国贤的画作急速送京，康熙对之十分满意，下令准其一行入京。

1711 年，马国贤到达北京。在觐见康熙后，他随即开始了他的"宫廷画师"工作。

马国贤在清宫服务了 13 年，正是他开创了中西绘画结合之路。马国贤在清宫的身份实际上是御用画师，他的绘画并不完全是自由的，他必须考虑自己的绘画是否能令康熙满意，这就使他必须面对如何处理西方绘画和中国绘画两大传统的问题。马国贤早期创作的一些人物和风景画作品，如《桐荫仕女图屏》《各国人物屏》《通景山水屏》等，都在一定程度上借鉴了中国画的手法。

康熙朝以后，在清王朝服务的西方传教士画家有郎世宁、王致诚、艾启蒙、潘廷璋、安德义、贺清泰，他们被称为"六大宫廷洋画家"。

在这些人中，郎世宁是自晚明西洋绘画传入中国以来最有影响的传教士画家。

郎世宁 1707 年加入耶稣会，年轻时受过较为系统的绘画技法训练，为教堂画过耶稣像和圣母像等宗教题材画。1714 年 4 月 11 日，郎世宁搭乘"圣母希望"号从葡萄牙里斯本出发前往中国，同行者还有擅长医药及外科的意大利耶稣会士罗怀中。他们经过印度，于康熙五十四年（1715）七月抵达澳门。依照当时传教士来中国的惯例，他们在澳门学习中文及生活礼节。同年八月抵达广州。十一月与罗怀中一起北上京师。十二月二十二日，经马国贤引荐，郎世宁觐见康熙皇帝，这一年他 27 岁。乾隆三十一年（1766）郎世宁病逝，他在中国生活的时间长达 51 年，历经康雍乾三朝，创作了近百件反映清中前期社会文化生活的作品。

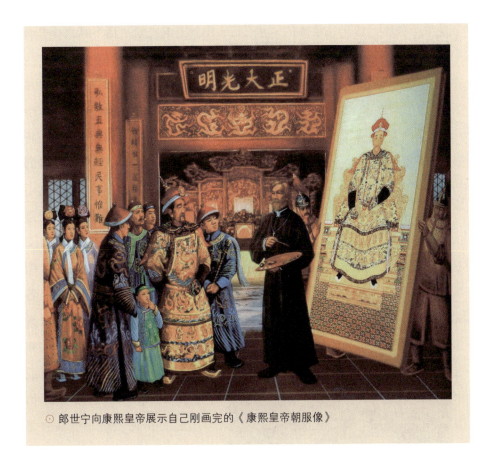

⊙ 郎世宁向康熙皇帝展示自己刚画完的《康熙皇帝朝服像》

　　从雍正元年（1723）开始，郎世宁便以绘画为雍正服务。档案记载这年七月三日，西洋人郎世宁"画得桂花玉兔月光画一轴，怡亲王呈进"。同年九月，郎世宁又绘了一幅《聚瑞图》。当时，雍正借所谓"麦谷两歧双穗""莲花同茎分蒂"等现象，大谈祥瑞与天人感应。郎世宁在这幅图上写道："皇上御极元年，符瑞叠呈，分歧合颖之谷实于原野，同心并蒂之莲开于禁池。臣郎世宁拜观之下，谨汇写瓶花，以记祥应。雍正元年（1723）九月十五日，海西臣郎世宁恭画。"从思想内容上看，这幅画描绘了祥瑞之物，预示了太平盛世，迎合了雍正帝的政治意图；从画面上看，采用了写实的手法，带有西方静物画的特点，但减弱了画面的明暗光差，亦中亦西，迎合了雍正的艺术趣味，显示了郎世宁来华之后绘画技巧与艺术风格上的变化和转折。画上的题款为"海西臣郎世宁恭画"，表明他已

⊙ 郎世宁《羚羊图》，沈阳故宫博物院藏

经正式以"臣"属的身份供奉朝廷。

雍正三年（1725）九月十四日，郎世宁又奉命绘《瑞谷图》。其所绘之瑞谷是根据内阁典籍厅送来的河南省进瑞谷15本、陕西省进瑞谷21本、先农坛进谷16本所绘。《清世宗诗文集》中收有一篇《瑞谷图跋》，其中写道："朕览各种瑞谷，硕大坚实，迥异寻常，不但目所未见，实亦耳所未闻，若但见图画而未见谷本，则人且疑而不信矣。"可见雍正对这幅画是很满意的。

圆明园扩建工程基本完工之后，雍正帝开始驻跸圆明园，御园听政。为了对园内的殿堂进行装饰，他命郎世宁绘制了大量的室内装饰画。据档案记载，雍正五年（1727），传旨万字房南一路着郎世宁画格扇。雍正六年（1728），传旨圆明园耕织轩着郎世宁起稿呈览，圆明园内新添平头案着郎世宁放大样画西洋画，西洋人郎世宁画得年例山水画一幅奉旨送往圆明园。雍正七年（1729），传旨圆明园含韵斋着西洋人郎世宁画画，传旨西峰秀色殿内着郎世宁画山水，奉旨九州清晏东暖阁着郎世宁等画画。

早在乾隆登基之前，郎世宁便与他有了联系，为他绘制过精美的图画。乾隆继位之初，郎世宁又为他绘制了多幅图画。其中最重要的一幅画，是他与唐岱、沈源合笔绘制的《圆明园图》。这幅图充分展示了圆明园的美丽景色，深得乾隆欢心。乾隆元年（1736）三月，乾隆下令："赏郎世宁、唐岱每人人参二斤，纱二匹。赏郎世宁徒弟每人官用缎二匹。"同年九月，他再次下令："赏西洋人郎世宁上用缎二匹，貂皮二张，郎世宁徒弟四人每人官用缎一匹。"乾隆二年（1737），郎世宁继续为圆明园绘制室内装饰画。据清代档案记载，十一月二十二

⊙ 郎世宁、唐岱合绘《松鹤图》，沈阳故宫博物院藏

日传旨：着郎世宁将圆明园各处油画画完时，再往畅春园寿萱春永处作画。繁重的工作，使年近半百的郎世宁疲惫不堪。乾隆三年（1738）年初，郎世宁身患疾病。乾隆极为关切。二月二十七日，他赏银一百两供郎世宁养病之用。四月初，郎世宁病情好转，乾隆特许他在家工作，不必出门奔波，他明确指出："郎世宁之病如好了，着伊在家将保合太和围屏上画画，得时送进。"

在长达数十年的清宫内廷的艺术生涯中，郎世宁既作油画，也使用中国画工具，按照西洋画法作中国画。所画人物、肖像、花鸟、走兽，均重视明暗、透视，注意解剖、结构，形成精细逼真的画面效果，受到皇帝的重视和赞许，被乾隆誉为"写真无过其右者"。郎世宁的早期画风保留了

典型的西洋画法，后来为了适应中国皇帝的欣赏品位，逐渐糅入一些中国画技法，兼有中西合璧的特色。郎世宁创作的油画，有《太师少师图》《乾隆抚琴图》等。乾隆时期的油画作品中最著名的是《香妃画像》，画的是乾隆皇帝的宠妃香妃，穿着欧式盔甲。画法细腻准确，富于立体感，显示了作者较为深厚的素描功底及解剖知识。画像在使用欧洲古典油画材料与技法的基础上，又吸收了中国传统绘画的某些技法，特别是在光线的处理上，为避免侧面光照给人物面部所造成的强烈明暗对比效果，而采用了正面光照，人物面部显得清晰柔和，比较符合中国人尤其是皇帝的审美趣味和欣赏习惯。此幅作品没有落款，但从画风和油画技巧上分析，很有可能是郎世宁的作品。《太师少师图》纵301厘米、横492厘米，在画面的左下角有"臣郎世宁恭画"6字一行，以楷书字体书写，款下钤二印。该画表现的内容是：大小狮子若干出没于树林山石之间。画面形象生动，造型准确，构图明暗较强烈，富于立体感。狮子及树木的画法完全是用西洋画的手法，画面上笔触清晰可辨，部分地方用油色较厚重，高出纸面，假山石虽用油绘，却有中国传统绘画山石的造型。该画是郎世宁油画中"融会中西画法，自成一格"的典范之作。

据史料记载，郎世宁曾多次为皇帝、皇后及嫔妃画像，如《乾隆朝服像》《弘历岁朝行乐图》《弘历射猎聚餐图》等。他绘制的乾隆皇帝，皮肤白皙柔润，眼睛晶亮有神。他画了弘历从阿哥时代至四十五岁一系列"御容"肖像，以精妙的艺术手法表现了一个端庄、安详、威严的英主形象。他绘制的皇后、嫔妃脂粉浓丽，但不妖艳。

在美国博物馆中，藏有一张郎世宁绘制的乾隆皇帝、皇后与11位妃子的肖像，画名是《太平之治，存乎一心》。在这幅画的背后，隐藏着一个有趣的故事。由于郎世宁经常绘制宫廷帝后生活的图画，因此可以接近皇帝的各位嫔妃。有一天，乾隆皇帝突然问他："汝看她们谁最美？"郎世宁回答："天子所幸皆美。"皇帝又问："昨日你见到的妃子当中谁称汝意？"郎世宁答："我没有看她们，我在数陛下殿内的花瓷砖呢。""多少块？""30块。"于是皇帝命太监去数，结果证明郎世宁说对了。后来，皇帝命他画一幅横卷，画上皇帝、皇后和受宠爱的11位嫔妃。这幅画共"御览"3次，一次是画完之后，再次是乾隆皇帝七十寿辰时，最后一次是乾隆归政那天。乾隆最后一次览毕，命太监把画封存在匣内，并告谕：谁敢看它，碎尸万段。

乾隆时期宫廷绘画艺术发展的一大盛事，是制作反映乾隆战功的系列铜版画。乾隆为表现自己历年来南征北战、平定边疆的"十全武功"，采取以画记史的方法，让宫中画家制作了8套共98幅铜版画。这些铜版画是传教士画家和中国画家的集体之作，郎世宁、王致诚、艾启蒙、潘廷璋、安德义等都参加了创作。西洋铜版画在中国的传播由此达到了高潮。

乾隆十分欣赏郎世宁的作品。乾隆登基伊始，每日必去画室观看郎世宁作画。而身为宫廷画师的郎世宁，则将乾隆一生中的大事都一一入画，笔触挥洒自如，景色生动逼真，他的画曾长期悬挂于乾隆皇帝的私人书房"三希堂"，由此可见乾隆皇帝对其之褒爱。

1757年（乾隆二十二年），郎世宁虚岁七十，乾隆特意为年已古稀的郎世宁举办祝寿活动，赏赐极厚。1766年7月16日（乾隆三十一年六月初十），郎世宁在北京病逝。丧礼备极哀荣。乾隆皇帝特下谕旨，追赐侍郎衔，并赏银300两为其料理后事。

郎世宁的遗骸安葬在北京城西阜成门外的欧洲传教士墓地内，墓碑的正中下方为汉字"耶稣会士郎公之墓"，左边为拉丁文的墓志。

由于郎世宁的绘画融贯中西、"自成一格"，加之后乏传人，因此其作品均弥足珍贵，历来备受艺术家和收藏家的青睐，学者对此也多有赞誉。

康乾时期西方传教士画家在宫廷的绘画活动，以及一批中国宫廷画家跟随他们西学西方绘画技法，使西方绘画艺术传播到中国，对中国绘画艺术的发展产生了很大的影响，并形成了中西绘画艺术交融汇合的趋势。

第五十一章　传教士的中国报告

一、传教士的书信和报告

　　明清之际来华的传教士们，在持续200多年的传教事业中，留下了大量的书信、报告、著作以及翻译的汉文经典，在欧洲各国广为流传。他们对于中国文化西传的贡献，主要是通过这种文献的传递而实现的。而以文本形式传入的中国知识，与当时大量传入的中国商品相比，是欧洲人了解中国的更为重要的来源。这些传教士籍属不同的修道会，来自不同的国家，文献书写的语言有拉丁文以及葡、西、意、法、德、荷、波、捷等欧洲国家的语言，广泛分布于众多的档案馆和图书馆、博物馆之中。

　　传教士们的书信和著作有一大部分是参与"礼仪之争"的结果。耶稣会士们采取利玛窦开创的传教策略，受到其他修会以及罗马教廷和欧洲宗教界人士的强烈批评，他们在欧洲的上级也要求他们对此做出说明。因此，耶稣会传教士为了给自己的做法进行辩护，写了大量的报告、书信和著作，向欧洲介绍中国的历史和文化，宣传他们在中国传教的经历和业绩。另一方面，反对耶稣会这种传教策略的在华传教士也写了许多书信和著作，阐明他们的主张。所以，在当时传教士关于中国的文献中，有很大一部分与"礼仪之争"有关。

　　罗耀拉在创建耶稣会之初，为了使不断扩展的耶稣会基层机构与耶稣会上层领导之间保持密切的联系，也为了使分散在世界各地的耶稣会士能够团结一致、相互支持，他在耶稣会内建立了一个严密的通信体系，要求传教士报告其所"传播福音"之地的人情风俗和地理概况。在耶稣会，各总会长都是靠着固定的书信往来去领导这个庞大的组织的。首先，各地的耶稣会分支机构应定期向常驻罗马的总会呈递报告。这种报告一般分为三种：一种是直接呈报给耶稣会高层领导人的，一种是可在耶稣会士之间传阅的，再一种是可供公之于世的。其次，耶稣会士之间或耶稣会士与教外的友人之间也应常常交换信件。其中有些信件可被视作"传导性文献"，这类信件往往是对某一地区传教工作的介绍。特别是一些信件记述了传教区域内的山川形势、自然景观以及土著居民的生活习俗和文明特征等情况。这类信件事实上已具有一定的研究成分。这些信件往往被翻译成多国文字，辗转传抄，后来又使用了印刷技术，得到更广泛的传播。早期耶稣会士的书信集曾大量印刷发行，如1551年至1562年间的耶稣会士书信共汇编为10卷出版。

因此，耶稣会成员们定期向罗马上交详细描述其活动的报告便成为一种制度。罗明坚和利玛窦到中国以后，一直与耶稣会的罗马总会保持着联系，每年递交报告。耶稣会中国副省成立后，耶稣会教区发展至中国各个行省，每年的报告先由个别传教士递交给副省会长，经过副省会长编辑汇合后，再写成年报的形式，分各道寄回罗马总会。1581—1654年间，耶稣会总部曾选择出版了各传教地的年报。在中国的耶稣会士也曾个别出版了某年的年报，如金尼阁于1615—1625年编辑出版的中国年报。

书信是当时传教士们的一种主要书写文体。传教士们远离故国，背井离乡，总是要想办法与国内保持联系，虽然当时的交通极为不便，所有的信件都要通过固定往返中欧之间的商船，一封从中国发出的信到收信人手里往往需要一两年的时间。但是，这些传教士仍然写了大量的书信，其中有给自己的亲属的，有给欧洲教会组织以及教会内朋友的，还有许多是与学术界的知名学者保持的通信联系，向他们介绍有关中国文化各方面的问题，涉及中国的版图、物产、科学技术、制度、风俗、历史、宗教等各个方面，所以这些信的学术价值尤为重要。这些书简在欧洲知识界广泛传播，受到了前所未有的欢迎。这是因为大众不信任那些传奇性的虚构故事，而希望阅读一些严肃的著作、未经修饰的文学作品和文献。耶稣会派遣到遥远地区的传教士们与其长辈、朋友、资助传教的王公贵族以及学者们保持着通信联系，这些人向他们提出了一连串的问题。这批要经过数月旅行才能到达的私人信件，为欧洲带去了"另一个星球"的形象。这些信件广泛流传，被人们反复转抄。这些书简是以一种真正的、客观的和几乎是天真的编年史的形式出现的，它们在巴黎传播了有关中国的"报道"，推动了知识界的中国热。

传教士们的通信和笔记在当时都被汇编成书，在西方传诵一时。比如龙华民、庞迪我分别在1601年和1605年编辑出版过耶稣会士的书简集。1603—1611年在里斯本出版的5卷本耶稣会传教士书信汇编《耶稣会神父事务年度报告》，是里斯本耶稣会会长费尔南·格雷罗（P. Fernão Guerreiro，1550—1617）主持编辑的最重要的传教士书信集之一。他根据传教士们每年寄来的信件，展现出耶稣会传教士们传教活动最密集的亚洲各地区广阔而又真实可信的画面，尤其是他们在印度、中国和日本传教的情况。《耶稣会神父事务年度报告》不仅简要地提供宗教方面的情况，而且以相当大的篇幅介绍他们所在传教地区的政治形势、地理环境及社会文化风俗。1608—1614年出版的3卷本《耶稣会士文献汇编》，包含大量中国传教士们撰写的文献。

⊙《耶稣会士书简集》

到了18世纪，法国的耶稣会士编辑出版了《耶稣会士书简集》。《耶稣会士书简集》由法国耶稣会士卢哥比安（Charles Le Gobien）、杜赫德（Jean Baptiste du Halde，1674—1743）和帕都叶（Louis Patouillet）先后分类编纂，积成卷帙，于1702—1776年陆续在巴黎出版。《耶稣会士书简集》共34卷，其中包括144封来自中国的书信与报告，绝大多数出自法国耶稣会士之手。它们以通信的形式，将传教士们观察所得的中国政治制度、风俗习惯、历史地理、哲学思想、工商情况等详加报告。

《耶稣会士书简集》成为18世纪及以后许多中国学家和对中国文化感兴趣的读者的主要资料来源。《耶稣会士书简集》中的这些书信都是传教士根据本人的亲身经历撰写的，有身临其境之感，并且文笔流畅、语言优美，引人入胜。此外，编辑们还根据当时读者的阅读习惯和兴趣，对书简做了一定的编辑和删改，去掉了一些晦涩的学术性强的内容，因而这些书简集出版后大受欢迎。这部《耶稣会士书简集》是18世纪的扛鼎之作，是哲学家和政治家们广泛开采的宝藏。

18世纪后期，巴黎还出版了《中国杂纂》，即《北京传教士关于中国历史、科学、艺术、风俗、习惯等的回忆录》。这部巨著的内容基本上是乾隆时期在华法国耶稣会士寄给贝尔丹的各类专题论文，涉及中国的历史、自然科学、医学和医药、工艺、语言文学等。贝尔丹在1765—1792年与在北京的耶稣会士们有几百封的"文学书信"往来。所谓"文学书信"，其实是为了避免让外界有太多的政治意识形态联想的说辞。贝尔丹通过这些书信，得以了解乾隆朝的政治、经济、社会、文化等各方面的情况。这些书信有很大一部分被编入了《中国杂纂》。

二、传教士的中国研究著作

在这200多年间，传教士们还撰写了大量介绍和研究中国文化各个方面的著作，包括一些全景式的描述性著作和专题研究著作，对于中国文化的西传具有重要的意义和价值。据一个统计，从1687年到1773年，耶稣会士总共撰写了200多种与中国有关的著作，其中综合性的48种，直接与"礼仪之争"有关的9种，历史题材的14种，地理和天文题材的54种，宗教和哲学题材的40种，翻译作品39种，字典和语法20种。

另据一份统计资料，在17—18世纪，在华耶稣会士撰写的关于中国的著作共700多部，其中刊布的作品550部，未刊布的作品201部，包括文学、宗教（除天主教以外的其他中国宗教及其历史）、医药、艺术（建筑、音乐、绘画）、哲学、社会生活（社会风情、中国概况）、礼仪（与"礼仪之争"有关的祭祀礼及其他大小礼节、仪式）、语言（语法、字典、源流考辨）、译文、时事（当写作之时的政治、社会状况、重大事件）、科学（动物、植物、技术、手工艺等）、历史、地理（游记、地图、路线描述）、天文历算（天文史、历法、数算等）。正是这些作品，向欧洲传递了中国的形象，是欧洲人中国知识的首要来源。欧洲学者许多论述中国的图书，是以这些著作为参考材料进行写作的。

传教士们撰写的介绍中国的书，最早的一部是范礼安在利玛窦协助下完成的《论中国的奇迹》。这本书是他们撰写的《圣方济各·沙勿略传》中的3章，这3章有时也单独刊行为一个小册子。其中介绍了中国的基本情况和当时政治、经济、社会的现实状况，作为来华传教士的参考资料。书中还附有一张由利玛窦根据中国典籍记载研究绘制的《中国全图》。在撰写这部著作的时候，他们还没有进入中国内地，只能利用他们在澳门所能搜集到的资料以及有关传闻，所以还不能与以后那些传教士们的深入研究著作相比。

在来华传教士介绍中国的作品中，最著名的一部书是1615年出版的《利玛窦中国札记》。《利玛窦中国札记》一面世，立即引起了广泛的注意，迅速在欧洲各国传播开来。这部著作是当时最有权威的介绍中国文化制度的著作，对欧洲人了解中国起了重要作用。

明清之际的来华传教士撰写和出版了许多介绍和研究中国的著作。曾德昭、卜弥格、卫匡国、南怀仁、柏应理、鲁日满、殷铎泽、李明、刘应、白晋、钱德明等人，都曾著有介绍和研究中国历史文化的著作。据统计，仅耶稣会士中有著作可考的就有70余人。他们源源不断地将在华见闻和关于中国文化的研究成果呈现在欧洲读者面前，大大丰富了欧洲人关于中国的知识，为中华文化的西传起到了积极的媒介作用。

传教士们向欧洲介绍中国，其初始的意图，是为了说明他们采取迎合和适应中国文化传统、"合儒"以及宽容中国礼仪的传教方式的合法性和必要性，是为他们在中国的做法做辩护。有西方学者指出，这些耶稣会士在自己的传教区内向中国传播基督教遭遇失败，却在向西方解释中国方面取得了卓越的成功。通过书信、手册、对开本出版物、旅行笔记、译作以及论文，他们源源不断地向欧洲传达关于中国历史与现状各个方面的信息。这些叙述都出自那些受过良好教育又有着无法餍足的好奇心之人的个人观察，他们的一切动机都是为了唤起他们国内同胞和同会会友们对中国的兴趣。耶稣会士都倾向于把中国人描述为一个在道德和政治上都十分成熟的民族，由受过教育和充满智慧的统治者来治理国家，其基本统治理念来自与道德和社会相关的普遍人类理性。这一描述包含有部分真实，毫无疑问，在那一时期的欧洲人眼中，中国在政治、社会和经济智慧上都显得颇为成熟。当然，从另一方面来看，这种描述又显得过于夸张和富于理性色彩，无疑是为耶稣会士的任务目标服务的。

不论是出于什么动机，不论是为了宗教还是为了科学，传教士们通过他们的书信、报告、著作和回忆录等，把一幅幅关于中国的图画展现在欧洲人面前。17世纪后半期，这些报告和翻译在欧洲被广泛阅读，他们借此传到西方的观念对该时期欧洲人的思想产生了深刻影响，从而进入启蒙时期的意识形态讨论之中，通过各种途径对该时期一些主要观念的形成发挥重要作用。

大批传教士们的书信、旅行日志、著作等，不仅为当时的欧洲提供了日益丰富的关于中国的知识，更有意义的是，许多耶稣会士的作品激发了欧洲人的想象力。因而，不但中国的书籍在欧洲随处可见，而且中国的技术、工艺被直接照搬，用于欧洲的农业革命和工业革命。

上述《耶稣会士书简集》，是当时影响最大的有关中国的文献，杜赫德神父为此做出了重大贡献。

杜赫德于1692年9月8日进入耶稣会，1708年在巴黎书院任教。随后，杜赫德被选为郭弼恩的继承人，而郭弼恩当时专门负责收集整理各国耶稣会士们的信函。杜赫德在编辑《耶稣会士书简集》期间，掌握了大量关于耶稣会士的资料，同时与在中国的耶稣会士保持了长达24年的通信联系，所以，在一定程度上可以说，杜赫德成为当时在华耶稣会士的通信中心和文献中心。他在多年主编《耶稣会士书简集》的基础上，进一步根据海外传教士的报告、书信、著述和笔记中的有关材料进行整理辑纂，编写成一部综合性著作——《中华帝国全志》。

《中华帝国全志》，全称《中华帝国及中国领鞑靼之地理的、历史的、编年的、政治的及自然的记述》，是一部关于中国的综合性研究著作。杜赫德没有到过中国，他基本上是一位书斋式的学者。他的成就，主要是大量收集和研究了来自各方面，特别是在华耶稣会士们的书信、报告、著作等文献。《中华帝国全志》第1卷《序言》中所开列的其笔记、书信在该书编纂时曾被引用的来华传教士姓名，共27个。

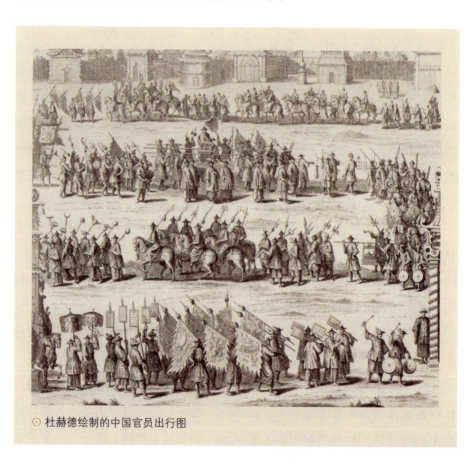

⊙ 杜赫德绘制的中国官员出行图

⊙ 杜赫德根据传教士描述绘制的中国人婚礼画面

　　但是，这并不是说《中华帝国全志》只是资料的编纂，杜赫德只是一个资料的收集和汇总者。实际上，在创作这部巨著的过程中，杜赫德付出了艰辛的努力，做了大量的研究和思考，进行了大量的文字编辑和加工工作。所以，尽管他大量地利用了第二手资料，但《中华帝国全志》仍然是一部具有独立价值的学术著作。

　　《中华帝国全志》共4卷，初版时对开本2500多页。在这样巨大的篇幅中，作者分述中国的地理、历史、政治、宗教、经济、民俗、特产、教育、科技、文学等，又节译了四书、五经、诏令奏章、戏曲、小说以及医卜星相之书。可以说，《中华帝国全志》是150年间欧洲人了解中国的一个总结，被誉为"西洋汉学之金字塔，可以夸耀世界的纪念碑"。后来，《中华帝国全志》被称为"法国古汉学的不朽著作"。

　　《中华帝国全志》于1735年在巴黎出版，书中还插入康熙年间由法国传教士实测绘制的42帧中国地图的翻刻版，由当时著名制图家法国王室技师丹维尔和他的学生们改描刻版制成。《中华帝国全志》出版后，引起很大轰动，受到广泛的欢迎。当时有报刊评论说："我可以向你担保，假如世界上存在一种值得有头脑的人去探索、关注，去尝试的事物的话，那么，就请读一读这部伟大的著作吧，它会把你愉快地带到一个新的世界。""全书充满一种高尚、淳朴的气氛，它随处都使人感受到作者真挚而善良的意见和评断……"①

此书在法国出版后，立即引起英国出版家的重视，次年即有英文节译本，1738年和1742年又先后出版了两卷全译本。

当时的法国知识界和学术界，都把《中华帝国全志》作为了解中国的权威读本。伏尔泰、孟德斯鸠、魁奈等人都从这部巨著中获得和吸取了有关中国的知识，并且将其奉为经典。伏尔泰在《路易十四时代》中称该书是"由一位从未离开过巴黎的人所编撰的关于中国的最好的书"。魁奈则明确表示自己受到杜赫德的深刻影响。他说："杜赫德神甫精心收集了不同的回忆录，并刻意把它们改写成历史讲义。这部著作的功绩是相当卓著的，我正是依靠这位作家的材料来论中国的……"②

三、传教士对中国国情的介绍

在传教士来中国之前，已经有一些旅行家到过中国，有的深入中国内地，但大多数只到过一些沿海地区。其中有的留下了一些游记或回忆录，成为大航海时代以来关于中国的最早报道，也就是欧洲人获得的最早的关于中国的知识。但是，这些知识往往是片面的、零散的，而且多是亲身经历的见闻或者来自不同方面的传闻和道听途说。

传教士来到中国后，面对的仍然是一个不了解、不熟悉、新鲜的世界，他们要在这里生活和传教，首先需要了解中国的基本情况，了解中国的山川地貌、风土人情、社会制度、语言文化，而他们向欧洲教会组织报告的、

---

① 阎宗临著：《传教士与法国早期汉学》，大象出版社2003年版，第59页。
② 阎宗临著：《传教士与法国早期汉学》，大象出版社2003年版，第92页。

向亲友介绍的，以及他们最初研究的，就是中国的基本国情。所以，我们看到，在早期来华传教士的书信、报告和著作中，从利玛窦开始，都一再重复地介绍中国的基本国情，只是由于他们深入中国的内地和政治文化中心，并且有了与各阶层中国人广泛接触的机会，同时还学会了中国的语言和文字，能够与中国人进行直接的交流和阅读中国的文献，因此，他们对中国国情的了解和研究，要比早期旅行家们全面得多、深刻得多，也更加准确了。他们向欧洲介绍中国，首先就是介绍他们所了解的、所研究的这个地域广阔的国家的基本状况。

《利玛窦中国札记》第1卷是关于中国概况的全面介绍，对中国的地大物博和繁荣富庶有着深刻的描述。利玛窦写道："就其领土漫长的伸延和边界而言，它目前超过世界上所有的王国合在一起。""由于这个国家东西以及南北都有广大的领域，所以可以放心地断言：世界上没有别的地方在单独一个国家的范围内可以发现有这么多品种的动植物。……凡是人们为了维持生存和幸福所需的东西，无论是衣食或甚至是奇巧与奢侈，在这个王国的境内都有丰富的出产……实际上凡在欧洲生长的一切都照样可以在中国找到。否则的话，所缺的东西也有大量其他为欧洲人闻所未闻的各种各样的产品来代替。"①接着，利玛窦详细介绍了中国的各种物产，如粮食、蔬菜、水果、矿产，介绍了中国的服饰、建筑、瓷器、船只，特别提到当时的欧洲人还不曾了解的茶和漆，还介绍了中国的火药和焰火表演、戏曲、音乐和乐器、造纸和印刷术、浮雕和绘画以及制印、制墨、制扇技艺等。

在利玛窦眼中，中国人是勤劳和智慧的，也是讲究礼貌和道德的。利玛窦详细介绍了中国的各种礼仪，特别提到中国人尊师敬老的传统美德，说在对长辈尽孝道方面，世界上没有别的民族可以和中国人相比；说中国人比欧洲人更尊敬老师，一个人哪怕受教于某人只有一天，他也会终生都称对方为老师。利玛窦详细考察了中国的政治制度，介绍了中国皇帝的统

---

① ［意］利玛窦、［比］金尼阁著：《利玛窦中国札记》，何高济等译，中华书局1983年版，第7、10页。

第八编 相遇与相识

1291

治方式和传位形式，认为中国的皇帝和人民都没有征服外邦的野心。利玛窦特别注意到中国知识分子阶层参与王朝管理的情况，认为这是中国政治"与欧洲人不同"之处。利玛窦认为，中国王朝的整个性质都与中国人在文学和科学上所取得的进步以及中国实行的科举考试制度有直接关系。因此，他详细地介绍了中国科举考试制度的内容和程序。

但是，利玛窦在中国生活期间，正值晚明时代，是明末社会大动乱的前夕。利玛窦所看到的中国，首先是一片繁荣富庶、歌舞升平的景象，但与此同时，明朝官僚体制的腐朽和吏治败坏已经日益严重，各种社会矛盾正在积聚和逐渐尖锐化。利玛窦以外国人的旁观态度，敏锐地看到了中国政治的种种弊端。

在《利玛窦中国札记》问世之前，西班牙耶稣会士庞迪我在一封长信中对中国进行了比较全面的介绍。庞迪我1599年到达中国，1600年3月在南京与利玛窦会合，然后他们带着准备献给万历皇帝的"方物"循运河北上，于1601年抵达北京。1602年3月9日，庞迪我从北京给他远在西班牙的导师路易斯·德·古斯曼主教（Luis de Gusman，1546—1605）写了一封长信，即《一些耶稣会士进入中国的纪实及他们在这一国度看到的特殊情况及该国固有的引人注目的事物》。古斯曼当时正在写《耶稣会在东印度、日本及中国传教史》一书。

在这封长信中，庞迪我对中国的地理方位、山川形势、物产、人口、城乡概况、经济与贸易发展水平、政治体制、外交政策和中国人的历史、文化、习俗及宗教信仰乃至宫廷内幕等方面进行了百科全书式的介绍。这份文献基本上代表了16与17世纪之交欧洲人对中国最全面、最客观的认识。由于庞迪我来华后始终追随在利玛窦身边，因此庞迪我致古斯曼主教的长信也融汇了利玛窦的一些基本看法。庞迪我一方面肯定了门多萨著作中具有真实性的那部分内容，另一方面又根据他对中国的实地观察，对门多萨记述中有误的地方做出了更正。

庞迪我的这封长信是比较早的向欧洲报告中国国情状况的文献，是《利玛窦中国札记》出版前一位游历了大半个中国的欧洲人写下的最有学术价值的、有关中国国情的文献。他对中国国情做了相当可观的报道，在欧洲各国引起重视并受到普遍欢迎。1604年，这封长信在西班牙巴亚多利德出版，没几年时间，就先后有法文、意大利文、德文等译本问世。

在谈到传教士们介绍中国的著作时，多明我会传教士闵明我所著《中华帝国纵览》也值得一提。闵明我是西班牙籍多明我会的传教士，他于1658年来华传教。1664—1668年，他在广州参加在华传教士关于礼仪之争的讨论，会后自行返回欧洲。闵明我回到欧洲后，写作了《中华帝国纵览》一书，1675年6月完成初稿，送交多明我会审查，第二年6月出版，后来陆续被译成法文、德文和意大利文。而在英国出版的摘译本尤其受到英国读者的欢迎。

闵明我长期在中国的省城生活并进行传教活动，对中国的社会现实和民众的情感以及生活习俗有着更深入的了解，所以他的作品比此前出版的拉达、门多萨以及庞迪我等人的作品对中国的认识更为深刻。他建议欧洲各国政府仿效中国，减轻田赋，造福农民，甚至认为可以把中国称作伊甸园。他介绍了孔子的学说，引用了100多句孔子和其他典籍的格言。这部著作内容翔实，一经出版，就在欧洲各国广泛传播。到启蒙运动时期，这本书尤其受到学术界的高度重视。莱布尼茨、洛克、狄德罗、卢梭、伏尔泰、孟德斯鸠、魁奈、傅尔蒙等人都曾提到过这本书，认为它对于了解中国大有裨益。

1688年在巴黎出版的安文思（Gabriel de Magalhães，1609—1677）的《中国新史》，是一部全面概述中国和中国文化的著作。有研究者认为，与其他早期来华传教士的著作相比，安文思的《中国新史》更为系统和全面。安文思是葡萄牙耶稣会传教士，原名加布里埃尔·德·麦哲伦，为著名航海家麦哲伦的后裔。他于1640年前往中国传教，直到1677年病逝于北京，在中国生活了37年，其中在北京居住了29年。他撰写《中国新史》时，已经在中国生活了20多年，对中国有较为深入的认识。安文思完成《中国新史》后，并没有立即出版，而是由柏应理带到了欧洲。柏应理在罗马期间晋见德斯特烈主教时，主教向柏应理询问了一些有关中国的情况。柏应理

——回答了主教的提问，同时将安文思的著作手稿交给了主教，说这本书稿完全可以满足他想了解中国的愿望。主教以极大的兴趣阅读之后，将手稿交给了伯农（Brnon），请他将书稿译成法文。这就是1688年最初在巴黎出版的版本。

安文思在《中国新史》中记述了中国的名称、地理位置、历史、语言、物质生活、矿产、航运、船舶、政治制度、国家结构等，特别对中国社会的礼仪风俗、城镇特点、官僚贵族体制和皇城建筑等做了较为详尽的记述，呈现了一幅全景式的中国图画。《中国新史》原来的书名是《中国十二绝》，意即中国的12条优点。按照安文思的说法，这12条优点是：（1）中国版图广大；（2）中国历史悠久；（3）中国的语言文字优美；（4）中国典籍丰富；（5）中国人有礼貌和教养；（6）中国水运便捷，公共工程完善；（7）中国工艺制造精美；（8）中国物产丰富；（9）孔子具有崇高地位和巨大影响；（10）中国政治发达；（11）中国君主伟大；（12）北京非常宏伟。

李明（Louis Le Comte）的《中国近事报道（1687—1692年）》是17世纪末比较全面概述中国国情的著作。该书是法国耶稣会士李明在华期间写给法国国内要人的通信汇编，共14封信。李明以自己的亲身经历对在中国的所见所闻做了详尽报道，其中涉及中国的城市、房屋建筑、气候、土地、运河、水道及物产，中华民族的特点，其悠久、杰出之处及优缺点，中国人的语言、文字、书籍和道德，关于中国人思想的特点等，还包括政府和政治、中国人的宗教信仰、基督教在中国的立足和发展。

《中国近事报道（1687—1692年）》1696年在巴黎出版。首版为两卷本，出版后获得巨大成功，短短4年间法文重版5次，并有英文、意大利文及德文译本。然而，这本书深深地卷入了"礼仪之争"中，索尔邦神学院用了两个月的时间召开了30多次会议，对这本书进行审查，有160多位神学家参加会议并发表意见。虽然其中的大多数人赞成此书的出版，但1700年巴黎索尔邦神学院仍以"有悖于神学原则"为由下禁令将其尘封。直到近300年后的1990年，这本书才得以在巴黎再版。

经过传教士们的介绍和研究，以及其他旅行家们的著述，17世纪的欧洲人已对中国有了一种明确的概念，由此形成了西方对中华世界的最早总结。在此之后传教士们的书信、报告和著作中，也有许多对中国国情进行概括性介绍的内容，但随着研究的逐渐深入，他们更多

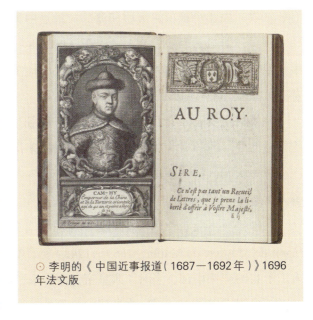

⊙ 李明的《中国近事报道（1687—1692年）》1696年法文版

转向更为具体的专门领域的研究，并在这些研究中取得了重要成果。

四、传教士对中国历史的研究

在来华传教士们的著作中，有不少关于中国历史的著述。

金尼阁是西方人中第一个撰写中国历史著作的人，其《中国编年史》是根据中国史籍编译的一部中国通史，计划从远古时期写起，一直写到明朝。第1册写到了公元200年前后，于1628年出版，但计划中后面的3册是否完成至今情况不明。

在来华传教士中，较早著述中国历史的是葡萄牙耶稣会士曾德昭（Alvarez de Samedo，1585—1658）。曾德昭1613年到达南京，一直在杭州、上海、南京、广州等地传教。1636年返回欧洲，在旅途中完成了《大中国志》。《大中国志》于1642年在西班牙首都马德里出版。这部著作和门多萨的《中华大帝国史》一样，一经出版，便被译成多国文字，受到欧洲东方学者们的欢迎。

这部著作的英译本有一个很长的标题："伟大和著名的中国史，其中准确地记述了各个省份，及那个民族的品质、风俗、学术、法律、军事、政

府和宗教。尚述及该国的交通和商品。最近由奥法罗·塞默多神父用意大利文撰写；他是一个葡萄牙人，曾在该国的都城及其他著名城市居住了22年。现由一位有身份的人译为英文，附几幅地图和图画，以满足人们的好奇心，并推进大不列颠的贸易。"

曾德昭在中国待了22年，对当时处于明朝末期的中国应该说了解得是比较透彻的。他的《大中国志》比利玛窦的著作更为详细地介绍了中国的社会历史状况，特别是具体介绍了中国南方各省和北方各省的特点、物产等人文地理方面的情况。

来华传教士关于中国历史的另一部重要著作是冯秉正（Joseph-Anne-Marie de Moyriac de Mailla，1669—1748）所著的12卷本《中国通史》。冯秉正于1703年来中国，当时康熙皇帝正命将朱熹的《通鉴纲目》译成满文。冯秉正参照满文译本，用法文翻译汉文原本，同时还翻译了明代商辂等人的《续通鉴纲目》，补充了宋末、元、明的史实，又根据其他各书和自己的见闻补充了明末清初之事。1737年，全书始告完成，冯秉正将书稿寄回法国。不料，由于偶然的变故，此稿竟被人遗忘了数十年。直到1773年，这部书的原稿才在里昂大学图书馆被人发现。后来，书稿转到历史学家格鲁贤（Jean Baptiste Abbé Grosier，1743—1823）的手中，由他主持于1777年至1783年在巴黎出版。格鲁贤又把自己编的论述清代十五省人文地理和地形的《中国志》作为第13卷，附录其后，于1785年在巴黎出版。

冯秉正的《中国通史》首次向欧洲系统介绍了关于中国的通史知识，在当时的欧洲产生了一定的影响，奠定了冯秉正作为"法国汉学家奠基者"的历史地位。后来法国历史学家考狄的名著《中国通史》的清以前部分，多取材于这部著作。法国汉学家戴遂良、高第和勒内·格鲁塞等人在从事著述和研究的时候，都从这部著作中获益匪浅。

格鲁贤是卢浮宫圣路易的议事司铎，后又在珍宝库中任国王兄弟蒙西埃的图书馆馆长。他早年从事报刊编辑工作，同时研究中国的历史、美术和文学。他曾于《世界传记》杂志上发表《孔子传》。格鲁贤的原来作为冯秉正《中国通史》第13卷的《中国志》出版后很受欢迎，随后又数度

⊙ 冯秉正《中国通史》插图

单独发行，分别在1785年、1787年和1818—1820年有过3个独立法文本，1788年和1789年分别在伦敦和莱比锡推出英译本和德译本，英译本又于1795年再版。

在来华传教士的中国历史研究方面，有较大影响的是耶稣会士卫匡国。卫匡国于1643年来中国，曾在中国各地旅行，后来长住杭州。在发生"礼仪之争"时，卫匡国被派往罗马向教廷陈述中国耶稣会的态度，完成使命后复返杭州。他在回欧洲期间，出版了几本书，其中有《中国史初编》10卷，于1658年在德国慕尼黑出版。在此之前，欧洲人已经从门多萨、曾德昭等人的著作中对中国的历史有了一些了解，但还是比较笼统、模糊。而卫匡国的这部著作第一次把真实的中国历史用欧洲语言呈现给欧洲人。格鲁贤指出："我们对于中华帝国的所有历史知识，全部浓缩在卫匡国的那部篇幅不大的著作之中。"[1]

---

① 许明龙著：《欧洲十八世纪"中国热"》，外语教学与研究出版社2007年版，第67—68页。

《中国史初编》是欧洲学者撰写的第一部系统地向欧洲介绍中国的历史著作。卫匡国的这部著作于1692年被译成法文出版。

卫匡国在《中国史初编》中，从开天辟地写起，从传说最早的帝王伏羲直到汉哀帝（西历纪元开始时），介绍了历代帝王的事迹。虽然他从盘古说起，但并不认为这是真正的历史，而认为伏羲以后的历史才是可信的。卫匡国确认了公元前2952年伏羲即位的史实，并向欧洲读者表明：自那以后中国人有了从未间断的历史。

他还列出了历代帝王的在位年代，即采用中国的干支纪年法，又应用公元纪年法。他认为干支纪年法是黄帝所创，所以中国历史的第一个甲子始于黄帝，即公元前2697年。从这一年起，他不间断地排出了44个甲子和第45个甲子的前58年，共计2698年。

柏应理于1689年出版的《中国古代帝王年表》，被认为是"17世纪欧洲出版的关于中国的最重要的作品之一"。这个"年表"于1686年及1687年刻有单行本，1687年附于《中国哲学家孔子》一书后发表。

在此之前，卫匡国已经首先提出了中国的历史纪年问题，但是卫匡国的中国历史纪年结束于耶稣诞生，即中国西汉末期。卫匡国在他的书中认为，中国古代的历史可以追溯到公元前2952年的伏羲时代，但直到公元前2697年的黄帝统治时期才开始使用干支纪年的方法。因此，柏应理从公元前2952年伏羲时代开始叙述中国历史，从黄帝时代的公元前2697年开始使用干支纪年的方法。柏应理的《中国古代帝王年表》第一部分记述的是从黄帝时代到汉平帝时代，第二部分从公元1年的汉平帝时代一直记述到1683年。

柏应理在编纂时着重注意了两个问题。一是他认识到在欧洲人印象中，中国的历史悠长而复杂，因此他们对中国史的起源远比对其后的细节更为感兴趣。于是在读了《史记》等典籍后，柏氏把中国史的开端定为公元前2952年，即伏羲统治时期。他认为此前的神话故事是不足为信的。二是他注意到中西历法不同导致了中西年代之间的差异。当时的欧洲人对这个遥远国度的历史是一知半解、将信将疑的。柏氏却把中国历史上的大洪水与《圣经》中的大洪水横向联系起来，认为那是一次世界性的大洪水，从而把中西的历史连接起来了。尽管这样的结论还存在漏洞，但毕竟提高了中国史在西方人眼中的可信度，为西方人理解中国史做出了根本性的贡献。

柏应理与卫匡国一起，给了欧洲人一个中国历史的全貌。

柏应理还在书中发布了一份中国历代王朝和帝王的简表，从伏羲开始一直到1683年的康熙皇帝为止，同时介绍了中国历代22个王朝的简单情况，包括每个王朝的名称、帝王的人数、统治的年数等。柏应理总结说，在这22个朝代之前，曾经有8个帝王统治过中国，一共737年；这22个朝代一共3898年。中国的历史可以分为73个甲子。另外，伏羲和神农统治时期的255年是不太可靠的历史。对于柏应理的这个《中国古代帝王年表》，有学者评论说："柏应理对中国历史记载的准确性和完整性印象很深并且把这种印象传达给了欧洲读者。对中国历史记载可靠性的传播是《年表》的主要贡献之一。"[①]

除了上述几部关于中国历史的著作，明清之际来华传教士中还有一些人撰写了关于中国历史的著作。据有关资料统计，在1552年至1773年间，来华传教士撰写的有关中国历史的著作共计36部。

五、传教士论孔子与儒家思想

利玛窦是第一位认真而深入研究中国古典学术思想并且有较深见解的西方学者。在《利玛窦中国札记》中，他以崇敬的心情提到中国儒家思想的创始者孔子：

> 中国哲学家之中最有名的叫作孔子。这位博学的伟大人物诞生于

---

① 张西平著：《欧洲早期汉学史——中西文化交流与西方汉学的兴起》，中华书局2009年版，第448页。

基督纪元前五百五十一年，享年七十余岁，他既以著作和授徒也以自己的身教来激励他的人民追求道德。他的自制力和有节制的生活方式使他的同胞断言他远比世界各国过去所有被认为是德高望重的人更为神圣。的确，如果我们批判地研究他那些被载入史册中的言行，我们就不得不承认他可以与异教哲学家相媲美，而且还超过他们中的大多数人。①

利玛窦还提到中国儒学的经典"四书""五经"：

被称为中国圣哲之师的孔子，把更古的哲学家的著作汇编成四部书，他自己又撰写了五部。他给这五部书题名为"经"（The Doctrines），内容包括过正当生活的伦理原则、指导政治行为的教诫、习俗、古人的榜样、他们的礼仪和祭祀以及甚至他们诗歌的样品和其他这类的题材。在这五部书之外，还有一部汇编了这位大哲学家和他的弟子们的教诫，但并没有特殊的编排。它主要是着眼于个人、家庭及整个国家的道德行为，而在人类理性的光芒下对正当的道德活动加以指导。这部书是从前面提到的那四部书摘录下来的撮要，被称为《四书》（Tetrabiblion）。孔子的这九部书构成最古老的中国图书库，它们大部分是用象形文字写成，为国家未来的美好和发展而集道德教诫之大成；别的书都是由其中发展出来的。②

利玛窦多次提到孔子在中国的崇高地位。他说，中国有学问的人对孔子都非常尊敬，以至不敢对他说的任何一句话稍有异议。在这个国家有一条从古传下来并为习俗所肯定的法律，规定凡希望成为或被认为是学者的人，都必须从孔子的几部书中导引出自己的基本学说。他必须背熟"四

---

① ［意］利玛窦、［比］金尼阁著：《利玛窦中国札记》，何高济等译，中华书局1983年版，第31页。

② ［意］利玛窦、［比］金尼阁著：《利玛窦中国札记》，何高济等译，中华书局1983年版，第35页。

书"，以便成为这方面的公认权威。利玛窦还注意到，不仅是知识阶层，就是统治者也给予孔子最高的敬意，他们感激地承认他们都受益于他遗留下来的学说。法律规定，在每座城市并且是在该城中被认为是文化中心的地点都要建造一座中国哲学家之王的庙宇（孔庙）。中国官员和文人到孔庙祭拜，只是表达他们对孔子的崇敬和对他的学说的感激之情。

利玛窦指出，中国的儒家学说，亦即"中国所熟悉的唯一较高深的哲理科学就是道德哲学"。"儒家这一教派的最终目的和总的意图是国内的太平和秩序。他们也期待家庭的经济安全和个人的道德修养。他们所阐述的箴言确实都是指导人们达到这些目的的，完全符合良心的光明与基督教的真理。他们利用五对不同的组合来构成人与人的全部关系，即父子、夫妇、主仆、兄弟以及朋友五种关系。"儒学是一种主张理性的学说，"他们还教导说理性之光来自上天，人的一切活动都须听从理性的命令"。①

利玛窦在评论中国儒家思想的时候，还注意到它的社会功能和政治功能，认为"中国人以儒教治国"，儒家学说在维持社会稳定与和谐方面起了很大作用。

在中西文化交流史上，利玛窦首先向欧洲较为详细地介绍了中国的儒家思想学说。从利玛窦开始，传教士们大都把中国的儒家典籍和学术思想作为向欧洲介绍中华文化的一个主要方面，使儒家学说在欧洲思想界得以传播。在后来的启蒙运动中，儒家学说对启蒙思想的形成和发展发挥了一定的激励作用。

书面文献是文化的主要载体。明清之际中华文化西传的高潮，一个重要特征就是中国古典经籍在欧洲的流传和研究。

1594年，利玛窦曾将"四书"译成拉丁文，并略加注释，随后将稿本抄本寄回意大利，可惜此稿未及印行。根据利玛窦的自述，他翻译"四书"是为了给日后的传教士所用，因为在他看来，传教士来华若不精通儒

---

① ［意］利玛窦、［比］金尼阁著：《利玛窦中国札记》，何高济等译，中华书局1983年版，第31、99、104页。

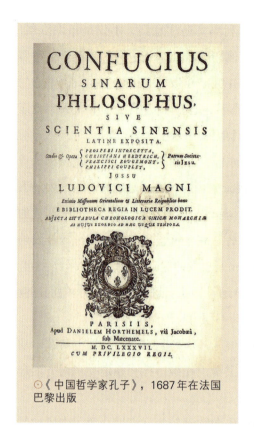

⊙《中国哲学家孔子》，1687年在法国巴黎出版

家经典，就不会有什么收获。同时，他也希望"四书"受到欧洲人的重视。利玛窦是第一个将"四书"翻译成欧洲文字的学者。他的这个译本，成为初来华传教士必须研习的读本，也成为后来传教士翻译的蓝本。

意大利耶稣会士殷铎泽和葡萄牙耶稣会士郭纳爵（Ignatius da Costa，1599—1666）于1662年在江西建昌府刊刻《中国的智慧》一书，内有一篇简短的孔子传记、《大学》的全部译文和《论语》的前部分译文。1667年，殷铎泽在广州刻印《中庸》译本，书名为《中国政治道德学说》，两年后又在印度果阿翻印此书。殷铎泽回到欧洲后，不辞辛苦地寻求出版方，直到1672年，在几经周折之后，以法文在巴黎出版了《中国政治道德学说》。

不过，在欧洲引起巨大反响的是柏应理1687年在巴黎出版的《中国哲学家孔子》一书。柏应理在中国生活了20多年，与江南文人交往甚密，对中国古典经籍多有领悟和研究。1682年，柏应理回到欧洲，向教皇献上400余卷由传教士们编纂的中国文献。柏应理在欧洲期间，为中华文化的西传做了大量的工作。

1687年，他在巴黎出版了《中国哲学家孔子》的拉丁文本，中文标题为《西文四书直解》。

清初"康熙历狱"期间，在各地的23位来华传教士被集中到广州。在此期间，他们召开了"广州会议"。这是来华的各个天主教修会讨论关于中国礼仪的会议。经过激烈的讨论，耶稣会士恩理格、鲁日满、柏应理开始在原先对"四书"简单直译的基础上，重新进行了校对和注释。尤其针对其中译名的敏感之处以及所受到的批评，他们引用中国古籍在译文中进行了反驳。这项工作在1670—1672年完成。

作为书中一部分的《中庸》，即殷铎泽的《中国政治道德学说》，是在此之前完成的。殷铎泽回欧洲时，将译稿带回欧洲，交给了基歇尔。后来，柏应理在罗马学院找到了基歇尔去世后留下的《中国哲学家孔子》的部分译稿。法国皇家图书馆馆长得知这部书稿的情况后，提出要出版这部书。柏应理又在书稿中加上自己写的导言和他早在中国就写好的中国年表，最后在巴黎出版。书的全名是《中国哲学家孔子，或者中国知识，用拉丁文表述，通过殷铎泽、恩理格、鲁日满和柏应理的努力》。

《中国哲学家孔子》一书首版共522页，分为4部分：

第一部分是柏应理给法国国王路易十四的献辞，表达了他对国王支持在华传教事业的敬意。

第二部分是导言。导言分别由殷铎泽和柏应理撰写。殷铎泽撰写的导言主要介绍了中国的儒家、道教、佛教以及宋明理学所重视的《易经》，对"四书"从思想文化上做了总体性的介绍和铺垫，帮助欧洲学者来理解这部书。柏应理的导言开宗明义便说明耶稣会士之所以编著此书，并不是为了满足欧洲人对中国的兴趣，而是希望此书能为到中国去传教的教士们提供一种可用的工具，指明哪些是中国的经典著作，以及这些著作中有哪些重要的注疏图书。

第三部分是殷铎泽所撰写的孔子传记。传记开卷是孔子的全身像，图中孔子身穿儒服，头戴儒冠，手持笏，站在一座庙宇式的书馆之前。书馆上端写有"国学"二字，附拉丁注音和解释，书馆柱子上写有"天下先师"字样。孔子身后是装满经书的大书架，书架上的图书均标出书名，自上而下，一边是《书经》《春秋》《大学》《中庸》《论语》，另一边是《礼》《易经》《系辞》《诗经》《孟子》，都附以拉丁文注音。书架的下面还有孔子弟子们的牌位，上写颜回、子思、子路等，共18名。这是最早传到欧洲的孔子画像。这幅肖像把孔子描绘成在图书馆内的学术贤哲，而非在庙宇中的神祇先知。

第四部分是《大学》《中庸》《论语》的译文，皆附译注疏，总题目为《中国之智慧》。

另外，书后还有一篇关于中国现状概要的附录，包括行政和军事区划、城镇、户籍、丁男、山川、河流、湖泊的统计数字，学校、藏书楼以及秀才、举人、进士的数字，释道两教的寺庙、道观和僧人、道士的数目以及天主教教堂和教徒数目，最后还有税收情况。全书的最后是一幅中国地图，图上标出中国的115座大城市和耶稣会士们建立的近200处教堂所在地。

《中国哲学家孔子》是耶稣会士提供的第一部论述中国人思想的专著，是17世纪欧洲对孔子形象及其著述介绍得最为完备的图书。该书给《论语》所译的拉丁文标题为"Ratiocinantium Sermones"（"富有理性者的谈话"），书中将孔子描绘成基督教先知式的人物。

《中国哲学家孔子》是第一部比较完整地向西方介绍中国传统思想文化的图书，在欧洲产生了较大影响，对中国文化的西传具有启蒙意义和先驱作用。它第一次把中国、孔子和政治道德三个不同的名词联系在一起，孔子在

⊙ 在《中国哲学家孔子》中，孔子被描绘成一个贤明学者的形象。这一形象在当时的欧洲广为流传，代表了17—18世纪欧洲对中国的积极印象

欧洲因此被称为道德与政治哲学上最伟大的学者与预言家。

《中国哲学家孔子》一经出版，立即在欧洲思想界引起轰动和反响，各种译本纷纷问世，各家杂志纷纷撰写文章加以介绍。《中国哲学家孔子》的原文是拉丁文，不能满足公众的阅读需求，于是在第二年就有一些改写本、节译本问世。

莱布尼茨在《中国哲学家孔子》出版的当年12月，在一封信中表达了他想看到该书的愿望。莱布尼兹在评论此书时说：

> 这本书并不是孔子本人写成的，而是由他的弟子编纂的，其中一部分选自孔子自己的言论。这位哲学家的寿命超过了几乎所有希腊哲学家的寿命。书中处处都有杰出的思想和格言。他常常使用比喻。例如，他说只有到了冬天才能知道哪些树木能保持常青。同样，人在安宁与幸福时可能看起来都差不多，但是在危险和混乱时，才能发现英勇和有功劳的人。①

柏应理的《中国哲学家孔子》一书以及传教士们传播的儒学思想对启蒙时代产生了直接影响。法国思想家培尔最早是通过阅读柏应理的著作而洞悉中国的宗教特别是佛教，进而获知中国存在唯物主义思想与无神论的。法国的启蒙思想家也大都读过《中国哲学家孔子》。如伏尔泰在《风俗论》中介绍孔子学说时，就利用了柏应理的这本书。孟德斯鸠怀着极大的兴趣，认真阅读了这部用艰涩的拉丁文撰写的书，并做了详细的笔记。在笔记中，他写下了一些自己的观点，并将书中的许多段落译成法文。

《中国哲学家孔子》出版的这一年，欧洲还有一本意大利文的《中国杂记》出版，作者是德籍传教士白乃心（Joannes Grueber）。白乃心曾于康熙初年为教会探寻欧亚之陆上的交通路线，自陕西经新疆、西藏、尼泊尔、印

---

① ［美］孟德卫著：《奇异的国度：耶稣会适应政策及汉学的起源》，陈怡译，大象出版社2010年版，第314页。

度、波斯、土耳其而至罗马，然后欲自北欧循陆路再返回中国，但于1680年病逝于匈牙利。《中国杂记》是在白乃心去世7年后出版的，书末附有孔子的传记和《中庸》的译文。

1626年，金尼阁将"五经"译成拉丁文，在杭州刊印，书名为《中国第一部神圣之书》，是中国经籍最早刊印的西文本。

在后期来华传教士中，孙璋、蒋友仁、钱德明、韩国英等人也都对汉学有较高造诣，并继续从事中国古典经籍的翻译工作。

耶稣会士等来华传教士，不仅翻译和介绍了以儒家典籍为核心的中国历史文化典籍，而且对孔子和儒家思想做了一定的研究和介绍。传教士们热心于对中国典籍的翻译和对儒家思想的研究，取得了很大的成就，也在欧洲思想界产生了深远影响。经过传教士以及其他旅行家介绍的中华文化，给欧洲思想界以强烈的刺激和震动，引起了各国思想家对中华文化广泛而热烈的兴趣，为启蒙思想家们的理智活动、为西方新文化的创造和发展，发挥了重要影响。

第五十二章　马戛尔尼的中国之行

一、庞大的马戛尔尼使团

在中西关系史上，马戛尔尼访华是一个非常重要的事件。许多研究者认为，正是马戛尔尼的这次出使，颠覆了耶稣会士们创造的"中国神话"，改变了欧洲人的中国观。

马戛尔尼（George Macartney，1737—1806）是英国资深外交官。1764年，他曾被任命为全权特使，赴俄国与叶卡捷琳娜二世商谈结盟事宜，之后他进入英国议会。后来他先后出任过爱尔兰事务大臣、加勒比群岛总督和印度马德拉斯总督，1792年，他被加封为"马戛尔尼伯爵"。

马戛尔尼博学多才，年轻的时候，他到法国旅行时见过伏尔泰和卢梭等启蒙思想家。他给伏尔泰留下深刻印象，伏尔泰还推荐他去见爱尔维修和达朗贝尔等哲学家。伏尔泰在给爱尔维修的信中说："这是一位非常有教养的年轻英国绅士，他跟您的想法完

⊙ 马戛尔尼

全一样：他感到我们的民族很好笑。"他在赴中国之前，读过一些有关中国的书，包括《耶稣会士书简集》等，已经对中国有了一定的了解。

18世纪后期，英国正处于资本主义的上升阶段，商品经济高度发展，迫切需要开辟新的市场。在对华贸易方面，他们已经不满足广州的一口通商，希望进一步扩大贸易规模。1787年，英国国王应东印度公司的请求，派遣使臣前往中国交涉通商事务，并谋求建立外交关系，却未料使臣在中途病死，使得这次出使半途而废。

1792年，国王乔治三世又派马戛尔尼作为使臣，远赴中国。出使之前，英国国务大臣敦达斯曾对马戛尔尼说："您一到便要受到接见，您要服从中国朝廷的礼仪，既不要损害自己君主的尊严，又不要被礼节上的小事束缚住手脚。"他还提出七点建议：第一，为英国贸易在中国开辟新的港口；第二，尽可能在靠近生产茶叶与丝绸的地区获得一块租借地或者一个小岛，让英国商人可以长期居住，并由英国行使司法权；第三，废除广州现有体制中的滥用权力内容；第四，在中国特别是北京开辟新的市场；第五，通过双边条约为英国贸易打开东亚、东南亚的其他地区；第六，要求向北京派出常驻使节；第七，在不引起中国人怀疑的条件下，使团应该什么都看看，并对中国的实力做出准确的估计。

可见，马戛尔尼的出使，是想通过与清王朝最高当局谈判，取消清政府在对外贸易中的种种限制和禁令，打开中国门户，开拓中国市场。同时，也是为了搜集有关中国的情报，估计中国的实力，为英国下一步的行动提供依据。

英国政府对这次出使十分重视，对使团的组成进行了周密而充分的准备。首先对使团成员做了精心安排。副使斯当东（George Staunton）是马戛尔尼的挚友，有从事殖民外交的丰富经验。使团其他成员也都是各行业的专家，其中有哲学家、医生、机械专家、画家、制图家、植物学家、航海家以及有经验的军官。此外，还有东印度公司的职员和大量军事人员。

为了代表英国国王向乾隆皇帝恭贺寿辰、敬献礼品，使团携带了大量

⊙ 马戛尔尼使团船队

足以显示英国实力的文化、科技、机械工艺和军事产品，例如天体运行仪、望远镜、天体仪、地球仪、气候试探架、火镜、马车、毛瑟枪、连珠枪、利剑、野战炮、榴弹炮、军舰模型等，其中一些仪器、兵器在英国乃至欧洲都是最先进的。

马戛尔尼希望通过展示这些代表先进文明的礼品，博得乾隆皇帝的好感，进而有助于同中国平等建交。这是一个耗费巨大、人员众多的外交使团，具有商务和政治的双重目的，是英国向东方进行殖民与贸易扩张的一个重要环节。

1792年9月26日，英国皇家战舰"狮子"号、"印度斯坦"号和小型护卫舰"豺狼"号组成的访华使团船队驶离普利茅斯港，经过9个月的航行到达中国，在澳门外万山群岛的珠克珠岛抛锚等候。英国使团到达中国的消息，通过英国东印度公司大班佛兰西斯·百灵的信件传递给两广总督，转奏乾隆皇帝。乾隆皇帝看了两广总督的奏折特别高兴，并批"即有旨"，意思是对这个问题另外再发一道谕旨。他任命长芦盐政徵瑞、直隶总督梁肯堂为钦差大臣，专门负责接待英国使团。得到了乾隆皇帝的欢迎旨意，英国使团船只便从澳门出发前往天津，在天津再改乘内陆船到通州，最后到了北京。使团自进入中国境内，就在沿途得到秉承皇帝旨意的各级官员的盛情接待。英国使团的一个成员感慨道："关于这一方面，我们所受的待遇不仅是优渥的，而且是慷慨到了极点。"

在北京休息几天后，马戛尔尼带领随员92人直奔承德避暑山庄，参加乾隆皇帝寿辰的庆典。清政府对英国使团的来访非常重视，皇帝早就命令军机处拟定了一套接待方案，包括朝见、赏赐、宴请、看戏、游览等活动。这个方案记录在清宫档案的《上谕档》册中。

二、跪还是不跪，这是个问题

正在双方都兴致勃勃等待正式会见的时候，发生了一场事关这次出访命运的"礼仪之争"。

按照清朝的规定，外国使臣来华朝见中国的皇帝，必须行三跪九叩之礼。而马戛尔尼认为，向中国皇帝行三跪九叩礼有损于大英帝国的尊严，他主张朝见时向皇帝行单膝下跪的英式礼节。乾隆皇帝对英国使团的表现非常生气。《上谕档》记载，乾隆皇帝当时就说："朕意深为不惬。"

马戛尔尼不得不收敛其骄矜的态度，清朝政府也做了一定的让步，双方达成了这样的共识：在八月初六日万树园礼节性的欢迎宴会上，英国使节行英国式礼节，而到八月十三日，在正式举行乾隆万寿典礼时，他们要行中国的三跪九叩礼。乾隆皇帝得知双方达成了妥协，态度也有所缓和，他表示：这些人从海上远道而来，所以不熟悉天朝的法度，不得不稍加抑制，今天既然诚心效顺了，还是应该给予恩惠。

对于马戛尔尼一行在朝见乾隆皇帝时是不是行了三跪九叩礼这个问题，中外史学界一直争论不休，中英双方记载不同。英国人说马戛尔尼等人按照觐见英王的礼仪单膝跪地，未曾叩头。和珅的奏折却说，英国使臣等向皇帝行三跪九叩之礼。《清史稿·高宗纯皇帝本纪》记载说，英国使节马戛尔尼等虽然不习惯叩头，但一到皇帝面前，还是跪下去了。使团的秘书温

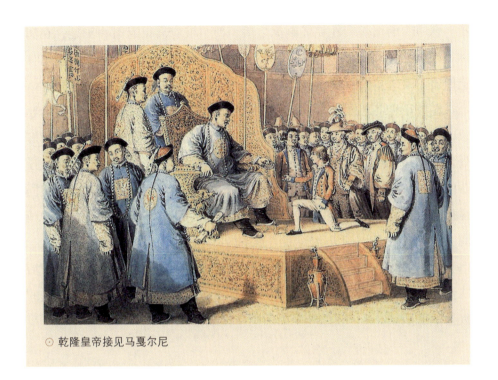

⊙ 乾隆皇帝接见马戛尔尼

德（Edward Winter）是马戛尔尼的亲戚，他在英国使团觐见乾隆皇帝那天的日记中，有这样的描述："当皇帝陛下经过时，有人通知我们走出帐篷，让我们在中国官员和鞑靼王公对面排好队伍。我们按当地的方式施了礼，也就是说，跪地、叩头九下。"

到底是"跪了"还是"没跪"，各方记载不同，也难以弄清真相了。有些研究者认为马戛尔尼的出使失败，就在于"跪"与"不跪"这个问题，在于"礼仪之争"。实际上可能是把这个问题夸大了。礼仪问题是中国和西方相遇时发生的文化碰撞，但经过妥协，双方的会见还是在友好的气氛中进行的。这次出使的失败，根本原因在于马戛尔尼代表英国政府提出的要求没有得到清政府的回应。

1793年（乾隆五十八年）9月14日清晨4点，在热河行宫万树园的帷幄中，各国使节觐见乾隆的仪式正式进行，马戛尔尼、副使斯当东及副使之子小斯当东依次觐见了乾隆皇帝。尽管这次短暂的觐见是顺利圆满的，但没有留给马戛尔尼表达英国政府要求和愿望的机会，反而按照外藩朝贡"天朝"的惯例，在完成觐见之后，使节就应离京返国。于是，在和珅等大臣的催促之下，马戛尔尼不得不缩减计划，准备率领英国使团打道回府。

在离开北京之前，马戛尔尼还是寻找机会向和珅提出了英国政府的要求，包括：（1）英国在北京开设使馆；（2）允许英商在舟山、宁波、天津等处贸易；（3）允许英商在北京设一货栈；（4）请于舟山附近指定一个未经设防的小岛，以供英商居住使用；（5）请于广州附近，准许英商获得上述同样权利；（6）由澳门运往广州的英国货物请予免税或减税；（7）请公开中国海关税则。

乾隆皇帝坚决地拒绝了马戛尔尼使团的全部要求。乾隆在给英王乔治三世的回信中，均以"与天朝体制不合"的理由回绝了这些要求。乾隆的复信中说：

> 咨尔国王远在重洋，倾心向化，特遣使恭赍表章，航海来廷，叩祝万寿，并备进方物，用将忱悃。朕披阅表文，词意肫恳，具见尔国王恭顺之诚，深为嘉许。所有赍到表贡之正副使臣，念其奉使远涉，推恩加礼，已令大臣带领瞻觐，赐予筵宴，叠加赏赉，用示怀柔。其已回珠山之管船官役人等六百余名，虽未来京，朕亦优加赏赐，俾得普沾恩惠，一视同仁。

乾隆给英国使团赏赐了丰厚的礼品，但他还说了这么一句著名的话："天朝物产丰盈，无所不有，原不借外夷货物以通有无。"乾隆希望英王"惟当善体朕意，益励款诚。永矢恭顺，以保义尔有邦，共享太平之福"。乾隆皇帝在致英王的第二封国书中还强调，马戛尔尼的要求，"原因尔国使臣妄说，尔国王或未能深悉天朝体制，并非有意妄干。朕于入贡诸邦，诚心向化者，无不加之体恤，用示怀柔，如有恳求之事，若于体制无妨，无不曲从所请，况尔国王僻处重洋，输诚纳贡，朕之锡予优加，倍于他国"。但使臣所请各条"不但于天朝法制攸关"，而且对英王来说也是"难行之事"，故而严加拒绝，并令其"懔遵毋忽"。

乾隆拒绝英国要求的敕书发出后，标志着马戛尔尼使团访华的失败。乾隆示意使团应于十月七日离京回国。马戛尔尼要求举行谈判，暂缓回国，遭到拒绝。于是，在没有举行谈判、没有完成使命的情况下，马戛尔尼带领英国使团踏上了归程。清政府传令沿途官员严加防范，以防英国人滋事。乾隆五十八年（1793）九月初三，乾隆任命侍郎松筠为钦差，专门护送英国使团一行起程离京。使团沿运河南下，到达广州，于乾隆五十八年（1793）十二月初七日，由广州起航回国。不过，在返程中，英国使团仍然得到了乾隆授意下沿途官员的慷慨、丰厚礼遇，而且与陪同的清朝官员松筠等人有深入的交流。

三、"东方与西方的首次撞击"

马戛尔尼访华虽然没有达到打开中国门户、扩张英国贸易的目的，但毕竟开始了中英两国正式的外交接触，双方互递了国书，互赠了礼品，使团成员在华期间还与中国负责接待的一些官员建立了良好关系。同时，使团沿途搜集了大量有关中国政治、经济、军事方面的情报。这次接触与撞击，使东西方两个大国相互之间有了初步了解，对以后中英关系的发展也产生了深远影响。

法国学者佩雷菲特（Alain Peyrefitte, 1925—1999）在《停滞的帝国——两个世界的撞击》一书中认为，英国派马戛尔尼出访中国，其历史意义远远大于马戛尔尼是否向乾隆皇帝磕头的问题，它反映的是"东方与西方的首次撞击"。几乎所有的历史学家都对这次撞击的结果感到遗憾。佩雷菲特指出：

> 如果这两个世界当时增加接触，相互吸取对方最成功的经验；如果那个比其他国家早几个世纪发明了印刷术和造纸，指南针和舵，炸药和火器的国家同那个刚刚驯服了蒸汽，并即将制服电力的国家把各

自的发明融合起来，中国人和欧洲人之间的信息和技术交流必将使双方的进步源源不断。[①]

但是，佩雷菲特继续说：

> 这就是历史赋予远东和远西的机会。但是聋子——地球上最强大的聋子——之间的对话使这个机会付诸东流。两个傲慢者互相顶撞，双方都自以为是世界的中心，把对方推到野蛮人的边缘。
>
> 中国拒绝对世界开放，而英国人则不管别人愿意与否想让世界对所有的交流开放。欧亚大陆的两极在50年里将从文化冲突变成兵戎相见。[②]

无知导致误解，误解使得中英两国与这次巨大的历史机遇擦肩而过。并不仅仅是中国人对西方有所误解，英国同样对中国充满无知和误解。双方都有愚昧和自大之处。乾隆一朝，君臣耽于逸乐，不求了解外国情形，不能与康熙朝相比。英国正当国势蒸蒸日上的时候，也有自大心理，而那些朝臣只从商业利益考虑，未能从欧洲学术界获得对于东方的了解。双方以盲对盲，遂使中英交涉陷入僵局。

马戛尔尼的出访，主要还是想解决通商贸易问题。在相当长的时期内，中国在中英贸易中处于顺差地位。这在某种程度上是由中英之间的贸易市场及相互之间地位的不对等造成的。英国人崇尚自由贸易，其国内市场广泛开放，商人能够自由往来。而在中国，对外贸易则被严格限定在广州这个狭小的区域之内。由于长期处在自给自足的生活状态中，民众对外部世界了解甚少，对国外商品经济的发展需求更是毫不知情。因而自英国人开

---

① ［法］阿兰·佩雷菲特著：《停滞的帝国——两个世界的撞击》，王国卿等译，生活·读书·新知三联书店1995年版，《小引》第19页。
② ［法］阿兰·佩雷菲特著：《停滞的帝国——两个世界的撞击》，王国卿等译，生活·读书·新知三联书店1995年版，《小引》第19—20页。

始比较经常性地与中国进行贸易以后，英国的许多产品，包括他们以为是王牌货物的毛织品和棉纺织品，都不能在中国打开销路，英国的对华贸易始终是进口多于出口，形成巨大的贸易逆差。

英政府及民间商人希求能有中国这样一个广阔市场，积极寻求用经济手段打开中国的大门。曼彻斯特的制造商们浪漫地议论道："如果每个中国人的衬衣下摆长一英寸，我们的工厂就得忙上数十年！"①中国国土如此广袤，人口如此众多，然而中国经济的特殊形态使得英国商人的美梦难以成真。中英两国的经济形态有着巨大差异，男耕女织、自给自足的生活方式已经在中国延续了几千年，对工业品的抵制十分有力，再加上清政府将所有贸易仅仅局限于狭窄的广州一地，这都使得英国商人很难通过正常的贸易渠道打开中国市场。

四、马戛尔尼带给欧洲的中国印象

马戛尔尼的中国之行，除外交和贸易的使命外，还有了解中国国情、收集中国情报的任务。虽然他们的外交使命没有实现，但他们在中国期间，通过与上至达官显贵、下至平民百姓的接触，以及沿途的观光和考察，对中国有了比较深入的了解和认识。

英国人把这次出使当作了解中国的最好机会，这支由100多人组成的使团，包括了政治、军事、法律、测量、绘图、航海、医学、化学、天文、植物、商业、工艺、翻译等各方面的人员。他们一行回国后，除了马戛尔尼撰写了日记外，其他一些随行人员也撰写了报告和游记。其中有乔治·斯当东的《英使谒见乾隆纪实》(*An Anthentic Account of an Embassy from King of Great Britain to the Emperor of China*)，"狮子"号上第一大副爱尼斯·安德逊(Aeneas Anderson)的《英国人眼中的大清王朝》

---

① ［美］费正清等编：《剑桥中国晚清史（1800—1911）》（上卷），中国社会科学院历史研究所编译室译，中国社会科学出版社1985年版，第166页。

（*A Narrative of the British Embassy to China*），随马戛尔尼出访的英国外交官和作家巴罗（Barrow）著有《中国游记》（*Travels in China*）和《马戛尔尼伯爵的一些故事及未刊文稿选》（*Some Acount of Public and a Selection from Unpublished Writings, of the Earl of Earl of MaCartney*），随使团的画家威廉·亚历山大（WilliamAlexander）绘制的《中国人的服饰与习俗图鉴》等。

　　据统计，马戛尔尼的中国之行，共出版了10多种论述中国的著作。这些作品引起了英国社会的广泛关注，还有的被翻译成欧洲其他国家的文

⊙ 马戛尔尼使团中的绘图员威廉·亚历山大绘的定海塔

字。据说，拿破仑读过斯当东和巴罗的行记，它们启发他说出了这样一句名言："当中国醒来时，世界将为之震撼。"

乔治·斯当东的《英使谒见乾隆纪实》是在使团回国后的第三年（1797年）出版的。这本书详细记载了使团在中国的见闻，在当时无疑是英国乃至欧洲其他国家公众了解中国的最新资料。从《英使谒见乾隆纪实》中可以看出，英国人在沿途都做了周密的调查、测量、绘图、记录，对中国的行政、职官、军事、刑

⊙ 马戛尔尼使团中的绘图员威廉·亚历山大绘的贵妇人

法、户口、面积、物产、贸易、风俗、宗教、家庭、城市、交通、风景、植物等都有闻必录。如路过古北口长城时，对驻军和城防都做了仔细观察，对城的构造做了详细调查。

学术界普遍认为，马戛尔尼之行的结果，是彻底颠覆了16世纪以来，特别是17世纪由耶稣会士们所塑造的中国形象，打破了他们创造的"中国神话"。佩雷菲特指出：

> 英国使团所反映的对中国的看法预示着西方在19世纪对中国的态度。马戛尔尼使团在西方与远东的关系中是个转折点。它既是一个终点，又是一个起点。它结束了一个世纪来的外交与商业上的接近；它在西方人中开始了对中国形象的一个修正阶段。①

① ［法］阿兰·佩雷菲特著：《停滞的帝国——两个世界的撞击》，王国卿等译，生活·读书·新知三联书店1995年版，第562页。

那么，马戛尔尼以及他的随员们是怎样描述中国的呢？他们又向欧洲人展示了怎样的中国形象呢？马戛尔尼指出：“我不能什么都看到，所以我可能搞错；但我介绍的都是我亲眼所见的。”他们记录了他们在中国之行的所见所闻，尽可能“真实”展现出以前被神话了的而现在是他们所了解的那个中国的方方面面。

和所有初次到中国的人一样，在他们眼里，一切都是新鲜的。在马戛尔尼、斯当东以及其他作者的作品里，都有许多对中国的正面的和积极的评价。巴罗对杭州西湖的描述：“湖水清如明镜，湖上众多游船来回游弋，有的涂漆，有的镀金，全都装饰得花里胡哨。船上人们兴高采烈、尽情欢娱。”他还说：“杭州府以丝绸业著称，如同所料，我们在市内看到大量的商场和库房。就商店和仓库的大小以及存放的货物而言，它们完全可以与伦敦最好的商店和库房媲美。”

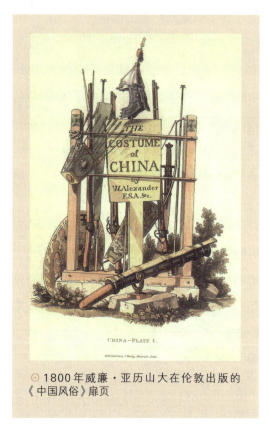

⊙ 1800年威廉·亚历山大在伦敦出版的《中国风俗》扉页

爱尼斯·安德逊述说自己进入江浙农村时的感受：“一路的风景越来越美。肥腴的田野之间衬着绿树成荫的庄园，果园围绕着农家住宅，别墅与园林不断出现。”江浙北部“在山坡上的牧场里散布着无数牛群与羊群”。他还这样描述广州城：“这城市的街道一般是15英尺到20英尺宽，用宽大的石板铺砌，房屋超出一层的很少。商店的正面大门之上有漂亮的阳台，因而门前形成一街檐，用各种油漆装修得很美丽。居民服装与我已经叙述过的无异，但使我惊异的是，这城市虽已靠南，离北京很远，而在这冬季气候依然很冷，居民要穿上皮衣：这种衣服显然不单是一种奢侈品，或限于上流人士，因为我们所见的皮衣服装店很多，店里的皮料很丰富，如豹皮、狐皮、熊皮和羊皮都有。"广州郊外"甚为广阔但不见得宏伟华丽，街道大都很狭而人群拥挤。房屋是木房，只有一层。街上都有商店，店内布置像英国形式"。

但是，随着接触的深入，他们也逐渐揭示了一些隐藏在辉煌背后的弊端和陋俗。他们在清朝表面的繁华背后，看到了民间的贫穷景象。在天津登陆后，使团沿白河北上北京。在英国人眼里，两岸的民居实在是太寒陋了，巴罗得出结论说，"事实上，触目所及无非是贫困落后的景象"，"几乎所有的村舍都破烂不堪，条件十分恶劣"。"的确，这个省的农民都一贫如洗。就是那些被雇到船上来侍候大使及其随从的人，情形也好不了多少。他们每次接到我们的残羹剩饭，都要千恩万谢。"山东"这个省北部地区农民的生活条件要好得多。他们衣着整洁，面貌喜气洋洋，表示出生活上的富足。他们的住房用砖或木建造，与首都所在的省份的房屋相比，要结实舒适得多。但是，这里可怜的渔民从各方面都明白无误地显示出他们的穷困"。斯当东认为，中国是"靠棍棒进行恐怖统治的东方专制主义暴政的典型。中国不是富裕的国度，而是一片贫困的土地，不是社会靠农业发展，而是社会停滞于农业"。

比经济上的贫困更令英国人震惊的，是清廷政治上的专制、黑暗和野蛮。登陆定海时，英国人对当地官员提出一个请求：找一个熟悉海路的人把他们领航到天津。年迈的总兵一口答应。不过，与英国人设想的出资招募、有偿使用不同，定海总兵的办法是派出虎狼之师到街上搜寻抓捕。巴罗写道："他们派出的兵丁很快就带回了一群人。他们是我平生所见神情最悲惨的家伙了，一个个双膝跪地，接受询问。"百姓当然厌恶白劳动，就罗列种种理由祈求赦免，"但总兵不为所动，命令他们一小时后准备妥当"。更让英国人"开眼界"的是，沿白河返程时，由于水位下降，船开不动，脾气大发的主事官员竟然"命令手下的兵丁让船长和全体船员挨板子"。"那些可怜的家伙提供了船只、服了两天的苦役，这就是所得到的唯一奖励！"

在这些英国人以前的中国观中，中国是由开明的皇帝、温良的官员治理的，万千子民生活在祥和的环境中，可眼见的事实一下子粉碎了他们对清廷的好感和对中国下层民众的艳羡。他们认为当时的中国人生活"在最为卑鄙的暴政之下，生活在恐惧之中"；中国的社会关系建立在一种愚蠢的形式主义基础上，所以人们"胆怯、肮脏并残酷"。

马戛尔尼对中国官员的接待工作也很有看法。他说："所有与我们有过交往的中国官员都表现出极文雅的礼貌和不甚诚实的高贵的教养。尽管我们有所提议就会立即得到口头同意，可事实上，他们又总是编造出种种巧妙的借口来拒绝我们，由此使我们深感失望。我们总想离开船只，进城或下乡作短暂游览，去看看沿途那些令我们感兴趣的东西，但这些愿望很少能够得到满足。拒绝的借口总是那样熟练、机巧和带有敬意，以至于我们很快就妥协了，甚至会因此感到一种愉快和轻松。"

在他们的著作中，有不少的篇幅提到中国军队的威武形象。如途经杭州城时，驻防的八旗官兵列队相迎，城池的大炮虽然数量不多，但有的吨位极大。而在广州上船时，两广总督前来送行，广东绿营水师官兵在水师船舰上持枪站立，使团们看到总督的车轿前行进着一个中队的骑兵，威武严整。水师船舰近百艘排列有序，这是一支世界上无比庞大的军队。但是，在他们看来，中国的军队只不过是用来摆设的花架子。

在镇江，等待着他们的是声势浩大的军事操演。马戛尔尼注意到城墙濒临坍塌，这种景象与2000多名士兵随着音乐声在旌旗下接受检阅的场面形成鲜明对照。兵士的装备如何呢？他们手中是原始的弓和箭以及戟、矛、剑。

马戛尔尼对中国做出了评价和预言，戳穿了"盛世"的神话，看出"盛世"背后的败亡之兆。他说，"他们恒久不变的体制并不能证明他们的优越"，"中华帝国是一个神权专制的帝国……它翻来覆去只是一座雄伟的废墟"，"任何进步在那里都无法实现"。在马戛尔尼等人眼中，清朝"不过是一个泥足巨人，只要轻轻一抵就可以把他打倒在地"。马戛尔尼在出使日记中说：中国"至少在过去150年里，没有改善，没有前进，或者更确切地说反而倒退了；当我们每天都在艺术和科学领域前进时，他们实际上正在变成半野蛮人"。他们认为中国最终"将重新堕落到野蛮和贫困的状态"。

在他们看来，"中华帝国只是一艘破败不堪的旧船，只是幸运地有了几位谨慎的船长才使它在近150年间没有沉没。它那巨大的躯壳使周围的邻国见了害怕。假如来了个无能之辈掌舵，那船上的纪律与安全就都完了"。但是这艘破败不堪的旧船"不会立刻沉没。它将像一个残骸那样到处漂流，然后在海岸上撞得粉碎"，"它将永远不能修复"。从而，亚洲及世界各地的贸易将受到"扰乱……各国的冒险家都将来到中国"，企图利用清朝人的衰败来建立自己的威望，而"在他们之间将展开无情的斗争"。在这种对抗中，富的愈富，穷的愈穷。"英国靠着它的创业精神已成为世界上航海、贸易和政治的第一强国；从这样的急剧变革中，它将获得最大的利益，并将加强它的霸权地位。"

这大概就是马戛尔尼以及他的使团提供给欧洲人的中国形象。作为一个开端，从马戛尔尼开始，欧洲人转变了认识中国的视角，中国进入了殖民主义者的视野里。这个视野里的中国形象，在19世纪的时候得到了不断的强化。

五、再次来华的阿美士德使团

在马戛尔尼出访中国20年后，1816年，英国使臣阿美士德（William Amherst）率领英国第二个政府使团再一次浩浩荡荡出使中国。

英政府和东印度公司要阿美士德向清廷提出4项要求：（1）对公司通商权利做出详细规定，以免地方官吏从中不法勒索；（2）通商不得因故而停止，公司可与任何华商进行交易；（3）中国官吏不得擅入公司所租用的行馆，公司可自由雇用仆役，官吏不得侮辱英商；（4）中国在北京指定一个衙门，以便公司经理或英国驻使可和它进行文书往来，英人致中国政府的

第八编　相遇与相识 一

文件可用中国文字。这些要求如能实现，英国在广州的贸易便可得到更大的方便，这样便可为今后的扩张打下一个基础。

阿美士德率使团抵达天津时，嘉庆帝命户部尚书和世泰、工部尚书苏楞额前往天津迎接，让其率长芦盐政广惠伴贡至京，并令苏楞额、广惠传旨赐宴，令其谢宴行三跪九叩礼，如"合式"，即日带至北京，如不谙礼仪，具奏候旨，其原船勿令驾驶，仍由原路回津，泛海回国。阿美士德和他的随从答应下跪，中国官员让其演习，则遭拒绝。苏楞额、广惠径带其到北京。嘉庆帝又命和世泰、穆克登额迎赴通州演礼，以七月初六日为限，限内如英使肯遵循清政府的礼仪，再带其至北京，若满限尚未能如仪，即行参奏候旨，而英使不肯妥协。和世泰、穆克登额含糊具奏，并径带使臣来朝房，一昼夜驰至，路上颠簸不堪，衣装等皆落在后面。

初七日，皇帝开殿受朝会，英国正使生病，副使说："衣车未至，何以成礼？"和世泰害怕受皇帝谴责，遂奏两贡使皆生病。同时，英使所呈国书"表文失辞，抗若敌体，复铺陈伐法兰西战功，有要挟意，又值理藩院迓接不如仪"，故而嘉庆帝怒其无礼，却其贡不纳，遣令归国。

后嘉庆帝了解了具体事因，又遣人追至良乡，将贡物内地理图、画像、山水人像收纳，并赐英王白玉如意一柄、翡翠玉朝珠一盘、大荷包二对、小荷包八个，以示怀柔。他在致英王和英使的敕谕中也多次谴责其失礼之咎，并告诉他们："仰荷大皇帝深仁大度，不加谴罚，仍赏收尔国王贡物，颁赏珍品，此乃天高地厚之恩，尔等回国，不可不知感激"，并重申"至尔国向在粤东贸易，即系尔国一定口岸，倘将来再有进贡之事，总须在粤东收泊，候督抚具奏，请旨遵办，毋得径往天津。即驶至彼处，该官吏亦必遵旨驳回，尔等岂非跋涉徒劳"。

阿美士德再一次无功而返，中国与西方再一次擦肩而过，不得要领。而在这个时候，离鸦片战争就只有20多年了。

英国两次派使臣访问中国，都是为了发展贸易而来，但是均因"礼仪之争"不得要领而返，使得中国与西方失去了一次接触和交流的机会。商品和资本的扩张是现代资本主义发展的前提，因而也是不可阻挡的历史潮流。以英国人为先锋的西方殖民主义者必然还要继续深入开辟东方的市场。

这样，在1840年，英国的舰队带着工业革命锻造的先进武器，浩浩荡荡，直接向远方的古老中国驶来。他们代表先进的西方，向落后的中国开了第一炮，揭开了近代西方列强侵略掠夺中国的历史。

第九编

丝绸之路再发现

第五十三章　俄国探险家在中国的活动

一、西方人在中国西北的探险活动

在地理大发现之后，西方出现了频繁的地理探险活动。这是一个大探险、大发现的时代。

到19世纪上半叶，世界大部分地区经过了探险、考察，自然地理面貌已基本清楚，但亚洲腹地，特别是中国的西部地区，对欧洲人来说，仍然是一个神秘的王国。在当时西方人绘制的地图上，这里的地形地貌仍然是一片空白。于是，西方各国的探险家纷纷走向那些没有被发现的地带进行探险活动，以填补地图上的"空白"。从19世纪末到20世纪30年代，俄国、英国等国的探险家开始深入亚洲腹地，对中亚特别是中国西北地区进行探险活动，这一地区出现了探险考察的高潮。包括我国新疆、甘肃、内蒙古、西藏等地在内的地区，受到了世界的特别关注，英、法、俄、德、美、日等国频繁派遣探险队、考察队前来进行探险考察活动，广泛搜集地层、地质、地文、水文、气象、交通、矿产、动物、植物等各方面的资料。西方各国探险家对中国西北的探险考察，是西方殖民主义势力向东方扩张活动的一个组成部分。他们的探险和考察活动，为殖民主义在全世界的野蛮扩张提供了技术性基础。

探险家们踏着当年马可·波罗的足迹，重新走上了古代的丝绸之路。他们以大量的考古材料证实了古代丝绸之路的存在。他们的探险和考察，重新发现了丝绸之路。所以，从丝绸之路文明史的角度来看，西方探险家在中国西北部的探险和考察，是对古老丝绸之路的再发现，是对丝绸之路历史的新的确认。

最早进入中国进行考察活动的是美国地质学家彭拜莱（R. Pumppelly），他于1863年来到中国进行地质考察。1865年，印度测量队队员约翰逊（W. H. Johnson）从克什米尔的列城越过喀喇昆仑山口进入新疆境内，在和田进行经纬度测量。从此，开了外国人在中国境内进行地理考察的先河。

对中国西北地区进行探险和考察最积极的是英国人和俄国人。为了争取和扩大在新疆的势力范围，占领印度的英国和侵占中亚大片土地的沙皇俄国，分别派出探险队进入新疆。比如，1868—1874年英国商人罗伯特·肖（Robert B. Shaw）对新疆进行考察。再比如，1870—1873年英国的弗赛斯（T. D. Forrsyth）使团，1887年英国的荣赫鹏（F. E. Younghusband，1863—1942）探险队，1870—1885年俄国的普尔热瓦尔斯基组织的4次探险，足迹遍及我国新疆、甘肃、西藏的许多地方。他们沿途也收集了不少古代文物，但这些探险的主要目的是获取各种军事情报，了解当地的政情，测绘地图，探查道路，为将来可能进行的军事行动做准备。这一点十分重要，因为这就决定了他们探险活动的性质是为殖民主义扩张做准备。荣赫鹏从中国东北进入北方，然后穿越戈壁，翻越天山，沿天山北麓至帕米尔，从而开拓了一条从喀什、印度经

⊙ 克什米尔山谷

未曾勘测的穆士塔格通道（Mustagh Pass）的路径。荣赫鹏将此次跨越北中国的长途旅行称为"跨越大陆心脏之旅"，1896年他出版了《大陆心脏》一书。凭此成就，他被选为皇家地理学会最年轻的成员，并获得了学会的金质奖章。

1889年，一个名叫鲍威尔（H. Bower）的英国上尉在库车附近的一座废弃佛塔中偶然得到了一批梵文贝叶写本，当时在印度的梵文学家霍恩雷（R. A. F. Hoernle）博士鉴定后，认为这是现存最古老的梵文写本。于是，新疆出土文物的学术价值很快就为欧洲学术界所知。与此同时，法国的杜特伊·德·兰斯（Dutreuil de Rhins）探险队，也在1890—1895年的新疆考察中从和田地区买到了同样古老的梵文写本。

1899年，在罗马召开的第12届国际东方学家代表大会上，在俄国学者拉德洛夫的倡议下，成立了"中亚与远东历史、考古、语言、人种探察国际协会"，并在各国设立分会，以推动在中国西北的考古调查。此后，各国纷纷派出考察队进入新疆、甘肃、蒙古、西藏等地区，将发掘沙漠废墟、古城遗址和佛寺洞窟中的古代文物作为主要目的。其中比较著名的有：俄国科兹洛夫1899—1901年的中亚探险，特别是1908年他对甘肃居延附近西夏古城黑水城的发掘；瑞典斯文·赫定1899—1902年的中亚考察，发现了楼兰古国遗址；英国斯坦因1910—1916年的3次中亚探险，涉猎的地域最广，收获也最多；普鲁士王国格伦威德尔和勒柯克率领的吐鲁番考察队，分别于1902—1903年、1903—1905年、1905—1907年、1913—1914年进行了4次调查发掘，重点在吐鲁番盆地、焉耆、库车等塔里木盆地北沿的绿洲遗址。另外，还有法国伯希和1906—1909年的新疆、甘肃考察，芬兰曼涅尔海姆（C. G. E. Mannerheim）1906—1908年的考察，俄国奥登堡1909—1910年、1914—1915年的两次新疆、甘肃考古调查，以及日本大谷光瑞1902—1904年、1908—1909年、1910—1914年3次派遣的中亚考察队。在这期间，西方各国在中国西部地区进行了70多次规模不同的考察活动。

二、普尔热瓦尔斯基：第一个中亚探险家

⊙ 普尔热瓦尔斯基像

向东方扩张，是俄国人长期的战略重点。俄国的崛起实际上就是一步一步向东方野蛮征服和扩张的过程。俄国在向东方扩张的过程中，曾派出多支探险队深入中国西北、西南和内蒙古等地区，进行探险考察。19世纪后半叶到20世纪初，到过中国的有三四十支俄国探险队，他们考察的主要目的是查勘道路、测绘地图，为将来可能进行的军事行动搜集情报，但这些探险队也开展了一些科学探险活动，参与其中的有一批汉学和其他学科的学者。俄国探险家的足迹遍及我国新疆、东北、宁夏、甘肃、青海、四川及西藏等地，他们进行地质、地理、气候、民族、历史等多学科的考察，积累了大量文献与实物资料。

在早期来华的探险家中，最著名的是俄国人尼古拉·普尔热瓦尔斯基。普尔热瓦尔斯基以"第一个中央亚细亚考察家"享有盛名。普尔热瓦尔斯基是一位职业情报军官，还是一位自学成才的自然博物学家，爱好收集野生动植物标本。1867—1869年他在考察东亚、东南亚，特别是中国东北时，在兴凯湖、乌苏里江一带绘制了地形图，采集了大量动植物标本，还记下了详尽的考察日记。1870年，他出版了《乌苏里边区游历记》。他的工作得到俄国皇家地理学会的积极肯定和鼓励，俄国皇家地理学会授予他银质科学奖章。

受军方和皇家地理学会的资助，从1870年到1888年，普尔热瓦尔斯基倾注全部精力于"中央亚细亚考察"，前后达18年之久，先后亲自领导并实施了4次来华考察。

普尔热瓦尔斯基的第一次中亚探险是到蒙古探险，持续时间达3年之

久（1870—1873年），行程1万多千米，从恰克图出发，先后到过库伦、张家口、北京、多伦、达来诺尔湖、包头，穿越鄂尔多斯草原，进入甘肃、青海，经过柴达木盆地，初步考察了青藏高原。在这次探险中，他搜集了鸟类238种、标本1000件，各种哺乳动物42种、标本130件，昆虫标本3000件，植物500多种、标本4000件。探险结束后，他写作了《在蒙古与唐古特人之乡》一书，该书1875年出版后在欧洲引起轰动。

普尔热瓦尔斯基的第二次中亚探险是罗布泊探险，历时1年零8个月（1876—1878年）。这次探险主要是在罗布泊地区活动。这次探险活动收获非常丰富，带回了大量有科学价值的珍贵标本。仅在塔里木河地区，他就采集到了40余种鸟类标本，其中包括两种新发现的鸟类标本。在这次探险中，他捕获了新疆野马，在国际生物学界引起巨大轰动，新疆野马因此被命名为"普氏野马"。

普尔热瓦尔斯基的第三次探险是到西藏，历时7个月（1879—1880年）。这次考察的目的地是西藏，但最后因达赖喇嘛不同意他们的入藏请求，结果只好原路返回。但是，在这次考察途中，普尔热瓦尔斯基走访了敦煌千佛洞，在他此行的考察报告《从斋桑经哈密往西藏及黄河发源地》中留下了关于敦煌古迹的详细记录。

普尔热瓦尔斯基的第四次探险主要是在青藏高原，历时两年（1883—1885年）。在这次探险活动中，他们主要考察了黄河和长江的源头，并且在罗布泊地区继续进行考察。

以上四次中亚地区的考察活动构成了普尔热瓦尔斯基一生考察的主要内容，为他赢得了国际声誉。作为一个地理学家，普尔热瓦尔斯基在中国西部和北部边疆探险，行程总计3.2万千米，考察并校正了许多地点的相对地理位置，使亚洲这一地区的地图面貌为之一新。他对中国西北自然区域的地理描述和测绘，以及对动植物生存环境的观察与区域特征的思考，填补了欧洲人对中亚地理认识的空白。今天我们对新疆地理特征最通常的表述"三山夹两盆"，最初就是由普尔热瓦尔斯基勾画的。自马可·波罗之后，普尔热瓦尔斯基成为第一个到达罗布泊的西方人。他发现，清朝《皇舆全览图》上所标的罗布泊位置，与他实地考察的位置竟相差了一个纬度。他还在一些地方进行过气象、气候观测，搜集了一些岩石、土壤样品。他先后共采集15000个植物标本和大量动物标本，包括哺乳类702种、鸟类5010种、爬虫类1200种、鱼类643种等，极大地丰富了俄罗斯科学院的动植物标本收藏，其中以野骆驼标本和活的普氏野马、普氏原羚最引人瞩目。这些都为研究亚洲内陆动植物区系做出了巨大贡献。普尔热瓦尔斯基留下了大量著作，包括考察报告、旅行记、报道、书信、日记等，还有地图、照片、绘画和为数众多的各类实物，为地理学、中国边疆史地、中俄关系史以及中国边疆地区的少数民族、自然变迁研究，提供了不可缺少的丰富资料。

普尔热瓦尔斯基被公认为这一时期最为重要、取得成果最为丰富的探险家，是他把对中国西部的探险考察带到了近代的门口，拉开了近代意义上西域科学探险考察的序幕。普尔热瓦尔斯基的成功，也极大地刺激了西方探险家们对中国西部的向往。

三、彼得堡的"俄国委员会"

19世纪80年代，俄国驻喀什总领事彼得罗夫斯基（1837—1908）已经开始收集中亚文物和文献，并将从喀什居民手中所获的一件贝叶写本送给亚洲博物馆，由俄国科学院院士奥登堡加以研究，后被确定为梵文之外的用婆罗谜字母写的一种中亚古语（后来方知为于阗语）。1891年，奥登堡提请俄国考古学会东方部，敦促俄国驻喀什领事收集中亚古物并尽早派遣考察队前往中亚进行考古调查。此后，俄国在这两个方面都取得了巨大的"成绩"。1892—1893年的冬天，彼得罗夫斯基寄送给奥登堡100余件得自库车、库尔勒、阿克苏居民的写本残片。彼得罗夫斯基去世后两年，英国驻喀什总领事马继业通过奥登堡寄赠给俄国科学院一批相当数量的写本，许多写本上有彼得罗夫斯基的注记，推测是他从当地居民那里收集到而未来得及带走的。这批写本包括著名的梵文《妙法莲花经》，还有一些吐火罗文材料。总之，彼得罗夫斯基所获得的新疆古代文献资料，计有251件梵文写本、23件梵文木板文书、297件于阗文献、3件龟兹文残卷、4件藏文写本、4件未比定文书，总共582项。

瓦西里耶夫的学生波兹德涅耶夫1876年受派遣到库伦，在那里居住3年，专学蒙古语。他1883年获博士学位，次年被评为教授，讲授蒙古语、满语。1892年6月至1893年10月，他第二次到蒙古考察，把这次旅行搜集的重要城镇、庙宇、碑铭资料整理成7卷，书名定为《蒙古及蒙古人》。这部书为他赢得了巨大的声誉，被称为俄国蒙古学的奠基作品。

1898年，俄国科学院人类学博物馆馆长、人种学科学院院长克列门兹受突厥学家拉德洛夫派遣，带队前往吐鲁番绿洲进行为期4个月的考察，主要考察该地区的佛教寺院遗址，为俄国对相关领域的研究做初步调查。克列门兹考察了高昌故城、阿斯塔那、柏孜克里克等地的石窟和古墓遗址，测量了石窟等建筑，绘制了壁画的草图，拍摄了大量照片，并收集了许多手写原稿和佛教壁画残片。克列门兹用德文撰写了此行的考察报告，题目为《1898年圣彼得堡俄国科学院吐鲁番考察报告》。1899年12月14日，在罗马召开的第12届国际东方学家代表大会上，克列门兹提交了他的考察结果，轰动了国际学术界。

正是在这次国际东方学家大会上，一些人吁请俄国政府及有关机构继续克列门兹的工作。俄国突厥学家拉德洛夫向大会提出了一项提案：建立一个国际协会。大会通过了拉德洛夫的提案，协会的中央委员会被确定为彼得堡"俄国委员会"。1902年，在汉堡举行的第13届国际东方学家代表大会上，上述协会被定名为"中亚远东历史学、考古学、语言学、民族学国际学会"。其总部设在彼得堡，在各国设分会。拉德洛夫与奥登堡被委托组织"俄国委员会"。按照其组织者奥登堡等人的想法，"俄国委员会"是这样一个组织：联合俄国研究远东及中亚学术机构的代表，并联合（政府）各部的代表，在更为广泛的研究中亚与东亚的任务方面，比各学术机构更为有力。委员会成员除有俄国皇家科学院、圣彼得堡大学东方系、考古委员会、地理协会、俄国考古协会代表外，沙皇宫廷、外交部、军事部、财政部、国民教育部与内务部各有一名代表。沙皇宫廷大臣乌赫托姆斯基公爵成为委员会成员。军事代表则是总参谋部亚洲分部主任瓦西里元帅。章程规定，"俄国委员会"完全从属于外交部，由外交部部长确定委员会成员及其中央局、主席、副主席及两名书记。

"俄国委员会"1902年成立，1918年解散。在此期间，"俄国委员会"策划了一系列在中国的"探查"活动。1904年，"俄国委员会"派别列佐夫斯基前往库车，派杜丁前往吐鲁番。1905—1906年，俄罗斯中亚、东亚研究协会派别列佐夫斯基兄弟前往库车进行小规模考察。这次考察，他们带回了库车地区库木吐拉、克孜尔等石窟的壁画和雕塑作品，窟内的照片以及由别列佐夫斯基临摹的壁画稿。1906—1907年，科卡诺夫斯基率考察队再访吐鲁番，共得到20余项文献资料，其中有1件纸本梵文写本，9件汉文写本，2件藏文写本和印本，1件蒙文印本，3件回鹘文写本，2件回鹘文、汉文双语文书，以及几件粟特文摩尼教文书。这些资料先是交给了俄国皇家地理学会，而后转归亚洲博物馆收藏，由奥登堡编写成《科卡诺夫斯基博士自吐鲁番所收集的古物简明目录》。

四、科兹洛夫与黑水城的发现

俄国人在中国的探险考察中，最引人注目的是西夏古城遗址黑水城的发现。而黑水城的发现是与科兹洛夫的名字联系在一起的。

科兹洛夫（1863—1935）是俄国著名旅行家、中亚学者。他早年曾追随普尔热瓦尔斯基，参加了普氏的第四次中亚探险活动。他曾先后6次到中国西北考察。1893—1895年，罗博罗夫斯基和科兹洛夫率领俄国皇家地理学会中亚考察队在新疆考察，获得了4组回鹘文写本和一些波斯文写本。具体情况在其撰写的《1893—1895年罗博罗夫斯基中亚考察初步报告》和《1893—1895年罗博罗夫斯基所率俄国皇家地理学会中亚考察队纪要》两文中有详细记载。1896年，科兹洛夫把成袋的梵文、汉文、回鹘文手稿残本送回俄国皇家地理学会，这些发现引起了俄国东方学者的注意。1899年，科兹洛夫在俄国皇家地理学会的资助下，再次带领探险队进入中国，对中国西北地区进行考察。这次考察行程达12800千米，沿途进行了路线测量，完成40处天文方位测量，拍摄了400幅照片，沿途每天进行气象观测，采得地质标本1200件，植物标本3万号，昆虫标本3万号，鸟类、鱼类、哺乳动物标本2300件。1905年发表了题为《蒙古与喀木：科兹洛夫1899—1901年考察队考察专刊》的报告。

黑水城是西夏至元代的一座边防古城，始建于西夏时期，约在明代初期因战争和自然条件恶化等原因而废弃。最先是旅行家和民俗搜集者波塔宁从土尔扈特蒙古人那里得知黑水河口有一座废弃的古城。他曾在1884—1885年的旅行报告中记载，土尔扈特人说有一座古城叫埃尔海·哈拉·布留克，意指黑水支流岸边的黑城，他们说，那里还可见到不大的城垣，即小城墙，四周有许多沙埋房屋遗迹，挖开黄沙就能找到银器，小城四周为流沙，附近无水。1900年，地质学家奥布鲁切夫曾试图寻找这座沙埋的小城，但是当地的土尔扈特人把他引向了相反的方向。科兹洛夫从波塔宁那里得知了黑水城的消息后，于1889年开始沿黑水河一线进行探险活动。但是，这一次他也没有找到黑水城。

1908年，科兹洛夫领导的俄国皇家地理学会考察队再次来到黑水河，在当地蒙古王爷的帮助下，于3月19日到达这座被称为"死城"的黑水城。他们在这里进行了为期两周的考古发掘，找到大量他们认为有价值的遗物，如书册、信函、钱币、装饰品、家具等，然后将所获文物寄往俄国，并通报了发现黑水城以及在这里发掘的情况。然后，他们一行转往四川继续进行探险活动。

俄国皇家地理学会收到这批文物后非常重视，立即给科兹洛夫写信，让他们立即返回黑水城。科兹洛夫接到命令时，正行进在前往四川的途中。探险队遵命立即返回古城，继续进行发掘活动。最后，他们在一座距西城墙4千米的佛塔地宫内发现各类文书，他们共装了40驮，24000多册，佛画500多幅。其中包括西夏、宋、辽、金、元各朝遗存的汉文、藏文、回鹘文、突厥文、叙利亚文、女真文、蒙古文书籍和文稿，有文牍、地契、版画、星相、占卜等珍本，罕见的元代纸币宝钞，其他文物也不计其数。这些文献和文物数量相当庞大。用科兹洛夫自己的话说，他们发现了"一座保存完好的图书馆"。科兹洛夫的这次黑水城探险，攫取了数量巨大的中国文物和历史文献，是一次接近疯狂的文物盗窃行为。这是中国文物在近代一次规模巨大的流失。

科兹洛夫探险队带到俄国的黑水城文献内容十分丰富，有8000多个编号，系中国宋、夏、金、元时期的写本和刻本，其中绝大部分是西夏文文献，也有相当数量的汉文及少部分其他少数民族文字文献，距今有700—900年的历史，均属珍本、善本和孤本。这批西夏文文献就内容而言，大致可分成以下几类：

（1）语言文字类。有用西夏文编写的《文海》《同音》《杂字》等辞书，其中西夏文和汉文合璧的辞书《番汉合时掌中珠》尤为珍贵。该书是一本双音对译、词义互解的工具书。书中所列西夏文与汉文两种文字的词语，都有对应的词义和注音。这样既便于懂得西夏文的人学习汉文，又便于只懂得汉文的人学习西夏文。该书出土后，对于后世学者解读西夏文字、了解西夏文化发挥了重要作用。

（2）历史法律类。

（3）社会文学类。比如蒙学读物《三才杂字》、西夏辑译的中原地区慈愍孝行故事集《新集慈孝记》等。

（4）古籍译文类。以西夏文翻译的《论语》《孟子》《孝经》《孙子兵法》《六韬》等，原为汉文典籍。西夏文《孝经》，译自宋朝吕惠卿注本，而汉文《孝经》吕注本早已失传，西夏文《孝经》的发现，使得这部亡佚已久的古籍得以重现。用西夏文翻译的多种汉文典籍的出土，说明儒学在西夏具有重要地位，显示了西夏吸纳中原文化的深度，反映出中原文化对西夏文化的强大影响，是研究西夏文化与中原文化关系的富有价值的资料。

（5）佛教经典类。

这些文物于1909年秋运抵俄国圣彼得堡地理学会所在地，并于第二年进行了公开展览，使欧洲人感到震惊，并成为20世纪继甲骨文、汉简、敦煌文书之后中国又一次重大文献发现。科兹洛夫自己也没有想到，这次发现几乎缔造了近代西夏学研究的基础。科兹洛夫此行的考察报告《蒙古、安多、哈拉浩特死城》于1923年在莫斯科和圣彼得堡出版。黑水城文物的发现轰动了西方世界，也给科兹洛夫带来巨大声誉。1911年，他被英国、意大利地理学会分别授予奖章，1913年获得法国科学院颁发的奖金，圣彼得堡科学院和俄罗斯地理学会也给予他相应的荣誉和奖励。

五、奥登堡在吐鲁番和敦煌的考察

前文多次提到的俄国探险家奥登堡（1863—1934），1885年毕业于彼得堡大学东方语言系梵文波斯文专业，获得副博士学位，后留校任教。

1909年6月6日，以奥登堡为队长的俄国考察队开始对中亚进行第一次考察。考察队队员有画家兼照相师杜丁、矿业工程师兼地形测绘员斯米

◎ 奥登堡考察队

尔诺夫、考古学家卡缅斯基、考古学家助手彼特连柯。他们从圣彼得堡出发，当考察队于6月22日到达楚古恰克后，奥登堡又雇了一名叫霍托的翻译。在由楚古恰克到乌鲁木齐的途中，他们发现了许多古墓，但没有进行发掘。到达乌鲁木齐后，他们在俄国领事克罗特科夫的帮助下，考察了乌兰-巴依古城的遗址，拍摄了一些照片，绘制了总的平面图，还做了一些发掘。

考察队的下一步路线有如下地点：喀喇沙尔—吐鲁番—库尔得亚—库恰—巴依—阿克苏—乌契—吐鲁番—卡尔信—马拉尔巴什—喀喇沙尔。在考察队到达吐鲁番之前，他们研究了一座洞窟的壁画，粗略地看了一座古城遗址，拍了些照片，画了些画，还绘制了建筑物平面图，取了一些样品，并对一座当地人称为"明玉"（又称为"明屋"）的佛教大寺庙遗迹进行了为期1个月的考察。在寺庙西北方一个不高的山冈斜坡上，他们发现了11个有壁画和雕塑残迹的洞窟，第十和第十一洞窟中的雕塑极为有趣，有武士姿态的残部，有面目憎恶的妖怪的残部等。杜丁绘制了约150幅洞窟和建筑物的草图，还研究了洞窟的结构，拍摄了270多幅照片。奥登堡和斯米尔诺夫记述了这些洞窟的情况，对洞窟中发现的佛教艺术文物进行登记，形成一份简表，在这里还发现了一些有趣的梵文抄本。他们到达吐鲁番后，奥登堡在汇报材料中写了4个最重要的发掘地点。

在考察途中，他们共画了76张草图、5张平面图，拍摄了770张照片，收集了25箱壁画和其他材料。在上述地区考察时，他们还收集了少许与当地民族生活和习俗有关的民族学资料。杜丁在谈到这些地区的考察情况时说："所有这些地方德国人都来过，但他们干得不好，劫掠多于研究，在他们的记载中，有许多错误和荒谬之处。对后来的考察队来说，尽管这里很多工作很枯燥，但还需要好好干上两年左右的时间，如果不多算的话。"

1909年12月19日，奥登堡在翻译霍托的陪同下来到库车，他仔细观察了一些文化遗址，如苏巴希地方的两座寺庙遗迹，希姆山谷的洞窟，吉里什、塔吉特等地方的古迹。凡考察过的文化遗址，他都绘制了平面图，研究了壁画的风格并在平面图上做了标记。他发现大量保存完好的壁画、写有字的陶瓷碎片（如有梵文铭文的碎片）。1910年3月，他回到圣彼得堡。

1909—1910年，奥登堡考察队做了大量工作。他们详细调查了喀喇沙尔、吐鲁番和库车地区的建筑群，绘制了许多建筑群和单个建筑物的平面图，拍摄了一些清理地段的实况照片。他们花了很多时间记述这些古建筑物、雕塑和壁画的情况，把收集到的大量艺术品和物质文化文物运到圣彼得堡。奥登堡考察队带回的大量抄本以及后来捐赠给亚洲博物馆的抄本中，有17封梵文信件，其中16封信件是1909年10月在吐鲁番的图尤克－马扎拉发现的，还有一件是在谢吉姆－阿吉扎发现的。3件维吾尔文抄本残页中，有一件上有一个印模、画有一些人物并写有波斯中世纪的文字，另外还有转交给亚洲博物馆的88件穆斯林手抄本。1914年，奥登堡公开发表了初步研究成果的报告。

1914年，俄国考古协会做出继续在中亚进行考察研究的决定，认为："研究中国西部离敦煌不远的千佛洞佛教洞窟会对我们收集到的资料的断代给予很大的帮助，我们很早就知道这个洞窟，但最早的有科学价值的情况只是到20世纪初才从斯坦因和伯希和那里了解到的。"正是为了研究这些文物，"俄国委员会"派遣奥登堡第二次赴中国西北地区进行考察。这次考察的基本目的在于"全面彻底研究古老的敦煌洞窟，而后，在完成预定目的的情况下，再前往吐鲁番绿洲，在那里一直考察到春天"。考察队员有杜丁、斯米尔诺夫、建筑学家比尔肯别格、画家罗木别格，还有10名辅助工作人员和1名中国翻译。考察队的研究工作始于1914年5月1日，于1915年4月底结束。

考察队于1914年6月2日到达楚古恰克，沿塔城、奇台、乌鲁木齐、吐鲁番、哈密而到敦煌，1914年8月20日到达千佛洞，一直到1915年1月26日起程回国，考察活动持续了6个月。在敦煌期间，他们对莫高窟进行了大规模的考察，详细研究了洞窟壁画与彩塑，认真进行了摄影、复描、绘画、测绘、考古清理、发掘和记录工作，可以说是首次对敦煌石窟的全面研究，连同一直到现在仍很少有人注意的莫高窟北区石窟都做了考古清理，第一次绘制了莫高窟南北二区的崖面平面图。

奥登堡 1914—1915 年在敦煌洞窟拍摄了大量洞窟内、外景的照片，数量达到 2000 幅。他们详细研究了洞窟内的装饰壁画和石窟建筑的艺术特色，对重要壁画、窟景进行了临摹，共临摹了彩色图约 80 幅、白描图 300 余幅，范围涉及 100 多个洞窟。他们还测绘了 443 个洞窟的平剖面图。他们带走了莫高窟南北二区洞窟中清理发掘出来的各类文物，如绘画品、经卷文书等。虽然这次考察是在斯坦因、伯希和等考察队之后进行的，斯坦因、伯希和他们已经从敦煌拿走了大批文物和经卷文书，但是一批散乱零碎的写本和一批藏文写本被斯坦因等人当作废物遗弃了，此外王道士还隐藏了一批完整的珍品，所以奥登堡来到时仍有大量写卷未能全部收集起来。奥登堡的这次莫高窟之行，是继斯坦因、伯希和之后，对莫高窟文物的又一次洗劫和破坏。

奥登堡还深入居民家中寻觅写卷和雕塑等文物。考察队所带走的维吾尔文、汉文和藏文抄本大部分是有关古代维吾尔人社会经济生活内容的法律文件的片段。另外，还有 10 万个维吾尔文印刷活字和许多小方木块，这是研究印刷术史的重要资料。由"俄国委员会"转交给亚洲博物馆的文件中，还有一些以梵文写的信件（共 6 个片段），它们之中有 11 张有关中亚梵文的音节表，是一个名叫伊利迦扎诺夫的地方首领送给奥登堡的礼物。

1914—1915 年奥登堡考察队在敦煌的考察资料主要包括：（1）奥登堡旅行日记和其考察队员的笔记两本；（2）关于莫高窟的著录，共著录洞窟 177 个，著录笔记共 6 本；（3）莫高窟壁画的临摹和用描图纸作的线描图；（4）杜丁关于敦煌壁画的笔记；（5）全部摄影黑白图片资料约 2000 张；（6）实测图和平面图。

奥登堡考察回国后，1915 年 5 月 2 日，他在"俄国委员会"的会议上出示了照片资料、部分平面草图、在洞窟发现的供印刷用的维吾尔文活字，随后他报告了研究的结果。法国汉学家戴密微指出："当奥登堡于1914—1915年在探险时，我不知道他是如何搜集到手一大批敦煌汉文写本的。它们在数量方面，甚至可以同伦敦、巴黎和北京的那批藏卷相媲美。因为人们声称，列宁格勒共藏有1万多卷，但具体数目却始终没有弄清楚。"①

---

① ［法］戴密微：《列宁格勒藏敦煌汉文写本简介》，载郑炳林主编《法国敦煌学精粹》，耿昇译，甘肃人民出版社2011年版，第868页。列宁格勒即今俄罗斯圣彼得堡。

第五十四章　来自各地的探险家

一、斯文·赫定：最后一位古典探险家

19世纪末20世纪初到中国来的探险家中，瑞典人斯文·赫定（Sven Anders Hedin，1865—1952）是最著名的一位。斯文·赫定少年时目睹了瑞典极地探险家诺登舍尔载誉归来的盛况，便立下了探险的志向。他19岁时，诺贝尔投资沙皇俄国中亚巴库油田，当地一位工程师想为儿子聘请家教，赫定与这位工程师签订了这份合同。第二年，也就是1886年春天，合同期满，赫定以所有的薪金为路费，南下做纵贯波斯的旅行。他被广袤的亚洲腹地深深吸引，由此确定了一生事业的方向。1886年秋天，斯文·赫定进入大学学习，师从德国地理学家和地质家李希霍芬。正是在李希霍芬和普尔热瓦尔斯基的影响下，斯文·赫定开始了对中亚地区的探险活动。

⊙ 斯文·赫定在工作中

1890年4月，斯文·赫定作为瑞典王国外交使团的翻译，再次踏上远赴中东的征途。他在圆满完成任务后，在国王的支持下，开始了在亚洲的第二次探险旅行。1893年10月16日，斯文·赫定又一次离开故乡，前往亚洲。

⊙ 表现斯文·赫定1895年穿越沙漠的绘画作品

1894年2月，他进入帕米尔高原，并在慕士塔格山脚下住了一段时间，曾试图攀登这座被誉为"冰山之父"的雪山。1894年5月1日，他抵达喀什。1895年2月17日，斯文·赫定走向塔克拉玛干大沙漠。由于经验不足、条件恶劣，经过苦苦支撑，他们才被碰巧路过的一支骆驼队搭救。1896年1月，他在塔瓦库勒装备了驼队，向东穿越沙海。1月23日黄昏，驼队来到一片久无生机的废墟，也就是当地人所称的丹丹乌里克——象牙房子。这个远离近代绿洲带的往古沙埋古城，曾是古国于阗的重镇。整个遗址气势恢宏，建筑规格不同寻常。丹丹乌里克对再现中国古代西域文明发展程度最高的塔里木河流域古城邦具有重要意义。后来，斯坦因、特林克勒等在这里都做过发掘，所获颇多。斯文·赫定还探访了通古孜巴斯特的原始村落，初次由南向北纵穿了塔克拉玛干大沙漠，证实了野骆驼乐园的存在；再抵达罗布荒原，使"罗布泊位置"这个"世纪之争"迈出了一大步。1897年斯文·赫定考察结束回国后，瑞典国王为他举行了盛大的欢迎宴会，称他为"瑞典民族精神的先驱者"。

　　1899年，斯文·赫定再次获得瑞典国王的支持，同时获得了诺贝尔的经济赞助，对新疆进行了第二次考察探险。1900年，由于一个偶然的机遇，他发现了楼兰古城。斯文·赫定仔细勘察了这座与世隔绝的古城遗址，并进行了考古发掘。最后，他将发掘的古物用9头骆驼运载回去，请考古学家和历史学家们做鉴定。德国语言学家希姆莱在研究佉卢文木简时，发现文中多次出现"Kroralna"这个词，推断出这座古城就是湮灭千年的楼兰。楼兰遗址的发现，是斯文·赫定探险活动中最具历史意义的事件。

斯文·赫定不仅为世人揭开了楼兰古国的神秘面纱，还发现了罗布泊北部的位置。他对罗布泊进行了水准测量：楼兰以东的大片洼地海拔在770米至810米之间，而喀拉库顺湖为815米。他相信，楼兰王国鼎盛时期，罗布泊就在其东部的大洼地里，后来泥沙沉积，湖床渐高，湖水游移到较低的喀拉库顺湖了，喀拉库顺湖就是南移的罗布泊。一时间，"游移的湖"成了罗布泊的代名词。他预言，罗布泊以1500年为周期，南北迁徙，罗布泊终有一天还会重返东北部。

斯文·赫定1901年曾前往藏北探险考察，被西藏地方政府阻拦，1902年经印度返国。1907年，斯文·赫定第四次来中国，他的主要目的地是西藏。他从克什米尔进入西藏西部，途经西藏北部，抵达西藏腹地，对西藏的部分山川地形绘制了地图。1909年，他返回斯德哥尔摩，受到隆重的欢迎。

斯文·赫定被视为最后一个古典探险家。他继承了地理大发现时代那些伟大探险家的气质和品格，深入西方人从未到过的地域。斯文·赫定被视为西方人中亚探险的承前启后者。斯文·赫定在这些探险活动中，克服了种种困难，穿越了塔克拉玛干大沙漠，在人迹罕至的地方发现了古楼兰遗址等重要的文化遗迹，以自己的脚步实地勘查了丝绸之路的重要地段，对于发现西域地带的古文明、对于丝绸之路的再发现具有重要意义，并且为绘制丝绸之路沿线的地图奠定了基础。

二、斯文·赫定与中国科学家的合作考察

斯文·赫定领导了1927—1935年中国与瑞典的联合科学考察。这是近代史上规模最大的一次中外联合野外科学考察活动，不但持续时间久、参

加人员多、考察地域广泛，而且在地质、地理、地球物理（地磁）、气象、考古等众多学科领域都取得一系列丰富且重要的科研成果。此次科考不仅在当时备受中国科学界广泛关注，而且在中国近代科学史，特别是近代中外科学交流史上占有重要地位。

1926年冬，斯文·赫定第五次抵达中国，率中亚探险队欲赴西北从事科学探险。斯文·赫定此行是受德国汉莎航空公司的委托，为汉莎公司开辟经中亚通往中国的航线，以做航空气象测量为主要内容的科学探险考察。除部分内容，如考察期间飞机来华试飞、在中亚建立无线电台，因被中国政府拒绝而放弃外，探险计划得到北洋政府外交总长兼代国务总理（摄行大总统职务）顾维钧，以及当时控制北京的奉系军阀的官方批准。翁文灏代表地质调查所与代表斯文·赫定的安特生签订了一项有关此次科考活动具体安排的协议。该协议中最重要的条款有：考察中发现的所有考古、古生物及地质方面的发掘品都要留在中国；探险队要吸收3名中国学者参加，其中2名地质学家、1名考古学家；探险队定名为中瑞联合探险队。据斯文·赫定记载，"翁博士最为关注的是让中国专家合作参加对古生物遗迹的考察与采集工作，并且他认为应将所有的古生物学考察结果发表在北京出版的刊物《中国古生物志》上"。

对于斯文·赫定的此次考察活动，北京学术界酝酿着掀起一股反对的风暴。3月初，当探险队正忙于准备野外科考物资之时，北京学术界中开始流传：斯文·赫定将组织大规模的远征队，赴我国西北各省考查地质，并特别注重采集古物，拟用飞机将所得的材料运往外国；丁文江和斯文·赫定草拟了一个有损中国声誉和主权的严苛协定，要把前去内蒙古和新疆考察所得的地质材料、考古材料以及历史文物先送瑞典研究；等等。鉴于近代以来众多西方探险家，如斯坦因、伯希和、奥登堡，以及大谷光瑞和不久前美国人华纳对中国历史文物的掠夺，这样的消息自然引起许多中国学者的义愤。北京大学研究所考古学会、古物陈列所等学术机构3月5日在北大三院举行联席会议，决定"根本反对此等事项"。随后，这些以北大为核心的学者结成"中国学术团体协会"，于3月8日公开发表宣言，称：

"近且闻有瑞典人斯文赫丁①组织大队，希图尽攫我国所有特种之学术材料……故联合宣言，对于斯文赫丁此种国际上、学术上之不道德行为，极端反对。"他们还致函探险队将前往的绥远、甘肃、新疆等省地方当局，要求阻止斯文·赫定的探险行为。

面对学术团体协会发出的强烈反对之声，斯文·赫定亲至各处疏通解释，并重新寻求与"中国学术团体协会"合作的可能性及合作条件。协会派出古物陈列所所长周肇祥，北京大学教授刘复（刘半农）、李四光，清华大学教授袁复礼等代表，与斯文·赫定进行合作条件谈判。历经曲折之后，双方于1927年4月26日签订《中国学术团体协会为组织西北科学考察团事与瑞典国斯文·赫定博士订定合作办法》19条。合作办法确定：中国学术团体协会"容纳"斯文·赫定之协助，组成中国西北科学考察团，并成立考察团理事会，专负指挥监督此次科考之责。

1927年4月26日，联合组成的"中瑞西北科学考察团"，由北京大学教务长徐炳昶（徐旭生）和斯文·赫定分别担任中瑞双方团长，团员包括来自6个国家的37位科学家。其中，起初有中方人员10人，分别来自清华大学、北京大学、北洋大学、北京历史博物馆等单位，有哲学历史学家徐炳昶，地质学家袁复礼，地质学家丁道衡，考古学家黄文弼，水利工程师、地图学家詹蕃勋，历史博物馆摄影师龚元忠，北大学生李宪之、刘衍淮、马叶谦、崔鹤峰，以及后来加入的地球物理学家陈宗器，植物学家郝景盛，气象助理胡振铎和徐近之，植物学家刘慎谔。欧洲人员17人，其中瑞典5人、丹麦1人、德国11人。合作办法规定，各项经费由斯文·赫定负担，考察内容包括地质学、地磁学、气象学、天文学、人类学、考古学、民俗学等，但直接或间接关系中国国防主权的事物一概不得考察。又规定，考古学、地质学、人类学、民俗学的标本资料须交中国方面保存，考察报告也要在中国出版，等等。在西北科学考察团之前，外国人的在华科学探险活动均由外方独自进行，即使有个别中国人参加，也多是担当一点辅助

---

① 斯文赫丁即斯文·赫定。

性的工作，而中国科学家单独进行的科学考察活动，不但大都学科单一，而且规模小、时间短。此次西北科学考察尽管有德国人的商业目的在其中，但总体上说规模庞大，持续时间较长，参加人数众多，涉及地质、古生物、考古、气象、地理等多个学科，是一次非常成功的综合性科学探险活动，也是近代以来第一次大规模的中外联合科学考察活动，开创了一个历史先例。

这是一次国际性、跨学科的科学调查。考察团于1927年5月从北京出发，经包头、百灵庙至额济纳河流域，于1928年2月到达乌鲁木齐。随之两三个人一组分赴新疆各地考察。那林、贝格曼去吐鲁番、罗布泊一带；丁道衡、詹蕃勋沿天山南麓到帕米尔；徐炳昶到博格达山；郝德、李宪之、刘衍淮分赴若羌、库车等地，建立气象台；黄文弼到哈密、吐鲁番、焉耆、罗布泊、库车、喀什、阿克苏、和田等地考察；袁复礼的活动主要在北疆天山北麓、准噶尔东部、北塔山一带。

刚出发不久，中国学者就有了地质方面的发现。1927年7月3日的清晨，北京大学地质学教师丁道衡来到白云鄂博山岭附近寻找矿石标本，在一个山谷边，他发现山崖上有很多黑斑，沿着山沟散布着很多黑色的矿石，是铁矿无疑。随后他向徐炳昶报告称，这是一个含铁量80%以上的巨大富矿，而且矿石全部露在外面，极易开采。1933年，丁道衡进一步发文，提出在包头附近建立钢铁企业的建议。

清华大学地质教授袁复礼发掘的大批恐龙化石是考察团最辉煌的成绩之一。袁复礼和瑞典学者贝格曼在内蒙古考察沿途327个地点采集到细石器，在新疆乌鲁木齐柴寓堡、吐鲁番辛格尔、哈密庙儿沟等地采集到新石器时代遗物。1928年9月下旬，袁复礼带队来到新疆的烧房沟宽谷，在谷底的岩石内，他发现了几块爬行动物的脚趾化石。几天之后，大批的恐龙化石相继出土，其中包括7具完整的三叠纪恐龙化石。这是首次在中国发现白垩纪以前的恐龙化石，将中国的恐龙史提前了1亿多年。瑞典一位地质学家给斯文·赫定写信说："你们费巨款做考察，即使只得此一件大发现，也属不虚此行了。"我国地质古生物学家杨钟健认为其重要意义，"殆不在中国猿人发现之下"。此后4年间，袁复礼又先后发掘了奇台恐龙、宁夏结节绘龙等恐龙化石，总计72具。这些标本至今仍是中国古脊椎动物研究的重要资料，对研究生物进化史、确定古大陆相对位置及全球构造研究有着重要意义。为表彰袁复礼的功绩，瑞典皇家科学院授予他"北极星"奖章。

1927年10月，黄文弼在额济纳河流域的一个汉代遗址中发现了数枚汉简，他预言："此地如细掘，必可多得木简。"1929年，贝格曼再到附近考察，于1931年采集到约1万枚汉代简牍。这些汉代简牍是汉代居延等两都尉的文书档案，年代上起汉武帝太初三年（前102），下迄东汉光武帝建武七年（31）。木简上除了汉字，还有维吾尔文、蒙文、西夏文及一种至今未破译的文字，是非常珍贵的历史文物。在此之前中国出土的汉简不足千枚，全部流往国外，"居延汉简"是第一次能够全部由我国自主保存的汉简。

黄文弼在1929—1930年两次去吐鲁番，详细考察了高昌、交河故城，在交河附近墓地掘得墓志130方及陶器800多件，提供了麹氏高昌国较为系统的纪年。1930年，黄文弼从吐鲁番翻越库鲁克塔格山，来到罗布泊北岸。他在这里发现了一座古代遗址，并将其命名为"土垠"。黄文弼在"土垠"遗址发掘到了大批汉代木简、铜铁器、漆器、丝麻织衣履残巾，共600余件。他发现的70多枚木简是迄今发现最早的一批文简。其中4枚有明确纪年，从而确定了著名的"土垠"为西汉时期的遗址。此后，黄文弼多次进入西北考察，成为中国考古界西北考察第一人。

这次中瑞科学考察前后长达8年。从1937年起，考察汇总的科学材料以《斯文·赫定博士领导的中国－瑞典考察团在中国西北各省科学考察的报告》为总标题，在斯德哥尔摩陆续出版，总共超过50本书。黄文弼负责的部分，撰写为《罗布淖尔考古记》《吐鲁番考古记》《塔里木盆地考古记》，在中国出版。

斯文·赫定主持的这次中瑞科学考察，历时多年，也经历了许多波折和困难，在当时的条件下，取得了重要的科学考察成果。这是近代以来中国学术界第一次国际平等合作考察，在中国的科技史、考古史、交通史的研究发展上都留下浓墨重彩的一笔。

1933年10月21日,斯文·赫定等受中国政府铁道部门委托,勘测考察了修建一条横贯中国大陆的交通动脉的可行性。1933年夏天,斯文·赫定提出了优先考虑新疆的问题,其具体措施,首先是修筑并维护好内地连接新疆的公路干线,然后进一步铺设通往亚洲腹地的铁路。

三、斯坦因:敦煌的盗宝者

19世纪末20世纪初来西北地区活动的西方探险家中,斯坦因(Mark Aurel Stein,1862—1943)是最著名的人物之一,而他的探险活动又是与敦煌文物的大规模外流密切相关的。

敦煌文书的发现,是中国近代的重大文化事件之一。我国学者把敦煌遗书、甲骨文、汉简和明清档案誉为中国近代古文献的"四大发现"。

关于敦煌文书的来历,通常的说法是,约在11世纪初,西夏攻入敦煌。莫高窟的僧侣们为避战乱,使寺院的藏经免遭战火洗劫,将大批经卷、佛像、杂书等秘藏于莫高窟17号洞窟内,一层一层地放好,并在洞前建起夹层复壁,洞门砌砖封闭。为了不露痕迹,又在外墙绘上壁画。然后,僧人们远走他乡,从此再也没有人知道有此藏经洞。直到900年后的1900年,负责看管莫高窟的王道士无意之中发现了藏经洞的秘密。王道士曾多次向当地官员反映,但当地官员对于这个发现并没有给予重视,直到1904年,甘肃藩台令敦煌县就地封存,仍由王道士看管。王道士不断取一些遗书让人拿到新疆等地估价求售,使经卷文书在藏经洞被发现之初就有了零星的散失,而这时到新疆的外国探险家们已经耳闻敦煌的艺术品了。

莫高窟的藏经洞是一座巨大的文化宝库。据目前所知,敦煌遗书共有5万余卷,始于晋而终于宋(约5—11世纪初),历时6个世纪。遗书中大约有90%是宗教经典,包括佛经、道经、摩尼经、景教经等经卷,其中佛经最多。遗书的其余部分为字书、地志、小说、诗词曲赋、通俗唱本、信札、医书、历书、俗讲、户籍、契据及文书账簿等。幡画等艺术品也有千件以上。遗书的内容涉及古代社会生活的各个方面，包括宗教、历史、经济、文学、语言、民俗、艺术、天文、医学等。遗书使用的文字，大部分为汉文，还有藏文、梵文、印度文、康居文、佉卢文、回鹘文、突厥文等。敦煌遗书的数量之大、范围之广、内容之丰富，是我国历史上其他古文献发现所难以企及的。

然而，这一文化宝库的大门却是由斯坦因打开的。

斯坦因是英国考古学家。斯坦因原籍匈牙利，10岁时就被送到德国上学，在学校里学会了德语、英语，还精通希腊文和拉丁文，后来他在莱比锡和维也纳上大学时又学会了梵文和波斯语，21岁时取得了博士学位。他曾于1887年至英属印度，任拉合尔东方学院校长、加尔各答大学校长等职，从此开始探险、测绘和考古。他是以一个地理学家为开端，进而成为一名世人瞩目的探险家和考古学家的。

斯坦因一生的主要活动是深入亚洲腹地的探险考古活动。在英国和印度政府的支持下，他先后进行了3次中亚探险。

第一次探险（1900—1901年），对新疆塔里木盆地南沿和田、尼雅、楼兰等地的许多古遗址进行发掘，获取了大量文物和古代写本。在这次探险中，斯坦因找到了丹丹乌里克，在将近3周的时间里，共发掘了14所建筑物，获得了大批壁画。他对该地也做了仔细的调查，这里到处都有古代灌溉渠道的痕迹。随后，斯坦因来到尼雅。尼雅遗址就是后来王国维考证出的中国史书上的"精绝国"。斯坦因在尼雅遗址发掘了16天，获得文物660件，其中特别有价值的是发现了写在羊皮上的完整的佉卢文。这是世界上第一次发现写在羊皮上的佉卢文。另外还有一批价值极高的魏晋之际的汉文简牍。1901年5月，斯坦因结束了在新疆的第一次探险活动，共携走文物1500件左右。回到伦敦后，他写出了考察的初步报告以及正式考古报告《古代和田》，还撰写了《沙埋和田废墟记》的旅行记。

第二次探险（1906—1908年），由8人组成的斯坦因考察团从印度出发，越过帕米尔高原，来到新疆。斯坦因在喀什聘请了一个中国师爷蒋孝琬作为他的汉语翻译和助手。他们沿古丝路东行，一路经过和阗、若羌、楼兰等地。斯坦因在楼兰遗址发掘了11天，挖出170枚汉文木简，60片纸文书和绢写残片。这些文稿有汉文，有佉卢文，有婆罗谜文手写稿，还有十分罕见的早期粟特文写卷残片。位于若羌与楼兰之间的米兰，是于阗国前往楼兰国以及敦煌的必经之路，这是由汉代的一处军事要塞发展而成的庞大驿站。米兰古城遗址，是一座略呈正方形的古城，周长308米。米兰古城东西两端绵延4千米，分布着大量的佛寺、佛塔和古耕地遗址。斯坦因发掘了米兰遗址和米兰大寺，发现大量的文书、木笔、芦苇笔和羊毛绳石索、箭矢，一批巨型的和热瓦克遗址的泥塑佛像相仿的泥塑佛像头。

早在1902年，斯坦因就从他的同乡好友、匈牙利地质学家拉乔斯·洛克齐（Lajos Loczy）那里听说过敦煌莫高窟的精美壁画和雕塑。1879年，洛克齐曾到中国西北地区进行地质考察，到过西安、兰州、凉州、肃州、敦煌等地，参观了莫高窟，并绘制了敦煌地图，撰写了考察报告和旅行记。1902年，洛克齐在德国汉堡召开的国际东方学者会议上特别介绍了他所看到的敦煌艺术。洛克齐曾把自己在敦煌的观感直接告诉斯坦因，所以考察敦煌成了斯坦因的探险计划之一。

斯坦因在楼兰的发掘工作一结束，就沿罗布泊南的古代丝绸之路穿过库姆塔格沙漠，于1907年3月16日来到敦煌。斯坦因从一个乌鲁木齐商人那里听说莫高窟的王道士在数年前偶然发现了一间藏有大量古代写本的石室，于是，斯坦因立即出发，来到莫高窟找王道士。这时，王道士为了筹集修整洞窟的经费，到别处化缘去了。一个小和尚给他看了一卷精美的写经，斯坦因虽然不懂汉文，但从外观上看出这种写本一定很古老。他知道，一定得等到王道士回来才能见到大批的写本，所以就抓紧时间返回敦煌县城，雇了一批工人，先去挖掘敦煌西北的长城锋燧遗址，获得了大批汉代简牍。6月21日，斯坦因再次来到莫高窟，王道士已返回。斯坦因通过蒋孝琬和王道士进行了初次接触。蒋孝琬表示斯坦因想看看这批写本，并有意用一笔捐款帮助王道士修理洞观，以此来换取一些写本。经过蒋孝琬的几次交涉，一天夜里，王道士终于拿出了一卷写经，借给斯坦因研究。此后每天夜里，由王道士入洞，取出一捆写本，拿到附近的一间小屋里，让斯坦因和蒋孝琬翻阅检选。由于数量庞大，斯坦因放弃了给每个写本都编出目录的打算，只从他的考古学标准出发，尽可能多、尽可能好地选择写本和绢、纸绘画。最后，斯坦因从王道士手中购得藏经洞出土敦煌写本24箱、绢画和丝织品等5箱。这些极其珍贵的藏品经过1年零6个月的长途运输，于1909年1月完整地抵达伦敦，入藏英国博物馆。斯坦因回忆说，藏经洞的藏品"就分量以及保存完好而言，我以前的所有发现无一能同此相提并论"。

这次考察后，经过清理，斯坦因携回英国的卷文完整的有7000件，残缺的6000件，还有一大批其他文物。这是敦煌文物首次大规模地流失到国外。斯坦因在英国皇家地理学会做了一次报告，介绍敦煌遗书的发现，立即在欧洲学术界引起强烈的轰动，从此开始了欧洲对敦煌的关注和以后多次的探险。斯坦因撰写了《西域考古记》，以及《古代和田》《亚洲腹地》等著作。

斯坦因在河西走廊的考察结束之后，又进入新疆，派人将所得文献运送回国，自己又在吐鲁番、焉耆、和阗、阿克苏、莎车等地考察、发掘和访问，直到第二年（1908年）年底回国。

斯坦因的第三次探险（1913—1916年），又重访了和田、尼雅、楼兰遗址，并再次到敦煌，获得570余件敦煌写本，还发掘了黑城子和吐鲁番等地的遗址。

斯坦因3次中亚探险所获敦煌等地出土文物和文献，主要入藏伦敦的英国博物馆、英国图书馆和印度事务部图书馆，以及印度德里中亚古物博物馆（今新德里的印度国立博物馆）。藏品由各科专家编目、研究，发表了大量研究成果。

斯坦因在探险中取得了重要发现，获取大量珍贵资料，在敦煌莫高窟以及新疆地区也盗走了大批文物，其中两次掠走莫高窟中遗书、文物1万多件。这是疯狂的文物盗窃行为，造成了中国西部文物的大量外流。因此，斯坦因有着盗窃中国文物的"强盗"之名。更为严重的是，斯坦因打开了这种文物外流的大门，在他之后，西方的殖民主义探险者接踵而来，把一批又一批珍贵的文物劫掠出境。这是中国文化的巨大损失，是中华民族的一段文化痛史。

斯坦因这种无异于抢劫和盗窃的行径也受到了一些学者的批评。早在1935年，英国埃里克·泰克曼（Eric Teichman）爵士在《土耳其斯坦旅行记》一书中指出："运输队把中国土耳其斯坦（注：我国新疆地区）的寺院、石窟、坟墓和废墟中的无价之宝，一批一批地运往外国的博物馆，从而使中国永远地失去了这些珍宝。对此，中国人无不怨声载道，而外国人也无法加以否认。"①英国汉学家阿瑟·韦利（Arthur Waley，1888—1966）也指出，"这无异是对'敦煌书库的劫掠'行为"，"设想一下，假使一个中国的考古学家来到英国，在一座废弃的寺院内，发现了中古时代文书的一个窖藏。他贿赂这里的看守人，把这些东西拿出来运到北京去，那时我们将作何感想"②。

四、伯希和与敦煌文书

保罗·伯希和（Paul Pelliot，1878—1945）是法国汉学家。他就学于巴黎大学，后入法国汉学中心学习汉语，继而入国立东方语言学校专攻东方各国语文历史。伯希和精通多种语言，包括英语、德语、俄语、汉语、波斯语、藏语、阿拉伯语、越南语、蒙古语、土耳其语、吐火罗语等。他的主要研究方向是中亚史、蒙古史、中西交通史，尤其是明末清初西洋文化东渐史等。从1899年开始，伯希和供职于设在越南河内的法国远东学院，他在语言上的天赋和对中国图书版本学的知识，为他后来考察藏经洞文献提供了极大的方便。

1905年，斯坦因中亚考古新发现的消息传到欧洲。1906年，伯希和受法国金石和美文科学院及亚细亚学会的委派，到中亚进行考察。1906年6

---

① 陈文平著：《流失海外的国宝》，上海文化出版社2001年版，第19页。

② ［英］彼得·霍普科克著：《丝绸路上的外国魔鬼》，杨汉章译，甘肃人民出版社1983年版，第175页。

月15日，伯希和与一名军医和一名摄影师一起从巴黎出发前往中亚，乘火车经莫斯科和塔什干进入新疆。他们从喀什噶尔开始，沿塔里木盆地北沿的古丝路，对沿途遗址、石窟逐个进行考察发掘。在喀什，伯希和主要是对3个前伊斯兰文明古遗址进行了考察发掘：第一个发掘点是"库尔干窣堵坡"（Kourgkan Tim），伯希和又称之为"库尔干墙"或"库尔干炮台"；第二个发掘点是红山（克孜勒-戴卜，Qyzyl-Debe），位于克孜勒苏河故河道左岸，距克孜勒苏与土门河（Tümen）的交汇处只有3千米远；第三个是"小山"（Kichik-Debe），位于红山以西。对于喀什地区的佛教遗址，伯希和考察了炮台山（Mori Tim）、沙山（Topa Tim）、墩库勒（Tong Kül）和阿克噶什（Aqqach）等处。

在喀什地区进行了一个多月的勘察之后，伯希和考古探险团于1906年10月29日到达图木舒克，在该地区一直停留到12月15日。伯希和在那里发现了库车绿洲西缘唯一一处佛教大遗址群。他们在图木舒克发掘到的物品，主要有雕塑、壁画、陶器、雕刻品、版画以及其他杂物。在图木舒克的发掘之后，他们经阿克苏和拜城，于1907年1月2日到达库车，在库车共勘测发掘了8个月，发现了用婆罗谜文书写的久已失传语言的文件。这些失传语言后来被伯希和的老师烈维译解为乙种吐火罗语。探险队在同年9月先行到达乌鲁木齐，伯希和到焉耆进行调查，10月抵达乌鲁木齐。伯希和在乌鲁木齐获得澜国公赠送的沙州千佛洞写本一卷。

1908年2月，探险队到达敦煌。斯坦因在前一年（1907年）已经从敦煌的莫高窟卷走了7000余卷古文书。1908年2月25日开始，伯希和一行一面对所有洞窟进行编号、测量、拍照和抄录各种文字题记，一面和王道士进行交涉。伯希和流利的汉语很快博得了王道士的好感。3月3日，伯希和就被引进藏经洞，王道士允许他在洞中"挑选"。伯希和用3周的时间调查了藏经洞的文件。他给自己订立了几条标准：一是要标有年代的；二是要普通大藏经之外的各种文献；三是要汉文之外的各种民族文字材料。最后，他选出最有价值的一大批文件。王道士最后同意以500两银子（约90英镑）的价钱把这些文物卖给伯希和。因为斯坦因不懂中文，他带走的文件中可能有一些价值不高的东西。与之相比，伯希和通晓包括中文在内的13国语言，所以他选出的文书全都是精品，其中包括新发现的唐代新罗僧人慧超所著的《往五天竺国传》。同时他们还详细查看了所有洞窟，对每个洞窟做了描述，特别是详细记录了洞窟中的壁画题记。他们所拍摄的莫高窟的照片有着重要的史料价值。

伯希和的敦煌之行，是继斯坦因之后西方殖民者对敦煌文物的第二次大规模掠夺和盗窃。伯希和从敦煌莫高窟劫走6000余种文书，此外还有200多幅唐代绘画与幡幢、织物、木制品、木制活字印刷字模和其他法器等，装满10辆大车。伯希和曾自诩说，他拿去的卷子在敦煌卷子里几乎都是最有价值的。伯希和对敦煌文物的破坏作用，不亚于斯坦因的盗窃行为，是敦煌文物又一次大规模的流失。

1908年5月30日，伯希和等人结束了对敦煌的考察，一面派人把大批文物运往巴黎，一面又沿河西走廊进入中原，最后在10月5日到达北京，采购图书。同年12月，伯希和回到河内的远东学院。1909年5月，伯希和又受法国国立图书馆委托，从河内出发，经南京、天津，到北京购买汉籍。在北京期间，伯希和向中国学者展示了他所携带的部分敦煌文书，引起中国学术界的震惊和轰动。

五、德国人在新疆的考古活动

在英、法、俄等国频繁开展对中亚的探险活动之后，德国也迅速行动起来，在20世纪初对中国新疆接连进行了4次探险考古活动。

1902年，柏林民族人类学博物馆馆长格伦威德尔（Albert Grünwedel，1856—1935）率领的第一支德国考察队深入新疆吐鲁番，主要考察发掘了吐鲁番的亦都护城故址。他们首先发现了用帕提亚语书写的摩尼教古文书。亦都护是高昌国王的王号，故城在吐鲁番东面胜金口以南5千米处。他们首次探险获得46多箱文物，在德国学术界引起轰动。他们回国后发表了考察报告《亦都护城及其附近考古报告》。亦都护城的考古在中国城市遗址研究上是一个开创性的起点，考察报告对吐鲁番的历史、宗教、艺术、王号做了综合研究，在城市遗址、石窟寺庙、美术考古方面都有很高的价值。

1904年，德国探险家勒柯克（Albert von LeCoq，1860—1930）奉命再次组织探险队。勒柯克曾作为格伦威德尔的助手参加了1902年的第一次探险。1904年11月，探险队来到吐鲁番，开始对哈拉和卓进行发掘，接着又对柏孜克里克寺庙遗址进行了发掘。他们发现了许多巨幅的佛教壁画。他们在寺庙中搜集到大量壁画、古文书，文书的字体有24种。还有许多泥塑、木雕、石雕佛像，塑像多具有浓厚的犍陀罗风格。出土物中有唐代古钱、萨珊波斯钱币以及丝、麻织物等。

1905—1907年，勒柯克率领德国探险队进行了第三次考察活动，主要是对克孜尔石窟进行考察发掘。1913年他们进行了第四次探险，主要调查了库车、图木舒克地区的千佛洞。这两次他们在克孜尔千佛洞工作数月，调查了80多个洞窟，主要是壁画保存较完整的礼拜窟，对洞窟进行了命名，并做了测绘和记录，拍摄了照片，最后从克孜尔36个洞窟中切割了近300块壁画。伯孜克里克千佛洞也被剥去了许多壁画。

勒柯克率领的德国探险队四次深入吐鲁番地区，发掘古物的地点以吐鲁番盆地为中心，东到哈密，西到喀什，包括了整个丝绸之路北道的古代遗迹。他们对这些遗址都进行了调查和发掘，获得了大量写本、刻本、绢纸绘画、雕像等，并用切割的方法剥取了大量石窟壁画。他们获得的古代文物，在第二次探险时共有103箱，每箱重100—160公斤；第三次探险时共有70—80箱，每箱70—80公斤；第四次探险时共有156箱，每箱重70—80公斤。这些文物最初入藏于德国柏林人种学博物馆。勒柯克编著有《高昌图录》，作为第二、第三次考察的报告；此外还著有《中亚晚古佛教美术》。

德国探险队对新疆地区的探险考察，和英、法等国的探险家们一样，是以盗劫、掠夺中国文物为目的的。他们的几次考察活动，都盗走了大批珍贵文物，更为恶劣的是，他们用切割的方法剥取了大量石窟壁画，对石窟本体造成很大破坏。他们的这些考察"成果"也为德国的中亚和汉学研究提供了条件。

六、大谷光瑞的中亚探险队

在西方各国纷纷派出探险队到中亚进行探险活动的同时，日本人也紧随其后，开始在中国西北地区进行探险和考察。其中最著名的是大谷光瑞组织的探险队的3次探险之行。

大谷光瑞（1876—1948）是日本探险家。他是京都西本愿寺第二十一世宗主谷光尊的长子，10岁剃度，学习院毕业后留学欧洲。1903年，因父亲去世继任本愿寺宗主，积极推进教团的现代化，致力于日本的海外传教活动。1900年，他曾被派往欧洲考察宗教情况，了解到斯文·赫定、斯坦因、伯希和等人中亚探险的情况，决定回程途中前往中亚探险，从而揭开了日本考察中国西北的序幕。

大谷光瑞先后组织了3次对中国西北地区的探险考察活动。

第一次探险（1902—1904年），由大谷光瑞率领随行人员渡边哲信、堀贤雄、本多惠隆、井上弘圆等人，自伦敦出发，经撒马尔罕、浩罕，进入喀什噶尔。在塔什库尔干分为两路：大谷光瑞率本多惠隆、井上弘圆翻越明铁盖达坂，到达今巴基斯坦吉尔吉特、印度斯利那加；渡边哲信、堀贤雄两人沿丝绸之路南道进入和田，在库车一带、克孜尔千佛洞等地进行了4个月的考察。

第二次探险（1908—1909年），大谷光瑞派橘瑞超和野村荣三郎二人从北京出发，穿越蒙古进入准噶尔盆地，主要发掘吐鲁番、楼兰、库车等地的遗址。次年2月，两人在库尔勒分开，野村荣三郎在库车周围进行发掘、调查，然后经阿克苏到达喀什；橘瑞超则进入罗布沙漠，然后沿南道经若羌、和田抵达喀什。两人会合后，翻越喀喇昆仑山口进入印度河畔的列城，历时18个月。这次考察活动在吐鲁番与楼兰有重大发现，著名的《李柏文书》就是在这次考察中发现于楼兰的。其间，他们还得到斯文·赫定在日本提供的考察信息的帮助。

　　第三次探险（1910—1912年、1911—1914年）是在前两次探险的基础上进行的，橘瑞超随大谷光瑞游览了欧洲各国，先后拜访了斯坦因、斯文·赫定、伯希和、勒柯克等人，从他们那里得到了各种有关中亚的最新情况和知识，为以后的考察活动做充分准备。1910年8月，橘瑞超从伦敦出发，从俄国入境至塔城，经乌鲁木齐、吐鲁番，再次进入楼兰遗址，然后又从且末北上横穿塔克拉玛干沙漠到库车，经喀什、和田进入西藏北部，再取道且末、若羌抵达敦煌；在敦煌与吉川小一郎会合，1912年2月离开敦煌，经哈密至乌鲁木齐。橘瑞超赴俄国，取道西伯利亚铁路回国。吉川小一郎在吐鲁番又进行了发掘，在喀什、和田调查了佛教遗迹，然后沿和田河北上，穿越塔克拉玛干沙漠到达阿克苏，还翻越天山到伊宁一带进行了考察。最后东返乌鲁木齐，经吐鲁番、哈密、敦煌、酒泉等地，于1914年5月至北京回国，从而结束了在中国西北的考察活动。

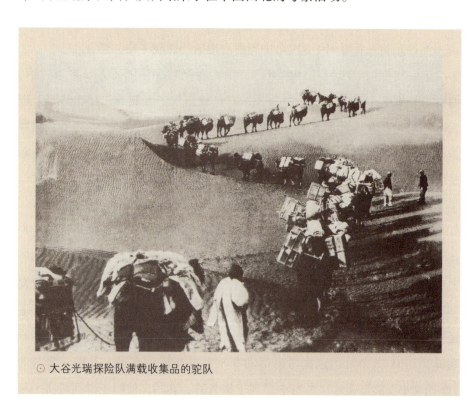

⊙ 大谷光瑞探险队满载收集品的驼队

日本大谷探险队的三次中亚考察活动，和西方国家的探险考察一样，是以寻找、掠夺中国古代文物为目的的。他们盗劫了大批古代珍贵文物，造成了中国古代文物的又一次重大流失。但与其他各国如斯文·赫定、斯坦因、伯希和、奥登堡等考察团不同，大谷光瑞探险队的人员本身不是学者，他们考察的范围也过于广泛，他们所发掘的东西由于没有被很好地记录，因此资料意义与价值大大降低。三次探险的收集品主要存放在日本神户郊外大谷光瑞的别墅二乐庄，部分寄存在京都博物馆（京都国立博物馆）。1912年11月，二乐庄曾举办收集品展览。1915年，其中的精品影印刊布在《西域考古图谱》中。大部分收集品在1915年至1916年之间运到旅顺，后寄存关东厅博物馆（今旅顺博物馆）。后来，又有大量收集品运回日本京都，藏于龙谷大学图书馆。留在旅顺的部分大多仍保存在旅顺博物馆。

七、劳费尔在中国的考察活动

劳费尔（Berthold Laufer，1874—1934）是德裔美籍汉学家。1884—1893年，劳费尔在德国科隆的一所学校里受到了德国自然科学考据学训练。1893年，劳费尔转入柏林大学学习。1894—1895年，他参加了柏林市的"东方语言高级研修班"。1895年，他肄业于柏林大学，之后转入德国莱比锡大学学习，并于1897年获得了哲学博士学位。

劳费尔在柏林和莱比锡求学期间，最终选定东亚作为自己的研究对象，并为此花费了大量时间来学习必要的语言学知识。他先后学习了波斯语、梵文、巴利语、马来语、汉语、日语、满语、蒙古语以及藏语等。

1898年，劳费尔的博士学位论文出版后不久，美国的德裔教授弗·鲍斯（F. Boas）便建议他去美国，并为他谋得一份美国自然历史博物馆的工作。进入美国自然历史博物馆工作不久，劳费尔便于1898年参加了杰苏普北太平洋考察队，前往东北亚的萨哈林岛（库页岛）和阿姆尔河（黑龙江）地区进行考察。这次考察历时约1年（1898—1899年），旨在研究当地的人种和土著部落。在此次探险中，劳费尔对于人类学的研究得到了极大的发展，同时他获得了大量资料，这些收获都反映在他之后所写的一系列文章或著作中。考察结束后，他发表了《杰苏普北太平洋考察——关于萨哈林岛（库页岛——编者注）的民族学研究》《关于在阿姆尔河地区部落中的考察的初步评论》等一系列论文。

从1901年至1904年，劳费尔又领导了赴中国的席福探险队（Jacob H. Schiff Expedition）。此行的目的是就一些文化和历史问题在中国进行调查探索，并寻求文献文物，获取人种学的一些资料和信息。在这次考察中，劳费尔为美国自然历史博物馆搜集了一大批中国汉代陶器和玉器。由于具有雄厚的专业基础，劳费尔参与的对中国文物的劫掠更具有专业性，因而也更有价值，是对中国文物的极大破坏。劳费尔基于对中国的陶器、玉器的研究，先后出版了《中国陶器》《中国玉器考》等著作。

1908年，劳费尔受邀赴芝加哥市费尔德自然历史博物馆任职。之后，劳费尔曾组织和领导了两次长期的亚洲探险。第一次是1908—1910年的布莱克斯通考察队（Blackstone Expedition）。这次考察拟定的重点地区是中国的西藏和西北其他地区。劳费尔当时到达的其实是甘肃、四川等地的藏区。第二次考察是在1923年，他领导马歇尔·费尔德探险队（the Marshall Field Expedition）再次前往中国考察。

在博物馆的工作中，劳费尔的主要兴趣是中国探险这一领域，他的主要精力放对中国展览品的整理上。这些中国展览品绝大多数是劳费尔在亚洲探险中搜集和购得的。劳费尔还完成了数量众多的学术著作，一生有200多种学术出版物问世。劳费尔的《中国伊朗编》一书，是美国汉学史上的重要著作之一，他自称该书是研究"中国对古代伊朗文明史的贡献"的，并且"着重于栽培植物及产品之历史"的一部科学史专著。

第五十五章　丝绸之路与俄罗斯

一、俄罗斯对东方之路的发现

19世纪末20世纪初西方各国对中亚特别是中国西北地区的探险考察活动，是由俄罗斯人发动并且主导的。从现实的意义上说，俄罗斯人的探险考察配合了沙俄政府向东方的扩张战略。

13世纪中期，蒙古人西征，在东欧平原上建立钦察汗国，引起中华文化西传的一次高潮。15世纪末16世纪初，俄罗斯开始形成统一的国家。莫斯科大公国的统治者伊万三世（1462—1505年在位）及其子瓦西里三世（1505—1533年在位）兼并了其他俄罗斯诸侯的领地，摆脱了钦察汗国的控制，建立了统一的俄罗斯国家。俄罗斯国家的发展是与不断向国外殖民进行领土扩张联系在一起的。16世纪后半期至17世纪，俄罗斯先后征服了喀山汗国、阿斯特拉罕汗国和西伯利亚汗国，其势力延伸到亚洲北部的广袤大地。在半个多世纪（1582—1648年）的时间里，俄国人已把自己的边界推进到现在俄国北部、东部和南部边境的某些地区。这就使俄罗斯统治的地区逐渐接近中国。

地域的接近使俄国迫切需要了解中国，特别是西欧人这时也在努力寻找从欧洲经西伯利亚到中国的最短陆上道路，并多次努力想从俄国借道，但遭到俄国的拒绝。这引起了沙皇俄国的高度警觉，他们力图把从俄罗斯到华北地区的商路掌握在自己手中，所以，取道西北陆路来华几乎是俄国人的专利。

1616年，沙皇政府曾派遣图敏涅茨到喀尔喀蒙古西部的科布多地区进行活动。图敏涅茨在科布多期间，曾听到关于中国内地情况的种种传闻，他回到俄国后在报告书中写道，北京城的规模是"如此宏伟，骑马绕城走一圈也需要十天时间"。又说，中国盛产黄金、白银、生丝、绸缎、天鹅绒、小麦、大麦、燕麦、小米等，应有尽有。这些消息激起了俄国政府的很大兴趣。1618年，沙皇米哈伊尔·费奥多罗奇（1613—1645年在位）为获得关于中国内地情况的详细材料，决定派伊万·佩特林率领的哥萨克代表团出使北京。

1618年（明万历四十六年）5月中旬，使团从托博尔斯克出发，经喀尔喀蒙古、归化城（今呼和浩特）、张家口和宣化等地，穿过长城，于9月到达北京。这是以前俄罗斯人所没有走过的通往北京的路，所以佩特林此行最引人瞩目的是对这条路的发现。

明朝政府对佩特林一行给予适当的礼遇。他们在北京共逗留了4天，明朝万历皇帝尽管未能接见这个外交使团，但下给它一封诏书，允许俄罗斯人前来建使馆、在中国做买卖。1619年春，佩特林使团返回俄国。他们在出使期间搜集了有关中国地理、物产、交通、军事等方面的情报。佩特林于1619年9月回到莫斯科，呈上详细的笔记，内容涉及中国和罗宾斯克及其他一些或定居或游牧国家的情况，其中还有大鄂毕河和其他河流、道路等情况的报告。他描绘的中国城市十分华丽，行业兴旺，货物一应俱全。他还写到中国的长城，这项雄伟的工程使他大为震惊，他对中国的长城进行了详细的考察和记录。据说，他是第一个看到中国长城的俄国人。除详细笔记，佩特林还带回了"中国地图"和明朝万历皇帝的文书。"佩特林的中国之行并没有取得实际的结果，即没能同中国建立稳定的联系。但他第一个讲述了那条不为人知的北京之路，那条穿过阿尔泰山系、戈壁滩，经张家口直达长城的通途。"①

---

① ［俄］Ⅱ. Е. 斯卡奇科夫著，［俄］В. С. 米亚斯尼科夫编：《俄罗斯汉学史》，柳若梅译，社会科学文献出版社2011年版，第9页。

佩特林的笔记很快在欧洲广为传播，引起地理学家、外交官、出版者的极大兴趣。佩特林返回俄国5年后，其笔记先是以英文面世，后来几乎以所有的欧洲语言出版，因为当时的欧洲人对佩特林所发现的这条通向中国的道路是十分关注的。

17世纪30年代后期，俄国人得到了一些有关黑龙江流域的信息。尽管这些信息十分模糊，但仍激起了他们的极大兴趣。为了证实这些传闻，俄国方面先后派出数批侦察队伍东进，打探黑龙江流域的具体情况。这些侦察队伍虽然没有真正到过黑龙江流域，但他们带回去的情报引起俄国政府的极大重视。为了永久占据这块"新土地"，俄国西伯利亚当局推动侦察活动逐步升级，开始武装入侵黑龙江流域。1643年7月25日，雅库次克督军彼得·戈洛文派遣他的文书官瓦西里·波雅尔科夫率领一支130余人的武装军役人员"远征"黑龙江流域，于1646年6月返回雅库茨克。1649年，哈巴罗夫开始招募约150人的队伍深入黑龙江流域，向当地各族强征贡税。次年夏，他再次出动，袭击达斡尔人城寨，攻占雅克萨城，并把雅克萨改名为"阿尔巴津"。

1654年2月，沙皇阿列克塞·米哈伊洛维奇指派费多尔·伊萨科维奇·巴依科夫（1612—1663）出使中国。巴依科夫此行的主要任务是：（1）转达沙皇同中国友好相处的愿望；（2）探听清政府对俄方针和通使、通商的可能性；（3）详细调查中国的商品、物产、交通、军备、财政、人口、城市等方面的情况。

巴依科夫一行携带沙皇的国书，于1656年（清顺治十三年）3月到达北京。使团出发前，俄国政府已听说中国礼仪烦琐，还会要求外国使者下跪。为了避免俄使受辱、维护俄国的体面，俄国沙皇颁下训令，命令俄使巴依科夫觐见中国皇帝时，必须按照欧洲各国通行的礼仪，其他如亲吻礼仪、递交国书、呈送礼物等细节，也详列办法，不愿接受中国安排的礼仪。巴依科夫到达北京后，遵守沙皇训令，不愿先交出俄国国书，坚持觐见顺治皇帝，再面交国书，并声明自己是沙皇的代表，只能站立递书，绝对不行跪拜礼。顺治朝延续明代对外交涉的惯例，遵行"朝贡礼"，不愿变通觐见礼仪。因此，中俄双方对递交国书、觐见礼仪的看法争执不下，反复谈判6个月，仍无法解决问题。经诸王大臣部议后，理藩院只好驱逐巴依科夫使团。后来，巴依科夫派人赴北京求情，并答应行跪拜礼，请求明政府让俄国使团返回北京，觐见皇帝。顺治皇帝虽不同意巴伊科夫重返北京的要求，但仍让巴依科夫携回致沙皇的诏书。

巴依科夫在中国逗留半年之久，也不是一无所获。他搜集了许多很重要、很有价值的关于中国政治、经济和文化发展的情报，探明了经西伯利亚前往中国的道路，并详细调查了北京、张家口和归化城等地的情况。巴依科夫1658年回到莫斯科。他在上报给俄国政府的《出使报告》中记载了在他之前俄国和西方完全不知道的通往中国的道路。此外，巴依科夫还记述了很多俄国人过去对中国人的传闻。巴依科夫的报告中记录了"中国京城汗八里有大量天鹅绒、绸缎、波纹绸、宝石、珍珠和白银"。"在汗八里及所有其他城镇都有各种瓜果蔬菜，比如苹果、梨、李子、香瓜、西瓜、葡萄、黄瓜以及希腊坚果和俄国坚果，蜂蜜、蜂蜡和糖也很充足，此外还有一些叫不出名称的东西。"他还说："中国京城的男女居民都很健壮干净。但汉族妇女缠足，脚小得和孩子的一样。她们穿着本族形式的短袄。她们的头发梳得像日耳曼人。"

巴依科夫的中国之行在西方引起很大反响。1666—1672年在巴黎出版的旅行文集中，地理学家德维诺收入了巴依科夫的《出使报告》。《出使报告》后来被译成拉丁语、德语、荷兰语和法语出版，在俄国也多次出版。

二、米列斯库的中国之行

1675年（康熙十四年），沙皇派尼古拉·斯帕塔鲁·米列斯库（N. Spataru Milescu，1636—1705）出使中国。米列斯库又名斯帕法里，原本是罗马尼亚人，曾在君士坦丁堡求学，攻读希腊语、土耳其语、阿拉伯语、神学、哲学、历史以及文学等课程，接着又到意大利学习拉丁语、意大利语、自然科学和数学等。学成归国后，在当时罗马尼亚的两个公国历任宫廷文书、兵部总管、常驻奥斯曼帝国使节，先后出使过瑞典、法国等国。1668年他因篡夺王位之嫌而受劓刑，随后出走君士坦丁堡。1671年，米列斯库经友人推荐，去俄国任外务署的希腊文、拉丁文和罗马尼亚文翻译，不久被提升为首席翻译。

米列斯库的使团共150人，其中有负责收集中国情报的专业人员，如"查找当地的药材和所有的植物根"的人和"负责了解石材"的人。米列斯库在途中曾在托博尔斯克做短暂逗留，这期间他每天都与被流放到这里的尤里·克里扎尼奇见面。克里扎尼奇送给他两本小册子，其中有一本《中国贸易手册》。克里扎尼奇还允许米列斯库抄自己的书，在这本书里，克里扎尼奇"很早就从各种故事中收集关于中国的各种信息，特别是其中间或辅以自己的哲学思考"。另外，克里扎尼奇还为米列斯库翻译了他从莫斯科带来的书中的"所有对米列斯库有用的事"。据推测，这本书可能是卫匡国的《鞑靼战纪》。

米列斯库途经嫩江时，受到清朝特派迎接的礼部侍郎马喇的接待。1676年5月，米列斯库一行到达北京，受到康熙皇帝的接见。

米列斯库在北京逗留3个半月，其间除与清朝官员进行外交谈判外，还与许多中国官宦商贾接触。特别是与当时在华的耶稣会传教士南怀仁过往甚密，据说南怀仁向米列斯库透露了不少中国情报。沙皇政府交给米列斯库的出使任务，主要有3项：（1）全面考察乌拉尔以东、西伯利亚的俄国疆土；（2）尽力与东亚、东南亚建立商业和外交联系，避免波罗的海和黑海封锁的影响；（3）了解中国经济、政治、行政、文化和军事等各方面的实情。米列斯库返回俄国后，写了3份材料：

（1）《旅行日志》（或称《旅经西伯利亚日志》），详细介绍了西伯利亚的地理、经济和人文资料，适应了第1项任务的要求。

（2）《出使中国奏疏》（或称《官方文件》《出使报告》），也就是米列斯库出使活动的正式报告（按照沙皇政府的规定，所有俄国使节自越过国界之时起，必须写出逐日报告，内容是完成使命的情况和谈判情况），回应了第2项任务的要求。

（3）《中国漫记》，这是第3项任务的成果，也是这位使节的特殊使命，即尽量完整、准确而多方面地了解中国和中国人民。可以说，米列斯库以其出众的才华和渊博的学识，出色地完成了他的任务。在17世纪俄国关于中国的文献报道中，米列斯库所著的《中国漫记》是一部很有代表性的作品，是俄国文学中全面介绍对当时的人们来说还如此陌生的中国的第一部著作。这部著作，由于作者对当时中国实情考察之细致、搜集材料之丰富、文笔之生动，而被称为"关于中国古代文明的一幅才华卓绝的壁画"。

《中国漫记》全书共58章，分为两大部分。第一部分包括20章，叙述了"中国人的公众事务、帝国情况和风俗习惯，以及一般介绍所涉及的其他情况"，包括中国的历史、地理和经济、外交和政治、军事、人种学等；第二部分"对所有十五个省分别做了专门描述，介绍了这些省的省会和较小的城市、河流山川、自然资源、物产种类"等，这个部分包括38章，其中最后两章介绍了朝鲜和日本。

《中国漫记》一书写作风格十分严谨，表现了米列斯库对中国人民的赞赏和仰慕。米列斯库盛赞中国地域广大、物产丰盈。他说："中国景色之优美、物产之丰盛是无与伦比的。""中国的许多东西都是举世无双的，因此可以说，中国犹如镶嵌在戒指上的稀世宝石。即使积世界财富之总，也无法与中国之富庶相比。""中国值得讲的东西，远远胜过罗马。一位古代哲学家说，所有其他国家都应该拜倒在中国脚下，因为凡是人的生活和娱乐所需之物品，这里应有尽有，取之不尽，用之不竭。"①他称赞中国人勤劳，视务农为立身之本，变荒漠为沃土，阡陌纵横，井然有序。

米列斯库热情赞扬中国人的善良品格和礼仪风俗。他说中国人头脑敏锐，远非欧洲人所能比。"中国人的天性是珍重行善以及行善的人……他们在孝敬父母和尊敬师长方面，胜过任何其他民族。"中国人本性爱好和平，不尚武事，从不携带任何武器，视舞枪弄棒和从事战争为盗贼行径，凡正

---

① ［罗］尼·斯·米列斯库著：《中国漫记》，蒋本良、柳凤运译，中华书局1990年版，第23页。

人君子均应和睦相处，谦恭相待。"他们相互之间以及对待公众事务，都十分重视人的荣誉和礼节，在这一方面，他们胜过任何其他民族。""他们的言谈举止都是超乎寻常的谦逊，简直到了无以复加的程度，尤其是官吏和哲学家，个个温文尔雅，表现得极为和善。"①

米列斯库对中国崇尚学问的风气尤为仰慕。他说："世界上没有任何帝国能像中华帝国这样崇尚学问和知识。"他说中国人是如此崇尚学问、尊重科学，以至"无人不知书识字"。至于那些愚昧无知、没有文化的人，即使最低的职位也得不到，知识愈渊博就愈受敬重。官职的晋升也是以学问的深浅为前提的。即使普通百姓，也没有年满15岁而不知书识字的。中国人认为最有学问的人是最高尚、学识最渊博的人，即使出身贫贱，也可以获得最高的官职。米列斯库对当时中国先进的工艺表现出浓厚的兴趣，他特别强调，中国的工艺在许多方面都领先于世界。

米列斯库的《中国漫记》是欧洲人认识中国史上的一部重要文献。与同时代人的同类著作相比，它提供了更为广博的关于中国的知识，论述也更为详细和系统。这部著作在当时的欧洲也很有影响。1693年，在巴黎，耶稣会士Avril出版了《到欧洲与亚洲各国的旅行》一书，在书中他几乎逐字引用了从米列斯库那里得来的资料。不仅如此，对刚开始与中国有交往且对中国所知甚少的俄国人来说，米列斯库的《中国漫记》和出使报告更具有特别的意义和价值。

三、《尼布楚条约》和《恰克图界约》

1657年，沙俄派正规军在尼布楚河与石勒喀河合流处建立了雅克萨城与尼布楚城。之后，中俄之间发生多次外交和军事上的冲突。

沙俄在黑龙江的军事入侵遭到清军的反击。康熙二十四年（1685）五

---

① ［罗］尼·斯·米列斯库著：《中国漫记》，蒋本良、柳凤运译，中华书局1990年版，第38—39页。

月二十二日，康熙派将军彭春从瑷珲起兵，五月二十五日攻入雅克萨。之后清军撤军而俄军卷土重来。第二年清军再攻雅克萨并围城。经过几个月的战斗，俄军首领托尔布津被击毙，俄军伤亡惨重，雅克萨城指日可下。这就迫使沙皇政府"乞撤雅克萨之围"，并派戈洛文为大使，前来中国举行边界谈判。十一月，清政府为表示谈判诚意，宣布无条件停火，停止攻城。

1689年（康熙二十八年），中俄两国使臣在边境的尼布楚（俄名"涅尔琴斯克"）进行划定两国疆界和通商的谈判，并缔结了第一个中俄条约——《尼布楚条约》。条约明确划分了中俄两国东西边界，从法律上确立黑龙江和乌苏里江流域包括库页岛在内的广大地区属于中国领土，清朝同意把贝加尔湖以东原属中国的尼布楚土地让给俄国。《尼布楚条约》的签订，奠定了中俄两国外交和通商关系的基础，中俄两国的文化交流也开始发展起来。

1725年（雍正三年），俄国女皇叶卡捷琳娜一世以祝贺雍正皇帝登基和宣布她本人即位的名义，派遣萨瓦·弗拉基斯拉维奇伯爵率领庞大的使团出使中国。他于1726年（雍正四年）十一月抵达北京，逗留半年之久，与清政府就贸易、划界等多方面问题进行谈判。在这次谈判中，中国允许俄国派遣东正教教士来华传教。后来，即1727年（雍正五年），中俄双方代表在边境布尔河畔就中俄中段边界划界问题进行谈判，签订了《布连斯奇界约》。这个界约的签订，为订立两国政治、经济、宗教诸方面相互关系的总条约准备了条件。到1727年（雍正五年），两国正式签订了这个总条约，即《恰克图界约》。《恰克图界约》共11条，主要包括边界、贸易、宗教和越境人犯等4个方面的问题：

（1）边界，其内容与《布连斯奇界约》相同，重申了中俄《尼布楚条约》关于乌第河与外兴安岭（俄名"斯塔诺夫山脉"）之间地区暂行存放的规定。

（2）贸易，规定俄国商队每三年来北京一次，恰克图为边界贸易地点。

（3）允许俄国在北京俄罗斯馆内建造东正教堂。

（4）交换越境人犯。

根据这一条约，在北京建立了俄罗斯馆，接待俄国传教士和留学生。

向北京派出东正教传教士团，建立俄罗斯馆，对于发展两国关系具有重大意义。直到1860年以前，传教士团一直充当着俄国使馆的职能。这在当时中国与欧洲各国的关系中是没有先例的。马克思曾经指出，当西方海运国家连跟两广总督直接联系的特权都得不到的时候，"俄国人却享有在北京派驻使节的特权。固然，据说这种特权是俄国甘愿被天朝计入中华帝国的纳贡藩属之列才换得的。但这毕竟使俄国外交在中国，也像在欧洲一样，能够产生一种决不仅限于纯粹外交事务的影响"[1]。马克思所说的外交之外的影响，包括经济贸易的大规模发展，也包括文化方面的广泛交流。我们在后面还要说到，传教士团在18—19世纪的中俄文化交流中发挥了特别重大的作用。

《尼布楚条约》和《恰克图界约》以后的一百多年间，中俄两国基本上在平等的关系上互相往来。由于两国领土接壤，中俄之间很早就发生了比较频繁的接触，因而产生了交涉、订约、遣使等一些正式外交关系的需要。俄国为了扩张领土和追求商业的厚利而对中国怀有侵略野心，但中俄之间最早的接触发生在清朝国势相当强盛的康熙年代，在中俄边界上两国力量一度交锋，俄国的武力曾经受到了挫折，这暂时抑制了它的武力侵华野心。此外，俄国经济这时还不像后来进入资本主义时期以后那样迫切地要求向太平洋扩张，俄国对外扩张的主要目标仍在欧洲，而广大的西伯利亚尚待开发，它和俄国欧洲部分之间的交通还十分困难。这时俄国在对华关系中所追求的主要目标在于扩大和保持在商品交换中的利润，所以他们还不愿意使中俄间的和平关系中断。由于这些原因，19世纪中期以前，中俄两国大体上保持了平等对待、和平相处的关系。

---

① 《马克思恩格斯选集》（第1卷），人民出版社2012年版，第786页。

四、清前期派往俄国的使团

18世纪上半叶，清朝分别于1712年、1729年和1732年派出使团出使俄国。这是清朝派往欧洲国家的第一批使团，使团成员穿过西伯利亚的各个城市，经过长途跋涉到达莫斯科和彼得堡，为清朝提供了关于俄国的丰富信息。

康熙五十一年（1712），康熙皇帝派出以殷扎纳为首的使团，慰问驻扎在俄罗斯境内伏尔加河下游的蒙古土尔扈特部，欲说服土尔扈特出兵，与清政府联手征讨准噶尔。使团成员包括内阁侍读学士殷扎纳、理藩院郎中纳颜、内阁侍读图理琛、武官雅图、五等官苏该以及3个骑兵，连同他们的仆从22人，另加阿拉布珠儿的4人。图理琛在使团中的地位实居第三，由于图理琛写成一部《异域录》，人们习惯上把这个使团称为图理琛使团。

因图理琛等人将途经西伯利亚，不免要拜访俄国官员，将遭遇往来仪节的问题。康熙皇帝针对中俄往来仪节，指示图理琛等人务必遵行：（1）坚持报聘的对象是土尔扈特。俄国若主动派人接待，图理琛等人可与之相见。若俄国不派人接待，图理琛等人也无须拜访俄国官员。（2）依照俄国的礼仪，与俄国官员相见。（3）向"察罕汗"说明王道思想，表示中国绝不轻动干戈。（4）不可让俄国官员转奏陈情。（5）不可收取俄国馈送的礼物；若无法推辞，酌量收取，再回送锦缎，不可让俄国官员轻视中国。（6）留意沿途所见的俄国人民生计、社会民情及地理形势，查探俄国的虚实。

图理琛等人于康熙五十一年（1712）六月二十三日由北京启程，经过两年的艰苦跋涉，于康熙五十三年（1714）七月十二日到达阿玉奇的驻地马奴托海。图理琛使团一行受到阿玉奇汗和土尔扈特人的热烈欢迎，阿玉奇命各部台吉、喇嘛各率所属人众前往迎接，沿途陈设筵宴，排列牲畜，热情接待，欢迎仪式十分隆重。图理琛等转达了康熙皇帝对土尔扈特部人的问候，阿玉奇汗向使团表达了对祖国的向往和对沙俄压迫的不满。

图理琛等人虽未能谒见俄皇，但成功探查了中俄边境的民情、经济及地理形势。使团还从4次与西伯利亚总督加格林亲王（Prince Matthew Fedorovich Gagarin）的会谈中了解了俄国的政治和文化，并趁机向加格林重申《尼布楚条约》的内容，要求俄国约束边民，不得私行越境。虽然没有去俄国首都，但所经之地，俄国地方官员迎来送往，排兵列阵，鸣枪放炮，鼓吹迎接。中国使团的言行举止给俄国人留下深刻的印象，以至于俄国官员向沙皇报告称图里琛等人为"天朝使者""知识高明"。

图理琛一行途经蒙古高原、西伯利亚、乌拉尔山等地。一路上，图理琛每天写日记，对沿途见到的山川地势、村落城堡、节气物候、生物、土产、人种、宗教、生活习俗、户口、驻兵和里程做了翔实记录。使团在康熙五十四年（1715）四月三十日返回北京。图理琛将日记整理后上奏康熙皇帝。皇帝很满意，要他刻印成书。图理琛写成《异域录》一书，于雍正元年（1723）用满、汉文字刊行。该书分上下两卷：上卷记康熙皇帝的谕

⊙ 俄罗斯莫斯科附近库斯科沃（Kuskovo）公共园林中的亭子，顶部是中国式的

令及取道俄国前往的经过，下卷记土尔扈特情况和归国途中的见闻。该书主要记载俄国的情况，卷首有俄罗斯地图，为中国最早介绍俄国和伏尔加河下游土尔扈特蒙古的著作。

为了争取俄国对清朝征讨准噶尔叛乱的支持，雍正七年（1729），雍正帝派托时和满泰率领的使团出使俄国，雍正九年（1731）一月抵达莫斯科，受到俄国政府的隆重接待，很快与俄国枢密院官员确定了觐见俄国女皇的时间、地点及相关礼仪。雍正九年（1731）一月二十六日，托时使团在克里姆林宫觐见俄国女皇安娜一世，并在宫门外、宫门、谒见宫殿的入口处分别受到三次欢迎的仪式。进入宫殿后，托时等人先将国书递交国务大臣，国务大臣再呈放在女皇面前的案上，与此同时，托时用满语说明出使目的。俄国女皇答词后，托时等人行一跪三叩礼，又退回呈递国书之处，再次祝贺女皇，重行一跪三叩礼，才退出宫殿，返回驻节的官邸，与俄官员共同参与赐宴。

随后，托时向俄枢密院首席大臣戈洛夫金等提出希望俄国协助中国平定准噶尔叛乱等四点建议，并提出，如果清军在中俄边境地区有所行动，请俄国不要有任何怀疑。俄方认为中国这种事先通报的方式是愿意维护持久友谊与和平的标志，同意今后就从俄国方面交出逃人一事友好协商。俄国女皇允许满泰前往已迁徙到伏尔加河与乌拉尔河一带的漠西厄鲁特蒙古土尔扈特部进行报聘，也是为了取得土尔扈特人对清廷平定叛乱的支持。满泰率领一部分团员由莫斯科前往慰问土尔扈特部，最后在托博尔斯克与托时部会合，于雍正十年（1732）二月回到恰克图。

1731年俄国出版的文献记载托时使团的使俄情况更为详细：托时使团"告知俄国政府，清朝军队为了同准噶尔斗争，将会推进到俄国领地附近，但'请俄国朝廷不要有任何怀疑'……雍正的使臣们希望俄国对于中国同准噶尔之战抱有善意的态度"，"请求俄国政府不要允许准噶尔军队进入俄国领土，而对于那些表示愿意留在俄国的逃人，'则要令其绝对服从，并将其安置在可靠的地方'"。"中国使臣请求允许他们与伏尔加河卡尔梅克汗（即土尔扈特部首领——引者注）会见，以便再次尝试说服后者在同准噶尔的斗争中站在他们一边。"①

在托时和满泰代表团还没有回到北京的时候，清朝政府又于雍正九年（1731）派出了德新使团，为的是回应俄国政府的咨文，前往祝贺新女皇登基。雍正十年（1732）四月，使团到达圣彼得堡，受到俄国的隆重接待，以一跪三叩礼觐见女皇，给女皇赠送了雍正皇帝的礼品，包括玉石、瓷器、漆器、玻璃器皿、书房木器、首饰匣、香袋和各色绸缎等。女皇赐宴款待，晚上又邀请使团出席舞会并观看烟火。六月六日，使团还参观了声名显赫的圣彼得堡皇家科学院，观看了科学家们的实验演示。据说使团成员曾对德国人当年赠送给彼得大帝的一个直径超过3米并可以自转的地球仪很感兴趣。此外，他们看到了彼得一世当年亲自用车床制造的物品。许多院士参加了接待工作。科学院印刷厂专门为中国使团访问科学院印制了精美的签名纸，特别用汉字印刷"大清雍正皇帝"几个汉字，有俄、满、拉丁文对照，德新、巴延泰和福卢在上面签名致谢，俄罗斯科学院档案馆中至今保存着这份文件。使团后来又到莫斯科访问，参观了那里的若干工厂，于八月乘坐100辆大车前往下新城、喀山等地，最后经托博尔斯克和恰克图回国。

五、中俄之间的商贸之路

贸易关系在清代中俄关系中占有重要地位。长期以来，俄国一直企图扩大对华贸易。早在17世纪上半叶，托博尔斯克城通过中亚布哈拉商人的中介，即已和中国进行间接贸易。托博尔斯克城位于托博尔河和额尔齐斯河的交汇处，是早期俄国通往中国的枢纽城市。该城建于1587年，是俄国在西伯利亚最早建成的堡寨之一，因地理位置重要，曾为西伯利亚总督官署所在地。早在巴依科夫出使中国之前，托博尔斯克就已经是西伯利

---

① ［苏］米·约·斯拉德科夫斯基著：《俄国各民族与中国贸易经济关系史（1917年以前）》，宿丰林译，社会科学文献出版社2008版，第149—150页。

亚的贸易中心城市了。这里云集了来自各国的货物，其中包括中国货。西伯利亚城市托博尔斯克、秋明、塔拉和托木斯克的贸易因此而发展起来，其中以托博尔斯克城规模最大。《洛根海外纪行（1611—1612年）》中谈到了当时托博尔斯克城的繁荣景象："托博尔斯克是个商业兴隆的城市，塔吉克、布哈拉和鞑靼等族的人都去那里做买卖，他们运来的货物包括丝绸、天鹅绒、丝毛织品、森达姆和金达克等等，在那里，大宗的布匹、锡镴和铜都可以销出去，紫貂、松鼠、狐狸、玄狐、狼獾和海狸等皮货储备也很多。"[①]

前往北京的商路开辟之后，托博尔斯克成为中俄贸易商品的集散地，俄国商队通常在此地购办赴华贸易的货品。俄国商品在冬季被运到这里，部分商品由此被运往塔拉、塞米巴拉金斯克、列别佐夫、纳雷姆、托木斯克、叶尼塞斯克、克拉斯诺亚尔斯克、库兹涅茨克等地。中国和西伯利亚的商品则在夏末或春天到来之前被运达，参加托博尔斯克的商品交易会，除了在此地销售一部分，剩余商品被运往其他地区。因此，托博尔斯克成为中俄贸易的窗口。1652年，巴依科夫被派到这里，筹建与中亚、厄鲁特蒙古和中国人通商的基地，并调查与中国通商的情况。

17世纪中叶以后，俄商开始经准噶尔和蒙古直接来北京贸易。与此同时，沙皇政府多次遣使来华，要求"自由通商"。早年巴依科夫使团赴华的任务之一，就是了解中国的商品、物产情况以及开展对华贸易。使团来华前，俄国政府特别从国库中拨款5万卢布交给巴依科夫，让其购买大批毛皮等商品运到北京出售，随后又从北京购买中国货物运回本国。1658年，伊·佩尔菲利耶夫和阿布林率商务使团前往北京开展贸易；1668年，俄国政府再派阿布林到中国开展贸易，运来大批毛皮等货物，然后又用货款购中国货物赴俄销售，大获其利。

康熙二十八年（1689）中俄两国签订的《尼布楚条约》规定："凡两国

---

① ［英］约·弗·巴德利著：《俄国·蒙古·中国》（下卷第1册），吴持哲、吴有刚译，商务印书馆1981年版，第962页。

人民持有护照者，俱得过界来往，并许其贸易互市。"对俄国来讲，签订《尼布楚条约》的最大收益是使其对华贸易合法化，成为西方唯一得以发展对华商务关系的国家。这在为俄国带来巨大商业利益的同时，也使其对中国贸易产生了越来越大的依赖性。

尼布楚谈判之后，俄国政府便沿用《尼布楚条约》中的有关条款，频繁地派出商队赴北京贸易。商队领队由沙皇任命，持有俄国外交部颁发的路票。商队路线最初为尼布楚—齐齐哈尔。康熙四十三年（1704）以后，经清廷的认同，商队路线改道为经由喀尔喀蒙古的色楞格斯克—张家口一线。所以在当时的一些地图上，俄国商队经过的张家口被称为"莫斯科的港口"，这是通向北京最近的一条路，对以后贸易关系的稳定发挥了积极作用。除了在北京的官方贸易，在齐齐哈尔和蒙古库伦还有私营的贸易市场。

因此，条约订立后，俄国对华贸易进入迅速扩展的新时期。《尼布楚条约》甫经签订，俄国政府已着手发给俄国商人来华贸易的证书。为了加强对赴华俄商的管理，俄国政府明令俄商只能从尼布楚一地进入中国，并令在其他各路设卡，务使一切商队及任何俄国商民不得绕道而行，同时请求清政府协助管理，对从其他道路绕行的商人一律拒绝入境。一时间，东路成为俄国商人来华贸易的唯一路线。为配合贸易活动，俄国政府还加强了尼布楚的基础建设，在尼布楚建造商场、砖砌的货栈和冰窖。除了尼布楚互市，中国方面的黑龙江互市也以齐齐哈尔为中心发展起来。齐齐哈尔是经东北地区到达北京的必由之路，俄国商队在这里递交公文，有的直接在这里进行贸易，不再前往北京。1722年库伦互市和京师互市中断后，齐齐哈尔成了唯一幸存的中俄贸易市场。

1689年12月，由菲拉季耶夫、鲁辛、乌沙科夫和尼基京4家俄国巨商的代理人组成的商队，从尼布楚启程，经额尔古纳堡前来嫩江。直到1703年，这条路线一直是俄商来华的主要商路。1691年，以普洛特尼科夫和卡札林诺夫为首的商队从尼布楚出发来华，售出皮货总值7562卢布。1692年这个商队返回时换取了价值23591卢布的中国货物。同年，莫洛多伊和乌瓦罗夫率领53人的商队来华，运来皮货总值5592卢布。1694年这个商队返回时，向尼布楚税关登记的中国货物计值12745卢布。1696年，菲拉季耶夫的代理人和西伯利亚各城市的商人来华贸易，输出毛皮总值49333卢布。1697年，西伯利亚事务衙门发放9份贸易证书，准许以克利莫夫为首的巨商代理人以及其他商人团体来华经商，售出皮货总值25574卢布。同年，菲拉季耶夫和尼基京的代理人以及乌斯丘格商人奥布霍夫等对华输出皮货总值13245卢布。这一时期参与对华贸易的，除了上述莫斯科等地的几家大商号，还有西伯利亚各地的统领、东正教士、中小商人以及许多军役人员。1689—1697年，随俄国使臣从尼布楚来北京的俄国商队先后计7支。这一时期，俄商以尼布楚为对华贸易重镇，以北京为双方交易中心，主要向中国输出毛皮、布匹，贸易发展十分迅速。从《尼布楚条约》签订直到18世纪下半叶，派往中国的商队共12支，从西伯利亚、莫斯科以及俄国其他城市到达中国北京的人数约3000人，这个数字不包括私人商队。

1692年，沙皇彼得一世派荷兰族大商人伊兹勃兰德·义杰斯率商队使华。义杰斯一行及其随带的商队约400人，从莫斯科出发，途经托博尔斯克、贝加尔湖、尼布楚、额尔古纳河、嫩江、张家口等地，于康熙三十二年（1693）十一月到达北京，受到康熙皇帝接见。接见时由耶稣会传教士张诚和徐日昇担任翻译。他们在北京逗留期间，广泛进行商贸活动，用所带物品换得大批中国货物，用27匹骆驼和10匹马驮载回国。义杰斯一行使华，为进一

⊙ 中国商人在俄国中部下诺夫哥罗德市的年度商品交易会上

步扩大俄国对华贸易开辟了道路。

1698年，俄国政府首次派出以梁古索夫和萨瓦齐耶夫为总管的国家商队前来北京。从此，俄国对华贸易以国家商队为主，但允许私商加入。清政府虽有商队人数不得超过200人、3年来京一次的规定，但俄方并不遵守，如1698—1718年的20年间，俄国来华商队即达10次，每次人数也往往超过200人，最多时竟超过800人。除官方商队前来北京贸易外，俄商借递送公文之机，零星前来贸易者更是从未间断。他们最初取道尼布楚、嫩江商路来京，1705年改走距离较近的蒙古、张家口商路。法国学者加斯东·加恩考察1728—1729年北京俄国商队的账册发现，1728年的交易总额将近1000万法郎（约22万卢布）。商队卖出100多万张松鼠皮、20万张银鼠皮、15万张狐皮、10万张貂皮和其他货物。

六、恰克图：中俄商贸之路的中转站

俄国频繁派遣商队来华，致使北京市场的皮货大量过剩，清政府不得不于康熙五十六年（1717）宣布暂停中俄贸易。直到雍正六年（1728）签订《恰克图界约》，两国贸易才得以恢复。该条约规定俄商"人数仍照原定，不得超过二百人，每间三年去北京一次"。贸易"均不取税"；除俄国国家商队来北京通商外，"在两国交界处进行零星贸易者，可在尼布楚和色楞格之恰克图选择适当地点建盖房屋"，作为贸易市场。"情愿前往贸易者，准其贸易。周围墙垣栅子，酌量建造，亦毋庸取税，均指令由正道行走，倘或绕道或有往他处贸易者，将其货物入官。"

恰克图的地理位置在现今俄蒙边境，色楞格斯河与鄂尔浑河交汇处，北边距离俄国西伯利亚重镇伊尔库茨克仅100千米。这里周边都是平坦的草原，交通非常方便，所有的路都便于马车行走。南边150千米就是喀尔喀草原上最大的城市库伦，这里有驻清朝廷的办事大臣，官阶二品。恰克图原是中国境内的一个边境小埠。由于中俄在这里进行贸易，因此又称"买卖城"。《恰克图界约》规定中俄以该城为界，旧市街归俄国，清政府

⊙ "买卖城" 恰克图

另建新街，所以形成了中俄两个"恰克图"。雍正六年（1728）下半年，俄国在恰克图建造市场，同时，清政府在紧靠恰克图的中国边境建"买卖城"，作为两国贸易的商埠。雍正七年（1729），理藩院派遣官员一人常驻恰克图，监理中俄贸易。从雍正五年（1727）到光绪七年（1881）的154年间，恰克图一直是中国最重要的对俄通商口岸。从恰克图到北京是中俄之间最便捷的商路。从此，两国边境贸易得到迅速发展。尽管在乾隆朝3次闭市，但闭市时间均只有几年。

清代中俄恰克图边关互市在中俄关系发展史上占有极其重要的历史地位。作为清代北部边疆商品流通的重要组成部分，中俄恰克图贸易不仅在一定程度上促进了中俄两国，特别是两国边境地区的商业发展，有力地推动部分边贸城市的兴起、繁荣以及相关产业的发展，而且促使以恰克图为中心的中、俄、蒙国际性区域市场得以良好运行。

《恰克图界约》签订后，中俄贸易形成商队贸易和边境贸易两种形式并存的格局。从1756年起，俄国不再派商队来北京。到1762年，在北京的商队贸易完全停止。边境贸易则成了中俄贸易的主要形式。18世纪后半叶，通过恰克图进行的中俄贸易占俄国整个对外贸易的7%—9%，占俄国对亚洲贸易的67.6%。恰克图贸易经久不衰，持续了近两个世纪。特别是19世纪中叶以前，中俄贸易几乎全部集中于此，小小的荒漠之丘，竟一时名声大作，成了中俄贸易的"咽喉"要道。清人何秋涛称其为"百货云集市肆暄"的"朔漠之间一都会"，俄文史料称其为"西伯利亚汉堡"，有的西方历史文献甚至称其为"沙漠威尼斯"。

恰克图贸易中，中国输入俄国的商品以棉布、茶叶为主，特别是在后期，茶叶成为出口的主要商品。而俄国向中国输出的商品以毛皮为大宗。在19世纪初的20年内，毛皮类产品在各种货物中所占的比例最高，且一直保持上升趋势。毛皮贸易也给俄商带来巨大利润，海狸皮在堪察加的售价为：一等每张60卢布，二等每张40卢布，三等每张25卢布。但是，这些货物在恰克图市场上的标价却为90—100卢布，有的甚至高达140卢布。直到1820—1830年，毛皮类产品所占份额开始出现下滑趋势，代之而起的毛织品与棉织品输送额逐渐增多，且毛织品表现得更胜一筹。这种贸易现象真实地反映出当时俄国工业的发展状况。

恰克图贸易给俄国政府提供了大量税收，恰克图海关税收在俄国关税总收入中占了20%—38%。

中俄恰克图贸易对我国北部边疆地区社会经济的发展有着举足轻重的作用，有力地促进了草原、大漠城镇的兴起和交通运输路线的开拓。边境地区除恰克图外，塔尔巴哈台、伊犁均被开辟为中俄互市的新商埠；而国内的贸易城镇张家口、归化城、库伦、乌里雅苏台、科布多等，不仅是大漠南北的交通要道和旅蒙商人活动的据点，而且成为边境贸易的商品集散地和供给线。

七、北方茶叶之路

在恰克图贸易中，茶叶是输入俄罗斯的最大宗商品。

茶叶最早是在17世纪初传到俄罗斯的。1616年，哥萨克什长彼得罗夫在卡尔梅克汗廷初尝到茶叶，对这种"无以名状的叶子"十分惊异。1638年，一名叫瓦西里·斯特拉科夫的大使受命前往卡尔梅克拜见可汗，并带去珍贵的貂皮作为礼物。可汗收下礼物，向沙皇回赠了200袋中国茶叶。当时沙皇使者对茶叶一无所知，不愿接受，后经劝说才勉强接受。他将茶叶带回圣彼得堡，沙皇命仆人沏茶请近臣们品尝。意外的是，众人一致认为入口有奇香。从此，俄罗斯人开始了漫长的饮茶史。1676年，俄国使臣米列斯库觐见康熙皇帝，康熙皇帝赐给他4匣茶叶，并请他转赠沙皇8匣茶叶。

中俄之间的茶叶贸易是从17世纪后半期开始的。茶叶的贩运是通过商队进行的，所以被称为"商队茶"。在近代欧洲的茶叶市场上，俄国的"商队茶"要比海运国家更有竞争力。有西方学者指出："输入俄国的茶叶在味道上和质量上，比从广州运到欧洲的茶叶好多了。这两种茶叶也许原来一样的好；但是，据说经海洋运输大大损害了茶叶的香味。"① 马克思注意到"商队茶"的这种特殊性，并指出，在恰克图卖给俄国人的茶叶，"其中大部分是上等货，即在大陆消费者中间享有盛誉的所谓商队茶，完全不同于由海上进口的次等货"。他还说道："俄国人却自己独享内地陆路贸易，这成了他们被排除于海上贸易之外的一种补偿。"②

17世纪后半期，在托博尔斯克市场上已经有了少量的茶叶供应。1674年，莫斯科有商店开始经营茶叶，价格比较贵，消费者都是富裕人家。1689年订立《尼布楚条约》后，中俄之间的边关贸易日趋活跃，中国茶叶经过尼布楚进入俄国的数量也有所增长。如1698年，俄国客商加·罗·尼基丁采购了价值32000卢布的中国货，内有茶叶5普特（每普特重16.38公斤）7俄磅。

随着中俄贸易往来的升温，俄罗斯人饮茶之风渐盛，而西伯利亚人尤其喜爱喝茶。俄罗斯的茶叶消费量迅速增长。由于茶叶的价值高，俄国人

---

① 蔡鸿生著：《中外交流史事考述》，大象出版社2007年版，第245页。
② 《马克思恩格斯选集》（第1卷），人民出版社2012年版，第787页。

甚至把砖茶作为货币来使用。在外贝加尔地区，茶叶是人们的日常生活必需消费品，当地人出卖货物时，宁可要砖茶而不要钱，因为他们相信，在任何地方都能以砖茶代替钱使用。

中国向俄罗斯输出茶叶主要是通过恰克图市场进行的。在当时，中俄之间贸易的大宗永远是茶叶。"恰克图"在俄语中意为"有茶的地方"。据记载，1744年，恰克图的双边贸易额约为30万卢布，1760年上升为110万卢布，1780年为800万卢布，到19世纪中期已达1600万卢布。据俄国文献资料统计，1758—1760年俄商在恰克图市场上的贸易额，占俄国与亚洲各国贸易额的67%，其中仅1760年，沙皇政府在恰克图征收的关税就占全国总关税的24%。1870年，一位美国旅行家来到此地，他这样描述："在恰克图，身上没有四五百万卢布，你都不好意思跟人打招呼！"马克思在《俄国的对华贸易》一文中指出："这种一年一度的集市贸易，由12名代理商管理，其中6名俄国人，6名中国人；他们在恰克图会商并规定双方商品交换的比率，因为贸易完全是用以货易货方式进行的。中国人方面拿来交换的货物主要是茶叶，俄国人方面主要是棉织品和毛织品。"①俄商以毛皮换取中国茶叶，开创了"彼以皮来，我以茶往"的贸易传统。

除了茶叶，中国还向俄国出口丝绸、棉布、水果、瓷器、大米、蜡烛、大黄、姜、麝香等，而俄国向中国出口毛皮、纺织品、成衣、生革、皮革、工具、牛等货品。茶叶贸易使俄商大获其利。俄商在恰克图以1磅2卢布的价格将茶转运至圣彼得堡，以3卢布的价钱将茶卖掉，赚利5成。1839年，俄商在恰克图购买了价值700万卢布的茶叶，当年运到下诺夫哥罗德市场上，收入了1800万卢布，利润高达400%—500%。恰克图市场茶叶贸易历时200余年的繁荣，产生了巨大的带动效应。

恰克图的茶叶分成商号茶、家族商贸茶和山西商贸茶等3种商品。经营恰克图贸易商号的都是山西大族。乾隆二十八年（1763），山西商人在买

---

① 《马克思恩格斯选集》（第1卷），人民出版社2012年版，第787页。

卖城的商户已有140多家，常住人口400多人，其中资本较厚者60余家，称为票商；另有散商（又称朋商）80余家依附于票商。到道光时，恰克图已有茶庄100家左右，皆为晋商经营。在众多的商号中，涌现出几大家，首推曹氏，次为常氏，还有乔氏、牛氏等，著名的晋商商号有大德玉、大升玉、大泉玉、锦泰亨、锦泉涌等。

恰克图的贸易是季节性贸易。每年冬末春初是恰克图贸易的旺季。在开市期间，恰克图十分热闹，不同文化的交流达成了某种难以想象的沟通。在这里可以听到俄国腔的汉语、中文腔的俄语，还有蒙古调的俄语和汉语，或者俄调和汉调的蒙语，各种语言在此进行"无障碍"的交流。19世纪初，清政府明文规定在恰克图做贸易的男丁必须学习俄语。几乎所有的店铺都有商人们自己编的所谓俄汉方言手抄词典。恰克图所有的居民都是用这种奇怪的方言同中国人谈话。

乾隆二十年（1755）之后，恰克图市场日渐繁荣，大批晋商涌向恰克图，茶叶贸易额也逐年增长。据俄罗斯学者研究，中国输出的茶叶，1755年至1762年的年平均数量从11000普特增加到13000普特。1768年到1785年的年平均数量约为29000普特。到18世纪末，茶叶的进货量开始呈现大幅度增长。另据统计，嘉庆五年（1800），由恰克图销往俄国的茶叶达279900俄磅，合250多万斤。道光以后，贸易数额又有大增。从道光十七年到十九年（1837—1839年），每年销往俄国的茶叶平均为8071880俄磅，合700多万斤，几乎全是晋商经销。咸丰初年中俄茶叶贸易额仍然保持着良好的势头，每年销给俄国的茶叶达15万箱，有900多万斤。1838年，俄商在恰克图向晋商王宗乔、旺盛隆、达兴发等30余家商号采购花茶33744箱（每箱净重75俄磅），花砖茶4724箱（每箱净重90俄磅），普通花茶12679箱，茉莉花茶32000箱，先后购买茶叶83147箱，按平均每箱80俄磅计，当年输入中国茶叶6661860俄磅。

在这一时期，晋商对俄贸易尚保持着很大优势，掌握着贸易的主动权。为了保证茶叶货源与茶叶质量，山西商人曾在福建武夷山区，通过"行东"（代理商）以包买形式控制一些作坊，要求对方按照自己的要求进行茶叶加工。咸丰三年（1853）以后，由于太平天国运动造成晋商去福建的茶道受阻，晋商们转向湖北武昌的崇阳、蒲圻两县交界处的羊楼峒、羊楼司一带，指导当地人栽植茶树和制造红绿茶之法，使这一带逐

⊙ 前往恰克图的骆驼商队

渐成为晋商新的茶叶产地。到光绪中期，晋商逐渐在蒲圻等地建立茶叶加工厂，进行较大规模的生产。

这样，就在中俄之间形成了一条国际商道，即"茶叶之路"。"茶叶之路"的运输途径为：

武夷山→江西铅山河口镇→船运（信江）→（鄱阳湖）→九江→（逆长江）→武昌→（溯汉水）→樊城（襄樊）→唐河→社旗→洛阳→泽州（晋城）→潞安（长治）→祁县→忻州→张家口→归化（呼和浩特）→库伦（乌兰巴托）→恰克图。

进入恰克图市场后，茶叶在这里经过第二次交易，过秋明、奥伦堡、罗斯托夫，抵达莫斯科。反过来，俄国借此路向中国输出西伯利亚地区的特产和工艺品。在"茶叶之路"上，驼队是运输的主力。归化城的骆驼总量在最高点时曾达到16万峰。

八、常驻北京的俄国传教士团

与中国和西欧各国的文化交流情况一样，在中俄文化交流过程中，在

中华文化向俄罗斯传播的过程中，俄国派遣来华的东正教传教士也发挥了重要作用。

彼得大帝早就有向中国派遣东正教传教士的愿望。1700年，彼得大帝指示选拔"德行高洁"的得力神父前往西伯利亚中心城市托博尔斯克主持教务。

1712年，由彼·胡佳科夫率领的俄国家商队来华。这时，康熙皇帝正准备派遣太子侍读殷扎纳和内阁侍读图理琛等人经西伯利亚前往伏尔加河流域，探访土尔扈特部首领阿玉奇。胡佳科夫按照沙皇彼得一世的旨意，要求理藩院准许俄国增派教士和医生来京，作为俄国同意殷扎纳、图理琛等人过境的交换条件。康熙皇帝同意了这个要求。1714年，殷扎纳、图理琛回国时，沙皇派遣雅库茨克斯巴斯基修道院院长、修士大司祭伊拉里昂·列扎伊斯基（汉名依腊离宛）以及修士司祭拉夫连季·乌瓦罗夫和修士辅祭菲利蒙等10人组成东正教"北京传教士团"偕行，携带着圣像、金冠、宗教用具和图书，于翌年5月到达北京。

⊙ 俄国人在北京的教堂

传教士团住在北馆圣尼古拉教堂正式开班传道，圣尼古拉教堂遂成为俄国在中国的唯一联络机构。清政府给予他们很好的待遇，理藩院发给团长修士大司祭伊拉里昂·列扎伊斯基1500两银子，其他修士司祭和辅祭750两银子，教堂执事人员200两银子，供他们购房和雇佣奴仆。此外，理藩院按月发给修士大司祭和其他神职人员一定数量的津贴。当时，清朝廷允许列扎伊斯基的传教士团来京只是一项临时性的举措，但这为俄国人在中国建立一个稳固据点的想法提供了机遇。

1728年中俄签订《恰克图界约》，使俄国获得了向北京定期派遣传教士团的权利，并使传教士团由过去的临时组织变成了正式机构。根据该条约，传教士团10年轮换一次，每届由4名神职人员和6名世俗人员组成。世俗人员包括执事和来华学习的学生、医生、科学研究人员等。《恰克图界约》第五条规定："京城之俄罗斯馆，嗣后惟俄罗斯人居住。其使臣萨瓦所欲建造之庙宇，令中国办理俄罗斯事务大臣在俄馆建造。现在京居住喇嘛一人，其又请增遣喇嘛三人之处，著照所请。候遣来喇嘛三人到时，亦照前来喇嘛之例，给予盘费，令住此庙内。至俄罗斯等依本国风俗拜佛念经之处，毋庸禁止。再萨瓦所留在京学艺之学生四名，通晓俄罗斯、拉替奴字话之二人，令在此处居住，给予盘费养赡。"这使原康熙给予俄国传教士团的优厚待遇成为中俄两国条约规定的中方义务。据此，俄国驻北京传教士团所享中方给予的优厚待遇维持了130余年，直到1858年《中俄天津条约》签订之后才宣告结束。

《恰克图界约》还商定，清政府帮助俄国传教士团在北京东江米巷（后称东交民巷）修建了新的教堂，也就是"南馆"，定名"奉献节堂"。这座"俄罗斯馆"不是新修的馆舍，它的前身为明代的会同馆。至清初，东江米巷的会同馆分置"鞑子馆"和"高丽馆"。"俄罗斯馆"即置于"高丽馆"旧址玉河馆。按照理藩院的安排，这座玉河馆起初只供俄国人住宿，未立教堂。至《恰克图界约》后，才变成一所附设教堂、兼有学舍的"俄罗斯馆"。

《恰克图界约》的重要意义在于俄国东正教在北京传教士团的法律地位，同时对其在北京的驻地、人员构成和给养等问题做了明确的规定，并且成为以后130年间俄国政府派遣传教士团来华、清政府处理俄国传教士团问题的法律依据。俄国传教士团的这种情况，是与同时期耶稣会以及其他欧洲来华传教士有根本不同的。康熙晚年曾宣布禁教，到雍正时，清政府规定除留京效力的传教士外，其余各省教士俱安置于澳门，令其附舶回

⊙ 天津的东正教教堂

国。当时除澳门仍准天主教传教外，其余中国各地是禁止传教的。自此直至1840年鸦片战争之前，天主教、新教传教士在华活动的地域基本限于澳门、广州等华南一隅，并且在很大程度上带有秘密性质。与之相比，俄国东正教传教士团的地位是相当高的。

俄国政府派遣传教士团到北京，主要目的是完成俄国政府的外交任务，向俄罗斯商队提供住所和帮助，并多方面研究中国。所以，俄罗斯传教士与其他国家的天主教传教士不同，在这一时期，他们没有在汉人和满人中传播东正教，更没有参与政治斗争。使团只完成俄国政府交办的外交任务，向俄罗斯商队提供住所和帮助。1838年，留在北京南教堂的最后一名天主教教会住持去世了，此后直到1860年，俄罗斯人是中国京城唯一的外国人。在1860年以前，这个传教士团实际上是一个兼有外交、商务和文化多重职能的机构。

俄国政府对传教士团的派遣非常重视。每一届传教士团的派出、人员的选拔和培训、任务的制定、奖励和任用，都由外交部亚洲司一手操办。传教士团的构成和领班的任用，都要经枢密院批准，有时还要得到沙皇的恩准。沙皇甚至接见个别传教士团领班，面授机宜。俄国外交部还给第3和第5届传教士团配备了监护官，专门负责与清政府的交涉和传教士团的轮换，并且从第8届起形成一种制度，一直到第14届为止，每一届都有监护官随行。这些监护官大都是外交部官员，有时甚至是军官。从1715年到1956年的241年间，共有20届俄罗斯东正教传教士团被派驻北京，前后跨越3个世纪。在这期间，中俄两国都经历了沧桑巨变、政权更迭，但这个传教士团一直维持着自身的存在。

由于东正教传教士团承担的不仅仅是宗教职能，因此，在1860年以前，其成员由神职人员和世俗人员两部分组成。按照《恰克图界约》的规定，传教士团包括传教士4名、世俗人员6名。但实际上每一届传教士团的人数不等，多则十几人，少则不足10人。神职人员包括大司祭、修士司祭、修士辅祭和教堂差役。世俗人员早期只有学生，后来又增加了监护官、医生、画家以及临时差遣人员。据我国学者肖玉秋统计，从1715年的第1届到1902年中国主教区（第18届任内）成立以前，俄国一共派遣传教士团成员178人次，其中神职人员111人次、世俗人员67人次。世俗人员中包括学生47名、医生5名、画家4名、临时差遣人员4名和监护官7人次。其中前7届神职人员51人次、世俗人员20人次，后7届神职人员34人次、世俗人员47人次。

《恰克图界约》没有提到传教士团的换班问题，后来每届传教士团来京，都需要经过清廷批准。从第4届开始，俄国将传教士团在华的居留时间确定为7年，不包括往返路途的用时。实际上各届传教士团在北京的时间并不一致，最短的是第2届，为6年，最长的是第5届，长达17年。大多数成员一般任职1届，也有任职2届的，而巴拉第前后任职3届（第12届、第13届、第15届），在北京居住了30年之久。传教士团的日常生活供给，起初由清廷负担。清廷给传教士团所有神职人员授予不同品级的官职，并每月向所有成员发放俸禄。直到1858年《中俄天津条约》之后，中国才停止向他们提供给养。

1860年是传教士团历史上一个在职能方面发生重大变化的分界线。

1861年，俄国在北京设立公使馆。1863年，俄国政府决定改组驻北京传教士团，将其成员中的世俗人员（包括学生）划归外交使团管理，并对在北京的宗教使团和外交使团的两个机构的地位、职能、构成以及给养等问题进行了详细区分。此后，传教士团主要承担的是宗教方面的职能，着重于传教事业。

俄国很早就注意对中国的研究。早在东正教传教士团开始组织的时候，彼得大帝就指示他们要注意学习满语、汉语和研究中国的情况。同时"带上两个或三个善良肯学且年轻的修士学习汉语和蒙古语"。1726年叶卡捷琳娜在有关组建第2届传教士团的指令中，要求传教士团赴北京时带上几名在伊尔库茨克主升天修道院学习蒙语的学生，以便在中国继续学业。1727年签订的《恰克图界约》规定，俄国可以定期派遣留学生随传教士团前来北京学习。根据这一协定，1727年9月，俄国挑选了沃耶伊科夫、普哈尔特、菲奥多尔·特列季雅科夫3人作为第1届传教士团学生，随朗格率领的商队前往中国。12月26日，他们到达北京，开始了他们在华的留学生生活。这3名学生是第一批俄国来华留学生。而在同一时期，任何西方国家都没有取得派遣留学生来华的权利。

在18世纪，从1715年第1届传教士团到1794年，俄国总共派出8届传教士团，其中7届有随团学生，共25名。他们是来自莫斯科斯拉夫—希腊—拉丁语学院、伊尔库茨克主升天修道院蒙古语学校和托博尔斯克宗教学校的在读学生。在俄罗斯文献中，这些来华留学生被称为"学生"。进入19世纪后，俄国政府注重提高传教士团成员的素质，1808年第9届至1858年第14届派出的23名学生，多数来自彼得堡神学院等大学，因而改称"大学生"。在总共20届传教士团中，共有13届有随团学生，总计48名。

18世纪俄国留学生的主要任务是学习满语、汉语。19世纪以后则更注重对中国历史文化诸方面的学习和研究。1810年，比丘林提出建议，对传教士团进行改组：一是提高人员质量，应派受过高等教育的人员充实现有机构；二是提高修士大司祭领班的级别，赋予他相当于领事的职权。1816年，比丘林又提出一套对传教士团人员的培养计划，主张把留学生的10

年制分成三段：前5年学习语言并具备翻译能力，第6—8年攻读儒家经典"四书"，最后两年从事专题研究。至于神职人员，除了研习语言外，也应各通一门工艺，如绘画、制漆或刻石等。根据这些建议，伊尔库茨克总督制定了一份对第10届传教士团的指令草案，呈请彼得堡批准。1818年经沙皇亚历山大一世批准，指令正式生效。这份《1818年指令》的内容是将研究中国确定为传教士团的主要任务，大幅度提高对传教士团的资金投入，改善团员待遇，建立管理委员会制度，选拔优秀大学生派往中国，并由科学院为其制定详细的学习指令等。《1818年指令》对北京传教士团的命运产生了深远影响。

《1818年指令》要求传教士团"对中国经济和文化进行全面的研究"。俄国国民教育大臣哥里岑按照这个精神，指示皇家科学院成立专门委员会，按学科分工起草一份对随团学生的指令。其中规定，除了完成学习汉语、满语这个主要任务外，从医学到哲学（特别强调儒学），从法律制度到农村经济，均应安排专人分头搜集资料进行研究。这份指令说，大学生们最主要的任务是学习汉语和满语，"其他活动要与他们的任务、未来期望和能力相一致，有人关注中国的医学和自然史，有人关注数学、中国文学、哲学特别是孔子的学说，还要有人致力于研究中国国家的历史、地理、统计和法学、哲学，还要有人收集农业、农民的家庭生活、土地耕作、手工业和艺术方面的消息。科学院、医学科学院、莫斯科自然工作者学会、彼得堡矿物学和自然经济学会都请这些学生（还包括教堂第一服务人员）担任自己的通讯员，这些学生有责任把自己的发现和判断告知这些学会"①。指令同时对每个成员在中国期间的任务做了具体规定。第10届传教士团中的4名学生，其主要任务是学习汉语和满语，还要根据其所接受过的教育、自身愿望和能力，分别学习其他课程。第1个学生关注中国的医学和自然史，第2个学生关注中国的数学、文学和哲学，第3个学生研究中国的历史、地

---

① ［俄］П. Е. 斯卡奇科夫著，［俄］В. С. 米亚斯尼科夫编：《俄罗斯汉学史》，柳若梅译，社会科学文献出版社2011年版，第180—181页。

理、统计和法律，第4个学生搜集有关中国农业、中国人家庭生活状况、耕作技术以及各种工艺的信息。4名学生也是彼得堡皇家科学院、医学院、莫斯科自然学家学会和圣彼得堡矿物学会的通讯员。

为了东正教传教士团留学生的学习，清政府特为他们设立了"俄罗斯学"，置于北京国子监下，派汉族、满族教师为这些来华的学员教授汉文、满文和经史典籍。

在这些学生中，多数人努力学习中国语文，了解历史、地理、资源、商务、经济、社会风习，收集情报、汇编资料。这些在华留学生回国后，大多都学有所用，在不同领域发挥了积极的作用。他们中有些人在边境地区供职，也有的从事中俄贸易，多数担任议员或外交官，还有一些进入彼得堡皇家科学院或者大学等学术机构，从事中国问题的研究和教学，他们中涌现出俄罗斯第一批杰出的汉学家。在19世纪俄罗斯的汉学研究队伍中，基本上是以这些留学生或者传教士团成员为主体的，其他的学者也多出自他们门下。他们为俄国人对中国文化的认识、为俄国汉学的诞生和发展、为中国文化在俄罗斯的传播做出了重要的贡献。

结束语

一

　　在这部历史著作中，我们用比较大的篇幅，全景式描述了丝绸之路形成、发展、繁荣的历史，讲述了与丝绸之路有关的人类文明的历史。丝绸之路的历史，就是中西文明交流与互鉴的历史，就是一部人类文明发展的历史。

　　丝绸之路是文明交流之路，是文明对话之路。在几千年的丝绸之路上，有民族的大迁徙，物种的大交换，产品的大流通，技术的大转移，宗教的大传播，艺术的大交流，上演了一幕幕威武雄壮、丰富多彩的文化大戏。正是通过这样的大交流、大融合，各民族的文化彼此接近了、了解了、相知了，各自也都丰富了、发展了。所以，丝绸之路的历史就是世界上各民族文化相遇、相知、交流和融合的历史，就是世界文明大发展的历史。

　　丝绸之路上的文化交流，是世界文明史上最壮丽的文化景观。丝绸之路在沟通东西方文明，实现欧亚大陆各民族物质、技术、宗教、艺术文化交流等方面，具有非常重要的意义。

　　这种文明的对话、交流与互鉴，在人类文明诞生之初就开始了。交流是文化的本质特征，没有交流就没有文化的发展。从文明发端开始，虽然中华文化是在一个相对封闭的环境中独自创生的，是中华民族的先民们在少受外来文化因素影响下创造的一种原生型文化，但是，从那时起，中华民族就一直寻求与外部世界的交通与联系，在早期文化的形态中已经具有了与其他民族文化联系的某些信息和线索。实际上，有了人类的活动，就有了走向远方的梦想，就有了探索交通道路的动力，因此就有了"彩陶之路""玉石之路""草原之路"及以后的"青铜之路"等。

因此，丝绸之路的历史可以追溯到新石器时代，汉代丝绸之路的大畅通正是在此前数千年人类活动的基础上实现的。秦汉之后，随着丝绸之路交通的进一步开辟，交往的扩大，中国与外部世界的联系越来越密切，人员交往越来越频繁，文化交流也越来越广泛。我们已经看到，在很早的时候，我们的先人便为走向世界付出了巨大的努力。自张骞出使西域，至甘英、法显、王玄策、玄奘、义净、鉴真、郑和等，历代行人不避艰难险阻，越关山、渡重洋，在漫长的旅途中留下了艰苦跋涉的足迹，与各国各族人民建立起政治的、经济的、文化的联系，搭建起友谊的桥梁。他们不仅是文化交流的使者，更是文化的创造者和启发者。他们的文化情怀和文化精神是永远值得我们敬仰和怀念的。

丝绸之路是各民族在不同时代共同努力、共同开发的结果，在历史上，既有中国人积极的向外探索和开拓，也有西方人自西徂东的冒险与开发，更有草原民族为开辟和发展草原之路所做的贡献。我们提到过古波斯的王家大道，提到过亚历山大的东征，更有欧洲人为寻找和开辟新航路的努力而启动了大航海时代。丝绸之路的历史，也同样记载着那些远方友人的名字，如鸠摩罗什、柏朗嘉宾、鲁布鲁克、马可·波罗、伊本·拔图塔、鄂多立克、利玛窦等。丝绸之路本身就是全人类文明共同发展的重要成就。

二

我们的前辈对于开辟交通路线的重要性是有充分认识的，有许多中外文献的作者，在不同的历史时代，或是亲身经历，或是得自传闻，或是研究文献，都不厌其烦地一再描述各种交通路线。这些关于中外交通史的重要文献，不仅为我们今天了解和研究丝绸之路提供了直接的基础性材料和依据，更让我们体会到前辈们对于丝绸之路的文化情怀和寄托的梦想。

丝绸之路是中国文化走向世界的道路，是中国文化与西方文化相遇、交流、对话、融合的道路。通过丝绸之路，世界上其他民族的文化在中国得到传播，中华文化接受、吸收和融合了各种外来文化，充实、丰富着中华文化的内容，激励和促进中华文化的发展与繁荣。中华民族创造的文明成果源源不断地传播到世界各地，参与着世界文化的历史发展进程，对世界文化的发展做出了贡献。

在丝绸之路的历史上，从秦汉时代开始，出现了几次大的中外文化交流高潮，既有中华文化在世界各地的广泛传播，也有不断涌进的涓涓细流，共同描绘出中外文化相遇与交流、融合与激荡的波澜壮阔的历史画卷。

丝绸之路最初是因为商贸活动而开辟的，各国各民族的商旅是丝绸之路上人数最多、活动时间最长、贡献最大的一个群体，丝绸之路沿线的许多城镇都是因他们的活动而繁荣，甚至就是这些商人建立起来的。也正是因为商旅们千百年间行走在丝绸之路上，才实现了物种的大交换、商品的大流通，让各民族充分分享了一切文明的先进成果。中国的丝绸、茶叶、瓷器以及其他丰富而精美的物产源源不断地传播到世界各地，西方的香料、玻璃和奇珍异宝也源源不断地输入中国。

商人们不仅传播着物质文化的成果，还在各民族之间沟通文化信息，成为各民族相互了解和认识的最初渠道。因此，丝绸之路不仅仅是商贸之路、物质交流之路，更是各民族、各文化相遇、接触、交流与融合之路。丝绸之路上，除了有物产和物种的大流动，还有技术的转移、艺术的交流、宗教的传播和思想的激荡。在技术层面，中国古代的四大发明通过丝绸之路传播到西方，意义已远远超出其自身的技术领域，对文化的传承、人类改造世界能力的提高，乃至世界历史的演变，都具有特别重要的作用和巨大的影响。不仅四大发明，还有中国的农耕技术、养蚕缫丝技术、制瓷技术以及许多重大科技成果，都陆续传播到世界各地。与此同时，外国先进的技术发明，比如古代的玻璃制造技术、葡萄酒酿制技术、制糖技术等，也都陆续传播到中国，丰富了中华文化的内容，丰富了中国人的生活。

物质文化和技术文化的传播，在中外文化交流中起到了前锋的作用。而中国的艺术文化和学术文化都曾以不同的方式传播到海外。例如，朝鲜半岛、日本等都曾把大规模引进中国典籍文献作为引进、吸收中华文化的重要形式。中国的史学、儒学等在朝鲜半岛、日本等地产生了深刻的影响。特别是儒家思想在欧洲启蒙运动时期给欧洲人思想的变革以巨大的启发。与此同时，其他民族所创造的各种艺术形式也都大规模地传播过来，丰富着中国人的艺术形式和精神文化生活。汉唐以前，西域的音乐舞蹈一直是激励中国音乐舞蹈艺术发展的主要源泉，早在西周时期就有西域歌舞传播到中原，成为中国宫廷乐舞的组成部分。到了汉唐，西域民族的乐舞更是大规模地在中原流传普及，成为相当流行的艺术形式。

丝绸之路上的文化交流内容极为丰富，范围极为广泛，持续时间极为长久。本书的各个部分，对这些内容加以充分的论述，生动展示那些激动人心的历史画面。

丝绸之路的本质是文明的对话，是各民族文化的互联互通，是人类文明的共享。实现世界文明的互联互通、交流互鉴，是文明发展的根本动力，也是人类自由自觉的实践活动。几千年来，各国各民族的人们都在为这一目标而努力。所以，我们看到的丝绸之路文明史，就是波澜壮阔的文明互动、对话、交流的历史，是你来我往的文明大交汇、大融合的历史。这是一幅极为精彩的文明画卷，是博大恢宏的历史活剧。

三

前文曾引述斯文·赫定说过的一句话，他说李希霍芬提出的"丝绸之路"是一个"很能说明问题的名称"。"丝绸之路"这个名称怎么就"很能说明问题"，能"说明"什么"问题"呢？笔者认为，丝绸之路给予我们的，首先是一种历史观、一种文明观。以丝绸之路的历史观和文明观来认识我们的历史、认识我们的文化史，就会看到，即使在遥远的古代，世界上的各民族、各文化也不是相互封闭的、隔绝的，而是相互联系、沟通和交流的。历史漫长而内容丰富的丝绸之路史、中外文化交流史，是世界文化发展历史上一个奇伟壮丽的文化景观，一个人类文明共生与交融的伟大实践。展示与解读这个巨幅的历史画卷，总结中国与其他民族文化相遇、对话、交流与互动的历史经验，会使我们对中华文化特性与品质的认识，对中华文化民族性和世界性内涵的理解，对面向全球化时代中华文化和世界文化发展前景的展望，产生有益的启发和思考。

许倬云先生曾提出一个文化发展的"网络体系"说，也可称"道路体系"说。他指出，中国文化的发展，有它的"体系结构"，几个地区的网络体系逐渐因为体系的扩大而连接重叠，成为庞大的体系。中国的道路系统，经过数千年的演变，将中国整合为一个整体。而数百年来，全球若干原本独立的体系，也因接触与交往，正在走向更大的整合，合为全球性的体系。对于许倬云先生的这个论述，我们还可以补充说，丝绸之路正是这个连接中国和世界网络体系的骨干部分。人类文化固然是在近数百年来才"走向更大的整合，合为全球性的体系"的，但是，在此以前的数千年中，事实上就已经发生长期的接触与交往，不断走向整合，并早就整合为全球性的体系，只是其整合性不如近现代这样强。

丝绸之路是构建全球化体系的决定性力量。从丝绸之路的萌芽到以后的大发展，都是致力于把中国与世界连成一体，把欧亚大陆各民族文化连成一体。

通过丝绸之路，中华文化积极与世界其他民族交流与对话，便是在不断地追求走向世界，追求获得自己的普遍性和世界性。因此，从历史上看，中华文化是世界文化格局中很重要的一部分，是世界文化总体对话中很重要的一极。正是由于中华文化的参与，世界文化格局才显得如此丰富多彩、辉煌壮观、万千气象，世界文化的总体对话才显得如此生动活跃、生机盎然、妙趣横生。另一方面，中华文化在走向世界、参与世界文化总体对话的过程中，也使自己获得了世界性的文化价值和文化意义。以丝绸之路的文明观将中国史纳入世界史的范围来考察，就赋予了我们新的视野。这就是一个全球眼光、世界眼光，把中国史、中国文化史作为世界史、世界文化史的一部分来看。

从丝绸之路的文明观来看中华文化，我们能够揭示出中华文化的一个重要特性，就是它的开放性。中华文化在自身的成长过程中，形成了健全的传播和接受机制，具有全面开放的广阔胸襟和兼容世界文明的恢宏气度，与世界各国、各民族进行了范围广泛的交通往来和文化交流。中华文化不是在自我封闭中成长的，而是在与世界各民族文化的广泛交流中成长的。中外文化交流的历史不仅极为悠久，而且源远流长，如滔滔江河奔腾不息，数千年没有中断，并且交流的范围日益广泛，内容日益丰富，影响日益扩大。中外文化交流的历史是与中华文化的发展史同步的，是中华文化既贡献于人类文明，也发展着自己的历史。虽然中国历史上也有过海禁、闭关、锁国的时期，但那毕竟是短暂的和暂时的。从整个中国历史来考察，开放的时代远远超过封闭的时代。即使在封闭时代里，也不是完全割断了与外部世界的联系，也不是完全中断了与域外文化的接触和交流。一方面，大规模地输入、接受和融合世界各民族文化，使中华文化系统处于一种"坐集千古之智""人耕我获"的佳境，使整个机体保持旺盛的生命力；另一方面，中华文化具有积极主动地向海外开拓的内在动力，播辉煌于四海，大规模地向世界各地输出、传播，使中华文化的优秀成果被吸收和融合于其他国家和民族文化体系中，为它们的文化发展提供源头活水和刺激动力。

坦诚而主动地进行文化交流，广泛地吸收外来文化，大规模地进行文化输出，都是对自己民族和文化有着强烈自信心的表现。正如鲁迅所说的那样："（汉唐时代）我们的祖先们，对于自己的文化抱有极坚强的把握，决不轻易动摇他们的自信力；同时对于别系的文化抱有极恢廓的胸襟与极精严的抉择，决不轻易地崇拜或轻易地唾弃。"

现在，我们所面对的世界已经与古代大不相同了。随着现代交通工具的快速发展，现代通信和互联网技术的广泛应用，国家、民族之间的往来越来越频繁，经贸、政治、文化关系越来越密切。各国、各民族之间的文化交流，无论其规模和广泛性，还是其基本态势和发展水平，与之前相比，已不可同日而语。特别是近几十年现代科学技术的发展，互联网和全球化趋势的发展，把整个世界连成了一体。各民族之间相互沟通、相互了解，各文化之间相互渗透、相互融合，使作为整体的人类有了更多的共同语言，有了共同的价值基础，因而文化的世界性和共同性更为突出。这也就形成了一种属于全人类共同文明财富的"世界文化"。所以，丝绸之路不仅是一条古代的文化交流之"路"，而且存在于我们今天的生活中，是我们今天生活的文化背景。通过丝绸之路，我们与世界同行；通过丝绸之路，我们去看世界，获得一种面向全人类的世界观和文明观。

全球化时代的实质意义在于人类文明的共享，在于每个民族都能很快吸收世界文明的先进成果。现代的传播媒介，把整个世界推送到了我们的面前。我们可以了解发生在世界各地的事情，对其他各民族的风俗民情、文学技艺也都可以知之详尽。这些广博的文化知识，不仅可以大大开阔我们的视野，使我们以更加开放的心态去积极地吸收、学习世界上一切优秀文化的成果，更使我们学会了在世界文化的宏观视野下审视我们自己的文化，在世界文化的整体参照系中创造我们自己的文化。

而互联互通、文明共享，正是丝绸之路精神的核心所在，是丝绸之路本身所提供的文化理想。

结束语

主要参考文献

1.〔日〕长泽和俊著:《丝绸之路史研究》,钟美珠译,天津古籍出版社1990年版。

2.〔法〕让-诺埃尔·罗伯特著:《从罗马到中国——恺撒大帝时代的丝绸之路》,马军、宋敏生译,广西师范大学出版社2005年版。

3.〔英〕拉乌尔·麦克劳克林著:《罗马帝国与丝绸之路》,周云兰译,广东人民出版社2019年版。

4.〔法〕布尔努瓦著:《丝绸之路》,耿昇译,山东画报出版社2001年版。

5.〔英〕吴芳思著:《丝绸之路2000年》,赵学工译,山东画报出版社2008年版。

6.〔法〕F.-B.于格、E.于格著:《海市蜃楼中的帝国——丝绸之路上的人、神与神话》,耿昇译,喀什维吾尔文出版社2004年版。

7.〔法〕Jean-Pierre Drège著:《丝绸之路——东方和西方的交流传奇》,吴岳添译,上海书店出版社1998年版。

8.〔俄〕叶莲娜·伊菲莫夫纳·库兹米娜著:《丝绸之路史前史》,李春长译,科学出版社2015年版。

9.〔美〕芮乐伟·韩森著:《丝绸之路新史》,张湛译,北京联合出版公司2015年版。

10.〔英〕赫·乔·韦尔斯著:《世界史纲——生物和人类的简明史》,吴文藻等译,人民出版社1982年版。

11.〔美〕海斯、穆恩、韦兰著:《世界史》,中央民族学院研究室译,生活・读书・新知三联书店1975年版。

12.［法］费尔南・布罗代尔著：《文明史纲》，肖昶等译，广西师范大学出版社2003年版。

13.［美］菲利普・李・拉尔夫等著：《世界文明史》，赵丰等译，商务印书馆1998年版。

14.［美］杰里・本特利、赫伯特・齐格勒著：《新全球史——文明的传承与交流（第三版）》（上下），魏凤莲等译，北京大学出版社2007年版。

15.［美］威廉・麦克尼尔著：《西方的兴起——人类共同体史》，孙岳等译，中信出版社2015年版。

16.［苏］约・彼・马吉多维奇著：《世界探险史》，屈瑞、云海译，世界知识出版社1988年版。

17.［英］菲利普・D.柯丁著：《世界历史上的跨文化贸易》，鲍晨译，山东画报出版社2009年版。

18.［美］罗兹・墨菲著：《亚洲史》（第4版），黄磷译，海南出版社、三环出版社2004年版。

19.［美］张光直著：《商代文明》，毛小雨译，北京工艺美术出版社1999年版。

20.［美］狄宇宙著：《古代中国与其强邻——东亚历史上游牧力量的兴起》，贺严、高书文译，中国社会科学出版社2010年版。

21.［日］石田干之助著：《长安之春》，钱婉约译，清华大学出版社2015年版。

22.［美］杰克・威泽弗德著：《成吉思汗与今日世界之形成》，温海清、姚建根译，重庆出版社2009年版。

23.［法］雷纳・格鲁塞著：《蒙古帝国史》，龚钺译，商务印书馆1989年版。

24.［法］勒内・格鲁塞著：《草原帝国》，蓝琪译，商务印书馆1998年版。

25.［英］李约瑟著：《中国科学技术史》第五卷《化学及相关技术》第一分册《纸和印刷》，科学出版社、上海古籍出版社1990年版。

26.［英］李约瑟著：《中国科学技术史》第五卷《化学及相关技术》第七分

册《军事技术：火药的史诗》，刘晓燕等译，科学出版社、上海古籍出版社2005年版。

27. ［美］卡特著：《中国印刷术的发明和它的西传》，吴泽炎译，商务印书馆1957年版。

28. ［日］三上次男著：《陶瓷之路》，李锡经、高喜美译，文物出版社1984年版。

29. ［英］罗伊·莫克塞姆著：《茶：嗜好、开拓与帝国》，毕小青译，生活·读书·新知三联书店2010年版。

30. ［美］威廉·乌克斯著：《茶叶全书》（上下卷），侬佳等译，东方出版社2011年版。

31. ［英］S. A. M. 艾兹赫德著：《世界历史中的中国》，姜智芹译，上海人民出版社2009年版。

32. ［日］木宫泰彦著：《日中文化交流史》，胡锡年译，商务印书馆1980年版。

33. ［英］D. G. E. 霍尔著：《东南亚史》（上下册），中山大学东南亚历史研究所译，商务印书馆1982年版。

34. ［日］上垣外宪一著：《日本文化交流小史》，王宣琦译，武汉大学出版社2007年版。

35. ［澳］安东尼·瑞德著：《东南亚的贸易时代：1450—1680年》（2卷），吴小安、孙来臣等译，商务印书馆2010年版。

36. ［缅］G. E. 哈威著：《缅甸史》，姚枬译注，陈炎校订，商务印书馆1957年版。

37. ［缅］波巴信著：《缅甸史》，陈炎译，商务印书馆1965年版。

38. ［印］谭中、［中］耿引曾著：《印度与中国——两大文明的交往和激荡》，商务印书馆2006年版。

39. ［印］潘尼迦著：《印度和印度洋——略论海权对印度历史的影响》，德隆、望蜀译，世界知识出版社1965年版。

40. ［日］羽田亨著：《西域文明史概论》（外一种），耿世民译，中华书局

2005年版。

41. ［美］麦高文著：《中亚古国史》，章巽译，中华书局2004年版。

42. ［荷］许理和著：《佛教征服中国——佛教在中国中古早期的传播与适应》，李四龙等译，江苏人民出版社2003年版。

43. ［美］希提著：《阿拉伯通史》，马坚译，商务印书馆1979年版。

44. ［美］拉铁摩尔著：《中国的亚洲内陆边疆》，唐晓峰译，江苏人民出版社2005年版。

45. ［德］夏德著：《大秦国全录》，朱杰勤译，大象出版社2009年版。

46. ［苏］威廉·巴托尔德著：《中亚突厥史十二讲》，罗致平译，中国社会科学出版社1984年版。

47. ［法］张日铭著：《唐代中国与大食穆斯林》，姚继德、沙德珍译，宁夏人民出版社2002年版。

48. ［美］谢弗著：《唐代的外来文明》，吴玉贵译，中国社会科学出版社1995年版。

49. ［美］J. J. 克拉克著：《东方启蒙：东西方思想的遭遇》，于闽梅、曾祥波译，上海人民出版社2011年版。

50. ［德］贡德·弗兰克著：《白银资本——重视经济全球化中的东方》，刘北成译，中央编译出版社2000年版。

51. ［美］A. T. 奥姆斯特德著：《波斯帝国史》，李铁匠等译，上海三联书店2010年版。

52. ［美］马文·佩里主编：《西方文明史》（2卷），胡万里等译，商务印书馆1993年版。

53. ［法］伯希和撰：《蒙古与教廷》，冯承钧译，中华书局1994年版。

54. ［伊朗］志费尼著：《世界征服者史》，何高济译，内蒙古人民出版社1981年版。

55. ［法］戈岱司编：《希腊拉丁作家远东古文献辑录》，耿昇译，中华书局1987年版。

56. ［英］H. 裕尔撰，［法］H. 考迪埃修订：《东域纪程录丛》，张绪山译，云南人民出版社2002年版。

57. [法]雅克·布罗斯著:《发现中国》，耿昇译，山东画报出版社2002年版。

58. [法]阿里·玛扎海里著:《丝绸之路——中国—波斯文化交流史》，耿昇译，中国藏学出版社2014年版。

59. [阿拉伯]伊本·胡尔达兹比赫著:《道里邦国志》，宋岘译注，中华书局1991年版。

60. [波斯]阿里·阿克巴尔著:《中国纪行》，张至善编，生活·读书·新知三联书店1988年版。

61. [苏]伊戈尔·季莫费耶夫著:《旅游者的欢乐——中世纪旅行家伊本·拔图塔传》，杨春华等译，生活·读书·新知三联书店1990年版。

62. [摩洛哥]伊本·白图泰著:《伊本·白图泰游记》(校订本)，马金鹏译，宁夏人民出版社2000年版。

63. [美]弗雷德里克·J.梯加特著:《罗马与中国——历史事件的关系研究》，丘进译，人民交通出版社1994年版。

64. [英]道森编:《出使蒙古记》，吕浦译、周良霄注，中国社会科学出版社1983年版。

65. [意]柏朗嘉宾、[意]鲁布鲁克原著，[法]贝凯、[法]韩百诗、[美]柔克义译注:《柏朗嘉宾蒙古行纪、鲁布鲁克东行纪》，耿昇、何高深译，商务印书馆、中国旅游出版社2018年版。

66. [法]沙海昂注:《马可波罗行纪》，冯承钧译，中华书局2004年版。

67. [美]劳伦斯·贝尔格林著:《大旅行家马可·波罗传》，周侠译，海南出版社2010年版。

68. [法]安田朴著:《中国文化西传欧洲史》，耿昇译，商务印书馆2000年版。

69. [美]孟德卫著:《1500—1800:中西方的伟大相遇》，江文君等译，新星出版社2007年版。

70. [美]埃里克·杰·多林著:《美国和中国最初的相遇——航海时代奇

异的中美关系史》，朱颖译，社会科学文献出版社2014年版。

71.［德］利奇温著：《十八世纪中国与欧洲文化的接触》，朱杰勤译，商务印书馆1962年版。

72.［瑞典］罗伯特·贺曼逊著：《伟大的中国探险：一个远东贸易的故事》，赵晓玫译，广东人民出版社2006年版。

73.［美］邓恩著：《从利玛窦到汤若望——晚明的耶稣会传教士》，余三乐、石蓉译，上海古籍出版社2003年版。

74.［意］利玛窦、［比］金尼阁著：《利玛窦中国札记》，何高济等译，中华书局1983年版。

75.［法］裴化行著：《利玛窦评传》（2册），管震湖译，中华书局1993年版。

76.［法］亨利·柯蒂埃著：《18世纪法国视野里的中国》，唐玉清译，上海书店出版社2006年版。

77.《海屯行纪、鄂多立克东游录、沙哈鲁遣使中国记》，何高济译，中华书局1981年版。

78.白寿彝著：《中国交通史》，商务印书馆1937年版。

79.向达著：《中外交通小史》，商务印书馆1930年版。

80.李长傅著：《中国殖民史》，商务印书馆1937年版。

81.姜伯勤著：《敦煌吐鲁番文书与丝绸之路》，文物出版社1994年版。

82.常任侠著：《丝绸之路与西域文化艺术》，上海文艺出版社1981年版。

83.常任侠著：《海上丝路与文化交流》，海洋出版社1985年版。

84.林梅村著：《丝绸之路考古十五讲》，北京大学出版社2006年版。

85.石云涛著：《三至六世纪丝绸之路的变迁》，文化艺术出版社2007年版。

86.沈济时著：《丝绸之路》，中华书局2010年版。

87.赵汝清著：《从亚洲腹地到欧洲——丝路西段研究》，甘肃人民出版社2006年版。

88.殷晴著：《丝绸之路与西域经济——十二世纪前新疆开发史稿》，中华书局2007年版。

89.刘迎胜著：《丝绸之路》，江苏人民出版社2014年版。

90.刘迎胜著:《丝路文化·草原卷》,浙江人民出版社1995年版。

91.卞洪登著:《丝绸之路考》,中国经济出版社2007年版。

92.联合国教科文组织、中国社会科学院考古研究所编:《十世纪前的丝绸之路和东西文化交流》,新世界出版社1996年版。

93.陈高华等著:《海上丝绸之路》,海洋出版社1991年版。

94.陈炎著:《海上丝绸之路与中外文化交流》,北京大学出版社1996年版。

95.李冀平、朱学群、王连茂主编:《泉州文化与海上丝绸之路》,社会科学文献出版社2007年版。

96.刘凤鸣著:《山东半岛与东方海上丝绸之路》,人民出版社2007年版。

97.黄启臣主编:《广东海上丝绸之路史》,广东经济出版社2003年版。

98.伍加伦、江玉祥主编:《古代西南丝绸之路研究》,四川大学出版社1990年版。

99.武斌著:《丝绸之路全史》,辽宁教育出版社2018年版。

100.张国刚著:《胡天汉月映西洋——丝路沧桑三千年》,生活·读书·新知三联书店2019年版。

101.郭沫若主编:《中国史稿》(第二册),人民出版社1979年版。

102.许倬云著:《万古江河——中国历史文化的转折与开展》,上海文艺出版社2006年版。

103.许倬云著:《我者与他者——中国历史上的内外分际》,生活·读书·新知三联书店2015年版。

104.李济著:《中国文明的开始》,江苏教育出版社2005年版。

105.张光直、李光谟编:《李济考古学论文选集》,文物出版社1990年版。

106.许倬云著:《西周史》(增订本),生活·读书·新知三联书店1994年版。

107.王子今著:《秦汉交通史稿》(增订版),中国人民大学出版社2013年版。

108.王子今著:《秦汉交通史新识》,中国社会科学出版社2015年版。

109.陈旭经著:《匈奴史稿》,中国人民大学出版社2007年版。

110.王永平著:《从"天下"到"世界":汉唐时期的中国与世界》,中国社会科学出版社2013年版。

111.李健超著：《汉唐两京及丝绸之路历史地理论集》，三秦出版社2007年版。

112.莫川著：《南宋大航海时代》，经济管理出版社2008年版。

113.黄纯艳著：《宋代海外贸易》，社会科学文献出版社2003年版。

114.张锦鹏著：《南宋交通史》，上海古籍出版社2008年版。

115.魏良弢著：《西辽史纲》，人民出版社1991年版。

116.樊树志著：《晚明大变局》，中华书局2015年版。

117.南炳文等著：《清代文化——传统的总结和中西大交流的发展》，天津古籍出版社1991年版。

118.孙机著：《中国圣火——中国古文物与东西文化交流中的若干问题》，辽宁教育出版社1996年版。

119.潘吉星著：《中国古代四大发明——源流、外传及其世界影响》，中国科技大学出版社2002年版。

120.张秀民著：《中国印刷术的发明及其影响》，人民出版社1958年版。

121.陈进海著：《世界陶瓷——人类不同文明和多元文化在交融中延异的土与火的艺术》（6卷），万卷出版公司2006年版。

122.朱培初编著：《明清陶瓷和世界文化的交流》，轻工出版社1984年版。

123.仲伟民著：《茶叶与鸦片——十九世纪经济全球化中的中国》，生活·读书·新知三联书店2010年版。

124.赵丰主编：《中国丝绸通史》，苏州大学出版社2005年版。

125.高千惠著：《千里丝一线牵——汉唐织锦的跨域风华》，台湾历史博物馆2003年版。

126.白寿彝著：《中国交通史》，团结出版社2007年版。

127.孙光圻著：《中国古代航海史》，海洋出版社1989年版。

128.张静芳著：《中国古代造船与航海》，天津教育出版社1991年版。

129.庄景辉著/译：《泉州港考古与海外交通史研究》，岳麓出版社2006年版。

130.《泉州港与古代海外交通》编写组：《泉州港与古代海外交通》，文物出版社1982年版。

131.李玉昆、李秀梅著：《泉州古代海外交通史》，中国广播电视出版社

2006年版。

132. 邓端本编著：《广州港史》（古代部分），海洋出版社1986年版。

133. 连心豪著：《中国海关与对外贸易》，岳麓书社2004年版。

134. 陈佳荣著：《中外交通史》，香港学津书店1987年版。

135. 周一良主编：《中外文化交流史》，河南人民出版社1987年版。

136. 李喜所主编，林延清等著：《五千年中外文化交流史》（5卷），世界知识出版社2002年版。

137. 许倬云著：《中国文化与世界文化》，贵州人民出版社1991年版。

138. 复旦大学文史研究院编：《从周边看中国》，中华书局2009年版。

139. 陈伟明、王元林编著：《古代中外交通史略》，中国华侨出版社2002年版。

140. 王绵厚、朴文英著：《中国东北与东北亚古代交通史》，辽宁人民出版社2016年版。

141. 蔡鸿生著：《中外交流史事考述》，大象出版社2007年版。

142. 林梅村著：《松漠之间——考古新发现所见中外文化交流》，生活·读书·新知三联书店2007年版。

143. 黄宝实著：《中国历代行人考》，台湾中华书局1969年版。

144. 黄宝实著：《中国历代行人考续编》，台湾中华书局1970年版。

145. 荣新江、李孝聪主编：《中外关系史：新史料与新问题》，科学出版社2004年版。

146. 林英著：《金钱之旅——从君士坦丁堡到长安》，人民美术出版社2004年版。

147. 李康华等编著：《中国对外贸易史简论》，对外贸易出版社1981年版。

148. 连心豪著：《中国海关与对外贸易》，岳麓书社2004年版。

149. 李金明著：《明代海外贸易史》，中国社会科学出版社1990年版。

150. 晁中辰著：《明代海禁与海外贸易》，人民出版社2005年版。

151. 陈尚胜著：《"怀夷"与"抑商"：明代海洋力量兴衰研究》，山东人民出版社1997年版。

152.万明著：《明代中外关系史论稿》，中国社会科学出版社2011年版。

153.陈国栋著：《东亚海域一千年——历史上的海洋中国与对外贸易》，山东画报出版社2006年版。

154.王辑五著：《中国日本交通史》，商务印书馆1937年第1版，1998年影印版。

155.曲玉维著：《追随徐福东渡行》，中国海洋大学出版社2007年版。

156.池步洲著：《日本遣唐使简史》，上海社会科学院出版社1983年版。

157.武安隆编著：《遣唐使》，黑龙江人民出版社1985年版。

158.韩昇著：《遣唐使和学问僧》，香港中和出版有限公司2011年版。

159.冯承均著：《中国南洋交通史》，商务印书馆1937年版。

160.陈佳荣著：《隋前南海交通史料研究》，香港大学亚洲研究中心2003年版。

161.韩振华著：《南海诸岛史地论证》，香港大学亚洲研究中心2003年版。

162.刘芝田著：《中菲关系史》，台湾正中书局1962年版。

163.陈正祥著：《真腊风土记研究》，香港中文大学1975年版。

164.余定邦、陈树森著：《中泰关系史》，中华书局2009年版。

165.季羡林著：《中印文化关系史论文集》，生活·读书·新知三联书店1982年版。

166.季羡林著：《佛教与中印文化交流》，江西人民出版社1990年版。

167.季羡林著：《中印文化交流史》，新华出版社1993年版。

168.季羡林著，王树英选编：《季羡林论中印文化交流》，新世界出版社2006年版。

169.吕澂著：《中国佛教源流略讲》，中华书局1979年版。

170.汤用彤著：《汉魏两晋南北朝佛教史》，商务印书馆2017年版。

171.汤用彤著：《隋唐佛教史稿》，北京大学出版社2010年版。

172.蒋维乔撰，邓子美导读：《中国佛教史》，上海古籍出版社2019年版。

173.梁启超撰，陈士强导读：《佛学研究十八篇》，上海古籍出版社2019年版。

174. 孙昌武著:《中国佛教文化史》(5册),中华书局2010年版。

175. 朱谦之著:《中国景教——中国古代基督教研究》,东方出版社1993年版。

176. 耿昇著:《中法文化交流史》,云南人民出版社2013年版。

177. 中国航海史研究会编:《郑和下西洋论文集》,人民交通出版社1985年版。

178. 郑一钧著:《论郑和下西洋》,海洋出版社1985年版。

179. 范中义、王振华著:《郑和下西洋》,海洋出版社1982年版。

180. 孔远志、郑一钧编著:《东南亚考察论郑和》,北京大学出版社2008年版。

181. 王天有、徐凯、万明编:《郑和远航与世界文明——纪念郑和下西洋600周年论文集》,北京大学出版社2005年版。

182. 杨怀中主编:《郑和与文明对话》,宁夏人民出版社2006年版。

183. 冯承钧译:《西域南海史地考证译丛六编》,中华书局1956年版。

184. 冯承钧译:《西域南海史地考证译丛九编》,中华书局1958年版。

185. 余太山主编:《西域通史》,中州古籍出版社1996年版。

186. 余太山主编:《西域文化史》,中国友谊出版公司1995年版。

187. 余太山著:《两汉魏晋南北朝与西域关系史研究》,中国社会科学出版社1995年版。

188. 纪宗安著:《9世纪前的中亚北部与中西交通》,中华书局2008年版。

189. 王颋著:《西域南海史地研究》,上海古籍出版社2005年版。

190. 郑杰文著:《穆天子传通解》,山东文艺出版社1992年版。

191. 宋晓梅著:《高昌国——公元五至七世纪丝绸之路上的一个移民小社会》,中国社会科学出版社2003年版。

192.《法国汉学》丛书编委会编:《粟特人在中国——历史、考古、语言的新探索》,中华书局2005年版。

193. 陈海涛、刘惠琴著:《来自文明十字路口的民族——唐代入华粟特人研究》,商务印书馆2006年版。

194.荣新江、张志清主编：《从撒马尔罕到长安——粟特人在中国的文化遗迹》，北京图书馆出版社2004年版。

195.薛宗正著：《突厥史》，中国社会科学出版社1992年版。

196.马长寿著：《突厥人和突厥汗国》，广西师范大学出版社2006年版。

197.张庆捷、李书吉、李钢主编：《4—6世纪的北中国与欧亚大陆》，科学出版社2006年版。

198.王小甫著：《唐、吐蕃、大食政治关系史》，北京大学出版社1992年版。

199.马建春著：《大食·西域与古代中国》，上海古籍出版社2008年版。

200.林英著：《唐代拂菻丛说》，中华书局2006年版。

201.荣新江著：《中古中国与外来文明》，生活·读书·新知三联书店2001年版。

202.向达著：《唐代长安与西域文明》，河北教育出版社2001年版。

203.韩香著：《隋唐长安与中亚文明》，中国社会科学出版社2006年版。

204.周连宽：《大唐西域记史地研究丛稿》，中华书局1984年版。

205.白寿彝主编：《中国回族民族史》（2册），中华书局2003年版。

206.修晓波著：《元代的色目商人》，广东人民出版社2013年版。

207.傅统先著：《中国回教史》，宁夏人民出版社2000年版。

208.沈福伟著：《中西文化交流史》，上海人民出版社2017年版。

209.沈福伟著：《西方文化与中国（1793—2000）》，上海教育出版社2003年版。

210.方豪著：《中西交通史》（上下），上海人民出版社2008年版。

211.阎宗临著：《中西交通史》，广西师范大学出版社2007年版。

212.张国刚著：《中西文化关系通史》（全二册），北京大学出版社2019年版。

213.宿白著：《考古发现与中西文化交流》，文物出版社2012年版。

214.余太山著：《古代地中海和中国关系史研究》，商务印书馆2012年版。

215.吴建雍著：《18世纪的中国与世界》（对外贸易卷），辽海出版社1999年版。

216.石云涛著：《早期中西交通与交流史稿》，学苑出版社2003年版。

217.丘进著：《中国与罗马——汉代中西关系研究》，广东人民出版社1990年版。

218.张西平著：《中西文化的初识——北京与罗马》，华东师范大学出版社2012年版。

219.张铠著：《中国与西班牙关系史》，大象出版社2003年版。

220.周景濂编著：《中葡外交史》，商务印书馆1991年版。

221.陈乐民著：《16世纪葡萄牙通华系年》，辽宁教育出版社2000年版。

222.黄庆华著：《中葡关系史》3卷，黄山书社2006年版。

223. James A. Millward, *The Silk Road: A Very Short Introduction*, London: Oxford University Press, 2013.

224. Peter Frankopan, *The Silk Roads. A New History of the World*. New York: Alfred A. Knopf, 2016.

225. Valerie Hansen ed., *Silk Road: Key Papers*, Leiden & Boston: Global Oriental, 2012.

226. Valerie Hansen, *The Silk Road: A New History with Documents*, London: Oxford University Press, 2016.

227. Susan Whitfield ed., *The Silk Road: Trade, Travel, War and Faith*, London: The British Library, 2004.

228. Susan Whitfield ed., *The Silk Road, Peoples, Cultures, Landscapes*, London: Thames & Hudson, 2019.

229. C. R. Boxer, *The Tragic History of the Sea, 1589-1622*, Preface Hakluyt society Cambridge, 1959.

230. George Bryan Souza, *The Survival of Empire, Portuguese Trade and Society in China and the South China Sea, 1630-1754*, Cambridge: Cambridge University Press, 1986.

231. A. A. Ierusalimskaja, Moshtcevaya Balka: *An Unusual Archaeological Site at the North Caucasus Silk Road*, St Petersburg: The State Hermitage Publishers, 2012.